DEUTSCHES LITERATUR-LEXIKON
DAS 20. JAHRHUNDERT

DEUTSCHES LITERATUR-LEXIKON

Das 20. Jahrhundert

BIOGRAPHISCH-BIBLIOGRAPHISCHES HANDBUCH

BEGRÜNDET VON WILHELM KOSCH

HERAUSGEGEBEN VON LUTZ HAGESTEDT

ZWEIUNDZWANZIGSTER BAND: IMHASLY – JANN

DE GRUYTER

DIE MITARBEITER DIESES BANDES
Nina-Kathrin Behr, M. A., Leipzig
Katja Gimpel, M. A., Leipzig
Volker Hanisch, Dipl.-Päd., Leipzig
Bruno Jahn, München
Andrea Klimt, Dipl.-Bibl. (FH), Leipzig
Dr. Karsten Kruschel, Leipzig
Christiane Piper, M. A., Leipzig
Julia Vaje, M. A., Leipzig

Dietmar Damwerth, Münster
Hubert Thiel, Eisenach

HERAUSGEBER
Prof. Dr. Lutz Hagestedt, Rostock

REDAKTIONSLEITUNG
Ruth Lochar, München

Redaktionsschluss: 20. 3. 2014

ISBN 978-3-11-023168-7
e-ISBN 978-3-11-027909-2

Bibliografische Information Der Deutschen Nationalbibliothek
Die Deutsche Nationalbibliothek verzeichnet diese Publikation in der Deutschen
Nationalbibliografie; detaillierte bibliografische Daten sind im Internet unter
http://dnb.dnb.de abrufbar.

© 2014 Walter de Gruyter GmbH, Berlin/Boston

Satz: Mathias Wündisch, Leipzig
Druck und Bindung: Strauss GmbH, Mörlenbach
♾ Gedruckt auf säurefreiem Papier

Printed in Germany

www.degruyter.com

a. o. Prof.	außerordentl. Professor/in
AAB	Abh. d. Dt. (bis 1945 Preuß.) Akad. d. Wiss. zu Berlin. Phil.-hist. Kl., 1804ff.
AAG	Abh. d. Königl. Gesellsch. d. Wiss., Göttingen
AAH	Abh. d. Heidelberger Akad. d. Wiss. Phil.-hist. Kl., 1913ff.
AAM	Abh. d. Bayer. Akad. d. Wiss. Phil.-hist. Kl., 1833ff., 1910ff.
Abh.	Abhandlung(en)
ABnG	Amsterdamer Beiträge z. neueren Germanistik, Amsterdam 1972ff.
Abt.	Abteilung(en)
ADB	Allg. Dt. Biogr., 55 Bde., Reg.-Bd., 1875–1912
AfK	Archiv für Kulturgeschichte, 1903ff.
AG	Acta Germanica Kapstadt 1966ff.
ahd.	althochdeutsch
AION(T)	Istituto Universitario Orientale. Annali. Sezione Germanica. Studi Tedeschi, Neapel 1958ff.
Akad.	Akademie(n)
AKL	Allgemeines Künstler-Lexikon. Die Bildenden Künstler aller Zeiten u. Völker, Bd. 1ff., 1991ff.
Albrecht-Dahlke	Internationale Bibliogr. z. Gesch. d. dt. Lit. v. d. Anfängen bis z. Ggw. [...] unter Leitung u. Gesamtred. v. G. Albrecht u. G. Dahlke, 4 Tle., 1969–84
allg.	allgemein
Alt.	Altertum
Anh.	Anhang
Anm.	Anmerkung(en)
Ann.	Annalen, Annales, Annals, Annali
anon.	anonym
Anthol.	Anthologie(n)
Anz.	Anzeiger, Anzeigen
apl.	außerplanmäßig(e)
Arch.	Archiv

ARD	Arbeitsgemeinschaft der öffentlich-rechtlichen Rundfunkanstalten der BRD
AT	Altes Testament
Auff.	Aufführung(en)
Aufl.	Auflage(n)
Aufs.	Aufsatz, Aufsätze
Aufz.	Aufzeichnung(en)
AUMLA	AUMLA, Journal of the Australasian Universities Language and Literature Association, Christchurch 1953ff.
Ausg.	Ausgabe(n)
ausgew., Ausw.	ausgewählt, Auswahl
Ausst.	Ausstellung(en)
Ausz.	Auszug, Auszüge
Autorenlex.	Autorenlex. dt.sprachiger Lit. des 20. Jh.s (überarb. u. erw. Neuausg., hg. M. Brauneck) 1995
BA	Books Abroad, Norman/ Oklahoma 1943ff.
Ball.	Ballade(n)
BB	Bayerische Bibl. Texte aus zwölf Jh., hg. H. Pörnbacher u. B. Hubensteiner, 5 Bde., 1978–1990
Bd., Bde., Bdn.	Band, Bände, Bänden
bearb., Bearb.	bearbeitet, Bearbeiter(in), Bearbeitung
BEdM	Biogr. Enzyklopädie dt.sprachiger Mediziner, hg. D. v. Engelhardt, 2 Bde., 2002
BEdN	Biogr. Enzyklopädie dt.sprachiger Naturwissenschaftler, hg. D. v. Engelhardt, 2 Bde., 2003
BEdP	Biogr. Enzyklopädie dt.sprachiger Philosophen, bearb. B. Jahn, 2001
BEdU	Biogr. Enzyklopädie dt.sprachiger Unternehmer, hg. W. Fischer u. a., 2 Bde., 2004.
begr., Begr.	begründet, Begründer/in
Beih.	Beiheft(e)
Beitr.	Beitrag, Beiträge
Bem.	Bemerkung(en)
Ber.	Bericht(e)

bes.	besonders
Bez.	Bezirk
BHdP	Biogr. Hdb. d. dt. Politik, bearb. B. Jahn, 2 Bde., 2004
BHMDB	Biogr. Hdb. d. Mitgl. d. Dt. Bundestages 1949–2002, hg. R. Vierhaus u.a., 2002/03
Bibl.	Bibliothek(en), Bibliot(h)eca, Bibliothèque
Bibliogr.	Bibliographie(n)
Biogr. Jb.	Biogr. Jb. u. Dt. Nekrolog, hg. A. Bettelheim, 1897ff.
biogr., Biogr.	biographisch, Biographie(n)
Biogr.-Bibliogr. Kirchenlex.	Biogr.-Bibliogr. Kirchenlex., bearb. u. hg. F. W. Bautz, fortgef. v. T. Bautz, Bd. 1ff., 1975ff.
Bl.	Blatt, Blätter
Börsenbl. (Leipzig)	Börsenblatt f. d. Dt. Buchhandel, hg. v. Börsenverein d. Dt. Buchhändler zu Leipzig, 1834ff. (1945–1990: Zusatz «Leipzig»)
Börsenbl. Frankfurt	Börsenblatt f. d. Dt. Buchhandel, Frankfurter Ausg. 1945–1990
Br.	Breisgau
BRD	Bundesrepublik Dtl.
Briefw.	Briefwechsel
BSB	Bayerische Staatsbibl. München
Bull.	Bulletin
Burgenl.	Burgenland
Burl.	Burleske(n)
BWG	Biogr. Wb. z. dt. Gesch., 2. Aufl., hg. K. Bosl, G. Franz u. H. H. Hofmann, 3 Bde., 1973–75
CDU	Christl. Demokrat. Union
Chron.	Chronik(en)
CL	Comparative Literature, Eugene (Oregon) 1949ff.
Coll.	Colloquium
CollGerm.	Colloquia Germanica, 1967ff.
Conn.	Connecticut
CP	Castrum Peregrini, Zs. f. Lit., Kunst- u. Geistesgesch., Amsterdam, 1951ff.
CSU	Christl. Soziale Union
d. Ä.	d. Ältere
d. J.	d. Jüngere
DAAD	Dt. Akadem. Austauschdienst
Darst.	Darstellung(en)
dass.	dasselbe
DB	Dt. Bücher, Amsterdam 1971ff.
DBE	Dt. Biogr. Enzyklopädie, 2. überarb. u. erw. Ausg., hg. R. Vierhaus, 2005ff.
DBEM	Dt. Biogr. Enzyklopädie der Musik, bearb. B. Jahn, 2 Bde., 2003
DBETh	Dt. Biogr. Enzyklopädie d. Theol. u. d. Kirchen, hg. B. Moeller, B. Jahn, 2 Bde., 2005
DdP	D. Dt.sprachige Presse. E. biogr.-bibliogr. Hdb., bearb. B. Jahn, 2 Bde., 2005
DDR	Dt. Demokrat. Republik
de Boor-Newald	Gesch. d. dt. Lit. v. d. Anfängen bis z. Ggw., hg. H. de Boor u. R. Newald, 1949ff.
Denecke-Brandis	D. Nachl. in d. Bibl. d. BRD. Bearb. v. L. Denecke, 2. Aufl., völlig neu bearb. v. T. Brandis, 1981
ders.	derselbe
Dg.	Dichtung(en)
Dial.	Dialog(e)
dies.	dieselbe(n)
Dir.	Direktor/in
Diss.	Dissertation
DL	D. dt. Lit. Texte u. Zeugnisse, hg. W. Killy, 1963ff.
DLA	Dt. Lit.arch./Schiller-Nat.-mus., Marbach
DLE	Dt. Lit. Slg. lit. Kunst- u. Kulturdenkmäler in Entwicklungsreihen, hg. H. Kindermann, 1928ff.
Dok.	Dokument(e)
Doz.	Dozent/in
-dr.	-druck (in Zus.setzungen)
DR	Dt. Rundschau, 1874ff.
Dr.	Doktor
Dr.	Drama, Dramen
DSL	D. Schöne Lit., 1902–30 (Jg. 3–31)
dt.	deutsch
Dt. biogr. Jb.	Dt. biogr. Jb., hg. H. Christern, 1925ff.
Dtl.	Deutschland

DU	D. Deutschunterricht, 1949ff.
durchges.	durchgesehen(e)
DVjs	Dt. Vjs. f. Lit.wiss. u. Geistesgesch., 1923–44, 1949ff.
ebd.	ebenda
ed.	editio, edidit, ediert v., edited by
EG	Etudes germaniques, Paris 1946ff.
ehem.	ehemalig(er), ehemals
eig.	eigentlich
Einf.	Einführung(en)
eingel., Einl.	eingeleitet, Einleitung(en)
enth.	enthält, enthalten(d)
Ep.	Epos, Epen
Epigr.	Epigramm(e)
erg.	ergänzt
ErgBd., ErgBde.	Ergänzungsba(e)nd(e)
ErgH.	Ergänzungsheft(e)
Erinn.	Erinnerung(en)
Erl., erl.	Erläuterungen, erläutert
ersch.	erscheint, erschien(en)
erw.	erweitert
Erz(n).	Erzählung(en)
Erzgeb.	Erzgebirge
Ess.	Essay(s)
Euph.	Euphorion. Zs. f. Lit.gesch., 1894ff.
f., ff. (nach Zahlen)	(u.) folgend(e)
f.	für
F.	Folge
FA	Frankfurter Anthol., hg. M. Reich-Ranicki, 1976ff.
Fabula	Fabula. Zs. f. Erzählforsch., 1960ff.
Facs.	Facsimile, Faksimile
Fak.	Fakultät(en)
Fass.	Fassung
FDH	Freies Dt. Hochstift – Frankfurter Goethemus., Frankfurt/M.
Feuill.	Feuilleton(s)
FH	Frankfurter H., Zs. f. Kultur u. Politik, 1946ff.
Forsch.	Forschung(en)
Forts.	Fortsetzung(en)
fragm., Fragm.	fragmentarisch, Fragment(e)
Frankfurt/M.	Frankfurt am Main
Frankfurt/O.	Frankfurt an der Oder
Friesl.	Friesland
FS	Festschrift, Festgabe

FU	Freie Univ.
GBE	Große Bayer. Biogr. Enzyklopädie, hg. H.-M. Körner, B. Jahn, 4 Bde., 2005
geb.	geborene
Geb.tag	Geburtstag
Ged.	Gedicht(e)
gedr.	gedruckt
gek.	gekürzt(e)
Geleitw.	Geleitwort
gem.	gemeinsam
gen.	genannt
GermWrat	Germanica Wratislaviensia, Breslau 1957ff.
ges., Ges.	gesammelt(e), Gesammelte
Ges.-	Gesamt-
Gesch.	Geschichte
Gesellsch.	Gesellschaft
gg.	gegen
Ggw.	Gegenwart
GLL	German Life and Letters, Oxford 1936ff.
GQ	The German Quarterly, Menasha (Wisc.) 1928ff. Appleton (Wisc.) 1949ff.
GR	The Germanic Review, New York 1926ff.
GRM	Germanisch-Romanische Mschr., 1909–1943, NF 1950/51ff.
GSA	Goethe-Schiller-Archiv, Weimar
H.	Heft(e)
HAB	Herzog August-Bibl., Wolfenbüttel
Habil.	Habilitation
HAjH	Hdb. öst. Autorinnen u. Autoren jüd. Herkunft. 18. bis 20. Jh., Red. S. Blumesberger u.a., 3 Bde., 2002
Hall-Renner	M. G. Hall u. G. Renner, Hdb. d. Nachlässe u. Sammlungen öst. Autoren, 2., neu bearb. u. erw. Aufl., 1995
HBLS	Hist.-Biogr. Lex. d. Schweiz, 7 Bde., 1921–34
hd.	hochdeutsch
Hdb.	Handbuch, Handbücher
Hdb. Editionen	Hdb. d. Editionen. Dt.sprach. Autoren v. Ausgang d. 15. Jh. bis z. Ggw. Bearb. v. W.

	Hagen, I. Jensen, E. u. H. Nahler, 2. Aufl., 1981
Hdb. Emigration	Biogr. Hdb. d. dt.sprach. Emigration n. 1933. Hg. Inst. f. Zeitgesch., München, u. Research Foundation of Jewish Emigration. Inc., New York, 3 Bde., 1980–83
HdE	Hdb. d. dt.sprachigen Exiltheaters 1933–1945, hg. F. Trapp u.a., Bd. 1 Verfolgung u. Exil dt.sprachiger Theaterkünstler, bearb. I. Maaß, M. Philipp, Bd. 2 Biogr. Lex. der Theaterkünstler, bearb. F. Trapp u.a., 2 Tle., 1999
HdG	Hdb. der dt. Ggw.lit., 3 Bde., hg. H. Kunisch u.a., 2. Aufl., 1969/70 (vgl. NHdG)
Heiduk	F. Heiduk, Oberschles. Lit.-Lex. Biogr.-bibliogr. Hdb., 3 Bde., 1990–2000
hg., Hg.	herausgegeben (von), Herausgeber(in)
HHI	Heinrich-Heine-Inst., Düsseldorf
hist.	historisch
Hist. Wb. d. Rhetorik	Hist. Wb. d. Rhetorik, hg. G. Ueding, 1992ff.
HLS (Internet-Edition)	Hist. Lex. d. Schweiz, 1998ff.
Holst.	Holstein (auch in Zusammensetzungen wie Schleswig-Holst.)
hs., Hs., Hss.	handschriftlich, Handschrift, Handschriften
Hss.bestände	Hdb. d. Hss.bestände in d. Bundesrepublik Dtl. (hg. Dt. Bibl.inst.) 1992
HU	Humboldt-Univ.
HZ	Hist. Zs., 1859ff.
i. R.	im Ruhestand
IASL	Internationales Arch. f. Sozialgesch. d. dt. Lit., 1976ff.
IG	Internationales Germanistenlex. 1800–1950, hg. u. eingel. v. C. König, 3 Bde., 2003
Ill.	Illinois
illustr., Illustr.	illustriert, Illustration(en)
insbes.	insbesondere
Inscape	Inscape, Ottawa/Kanada, 1959ff.
Inst.	Institut(e)
Interpr.	Interpretation(en)
Inventar	Inventar zu d. Nachl. emigrierter dt.sprach. Wissenschaftler in Arch. u. Bibl. d. Bundesrepublik Dtl. (hg. D. Dt. Bibl.) 2 Bde., 1994
JASILO	Jb. d. Adalbert-Stifter-Inst. d. Landes Oberöst., 1994ff.
Jb. Darmstadt	Dt. Akad. f. Sprache u. Dg., Darmstadt, Jb., 1953ff.
Jb.	Jahrbuch, Jahrbücher
Jber.	Jahresbericht(e)
JbFDtHochst	Jb. d. Freien Dt. Hochstifts, 1920ff.
JEGP	The Journal of English and Germanic Philology, Urbana (Ill.) 1897ff.
Jg.	Jahrgang, Jahrgänge
Jgdb.	Jugendbuch
Jh.	Jahrhundert(e)
Kalif.	Kalifornien
Kap.	Kapitel
Kat.	Katalog
Kdb.	Kinderbuch
Killy	Lit. Lex. Autoren u. Werke dt. Sprache, hg. W. Killy, 15 Bde., 1988–1993
Killy²	Killy Lit.lex., 2., vollst. überarb. Aufl., hg. W. Kühlmann, 2008–2011
Kl.	Klasse
KLG	KLGonline. D. krit. Lex. z. dt.sprach. Ggw.lit., hg. H. L. Arnold, Internet-Edition, 2001ff.
KLL	Kindlers Lit. Lex., 7 Bde. u. Erg.bd., 1965–74
KLL (Internet-Edition)	Kindlers Lit.-Lex, hg. H. L. Arnold, 17 Bde. u. Reg., 2009
KNLL	Kindlers Neues Lit. Lex., hg. W. Jens, 22 Bde., 1988–98
Koll.	Kolloquium
Kom.	Komödie(n)
Komm.; komm.	Kommentar(e); kommentiert(e)
KPD	Kommunist. Partei Dtl.
Kr.	Kreis
Kt.	Kanton

Kurl.	Kurland
Kussmaul	I. Kussmaul, D. Nachl. u. Slg. d. DLA, 2 Bde., 1999
LöstE	S. Bolbecher, K. Kaiser, Lex. d. öst. Exillit., 2000
LAL	G. Goetzinger, C. D. Conter u. a., Luxemburger Autorenlex., Mersch 2007
lat., Lat.	lateinisch, Latein
Lb., Lbb.	Lebensbild, Lebensbilder
LB	Landesbibl.
LE	D. lit. Echo, 1898ff.
Leg.	Legende(n)
Lennartz	F. Lennartz, Dt. Schriftst. d. 20. Jh. im Spiegel d. Kritik, 3 Bde. u. Registerbd., 1984
Lessing Yb.	Lessing Yearbook, 1969ff.
LeuvBijdr	Leuvense Bijdragen, Löwen 1910ff.
Lex.	Lexikon, Lexika
Lex. dt.-jüd. Autoren	Lexikon deutsch-jüdischer Autoren. Red. Leitung R. Heuer, Bd. 1ff., 1992ff.
LexKJugLit	Lex. d. Kinder- u. Jugendlit., hg. K. Doderer, 3 Bde. u. ErgBd., 1975–82
LGL	Lex. d. dt.sprach. Ggw.lit., begr. v. H. Kunisch, neu hg. T. Kraft, 2 Bde., 2003
Libr.	Libretto, Libretti
LiLi	LiLi, Zs. f. Lit.wiss. u. Linguistik, 1971ff.
lit., Lit.	literarisch, Literatur(en)
LitJB	Lit.wiss. Jb. d. Görresgesellschaft, NF, 1961ff.
Livl.	Livland
LK	Lit. u. Kritik, Öst. Monatsschr., 1966ff.
Lsp.	Lustspiel
LThK	Lex. f. Theol. u. Kirche, 2. Aufl., 10 Bde. u. Reg., 1957–67, 3., völlig neu bearb. Aufl., 11 Bde., 1993–2001
m.	mit
m. a.	mit andern
m. n. e.	mehr nicht erschienen
MA, ma.	Mittelalter, mittelalterlich
MAL	Modern Austrian Literature, Binghamton (N. Y.) 1968ff.

Marienlex.	Marienlex., hg. R. Bäumer u. L. Scheffczyk, 6 Bde., 1988–94
Mass.	Massachusetts
Mbl.	Monatsblatt, Monatsblätter
Mecklenb.	Mecklenburg
Metzler Lit. Chron.	V. Meid, Metzler Lit. Chron. (3., erw. Aufl.) 2006
MGG	D. Musik in Gesch. u. Ggw. Personentl., 2., neubearb. Ausg., begr. v. F. Blume, hg. L. Finscher, 17 Bde., 1999ff.
MGS	Michigan Germanic Studies, Ann Arbor (Mich.), 1975ff.
mhd.	mittelhochdeutsch
MIÖG	Mitt. d. Inst. f. öst. Gesch.-forsch., 1880ff.
Mich.	Michigan
Mitarb.	Mitarbeit(er, -erin)
Mitgl.	Mitglied(er)
Mitt.	Mitteilung(en)
mlat.	mittellat.
MLN	Modern Language Notes, Baltimore (Maryland) 1886ff.
MLQ	Modern Language Quarterly, Seattle (Wash.) 1940ff.
mnd.	mittelniederdeutsch
mnl.	mittelniederländisch
Mommsen	W. A. Mommsen, D. Nachlässe in d. dt. Arch. (mit Ergänzungen aus anderen Beständen). Bearb. im Bundesarch. in Koblenz, 2 Tle., 1971 u. 1983 (wird nach Nrn. zitiert)
Monatshefte	Monatshefte (f. d. dt. Unterricht, dt. Sprache u. Lit.), Madison (Wisc.) 1899ff.
Monogr.	Monographie(n)
Ms., Mss.	Manuskript, Manuskripte
Mschr.	Monatsschrift
Msp.	Märchenspiel
Munzinger-Arch.	Internationales Biographisches Archiv. IBA Munzinger-Archiv, 1975ff.
Mus.	Museum
N. Y.	New York (nur als Staat, nicht Stadt)
n.	nach
NA	Neuauflage
Nachdr.	Nachdruck(e)

Nachl.   Nachlass/Nachlässe

Nachlässe DDR   Gelehrten- u. Schriftsteller-nachl. in d. Bibl. d. DDR, 3 Tle., 1959–71 (wird nach Tln. u. Nrn. zitiert)

Nachr.   Nachricht(en)

Nachtr.   Nachtrag, Nachträge

Nachw.   Nachwort

Nat.mus.   Nationalmuseum

Ndb.   Niederbayern

NDB   Neue Dt. Biogr., 1953ff.

NDH   Neue Dt. Hefte, 1954ff.

NDL   Neue Dt. Lit., 1953ff.

nds.   niedersächsisch

Nds.   Niedersachsen

ndt.   niederdt.

Neoph.   Neophilologus, Groningen 1951ff.

NF   Neue Folge

NGR   New German Review, Los Angeles 1985ff.

NGS   New German Studies, Hull 1973ff.

nhd.   neuhochdeutsch

NHdG   Neues Hdb. d. dt. Ggw.lit. seit 1945, begr. v. H. Kunisch. Hg. D.-R. Moser, aktualis. Ausg. 1993 (vgl. HdG)

NLit   Die Neue Literatur, 1931–43 (Jg. 32–44)

NM   Neuphilol. Mitt., Helsinki 1899ff.

Nov(n).   Novelle(n)

NR   (Die) Neue Rundschau, (Jg. 15ff.) 1904ff., 1910ff.

Nr.   Nummer

NS   Neue Serie, Nova Series, New Series, Nouvelle Série, Nuova Seria

NSDAP   Nationalsozialist. Dt. Arbeiterpartei

NSR   Neue Schweizer Rundschau, 1922ff.

NT   Neues Testament

o. J.   ohne Jahr

o. Prof.   ordentliche(r) Professor/in

Obb.   Oberbayern

ÖBL   Öst. Biogr. Lex. 1815–1950, 1957ff.

ÖGL   Öst. in Gesch. u. Lit., 1957ff.

Öst.   Österreich

Öst. Katalog-Lex.   Katalog Lex. z. öst. Lit. des 20. Jh.s (hg. G. Ruiss) 1995

OL   Orbis Litterarum, Kopenhagen 1943ff.

Orat.   Oratorium, Oratorien

Par.   Parodie(n)

PBB Tüb.   Beitr. zur Gesch. der dt. Sprache u. Lit., Tübingen 1955ff.

PBB (Halle)   Beitr. zur Gesch. der dt. Sprache u. Lit. Begr. v. H. Paul u. W. Braune, Halle 1874ff. (ab 1955: Zusatz «Halle»)

PEGS   Publ. of the English Goethe Society, Leeds 1886–1912, NS 1924ff.

PH   Pädagog. Hochschule

Philol.   Philologie

Philos.   Philosophie

Plaud.   Plauderei(en)

PMLA   Publications of the Modern Language Association of America, Menasha (Wisc.) 1884ff.

Poetica   Poetica. Zs. f. Sprach- u. Lit.-wiss. Amsterdam 1969ff.

Pomm.   Pommern

PP   Philologica Pragensia, Prag 1958ff.

PQ   Philological Quarterly, Iowa City 1922ff.

Pr.   Preußen (auch in Zusammensetzungen wie Ostpr.)

Präs.   Präsident/in

Pred.   Predigt

Prof.   Professor/in

Progr.   Programm(e)

Prov.   Provinz

Ps.   Pseudonym(e)

psych.   psychisch

Psychol.   Psychologie

Publ.   Publikation(en), Publication(s)

Qschr.   Quartalsschrift(en)

Quellenlex.   z. dt. Lit.gesch., 3., überarb. u. erw. Aufl., 34 Bde., 1994–2003

Raabe, Expressionismus   P. Raabe, D. Autoren u. Bücher d. lit. Expressionismus. E. bibliogr. Hdb. In Zus.arbeit mit I. Hannich-Bode, 2., verb. Aufl., 1992

red., Red.	redigiert, Redaktion, Redakteur(in)
Redlich	M. Redlich, Lex. dt.baltischer Lit. Eine Bibliogr., 1989
Reg.	Register
Rel., rel.	Religion, religiös
Renner	G. Renner, D. Nachl. in d. Bibl. u. Museen d. Republik Österreich, 1993
Rep.	Reportage(n)
Rev.	Revue, Review
RG	Recherches Germaniques, Straßburg 1971ff.
RGG	Die Religion in Gesch. u. Ggw., 4., völlig neu bearb. Aufl., 1998ff.
Rhld.	Rheinland (auch in Zusammensetzungen wie Rhld.-Pfalz)
Riemann	H. Riemann, Musiklexikon. 12., völlig neubearb. Aufl. in 3 Bdn., hg. W. Gurlitt, H. H. Eggebrecht, Personenteil Bd. 1 u. 2, 1959–61, Erg.Bde., hg. C. Dahlhaus, 2 Bde., 1972–75
RLC	Revue de littérature comparé, Paris 1921ff.
Rohnke-Rostalski	Lit. Nachl. in Nordrh.-Westf. E. Bestandsverz. (bearb. von D. Rohnke-Rostalski) 1995
Rom.	Roman(e)
Rs.	Rundschau
RTL	Radio T,l,vision Luxembourg
s.	sein (in allen Casus)
S.	Seite(n)
SA	Sturmabteilung (d. NSDAP)
Sa.	Sachsen
SAB	Sb. d. Dt. (bis 1945 Preuß.) Akad. d. Wiss. zu Berlin. Phil.-hist. Kl., 1882ff.
SAM	Sb. d. Bayer. Akad. d. Wiss. Phil.-hist. Abt., 1860ff.
Sb.	Sitzungsbericht(e)
SB	Staatsbibl.
SBPK	Staatsbibl. Preuß. Kulturbesitz, Berlin
SBZ	Sowjet. Besatzungszone
SchillerJb.	Jb. d. Dt. Schillergesellsch., 1957ff.
Schles.	Schlesien (auch in Zusammensetzungen wie Oberschles.)
Schmidt, Quellenlex.	H. Schmidt, Quellenlexikon z. dt. Lit.gesch., 3., überarb. u. erw. Aufl., 34, Bde, 1994–2003
Schmutz-Pfister	A. Schmutz-Pfister, Repertorium d. hs. Nachl. in d. Bibl. u. Arch. d. Schweiz, 1992; 2., stark erw. Aufl., bearb. v. G. Knoch-Mund, 1992 (wird nach Nrn. zitiert; auch Internet-Edition)
Schr.	Schrift(en)
Schriftst.	Schriftsteller(in)
Schw.	Schwank, Schwänke
schweiz.	schweizerisch
SdZ	Stimmen d. Zeit, 1914ff. (Stimmen aus Maria Laach, 1869–1914)
SED	Sozialist. Einheitspartei Dtl.
Seminar	Seminar. A Journal of Germanic Studies, Toronto 1965ff.
sep.	separat
Siebenb.	Siebenbürgen
Slg.	Sammlung(en)
SN	Studia Neophilologica, Uppsala 1928ff.
sog.	sogenannt
Son.	Sonett(e)
Sp.	Spiel(e)
Spalek	Dt. Exillit. seit 1933 (hg. J. M. Spalek u. a.) Bd. 1ff., 1976ff.
SPD	Sozialdemokrat. Partei Dtl.
SPIEL	Siegener Periodicum z. Internat. Empir. Lit.wiss., 1982ff.
SR	Schweizerische Rundschau, 1900ff.
SS	Schutzstaffel (d. NSDAP)
St.	Stück(e)
StB	Stadtbibl.
StUB	Stadt- u. Univ.bibl.
Stud.	Studium, Studie(n)
StudiGerm	Studi Germanici, Rom 1963ff.
stv.	stellvertretende(r)
SUB	Staats- u. Univ.bibl.
SuF	Sinn u. Form, 1949ff.
Suppl.	Supplement(e)

Sz.	Szene(n)
-t.	-titel (in Zus.setzung)
Tb.	Taschenbuch
Tgb.	Tagebuch
TH	Techn. Hochschule
Theater-Lex.	W. Kosch, Dt. Theater-Lex. Biogr. u. bibliogr. Hdb., 1953ff.
Theol.	Theologie
Thieme-Becker	U. Thieme u. F. Becker, Allg. Lex. der bildenden Künstler v. der Antike bis zur Ggw., 37 Bde., 1907–1950
Thür.	Thüringen
TIRLIT	Lex. Lit. in Tirol, hg. A. Unterkircher, C. Riccabona (Forsch.inst. Brenner-Arch., Innsbruck), Internet-Edition, 2006ff.
Tl., Tle.	Teil, Teile
Tr.	Tragödie(n), Trauerspiel(e)
TRE	Theolog. Realenzyklopädie, Bd. 1ff., 1977ff.
Tril.	Trilogie
TU	Techn. Univ.
TuK	Text u. Kritik, 1963ff.
tw.	teilweise
u.	und
u. a.	und andere, unter anderem
u. ä.	und ähnliche(s)
u. d. T.	unter dem Titel
u. ö.	u. öfter
UB	Univ.bibl.
überl., Überl.	überliefert, Überlieferung
übers., Übers.	übersetzt, Übersetzer(in), Übersetzung(en)
übertr., Übertr.	übertragen, Übertragung(en)
unbek.	unbekannt
Univ.	Universität(en), Université, University
Unters.	Untersuchung(en)
urspr.	ursprünglich
USPD	Unabhängige Sozialdemokratische Partei Dtl.
usw.	und so weiter
v.	von, vom
v. a.	vor allem
VASILO	Adalbert Stifter-Inst. d. Landes Oberöst., Vjs., 1952–92; Forts. siehe JASILO
Vbdg.	Verbindung

Ver.	Verein(e), Vereinigung(en)
verb.	verbessert
Verf.	Verfasser(in)
verh.	verheiratet
verm.	vermehrt
veröff., Veröff.	veröffentlicht, Veröffentlichung(en)
versch.	verschieden(e)
Verz.	Verzeichnis(se)
vgl.	vergleiche
Vjh.	Vierteljahresheft
Vjs.	Vierteljahresschrift
Vogtl.	Vogtland
Volksk.	Volkskunde
vollst.	vollständig
Vortr.	Vortrag
Vorw.	Vorwort
wahrsch.	wahrscheinlich
Wall	R. Wall, Lex. dt.sprachiger Schriftstellerinnen im Exil 1933 bis 1945, überarb. u. aktual. Neuaufl., 2004
Wash.	Washington
Wb.	Wörterbuch
WB	Weimarer Beitr., 1955ff.
Wendland	U. Wendland, Biogr. Hdb. dt.sprachiger Kunsthistoriker im Exil, 2 Bde., 1999
Westf.	Westfalen
Westfäl. Autorenlex.	Westfäl. Autorenlex. 1750 bis 1800, hg. u. bearb. v. W. Gödden u. I. Nölle-Hornkamp. Bd. 1ff., 1983ff.
Wilpert-Gühring	G. v. Wilpert, A. Gühring, Erstausg. dt. Dg. Eine Bibliogr. zur dt. Lit., 1600–1990 (2., vollst. überarb. Aufl.) 1992
WirkWort	Wirkendes Wort, 1950/1951ff.
Wisc.	Wisconsin
wiss., Wiss.	wissenschaftlich, Wissenschaft(en)
Ws.	Wochenschrift
WSB	Sb. d. Akad. d. Wiss. zu Wien, Phil.-hist. Kl., 1848ff.
Württ.	Württemberg
WW	Welt u. Wort, 1946ff.
WZ	Wiss. Zs.
z.	zu, zum, zur
z. B.	zum Beispiel

z. T.	zum Teil	ZfdPh	Zs. f. dt. Philol., 1869ff.
z. Z.	zur Zeit	Zs.	Zeitschrift(en)
zahlr.	zahlreiche	Ztg.	Zeitung(en)
ZDF	Zweites Deutsches Fernsehen	ztw.	zeitweilig
ZDU	Zs. f. dt. Unterricht, 1887–1919	zus.	zusammen
		zw.	zwischen

Ferner werden zur Raumersparnis Endungen weggelassen, wo sie leicht ergänzt werden können (polit. für politisch, geistl. für geistlich usw.)

★ = geboren   † = gestorben   → = siehe   ~ steht unter «Literatur» anstelle des Stichworts

VERFASSER-SIGLEN

AKF	Andrea Klimt	KG	Katja Gimpel
BJ	Bruno Jahn	KK	Karsten Kruschel
CP	Christiane Piper	NB	Nina-Kathrin Behr
JV	Julia Vaje	VH	Volker Hanisch

Imhasly, Pierre, * 14. 11. 1939 Visp/Kt. Wallis; Schriftst., Übers., Publizist, lebt in Visp u. Nîmes/Frankreich; aufgewachsen im dt.sprachigen Oberwallis, Stud. der dt. u. französ. Lit. an den Univ. in Freiburg/Schweiz u. Zürich, anschließend längere Aufenthalte in Italien u. Spanien, dann freier Autor u. Übers. in Visp, veröff. ab Mitte der 1960er-Jahre zahlr. lit., kultur-, kunst- u. heimatkrit. Beitr. in Ztg., Zs. u. Anthol., u. a. in «Walliser Bote», «Du. Schweizer Mschr.» u. «13 étoiles. Reflets du Valais. Wallis im Bild», 1981 Teilnehmer am Ingeborg-Bachmann-Wettbewerb in Klagenfurt, lit. eng befreundet m. dem französ.sprachigen Schweizer Schriftst. Maurice Chappaz (1916–2009). – Neben anderen Auszeichnungen 1977 Übers.preis der Oertli-Stiftung u. Werkjahr des Kt. Zürich, 1980 Kulturpreis der Gemeinde Visp (erstmals verliehen), 1983 Staatspreis des Kt. Wallis, 1984 Hugo-Lötscher-Preis, 2002 Werkbeitrag der Stiftung Pro Helvetia, 2003 Rilke-Preis des Lyrikwettbewerbs von Sierre. – Mitgl. der Gruppe Olten (ab 2002 Autorinnen u. Autoren der Schweiz), 1985 Mitgl. der Académie Rhodanienne des Lettres. – Lyrik, Prosa, Hörsp., Volksst., Kolumne, Übers. (aus dem Französ.), Sachb., heimatkundl., kunst- u. kulturkrit. Schr., Bildband.

Schriften (Sachb. in Ausw.): Maurice Chappaz (Bio-Bibliogr.; m. M. Gsteiger) 1968; Sellerie, Ketch up & Megatonnen (Kolumnenslg.) 1970 (NA 2012); Ein paar schmerzliche und einige unnuetze Divagationen ueber das taeglich televisierte, Handgelenk mal pi konsumierte und niemanden, niemand erregende Thema, 1973; Hérémence Beton (Bildbd.; Übers. ins Französ. J.-P. LAUBSCHER) 1974 (Fotografien O. Ruppen, J. D. Roulier; dt. u. französ.); Z wilt Mandji. Ein Volksstück (Textb.) 1974 (1975 vom Schweizer Fernsehen DRS produziert); Ornavasso AG, 1962–1972 (Sachb.) 1974 (Fotografien O. Ruppen); Dank an Wien. 1925 bis 1975. 50 Jahre touristische Präsenz der Schweiz in Österreich (m. W. Kämpfen) 1975; Visp. Variationen & Etüden (Bildbd.) 1976 (Fotografien A. Karlen, Illustr. F. Pfammatter); Widerpart. Fuga mit Orgelpunkt vom Schnee (Poem) 1977 (Neuausg. u. d. T.: Widerpart oder Fuga mit Orgelpunkt vom Schnee. Ein Poem, 1979; NA 2000); Corrida. Der spanische Stier und sein Fest (m. a.) 1982 (Illustr. Arjona u. a.); Alfons Studer oder Ein Eros in allen Dingen (Bildbd.) 1984 (Fotos F. Gloor); Rhone Saga. Epos eines Stromes, Enzyklopädie einer Zivilisation. Exposé, 1984; Rhone. Grosser Gesang

und grüner Stier, 1985; Gottfried Tritten (Sachb.; m. a.) 1987; Bodrerito Sutra. Das Poem aus der grossen Rhone Saga. Le long poème de la saga du Rhône (Künstlerb.; Übers. ins Französ. P. I. u. L. Bodrero) 1992 (dt. u. fränzös.; enth. die Transkription der Hs. u. 8 H. in Kassette); Rhone Saga, 1996 (dt. u. französ.); Paraíso sí (Poem) 2000; Leni, Nomadin (Bildbd.) 2001 (Fotografien R. Jordan); Blick auf ... Zermatt (Bildbd.; Übers. aus dem Französ. C. MASCIADRI STREBEL, V. R. MASCIADRI) 2004 (Gouachen H. Theler); Maithuna. Matterhorn. Berg der Welt, Liebesakt transzendierend, 2005. (Ferner ungedr. Hörsp. u. Volksstücke.)

Übersetzungen (Ausw.): M. Chappaz, Die Walliser. Dichtung und Wahrheit (auch Nachw.) 1968 (Zeichn. R. Auberjonois); A. Cuneo, Dinge, bedeckt mit Schatten, 1975; M. Chappaz, Rinder, Kinder und Propheten, 1976 (Illustr. E. Delessert; Ausg. in Blindenschr., 3 Bde., 1982; Neuausg. m. dem Untert.: Zweitausend Jahre in den Bergen in sechsunddreissig Bildern, 1990, Illustr. R. Baumann); ders., Die Zuhälter des ewigen Schnees. Ein Pamphlet, 1976; M. Goeldlin, Windstille gegen Mittag, 1977; C. Apothéloz, P. Budry u. a., Die zwölf Monate des Winzerjahres [...], 1977; M. Chappaz, Lötschental. Die wilde Würde einer verlorenen Talschaft, 1979 (Fotografien A. Nyfeler; NA 1990); Die Reise der Seele. Die Lebensgeschichte der Marie Métrailler (Autobiogr.; hg. M.-M. BRUMAGNE) 1980 (NA 1982; Sonderausg. 1991; Neuausg. [m. der Verf.angabe M. Métrailler] u. d. T.: Die Reise der Seele, 2008; Tb.ausg. m. dem Untert.: Der spirituelle Weg einer Bäuerin, 2012); D. Odier, Das Herz der Welt (Rom.) 1981; P. Chappius u. a., Schreiben im Jura (m. M. Huber-Staffelbach) 1982; F. Nourissier, Unsere Freundin die Zeit, 1982 (Illustr. E. Delessert); D. Odier, Hasenjagd (Rom.) 1983; A. Imer, Freigut. Ausgewählte Lyrik und Kurzprosa 1960–1982, 1984; M. Chappaz, Haute Route, 1984; ders., Die hohe Zeit des Frühlings. Testament der oberen Rhone. Gesang von der Grande Dixence (Nachw. M. ZABEL) 1986 (NA 1998); C. Gallaz, Frauen auf dem Lande (m. B. Erni, hg. J. GENOUD, Nachw. C.-H. FAVROD) 1989 (Fotografien M. Jacot); M. Chappaz, Das Buch der C. Für Corinna Bille, 1994; ders., Von Flüssen ein Auftrag. Vocation des fleuve [...], 1998 (mehrsprachige Ausg.); ders., Evangelium nach Judas (Erz.) 2006.

Literatur: Schmidt, Quellenlex. 14,329. – Killy 6,37 u. ²6,42. – M. VOLKEN, Ein Gespräch m. ~, dem Übers. von Maurice Chappaz (in: 13 étoiles 19, H. 3, S. 24f.) Martigny 1969; Lit. aus der Schweiz. Texte u. Materialien (hg. E. AMMANN, E. FAES) 1978; S. MOSER, ~, ‹Widerpart oder Fuga m. Orgelpunkt vom Schnee› (in: Schweizer Monatsh. 59, S. 1009–1013) 1979; Im Dezember 1980 verlieh die Gemeinde Visp ihren ersten Kulturpreis an den Schriftst. ~ (FS, Reden) 1981; ~, Schriftst. Kulturpreis des Staates Wallis 1983, 1983; H. HARTUNG, Dt. Lyrik seit 1965. Tendenzen – Beispiele – Porträts, 1985; Schweizer Lex., Bd. 3, 1992; W. F. SCHOELLER, ~, der Troubadour aus CH-3930 (in: Du. Die Zs. der Kultur, H. 2, S. 47–51) 1997; Die schönsten Ged. der Schweiz (hg. P. von MATT, D. VAIHINGER) 2002; E. ZOPFI, M. Chappaz, ~. Die Berge ganz vorn auf den Lippen (in: DERS., Dichter am Berg. Alpine Lit. aus der Schweiz, S. 251–272) 2009; L. THELER, Der Dichter, die Berge u. der Strom ... ~, Dichter, Poet (in: S. PERREN, Diese Walliser! 12 Porträts, S. 72–83) 2011; Autorinnen u. Autoren der Schweiz (Internet-Edition); Bibliomedia. Lex. der Schweizer Autorinnen u. Autoren (dasselbe).   VH

Imhof, Adolf (Ps. Indergassen), * 2. 8. 1906 Brig/ Kt. Wallis, † 2. 4. 1976 ebd.; Geistlicher, Lehrer, Volksmusikkomponist; Sohn eines Schmiedemeisters u. Musikers, Gymnasialbesuch in Brig u. Saint-Maurice/Kt. Wallis, Stud. der Philos., Theol. u. Sprachen am Priesterseminar «Collegium Germanicum» in Rom (1926/27), in Sitten/ Kt. Wallis u. in Innsbruck (?), 1933 Priesterweihe, ab 1933 Vikar u. Lehrer in Glis, 1933–39 nebenher Stud. der Harmonie- u. Kompositionslehre in Sitten, 1939–57 Kaplan in Brig, ztw. Forts. des theolog. Stud. in Sitten, 1957–70 (pensioniert) Schulprof. u. Lehrer für Dt., Latein u. Französ. am Kollegium «Spiritus Sanctus» in Brig, 1957 Mitbegr. u. bis 1964 Dirigent des Oberwalliser Volksliederchores, komponierte (z. T. als Bearb. überlieferter Volksweisen) zahlr. Chorlieder, Duette, Märsche u. Tänze, verf. die Texte zu seinen Liedern vielfach selbst. – 1975 Kulturpreis der Stadtgemeinde Brig-Glis, 1982 (posthum) «Goldener Tell» für Verdienste um das Schweizer Volkslied. – Singsp., Volksst., Liedtext, Mundart (Walliser). – 1988 A.-I.-Stiftung, Brig-Glis.

Schriften (Musikdr. in Ausw.): Heimatlos. Dramatisches Singspiel in vier Akten, 1947 (Musik A. I.); Im Gantertal. Dramatisches Singspiel in acht Bildern (Liedertexte) 1947 (vollst. Ausg. m.

dem Untert.: Dramatisches Walliser Singspiel in acht Bildern aus der Zeit des «Grossen» Stockalper [Mitte des 17. Jahrhunderts], 1949, Musik A. I. unter Verwendung von uralten Jodlermelodien; NA m. dem Untert.: Ein Oberwalliser Singspiel in acht Bildern aus der Zeit des «Grossen Stockalper» [1609–1691], 1961; 1982 auf Schallplatte u. Tonkassette; 2007 auf CD); Hauptmann Gerwer. Walliser Volksstück mit Gesang aus Geschichte und Sage (Einf., Liedertexte) 1953; Niiwi Liäder in Wallisertiitsch, 1959; Hauptmann Gerwer (Der Schuss auf der Kanzel). Schauspiel in sechs Bildern aus Geschichte und Sage, 1960; Drei Chorlieder (Bearb. O. LAGGER) 2011 (Musik A. Imhof).

Tonträger (Ausw.): Volksmusik aus dem Wallis (Schallplatte; m. Josef-Marie I.) um 1970; Wallis, mini Heimat (2 Schallplatten) 1982 (auch auf 2 Tonkassetten); Aus der Urheimat der Walser. Walliser Volksmelodien (3 Schallplatten; m. Josef-Marie I.; Erl. A. CARLEN, E. SCHMIDT, W. HEIMCHEN) 1983 (auch auf 2 Tonkassetten).

Literatur: Theater-Lex. 2,875. – L. IMESCH, Ansprache bei der Übergabe des Kulturpreises der Stadt Brig an Prof. ~ am 31. Mai 1975 in Brig, 1975; F. MAISSEN, Walliser Studenten am Collegium Germanicum in Rom 1783–1960 (in: Vallesia [...]. Jb. der Walliser Kantonsbibl., des Staatsarch. u. der Mus. von Valerai u. Majoria 31, S. 241–254) 1976 (auch Internet-Edition); Im Gantertal. Ber. über das Gantertal, seine Gesch., das Singsp., dessen Verf., die Auff. 25 Jahre Oberwalliser Volksliederchor, 1957–1982 (zus.gestellt F. SCHMID) 1982 (Fotos A. Heynen); Schweizer Lex., Bd. 3, 1992; B. SOWINSKI, Lex. dt.sprachiger Mundartautoren, 1997; A.-I.-Stiftung, 1906–1976 (Faszikel) 2004; Wikiwallis (Internet-Edition).   VH

Imhof, Agnes, * 1973 München; Orientalistin, Islamwissenschaftlerin; 1992 Abitur am Dom-Gymnasium Freising, studierte Arabistik, Philos., Islamu. Rel.wiss. in London, Tübingen u. Bamberg, 1999/2000 Mitarb. am «Metzler Lex. Rel.», 2004 Dr. phil. an der Univ. Bamberg, danach ztw. Doz. für Islamwiss. ebd., ausgebildet in klass. Gesang, lebte ztw. in Geltendorf/Obb., am Ammersee, dann in München. – Hist. Rom., Fachschrift.

Schriften: Religiöser Wandel und die Genese des Islam. Das Menschenbild altarabischer Panegyriker im 7. Jahrhundert, 2004 (Diss. 2003); Das Buch des Smaragds (hist. Rom.) 2006; Die Königin der Seidenstraße (dass.) 2008.

Herausgebertätigkeit: Der Harem. Sinnliche Begegnungen im Serail (m. P. Prange) 2008. VH

Imhof, Alois, ★ 1883 Brig, † n.1953 Zürich (?); Buchdrucker, lebte in Zürich; veröff. zw. 1927 u. 1954 v. a. heimatgeschichtl. Beitr. u. Gelegenheitsged. in Ztg. wie «Walliser Bote», «Briger Anzeiger» u. «Walliser Volksfreund», aktives Mitgl. des «Walliser-Klubs» Zürich u. 1932/33 sowie 1943 dessen Präsident. – Lyrik, Vortr., regionalhist. Schr., Mundart (Walliser).

Schriften: Z'Wallisland. Festakt in Oberwalliser Mundart [...], 1928; Gedenkschrift zum fünfzigjährigen Bestehen der Grütli-Buchdruckerei, Zürich. 1889–1939 (m. E. Schäfer) 1939; Vam Wallis und va schine Litu. Plauderei in Oberwalliser Mundart am Heimatabend Berner Oberland [...], 1941.

Literatur: B. SOWINSKI, Lex. dt.sprachiger Mundartautoren, 1997. VH

Imhof, Arthur E(rwin), ★ 20. 4. 1939 Naters/Kt. Wallis; Historiker, Demograf; studierte Gesch. in Zürich, Brüssel, Rom u. Paris, 1965 Dr. phil. an der Univ. Zürich u. Wechsel an die Univ. Gießen, Doz. u. 1973 Habil. ebd., 1975–2004 (emeritiert) o. Prof. für Gesch. der Neuzeit u. Sozialgesch. am Friedrich-Meinecke-Inst. der FU Berlin, 1980–95 mehrmals Gastdoz. an Univ. Brasiliens, n. 2004 u. a. Doz. an der Univ. Rostock, entwickelte zahlr. interaktive Lern- u. Studienprogr. m. CD-ROMs u. Internet-Editionen zur multimedialen Gesch.darstellung. – Mitgl. der Königl.-Norweg. Akad. der Wiss., Oslo. – Fachschr., Sachb., Ess., Erz., Vortr., Bildbetrachtung.

Schriften (Ausw.): Der Friede von Vervins 1598, 1966 (Diss. 1965); Bernadotte. Französischer Revolutionsgeneral und schwedisch-norwegischer König, 1970; Grundzüge der nordischen Geschichte, 1970; Aspekte der Bevölkerungsentwicklung in den nordischen Ländern 1720–1750, 2 Bde., 1976 (Habil.-Schr. 1973); Einführung in die historische Demographie, 1977; Die gewonnenen Jahre. Von der Zunahme unserer Lebensspanne seit 300 Jahren oder von der Notwendigkeit einer neuen Einstellung zu Leben und Sterben. Ein historischer Essay, 1981; Die verlorenen Welten. Alltagsbewältigung durch unsere Vorfahren – und weshalb wir uns heute so schwer damit tun, 1984; Von der unsicheren zur sicheren

Lebenszeit. Fünf historisch-demographische Studien, 1987; Die Lebenszeit. Vom aufgeschobenen Tod und von der Kunst des Lebens, 1988; Reife des Lebens. Gedanken eines Historikers zum längeren Dasein, 1988; Geschichte sehen. Fünf Erzählungen nach historischen Bildern, 1990; Im Bildersaal der Geschichte oder Ein Historiker schaut Bilder an, 1991; Ars moriendi. Die Kunst des Sterbens einst und heute, 1991; Zwischen Europa und Übersee. Ein Historiker-Demograph schaut Bilder an, 1992; Ars vivendi. Von der Kunst, das Paradies auf Erden zu finden, 1992; «Sis humilis!» Die Kunst des Lebens als Grundlage für ein besseres Sterben (Vortr.) 1992; Das unfertige Individuum. Sind wir auf halbem Weg stehengeblieben? Neun Bilder aus der Geschichte geben zu denken, 1992; Das prekäre Leben. Leben, Not und Sterben auf Votivtafeln. Impulse für heute, 1998 (m. CD-ROM); Die Kunst des Sterbens. Wie unsere Vorfahren sterben lernten. Impulse für heute, 1998 (dass.); Gute alte Zeit? Wie sich unsere Vorfahren zu helfen wußten (Vortr.) 2000 (CD-ROM).

Herausgebertätigkeit (Ausw.): Historische Demographie als Sozialgeschichte. Gießen und Umgebung vom 17. zum 19. Jahrhundert, 2 Bde., 1975 (1995 als CD-ROM); Biologie des Menschen in der Geschichte. Beiträge zur Sozialgeschichte der Neuzeit aus Frankreich und Skandinavien (m. Einl. hg., z. T. auch übers.) 1978; Mensch und Gesundheit in der Geschichte. Vorträge eines internationalen Colloquiums in Berlin vom 20.–23. September 1978. Les hommes et la santé dans l'histoire (m. Einl. hg.) 1980 (dt., engl. u. französ.); Historische und analytische Demographie, Geschichte von Familie und Haushalt, historische Sozialanthropologie und Geschichte kollektiver Mentalitäten [...], 1981; Leib und Leben in der Geschichte der Neuzeit. Vorträge eines internationalen Colloquiums, Berlin 1.–3. 12. 1981. L' homme et son corps dans l'histoire moderne (m. Einl. hg.) 1983 (dt. u. französ.); Der Mensch und sein Körper. Von der Antike bis heute, 1983; Leben wir zu lange? Die Zunahme unserer Lebensspanne seit 300 Jahren – und die Folgen. Beiträge eines Symposiums vom 27.– 29. November 1991 an der Freien Universität Berlin (m. Vorw. u. Einl. hg.) 1992; Lebenserwartungen in Deutschland, Norwegen und Schweden im 19. und 20. Jahrhundert (Mitarb. H.-U. Kamke u. a.) 1994; Erfüllt leben – in Gelassenheit sterben. Geschichte und Gegenwart. Beiträge eines interdisziplinären Symposiums vom 23.–25. November

1993 an der Freien Universität Berlin (m. R. Weinknecht) 1994; Wolken – Malerei – Geschichte. Wolken-Gebilde. Clouds – painting – history (m. a., auch Textbeitr., Übers. ins Engl. N. Prosser) 1996 (CD-ROM); Neue Kunden für alte Schätze aus der Handschriftenabteilung (m. Textbeitr. hg., Mitarb. A. Laudan) 2000 (CD-ROM). VH

Imhof, Eduard, * 15. 11. 1935 Grengiols/Kt. Wallis; kathol. Geistlicher, Schriftst., lebt in Grengiols; n. anfängl. väterl. Unterricht in Grengiols ab 1948 Internatsschüler am Kollegium «Spiritus Sanctus» in Brig/Kt. Wallis, Laiendarsteller bei Theaterauff. sowie Matura ebd., 1957 Eintritt ins Priesterseminar in Sitten/Kt. Wallis, Stud. der Theol., 1962 Priesterweihe in Grengiols, danach Vikar in der Liebfrauenkirche in Zürich, ab 1962 Verf. mehrerer Hörsp. für Radio DRS, u. a. 1974 «Känguruh-Report», Mitarb. an Rundfunksendungen des Schweizer Radios in Bern u. Beiträger der Ztg. «Walliser Bote», ab 1965 Jugendseelsorger u. Rel.lehrer in Zermatt, 1971–78 Pfarrer in Täsch u. 1979–85 in Zermatt (beides Kt. Wallis), 1985–95 Geistlicher in Mund/ebd. u. 1995–2005 (pensioniert) in Brig, 2006–2012 (i. R.) Pfarrer im Halbamt in Grengiols. – Erz., Lyrik, Kurzgesch., Hörsp., christl. Betrachtung, rel. Schr., Mysteriensp., Theaterst., Erinn., Mundart (Walliser).

Schriften (Ausw.): Gott verläuft sich nicht im Sande. Nicht alltägliche Gedanken zu allen Tagen des Monats, 1976; Schlüssel für Türen zu Gott, 1978; Bleib bei mir, Herr! Geistliche Exkursion ins Landesinnere von Lukas 24, 13–35, 1978 (m. Noten); Astro-Safari für Tierkreis-Dancers, Horoskop-Fans und andere Sterngucker, 1986 (hochdt. u. schweizerdt.; 2009 auf CD, Musik O. Lagger); Meine sehr verehrten Heiligen. Liebesbriefe eines Pfarrers, 1988 (Illustr. W. Kretzer); Dr Güeten Tagg-Kaländer. Schriftdeutsch & Mundart. Güeten Tagg dr-dir-üff, dr-dir-app nd dr-dir-i uberall, 2009; Anno Domini. E. I. erzählt hier am Trottoir seiner Pfarrerlaufbahn hochwürdige Merkwürdigkeiten (Erzn., Kurzgesch., Erinn.) 2012. (Ferner ungedr. Hörsp. u. Theaterstücke.)

Tonträger: 12 Boozegschichtä (CD) um 2009.

Literatur: Aufklärerischer humanist. Humor. Der Pfarrer-Dichter ~ las vor den Dt.sprachigen der Stadt Sitten (in: Espoirs [..] Hoffnungen. Walliser Zs. für Lit., Nr. 11, S. 23) 1991; B. Sowinski, Lex. dt.sprachiger Mundartautoren, 1997; Talwind. Oberwalliser Ggw.lit. (hg. C. Stünzi) 2006;

W. Bellwald, M. Pianzola, «Die Zeiten haben sich geändert, aber der Herrgott nicht». ~, Pfarrer (in: Rhone-Ztg. Oberwallis – Brig 9, Nr. 13, S. 28f.) 2006 (auch Internet-Edition); I. Szanyi, Fragen u. Fakten zur Mundartlit. im Oberwallis (in: Publicationes Universitatis Miskolcinensis, Sectio Philosophica, 15, Nr. 3, S. 373–380) Miskolc/Ungarn 2010 (dass.); S. Kalbermatten, «Heute haut mich nichts mehr um – gar nichts mehr». Grengiols, Pfarrer ~ feiert am Sonntag sein 50-Jahr Jubiläum als Priester [Interview] (in: Rhone-Ztg. Oberwallis – Brig 15, Nr. 24, S. 18f.) 2012 (dass.); Wikiwallis (Internet-Edition). VH

Imhof, Karl, * 15. 5. 1940 München; Grafiker, Maler, Buchkünstler, Verleger, lebt in München; studierte 1959–65 Malerei u. Grafik an der Akad. der Bildenden Künste in München, 1963 Aufbau eines Ateliers für Druckgrafik m. Verlag in München, 1965/66 Parisaufenthalt als Stipendiat der Stud.stiftung des Dt. Volkes, 1978 in München Mitbegr. der «D. P. Druck- u. Publ.-GmbH», seither dort tätig, veröff. 1980–88 Offsetlithografien u. d. T. «Impulsrevue I–VI», verf. seit den 1980er-Jahren künstler. Texte u. seit 1989 Sprechst. (auch Auff.), 1990–2005 (emeritiert) Prof. für Lithografie an der Akad. der Bildenden Künste in München, 2005 Initiator der «1. Europ. Lithografie-Tage» im Münchner Künstlerhaus, lehrt klass. Lithografie an der Kunstakad. Bad Reichenhall. – 1986 Kunstpreis der Stadt München für Typografie, 2012 Seerosenpreis der Landeshauptstadt München. – Sprechst., Lyrik, Künstlerbuch.

Schriften: Noch vor Sonnenaufgang (Ged.) 1982 (Selbstverlag); Texte 82–86 (Slg., Künstlerb.) 1986; Texte und Sprechstücke, 1990 (Fotos u. Offsetlithografien K. I.; auch auf Diskette); Sprechstücke 1989–1996 (Slg., Künstlerb.) 1998; Lose Texte. Aus 26 Sprechstücken (dass.) 2001.

Bild- und Tonträger: Vier Sprechstücke (Videokassette) 1997; Fünf Sprechstücke (CD) 2001.

Literatur: AKL (Internet-Edition). – Das Gedächtnis öffnet seine Tore. Die Kunst der Ggw. im Lenbachhaus München (Ausst.kat.; bearb. I. Netta, hg. H. Friedel, U. Wilmes) 1999; R. Fritz, Laudation für ~ zum Seerosenpreis 2012 der Landeshauptstadt München [...], 2012 (Internet-Edition). VH

Imhof, Oskar Wilhelm (Ps. Imhofen), * 28. 6. 1867 Hayn bei Erfurt (später zu Mönchenholzhausen), † 1939 Hopfgarten bei Weimar; Lehrer, Heimatforscher, Schriftst.; Sohn eines Lehrers, besuchte das Lehrerseminar in Weimar, 1888–99 (90?) Lehrer in Bergern bei Bad Berka/Thür., dann bis 1929 Lehrer, Oberlehrer u. Ortschronist in Niederzimmern/Thür., auch Komponist eines Marsches u. des Märchensp. ‹Rotkäppchen› (n. A. Bose, 1902), lebte in Hopfgarten. – Lyrik, Erz., Anekdote, heimat- u. familiengeschichtl. Schr., Mundart (zentral- u. ilmthüringisch).

Schriften: Chronik von Bergern zur 200jährigen Jubelfeier der Kirche zu Bergern (Bearb.) 1896; Ortsgeschichte von Niederzimmern (Vorw. A. Mollberg) 3 Tle., 1908–11; Potz'ge Denger onn varflucht'ge Resse die värn Krihege, wahrnd'n krihege onn noch'n Krihege passiert sinn odd'r ooch nech (m. G. Elster, F. Dohle) um 1920 (2., stark verm. u. verb. Aufl. m. dem Umschlaguntert.: Humoristisches in allerlei Mundarten aus Weimar und umliegenden Orten, 1922; 3., erw. Aufl. [m. der Alleinverf.angabe O. W. I.] m. dem Untert.: Allerlei heitere Anekdoten und Geschichten in Thüringer Mundart, 1927, Illustr. u. Porträt des Autors R. Riege); Familien-, Sippen- und Abstammungs-Forschung im Landkreise Weimar und den angrenzenden Gebieten. Einwohnerverzeichnis von 1350–1700 aus 334 Ortschaften nach Urkunden und Akten Thüringer Archive (Bearb.) 1934 (Sonderdr. der Allg. Thüring. Landesztg. Dtl.); Heimatliebe, Heimatleben. Aus hochdeutschen und mundartlichen Dichtungen (1888–1938), 1938.

Literatur: B. Sowinski, Lex. dt.sprachiger Mundartautoren, 1997; Thüringer Lit.rat, Autorenlex. (Internet-Edition).   VH

Imhof, Peter, ⋆ 1938 Wasen im Emmental (später zu Sumiswald/Kt. Bern); Werbefachmann, lebt in Niederscherli bei Köniz/Kt. Bern; bis 1948 aufgewachsen in Seftigen im oberen Gürbetal, dann in Köniz, gelernter Typograf, n. einem Auslandsaufenthalt u. der Ausbildung im Werbefach über 40 Jahre im Werbebereich tätig. – Erz., Sage, Mundart (berndeutsch).

Schriften: Chabisland. Gschichte, chrummi Müschterli u uhiimelegi Sage us em Gürbetau (Erzn.) 2005 (2006 auf 4 CDs); Gürbechempe. No meh Gschichte u chrummi Müschterli us em Gürbitau, derzue en Abstächer i d Chräche vom Ämmitau (dass.) 2008; Senseflüe.Gschichte us em

Schwarzenburger- u Senseland, us der wiude Sensechluch (dass.) 2012.

Literatur: Ein Mundartb. m. witzigen Geschn. (in: Der Belper 57, H. 12, S. 17) 2005 (zu ‹Chabisland›); Literapedia Bern. Das Lex. der Berner Schriftstellerinnen u. Schriftst. (Internet-Edition).   VH

Imhof, Sabine, ⋆ 12. 5. 1976 Brig/Kt. Wallis; Schauspielerin, Schriftst.; Tochter eines Lehrers, aufgewachsen im Oberwallis, n. dem Schulbesuch weiterführende Ausbildung am Kollegium «Spiritus Sanctus» in Brig (Abbruch), anschließend Schauspiel- u. Musicalausbildung an der «Stage School of Music, Dance and Drama» in Hamburg u. am New Yorker Lee Strasberg Inst., danach Arbeiten für Theater u. Film in den USA, lebt wechselnd an versch. Orten in den USA, der Schweiz u. Süddtl., veröff. zahlr. Ged. u. Geschn. in dt. Lit.zs. wie «Maskenball», «Dulzinea», «Hanebüchlein» u. «Asphaltspur», im Schweizer Poetry-Slam-Magazin «Nerv» u. regelmäßig im «Walliser Jb.» u. im «Walliser Boten». – 2003 Isla-Volante-Lit.preis, 2004 UNESCO-Club-Lit.preis, 2006 zweiter Platz beim Montblanc-Bolero-Shortstory-Preis. – Lyrik, Erz., Drama.

Schriften: Sonntags (Ged.) 2004; Das Alibi der Abwesenheit (Ged.) 2008.

Literatur: D. Jeitziner, Eine Autorin, die ungern schreibt. Die 30-jährige ~ hat vor kurzem den zweiten Rang in einem Schreibwettbewerb erreicht (in: RhoneZtg. Oberwallis 9, Nr. 30, S. 31) 2006; Wikiwallis (Internet-Edition).   VH

Imhof, Ursula, ⋆ 30. 12. 1944 Bernburg/Saale; Schriftstellerin, lebt in Mülheim/Ruhr. – Rom., Nov., Erz., Kurzgesch., Lyrik, christl. Betrachtung, Andacht.

Schriften: Weil wir von Liebe leben (Meditationen, Ged.) 1991; Ich suchte Liebe (Nov.) 1992; Und über uns der Regenbogen. Begegnungen im Alltag (Erzn.) 1992; Mit dem Herzen sehen (dass.) 1993; Ich hoffe auf das erste Lächeln (Rom.) 1995; Einfach himmlisch. Begegnungen mit Engeln (Kurzgeschn.) 1997; Abschied von Kristin. Eine Familie besiegt Haß und Verzweiflung und vergibt dem Mörder ihrer Tochter (Tatsachenrom.) 1998; Der Mann im Spiegel (Rom.) 1999; E. Stahlschmidt, Sieben Jahre ohne meine Kinder. Wenn Gott auf krummen Zeilen gerade schreibt (Bearb.) 2000; Mit Gott neue Wege gehen. Andachten für das ganze Jahr, 2001; Doras Weihnachtswunder. Eine Geschichte zu Weihnachten, 2006.   VH

Imhofen → Imhof, Oskar Wilhelm.

Imhoff, (Hans) Christoph (Freiherr) von, * 11. 4. 1912 Nürnberg, † 8. 9. 1986 ebd. (?); Journalist, Schriftst., Jurist; Sohn des königl.-bayer. Offiziers, späteren Oberstleutnants u. Grafikers Hans Freiherr von I. (1874–1953), besuchte ein Realgymnasium u. studierte ab 1932 Rechts- u. Staatswiss. in Innsbruck, Leipzig, München u. Erlangen, 1933–35 Mitgl. der SA, 1935 Dr. jur. an der Univ. Erlangen, ab 1935 Volontär der «Münchener Neuesten Nachr.», ab 1937 Mitgl. der NSDAP, 1937/38 polit. Red. der «Dresdner Nachr.», 1938–45 angestellter Red. der «Dresdner Neuesten Nachr.», Berichterstatter im 2. Weltkrieg, übernahm 1943 einen Kriegsber.erstatterzug, schrieb u. a. für Ztg. u. Zs. wie «Das Reich» u. «Signal», kurzzeitig in US-amerikan. Kriegsgefangenschaft, dann freier Journalist, 1950 Mitbegr. der «Christl. Presse-Akad.» (cpa; später umbenannt in «Evangel. Medienakad.») in Bad Boll, Gründungsmitgl. des publizist. Ausschusses der Evangel. Kirche Dtl., ab 1952 Chefred. der Zs. «Die neue Furche. Mschr. für geistige Auseinandersetzung» in Stuttgart, leitender polit. Red. der «Rhein. Post», des «Kölner Stadtanzeigers» u. des «Handelsbl.», 1965–71 stv. Chefred. der «Stuttgarter Nachr.», danach freier Publizist, Vortr.redner u. Autor in Nürnberg, unternahm zahlr. Reisen in den Nahen u. Fernen Osten sowie n. Südafrika, 1983 Mitbegr. u. zweiter Vors. der Willibald-Pirckheimer-Gesellsch. in Nürnberg. – Neben militär. Auszeichnungen im 2. Weltkrieg 1966 Joseph-Drexel-Preis, 1982 Theodor-Heuß-Medaille u. Bürgermedaille der Stadt Nürnberg. – Polit., kirchengeschichtl., kulturhist. u. genealog. Schr., Reise- u. Erlebnisber., Vortr., Aufs., Rom., Jgdb., Hörsp., Biografie.

Schriften (Sachb. in Ausw.): Grundlagen und Grundzüge eines neuen Volksgruppenrechtes im Rahmen der politischen Lage Europas, 1937 (Diss. 1935; Buchhandelsausg. u. d. T.: Imperialismus oder völkische Politik? Vierzig Millionen fordern ihr Recht, 1937); Der Hölle entronnen. Zwei deutsche Pioniere entkommen der englischen Gefangenschaft in Dünkirchen, 1941 (= Kriegsbücherei der dt. Jugend, H. 82; Zeichn. W. Plantikow); Sturm durch Frankreich (Erlebnisber.) 1941; Die Einschmelzung Großbritanniens

(Sachb.) 1943; Die Festung Sewastopol. Ein Roman, 1953; Israel – Experiment und Exempel. Ein Reisebericht, geschrieben und gezeichnet, 1957 (Sonderdr. aus: Rhein. Post); Israel – die zweite Generation (Sachb.) 1964; Gegen die Willkür der Mächtigen. 20 Staatsmänner zu den Problemen unserer Zeit (m. K. G. von Stackelberg) 1966; Was wird aus Südostasien? Skizzen einer Reise, 1968 (Karten E. Munz); Duell im Mittelmeer. Moskau greift nach dem Nahen und dem Mittleren Osten (Sachb.) 1968 (dass.); Willibald Pirckheimer. Dürers Freund im Spiegel seines Lebens, seiner Werke und seiner Umwelt (m. W. P. Eckert) 1971 (Gestaltung A. Wienand; 2., erw. Aufl. 1982); Iran – Persien (kulturgeschichtl. Sachb.) 1977.

Herausgebertätigkeit (Ausw.): Kirchentag 1952 im Bild. Offizieller Bericht vom vierten deutschen evangelischen Kirchentag in Stuttgart 1952 (m. J.-R. Renner, Bildred. H. JAEDICKE) 1952; Der Johanniter-Orden, der Malteser-Orden. Der ritterliche Orden des hl. Johannes vom Spital zu Jerusalem [...] (m. A. Wienand, C. W. Graf von Ballestrem) 1970; Energie – politische Macht (m. A. Silenius) 1976; Krisenquadrat Mittelost (m. Einl. hg.) 1978; Berühmte Nürnberger aus neun Jahrhunderten (Biogr.) 1984 (2., erg. u. erw. Aufl. 1989).

Nachlass: Arch. des Inst. für Zeitgesch. München. – Bundesarch., Zentrale Datenbank Nachl. (Internet-Edition).

Literatur: D. STERN, Werke jüd. Autoren dt. Sprache. Eine Bio-Bibliogr., ³1970; B. DENEKE, Nachruf auf ~ (in: Franken unter einem Dach 9, S. 88f.) 1986; O. von NOSTITZ, In Memoriam ~ (in: Pirckheimer-Jb. 2 [1986], S. 7–9) 1987; N. HOPSTER u. a., Kinder- u. Jugendlit. 1933–1945. Ein Hdb., Bd. 1, 2001; M. G. MEIER, Freiheit u. Verantwortung. Die Christl. Presse-Akad. Ein Engagement für den demokrat. Journalismus in Reaktion auf das Dritte Reich, 2003.   VH

Imhoff, Hans (gen. Frosch), * 16. 2. 1939 Langenhain/Taunus; Schriftst., Philosoph, Aktionskünstler, Verleger, lebt in Frankfurt/M.; Sohn eines Offiziers, aufgewachsen in Frankfurt, 1950–60 Gymnasialbesuch ebd., Abitur, 1957–64 Jazzmusiker, 1960/61 Soldat der Dt. Bundeswehr, studierte ab 1961 Gesch., Philos. u. Russ. in Frankfurt/M., u. a. Schüler u. Kritiker von Theodor W. → Adorno, 1967 Dr. phil. bei Adorno an der Univ. Frankfurt, aktiver Teilnehmer an der Studentenbewegung, vielfältiger Aktionskünstler m. medienwirksamen Provokationen, 1968 u. a. selbsternannter Lehrstuhlinhaber für Asozialistik an der Frankfurter Univ. m. «Antrittsvorlesung» während einer Veranstaltung von Jürgen → Habermas, Verf. von «konkreter Poesie», ab 1970 Vermittlungskraft im Fernmeldedienst der Dt. Bundespost, 1970/71 Doz. für idealist. u. materialist. Dialektik an der Kunsthochschule Düsseldorf u. der Hochschule für Musik u. darstellende Kunst in Frankfurt, 1971–76 Leiter des Zentralbüros der «Freien Dt. Presse. Partisanenpresse», ab 1972 Eigentümer des Euphorion-Verlages in Frankfurt (2003 Verlagsaufgabe), v. a. Verleger bibliophiler Ausg. u. eigener Texte, ztw. marxist.-parteipolit. engagiert, widmete sich 1990–92 dem Stud. des Sanskrit, nachfolgend Veda-, Chines.- u. Ägypt.-Stud., 1992 Gründung seines sog. «Geistphilosoph. Privatissimums» in Frankfurt. – Lyrik, Prosa, Gespräch, Ess., Rom., Tgb., Autobiogr., Satire, Aphorismus, szen. Text, Märchen, Fachschr., sprach- u. lit.krit. Schr., Dokumentation, Aufs., Vortr., Künstlerbuch.

Schriften: Oper, 1967 (Selbstverlag); Pyrrho (hg. R. BRÜCK) 1972 (4., erw. Aufl. 1976; 5. Aufl. als Neuausg. m. dem Untert.: Fünfjahrbuch für konkrete Poesie, 1972–1977, 1977; Zwanzig Aufsätze 1967/68, 1972; Die Aufsätze von 1969–1972, 1972; Die Mitscherlich-Aktion. Beispiel einer öffentlichen Analyse (Dokumentation) 1972; Der Hegelsche Erfahrungsbegriff, 1973 (Diss. 1967 u. d. T.: Aspekte des Hegelschen Erfahrungsbegriffs); Kleine Postfibel (Dokumentation) 1974; Allgemeine Gedichte 1973–1975, 1975; Das Naturwerk. Naturphilosophisch-autobiographischer Abriß in Geschichten, 1975 (NA zus. m. ‹Die Substanz› u. ‹Übergang zur Wirklichkeit› 1978); Die Substanz. Roman in drei Büchern und einem Satyrspiel, 1976; Übergang zur Wirklichkeit (philosoph. Betrachtungen, Rom.) 1977; Asozialistik. Festgabe. Spätes Frühwerk (Dokumentation) 1978; Logik des Plans. Erstes Buch. Kategorien des spekulativen Materialismus (m. n. e.) 1978; Republikanische Blüte (Rom.) 5 Bde., 1979–98; Gedichte auf die Monate des Jahres (1977/80). Zusätzlich des Rezeptes zur Goethe-Lektüre (1963), 1980; Juvenalien. Früher Kunstprosa 20jähriges Jubiläum. Mitteilungen. Charaktere. Zum Begriff der Unendlichkeit (Ess., Aphorismen) 1982; Dramen (1967–1982). Zweites Fünfjahrbuch für konkrete Poesie, 1977–1982, 1982 (Nebent.: Gorgo); Mnemosyne (Satiren) 1983; Poiesis. Verfassungsfragen, 1984; Passus. Gedichte aus 25 Jahren, 1984; Wahn

und wahr. 19 Szenen, 1985; Untersuchung über das Verhältnis der Gegenwartsmoderne zum Schönen, 1985; Lyrik. Gesamtausgabe, Tl. 4, Sämtliche lyrische Werke einschließlich der konkreten Poesie in der Reihenfolge der Erstausgaben (m. n. e.) 1986; Pytho. [Tetralogie]. Drittes Fünfjahrbuch für konkrete Poesie, 1982–1987, 1987 (Umschlagt.: Delphi); Summa Ovidiana. Celtis tractatio (Ess.) 1988; Splendor globi. Sie werden uns gemacht haben, und nicht wir sie, 1988; Erster Besuch in der Abyssos, 1989; Vertumnus und Pomona (Märchen; hg. Uta I.) 1990; Die höhere Erkenntnis des Winters. Figurengedichte. Viertes Fünfjahrbuch für konkrete Poesie 1987–1992, 1990; Herabstieg zur Lebensmitte, 1994; Echo. Fünftes Fünfjahrbuch für konkrete Poesie, 1992–1997, 1996; Eine Geliebte Goethes (Ess.) 2001; Ursa poeta maior. Sechstes Fünfjahrbuch für konkrete Poesie, 1997–2002; 2002. (Ferner einige nicht nachweisbare Privatdrucke.)

Briefe: Die Herablassung des Dichters. Des Celtes und I.s Selbstkrönung. 1491–1991 (Slg.) 1991 (enth. Briefe von 1987–91); Ich für Dich bei mir (Slg.) 1997 (enth. Briefe von 1991–94).

Herausgebertätigkeit: Gespräche, 10 Tle., 1973–80 (Tle. 1–3 Dialoge, Tl. 4 Vertrauliche Reden, Tle. 5–7 Vortrag. Dialog. Monolog, Tle. 8/9 Meisterdialoge, Tl. 10 Dialog; versch. Ausg.; Tle. 5–10 als «Ges.-Tl. 2», 1980).

Literatur: D. LINCK, Désinvolture u. Coolness. Über Ernst Jünger, Hipsters u. ~, den «Frosch» (in: Kultur & Gespenster 3, S. 36–55) 2007 (auch Internet-Edition); R. DONSBACH, Letzter Aufruf: ~ (in: Zeit online, 1. 4.) 2009 (Internet-Edition); H. LOEVEN, Der Frosch. ~ zum Siebzigsten (in: Der Metzger. Die satir. Zs., H. 84, S. 14–16) 2009.   VH

Imhoff, Hans Christoph (Freiherr) von → Imhoff, (Hans) Christoph (Freiherr) von.

Imhoof, Markus, * 19. 9. 1941 Winterthur; Film- u. Theaterregisseur, Drehb.autor, Filmproduzent, lebt in Aathal-Seegräben/Kt. Zürich u. in Berlin; Sohn eines Hochschulprof. für Dt. u. Gesch. u. einer Engl.lehrerin, aufgewachsen in Winterthur, 1961 Matura am Humanist. Gymnasium ebd., schrieb u. inszenierte 1961–67 erste Kurzfilme, studierte Germanistik, Kunstgesch. u. Gesch. an der Univ. Zürich, lic. phil. I ebd., Assistent am Schausp.haus in Zürich, 1967/68 Besuch von Filmkursen an der Kunstgewerbeschule ebd., seit 1968 («Rondo», n. der Premiere bis 1975 m. Auff.verbot belegt) Drehb.autor zahlr. Dokumentar-, Kinosp.- u. Fernsehfilme, seit 1969 freier Regisseur, 1969–76 Mitgl. der Eidgenöss. Filmkommission, 1970 Mitbegr. der «Nemo Film GmbH», 1977 zus. m. George Reinhart (1942–1997) Begr. der Produktionsfirma «Limbo Film AG», 1978 Übersiedlung n. Mailand u. ztw. Gastdoz. an der dortigen Filmschule, zog 1986 n. Berlin (West), Gastdoz. an der Filmakad. ebd., inszenierte zw. 1987 u. 2002 versch. Schausp. u. Opern an Bühnen in der Schweiz, in Dtl. u. Öst., 1988 Rückkehr in die Schweiz n. Aathal, 1996 Gründer der «M. I. Film GmbH» u. Mitbegr. der Filmproduktionsgesellsch. «Fl.im.Pa.», 2003 Übersiedlung n. Berlin, unternahm ausgedehnte Reisen, u. a. in den Vorderen Orient, in die USA, n. Mexiko, Venezuela, China u. Indien. – Neben anderen Auszeichnungen zw. 1969 u. 1997 mehrere Qualitätsprämien des Eidgenöss. Departements des Innern, 1972 Preis für das beste Drehb. beim TV-Festival in Prag, 1971, 1972, 1975 u. 2012 Zürcher Filmpreis, 1980 «Oscar»-Nominierung (bester fremdsprachiger Film) für ‹Das Boot ist voll›, 1981 «Silberner Bär» der Filmfestsp. Berlin, 1997 Kulturpreis der Stadt Winterthur, 2012/13 mehrere internat. Filmpreise für ‹More than Honey›, u. a. 2013 Dt. Filmpreis «Lola» für den besten Dokumentarfilm. – 1984 Mitgl. der Akad. der Künste Berlin [West], Mitgl. der Europ. Filmakad. u. der Academy of Motion Picture Arts and Sciences, Beverly Hills. – Drehb., Filmb., Ess., Mundart (schweizerdeutsch).

Schriften (gedr. Drehb. in Ausw.): Rondo (Drehb.) 1968 (als Ms. gedr.; 1968 als Dokumentarfilm); Homo Sapiens. Ein Film über die Gefrässigkeit (dass.) 1970 (als Ms. gedr.); Fluchtgefahr. Wie einer zum Verbrecher wird. Drehbuch mit schweizerdeutschen und hochdeutschen Dialogen. Ein Film (Nachw. M. Schaub) 1975 (1974 verfilmt); Das Boot ist voll. Ein Filmbuch (Vorw. F. Dürrenmatt) 1983 (Standfotografien G. Reinhart; 1979 als Drehb. n. dem gleichnamigen Buch von Alfred A. Häsler; 1980 verfilmt, Regie M. I.; 1981 als Videokassette; 2004 als DVD); Das Blaue vom Himmel (Drehb.) 2004 (als Ms. gedr.); More than Honey. Vom Leben und Überleben der Bienen (Film- u. Sachb.; m. C.-P. Lieckfeld) 2013 (2010 als Drehb. zus. m. K. Hoppenhaus; 2012 verfilmt, Regie M. I.; 2012 als DVD; Neuausg. als DVD 2013). (Ferner zahlr. ungedr. Drehbücher.)

Bild- und Tonträger: Die Reise (Videokassette; Drehb. n. dem gleichnamigen Rom.fragment von B. Vesper, Regie M. I.) 1985 (2004 als DVD); Der Berg (Videokassette; Drehb. [m. T. Hürlimann] n. einer Erz. von T. Hürlimann, Regie M. I.) 1990 (1989 als Drehb.; 2004 als DVD, enth. u. a. ein Interview m. M. I.); Flammen im Paradies (DVD; Regie M. I.) 2004.

Literatur: Munzinger-Archiv. – Schweizer Filmkat. 4, 1975/76; Film in der Schweiz (Beitr. B. Giger, W. Roth u. a.) 1978 (m. Filmografie u. Bibliogr.); Ausgestoßen. Schicksale in der Emigration. Drei Fernsehfilme. Materialien zu ZDF-Fernsehprogrammen (hg. F. Hufen, T. Jäschke) 1982 (u. a. zu ‹Das Boot ist voll›; enth. auch den Beitr. ‹War das Boot wirkl. voll?› von M. I.); H. Holba u. a., Reclams dt. Filmlex., 1984; Das Drehb. Alle sehen es, niemand liest es. Seine Verf., sein Leben, sein Verschwinden im Fernsehfilm. Gespräche m. ~, Peter Zeindler, Hansjörg Schneider u. Martin Hennig (Beitr. M. R. Becher u. a.) 1991; Schweizer Lex., Bd. 3, 1992; K. Brüne, Autorenlex. dt.sprachiger Drehb. für Kino u. Fernsehen 1945–1993, 1994; E. Netenjakob, TV-Filmlex. Regisseure, Autoren, Dramaturgen. 1952–1992, 1994; Gespräch m. ~ (Dokumentarfilm, SF 1, Regie M. I.) 2001 (DVD); M. Hirsiger, ~. Gespräch zum 60. Geb.tag, 2001 (Videokassette); T. Schärer, ~. Filmarbeitskurs 67–69 [Gespräch], 2003 (DVD); Theaterlex. der Schweiz (hg. A. Kotte) Bd. 2, 2005; A. Sailer, ~ (in: dies., Schweizer Filmregisseure in Nahaufnahme. Von «Höhenfeuer» bis «Herbstzeitlosen», Vorw. M. Schiwow, S. 162–171, Fotos P. Würmli) 2011; T. Hiemer, ~: Bienen, Boot u. Bombendrohungen (in: Zürcher Oberländer, Bez. Hinwil, 22. 3.) 2013 (auch Internet-Edition); Autorinnen u. Autoren der Schweiz (Internet-Edition).   VH

Imig, Jakob, * 17. 1. 1905 Louisendorf/Niederrhein (später zu Bedburg-Hau), † 27. 10. 1994 ebd.; Landwirt, Heimatforscher, lebte in Louisendorf; besuchte 1911–19 die Volksschule ebd., 1925–35 die Landwirtschaftl. Schule in Kleve, Lehre in Haldern, übernahm 1939 den Hof seines Vaters, beschäftigte sich bereits im Alter von 15 Jahren m. Familienkunde, später m. der Gesch. der Pfälzer Emigranten am Niederrhein, Kirchenbuchforsch., Siedlungsgesch. u. Brauchtum, begr. 1955 den «Pfälzerbund», gab ab 1968 die Zs. «Pfälzer am Niederrhein» heraus. – 1976 Bundesverdienstkreuz, 1977 Rheinlandtaler des Landschaftsverbandes Rheinland. – Landeskundl. Schr., Mundart (Pfälzer).

Schriften: 220 Jahre Pfälzer am Niederrhein. Festschrift zum 220jährigen Bestehen der Pfälzersiedlung Pfalzdorf im Kreis Kleve. 1741–1961, 1961; Pälzersche Gedichte, 1966; 150 Jahre Louisendorf. Werden und Wachsen eines niederrheinischen Kolonistendorfes, 1970; Geschichte der Evangelischen Gemeinde Kalkar. Herausgegeben anläßlich der 400-Jahr-Feier (m. E. Hubbertz) 1977; Gereimtes un Ungereimtes uff pälzersch, 1980; 250 Jahre Pfälzer am Niederrhein. 1741–1991. Festschrift (m. H. Lange) 1991.

Nachlass: J.-I.- Arch. des Pfälzerbundes Louisendorf; Gemeindearch. Bedburg-Hau.

Literatur: Lit. Rhld.-Pfalz heute (hg. B. GOLD-MANN) 1988; B. SOWINSKI, Lex. dt.sprachiger Mundartautoren, 1997; V. CARL, Lex. der Pfälzer Persönlichkeiten, ³2004; W. STALDER, Der Vorarbeiter (in: RP-Online; Internet-Edition).   AKF

Imig, Magdalene (Ps. Carolina Janello), * 23. 2. 1943 Köln; freie Schriftst., Sprecherin, Rezitatorin, lebt in Köln; Wirtschaftsabitur, Ausbildung zur Dolmetscherin, Aufenthalte in England, Frankreich u. Italien, dann Übersetzerin, Chefsekretärin u. Personalsachbearbeiterin, absolvierte eine Sprecherausbildung bei der Dt. Welle, seit 1996 freiberufl. tätig. – Ess., Rom., Krimi.

Schriften: Bin ich ... oder nicht ...? Geträumte Wirklichkeiten, 1996; Keiner, der mehr Kind zu mir sagt. Über die Vergänglichkeit, 1999; Nein, lieber Gott, jetzt nicht! Wo uns Gott in unserem Leben begegnen und wie wir ihn erfahren können, 2002; Dir möchte ich vertrauen. Mit den Zehn Geboten sinnvoll leben, 2003; Der Friede ist zwei Jahre jünger als ich (Rom.) 2005; Die Klosterfrau. Historischer Roman, 2008; Kreuzdame. Köln Krimi, 2013.

Literatur: Kölner Autoren-Lex. 1750–2000 (bearb. E. STAHL) Bd. 2, 2002.   AKF

Imm, Günther (Ps. für Heinz Bischof), * 10. 2. 1923 Külsheim/Mainfranken; Lehrer, Heimatkundler; Sohn eines Lehrers, besuchte das Gymnasium in Wertheim am Main, 1941 Abitur, ab 1942 Soldat im 2. Weltkrieg, 1945 aus amerik. Kriegsgefangenschaft entlassen, Ausbildung zum Lehrer, 1948 Lehrer in Rauental, dann in Rastatt, kurzzeitig in Steinmauern, 1953–81 wieder in Rastatt,

zuletzt Konrektor, in den 1950–80er Jahren freier Red. der Heimatbeilage des «Bad. Tagbl.», verf. u. sprach auch Beitr. für den Rundfunk, lebt seit 2006 in Karlsruhe. – 1999 Silberne Ehrennadel der Stadt Rastatt, 2000 Bundesverdienstkreuz. – Heimatkundl. Schr., Reiseführer, Bildbd., Roman.

Schriften (Ausw.): Heimatbuch Hundheim. Aus 750jähriger fränkischer Bauerngeschichte, 1964; Gestaltenwende. Ein Roman aus unseren Tagen, 1966; Das alte Baden. 30 Stahlstiche und Lithographien des 19. Jahrhunderts (auch Hg.) 1970; Rastatt (mit E. Türmer) 1970; Nord-Schwarzwald. Die Ferienlandschaft zwischen Enz und Kinzig, 1972; Köln. Niedergeschrieben von G. I., 1972 (Illustr. F. Knauss); Das Frankenland. Landschaft vom Odenwald zum Taubergrund, 1973 (Zeichn. R. Bellm); Der Kraichgau. Zwischen Odenwald und Schwarzwald, 1974 (dass.); Heimatbuch Au am Rhein. 819–1975. Beiträge zur Ortsgeschichte, 1975; An Bergstraße und Rhein. Parklandschaft im Herzen der Kurpfalz, 1975; Kärnten, 1975; Hohenlohekreis. Wein- und Burgenland, 1976 (Zeichn. R. Bellm); Odenwald. Bergstraße, Neckartal, 1978; Karlsruhe in alten Ansichtskarten, 1978; Baden-Baden in alten Ansichtskarten, 1978; Heimatbuch Elchesheim-Illingen. 960–1980. Beiträge zur Geschichte der beiden sich vereinigten Rheintalgemeinden, 1979; Heimatbuch Steinmauern. 1239–1982. Beiträge zur Geschichte des Bauern- u. Flösserdorfes an Murg und Rhein, 1982; Kleinstadt-Geschichten. Erinnerungen an die kleine Stadt von heute bis gestern, 1983; Heimatbuch Niederbühl und Förch. 1057–1988. Beiträge zur Dorfgeschichte, 1988; Chronik der Buscher-Brüder. Ein vergessenes deutsches Künstlerschicksal, 1988; Sagenstätten Nordschwarzwald. Ein Führer zu sagenumwobenen Orten zwischen Murg, Kinzig und Rhein, 2006.

Herausgebertätigkeit (Ausw.): Badische Städte (Mitarb. K. BALSER u. a.) 1971 (Zeichn. R. Bellm); Städte in Schleswig-Holstein mit Hansestadt Hamburg (Mitarb. M. BARTZ u. a.) 1972 (dass.); Horch emol her ... Eine badische Witzparade. Heiteres Brevier einer Landschaft. Gesammelt und geschrieben von den Lesern des «Konradsblattes» für alle, die das Land am Oberrhein und seine Menschen lieben (2 Tle.) 1974–76; Baden, wie es lacht. 16 heitere Lektionen für jedermann, 1977 (Illustr. H. Michel; Sonderausg. 2002); Im Schnookeloch. Sagen und Anekdoten aus Baden und dem Elsass, 1980; Typisch badisch. Versuch der Rehabilitation eines Landes und Volkes. Nach Quellen aufgezeichnet von H. B., 1981; Im Schwarzwald und am Hohen Rhein. Sagen aus Südbaden und der Nordschweiz, 1982.

Tonträger: Ich erzähl euch was. Geschichten von Land und Leuten am Oberrhein. Autorenlesung (Tonkassette) 1980 (?).

Literatur: Autoren in Baden-Württ., 1991; ~ feiert morgen seinen 90. Geb.tag (in: Bad. Tagbl., 9. 2.) 2013; Munzinger-Arch. (Internet-Edition).   AKF

Immanuel, Friedrich, *★* 9. 4. 1857, † 1939 (Orte nicht ermittelt); Offizier, Militärschriftst.; Laufbahnbeginn in der württ. Armee, 1894 in Wittenberg Hauptmann der preuß. Armee, daneben 1905 Lehrer an der Kriegsakad. u. Major in Paderborn, dann Batallionskommandeur der Infanterie in Thorn, 1912 Danzig, im 1. Weltkrieg Kommandeur an der Ost- u. Westfront, 1918–20 in Berlin, darauf in Marburg, ebd. Vors. zahlr. militär. orientierter Ver., ab 1930 in Wiesbaden. – Zeit- u. militärgeschichtl. Schr., Roman.

Schriften (Ausw.): Hervorragende Taten aus dem Kriege 1870/71. Eine Sammlung von Beispielen, 2 Bde., 1904–08; Handbuch der Taktik, 1905 (2., völlig neu bearb. Ausg. in 2 Bdn., 1910); Der Balkankrieg 1912, 5 H., 1913/14; Die Kriege 1899 bis 1913. Eine kurze Darstellung ihres Verlaufes und ihre Lehren, 1914; Der Wille zum Sieg, 1914; Ein Jahr Krieg. Volkstümliche Darstellung des Weltkrieges von August 1914 bis August 1915, 1915; Siege und Niederlagen im Weltkriege. Kritische Betrachtungen, 1919; Der Weltkrieg 1914 bis 1919. Volkstümliche Darstellung des Krieges zu Lande, zur See, in den Schutzgebieten, 1920; Deutschlands Wiederaufbau und bolschewistische Lockungen. Warnung an das deutsche Volk zu ernster Stunde, 1920; 50 Jahre deutscher Geschichte, 1921; Fort mit der Schuldlüge! Ein Mahnruf an das deutsche Volk zur Aufklärung und zur Tat, 1922; Wir und Sowjetrußland. Eine brennende Zeitfrage für die Gegenwart und für die nächste Zukunft, 1922; Die körperliche und sittliche Erziehung der deutschen Jugend. Die Zukunftsfrage unseres Volkes, 1923; Wir und Frankreich. Einst, heute, morgen, 1924; Ruhmesblätter des Deutschen Volkes, 1925; Des Zaren Untergang. Geschichtlicher Roman, 1926; Vom Fürstenschloß ins Armenhaus. Eine Begebenheit aus der Nach-

kriegszeit, 1929; Der große Zukunftskrieg – Keine Phantasie, 1932; Die deutsche Miliz der Zukunft. Eine Frage von entscheidender Bedeutung für das deutsche Volk, 1933; Der Untergang Abessiniens. Der Krieg 1935/36 militärisch, politisch, wirtschaftlich betrachtet, 1936.

Literatur: K.-P. FRIEDRICH u. a., Zur Gesch. der «Marburger Jäger» zw. 1914 u. 1945, S. 89, 2013 (Internet-Edition).   AKF

Imme, Theodor, *★* 3. 5. 1847 Culm/Westpr. (Chełmno/Polen), † 3. 2. 1921 Essen; Lehrer, Volkskundler; studierte Sprachwiss. in Berlin u. Leipzig, 1870/71 Kriegsteilnehmer, 1872 Dr. phil. in Leipzig, 1873 Staatsprüfung, bis 1877 Lehrer in Traben-Trarbach, dann bis 1881 am Gymnasium in Kleve, bis 1884 in Mönchen-Gladbach, 1884–1909 Oberlehrer (1893 Prof.) am Gymnasium in Essen. – Sprachwiss. u. volkskundl. Schr., Mundart (westfälisch).

Schriften: Die Fragesätze nach psychologischen Gesichtspunkten eingeteilt und erläutert, 2 Bde., 1879–1881; Mustersätze zur Einübung der griechischen Syntax, 1890; Die Ortsnamen des Kreises Essen und der angrenzenden Gebiete, 1905; Die deutsche Weidmannssprache. Nach ihrer Eigenart und ihren Wechselbeziehungen zum Gemeindeutsch sprachwissenschaftlich beleuchtet. Mit einem Schlußabschnitt: Der Weidmann und sein Sinn für Scherz und Humor, 1906; Der Kampf gegen den Fremdwörtermißbrauch in unserer Muttersprache und seine Berechtigung, 1909; Die Eigentümlichkeiten und Vorzüge der deutschen Bergmannssprache. – Vom papiernen Deutsch. Von I. Franck, 1909 (= Wiss. Beih. zur Zs. des Allg. Dt. Sprachver., 5. Reihe, H. 31); Der Bedeutungswandel unseres Wortschatzes, Prag 1913; Das alte Essen. Ein Kulturbild aus der ersten Hälfte des vorigen Jahrhunderts nebst Führer durch Essen Anno dazumal, 1913; Die Orts- und Flurnamen der Bürgermeisterei Stoppenberg in ihrer Ausdehnung bis zum Jahre 1906, 1914; Vosskühlers Pitt. Eine Geschichte aus dem Altessener Kinderleben, 1914; Die deutsche Soldatensprache der Gegenwart und ihr Humor, 1917.

Literatur: ~ gestorben (in: Zs. des Ver. für rhein. u. westfäl. Volksk. 18, S. 1) 1921; H. SCHMITZ, ~ u. sein Wirken m. einer Bibliogr. seiner Veröff. (1873–1923) (in: Beitr. zur Gesch. von Stadt u. Stift Essen, H. 55, S. 153–170) 1937; A. KLOTZ, Kinder- u. Jugendlit. in Dtl. 1840–1950. Gesamtverz. [...], Bd. 2, 1992; B. SOWINSKI, Lex. dt.sprachiger Mundartautoren, 1997.   AKF

Immel, Astrid → Dinges, Astrid.

Immel, Erwin, * 12. 2. 1927 Übernthal/Hessen, † 9. 4. 2006 (Ort nicht ermittelt); Lehrer, Politiker; Sohn eines Bergmanns und späteren Industriearbeiters, absolvierte die Lehrerbildungsanstalt in Boppard, 1944 Mitgl. der NSDAP, 1944/45 Soldat im 2. Weltkrieg, 1947 u. 1950 erste u. zweite Lehrerprüfung, danach Hauptschullehrer, später Schulleiter, Vors. der Kommunalpolit. Vereinigung der CDU im Lahn-Dill-Kr., 1970–82 für die CDU Mitgl. des Hess. Landtages, ebd. Vors. des Petitionsausschusses u. des Sozialpolit. Ausschusses, 1979 Mitgl. der 7. Bundesverslg., ab 1985 Landesvors. der Lebenshilfe für geistig Behinderte. – Zeitgeschichtl. Schr., Erinnerungen.

Schriften: Meistens schien die Sonne. Vorwiegend Heiteres aus meinem Leben, 1998; Meistens war es nicht leicht. Bäuerliche Gesellschaftsentwicklung zwischen 1930 und 1955, 2004.

Literatur: J. LENGEMANN, Das Hessen-Parlament 1946–1986, 1986; Hess. Biogr. (Internet-Edition); Wikipedia (dasselbe).   AKF

Immendorf, Heidrun, * 1962 Aachen; Hörfunkjournalistin, Lit.kritikerin, Schriftst.; studierte Germanistik u. Gesch., lebte 1994–2002 in Mainz, jetzt in Bremen, an der Univ. ebd. Lehrbeauftragte für lit. Schreiben. – Krimi.

Schriften: Falters Schrei (Krimi) 2002; Falters Zweifel (Krimi) 2004.

Herausgebertätigkeit: Der Tod kommt nachts. 13 Nachtkrimis aus dem mörderischen Rheinhessen, 2012.   AKF

Immendorf, Ruth, * 24. 10. 1926 Topfseifersdorf/Sa.; Krankenschwester; arbeitete 40 Jahre als Krankenschwester sowie in der kirchl. Frauen- u. Behindertenarbeit, lebte in Mittweida, später in Sehma bei Annaberg-Buchholz, jetzt in Aue/Erzgebirge. – (Christl.) Ratgeber, Gesch., Erz., Gebet.

Schriften: Du mein Trost im Ungemach. Betrachtungen und Gebete für Kranke, 1970; Aufwärts schauen und vertrauen! Hilfe beim Älterwerden, 1972; Mit Herz und Händen. Ratschläge zur Kranken- und Altenhilfe in Familie und Gemeinde, 1976; Ende und Anfang. Für Verzagte, 1979; Ich sage ja. Körperbehinderte in der Bewältigung

ihres Lebens, 1980; Das Angebot: Freude für jeden Tag, 1982; Das Angebot: Einer neben dir, 1984; Das Angebot: Not-Hilfe, 1987; Liebe in Bewegung, 1995; Weil Gott vergibt, kann ich vergessen, 1996; Licht in meine Dunkelheit. Geschichten und Gedanken zum Trost, 1997; Die Bernsteinkette. Ein Geburtsbuch, 2000; Glück hat viele Seiten (Erzn.) 2003; Immer wieder Freude. Erlebnisgeschichten, 2006.   AKF

Immenkötter, Herbert, * 17. 12. 1938 Hamm/Westf.; Theologe, lebt in Augsburg; studierte kathol. Theol., Gesch. u. Anglistik in Münster, Freiburg/Br. u. Innsbruck, 1969 Dr. theol. Univ. Freiburg/Br., 1974 Habil. ebd., wiss. Assistent an der Univ. Augsburg, 1980 ebd. Prof. für Kirchengesch. des MA u. der Neuzeit, 1999/2000 Dekan der Kathol.-Theolog. Fakultät. – Fachschr., zeit- u. regionalgeschichtl. Schriften.

Schriften: Die Protokolle des geistlichen Rates in Münster. 1601–1612 (Diss.) 1972; Um die Einheit im Glauben. Die Unionsverhandlungen des Augsburger Reichstages im August und September 1530, 1973; Die Confutatio der Confessio Augustana vom 3. August 1530 (Bearb.) 1978, Der Reichstag zu Augsburg und die Confutatio. Historische Einführung und neuhochdeutsche Übertragung, 1979; Hieronymus Vehus. Jurist und Humanist der Reformationszeit, 1982; Menschen aus unserer Mitte. Die Opfer von Zwangssterilisierung und Euthanasie im Dominikus-Ringeisen-Werk Ursberg, 1992; Die Israelitische Kultusgemeinde in Hainsfarth (Landkreis Donau-Ries) im 19. und 20. Jahrhundert (Beitr. R. HOFMANN, G. RÖMER) 2002.

Herausgebertätigkeit: Die fromme Revolte. Ursachen – Faktoren – Folgen von Luthers Reformation, 1982; Im Schatten der Confessio Augustana. Die Religionsverhandlungen des Augsburger Reichstages 1530 im historischen Kontext (m. G. Wenz) 1997; Wie Juden und Christen einander sehen. Ein Seminar an der Universität Augsburg, 2001.   AKF

Immer, Hermann, * 10. 11. 1889 Manslagt/Ostfriesland (später zu Krummhörn), † 25. 5. 1964 Bunde/ebd.; Bruder von Karl → I.; Pfarrer; Sohn eines Missionars u. Pastors, studierte in Tübingen, Berlin u. Bern, 1911 erstes theol. Examen in Aurich, führte 1912/13 Plattdt. in den Kindergottesdienst ein, zweites Examen im Herbst

1914 als «Notexamen», 1915/16 Soldat im 1. Weltkrieg, Beinamputation infolge einer schweren Verwundung, 1917–25 Pfarrer in Manslagt, dann bis
1959 (Ruhestand) in Emden; engagierte sich in der
christl. Jugendarbeit, aktiv in der ostfries. Erwe-
ckungsbewegung, ab 1933 im Dienst der Bekennenden Kirche, von der Gestapo wegen einer Predigt 1939 kurzzeitig inhaftiert u. bis 1941 mit Tätig-
keitsverbot belegt. – Theol. Schr., Mundart (Plattdeutsch).

Schriften: Der Student und seine Heimat, 1914;
Offene Türen im Gefängnis, 1926 (= Stimmen aus
der christlichen Gefangenenhilfe, 2); Erweckun-
gen in Ostfriesland, 1925; Das eheliche Leben nach
der Schrift. Drei Vorträge (m. a.) 1927; Jan Scheter
sien Wiehnachten un Harm un Hinnerk up Reis
na Kassel (hg. G. HERLYN) 1986.

Literatur: Theodor I., ~. Zwei Abschnitte seines
Lebens. Nach den Akten dargestellt, 1991; B. So-
WINSKI, Lex. dt.sprachiger Mundartautoren, 1997;
P. WESSELS, Nicht hoffnungslos, sondern handelnd.
Heinrich Oltmann (1892–1937), ein reformierter
Pastor im Kirchenkampf, S. 97f., 2002.   AKF

Immer, Karl, * 1. 5. 1888 Manslagt/Ostfriesl.,
† 6. 6. 1944 Bad Meinberg/Lippe; Bruder von
Hermann → I.; Theologe, Pastor; Sohn eines Pastors u. Missionars, studierte evangel. Theol., während des 1. Weltkrieges Feldprediger, 1925 Pastor
in Rysum/Osfriesl., später Dir. des Erziehungsver.
Neukirchen/Niederrhein, 1927 Pastor der Refor-
mierten Gemeinde in Barmen-Gemarke, schloss
sich 1933 der Bekennenden Kirche an, 1934 wesentl. beteiligt an der ersten freien Bekenntnissynode der Dt. Evangel. Kirche, kämpfte als Publizist u. Hg. der «Coetusbriefe» gg. die nationalsozialist. Gleichschaltung der evangel. Kirche, Begr.
u. Mitarb. der Wochenzs. «Unter dem Wort» (1936
verboten), wurde 1937 verhaftet, erlitt in der Haft
einen Schlaganfall, verstarb bei einem Erholungs-
aufenthalt in Bad Meinberg.

Schriften: Heimatlicht auf den Weg junger Menschen, 1931 (10. Aufl. 1961);

Herausgebertätigkeit (Ausw.): Bekennende Gemeinde im Kampf, 1934, Gemeinde in der Versuchung (Vortr.) 1934; F. Flemming, Wehr und Waffe. Gespräch zwischen einem «Deutschen Christen» und einem «christlichen Deutschen», 1934;
Vorträge, Verhandlungen, Entschließungen. Freie
reformierte Synode zu Barmen-Gemarke am 3. u.
4. Januar 1934. Im Auftrag des Coetus reformier-

ter Prediger Deutschlands, 1934; Die Kirche vor
ihrem Richter. Biblische Zeugnisse auf der Bekenntnissynode der Deutschen Evangelischen Kirche, 1934; Reformation oder Restauration. Vorträge auf einer Richtwoche der Bekennenden Kirche
in Deutschland. Im Auftrag der Geschäftsstelle der
Bekenntnissynode, 1935; Die Lebensordnungen einer nach Gottes Wort erneuerten Kirche. Vorträge
auf einer Rüstzeit von Pastoren und Ältesten, 1935;
Entchristlichung der Jugend. Eine Materialsammlung, 1936.

Literatur: NDB 10,158; Biogr.-Bibliogr. Kirchenlex. 2,1268; LThK 5,433; RGG 4,60; DBETh
1,694; DdP 1,490; DBE 5,244. – Die Briefe des
Coetus reformierter Prediger. 1933–1937. Präsis lic.
Karl Immer zum 60. Geb.tag (FS für den gleichnamigen Sohn ~s) 1976; Tut um Gottes willen etwas Tapferes! ~ im Kirchenkampf (hg. B. KLAP-
PERT, G. van NORDEN) 1989; J. F. G. GOETERS, ~ u.
der Aufbruch der Bekennenden Kirche im Westen
(in: Reformierte Kirchenztg. 136, S. 33–40) 1995;
Biogr. Lex. für Ostfriesland, Bd. 2, 1997; H. W.
KRUMWIEDE, Ein Briefw. (1939) zw. dem refomier-
ten bekennenden Pfarrer ~ u. dem luther. Landesbischof August Marahrens (in: Jb. der Gesellsch. für
nds. Kirchengesch. 100, S. 299–317) 2003; Widerstand?! Evangel. Christinnen u. Christen im Nationalsozialismus (Internet-Edition).   AKF

Immergrün, Hilarius → Herzog, Alois.

Immergrün, Hugolin → Heinen, Josef Maria.

Immergrün, Thomas → Spengemann, Christof.

Immerwahr, Kaspar → Jacusiel, Johann Caspar.

Immig, Rudolf, * 10. 12. 1921 Sterkrade/Rhld.
(später zu Oberhausen), † 18. 4. 2013 Baden-Baden; Deutschlehrer, Prof. in Karlsruhe; n. dem
Abitur 1940–45 Soldat im 2. Weltkrieg, 1945/46
Kriegsgefangenschaft in den USA, studierte 1947–
51 Philos., Germanistik, Anglistik u. Gesch. in
Heidelberg, ab 1951 im höheren Schuldienst,
Fachleiter für Dt. des Seminars für Studienreferen-
dare in Karlsruhe, Lehrgangsleiter an der Baden-
Württ. Landesakad. für Fortbildung u. Personal-
entwicklung an Schulen in Calw, Lehrbeauftragter an der TH Karlsruhe, Schriftleiter u. Beiträger
der Zs. «Beitr. zur pädagog. Arbeit. Vjs. der Gemeinschaft evangel. Erzieher in Baden», Doz. für

Dt. u. Engl. am Sprachenzentrum des Karlsruher Inst. für Technologie; befasste sich intensiv m. den Schr. Ernst → Jüngers, Deutschlehrer von Heinz Ludwig → Arnold. – Erster Vors. der Goethe-Gesellsch. Karlsruhe 1976–92. – Lehrb., Sachb., Gespräch.

Schriften: Wandlung und Wiederkehr. Festschrift zum 70. Geburtstag Ernst Jüngers (m. a.; hg. H. L. Arnold) 1965; Der Mensch zwischen Selbstentfremdung und Selbstverwirklichung. Texte von Max Frisch (Bearb.) 1970; Gnade oder die Liebe zum Unvollkommenen. Die Leistung der Schuld und das Ereignis der Gnade in den Komödien Friedrich Dürrenmatts (Bearb.) 1974; Gegen Abend. Gespräch in der Werkstatt des Bildhauers Fritz Theilmann in Kieselbronn (m. F. Theilmann, B. Rudin-Theilmann) 1977; Grundbegriffe der Bibel in Didaktik und Literatur. Einführung und Perspektiven. 30 Beispiele, 1978; Die Markuskirche Karlsruhe von Otto Bartning, 1985.

Literatur: Wandlung u. Wiederkehr (hg. H. L. Arnold) S. 243, 1965; T. Wimbauer, Personenreg. der Tgb. Ernst Jüngers, S. 109, ³2010; Im Haus der Briefe. Autoren schreiben Ernst Jünger. 1945–1991 (hg. D. Schöttker, Mitarb. A. S. Hübner) S. 118, 2010.   AKF

Immoos, Thomas, * 15. 9. 1918 Schwyz/Kt. Schwyz, † 20. 10. 2001 Immensee/ebd.; Missionar, Lit.wissenschaftler, Rel.wissenschaftler; studierte Philos. u. Theol. im Missionsseminar Schöneck/Kt. Nidwalden, Priester, 1945 Stud. des klass. Chin. zunächst in Freiburg/Schweiz, 1946–50 in London, lernte Japanisch, 1952–58 Lehrtätigkeit an den Univ. in Morioka u. Sendai/Japan, studierte 1959/60 chin., engl. u. dt. Lit. an der Univ. Zürich, 1960 Dr. phil., bis 1962 Lehrer für dt. Lit. u. Engl. am Gymnasium in Immensee, 1962–89 Prof. für dt. Lit. u. europ. Theatergesch. an der Sophia-Univ. Tokio, 1970–78 Prof. für öst. u. schweizer. Lit. an der Tokio-Univ., 1979–89 Leiter des Inst. für oriental. Rel. an der Sophia-Univ., Gastprof. in Wien, München u. Eichstätt, 1990 Emeritierung. – Fachschr., Sachb., Ess., Lyrik.

Schriften: Spiel um eine Seele. Ernst Psichari, der Enkel Renans, 1944; Friedrich Rückerts Aneignung des Schi-King (Diss.) 1962; Asienreise (Ged.) 1963; Das Tanzritual der Yamabushi und ein Ritual der Wiedergeburt in den Yamabushi-Kagura, 1968; Faust und der deutsche Geist (hg. N. Kimura) Tokio 1969; Die Geheimnisse des Herrn

Schönen (Erz.; Erl. Y. Masuda) Tokio 1971; Japan. Tempel, Gärten und Paläste. Einführung in Geschichte und Kultur. Begleiter zu den Kunststätten in Japan, 1974 (zahlr. Aufl.); Japanisches Theater, 1974 (Fotos F. Mayer); Schattentheater, 1981 (dass.); Botschaften aus Japan. Gedichte und ein Essay, 1981; Wie die Eidgenossen Japan entdeckten, 1982 (2., erw. Aufl. 2010); Weltenrose (Ged.) 1983; Die Sonne leuchtet um Mitternacht. Archetypen in der Literatur, 1986; Missa mundi. Meditationen = Messe der Welt (Nachw. M. Dietrich) 1988; Zu den Kammern der Weisheit. Gedichte von 1986–1987, 1988; Ein bunter Teppich. Die Religionen Japans, 1989; Shintoismus. Fernöstlicher Beitrag zur Symbolik. Protokoll des Vortrags vom 6. März 1990, 1990; Japanische Helden, 1990 (Sonderdr.); Japan – archaische Moderne, 1990; Poetische Wanderung durch Zen-Gärten. Steingewordene Philosophie in Bildern und Geschichten. Protokoll des Vortrags vom 22. Juni 1993, 1993; Die Seidenstrasse – Brücke zwischen Ost und West. Protokoll des Vortrags vom 27. September 1994, 1994; Der Kanton Schwyz in der deutschen Klassik. Die Entdeckung der heroischen Landschaft, 1995; Blätter im Weltenwind. Gedichte 1995–1998, 2001.

Literatur: DBETh 1,694; DBE 5,246. – Das Gold im Wachs. FS für ~ zum 70. Geb.tag (hg. E. Gössmann, G. Zobel) Tokio 1988 (m. Bibliogr.); Schreiben in der Innerschweiz. Eine Anthol., 1993.   AKF

Impekoven, Anton → Impekoven, Toni.

Impekoven, Niddy (Taufname: Luise Antonie Crescentia), * 2. 11. 1904 Berlin, † 20. 11. 2002 Bad Ragaz/Kt. St. Gallen; Tochter von Toni → I.; Tänzerin; tanzte bereits in früher Kindheit, erhielt ab 1910 Tanzunterricht bei Margarete Altmann in Berlin, ab 1914 in Frankfurt/M. bei Heinrich Kröller, debütierte 1918 erfolgreich m. einem eigenen Tanzabend am Opernhaus Frankfurt, ging auf Tourneen, choreographierte ihre Tänze (u. a. zu Musik von Bach, Schumann u. Bartok) selbst, zw. 1923 u. 1925 auch Tänzerin in Filmen (Die Pritzelpuppe, Armes kleines Mädchen, Wege zu Kraft u. Schönheit – Ein Film über moderne Körperkultur), 1928 Welttournee, 1930 Tournee in den Fernen Osten, 1933/34 letztes Gastspiel in Dtl., lebte danach in Basel. – Erinnerungen.

Schriften: Werdegang (Vorw. B. Diebold) 1922; Die Geschichte eines Wunderkindes, 1955.

Nachlass: Dt. Tanzarch., Köln.

Literatur: H. HOLDT, ~. 7 photograph. Stud. Mit einleitenden Worten von H. KOENIG, 1919; ~. N. Zeichn. von Leo I. (Vorw. F. HOLLAENDER) 1920; N. HESS, C. HESS, H. HOLDT, ~. Lotte Pritzel-Puppe, Erna Pinner-Puppe, Das Leben der Blume. In Aufnahmen, 1920; H. HOLDT, ~. Pizzicato, Der gefangene Vogel, Bagatelle. In Aufnahmen, 1920; H. FRENTZ, ~ u. ihre Tänze, 1929; DERS., Weg u. Entfaltung ~s, 1933; P. STÖCKEMANN, ~. Geb.tag eines Wunderkindes (in: tanzdrama 11, S. 26–28) 1990; Theaterlex. d. Schweiz (hg. A. KOTTE) Bd. 2, 2005.　　　　　　　　　　　　　　　AKF

Impekoven, Toni (eig. Anton), * 21. 6. 1881 Köln, † 6. 5. 1947 Sprendlingen/Rheinhessen; Vater von Niddy → I.; Schauspieler, Bühnenschriftst., Theaterleiter; Sohn eines Kaufmanns, 1900 Debüt als Schauspieler in Rixdorf, dann Schauspieler in Ernst von → Wolzogens «Überbrettl», ab 1904 Komiker, Bühnenausstatter u. Regisseur am Berliner Lustspielhaus, ab 1914 am Schauspielhaus des Stadttheaters Frankfurt/M., lehnte den von Joseph → Goebbels verliehenen Titel «Staatsschauspieler» ab, konnte seine Theaterarbeit in den letzten Kriegsjahren nicht fortführen, 1945–47 Intendant des Frankfurter Schauspiels. – Bühnenstück.

Schriften: Alles klappt! Textbuch der Gesänge. Volksstück mit Gesang in vier Akten (m. K. Martin) 1915 (Musik Walther von Simon); 1919! Eine Zeitschnurre in drei Akten (m. C. Mathern) 1920; Die lustigen Vagabunden (Robert und Bertram Teil 2). Große Posse mit Gesang in sechs Bildern (m. dems.) 1922 (Musik H. Avril); Der Igel. Schwank in sechs Bildern (m. H. Reimann) 1925 (Neue Fass. u. d. T.: Das Ekel, 1927); Der doppelte Moritz. Schwank in drei Akten (m. C. Mathern) 1926 (verfilmt 1978); Der Zahn der Zeit. Eine heitere Schnurre in drei Akten (m. dems.) 1927; Die drei Zwillinge. Schwank in drei Akten (m. dems.) 1927; Wenn der gold'ne Wein blüht ... Schwankoperette in drei Akten (m. dems., Gesangstexte A. Konodi) 1929 (Musik O. Gross); Der Löwe von San Marco. Ein venezianisches Intermezzo in drei Akten (m. L. Bonelli) um 1930; Die neue Sachlichkeit. Schwank in drei Akten (m. C. Mathern) 1930; Otto der Treue. Schwank in drei Akten (m. dems.) 1932; Wie heißt das Stück? Schwank in drei Akten (m. dems.) 1932; Liebe in Not. Lustspiel in vier Akten (m. P. Verhoeven) 1933; Der fröhliche Rapunzelplatz. Volkspos-

se in drei Akten (m. C. Mathern) 1934 (Musik B. Hartl); Das kleine Hofkonzert. Ein musikalisches Lustspiel in drei Akten aus der Welt Carl Spitzwegs (m. P. Verhoeven) 1935 (Musik E. Nick; verfilmt 1936, 1945, 1963 u. 1976); Der Kampf mit dem Drachen (Junggesellendämmerung). Schwanklustspiel in drei Akten (m. C. Mathern) 1936; Der Raub der schönen Helena. Schwank in drei Akten (m. dems.) 1936; Der Lügenpeter. Weihnachtsmärchen in vier Bildern, 1938; Xanthippe. Musikalische Burleske in drei Akten (m. C. Mathern) 1938 (Musik E. Nick); Maccaroni. Lustspiel in vier Akten (m. dems.) 1939; Angelika. Lustspiel in drei Akten (m. dems.) 1942; A. Lortzing, Die beiden Schützen. Komische Oper (Bearb.) 1944 (Musik E. Nick). (Ferner ungedr., aber aufgeführte Bühnenstücke.)

Literatur: Schmidt, Quellenlex. 14,339. – NDB 10,166; Theater-Lex. 2,878; DBE 5,246. – Frankfurter Biogr. (hg. W. KLÖTZER) Bd. 1, 1994; Lex. Lit.verfilmungen [...] 1945–2000 (zus.gest. K. M. u. I. SCHMIDT) ²2001; E. KLEE, Das Kulturlex. zum Dritten Reich. Wer war was vor u. n. 1945, 2007.　　　　　　　　　　　　　　　AKF

Imperatori, Wilhelm Alfred (William), * 9. 5. 1878 Eupen/Rhld., † 23. 3. 1940 Corsier/Kt. Waadt (später: Corsier-sur-Vevey); bekleidete jahrzehntelang führende Stellungen in der dt. Industrie (u. a. in Köln u. Dresden), während des 1. Weltkrieges in Berlin, ab ca. 1930 in der Schweiz, lebte bis um 1936 in Kreuzlingen/Kt. Thurgau auf Schloß Weinfelden, kurz in Siusi/Südtirol, dann in Basel, ab 1939 in Corsier. – Dr., Nov., Lyrik, Roman.

Schriften: Betrogene Leute. Schauspiel in drei Aufzügen, 1911; Das Spiel um die Gnade. Drei Akte, 1913 (UA 1916; m. d. geänderten Untert.: Drei Bilder aus der Renaissance, 1935); Graf Fabians Gewissen. Ein Schauspiel in drei Aufzügen, 1916 (UA 1918); Verwehte Wege (Nov.) 1916; Lebensmittag. Ein Roman, 1924; Die ewige Melodie. Ein Schauspiel in drei Akten, 1935 (UA 1935); Kredit und Glaube (Kom.) 1937 (UA 1939; auch u. d. T.: Venus und Merkur); Felian (Kom.) 1938 (UA 1939).

Literatur: Theaterlex. der Schweiz (hg. A. KOTTE) Bd. 2, 2005.　　　　　　　　　　　　　　　AKF

Impertro, M(ichael) (Ps. Mark Twain der Jüngere), * 3. 4. 1871 Ludwigshafen, † nicht ermittelt;

Arbeiter, lebte in Ludwigshafen; 1901–03 Hg. der satir. Zs. «Rheinschnoke». – Erz., kulturkrit. u. humorist. Schr., Biographie.

Schriften: Unser Hindenburg. Sein Leben und seine Taten, 1915; Generalfeldmarschall v. Mackensen. Sein Leben und seine Taten, 1915.   AKF

Imscherz, Ernst → Mühsam, Paul.

Imseng, Werner, * 24. 12. 1924 Saas-Fee/Kt. Wallis; Kaufmann, Volkskundler, lebt in Saas-Fee; besuchte die Real- u. Handelsschule, arbeitete bis 1964 im väterl. Textilunternehmen, danach Chronist, Heimatforscher, Konservator, Fotograf u. Publizist, begr. den Trachtenver. u. 1983 das Mus. in Saas-Fee. – 1988 Kulturpreis des Ver. für Kulturförderung Saas-Fee. – Chronik, volkskundl. Schr., Reiseführer.

Schriften: Der Sommer in Saas-Fee. Ferienführer für Spaziergänge, Wanderungen und zum Kennenlernen von Land und Leuten des Saastales, 1967 (2., verb. Aufl. 1973; 4., verb. Aufl. 1995); Der Winter in Saas-Fee. Der Ferienführer für Wintersportler, Wanderlustige und Erholungssuchende, 1970; Volkskunst im Saastal, 1973; Saas Fee, 1974; Saaser Titsch. 1000 Wörter Saaser Mundart, 1976; Carl Zuckmayer in Saas-Fee. Ein Album, 1976; Saaser Chronik. 1200–1979 (m. P. J. Ruppen, Gustav I.) 1979 (3., erw. Aufl. m. dem geänderten Untert.: 1200–1988, 1988); 75 Jahre Ski-Club Allalin Saas Fee. 1908–1983 (m. D. Supersaxo) 1982; 100 Jahre Pfarrei Saas-Fee. 1893–1993, 1993; Erinnern Sie sich. Bd. 8. Saas, 1997.

Literatur: Schweizer Lex., Bd. 3, 1992; Wikiwallis (Internet-Edition).   AKF

In der Gand, Hanns (Ps. für Ladislaus Krupski), * 25. 2. 1882 Vernaz/Savoyen, † 24. 5. 1947 Zumikon/Kt. Zürich; Sänger, Komponist, Volksliedsammler; Sohn eines aus Polen stammenden Arztes, wuchs in Erstfeld/Kt. Uri auf, besuchte das Gymnasium in Luzern, studierte Philol. an der Univ. Neuenburg, dann Gesang in Frankfurt/M. u. München, war drei Jahre Hofschausp. in Altenburg/Sa., während des 1. u. 2. Weltkriegs Soldatensänger u. Soldatengesangserzieher in der Schweizer Armee, erforschte u. sammelte Volkslieder. – Volkslied.

Schriften: Lachende Lieder im Munde der Völker. Gesungen zur Laute, 1914; 35 Jäger-Lieder aus alter und neuer Zeit, 1919; Alti Schwyzerlieder,

1921; Schwyzerlieder-Uswahl, 2 Bde., 1923/24; Soldaten-Liederbuch, ²1938 (5., erw. Aufl. um 1940).

Herausgebertätigkeit: Vier Soldaten-Lieder für die schweizerische Armee auf dem Weg zur Grenzwacht, 1915; Das Schwyzerfähnli. Ernste und heitere Kriegs-, Soldaten- und Volkslieder der Schweizer, 3 Bde., 1915–17.

Nachlass: Schweizer. Volksliedarch. Basel. – Schmutz-Pfister 3042.

Literatur: HBLS 4,344; HLS (Internet-Edition). – Schweizer. Zeitgenossenlex. (hg. H. AELLEN) ²1932; K. MEULI, ~ (in: Schweiz. Arch. für Volksk. 44, S. 279–283) 1947 (m. Bibliogr.); Schweizer Lex., Bd. 3, 1992.   AKF

Inconnu, Jean → Feldhoff, Hans-Heinrich.

Incze, Laszlo, * 10. 7. 1934 Sopron/Ungarn; Frauenarzt, lebt in Wiesbaden; 1968 Dr. med. Univ. Freiburg/Breisgau. – Jugendbuch.

Schriften: Typisch Vater!, 1987.   AKF

Indergassen → Imhof, Adolf.

Indermaur, Hans-Ulrich, * 29. 11. 1939 Zürich; Red., Radio- u. Fernsehmoderator, lebt in Zürich; in den 1970er-Jahren beim Schweizer Radio DRS (Radio der deutschen und rätoromanischen Schweiz), moderierte 1976–79 die Sendung «Telearena» im Schweizer Fernsehen, dann bis 1995 Chefred. der Programmzs. «Tele» in Zürich. – 1973 Radiopreis der Zürcher Radio-Stiftung. – (Rundfunk-)Geschichten.

Schriften: Aber Pappa ... Geschichten vom Dorle Habegger. Wie das pfiffige Dorle seinem liebenden Vater erklärt, wie das mit dem Leben so ist, 1982 (mehrere Ausgaben).   AKF

Inderthal, Klaus, * 31. 3. 1938 Gießen; Germanist, lebt in Buseck/Hessen; studierte Germanistik, Philos. u. Gesch. in Marburg/L., Göttingen u. Gießen, 1969 Dr. phil. Univ. Gießen, o. Prof. für neuere dt. Lit.wiss. u. allg. Lit.wiss. ebenda. – Fachschr., Lyrik.

Schriften: Kritische Perspektive der Transzendentalphilosophie und der Sprachtheorie bei August Wilhelm Schlegel (Diss.) 1969; Eisgrenze (Ged.) 1984.   AKF

Inderwisch, Karin, * 14. 8. 1968 Braunschweig; freie Journalistin, lebt in München; studierte Lit.wiss., Philos., oriental. Kunstgesch., Mediävistik, Rel.gesch. u. klass. Archäologie in Bonn u. Freiburg/Br., 1998 Dr. phil. Univ. Freiburg, tätig im Kulturmanagement in Wien u. Weimar sowie im Verlagswesen, Weiterbildung an der Bayer. Presseakad. München, Mitarb. u. a. beim «Buchjournal». – Lyrik, Kurzprosa.

Schriften: Augen-Blicke bei Richard Beer-Hofmann (Diss.) 1998; Typen-Galerie (Ged.) 2004.   AKF

Indra, Eva, * 1969 Wien; erlernte den Beruf einer Hotelkauffrau, häufige Reisen als Catering Manager bei einer Luftfahrtgesellsch., zog von Wien n. London, lebte fünf Jahre ebd., dann sieben Jahre in Rom, später wieder in Wien. – Erot. Roman.

Schriften: Bis aufs Blut. Erotischer Roman, 2004; Sündige Verführung. Erotischer Roman, 2006.   AKF

Ineichen, Fritz, * 14. 8. 1913 Gersau/Kt. Schwyz, † 19. 5. 2012 Luzern; Red., Journalist, Werbeberater, Verleger; besuchte das journalist. Seminar in Zürich, 1937 Umzug von Schwyz n. Luzern, 1938 Lokalred. beim «Boten der Urschweiz» u. freier Journalist, 1948–62 Propagandachef bei der Publicitas in Luzern, dann Verleger (Murbacher-Verlag) u. Publizist. – 1978 Tourismus-Preis für die Region Zentralschweiz. – Regionalgeschichtl. Schr., Reise- u. Wanderführer, Bühnenst., Lyrik, Mundart (Rigi).

Schriften (Ausw.): Am Gätterli (Ged.) 1955; Gersau. Land und Leute, 1962 (2., erw. Aufl. u. d. T.: Land und Leute von Gersau, 1973); Wege und Routen am Pilatus (m. W. Kalt) 1964; Spaziergänge und Wanderungen in und um Luzern, 1969; Zäntume. Mundartvärs, 1969; Rigi. Der weltbekannte Berg – das internationale Ausflugsziel, 1975; Kleine Luzerner Kunde, 1975; Zentralschweiz, Passwanderungen. Eine Auswahl von Wandervorschlägen über bekannte und unbekannte Pässe in der Zentralschweiz, 1976; Luzern. Kleines Stadtbuch, 1983; Berge am Vierwaldstättersee. Innerschweizer Kurzwanderführer, 1987; 100 Jahre Bäcker- und Konditorenmeister-Verband des Amtes Luzern, 1987; Vom «Seegusler» zum «Huerenaff». Aus dem Wortschatz der Innerschwyzer- und Rigi-Mundart, 1994; Geschter und Hütt. Gedicht und

Gschichte in Rigi-Mundart, 1995. (Außerdem ungedr. Bühnenstücke.)

Herausgebertätigkeit: Starke Leute und Originale aus dem alten Lande Schwyz. Erinnerungen, schriftliche und mündliche Überlieferungen gesammelt und herausgegeben, 1956 (2., verb. u. erw. Aufl. 1962; 3., erw. Aufl. 1984).

Literatur: W. Haas, Lozärnerspròòch, 1968; Schreiben in der Innerschweiz. Eine Anthol., 1993; B. Sowinski, Lex. dt.sprachiger Mundartautoren, 1997.   AKF

Ineichen, Stefan, * 8. 3. 1958 Luzern; Ökologe, Dipl.-Biologe, lebt in Zürich; studierte Biologie an der Univ. Zürich, selbstständiger Biologe in Naturschutz u. Stadtökologie, seit 1997 Lehrtätigkeit an der Zürcher Hochschule für Angewandte Wiss., leitet seit 2000 die Veranstaltungsreihe «NahReisen». – 1979 Förderungspreis der Stadt u. des Kt. Luzern, 1993 Ehrengabe für Lit. des Kt. Zürich. – Fachschr., Prosa, Reise- u. Stadtführer.

Schriften: Die verzauberten Schweine. Sagenhafte Geschichten aus der Mitte des Landes (Nachw. R. Schami) 1990 (Fotos R. Rüegg); Das Licht in der Wüste. Kunststoffgeschichten, 1992 (Zeichn. A. Hofer); Leben zwischen den Steinen. Sanierung historischer Mauern (Red.) 1996; Die wilden Tiere in der Stadt. Zur Naturgeschichte der Stadt. Die Entwicklung städtischer Lebensräume in Mitteleuropa, verfolgt am Beispiel von Zürich, 1997; Himmel und Erde. 101 Sagengeschichten aus der Schweiz und von ennet der Grenzen, 2003; Zürich 1933–1945. 152 Schauplätze, 2009; Endstation Eismeer. Schweiz – Titanic – Amerika, 2011.

Herausgebertätigkeit: M. Lienert, Sagen und Legenden der Schweiz, 2006 (Bilder H. Binder; erw. Neuausg. 2011); Stadtfauna. 600 Tierarten der Stadt Zürich (m. M. Ruckstuhl) 2010.

Literatur: Autorinnen u. Autoren der Schweiz (Internet-Edition).   AKF

Ineichen, Ursula, * 1962 Zürich; Publizistin, Doz. für Dt. u. Erwachsenenbildnerin, lebt in Baden/Kt. Aargau. – Lyrik.

Schriften: Und meine Augen weben vom Licht des Himmels rau und farbig ein Tuch (Ged.) 2002.   AKF

Ineichen-Schüpfer, Maria, * 7. 8. 1908 Zürich-Schlieren, † 27. 12. 2007 Beromünster/Kt. Luzern;

Volkstheaterautorin u. -regisseurin, lebte in Beromünster; Wirtefachdipl., später Dipl. des Schweiz. Sozialen Seminars, reiste viel, Gouvernante in Mailänder u. engl. Familien, Gründerin u. Leiterin eines Kindergartens, verlor 1965 u. 1975 drei Söhne bei Unfällen. – Bühnenst., Lyrik, Kinderhörsp., Mundart.

Schriften: 's Huustelifon. Es Stückli für vier Dame, 1935; Wie de Jürgli kuriert worde-n-isch, 1951; Versli für alle Anlässe, 1951; Der bös Geischt uf de Breiti. Volksstück in drei Akten, 1954; Erna vom Goldingerhof. Volksstück in vier Akten mit Musik, Gesang und Tanz, 1961; Die vergessene Mühle. Volksstück in drei Akten von anno-dazumal, gestern oder vorgestern, 1962; Värs & Gedicht 's Jahr dure. Eine Auswahl, 1993. (Ferner ungedr. Volksstücke.)

Literatur: Dt.sprachige Schriftstellerinnen in der Schweiz 1700–1945 (hg. D. STUMP u. a.) 1994; B. SOWINSKI, Lex. dt.sprachiger Mundartautoren, 1997; H. GASSER, Mitt.bl. Innerschweizer Schriftstellerinnen- u. Schriftst.ver. ISSV, S. 31f., 2008.   AKF

Ines → Boettger-Seni, Otto Karl August.

Inführ, Heinrich → Lämmel, Rudolf.

Ingall → Detering, Martin.

Inganno, Fritz → Wellmann, Fritz.

Ingen, Ferdinand(us Jacobus) van, *8. 12. 1933 Utrecht/Niederlande; Germanist, lebt in Zeist/ Niederlande; studierte ab 1953 allg. Lit.wiss., Germanistik, Kunstgesch. u. Musikwiss. in Utrecht, München u. Berlin (FU), 1966 Dr. phil. Univ. Utrecht, 1957–64 wiss. Assistent am Inst. für dt. Sprache u. Lit. ebd., 1970 Prof., 1972 Ordinarius für neuere dt. Lit. an d. Univ. Amsterdam, 1972/73 Gastprof. an der FU Berlin sowie 1978 an der Univ. Kiel, seit 1972 Mithg. von «Daphnis» u. der Werkausg. v. Philipp von Zesen sowie v. Johann Beer. – Koninklijke Nederlandse Akademie van Wetenschappen, Internat. Arbeitskr. für dt. Barocklit. Wolfenbüttel (Komiteemitglied), Dt. Schillergesellsch., Goethe-Gesellschaft. – Fachschrift.

Schriften (Ausw.): Vanitas und Memento Mori in der deutschen Barocklyrik, Groningen 1966; Philipp von Zesen, 1970; Heinar Kipphardt. In

der Sache J. Robert Oppenheimer, 1978; Holländisch-deutsche Wechselbeziehungen in der Literatur des 17. Jahrhunderts, 1981; Böhme und Böhmisten in den Niederlanden im 17. Jahrhundert, 1984; Echo im 17. Jahrhundert. Ein literarisch-musikalisches Phänomen in der frühen Neuzeit, Amsterdam 2002; Philipp von Zesen in seiner Zeit und seiner Umwelt, 2013.

Herausgebertätigkeit (Ausw.): K. Stieler, Die geharnschte Venus. Oder Liebes-Lieder im Kriege gedichtet, 1970; Philipp von Zesen. 1619–1969. Beiträge zu seinem Leben und Werk, 1971; Luther-Bilder im 20. Jahrhundert (m. a.) Amsterdam 1984; Ars et amicitia. Beiträge zum Thema Freundschaft in Geschichte, Kunst und Literatur. Festschrift für Martin Bircher zum 60. Geburtstag (m. C. Juranek) Amsterdam 1998; Gebetsliteratur der frühen Neuzeit als Hausfrömmigkeit. Funktionen und Formen in Deutschland und den Niederlande (m. C. Moore) 2000; Johann Beer – Schriftsteller, Komponist und Hofbeamter 1655–1700. Beiträge zum Internationalen Beer-Symposion in Weißenfels, Oktober 2000 (m. H.-G. Roloff) 2003; J. Böhme, Werke, 2009.

Literatur: Wie is wie in Nederland 1984/88, 's-Gravenhage 1984; Brückenschläge. Eine barocke Festgabe für ~ (hg. M. BIRCHER, G. VAN GEMERT) Amsterdam 1995.   AKF

Ingendaay, Marcus (Ps. Isabel Ingendaay; Mickey Goudswaard), *24. 5. 1958 Bonn; Bruder von Paul → I.; Übers., Schriftst., lebt in Bonn; studierte Germanistik, Anglistik u. Theaterwiss. in Köln u. Cambridge, danach Reporter u. Werbetexter. – 1997 Heinrich-Maria-Ledig-Rowohlt-Übers.preis, 2000 Helmut-M.-Braem-Übers.preis. – Rom., Übers. (aus dem Englischen).

Schriften: Die Taxifahrerin, R. 2003.

Übersetzungen (Ausw.): D. F. Wallace, Kleines Mädchen mit komischen Haaren (Erz.) 2001; U. Iweala, Du sollst Bestie sein, 2008; S. M. Block, Wie ich mich einmal in alles verliebte (Rom.) 2008; K. Cameron, Das dunkle Herz von London, 2009; D. F. Wallace, Am Beispiel des Hummers, 2009; T. Capote, Marylin & Co., 2009; Truman Capote, auf Reisen (Repn.) 2010; J. Ferris, Ins Freie, 2010; W. Gaddis, J. R. (m. K. Modick) 2010; T. Hasak-Lowy, Schlecht beraten durch Rabbi Brenner, 2010; D. F. Wallace, Schrecklich amüsant – aber in Zukunft ohne mich, 2011; T. Capote, Handgeschnitzte Särge. Tatsachenbericht über ein amerikanisches Verbrechen, 2011; Y. Bauman, G. Klein, Economics. Mit einem Comic zum Wirtschaftsweisen (Red. J. W. Haas) 2011; W. Nicholson, Der verborgene Zauber des ganz normalen Lebens (Rom.) 2011; P. de Witt, Die Sisters Brothers (Rom.) 2012; W. Gaddis, Die Fälschung der Welt (Rom.; Nachw. D. Scheck) 2013; M. O'Farrell, Der Sommer, als der Regen ausblieb, 2013.

Literatur: ~, ‹Die Taxifahrerin› (in: Der Rom.führer [...] 42, hg. H.-C. Plesske) 2005.   AKF

Ingendaay, Paul, * 5. 1. 1961 Köln; Bruder von Marcus → I.; Lit.wissenschaftler, Journalist, Kritiker, Schriftst.; studierte Hispanistik u. Anglistik in Köln, München u. Dublin, 1993 Dr. phil., verf. seit 1989 Ess. u. Rez. für die FAZ, ebd. 1992–98 Lit.red., seit 1998 Kulturkorrespondent der FAZ in Madrid. – 1997 Alfred-Kerr-Preis für Lit.kritik, 2006 Niederrhein. Lit.preis der Stadt Krefeld u. aspekte-Lit.preis des ZDF. – Lit. Sachb., Erz., Roman.

Schriften: Die Romane von William Gaddis (Diss.) 1993; Gebrauchsanweisung für Spanien, 2002; Warum du mich verlassen hast (Rom.) 2006; Die romantischen Jahre (Rom.) 2011; Die Nacht von Madrid (Erzn.) 2013.

Herausgebertätigkeit: J. Marias, Alle unsere frühen Schlachten. Fußball-Stücke, 2000; P. Highsmith, Werkausgabe (m. A. von Planta) 2002ff.

Literatur: ~, ‹Warum du mich verlassen hast› (in: Der Rom.führer [...] 46, hg. H.-C. Plesske) 2008.   AKF

Ingenhaeff, Wolfgang (Ingenhaeff-Berenkamp), * 27. 6. 1947 Innsbruck; Journalist, Rechtshistoriker, Verleger; Mag. Dr., gründete 1991 den zunächst in Schwaz/Tirol, später in Hall, Innsbruck u. jetzt Wattens ansässigen Berenkamp-Verlag. – Regionalhist. Schr., Reiseführer.

Schriften (Ausw.): Wallfahrt St. Georgenberg. Über Gebetserhörungen, Mirakelgeschehen und Gnadenerweise, 1986; Der heilige Detektiv. Das Tagebuch des Florian Grün, 1990; Stollen, Schächte, fahle Erze. Zur Geschichte des Schwazer Bergbaus (m. R. Palme) 1990; Patrullengeist und Lagerfeuer. Heiteres und Besinnliches aus dem Leben von Boy-Scouts und Girl-Scouts, 1991; Kleines Zillertaler Wörterbuch. 8000 Wörter für Einheimische und Gäste. Mit Phrasen für den All-

tag (m. M. Reiter) 1992; Schnaps. Vom Brennen, Ansetzen und Genießen (dass.) 1992 (2., überarb. Aufl. 1996); Kufstein und Umgebung (dass.) 1993; Die Benediktiner-Abtei St. Georgenberg-Fiecht. Porträt eines Tiroler Doppelklosters, 1993; Drachen, Hexen, böse Geister. Sagen aus dem Bezirk Kufstein (m. E. Schwaiger) 1993; Krippenfiguren schnitzen (m. H. Mayr) ²1996; St. Georgenberg. Geschichte und Bedeutung. Kirchenführer, 1998; Schmalzbettler und Hungerknappen. Sagen und andere seltsame Begebenheiten aus der Gegend von Schwaz, dem Silberbergwerk und rund um den Achensee, 2003; Ältere Rechtsgeschichte. Von den Anfängen bis zum Beginn der Neuzeit. Ein Überblick, 2004; Hansi Hasel – mein St. Georgenberg. Allerlei Spannendes und meine Notizen. Der St.-Georgenberg-Führer – speziell für Kinder. 2006.

Herausgebertätigkeit: Festschrift Rudolf Palme (m. R. Staudinger, K. Ebert) 2002; Schwazer Silber [Tagungsbde. der Internat. Bergbausymposien Schwaz, 2002ff.] (m. J. Bair) 2003ff.; Die Erinnerung bleibt. Tirol im Bombenkrieg 1943 bis 1945 (m. dems.) 2004; Große Pappen – kleines Hirn. Sprachkultur und raue Sitten im Hohen Haus (m. dems.) 2011.   AKF

Ingenhag, Werner → Schrader, Hermann.

Ingenheim, Marieluise von → Koizar, Karl Hans.

Ingenhoff, Sebastian, * 3. 3. 1978 Duisburg; freier Autor u. Kulturjournalist, lebt in Köln; arbeitet u. a. für «Groove», «taz» u. «Intro», seit 2010 zus. m. Roland Kaiser Wilhelm Produzent von «Camp Inc.». – Novelle.

Schriften: Rubikon (Nov.) 2006.   AKF

Ingenkamp, Karlheinz (Ps. Frank Adam), * 20. 12. 1925 Berlin; Lehrer, Psychologe, Schriftst., lebt in Leinsweiler/Pfalz; 1945–70 Lehrer, Stud.rat, Oberstud.rat, Oberstud.dir u. Privatdoz. in Berlin, studierte ebd. 1947–56 Dt., Gesch., Psychol., Pädagogik u. Philos., 1952 Staatsexamen für Höheres Lehramt, 1956 Dipl.psychologe, 1961 Dr., 1968 Habil., ab 1971 Prof. für Pädagogik an der Erziehungswiss. Hochschule Landau, begründete das Zentrum für empir. wiss. Forsch. u.

war 1971–86/87 dessen Leiter, Leiter der Sektion Schulpsychol. im Berufsverband dt. Psychologen, Leiter der Forsch.kommission der Dt. Gesellsch. für Erziehungswiss., 1991 Emeritierung. – 1986 Bundesverdienstkreuz am Bande. – Fachschr., Abenteuerroman.

Schriften (pädagog. Fachschr. in Ausw.): Die Fragwürdigkeit der Zensurengebung, 1971 (zahlr. Aufl.); Lehrbuch der pädagogischen Diagnostik, 1985 (dass.); Hornblower, Bolitho & Co. Krieg unter Segeln in Roman und Geschichte, 1987; Der junge Seewolf. Seeabenteuer-Roman. Die Abenteuer des Seekadetten David Winter in Admiral Nelsons Flotte, 1992; Die Bucht der sterbenden Schiffe. Abenteuer-Roman, 1994; Segel in Flammen. Die neuen Abenteuer des jungen Seewolfs David Winter, 1995; Die Bombay-Marine. David Winters Abenteuer im Indischen Ozean, 1996; Der Kapitän der Zarin. David Winters Abenteuer im russisch-schwedischen Krieg, 1997; Verrat an Frankreichs Küsten. David Winters Abenteuer im Kampf gegen die Französische Revolution, 1998; Herrscherin der Meere. Die britische Flotte zur Zeit Nelsons (Sachb.) 1998; Der König von Haiti. David Winters Abenteuer während der Sklavenaufstände in der Karibik, 1999; Der Kampf um die Sieben Inseln (Rom.) 2000 (Lizenzausg. m. dem Untert.: David Winters Abenteuer bei der Gründung der Ionischen Republik, 2003); Eine Brigg zwischen Krieg und Frieden. David Winters Abenteuer von der Schlacht bei Algeciras bis zum Krieg gegen Napoleon, 2001; Kampf an Preußens Küste. David Winters Abenteuer während des preußisch-französischen Krieges 1806–1807, 2002; Die Eroberung der Karibik. David Winters Abenteuer als Flottenkommandant vor Martinique und Guadeloupe, 2004; Die Guerillas und der Admiral. Sir David Winters Abenteuer bei der Eroberung der Iberischen Halbinsel, 2004; Kanonendonner über der Adria. Sir David Winters Erlebnisse bei der Befreiung der Inseln und Häfen in Dalmatien und Istrien, 2005; Sieg und Frieden. Sir David Winters Erlebnisse bei Waterloo und in der alten und neuen Heimat, 2005; Rebell unter Segeln. Die Abenteuer Sven Larssons zu Beginn der amerikanischen Unabhängigkeitsbewegung, 2007; Unter der Flagge der Freiheit. Die Abenteuer Sven Larssons zu Beginn der amerikanischen Unabhängigkeitsbewegung, 2008; Kurs auf Sieg. Sven Larssons Abenteuer im amerikanischen Unabhängigkeitskrieg, 2009; Auf zu neuen Horizonten. Sven Larssons Abenteuer im amerikanischen Unabhängigkeitskrieg, 2011.

Literatur: V. CARL, Lex. der Pfälzer Persönlichkeiten, ³2004.   AKF

Ingensiep, Hans Werner, ✱ 8. 5. 1953 Rheinberg/Nordrhein-Westf.; Philosoph, lebt in Essen; studierte ab 1971 Gesch., Physik, Philos. u. Biologie an der Univ. Bonn, 1979 Dipl. in Biologie, 1983 Dr. rer. nat., bis 1986 wiss. Mitarb. am Inst. für Genetik der Univ. Bonn, dann bis 1990 Stud.aufenthalte in Zürich, 1990–96 wiss. Mitarb. u. Fellow am Kulturwiss. Inst. im Wiss.zentrum Nordrhein-Westf., ab 1993 Lehrbeauftragter an den Univ. Duisburg-Essen u. Witten/Herdecke, Assistent für Philos. an der Univ.-Gesamthochschule Essen (ab 2003: Univ. Duisburg-Essen), ebd. 1995 Habil. im Fachbereich Philos., Prof. für Philos. u. Wiss.geschichte. - Fachschrift.

Schriften: Evolution und Erkennen, 1990 (= Evolution des Menschen, 5); Pflanzenseele,Tierseele und Naturverständnis. Studien zur Philosophie und Geschichte der Lebenswissenschaften, 1995 (Selbstverlag); Geschichte der Pflanzenseele. Philosophische und biologische Entwürfe von der Antike bis zur Gegenwart, 2001; Das Tier (m. H. Baranzke) 2008; Der kultivierte Affe. Philosophie, Geschichte und Gegenwart, 2012.

Herausgebertätigkeit (Ausw.): Mensch, Umwelt und Philosophie. Interdisziplinäre Beiträge (m. K. Jax) 1988; NaturStücke. Zur Kulturgeschichte der Natur. Zum 60. Geburtstag von Klaus-Michael Meyer-Abich (m. R. Hoppe-Sailer) 1996; Leben – Töten – Essen. Anthropologische Dimensionen (m. H. Barantzke, F.-T. Gottwald) 2000; Philosophie der natürlichen Mitwelt. Grundlagen – Probleme – Perspektiven. Festschrift für Klaus Michael Meyer-Abich (m. A. Eusterschulte) 2002; Kant-Reader. Was kann ich wissen? Was soll ich tun? Was darf ich hoffen?, 2004; «Die rechten Worte finden ...». Sprache und Sinn in Grenzsituationen des Lebens (m. T. Rehbock) 2009; Darwin, die Evolution und die Wissenschaften (m. S. Dittrich) 2011; Hygiene und Kultur (m. W. Popp) 2012.   AKF

Inger, M. (Ps. für Marie Jessen; geb. Jacobsen), ✱ 1850 Emmelsbüll/Schleswig, † nicht ermittelt; Tochter eines Pastors, besuchte das Lehrerinnenseminar in Callnberg/Sa., arbeitete drei Jahre als

Lehrerin, lebte dann als Gattin eines Predigers in Schleswig-Holstein. – Lyrik., Erz., Roman.

Schriften: Das Theater war schuld?, ²1891 (Zuschreibung unsicher); Heideblumen (Ged.) 1895; In Villa Stern (Erz.) 1895; Wege und Umwege. Volkserzählungen für Jung und Alt, 1900; Ein glückliches Christfest. Eine Weihnachtserzählung und andere Erzählungen, 1904 (Schr. nicht nachweisbar); Die unsterbliche Seele (Rom.) 1908; Die letzte Herrin von Dornig (Erz.) 1909; Sintum. Dürhus (2 Erz.) 1912; Bankerott (Erz.) 1913.

Literatur: E. FRIEDRICHS, Die dt.sprachigen Schriftstellerinnen des 18. u. 19. Jh. Ein Lex., 1981; A. KLOTZ, Kinder- u. Jugendlit. in Dtl. 1840–1950. Gesamtverz. [...], Bd. 2, 1992.   AKF

Ingermann, Beatrice, * 31.12. 1954 Gutach/ Schwarzwald, † 4.9. 1993 Berlin (Suizid); Bildungsreferentin, lebte in Niederstadtfeld/Eifel; betrieb seit 1983 die Lernwerkstatt Niederstadtfeld, ab 1988 verheiratet m. Rudolf → Bahro, litt unter dessen Promiskuität u. stürzte sich von der Berliner Siegessäule. – Jugendbuch.

Schriften: Eine lange Reise, 1981; Teegrün ist mein Land. Ein Mädchen aus Sri Lanka erzählt, 1984 (NA 1989).

Literatur: Lit. Rhld.-Pfalz heute (hg. B. GOLDMANN) 1988; G. HERZBERG, K. SEIFERT, Rudolf Bahro – Glaube an das Veränderbare, S. 555–562, 2005.   AKF

Inglin, Meinrad, * 28.7. 1893 Schwyz/Kt. Schwyz, † 4.12. 1971 ebd.; Schriftst.; Sohn e. Uhrmachers u. Goldschmieds, zuerst Uhrmacheru. Kellnerlehre, im Alter von 17 Jahren Vollwaise, besuchte das Gymnasium, studierte ab 1913 Lit.gesch., Philos., Psychol. u. Kunstgesch. in Neuchâtel, Genf u. Bern, in beiden Weltkriegen Offizier im Grenzdienst, Zeitungsred., Stud.aufenthalt in Berlin, ab 1923 freier Schriftst. in Schwyz. – 1948 Dr. h. c. der Univ. Zürich u. Großer Preis der Schweiz. Schiller-Stiftung, 1953 Großer Lit.preis der Innerschweiz, 1965 Gottfried-Keller-Preis, 1967 Wolfgang-Amadeus-Mozart-Preis der Goethe-Stiftung Basel. - Erz., Bühnenst., Roman.

Schriften: Die Welt in Ingoldau (Rom.) 1922 (neue Fass. 1943, vom Verf. bearb. neue Aufl. 1964); Über den Wassern. Erzählung und Aufzeichnungen, 1925; Wendel von Euw (Rom.) 1925; Grand Hotel Excelsior (Rom.) 1928; Lob der Heimat, 1928; Jugend eines Volkes. Fünf Erzählungen, 1933 (neue Fass. m. dem veränd. Untert.: Erzählungen vom Ursprung der Eidgenossenschaft, 1948); Die graue March (Rom.) 1935 (neue Fass. 1956); Schweizerspiegel (Rom.) 1938 (neue Fass. 1955, vom Verf. durchges. neue Aufl. 1965); Güldramont (Erzn.) 1943; Die Lawine und andere Erzählungen, 1947; Werner Amberg. Die Geschichte seiner Jugend, 1949 (vom Verf. bearb. 2. Aufl. 1969); Ehrenhafter Untergang (Erz.) 1952; Volksfriedenskongress in Jeddo-Schwyz. Ein kurzgefasstes, grausliches Fasnachtspiel, dargeboten von den Japanesen unter Zuzug treugesinnter Narrengeister am Schmutzigen Donnerstag, den 21. Horner 1952, nachmittags 15.00 Uhr, auf dem Hauptplatz, 1952; Rettender Ausweg. Anekdoten und Geschichten aus der Kriegszeit, 1953; Urwang (Rom.) 1954 (2., vom Verf. durchges. Aufl. 1973); Verhexte Welt. Geschichten und Märchen, 1958; Besuch aus dem Jenseits und andere Erzählungen, 1961; Erlenbüel (Rom.) 1965; Erzählungen, 2 Bde., 1968/70; Notizen des Jägers. Aufsätze und Aufzeichnungen, 1973; Chlaus Lymbacher. Komödie in fünf Akten (Nachw. B. von MATT) 1981; Erinnerungen an die internierten Polen in der Schweiz (hg., komm. M. GÓRECKA) 2002.

Auszüge, Sammelbände (Ausw.): Ursprung der Eidgenossenschaft. Erzählungen aus der Jugend eines Volkes, 1941; Die entzauberte Insel. Zwei Erzählungen, 1944 (Feldpostausg.); Das Gespenst (Erzn.) 1949; Die Lawine, 1960; Die Schlacht am Morgarten. Geschenk der Regierung des Kantons Schwyz zur 650. Jahrzeit der Schlacht am Morgarten [...] (Einf. W. KELLER) 1965; Der Herr von Birkenau, 1966; Erzählungen, 1969; Drei Männer im Schneesturm und andere Geschichten, 1970; Der schwarze Tanner und andere Erzählungen (hg. T. HÜRLIMANN) 1985; Die schönsten Erzählungen (hg. G. SCHOECK) 1993; Die Lawine. M. I.s schönste Erzählungen (Nachw. T. HÜRLIMANN) 1998.

Briefe: Die Briefwechsel mit Traugott Vogel und Emil Staiger (hg. F. R. HANGARTNER) 1992; «Alles in mir heisst: Du.». Meinrad und Bettina I. Der Briefwechsel (ausgew., komm., hg. M. GÓRECKA) 2009.

Ausgaben: Werkausgabe in acht Bänden (hg. B. von MATT) 1981; Gesammelte Werke in zehn Bänden (hg. G. SCHOECK) 1987–91.

Nachlass: Kantonsbibl. Schwyz, Schwyz. – Schmutz-Pfister 3046. – Nachl. ~. (bearb. D. AN-

NEN, W. BÜELER, C. VOGEL) 1981; Nachl. ~ postum. «Nachl. ~ postum» von 1985 integriert (neu überarb. u. erg. G. LENHERR-JANSER) 2008.

Literatur: Albrecht-Dahlke II/2,846; Wilpert-Gühring 768; Schmidt, Quellenlex. 14,345. – G. LENHERR-JANSER, Bibliogr. ~, 2008. – Lennartz 2,814; Killy 6,40; KNLL 8,389 (‹Die graue March›, ‹Schweizerspiegel›); NHdG 559; Autorenlex. 375; DBE 5,248; Killy ²6,46; KLL (Internet-Edition) (Das erzählerische Werk). – ~, ‹Schweizerspiegel›, ‹Die Welt in Ingoldau›, ‹Werner Amberg. Die Geschichte seiner Jugend› (in: Der Rom.führer [...] IV, hg. J. BEER) 1953; E. WILHELM, ~. Weite u. Begrenzung. Rom. u. Nov. im Werk des Schwyzer Dichters (Diss. Zürich) 1954; P. ZÜRRER, Grundzüge des Menschenbildes ~s (Diss. Zürich) 1955; T. E. WEPFER, Das bildende Leben in ~s Werk. Ein systemat. Beitr. zur polit. Pädagogik unter der besonderen Berücksichtigung der polit.-sittl. Bildung auf funktionalem Wege (Diss. Zürich) 1967; A. SCHALLBERGER, Verkörperung der Innerschweiz im Werk ~s, 1969; B. von MATT, ~. Eine Biogr., 1976; H. von MATT, Wanderungen m. ~, 1978 (Aufnahmen A. Bettschart); D. ANNEN, Natur u. Geist in Ingoldau. Eine Unters. zur Verarbeitung weltanschaul. Strömungen in ~s Erstlingsrom., 1985 (Diss. Zürich 1984); P. W. HUBATKA, Schweizergeschichte im ‹Schweizerspiegel›. Versuch einer geschichtl. Ortung von ~s Rom., 1985 (Diss. Zürich 1984); G. SPIESS, ‹Meister Sebastian›. Eine Nov. von ~. Eine tiefenpsycholog. Interpr. aus jungscher Sicht, 1988; C. LINSMAYER, Lit.szene Schweiz. 157 Kurzporträts, 1989; Lex. dt.sprachiger Schriftst. 20. Jh. (hg. K. BÖTTCHER u. a.) 1993; E. SCHOECK-GRÜEBLER, ~ – seine Welt in Bildern (red. Mitarb. H. STEINEGGER) 1993; J. BÄTTIG, ~. (1893–1971), Josef Vital Kopp (1906–1966). Tradition u. Aufbruch im Spannungsfeld zweier Wegbereiter der lit. Frühmoderne in der Zentralschweiz, 1999; Lex. Lit.verfilmungen [...] 1945–2000 (zus.gest. K. M. u.I. SCHMIDT) ²2001; ~, ‹Der schwarze Tanner und andere Erzählungen› (in: Der Rom.führer [...] 38, hg. H.-C. PLESSKE) 2002; Theaterlex. der Schweiz (hg. A. KOTTE) Bd. 2, 2005; M. GÓRECKA, Tendenzen der Innerlichkeit in der dt.schweizer Lit. der Zwischenkriegszeit. Stud. zu ~ u. Albin Zollinger, Lublin 2006; D. ANNEN, Vom heiligen Michael zum unflätigen Narrentanz. ~ u. Gertrud Leutenegger im Kontext des Schwyzer Brauchtums (in: Tradition u. Moderne in der Lit. der Schweiz im 20.

Jh., S. 193–232) 2008; M. GÓRECKA, «Die Einbetonierung der Bergnatur» versus «das große Ur». Die Kritik der Technokratisierung im Werk ~s (in: Die Schweiz verkaufen. Wechselverhältnisse zw. Tourismus, Lit. u. Künsten seit 1800, hg. R. CHARBON, C. JÄGER-TREES, D. MÜLLER, S. 137–147) 2010; D. KOMOROWSKI, Zur Dialektik des Familienbildes in ~s Rom. ‹Schweizerspiegel› u. der Position eines Dichters als Intellektueller zur Zeit der geistigen Landesverteidigung (in: Familienbilder als Zeitbilder, S. 121–135) 2010; E. C. WIEGMANN-SCHUBERT,~ – Wegbereiter einer ökolog. Lit. (in: Zur dt.sprachigen Lit. in der Schweiz, S. 164–179) 2011; DIES., Kulturkritik u. Naturverbundenheit im Werk von ~. Von der antimodernen Verweigerung zur konstruktiven Kulturkritik (Diss. Düsseldorf) 2012; «Kurz n. Mittag aber lag der See noch glatt u. friedlich da». Neue Stud. zu ~ (hg. C. von ZIMMERMANN, D. ANNEN) 2013; www.meinradinglin.ch (Internet-Edition).   AKF

Ingold, Felix Philipp (Ps. Felix Philipp; fin; if), * 25. 7. 1942 Basel; Slawist, Publizist, Schriftst., Übers.; lebt in Zürich u. in Romainmôtier/Kt. Waadt; Sohn eines techn. Angestellten, machte n. der Matura (Realgymnasium Basel, 1960) ein Verlagsvolontariat bei Phoebus Publishers, studierte ab 1961 an der Univ. Basel Gesch., Kunstgesch., Philos. u. Theol. der Ostkirche, Mitarb. beim Schweizer Radio DRS, schrieb für die «Basler Nachr.» u. die «National-Ztg.», hielt sich zu Studienzwecken (Linguistik, Slawistik, Komparatistik) in Paris auf (Sorbonne, École Nationale des Langues Orientales Vivantes, Collège de France), 1968 Dr. phil. an der Univ. Basel, 1968/69 Stipendiat des Tschechoslowak. Schriftst.verbandes in Prag u. Brno, bereiste 1969 als Kulturkorrespondent der «Weltwoche» u. der «Basler Ztg.» Osteuropa (UdSSR, Polen, Tschechoslowakei), anderthalb Jahre Presseattaché u. Übers. in der Schweiz. Botschaft in Moskau, seit 1971 a. o. Prof., 1978–2005 o. Prof. für Kultur- u. Sozialgesch. Russlands an der Univ. St. Gallen, daneben Doz. an der ETH Zürich, 1992/93 Fellow des Wiss.kollegs zu Berlin, veröff. als Kulturkorrespondent u. Rezensent u. a. in NZZ, FAZ, «Basler Ztg.», «Die Zeit». – 1989 Petrarca-Preis für lit. Übers., 1992 Riehener Kulturpreis (Basel), 1998 Großer Lit.preis des Kt. Bern, 2001 «manuskripte»-Preis des Landes Steiermark, 2003 Ernst-Jandl-Preis des Öst. Bundeskanzleramtes u. Lit.preis des Kantons Zürich, 2005 Erlanger

Lit.preis für Poesie (als Übers.), 2009 Basler Lyrikpreis, 2012 Preis der Schweiz. Schillerstiftung. – Fachschr. (zur Lit.- u. Kulturgesch. Russlands), Übers. (aus dem Französ., Russ. u. Tschech.), Ess., Prosa, Lyrik.

Schriften: Innokentij Annenskij. Sein Beitrag zur Poetik des russischen Symbolismus (Diss.) 1968; Schwarz auf Schnee. Achtundfünfzig Gedichte, 1967; Spleen und überhaupt. 50 Gedichte, 1969; Wie Winter (m. I. Rakusa) 1977; Literatur und Aviatik. Europäische Flugdichtung 1909–1927. Mit einem Exkurs über die Flugidee in der modernen Malerei und Architektur, 1978; Leben Lamberts (Prosa) 1980; Dostojewskij und das Judentum, 1981; Unzeit (Ged.) 1981; Haupts Werk. Das Leben (Prosa) 1984; Fremdsprache. Gedichte aus dem Deutschen, 1984; Schriebsal, 1985 (Fotobilder A. Silber); Mit anderen Worten (Prosa) 1986; Letzte Liebe. Der Himmel leer man könnte meinen er sei blau (Prosa) 1987; Und das soll ein Gedicht sein, 1987 (Zeichn. R. Winnewisser); Das Buch der Sprüche. Ein Idiotikon, 1987 (dass.); Das Buch im Buch, 1988; Tagebuch, 1988 (Illustr. R. Winnewisser); Der Autor im Text, 1989; Echtzeit (Ged.) 1989; Ewiges Leben (Erz.) 1991; Der Autor am Werk. Versuche über literarische Kreativität, 1992; Reimt's auf Leben. Ein Hundert Gelegenheitsgedichte, 1992; Ausgesungen. Posle golosa (Ode, m. einer Übers. ins Russ. von I. KUTIK, Begleitwort G. AJGI) 1993; Autorschaft und Management. Eine poetologische Skizze, 1993; Rede zur Verleihung des Petrarca-Preises an Gennadij Ajgi, Perugia, 12. Juni 1993, 1993; Restnatur. Späte Gedichte, 1994; Freie Hand. Ein Vademecum durch kritische, poetische und private Wälder, 1996; Unter sich (m. B. Steiger) 1996; Zeichensatz. Gedichte zu Schildern (Siebdr. A. H. Lehmann) 1997; Nach der Stimme. Ein Gedicht in dreizehn Sätzen, 1998; Flammenschrift, 1999 (Holzschnitte R. Winnewisser); Der große Bruch. Rußland im Epochenjahr 1913. Kultur – Gesellschaft – Politik, 2000 (erw. NA 2013); Kunstleben und Lebenskunst. Russlands kulturelle Szene im Umbruch. Art as Art vs. Life as Art. Recent Currents in Russian Culture, 2000; Auf den Tag genaue Gedichte, 2000; Jeder Zeit. Andere Gedichte, 2002; Im Namen des Autors. [Arbeiten für die Kunst und Literatur], 2004; Wortnahme. Jüngste und frühere Gedichte, 2005; Tagesform. Gedichte auf Zeit, 2007; Russische Wege. Geschichte – Kultur – Weltbild, 2007; Die Faszination des Fremden. Eine andere Kulturgeschichte Russ-

lands, 2009; Gegengabe. Zusammengetragen aus kritischen, poetischen und privaten Feldern, 2009; Ortstermine, 2010; Steinlese (Ged.) 2011 (m. CD); Alias oder Das wahre Leben (Rom.) 2011; Lauter unsichtbare Sachen. Notate zu Zeiten, 2013; Noch ein Leben für John Potocki (Rom.) 2013; Nee die Ideen. Pataphysische Fermaten, 2014.

Übersetzungen: W. Rosanow, Gedanken aus dem Hinterhalt. Ein Katechismus für Ketzer, 1971; E. Rosental, Hippies und andere. Report eines sowjetischen Journalisten über die Jugend des Westens (m. R. Zollinger) 1973; M. Zwetajea, Prosa (m. I. Rakusa, hg. DERS.) 1973; E. Jabès, Es nimmt seinen Lauf, 1981 (Illustr. A. Tàpies); J. Brodsky, Römische Elegien und andere Gedichte, 1985 (Neuausg. 1993, Lithographien A. Tàpies); E. Jabès, Das kleine unverdächtige Buch der Subversion, 1985; O. Mandelstam, Armenien. Gedichte und Notizen, 1985 (Zeichn. P. Herzog); G. Ajgi, Veronikas Heft. Das erste Halbjahr meiner Tochter (Ged.) 1986 (Zeichn. S. Morris; Neuausg. 1993); E. Jabès, Vom Buch zum Buch, 1989; ders., Die Schrift der Wüste. Gedanken, Gespräche, Gedichte (m. H. U. Brunner) 1989; B. Pasternak, Der Strich des Apelles, 1990; F. Ponge, Gnoske des Vorfrühlings, [1990]; G. Ajgi, Aus Feldern Rußland (Ged., Prosa) 1991 (russ. u. dt.); ders., Widmungsrosen (Ged.) 1991; M. Leiris, «Suppe Lehm Antikes im Pelz tickte o Gott Lotte». Ein Glossar, 1991; O. Mandelstam, Das zweite Leben. Späte Gedichte und Notizen, 1991; J. Skácel, Ein Wind mit Namen Jaromír und andere Gedichte, 1991; G. Ajgi, Und: Für Malewitsch (auch Hg.) 1992; W. Buritsch, Texte in freien Versen, 1992; E. Jabès, Das Gedächtnis und die Hand, 1992 (Zeichn. E. Masé); ders., Verlangen nach einem Beginn, Entsetzen vor einem einzigen Ende, 1992 (frz. u. dt.; Zeichn. M. Kohlmann); O. Mandelstam, Das zweite Leben. Späte Gedichte und Notizen, 1992; G. Ajgi, Die letzte Fahrt. Wallenberg in Budapest, 1993; ders., Im Garten Schnee, 1993; J. Skácel, Und nochmals die Liebe, 1993; M. Zwetajewa, Gruß vom Meer (Ged.) 1994; G. Ajgi, Wind vorm Fenster. Vermischte Gedichte, 1998; Kreis-Dreieck. Wassily Kandinskys Briefwechsel mit Alexandre Kojève und Giovanni Antonio Colonna DiCesarò sowie Kojèves Essay über Kandinsky. Und Wassily Kandinskys «Grundelemente der Malerei» (m. G. Beck) 1998; Geballtes Schweigen. Zeitgenössische russische Einzeiler, 1999 (dt. u. russ.); P. Eluard, Einige der Wörter die mir bislang auf geheimnis-

volle Weise untersagt waren, 2005 (Kaltnadelradie-
rungen R. Winnewisser); R. Daumal, R. Gilbert-
Lecomte, En GGGarrrde! Auf ins GGGefffecht!
Gefolgt von Le Lyon rouge, la temête de cygnes
und amour, amour! Mit einem beigelegten pata-
physischen Kalender (m. M. Schulte) 2006 (dt. u.
frz.); G. Apollinaire, Und auch ich bin Maler. Lyrische Ideogramme, 2007 (dt. u. frz.; Linolschnitt H.
Bach); E. Jabès, Das kleine unverdächtige Buch der
Subversuion, [2007?]; St. Chapman, Elf Tausend
Verben Ein Hundert Virgeln, 2 Bde., 2008 (dt. u.
frz.); A. Štejger, Èta žizn. Dieses Leben. Gesammelte Gedichte russisch und deutsch (m. Einl. hg.)
2008; G. Apollinaire, Du coton dans les oreilles.
Watte in den Ohren, 2009 (dt. u. frz.); F. Ponge,
Schreibpraktiken, 2010 (Linolschnitte R. Winnewisser); B. Vildé, Trost der Philosophie. Tagebuch
und Briefe aus der Haft 1941/1942, 2012; L. Sche-
stow, Siege und Niederlagen. Für eine Philosophie
der Literatur von Shakespeare zu Tschechow (auch
Ausw. u. Einl.) 2013; ders., Nur für Schwindelfreie.
Apotheose der Grundlosigkeit und andere Texte,
2014.

Herausgebertätigkeit: A. Solschenizyn, Von der
Verantwortung des Schriftstellers, 2 Bde., 1969/70;
Literaturwissenschaft und Literaturkritik im 20.
Jahrhundert, 1970; R. Jakobson, Poesie und
Sprachstruktur. Zwei Grundsatzerklärungen, 1970;
M. A. Bulgakov, Morphium (Erzn., Übers. J. ZIM-
MERMANN-GÖLLHEIM) 1971; Gedichte an Gott sind
Gebete. Gott in der neuesten sowjetischen Poesie
(m. I. Rakusa) 1972; Picasso in Russland. Mate-
rialien zur Wirkungsgeschichte. 1913–1971, 1973;
Über Solschenizyn. Aufsätze, Berichte, Materiali-
en (m. E. Markstein) 1973; A. Solschenizyn, Von
der Unbeugsamkeit des Geistes (Übers. L. UJVA-
RY) 1974; M. Bulgakow, Wohnraum auf Rädern
und andere Erzählungen (Übers. L. UJVARY, Mitwirkung R. HEUSSER, F. Ph. I.) 1975; N. Berd-
jajew, Fortschritt, Wandel, Wiederkehr, 1978; A.
Vvedenskij, Minin i Požarskij (Vorw. B. MÜLLER)
1978 (als Ms. vervielfältigt); Zwischen den Kulturen. Festgabe für Georg Thürer zum 70. Geburtstag, 1978; D. Huegin, Retrospekulative, 1980;
Dostojewski in der Schweiz. Ein Reader (hg. I.
RAKUSA, Mitwirkung F. Ph. I.) 1981; In Goethes
Namen. Anekdoten aus dem «Russischen Diwan»,
1982; Fragen nach dem Autor. Positionen und Perspektiven (m. W. Wunderlich) 1992; Der Autor
im Dialog. Beiträge zu Autorität und Autorschaft
(dass.) 1995; L. Carroll, Tagebuch einer Reise nach

Rußland im Jahr 1867 (Übers. E. FREY) 1997; H.-
F. Amiel, Tag für Tag (m. Nachw. hg.; Ausw. u.
Vorw. L. TOLSTOI, Übers. E. FREY) 2003; Fehler im
System. Irrtum, Defizit und Katastrophe als Fakto-
ren kultureller Produktivität (m. Y. Sánchez) 2008;
«Als Gruß zu lesen». Russische Lyrik von 2000 bis
1800, 2011.

Tonträger: Nach der Stimme. Ein konzertanter
Dialog (m. U. Leimgruber, CD) 2000.

Literatur: Schmidt, Quellenlex. 14,347. – Munzinger-Arch.; KLG; Killy 6,42; NHdG 560; LGL
1,593; Killy ²6,52. – E. FREY, Lesefrucht oder die
Furcht vor dem Lesen. Über Günter Eich, Friederike Mayröcker, Ilse Aichinger u. ~ (in: Im Dialog m. der Moderne. Zur dt.sprachigen Lit. von
der Gründerzeit bis zur Ggw. Jacob Steiner zum
60. Geburtstag, hg. R. JOST, H. SCHMIDT-BERG-
MANN, S. 462–480) 1986; Wort wie Bild wie Wort.
Bücher von ~ & Rolf Winnewisser. Ausst. in der
Bibl. der Univ. Konstanz vom 26. Januar 1989 bis
zum 25. Februar 1989, 1989; U. GREINER-KEMPT-
NER, Subjekt u. Fragm.: Textpraxis in der (Post-)
Moderne. Aphoristische Strukturen in Texten von
Peter Handke, Botho Strauß, Jürgen Becker, Thomas Bernhard, Wolfgang Hildesheimer, ~ u. André V. Heiz, 1990; ~, ‹Letzte Liebe›, ‹Ewiges Leben›
(in: Der Rom.führer [...] XXVII, hg. B. u. J. GRÄF)
1993; E. FREY, Lebensräume. Zu ~s Poetik (in: Ak-
zente. Zs. für Lit. 42, S. 404–406) 1995; M. AESCH-
BACHER, Prolegomena zur Entwicklung neuer hermeneut. Praxisformen für die Befassung m. hermet.
Texten der neuesten Schweizer Lit. (in: Neue
Perspektiven zur dt.sprachigen Lit. der Schweiz,
hg. R. SABALIUS, S. 235–247) Amsterdam, Atlan-
ta/GA, 1997; Y. BÄTTIG, M. WAGNER, Bibliogr. der
Berner Schriftstellerinnen u. Schriftst. 1950–1993,
1997; Marc Adrian – ~ [Gespräch] (in: Zettelwerk.
Gespräche zu einer mögl. Form, ges. von L. CEJ-
PEK, S. 151–161) 1999; Schritt u. Gruss. FS für ~,
2002; Kat. zur Ausst. Buchwerke der Russ. Moderne. Eine Auslese aus der Slg. ~, Zürich. [Ei-
ne Ausst. der Saarländ. Univ.- u. Landesbibl. Saarbrücken, 17.6.–2.8.2003, Kantonsbibl. St. Gallen
(19.8.–19.9.2003)], 2003; B. LEDEBUR, Zur Poetik
~s. Anläßl. der Verleihung des Ernst-Jandl-Preises
2003 (in: manuskripte [Graz] 43, H. 162, S. 116–
120) 2003; Bohemica. Begleitschr. zur Ausst. Bohemica aus der Slg. ~, 28. Oktober bis 19. November 2005 in der Kantonsbibl. St. Gallen, 2005; A.
COTTEN, Anm. zu ~s «Randnotizen zu Beispiel-
texten» (in: manuskripte [Graz] 47, H. 178, S. 173–

175) 2007; M. Schmeling, Narrativer Konstruktivismus in den Labyrinthen der Postmoderne. Un-
dine Gruenter, Lars Gustafsson u. ~ (in: Labyrinth
u. Sp. Umdeutung eines Mythos, hg. H. R. Britt-
nacher u. a., S. 252–266) 2007; Prager Frühling
1968. Erinn.stücke aus der Slg. ~ (hg. C. Dora)
2008; W. M. Fues, Die Lyrik ~s (in: Schweizer
Monatsh. 89, H. 11, S. 46–49) 2009.   BJ

Ingold, Walter (auch I.-Hunziker), * 31. 10. 1896
Solothurn, † 17. 12. 1972 Biberist/Kt. Solothurn;
Pressereferent, Beamter, Lehrer, Red., lebte in Bi-
berist; als Bezirkslehrer tätig, Journalist u. Red.
u. a. beim «Schweizer Demokrat» in Olten, 1924
Völkerbundkorrespondent in Genf, 1924–57 Pres-
sechef u. Leiter des Büros des Föderativverbandes
des Personals öffentl. Verwaltungen u. Betriebe,
Red. des Heimatkalenders «Chumm mer z'Hülf»,
Mitgl. des Gemeinderates (Sozialdemokrat. Partei der Schweiz) sowie der Primar- u. Sekundar-
schulpflege in Biberist, Inspektor für dt. Sprache u.
Gesch. an der Lehrerbildungsanstalt der Kt.schule
Solothurn. – Prosa, regionalkundl. Schr., sozialpolit. Fachschr., Jgd.b., Mundart (Schweizerdeutsch).
   Schriften: Eidgenössisches Personal, Besoldungs-
gesetz und Arbeiterschaft. Vortrag, gehalten in
der sozialdemokratischen Partei des Kantons Solothurn am 1. März 1925 in Solothurn, 1925; Der
Lohnkampf des eidgenössischen Personals. Die öffentliche Wirtschaft, 1932; Der rote Pfeil. Ein Jugendbuch der Gegenwart, 1936 (Illustr. B. Reber);
Auf dem Wege zur Arbeitsverfassung, 1937; I dr
Schwiz und deheim, 1938; Straßen und Brücken
im Kanton Solothurn 1900–1962 (Bearb.) 1963; Ju-
biläumsschrift des Gewerkschaftskartells des Kantons Solothurn zum 50jährigen Bestehen 1913–
1963 (Red.) 1963; Fünfundsiebzig Jahre PTT-Uni-
on 1891–1966. Ein Bericht, 1966.
   Herausgebertätigkeit: Gedanken Carl Hiltys (auch
Ausw.) 1940.
   Literatur: W. Ritschard, W. Meier, J. Heier-
li, Zum Gedenken. ~. Biberist, 1896–1972, 1973;
Biogr. Lex. verstorbener Schweizer. In memoriam, Bd. 7, 1975; B. Sowinski, Lex. dt.sprachiger
Mundartautoren, 1997.   CP

Ingrim, Robert (Ps. für Franz Robert Klein),
* 20.(?)6.1895 (30. 6. 1896/95?) Wien, † 4. 3. 1964
Chardonne/Kt. Waadt; Journalist; Sohn eines Arztes, Stud. der Rechtswiss. an der Univ. Wien,
1915–18 Artillerieoffizier, 1920 Dr. jur., Indus-
trieberater, 1926–30 Red. bei der Ztg. «Der Öst.
Volkswirt» in Wien, 1930–33 Donauraumkorres-
pondent für die «Vossische Ztg.» u. 1933–35 für
die Ztg. «Basler Nachr.», 1936–37 Italienkorres-
pondent in Rom für «Basler Nachr.», 1937 Aus-
weisung aus Italien, bis 1938 Völkerbundkorrespondent in Genf für die Tagesztg. «De Tijd» Amsterdam, 1938 Emigration n. London, Korrespondent für die «National-Ztg.» Basel, 1940 Mitgl.
bei «Austria Office», Mitarb. bei «Free Austria»,
emigrierte 1941 n. Kanada u. weiter n. New York,
wo er das «Austrian Committee» mitbegr., Hg.
u. Leiter der Zs. «Voice of Austria», 1942 Umzug n. Ottowa, in Kanada u. den USA Publizist
u. Hochschullehrer für polit. Wiss., 1946 US-
amerikan. Staatsbürgerschaft, 1947 Rückkehr n.
Europa, Wohnsitz in der Schweiz, Korrespondent
für amerikan. u. dt.sprachige Ztg. u. Zeitschriften.
– Polit.-hist. Sachb., Essay.
   Schriften: Der Griff nach Österreich, 1938; Au-
ßenpolitik mit falschen Begriffen, 1947; After Hit-
ler Stalin?, Milwaukee/WI 1946 (dt. Ausg. u. d.
T.: Von Talleyrand zu Molotow. Die Auflösung
Europas, 1947); Die Rettung Deutschlands, 1952;
Bündnis oder Krieg, 1955; Macht und Freiheit.
Wie man den Feind aus dem Land bringt, 1956;
Amerika findet sich wieder. Die konservativen
Grundlagen in Geschichte und Politik der USA,
1958; Hitlers glücklichster Tag. London, am 18.
Juni 1935, 1962.
   Herausgebertätigkeit: Bismarck selbst. 1000
Gedanken des Fürsten Otto von Bismarck
(Zus.stellung, m. Einl. hg.) 1950.
   Literatur: Schmidt, Quellenlex. 14,348. – Mun-
zinger-Arch.; Hdb. Emigration 1,321; DdP 1,491;
DBE 5,248. – W. Sternfeld, E. Tiedemann,
Dt. Exil-Lit. 1933–1945. Eine Bio-Bibliogr.,
[2]1970.   CP

Ingrisch, Lotte (eig. Charlotte von Einem; geb.
Gruber; Ps. Tessa Tüvari), * 20. 7. 1930 Wien; ab
1966 in zweiter Ehe verh. m. Gottfried von →
Einem; Schriftstellerin, lebt in Wien; Tochter eines Erfinders, besuchte das Gymnasium in Zwettl/
Niederöst., war 1949–65 in erster Ehe m. dem
Philosophen Hugo I. verh., Buchhalterin in der
Textilbranche, 1955 Beginn der schriftsteller. Tätigkeit, 1966/67 Hörsp.autorin für den NDR u.
später für das ZDF, Beginn der Zus.arbeit m. ihrem zweiten Ehemann, 1980 Skandal um die Oper

‹Jesu Hochzeit› aufgrund des Vorwurfs der Blasphemie, gründete 1993 die «Schule der Unsterblichkeit» u. 2010 die «Internationale Gottfried von Einem-Gesellsch.», Vizepräs. der «Gottfried von Einem Musik-Privatstiftung». – 2002 Öst. Ehrenkreuz für Wiss. u. Kunst I. Klasse, 2006 Goldenes Ehrenzeichen für Verdienste um das Bundesland Niederösterreich. – Mitgl. des Öst. P.E.N.-Clubs. – Theaterst., Rom., Ess., Hör- u. Fernsehsp., Sachb., Libretto.

Schriften (außer Musikdr.): Das süße Mädel, um 1950; Verliebter September (Rom.) 1958; Das Engelfernrohr (Rom.) 1960; Das Fest der hungrigen Geister (Rom.) 1961; Affe des Engels (Kom.) 1964 (UA 1968); Vanillikipferln. Eine wienerische Moritat in einem einzigen Akt, nach welchem das Spiel hinter der Bühne noch schauerlich weitergeht, 1964 (UA 1964); Ein Abend zu Dritt. Lustiger, jedoch äußerst trauriger Akt, 1964 (UA 1965); Donau so blau. Moritat in einem Akt, 1964 (UA 1966); Die Wirklichkeit und was man dagegen tut. Tragische Posse mit Gesang in sieben Bildern, 1965 (UA 1968); Kybernetische Hochzeit. Zaubergroteske in fünf Akten, 1965 (UA 1988; später m. dem Untert.: Zauberspiel in fünf Aufzügen); Die Witwe. Komödie des Entsetzens in einem Akt, 1965; Der Unstern. Lustspiel in drei Akten, 1967; Wiener Totentanz, 1972 (UA 1990); Der rote Bräutigam. Lustspiel in drei Akten, 1974 (UA 1979); Die Heiratsschwindlerin. Tragische Posse mit Gesang, 1974 (UA 1973); Geisterstunde oder Vorleben mit Nachteilen. Komödie in drei Akten, 1974 (UA 1976); Teerosen. Komödie in drei Akten, 1975 (verfilmt 1977, Regie R. von Sydow); Letzte Rose, 1977 (UA 1971); Salzburg für jedermann. Stadt und Land Salzburg (Ged.) 1977 (Illustr. F. Ahrlé); Die fünfte Jahreszeit. Lyrische Komödie in fünf Akten, 1978 (UA 1978); Jesu Hochzeit. Mysterienoper in zwei Akten (Libr.) 1979 (Musik G. von Einem, Opus 52); Lambert Veigerl macht sein Testament (Kom.) 1979 (UA 1980); Sternenleib. Ein Paracelsusspiel, 1980 (Musik G. von Einem); Reiseführer ins Jenseits. Vom Sterben, von Tod und Wiedergeburt, 1980 (NA ohne Untert. 1990, m. Tonkassette; davon NA 2010; gek. als Hörb. auf CD, 2010); Herzreise oder Die Zeit der Zeit ist vorbei. Mysterienkomödie, 1981; Bauerngärten. Das nützliche Paradies (Ess.; Fotografien u. Text H. Nemec) 1984; Verzaubert, verwunschen. Das Waldviertel (m. H. C. Artmann) 1984 (Fotografien F. Hubmann); Amour noir. Die Entlarvung des Schmet-

terlings (Rom.) 1985; Schmetterlingsschule oder die Veränderung der Welt im Kopf. Ein Lesebuch für Eltern, Lehrer und Schüler, 1986; Nächtebuch, 1986; Auf den Flügeln des Gesanges. Musikalische Novellen und Erzählungen aus zwei Jahrhunderten (m. G. von Einem) 1988 (Illustr. H. Fronius); Das Donnerstagebuch (m. J. Mauthe) 1988; Die Kapelle der Gefahren, 1988; Die Pestsäule (Kriminalrom.) 1989; Herr Jacopo reitet, 1990; Feenschrei. Ein Wegweiser in die Elbenwelt, 1991 (Fotografien H. Schiefer); Der Engel des Alters oder Methusalem im Wunderland, 1993; Gaußplatz elf, 1994 (Illustr. L. Waber; Fotografien B. Hell); Die schöne Mörderin (Kriminalrom.) 1994; Das Leben beginnt mit dem Tod, 1996; Ratte und Bärenfräulein. Die Jenseitsreise des Gottfried von Einem, 1997; Unsterblichkeit. Protokolle aus dem Jenseits. Eine Dokumentation der Hoffnung, 2000; Rindlberg (Geschn.; hg. R. Pils) 2000 (Illustr. L. Waber); «Die ganze Welt ist Spaß!». Ein Leben in Anekdoten von L. I. und Gottfried von Einem, 2002 (durchges. u. erw. NA 2012); «Der Himmel ist lustig». Jenseitskunde oder keine Angst vor dem Sterben, 2003; Physik des Jenseits. Einsteins Märchen, Quantenmythen und exakte Geisterwissenschaft, 2004; Die neue Schmetterlingsschule. Die Rückkehr der Seele in den Unterricht, 2006; Der Geister-Knigge. Vom Umgang mit Totengeistern, Naturgeistern, Tiergeistern und dem Großen Geist selbst, 2006; Eine Reise in das Zwielichtland. Im Waldviertel und anderswo, 2007 (Medienkombination m. CD); Die schöne Kunst des Sterbens oder wie überlebe ich meinen Tod?, 2008; Die Erde. unterirdisch – überirdisch – außerirdisch, 2010; Die doppelte Lotte oder warum es uns mehrmals gibt. Parallele Welten, parallele Personen, 2011.

Herausgebertätigkeit: M. Sills-Fuchs, Der Mittagshirsch. Die Wiederentdeckung des keltischen Kalenders (m. Einl. u. Erg. hg.; m. M. A. Schmid) 1990; Mich hetzen Klänge. Die Componierzettelchen des Gottfried von Einem, 1999.

Ausgaben: Damenbekanntschaften, 1973 (UA 1971; NA m. dem Untert.: Vier Mördereien, Vorw. H. Beil, 2005); Das L.-I.-Lesebuch, 1995.

Tonträger: Diesseits und Jenseits von Einem. In memoriam Gottfried von Einem (CD) 1997 (Musik G. von Einem); Die Kelten erwachen. Eigene Texte (CD) 2000.

Vorlass: Öst. Lit.arch., Wien. – Hall-Renner 159.

Uraufführungen: Salzpuppen. Stück in sieben Bildern, 1963; Herr Floridus, 1978; Der Zimmerherr.

Fünf-Personen-Stück, 1995.

Literatur: Albrecht-Dahlke IV/2,764; Schmidt, Quellenlex. 14, 348. – Lennartz 2,816; Killy 6,43; Öst. Katalog-Lex. 1,169; Killy ²6,50. – Reclams Hörsp.führer (hg. H. SCHWITZKE) 1969 (auch Internet-Edition); H. SCHMÖLZER, Das böse Wien. Gespräche m. öst. Künstlern, 1973; H. LEDERER, Die Dr. ~s (in: MAL 7, H. 1/2, S. 132–140) 1974; W. BORTENSCHLAGER, Öst. Dramatiker der Ggw. Kreativ-Lex., 1976; R. HEGER, Das öst. Hörsp. Unters. zur öst. Lit. des 20. Jh., Bd. 6, 1977; R. ROČEK, Sp. von der Verein. des Gegensätzl. Marginalien zum Textb. der Oper ‹Jesu Hochzeit› (in: LK 15) 1980; ‹Jesu Hochzeit› von ~ im Urteil der Wiener Presse u. anderer (hg. F. LOIDL) 1980; Pro u. Kontra ‹Jesu Hochzeit›. Dokumentation eines Opernskandals (hg. M. DIETRICH, W. GREISENEGGER) 1980; D. AXMANN, «Von der Welt ab ist nämlich die Hauptsache». ~ u. Gottfried von Einem. Rindberg 98 (in: Waldviertel. Portrait einer Kulturlandschaft) 1981; G. von WILPERT, Dt. Dichterlex. Biogr.-bibliogr. Handwb. zur dt. Lit.gesch., ³1988; I. ACKERL, F. WEISSENSTEINER, Öst. Personenlex., 1992; J. TWAROCH, Lit. aus Niederöst., 1993; K. BRÜNE, Autorenlex. dt.sprachiger Drehb. für Kino u. Fernsehen 1945–1993, 1994; N. LINK, Lexikometrie u. Autorenidentifikation. Durchgeführt am Beispiel des Donnerstageb. von ~ (Dipl.-Arbeit Univ. Wien) 1995; Öst. Lit. von außen. Personalbibliogr. zur Rezeption der öst. Lit. [...] 1975–1994 (hg. M. KLEIN) 1996; A. HONKISZ, Das literar. Werk von ~. Umfassende Bio-Bibliogr. bis zum heutigen Tage (Dipl.-Arbeit Univ. Wien) 2000; K. F. STOCK u. a., Personalbibliogr. öst. Dichterinnen u. Dichter, Bd. 2, ²2002; C. DOBRETSBERGER, ~. «Ich habe immer von der Zukunft abgeschrieben» (in: Wiener Ztg., 18.5.) 2012 (Internet-Edition); Austria-Forum (Internet-Edition).   CP

Ingwersen, Erhard, ⋆ 6. 5. 1914 Berlin; Techniker, Schriftst., lebte um 1981 in Berlin (West); Ausbildung zum Mechaniker, 1936 Meisterprüfung, im 2. Weltkrieg Soldat bei der Kriegsmarine in Swinemünde/Pommern (Świnoujście/Polen), arbeitete bis zur Pensionierung als Messtechniker, verf. Beitr. für RIAS Berlin u. versch. Tageszeitungen. – Regionalkundl. Schr., Ess., Hörfunk-Text, Anekdote.

Schriften: Berliner Originale im Spiegel der Zeit, 1958; Standbilder in Berlin, 1967; Imma uff Draht. Köpfe und Käuze an der Spree, 1977; Die Kur-

fürsten des Kurfürstendamms. Ein Stück Berliner Geschichte aus Straßennamen, 1985.

Herausgebertätigkeit: Berlinische Anekdoten, 2 Bde., 1965–69 (Neuausg. 1981).

Literatur: Schmidt, Quellenlex. 14,348.   CP

Ingwersen, Jörn, ⋆ 28. 8. 1957 Westerland/Sylt; Übers., Schriftst., Musiker; Stud. der Gesch. u. Anglistik in Kiel u. Hamburg, Taxifahrer, Kellner, Texter, Statist beim Fernsehen, Journalist beim Feuill., danach v. a. freier Übers. u. Musiker. – (Krimial-)Rom., Übers. (aus dem Engl. u. Amerikan.), Fachschrift.

Schriften: Schafsköpfen. Ein Krimi auf Sylt, 1996 (NA zus. m. ‹Falscher Hase›, 2008); Falscher Hase. Ein Sylt-Roman, 2000 (2. Aufl. m. dem Untert.: Ein Krimi auf Sylt, 2005; NA zus. m. ‹Schafsköpfen›, 2008); Nah am Wasser. Ein Krimi auf Sylt, 2005.

Übersetzungen: B. Lewis, Illustrationen. Technik + Anwendungsmöglichkeiten, 1988; D. Goodis, Straße der Barbaren, 1989; D. Raymond, Er starb mit offenen Augen (Thriller) 1989; B. Laban, Die großen Sportwagen. Einst und jetzt (m. G. Görtz) 1989; J. Tipler, Berühmte Stylisten. Die Väter der schönsten Autos, 1990; J. Gores, Die Rache des Jägers (Thriller) 1990; R. Ludlum, Das Borowski-Ultimatum (Kriminalrom.; m. E. Schlereth) 1990 (NA u. d. T.: Das Bourne Ultimatum, 2003); H. Browne, Blutige Stadt, 1990; C. Thomas, Der letzte Rabe (Rom.) 1991; A. Perry, Frühstück nach Mitternacht. Ein Thomas-Pitt-Kriminalroman aus der viktorianischen Zeit, 1992; R. Crais, Lullaby Town. Der neue Elvis Cole Roman, 1992; J. Buffett, Cuba libre (Rom.) 1993; A. Cole, C. Bunch, Die fernen Königreiche (Fantasyrom.) 1994 (Ausg. der 1994–96 veröff. Einzelbde. in vier Tln. u. d. T.: Die Reise in die Fernen Königreiche, 2005/06); M. Connelly, Schwarzes Echo (Kriminalrom.) 1994; I. Dicks, D. Hawcock, Der große Mumien-Spaß. Mit einer 1,30 m großen Mumie zum Aufklappen und Erforschen, 1995; S. Wyllie, Wenn ein Bär ein Auto kauft, 1995; J. Milton, Die Lindberghs. Eine Biographie (m. B. Jakobeit) 1995; A. Cole, C. Bunch, Das Reich der Kriegerinnen (Fantasyrom.) 1995 (Ausg. der 1994–96 veröff. Einzelbde. in vier Tln. u. d. T.: Die Reise in die Fernen Königreiche, 2005/06); dies., Das Reich der Finsternis (dass.) 1996 (dass.); A. Cole, Die Rückkehr der Kriegerin (dass.) 1996 (dass.); J. Buffett, Margaritaville, 1996; J. Douglas, M. Olshaker, Die

Seele des Mörders. 25 Jahre in der FBI-Spezial-Einheit für Serienverbrecher, 1996; P. S. Beagle, Die Sonate des Einhorns (Rom.) 1997; E. Leonard, Jede Wette (Rom.) 1997; B. Elton, Popcorn (Rom.) 1997; G. R. R. Martin, Das Lied von Eis und Feuer, I Die Herren von Winterfell, II Das Erbe von Winterfell, 1997/98 (vollst. überarb. Neuausg. 2010/11); R. Crais, Schmutzige Geschäfte, 1998; L. Elmore, Zuckerschnute (Rom.) 1998; D. Mostyn, D. Hawcock, Graf Dracula. Ein meterhohes Pop-up-Buch zum Aufhängen und Gruseln, 1998; B. Elton, Kalt erwischt (Rom.) 1999; P. Joannides, Wild thing. Sextips for boys and girls (m. K. Singelmann, R. Zubeil) 1998 (überarb. u. erw. Ausg. 2008 u. 2013); J. Hershon, Mondschwimmen (Rom.) 2001; B. Lott, Die Meute (Rom.) 2001; J. L. Nelson, Der Stolz der Meere (Rom.) 2001; B. Elton, Seitensprünge (Rom.) 2001; C. Moore, Die Bibel nach Biff. Die wilden Jugendjahre von Jesus, erzählt von seinem besten Freund (Rom.) 2002; D. Simmons, Das Schlangenhaupt (Rom.) 2002; B. Elton, Tödlicher Ruhm (Rom.) 2003; Metallica – hit the lights. Die Story zu ihren größten Songs (m. K. Lutze; hg. C. INGHAM) 2004; D. L. Küng, Ein Besuch von Monsieur Voltaire (Rom.) 2005; S. Walker, Sanft soll er ruhen (Rom.) 2006; C. Moore, Ein todsicherer Job (Rom.) 2006; B. Henderson, Das Evangelium des fliegenden Spaghettimonsters, 2007; D. Wolstencroft, Contact zero (Rom.) 2008; S. Kinsella, Kennen wir uns nicht (Rom.) 2008; L. Doyle, Ich liebe dich, Beth Cooper! (Rom.) 2009; C. Moore, Fool (Rom.) 2009; D. Wallace, Der Ja-Sager. Buch zum Film mit Jim Carrey, 2009; S. Kinsella, Charleston Girl (Rom.) 2009; dies., Mini Shopaholic (Rom.) 2010; M. Millington, Überlebenstraining für unfreiwillige Zeitreisende (Rom.) 2010; J. Niven, Gott bewahre (Rom.; m. S. Glietsch) 2011; M. Elliott, Club der Rabenmütter (Rom.) 2011; C. Moore, Ein Biss sagt mehr als tausend Worte (Rom.) 2011; ders., Verflixtes Blau! (Rom.) 2012; E. Leonard, Out of sight (Rom.) 2012; D. Halperin, Der Tag, an dem das UFO vom Himmel fiel (Rom.) 2012; D. Wallace, Auf den ersten Blick (Rom.) 2012; S. Kinsella, Kein Kuss unter dieser Nummer (Rom.) 2012; dies., Cocktails für drei (Rom.) 2013; D. van Ronk, E. Wald, Der König von Greenwich Village. Die Autobiografie, 2013; C. Cotterill, Der Tote trägt Hut. Ein Thailand-Krimi, 2013; M. Dilloway, Die Liebe zu Rosen mit Dornen (Rom.) 2013;

Literatur: Lex. der dt.sprachigen Krimiautoren (hg. A. JOCKERS, R. JAHN) [2]2005.   CP

Ingwersen, Katharine (verh. Dörnsch), * 17. 8. 1879 Deezbüll (später zu Niebüll/Nordfriesl.), † 17. 5. 1968 ebd.; Lehrerin, Schriftst.; besuchte die Deezbüller Volksschule, wo sie von Nis Albrecht → Johannsen unterrichtet wurde, 1898 Lehrerinnenseminar in Schleswig, 1901–45 (i. R.) Lehrerin an der Volksschule in Deezbüll, 1926 Hg. des ersten fries. Leseb., ab 1945 im Ruhestand, schrieb für die «Fries. Ecke» im «Flensburger Tagebl.», gründete die fries. Laienspielgruppe, Mitgl. des «Nordfries. Ver. für Heimatkunde u. Heimatliebe», Vors. des Lehrerinnenver. der Kr. Südtondern u. Husum. – Bundesverdienstkreuz. – Theaterst., Lyrik, Mundart (friesisch).

Schriften: Songe to et How baj di 100ijrije Geburtsdäj von Professor Corl Ludwig Jessen, 22. Februar 1933, 1933; Wat ham rimet än Ferteelinge, 1959; Wat ham rimet än ok ai. Frasche Dächte än Ferteelinge. Ütjääwen foon e Frasche Feriin to haren 80. Jirdai di 17. önj a Beeridmoune 1959, 1959; «Jü reet et spal». En fernäid stuk önj twäär aptooche eefter dat plaatjüsch stuk «Maandagmorgen» foon Friedrich Lange önjt Mooringer Frasch overseet än ütbäged, 1972.

Herausgebertätigkeit: Frasch Leseböck. Lesebuch für die friesischen Festlandsharden zum Schulgebrauch und fürs Haus (m. A. Johannsen) 1926.

Literatur: B. SOWINSKI, Lex. dt.sprachiger Mundartautoren, 1997; J. H. BROUWER, ~ 85 jier (in: Frysk en Frij, 28. 8.) 1964; Südtondern (Internet-Edition); Wikipedia (dasselbe).   CP

Inheim, Heinrich → Collin, Ernst.

Inhülsen, Otto, * 1868 Bremen(?), † nicht ermittelt; Schriftst.; 1914 Leiter einer Viehfarm in Olmolog/Dt.-Ostafrika (Tansania), 1914 zum Kriegsdienst ebd. eingezogen, 1916 in brit. Kriegsgefangenschaft, im Kriegsgefangenenlager in Nairobi/Brit.-Ostafrika (Kenia), 1916–20 im Kriegsgefangenenlager in Ahmednagar/Indien, 1920 Rückkehr n. Europa. – Erlebnisbericht.

Schriften: Abenteuer am Kilimanjaro. Urwald und Steppe wundern sich …, 1926; Wir ritten für Deutsch-Ostafrika, 1937.

Literatur: HOPSTER u. a., Kinder- u. Jugendlit. 1933–1945. Ein Hdb., Bd. 1, 2001.   CP

Inkiow, Dimiter (eig. Dimitar Janakiew Inkiow; auch Dimiter Janakieff; Ps. Velko Verin), * 10. 10. 1932 Chaskowo/Bulgarien, † 24. 9. 2006 München; Schriftst., Regisseur; besuchte das techn. Gymnasium in Pernik/Bulgarien, 1948 erste Schreibversuche, Bergbaustud. (ohne Abschluss), Red. bei versch. Zs. u. Ztg. in Sofia, 1952 Stipendium an der Nationalen Akad. für Theater- u. Filmkunst «Krastjo Sarafow» in Sofia, 1958 Regisseurdipl., verfasste zahlr. krit. Bühnenst., erhielt Schreibverbot u. emigrierte 1965 in die BRD, zunächst Hilfsarbeiter in einer Metallfabrik in Nürnberg, ab 1966 freier Autor in München, verf. 1966–91 polit. Komm. u. Satiren für «Radio Freies Europa», längere Aufenthalte in den USA, erwarb die US-amerikan. Staatsbürgerschaft, verf. ab 1973 Kindererzn. u. -hörsp. in dt. Sprache, u. a. für die Frauenzs. «Brigitte» u. den BR, durfte 1992 wieder n. Bulgarien reisen, 1997 (2000?) Dr. phil. h. c. der Nationalen Akad. für Theater- u. Filmkunst «Krastjo Sarafow» in Sofia; I.s Kinderb. ersch. in zahlr. Ausg., Aufl. u. Sprachen. – Mitgl. des PEN-Zentrums Deutschland. – Kinderb., Hör- u. Fernsehsp., Bühnenst., Satire.

Schriften: Sprung über die Jahrhunderte (Utop. Rom.) 1958; Die Puppe, die ein Baby haben wollte, 1974 (Bilder T. u. W. Reiner; 1979 als Hörsp. zus. m. ‹Der kleine Jäger›, Schallplatte u. Tonkassette); Miria und Räuber Karabum, 1974 (Illustr. T. u. W. Reiner); Transi Schraubenzieher, 1975 (dass.; Tb.ausg. m. dem Untert.: Ein verrückter Knirps hält alle in Atem, 1977); Der kleine Jäger, 1975 (dass.; 1979 als Hörsp. zus. m. ‹Die Puppe, die ein Baby haben wollte›, Schallplatte u. Tonkassette); Transi hat ne Schraube locker, 1976 (dass.; Tb.ausg. m. dem Untert.: Ein Knirps stiftet viel Verwirrung, 1978); Ich und meine Schwester Klara, 1977 (dass.; 1980 als Hsp., Schallplatte; 1987 Tonkassette); Reise nach Peperonien. Eine Reise voller Überraschungen und Abenteuer, 1977 (dass.; 1978 als Hörsp. u. d. T.: Abenteuer in Peperonien, Schallplatte); Ich und Klara und der Kater Kasimir, 1978 (dass.; 1979 als Hörsp., Schallplatte); Ich und Klara und der Dackel Schnuffi, 1978 (Illustr. T. u. W. Reiner); Kunterbunte Traumgeschichten, 1978 (Illustr. I. Haun); Geheimformel 101. Planet der kleinen Menschen, 1978 (Illustr. N. Grzewski); Geheimformel 102. Der Club der Unsterblichen, 1978 (dass.); Geheimformel 103. Das Geheimnis der Gedankenleser, 1979; Das fliegende Kamel und andere Geschichten, 1979 (Illustr. I. Haun); Der

grunzende König und andere Geschichten, 1979 (dass.); Ich und Klara und das Pony Balduin, 1979 (Illustr. T. u. W. Reiner); Der versteckte Sonnenstrahl, 1980 (Illustr. B. Smith); Fünf fürchterliche Räubergeschichten, 1980 (Illustr. E. Hölle); Leo, der Lachlöwe bringt jeden zum Lachen. Leo erzählt Geschichten von der Maus, dem Schreck, dem Geizkragen, der Krokodilbauchbesichtigung, und wie er das Leben der Füchse rettete, 1981 (dass.); Eine Kuh geht auf Reisen, 1981 (dass.); Ich, der Riese und der Zwerg Schnips, 1981 (dass.); Ich und Klara und der Papagei Pippo, 1981 (Illustr. T. u. W. Reiner); Leo, der Lachlöwe im Schlaraffenland, 1982 (Illustr. E. Hölle); Ich, der Riese und der große Schreck, 1982 (dass.); Der Hase im Glück. 26 übermütige Geschichten in Großdruck zum Vorlesen und Selberlesen, 1982 (dass.); Meine Schwester Klara und die Geister, 1982 (Illustr. F. Goller); Meine Schwester Klara und der Löwenschwanz, 1982 (dass.); Meine Schwester Klara und die Pfütze, 1982 (dass.); Meine Schwester Klara und der Haifisch, 1983 (dass.); Meine Schwester Klara und ihr Schutzengel, 1983 (dass.); Maus und Katz. Vier mäusige Katzengeschichten, 1983 (Illustr. I. Haun); Der Igel im Spiegel und andere Geschichten, 1984 (Illustr. R. Rettich); Kleiner Bär mit Zauberbrille, 1984 (Illustr. B. Smith); Hurra! Unser Baby ist da, 1984 (Illustr. M. Reiner); Meine Schwester Klara und der Schneemann, 1984 (Illustr. F. Goller); Meine Schwester Klara und ihr Geheimnis, 1984 (dass.); Meine Schwester Klara und das liebe Geld, 1985 (dass.); Meine Schwester Klara und die große Wanderung, 1985 (dass.); Die fliegenden Bratwürstchen, 1985 (Illustr. K. Krähe; 1997 als Hörb. auf Tonkassette); Hurra! Susanne hat Zähne, 1986 (Illustr. M. Reiner); Was kostet die Welt? Geschichten ums Geld, 1986 (Illustr. R. Rettich); Meine Schwester Klara und ihre Kochlöffel, 1986 (Illustr. F. Goller); Die Karottennase. Drei Wintergeschichten zum Aufwärmen, 1986 (Illustr. I. Haun); Erzähl mir vom Fliegen. Die ersten Flugabenteuer mit Schaf, Hahn und Ente, 1986; Erzähl mir vom Wasser. Die Abenteuer von Plimp und Plomp, 1986; Erzähl mir vom Rad. Wie das Rad ins Rollen kam, 1987; Meine Schwester Klara und das Lachwürstchen, 1987 (Illustr. F. Goller); Peter und die Menschenzähnefresser, 1987 (Illustr. T. u. W. Reiner); Gullivers wundersame Reise auf die Insel Liliput (erzählt n. J. Swift) 1987 (Illustr. U. Mühlhoff); Erzähl mir von der Erde. Eine Geisterreise um die Welt,

1987; Erzähl mir von der Sonne. Ein Sonnenstrahl auf großer Fahrt, 1988 (Illustr. M. Reiner); Susanne ist die Frechste, 1988 (dass.); Die Katze fährt in Urlaub. Fünf lustige Katz-und-Maus-Geschichten für alle, die Mäuse liebhaben, 1988 (Illustr. T. u. W. Reiner); Meine Schwester Klara und der Osterhase, 1988 (Illustr. F. Goller); Meine Schwester Klara und die geschenkte Maus, 1988 (dass.); Meine Schwester Klara und der Piratenschatz, 1988 (dass.); Meine Schwester Klara und Oma Müllers Himbeeren, 1989 (dass.); Der singende Kater. Neue Katz-und-Maus-Geschichten, 1989 (Illustr. T. u. W. Reiner); Pipsi und Elvira. Ganz neue Katz- und Maus-Geschichten, 1990 (dass.); Mein Opa, sein Esel und ich, 1990 (Illustr. R. Rettich); Das Buch erobert die Welt. Vom Schreiben und vom Büchermachen 1990 (dass.); Das kluge Mädchen und der Zar. Ein rumänisches Volksmärchen (m. J.-P. Corderoc'h) 1990; Meine Schwester Klara und ihre Mausezucht, 1990 (Illustr. F. Goller); Meine Schwester Klara ist Umweltschützerin, 1990 (dass.); Filio der Baum. Neu erzählt von D. I., 1991 (Illustr. u. Idee I. Gantschev); Ein Kater spielt Klavier. Fünf lustige Katz-und-Maus-Geschichten, 1991 (Illustr. T. u. W. Reiner); Die Katze lässt das Mausen nicht und andere Fabeln des Äsop. D. I. erzählt, 1991 (Illustr. T. Buttkus); Das Buch vom Fliegen, 1991 (Illustr. R. Rettich); Herkules, der stärkste Mann der Welt und andere griechische Sagen. D. I. erzählt, 1991 (Illustr. B. Smith); Der Widder mit dem goldenen Fell, 1992 (dass.); Das sprechende Auto, 1992 (Illustr. A. Vrtal); Meine Schwester Klara und der lustige Popo, 1992 (Illustr. F. Goller); Der Prinz mit der goldenen Flöte, 1992 (Illustr. W. Poll); Wie Siegfried den Drachen besiegte und andere europäische Sagen. D. I. erzählt, 1993 (Illustr. J. Gerber); Leo der Löwe im Schlaraffenland. Leo erzählt Geschichten von einem gebratenem Schwein, das laufen konnte, von König Schlecker dem ersten, vom stärksten Tier der Welt und noch weitere spannende Geschichten, 1993 (Illustr. E. Hölle); Ist die Erde rund? Geschichten für Neugierige, 1993 (Illustr. M. Reiner); Antonius wird Mauspatenonkel. Vier lustige Katz-und-Maus-Geschichten, 1993 (dass.); Der bebrillte Rabe, 1993 (Illustr. R. Stolte); Hund und Floh. Die hüpfenden Gäste, 1993 (Illustr. E. Ballinger); Wie groß ist die Erde?, 1993 (Illustr. R. Rettich); Meine Schwester Klara und das große Pferd, 1993 (Illustr. F. Goller); Meine Schwester Klara erzählt Witze, 1994 (dass.); Der größte Esel

und andere menschliche Tiergeschichten (Nachw. H. GÄRTNER) 1994 (Illustr. F. Kohlsaat); Das Krokodil am Nil, 1994 (Illustr. R. Rettich); Lustige Abc-Geschichten, 1994 (dass.); Die Gänse, der Fuchs und der Luchs. Tiergeschichten, 1994 (Illustr. B. Schaalburg); Das ABC-Zauberbuch, 1994 (Illustr. L. Obi); Das Mädchen mit den viereckigen Augen, 1995 (Illustr. M. Reiner); Meine Schwester Klara und das Fahrrad, 1995 (Illustr. F. Goller); Das Kaninchen und der Frosch, 1995 (Illustr. T. Buttkus); Die Glücksschweine. Eine Maus im Haus, 1996 (dass.); Die fliegende Schildkröte. Der verliebte Hase, 1996 (dass.); Krokodilbauchbesichtigung ... ein «StückStück» für «tierisch» gute Schau-, Masken- oder PuppenspielerInnen − und ihr aufgewecktes Publikum, 1997; Ein Baby für Babuschka, 1998 (Illustr. I. Haun); Aesops Fabeln, 1999; Die Abenteuer des Odysseus, 1999 (Illustr. H. Stadtmüller); Orpheus, Sisyphos & Co. Griechische Sagen (Nacherz.) 2001 (dass.); Ein wunderschöner schlechter Tag, 2002 (Illustr. H. Vogel); Klara und ich in Amerika. Neue Geschichten zum Lachen von dem lustigsten Geschwisterpaar der Welt, 2003 (Illustr. R. Junker); Klara und ich im Winter. Neue Lachgeschichten von dem lustigsten Geschwisterpaar, 2003 (dass.); Ich und Klara und die Tiere. Die lustigsten Tiergeschichten zum Vorlesen, 2003 (Illustr. W. u. T. Reiner); Die Bibel für Kinder, 2003 (Illustr. M. Briswalter); Achtung! MenschenZähne-Fresser 2003 (Illustr. W. Freitag); Aesops Fabeln oder die Weisheit der Antike, 2004; Die schönsten griechischen Sagen. Neu erzählt, 2005 (Illustr. W. Gebhard); Jesusgeschichten für Kinder, erzählt von D. I., 2006 (Illustr. M. Briswalter); Als Zeus der Kragen platzte. Griechische Sagen. Neu erzählt, 2007 (Illustr. K. Gehrmann); Die spannendsten griechischen Sagen. Neu erzählt, 2007 (Illustr. W. Gebhard); Die schönsten europäischen Sagen. Neu erzählt, 2009 (dasselbe).

Ausgaben (Ausw.): Meine Schwester Klara ist die Größte! Die 40 lustigsten Streiche in einem Band, 1986; Ich und meine Schwester Klara. Die schönsten Geschichten, 1989 (Illustr. T. u. W. Reiner); I.s schönstes Lesebuch, 1990; Ich hab dich ganz stark lieb, Susanne, 1990; I.s schlaues Buch für schlaue Kinder, 1991 (NA u. d. T.: Von schlauen Füchsen und anderen hinterlistigen Tieren, 1993); Ich bin Susannes großer Bruder, 1991; Meine Schwester Klara ist die Größte! 20 lustige Streiche, 1992 (Illustr. F. Goller); Ich und meine Schwester Klara. Die lustigsten Tiergeschichten, 1994 (Illustr. T. u. W. Reiner); Meine Schwester Klara stellt immer was an, 1996 (Illustr. F. Goller); Ich und meine Schwester Klara. Die lustigsten Streiche der Welt, 2013 (Illustr. W. u. T. Reiner).

Literatur: Schmidt, Quellenlex. 14,348. – Lex-KJugLit (ErgBd.) 312. – Taschenlex. zur bayer. Ggw.lit. (hg. D.-R. MOSER, G. REISCHL) 1986; H. J. ALPERS u. a., Lex. der Science Fiction Lit., 1988; B. SCHARIOTH «Er war nicht angemeldet, aber er hat Gesch. geschickt» (in: Börsenbl. 158, H. 70, S. 2883–2884) 1991; H. GÄRTNER, Seine Gesch. schreibt das tägl. Leben (Nachw. in: D. I., Der größte Esel u. andere menschl. Tiergesch., S. 74–79) 1994; Kinder- u. Jugendlit. Ein Lex. (hg. A. C. BAUMGÄRTNER, H. PLETICHA; Losebl.slg.) 1995; F. PICCOLO, Buchstäbl. – Grenzüberschreitende Lit., 1999; Autoren u. Autorinnen in Bayern. 20. Jh. (hg. A. SCHWEIGGERT, H. S. MACHER) 2004.   CP

Innerhofer, Franz, * 2. 5. 1944 Krimml/Salzburg, † 19.(?)1.2002 Graz (Freitod); Schriftst.; unehel. Sohn einer Landarbeiterin, kam m. sechs Jahren auf den Bauernhof seines Vaters, bis 1961 Hilfsknecht ebd.; besuchte n. einer Schmiedelehre ein Gymnasium für Berufstätige, studierte ab 1970 einige Semester Anglistik u. Germanistik an der Univ. Salzburg, 1973–80 freier Schriftst. in Orvieto/Italien, Arni bei Zürich u. in Paris, arbeitete dann u. a. auf dem Bau, als Schlosser u. ab 1980 als Buchhändler in Graz; am 22. Januar 2002 tot in seiner Wohnung aufgefunden. – 1973 Rauriser Förderungspreis für Lit. u. Staatsstipendium des Bundesministeriums für Unterricht u. Kunst, 1974 Sandoz-Preis für Lit. des Sandoz-Forschungsinst. Wien, 1975 Lit.preis der Freien Hansestadt Bremen u. Rauriser Lit.preis, 1993 Lit.preis des Landes Steiermark u. Lit.preis der Salzburger Wirtschaft. – Dr., Rom., Erzählung.

Schriften: Schöne Tage (Rom.) 1974 (NA 2002, 2004, erg. NA 2011; verfilmt 1981, Regie F. Lehner); Schattseite (Rom.) 1975 (NA 2002); Innenansichten eines beginnenden Arbeitstages, 1976 (Originalgraphiken M. Keith); Die großen Wörter (Rom.) 1977 (NA 2002); Der Emporkömmling (Erz.) 1982; Orvieto. Das Stück und seine Produktionsgeschichte (hg. B. JÜRGENS, L. KATÓ) 1990; Um die Wette leben (Rom.) 1993; Scheibtruhe, 1996; Der Flickschuster. Ein Fragment (Nachw. L. HARTINGER) 2004 (zuerst in: Tages-Anzeiger, Magazin, Zürich, 8.2.1986).

Literatur: Albrecht/Dahlke IV/2,764; Schmidt, Quellenlex. 14,348. – Munzinger-Arch.; KLG; Lennartz 2,817; Killy 6,44; KNLL 8,395 (‹Schöne Tage›); NHdG 561; Öst. Katalog-Lex. 1,170; Autorenlex. 376; LGL 1,593; DBE 5,249; Killy ²6,49; KLL (Internet-Edition) (‹Das erzählerische Werk›). – J. HOSSFELD, ~, Schöne Tage (in: LK 10, H. 94, S. 250–252) 1975; K. ZELEWITZ, Fest in den Mechanismus eingespannt. Bem. zur Lit. der Arbeitswelt in Salzburger Verlagen (in: FS Adalbert Schmidt, hg. G. WEISS, S. 429–455) 1976; W. EMMERICH, Zw. Anpassung u. Widerstand. Lernen aus Lebensläufen (in: Berliner H., H. 5, S. 47–57) 1977; A. AUER, Nach Haudorf u. anderswo hin (in: Austriaca, Nr. 7, S. 37–44) 1978; K. HEYDEMANN, Jugend auf dem Lande. Zur Tradition des Heimatrom. in Öst. (in: Sprachkunst 9, S. 141–157) 1978; U. GREINER, ~ (in: DERS., Der Tod des Nachsommers. Aufs., Porträts, Kritiken zur öst. Ggw.lit., S. 101–121) 1979; P. R. FRANK, Heimatrom. von unten – einige Gedanken zum Werk ~s (in: MAL 13, H. 1, S. 163–175) 1980; E. WESSEL, Kindheit in Öst. Über die Anti-Heimatrom. ~s (in: Dikt og idé. FS Ole Koppang, red. S. DAHL, S. 281–293) Oslo 1981; A. JANETSCHEK, ~, Der Emporkömmling (in: LK 19, H. 181/182, S. 81 f.) 1984; R. LACHINGER, Der öst. Anti-Heimatrom. Eine Unters. Am Beispiel von ~, Gernot Wolfgruber, Michael Scharang u. Elfriede Jelinek (Diss. Salzburg) 1985; A. BRANDSTETTER, Keine Lust an der Natur. Zur Naturdarst. in ~s Rom. ‹Schöne Tage› (in: DU 38, S. 5–10) 1986; G. A. FETZ, ~ (in: Major Figures of Contemporary Austrian Literature, hg. D. G. DAVIAU, S. 237–263) New York u. a. 1987; ~, ‹Die großen Wörter›, ‹Schattseite›, ‹Schöne Tage› (in: Der Rom.führer […] XVIII, hg. B. u. J. GRÄF) 1987; G. A. FETZ, ~ (in: Dictionary of Literary Biography 85, hg. J. HARDIN u. a., S. 211–216) Detroit u. a. 1989; R. FRIBOLIN, ~ u. Josef Winkler. Die moderne bäuerl. Kindheitsautobiographik vor dem Hintergrund ihrer Tradition vom 16. bis zum 20. Jh., 1989; W. SCHWARZ, ~, das Ende einer Anklage (in: Die öst. Lit. 2, S. 1167–1183) 1989; DIES., ~ (in: Protokolle, S. 137–148) 1990; A. KUNNE, Heimat im Rom.: Last oder Lust? Transformationen eines Genres in der öst. Nachkriegslit., Amsterdam, Atlanta/GA, 1991; K. KENKEL, Die Heimatproblematik in den Rom. «Heimatmuseum» (1978) von Siegfried Lenz, «Kein schöner Land» (1983) von Silvio Blatter u. ‹Schöne Tage› (1974) von ~ (in: M. BRAUNECK, Der dt. Rom. nach 1945,

S. 215–234) 1993; H. Lengauer, Wo sind die Realisten hin – wo sind sie geblieben? (in: Neue Bärte für die Dichter? Stud. zur öst. Ggw.lit., hg. F. Aspetsberger, S. 131–147) 1993; Lex. dt.sprachiger Schriftst. 20. Jh. (hg. K. Böttcher u. a.) 1993; O. P. Zier, ~, Um die Wette leben (in: LK 28, H. 273/274, S. 89 f.) 1993; B. Brandys, Das Unheimliche. Die Provinz in ~s Trilogie u. in Marianne Grubers Erzn. «Der Tod des Regenpfeifers» u. «Die Spur des Falben» (in: Metropole u. Provinz in der öst. Lit. des 19. u. 20. Jh. Beitr. des 10. Öst.-Poln. Germanistentreffens, Wien 1992, hg. A. Dusini u. a., S. 265–274) 1994; Öst. Lit. von außen. Personalbibliogr. zur Rezeption der öst. Lit. [...] 1975–1994 (hg. M. Klein) 1996; P. Bozzi, Langsame Heimkehr oder der Betrug der Dinge. Zu Affinitäten zw. Herta Müller u. Thomas Bernhard, ~ u. Peter Handke (in: Philol. im Netz 6, S. 1–19) 1998; S. Szely, Heimat / Bilder. Lektüre dreier öst. Rom. u. Filme aus den siebziger u. achtziger Jahren. ‹Schöne Tage› (~ – Fritz Lehner), «Herrenjahre» (Gernot Wolfgruber – Axel Corti), «Der Stille Ozean» (Gerhard Roth – Xaver Schwarzenberger) 1998; Der Bremer Lit.preis 1954–1998. Reden der Preisträger u. a. Texte. Eine Dokumentation der Rudolf-Alexander-Schröder-Stiftung (hg. W. Emmerich) 1999; N. Reinberger, ~: la libération du servage par l'écriture (in: La littérature populaire dans les pays germaniques. Colloque franco-autrichien du 12–13 décembre 1997, hg. E. Philippoff, S. 151–161) Villeneuve d'Ascq 1999; Reclams Rom.lex. (hg. F. R. Max, C. Ruhrberg) 2000; Lex. Lit.verfilmungen [...] 1945–2000 (zus.gestellt K. M. u. I. Schmidt) ²2001; J. Birgfeld, ~ als Erzähler. Eine Stud. zu seiner Poetik. Mit einer Forsch.übersicht u. einer Werkbibliogr., 2002; K.-M. Gauss, ~ spricht (in: LK 37, H. 361/362, S. 3f.) 2002; W. Famler, Der das Ei m. der Schale aß. Zum langsamen Absturz von ~ (1944–2002) (in: Wespennest, H. 126, S. 16) 2002; E. Glück, Augen auf u. durch. Die Woodstock-Generation. Eine soziopolit. Pop-/Kulturgesch. des amerikan. 20. Jh. u. ihre Folgen. Mit einem Beitr. über Hubert Bognermayr & «Eela Craig» u. ~, 2002; R. Göllner, «... er hatte einfach Angst, irgendwann in der Welt zu nichts ja sagen zu können.» ~ (1944–2002) (in: Zw.welt. Zs. für Kultur des Exils u. des Widerstands 19, Nr. 2, S. 8–10) 2002; M. Grilj, Addio, Poeta! ~ – ein Nachruf (in: manuskripte [Graz] 41, H. 155, S. 122) 2002; K. F. Stock u. a., Personalbibliogr. öst. Dichterinnen u. Dichter, Bd. 2, ²2002;

G. Haika, «Holl zu sein, war ihm wieder einmal das Schrecklichste». Zum Freitod von ~ (1944–2002) (in: Praesent 2, S. 31–33) 2003; G. Rovagnati, Die Zerstörung der Idylle. Der unpoet. Realismus in ~s Rom. ‹Schöne Tage› (in: Funktion von Natur u. Landschaft in der öst. Lit., hg. R. Battiston-Zuliani, S. 231–241) 2004; F. Tichy, ~. Auf der Suche nach dem Menschen, 2004; E. Jacquelin, Du «camp de concentration paysan» au «siège du communisme mondial». La trilogie de ~ entre radicalité critique et recherche utopique (in: Le texte et l'idée 20, S. 49–67) Nancy 2005; A. Reininger, Il problema dell'emancipazione individuale in una società repressiva. Il neorealismo austriaco negli anni settanta e ottanta (in: Studia austriaca 13, S. 69–117) 2005; E. Jacquelin, Impossible enracinement, impossible utopie. L'aporie de l'ailleurs dans la trilogie autobiographique de ~ (in: Territoires intimes de l'ailleurs, hg. H. Barrière, S. 39–57) Lille 2007; K. Kastberger, ~: ‹Schöne Tage› (in: Grundbücher der öst. Lit. seit 1945. Erste Lieferung, hg. K. Kastberger, K. Neumann, S. 47–54) 2007; Ph. Carré, Autriche années 50. L'idylle démythifiée à travers le roman de ~ ‹Schöne Tage› (in: Villégiatures à l'allemande. Les origines germaniques du «tourisme vert» 1850–1950, hg. M. Cluet, S. 351–359) Rennes 2009; C. Firth, Silencing the provincial other: focalisation, identification and power in ~'s ‹Schöne Tage› (in: GLL 64, S. 570–587) 2011.   BJ

Innerhofer, Lisl (eig. Elisabeth; geb. Fink), * 22. 11. 1925 Bramberg/Salzburg; Bäuerin; wuchs in Bramberg auf dem elterl. Bauernhof auf, lebt ebd., besuchte acht Jahre die Volksschule in Bramberg, schreibt seit 1946 in Salzburger Mundart, Veröff. in versch. Zs. u. Zeitungen. – 1985 ORF-Anerkennungspreis, 2004 Ehrengabe der Stadtgemeinde Deggendorf. – Erz., Lyrik, Mundart (Salzburger).

Schriften: Unter d' Hochn Tauern. Gedichte und Erzählungen in Salzburger Mundart, 1988; Im Tal herinn, 1996 (Illustr. W. Egger; Selbstverlag); Zammkemma (Ged., Geschn.) 2005 (Selbstverlag).

Literatur: Salzburger Lit.hdb. Autoren – Texte – Institutionen (hg. H. Hofmann, H. Holl, A. Thuswaldner) 1990; B. Sowinski, Lex. dt.sprachiger Mundartautoren, 1997; Der Pinzgau is a Gfüh. Gedichte, Gschichtn, Liada (hg. M. Faistauer) 2011; Kulturver. Samerstall (Internet-Edition; Lit.netz Salzburg (dasselbe).   CP

Innerhofer, Maridl (eig. Maria Luisa Theresia; verh. Wetzel), ★ 2. 4. 1921 Marling/Südtirol, † 13. 8. 2013 ebd.; Lehrerin, Angestellte, Schriftst.; Tochter des Lehrers Franz I. (1884–1921), besuchte die erste Klasse der Volksschule in Marling, danach eine italien.sprachige Privatschule in Meran, 1931 Ausbildung am Techn. Inst. ebd., dann zwei Jahre an der Handelsschule ebd., Sekretärin an der landwirtschaftl. Hochschule Weihenstephan/Freising, kehrte 1939 n. Südtirol zurück, 1940 bei illegaler Grenzüberschreitung nach Öst. festgenommen, Umsiedlung nach Innsbruck, Sekretärin im Büro für Umsiedlungen ebd., Übersiedlung n. Imst/ Tirol, n. Ende des 2. Weltkriegs Rückkehr n. Südtirol, Lehrerausbildung, 1946 Lehrtätigkeit in Tramin/Südtirol u. später in Marling, Umzug n. Nürnberg, 1960 Rückkehr n. Marling, führte eine Frühstückspension ebd., veröff. Beitr. in versch. Zs. u. Kalendern. – 1988 Heimatpreis des Kulturwerkes Südtirol, 2002 Ehrenzeichen des Landes Tirol. – Lyrik, Prosa, Mundart (Tiroler).

Schriften: Hennen und Nochtigolln (Mundartged.) 1976 (Illustr. K. Grasser); In fimf Minutn zwelfe (dass.) 1977 (Illustr. A. Frühauf); A Kraut mit tausnd Guldn (dass.) 1980 (Illustr. S. Borgogno-Tatz); Mundart im Chorlied, 1982; ... daß die Kirch in Dorf bleip (Mundartged.) 1984 (Illustr. L. Plangger-Popp); A Hondvoll Minz, 1985; Muansch du mi? (Mundartged.) 1990; A Liacht in dr Nocht. Gedichte zur Weihnachtszeit, 1991 (Fotos Albert I.); Nochtkastlbiachl (Mundartged.) 1992 (Illustr. K. Grasser); Zukunftserinnerungen. Gedichte in Mundart und Hochsprache (hg. F. DELLE CAVE, M. HANNI) 2011; Marlinger Wegkreuze und Bildstöcke, 2011.

Übertragung in Mundart: A. de Saint-Exupéry, Dr kluane Prinz, 2002; H. Hoffmann, Dr Sidtiroler Strublpeatr. Gspassige Gschichtn und hetzige Bildr. In burggräfler Mundart ibrsetzt, 2003.

Nachlass: Forsch.inst. Brenner-Arch., Univ Innsbruck.

Literatur: Schmidt, Quellenlex. 14, 350. – TIRLIT. – P. WIMMER, Wegweiser durch die Lit. Tirols seit 1945, 1978; Nachr. aus Südtirol. Dt.sprachige Lit. in Italien (hg. A. GRUBER) 1990; F. DELLE CAVE, Buchland Tirol 1980–1990. Südtirol, Nordtirol, Osttirol. Lit.-Hdb. u. Tirolensienverz., 1991; H.-G. GRÜNING, Die zeitgenöss. Lit. Südtirols. Probleme, Profile, Texte, 1992; Die Frau m. der spitzen Feder (in: St. Antoniusbl., H. 7/8, S. 20f.) 1996; B. SOWINSKI, Lex. dt.sprachiger Mundartautoren,

1997; M. WESS, ~ – die Mundartdichterin aus Südtirol, 2001; B. GATTERER, «Mundart kommt von Herzen». Zeugnis einer tiefen Liebe zur Heimat (in: Der Schlern 76, H. 4, S. 54f.) 2002; Das Virtuelle Haus der Gesch. (Internet-Edition).   CP

Innerhofer, Roland, ★ 9. 7. 1955 Meran; Germanist; 1969–74 Besuch eines klass.-humanist. Gymnasiums in Meran, 1974–80 Stud. der Germanistik, Gesch. u. Philos. in Wien, 1980 Dr. phil. ebd., 1981–83 Öst. Lektor für Germanistik an der Nihon Univ. in Tokio, 1985–95 Lehrbeauftragter am Germanist. Inst. der Univ. Wien, 1991/92 Alexander von Humboldt-Stipendiat in Berlin, 1995 Habil. an der Univ. Wien, 1995–2010 Doz. am Germanist. Inst. der Univ. Wien, 2003 Gastdoz. an der Univ. Perugia, seit 2011 Prof. für Neuere Dt. Lit. am Inst. für Germanistik der Univ. Wien, veröff. u. a. in «die horen». – Fachschrift.

Schriften: Hans Magnus Enzensbergers Mausoleum. Zur «dokumentarischen» Lyrik in Deutschland (Diss.) 1980; Die Grazer Autorenversammlung 1973–1983. Zur Organisation einer «Avantgarde», 1985; Kulturgeschichte zwischen den beiden Weltkriegen. Egon Friedell, 1990; Deutsche Science Fiction 1870–1914. Rekonstruktion und Analyse der Anfänge einer Gattung (Habil.-Schr.) 1996; Peter Altenberg - prophetischer Asket mit bedenklichen Neigungen (m. E. Polt-Heinzl) 2011.

Herausgebertätigkeit: Bauformen der Imagination. Ausschnitte einer Kulturgeschichte der architektonischen Phantasie (m. K. Harrasser) 2006; Das Mögliche regieren. Gouvernementalität in der Literatur- und Kulturanalyse (mit ders., K. Rothe) 2011.   CP

Innerhofer, Ruth Maria, ★ 30. 9. 1975 Cles/Trentino-Südtirol; Schriftstellerin. – 1994 Lyrik- u. Prosapreis beim Wettbewerb des Kr. Südtiroler Autoren. – Hist. Roman.

Schriften: Die Folge seiner Macht. Ritter Volkmar von Burgstall. Ein geschichtlicher Roman (m. M. O. Mayr) 1997.   CP

Innerkofler, Adolf (Ps. Haspinger), ★ 18. 12. 1872 Sexten/Südtirol, † 9. 10. 1942 Wien; Schriftst., Theologe; Sohn eines Schmieds, besuchte das Gymnasium in Brixen/Südtirol, studierte an den Priesterseminaren von Brixen u. Mautern/Niederöst., 1892 Eintritt in den Redemptoristenorden, 1896 Priesterweihe in Mautern, 1896–

99 Stud. der Theol. an der Univ. Wien, Prof. am Klostergymnasium in Katzelsdorf bei Wien, Prof. der Dogmatik an den theolog. Ordensanstalten in Mautern, Loeben/Oberschles. (zu Nysa/Polen), Grulich/Böhmen (Králíky/Tschechien), Innsbruck u. Wien-Hernals, Jugendführer, Prediger, Lehrer u. Versammlungsredner, Missionar im In- u. Ausland, 1909 Rückkehr n. Tirol, Reorganisator der Passionssp. in Erl, Seelsorger in Mariabrunn, Kirchschlag u. ab 1911 in Wien, lernte ebd. Richard → Kralik Ritter von Meyrswalden kennen u. wurde Mitgl. in dessen «Gralsbund», Mitbegr. der «christl.-dt. Volksbühne» zur Pflege u. Förderung der kathol. u. dt. Lit., Vors. der Wiener Ortsgruppe des Andreas-Hofer-Bundes. – Biogr., Lb., Erz., Bühnenst., Übers. (aus dem Lat.), Roman.

Schriften: Richard von Kralik. Ein Beitrag zur neuesten deutschen Poetik, 1904 (2., vollst. umgearb. u. erg. Aufl. m. dem Untert.: Eine Studie, 1912); Ein Krippeng'spiel in vier dramatischen Bildern. Nach dem Muster alter Volksspiele zusammengestellt, 1907; Für die studierende Jugend, I Lebensbild. Franz Wallaberger, II Eine kleine Asketik, III Anhang griechischer-lateinischer-deutscher Gebete, 1908 (3. Aufl. u. d. T.: Eine edle junge Seele. (Für die studierende Jugend) [...] 1922); Ein österreichischer Reformator. Lebensbild des heiligen P. Klemens Maria Hofbauer, des vorzüglichsten Verbreiters der Redemptoristen-Kongregation, 1910 (2., verb. u. verm. Aufl. u. d. T.: Der heilige Klemens Maria Hofbauer. Ein österreichischer Reformator- und der vorzüglichste Verbreiter der Redemptoristenkongregation, 1913); Welche Aussichten hat ein Lehrjunge? Eine orientierende Zusammenstellung verschiedener Gewerbe, 1913; Das Büchlein vom heiligen Nikolaus, Tl. 1 Leben des heil. Nikolaus, Tl. 2 Gebete, 1917 (Neuausg. des ersten Tls. u. d. T.: Das Büchlein vom hl. Nikolaus, 1931); Der Sänger des Heliand oder Siegmund und Sieglinde. Eine Mär aus alten deutschen Tagen, 1919; Die Brüder von Kirchschlag. Eine romantische Mär aus Sagen der «Buckligen Welt», 2 Bde., 1919; Ein Opfer des Beichtstuhles (P. Andreas Faulhaber). Nach geschichtlichen Urkunden dem Volke erzählt, 1919; Ein Leiden-Christispiel zu Ehren des Allerheiligsten Altarssakramentes, 1923; Die Perle von Peru. Eine Indianergeschichte, 1923; Marianisches Gedenk- und Gebetbuch der Pfarre Nondorf an der Wild (Zus.stellung u. hist. Überblick K. LECH-

NER) 1924; Wie Deutsch-Südtirol von den Italienern behandelt wird. Authentische Informationen (zus.gestellt) 1924 (2., reich verm. Aufl. m. dem Umschlagunter.: Völker der Erde, zerbrecht unsere Ketten, 1925); Ein Festspiel zu Ehren des Hl. Franziskus, 1926; Das Muttergottesspiel. Ein Vorspiel und 17 Bilder, 1928; Julius, der Martyrerknabe zu St. Michael in Wien (Volkserz.) 1928; Andenken an Mariabrunn, 1929; Ein Martyrerknabe von Mexiko. Volksstück in fünf Aufzügen und einer Schlußpantomime, 1929; Der selige Don Bosko. Sein Werk und seine Söhne und Töchter, 1929; Das unzufriedene Christkind. Ein Weihnachtsspiel in drei Akten, 1929; Pater General Anton Maria Schwartz und sein Grab, um 1930; Pater General Anton Maria Schwartz. Eine Skizze, 1930; Der gute P. Wilhelm Janauschek C. Ss. R. (Skizze) 1931 (2. Aufl. m. d. Untert.: Ein Nothelfer in der Gegenwart, 1933); Der Mutter Freuden- und Leidensweg. Ein marianisches Hausbuch in Wort und Bild, 1931 (Illustr. M. Schmalzl u. a.); Der erschlagene Heilige zu St. Barbara in der Postgasse. Griechisch-katholischer Erzbischof und Martyrer Josaphat Kunzewytsch (Skizze) 1933; Drei Wiener Priester, dahingeschieden im Ruf der Heiligkeit. Kurze Lebensbilder. P. Wilhelm Janauschek [...] P. Anton Puntigam [...] P. Anton Maria Schwartz [...], 1934; P. Wilhelm Janauschek C. Ss. R. Heimfahrt nach Maria-Stiegen (Ber.) 1934; Der ehrwürdige Diener Gottes Bischof Franz Josef Rudigier, der große Verehrer Mariens (Skizze) 1937; Maria und das Reh von Mariabrunn. Roman aus dem marianischen Wallfahrtsort bei Wien, 1937; Der österreichische Kaffeezoll. Zwei Wochen Zeitungsartikel zu einer brennenden Tagesfrage, 1938; Der Lutheranerbaum von Kirchschlag. Geschichte einer deutschen Bauernsiedlung. Erzählung aus den Bauernkriegen und Kuruzzeneinfällen nach alten Sagen, Sängen und Volksbräuchen in der «Buckligen Welt», 1938; Eine Stunde bei P. Hofbauer. Ein Bühnenbild (Vorw. F. LOIDL) 1979.

Übersetzungen: Des heiligen Thomas von Aquin drei goldene Büchlein über das Allerheiligste, 1929.

Herausgebertätigkeit: Der I. katholische, deutsche Akademikertag, der am 6., 7. und 8. September 1904 auf dem Muttergottesberge bei Grulich (Böhmen) stattfand, 1905; Eine große Tochter Maria Theresias. Erzherzogin Marianne in ihrem Hauptmonument, dem Elisabethinen-Kloster zu Klagenfurt. Jubelgabe [...], 1910; P. Hofbauer-

Gebetbuch, 1914; S. Wilfling, Der heilige Klemens Maria Hofbauer, Patron der Stadt Wien (Orat., Zus.stellung) 1923 (Musik S. Wilfling).

Literatur: Schmidt, Quellenlex. 14,350. – Theater-Lex. II,879; ÖBL 3,36; DBE 5,249; TIRLIT. – Das Jb. der Wiener Gesellsch. Biogr. Beitr. zur Wiener Zeitgesch. (hg. F. PLANER) Ausg. 1929; W. KOSCH, Das kathol. Dtl., Bd. 1, 1933; A. CAROLO, Pater ~. Das Leben u. Schaffen des Sechzigjährigen, 1933; Kleines öst. Lit.lex. (hg. H. GIEBISCH, L. PICHLER, K. VANCSA) 1948; Wegweiser durch die Moderne Lit. in Öst. (hg. H. KINDERMANN) 1954; Bio-bibliogr. Lit.lex. Öst., 1963; F. VALENTIN, ~ (1872–1942). Priester – Volksprediger – Schriftst. (Diss. Wien) 1975; W. BORTENSCHLAGER, Öst. Dramatiker der Ggw. Kreativ-Lex. (Vorw. K. BECSI) 1976; W. BORTENSCHLAGER, Tiroler Dr. u. Dramatiker im 20. Jh., 1982; F. LOIDL, Über fünf hochverdiente Südtiroler Priester, Franz X. Mitterer, Michael Gamper, Aemilian Schöpfer, Anselm Sparber, ~, 1983; Gesch. der Lit. in Öst., Bd. 7, Das 20. Jh. (hg. H. ZEMAN) 1999; K. F. STOCK u. a., Personalbibliogr. öst. Dichterinnen u. Dichter, Bd. 2, ²2002; F. CZEIKE, Hist. Lex. Wien, Bd. 3, 2004.   CP

Innerwinkler, Sandra (eig. Saška), * 6. 11. 1977 Villach/Kärnten; Philologin; ab 2006 Stud. der Dt. Philol. an der Univ. Klagenfurt, Mag. phil. ebd., 2006–11 Öst.-Lektorin an der Westböhm. Univ. in Pilsen (Plzěn/Tschechien), 2009 Dr. phil. an der Univ. Klagenfurt, unterrichtet Dt. als Fremdsprache an der Volkshochschule Linz u. gibt Integrationskurse, veröff. Aufsätze in versch. Fachmedien. – Jgdb.preis des Landes Kärnten 1994. – Fachschr., Jgdb., Lyrik.

Schriften: Nora (Jugenderz.) 1994; Heimatlieder und andere Bosheiten. Domovinske pesmi in druge zbadljivke 2000 (dt. u. slowen.); Sprachliche Innovation im politischen Diskurs. Eine Analyse ausgewählter Beispiele aus dem politischen Diskurs zwischen 2000 und 2006 in Österreich (Diss.) 2010.

Literatur: Innerwinkel (Internet-Edition).   CP

Innhausen und Knyphausen, Anton Franz Friedrich Unico Graf von → Knyphausen, Anton Graf.

Innitzer, Theodor (Johann), * 25. 12. 1875 Neugeschrei/Böhmen (Nové Zvolání/Tschechien),

† 9. 10. 1955 Wien; Theologe, Kardinal, Erzbischof von Wien; Sohn eines Fabrikarbeiters, n. der Pflichtschule 1889 Lehrling in einer Textilfabrik, besuchte als Stipendiat ab 1890 das Communal-Gymnasium u. ab 1892 das Staatsgymnasium in Kaaden/Böhmen, 1898 Abitur u. Eintritt ins Wiener Priesterseminar, Stud. der Theol. an der Univ. Wien, 1902 Priesterweihe, 1902/03 Kaplan in Pressbaum/Niederöst., 1903–10 Studienpräfekt des Wiener Priesterseminars u. später Subregens ebd., 1910–13 Dir. der Kirche «Zum heiligen Herzen Jesu» in Wien, 1906 Dr. theol. an der Univ. Wien, 1908 Habil. ebd., 1908–11 Privatdoz. an der Theolog. Fak. ebd., 1911 a. o. u. ab 1913 o. Prof. für Neutestamentl. Exegese ebd., 1913–32 Generalsekretär der Leo-Gesellsch., 1918/19 u. 1931/32 Dekan der Theolog. Fak. der Univ. Wien, 1928/29 Rektor ebd., 1929/30 Bundesminister für soziale Verwaltung, 1932 Ernennung zum Erzbischof von Wien u. 1933 Erhebung zum Kardinal, 1933 Gründung des Dom- u. Diözesanmus. Wien, 1938 Treffen m. Adolf → Hitler u. Unterzeichnung einer Erklärung für den Anschluss Öst. an das «Dritte Reich», zog sich später aufgrund der antikirl. Maßnahmen polit. zurück, gründete 1940 die «Erzbischöfl. Hilfsstelle für nichtar. Katholiken» u. vermittelte weitere karitative Unterstützung, rief 1945 die «Wiener Kathol. Akad.» ins Leben. – Fachschr., Vortrag. – Kardinal-I.-Preis der Erzdiözese Wien (seit 1962).

Schriften (Ausw.): Johannes der Täufer. Nach der Heiligen Schrift und der Tradition dargestellt (Habil.-Schr.) 1908; Was ist uns die Bibel? (Vortr.) 1919; Die sozialen Aufgaben der Schule, 1935; Glaubensbriefe, I Der Gottesglaube. Den Gläubigen dargestellt, II Die Religion [dass.], III Der Mensch und sein Schicksal auf Erden [dass.], IV Der Heilige Geist und sein Wirken [dass.], 1939/40; Die Stimme der Kirche zur sozialen Frage, 1946; Kurzgefaßter Kommentar zu den vier heiligen Evangelien (begr. F. X. PÖLZL) Bd. 1. Kommentar zum Evangelium des heiligen Matthäus mit Ausschluß der Leidensgeschichte, 1932 (4. verb. Aufl.), Bd. 4 Kurzgefaßter Kommentar zum Evangelium des heiligen Johannes bis zum Beginn der Leidensgeschichte, 1928 (4. neubearb. Aufl.), Bd. 5 Kommentar zur Leidens- und Verklärungsgeschichte Jesu Christi, 1948 (4. verb. Auflage).

Literatur: Albrecht-Dahlke II/1,980. – Munzinger-Arch.; BWG 2,1271; NDB 10,174; Biogr.-Bibliogr. Kirchenlex. 2,1277 (auch Internet-Edi-

tion); LthK ³5,514; RGG ⁴4,158; DBETh 2,695;
DBE 5,249. – Das Jb. der Wiener Gesellsch. Biogr. Beitr. zur Wiener Zeitgesch. (hg. F. Planer)
Ausg. 1929; F. Jaksch, Lex. sudetendt. Schriftst.
u. ihrer Werke für die Jahre 1900–1929, 1929; W.
Kosch, Das kathol. Dtl., Bd. 1, 1933; A. H. Rü-
genau, ~. Wiens neuer Kardinal-Erzbischof. Die
Ernennungsfeierlichkeiten in Wort u. Bild, 1933;
B. Birk, Unser Kardinal. Eines Priesters u. Menschen Weg, 1934; Österreicher der Ggw. Lex.
schöpfer. u. schaffender Zeitgenossen (Red. R.
Teichl) 1951; Unser Kardinal ~. Ein Erinn.buch
(hg. K. Mühldorf) 1956; R. Hacker, A. Kindermann, ~. Priester u. Priesternachwuchs der sudetendt. Volksgruppe, 1956; L. Klener, Das Wiener Seelsorgeinst. u. Seelsorgeamt. Ihr Wirken für
die Fortbildung des Klerus unter ~ 1932–55 (Diss.
Wien) 1957; J. Kosnetter, ~ zum Gedächtnis. Gedenkrede, gehalten bei der akadem. Trauerfeier der
Wiener Univ. am 17. Dezember 1956, 1957; W.
Kosch, Biogr. Staatshdb. Lex. der Politik, Presse u.
Publizistik, Bd. 1, 1963; E. Weinzierl, Öst. Katholiken u. der Nationalsozialismus (in: Wort u. Wahrheit. Mschr. für Rel. u. Kultur, H. 6/7, S. 417–439
u. H. 8/9, S. 493–526) 1963; Kirche in Öst. 1918-
1965 (hg. F. Klostermann u. a.) Bd. 1, 1966; E.
Weinzierl, Zu wenig Gerechte. Österreicher u.
Judenverfolgung 1938–1945, 1969; Biogr. Wb. zur
dt. Gesch. (begr. von H. Rössler, G. Franz, bearb. K. Bosl u. a.) Bd. 2, ²1974; F. Loidl, Insul-
tation ~ durch Radikal-Nationalsozialisten anfangs
[Anfang] Juli 1939 (hg. F. Groiss) 1976; L. Grop-
pe, Die erzbischöfl. Hilfsstelle für nichtar. Katholiken in Wien, 1978; F. Loidl, ~: Populär u. umstritten (in: Jb. der Erzdiözese Wien 1979, S. 206-
209) 1980; J. Kremsmair, Der Weg zum öst. Kon-
kordat von 1933/34 (Diss. Salzburg) 1980; Biogr.
Lex. zur Gesch. der böhm. Länder (hg. H. Sturm)
Bd. 2, 1984; Egerländer Biogr. Lex. (hg. J. Weinmann) Bd. 1, 1985; Das große Buch der Österreicher. 4500 Personendarst. in Wort u. Bild. Namen,
Daten, Fakten (zus.gestellt W. Kleindel, H. Veigl)
1987; M. Liebmann, ~ u. der Anschluss. Öst. Kirche 1938, 1988; V. Reimann, ~. Kardinal zw. Hitler
u. Rom, 1988 (überarb. NA); I. Ackerl, F. Weissensteiner, Öst. Personenlex., 1992; F. Bedürftig,
Lex. III. Reich, 1994; M. Liebmann, Das Maria-
zeller Manifest (in: Thron u. Altar. 1000 Jahre Staat
u. Kirche (hg. H. Kaindl, A. Ruhri, S. 183–191)
1996; Lex. der dt. Gesch. Ereignisse, Institutionen, Personen. Von den Anfängen bis zur Kapi-

tulation 1945 (hg. G. Taddey) ³1998; M. Platzer,
~ (1875–1955), 2000; H. Butterweck, Öst. Kar-
dinäle. Von Anton Gruscha bis Christoph Schön-
born, 2000; Die Bischöfe der dt.sprachigen Länder. Ein biogr. Lex. (hg. E. Gatz) I 1785/1803 bis
1945, II 1945–2001, 1983–2002; F. Czeike, Hist.
Lex. Wien, Bd. 3, 2004; E. Klee, Das Personenlex. zum Dritten Reich, 2005; F. Graf-Stuhlho-
fer: Der Gau-Akt über ~. Einblicke in Konflikte
u. Stimmungslage während des 2. Weltkriegs (in:
ÖGL 55, S. 148–156) 2011.   CP

Innocent → Bocheński, Joseph Maria.

Innsbrucker, Michael → Offergeld, Friedhelm.

Inquit → Goldstein, Moritz.

Ins, Tom, * 5. 5. 1967 Grosshöchstetten/Kt. Bern;
Reiseleiter auf Island u. Grönland, Musikmanager.
– Roman.
   Schriften: Abflug (Rom.) 2003.   CP

Insam, Matthias, * 1. 2. 1905 Meran, † 28. 4.
1992 Prien am Chiemsee; Lehrer, Dialektforscher;
1928–33 Stud. in München u. Wien, 1935–38 Mitarb. am Grimmschen Wb., 1936 Dr. phil. an der
Univ. München, Lehrer ebd., 1947–70 Gymnasialprof. in Marquartstein/Obb., Mitarb. der Zs. «Der
Schlern». – Lyrik, Fachschr., Mundart (Tiroler).
   Schriften: Der Lautstand des Burggrafenamtes
von Meran. Mit einer dialektgeographischen Studie (Diss.) 1936; Südtiroler Kinder sein miar, röidn
tian mer wia derhuam, und miar tian wia mer sein
(Ged.) 1984.
   Herausgebertätigkeit: Ein altes deutsches Joseph-
spiel. Von den zwölf Söhnen Jakobs des Patriarchen
(m. A. Kutscher; n. der Axamer Hs. von 1678 erg.
von A. Dörrer) 1954.
   Literatur: TIRLIT. – B. Sowinski, Lex.
dt.sprachiger Mundartautoren, 1997; I. Keim, Do-
minante Verfahrensweisen Südtiroler Schriftst. u.
Schriftstellerinnen im Zeitraum von 1945 bis 1970.
Materialien u. Analysen (Dipl.arbeit Univ. Innsbruck) 2002.

Insayif, Semier, * 12. 9. 1965 Wien; Schriftst.,
Kulturmanager, Fitnessberater, Verhaltens- u.
Kommunikationstrainer, lebt in Wien; seit 1993
freier Schriftst., seit 1998 Lit.vermittlung u.

Leitung lit. Schreibwerkstätten wie der «jungen lit.werkstatt wien», 1998–2003 Mitorganisator der Veranstaltungsreihe «LITERATniktechTUR» u. des Siemens Lit.preises, seit 2001 Moderator lit. Veranstaltungen, veröff. zahlr. Beitr. in Lit.zeitschriften. – 2009/10 Staatsstipendium für Lit. des öst. Bundesministerium für Unterricht, Kunst u. Kultur. – Lyrik, Prosa.

Schriften: 69 Konkrete Annäherungsversuche (Ged.) 1998 (m. CD); Über Gänge verkörpert oder vom Verlegen der Bewegung in die Form der Körper, 2001; Libellen Tänze. Sechs Suiten, 2004 (Komponist J. S. Bach; Interpret M. Hornstein; m. CD); Unter Schall. Gedichte im Zweiklang, 2007; Faruq (Rom.) 2009; Boden los. Gedichte, 2012.

Herausgebertätigkeit: txtour. Siemens Forum Literaturpreis (m. R. LEEB, A. RUBATSCHOK) 1998–2002.

Literatur: Grazer Autorinnen Autorenversammlung; Literaturhaus Wien; Wikipedia (alles Internet-Editionen).   CP

Inspector McCormick → Grossmann, Hans Hugo.

Insterburg, Ingo (eig. Ingo Wetzker, weiteres Ps. Ingo Hutzelgrumpel), * 6. 4. 1934 Insterburg/Ostpr. (Tschernjachowsk/Russland); Komiker, Musiker, Schriftst., Schauspieler, lebt in Berlin; Sohn eines Drogisten u. späteren Drogerieinhabers, 1944 Flucht von Insterburg n. Zschopau/Sachsen u. weiter n. Bernburg/Saale, 1953 Abitur ebd. u. Emigration n. Berlin (West), 1954–59 Stud. der Kunstpädagogik an der Hochschule für bildende Künste ebd., lebte 1959/60 m. Klaus → Kinski in einer Wohngemeinschaft u. gab m. ihm Konzerte, 1967 Gründung der Komikerband «I. & Co.» m. Karl → Dall, Ingo Barz u. Peter Ehlebracht, 1994 Auflösung der Gruppe «I. & Co.» u. seither Solist. – Lyrik, Lied, Rom., Autobiografie.

Schriften: Gedichte aus dem Handgelenk geschüttelt und aufgelesen (m. a.) 1972; Das Leben des Otto Darmstatt (Rom.) 1973; Das armseelige Liebesleben des intelligenten Johnny Käse (Rom.) 1989; Raucher- und Trinker-Lyrik, 1993 (Selbstverlag); Die ersten 23456 Tage meines Lebens. Keine Dichtung und nur Wahrheit (Autobiogr.) 2001.

Tonträger (Ausw.) Barocke Liebeslyrik. Für Jugendliche ungeeignet (m. J. Barz; Schallplatte) 1968; I. und Co. präsentieren Pop-Klamotten

(Sprechplatte) 1973; Eins, zwei drei und Zwischenspiel. Pop-Cabaret (m. a.; Schallplatte) 1968; Insterburger Sketsch-up. Szenen, Späße und Klamotten von & mit I. I., Karl Dall, Jürgen Barz (2 Schallplatten) 1972; Erlebte Geschichte(n) – Dieter Hildebrandt, ~ und Hanns Dieter Hüsch erzählen (CD) 2006.

Literatur: Bibliogr. zur Lit. Ost- u. Westpr. m. Danzig 1945–1988 (bearb. M. RANKL) Bd. 2, 1990; Wikipedia (Internet-Edition).   CP

Inter, Werner, * 2. 12. 1908 Berlin, † um 1952 (Ort nicht ermittelt); lebte zu Beginn der 1950er-Jahre in Bergfelde/Niederbarnim. – Lyrik.

Schriften: Krone des Lebens (Ged.) 1940; Mund der Liebe (Ged.) 1941.

Literatur: Schmidt, Quellenlex. 14,353. – Musen u. Grazien in der Mark. 750 Jahre Lit. in Brandenburg (hg. P. WALTHER) Bd. 2, 2002.   CP

Intrator, Bożena (geb. Wnukowska; Ps. Salomonowicz), * 3. 4. 1959(64?) Augustów/Polen; Schriftst., Übersetzerin, lebt in Wien; studierte 1979–83 Germanistik an der Univ. Warschau u. 1984–87 am Inst. für Übersetzen u. Dolmetschen an der Univ. Wien, 1987 Stud. der Dt. Lit. an der Univ. of Southern California in Los Angeles/CA u. 1988–90 Germanistik an der Univ. New York (Master of Philosophy), Mitarb. in mehreren Werbeagenturen in New York, Paris u. Warschau, veröff. Beitr. in versch. Lit.zs. in dt., poln. u. engl. Sprache. – Rom., Erz., Lyrik, Liedtext, Theaterst., Übers. (ins Polnische).

Schriften: Luft nur (Rom.) 1995; Szepczạc. Geflüster (Ged.) 1998 (dt. u. poln.; Illustr. R. Mittringer); Tak blisko i tak daleko. So nahe und so weit (Ged.) 2005 (dt. u. poln.; m. CD).

Literatur: Polacy w świecie. Kwartalnik biograficzny Polonii (hg. Z. A. JUDYCKI) 8, H. 17, 2000; Wikipedia (Internet-Edition).   CP

Intrus (Ps. für Paul Oswald Köhler), * 15. 1. 1851 Charlottenbrunn/Niederschles. (Jedlina-Zdrój/Polen), † nicht ermittelt; Philosoph, Astronom, Physiker, lebte in Liegnitz/Niederschles. (Legnica/Polen). – Fachschr., Science-Fiction-Roman.

Schriften: Der Egoismus und die Civilisation. Eine sozial-politische Erörterung, ²1884; Weltschöpfung und Weltuntergang. Die Entwicklung von Himmel und Erde vom Standpunkte der Naturwissenschaft aus dargestellt, 1887 (ab 2., bericht. u.

erw. Aufl. m. dem Untert.: Die Entwicklung von Himmel und Erde auf Grund der Naturwissenschaften, 1890; NA 8. Aufl. 1902); Der sozialdemokratische Staat. Grundzüge einer muthmaßlich ersten Form sozialdemokratischer Gesellschafts-Verfassung nebst einleitender Schilderung des bestehenden Systems, 1891; Knechtschaft und Freiheit. Zur Aufkärung über unsere Zustände und die Ziele der Sozialdemokratie, 1893; Die wahre Natur des Menschen und der soziale Fortschritt, 1895; Die Wunder des Kosmos. Die Physik der Erde und des Himmels, 1902; Passyrion über Deutschland. Beobachtungen und Kritiken eines Marsbewohners. Aus dem Marsischen übersetzt von I., 1905 (3. Aufl. u. d. T.: Deutschland im Spiegel des Marsbewohners Passyrion. Satirische Kultur- und Sittenschilderungen. Aus dem Marsischen von I. Lies, lache – denke nach! [...], 1908); Die Entstehung der Kontinente, Vulkane und Gebirge, 1908.

Literatur: Schles. Landsleute. Ein Gedenkb. hervorragender, in Schles. geb. Männer u. Frauen aus der Zeit von 1180 bis zur Ggw. (hg. u. zus.gestellt K. G. H. BERNER) 1901; H. ABRET, L. BOIA, Um tausend Jahre voraus: Die Marsrom. von Oscar Hoffmann u. ~, 1905 (in: DIES., Das Jh. der Marsianer. Der Planet Mars in der Science Fiction bis zur Landung der Viking-Sonden 1976. Ein Science Fiction-Sachb., S. 129–133) 1984; H. J. ALPERS u. a., Lex. der Science Fiction Lit., 1988; R. INNERHOFER, Dt. Science Fiction 1870–1914. Rekonstruktion u. Analyse der Anfänge einer Gattung, 1996; N. SAPRÀ, Lex. der dt. Science Fiction u. Fantasy 1870–1918, 2005.   CP

Iobst, Clarence F., * 30. 10. 1894 Allentown/PA, † 1973 Ort nicht ermittelt; Schriftstellerin; lebte 1900–11 in Quakertown/PA, 1911–24 in Allentown u. 1924 in Emmaus/PA, seit 1911 (Buch)druckerin. – Bühnenst., Mundart (Pennsylvaniadeutsch).

Schriften: En Quart Millich und en halb Beint Raahm. A Pennsylvania German comedy (Einl. H. H. REICHARD) Allentown/PA 1939; Salz. A Pennsylvania German comedy in three acts, ebd. 1941.

Literatur: R. E. WARD, A Bio-Bibliogr. of German-American Writers 1670–1970, White Plains/N. Y. 1985.   CP

Ionescu, Lidia (geb. Stǎniloae), * 8. 10. 1933 Hermannstadt (Sibiu/Rumänien); Physikerin, Lehrerin, Schriftst., lebt in Freiburg/Br.; Tochter des rumän. Theologen u. Schriftst. Dumitru Stǎniloae (1903–1993), 1951–55 Physikstud. an der Univ. Bukarest, bis 1958 Mitarb. an der Fak. für Physik ebd., Forsch. am Inst. für Atomphysik in Mǎgurele bei Bukarest, n. Verhaftung des Vaters aus polit. Gründen 1958 beurlaubt, ab 1961 Physiklehrerin für den Schulverbund für Nahrungsmittelchemie in Bukarest, veröff. 1970 ihren ersten Gedichtbd. auf Rumän., emigrierte 1984 n. Dtl., arbeitete an der Univ. Freiburg, veröff. auf Dt. u. Rumänisch. – Rom., Übers. (ins Rumänische).

Schriften (außer fremdsprachige Schr.): Zähringerblut (Rom.) 2007.

Literatur: Editura Humanitas (Internet-Edition); Lecturi la zi: Credinţa trǎitǎ de Geo Vasile (in: România literarǎ 2, 17.–23.1.) 2001 (dass.); Aproape de cer cu ~. O discuţie despre credinţǎ, identitate, memorie şi traumele comunismului [Interview] (in: Radio Europa Liberǎ, 13.4.) 2012 (dasselbe).   CP

Ionescu, Rosita, * 1941 (Ort nicht ermittelt); Schriftst., lebt in Halle/S.; wuchs in Cattenstedt/Thür. auf, Ausbildung zur Gebrauchswerberin, dann Sekretärin, Kranfahrerin u. Röntgenassistentin, lebte ztw. als freie Schriftst., Laborantin u. Mechanikerin in einem Chemiewerk in Halle/Saale. – Erz., Lyrik, Bühnenstück.

Schriften: Lila, Kolorit auf Breitwand (Erzn.) 1976.

Literatur: Schmidt, Quellenlex. 14,353. – C. HILDEBRANDT, Zwölf schreibende Frauen in der DDR. Zu den Schreibbedingungen von Schriftstellerinnen in der DDR in den 70er Jahren, 1984.   CP

Ipcha Mistavra, Reb → Carlebach, Esriel.

Ipf (Ps. für Hermann Siegmann), * 19. 5. 1896 Mergentheim (später Bad Mergentheim), † 7. 11. 1974 Stuttgart; Schriftst., Studienrat; lebte in Stuttgart. – Kdb., Erz., Lyrik, Bühnenst., Regionallit., Übers. (aus dem Amerikan.), Bilderbuch.

Schriften: Heimatbilder vom unteren Neckar (auch Hg.) 1927 (Zeichn. H. S.; 2., erw. Aufl.1932); Im Zoo und anderswo. Ein ganz neues Mal- und Zeichenbuch für Groß und Klein, 1931; Laßt von der alten Freiheit nit! Ein schwäbisch-fränkisches Bauernspiel, 1934; Das Wettermännlein, 1936 (Bilder H. Blömer; Neuausg., Bearb. A. NEIBECKER, Bilder J. Duché, 1938); Nie kommt etwas von ungefähr (Ged.) 1937 (veränd. u. erw.

NA m. dem Untert.: Heitere Verse, 1963); Hörst Du das Bächlein rauschen? Eine Versgeschichte, 1938 (Bilder E. Fay); Billi. Eine Hundegeschichte, 1938 (Bilder F. Baumgarten); Soldaten heraus! Ein Bilderbüchlein aus dem Soldatenleben mit Erzählungen von I., 1938; Allen Leuten recht getan. Eine lehrreiche Geschichte nach Hans Sachs neu erzählt, 1939 (Bilder B. Braun-Fock; NA 1958); Aufs Land hinaus. Eine Erzählung, 1939 (Bilder E. Fay); Der Rattenfänger von Hameln. Eine alte Geschichte neu erzählt, 1939 (Bilder C. Lindeberg); Des Bauern Tagewerk (Bilderb.) 1939 (Bilder F. Baumgarten); Gern hört jeder weise Lehren. Ein Taschenbilderbuch für erwachsene Kinder, 1940 (Zeichn. H. S.); Eio Popeio! Eine Reihe lieber alter Kinderreime, 1940 (Zeichn. M. Koser, R. Koser-Michaelis; Neuausg., Buchgestaltung G. Voh, 1948; veränd. NA 1957); Wir fahren mit der Eisenbahn, 1940 (Bilder K. Lindeberg); Deutschland siegt! Ein Bilderbuch, 1941 (Bilder H. Rothgaengel); Wenn die Soldaten durch die Stadt marschieren. Ein Soldaten-Bilderbuch, 1944 (dass.); Ich seh' etwas, was du nicht siehst! Ein Rätsel-Bilderbuch, 1947 (Bilder F. Baumgarten); Das neugierige Lieschen. Ein Märchen, 1948 (Bilder H. Schubel); Tröstlich magst du dieses finden, 1952.

Übersetzungen: C. T. Newberry, Molli. Die Geschichte von einem kleinen Kätzchen und einem kleinen Jungen, 1938 (Illustr. derselbe).

Herausgebertätigkeit: Jahraus-jahrein, 1937; Landauf-landab, 1937; Das große Jahr, 1939.

Sammlung: Landesarchiv Baden-Württ., Stuttgart.

Literatur: Schmidt, Quellenlex. 14,353. – A. KLOTZ, Kinder- u. Jugendlit. in Dtl. 1840–1950. Gesamtverz. [...], Bd. 2, 1992.   CP

Ippensen, Antje (Ps. Janet E. Spinpen; gem. Ps. m. Margret → Schwekendiek: Maran O'Connor), * 18. 2. 1965 Oldenburg; Schriftst., Sekretärin, Lektorin, Übers., lebt in Mannheim; Ausbildung zur Europasekretärin, Bürokauffrau u. Nachhilfelehrerin, 1993/94 freie Mitarb. beim «Mannheimer Lokalanzeiger», studierte einige Semester Germanistik, Anglistik sowie Politik u. Philos., schreibt u. a. für die Rom.heftreihen «Ren Dhark», «Corrigan», «Larry Brent» u. «Murphy». – Mitgl. des Lit. Zentrums Rhein-Neckar «Räuber '77». – Fantasy-, Science-Fiction- u. Horror-Rom., Lyrik, Erzählung.

Schriften (Ausw.): Im Bann der Kälte, 1991; Gegenkreis (Fantasy-Rom.) 1997; Der 24. Buchsta-

be (Mystery-Rom.) 2001; Meister der Lügen (m. A. Wallon) 2001; Angst über Sylt (Grusel-Rom.) 2002; Der verfluchte Friedhof (m. B. Götz) 2003; Kloster des Grauens (Mysterie-Thriller) 2005; Luzifers Gitarre (dass.) 2005; Insel des Verderbens (dass.) 2005; Spur ins Parakon (Science-Fiction-Rom., m. M. Schwekendiek) 2005; Die Stunde null (m. M. Kastenholz) 2006; Der Dunkle Herrscher (m. A. Wallon, M. Munsonius) I Metamorphose, II Erbarmungslos, 2008–10 (in der Reihe Corrigan); Zeitstrom (m. M. Munsonius) 2010; Fesselndes Geheimnis (erot. Rom.) 2010; NachSchlag (dass.) 2012; BitterSüß (dass.) 2013.

Literatur: H. J. ALPERS u. a., Lex. der Fantasy-Lit., 2005; Zauberspiegel (Internet-Edition).   CP

Ippers, (Hubert) Josef (Ps. Hubert Joti), * 1. 5. 1932 Neuß (ab 1969: Neuss), † 12. 7. 1989 ebd.; Schriftst., lebte in Neuss; Sohn eines Schlossers, besuchte 1938–47 (m. Unterbrechungen) eine Volksschule in Neuss, begann 1947 eine Lehre als Schriftsetzer, kurz darauf wieder entlassen, Hilfskraft in versch. Branchen, wegen Schmuggel- u. Schwarzmarktgeschäften zweimal verhaftet, 1948 zweimonatiger Aufenthalt in einer Jugendpsychatrie in Bonn, bis 1950 Besuch der Gewerbl. Berufsschule in Neuss, 1950 Jugendarrest, 1951 achtmonatige Gefängnisstrafe, Arbeiter in der Nievenheimer Zinkhütte, 1953 erste lit. Veröff. in der «Neuss-Grevenbroicher Ztg.», 1954 Heirat, dann Seemann, Lagerarbeiter, Lastwagenfahrer, Nachtwächter, Versicherungs- u. Speditionskaufmann, 1958 viermonatige Reise durch Afrika, nahm 1969 Kontakt zur «Dortmunder Gruppe 61» u. Fritz → Hüser auf, 1970 erster Besuch beim «Werkkreis Lit. der Arbeitswelt», Bekanntschaft m. Rainer W. → Campmann, 1971 erstes Treffen m. dem späteren Freund Klas Ewert → Everwyn, 1978 Teilnahme an einem Drehb.seminar, schrieb dann Drehb. für den NDR u. bekam seine eigene Serienstrecke «Die Fischer von Moorhövd», ab 1979 freier Schriftst.; veröff. Beitr. in Ztg. u. Zs., u. a. in «Spontan» u. «die horen». – Mehrere Stipendien, u. a. 1981/82 Jahrestipendium des Landes Nds., 1979 Lit.preis «Dormagener Federkiel». – 1972/73 Mitgl. im Werkkreis Lit. der Arbeitswelt. – Rom., Erz., Rep., Fernsehdrehb., Kinderb., Theaterst., Übers. (aus dem Amerikanischen).

Schriften: Arabesken oder Friedhof der Winde. Ein Abenteuer, 1971; Fischer im Sattel. Eine Dokumentation, 1973; Am Kanthaken (Rom.)

1974; Das Gewehr (Erz.) 1974 (Illustr. J. Scher-kamp); Carmen von der Liebesküste, 1975; Jonas, der Strandläufer. Eine Ballade von Freundschaft, Abenteuer und Tod (Rom.) 1976; Von Beruf Familienvater (Rom.) 1978; Kilians Zeiten (Rom.) 1981; Die Liebe der Elfe. Zwei gegen fast alle (Rom.) 1982 (UA als Theatst. u. d. T.: Die Liebschaft der Elfe, 1981); Die Fischer von Moorhövd (Rom.) 1984 (Schr. nicht nachweisbar); Krach auf der Schweinswurstinsel. Ein Abenteuerroman, 1986; Flussaufwärts in die Hügel (Rom.) 1986; Amerikanische Fahrt. Reportagen, Stories, Reisebilder, 1986; Korsen lachen nicht sardonisch. Nach einer Folge der Stahlkammer-Zürich-Serie des Fernsehens (Rom.) 1987; Ein kleiner Herr auf Reisen (Kinderb.) 1987 (Bilder P. Morenzi); Der Panama-Dreh (Rom.) 1987; Cagney ganz cool (Rom.) 1987; Sie nannten ihn Willy (Rom.) 1988 (Illustr. B. Ringel).

Übersetzungen: H. Melville, Moby Dick, 1984.

Herausgebertätigkeit: Neue Stories (m. R. W. Campmann) 1977; Das Faustpfand. Geschichten und Berichte aus dem Werkkreis, 1978.

Nachlass: Heinrich-Heine-Inst., Düsseldorf. – Rohnke-Rostalski 148.

Literatur: Schmidt, Quellenlex. 14,354. – Munzinger-Arch.; Autorenlex. 376. – Sie schreiben zw. Goch u. Bonn. Bio-bibliogr. Daten, Fotos u. Texte von 61 Autoren (hg. H. E. Käufer, R. Schröer) 1975; Lit. Porträts. 163 Autoren aus Nordrhein-Westf. (hg. P. K. Kirchhof) 1991; H. Spix, Ich will in viele Leben schlüpfen. Annäherung an den Schriftst. ~, 2012.   CP

Ippig, Klaus, * 1969 in Süddtl.; Kinderb.autor, lebt in der Nähe von Nürnberg; Abitur, einjährige Motorradreise durch Nord- u. Südamerika, studierte Sport u. Germanistik. – Kinderbuch.

Schriften: Flunker, flunker, Flaschengeist, 2000 (Illustr. B. Gotzen-Beek); Wo ist der Piratenschatz?, 2001 (Bilder S. Voigt); Seeräubergeschichten (m. H. Gerber) 2003.   CP

Ippkind → Feilchenfeldt, Marianne.

Ipse, Henrik → Hartleben, Otto Erich.

Ipsen, Gunther (Carl Julius), * 20. 3. 1899 Innsbruck, † 29. 1. 1984 Oberursel/Taunus; Soziologe, Philosoph; Sohn des Mediziners Carl I. (1866–

1927), Besuch des Staatsgymnasiums in Innsbruck, Kontakt zur Jugendbewegung, 1915 freiwilliger Teilnehmer am Landsturmdienst, 1917 Abitur u. Immatrikulation an der Univ. Innsbruck, 1917 Frontkämpfer u. Ausbildung zum Reserveoffizier, 1918/19 in italien. Kriegsgefangenschaft, gab die dt.-öst. Staatsangehörigkeit auf u. nahm die dt. an, ab 1920 Stud. am Inst. für Kultur- u. Universalgesch. an der Univ. Leipzig bei Hans → Freyer, 1922 Dr. phil. ebd., 1922/23 Lehrer an der freien Schulgemeinde Wickersdorf/Thür., 1925 Habil. für Philos. bei Felix → Krueger (1874–1948) an Univ. Leipzig, 1925 Mitbegr. des Inst. für Soziologie ebd. u. bis 1933 dort Doz., 1930–34 Mithg. der «Bl. für dt. Philos.», 1930 apl. u. 1931–33 a. o. Prof. für Philos. an der Univ. Leipzig, 1933–39 o. Prof. an der Philosoph. Fak. der Univ. Königsberg, Studienreisen n. Südosteuropa, u. a. m. der bünd. «Schles. Jungmannschaft», ab 1938 Mitgl. der NSDAP, 1939–45 Lehrstuhlinhaber für Philos. u. Volkslehre an der Univ. Wien, 1939 Dir. des Psycholog. Inst. u. Mitdir. des Philosoph. Inst. (ab 1943 Dir.) ebd., lehrte dort zus. m. Arnold (Karl Franz) → Gehlen, der ihn während seines Kriegsdienstes vertrat, 1939–45 Militärdienst, ab 1943 Major der Reserve u. nationalsozialist. Führungsoffizier, 1945 mangels öst. Staatsbürgerschaft entlassen u. zunächst aus Öst. ausgewiesen, lebte 1945–51 in Götzens/Tirol, freiberufl. wiss. tätig, 1951–61 Abt.leiter der Sozialforsch.stelle der Univ. Münster in Dortmund, erlangte seinen Prof.status als «Prof. zur Wiederverwendung» zurück, 1959 Emeritierung, Mitarb. am Balt. Forsch.inst. Bonn u. an der Akad. für Raumforsch. u. Landesplanung in Hannover, 1962–65 Doz. an der Univ. München; zählt zu den führenden Vertretern der «Leipziger Schule» der Soziologie. – Fachschrift.

Schriften (Ausw.): Über Gestaltauffassung. Erörterung des Sanderschen Parallelogramms (Diss.) 1922; Schallanalytische Versuche. Eine Einführung in die Schallanalyse (m. F. Karg) 1928; Sprachphilosophie der Gegenwart, 1930; Programm einer Soziologie des deutschen Volkstums, 1933; Das Landvolk. Ein soziologischer Versuch, 1933; Blut und Boden. Das preußische Erbhofrecht, 1933; Bevölkerungsentwicklung und Arbeitspotential in der Tschechoslowakei 1945–1951, 1953; Die Wohnwünsche der Bergarbeiter. Soziologische Erhebung, Deutung und Kritik der Wohnvorstellungen eines Berufes (m. H. Popitz, bearb. E. Pfeil) 1954; Die Verteilung der polnischen Bevölkerung in der

Nachkriegszeit [...], (berechnet u. entworfen von R. BREYER u. H. SCHWALM) 1955.

Herausgebertätigkeit: Staat und Geist. Arbeiten im Dienste der Besinnung und des Aufbaus (m. H. Freyer, A. Jolles) 1925/26; Goethes sämtliche Werke, XVI u. XVII, Naturwissenschaftliche Schriften, 1925; Goethes Farbenlehre. Die Begründung der Geisteswissenschaft (m. Einl. hg.) 1926; Goethe. Schriften über die Natur (geordnet u. ausgew., m. Einl. hg.) 1928; Das politische Volk. Schriften zur sozialen Bewegung (m. H. Freyer) 1933; Ethik des Berufes (m. H. Fischer) 1933; W. H. Riehl, Die Naturgeschichte des deutschen Volkes (Zus.fassung, m. Einl. hg.) 1935; Wir Ostpreußen. Heimat im Herzen (auch Beitr., Einl. O. SCHREIBER) 1950 (überarb. Neuausg. 1952); H. F. K. Frh. vom Stein. Ausgewählte politische Briefe und Denkschriften (m. E. Botzenhart) 1955; Standort und Wohnort. Ökologische Studien, 1957; Industrielle Großstadt. Studien zur Soziologie und Ökologie industrieller Lebensformen, I Daseinsformen der Großstadt. Typische Formen sozialer Existenz in Stadtmitte, Vorstadt und Gürtel der industriellen Großstadt (bearb. R. MACKENSEN u. a.) 1959.

Nachlass: Bis zum Tod des Sohns Detlev I. 2011 in dessen Privatbesitz.

Literatur: Munzinger-Arch.; BEdP 194; DBE 5,251. – Österreicher der Ggw. Lex. schöpferischer u. schaffender Zeitgenossen (Bearb. R. TEICHL) 1951; Entzifferung. Bevölkerung als Gesellsch. in Raum u. Zeit. ~ gewidmet (hg. H. JÜRGENSEN), 1967; H. LINDE, Soziologie in Leipzig 1925–1945 (in: Soziologie in Dtl. u. Öst. 1918–1945. Materialien zur Entwicklung, Emigration u. Wirkungsgesch., hg. M. R. LEPSIUS, S. 102–130) 1981; Internat. Soziologenlex. (hg. W. BERNSDORF, H. KNOSPE) Bd. 2, ²1984; C. HENTSCHEL, Zum Leben u. Werk von ~. Ein Beitr. zur Gesch. der Soziologie (hg. S. PAPCKE) 1984; R. MACKENSEN, ~ in memoriam (in: Zs. für Bevölkerungswiss. H. 2, S. 231f.) 1984; O. RAMMSTEDT, Dt. Soziologie 1933–1945. Die Normalität einer Anpassung, 1986; J. FLEISCHHACKER, ~ u. Karl Valetin Müller. Propagandisten nationalsozialist. Bevölkerungspolitik (in: Soziologen-Tag Leipzig 1991. Soziologie in Dtl. u. die Transformation großer gesellschaftl. Systeme, hg. H. MEYER, S. 463–471) 1992; J. EHMER, Eine «dt.» Bevölkerungsgesch.? ~s hist.-soziolog. Bevölkerungstheorie (in: Demograph. Informationen, H. 93, S. 60–70) 1992; C. KLINGEMANN, Soziologie im Dritten Reich, 1996; J. GUTBERGER, Volk,

Raum u. Sozialstruktur. Sozialstruktur- u. Sozialraumforsch. im «Dritten Reich», 1996; C. KLINGEMANN, Bevölkerungssoziologie im Nationalsozialismus u. in der frühen Bundesrepublik. Zur Rolle ~s. (in: Bevölkerungslehre u. Bevölkerungspolitik im «Dritten Reich», hg. R. MACKENSEN, S. 183—205) 2004; E. KLEE, Das Personenlex. zum Dritten Reich, 2005; C. SEHESTED VON GYLDENFELDT, ~ zu Volk u. Land. Versuch über die Grundlagen der Realsoziologie in seinem Werk, 2008; D. HAMANN, ~ in Leipzig. Die wiss. Biogr. eines «dt. Soziologen» 1919–1933, 2013; Prof.kat. der Univ. Leipzig (Internet-Edition).   CP

Ipser, Karl (Ps. Karl Till), * 31. 3. 1914 Wien; Historiker; Dr. phil. (Schr. nicht nachweisbar), lebte in den 1980er-Jahren in Salzburg. – Fachschr., Sachb. Übers. (aus dem Italienischen).

Schriften: Deutschland. Italien. Denkstätten einer Völkergemeinschaft, 1940; Kaiser Friedrich der Zweite. Leben und Werk in Italien, 1942; Die Kunstwerke des Vatikans, 1950; Oberammergau. Eine deutsche Sendung, 1950; Richard Wagner in Italien, 1951; Beethoven, Wagner, Bayreuth, 1953; El Greco, der Maler des christlichen Weltbildes, 1960; Michelangelo. Der Künstler-Prophet der Kirche, 1963; Rom. Kunstwerke, Heiligtümer und Gedenkstätten der «Ewigen Stadt», 1964; Franziskus. Der himmlische Kommunist. Die Welterneuerung aus dem Vatikan?, 1967; Venedig und die Deutschen. Deutsche, Österreicher, Schweizer am Rialto, 1967; Mao oder Poverello. Ultimatum an Kirche und Gesellschaft, 1968; Der Staufer Friedrich II. Heimlicher Kaiser der Deutschen, 1977; Franziskus rette meine Kirche ... die verwüstet. Der Aufstand der Jugend aus dem Geiste des Evangeliums (Vorw. R. GRABER) 1977; Michelangelo. Künstler und Prophet. Bildwerdung eines Glaubens, 1977; Mit Goethe in Italien 1786–1986, 1986 (NA m. dem Untert.: Eine historische Reise, 1987); Franz von Assisi. Ultimatum an Kirche und Gesellschaft, 1986; Mit Goethe im Elsaß. Ein Student macht Geschichte, 1988.

Übersetzungen: F. J. Sanchez Canton, El Greco, 1961.

Literatur: Schmidt, Quellenlex. 14,354.   CP

Ira, Alfred → Grimm, Albert (Friedrich Wilhelm).

Iraschek, Rudolf, * 27. 1. 1921 Viechtwang/
Oberöst., † 31. 8. 2005 ebd.; Fleischer, Schriftst.,
lebte in Viechtwang; Sohn eines Fleischers, 1936–
38 Lehre als Fleischer in Gmunden/Oberöst., ab
1941 Soldat im 2. Weltkrieg, Einsatz als Gefreiter
im Afrikafeldzug, 1942 schwere Kriegsverletzung,
Aufenthalt in versch. Lazaretten, 1945 Verlegung
ins Heimatlazarett n. Scharnstein/Oberöst., übernahm 1951 im Auftrag der Gemeinde Viechtwang
das dortige Freibad (heute Voralpenbad) u. baute
dieses wieder auf, ab 1959 Wasserleitungs- u. Ba-
dewärter ebd., 1963–84 Gemeindearbeiter u. Ba-
dewärter ebd., Vors. der Fremdenverkehrskommis-
sion. – Volksst., autobiogr. Schr., Mundart (ober-
österreichisch).

Schriften: Da Herrnbauer (Volksst.) um 1950
(Schr. nicht nachweisbar; UA 1950); Hedwig. Trilogie. 1919 vom Hunger aus der Stadt auf's Land
getrieben. Autobiografische Zeitskizze von 1920
bis 1932, 2001; Reifendes Leuchten. Autobiographisches 1945–2002, 2002; Tage der Armut.
Glückliche Bescheidenheit im Endzeitchaos. Autobiographische Zeitskizze 1944–1954 mit Vor-
und Rückblicken, 2004.

Literatur: B. SOWINSKI, Lex. dt.sprachiger Mundartautoren, 1997.   CP

Irgang, Margrit(-Heide), * 8. 1. 1948 Bad Kissin-
gen/Bayern; Schriftst., Texterin, Grafikerin, Pup-
penmacherin, lebt in der Nähe von Freiburg/
Br.; studierte Grafikdesign, lebte zu Beginn der
1980er-Jahre in München, seit 1982 freie Schriftst.,
verf. Beitr. für die ARD-Rundfunkanstalten, v. a.
für den SWR. – 1985 Förderpreis für Lit. des Frei-
staates Bayern, 1986 Lit.preis der Stadt München
«Münchner Lit.jahr», 1987/88 Stipendium der Villa Massimo, 1988 Marburger Förderpreis für Literatur. – Rom., Erz., Hörsp., Feature, Ess., Lyrik,
Kinderbuch.

Schriften: Einfach mal ja sagen. Eine Geschichte, 1981; Unheimlich nette Leute (Rom.) 1982
(Tb.ausg. m. dem Untert.: Roman um eine
Wohngemeinschaft, 1984); Ich bin meine Geschichte. Lebenswünsche und was daraus geworden ist, 1982; Min. Die Geschichte vom Glück und
vom Glas, 1984; Blicke (Erzn.) 1987; Die erste und
einzige Geschichte vom Gedankenland (Kinderb.)
1994; Zen-Buch der Lebenskunst, 2001 (überarb.
NA 2006, überarb. u. erg. Neuausg. m. dem Titel:
Wunderbare Unvollkommenheit. Das Zen-Buch
der Lebenskunst, 2010); Dieser Augenblick. Acht-

sam leben im Geist des Zen mit Geschichten der
Weisheit, 2006 (Neuausg. m. verkürztem Untert.:
Achtsam leben im Geist des Zen, 2012); Geh, wo
kein Pfad ist, und hinterlasse eine Spur. Ermuti-
gung zum Eigensinn, 2010; Leuchtende Stille. Auf
der Suche nach dem achtsamen Leben, 2013.

Herausgebertätigkeit: Buch der Freude, 2001.

Literatur: Schmidt, Quellenlex. 14,354. – G. M.
GRABHER, «Das Wohnen in der Sprache.» Eine
Gegenüberstellung von Margaret Atwoods «Surfa-
cing» u. ~s ‹Min› auf der Grundlage des Heideg-
gerschen Sprachdenkens (in: Beitr. zu den Sprach-
u. Lit.wiss., hg. H.-A. HERCHEN, S. 25–43) 1985;
Taschenlex. zur bayer. Ggw.lit. (hg. D.-R. MO-
SER, G. REISCHL) 1986; ~, ‹Unheimlich nette Leu-
te› (in: Der Rom.führer [...] XVIII, hg. B. u. J.
GRÄF) 1987; Autorinnen u. Autoren in Baden-
Württ. (Internet-Edition).   CP

Iring, Kunz → Itzinger, Karl.

Irl, Peter Pius, * 10. 9. 1944 Kaufbeuren/Bay-
ern; Schriftst., Schauspieler, Regisseur; wuchs
in Kaufbeuren auf, Berufsausbildung zum Kir-
chenmaler, Restaurator u. Vergolder, Schauspiel-
stud. in München u. Unterricht bei Ellen Mahl-
ke (* 1914), 1963 Debüt als Franz Moor in «Die
Räuber» am Fränk.-Schwäb. Städtetheater Din-
kelsbühl/Mittelfranken, 1970–77 Engagement am
Stadttheater Ingolstadt, 1978–91 am Bayer. Staatsschausp. in München, unterrichtete 1989–2007
Sprecherziehung u. Rhetorik am Priesterseminar
in Augsburg, 2005/06 Regisseur u. Theaterleiter
an der Passionsbühne Waal/Allgäu u. künstler. Leiter der Burgsp. Kemnat/Kaufbeuren. – 1983 Preis
für herausragende schauspieler. Leistungen des Ver.
der Freunde des Bayer. Staatsschausp. München
(heute: Kurt-Meisel-Preis), 2008 Ernennung zum
Ritter des Päpstl. Silvesterordens. – Erz., Kochb.,
Hörspiel.

Schriften: Schwäbische Erzählungen, 1976 (Illustr. H. Nocker); Zum Wohle von Seele und Leib.
Geheimnisse aus schwäbischen Kirchen und Kü-
chen, 1980 (dass.; Fotografien H. Wagenknecht,
C. Wolff); Crescentia von Kaufbeuren. Festspiel
zum 300. Geburtstag. 1682–1982, 1982. (Ferner
ungedr. Hörspiele.)

Literatur: B. SOWINSKI, Lex. dt.sprachiger
Mundartautoren, 1997; Wikipedia (Internet-
Edition).   CP

Irle, Lothar, * 16. 5. 1905 Niedersetzen (später zu Siegen), † 15. 5. 1974 Siegen/Westf.; Vater von Trutzhart → I.; Lehrer, Versicherungsagent, Schriftst., Heimatforscher, lebte in Siegen; Sohn eines kaufmänn. Angestellten, besuchte 1911–15 die Volksschule Obersetzen u. dann bis 1920 die Oberrealschule in Weidenau (später zu Siegen), 1920–22 Besuch der Präparandie in Hilchenbach/ Westf. u. 1922–25 der Lehrerbildungsanstalt ebd., schloss sich 1923 der «Brigade Ehrhard» an u. 1924 dem «Völk.-Sozialen Block», 1925 Abitur u. erste Volksschullehrerprüfung, bekam keine Anstellung als Lehrer, studierte 1925–27 in Marburg/L. u. ab 1929 in Frankfurt/M. nord. u. dt. Philol., Gesch. u. Volksk., 1931 Dr. phil. bei Hans Fritz Erich → Naumann, im selben Jahr Eintritt in die NSDAP, 1932 Ortsgruppenleiter in Setzen (später zu Siegen) u. Kreisobmann des Nationalsozialist. Lehrerbundes, 1933–38 Mitgl. der SA u. ab 1937 Oberscharführer, Volksschullehrer an versch. Schulen im Kr. Siegen, zweite Lehrerprüfung, 1934 Doz. für Volksk. an der Hochschule für Lehrerbildung in Dortmund, ab 1938 Gauführer des «Nationalsozialist. Dt. Doz.bundes», 1941 Versetzung n. Idstein/Taunus u. Beförderung zum Oberstudienrat, ab 1941 Soldat im 2. Weltkrieg, 1945–47 in brit. Internierung in Norwegen u. Dtl., im Rahmen der Entnazifizierung aus dem Schuldienst entlassen, Berufsverbot, 1947–70 (pensioniert) Versicherungsagent. – Volkskundl. Schr., Ess., Lyrik, Wanderführer, Mundart (Siegerländer).

Schriften (Ausw.): Die Vornamengebung im Siegerland, 1932 (Diss. 1931); Familienkunde für das Siegerländer Jungvolk, 1934; Volkskundliche Fragen der Gegenwart, 1937; Unser Siegerland. Eine Heimatkunde, 1952 (Zeichn. H. Achenbach; 2., erw. Aufl. 1958; 3., erw. Aufl. 1959; 4., erw. Aufl. 1968); Heiteres im Siegerland, 1960; Ferndorf. Ein Siegerländer Dorfbuch, 1963; Das Siegerland und Westfalen, 1967; Boschgotthardshütte 1467–1967. 500 Jahre im Dienste für Stahl und Eisen (m. Trutzhart I.) 1967; Das Siegerland in der volkskundlichen Literatur. Eine Bibliographie, 1968; Heilige in Verehrung und Volkstum des Siegerlandes, 1969; Rundwanderungen Siegerland. Begangen und beschrieben, 1971 (Illustr. F. Knauss); Siegerländer Persönlichkeiten- und Geschlechter-Lexikon, 1974; Aegidius Obenstruth. Der reichste Siegerländer um 1600, 1974; Wechselseitige Beziehungen zwischen dem Siegerland und den Gebie-

ten östlich der Elbe. Eine familienkundliche Studie, 1977.

Herausgebertätigkeit: Rimmcher on Schnürjelcher. Zesahmegeschdallt, 1963.

Literatur: Westfäl. Autorenlex. 4,337 (auch Internet-Edition). – ~ (in: Familienztg. des Geschlechtes Irle, hg. L. I., 3, H. 8, S. 56) 1939; W. SCHULTE, Der Westfäl. Heimatbund u. seine Vorläufer, 2 Bde., 1973; Am 16. Mai 1974 wäre ~ (in: Siegerland. Bl. des Siegerländer Heimatver. e. V. 51, H. 3, S. 115) 1974; ~ (in: Genealogie. Dt. Zs. für Familienkunde 23, H. 6, S. 185) 1974; O. RENKHOFF, Nassauische Biogr., ²1992; Menschen – Häuser – Schicksale. Hilchenbach zw. Monarchie, Diktatur u. Republik (hg. R. S. ELKAR), 1992; A. HESSE, ~ (1905–1974). Lehrerbildner, Volkskundler, Genealoge – Anm. zu einem Selbstzeugnis (in: Siegener Beitr. Jb. für regionale Gesch. 2, S. 114–120) 1997; A. HESSE, Völk. Seminaristen u. dt.nationale Seminarlehrer? Die letzten Jahre des Lehrerseminars Hilchenbach 1922–1925 (in: Siegener Beitr. Jb. für regionale Gesch. 4, S. 45–84) 1999; U. F. OPPERMANN, Siegerland u. Wittgenstein im Nationalsozialismus. Personen, Daten, Lit. Ein Hdb. zur regionalen Zeitgesch., ²2001; DERS., «Mit Scheibenklirren u. Johlen». Juden u. Volksgemeinschaft im Siegerland u. in Wittgenstein im 19. u. 20. Jh., 2009.   CP

Irle, Trutzhart, * 15. 10. 1938 Dortmund; Sohn von Lothar → I.; Versicherungskaufmann, lebt in Siegen; im Siegerland aufgewachsen, 1958 Abitur, 1960–63 Stud. der Volkswirtschaft, 1963 Dr. rer. pol. an der Univ. Graz, bis zu seinem Ruhestand selbständiger Versicherungsagent. – Regionalkundl. Schrift.

Schriften: Das Verhältnis der Territorialherren von Nassau zum Gewerbe des Siegerlandes im 16. Jahrhundert (Diss.) 1962 (Buchhandelsausg. u. d. T.: Landesherr und Gewerbe im Siegerland des 16. Jahrhunderts. Das Verhältnis [...], 1964); Boschgotthardshütte 1467–1967. 500 Jahre im Dienste für Stahl und Eisen (m. Lothar I.) 1967; Werteinheiten der älteren Wirtschaft des Siegerlandes, 1970; Die Wirtschaft der Stadt Siegen in der Vergangenheit, 1972; Anekdoten, Gedichte und alte Bilder aus Siegen und Umgebung (Bearb.) 1977; Das alte Siegerland. Mit über 400 wertvollen und seltenen Bildern aus allen Städten und Großgemeinden sowie einem ausführlichen Teil über die alte Siegerländer Wirtschaft (Bearb.) 1978; Riewekooche onn Schmatzbäckel. Vom Essen und Trinken im Siegerland, 1981 (Illustr. H. Kranenberg); Das Siegerland im Spiegel der Jahreszeiten (zus.gestellt u. beschrieben) 1986 (Fotografien P. Klaes u. a.); Siegen. Die Großstadt aus der Vogelperspektive (Texte) 1996 (Fotografien C. Voigt); Auferstanden aus Ruinen. Zerstörung und Wiedergeburt der Stadt Siegen, 2005.

Herausgebertätigkeit: Nä, wat ha m'r lache mosse. Anekdoten, Gedichte und Geschichten aus dem Siegerland, 1979 (Illustr. H. Kranenberg).

Literatur: Siegerländer Persönlichkeiten- u. Geschlechter-Lex., 1974; B. SOWINSKI, Lex. dt.sprachiger Mundartautoren, 1997; Kulturhdb. für den Kr. Siegen-Wittgenstein (Internet-Edition). CP

Irlenkäuser, Olaf, ⋆ 27. 5. 1966 Mannheim; Lektor, Schriftst., Verlagsleiter, lebt in der Nähe von Hamburg; Buchhändlerlehre, studierte Slawistik, Germanistik u. Osteurop. Gesch. in Trier, Moskau u. Köln, 1995–99 Lektor u. Assistent der Programmleitung beim Suhrkamp Verlag, 1999–2004 Lektor u. Programmleiter beim Rotbuch Verlag, ab 2005 freier Schriftst. u. Lektor, 2009–12 Leiter des Murmann Verlags, seit 2013 Co-Geschäftsführer des Wachholtz-Verlags. – Kulturhist. Sachb., Reiseführer, Fachschr., Übers. (aus dem Amerikanischen).

Schriften: Die russischen Literaturzeitschriften seit 1985. Kontinuität und Neubeginn, 1994; Amsterdam. Ein literarischer Kneipenführer, 2001 (Fotografien W. Buckow); Hamburg. 69 Dichter und ihre Stadt (m. S. Samtleben) 2006; Das Buch der Bücher (m. R. Vollmar) 2006; Russland in Hamburg, 2007; Lüneburger Heide. Geschichte & Geschichten. Ein Lexikon, das Geschichten erzählt. Von Schafen und Salz, von Kaisern und Wilderern, von Dichtern, Musikern und großer Kunst, 2009; Hamburg [dasselbe]. Von Alsterwasser und Blankenese, von Duckdalben und dem Michel, von Motorsägen und Putzbüdeln, von Schwimmflügeln und der Wucht in Tüten, 2009; Baukultur in der Lüneburger Heide, 2009; 99 Orte in Hamburg, 2010.

Übersetzungen: J. Reed, Jahrmarkt der Tiere. Ein satirischer Roman, 2005; S. K. Shelton, Meine Mutter, die Männer und ich (Rom.) 2006.

Herausgebertätigkeit: Russische Liebesgeschichten, 2003; Blankenese, 2008 (Fotos P. Andryszak); Alster, 2009 (Fotos O. I.); Anna Achmatowa, Ich

lebe aus dem Mond, du aus der Sonne. Liebesgedichte (Ausw. u. m. Nachw. hg.) 2013 (Illustr. J. Bauer). CP

Irlweck, Oswald, ⋆ 6.(15.?)8.1877 St. Pölten/Niederöst., † 17. 4. 1941 ebd.; Red., Militär, Schriftst.; Generalmajor, Jägermeister im Stab des öst. Landjägermeisters. – Rom., Erz., Sachbuch.

Schriften: Hüttenabende (m. E. Salcher) 1930; Dolomitenspuk (Rom.) 1938; Waidmännisches Lehrbuch für alle Jägerprüfungen. Unter Berücksichtigung der neuesten gesetzlichen Bestimmungen vollkommen neu bearbeitet, ²1939 (3. neu bearb. Aufl. 1941); Kressenstein (Rom.) 1941. CP

Irmer, Benita von, ⋆ 6. 8. 1909 Riga, † nicht ermittelt; Journalistin, Schriftst., lebte in Riedenburg/Bayern. – Roman.

Schriften: Michael und Monika. Ein aktueller Liebesroman, 1978.

Literatur: Taschenlex. zur bayer. Ggw.lit., hg. D.-R. MOSER, G. REISCHL, 1986. KK

Irmin, Karl → Irmler, Karl.

Irmingard von Bayern (Irmingard Maria Josepha Prinzessin von Bayern), ⋆ 19. 5. 1923 Berchtesgaden/Obb., † 23. 10. 2010 Leutstetten/Obb.; Tochter von → Rupprecht von Bayern; Malerin, lebte auf Schloß Leutstetten; stammt aus dem Hause Wittelsbach, Enkelin des letzten bayr. Königs Ludwig III. (1845–1921), wuchs u. a. auf Schloß Hohenschwangau, in England u. Italien auf, n. dem Attentat vom 20. Juli 1944 gem. m. ihrer Familie festgenommen («Sippenhaft») u. in den Konzentrationslagern Sachsenhausen, Flossenbürg u. Dachau festgehalten, zu Kriegsende befreit, leitete eine Brauerei, engagierte sich bis ins Alter für die Erinn. an die Opfer des Nationalsozialismus. – 2008 Weltfriedenstag-Gedenkpreis. – Erinnerungen.

Schriften: Jugend-Erinnerungen 1923–1950 (Vorw. A. KLAUS) 2000 (3., verb. Aufl. 2010).

Literatur: S. STÜBINGER, ~s «Jugend-Erinn. (in: Zs. für Bayer. Landesgesch. 64, H. 3, S. 833f.) 2001; W. VITZTHUM, dass. (in: Heimat-Bl. 16, H. 1, S. 2) 2002; E. REICHERT, «Man fühlt sich wie Schlachtvieh.» ~ teilte das Los vieler Wittelsbacher während der NS-Zeit: Sie gehörte zu den Geiseln, die sich Hitler hielt (in: Unter der Krone, hg. E. FISCHER, S. 156–158) 2006; V. KOOP, In

Hitlers Hand. Sonder- u. Ehrenhäftlinge der SS, 2010.   KK

Irmler, Karl (Ps. Bernt Glöckner; Karli; Karl Irmin), * 10. 6. 1882 Bischheim/Elsaß, † 17. 8. 1942 Kronberg im Taunus; Lehrer, Dramatiker; studierte Philos. in Münster, 1906 Dr. phil., veröff. u. a. in der «Köln. Volksztg.» u. «Hellweg», 1912–18 Theaterkritiker der «Metzer Ztg.», 1922–24 dass. für die «Rhein.-westfäl. Ztg.», Studienrat in Dortmund. – Bühnenst., Erz., Humoreske, Nov., Ess., Libr., Lyrik.

Schriften: Actäa. Teil der Trilogie «Ahasver», 1903; Über den Einfluß von Zacharias Werners Mystik auf sein dramatischen Schaffen (Diss.) 1906; Zipfelmützchens Ende. Ein Histörchen, 1915 (Musik J. Herchenbach); Karneval in Metz und Strassburg. Wahre Geschichten aus der Franzosenzeit, 1920; Golgatha. Drama in drei Aufzügen, 1924 (UA u. d. T.: Ahasvers Erlösung, 1913); Die Gesteinigten und andere Dramen, 1924 (Zeichn. H. Wildermann); Das Licht um Elinor. Dramen, 1924 (dass.); Mysterium zu Heisterbach, 1929; Scherzo der Ehe. Komödie in drei Akten, 1930; «Volk ohne Gott». Ukrainisches Volksstück in vier Aufzügen, 1931; Luthers Kampf und Sieg. Reformations-Festspiel in vier Aufzügen, 1933; Der verlorene Sohn. Biblisches Schauspiel in vier Aufzügen, 1934; Wolgadeutsche rufen! (Tr.) 1935; Stöpsel bummelt durch die Welt. Weihnachtsmärchen in sieben Bildern, 1935 (Musik H. Dettinger); Die lustigen Heinzelmännchen. Ein Märchenspiel vom fröhlichen Handwerk in fünf Bildern, 1935 (Musik J. Vorsmann); Goldmarie und Pechmarie. Weihnachtsmärchen in sechs Bildern (nach Grimm), 1937 (dass.); Dornröschens Zauberschlaf. Märchenspiel, 1938 (dass.); Schneewittchen über den Bergen. Märchenspiel in fünf Bildern (nach Grimm) 1939; Indianer. Die Geschichte eines Ausreißers in einem Vorspiel und sechs Abenteuern, 1939; Hans im Glück. Märchenspiel in fünf Bildern (nach Grimm), 1940.

Uraufführungen (Ausw.): Abendrot. Bürgerliches Trauerspiel, 1903; Der Hofzauberer (Lsp.) 1910; Zerstreut (Lsp.) 1912; Die Falschmünzer. Komische Oper in drei Akten, 1916 (Musik R. L'Arronge); Die Gesteinigten, 1925; Das Licht um Elinor, 1927; Auf roter Erde. Ernste und heitere Bilder aus der westfälischen Geschichte (Festsp.) 1927 (Musik H. Dettinger); Die Mühlen Gottes. Ein Spiel von Mächten, die wir nicht begreifen. In fünf

Wandlungen, 1928; Gullivers Fahrt zum Weihnachtswunder. Märchenpantomime, 1928 (Musik H. Dettinger); Mysterium zu Heisterbach, 1930 (Musik A. Knab); Die Wiedertäufer in Münster, 1931; Der Genius. Eine Morgenfeier, 1932.

Nachlass: StLB Dortmund.

Literatur: Theater-Lex. 2,881; Westfäl. Autorenlex. – J. Risse, ~ (in: Kalender für die westfäl. Mark. Ein Heimat- u. Jb., S. 72–74) 1925; Fred Marions «Zweites Gesicht». Zur UA der ‹Mühlen Gottes› (in: Bühnenbl. der städt. Bühnen Dortmund 5, H. 19) 1928; ~-Bibliogr. Zum 10. Juni 1932 [...], 1932; Lit.portal Westf. (Internet-Edition).   KK

Irmler, Rudolf, * 11. 8. 1907 Lüben/Schles. (Lubin/Polen), † 8. 1. 1999 Marktheidenfeld/Unterfranken; Theologe, Schriftst., lebte in Kassel; Sohn eines Klempnermeisters, studierte Theol., 1931–39 Pfarrer in Brasilien, 1939–45 in Lüben, 1945–47 Superintendent in Lüben u. Steinau, 1947 ausgewiesen, Pfarrer der brandenburg. Frauenhilfe in Potsdam, 1948–53 Pfarrer in Waldheim u. Landesgefängnispfarrer für Sachsen, übersiedelte 1953 n. Westdtl., Krankenhauspfarrer in Frankfurt/Main, 1954–63 theolog. Mitarb. im Gustav-Adolf-Werk Kassel, zahlr. Einsätze im Ausland, ab 1963 Leiter des Diakonissen-Mutterhauses Breslau-Lehmgruben in Marktheidenfeld. – Erz., Ess., Biogr., Reisebuch. – 1983 Bundesverdienstkreuz.

Schriften: Alles in uns schweige. Sieben Meditationen, 1950 (Grafik R. Wagner); Die Übriggebliebenen und andere Erzählungen (m. I. Rhode) 1950; Wozu das Leid?, 1951; Schicksalsüberwindung, 1951; Heimkehr. Zwölf schlesische Geschichten aus den Jahren 1945–1947, 1951 (5., durchges. u. erw. Aufl. 1960); Menschenhand in Gottes Hand, 1952; Ich in Dir, du in mir. Sieben Meditationen, 1952 (Grafik P. Jordan); Durch Nacht zum Licht, 1952; Heimkehr, 1953; Gestern und heute (Erzn.) 1954; Du durchdringest alles. Sieben Meditationen, 1954 (Zeichn. C. Rietschel); Das letzte Licht. Erlebtes in Brasilien, Schlesien und anderswo, 1954; Hinter Grenzen und Gittern. Zwölf Erlebnisse eines schlesischen Pfarrers bei den Einsamen und Gefangenen Ostdeutschlands, 1957; Blätter im Sturm (Erz.) 1958; Johann Heermann. Der schlesische Hiob, 1959; Schauen und Erkennen. Skizzen über das Wunder des Lebens, 1960; Zwischen Kamp und Urwald, 1961 (Illustr. H. Loreck); Zwischen Moskau, Rom und Jerusalem. Erlebnisse auf vielen Reisen, 1962; Bei den Waldensern in Italien, 1962; Stimmen der Heimat. Erlebnisse in Schlesien, 1963; Hinter der Maske. Erlebnisse mit vielen Menschen, 1964; Geheimnisvoller Athos, 1965; Spuren im Wüstensand, 1966; Das wichtigste Gespräch. Meditationen über das Vaterunser, 1966; Wunderland Indien, 1967; Immer nach Hause, 1967; Daheim und anderswo, 1968; Erlebter Orient. Von Teheran nach Karthago, 1969; Götter, Geishas und Giganten. Unter der Sonne Ostasiens, 1970; Leben aus der Stille, 1971; Aller Dinge Grund. Woher, wohin, wozu?, 1971; Ihre Heimat war Schlesien, 1972; Wo der heiße Nordwind weht. Über Mexiko und Peru nach Brasilien, 1973; Geheimnis der Mitte, 1973; Revolution des Herzens. Jakob Böhme – heute, 1974; Weihnachten, daheim und draußen, 1975; Das Jesuskind fliegt nach Breslau, 1975; Licht, Leben, Liebe. Johanneische Bildmeditationen, 1976; Zwischen Kremltürmen und Steppenreitern. Von Moskau über Sibirien zur Mongolei und nach Turkestan, 1977; Gott läßt dich nicht allein. Du und dein Schicksal, eine helfende Antwort, 1977; Schauen und Singen, 1978; Weihnachten leuchtet durchs ganze Jahr, 1979; Gesegnete Weihnachtszeit (m. E. Läufer) 1980; Stätten der Stille, 1980; Hinter der Chinesischen Mauer, 1981; Lichter der Weihnacht, 1982; Australien wurde ihnen Heimat. Schlesier im Lande der Urmenschen und Känguruhs [...], 1982; Mit dir wir wollen Taten tun. Johann Heermann, Prediger und Dichter (Biogr.) 1984; Frohe Weihnacht überall, 1985; Schläft ein Lied in allen Dingen. Erinnerungen aus acht Jahrzehnten (Autobiogr.) 1986; Wunderbare Welt, 1987; Mein Herz bleibt froh und munter. Leben und Dichtung von Joseph Frhr. von Eichendorff, 1987; Geschenkte Weihnachtsfreude. Geschichten und Meditationen, 1989; Weg und Ziel, 1990; Getragen bis ins Alter, 1993; Erinnerungen. Erlebnisse in Schlesien, Brasilien und anderswo, 1996.

Herausgebertätigkeit: A. Silesius, Mensch werde wesentlich (m. Einl. hg., auch Ausw.) 1976.

Ausgaben: Gesammelte Aufsätze (hg. H. Kanus-Credé) 2001 (m. Bibliogr.); Gesammelte Schriften (dass.) 2003.

Literatur: Taschenlex. zur bayer. Ggw.lit. (hg. D.-R. Moser, G. Reischl) 1986; A. Dornemann, Flucht u. Vertreibung aus den ehem. dt. Ostgebieten in Prosalit. u. Erlebnisber. seit 1945. Eine annotierte Bibliogr., 2005; C.-E. Schott, ~ (1907–1999). Theologe, Schriftst., Musiker zum 100.

Geb.tag (in: Ders., Schicksal u. Gesch. Zum Weg der evangel. Schlesier n. 1945, S. 149–152) 2010; Kulturportal West-Ost (Internet-Edition).   KK

Irmler-Lachinger, Brigitte (geb. Irmler), * 19. 11. 1947 Bad Ischl/Oberöst.; verh. m. Johann → Lachinger; Künstlerin, lebt in Ottensheim/Oberöst.; wuchs in Tauplitz/Steiermark auf, besuchte das Gymnasium in Bad Aussee/Wien, studierte Naturwiss. u. Germanistik in Wien. – Erz., Lyrik.

Schriften: Wolkenfischer. Acht Erzählungen, 1989; Die Kindheitswiese (Erzn.; hg. R. Pils) 1999.   KK

Irmscher, Claus, * 9. 5. 1939 Leipzig; verh. m. Gisela → Rein; Maschinenschlosser, Lokalpolitiker, Schriftst., lebt in Ziegenrück/Thür.; wuchs in Penig/Sa. auf, Lehre zum Maschinenschlosser, Abitur auf dem zweiten Bildungsweg, absolvierte das Lit.inst. «Johannes R. Becher» in Leipzig, Dispatcher, Dir. für Öffentlichkeitsarbeit am Theater Eisenach, zahlr. weitere berufl. Tätigkeiten, Abgeordnetenbetreuer u. ztw. Bürgermeister im Eichsfeld, 1980–90 Leiter eines «Zirkels Junger Poeten», 1986–88 Leiter des «Espero-Verlages» in Ziegenrück, seit 2007 Vors. des Landesverbands Thür. des Freien Dt. Autorenverbandes. – Erz., Dr., Hörsp., Rep., Lyrik.

Schriften: Streifzüge durch Süd-Ungarn. Reisereportage durch die Baranya im Jahre 2001 (m. G. Rein) 2002; Vom Regen in die Traufe. Wie Schraps in die Marktwirtschaft stolpert – Reime und Prosa aus dem Leben eines deutschen Michels, 2003; Meine Stimme, das Pfeifen der Maus ... Gedichte. Auswahl 1963–1985, 2004; Requiem für Erika D. (Hörsp.) 2004; Bitterer Wein (dass.) 2004; Ziegenrücker Gedichte, I, II Heimatortverräter, III Zuspruch für Arbeitslose, IV Herakles und Antäus, 2004–07; Die Vögel im Rauch oder Revolution in Sankt Planstädt (Jgdb.) 2005 (erw. Neuausg. u. d. T.: Die Vögel im Rauch. Der Streit um die Lok «Elsa». Drei Kindergeschichten, 2012); Falkenflug. Eine verlorene Jugend in der DDR. Tatsachenroman (m. G. Rein) 2008; Achtung, Ziege rückt – nicht! Satirisches über eine winzige Stadt, 2008; Gedichte, I, II Gulaschkanonen-AG, III Lied vom Ackersmann, 2009; Lyrische Triologie [sic!]. Den Opfern der Vertreibung, 2009; Durch die dänische Südsee. Zu Besuch bei Hans Christian Andersen und Bert Brecht, 2011; Abenteuer Erfurt.

Zwischen Lebenskampf und Glückssuche nach der friedlichen Revolution (m. G. Rein) 2011; Irmscher's Zeitungsschau, I 120 Limericks und 20 Karikaturen, II 120 Limericks und 14 Karikaturen, 2012/13; Eine Reise durch Burgund, 2013.

Herausgebertätigkeit: Gedächtnis und Ausblick, 2009.

Literatur: Autorenlex. Thür. Lit.rat (Internet-Edition).   KK

Irmscher, Johannes, * 14. 9. 1920 Dresden, † 23. 5. 2000 Rom; Historiker, Lit.wissenschaftler, lebte in Berlin (Ost); Sohn eines Kunstmalers, wuchs in Dresden auf u. besuchte die Kreuzschule ebd., 1938 Mitgl. der NSDAP, studierte 1939/40 klass. Philol., Byzantinistik u. Neogräzistik in Leipzig, 1940–45 Soldat im 2. Weltkrieg (davon 1941–44 in der Auslandstelegrammprüfstelle Berlin), 1945/46 Leiter der Bibl. der Kunstschaffenden in Berlin, 1946/47 wiss. Assistent an der HU ebd., 1947 Dr. phil., 1947–51 wiss. Mitarb. an der Akad. der Wiss., 1951 Habil., 1951–53 Doz. für Klass. Philol., 1953 Prof. an der HU, 1955–69 Dir. des Inst. für griech.-röm. Altertumskunde an der Akad. der Wiss., 1958–68 zudem Dir. des Inst. für Byzantinistik an der Martin-Luther-Univ. Halle/S., ab 1958 vom Ministerium für Staatssicherheit als «inoffizieller Mitarb.» geführt, 1969–85 (emeritiert) Dir. des Wiss.bereiches Griech.-röm. Kulturgesch. der Akad. der Wiss., ab 1971 Mithg. des «Lex. der Antike», Mitgl. zahlr. wiss. Gesellsch. u. Akad., Präs. der Winckelmann-Gesellsch. der DDR, Vors. des Nationalkomitees der Byzantinisten der Akad. der Wiss., starb überraschend auf der Reise zu einer wiss. Konferenz. – 1966 Vaterländ. Verdienstorden, 1985 Nationalpreis der DDR. – Literaturwiss. Fachschrift.

Schriften (Ausw.): Götterzorn bei Homer, 1950 (Diss. 1947); Praktische Einführung in das Studium der Altertumswissenschaft, 1954; Iakōbos Tribōlēs, Poiēmata (hg., übers. u. erklärt) 1956 (Habil.-Schr. 1951); Die Altertumskunde und die geistigen Probleme unserer Zeit, 1965; Der Philhellenismus in Preußen als Forschungsanliegen, 1966; Johann Joachim Winckelmann und die Altertumswissenschaft heute [...], 1968; Adolf Harnack und der Fortschritt in der Altertumswissenschaft [...], 1981; Sokrates. Versuch einer Biographie, 1982; Berlin als Mittelpunkt klassischer Bildung (hg. D. KORELL) 1989; Werner Jaeger zum 100. Geburtstag. – Über die griechische Diaspora. Zwei Vorträge [...],

1991; Die Berliner Akademie der Wissenschaften als Zentrum der Patristik. Rückblick und Bilanz, 1995; Kulturgeschichte des griechischen Volkes. Von der lateinischen Eroberung Konstantinopels (1204) bis zur Errichtung des griechischen Nationalstaates (1830), Amsterdam 1996.

Übersetzungen (Ausw.): Xenophon, Erinnerungen an Sokrates, 1955; Platon, Briefe (auch eingel.) 1960; Antike Fabeln [...], 1978.

Herausgebertätigkeit (Ausw.): Aus der Sowjetbyzantinistik. Eine Auswahl prinzipieller Beiträge, 1956; Aus der byzantinistischen Arbeit der Tschechoslowakischen Republik (m. A. Salač) 1957; Aus der byzantinistischen Arbeit der Deutschen Demokratischen Republik, 2 Bde., 1957; Aus der altertumswissenschaftlichen Arbeit Volkspolens (m. K. Kumaniecki) 1959; Probleme der neugriechischen Literatur, 4 Bde., 1959/60; Antike und Mittelalter in Bulgarien (m. V. Beševliev) 1960; Renaissance und Humanismus in Mittel- und Osteuropa. Eine Sammlung von Materialien, 2 Bde., 1962; Das Ideal der allseitig entwickelten Persönlichkeit, seine Entstehung und sozialistische Verwirklichung, 1976; Das Korpus der griechischen christlichen Schriftsteller. Historie, Gegenwart, Zukunft. Eine Aufsatzsammlung (m. K. Treu) 1977; Antikerezeption, deutsche Klassik und sozialistische Gegenwart, 1979; Der byzantinische Bilderstreit [...], 1980; Byzanz in der europäischen Staatenwelt. Eine Aufsatzsammlung (m. J. Dummer) 1983; Aristoteles als Wissenschaftstheoretiker. Eine Aufsatzsammlung (m. R. Müller) 1983; Vergil. Antike Weltliteratur in ihrer Entstehung und Nachwirkung. Eine Aufsatzsammlung, Amsterdam 1995; Die Literatur der Spätantike – polyethnisch und polyglottisch betrachtet. Eine Aufsatzsammlung, ebd. 1997.

Literatur: DBE 5,253. – J. A. DAVISON, ~, ‹Götterzorn bei Homer› (in: The Classical Rev. 2, H. 3/4, S. 240) Cambridge 1952; J. DUMMER, Bibliogr. ~ (1945–1970), 1972; Schriftst. der DDR (hg. K. BÖTTCHER) 1974; V. RIEDEL, ‹Antikerezeption, dt. Klassik u. sozialist. Ggw.› (in: Mitt. der Winckelmann-Gesellsch. 44, S. 23–36) 1980; Winckelmann in der dt. Lyrik. ~ zum 70. Geb.tag [...] (hg. V. RIEDEL) 1990; M. WILLING, Althist. Forsch. in der DDR. Eine wiss.geschichtl. Stud. zur Entwicklung der Disziplin Alte Gesch. vom Ende des 2. Weltkrieges bis zur Ggw. (1945–1989), 1991; I. STARK, Die inoffizielle Tätigkeit von ~ für die Staatssicherheit der DDR (in: Hall. Beitr. zur

Zeitgesch. 5, S. 46–71) 1998; Res venit ad triarios. Omaggio a ~ (hg. F. SALERNO) Neapel 2002; A. WACKE, Ost-West-Beziehungen rechtshist. u. altertumswiss. Fachvertreter n. dem Ende des 2. Weltkriegs. ~ (1920–2000) als geheimer Informant für den Staatssicherheitsdienst der DDR (in: Orbis Iuris Romani 9, S. 245–267) 2004; L. MERTENS, Lex. der DDR-Historiker, 2006; Wer war wer in der DDR? Ein Lex. ostdt. Biogr. (hg. H. MÜLLER-ENBERGS u. a.) Bd. 1, ⁵2010.   KK

Irnberger, Harald, * 24. 8. 1949 Wolfsberg/Kärnten, † 8. 8. 2010 (n.anderen Angaben: 7.8.) Conil de la Frontera/Andalusien; Schriftst. u. Journalist, lebte in Spanien; ab 1967 freiberufl. Journalist u. a. für die Tagesztg. «Kurier», engagierte sich im Wiener Solidaritätskomitee für die Rechte der slowen. Minderheit in Kärnten, veröff. u. a. in den Zs. «Stern», «Esquire» u. «Zeit-Magazin», bereiste als Reporter auch für das Fernsehen zahlr. Kriegs- u. Krisengebiete (u. a. Vietnam, Äthiopien, Nicaragua u. Irak), 1973–76 Chefreporter der Wiener Tagesztg. «Kurier», 1977 Gründer u. bis 1982 Chefred. der Zs. «Extrablatt», 1983–86 Chefred. der Zs. «Das Magazin», lebte 1986–90 in Nicaragua, dann in Spanien, ab 2003 Spanien-Korrespondent der Fußballzs. «Kicker». – Rep., Erz., Rom., Biogr., Kabaretttext.

Schriften: Die Terrormultis, 1976; SAVAK oder Der Folterfreund des Westens. Aus den Akten des iranischen Geheimdienstes, 1977; Sieg in deutscher Nacht. Karntna Monolog (Komm. P. ZDOVC) 1978 (Illustr. J. Boschitz); Nelkenstrauß ruft Praterstern. Am Beispiel Österreich: Funktion und Arbeitsweise geheimer Nachrichtendienste in einem neutralen Staat, 1981; I bin Österreicher, 1986 (Neuausg. 2005; Illustr. M. Unterleitner); Zentralamerika. Opfer, Akteure, Profiteure (Rep.; m. I. Seibert) 1989; Richtfest (Kriminalrom.) 1990 (2., durchges. Aufl. 1994); Freiheit von ganz nah. Reportagen aus dem Exil, 1991; Der Admiral in seinem Labyrinth. Entdeckungsreisen an die Orte des Kolumbus (m. I. Seibert) 1992; Spanien. Ein Porträt. 30 Reportagen (m. ders.) 1992; Stimmbruch (Kriminalrom.) 1994; Geil (dass.) 1995; Das Schweigen der Kurschatten (dass.) 1996; Ein Krokodil namens Wanda (dass.) 1997; Toros y Toreros. Es gibt ein Leben vor dem Tod, 2000; Cesar Luis Menotti. Ball und Gegner laufen lassen, 2000; Andalusische Arabesken, 2002; «Nuestra América». Literarische Streifzüge durch Kuba und die Karibik, 2003; Gabriel García Márquez. Die Magie der Wirklichkeit (Biogr.) 2003; Die Mannschaft ohne Eigenschaften. Fußball im Netz der Globalisierung, 2005.

Herausgebertätigkeit: Betroffensein. Texte zu Kärnten im Herbst 1980, 1980; Im Schatten der Vulkane. Zehn Jahre Zentralamerika in Reportagen, Analysen und Interviews (1977–1987) (m. L. Gabriel) 1987; Nicaragua. Menschen, Landschaften (m. I. Seibert) 1989; Brasil, Brasil. Samba, Götter, Regenwald (dass.) 1990.

Literatur: Öst. Katalog-Lex. 1,171. – Lex. der dt.sprachigen Krimiautoren (hg. A. JOCKERS, R. JAHN) ²2005 (auch Internet-Edition).   KK

Iro, Otto, * 10. 8. 1890 Eger/Böhmen (Cheb/Tschechien), † 15. 4. 1971 Vöcklabruck/Oberöst.; Musikpädagoge, Schriftst.; Sohn des Politikers u. Schriftst. Karl Iro (1861–1934), studierte Jura u. Musikwiss. in Wien, Schüler von Guido → Adler, studierte Gesang in Darmstadt u. München, 1917–52 Gesangspädagoge u. Musiktheoretiker in Wien, ab 1919 Hg. der Zs. «Stimmbildung. Bl. für Kunstgesang», 1935 Prof.-Titel, lebte ab 1952 in Weyregg am Attersee. – Fachschr., Erz., Nov., Dr., Roman.

Schriften (Fachschr. in Ausw.): Der amputierte Tenor (Nov.) 1915; Stimmmörder. Den verborgenen Künstlern, 1916; Diagnostik der Stimme, 1923; Schattenspiel. Ein phantastisches Requiem in einem Akt (nach dem altgriechischen Motiv des Lukeanos) 1924 (Musik O. Metzner); Summwinds Gloria (Rom.) 1938.

Uraufführungen: Die ominöse Ecke (Lsp.) 1914; Das Mitleid (Kom.) 1915.

Nachlass: Zerstreut; DLA; Stadtarch. Mannheim; Münchner Stadtbibl. Monacensia; Lit.arch. Sulzbach-Rosenberg.

Literatur: Schmidt, Quellenlex. 14,355. – Theater-Lex. 2,882; DBE 5,253. – P. FRANK, Kurzgefaßtes Tonkünstler-Lex. (bearb. W. ALTMANN) ¹²1926; F. JAKSCH, Lex. sudetendt. Schriftst., 1929; H. RIEMANN, Großes Musiklex. (bearb. A. EINSTEIN) ¹¹1929; Dt. Musiker-Lex. (hg. E. H. MÜLLER) 1929; A. DOLENSKÝ, Kulturní adresář ČSR, Prag 1934; G. ČERNUŠÁK, V. HELFERT, Pazdírkův hudebni slovník naučný, Brno 1937; Kleines öst. Lit.lex. (hg. H. GIEBISCH) 1948; Biogr. Lex. zur Gesch. der böhm. Länder (hg. H. STURM) Bd. 1, 1979; H. BERNSMEIER, ~, ‹Der amputierte Tenor› (in: DERS., Das Bild des Körperbehinderten in der dt.sprachigen Lit. des 19. u. 20. Jh., S. 322f.) 1980; Egerländer Biogr. Lex. (hg. J. WEI-

MANN) Bd. 1, 1985; Das neue Ullstein Lex. der Musik (hg. F. HERZFELD) 1993; K. J. KUTSCH, L. RIEMENS, Großes Sänger-Lex., Bd. 3, ³1997; Öst. Musiklex. (hg. R. FLOTZINGER) Bd. 2, 2003; Kulturportal West–Ost (Internet-Edition): Bayer. Musikerlex. (dasselbe). KK

Iro, Viktor (Ps. für Dirk Hohnsträter), * 26. 12. 1968 Melle; Kulturwissenschaftler, lebt in Berlin; studierte Germanistik an der Univ. Tübingen, Lehrauftrag an der Univ. of Notre Dame/USA, 2003 Dr. phil. an der HU Berlin, 2004–09 Dozent an der Eötvös-Loránd-Univ. in Budapest. – Erz., (Kriminal-)Rom., Fachschr., Essay.

Schriften: Ökologische Formen. Die ökologische Frage als kulturelles Problem, 2004 (Diss. 2003); Gebrauchsanweisung für Budapest und Ungarn, 2009; Tödliche Rückkehr. Kommissar Peringer ermittelt (Kriminalrom.) 2010.

Literatur: Das Syndikat. Autorengruppe dt.sprachiger Kriminallit. (Internet-Edition). KK

Ironimus → Peichl, Gustav.

Ironymus bavaricus, Hans-Wolff → Graf.

Iros, Ernst (Ps. für Julius Rosenstiel), * 24. 2. 1885 Rottweil a. Neckar, † 8. 4. 1953 Territet-Montreux/Kt. Waadt; Journalist, Filmproduzent; Sohn eines Textilkaufmanns, kaufmänn. Lehre im väterl. Geschäft, ab 1907 zudem Journalist, 1907 Prokurist im väterl. Geschäft in Rottweil, studierte in München Volkswirtschaft, ab 1915 freier Kritiker u. Journalist u. a. für die Boulevard-Ztg. «8-Uhr-Abendbl. National-Ztg.» in Berlin, Sanitätssoldat im 1. Weltkrieg, autodidakt. Studien u. Ausbildung zum Schauspieler, zudem Film-Publizist, Mitbegr. u. Red. der «Südt. Presse» in München, Korrespondent versch. Bl., Theaterkritiker, 1925–29 Mitarb. der «Münchener Lichtspielkunst AG», Dramaturg u. Produktionsleiter in München («Emelka», später «Bavaria»), 1926 Mitautor der Drehb. zu den Stummfilmen «Das Lebenslied» u. «Erinn. einer Nonne» (beide Regie A. Bergen), Doz. an der Schauspiel- u. Filmschule München, emigrierte 1935 in die Schweiz, lebte ab 1936 in Montreux, Mitautor des Drehb. zum Dialektfilm «Der doppelte Matthias u. seine Töchter» (1941, Regie S. Steiner); 1945 Gründungsmitgl. des «Schutzverbandes dt. Schriftst. in der Schweiz». – Fachschr., Skizze, Lyrik.

Schriften: Von Liebe und Leid. Gedichte und Skizzen, 1906; Neue Wege für die Frau [...], 1918; Leo Weismantel, der Dichter und Kulturpolitiker, 1929; Wesen und Dramaturgie des Films, 1939 (bearb. u. erg. Neuausg., m. Vorw. hg. M. SCHLAPPNER, 1963).

Nachlass: Dt. Exilarch., Frankfurt/Main.

Literatur: Sachsens Gelehrte, Künstler u. Schriftst. in Wort u. Bild (hg. B. VOLGER) 1908; Reichs-Kino Adreßbuch, 1931; Kleines Filmlex. (hg. C. REINERT) 1946; Glenzdorfs Internat. Film-Lex., Bd. 2, 1961; K. von KAUFFUNGEN, Ohne Maulkorb. Erlebnisse eines Nonkonformisten, 1964; W. STERNFELD, E. TIEDEMANN, Dt. Exil-Lit. 1933–1945. Eine Bio-Bibliogr., ²1970; T. PFISTER, Der Schweizer Film während des Dritten Reiches. Filmpolitik u. Spielfilmproduktion in der Schweiz von 1933 bis 1945, 1983; Julius Rosenstiel, genannt ~. Eine Dokumentation (hg. W. KESSL, A. SCHREITMÜLLER) 1984; J. WALK, Kurzbiogr. zur Gesch. der Juden 1918–1945, 1988; K. SCHULZ, Die Schweiz u. die lit. Flüchtlinge (1933–1945) 2012. KK

Irrgang, Bernhard, * 22. 8. 1953 Würzburg; Philosoph, lebt in Dresden; studierte 1973–82 Philos., Germanistik u. Indologie in Würzburg, 1982 Dr. phil. in Würzburg bei Alfred → Schöpf, studierte 1982–86 zudem kathol. Theol. u. Philos. in Passau u. München, Stipendiat des Cusanuswerkes, 1985–98 Doz. für Philos. an der Volkshochschule München, 1986–91 Assistent an der Univ. München, hielt 1988–93 interdisziplinäre Seminare am Genzentrum München, seit 1988 Mithg. der Zs. «Forum für interdisziplinäre Forsch.», 1991 Dr. theol. in Würzburg/München, 1992/92 Assistent an der Univ. Siegen, 1992/93 Lehrauftrag am Genzentrum München, seit 1993 Prof. für Technikphilos. an der TU Dresden, 1996 Habil. (Philos.) in Bamberg, Hg. von «Technikhermeneutik» u. «Dresdener Stud. zur Philos. der Technologie. – Fachschrift.

Schriften: Skepsis in der Aufklärung. Zur Rekonstruktion der Bedeutung skeptischer Argumentation und ihrer Widerlegung in Versuchen der Rechtfertigung ihres Anspruchs als «Siècle philosophique» (Diss.) 1982; Anthropozentrik und christliche Umweltethik. Ein Beitrag zur ökologisch orientierten theologischen Ethik (Diss.) 1991; Christliche Umweltethik. Eine Einführung, 1992; Lehrbuch der evolutionären Erkenntnistheorie. Evolution, Selbstorganisation, Kognition, 1993 (2., vollst. überarb. Aufl. m. dem Untert.: Thesen, Konzeptionen und Kritik, 2001); Grundriß der medizinischen Ethik, 1995; Forschungsethik, Gentechnik und neue Biotechnologie. Entwurf einer anwendungsorientierten Wissenschaftsethik unter besonderer Berücksichtigung von gentechnologischen Projekten an Pflanzen, Tieren und Mikroorganismen, 1997; Praktische Ethik aus hermeneutischer Perspektive, 1998; Technik als Geschick? Geschichtsphilosophie der Technik bei Martin Heidegger. Eine handlungstheoretische Entgegnung (m. N. A. Corona) 1999; Philosophie der Technik, I Technische Kultur. Instrumentelles Verstehen und technisches Handeln, II Technische Praxis. Gestaltungsperspektiven technischer Entwicklung, III Technischer Fortschritt. Legitimitätsprobleme innovativer Technik, 2001/02; Natur als Ressource, Konsumgesellschaft und Langzeitverantwortung. Zur Philosophie nachhaltiger Entwicklung, 2002; Humangenetik auf dem Weg in eine neue Eugenik von unten?, 2002; Von der Mendelgenetik zur synthetischen Biologie. Epistemologie der Laboratoriumspraxis Biotechnologie, 2003; Technologietransfer transkulturell. Komparative Hermeneutik von Technik in Europa, Indien und China, 2005; Technik im südlichen und östlichen Asien. Philosophisch-kulturelle Aspekte von Technikhöhe und Techniktransfer zwischen Europa, Indien und China, 2005; Posthumanes Menschsein? Künstliche Intelligenz, Cyberspace, Roboter, Cyborgs und Designer-Menschen. Anthropologie des künstlichen Menschen im 21. Jahrhundert, 2005; Einführung in die Bioethik, 2005; Technik als Macht. Versuche über politische Technologie, 2007; Hermeneutische Ethik. Pragmatisch-ethische Orientierung in technologischen Gesellschaften, 2007; Gehirn und leiblicher Geist. Phänomenologisch-hermeneutische Philosophie des Geistes, 2007; Philosophie der Technik, 2008 [nicht ident. m. gleichnamiger Schr. 2001/02]; Grundriss der Technikphilosophie. Hermeneutisch-phänomenologische Perspektiven, 2009; Der Leib des Menschen. Grundriss einer phänomenologisch-hermeneutischen Anthropologie, 2009; Von der technischen Konstruktion zum technologischen Design. Philosophische Versuche zur Theorie der Ingenieurspraxis, 2010; Homo Faber. Arbeit, technische Lebensform und menschlicher Leib, 2010; Internetethik. Philosophische Versuche zur Kommunikationskultur im Informationszeitalter, 2011;

Projektmedizin. Neue Medizin, technologie-induzierter Wertewandel und ethische Pragmatik, 2012.

Herausgebertätigkeit (außer fremdsprachigen): Kommentierte Bibliographie zum Themenfeld Natur – Mensch – Umwelt (Losebl.slg) I (m. n. e.) 1985; Interdisziplinäre Bibliographie. Analysen, Modelle, Strategien zum Themenfeld Natur, Mensch, Umwelt (m. J. Klawitter, G. Kruip) 1985; Am Ende der Neuzeit? Die Forderung eines fundamentalen Wertwandels und ihre Probleme. Arbeitsthesen [...] (m. H. M. Baumgartner) 1985; Wege aus der Umweltkrise. Dokumentation [...] (m. J. Klawitter, K. P. Seif) 1987; Künstliche Intelligenz (m. J. Klawitter) 1990; Begründung von Ethik. Beiträge zur philosophischen Ethik-Diskussion heute (m. M. Lutz-Bachmann) 1990; Nachhaltigkeit als Leitbild für Technikgestaltung (m. H. P. Böhm, H. Gebauer) 1995; Gentechnik in der Pflanzenzucht. Eine interdisziplinäre Studie (m. K. Donhauser) 2000; Technikphilosophie in Lateinamerika. Themen, Probleme und Entwicklungsperspektiven am Beginn des 21. Jahrhunderts (m. R. Maliandi) 2003; Modernität und kulturelle Identität. Konkretisierungen transkultureller Technikhermeneutik im südlichen Lateinamerika (m. S. Winter) 2007; Hermeneutische Ethik. Pragmatisch-ethische Orientierung in technologischen Gesellschaften, 2007; Gehirn und leiblicher Geist. Phänomenologisch-hermeneutische Philosophie des Geistes, 2007; Bioethik in der philosophischen Diskussion (m. T. Rentsch) 2010; «Leib» in der neueren deutschen Philosophie (dass.) 2012.

Literatur: E. GRASSI, ~. Renaissance-Philos. als Wegbereiterin neuzeitl. Naturwiss. (in: Philosoph. Lit.anzeiger 45, H. 1, S. 71) 1992; G. MILLER-KIPP, ~, ‹Lehrb. der evolutionären Erkenntnistheorie› (ebd. 47, H. 4, S. 355) 1994; ~, ‹Forsch.ethik, Gentechnik u. neue Biotechnologie› (in: Pharmazie in unserer Zeit 27, H. 3, S. 132) 1998; E. HILDT, dass. (in: Medicine, Healthcare and Philosophy 2, H. 2, S. 210f.) 1999; Die Prof. der TU Dresden 1828–2003 (bearb. D. PETSCHEL) 2003; P.-P. VERBEEK, Cyborg Intentionality. Rethinking the Phenomenology of Human–technology Relations (in: Phenomenology and the Cognitive Sciences 7. H. 3, S. 387–395) Dordrecht 2008; M. ARNOLD, Kultur u. Technik. Zur Ethik technolog. Systeme (in: Erwägen, Wissen, Ethik 21, H. 4, S. 523–525) 2010; P. BALSIGER, Kritik an ~s ‹Grundlagenreflexionen zur neuen Philos. der Wiss.› (ebd., S. 526f.); E.

BECKER, Gründe u. Hintergründe einer neuen Ethik der Wiss. (ebd., S. 527–530); T. BENKEL, Wiss. als sozialer Tatbestand. Soziolog. Anm. zur Subjektivität (in) der Forsch. (ebd., S. 530–533); S. BÖSCHEN, Welche Grundlagen – und wessen? (ebd., S. 533–535); C. BORCK, Denken im Sterilisator (ebd., S. 535–537); K. FISCHER, Elemente einer Wiss.philos. technisierter Wiss. (ebd., S. 537–540); R. HILLERBRAND, Die Wiss.theorie als Grundlage einer Ethik der Wiss. (ebd., S. 540–542); H. E. u. H. HÖRZ, Wiss.ethik u. gesellschaftl. Verantwortung (ebd., S. 542–545); T. LEIBER, Philos., Wiss.philos. u. Technikphilos. Trias mit unklaren Zuständigkeiten (ebd., S. 545–547); C. LENK, Ethik in der Wiss. Teil des Problems oder mögliche Lösung? (ebd., S. 548–550); S. LETTOW, Kontext u. Praxis. Den Zus.hang von Technik, Wiss. u. Ethik neu denken (ebd., S. 550–552); W. LIENEMANN, «Hypermoderne Technologie» u. «Ethik des Laboratoriums»? Krit. Anfragen an ~ (ebd., S. 552–555); J. MARX, Die Aufgabe der neuen Wiss.philos. Deskription oder Rekonstruktion? (ebd., S. 555–557); H. PARTHEY, Forsch.situation u. ihre Institutionalisierung als Entwicklungsform der Wiss. (ebd., S. 557–559); C. REHMANN-SUTTER, Ethik als verortete Reflexion (ebd., S. 559f.); R. SCHÄFER, Wiss.philos. u. Technoresearch (ebd., S. 560–562); M. W. SCHNELL, Die Wiss.theorie u. das implizite Wissen (ebd., S. 562–565); W. THEOBALD, Synthet. Lebewesen als «Bewahrungswissen»? (ebd., S. 565f.); A. WOYKE, ‹Technik, Ethik u. Wiss.› Einige Anm. (ebd., S. 566–569) 2010; A. K. TRIPATHI, Ethics and Aestestics of Technologies (in: AI & Society 25, H. 1, S. 5–9) London 2010; M. ZIMMERMANN-ACKLIN, ~, ‹Bioethik in der philosoph. Diskussion› (in: Ethik in der Medizin 24, H. 2, S. 173f.) 2012.   KK

Irrgang, Georg, * 31. 3. 1860 Klein-Naundorf (später zu Tauscha/Sa.), † um 1940 Dresden; Journalist, lebte in Dresden; Sohn eines königl. Hofkellermeisters, besuchte das Annengymnasium in Dresden, zunächst Bahnbeamter der königl.-sächs. Staatsbahn, studierte dann Philos. u. Lit. in Dresden u. Leipzig, ab 1890 Red. u. Schriftleiter der Ztg. «Dresdner Anzeiger», Mitarb. versch. Ztg., 1917 Vors. des Schriftst.ver. «Dresdner Presse», auch Musikkritiker. – Dr., Erz., Kritik, Lyrik.

Schriften: Pelopidas. Trauerspiel in fünf Aufzügen, 1886; Lenora. Schauspiel in fünf Aufzügen, 1886; Die Brüder. Schauspiel in einem Aufzu-

ge, 1886; Der gefährliche Vetter. Lustspiel in einem Aufzuge, 1886; In Freud und Leid (Nov.) 1887 (Schr. nicht nachweisbar); Das verschleierte Bild (Schausp.) 1887; Junge Träume (Ged.) 1887; Die Poesie des Lebens (Ged.) 1887; Künstler unter sich. Fastnachts-Festspiel, 1907; Um Stadt und Krone. Vaterländisches Festspiel zur Jahrhundertfeier der Befreiungskriege in sechs Bildern, 1913; Sängerfahrt der Dresdner Liedertafel nach Wien, Graz und Salzkammergut [...] (m. E. Thieme) 1914; Mädchenträume. Schauspiel in einem Aufzug, 1915; Kriegsdichtungen aus dem Sachsenlande 1914/1816, 1916; Die Kochkiste. Lustspiel in einem Aufzug, 1917; Karl von Kaskel. Moderne Musiker (1925). (Ferner ungedr. Libr. u. Festspiele.)

Uraufführungen: Eisen (Festsp.) 1908.

Literatur: Theater-Lex. 2,882. – A. HINRICHSEN, Das lit. Dtl., ²1891; Sachsens Gelehrte, Künstler u. Schriftst. in Wort u. Bild (hg. B. VOLGER, Bd. 1, 1907; M. GEISSLER, Führer durch die dt. Lit. des 20. Jh., 1913; N. WEISS, J. WONNEBERGER, Dichter, Denker, Literaten in Dresden aus sechs Jh., 1997.   KK

Irrgang, Walter, * 1. 10. 1954 Nürnberg; Angestellter, Unternehmer; studierte zu Beginn der 1980er-Jahre Lit.gesch., Archäologie u. Alte Gesch. in Erlangen, danach Werbetexter ebd., ztw. Inhaber einer Werbeagentur. – Fachschr., Lyrik.

Schriften: Magermilch (Ged.) 1978; Bemerkenswerte Parkanlagen in Schlesien, 1978.

Literatur: Taschenlex. zur bayer. Ggw.lit. (hg. D.-R. MOSER, G. REISCHL) 1986.   KK

Irrlitz, (Hans) Gerd, * 3. 6. 1935 Leipzig; Philosoph, lebt in Berlin; besuchte die Herder-Oberschule in Leipzig, studierte 1953–58 Psychol. u. Philos. an der Univ. Leipzig u. a. bei Ernst → Bloch, 1958/59 wiss. Assistent an der Univ. Halle/S., wurde 1959–61 zur «Bewährung» als Transportarbeiter in die Buna-Werke Schkopau/Sa.-Anhalt geschickt (offiziell «auf eigenen Wunsch» Leiter der sozialist. Bildungsstelle bei der Kreisleitung der SED der Chem. Werke Buna), 1961–71 wiss. Mitarb. der Dt. Akad. der Wiss. in Berlin (Ost), 1967 Dr. phil. ebd., 1972 Doz. am Inst. für Philos. der HU Berlin, 1976 Dr. sc. phil. (Habil.) ebd., 1983–1989 Prof. an der HU Berlin, 1989–1993 in Konstanz, 1989 gem. m. Volker → Braun u. Friedrich → Dieckmann Begr. der Zs. «Die

Woche», 1993 Neuberufung als Prof. für Philosoph. Propädeutik u. Gesch. der Philos. an der HU Berlin, 2000 emeritiert, engagierte sich für die Nietzsche-Rezeption in der DDR. – Fachschrift.

Schriften: Probleme der Dialektik des Geschichtsprozesses im Denken Rosa Luxemburgs (Diss.) 1967; Der Anspruch der Vernunft. Die klassische bürgerliche deutsche Philosophie als theoretische Quelle des Marxismus, I Kant, Fichte, Schelling, Herder, Goethe, Schiller (m. M. Buhr) 1969 (m. n. e.); Studie über den Ursprung der Moral (Habil.-Schr.) 1976; Moral und Methode. Die Struktur in Kants Moralphilosophie und die Diskursethik, 1994; Das Bild des Weges in der Philosophie. Abschiedsvorlesung [...], 2000; Kant-Handbuch. Leben und Werk, 2002 (2., überarb. u. erg. Aufl. 2010); Rechtsordnung und Ethik der Solidarität. Der Strafrechtler und Philosoph Arthur Baumgarten, 2008.

Herausgebertätigkeit: G. F. W. Hegel, Politische Schriften (m. Einl. hg.) 1970; ders., Jenaer Schriften (dass.) 1972; ders., Vorlesungen über die Geschichte der Philosophie (m. K. Gurst) 3 Bde., 1971 (2., veränd. Aufl. 1982); R. Descartes, Ausgewählte Schriften, 1980; K. Marx, F. Engels, Über Geschichte der Philosophie. Ausgewählte Texte (m. Einl. hg.) 1983; E. Mörike, Märchen vom sichern Mann, 2004 (Zeichn. M. von Schwind); W. Heise, Schriften, I Schriften 1975–1987, II Aus seinem Leben und Denken (m. E. Müller) 2013.

Literatur: G. HERZBERG, Abhängigkeit u. Verstrickung. Stud. zur DDR-Philos., 1996; DERS., Aufbruch u. Abwicklung. Neue Stud. zur Philos. in der DDR, 2000; H. P. KRÜGER, German-language Philosophy 1949–1989 and in the Future. An Interview with Dieter Henrich and ~ (in: Dt. Zs. für Philos. 51, H. 5, S. 779–804) 2004; R. HILTSCHER, Stud. zur Philos. Kants u. seines Jh. (in: Kant-Stud. Philosoph. Zs. 96, H. 2, S. 261) 2005 (u. a. zu ‹Kant-Hdb.›); A. LINDEMANN-STARK, Viel versprochen u. wenig gehalten. ~’ ‹Kant-Hdb.› (in: Lit.kritik.de, H. 2) 2004 (Internet-Edition); S. MAFFEIS, Zw. Wiss. u. Politik. Transformationen der DDR-Philos. 1945–1993, 2007; D. SEGERT, Das 41. Jahr. Eine andere Gesch. der DDR, 2008; Wer war wer in der DDR? Ein Lex. ostdt. Biogr. (hg. H. MÜLLER-ENBERGS u. a.), Bd. 1, ⁵2010.   KK

Irrmann, Ernest, * 24. 5. 1905 Straßburg, † 27. 9. 1984 ebd.; Arzt, lebte in Straßburg; 1932 Dr. med.

an der Univ. ebd., lebte u. praktizierte in Straßburg. – Fachschr., Lyrik.

Schriften: Résultats éloignés des résections d'estomac pour cancer (Diss.) Straßburg 1932; Sinngebung des Daseins (Ged.) ebd. 1979; Die Brücke (dass.) ebd. 1980.

Literatur: Neue Nachr. aus dem Elsaß (hg. A. FINCK) 1985; B. BACH, La littérature d'expression allemande de 1945 à 1980, Straßburg 1986; A. FINCK, Die dt.sprachige Ggw.lit. im Elsass, 1987; F. SARG, ~, médecin et poète (in: Almanach évangélique luthérien d'Alsace et de Lorraine NF 11) Neuwiller-lès-Saverne/Frankreich 1987; B. BACH, Bibliogr. der dt.sprachigen Ggw.lit. im Elsaß 1992.   KK

Irro, Werner, * 23. 10. 1955 Nürnberg; Lit.kritiker, Lektor, Texter, lebt in Hamburg; aufgewachsen in Böblingen, 1974 Abitur ebd., 1974–82 Stud. der allg. Lit.wiss., Philos. u. Kunstgesch. in Erlangen, Tübingen u. Hamburg, 1984 Dr. phil. an der Univ. Hamburg, freier Journalist, veröff. Beitr. u. a. in «Frankfurter Rs.» (1984–2004), «Litfass», «Die Zeit» u. im «Börsenbl. für den Dt. Buchhandel», 1987–91 Referent für Öffentlichkeitsarbeit bei der «INFO AG» in Hamburg, 1990/91 beteiligt an der «Hamburger Ausg.» der Schr. von Hans Henny → Jahnn (Werke in Einzelbdn., «Schr. zur Kunst, Lit. u. Politik», 2 Tle., hg. U. Bitz u. U. Schweikert), 1992–99 Mitarb. der «Akad. Schloss Solitude» in Stuttgart, Lektor u. Hg. ebd., 1996 u. 1998 u. a. verantwortl. für Konzept u. Red. von deren Jb., 2001–03 Lektor für dt.sprachige Lit. beim Rowohlt-Verlag in Reinbek bei Hamburg, 2004 Gründer des «Wort-Inst. Lektorat – Agentur – Text» in Hamburg, seitdem freier Lektor für Autoren u. Verlage, Texter sowie Leiter von Autorenseminaren. – Lit.kritik, Ess., Porträt, Erlebnisber., Fachschr., Sachbuch.

Schriften (außer red.): Kritik und Literatur. Zur Praxis gegenwärtiger Literaturkritik, 1986 (Diss. 1984); Mit aller Kraft. Extremsport und Abenteuer für eine humane Welt (Erlebnisber.; m. J. Franz, H. Krämer) 2005.

Herausgebertätigkeit (Ausw.): Konterbande und Camouflage. Szenen aus der Vor- und Nachgeschichte von Heinrich Heines marranischer Schreibweise (m. S. Braese) 2002; Marathon. Ein Laufbuch in 42,195 Kapiteln (m. H. Krämer, K. Zobel) 2004; Der alljährliche Wahnsinn. Die besten Satiren zum Weihnachtsfest, 2013.   VH

Irrthum, Marguerite, * 11. 2. 1888 Aspelt/Kt. Esch-sur-Alzette, † 7. 9. 1981 Luxemburg; Lehrerin; Tochter eines Schmieds, wuchs in Aspelt auf, Lehrerin in Bous/Kt. Remich u. Düdelingen/Kt. Esch-sur-Alzette. – Jugendbuch.

Schriften: Gritti und ihre Freunde, 1937.

Literatur: LAL (auch Internet-Edition). – P. NOESEN, ~ (in: DERS., Gesch. der Luxemburger Jugendlit., S. 35) 1951.   KK

Irshaid, Karin (geb. Hake), * 26. 12. 1940 Schwangau/Bayern; Lehrerin, Künstlerin, lebt in Feldafing/ebd.; wuchs in Thür. auf, studierte Malerei, Grafik u. Kunstgesch. in Münster, Hamburg u. Hannover, versch. Lehrtätigkeiten, 1974–2005 freie Künstlerin u. Museumspädagogin in Bielefeld, seitdem in Feldafing. – Erz., Künstlerb., Lyrik.

Schriften: Helle Federn auf dem Kopf. Texte und Radierungen (Künstlerb.) 1985 (Radierungen K. I.); Das Nönnchen. Ein Text, 1986 (Zeichn. K. I.); Gilda (Erz.) 1991; Das Hochzeitsessen (Erz.) 1996 (Neuausg. m. dem Untert.: Roman, 2004); Licht und Zeit (hg. S. MAJETSCHAK) 1997 (Bilder M. Baldegger); Das Bild im Spiegel der Landschaft [...], 2004; Innehalten. Feldafinger Impressionen, 2013.

Literatur: AKL (Internet-Edition); Westfäl. Autorenlex. (auch Internet-Edition.) – Lit. Atlas Nordrhein-Westf., 1992; S. BLÜMLEIN, Lesen geht durch den Magen. ~s Rom. ‹Das Hochzeitsessen› (in: Lit.kritik.de, H. 5) 2005 (Internet-Edition).   KK

Irtenkauf, Dominik, * 17. 8. 1979 Mutlangen; Schriftst., lebt in Münster; studierte bis 2006 Philol., Philos. u. Komparatistik in Münster, freier Autor u. Verlagsmitarbeiter. – Rom., Erz., Ess., Mediencollage.

Schriften: Subkultur und Subversion. Wanderer zwischen Zeichen, Zeiten und Zeilen (Ess.) 2003; Notatur für einen investigativen Journalismus. Drei Essays, 2004; Journalismus – lokal und investigativ. Zwei Aufsätze (m. I. Braune) 2004; Worträtsel. Aufgabe in Mensch und Wort, 2006; Der Teufel in der Tasche. Ein Reisebegleiter in seiner Welt (Erz.) 2006; Holmes und das Elfenfoto (Rom.) 2007; Schneezauber, 2010 (Illustr. A. Schmidt).

Herausgebertätigkeit: D. Barbakadse, Die Leidenschaft der Märtyrer, 2012 (Illustr. M. Blümel).   KK

Irving, Robert → Roboz, Emerich.

Isaac, Eduard, * 1883 Köln, † nicht ermittelt; Chemiker; Sohn eines Unternehmers, studierte Chemie an der Univ. Göttingen, 1905–07 Assistent am Inst. für. anorgan. Chemie ebd., gab die wiss. Laufbahn aufgrund der Benachteiligung jüd. Wissenschaftler auf, Teilhaber u. Leiter des väterl. Unternehmens für Schuhbedarfsartikel, im 1. Weltkrieg Experte der Kriegsrohstoffstelle in Warschau, ztw. Kuratoriumsvors. des «Iraelit. Asyls für Kranke u. Alterschwache», verkaufte 1937 m. erhebl. Verlust sein Unternehmen, emigrierte 1938 n. Palästina. – Erinnerungen.

Schriften: Aus meinem Leben, Jerusalem 1965 (Privatdruck).

Literatur: Leo Baeck Inst. New York Bibl. u. Arch., Kat. Bd. 1, Dt.sprachige jüd. Gemeinden [...] (hg. M. KREUTZBERGER, Mitarb. I. FOERG) 1970; J. WALK, Kurzbiogr. zur Gesch. der Juden 1918–1945, 1988.   KK

Isaacsohn, Eugen → Isolani, Eugen.

Isari, Andrea (Ps. für Andrea Richter), * 2. 4. 1954 Koblenz; Juristin, Journalistin, Schriftst., lebt in Frankfurt/M.; studierte Rechtswiss. in Freiburg/Br., Montpellier u. München, Volljuristin, danach Journalistenausbildung, Korrespondentin u. polit. Journalistin in Bonn, danach in Brasilien u. ab 1998 in Italien, seit 2000 freie Autorin, Mitgl. der Autorenverein. «Das Syndikat». – (Kriminal-)Roman.

Schriften: Römische Affären (Rom.) 2003; Eine Arie für die Diva. Leda Giallos neuer Fall (Rom.) 2004; Letzter Tanz am Tiber. Leda Giallos dritter Fall (Rom.) 2006; Römische Rache. Ein Leda-Giallo-Krimi, 2007; Römische Liebe. Ein Leda-Giallo-Krimi, 2009; Die Häupter der Salome. Psychothriller, 2009.

Ausgaben: Eine Arie für die Diva. Zwei Leda-Giallo-Krimis in einem Band, 2007.

Literatur: Lex. der dt.sprachigen Krimiautoren (hg. A. JOCKERS, R. JAHN) ²2005; Das Syndikat. Autorengruppe dt.sprachiger Kriminallit. (Internet-Edition).   KK

Isau, Ralf, * 1. 11. 1956 Berlin; Schriftst., lebt in Asperg bei Stuttgart; Sohn eines Elektrikers u. einer Pelznäherin, wuchs in Berlin (West) auf, 1975 Abitur, Ausbildung zum EDV-Kaufmann, Anstellungen als Organisationsprogrammierer u. EDV-Berater, wurde 1992 von Michael → Ende seinem

Verlag empfohlen, seit 2002 freier Autor, zahlr. Übers. in fremde Sprachen. – Fachschr., Kdb., Jgdb., Rom., Erz., Essay. – 1998 Buxtehuder Bulle.

Schriften: Der Drache Gertrud (Kdb.) 1994 (Bilder B. Oberdieck; Neuausg. 2000); Neschan-Trilogie, I Die Träume des Jonathan Jabbok. Ein phantastischer Roman, II Das Geheimnis des siebten Richters. Ein phantastischer Roman, III Das Lied der Befreiung Neschans. Ein phantastischer Roman, 1995/96 (Neuausg. ohne Untert. 1998; Neuausg. 2007, Illustr. C. Seeger); Das Museum der gestohlenen Erinnerungen. Ein phantastischer Roman, 1997 (Neuausg. ohne Untert. 2007); Das Echo der Flüsterer (Rom.) 1998; Das Netz der Schattenspiele. Ein phantastischer Roman, 1999 (Neuausg. ohne Untert. 2004); Der Kreis der Dämmerung, I Das Jahrhundertkind, II Der Wahrheitsfinder, III Der weiße Wanderer, IV Der unsichtbare Freund, 1999–2001 (überarb. Neuausg. 2013); Pala und die seltsame Verflüchtigung der Worte (Rom.) 2002; Der silberne Sinn (Rom.) 2003; Die unsichtbare Pyramide (Rom.) 2003; Die geheime Bibliothek des Thaddäus Tillmann Trutz (Rom.) 2003; Der Herr der Unruhe (Rom.) 2004 (Illustr. T. Dreher); Der Leuchtturm in der Wüste (Jgdb.) 2004 (Bilder K. Treuber; Ausg. in Blindenschr. 2008); Die Galerie der Lügen oder Der unachtsame Schläfer (Rom.) 2005 (Illustr. T. Dreher); Die Chroniken von Mirad, I Das gespiegelte Herz, II Der König im König, III Das Wasser von Silmao (Rom.) 2005/06; Die Dunklen (Rom.) 2007; Minik. An den Quellen der Nacht (Rom.) 2008; Der Mann, der nichts vergessen konnte. Thriller, 2008; Der Zirkel der Phantanauten, I Der Tränenpalast, II Metropoly, III Der Feuerkristall, 2008/09 (Illustr. H. Poul Dohle); Messias. Thriller, 2009; Der Schattendieb (Rom.) 2009; Der verbotene Schlüssel (Rom.) 2010; Die zerbrochene Welt, I, II Feueropfer, III Weltendämmerung, 2011/12; Das Geheimnis der versteinerten Träume (Rom.) 2011; Die Masken des Morpheus (Rom.) 2013.

Literatur: Munzinger-Archiv. – H. J. Alpers u. a., Lex. der Fantasy-Lit., 2005; P. Barrena García, Panorama actual de le literature juvenil (in: Personajes y temáticas en la literatura infantil, S. 115–126) Madrid 2006; W. Löffler, Bibl. als Motiv der fantast. Kinder- u. Jugendlit. (in: Beitr. Jugendlit. u. Medien, H. 17, S. 98–108) 2006 (u. a. zu ‹Die geheime Bibl. des Thaddäus Tillmann Trutz›).   KK

Isay, Rudolf, ★ 1. 1. 1886 Trier, † 14. 4. 1956 Bonn; Jurist; Bruder des Juristen Hermann I. (1873–1938), Cousin des Physiologen Jacques Loeb (1859–1924), des Zoologen Ernst Bresslau (1877–1935) u. des Juristen Ernst I. (1880–1843); Sohn eines Kaufmanns, studierte 1904–08 Rechtswiss. an den Univ. Heidelberg, Straßburg, Berlin u. Bonn, 1908 Dr. jur. in Bonn, Referendar in Braunfels/Hessen, 1911–33 Anwalt für Wirtschaftsrecht in Berlin, meldete sich im 1. Weltkrieg freiwillig zum Militär, eingesetzt in der Kriegsrohstoffabt. des Kriegsministeriums; n. 1933 von den Nationalsozialisten aufgrund seiner jüd. Herkunft in der Ausübung seines Berufes behindert, emigrierte 1935 vor Verabschiedung der sog. «Rassengesetze» n. Brasilien, Kaffeepflanzer ebd., kehrte 1951 n. Dtl. zurück, 1952 Honorarprof. an der Univ. Bonn, Gutachter für Wirtschafts- u. Kartellrecht. – Fachschr., Erinnerungen.

Schriften (Fachschr. in Ausw.): Der Schadensersatzanspruch des Besitzers und des Eigentümers bei Beschädigung der Sache (Diss.) 1908; Aus meinem Leben, 1960 (erw. Neuausg., m. Vorw. hg. E. Langen, Nachw. M. Ullstein, 1997).

Literatur: Hdb. Emigration II/1,552; DBE 5,254. – Beitr. zum Wirtschaftsrecht. FS für ~ [...] (hg. E. Reimer) 1956 (m. Bibliogr.); K. Ballerstedt, ~. Rede [...], 1957; D. Stern, Werke jüd. Autoren dt. Sprache. Eine Bio-Bibliogr., ³1970; J. Walk, Kurzbiogr. zur Gesch. der Juden 1918–1945, 1988; F. Gaul, Der Jurist ~ (1886–1956). Ein verantwortungsbewußter Vermittler im Spannungsfeld zw. dynam. Rechtsschöpfung, ökonom. Wandel u. techn. Fortschritt, 2005.   KK

Isbel, Ursula → Dotzler, Ursula.

Isbert, Adolf (Karl Franz), ★ 25. 8. 1858 Wiesbaden, † um 1935; Chemiker, lebte in Frankfurt/M.; Sohn eines Juristen, 1877–79 Ausbildung zum Chemieassistenten, 1880–84 Chemiker in Bad Ems u. Mannheim, studierte 1884–87 in Jena u. Bonn, 1886 Dr. phil. in Jena, Sachverständiger für Automobile, 1899 Mitbegr. u. 1920–34 Präs. eines Automobilklubs. – Fachschr., Erinnerungen.

Schriften (außer Fachschr.): 30 Jahre Auto. Persönliche Erinnerungen, 1929.

Literatur: O. Renkhoff, Nassauische Biogr., ²1992.   KK

Ischer-Bringold, Rebekka (Therese) (geb. Bringold), * 8. 10. 1845 (Ort nicht ermittelt, wahrscheinl. Bern), † 10. 12. 1916 Bern; Tochter eines Lehrers u. Evangelisten, ab 1866 verh. mit dem Architekten Alexander Rudolf I. († 1913) in Bern, n. der Geburt von neun Kindern verarmt, ab 1910 Kostgängerin im Burgerspital. – Erz., Mundart (berndeutsch).

Schriften: Bärndütschi Gschichte, 1902.

Ausgaben: Rangdewuh. Z Bärn vor hundert Jahre (hg. R. J. Ramseyer) 1991 (Zeichn. C. Ischer).

Literatur: Dt.sprachige Schriftstellerinnen in der Schweiz 1700—1945 (hg. D. Stump u. a.) 1994; B. Sowinski, Lex. dt.sprachiger Mundartautoren, 1997.   KK

Isegrim → Schmidt, Richard.

Iseke → Schricke, Bruno.

Isele, Hans, * 18. 1. 1922 Heidelberg; Mediziner, lebt in Heidelberg; Sohn eines Arztes, 1939/40 Soldat im 2. Weltkrieg, studierte 1940–45 Medizin in Berlin, Freiburg/Br. u. Heidelberg, 1947 Dr. med. an der Univ. Heidelberg, ebd. allgemeinmedizin. Praxis, 1964–92 Gemeinderat für die Freie Wählergemeinsch. ebd., 1971–2004 Lehrauftrag für allg. Medizin an der Univ. Heidelberg, 1982 Honorarprof. ebd., zudem Pianist. – Fachschr., Glosse, Lyrik.

Schriften (Fachschr. in Ausw.): Über die Berufserziehung und spätere Erwerbsmöglichkeit der Zöglinge des Landes-Krüppelheims Wielandheim Heidelberg (Diss.) 1947; Nörgeleien & Sticheleien (Scherzged.) 2006.   KK

Iselin, Ernst, * 7. 8. 1914 Weinfelden/Kt. Thurgau, † 2012 (Ort nicht ermittelt); Journalist, lebte in Sulgen/Kt. Thurgau; Pressekorrespondent. – Volkstheaterst., Erz., Hörsp., Mundart (Schweizer).

Schriften: Di modern Hushälteri. E Stückli ab em Land, 1969; Zwee Narre und ehri Freiheit, 1978; Vier Johr Zuchthuus, 1978; Ueli. Bühnenstück in drei Akten, 1978; Tina. Bühnenstück in zwei Akten, 1978; Glatti Helde. Lustspiel in zwei Akten, 1978; Spitzbuebe. Bühnenstück in zwei Akten, 1978; So en liebe Onkel. Bühnenstück in drei Akten, 1978; Pension Seeblick. Bühnenstück in drei Akten, 1978; Ein Hoch auf den falschen Wagen. Singspiel, 1978; Ordonnanz Hueber. Bühnenstück

in drei Akten, 1978; Öb's rentiert? Bühnenstück in zwei Akten, 1978; Die singende Wahrsagerin. Singspiel in einem Akt, 1978; Obedrot. Bühnenstück in zwei Akten, 1978; Liebi hüt und morn. Bühnenstück in einem Akt, 1978; Ganz per Zuefall. Bühnenstück in einem Akt, 1978; E Frau för de Noldi. Bühnenstück in zwei Akten, 1978; Do hemmer's Gschengg. Bühnenstück in zwei Akten, 1978; So eine wie du. Lustspiel in einem Akt, 1979; De neu Herr Pfarrer. Bühnenstück in einem Akt, 1979; Familie Aufundab, eine fröhliche Geschichte, 1979; De Chnopf im Nastuech. Bühnenstück in einem Akt, 1979; Churzschluss. Bühnenstück in einem Akt, 1979; Vermisst werd: Nadja. Kriminalthema i drüü Akte, 1980; Verehrer. Krimi in zwei Akten, 1980; So en liebe Onkel. Bühnenstück in drei Akten, 1980; Jetzt hät's klöpft. Lustspiel in drei Akten, 1980; Ist die Katze aus dem Haus ... Schwank in einem Akt, 1980; Hürote isch ned schwer. Schwank in zwei Akten, 1980; Hochzig im Maiebluest. Fideler Schwank in einem Akt, 1980; Gruss und Kuss von Adele. Schwank in einem Akt, 1980; Grüess us Venedig. Lustspiel in drei Akten, 1980; Firma Scheubli & Co. Fideler Schwank in einem Akt, 1980; Familie-Plaanig. Schwank in einem Akt, 1980; E Frau mue here! Lustspiel i drüü Akte, 1980; D' Erpresser. Bühnenstück in drei Akten, 1980; De Tante ehres Hüüsli. Fideler Bauernschwank in zwei Akten, 1980; De Schnupperlehrling. Lustspiel in zwei Akten, 1980; De Feldstecher. Einakter mit Humor, 1980; Alles, no kan Maa!. Lustspiel i drüü Akte, 1980; Drüü tolli Ehekandidate. Schwank in zwei Akten, 1980; Zellers schwarzi Chatz. Lustspiel in einem Akt, 1981; Wer ned beschisst ... Lustspiel in einem Akt, 1981; Schwarze Kafi zom Muetertag. Schwank in zwei Akten, 1981; Puuremetzgete. Schwank in zwei Akten, 1982; Gueti Vorsätz. Lustspiel in einem Akt, 1982; Em Vater sin Wage. Lustspiel in einem Akt, 1982; D' Fraue legged d'Hose aa. Schwank in zwei Akten, 1983; E tolli Schwiegermuetter. Schwank in einem Akt, 1984; De Traum vom Glügg. Ein fröhliches Volksstück in zwei Akten, 1985.

Literatur: B. Sowinski, Lex. dt.sprachiger Mundartautoren, 1997.   KK

Isemann, Bernd, * 19. 10. 1881 Schiltigheim/ Elsaß, † 4. 10. 1967 Gernsbach/Baden-Württ.; Schriftst., lebte in Schleißheim/Bayern; Sohn eines

Richters, wuchs in Colmar auf, seit seiner Kindheit m. Otto → Flake befreundet, studierte 1899–1905 Sprachen in München, Straßburg u. Heidelberg, veröff. ab 1902 in der von René → Schickele hg. Zs. «Der Stürmer», Mitgl. der lit. Bewegung «Jüngstes Elsaß» um Ernst → Stadler, Hans → Koch, Hermann → Wendel u. a., 1904 m. seinem Freund Waldemar → Bonsels u. Hans → Brandenburg Begr. des «E. W. Bonsels u. Co. Verlages» in München (1914 aufgelöst), 1905–15 freier Schriftst. in Schleißheim bei München, veröff. u. a. in der Zs. «Pan», griff 1913 Thomas → Mann an u. löste eine Kontroverse um dessen Erz. «Der Tod in Venedig» aus, für militäruntaugl. erklärt, 1915–18 Lehrer in Schondorf am Ammersee, 1918–21 Leiter eines Bildungsinst. in Kirchheim unter Teck, 1921–38 Privatlehrer u. Schriftst. in Schleißheim, 1938–50 Lehrer in Reichersbeuern/Bayern, 1950–67 Privatlehrer für schwererziehbare Kinder u. freier Schriftst. in Schleißheim, wurde zuletzt in Gernsbach von seiner Schwester gepflegt. – 1966 Erwin-von-Steinbach-Preis. – Rom., Erz., Nov., Dr., Ess., Kritik, Lyrik, Übers. (aus dem Griechischen).

Schriften: Statuen einer Jugend, 1905; Doppelstimmen, 1907; Die Mitternacht. Ein Weihnachtsspiel, 1908; Im Zwielicht der Liebe. Eine Novelle, 1910; Die Reise um das Herz. Neue Gedichte, 1912; Thomas Mann und der Tod in Venedig. Eine kritische Abwehr, 1913; Lothringer Novellen, 1913; Der Musikantenstrauch. Märchenerzählungen, 1914 (Zeichn. M. Schwerdtfeger); Maria im Tempel (Novn.) 1914; Nala und Re. Eine Ameisenfreundschaft (Rom.) 1920; Heimliche Briefe (Nov.) 1920; Jean-Philipps Erbe. Ein Lothringer Roman, 1920; Klothilde. Die Geschichte einer Entführung, 1921 (Neuausg. m. dem Untert.: Erzählung aus elsässischer Vergangenheit; Nachw. B. I., 1943); Lieder für ein Brautpaar – Schwäbische Idylle – Thymian-Lieder, 1921 (Scherenschnitte M. Jutz); Die Lederkappen. Eine Räubergeschichte aus Großväterszeit, 1921; Christus. Ein Mysterienspiel in drei Teilen. Die Mitternacht – Christus auferstanden – Der Triumph, 1922; Ungewollt. Ein Kinder-Schicksal, 1922; Zeitgarbe. Neue Gedichte, 1923; Die Kehrseite der Medaille. Aus einer elsässischen Familien-Geschichte, 1923; Das weiße Haus. Novelle aus den Hochvogesen, 1926; Mein Garten. Ein Buch der Lebensfreude und der Naturliebe, 1927 (Neuausg. u. d. T.: Hinter der Gartentür. Eine Romanidylle, 1938); Das

Vogelparadies. Märchenerzählung (Vorw. F. DENK) 1933; Gehöft in den Vogesen. Romanhafte Geschichten, 1941; Das härtere Eisen. Herzog Georg Hans Pfalzgraf von Lützelstein (Rom.) 2 Bde., 1942 (gek. einbändige Ausg. u. d. T.: Herzog Georg Hans Pfalzgraf von Lützelstein, 1942; Neuausg. u. d. T.: Der Pfalzgraf von Lützelstein. Ein historischer Roman, 1952); Die Ameisenstadt. Ein Tier-Roman, 1943; Die Gerbermühle. Ein Roman um Goethe, 1956; Im Paradies, 1966; Das dichterische Opfer (Ged.) 1966.

Übersetzungen: Achilleis. Homers Ur-Ilias. In sieben Gesängen, 1941.

Nachlass: Lit.arch. der Bibl. Monacensia, StB München; DLA; Heinrich-Heine-Inst., Düsseldorf. – F. SCHMITTER, Neuzugänge im Lit.arch. der Monacensia (in: Jb. der Freunde der Monacensia 2, S. 63–65) 2010.

Literatur: Schmidt, Quellenlex. 14,358. – Theater-Lex. 2,882; Killy 6,49; GBE 2,939; DBE 5,255; Killy ²6,59. – O. BRÜLL, Eine Schmähschr. gg. Thomas Mann (in: Merker 5, S. 945–953) 1913 (zu ‹Thomas Mann u. Der Tod in Venedig›; F. M. HUEBNER, Der Fall ~ (in: Der Sturm 4, H. 174/175, S. 87) 1913 (dass.); M. GEISSLER, Führer durch die dt. Lit. des 20. Jh., 1913; A. PACHE, Verschiedenes (in: Die schöne Lit. Beilage zum lit. Zentralbl. für Dtl. 15, H. 6, S. 116–121) 1914 (zu ‹Thomas Mann u. Der Tod in Venedig›); O. MERKL, ~ (in: Die Neue Lit. 43, H. 8/9, S. 56–59) 1942; K. SCHILLING, ~, ‹Orion› (in: Ged. u. Gedanke. Auslegungen dt. Ged., hg. H. O. BURGER, S. 335–345) 1942; K. A. KUTZBACH, Autorenlex. der Ggw., 1950; V. FORSTER, Das elsäss. Kultur-Problem im dt. Schrifttum des Elsasses von 1900–1918. «Jüngstes Elsass» (Diss. München) 1951; ~, ‹Hinter der Gartentür›, ‹Klothilde. Die Gesch. einer Entführung›, ‹Die Lederkappen›, ‹Nala u. Re› (in: Der Rom.führer [...] IV, hg. J. BEER) 1953; O. FLAKE, Es wird Abend. Ber. aus einem langen Leben, 1960; Heimatgesichte. Festgabe zum 80. Geb.tag des Dichters am 19. 10. 1961, 1961; Ber. über die vierte Verleihung des Erwin-v.-Steinbach-Preises an ~ (in: Stud. der Erwin-v.-Steinbach-Stiftung 2, S. 231–242) 1968; G. MARTENS, Stürmer in Rosen. Zum Kunstprogr. einer Straßburger Dichtergruppe um die Jh.wende (in: Fin de Siècle. Zu Lit. u. Kunst der Jh.wende, hg. R. BAUER u. a., S. 481–507) 1977; G. SEITZ, Film als Rezeptionsform von Lit. Zum Problem der Verfilmung von Thomas Manns Erzn. «Tonio Kröger», «Wälsungenblut» u. «Der Tod in Venedig», 1979; D. SLARK, ~ (in: DERS., Lit. Kaleidoskop, S. 20–24) 1982; A. BLEIKASTEN, Premières publications d'arp en Alsace (in: Arp, poète, plasticien, hg. DIES., S. 33–64) Paris 1987; T. DIETZEL, H.-O. HÜGEL, Dt. lit. Zs. 1880–1945. Ein Repetitorium, 1988; A. KLOTZ, Kinder- u. Jugendlit. in Dtl. 1840–1950. Gesamtverz. [...], Bd. 2, 1992; R. PARR, Das Jüngste Elsaß/Der Stürmerkreis (in: Hdb. lit.-kultureller Ver., Gruppen u. Bünde 1825–1933 (hg. W. WÜLFING, S. 207–218) 1998; ~, ‹Das härtere Eisen› (in: Der Rom.führer [...] 35, hg. H.-C. PLESSKE) 2000; J. STEINHAUSSEN, «Aristokraten aus Not» u. ihre «Philos. der zu hoch hängenden Trauben». Nietzsche-Rezeption u. lit. Produktion von Homosexuellen in den ersten Jahrzehnten des 20. Jh. Thomas Mann [...], 2001; E. SHOOKMAN, A Novella and Its Critics, Rochester/NC 2003; G. JOHST, Ein Fenster zum Kosmos. Erlebtes – Erfahrenes – Erhaltenes, 2005; R. GRAF, Die Zukunft der Weimarer Republik. Krisen u. Zukunftsaneignungen in Dtl. 1918–1933, 2008 (u. a. zu ‹Das Neue›); Lit.portal Bayern (Internet-Edition).   KK

Isen, Hinnik → Schmidt, Wilhelm.

Isenbeck, Elsbeth (Ps. für Elsbeth Marianne Dorothea Koeber-Isenbeck; geb. Isenbeck; verwitwete Bigge), * 17. 12. 1893 Hamm/Westf., † 30. 8. 1981; Schriftstellerin, lebte in Murnau/Obb.; besuchte die Schule in Weimar, dann in Ilfracombe/England, studierte an der Univ. Lausanne/Schweiz, später freie Schriftst. in Murnau. – Erz., Rom., Nov., Dr., Hörsp., Plaud., Lyrik, Übers. (aus dem Engl. u. Französischen).

Schriften: Marei. Die Geschichte einer Liebe, 1940 (Neuausg. 1950); Die Sengalitschews (Rom.) 1942; Das verlorene Tal (Novn.) 1943 (Schr. nicht nachweisbar); Arabesken um Innsbruck und Ambras (Reiseber.) 1945 (Scherenschnitte U. von Freyberg).   KK

Isenbörger, Ina (Ps. Pauline Prowe; auch Ina Prowe-Isenbörger), * 12. 2. 1921 Düsseldorf; Kunsthistorikerin, lebt in Düsseldorf; Tochter eines Lehrers, besuchte bis 1940 die Auguste-Viktoria-Oberschule in Düsseldorf, studierte 1940–1947 Kunstgesch. in Bonn u. Würzburg. 1947 Dr. Phil. in Bonn bei Heinrich → Lützeler. – Erz., Ess., Jgdb., Fachschr., Porträt, Hör- u. Fernsehspiel.

Schriften: Sturm und Drang in der bildenden Kunst (Diss.) 1949; So war es in Olympia (Jgdb.) 1960 (Illustr. A. Oehlen; Ausg. in Blindenschr. 1972); Dome, Burgen, Bürgerhäuser (Jgdb.) 1962 (Zeichn. ders. u. A. Detsch); Deutsche Juden (lit. Porträts) 1962; Die Erde ist rund. Die abenteuerliche Geschichte der Landkarte (Jgdb.) 1963; Die neben dir. Ein Buch für junge Menschen, 1964 (Zeichn. H. Niemeyer); Dolce Vita sagt Raffaelino. Junge Menschen lernen die Gemeinschaft und sich selbst kennen, 1967; V. G. Andriananjason, Im Lande der Malagasy. 500 Jahre Sitten und Gebräuche in Madagaskar (Bearb.) 1969.

Herausgebertätigkeit: Mut zur Tat. Ein Buch für junge Menschen (m. C. Corner) 1966 (Illustr. H. Rastorfer).

Literatur: ~, 1983 (= Dokumentation Düsseldorfer Autoren, Bd. 29).   KK

Isenhöfer, Klaus, * 23. 3. 1916 Düsseldorf; Fabrikant, lebt in Meerbusch. – Bühnenst., Plaud., Essay.

Schriften: Düsseldorf für Anfänger. Und etwas von den Anfängen, ein bißchen auch für Eingeweihte und solche, die zufällig hier geboren sind, 1966 (Zeichn. H. Edelmann); Drei Töchter sind viel Weiberei. Stärkung für gern geplagte Väter, 1969 (Illustr. G. Grimm); Die Zeit von gestern und die Tage von morgen (Kalenderb.) 1979; Die schönen Tage in ... sind nun vorüber (dass.) 1980 (Illustr. W. Schäfer).   KK

Isenkrahe, Kaspar (eig. Mathias Caspar Hubert I.), * 12. 5. 1844 Müntz (später zu Titz/Nordrhein-Westf.), † 12. 8. 1921 Trier; Mathematiker, Physiker, Philosoph, lebte in Trier; wuchs als Halbwaise auf, besuchte bis 1863 das Königl. Gymnasium in Bonn, studierte 1863–68 u. a. Zoologie, Philos., Physik u. Mathematik an der Univ. Bonn, 1866 Dr. phil. ebd., 1869–82 Gymnasiallehrer in Bonn u. Krefeld, scheiterte 1883 m. einer Habil.-Schr., 1883–93 Lehrer am Realgymnasium in Bonn, 1893–1911 Gymnasialprof. in Trier. – Fachschr., Ess., Traktat.

Schriften (Ausw.): Isaac Newton und die Gegner seiner Gravitationstheorie unter den modernen Naturphilosophen, 1878; Das Rätsel von der Schwerkraft. Kritik der bisherigen Lösungen des Gravitationsproblems und Versuch einer neuen auf rein mechanischer Grundlage, 1879; Idealismus

und Realismus. Eine erkenntnistheoretische Studie zur Begründung des letzteren, 1883; Ueber Begriffe und Grundsätze, die beim kosmologischen
Beweise als bekannt und selbstverständlich voraus-
gesetzt werden, 1909; Energie, Entropie, Weltan-
fang, Weltende, 1910 (Reprint 2013); Neapolita-
nische Blutwunder, 1912; Über die Grundlegung
einen bündigen kosmologischen Gottesbeweises,
1915; Das Endliche und das Unendliche. Schärfung
beider Begriffe, Erörterung vielfacher Streitfragen
und Beweisführungen, in denen sie Verwendung
finden, 1915; Zum Problem der Evidenz. Was be-
deutet, was leistet sie?, 1917; Experimental-Theo-
logie. Behandelt vom Standpunkt eines Naturfor-
schers, 1919 (2., umgearb. u. erw. Aufl. 1922; Reprint 2008); Zur Elementaranalyse der Relativi-
tätstheorie. Einleitung und Vorstufen, 1921 (Reprint 2007); Untersuchungen über das Endliche
und das Unendliche mit Ausblicken auf die philosophische Apologetik, I Drei Einzelabhandlungen
über Fragen aus dem Grenzgebiet zwischen Mathematik, Natur- und Glaubenslehre, II Die Lehre des heiligen Thomas vom Unendlichen, ihre
Auslegung durch Prof. Langenberg und ihr Verhältnis zur neuzeitlichen Mathematik, III Briefwechsel zwischen Prof. Dr. Sawicki-Pelplin und
Prof. Dr. I.-Trier über eine Unendlichkeitsfrage,
die für den apologetischen Entropiebeweis grund-
legend ist, 1920; Waffen der Apologetik und ihre Handhabung, I Der Apologet als Pädagoge, II
Geysers Philosophie im Dienste der Apologetik,
III Zur Elementaranalyse des kosmologischen Gottesbeweises (hg. J. Schippenkötter) 1922.

Nachlass: StB u. Stadtarch. Trier; Bistumsarch.
Trier. – Mommsen 1,1886; Denecke-Brandis 175;
Hss.bestände 467. – Bundesarch., Zentrale Daten-
bank Nachl. (Internet-Edition).

Literatur: BEdP 194. – A. M. Bock, Die Theorie von ~ in ihrer Anwendung auf die Anziehung
u. Bewegung der Himmelskörper (Diss. München)
1891; J. B. Shaw, ~, ‹Unters. über das Endl. u. das
Unendl.› (in: Bull. of the American Mathemati-
cal Society 28, H. 7, S. 367) 1922; W. A. Miller, ~-Bibliogr., ³1927; L. Neidhart, Unendlichkeit im Schnittpunkt von Mathematik u. Theol.
(Diss. Augsburg) 2007; H. Kragh, Entropic Creation. Religious Contexts of Thermodynamics and
Cosmology, Aldershot/England 2008.　　　　KK

Isenstein, (Kurt) Harald, ＊ 13. 8. 1898 Hannover,
† 3. 2. 1980 Kopenhagen; Bildhauer, Grafiker, leb-

te in Kopenhagen; wuchs in Berlin auf, studierte
an der Kunstakad. Berlin, ab 1917 eigene Ausst.,
1917–19 Soldat im 1. Weltkrieg, 1921–25 Lehrer an
der Reimann-Kunstschule in Berlin, 1925 Mitbegr. der Volks-Kunstschule ebd., lebte in Mahlow
(später zu Blankenfelde-Mahlow), schuf Porträt-
büsten zahlr. Schriftst., Wissenschaftler, Schausp.
u. Politiker, 1933 ztw. verhaftet, emigrierte 1934
n. Dänemark, 1941 n. Schweden, dort freischaffender Künstler u. Musikpädagoge, lebte ab 1946
wieder in Kopenhagen, gründete ebd. eine Kunst-
u. Kunstgewerbeschule n. dem Vorbild der Rei-
mann-Schule, 1947 dän. Staatsbürgerschaft, trat in
den 1960er-Jahren in Fernseh-Kindersendungen
als Kunstpädagoge auf; sein in den 1920er-Jahren
in Mahlow erbautes Wohn- u. Atelierhaus wurde n. 1963 für ein freies Schussfeld an der Berliner
Mauer abgerissen. – Fachschr., Künstlerbiografie.
– H.-I.-Slg. in Korsør/Dänemark.

Schriften (fremdsprachige in Ausw.): Die Stüb-
benburg, 1929; Käthe Kollwitz, Kopenhagen 1949
(dän.); Leg med ler, Kopenhagen 1955 (dän.); ABC
des Modellierens, 1962; Spielen und Formen mit
Ton, 1964; Musiktegninger, Kopenhagen 1966 (dä-
nisch).

Nachlass: Arch. der Akad. der Künste, Berlin.
– Bundesarch., Zentrale Datenbank Nachl. (Internet-Edition).

Literatur: AKL (Internet-Edition). – H. Mayer,
Der Bildhauer ~ (in: Menorah. Jüd. Familienbl.
für Wiss., Kunst u. Lit. 6, H. 3, S. 158f.) 1928;
S. Rindholt, ~. Skulptur, maleri, grafik, Kopenhagen 1938 (dän.); ~. 15.–27. september 1938
(Kat.), Oslo 1948 (norweg.); H. Vollmer, Allg.
Lex. der bildenden Künstler des 20. Jh., Bd. 2,
1955; H. Müssener, Exil in Schweden. Polit.
u. kulturelle Emigration n. 1933, 1974; ~ 28.9.–
2.11.1979. Zeichn., Künstlerportraits u. Szenen-
ausschnitte aus dem Berliner Theaterleben [...]
(Kat.) 1979; J. Walk, Kurzbiogr. zur Gesch. der
Juden 1918–1945, 1988; D. Lorenz, Der Bildhauer von Mahlow. Zur Lebensgesch. ~s (in: Heimat-
jb. für den Landkr. Teltow-Fläming 11, S. 36–40)
2004; S. Kuhfuss-Wickenheiser, Die Reimann-
Schule in Berlin u. London 1902–1943. Ein jüd.
Unternehmen zur Kunst- u. Designausbildung internat. Prägung bis zur Vernichtung durch das Hit-
lerregime, 2009.　　　　　　　　　　　　　KK

Iser, Dorothea, ＊ 18. 7. 1946 Elbingerode/Prov.
Sachsen (später zu Oberharz am Brocken/Sa.-

Anhalt); verh. m. Walter → I.; Erzieherin, Schriftst., lebt in Niegripp bei Burg/Sa.-Anhalt; wuchs in den Harzdörfern Sophienhof u. Rothesütte auf, studierte bis 1967 Pädagogik in Weimar, Erzieherin in einem Jugendwerkhof für sozial Gefährdete in Burg/Bez. Magdeburg, Mitgl. in einem von Heinz → Kruschel geleiteten «Zirkel schreibender Arbeiter», 1975–78 Fernstudium am Lit.inst. «Johannes R. Becher» in Leipzig, seit 1980 freiberufl. Schriftst., 1990 Mitbegr. u. bis 2000 Geschäftsführerin des «Friedrich-Bödecker-Kr. Sa.-Anhalt», 1990 Begr. des Leseförderver. «Pelikan in Sa.-Anhalt», Mitgl. im P.E.N. u. der Künstlerverein. «Die Kogge», 2003 Begr. u. bis 2010 Leiterin des «Dorise-Verlages» in Niegripp, seit 2010 ebd. Lektorin. – Rom., Erz., Jgdb., Kdb., Fachschr., Kinderhörsp., Lyrik.

Schriften: Wolkenberge tragen nicht (Rom.) 1979 (bearb. u. gek. Tb.ausg. 1984); Lea (Rom.) 1983; Neuzugang (Jgdb.) 1985; Besuchszeit (Jgdb.) 1991 (Illustr. B. Schumann); Pink ohne Ende (Erzn.) 1998 (Zeichn. P.-N. Mehler); Der dicke Dieter (Kdb.) 2001 (Neuausg. m. dem Untert.: Oder wie Felix eine ganze Stadt durcheinander bringt, 2005, Zeichn. Amalia I.; 3., überarb. Aufl. 2006); Behandeln ist das eine, dem Menschen begegnen etwas anderes. 100 Jahre Psychiatrie in Jerichow, 2002; Schon morgen ist alles anders (Fotob.) 2003 (Fotos E. Heinemann); Wasser ist wieder blau. Reise durch das Jahr und andere Ungereimtheiten (dass.) 2004 (dass.); Glücksfall. Geschichten – Gedichte – Gedanken, 2005; Alte Liebe. Gedanken, Impressionen und Emotionen zur Pflege (m. M. Waselewski) 2005 (dass.); Versuch einer Ordnung (hg. H. Korall) 2005 (= Hallesche Autorenh. 38); Zu zweit. Eine lyrische Reise durch das Jahr (m. Walter I.) 2006; Eigensinnig (Ged.) 2006 (Illustr. R. Stauf); Wenn eine Schneeflocke weint. Eine unglaubliche Weihnachtsgeschichte (Kdb.) 2008 (Zeichn. M. Olm); Simsalabims oder Der Vogel mit der grünen Feder (Kdb.) 2008 (dass.); Kein Gott in der Nähe (Rom.), I Die Glücksfrau, II Sonntagskinder, 2008–2011 (Illustr. U. Schmieder); Mein Ohr ist nicht heiser (m. C. Glöckner, J. Müller) 2009; Sonntagskind, 2010 (Fotos R. Stauf); Denkzettel, 2010 (dass.); Sand in der Hand, 2010 (Fotos Walter I., I. Olm); Saitensprung. Domino-Erzählungen (Jgdb.) 2010 (Illustr. M. Olm); Stress im Gutshaus (Kdb.) 2011 (dass.); Wenn Pferde fliegen, 2011 (Illustr. E. Holley); Limericks und andere Dummhei-

ten (m. M. Krüger) 2012 (Karikaturen U. Schmieder).

Herausgebertätigkeit: Querbeet. Das Sachsen-Anhalt-Lesebuch (m. H. Kruschel) 1993; Inter-Lese-Buch Sachsen-Anhalt (dass.), I Schwarze Kolibris, II Die kleine Europa, III Immer wieder Ikarus, IV Auf dem Rücken der Schwalben, V Und morgen reden wir weiter. Autoren aus fünf Ländern erzählen, 1994–99; Fluchtwege. Jerichower Tagebuch (dass.) 1997; Einmal Kolumbus sein. Texte und Zeichnungen von Schülern aus Sachsen-Anhalt (m. dems. u. J. Jankofsky); Kinder, Kaiser & Klamotten. Texte und Zeichnungen von Schülern aus Sachsen-Anhalt (dass.) 1998; Versuchungen ... und kein bißchen Angst vor einflußreichen Männern (m. C. Seidel) 1999 (Zeichn. R. Bühler); Verrückt nach Leben. Jerichower AusLese (m. C. Glöckner) 1999 (Zeichn. P. Cockhead); Anders sind wir alle, 2001; Herz über Kopf. Jerichower AusLese (Red.) 2005 (Fotos E. Heinemann); Weiß blüht Mohn in der Dämmerung. Jerichower Aus-Lese. Prosa und Lyrik von 77 Autoren (m. G. Hartmann) 2012.

Literatur: Schmidt, Quellenlex. 14,358. – F. Albrecht, ~, ‹Wolkenberge tragen nicht› (in: WB 26, H. 7, S. 116–123) 1980; C. Ludwig, dass. (in: Ich schreibe [Leipzig] 21, H. 4, S. 93) 1980; Bestandsaufnahme 2. Debütanten 1976–1980 (hg. B. Böttcher) 1981; K. Langer, ~, ‹Lea› (in: Ich schreibe [Leipzig] 26, H. 3, S. 83) 1985; Von der Möglichkeit, sich aus der Nähe wahrzunehmen. Dt. Kinder- u. Jugendbuchautoren aus Ost u. West (hg. H. Hoffmann, R. Zitzelsperger) 1992; Autorenbegegnungen. 50 Jahre Leseförderung durch den Friedrich-Bödecker-Kr., 2004; P.E.N. Zentrum Dtl. Autorenlex. 2009/2010 (Red. J. Wonneberger) 2009; 2012.   KK

Iser, Walter, *14. 1. 1940 Reichenberg (Liberec/Tschechien); verh. m. Dorothea → I.; Glaser, Erzieher, Schriftst., lebt in Niegripp bei Burg/Sa.-Anhalt; 1954–57 Berufsausbildung zum Glaser in Werder/Havel, 1957–64 Glaser in der «Produktionsgenossenschaft Neues Heim» in Welzow/Brandenb., besuchte berufsbegleitend 1960–62 die Volkshochschule ebd., dann Grundwehrdienst, studierte 1964–67 Pädagogik in Weimar, Erzieher in einem Jugendwerkhof für sozial Gefährdete in Burg/Bez. Magdeburg, studierte 1982–84 Pädagogik an der HU Berlin, 1984–99 Pädagoge in Einrichtungen der Jugendhilfe, bis 2010 Leiter des «Dorise-Verlages» in Niegripp. – Erz., Reiseber., Lyrik.

Schriften: Radwanderungen. Radwandern von Burg aus in die Umgebung. Wegbeschreibungen, Geschichte, Bilder und Gedichte, I (m. W. Post), II (m. Dorothea I.) 2006–12; Zu zweit. Eine lyrische Reise durch das Jahr (m. Dorothea I.) 2006.   KK

Iser, Wolfgang, * 22. 7. 1926 Marienberg/Sa., † 24. I. 2007 Konstanz; Literaturwissenschaftler; Sohn eines Kaufmanns, 1944/45 Soldat im 2. Weltkrieg u. in Kriegsgefangenschaft, studierte 1946–50 Anglistik, Philos. u. Germanistik an den Univ. Leipzig, Tübingen u. Heidelberg, 1952 Dr. phil. in Heidelberg, 1951–53 Lehrer für Engl. ebd., 1952–55 Lektor in Glasgow/Schottland, 1955–60 wiss. Assistent u. Privatdoz. an der Univ. Heidelberg, 1957 Habil. ebd., 1960–63 o. Prof. in Würzburg, 1963–67 in Köln, 1963–94 Hg. von «Theorie u. Gesch. der Lit. u. der Schönen Künste», 1967–72 Mitgl. des Gründungsrates der Univ. Bielefeld, 1967–91 (emeritiert) Prof. für Anglistik u. allg. Lit.wiss. an der Univ. Konstanz, zahlr. Lehrtätigkeiten in den USA, in Kanada u. Holland, ständiger Gastprof. an der Univ. of California in Irvine/CA, Hg. der Zs. «Poetik u. Hermeneutik», Mitgl. der Heidelberger Akad. der Wissenschaften. – 2000 Werner-Heisenberg-Medaille, 2003 Dr. h. c. der Univ. Siegen, Goldene Medaille der Karlsuniv. Prag. – Ess., Fachschrift.

Schriften (Ausw.): Die Weltanschauung Henry Fieldings, 1952 (Diss. 1950); Walter Pater. Die Autonomie des Ästhetischen, 1960 (Habil.-Schr. 1957); Spensers Arkadien. Fiktion und Geschichte in der englischen Renaissance [...], 1970; Die Appellstruktur der Texte. Unbestimmtheit als Wirkungsbedingung literarischer Prosa, 1970; Der implizite Leser. Kommunikationsformen des Romans von Bunyan bis Becket, 1972; Der Akt des Lesens. Theorie ästhetischer Wirkung, 1976 (2., durchges. u. verb. Aufl. 1984); Die Artistik des Mißlingens. Ersticktes Lachen im Theater Becketts, 1979; Das Literaturverständnis zwischen Geschichte und Zukunft, 1981; Laurence Sternes «Tristram Shandy». Inszenierte Subjektivität, 1987; Shakespeares Historien. Genesis und Geltung, 1988; Prospecting. From Reader Response to Literary Anthropology, London 1989; Fingieren als anthropologische Dimension der Literatur, 1990; Theorie der Literatur. Eine Zeitperspektive, 1991; Das Fiktive und das Imaginäre. Perspektiven literarischer Anthro-pologie, 1991; Von der dementierten zur zerspielten Form des Erzählens, 1993; Spielstrukturen in Shakespeares Komödien. «Sommernachtstraum» – «Was ihr wollt» [...], 1993; Das Großbritannien-Zentrum in kulturwissenschaftlicher Sicht [...] (Vortr.) 1995; Kultur. Ein Rückkoppelungsprozeß, 2000.

Herausgebertätigkeit: Britannica. Festschrift für Hermann M. Flasdieck (m. H. Schabram) 1960; Immanente Ästhetik, ästhetische Reflexion. Lyrik als Paradigma der Moderne [...], 1966; Dargestellte Geschichte in der europäischen Literatur des 19. Jahrhunderts (m. F. Schalk) 1970; Henry Fielding und der englische Roman des 18. Jahrhunderts, 1972; Theorien der Kunst (m. D. Henrich) 1982; Funktionen des Fiktiven (dass.) 1983.

Ausgaben: Emergenz. Nachgelassene und verstreut publizierte Essays (Vorw. H. U. Gumbrecht, Nachw. A. Assmann) 2013.

Nachlass: DLA; «~ Papers» in der Bibl. der Univ. of California, Irvine/CA. – M. Lepper, Ausfüllung u. Unausschöpflichkeit. Zum Nachl. von ~ (in: Zs. für Germanistik 18, H. I, S. 219–224) 2008.

LITERATURÜBERSICHT:

1 Bibliografien

2 Lexika und Nachschlagewerke

3 Allgemein zu Leben und Werk

3.1 Selbstständig Erschienenes

3.2 Unselbstständig Erschienenes

4 Zu einzelnen Schriften

4.1 Der Akt des Lesens

4.2 Die Appellstruktur der Texte

4.3 Funktionen des Fiktiven

4.4 Immanente Ästhetik

4.5 Der implizite Leser

4.6 Laurence Sternes Tristram Shandy

4.7 Prospecting. From Reader Response to Literary Anthropology

4.8 Shakespeares Historien

4.9 Walter Pater

4.10 Die Weltanschauung Henry Fieldings

4.11 Zu weiteren Schriften

1 Bibliografien: Schmidt, Quellenlex. 14,359. – The Publications of ~ (in: Comparative Critical Stud. 1, H. 1/2, S. 150–168) Edinburgh 2004; B. de Bruyn, ~. A Bibliogr. (in: ders., ~. A Companion, S. 259–262) Berlin 2012.

2 *Lexika und Nachschlagewerke:* DBE 11,41. – Contemporary Authors. A Bio-Bibliographical Guide to Current Authors and Their Works (hg. C. R. Fadool) Bd. 57–60, Detroit/MI 1976; Thinkers of the Twentieth Century. A Biographical, Bibliographical and Critical Dictionary (hg. E. Devine u. a.) London ²1987; J. A. D. Liebman, ~ (in: Critical Survey of Literary Theory, Bd. 2, hg. F. N. Magill, S. 731–737) Pasadena/CA 1987; D. Lodge, ~ (in: Modern Criticism and Theory. A Reader, hg. ders., S. 211) London 1988; The Art of the Critic. Literary Theory and Criticism from the Greeks to the Present, hg. H. Bloom, Bd. 10, New York 1990; Lex. lit.theoret. Werke (hg. R. G. Renner, E. Habekost) 1995; A Dictionary of Cultural and Critical Theory (hg. M. Payne) Cambridge/MA 1996; H. Pieters, ~ (in: Dictionary of Literary Biography. Twentieth-Century European Cultural Theorists, S. 221–225) Detroit 2001.

3 *Allgemein zu Leben und Werk:*

3.1 *Selbstständig Erschienenes:* New Perspectives in German Literary Criticism (hg. R. E. Amacher, V. Lange) 1979; H. Aust, Lesen. Überlegungen zum sprachl. Verstehen, 1983; R. C. Holub, Reception Theory. A Critical Introduction, New York 1984; W. Ray, Literary Meaning. From Phenomenology to Deconstruction, Oxford 1984 (insbes. S. 27–59); W. F. Touponce, Ray Bradbury and the Poetics of Reverie. Fantasy, Science Fiction, and the Reader, Ann Arbor/MI 1984; S. K. Buzzard, Reader-Response Criticism and the Reflexive Narrative. The Reader/Viewer Role in Creating a Narrative (Diss. Univ. of Missouri) Columbia/MO 1985; M. J. Gillespie, Translation, Reading, and Literary Theory. Jaub, Bloom, Fish, ~ (Diss. Indiana Univ.) Bloomington/IN 1987; M. Schrader, Theorie u. Praxis lit. Wertung. Lit.wiss. u. -didakt. Theorien u. Verfahren, 1987; D. L. James, ~'s Concept of Indeterminacy and its Application to Stendhal's Fiction (Diss. Univ. of East Anglia) Norwich/England 1988; T. W. McCormick, Theories of Reading in Dialogue. An Interdisciplinary Study, Lanham/MD 1988; L. A. Brown, Contemporary Poetics and Dramatic Theory. Structuralist and Post-structuralist Approaches (Diss. Univ. of Nebraska) Lincoln/NE 1989; E. Lobsien, Das lit. Feld: Phänomenologie der Lit.wiss. ~ zum 60. Geb.tag, 1989; J. A. Varsava, Contingent Meanings. Postmodern Fiction, Mimesis, and the Reader, Tallahassee/FL 1990; S. V. Aud, Looking for the Implied Reader in the Picture Storybook.

An Analogue to Reader-Response Theory (Diss. Southern IL Univ.) Carbondale/IL 1994; T. Nissl-müller, Rezeptionsästhetik und Bibellese. ~s Lese-Theorie als Paradigma für die Rezeption bibl. Texte (Diss. Mainz) 1995; D. Pany, Wirkungsästhet. Modelle. ~ u. Roland Barthes im Vergleich, 2000; P. B. Armstrong, Play and the Politics of Reading. The Social Uses of Modernist, Ithaca/NY 2005; T. van Inschoot, Het imaginaire lezen. ~ en Maurice Blanchot in wederzijds perspectief met het oog op een lectuur van de fantasmatische dimensie in het oeuvre van Louis Paul Boon (Diss. Gent) 2006; J. Bonnemann, Die wirkungsästhet. Interaktion zw. Text u. Leser. ~s impliziter Leser im «Herzmaere» Konrads von Würzburg, 2008; J. Barnes, Nothing to be Frightened of, London 2009; P. Barry, Beginning Theory, Manchester ³2009; M. J. Matthews, ~ and Literary Anthropology (Diss. Univ. of Newcastle) Charlottesville/VA 2010; R. Scholten, Reader Response Mechanisms in Crime Fiction. From A. C. Doyle to Ian Rankin, Marburg 2010; B. de Bruyn, ~. A Companion, Berlin 2012 (m. Bibliogr.); A. Brehm, «Lyr. Ich». Begriff u. Praxis, 2013.

3.2 *Unselbstständig Erschienenes:* K. A. Preuschen, Zur didakt. Relevanz des kommunikationstheoret. Textbegriffs von ~ (in: Diskussion Dt. 10, S. 194–203) 1979; M. Brinker, Two Phenomenologies of Reading. Ingarden and ~ on Textual Indeterminacy (in: Poetics Today 1, H. 4, S. 203–212) Durham/NC 1980; N. N. Holland, W. Booth, Interview ~ (in: Diacritics. A Review of Contemporary Criticism 10, H. 2, S. 57–74) Baltimore/MD 1980; J. W. Dietrickson, ~s virkningsetetiske literaturteori (in: Edda. Nordisk tidsskrift for litteraturforskning 81, S. 103–119) Oslo 1981 (norweg.); D. S. Goodrich, «Rezeptionsästhetik». Theoría de la recepción alemana (in: Escritura 6, H. 12, S. 219–246) Caracas/Venezuela 1981 (span.); S. Mailloux, How to Be Persuasive in Literary Theory. The Case of ~ (in: Centrum [Univ. of Minnesota]. Center for Advanced Studies in Language, Style, and Literary Theory NF 1, H. 1, S. 65–73) Minneapolis/MN 1981; R. C. Holub, Trend in Literary Theory. The American Reception of Reception Theory (in: GQ 55, H. 1, S. 80–96) 1982; B. Thomas, Reading ~ or Responding to A Theory of Response (in: Comparative Literature Studies 19, H. 1, S. 54–66) 1982; M. de Jong, Die blootgestelde leser. ~ se model van interaksie. Tussen teks en leser (in: Standpunte 36,

H. 2 [164], S. 47–64, u. ebd. H. 3 [165], S. 45–62) Kapstadt 1983 (afrikaans); K. L. SPENCER, «The Red Sun Is High, the Blue Low». Towards a Stylistic Description of Science Fiction (in: Science Fiction Stud. 10, H. 1 [29], S. 35–49) Terre Haute/IN 1983; E. STROKER, Was ist das Imaginäre in ~s Fiktionalitätstheorie? (in: Funktionen des Fiktiven, hg. D. HENRICH, W. I., S. 473–478) 1983; P. CRYLE, Réflexions thématiques sur la théorie littéraire Hans-Georg Gadamer contre ~ (in: Texte. Revue de Critique et de Théorie Littéraire 3, S. 119–139) North York/Kanada 1984 (franzöş.); S. MAILLOUX, Learning to Read. Interpr. and Reader-Response Criticism (in: American Critics at Work. Examinations of Contemporary Literary Theory, hg. V. A. KRAMER, S. 296–315) Troy/NY 1984; M. A. WILLIAMS, Reading «The Figure in the Carpet». Henry James and ~ (in: English Stud. in Africa. A Journal of the Humanities 27, H. 2, S. 107–121) Abingdon/England 1984; W. J. HARKER, The New Imperative in Literary Criticism (in: Visible Language 19, H. 3, S. 356–372) Providence/RI 1985; J. SUMIC-RIHA, Teorija estetskega ucinka in vloga komunikacije. Ingarden – ~ – Austin (in: Primerjalna knjizevnost 8, H. 1, S. 34–41) Ljubljana 1985 (slowen.); K. BALES, Intention and Reader's Responses (in: Neohelicon. Acta Comparationis Litterarum Universarum 13, H. 1. S. 177–194) Dordrecht 1986; M. KRIEGER, Murray Krieger at Konstanz. A Colloquy Chaired by ~ (in: Murray Krieger and Contemporary Critical Theory, hg. B. HENRICKSEN, S. 236–239) New York 1986; D. ROBINSON, Reader's Power, Writer's Power. Barth, Bergonzi, ~, and the Modern-Postmodern Period Debate (in: Criticism. A Quarterly for Literature and the Arts 28, H. 3, S. 307–322) Detroit/MI 1986; R. C. ALLEN, Reader-Oriented Criticism and Television (in: Channels of Discourse. Television and Contemorary Criticism, hg. DERS., S. 74–112) London 1987; C. ANDERSON, Teaching Students What Not to Say. ~, Didion, and the Rhetoric of Gaps (in: Journal of Advanced Composition 7, H. 1/2, S. 10–22) Normal/IL 1987; L. MANCONI, Il processo della lettura e il problema del giudizio. Appunti su ~ (in: Belfagor. Rassegna di varia umanità 44, H. 6, S. 696–708) Florenz 1989 (italien.); R. J. MURPHY, Russian Formalism and German Reception Theory. A Reconsideration. Continuities in the Methodologies of Victor Shklovsky and ~ (in: Germano-Slavica 6, H. 6, S. 339–349) Waterloo/Kanada 1990; T.-H. SHEN, An Interview with ~ (in: Tamkang Rev. 21, H. 1, S. 93–109) Taipei/Taiwan 1990; B. PROCHASKA, Modifications. A Reading of Auden and ~ (in: Phenomenology and Aesthetics. Approaches to Comparative Literature and the Other Arts, hg. M. KRONEGGER, S. 249–257) Dordrecht/Niederlande 1991 (= Analecta Husserliana 32); G. A. HENROTTE, Music Semiotics and Literary Theory. The Influence of ~ on the Analysis of Opera (in: Semiotica 89, H. 1/3, S. 247–256) 1992; S. SOURIS, Kaye Gibbons's «A Virtuous Woman». A Bakhtinian/~ian Analysis of Conspicuous Agreement (in: Southern Stud. An Interdisciplinary Journal of the South NF 3, H. 2, S. 99–115) Natchitoches/LA 1992; F. K. STANZEL, Probleme der Erzählforsch. 1950–1990. Ein Rückblick (in: Anglia 110, H. 3/4, S. 424–438) 1992; J. M. HARDING, Given Moment. Determinant Response, Textual Givens, and Hegelian Moments in ~'s Reception Theory (in: Diacritics. A Review of Contemporary Criticism 23, H. 1, S. 40–52) Baltimore/MD 1993; R. GIOACOMUZZI-PUTZ, Was wurde aus der Rezeptionsästhetik? (in: Hitotsubashi Journal of Arts and Sciences 35, S. 95–108) Tokyo 1994; S. MAILLOUX, Persuasions Good an Bad. Bunyan, ~, and Fish on Rhetoric and Hermeneutics in Literature (in: Stud. in Literary Imagination 28, H. 2, S. 43–61) Atlanta/GA 1995; P. SWIRSKI, ~'s Theory of Aesthetic Response. A Brief Critique (in: Reader. Ess. in Reader-Oriented Theory, Criticism and Pedagogy 32, S. 1–15) Houghton/MI 1994; S. D. MOORE, Reading Mark from the Outside. Umberto Eco and ~ Leave their Marks (in: Journal of Biblical Literature 115, H. 3, S. 542–544) Atlanta/GA 1996; M. SUTROP, The Anthropological Turn in the Theory of Fiction. ~ and Kendall Walton (in: Real. The Yearbook of Research in English and American Literature 12, S. 81–95) 1996; E. SPIELMANN, New Starten, Spurenwechsel. Poetik u. Hermeneutik, ein Exportprodukt [Interview] (in: WB 44, H. 1, S. 92–103) 1998; B. STAMPFL, Hans Vaihinger's Ghostly Presence in Contemporary Literary Stud. (in: Criticism 40, H. 3, S. 437–454) Detroit/MI 1989; R. LATHAM, Ray Bradbury and the Poetics of Reverie. Gaston Bachelard, ~, and the Reader's Response to Fantastic Literature (in: Science Fiction Stud. 26, S. 507f.) Greencastle/IN 1999; C. R. PUTNEY, Gogol's Modeling of Reception Aesthetics in «Dead Souls» and the «Inspector General». Affinities with E. T. A. Hoffman and ~ (in: Canadian-American Slavic Stud. 33, H.

1, S. 30–46) Boston/MA 1999; T. Mustroph, ~. Der einzelne Leser als Textproduzent (in: DERS., Lektüren. Von der Autorintention hin zur freien Semiose. Schleiermacher – Gadamer – ~ – Derrida – Pynchon – Kundera – Jelinek, S. 47–58) 2000; J. P. Riquelme, Introduction. ~'s Aesthetic Politics. Reading as Fieldwork (in: New Literary History 31, H. 1, S. 7–12) Charlottesville/VA 2000; DERS., The Way of the Chameleon in ~, Beckett, and Yeats. Figuring Death and the Imaginary in The Fictive and The Imaginary (ebd., S. 57–71); B. Thomas, Restaging the Reception of ~'s Early Work, or Sides not Taken in Discussions of the Aesthetic (ebd., S. 13–43); E. L. Gans, Staging as An Anthropological Category (ebd., S. 45–56); G. Schwab, «If only I Were not Obliged to Manifest». ~'s Aesthetics of Negativity (ebd., S. 73–89); S. Rimmon-Kenan, A «Figure» in ~'s «Carpet» (ebd., S. 91–104); B. Theisen, The Four Sides of Reading. Paradox, Play, and Autobiographical Fiction in ~ and Rilke (ebd., S. 105–128); M. Krieger, The «Imaginary» and Its Enemies (ebd., S. 129–162); G. G. H. Motzkin, ~'s Anthropological Reception of the Philosophical Tradition (ebd., S. 163–174); W. Fluck, The Search for Distance. Negation and Negativity in ~'s Literary Theory (ebd., S. 175–210); P. B. Armstrong, The Politics of Play. The Social Implications of ~'s Aesthetic Theory (ebd., S. 211–223) Charlottesville/VA 2000; O. Sill, Lit. in der funktional differenzierten Gesellsch. Systemtheoret. Perspektiven auf ein komplexes Phänomen (Habil.-Schr. Duisburg) 2001; P. A. Daley, ~, Crutcher, and the Reader. Creating the World of Sarah Byrnes (in: Journal of Children's Literature 28, H. 1, S. 32–38) Arlington/VA 2002; C. A. Hamilton, R. Schneider, From ~ to Turner and Beyond. Reception Theory Meets Cognitive Critism (in: Style [Northern IL Univ.] 36, H. 4, S. 640–658) DeKalb/IL 2002; M. Jankovič, Nepřehlédnutelné souvislosti (in: Česká literatura 50, H. 6, S. 582–596) Prag 2002; P. Boden, Reformarbeit als Problemlösung. Sozialgeschichtl. u. rezeptionstheoret. Forsch.ansätze in der dt. Lit.wiss. der 60er u. 70er Jahre. Eine Vorbem. u. drei Interviews (in: Internat. Arch. für Sozialgesch. der dt. Lit. 28, H. 1, S. 111–170) 2003; S. Kuhangel, ~ (in: DIES., Der labyrinth. Text. Lit. Offenheit u. die Rolle des Lesers, Diss. Bremen, S. 112–133) 2003; Z. Schwáb, Mind the Gap. The Impact of ~'s Reader–Response Criticism on Biblical Studies. A Critical Assessment (in: Literature

and Theology 17, H. 2, S. 170–181) Oxford 2003; M. Bérubé, There's Nothing Inside the Text. Or, why no One's Heard of ~ (in: Postmodern Sophistry. Stanley Fish and the Critical Enterprise, hg. G. A. Olson, L. Worsham, S. 11–26) 2004; R. J. Murphy, The Act of Viewing. ~, Bordwell, and the «Post-Theory» Debates in Contemporary Film Studies (in: Comparative Critical Stud. 1, H. 1/2, S. 119–145) Edinburgh 2004; L. Pfeiffer, Über ~. Laudatio zur Siegener Ehrenpromotion (in: Ansprachen u. Vortr. anläßl. der Verleihung der Ehrendoktorwürde an ~ [...], S. 9–17) 2004; R. Görner u. a., ‹The Act of Reading› and After. The Reception of ~ in Britain (in: Comparative Critical Stud. 1, H. 1/2, S. I–XIII) Edinburgh 2004; E. Shaffer, Circling the Reader. The Reception of ~ in the U. K. 1970–2003 (ebd., S. 27–43) Edinburgh 2004; M. Swales, The Acceptable Face of Theory? The Contribution of ~ (ebd., S. 45–51) Edinburgh 2004; D. H. Wilson, Working with ~ (in: Comparative Critical Stud. 1, H. 1/2, S. 19–25) Edinburgh 2004; R. Aguirre Fernández de Lara, El eje temporal en la asimetría de la interacción texto-lector. Una lectura a partir de ~ (in: Espéculo 30) Madrid 2005 (Internet-Edition; span.); J. Hillis Miller, Three Literary Theorists in Search of 0 [sic!] (in: Provocations to Reading. J. Hillis Miller and the Democracy to Come, hg. B. Cohen, D. Kujundzic, S. 210–227) New York/NY 2005; H. K. Rustad, Det fiktive som affordanse i elektronisk litteratur. Men tilnærming til hypertekst via ~ (in: Edda. Nordisk tidsskrift for litteraturforskning 3, S. 274–286) Oslo 2005 (norweg.); R. Folkenflik, ~'s Eighteenth Century (in: Poetics Today 27, H. 4, S. 675–691) Durham/NC 2006; J. Lane, Reception Theory and Reader-response. Hans-Robert Jauss (1922–1997), ~ (1926–) and the School of Konstanz (in: Modern European Criticism and Theory, hg. J. Wolfreys, S. 280–286) Edinburgh 2006; T. Kindt, Denn sie wissen nicht, was sie tun. Stanley Fish versus ~ (in: Kontroversen in der Lit.theorie – Lit.theorie in der Kontroverse, hg. R. Klausnitzer, C. Spoerhase, S. 353–367) 2007; R. van Oort, In Memoriam ~ (1926–2007) (in: Anthropoetics 13, H. 1) 2007 (Internet-Edition; J. P. Riquelme, ~ (1926–2007) (in: James Joyce Broadsheet 77, S. 3) Leeds/England 2007; A. Tornero, Las nociones de interfaz entre texto/contexto y texto/lector de ~ (in: Revista de Humanidades 22, S. 123–149) Monterrey/Mexiko 2007 (span.); B. de Bruyn, De impliciete esthetica. Lezers en modernisten in de kritiek van Booth en ~ (in: Spiegel der letteren 50, H. 4, S. 507–529) Löwen 2008 (niederländ.); DERS., Art for Heart's Sake. The Aesthetic Existences of Kierkegaard, Pater, and ~ (in: Art and life in Aestheticism. De-humanizing and Re-humanizing Art, the Artist, and the Artistic Receptor, hg. K. COMFORT, S. 208–231) Basingstoke/England 2008; O. M. HUBARD, The Act of Looking. ~'s Literary Theory and Meaning Making in the Visual Arts (in: Internat. Journal of Art & Design Education 27, H. 2, S. 168–180) Oxford 2008; A. TORNERO, Indeterminaciones y espacios vacíos en Roman Ingarden y ~ (in: Anuario de Letras Modernas 13, S. 159–172) Mexiko-Stadt 2008 (span.); P. ARMSTRONG, Imagining Institutional Rationality? A Fictional Encounter between Ian McEwan and ~ (in: Culture and Organization 15, H. 2, S. 185–201) Reading/England 2009; S. BUDICK, The Emergence of Oedipus's Blessing. Evoking ~ (in: Partial Answers. Journal of Literature and the History of Ideas 7, H. 1, S. 63–85) Jerusalem 2009; M. GARCÍA, «El Quijote» y lo pastoril en una lectura ~iana (in: Circulo. Revista de cultura 38, S. 174–161) Verona/NJ 2009 (span.); M. YUMI ANDO, Uma leitura interdisciplinar de estudos sobre leitura (in: Acta Scientarum 31, H. 1, S. 85–93) Maringá/Brasilien 2009 (portugies.); P. BODEN, Arbeit an Begriffen. Zur Gesch. von Kontroversen in der Forsch.gruppe «Poetik u. Hermeneutik» (in: Internat. Arch. für Sozialgesch. der dt. Lit. 35, H. 1, S. 103–121) 2010; E. LOBSIEN, Lit.theorie n. ~ (in: Der Begriff der Lit. Transdisziplinäre Perspektiven, hg. A. LÖCK, J. URBICH, S. 207–221) 2010; H. SCHLAEGER, ~. Legacies and Lessons (in: Comparative Critical Stud. 7, H. 2/3, S. 311–324) Edinburgh 2010; P. B. ARMSTRONG, In Defense of Reading. Or, why Reading Still Matters in a Contextualist Age (in: New Literary History 42, S. 87–113) Charlottesville/VA 2011; M. D. CASTLEMAN, Alcatraz and ~. Applying ~'s Concepts of Implied Reader and Implied Author and Reality to the Metafictive Alcatraz Smedry Series (in: Children's Literature in Education 42, H. 1, S. 19–32) New York 2011; M. A. HERMOSILLA ÁLVAREZ, Procedimientos visuales en la teoría hermenéutica de ~ (in: Ámbitos 25, S. 21–31) Montilla/Spanien 2011; T. MÜLLER, From Literary Anthropology to Cultural Ecology. German Ecocritical Theory since ~ (in: Ecocritical Theory. New European Approaches, hg. A. GOODBODY, K. RIGBY,

S. 71–83) 2011; M. GAMA, O presente da leitura. Beleza e contradição (in: Alea. Estudos neolatinos 14, H. 2, S. 307–323) Rio de Janeiro 2012 (portugies.); D. POLTITIS, Interactive Texts and Active Readers. Robert Cormier's «Adolescent Poetics» in the Light of ~'s Theory of Aesthetic Response (in: Robert Cormier, hg. A. E. GAVIN S. 145–159) New York 2012; S. P. NOLTE, The Realities People Live by. A Critical Reflection on the Value of ~'s Concept of Repertoire for Reading the Story of Susanna in the Septuagint (in: Hervormde teologiese stud. 69, H. 1, S. 1–7) Pretoria 2013.

4 Zu einzelnen Schriften:

4.1 Der Akt des Lesens (= AL): H. U. GUMBRECHT, ~, AL (in: Poetica 9, H. 3/4, S. 522–534) 1977; R. BOUCKAERT-GHESQUIERE, ~, AL (in: Tijdschrift voor Nederlandse Literatuurgeschiedenis en voor Literuurwetenschap 20, S. 145–154) Löwen 1978; D. H. MILES, ~, AL (in: GQ 51, H. 3, S. 406-408) 1978; J. C. THÖMING, ~, AL (in: Germanistik 19, H. 1, S. 74f.) 1978; D. BARNOUW, ~, AL (in: MLN 94, H. 5, S. 1207–1214) 1979; M. C. BEARDSLEY, Reader Meets Text (in: Sewanee Rev. 87, H. 4, S. 639–646) Baltimore/MD 1979; A. M. DUCKWORTH, ~, AL (in: Nineteenth Century Fiction 34, H. 3, S. 337–343) Berkeley/CA 1979; H. KARGUS, ~, AL (in: Das Argument 21, S. 450–452) 1979; W. MARTIN, ~, AL (in: Criticism 21, S. 260–262) Detroit/MI 1979; D. T. O'HARA, ~, AL (in: Journal of Aesthetics and Art Criticism 38, H. 1, S. 88–91) Hoboken/NJ 1979; R. SALDIVAR, Reading and Systems of Reading (in: Studies in the Novel 11, H. 4, S. 472–481) Denton/TX 1979; W. BACHE, William, ~, AL (in: Modern Fiction Stud. 26, H. 2, S. 372–376) Baltimore/MD 1980; V. W. BALTHROP, ~, AL (in: Quarterly Journal of Speech 66, H. 2, S. 211–222) Abingdon/England 1980; E. BLOCK, ~, AL (in: Western Humanities Rev. 34, H. 2, S. 189–191) Salt Lake City/UT 1980; I. CROSMAN, ~, AL (in: Poetics Today 1, H. 3, S. 192–195) Durham/NC 1980; D. P. DENEAU, ~, AL (in: Internat. Fiction Rev. 7, H. 1, S. 76f.) Fredericton/Kanada 1980; T. EATON, ~, AL (in: Style [Northern IL Univ.] 14, H. 2, S. 179–182) DeKalb/IL 1980; W. HAHN, ~, AL (in: CL 32, H. 3, S. 289–291) 1980; T. HAWKES, Taking It as Read (in: Yale Rev. NF 69, H. 4, S. 560–576) Hoboken/NJ 1980; L. HILL, Reading, Writing & ~. The Wandering Viewpoint (in: Oxford Literary Review 4, H. 2, S. 94–101) Edinburgh 1980; R. E. Kuenzli, ~, AL (in: Diacritics. A Review of Contemporary Criticism 10,

H. 2, S. 47–56) Baltimore/MD 1980; J. PRESTON, The Rhetoric of Reading (in: Yearbook of English Studies 10, S. 150–159) Leeds/England 1980; J. REICHERT, ~, AL (in: Philosophy and Literature 4, H. 1, S. 131f.) Baltimore/MD 1980; J. P. RIQUELME, The Ambivalence of Reading (in: Diacritics. A Review of Contemporary Criticism 10, H. 2, S. 75–80) Baltimore/MD 1980; B. BASSOFF, ~, AL (in: Southern Humanities Rev. 15, H. 3, S. 262–264) Auburn/AL 1981; S. FISH, Why no One's Afraid of ~ (in: Diacritics. A Review of Contemporary Criticism 11, H. 1, S. 2–13) Baltimore/MD 1981; W. KENDRICK, Literary Criticism. The State of the Art (in: Thought. A Rev. of Culture and Idea 59, H. 235, S. 514–526) New York 1984; J. THOMSON, ~'s AL and the Teaching of Literature (in: English in Australia 70, S. 18–30) Parkside/PA 1984; G. JUCQUOIS, ~, AL (in: Cahiers de l'Inst. de Linguistique de Louvain 12, H. 1/2, S. 319f.) Louvain-la-Neuve 1986; G. BOUCHARD, ~, AL (in: Dialogue. Canadian Philosophical Rev. 26, H. 1, S. 178–180) New York 1987; P. SOMVILLE, ~, AL (in: Revue Philosophique de la France et de l'Etranger 113, H. 1, S. 89f.) Paris 1988; J. N. DAVIS, ~, AL in the Foreign Language. Pedagogical Implications of ~'s Reader-Response-Theory (in: Modern Language Journal 73, H. 4, S. 420–428) Hoboken/NJ 1989; D. V. GUCHT, À propos de la théorie de la réception esthétique. Réflexions inspirées de AL de ~ (in: Revue d'Esthetique 16, S. 165–167) Paris 1989; G. CESBRON, ~, AL (in: Revue d'Histoire Litteraire de la France 90, H. 6, S. 988–990) Paris 1990; L. BOUGAULT, Le rôle des blancs dans la constitution de l'acte de lecture en poésie moderne (in: Revue romane 31, H. 1, S. 65–85) Amsterdam 1996; R. GÖRNER u. a., ~, AL and After. The Reception of ~ in Britain (in: Comparative Critical Stud. 1, H. 1/2, S. I–XIII) Edinburgh 2004; S. SCHMID, AL An Anthology (ebd., S. 53–69) ebd. 2004.

4.2 Die Appellstruktur der Texte (= AT): G. KAISER, ~, AT (in: Poetica 4, H. 2, S. 267f.) 1971; K.-H. FINGERHUT, ~, AT (in: Germanistik 13, H. 3, S. 473) 1972; H. LINK, AT u. ein «Paradigmawechsel in der Lit.wiss.»? (in: Schiller-Jb. 17, S. 532–583) 1973; R. GLÄSER, ~, AT (in: Zs. für Anglistik u. Amerikanistik 24, H. 4, S. 369f.) 1976; G. KAISER, Nachruf auf die Interpr.? (in: Seminar. Die Hermeneutik u. die Wiss., hg. H.-G. GADAMER, G. BOEHM, S. 426–443) 1978 (u. a. zu AT).

4.3 Funktionen des Fiktiven (= FF): W. MAGASS, ~, FF (in: Linguistica Biblica 53, S. 114f.) 1983; C.

JAMME, ~, FF (in: Philosoph. Jb. 92, S. 214–227) 1985; W. KINDERMANN, ~, FF (in: Das Argument 27, H. 151, S. 434–436) 1985; J. H. PETERSEN, Einsichten u. Ansichten zur Fiktionalität (in: Arcadia 20, H. 1, S. 72–75) 1985; J. M. ELLIS, ~, FF (in: Yearbook of Comparative and General Literature 35, S. 145–147) Bloomington/IN 1986; T. ZIOLKOWSKI, ~, FF (in: Arbitrium 4, H. 1, S. 11–15) 1986; H. A. PAUSCH, ~, FF (in: Canadian Rev. of Comparative Literature 16, H. 1/2, S. 177–179) Edmonton/Kanada 1989.

4.4 Immanente Ästhetik (= IA): A. ROTHE, ~, IA (in: Roman. Forsch. 78, H. 4, S. 570) 1966; R. E. LORBE, ~, IA (in: JEGP 66, H. 4, S. 658f.) 1967; A. P. FOULKES, ~, IA (in: CL 21, H. 1, S. 90–93) Eugene/OR 1969; M. SMUDA, ~, IA (in: Arch. für das Stud. der Neueren Sprachen u. Lit. 206, H. 4 [121], S. 268–272) 1970; R. PALMER, ~, IA (in: Criticism 13, S. 95) Detroit/MI 1971.

4.5 Der implizite Leser (= IL): A. SILBERMAN, ~, IL (in: Kölner Zs. für Soziologie u. Sozialpsychol. 26, H. 4, S. 855f.) 1974; R. CROSMAN, ~, IL (in: Novel. A Forum on Fiction 8, S. 280–283) Durham/NC 1975; J. CULLER, Communication in Prose Fiction (in: Yale Rev. 64, S. 606–612) Hoboken/NJ 1975; M. J. FRIEDMAN, ~, IL (in: Studies in the Novel 7, H. 2, S. 309f.) Denton/TX 1975; N. FRIEDMAN, Reality and the Novel. Forms of Fiction Theory (in: Sewanee Review 83, H. 1, S. 172–190) Baltimore/MD 1975; D. GOLDKNOPF, ~, IL (in: College English 37, H. 1, S. 101–106) Urbana/IL 1975; A. KENNEDY, ~, IL (in: Dalhousie Review 55, H. 3, S. 563–566) Halifax/Kanada 1975; E. MINER, ~, IL (in: CL 27, H. 4, S. 355–357) Eugene/OR 1975; R. RABINOVITZ, ~, IL (in: Modern Fiction Studies 21, H. 2, S. 270–274) Baltimore/MD 1975; R. SCHOLES, Cognition and the Implied Reader (in: Diacritics. A Review of Contemporary Criticism 5, H. 3, S. 13–15) Baltimore/MD 1975; R. T. SEGERS, Readers, Text, and Author. Some Implications of Rezeptionsästhetik (in: Yearbook of Comparative and General Literature 24, S. 15–23) Bloomington/IN 1975; J. BLONDEL, ~, IL (in: Etudes Anglaises 39, H. 4, S. 598f) Paris 1976; H. FOLTINEK, ~, IL (in: English Stud. 57, H. 3, S. 273–275) London 1976; W. HILEMAN, ~, IL (in: Style [Northern IL Univ.] 10, H. 3, S. 344–347) DeKalb/IL 1976; W. RAY, Recognizing Recognition. The Intra-Textual and Extra-Textual Critical Persona (in: Diacritics. A Review of Contemporary Criticism 7, H. 4, S. 20–23) Baltimore/

MD 1977; G. Falconer, ~, IL (in: Queen's Quarterly. A Canadian Rev. 85, S. 475–480) Kingston/ Kanada 1978; D. Barnouw, ~, IL (in: MLN 94, H. 5, S. 1207-1214) 1979; J. Preston, The Rhetoric of Reading (in: Yearbook of English Studies 10, S. 150–159) Leeds/England 1980 (u. a. zu IL); J. P. Riquelme, The Ambivalence of Reading (in: Diacritics. A Review of Contemporary Criticism 10, H. 2, S. 75–80) Baltimore/MD 1980 (u. a. zu IL); B. Bassoff, ~, IL (in: Southern Humanities Rev. 15, H. 3, S. 262–264) Auburn/AL 1981; R. L. Stein, Historical Fiction and the Implied Reader. Scott and ~ (in: Novel. A Forum on Fiction 14, H. 3, S. 213–231) Durham/NC 1981; W. Kendrick, Literary Criticism. The State of the Art (in: Thought. A Rev. of Culture and Idea 59, H. 235, S. 514–526) New York 1984 (u. a. zu IL); M. Saxby, Changing Perspectives. The Implied Reader in Australian Children's Literature 1841–1994 (in: Children's Literature in Education 26, H. 1, S. 25–38) New York 1995; A. Nauséda, Mugès tema Johno Bunyano knygje Piligrimo kelionė (in: Acta Humanitarica Universitatis Saulensis) Šiauliai/Litauen 2010 (u. a. zu IL; litauisch).

4.6 Laurence Sternes Tristram Shandy (= LSTS): W. Wolf, ~, LSTS (in: Poetica 20, H. 1/2, S. 156–166) 1988; W. Holtz, ~, LSTS (in: Eighteenth-Century Studies 23, H. 1, S. 93–95) Baltimore/MD 1989; P. Wagner, ~, LSTS (in: Etudes Anglaises 42, H. 4, S. 476f.) Paris 1989; M. Byrd, ~, LSTS (in: Eighteenth-Century Fiction 2, H. 3, S. 269–271) Toronto/Kanada 1990; M. New, ~, LSTS (in: Scriblerian and the Kit-Cats 22, H. 2, S. 185–188) Philadelphia/PA 1990; G. Schmitz, ~, LSTS (in: Arch. für das Stud. der Neueren Sprachen u. Lit. 143, H. 228, S. 172–175) 1991; D. Schwanitz, ~, LSTS (in: Anglia 109, H. 1/2, S. 247–252) 1991; H. G. Klein, Wer ist Tristrams Vater? Paternität u. Identität in Laurence Sternes «Tristram Shandy» (in: GRM 42, H. 4, S. 415–427) 1992; J. Zatta, The Sentimental Journeys of Lawrence Sterne and Italo Svevo (in: CL 44, H. 4, S. 361–379) 1992.

4.7 Prospecting. From Reader Response to Literary Anthropology (= PRR): R. A. Champagne, ~, PRR (in: World Literature Today 64, H. 2, S. 370) Norman/OK 1990; H. R. Morell, ~, PRR (in: Journal of Moderne Literature 17, H. 2/3, S. 296) Bloomington/IN 1990; L. B. Cebik, ~, PRR (in: Journal of Aesthetics and Art Criticism 49, H 3, S. 261) Hoboken/NJ 1991; A. Lefevere, ~, PRR (in: Comparative Literature Stud. 28, H. 2, S. 199)

Univ. Park/PA 1991; S. Mailloux, ~, PRR (in: Modern Philology 89, H. 2, S. 312) Chicago/IL 1991; D. Alsop, ~, PRR (in: Yearbook of English Stud. 22, S. 358) 1992; P. B. Armstrong, ~, PRR (in: CL 44, H. 1, S. 75) 1992; R. Danner, ~, PRR (in. The French Rev. 65, H. 5, S. 803) Carbondale/IL 1992.

4.8 Shakespeares Historien (= SH): E. Auberlen, ~, SH (in: Études Anglaises 43, H. 1, S. 117–119) Paris 1990; B. Lenz, ~, SH (in: Dt. Shakespeare-Gesellsch. West Jb., S. 228f.) 1990; T. Sorge, ~, SH (in: Shakespeare-Jb. 126, S. 201) 1990; U. Suerbaum, ~, SH (in: Poetica 33, H. 3/4, S. 537–543) 1990; W. Brönnimann, ~, SH (in: English Stud. 72, H. 3, S. 273–275) London 1991; A. Cook, Some Observations on Shakespeare and the Incommensurability of Interpretive Strategies (in: New Literary History 22, H. 3, S. 773–793) Charlottesville/VA 1991; H.-J. Müllenbrock, ~, SH (in: Anglia 109, H. 3/4, S. 504–512) 1991; W. Riehle, ~, SH (in: GRM 42, H. 4, S. 468–470) 1992; R. Morse, ~, SH (in: Journal of European Stud. 24, H. 3, S. 299f.) Thousand Oaks/CA 1994.

4.9 Walter Pater (= WP): L. Evans, ~, WP (in: Victorian Stud. 5, H. 4, S. 350) Bloomington/ IN 1962; E. Schaper, ~, WP (in: British Journal of Aesthetics 2, H. 2, S. 183) London 1962; F. E. Court, ~, WP (in: English Literature in Transition 31, H. 4, S. 475) Greensboro/NC 1988; J. B. Bullen, ~, WP (in: Yearbook on English Stud. 20, S. 306) Leeds/England 1990; I. Small, ~, WP (in: British Journal of Aesthetics 31, H. 1, S. 92) London 1991.

4.10 Die Weltanschauung Henry Fieldings (= WHF): H. Heuer, ~, WHF (in: Arch. für das Studium der neueren Sprachen 190, H. 3, S. 234) 1954; E. A. J. Honigmann, ~, WHF (in: Modern Language Review NF 49, S. 114) 1954; J. M. S. Tompkins, ~, WHF (in: Rev. of English Studies NF 5, H. 19, S. 302–305) 1954; S. Korninger, ~, WHF (in: Anglia NF 61, S. 532) 1955; H. A. Talon, ~, WHF (in: Etudes Anglaises 15, H. 2, S. 189) Paris 1962; W. Fuger, Das Nichtwissen des Erzählers in Fieldings «Joseph Andrews» (in: Poetica 10, H. 2/3, S. 188–216) 1978; R. Stephanson, The Education of the Reader in Fielding's «Joseph Andrews» (in: PQ 61, H. 3, S. 243–258) 1982; B. Tandrup, The Technique of Qualification in Fielding's «Joseph Andrews» and «Tom Jones» (in: OL 37, H. 3, S. 227–240) 1982; C. von Boheemen-Saaf, Fielding and Richardson in

Holland 1740–1800 (in: Dutch Quarterly Review of Anglo-American Letters 14, H. 4, S. 293–307) Amsterdam 1984; S. K. Howard, The Intrusive Audience in Fielding's «Amelia» (in: Journal of Narrative Technique 17, H. 3, S. 286–295) Ypsilanti/MI 1987; A. F. Wilner, Henry Fielding and the Knowledge of Character (in: Modern Language Stud. Northeast Modern Language Association 18, H. 1, S. 181–194) Amherst/MA 1988; N. Hudson, Fielding's Hierarchy of Dialogue. Meta- Response and the Reader of «Tom Jones» (in: PQ 68, H. 2, S. 177–194) 1989; M. Hobson, Genres and Limits. Fielding, Sterne, Diderot (in: Rivista di Letteratura Moderne e Comparate 43, H. 2, S. 109–128) Pisa 1990; J. Klein, Rom.theorie u. Rom.struktur in Henry Fieldings «Joseph Andrews» (in: Anglia 109, H. 3/4, S. 377–409) 1991; C. Wanko, Characterization and the Reader's Quandary in Fielding's «Amelia» (in: JEGP 90, H. 4, S. 505–523) 1991; L. Cerny, Reader Participation and Rationalism in Fielding's «Tom Jones» (in: Connotations 2, H. 2, S. 137–162) Münster 1992.

4.11 zu weiteren Schriften: M. Kaiser, ~, ‹Der Lesevorgang› (in: Rezeptionsästhetik. Theorie u. Praxis, hg. R. Warning, S. 253–276) 1975; G. Fuller, ~, ‹Theorien der Kunst› (in: Philosoph. Lit.anzeiger 37, H. 1, S. 35) 1984; W. Pieplow, ~, ‹Die Artistik des Mißlingens› (in: Zs. für Anglistik u. Amerikanistik 33, H. 1, S. 79) 1985; P. J. Rabinowitz, ~, ‹Das Fiktive u. das Imaginäre›. Charting Literary Anthropology (in: Philosophy and Literature 19, H. 1, S. 188f.) Baltimore/MD 1995; C. R. La Boussèiere, ~, ‹The Translatability of Cultures› (in: College Literature 25, H. 2, S. 204–206) West Chester/PA 1998; B. Biebuyck, Negotiating Liminality. On ~'s ‹The Range of Interpr.› (in: Studia Germanica Gandensia NF 53, H. 2, S. 76–81) Gent 2001; P. Lamarque, ~, ‹The Range of Interpr.› (in: British Journal of Aesthetics 43, H. 1, S. 80–84) London 2003; B. Thomas, ‹The Fictive and the Imaginary. Charting Literary Anthropology›. Or, what's Literature Have to Do with? (in: American Literary History 20, H. 1, S. 622–631) New York 2008; L. L. Rossi, dass. (in: Enthymema 1, H. 1, S. 25–49) Mailand 2009; dies., ~, ‹How to Do Theory› (ebd. 4, S. 377–381) ebd. 2011.   KK

Iserloh, Erwin, * 15. 5. 1915 Ruhrort (später zu Duisburg), † 14. 4. 1996 Münster/Westf.; Theologe, Kirchenhistoriker; Sohn eines Hilfsschulleh-

rers, besuchte bis 1934 das Landfermann-Gymnasium in Duisburg, Mitgl. des von den Nationalsozialisten unterdrückten kathol. Schülerverbandes «Neudtl.», Reichsarbeitsdienst, studierte 1935–40 Theol. in Münster, 1940–42 Kaplan an der Heil- und Pflegeanstalt St. Rochus-Hospital in Telgte, betreute dort straffällig gewordene Jugendliche, 1942 Dr. theol. in Münster, 1942 Präses der kathol. Knabenerziehungsanstalt St. Josefshaus in Wettringen bei Rheine, 1942–45 Sanitätssoldat im 2. Weltkrieg, ab 1943 an der Ostfront, 1945–47 Hausgeistl. im Kloster zum Heiligen Kreuz in Freckenhorst/Münsterland (später zu Warendorf/Nordrhein-Westf.), studierte 1947–50 Theol. in Rom, 1950–53 Repetent in Münster, 1951 Habil. in Bonn, 1953/54 Dir. der Bildungsstätte «Franz-Hitze-Haus» in Trier, 1954–64 Prof. für Kirchengesch. in Trier, zudem ab 1961 Lehrauftrag an der Univ. Saarbrücken, stellte 1961 den Thesenanschlag Luthers zu Wittenberg in Frage u. löste die sog. «~-Debatte» aus, 1964–67 Prof. für Ökumen. Theol. in Münster, 1967–83 (emeritiert) Prof. für Kirchengesch. des MA u. der Neuzeit ebd., 1971 Mitgl. der Mainzer Akad. der Wiss. u. Lit., Mithg. u. a. des «Hdb. der Kirchengesch.», des «Hist. Jb. der Görresgesellsch.» u. der Buchreihe «Kathol. Theologen der Reformationszeit». – 1986 Bundesverdienstkreuz. – Fachschrift.

Schriften: Die Lehre von der Eucharistie bei Johannes Eck (Diss.) 1943 (Ausg. im Buchhandel u. d. T.: Die Eucharistie in der Darstellung des Johannes Eck. Ein Beitrag zur vortridentinischen Kontroverstheologie über das Meßopfer, 1950); Der Kampf um die Messe in den ersten Jahren der Auseinandersetzung mit Luther, 1952; Gnade und Eucharistie in der philosophischen Theologie des Wilhelm von Ockham. Ihre Bedeutung für die Ursachen der Reformation (Habil.-Schr.; Vorw. J. Lortz) 1956; Abendmahl und Opfer (m. P. Meinhold) 1960; Luthers Thesenanschlag. Tatsache oder Legende?, 1962 (3., verb. u. erw. Aufl. u. d. T.: Luther zwischen Reform und Reformation. Der Thesenanschlag fand nicht statt, 1966); Reform der Kirche bei Nikolaus von Kues, 1965; Kleine Reformationsgeschichte. Ursachen, Verlauf, Wirkung (m. J. Lortz) 1969; Thomas von Kempen und die Kirchenreform im Spätmittelalter [...], 1971; Luther und die Reformation. Beiträge zu einem ökumenischen Lutherverständnis, 1974; Verwirklichung des Christlichen im Wandel der Geschichte (hg. K. Wittstadt) 1975; Die soziale Aktivität der

Katholiken im Übergang von caritativer Fürsorge zu Sozialreform und Sozialpolitik, dargestellt an den Schriften Wilhelm Emmanuels von Kettelers, 1975; Thomas von Kempen und die Devotio Moderna, 1976; Charisma und Institution im Leben der Kirche. Dargestellt an Franz von Assisi und der Armutsbewegung seiner Zeit (Vortr.) 1977; Wilhelm Emmanuel von Ketteler und die Freiheit der Kirche in der Kirche (dass.) 1978; Geschichte und Theologie der Reformation im Grundriß, 1980 (2., durchges. Aufl. 1982); Johannes Eck (1486–1543). Scholastiker, Humanist, Kontroverstheologe, 1981 (2., durchges. Aufl. 1985); Kirchengeschichte. Eine theologische Wissenschaft, 1982; Kirche – Ereignis und Institution. Aufsätze und Vorträge, I Kirchengeschichte als Theologie, II Geschichte und Theologie der Reformation, 1985; Wilhelm Emmanuel von Ketteler. Sein Kampf für Freiheit und soziale Gerechtigkeit, 1987.

Herausgebertätigkeit (Ausw.): Festgabe Joseph Lortz (m. P. Manns) 2 Bde., 1958; Reformata reformanda. Festgabe für Hubert Jedin [...] (m. K. Repgen) 2 Bde., 1965; Die Freiheit der Kirche in einem christlichen Europa (m. F. König) 1977; W. E. von Ketteler, Sämtliche Werke und Briefe, 11 Bde., 1977–2011; Confessio Augustana und Confutatio. Der Augsburger Reichstag 1530 und die Einheit der Kirche [...] (m. B. Hallensleben) 1980; Dokumente zur Causa Lutheri (1517–1521) (m. P. Fabisch; m. Komm. hg.), 2 Bde., 1988–91; J. Eck, Enchiridion. Handbüchlin gemainer stell [...] (m. Einl. hg.) 1980; ders., De sacrificio missae libri tres, 1982; K. Schatzgeyer, Schriften zur Verteidigung der Messe (m. P. Fabisch; m. Einl. hg.) 1984; Luther und die politische Welt [...] (m. G. Müller) 1984; J. Dietenberger, Phimostomus scripturariorum [...] (m. P. Fabisch u. a.; m. Einl. hg.) 1985; Dokumente zur Causa Lutheri 1517–1521(m. P. Fabisch), I Das Gutachten des Pierias und weitere Schriften gegen Luthers Ablaßthesen, II Vom Augsburger Reichstag 1518 bis zum Wormser Edikt 1521, 1988–91; Johannes Eck (1486–1543) im Streit der Jahrhunderte [...], 1991.

Literatur:

Bibliografien: A. ANTONI, ~ Bibliogr. 1947–1979 (in: Reformatio Ecclesiae. Beitr. zu kirchl. Reformbemühungen von der Alten Kirche bis zur Neuzeit. Festgabe für ~, hg. R. BÄUMER, S. 967–989) 1980; ~ Bibliogr. 1980–1985 (in: ~, Kirche. Ereignis u. Institution. Aufs. u. Vortr., Bd. 2, S. 507–510) 1985.

Allgemein zu Leben und Werk: DBETh 1, 698; DBE 5, 258; Biogr.-Bibliograph. Kirchenlex. 31,687. – W. GILBERT, ~, ‹Festgabe Joseph Lortz› (in: The American Historical Rev. 64, H. 1, S. 89f.) Oxford 1958; G. RUPP, dass. (in: The Journal of Ecclesiastical History 10, H. 2, S. 263) Cambridge 1959; L. REDWART, ~, ‹The Theses Were Not Posted› (in: Heythrop Journal 10, H. 4, S. 446) Oxford 1969; Reformatio ecclesiae. Beitr. zu kirchl. Reformbemühungen von der Alten Kirche bis zur Neuzeit. Festgabe für ~ (hg. R. BÄUMER) 1980; W. L. MOORE, ‹J. Eck, Enchiridion› (in: Renaissance Quarterly 35, H. 1, S. 97) Chicago /IL 1982; R. W. SCRIBNER, ‹Confessio Augustana u. Confutatio› (in: The Journal of Ecclesiastical History 33, H. 2, S. 303–305) Cambridge 1982; E. HONEE, ~, ‹Johannes Eck› (in: Nederlands archief voor kerkgeschiedenis. 62, H. 2, S. 238) Leiden 1983; Podiumsdikussion. Das «Reformator.» bei Martin Luther (in: Um Reform u. Reformation [...], hg. A. FRANZEN, S. 33–52) ²1983; R. BÄUMER, Die Diskussion um Luthers Thesenanschlag. Forsch.ergebnisse u. Forsch.aufgaben (ebd., S. 53–95); DERS., Die Fortsetzung der Diskussion von 1968 bis 1983 (ebd. S. 96–107) ²1983; W. L. MOORE, ~, ‹Johannes Eck› (in: Church History. Stud. in Christianity & Culture 52, H. 2, S. 262f.) Cambridge 1983; DERS., ‹J. Eck, De sacrificio missae, libri tres› (in: Renaissance Quarterly 37, H. 2, S. 240) Chicago/IL 1984; O. CHADWICK, ~, ‹Kirche – Ereignis u. Institution› (in: The Journal of Ecclesiastical History 38, H. 2, S. 200–301) Cambridge 1987; T. L. SMITH, Luther and the ~ Thesis from a Numismatic Perspective (in: The Sixteenth Century Journal 20, H. 3, S. 183–201) Kirksville/MO 1989; A. KOHLER, ‹Johannes Eck im Streit der Jh.› (in: Mitt. des Inst. für Öst. Gesch.forsch. 99, S. 563) 1991; R. REX, dass. (in: The Journal of Ecclesiastical History 42, H. 3, S. 518f.) Cambridge 1991; DERS., ‹Dok. zur Causa Lutheri› (ebd. 44, H. 1, S. 130f.) Cambridge 1993; R. BÄUMER, ~. Sein wiss. Lebenswerk. Zu seinem 80. Geb.tag (in: Anuario de Historia de la Iglesia 5, S. 501–505) Pamplona/Spanien 1996; K. REPGEN, In memoriam ~ (1915–1996) (in: Hist. Jb. der Görres-Gesellsch. 117, S. 255–270) 1997; H. SMOLINSKY, In memoriam ~ (in: Luther-Jb. 64, S. 7–10) 1997; R. REPGEN, Ein profangeschichtl. Rückblick auf die ~-Debatte (in: Luthers Thesenanschlag. Faktum oder Fiktion, hg. J. OTT, M. TREU, S. 99–110) 2008; V. PFNÜR, Die Bestreitung des Thesenanschlags durch ~. Theol.geschichtl. Kontext – Auswirkung auf den kathol.-luther. Dialog (ebd., S. 111–126); R. Brandt, «Reformator ohne Hammer». Zur öffentl. Aufmerksamkeit für die Bestreitung des Thesenanschlags (ebd., S. 127–140) 2008; B. Hallensleben, ~ (1915–1996). Ein «Moderner von (über)morgen» (in: Trierer Theolog. Zs. 120, S. 150–163) 2011 (auch Internet-Edition).   KK

Isermann, Gerhard, * 14. 8. 1931 Göttingen; Theologe, Verlagsdir., lebt in Hannover; Gemeindepfarrer, ab 1966 Schul- u. Jugendpastor in Göttingen, in den 1970er-Jahren Sprecher der ARD-Fernsehsendung «Wort zum Sonntag», 1970–79 Hg. der «Göttinger Quellenh. für Unterricht u. Arbeitsgemeinschaft», 1971 Pressesprecher der evangel.-luther. Landeskirche Hannover, 1973–78 Hg. der Schr.reihe «Daten, Informationen, Argumente», 1979–96 Dir. des Evangel. Presseverbandes Nds.-Bremen. – Fachschrift.

Schriften (Ausw.): Wenn Christen den Wehrdienst verweigern. Informationen für evangelische Christen (m. A. Biehler) 1964; Unser Leben, unser Prozeß. Theologische Fragen bei Franz Kafka, 1969; Denkzettel, 1971; Wörterbuch der Kirchensprache, 1980; Gespräche über den Zaun. 36 Briefe über die Nähe der Konfessionen (m. W. Henze) 1987; Revitalisierung der Mythen? Gegen den Mißbrauch alter Geschichten für neue Interessen, 1990; Tagesordnungspunkt Öffentlichkeit, 1995; Widersprüche in der Bibel. Warum genaues Lesen lohnt. Ein Arbeitsbuch, 2000; Gegensätze in der Heiligen Schrift. Die Kirche und die innerbiblische Toleranz, 2003; Helden, Zweifler, Versager. Das Pfarrerbild in der Literatur, 2012.   KK

Isermann, Ingrid, * 26. 5. 1943 Hamburg; Journalistin, lebt in Zürich; kaufmänn. Ausbildung, seit 1964 freie Kulturjournalistin u. Lektorin in der Schweiz, veröff. u. a. in «Der Bund», «St. Galler Tagbl.» u. «Basler Ztg.», zudem Mitarb. beim Rundfunk. – Erz., Hörsp., Fachschr., Feuill., Bühnentext, Lyrik.

Schriften: Schmuck. Objekte (Ged.; Künstlerb., m. W. Rotzler) 1989 (Illustr. A. Riklin-Scheibert); Von der Transzendenz der Dinge (m. R. Lauro) 1990 (Schr. nicht nachweisbar); Dani Jehle (Kat.) 1990; Lichtjahre (Ged.) 1992; Chronik in Weiss. Thea Weltner 1917–2001 (Red.; Kat.) 2002.

Herausgebertätigkeit: Ch.eese. 30 Swiss Stories. Eine Zeitreise durch die Schweiz, 2000 (Fotos L.

Brem, A. Strba).

Uraufführungen: Fusionen/Infusionen (m. R. Guderian, M. Schwager) 1998.

Literatur: Autorinnen u. Autoren der Schweiz (Internet-Edition).   KK

Isfort, Hein, * 1905 Münster, † nicht ermittelt; Mundartautor. – Erz., Mundart (Münsterländer).

Schriften: Dat Kuckucksei. 'Nemönsterlännske Buerngeschichte (Erz.) 1985 (Zeichn. H. Mussenbrock).

Literatur: B. Sowinski, Lex. dt.sprachiger Mundartautoren, 1997; H. W. Pohl, ~, ‹Dat Kuckuckseo› (in: Quickborn. Zs. für plattdt. Sprache u. Lit. 77, H. 4, S. 303) 1987; P. Hansen, Die plattdt. Autoren u. ihre Werke (Internet-Edition).   KK

Ishikawa-Franke, Saskia (geb. Franke), * 14. 9. 1941 Freiburg/Br.; Journalistin, Lehrerin, lebt in Ōtsu/Japan; Tochter eines Gymnasialprof., wuchs in Kirchzarten auf, 1960–66 Ingenieurin in Wedel bei Hamburg, 1966/67 Lehrerin an einem Wirtschaftsgymnasium in Waldshut/Baden-Württ., 1967/68 Journalistin beim Ver. Dt. Ingenieure, studierte 1967–73 Philos., Kunstgesch. u. Archäologie in Saarbrücken, 1973 Dr. phil. an der Univ. Saarbrücken, ab 1974 zunächst Doz. für dt. Sprache u. Lit. an der Univ. Matsumoto/Japan, dann bis 2009 (emeritiert) Hochschullehrerin u. Prof. an der Kōnan-Univ. in Kōbe/Japan, lit. Kontakte zu Herta → Müller u. Luise → Rinser. – Erz., Fachschr., Haiku, Lyrik.

Schriften: Albert Weisgerber. Leben und Werk. Gemälde, 1978 (Diss. 1973); Am Wegrand (Ged.) 1981 (Zeichn. S. I.-F.); Handwerk und Kunst aus Japan. Die Sammlung I.-F. (m. Mitsunobu I.) 1982 (Fotos H.-J. Borbe); Im Wandel der Jahreszeiten (Ged.; m. C. Wächtler) 1987 (Zeichn. S. I.-F.); Deutschlandreise [...] (Ged.) 1990 (dasselbe).

Herausgebertätigkeit: Leuchtende Kreise. Erster Worpsweder Kasen, 1992.   KK

Isjagin, Fedor → Vegesack, Siegfried von.

Island, Bert F. → Guenter, C. H.

Isler, Alexander (Nicolaus), * 7.10.(n.anderen Angaben: 25.9.) 1854 Oranienbaum (später zu St. Petersburg/Russ. Föderation), † 12. 11. 1932 Herisau/Kt. Appenzell; Kunsthistoriker, Schriftst., lebte in Teufen/Kt. Appenzell; Sohn eines Kauf-

manns, besuchte das Lehrerseminar in Küsnacht/
Kt. Zürich, 1874–80 Lehrer in Guntalingen (später zu Waltalingen/ebd.), 1880–83 in Oberwinterthur (später zu Winterthur/ebd.), 1883–97 Lehrer in Winterthur, 1897–1919 Stadtrat (Bauamtmann) ebd., 1906–10 Vorstandsmitgl. des Schweiz. Städteverbandes. – Fachschr., Lb., Novelle.

Schriften (Ausw.): Prof. Dr. Salomon Vögelin, Nationalrath. Lebensbild eines schweizerischen Volksmannes [...], 1892; Die Predigerin. Kulturgeschichtliche Novelle aus dem alten Winterthur, 1893; Winterthur in Wort und Bild [...], 1895; Heinrich Pestalozzi. Illustrierte Festschrift für die Jugend [...], 1896; 1798 und 1799. Mitteilungen aus den Memoiren Rektor Trolls, 1902; Bundesrat Dr. Jonas Furrer. 1805–1861. Lebensbild eines schweizerischen Republikaners, 1907 (zuerst in Forts. ersch. in der «Neuen Zürcher Ztg.», 1905); Schweizer Charakterköpfe, Bd. 1, Aus der Franzosenzeit [...], 1912 (m. n. e.); Die Verkehrsanstalten der Stadt Winterthur und ihrer Vororte [...], 1914; Die Festung Winterthur und ihre Schleifung, 1920.

Literatur: HBLS 4,367; HLS (Internet-Edition). – C. von ZIMMERMANN, «Schweizer eigener Kraft!» – «Die Schweizer Frau». Komplementäre Kollektivbiographik u. Geschlechterkonzeptionen im freisinnigen Staat (in: Frauenbiographik. Lebensbeschreibungen u. Porträts, hg. C. V. u. N. ZIMMERMANN, S. 145–174) 2005.   KK

Isler, Leopold, * 8. 3. 1881 Wien, † um 1955 (?); Arzt; wuchs in Wien auf, studierte Medizin an der medizin. Fak. der Univ. ebd., veröff. u. a. in «Stimmen der Ggw.», n. 1938 von den Nationalsozialisten als «jüd. Fachbehandler» zugelassen, 1941 in die USA emigriert. – Drama.

Schriften: Verabschiedet (Einakter) 1901.

Literatur: Theater-Lex. 2,883; HAjH 1,590. – Dt. Öst. Künstler- u. Schriftst.-Lex. (hg. H. C. KOSEL) Bd. 1, 1902; R. HEUER, Bibliographia Judaica. verz. jüd. Autoren dt. Sprache, Bd. 1, 1981.   KK

Isler, Ursula (geb. Ursula Lislott Hungerbühler), * 26. 3. 1923 Zürich, † 12. 3. 2007 Küsnacht/Kt. Zürich; Kunsthistorikerin, Schriftst., lebte in Küsnacht; Tochter eines Juristen, wuchs in Zürich u. Küsnacht auf, studierte Journalistik u. Kunstgesch. an der Univ. Zürich, 1948 Dr. phil. bei Gotthard → Jedlicka, Journalistin, veröff. u. a. in der «Neuen Zürcher Ztg.» u. im «St. Galler Tagblatt». – 1961 Preis der Schweizer Schillerstiftung,

1967, 1975, 1989 u. 1992 Anerkennungspreis der Stadt Zürich, 1980 u. 1985 Ehrengabe des Kt. Zürich, 1992 Kulturpreis der Gemeinde Küsnacht. – Erz., Rom., Fachschr., Kdb., Biogr., Kunstkritik.

Schriften: Die Malerfamilie Kuhn von Rieden, 1950 (Diss. 1948); Die Maler vom Schloß Laufen. Kulturgeschichtliche Studie, 1953; Johann Rudolf Rahn, Begründer der schweizerischen Kunstgeschichte, 1956; Zürcher Seidenfibel, 1957 (Illustr. M. Lipps); Das Memorial. Roman aus dem Ende des 18. Jahrhunderts, 1959; H. C. Andersen, Das häßliche Entlein. Ein Märchen (Bearb.) 1959 (Bilder H. Kasser); In diesem Haus (Rom.) 1960 (überarb. Neuausg. 2003); Porträt eines Zeitgenossen (Rom.) 1962; Die Schlange im Gras (Erz.) 1965; Nadine – eine Reise (Erz.) 1967; Der Mann aus Ninive (Rom.) 1971; Landschaft mit Regenbogen (Rom.) 1975; Pique-Dame und andere Gäste, 1979; Kän Bohne. Ein Malbuch für Kinder, 1979 (Zeichn. H. Binder) 1979; Die Tierfreunde, 1979 (Radierungen D. de Quervain); Madame Schweizer geb. Hess. Aus dem Leben einer schönen Zürcher Bankiersgattin im 18. Jahrhundert, 1982; Nanny von Escher, das Fräulein. Judith Gessner-Heidegger, Barbara Schulthess-Wolf, Lydia Welti-Escher. Frauenporträts aus dem alten Zürich, 1983 (erw. u. erg. Neuausg. u. d. T.: Frauen aus Zürich. Elsbet Stagel, Judith Gessner-Heidegger, Barbara Schulthess-Wolf, Regula Engel-Egli, Nanny von Escher, Lydia Welti-Escher, 1991); Die Ruinen von Zürich (Rom.) 1985; Ein Bild für Enderlin (Erzn.) 1989; Der Künstler und sein Fälscher (Rom.) 1992; Ein Fest für Orwell. Roman aus England, 1997 (Illustr. H. Binder); Der Nachbar. Roman eines Deliktes, 2000; In diesem Haus (Rom.) 2003.

Herausgebertätigkeit: Zürcher Album. Sehens-, Denk- und Merkwürdigkeiten aus Zürich von anno dazumal bis heute, 1970 (Zeichn. H. Fries); Zürich à la carte postale, 1971; Zürcher Geschichten, 1972.   KK

Isler, Yehiel → Ilsar, Yehiel.

Ismail, Abdel Salam, * 15. 6. 1943 in Ägypten; Übers. u. Dolmetscher, lebt in Essen; studierte Anglistik in Kairo, Sprachwiss. u. Anglistik in Leipzig, 1975 Dr. phil. ebd., seit 1980 freiberufl. Sprachmittler. – Erz., Erinn., Erfahrungsber., Fachschr., Übers. (aus dem Arabischen).

Schriften: Und vergiß nicht zu schreiben. Briefe eines Ägypters, 2003; Laß Islam Friede sein. Hüte dich vor den Hasspredigern (Ess.) 2005.

Herausgebertätigkeit: Die falschen Schuhe des Propheten. Arabische Erzählungen (auch Bearb. u. Übers.) 2013.   KK

Ismann, Clemens, * 1945 Grevesmühlen/Mecklenb., † 8. 11. 2008; Programmierer, Schriftst., lebte in Bonn; wuchs auf der Insel Poel auf, studierte Mathematik, Angestellter in der elektron. Datenverarbeitung. – Erz., Erinn., Roman.

Schriften: Der Goldesel. Geschichten aus der Welt der Schwulen (Grafiken R. Stelzer) 1994; Sehnsucht nach Poel (Erinn.) 1995 (Zeichn. I.-K. Willberg); Das Landei (Rom.) 1998; Wechsel-Jahr. Zwölf Erzählungen, 2003; Zahl mit deinem Leben! (Krimi) 2004; Spiel mit dem Feuer. Schwule Noveletten, 2006.   KK

Ismer, Knut, * 21. 2. 1943 Eichwalde/Brandenb.; Beamter, Kameralist, Musiklehrer, lebt in Braunschweig; Sohn eines Schneiders, studierte 1958–63 als Gasthörer Musik in Berlin, ging am Tag vor dem Mauerbau n. Westberlin, 1963–66 Beamtenausbildung in Berlin, studierte 1966–70 an der Verwaltungsakad. ebd., 1966–77 Beamter in Berlin u. Stuttgart, 1978–89 Klavierlehrer in Schwetzingen u. Heidelberg. – Rom., Erz., Märchen, Lyrik.

Schriften: Gedankenbrücken. Gedichte von Begegnungen (m. F. Amort) 2004; Atemlos oder Im Lärm der Zeit, 2006; Querbuchstaben (Ged.) 2006; Holocaustdenkmal (Ged.) 2007; Blaue Übergänge (m. F. Amort) 2009 (Schr. nicht nachweisbar); Glänzende Dunkelheit. Advent- und Weihnachtsgedichte (m. F. Amort) 2010.   KK

Isolani, Eugen (eig. Eugen Isaacsohn; Ps. Egon Noska; Albert Frick; J. Berlin; B. Balten), * 21. 10. 1860 Marienburg/Westpr. (Malbork/Polen), † 16. 10. 1932 Berlin; Vater von Gertrud → I.; Kaufmann, Red., Schriftst., lebte in Berlin; Sohn eines Kaufmanns, wuchs in Berlin auf, bis 1884 Kaufmann im väterl. Betrieb in Berlin, dann Schriftst. u. Red. des «Dresdner Stadtbl.», veröff. im Feuill. der «Dresdner Neuesten Nachr.», Mitarb. zahlr. Ztg. u. Zs., ab 1900 freier Schriftst. in Berlin. – Erz., Rom., Lb., Humoreske, Nov., Fabel, Feuill., Fachschr., Glosse.

Schriften (Ausw.): Aus dem Reiche der Schminke. Scherze aus dem Bühnenleben, 1887; Aus meiner Wandermappe, 1888; Otto Leonhard Heubner. Lebensbild eines deutschen Mannes (Vorw. F. GOETZ) 1893; Vor und hinter dem Vorhang. Allerlei Betrachtungen, 1895; Merkwürdige Leute. Lebensbilder und Skizzen, 1896; Wider den Schmutz. Eine Aufforderung zum Kampfe gegen die unserer Gesundheit drohenden Gefahren, 1896; Die aus der Vorstadt (Rom.) 1896 (Neuausg. 1909); Meine Frau und ich. Allerlei lustige Geschichten aus meinem Ehestandsleben, 1900; Die lange Nase und anderes. Moderne Fabeln, 1904; Heitere Welt (Humoresken) 1905; Ein Muttermord? (Erz.) 1905 (Neuausg. m. der Genrebezeichnung: Kriminalroman, 1929); Fröhliches Gaunertum. Allerlei lustige Gaunergeschichten, 1905; Thomas A. Edison. Der amerikanische Erfinder, 1906 (Neuausg. ohne Untert. 1923); Ein Heiratsschwindler (Erzn.) 1906; Lysol. Ein Justizmord (Erzn.) 1907; Anonyme Briefe. Ein Schatten (Kriminalrom.) 1907; Von ihr und mir (Humoresken) 1908; Indizien. Kriminal-Roman, 1909; Joseph Kainz. Ein Lebensbild, 1910; Der rote Schlafrock. Kriminal-Roman, 1910; Graf Blaubart. Romantische Erzählung, 1911; Wer hat sie getötet? (Rom.) 1911; Das Bild der Mutter (Rom.) 1912; Die Frau in der Hose. Ein Beitrag zur Kultur der Frauenkleidung, 1911; Guter Ton und gute Sitte, 1912; Schuldig ohne Schuld, 1913; Fremdes Blut (Nov.) 1913; Die aus der Vorstadt (Rom.) 1913; Wie soll Deutschland für seine Gefallenen trauern?, 1914; Der Umtausch in den Warenhäusern und die Spezialgeschäfte. Ein Vorschlag zur Beseitigung einer modernen Einkaufsunsitte, 1914; Richard Lebolds wirkliche, aber wundersame Wanderfahrt zum Glück (Rom.) 1914; Im Donner der Schlachten (Rom.) 1915; Schwester Gertrud. Roman aus dem Etappen-Lazarett, 1916; Ein Opfer der Indizien (Krimi) 1919; Der rote Schlafrock. Kriminal-Roman, 1919; Die zehn Gebote der Wirtschaftlichkeit. Wie komme ich bei den steigenden Preisen mit meinem Einkommen aus? Ein Beitrag zur Überwindung der steigenden wirtschaftlichen Not, 1920; Guter Ton und gute Sitte, 1920; Indizien, 1920; Durch das Kind gerettet, 1921; Wer war der Sohn?. Kriminal-Roman, 1923; Das Glück des Betteljungen (Rom.) 1923; Der verlorene Sohn (Rom.) 1923.

Literatur: Theater-Lex. 2, 883; DdP 1,491; DBE 5,259. – Das litterar. Leipzig, 1897; A. KOHUT, Berühmte israelit. Männer u. Frauen in der Kulturgesch. der Menschheit. Lebens- u. Charakterbilder aus Vergangenheit u. Ggw., Bd. 2, 1901; M. GEISSLER, Führer durch die dt. Lit. des 20. Jh., 1913; S. WININGER, Große jüd. National-Biogr., Bd. 3, Tschernowitz 1928; E. G. LOWENTHAL, Juden in Pr., 1981; J. WALK, Kurzbiogr. zur Gesch. der Juden 1918–1945, 1988; Juden in Berlin. Biogr. (hg. E.-V. KOTOWSKI) Bd. 2, 2005.   KK

Isolani, Gertrud (verh. Sternberg; Ps. Ger Trud), * 7. 2. 1899 Dresden, † 19. 1. 1988 Riehen/Kt. Basel-Stadt; Tochter von Eugen → I.; Journalistin, Schriftst.; wuchs in Berlin auf, 1916 Abitur, 1917–19 Sekretärin des Politikers Eugen Leidig (1861–1935), ab 1921 verh. mit dem Porzellanfabrikanten Berthold Sternberg († 1945), ztw. Radiosprecherin, Erzählerin u. Feuilletonistin in Berlin, führte ebd. einen lit. Salon u. empfing u. a. Bertolt → Brecht, Joseph → Roth u. Ernst → Weiß, Mitarb. u. a. der Ztg. «Berliner Illustr. Ztg.», «Die Woche» u. «Berliner Tagbl.», emigrierte 1933 n. Frankreich, in Paris Mitarb. der Ztg. «Pariser Tagebl.» u. «Pariser Tagesztg.», 1940 als «feindl. Ausländer» in der Pariser Winterradrennbahn und dann im Konzentrationslager Camp de Gurs inhaftiert, entfloh dem Lager, lebte 1940–42 im Untergrund, gelangte dann illegal in die Schweiz, dort wiederum interniert, lebte dann in Binningen/Kt. Basel-Land, veröff. u. a. in den Ztg. «Basler Nachr.», «Neue Zürcher Ztg.» u. «National-Ztg.», lebte zuletzt im jüd. Altersheim La Charmille in Riehen. – Erz., Bühnenst., Rom., Hörsp., Ess., Lb., Feuill., Rep., Lyrik, Übers. (aus dem Französischen). – 1974 Kulturpreis der Gemeinde Binningen, 1979 Ehrengabe der basellandschaftl. Lit.kommission.

Schriften: Malererbe. Studie zum Lebenswerk Christian Morgensterns, 1919; Die Seelenklinik (Erz.) Utrecht 1930; Die letzte Havanna (Kriminalrom.) 1944; Stadt ohne Männer (autobiogr. Rom.; Vorw. E. F. KNUCHEL; zuerst tw. in Forts. in «Basler Nachr.» ersch.) 1945 (3. Aufl., Vorw. A. FRINGELI, 1979); Der Donor. Das Problem der künstlichen Befruchtung (Rom.; wiss. Vorw. C. STRASSER) 1949 (Neuausg., Vorw. H. LEWANDOWSKI, 1969); Nacht aller Nächte. Roman des Erzvaters Abraham, 1957; Maîtressen (Erz.) 1962; Der Jünger des Rabbi Jochanan (Erzn.) 1967; Golda Meïr. Israels Mutter Courage. Ein Lebensbild, 1969 (3., erw. Aufl. 1974; enth.: H. P. BADT, Der Jom-Kippur-Krieg und Golda Meïrs Kampf für den Frieden); Schwiegermütter! Schwiegermütter!

Eine psychologische, kulturhistorische, soziologische und humoristische Studie, 1975; Kein Blatt vor den Mund. Briefe, Gespräche, Begegnungen, I Berlin, Frankreich, Schweiz (Vorw. C. MIVILLE-SEILER) 1985 (mehr nicht erschienen).

Herausgebertätigkeit: C. Morgenstern, Der Melderbaum (mit Ess. hg.) 1920.

Nachlass: Dt. Exilarch. der Dt. Nationalbibl, Frankfurt/Main.

Literatur: Schmidt, Quellenlex. 14,361. – Hdb. Emigration II/1,553; Killy 6,51; DdP 1,492, Wall 165; DBE 5,259; Killy ²6,62; HLS (Internet-Edition). – D. STERN, Werke jüd. Autoren dt. Sprache. Eine Bio-Bibliogr., ³1970; W. STERNFELD, E. TIEDEMANN, Dt. Exil-Lit. 1933–1945. Eine Bio-Bibliogr., ²1970; W. TETZLAFF, 2000 Kurzbiogr. bedeutender Dt. Juden des 20. Jh., 1982; Ach, Sie schreiben Dt.? Biogr. dt.sprachiger Schriftst. des Auslands-P.E.N., 1986; R. WALL, Verbrannt, verboten, vergessen, 1988; J. WALK, Kurzbiogr. zur Gesch. der Juden 1918–1945, 1988; Schweizer Lex., Bd. 3, 1993; Dt.sprachige Schriftstellerinnen in der Schweiz 1700–1945 (hg. D. STUMP u. a.) 1994; Quellen zur dt. polit. Emigration 1933–1945 (hg. H. BOBERACH u. a.) 1994; A. CLARENBACH, ~ u. Heinrich Eduard Jacob. Korrespondenz über ‹Stadt ohne Männer› (in: Exil. Forsch. – Erkenntnisse – Ergebnisse 16, H. 2, S. 37–50) 1994; L. A. BILSKY, Adrienne Thomas, ~ and Gabriele Tergit. German Jewish Women Writers and the Experience of Exile (Diss.) Madison/WI 1995; P. BUDKE, J. SCHULZE, Schriftstellerinnen in Berlin 1871–1945. Ein Lex. zu Leben u. Werk, 1995; G. MITTAG, Es gibt Verdammte nur in Gurs. Lit., Kultur u. Alltag in einem südfranzös. Internierungslager 1940–1942, 1996; N. WEISS, J. WONNEBERGER, Dichter, Denker, Literaten in Dresden aus sechs Jh., 1997; R. WALL, Lex. dt.sprachiger Schriftstellerinnen im Exil 1933–1945, ²2004; Juden in Berlin. Biogr. (hg. E.-V. KOTOWSKI) Bd. 2, 2005; ~, ‹Die letzte Havanna›, ‹Stadt ohne Männer› (in: Der Rom.führer [...] 46, hg. H.-C. PLESSKE, S. 167–169) 2008; R. SCHWERTFEGER, In Transit. Narratives of German Jews in Exile, Flight, and Internment During «The Dark Years» of France, Berlin 2012.   KK

Isopp, Rosemarie, * 13. 10. 1927 Wien; Radiomoderatorin, lebt in Wien; 1945 Matura, Schauspiel- und Gesangsausbildung, Engagement am Landestheater Linz, moderierte zudem Rundfunksendungen, zunächst im US-amerikan. kontrollierten

Sender «Rot-Weiß-Rot», dann beim ORF, darunter 1957–88 rund 3000 Ausg. der Sendung «Autofahrer unterwegs», Reiseleiterin, hält Diavortr. zu Reisethemen. – 1983 Prof.titel. Kdb., Hörspiel.

Schriften: Püppchen Roswitha. Ein Märchen, 1950; Die schwarze Uhr. Ein Buch für alle, die jung sind und die es bleiben wollen, 1960.

Literatur: A. KLOTZ, Kinder- u. Jugendlit. in Dtl. 1840–1950. Gesamtverz. [...], Bd. 2, 1992; Autofahrer unterwegs. Prominente Sprecher erinnern sich (hg. L. NEUMEIER), 2003; Auf Ätherwellen. Persönl. Radiogeschichte(n) (hg. H. M. WOLF) 2004.   KK

Israel, Bruno, * 1900 Neugersdorf/Sa., † 1986; Elektriker, lebte in Neugersdorf; Lehre zum Elektriker, Meisterbrief, bis 1960 Betriebselektriker in einem Neugersdorfer Textilbetrieb, Leiter einer Mundart-Laienspielgruppe. – Dr., Erz., Mundart (Oberlausitzer).

Schriften: Mir sitzn a dr Spraa. Ein heiteres und besinnliches Mundartbuch (m. H. Andert, R. Gärtner) 2000.

Uraufführungen (Ausw.): De Kirmsmotette, 1930; s' Koaffeestamml, 1932; Dr neue Hutt, 1933; A Queeum, 1935; De Dickschhaube, 1937; A tausnd Ängstn, 1946; Jeder Mensch is anners oalbern, 1954; Uffm Waaje zun Gierschdurfer Schissn (Dialog) 1957; De Schopabernack, 1961. (Ferner ungedr. Bühnentexte.)

Literatur: B. SOWINSKI, Lex. dt.sprachiger Mundartautoren, 1997.   KK

Israel, F. → Israel, Jürgen.

Israel, James Adolf, * 2. 2. 1848 Berlin, † 20. 2. 1926 Berlin; Chirurg, Urologe, lebte in Berlin; Sohn eines Seidenkaufmanns, studierte ab 1857 Medizin an der Friedrich-Wilhelms-Univ. Berlin, 1870 Dr. med. ebd. u. Militärarzt im Dt.-Französ. Krieg, Assistenz- u. Chefarzt in Berlin, eröffnete 1892 eine eigene Klinik, 1894 Prof.-Titel, 1915 zur Behandlung des Sultans ins Osman. Reich gerufen, gilt als Pionier der klin. Asepsis u. der urolog. Chirurgie. – Medizin. Fachschr., Erfahrungsbericht.

Schriften (Fachschr. in Ausw.): Chirurgische Klinik der Nierenkrankheiten, 1901; Chirurgie der Niere und des Harnleiters. Ein Lehrbuch, 1925; Meine Reise zum Sultan. Tagebuchblätter vom 10. Juni bis 3. August 1915 (hg. R. WINAU) 2006.

Nachlass: Landesarch. Baden-Württ., Stuttgart. – Bundesarch. Zentrale Datenbank Nachl. (Internet-Edition).

Literatur: NDB 10,200; DBE 5,260. – Biogr. Lex. hervorragender Ärzte des 19. Jh., 1901; E. PEARS, Life of Abdul Hamid, London 1917; J. KAREWSKI, ~ zu seinem 79. Geb.tag (in: Dt. Medizin. Ws. 22, S. 134f.) 1918; Verz. der Arbeiten, Vortr. u. Diskussionsbemerkungen von ~ sowie die Arbeiten seiner Schüler (in: Zs. für Urolog. Chirurgie 12, S. 390–402) 1923; Medical Life's Monthly Interview. A Chat with ~. The Medical Quip (in: Medical Life 32, S. 295–300) 1925; L. CASPER, Nachruf ~ (in: Zs. für Urologie 20, S. 231f.) 1926; C. POSNER, Trauerfeier für ~ (ebd., S. 709–720) 1926; H. KÜMMELL, ~ (in: Dt. Medizin. Ws. 52, S. 541) 1926; A. von LICHTENBERG, ~ (in: Berliner Klin. Ws. 63, S. 679) 1926; C. SCHNEIDER, ~ (in: Münchener Medizin. Ws. 23, S. 448f.) 1926 P. ROSENSTEIN, ~ (in: Medizin. Klinik 22, S. 635–637) 1926; DERS., Narben bleiben zurück. Die Lebenserinn. des großen jüd. Chirurgen, 1954; H. LEHMANN, ~ (1848–1926). Biobibliogr. eines Berliner Urologen (Diss. FU Berlin) 1977; P. BLOCH, Erinn. an ~ (in: DERS., F. SCHULTZE-SEEMANN, ~ 1848–1926, hg. R. WINAU, S. 7–97) 1983; F. SCHULTZE-SEEMANN, Das medizin. Werk ~s (ebd., S. 217–254) 1983; J. WALK, Kurzbiogr. zur Gesch. der Juden 1918–1945, 1988.   KK

Israel, Jürgen (Ps. F. Israel), * 7. 11. 1944 Hörnitz/Oberlausitz (später zu Bertsdorf-Hörnitz/Sa.); Lektor, Publizist, Germanist, lebt in Neuenhagen bei Berlin; besuchte die Erweiterte Oberschule in Zittau, studierte danach 1963–65 (ohne Abschluss) an der Fachschule für Bibliothekare in Leipzig (abgebrochen), Volontär im Kiepenheuer Verlag ebd., studierte 1965–70 Altertumswiss. u. Germanistik an der Univ. Jena, wegen Wehrdienstverweigerung zu Gefängnis verurteilt, 1970–72 in Erfurt, Ichtershausen, Eisenach u. Warnemünde inhaftiert, danach freiberufl. Schriftst. u. versch. Anstellungen, ztw. Sekretär von Heinrich Alexander → Stoll, trotz Berufsverbots ztw. freier Verlagslektor, lebt ab 1988 in Neuenhagen, 1989 Mitbegr. der «Grünen Partei» der DDR, Mithg. der Zs. «Publik-Forum». – 1999 Aufenthaltsstipendium Künstlerhaus Schloß Wiepersdorf, 2001 Stadtschreiber von Rheinsberg, 2013/14 Stadtschreiber von Katzendorf (Caţa/Rumänien). – Erz., Ess., Biogr., Sachb., Kritik, Lyrik.

Schriften: Novembersonne. Eine Auswahl, 1988; Preußisch Blau, 2001; Freundschaft, 2003; Heimat im Rücken (Ged.) 2004 (hg. H. J. FUNKE); Prominente Protestanten. Von Martin Luther bis heute, 2006; Vermittler und Versöhner. Albrecht Goes, die DDR und das Judentum, 2010; Leben in Fülle. Ein Gruß zum Geburtstag, 2013; Eine Auswahl aus den Gedichten von J. I. (Künstlerb.) 2013 (Grafiken Agathe Israel).

Herausgebertätigkeit (Ausw.): J. M. Camenzind, Arme und doch reiche Tage. Erzählungen aus der Jugendzeit (auch Bearb., m. Nachw. hg.) 1982 (Illustr. V. Wendt); Im Urteil der Dichter. Literaturbetrachtungen von Opitz bis Lessing, 1987; Vom Wertmaß der Poesie. Literaturbetrachtungen von Goethe bis Fontane, 1988; Das Fischwunder. Franziskuslegenden deutschsprachiger Schriftsteller des 20. Jahrhunderts, 1990; Türklinken zum Leben. Vorstellungen (m. E. Antkowiak) 1990; Zur Freiheit berufen. Die Kirche in der DDR als Schutzraum der Opposition 1981–1989, 1991; G. Schwab, Ein Lesebuch für unsere Zeit, 1992; Bei uns drüben. Probleme in doppelter Sicht, 1993; Viele Wege, ein Ziel. Jahr des Herrn 1995, 1994; Worauf du dich verlassen kannst, Bd. 2, Weitere Briefe Prominenter an ihre Enkel, 2001; Musen und Grazien in der Mark, Bd. 1, Ein Lesebuch (m. P. Walter) 2002; H. A. Stoll, Der Ring des Etruskers. Ausgewählte Erzählungen und Tagebuchausschnitte (m. Nachw. hg.) 2003; Danke, liebe Großeltern ... Erzählungen und Geschichten vom Glück, 2008; Ach, Mutter. Große Männer schreiben ihren großartigen Müttern, 2011 (Illustr. L. Bertonasco).

Literatur: Wer schreibt? Autoren u. Übers. im Land Brandenburg, 1998.   KK

Israel, Roman, ★ 21. 8. 1979 Löbau/Sa.; Schriftst., lebt in Leipzig; studierte Physik, Germanistik u. Philos. in Dresden, Tätigkeiten u. a. als Museumsaufsicht, Garderobier, Bühnenarbeiter, Lektor u. Gärtner, veröff. u. a. in den Zs. «Signum» u. «Lauter Niemand», Mitgl. der Dresdener Lesebühne «Sax Royal» u. der Leipziger Lesebühne «West». – 2012 Stipendium der Villa Decius. – Erz., Hörsp., Theaterst., Lyrik.

Schriften: Rätsel von der Ankunft des Nachmittags (Ged.) 2010 (Illustr. Inga I.); Reise nach Loitoktok (Erzn.) 2011 (dasselbe).   KK

Israels, (Elieser) Louis Victor, ★ 24. 4. 1854 Weener/Ostfriesl., † 24. 5. 1922 Halle/S.; Kaufmann;

Sohn eines Viehhändlers, veröff. u. a. in der Zs. «Nds.», übernahm das väterl. Geschäft in Weener, engagierte sich in der ndt. Heimatbewegung, sammelte ostfries. Kinder- u. Volksreime. – Erz., Lyrik, Übers. (ins Plattdt.), Mundart (Rheiderländer Platt).

Schriften: Teo Fürst Bismarck sin Geburtstag 1886–1895. Festgawe teo de erste April 1895, 1895; Wat de Kiewit sprook. Döntjes un Riemels in ostfrys' Plattdütsch, 1889; Ut mine Jagdtid un as in Ostfrysland in't Jahr 1896 unner't Rindväh de Muul- und Klauensükte waß. Vertellsels in Ostfrys' Plattdüits, 1900; Näje Lieder (Ged.) 1914 (Schr. nicht nachweisbar); Plattdütse Lieder ut dat Kriegsjahr 1914/15, 1915.

Literatur: R. ECKART, ∼ (in: DERS., Hdb. zur Gesch. der plattdt. Lit., S. 373) 1911; ∼ (in: Niedersachsenb. 2, hg. R. HERMES, S. 68) 1918; B. SOWINSKI, Lex. dt.sprachiger Mundartautoren, 1997; T. SCHUSTER, ∼ (in: DERS., Weet ji wall, wor Löbje wohnt ... Spuren jüd. Lebens in Sprache u. Kultur Ostfriesl., S. 63) 2011.   KK

Ißberner-Haldane, Ern(e)st (Ps. Jsbjörn), ★ 11. 6. 1886 Kolberg/Pommern (Kołobrzeg/Polen), † 1966; Publizist, Astrologe, lebte in Berlin; Verf. zahlr. Schr. über Charakterologie, Handschrift- u. Handlesekunde, Astrologie u. Yoga, veröff. u. a. im «Zentralbl. für Okkultismus», auch antisemit. Hetzschr. in «Der Stürmer». – Fachschr., Erinnerungen.

Schriften (Fachschr. in Ausw.): Der Chiromant. Werdegang, Erinnerungen von Reisen und aus der Praxis eines Chirosophen. Mit Vorträgen und Betrachtungen für eine höhere Weltanschauung, 1925 (2., umgearb. Aufl. 1932; 3., umgearb. Aufl. u. d. T.: Mein eigener Weg. Werdegang, Erinnerungen von Reisen und aus der Praxis eines Suchenden, 1936); Einführung in die Astrologie, 1933; So wirst Du schnell Menschenkenner, 1934; Die kosmische Religion der Titanen. Der neue Mensch, 1935; Arisches Weistum. Aufklärende Abhandlungen über die einzelnen Gebiete der Geisteswissenschaften auf Grund eigener Erfahrungen und Erlebnisse [...], 1935 (Neuausg. u. d. T.: Uraltes Weistum, 1947); Sind Sie medial? Besser nicht!, 1937; Nicht Konfessionen, sondern Religion!, 1937; Liebesenttäuschungen der Frauen und warum?, 1937; Charakterdeutung nach Form und Zügen des Gesichts. Ein Lehrbrief zur schnellen Erlangung praktischer Menschenkenntnis, 1937;

Werde Erfolgsmensch. Eine Schulung zum Ziel des persönlichen Erfolges im Alltagsleben, 1938 (3., erw. Aufl. 1959); Die Seele des Menschen. Real-Psychologie, 1958; Die Kabbala des Zoroaster, 1961.

Herausgebertätigkeit (Ausw.): W. Maxwell, Magisch-magnetische Heilkunde (auch Bearb.) 1954; F. Hartmann, Unter den Adepten und Rosenkreuzern, 1963.   KK

Issels, Josef, ★ 21. 11. 1907 Mönchengladbach, † 11. 2. 1998 bei San Francisco/CA; Arzt; Sohn eines Kaufmanns, studierte 1927–32 Medizin in Freiburg/Br., Bonn, München, Wien, Rostock, Düsseldorf und Würzburg, 1933 Dr. med. in Würzburg, prakt. Arzt in Mönchengladbach, 1939–45 Sanitätsoffizier im 2. Weltkrieg, danach wieder prakt. Arzt, spezialisierte sich auf die Behandlung von Krebspatienten, entwickelte ein umstrittenes ganzheitl. Therapiekonzept für krebskranke Patienten, gründete 1951 eine eigene Klinik in Rottach-Egern/Bayern, gab die Klinik n. jurist. Auseinandersetzungen auf, 1975–85 Arzt in Bad Wiessee, danach medizin. Berater an Krebskliniken in den USA. – Fachschr., Erinnerungen.

Schriften (Fachschr. in Ausw.): Ueber das Krankheitsbild der Leukämie (Diss.) 1933; Die Ernährung des Krebskranken und Krebs-Gefährdeten, 1970; Mehr Heilungen von Krebs, 1972 (3., überarb. Aufl. 1982); Mein Kampf gegen den Krebs. Erinnerungen eines Arztes, 1981; Ganzheitliches Konzept der Krebstherapie (Vorw. F. A. Popp) 1985.

Literatur: Munzinger-Arch.; GBE 2, 940; DBE 5,260. – G. Chedd, Ringberg-Clinic Laid Gently to Rest (in: New Scientist 49, H. 741, S. 459) London 1971; G. Thomas, ~ an His Revolutionary Cancer Treatment, New York 1973; G. Thomas, ~. The Biography of A Doctor, London 1975; D. Smithers, Verdict in ~ (in: New Scientist 66, H. 945, S. 150) London 1975; Swedes Take on DHSS over ~ Report (ebd. 72, H. 1012, S. 269) ebd. 1976; G. Hildenbrand, An Appraisal of the Life and Work of ~ 1907–1997 (in: The Journal of Alternative and Complementary Medicine 4, H. 2, S. 137–140) Larchmont/NY 1998; G. Hildenbrand, ~ Treatment Analysis (in: Integrative Cancer Therapies 1, H. 3, S. 261–263) Thousand Oaks/CA 2002; E. D. Hager, Hist. Entwicklung der komplementären Krebstherapie (in: Dt. Zs. für Onkologie 35, H. 4, S. 168–178) 2004; E. Krämer, Leben u. Werk von Prof. Dr. phil. Günther Enderlein,

2006; C. A. Larson, Alternative Medicine, Westport/CT 2007; A. Wishart, Alternativen, Kampfansage an die Schulmedizin (in: Ders, Einer von Dreien. Mein Vater, der Krebs u. die Hoffnung der Medizin, S. 149–172) 2008.   KK

Issis, Joe → Coryllis, Peter.

Issler, Yehiel → Ilsar, Yehiel.

Issmer, Volker, ★ 1943 Glatz/Schles. (Kłodzko/Polen); Pädagoge, lebt in Osnabrück; wuchs n. der Vertreibung ab 1946 in Kloster Oesede auf (später zu Georgsmarienhütte/Nds.), studierte Germanistik u. Gesch. an der Univ. Münster,Lehrer, 2003 Dr. phil. in Münster. – 2002 Marion-Samuel-Preis, 2003 Kulturförderpreis des Landschaftsverbandes Osnabrücker Land u. Ehrengabe der Stadt Georgsmarienhütte. – Fachschr., Roman.

Schriften: Das Arbeitserziehungslager Ohrbeck bei Osnabrück. Eine Dokumentation (Diss. Univ. Osnabrück) 2000; Als «Mitläufer» (Kategorie IV) entnazifiziert. Die Memoiren meines Vaters, 2001; Die Reise des Grals. Aufzeichnungen eines Herbstes zwischen Ohrbeck und Tecklenburg, 2005; Der tolle Christian (hist. Rom.) 2006; Zahngold (Rom.) 2008; The Master's Lot – Der Anteil des Meisters (Rom.) 2009; Fremde Zeit – unsere Zeit, 2 Bde., 2011/12.   KK

Istel, Edgar, ★ 23. 2. 1880 Mainz, † 17. 12. 1948 Miami/FL; Komponist, Musikwiss.; Sohn eines Weingroßhändlers, erhielt bereits als Kind musikal. Ausbildung in Violine, Piano u. Komposition, studierte 1898–1901 an der königl. Akad. der Tonkunst in München, 1901 Dr. phil. an der Univ. ebd., 1901–13 Privatdoz., Komponist u. Musiklehrer in München, 1913–19 Doz. für Musikästhetik an der HU Berlin, Lehrer u. a. von Hermann → Unger, 1919/20 Doz. an der Lessing-Hochschule Berlin, 1920–36 offizieller Vertreter des «Verbandes dt. Bühnenschriftst.» in Madrid, veröff. zahlr. Aufs. in «The Musical Quarterly», die Auff. seine Werke in Dtl. wurde 1935 von Hans → Hinkel verboten, emigrierte 1936 n. Großbritannien, 1938 in die USA. – Fachschr., Biogr., Kritik.

Schriften (Ausw.): Studien zur Geschichte des Melodramas. Jean-Jacques Rousseau als Komponist seiner lyrischen Scene «Pygmalion» (Diss.)

1901 (Nachdr. 1973); Des Tribunals Gebot. Komisch-romantisches Bühnenspiel in einem Vorspiel und zwei Akten, 1908; Das Libretto. Wesen, Aufbau und Wirkung des Opernbuchs, nebst einer dramaturgischen Analyse des Libretto von «Figaros Hochzeit», 1914; Die moderne Oper vom Tode Wagners bis zum Weltkrieg (1883–1914), 1915 (2., erw. Aufl. 1923); Endlich! Burlesk-romantische Spieloper in einem Aufzug, 1918; Verbotene Liebe. Komisch-romantische Oper in einem Vorspiel und zwei Akten, 1919; Revolution und Opfer, 1919; Maienzauber. Komisch-romantische Spieloper in einem Aufzug, 1919; Das Buch der Oper. Die deutschen Meister von Gluck bis Wagner, 1919; Wenn Frauen träumen ... Musikalisches Lustspiel in zwei Akten, 1920; Die Blütezeit der musikalischen Romantik in Deutschland, ²1921 (Reprint 1968); Peter Cornelius (Biogr.) 1924; Bizet und «Carmen». Der Künstler und sein Werk, 1927; Die Freimaurerei in Mozarts «Zauberflöte», 1928.

Nachlass: DLA; FDH; Lipp. LB, Detmold; Münchener StB Monacensia, München; Staats. u. UB Hamburg; UB Johannes Christian Senckenberg, Frankfurt/M.; Theaterwiss. Slg. des Inst. für Medienkultur u. Theater der Univ. Köln.

Literatur: Schmidt, Quellenlex. 14,361. – GBE 2,940; DBE 5,261; Riemann 2,38; MGG 17,60. – Dt. Zeitgenossenlex. (hg. F. NEUBERT) 1905; Dt. Tonkünstler u. Musiker in Wort u. Bild (hg. F. JANSA) ²1911; R. LOUIS, Die dt. Musiker der Ggw., ³1912; Das neue Musik-Lex., 1925; The New Grove Dictionary of Music and Musicians (hg. S. SADIE) Bd. 9, London 1980; Baker's Biographical Dictionary of Musicians, New York 1984; Ausgemerzt! Das Lex. der Juden in der Musik u. seine mörder. Folgen (bearb. T. STENGEL u. a.) 1999; K. PRIEBERG, Hdb. dt. Musiker 1933–1945 (CD-ROM) 2004; Bayer. Musikerlex. Online (Internet-Edition).   KK

Isterling, Fritz, * 15. 3. 1924 Höchst am Main (später zu Frankfurt/M.); Ingenieur, lebt in Urach/Baden-Württ.; 1940 Mitgl. der Feuerwehr der Hitlerjugend, ztw. Soldat im 2. Weltkrieg, dann Mitgl. der Feuerschutzpolizei, 1945–58 Feuerwehrmann, Leiter versch. Werksfeuerwehren, Sachverständiger für Industriebrandschutz, veröff. zahlr. Fachbeitr. zum Brandschutz, Leiter eines Brandschutz-Schulungszentrums, 1967 Doz. am Inst. für Verkehrssicherheit Baden-Württ. begr. 1970 die Brandschutz-Seminare an der Techn. Akad. Esslingen. –

Dt. Feuerwehr-Ehrenkreuz in Gold. – Fachschr., Feuill., Erzählung.

Schriften (Fachschr. in Ausw.): Wenn es brennt ..., 1976 (zahlr. Aufl.); Brandschutz und Feuersicherheit im Verbrauchermarkt und Warenhaus. Handbuch für alle Führungskräfte und Sicherheitsbeauftragte, 1977; In uns'rer Küche brennt's. Mit Feuer und Flamme Speisen und Getränke bereiten. Ein Koch-, Back- und Mixbuch ganz besond'rer Art, 1981; Ho Tai und das Feuer. Kurzgeschichten und auch längere, 1981; Das brennendheiße Element. Eine Psycho-Analyse des Feuers, 1981.   KK

Istler, Ernst, * 1941 Wien; Orchestermusiker, lebt in Wien; studierte bereits als Gymnasiast Fagott an der Musikakad. Wien, studierte 1966–69 griech. u. röm. Gesch. sowie Altertumswiss. u. Archäologie an der Univ. Wien, 1969 Dr. phil. ebd., Angestellter bei den Wiener Symphonikern, dort ab 1975 hauptamtl. Notenarchivar, ztw. auch Orchesterinspektor, zudem Fagottist, Begr. u. Mitgl. des Musikquartetts «Flip», seit 2007 im Ruhestand. – Fachschr., Lyrik.

Schriften: Aristoteles und der Peripatos in ihrem Verhältnis zu Alexander, 2 Tle. (Diss.) 1969; Die Lust vom Anfang zum Ende (Ged.) 1987; Mein Gott, mein Gott, warum hast Du mich verlassen. Kantate [...] (Notendr.) 1999 (Musik J. Holik).   KK

Istock, Ruth, * 26. 1. 1933 Alzey/Hessen (später zu Rhld.-Pfalz); Lehrerin, Schriftst.; Tochter eines kaufmänn. Angestellten, besuchte bis 1952 das neusprachl. Mädchengymnasium in Alzey, studierte 1952–56 Germanistik, Gesch. u. Philos. in Mainz u. Freiburg/Br., 1957–59 Tutorin im Studentenwohnheim der Univ. Mainz, Referendarin am staatl. Aufbaugymnasium Alzey, 1960 Dr. phil. in Mainz, Gymnasiallehrerin in Kaiserslautern, lebt in einem Altenheim in Kleinmachnow. – Rom., Erz., Glosse, Ess., Fachschr., Erinn., Lyrik.

Schriften: Die Wiedergewinnung mittelhochdeutscher Lyrik in den Übersetzungen deutscher Romantiker. Ein Beitrag zur romantischen Poetik (Diss.) 1960; Unter der Sanduhr (Erz.; hg. G. KRALL, K.-F. GEISSLER) 1989; Das andere Ende des Bogens (Rom.) 1991; Fundstücke schwarz auf weiß, 1995; Da du nun Suleika heißest. Marianne von Willemers Goethe-Jahre (Rom.-Biogr.) 1998; Hummelflüge. Briefe, Berichte, Betrachtungen, 2000; Aladins Garten (Rom.) 2001; Goethes

Lili. Elise von Türckheim (Rom.-Biogr.) 2004; Geht's noch? Ein Jahresbericht, 2010 (Selbstverlag); Spätlese (Erinn.) 2012.

Literatur: J. ZIERDEN, Lit.lex. Rhld.-Pfalz, 1998; V. CARL, Lex. der Pfälzer Persönlichkeiten, ³2004.   KK

Ital, Gerta (eig. Gertrud Maria Luise Karoline I.), * 7. 7. 1904 Hannover, † 21. 7. 1988 München; Schauspielerin, Künstlerin; Tochter eines Dirigenten, wuchs in Berlin auf, Schausp.unterricht an der Max-Reinhardt-Schule, Engagements in Stettin u. Berlin, studierte n. krankheitsbedingtem Karriereende Theol. u. Indologie in Heidelberg u. Berlin, ab 1942 Filmautorin («Reise in die Vergangenheit», 1943, Regie H. H. Zerlett; «Die Affäre Rödern», 1944, Regie E. Waschneck), n. einer Erbschaft wirtschaftl. unabhängig, lernte Japanisch, ab 1963 mehrere Reisen n. Japan, Zen-Buddhistin. – Erfahrungsber., Drehb., Erz., Fachschr., Roman.

Schriften: Immer nur Claudia (Rom.) 1962; Der Meister, die Mönche und ich. Im zen-buddhistischen Kloster, 1966; Auf dem Wege zu Satori. Übersinnliche Erfahrungen und das Erlebnis der Erleuchtung, 1971; Meditationen aus dem Geist des Zen. Die große Umwandlung zur Selbstbefreiung, 1977 (erw. Tb.ausg. 1985).

Literatur: H. HECKER, Lbb. dt. Buddhisten, Bd. 2, 1992.   KK

Italiaander, Rolf (Bruno Maximilian), * 20. 2. 1913 Leipzig, † 3. 9. 1991 Hamburg; Schriftst., Publizist, Übers., lebte in Hamburg; Sohn eines niederländ. Fabrikanten, wuchs in Leipzig auf, erhielt Klavierunterricht bei Artur Nikisch (1855–1922), ztw. Mitgl. der Wandervogel-Bewegung, fälschte sein Geburtsdatum u. absolvierte einen Segelflugkursus, 1929 Bibliothekar u. Sekretär von Willy → Haas (bei dem er ztw. auch wohnte) in Berlin-Falkensee, studierte 1930–34 (ohne Abschluss) Naturwiss., Germanistik u. Völkerkunde in Leipzig, 1932 erste Veröff. in den «Sozialist. Monatsh.», v. Heinrich → Mann lit. gefördert, Auftritte als Kabarettist, korrespondierte u. a. m. Gerhart → Hauptmann u. Thomas → Mann, ab 1933 zahlr. Studienreisen durch alle Kontinente, sein Eintritt in die Fremdenlegion in Algerien wurde n. Probezeit abgelehnt, 1934 von den Nationalsozialisten der Univ. verwiesen, Übersiedlung n. Berlin, besuchte das Max-Reinhardt-Seminar, absolvierte 1934 einen Ausländerkurs in Oxford, mehrere

seiner B. wurden von den Nationalsozialisten verboten bzw. beschlagnahmt ‹Die Liliputaner›, ‹Die Jünger des Ikarus›, ‹Asse›, ‹Armut der Liebe› u. a.), n. eigenen Angaben von den Nationalsozialisten verfolgt, mehrfach von der Gestapo verhört u. durch Fürsprache von Ernst → Udet vor den Behörden geschützt, lebte während des Krieges ztw. verborgen in Holland u. Italien, 1944–47 Intendant u. Regisseur eines Wandertheaters, lebte 1947–91 in Hamburg, 1947 zus. mit Hans Henny → Jahnn Begr. der «Freien Akad. der Künste in Hamburg», deren Generalsekretär, gründete 1949 den «Verband dt.sprachiger Übersetzer lit. u. wiss. Werke», trat 1968 n. Vorwürfen aufgrund seiner Veröff. im Nationalsozialismus als Generalsekretär der Freien Akad. zurück, begr. 1968 die Reihe «Hamburger Bibliogr.», begr. 1970 m. seiner Kunstslg. das «Mus. Rade», regte Ivo → Hauptmann zur Abfassung seiner Erinn. an, zahlr. Gastprof. (u. a. in Wien u. Holland/MI),. – 1951 Ehrenurkunde zur Förderung des Schrifttums, 1964 (erst- u. einmalig verliehen) Hans-Henny-Jahnn-Preis, 1977 Großes Verdienstabzeichen der Republik Öst., 1984 Bundesverdienstkreuz. – Erz., Jgdb., Dr., Ess., Kdb., Fachschr., Erfahrungsber., Rep., Erinn., Biogr., Lb., Lyrik, Übers. (aus dem Niederländ., Französ. u. Englischen).

Schriften: So lernte ich segelfliegen (Jgdb.; Vorw. DOMINICUS) 1931 (Fotos R. I., E. Schneider; tw. Neuausg., Warschau 1934, Vorw. Z. ŻYGULSKI); Hallo Boys! Flugmodellbau mit R. I., 1932; Gebrüder Lenz auf Tippeltour. Eine Geschichte von zwei Jungen, 1933 (Bilder W. Planck; Stud.ausg. u. d. T.: Gebrüder Lenz auf Tippelfahrt, hg. H. SHAPERO, London 1937); Wüstenfüchse. Eine Jungensgeschichte aus Nordafrika, 1934 (Bilder H. Hähnel; neu bearb. Aufl. 1954); Flußzigeuner. Zwei Jungens, ein Faltboot, ein Floß, 1934 (Bilder H. Langenberg; Neuausg. 1955); Mein Fahrrad und ich. Ein frohes Wanderbuch, 1935 (Neuausg. 1941); Lennart und Faber, zwei Flieger, 1935 (Bilder K. Stratil; tw. Neuausg. als Schulb. u. d. T.: Lennart, ein Segelflieger, hg. W. MAYER, Lwów/Polen 1938); Segelflug in aller Welt (Vorw. W. GEORGII) 1936; Im Zeichen des weißen Elefanten. Ein Jungenschicksal aus unserer Zeit, 1936 (Zeichn. M. Zschoch); Erlebnisse beim Segelflug (Vorw. O. URSINUS) 1936; Mit dem Rad durch Nordafrika. Erlebnisse eines Neunzehnjährigen, 1938 (Bilder K. Mühlmeister); Manfred Freiherr von Richthofen. Der beste Jagdflieger des großen Krieges

(Vorw. H. Thomsen) 1938; Der junge Nettelbeck. Die ersten 25 Lebensjahre des großen Seefahrers (Vorw. B. von Selchow) 1938 (überarb. Ausg. u. d. T.: Immer mit vollen Segeln! Der junge Nettelbeck, 1955, Bilder F. Hanel); Spiel und Lebensziel. Der Lebensweg des ersten deutschen Motorfliegers Hans Grade. Unter Verwendung seiner eigenen Aufzeichnungen und mit Berichten von Zeitgenossen (Vorw. E. Udet) 1939; Pour le mérite – Flieger mit zwanzig Jahren, 1939; Götz von Berlichingen. Das Leben des Ritters mit der eisernen Hand, nach einem alten Volksbuch erzählt, 1939; Banzai! Japanische Heldengeschichten aus alter und neuer Zeit, 1939 (6. Aufl., Vorw. H. Oshima, 1942); Drei deutsche Fliegerinnen. Elly Beinhorn, Thea Rasche, Hanna Reitsch. Drei Lebensbilder, 1940 (2., verb. Aufl. 1942); Wegbereiter deutscher Luftgeltung. Neun Lebensbilder, 1941; Geglenfelde. Wie es ein Gast des Hauses sieht, 1941; Flugzeugmarder von Westward-Ho, 1941 (Zeichn. E. Lüdke); Werkpilot Steffens. Chronik eines Lebens unserer Tage, 1942; Luftkrieg über dem Mittelmeer. Eine Fahrt zu den italienischen Luftbasen im Mittelmeerraum, 1942; Italo Balbo. Der Mensch, der Politiker, der Flieger, der Kolonisator, 1942; Das Wunderpferd. Eine Märchenerzählung, 1947 (Neuausg. 1977); Besiegeltes Leben. Begegnungen auf vollendeten Wegen. Gerhart Hauptmann, Ulrich von Hassell. Albrecht Haushofer. Drei Erinnerungsblätter, 1949; Hans und Jean. Roman junger Menschen dieser Zeit, 1951 (Zeichn. H. Schipmann); Nordafrika heute. Roman einer Reise, 1952; Himmel ohne Grenzen. Fliegergeschichten, 1952 (tw. Neuausg. u. d. T.: Fliegergeschichten, 1954, Illustr. K. Wendlandt); Land der Kontraste. Orient und Okzident in Marokko, 1953 (überarb. Neuausg. 1959); Der Überfall auf die Sahara-Schule. Ein Roman für junge Leute, 1953; Carl Albert Lange 1892–1952 (Gedenkschr.) 1952; Wann reist du ab, weißer Mann? Erlebtes Westafrika, 1954; Oasen. Empfindsame Blätter aus der Satteltasche (Ged.) 1954; Im Lande Albert Schweitzers. Ein Besuch in Lambarene, 1954 (erw. Neuausg. 1958; gek. Ausg. m. dem Untert.: Zum 100. Geburtstag des Urwaldarztes, 1974); Der weiße Oganga. Albert Schweitzer. Eine Erzählung aus Äquatorialafrika, 1954; Vom Urwald in die Wüste. Geschichten und Berichte aus Kongo, Tschad und Sahara, 1955 (überarb. Neuausg. 1960); Experimente am Äquator. Wie die ersten Negerradierungen entstanden, 1956 (Sonderdr.); Nordafrika. Marokko,

Algerian, Tunesien, Libyen (Bildbd.) 1956 (Fotos H. Wimmer, E. Brunner); Neue Kunst in Afrika. Eine Einführung, 1957; Mubange, der Junge aus dem Urwald (Rom.) 1957 (Illustr. W. Rieck); Menschen in Afrika, 1957; Ivo Hauptmann, 1957; Herrliches Hamburg (Nachw. H. H. Jahnn) 1957 (Zeichn. H. Leip); Geliebte Tiere. Abenteuer und Märchen in Afrika, 1957; Zeitgenössische Negermalerei aus Zentralafrika [...] (Kat.) 1958; Schwarze Weisheiten. Negersprichwörter, 1958; Der ruhelose Kontinent. Ein Schlüssel zur Geschichte und Wirtschaft aller afrikanischen Länder, 1958; Zeitgenössische Negermalerei aus Zentralafrika. Sammlung R. I. (Kat.) 1959; Kongo. Bilder und Verse, 1959 (erw. Neuausg. 1969); Tanz in Afrika. Ein Phänomen im Leben der Neger, 1960; Tänzer, Tiere und Dämonen. Afrikanische Graphiken, 1960; Die neuen Männer Afrikas. Ihr Leben, ihre Taten, ihre Ziele, 1960 (bearb. u. erw. Aufl. 1963); 1001 Weisheit. Sprichwörter der Araber und Berber, 1961; Schwarze Haut im roten Griff, 1962; Immer, wenn ich unterwegs bin. Verse und kleine Prosa, 1962; Die große Bruderschaft der Rassen und Religionen (Rede) 1963; Brüder der Verdammten. Menschliche Entwicklungshilfe in Afrika, Amerika, Asien, 1963; Bin toll auf dich, Welt!, 1963; Die neuen Männer Asiens (Vorw. S. Radhakrishnan) 1964; Im Namen des Herrn im Kongo. Geschehnisse, Erlebnisse, Ergebnisse (Vorw. S. C. Neill) 1965; Die Friedensmacher. Drei Neger erhielten den Friedens-Nobelpreis. Ralph Bunche, Martin Luther King, Albert John Luthuli (m. A. J. Toynbee) 1965; Burg Pyrmont in der Eifel (Vorw. W. Bornheim) 1965; Bad Orb, den ... Briefe eines Kurgastes, 1965; Bingo und Bongo vom Kongo (Jgdb.) 1967 (Fotos R. I., Bilder S. Lemke, M.-L. Pricken); Was geht in Lateinamerika vor? (Vortr.) 1968; Martin Luther King, 1968; Gedanken über Albert Schweitzer. Dortmunder Rede [...], 1968; Terra dolorosa. Wandlungen in Lateinamerika (Vorw. R. Grossmann) 1969; Richard N. Coudenhove-Kalergi. Begründer der Paneuropa-Bewegung (Nachw. P. Grégoire) 1969; Hallelujas, 1970; Friedensdenker und Friedensgedanken, 1970; Akzente eines Lebens (Autobiogr.; Nachw. P Jokostra) 1970; Wird Europa untergehen?, 1971; Profile und Perspektiven, 1971 (tw. Neuausg. u. d. T.: Denn man berührt uns nicht, 1971); Neue Hoffnung für Aussätzige, 1971; Juden in Lateinamerika, Tel Aviv 1971; Partisanen und Profeten [sic!]. Christen für die Eine Welt, 1972;

Die neuen Herren der alten Welt. Ein Bericht aus den 35 Ländern Europas. Gespräche mit den wichtigsten europäischen Politikern aus Regierung und Opposition zur wirtschaftlichen und gesellschaftlichen Entwicklung, 1972 (gek. u. aktual. Tb.ausg. 1974); Das Elefanten-Mädchen. Afrikanische Tiermärchen, 1972 (Zeichn. O. Callsen); Sokagakkai. Japans neue Buddhisten, 1973; Einige unbekannte Briefe des deutschen Afrika-Forschers Heinrich Barth (Vortr.) 1973; Spaß an der Freud. Laienmaler und naive Maler an 99 Beispielen dargestellt, 1974; Freunde, eure Hand! – Marcia (Notendr.) 1974 (Musik N. Schultze); Jeder ist ein Glied in der Kette. Drei Bilder aus dem Leben junger Europäer, 1974 (dass.); Kiri. Geister der Südsee. Phantastische Geschichten, 1975; Das große Glück der Lampenputzer. Ein Stück für das Kindertheater, 1975; Geld in der Kunst. Geld und Geldeswert in Skulptur, Graphik und Malerei (m. K. Gundermann, J. Büchner) 1976; Sascha mit der Ziehharmonika. Ein Kindermusical, 1977; Narzißmus, Schönheit und Geschäft, 1977; Lieben müssen (m. a.) 1977; Bücherrevision. Zwischen Erfolgen und Niederlagen, 1977; Wer seinen Bruder nicht liebt ... Begegnungen und Erfahrungen in Asien, 1978; Jack London, 1978; Harmonie mit dem Universum. Zwiegespräch zwischen Europa und Japan. Ein Buch der Lebenshilfe (Vorw. W. Kohler) 1978; Bei Wempe gehn die Uhren anders. Chronik eines mittelständischen Familienunternehmens, 1978; Die Südsee, auch eine Herausforderung. Tagebücher eines Individualisten aus Indonesien und Papua-Niugini, 1979; Afrika hat viele Gesichter. Ein humanistisches Lesebuch (Nachw. M. M. K. Mikanza) 1979; Hugo Eckener, ein moderner Columbus. Die Weltgeltung der Zeppelin-Luftfahrt in Bildern und Dokumenten (Bearb.) 1979; Xocolatl. Ein süßes Kapitel unserer Kulturgeschichte, 1980; Kalle und der Schuhputzjunge (Kdb.) 1980 (Bilder E. Lange); Unser täglich Korn gib uns heute. Einige Anmerkungen zu unserer Ernährung, 1980; Hugo Eckener. Die Weltschau eines Luftschiffers, 1980; Fietes Wochenend in Hamburg, 1980 (Bilder K. W. Schöttler); Blindenarzt Dr. Joseph. Jeder dritte Blinde ist ein Inder, 1980; Akzente eines Lebens. Begegnungen mit bedeutenden Zeitgenossen (Nachw. P. Jokostra) 1980; Ferdinand Graf Zeppelin. Reitergeneral, Diplomat, Luftschiffpionier. Bilder und Dokumente, 1981 (2., neu gestaltete Aufl. 1986); Mein afrikanisches Fotoalbum. 45 Jahre Afrika, 1981; Ein

Deutscher namens Eckener. Luftfahrtpionier und Friedenspolitiker. Vom Kaiserreich bis in die Bundesrepublik, 1981; Die große Zeit der deutschen Hanse. Laienmaler gestalten Geschichte (Bearb.) 1981; Zipp-Zapp-Zeppelin. Ein Kinderbuch vom Bodensee, 1982 (Zeichn. G. Brylka); Wiedersehen mit Marrakesch, 1982 (Zeichn. H. W. Geerdts); Gymnasiasten-Verse, 1982; Dreizehn Stunden in jenem Krieg. 8. Mai 1943, 1982; Der Fall Oscar Wilde. Triumph und Tragödie eines Dichterlebens, 1982; Das Recht auf sich selbst. Eine häusliche Szene, 1982; Von Lust und Leid des Schriftstellers. Vom Notizblock meines Nachttisches, 1983; Speise der Götter. Eine kleine Kulturgeschichte von Xocolatl in Bildern, 1983; Schwarze Magie – Magie der Schwarzen. Mehr als schwarze Magie. Begegnungen mit religiösen Phänomenen in Cuba, Brasilien und Westafrika (Vorw. A. Pollak-Eltz) 1983; Lichter im Norden. Erinnertes und Bedachtes, 1983; Geh hin zu den Menschen ... Ein neuhumanistisches Lesebuch, 1983; Durchschrittene Räume. Hamburgensien eines Zugereisten, 1983; Kunstsammler, glückliche Menschen. Erlebnisse mit Künstlern, Bildern und Skulpturen in aller Welt, 1985; Vielvölkerstadt. Hamburg und seine Nationalitäten, 1986; Kreative Freundschaft mit der Familie Gerhart Hauptmann [...] (Vortr.) 1989.

Übersetzungen (Ausw.): E. McColl, Uranium 235. Eine dokumentarische Revue in elf Episoden (Dr.) 1948; J. Last, Vor dem Mast (Erz.; auch eingel. u. hg.) 1949 (Illustr. M. de Graaf); M. Rostand, Der Prozeß Oskar Wilde (Dr.; auch Bearb. u. m. Einl. hg.) 1951; ders., Madame Recamier. Eine liebevolle Komödie in drei Akten und einem Epilog (auch Bearb.) 1951; J. van der Woude, Ärzte und Verbrecher. Roman der Anatomie, 1952; J. de Hertog, Schiff ohne Hafen. Schauspiel in drei Akten (auch Bearb.) 1952; M. Aymé, Der Kopf des Anderen (Dr.) 1952; S. Vestdijk, Der Arzt und das leichte Mädchen (Rom.; auch m. Nachw. hg.) 1953; J. van der Woude, Marianne Borin (Rom.) 1954; J.-P. Sartre, Über Jean Genet, 1955; A. Mongita, Mangenge oder Die Kongotaufe (auch m. Vorw. hg.) 1958; C. Alves, Navio – Das Sklavenschiff, 1960.

Herausgebertätigkeit (Ausw.): Wolf Hirth erzählt. Die Erlebnisse unseres erfolgreichen Meister-Fliegers, 1935 (erw. Ausg. 1938, Vorw. E. Beinhorn-Rosemeyer; Neuausg. 1952); K. Eggers, Tagebuch einer frohen Fahrt, 1935; O. F. Heinrich, Der Junge von Zeche «Barbara». Eine Erzählung aus den schlesischen Bergen, 1935; L. Beyer, Wir schaffen es! Eine Mädchengeschichte aus dem Berlin von heute (m. J. Johannsen) 1935 (Bilder K. Stratil); E. Lühmann, Inge gehört in die Heide. Fröhliche Erzählung von einem Erbhof und seinen Kindern (dass.) 1935; I. Schönhoff-Riem, Christel, Lore und Ursel. Ein Buch von Jugend und Arbeit (dass.) 1935; M. Thudichum, Mit Geige und Figurenkasten. Eine Mädchengeschichte aus Oberbayern (dass.) 1935; L. Barthel-Winkler, Ich hol' mir meinen Vater. Die Geschichte eines tapferen Mädels (dass.) 1936; P. Bindels, der Sprung in die Zirkuskuppel. Ein kleiner Zirkusroman, 1936; J. Nettelbeck, Mein Leben. Mit vielen unbekannten zeitgenössischen Illustrationen, einer Einleitung und einem Bericht über Nettelbecks letztes Lebensjahr, 1938; Was zum Lachen! Lustige Geschichten und Abenteuerberichte, Spaße und lose Verse für Jungens (mit W. Steinbach) 1936 (erw. Ausg. 1941); So ein Spaß! Lustige Geschichten und Abenteuerberichte, Späße und lose Verse für Mädels (dass.) 1936 (dass.); E. Scharff, Pferde und Reiter. 32 Zeichnungen (m. Vorw. hg.) 1947; Englische Perspektiven. Stimmen zum geistigen Leben Englands, 1948; In memoriam Albrecht Haushofer. Gedenkworte, 1948; ... und ließ eine Taube fliegen. Ein Almanach für Kunst und Dichtung (mit L. Benninghoff) 1948; Frank Thiess. Werk und Dichter. 32 Beiträge zur Problematik unserer Zeit, 1950; F. Thiess, Die Blüten welken, aber der Baum wächst. Ein Brevier für Tag und Nacht (m. Nachw. hg.) 1950; Niederländische Meister der Erzählung (Nachw. N. A. DONKERSLOOT) 1952; Carl Albert Lange. 1892–1952 (Gedenkschr.) 1953; Henry Benrath in memoriam, 1954; Hans Henny Jahnn [...], 1954; Berliner Cocktail (m. W. Haas) 1957; F. Thiess, Über die Fähigkeit zu lieben (m. Nachw. hg.) 1958 (Bilder R. Sintenis); Teenagers, 1958 (Zeichn. E. Godal); Hans Leip. Leben und Werk, 1958; H. H. Jahnn, Aufzeichnungen eines Einzelgängers. Auswahl aus dem Werk, 1959; ders., Buch der Freunde, 1960; Fritz Kronenberg, 1960; Herder-Blätter, 1962; G. Hauptmann, Früheste Dichtungen, 1962; Der Bühnenbildner Karl Gröning, 1962; Pariser Cocktail (Vorw. A. MAUROIS) 1963; O. Dapper, Umbständliche und eigentliche Beschreibung von Africa, Anno 1668 (m. Nachw. hg.) 1964; Peter Martin Lampel, 1964; König Leopolds Kongo. Dokumente und Pamphlete [...] (m. Einl. u. Komm. hg.) 1964; Gleise und Neben-

gleise des O. H. Strohmeyer, 1964; Übersetzen. Vorträge und Beiträge vom internationalen Kongreß literarischer Übersetzer in Hamburg 1965, 1965; Mutter Courage und ihr Theater. Ida Ehre und die Hamburger Kammerspiele, 1965; Die Herausforderung des Islam, 1965; W. Haas, Über die Fremdlinge. Vier weltliche Erbauungsreden, 1966; Rassenkonflikte in der Welt. Berichte und Analysen, 1966; In der Palmweinschenke. Pakistan in Erzählungen seiner besten zeitgenössischen Autoren, 1966; Die Gefährdung der Religionen. Ein Symposion der Weltreligionen, 1966; Lebensentscheidung für Israel (Vorw. A. BEN-NATAN) 1967; Karl May, Quebec/Kanada 1967; H. Barth, Im Sattel durch Nord- und Zentralafrika. Reisen und Entdeckungen in den Jahren 1849–1855, 1967 (Neuausg. 1980); Frieden in der Welt – aber wie? Gedanken der Friedens-Nobelpreisträger (Vorw. C. F. von WEIZSÄCKER) 1967; Ein Briefwechsel. Hugo von Hofmannsthal und Willy Haas, 1968; Weder Krankheit noch Verbrechen. Plädoyer für eine Minderheit, 1969; Heinrich Barth. Er schloß uns einen Weltteil auf. Unveröffentlichte Briefe und Zeichnungen des großen Afrika-Forschers, 1970; Kultur ohne Wirtschaftswunder, 1970; Albanien. Vorposten Chinas, 1970; Ade, Madame Muh! Bauersleute dichten heute (Nachw. K. KROLOW, H. HAUSHOFER) 1970; Argumente kritischer Christen. Warum wir nicht aus der Kirche austreten, 1971; Diktaturen im Nacken, 1971; Moral – wozu? Ein Symposium, 1972; Eine Religion für den Frieden. Die Rissho Kosei-kai. Japanische Buddhisten für die Ökumene der Religionen (Vorw. W. KOHLER) 1973; Heißes Land Niugini. Beiträge zu den Wandlungen in Papua Neuguinea, 1974; W. Y. Kang, Zwischen Tiger und Schlange (Nachw. R. von WEIZSÄCKER) 1975; Indonesiens verantwortliche Gesellschaft, 1976; Naive Kunst und Folklore (Vorw. A. von SALDERN; m. Einf. hg.) 1977; Schwarze Weisheiten. Sprichwörter, Anekdoten und Meditationen aus Afrika, 1978; Schleswig-Holstein. Zwei Meere, ein Land, 1979; H. Eckener, Im Luftschiff über Länder und Meere, 1979; Herrliches Hamburg, 1979; Ich bin ein Berliner. 90 Bilder von 54 Naiven und Amateurmalern, 1980; Jenseits der deutsch-deutschen Grenze, 1981; Wir erlebten das Ende der Weimarer Republik. Zeitgenossen berichten, 1982; Ein Mann kämpft für den Frieden. Nikkyo Niwano, 1982; Fremde raus? Fremdenangst und Ausländerfeindlichkeit, Gefahren für jede Gemeinschaft, 1983;

Hans-Hasso von Veltheim-Ostrau. Privatgelehrter und Weltbürger, 1987; Die Herausforderung des Islam. Ein ökumenisches Lesebuch (Nachw. U. STEINBACH) 1987; Loki. Die ungewöhnliche Geschichte einer Lehrerin namens Schmidt, erzählt von ihren Freunden (Vorw. S. LENZ, Nachw. H. SCHMIDT) 1988; Bewußtseins-Notstand: Thesen von 60 Zeitzeugen. Ein optimistisches Lesebuch, 1990.

Ausgaben: Christen für unsere Welt. Begegnungen, Beobachtungen, Biographisches, I Profile und Perspektiven, II Partisanen und Profeten. Christen für die Eine Welt, III Wer seinen Bruder nicht liebt ... Begegnungen und Erfahrungen in Asien, 1985.

Tonträger: Afrika tanzt und singt. Vom Tam-Tam zum Jazz. Originalmusik aus Afrika. Aufgenommen und kommentiert (Schallplatte) 1959; Mit R. I. quer durch Afrika (dass.) 1961; Die klugen Tiere (dass.) 1961.

Uraufführungen: Spiel mit dem Rekord (Schausp.) 1950; Das Recht auf sich selbst (Einakter) 1951.

Nachlass: Staatsarch. Hamburg; Hope College. Arch., Holland/MI; Dt. Bibl., Helsinki; DLA; Münchener Stadtbibl. Monacensia; Stadtarch. Braunschweig; Univ.- u. LB Münster, Westf., Stiftung Akad. der Künste, Berlin. – Mommsen 2,5843; Bundesarch. Zentrale Datenbank Nachl. (Internet-Edition).

Literatur:

Bibliografien: Schmidt, Quellenlex. 14,361; Albrecht-Dahlke II/2,334. – Bibliogr. ~ (in: ~, Schwarze Haut im roten Griff, S. 385–408) 1962; Bibliogr. (in: Unterwegs m. ~. Begegnungen, Betrachtungen, Bibliogr., hg. H.-K. SPEGG, Vorw. W. HEBEBRAND, S. 123–134) 1963; R. KIRCHHOF, Bibliogr. der Kunst-Veröff. von ~ (in: ~, Naive Kunst u. Folklore, S. 161–171) 1977; R. KIRCHHOF, Ergänzungen zur Bibliogr. ~ (in: ~, Bücherrevision. Zw. Erfolgen u. Niederlagen, S. 95–114) 1977; Verz. der erwähnten oder zitierten Publikationen ~s (in: Gedanken-Austausch, hg. H. KOHTZ, S. 506–510) 1988; D. J. LOMPO, ~s Afrika-Lit. (in: DERS., Schwarz-weißer Dialog. ~ u. sein Afrika-Bild, S. 10–109) 1989; R. KIRCHHOF, Ergänzungsbibliogr. ~ 1977–1991, 1997.

Allgemein zu Leben und Werk:

Lexika und Nachschlagewerke: Munzinger-Arch.; Lennartz 2,818; LexKJugLit 2,33; Killy 6,52; Autorenlex. 377; DBE 5,261; Killy ²6,62. – Beckmanns

Sport-Lex. A-Z, 1933; K. KRAUSE, Die jüd. Namenswelt, 1943; R. HAAS, Die lit. Welt. Erinn., 1957; R. KIRCHHOF, Social Scientists Specializing in African Stud., Paris 1963; D. STERN, Werke jüd. Autoren dt. Sprache. Eine Bio-Bibliogr., ³1970; I. JENS, Dichter zw. rechts u. links. Die Gesch. der Sektion für Dichtkunst der Preuß. Akad. der Künste dargestellt n. den Dok., 1971; H. JANTZEN, Namen u. Werke, Bd. 3, 1975; Persönlichkeiten Europas. Dtl., Bd. 1, 1976; F. KRON , Schriftst. u. Schriftst.verbände. Schriftst.beruf u. Interessenpolitik 1842–1973 (Diss. Saarbrücken) 1976; Stormarn. Vielfalt zw. Hamburg u. Lübeck, 1979; A. KLOTZ, Kinder- u. Jugendlit. in Dtl. 1840–1950. Lex. dt.sprachiger Schriftst. 20. Jh. (hg. K. BÖTTCHER u. a.) 1993; N. HOPSTER u. a., Kinder- u. Jugendlit. 1933–1945. Ein Hdb., Bd. 1, 2001; E. KLEE, Das Kulturlex. zum Dritten Reich. Wer war was vor u. n. 1945, 2007; Lit.port (Internet-Edition).

Selbstständig Erschienenes: T. FILESI, I viaggi dei cinesi in Africa nel medioevo, Rom 1961; F. SCHATTEN, Afrika – Schwarz oder Rot? Revolution eines Kontinents, 1961; H. LEIP, Hamburg. Eine Liebeserklärung zw. Feenteich u. Ozean, 1962 (bes. S. 145); E. EBERMAYER, «... und morgen die ganze Welt». Erinn. an Dtl. dunkle Zeit, 1966; A. LEHMANN, Afroasiat. christl. Kunst, 1966; J. R. HOOKER, Black Revolutionary. George Padmorse's Path from Communism to Pan-Africanism, London 1967; I. GEISS, Panafrikanismus. Zur Gesch. der Dekolonisation, 1968; Die Welt des ~ (hg. P. G. FRIED) 1973; J. DOUGLAS-HAMILTON, Geheimflug n. England, 1973; H. H. JAHNN, P. HUCHEL, Ein Briefwechsel 1951–1959 (hg. B. GOLDMANN) 1974; U. LAACK-MICHEL, Albrecht Haushofer u. der Nationalsozialismus, 1974; Die Verantwortung eines Schriftst. Zum 75. Geb.tag von ~ (hg. H. KOTSCH; Vorw. H. SCHMIDT) 1988; Gedanken-Austausch. Erlebte Kulturgesch. in Zeugnissen aus sechs Jahrzehnten (hg. H. KOHLER, B. M. KRASKE, S. ZYNDA, Vorw. H. GRONEMEYER) 1988; D. J. LOMPO, Schwarz-weißer Dialog. ~ u. sein Afrika-Bild, 1989; U. BARON, 40 Jahre Freie Akad. der Künste in Hamburg, 1990; B. ROSENKRANZ, G. LORENZ, Hamburg auf anderen Wegen. Die Gesch. des schwulen Lebens in der Hansestadt, 2005; C. PRÜVER, Willy Haas u. das Feuill. der Tagesztg. «Die Welt» (Diss. HU Berlin) 2007; T. P. KOLTERMANN, A. YASUKO, Der Untergang des Dritten Reiches im Spiegel der dt.-japan. Kulturbegegnung 1933–1945, 2009 (u. a. zu ‹Banzai!›).

Unselbstständig Erschienenes: ~, ‹Gebrüder Lenz auf Tippelfahrt› (in: Modern Language Journal 21, S. 395) Oxford 1937; [Sammelrez.] (ebd. 22, H. 5, S. 589–400) 1938 (u. a. zu dems.) H. Meyer, ~, ‹Und ließ eine Taube fliegen› (in: GR 24, H. 2, S. 145) 1949; ~, ‹Das Recht auf sich selbst› (in: Die Insel [Hamburg] 1, H. 2, S. 10f.) 1951; F. Thiess, ~ (in: Jb. Freie Akad. d. Künste Hamburg, S. 77–82) 1957; G. Mehnert, Leipziger Memoriale. Im Widerstand gg. die Faschisierung (in: Das Hochschulwesen [Berlin] 7, H. 9, S. 411–418) 1959; D. Philippe, ~, ‹Der ruhelose Kontinent› (in: Présence africaine. Revue culturelle du monde noir 23, S. 147–150) 1959; W. Drescher, dass. (in: Das hist.-polit. Buch. Ein Wegweiser durch das Schrifttum 7, H. 8, S. 255f.) 1959; Les graveurs de poto-poto. Résumé de la conférence du ~ (in: Journal de la société des africanistes 30, H. 2, S. 229–231) Paris 1960; E. Dammann, ~, ‹Kongo. Bilder u. Verse› (in: Orientalist. Lit.ztg. 55, S. 92) 1960; W. Schütze, ~, ‹Die neuen Männer Afrikas› (in: Politique ètrangère 25, H. 6, S. 615) Paris 1960; G. P. Kurath, ~, ‹Tanz in Afrika› (in: Ethnomusicology 5, H. 3, S. 242) Champaign/IL 1961; ~, ‹Schwarze Haut im roten Griff› (in: Osteuropa [Berlin] NF 12, H. 11, S. 838) 1962; N. R. Bennett, ~, ‹The New Leaders of Africa› (in: Historian 24, H. 2, S. 248) Malden/MA 1962; W. Haas, Mein mißratener, wohlgeratener, gesegneter Sohn (in: Unterwegs m. ~. Begegnungen, Betrachtungen, Bibliogr., hg. H.-L. Spegg, Vorw. W. Hebebrand, S. 8–11) 1963; W. von Molo, Brief an den Siebzehnjährigen wegen eines neuen Leseb. (ebd., S. 11f.); E. Korrodi, Der achtzehnjährige Autor (ebd., S. 12f.); C. London, Eine Berlin-Erinn. (ebd., S. 14); F. Thiess, Schwäche für heiße Böden (ebd., S. 14–19); W. F. Kleffel, Der jüngste Segelflieger (ebd., 19–24); E. Ebermayer, Boy-Scout-Erinn. (ebd., S. 24–26); C. C. von Laue, Ein abenteuerl. Herz (ebd., S. 26–29); H. Leip, Ein Bitenlanner in Hamburg (ebd., S. 29–32); M. Hausmann, Begegnung in Worpswede (ebd., S. 32–34); H. Benrath, «... wachen Sie über Ihre späteren Veröff.» (ebd., S. 34–36); G. Hauptmann, Ein Brief (ebd., S. 36); H.-H. von Veltheim-Ostrau, Verdienst um Albert (ebd., S. 37f.); P. Ellmar, Schüler spielen hohe Kunst (ebd., S. 38f.); H. H. Jahnn, Brief zum «Neuen Lübecker Totentanz» (ebd., S. 39f.); A. Schweitzer, Drei Briefe (ebd., S. 40f.); F. Graf Luckner, Er liebt die Afrikaner (ebd., S. 42f.); J. C. Powys, Ein großer

pazifist. Kreuzfahrer (ebd., S. 43f.); M. Schneider, Der Europäer (ebd., S. 45f.); M. Foucault, Wächter über die Nacht der Menschen (ebd., S. 46–49); K. A. Mayer, Der richtige Blick (ebd., S. 50); P. J. Meertens, Der Brückenbauer (ebd., S. 50–54); J. H. Broekman, Auf der Suche nach den Menschen in Afrika (ebd., S. 54f.); P. G. Fried, Das große Erlebnis des Lehrens (ebd., S. 55–58); E. F. Gearhart, Leseb. für amerikan. Hochschulen (ebd., S. 58f.); A. Bontemps, Als Gastprof. an der Fisk Univ., Nashville, Tennessee (ebd., S. 59f.); J. J. Akar, Begegnung am Tuskagee-Inst. (ebd., S. 60f.); M. S. Bouchereau, Haiti grüßt einen Weltbürger (ebd., S. 61f.); B. Hayit, Ein Seelen erforschender Reisender (ebd., S. 62–64); P. Loda, Der Dichter von Poto-Poto (ebd., S. 64–66); I. Hauptmann, Unser Generalsekretär (ebd., S. 66); D. Westermann, Gesinnung u. Menschlichkeit (ebd., S. 68); P. David, «Der ruhelose Kontinent» (ebd., S. 68–72); E. Zechlin, Vom eigenen Erlebnis angeregt (ebd., S. 72); E. C. Schwarzenbach, Leidenschaftslose Betrachtung (ebd., S. 72f.); R. Krämer-Badoni, Denkart der afrikan. Politiker (ebd., S. 73–75); M. Aly Makki, Auf dieser Welt gibt es noch Gutes (ebd., S. 76); E. Tijeras, ~ u. die Erhebung Afrikas (ebd., S. 76–79); Vier amerikan. Experten über ‹Die neuen Männer Afrikas› (ebd., S. 79); T. Filesi, Schwarzes Afrika, weiße Entkolonisierung, rote Kolonisierung (ebd., S. 80–83); P. Grubbe, Afrika kann ein Partner sein (ebd., S. 83f.); A. Vallentin, Sein Buch über Marokko (ebd., S. 84–86); W. Filchner, Sympath. Objektivität (ebd., S. 86); T. Mann, Ein Brief über ‹Land der Kontraste› (ebd., S. 86); A. F. Herzog zu Mecklenburg, Dank eines Afrikakenners der alten Zeit (ebd., S. 87); H. M. Elster, Im Lande Albert Schweitzers (ebd., S. 88); G. C. J. F. Bouritius, Eine soziale Tat (ebd., S. 89–91); E. Dammann, Typ. Zeugnisse für neuafrikan. Kultur (ebd., S. 92); E. Ehgartner, Menschen in Afrika (ebd., S. 93); W. Grohmann, Afrika Malt (ebd., S. 93); C. Nooteboom, Zeitgenöss. Negerkunst aus Zentralafrika (ebd., S. 94f.); G. Selle, Radierungen aus Poto-Poto (ebd., S. 95f.); R. Grossmann, Zur Nachdg. von Castro Alves' «Sklavenschiff» (ebd., S. 96–98); A. Paton, Aus der Einl. zu «Luthuli, Hero of Peace» (ebd., S. 98f.); Afrika tanzt u. singt (ebd., S. 99f.) R. Gerlach, Der Tierfreund (ebd., S. 100f.); H. Hesse, Ein Brief (ebd., S. 101); H. E. Nossack, Zwei Marginalien (ebd., S. 101f.); T. V. Schaeffer, W. Lehmann, ‹Das Wunderpferd. Ein Märchen› (ebd.,

S. 103); R. A. Peyrefitte, M. Francois-Poncet, L. Rinser, G. Weisenborn u. a., Aus Briefen über ‹Hans u. Jean› (ebd., S. 104f.); E. Nowak, Verwandt dem «Emil» (ebd., S. 105f.) (zu ‹Überfall auf die Saharaschule›); A. van der Veen, ‹Mubange, der Junge aus dem Urwald› (ebd., S. 106f.); A. Frisé, ‹Spiel m. dem Rekord› (ebd., S. 107–109); T. P. Hoffmann, Inneres Ethos (ebd., S. 109); K. Edschmid, Glückhaftes Chaos (ebd., S. 110); N. A. Donkersloot, Aus dem Nachw. zu ‹Niederländ. Meister der Erz.› (ebd., S. 111); A. Bauer, ‹Berliner Cocktail› (ebd., S. 111–113); H. Orff, ‹Herrl. Hamburg› (ebd., S. 113f.); C. F. W. Behl, Erinn.bilder aus jüngster Vergangenheit (ebd., S. 114); W. Kaiser, Ein Brief über ‹Besiegeltes Leben› (ebd., S. 115); B. van Eysselsteijn, ‹Ruines en Visionen› (ebd., S. 115f.); K. Pinthus, Zeugnisse einer erregten Epoche (ebd., S. 116); W. Studt, Zur Faks.ausg. von Gerhart Hauptmanns frühen Dg. (ebd., S. 117); Stimmen über den Gastprof. an amerikan. Hochschulen (ebd., S. 117–122) 1963; W. Haas, Laudatio für ~ (in: Jb. Freie Akad. der Künste Hamburg) 1964; H. L. Arnold, ~s Verdienste um Hans Henny Jahnn (in: TuK 10/11, S. 69–72) 1965; H. Messmer, ~, ‹Die Herausforderung des Islam› (in: Schweizer. Zs. für Gesch. 15, S. 159) 1965; G. F. Probst, ~, ‹Übersetzen› (in: CollGerm. 2, S. 220) 1968; K. Rudolph, ~, ‹Die Herausforderung des Islam› (in: Orientalist. Lit.ztg. 64, H. 1, S. 52) 1969; T. Klimek, ~, ‹Übersetzen› (in: Jb. für Amerikastud. 15, S. 281) 1970; P. Bartl, ~, ‹Albanien. Vorposten Chinas› (in: Südost-Forsch. 30, S. 516) 1971; A. Knoop, ~ (in: Das gute Jgdb. 22, H. 1, S. 7–10) 1972; H. R. Flachsmeier, ~s weltweites soziales Engagement (in: ~, Bücherrevision. Zw. Erfolgen u. Niederlagen, S. 9–22) 1977; E. Weber, Ein Fragm. als Individuationsprozeß. ~s ‹Bücherrevision› in der Sicht Jungscher Psychol. (ebd., S. 76–82) 1977; ~, ‹Harmonie m. dem Universum› (in: Esotera 29, H. 2, S. 108) 1978; dass. (in: Buddhist. Monatsbl. H. 24, S. 9) 1978; W. Ruf, ~, ‹Wer seinen Bruder nicht liebt› (in: Der evangel. Buchberater 32, H. 3) 1978; T. Glaue, Kämpfer für eine humanere Welt. Der Völkerkundler, Schriftst. u. Weltreisende ~ wird 65 (in: np-kultur, H. 386, S. 2) 1978; W. Schmidt, ~, ‹Wer seinen Bruder nicht liebt› (in: Zs. für Kulturaustausch 1, S. 134) 1978; ~. Ein engagierter Weltbürger (in: Spektrum des Geistes 27, S. 38f.) 1978; A. Schreyer, ~ feiert Geb.tag (in: Unsere Heimat. Die Walddörfer 16, H. 1, S.

18f) 1978; E. Weber, ~ zum 65 (in: Der Literat, H. 3, S. 56) 1978; B. Konrad, ~, ‹Afrika hat viele Gesichter› (in: Ballett-Journal 2, S. 103f.) 1979; H. Rehder, dass. (in: Einkaufszentrale für öffentl. Bibl. 10) 1979; R. Gatzweiler, ~, ‹Jack London› (in: Das neue Buch. Buchprofile 5, H. 24) 1979; E. Prunkl, dass. (in: Die neue Bücherei H. 1, S. 71) 1979; A. Schreyer, ~, ‹Fietes Wochenende in Hamburg› (in: Unsere Heimat. Die Walddörfer 17, H. 3, S. 110) 1979; ders., ~, ‹Herrl. Hamburg› (ebd., H. 5, S. 87) 1979; R. Hauschild-Thiessen, ~, ‹Bei Wempe gehen die Uhren anders› (in: Zs. des Ver. für Hamburg. Gesch. 65) 1979; ~, ‹Afrika hat viele Gesichter› (in: Westermanns Monatsh., H. 2, S. 30) 1980; ~, ‹Berlin sei von heute› (NDH 27, H. 3) 1980; R. Braunburg, ~, ‹Ferdinand Graf von Zeppelin› (in: Bücherkommentare, H. 5/6) 1981; H. A. Wessel, ~, ‹Bei Wempe gehn die Uhren anders› (Vjs. für Sozial- u. Wirtschaftsgesch. 68, S. 111f.) 1981; P. Gabrielssohn, ~, ‹Xocolatl› (Zs. des Ver. für Hamburg. Gesch. 68, S. 288f.) 1982; K.-H. Völker, ~, ‹Ein Dt. namens Eckener› (in: Das hist.polit. Buch 30, H. 10) 1982; K. Stort, ~, ‹Ein Mann kämpft für den Frieden› (in: Der mittlere Weg 14, H. 6/8, S. 20–22) 1982; Europa-Union ehrt ~ (in: Unsere Heimat. Die Walddörfer 20, H. 6, S. 83) 1982; W. Helwig, Für ~ zum 70. Geb.tag (in: ~, Gymnasiasten-Verse, S. 9–12) 1982; A. Schreyer, ~, ‹Durchschrittene Räume› (in: Unsere Heimat. Die Walddörfer 21, H. 2, S. 215) 1983; ders., ~ wird 70 Jahre alt (ebd., H. 1, S. 14) 1983; W. Deppisch, Hamburgensien eines Zugereisten (in: R. I., Durchschrittene Räume, S. 5–10) 1983; H. T. Flemming, ~. Mann des Dialoges (in: R. I., Lichter im Norden, S. 5–11) 1983; R. Guldager, Für ~ (in: R. I., Von Lust u. Leid des Schriftst., S. 53–65) 1983; B. M. Kraske, ~, der unermüdl. Mahner (ebd., S. 5–7) 1983; H.-J. Hansen, Viel gereist u. viel gesammelt. Das Sammler-Journal-Interview m. Weltbürger ~ (in: Sammler-Journal 12, H. 2, S. 98–104) 1983; C. Arndt, Ein Schriftst. als Menschenrechtler (in: R. I., Geh hin zu den Menschen, S. 291–295) 1983; O. Schumann, Teilhabe an den geistigen Gütern der anderen (ebd., S. 295–298) 1983; B. M. Kraske, Begegnungen. Thomas Manns Briefe an ~ (in: H. der Dt. Thomas-Mann-Gesellsch. 4, S. 55–63) 1984; ders., Der «Erzliterat» u. sein «Bibliothekar». Über die Freundschaft zw. Willy Haar u. ~ (in: Auskunft. Mitt.bl. Hamburger Bibl. 4, H. 3, S. 146–163) 1984; D. Rollmann, Ein Vormittag bei ~ (in: Der freie Beruf 12, H. 2, S. 8f.) 1984; W. TREUE, ~, ‹Hugo Eckener› (in: Vjs. für Sozial- u. Wirtschaftsgesch. 71, S. 76) 1984; V. MICHELS, Hermann Hesses Bilderbriefe an ~ (in: Auskunft. Mitt.bl. Hamburger Bibl. 7, H. 1, S. 42–45) 1987; H. SCHMIDT, Krit. Solidarität u. engagierte Toleranz (in: Die Verantwortung eines Schriftst. Zum 75. Geb.tag von ~, hg. H. KOTSCH, S. 9f.) 1988; B. M. KRASKE, Von der Verantwortung eines Schriftst. (ebd., S. 11–16); H. T. FLEMMING, ~. Der Kunstsammler als Botschafter der Humanität (ebd., S, 24–25); S. BOSE, Der Einfluß asiat. Denker auf ~ (ebd., S. 28–32); D. J. LOMPO, Sein Afrikabild aus afrikan. Sicht (ebd., S. 33–40) 1988; S. BALIC, ~, ‹Die Herausforderung des Islam› (in: Islam u. der Westen 8, H. 4, S. 16) 1988; P. JOKOSTRA, ~. Ein Praktiker der Vernunft (in: NDH 35, H. 1, S. 207–210) 1988; S. MATZ, ~, ‹Vielvölkerstadt› (in: Arch. für Kommunalwiss. H. 1, S. 147f.) 1988; O. F. A. MEINARDUS, ~, ‹Die Herausforderung des Islam› (in: Oberkirchl. Stud. 38, H. 4, S. 331f.) 1989; P. ANTES, ~, ‹Die Herausforderung des Islam› (in: Der Islam. Zs. für Gesch. u. Kultur des islam. Orients 67, S. 377f.) 1990; M. POSSELT, ~, ‹Gedanken-Austausch› (in: Paneuropa Dtl. 13, H. 1, S. 31) 1990; J. LUDWIG, ~, ‹Weltweiter Bewußtseins-Notstand› (in: Das hist.-polit. Buch 38, H. 9, S. 282) 1990; W. POPP, Nachruf auf ~ (in: Forum Homosexualität u. Lit. 13, S. 124f.) 1991; J. BIECHLER, dass. (in: Journal of Ecumenic Stud. 29, H. 1, S. 131f.) Philadelphia/PA 1992; ~, ‹Ein dt. Nein heißt Nein› (in: Der Rom.führer, Bd. 19, S. 77f.) 1995.   KK

Italiener, Bruno, * 6. 2. 1881 Burgdorf bei Hannover, † 17. 7. 1956 (Unfall) London; Rabbiner; Sohn eines Lehrers, wuchs in Peine auf, besuchte die jüd. Samson-Schule in Wolfenbüttel u. das Gymnasium Andreanum in Hildesheim, studierte 1899–1908 Philos. u. oriental. Philol. an der Univ. Breslau, zudem an jüd.-theolog. Seminar ebd., 1902/03 Militärdienst, 1903 Dr. phil. in Erlangen, 1907–14 Rabbiner in Darmstadt, 1914–18 im 1. Weltkrieg Feldrabbiner an der Westfront, 1917/18 Vors. der Feldrabbinerkonferenz des Westens, 1918–27 wieder Rabbiner in Darmstadt, 1927–38 Rabbiner u. Oberrabbiner in Hamburg, Vors. des jüd. Schulver. Hamburg, führte 1929 jüd. Rel.unterricht an der Helene-Lange-Oberrealschule ein, emigrierte 1939 über Brüssel n. London, 1939–51 (pensioniert) Rabbiner u. Assistant Minister an Londoner Synagogen, 1954 Gastrabbiner in Berlin, starb bei einem häusl. Unfall. – Fachschr., Erinn., Erlebnisber., Kritik.

Schriften (Ausw.): Die Gotteslehre des Thomas Campanella (Diss.) 1903; Bericht des Herrn Dr. I. aus dem Felde, 1915; Von Heimat und Glauben. Kriegsbetrachtungen, 1916; Hohe Feiertage 5678 im Felde (Kriegsjahr 1917), 1917; Waffen im Abwehrkampf, 1920 (3., neubearb. u. verm. Aufl. 1921).

Literatur: Hdb. Emigration 1,322; DBETh 1,699; DBE 5,261. – S. WININGER, Große Jüd. National-Biogr., Bd. 7, Czernowitz 1936; L. BAECK, Ansprache zur Amtseinf. des Rabbiners ~ (in: FS zum 120jährigen Bestehen des Isrealit. Tempels im Hamburg 1817–1937, hg. B. I., S. 61f.) 1937, J. WALK, Kurzbiogr. zur Gesch. der Juden 1918–1945, 1988; Das Jüd. Hamburg. Ein hist. Nachschlagewerk, 2006; C. PRITZLAFF, Synagogen im Grindelviertel u. ihre Zerstörung. Spuren vielfältigen rel. jüd. Lebens (in: Eine verschwundene Welt. Jüd. Leben am Grindel, hg. U. WAMSER, W. WEINKE, S. 58–72) 2006; Biogr. Hdb. der Rabbiner (hg. M. BROCKE, J. CARLEBACH, T. 2, Die Rabbiner im Dt. Reich 1871–1945, Bd. 1) 2009.   KK

Iten, Andreas, * 27. 2. 1936 Unterägeri/Kt. Zug; Lehrer, Politiker, lebt in Unterägeri; Sohn eines Viehhändlers, besuchte ein Lehrerseminar, 1957–61 Lehrer in Baar, studierte 1961–66 Pädagogik, Psychol. u. Philos. an den Univ. Basel u. Berlin, 1966–74 Lehrer für Pädagogik u. Psychol. am Lehrerinnenseminar Bernanda in Menzingen/Kt. Zug, 1970 Gemeindepräs. von Unterägeri, 1974–94 Regierungsrat des Kt. Zug, vertrat 1986–98 den Kt. Zug im Ständerat, ztw. Präs. der Eidgenöss. Filmkommission u. Präs. des Stiftungsrates Medienausbildungszentrums in Luzern, veröff. u. a. in «Sprachspiegel. Schweizer. Zs. für die dt. Muttersprache». – Rom., Rep., Erz., Fachschr., Feuill., Kritik. – 1993 Ehrenbürger von Unterägeri.

Schriften (Ausw.): Die Sonnenfamilie. Ein Familienbeziehungstest im Spiegel von Kinderzeichnungen, 1980; Das Schwingfest (Rom.) 1981; Zuger Landschaftsgeschichten. Hineingeboren in den grünen Berg, 1985; Was Kinderzeichnungen aussagen, 1986; Die Hängematten-Wende (Rom.) 1988; Zugerkeiten. Streifzüge durch die Zuger Gemeinden, 1991; Jahr des Kirschbaums. Von Lebenslust, Schicksalen und Freundschaften, 1996 (Fotos Theresa I.); Im Zeichen der Fische. Der Streit um eine Reuss-Fischenz und wie es zum jährlichen Treffen zwischen den Regierungen von Aargau und Zug kam, 1999; Anna Galante, 2002; Der Handverleser (Erzn.) 2003; Blätz und Bajass. Fastnachtsnovelle, 2004; Gegengelesen. Ein politischer Bericht (Rom.) 2006; Der Schatten des Pfarrers (Rom.) 2008.

Literatur: Schreiben in der Innerschweiz. Eine Anthol., 1993; Die köstl. Gabe der Neugier. 28 + 1 Antwort auf Kolumnen von ~ (hg. E. BOLLIN, K. KIENHOLZ) 2011, Autorinnen u. Autoren der Schweiz (Internet-Edition).   KK

Iten, Karl, ★ 4. 9. 1922 Hütten/Kt. Zürich, † 7. 3. 1994 Wädenswil/Kt. Zürich; Kunstmaler, Bildhauer, Eisenplastiker, Journalist, lebte in Hütten u. in Palaia/Italien; besuchte die Kunstgewerbeschule in Zürich, Stud.reisen n. Frankreich, Spanien u. Italien, arbeitete auf dem elterl. Bauernhof, ztw. auch als Autospengler, Designer u. Leiter eines Dekorationsateliers. – Feuill., Roman.

Schriften: Drei silberne Schilde. Eine Geschichte nach historischen Begebenheiten im vierzehnten Jahrhundert (Rom.) 1955.

Literatur: Schreiben in der Innerschweiz. Eine Anthol., 1993; Biogr. Lex. der Schweizer Kunst, Bd. 1, 1998.   KK

Iten, Karl, ★ 5. 12. 1931 Baar/Kt. Zug, † 7. 3. 2001 Konstanz; Grafiker, Buchgestalter; besuchte die Kantonschule in Zug, dann die Kunstgewerbeschule in Zürich, Werbeleiter, Grafiker u. freischaffender Künstler in Altdorf/Kt. Uri. – 1989 Kulturpreis der Innerschweiz. – Ehrenmitgl. den Kunst- u. Kulturvereins Uri. – Fachschr., Erz., Lyrik. –

Schriften (Ausw.): Das Urner Jahr. Eine volkskundliche Holzschnittfolge in 17 Blättern, 1966; Das Urner Dorf. Eine beschauliche Reise durch den Kanton Uri, festgehalten in einer Folge von Linolschnitten und Texten, 1968; Der Drapoling. Spukgestalt zwischen finsterer Neujahrsnacht und ausgelassener Fasnachtszeit. Versuch einer Deutung der urnerischen Fasnachtsfigur, 1970; Die Pfarrkirche Sankt Martin zu Altdorf. Eine Erinnerungsschrift (Bearb.) 1971; Das Altdorfer Pasteten-Büchlein. Eine kleine Huldigung an Frau Landammann Josepha Müller-Brand 1742–1828, 1971; I comignoli. Ein Büchlein über die phantastische Welt der Kamine auf den Tessiner Dächern, 1972; Rings um ds Ürner Chuchigänterli (Aufs.) 2 Bde., 1972; Die Dätwyler Story. Porträt einer Firma,

1974; Kunstausstellung Alpensagen [...] (Kat.; Bearb.) 1981; «Zeitgeist». Hommage à Richard Kissling [...] (Kat.) 2 Bde., 1988; Unser Haus beim Telldenkmal. Geschichte und Geschichten rund um ein Haus, einen Platz und ein Denkmal, 1989; Der Kirchenschatz von Sankt Martin in Altdorf (m. H. Muheim) 1989 (Fotos F. Burkart); Adieu, altes Uri. Aspekte des Wandels eines Kantons vom 19. bis 20. Jahrhundert, 1990; Kurt Sigrist – Zeitraum. Eine Eisenplastik und ihr Umfeld [...] (Red.) 1991; Der Bildhauer Gedeon Renner 1923–1976. Leben und Werk. Eine Künstlermonographie, 1991; Der Gesang in der Muschel. Ein Urner Winterbuch mit Geschichten, Gedanken und Gedichten zur Weihnachtszeit, 1992; Uri. Die Kunst- und Kulturlandschaft am Weg zum Gotthard, 1992 (Fotos R. Steiner u. a.); Schwarz und weiss. Der Holz- und Linolschnitt in Uri [...] (Kat.) 2 Bde., 1992; Heinrich Max Imhof 1795–1869. Ein Urner Bildhauer in Rom [...] (Kat.) 1995; «Aber den rechten Wilhelm haben wir ...» Die Geschichte des Altdorfer Telldenkmals, 1995.

Herausgebertätigkeit: Heinrich Danioth. Eine Monographie in drei Bänden, Bd. 3, Werkverzeichnis, 1974; Ein hüpsch Spyl gehalten zu Ury in der Eydgnoschafft, von dem frommen und ersten Eydgnossen, Wilhelm Thell genannt (m. Komm., hg.) 1978; Das grosse Buch vom Gotthard (m. K. Lüönd) 1980; Uri damals. Photographien und Zeitdokumente 1855–1925 (Bildbd.) 1984; Der Bildhauer Eugen Püntener. 1904–1952. Leben und Werk. Eine Künstlermonographie [...] (Kat.) 1993.

Literatur: Schreiben in der Innerschweiz. Eine Anthol., 1993; Biogr. Lex. der Schweizer Kunst, Bd. 1, 1998; F. BRENTINI, Der Urner Buchgestalter ~, 2012; Autorinnen u. Autoren der Schweiz (Internet-Edition).   KK

Itschert, Michael (Ps. Felix Lothar), ★ 4. 12. 1965 Bad Honnef; Verleger, Schriftst., lebt in Remscheid; studierte 1989–96 Gesch., Politikwiss. u. Buchwiss. an der Univ. Mainz, 1990 Begr. u. seitdem Leiter des Verlags «Gardez!» in Mainz, später in Remscheid. – Rom., Kurzgesch., Fachschr., Lyrik.

Schriften: Dazwischen. Gedichte 1986–1987, 1988; Als sechs neun war. Kurze Geschichten, 1990; 33 Tips für Kleinverleger. Literatur, Adressen, Anregungen, 1991 (4., bearb. u. erg. Aufl. 1995; 5., erw. Aufl. 1997; 8., bearb. Aufl. 2009); 33 Tipps für Autoren. Literatur, Adressen, Anregungen, 2002; Angst und Schrecken in Sankt Jakobus. Ein Rheinland-Krimi.

Herausgebertätigkeit: Mord im Dreieck. Elf Krimis aus Wuppertal, Solingen und Remscheid (m. D. Juhr) 2011.   KK

Itten, Johannes, * 11. 11. 1888 Südern-Linden (später zu Wachseldorn/Kt. Bern), † 24. 3. 1967 Zürich; Maler, Kunsttheoretiker, lebte in Zürich; Sohn eines Lehrers, besuchte 1904–08 das Lehrerseminar in Bern, 1908/09 Volksschullehrer, studierte 1909/10 (ohne Abschluss) an der Kunsthochschule in Genf, 1910–12 Ausbildung zum Sekundarlehrer für Physik, Mathematik u. Chemie in Bern, studierte 1912/13 erneut Kunst in Genf, 1913–16 in Stuttgart, begr. eine eigene Kunstschule in Wien, 1919–23 Prof. am Bauhaus in Weimar, leitete 1923–26 die Ontos-Kunstschule in Herrliberg, 1926–34 die eigene Kunstschule in Berlin, 1932–38 zudem die Höhere Fachschule für Textile Flächenkunst in Krefeld, Gastdoz. an der Kunstgewerbeschule Stettin, emigrierte 1938 über die Niederlande in die Schweiz, 1938–43 Dir. der Kunstgewerbeschule Zürich, 1943–52 der Textilfachschule, 1952–56 Leiter des Mus. Rietberg, danach freischaffender Künstler in Zürich. – 1965 Dr. h. c. TH Darmstadt, 1966 Sikkens-Kunstpreis. – Fachschr., Tageb., Erinnerungen.

Schriften (Fachschr. in Ausw.): Tagebuch. Beiträge zu einem Kontrapunkt der bildenden Kunst, 1930; Asiatische Kunst. Indien, Tibet, China, Korea, Japan. Erinnerungen an die asiatische Ausstellung aus Schweizer Sammlungen [...], 1941; Kunstgewerbeschule Zürich, 1954; Kunst der Farbe. Subjektives Erleben und objektives Erkennen als Wege zur Kunst, 1961 (Stud.ausg. 1970); Mein Vorkurs am Bauhaus. Gestaltungs- und Formenlehre, 1963 (neu bearb. u. erg. Aufl. u. d. T.: Gestaltungs- und Formenlehre. Mein Vorkurs am Bauhaus und später, bearb. Anneliese I., 1975).

Ausgaben: Werke und Schriften (hg. W. ROTZLER, Werkverz. Anneliese I.) 1972 (2., erg. Aufl. 1978); Elemente der bildenden Kunst. Studienausgabe des Tagebuches (Vorw., Komm. P. SCHMITT) 1980; Zur Farbenlehre. Arbeitsmaterial, 1985; Bildanalysen (hg. R. WICK, Mitarb. Anneliese I.) 1988; Tagebücher. Stuttgart 1913–1916. Wien 1916–1919 (hg. E. BADURA-TRISKA) 2 Bde., 1990.

Nachlass: DLA; Bauhaus-Arch., Berlin; Heinrich-Heine-Inst., Düsseldorf; Staatsgalerie, Stuttgart. – Inventar 1,518.

Literatur:

Lexika und Nachschlagewerke: Munzinger-Arch.; Hdb. Emigration II/1,554; Thieme-Becker 19,272; HLS (Internet-Edition); AKL (dasselbe). – Staatl. Bauhaus in Weimar 1919–1923 (hg. W. GROPIUS, K. NIERENDORF) 1923; H. HILDEBRANDT, Die Kunst des 19. u. 20. Jh. Hdb. der Kunstwiss., 1924; P. O. RAVE, Kunstdiktatur im Dritten Reich, 1949; W. GROHMANN, Zw. den beiden Kriegen, Bd. 3, Bildende Kunst u. Architektur, 1953; L. SCHREYER, Ein Jahrtausend dt. Kunst, 1954; H. BAYER u. a., Bauhaus 1919 bis 1928, 1955; H. VOLLMER, Allg. Lex. der bildenden Künstler des 20. Jh., Bd. 2, 1955; L. SCHREYER, Erinn. an Sturm u. Bauhaus. Was ist des Menschen Bild?, 1957; W. HAFTMANN, Malerei im 20. Jh., ³1962; B. ADLER, Das Weimarer Bauhaus, 1965; L. LANG, Das Bauhaus 1919–1933. Idee u. Wirklichkeit, 1965; E. ROTERS, Maler am Bauhaus, 1965; Kindlers Malerei-Lex., Bd. 3, 1966; J. PAWLIK, Theorie der Farbe. Eine Einf. in begriffl. Gebiete der ästhet. Farbenlehre, 1969; H. C. von TAVEL, Ein Jh. Schweizer Kunst. Malerei u. Plastik von Böcklin bis Alberto Giacometti, 1969; L. GERICKE, K. SCHÖNE, Das Phänomen Farbe. Zur Gesch. u. Theorie ihrer Anwendung, 1970; P. VOGT, Gesch. der dt. Malerei im 20. Jh., 1972; F. HOFER, S. HÄGELI, Zürcher Personenlex. 800 biogr. Porträts aus zwei Jahrtausenden, 1986; Lex. der Kunst, Bd. 6, 1987; Schweizer Lex., Bd. 3, 1992; F. CZEIKE, Hist. Lex. Wien, Bd. 3, 1994; Biogr. Lex. der Schweizer Kunst, Bd. 1, 1998; Prestel Lex. Kunst u. Künstler im 20. Jh., 1999; Bauhaus Weimar. Entwürfe für die Zukunft (hg. M. SIEBENBRODT) 2000; Bauhaus (hg. H. FIEDLER, P. FEUERABEND) 2002 (Neuausg.); Das Bauhaus. 1919–1933. Weimar Dessau Berlin und die Nachfolge in Chicago seit 1937 (hg. H. M. WINGLER) ⁴2002; K. von BEYME, Das Zeitalter der Avantgarden. Kunst u. Gesellsch. 1905–1955, 2005; Gesch. der bildenden Kunst in Dtl., Bd. 8, Vom Expressionismus bis heute (hg. B. LANGE) 2006; G. SELLE, Gesch. des Design in Dtl., 2007 (Neuausg.); Seemanns Bauhaus-Lex. (hg. H. DÜCHTING) 2009; Das staatl. Bauhaus in Weimar. Dok. zur Gesch. des Inst. 1919–1926 (hg. V. WAHL) 2009; M. STEPPES, A. SCHALLER, Seemanns Künstlerlex., 2012.

Allgemein zu Leben und Werk:

Selbstständig Erschienenes: ~. Gesehen von Freunden u. Schülern, 1960; M. FRANCISCONO, Walter Gropius and the Creation of the Bauhaus in Weimar. The Ideals and Artistic Theories of its Foun-

ding Years, Urbana/IL 1971; T. Neu, Von der Ge-
staltungslehre zu den Grundlagen der Gestaltung.
Von ~s Vorkurs am Bauhaus zu wiss.orientierten
Grundlagenstud. Eine lehr- u. wahrnehmungs-
theoret. Analyse (Diss. Saarbrücken) 1978; I. Radewaldt, Bauhaustextilien 1919–1933 (Diss. Hamburg) 1986; J. S. Lee, Kunstpädagogik am Bauhaus.
~ als Urheber (Diss. Innsbruck) 1990; ~. Das Frühwerk 1907–1919. M. dem überarb. u. erg. Werkverz. 1907 bis 1919 (hg. J. Helfenstein, H. Men-
tha) 1992; K. Thönnissen, Die Erfindung des In-
dustrie-Designs. ~ u. die Höhere Preuß. Fachschule für Textile Flächenkunst (Diss. Aachen) 1993;
R. K. Wick, ~. Kunstpädagogik als Erlebnispädagogik? (Vorw. J. Ziegenspeck) 1997; E. von Rü-
den, Zum Begriff künstler. Lehre bei ~, Kandinsky, Albers u. Klee, 1999; Bauhaus-Ideen um ~,
Feininger, Klee, Kandinsky. Vom Expressiven zum
Konstruktiven [...] (bearb. B. Salmen) 2007; C.
Wagner, ~, Gropius, Klee am Bauhaus in Weimar.
Utopie u. hist. Kontext, 2013.

Unselbstständig Erschienenes: W. Schäfer, Die
Jungmannschaft der rheinländ. Kunst (in: Dt. Monatsh. Die Rheinlande 16, S. 33f.) 1916; B. Adler, Kunstwerk u. Publikum. Die Ausst. ~ (in: Die
Waage. Eine Wiener Ws. 22, S. 665f. u. S. 579f.)
1919; H. Fischel, Aus dem Wiener Kunstleben. ~
(in: Kunst u. Kunsthandwerk. Mschr. 22, S. 260f.)
1919; H. Titze, Die Zeichn. von ~ (in: Die Bildenden Künste. Wiener Monatsh. 2, H. 2, S. 89f.)
1919; ders., Jung-Österreich. Maler (in: Der Genius 2, S., 73f.) 1920; W. Uhde, Brief an Edwin
Suermondt (in: Die Freunde. Bl. einer neues Gesinnung 1, S. 157) 1920; E. Titze-Conrat, ~, ‹Über
das Beschreiben von Bildern› (in: Die Bildenden
Künste. Wiener Monatsh. 4, H. 2, S. 169f.) 1921;
A. Kübler, Eine schweizer. Kunstschule in Berlin (in: Zürcher Illustr. 6, H. 37, S. 1209) 1930; P.
Westheim, Das ‹Tageb.› von ~ (in: Das Kunstbl.
[Berlin] 15, H. 4, S. 127) 1931; A. Hackel, School
van de scheppende vormgeving (in: Maandblad
voor beeldende Kunsten 10, H. 5, S. 143f.) Amsterdam 1933; P. Fehl, ~, ‹Das Menschenbild in unserer Zeit› (in: College Art Journal 13, H. 1, S. 145ff.)
New York 1953; H. Curjel, ~ (in: Das Werk 44, S.
359–366) 1957; H. von Erffa, Bauhaus. First Phase
(in: Architectural Review 122, S. 103–105) London 1957; W. Rotzler, ~ (in: Du – Atlantis. Kulturelle Mschr. 26, S. 457–463) 1966; G. Veronesi,
La Bauhaus e l'arte astratta in Germania (in: L' arte moderna 50, H. 6, S. 161–200) Mailand 1967;

H. P. Raleigh, ~ and the Background of Modern
Art Education (in: Art Journal 27, H. 3, S. 284–
302) 1968; L. Moholy, ~ 1888–1967 (ebd., H. 3,
S. 304) New York 1969; dies., ~, ‹Werke u. Schr.›
(in: The Burlington Magazine 116, H. 852, S. 166–
169) London 1974; W. Rotzler, ~ 1888–1967 (in:
Du. Die Zs. der Kultur 34, H. 8 [402], S. 30–
34) 1974; C. V. Poling, ~, ‹Design and Form› (in:
Art Journal 36. H. 4, S. 354) New York 1977; S.
H. Benenau, Universell oder elementar? Zu Beziehungen zw. gestaltungspädagog. Positionen u.
ästhet. Wertungen ~s in seiner Schr. ‹Mein Vorkurs am Bauhaus› (in: Wiss. Zs. Hochschule für
Architektur u. Bauwesen [Weimar] 26, H. 4/5, S.
363–366) 1979; H. Hoffmann, ~ – sein Unterricht
am Bauhaus u. später (ebd., S. 455) 1979; A. Sailer, ~ (in: Kunst u. das schöne Heim 93, H. 8, S.
557–597) 1981; I. Bennett, Dtl. u. Öst. Richtun-
gen u. Einflüsse 1890–1940 (in: Dekorative Kunst
1890–1940, hg. P. Garner, S. 198–231) 1981; A.
Cross, The Educational Background to the Bauhaus (in: Design Stud. 4, H. 1, S. 43–52) Oxford 1983; K. Thönissen, ~ u. die Höhere Fachschule für textile Flächenkunst in Krefeld (in: ~ u.
die Höhere Fachschule für textile Flächenkunst in
Krefeld. Zum Textildesign der dreißiger Jahre, S.
6–87) 1992; I. Radewaldt, Textilentwürfe ~s u.
seiner Schüler. Entwürfe im Zeitgeist der dreißiger Jahre? (ebd., S. 88–99); H. Brutscheid, Alles
von innen – vom Herzen heraus. Gedanken an unseren Lehrer ~ (ebd., S. 100–102) 1992; P. Hahn,
Black Box Bauhaus. Ideen u. Utopien der frühen
Jahre (in: Das frühe Bauhaus u. ~ [...], hg. R. Bothe, S. 13–36) 1994; H. C. von Tavel, ~. Sein
Denken, Wirken u. Schaffen am Bauhaus als Ge-
samtkunstwerk (ebd., S. 37–58); K. Wilhelm, Auf
der Suche n. dem Neuen Menschen. Zum Verhältnis von Walter Gropius u. ~ (ebd., S. 59–72);
R. Bothe, Der Turm des Feuers (ebd., S. 73–82);
L. Busch, Das Bauhaus u. Mazdaznan (ebd., S. 83–
90); A. Baumhoff, «Ich spalte den Menschen». Geschlechterkonzeptionen bei ~ (ebd., S. 91–100); R.
K. Wick, Zw. Rationalität u. Spiritualität. ~s Vorkurs am Bauhaus (ebd., S. 117–168); M. Droste,
~s Vorlehre u. die Unterrichtsstruktur am frühen
Bauhaus (ebd., S. 169–173); K. Weber, Kunstwerk
– Geistwerk – Handwerk. Die Werkstätten in den
ersten Jahren des Bauhauses (ebd., S. 215–282); B.
Vogelsang, Chronologie des Weimarer Bauhauses 1919–1926 (ebd., S. 510–522) 1994; G. Höhne,
~ wieder in Bern (in: Hochparterre. Zs. für Ar-

chitektur u. Design 8, H. 1/2, S. 56f.) 1995; B. ODERMATT, Das frühe Bauhaus u. ~ (in: Schweizer Ingenieur u. Architekt 113, S. 311) 1995; M.-É. CEHO-SCHEURER, Eugene Grasset et les sources pédagogiques de ~ et Vassily Kandinsky (in: Das Bauhaus u. Frankreich 1919–1940, hg. I. EWIG, T. W. GAETHGENS, M. NOELL, S. 17–36) 2002; C. WAGNER, Auf der Suche n. dem Ursprung der Symbole. Wassily Kandinsky, ~ u. Paul Klee (in: Symbole in der Kunst, hg. C. LICHTENSTERN, S. 190–237) 2002; DERS., «Der blaue u. gelbe u. rote Mensch». Zur Entstehung der Farbtyplehre von ~ (in: ~. Wege zur Kunst [...], hg. D. DENARO, S. 244–255) 2002; C. WAGNER, ~. Leitmotive einer Künstlerbiogr. (in: ~. Alles in Einem, alles im Sein. 1888–1967 [...], hg. E. W. UTHEMANN, S. 10–80) 2003; DERS., ~. Biogr. in Bildern (ebd., S. 81–96) 2003; DERS., Mythos «Stunde null». Zur ~-Rez. in der Kunst n. 1945 (in: ~ u. die Moderne. Beitr. eines wiss. Symposiums (hg. DERS., C. LICHTENSTERN, S. 209–227) 2003; Y. KANEKO, Japanese Painting and ~'s Art Education (in: Journal of Aesthetic Education 37, H. 4, S. 93–101) Urbana/IL 2004; C. WAGNER, Zw. Lebensreform u. Esoterik. ~s Weg an das Bauhaus in Weimar (in: Das Bauhaus u. die Esoterik. ~, Wassily Kandinsky, Paul Klee [...] (hg. DERS., S. 64–77) 2005; H.-H. HOLZ, Farbe ist Leben. Intuition u. Reflexion im Werk ~s (in: DERS., Bild-Sprachen. Ges. Aufs. zu Kunst u. Künstlern, S. 163–194) 2009; DERS, Natur im Kunstwerk (ebd., S. 195–200); DERS., ~s Lebenszyklus. Die Jahreszeiten (ebd., S. 201–210) 2009; C. WAGNER, ~ u. die Esoterik. Ein Schlüssel zum frühen Bauhaus? (in: Esoterik am Bauhaus, hg. DERS., S. 108–149) 2009; DERS., Streit am Bauhaus? Walter Gropius u. ~ (in: Streit ums Bauhaus [...], hg. U. ACKERMANN, S. 100–108) 2009; DERS., Adolf Hölzel, ~ u. das Bauhaus. Bem. zur Rez. von Hölzels Farbenlehre (in: Kaleidoskop – Hölzel in der Avantgarde, hg. M. ACKERMANN, S. 110–115) 2009.   KK

Ittenbach, Max (eig. Friedrich Maximilian I.), * 16. 11. 1907 Köln-Nippes, † 1944 (?); Germanist; Sohn eines Juristen, wuchs in Metz auf, studierte 1926–31 Germanistik, Romanistik, Volksk. u. Geografie in Frankfurt/M. u. Paris, 1930 Dr. phil. an der Univ. Frankfurt/M., 1931–33 Assistent am german. Seminar ebd., 1933 Mitgl. der SA, 1933–38 Lehrbeauftrager für Ältere Germanistik u. Volksk. an der TH Danzig, 1935 Habil. ebd., 1936 Mitgl. der NSDAP, 1938/39 Doz. für Dt.

Philol. u. Volksk. in Danzig, 1939–42 Prof. ebd., 1940 Kriegsverwaltungsrat, 1942–44 Gastprof. für Dt. Lit. u. Volksk. in Gent u. abgestellt zum Militärbefehlsstab Belgien-Nordfrankreich, 1943 Leiter der Außenstelle Flandern des Auslandsamtes der Dt. Doz.schaft in Gent, 1943/44 Prof. für Dt. Lit.gesch. an der Univ. Posen (n. Gent beurlaubt), 1944 im 2. Weltkrieg an der Ostfront vermißt u. später für tot erklärt. – Fachschr., Bühnenstück.

Schriften: Narrenwurzeln. Zwei Schelmenspiele, 1928 (Zeichn. P. Müller); Mehrgesetzlichkeit. Studien am deutschen Volkslied in Lothringen, 1932 (Diss. 1930); Der frühe deutsche Minnesang (Habil.-Schr.) 1935 (Ausg. im Buchhandel u. d. T.: Deutsche Dichtungen der salischen Kaiserzeit und verwandte Denkmäler, 1937); Der frühe deutsche Minnesang. Strophenfügung und Dichtersprache, 1939; Das Nibelungenlied. Dichtung und Schicksalsgestaltung, Brüssel 1944.

Herausgebertätigkeit: Kinderreime aus Danzig (Zus.gestellt) 1935.

Literatur: IG 2,826. – G. NORDMEYER, ~, ‹Der frühe dt. Minnesang› (in: GR 17, H. 1, S. 76) 1942.   KK

Itter, Kuhne → Braun, Walther.

Itterheim, Diana, * 1965; Mutter v. Jessica → I.; Architektin, lebt in Offenburg; studierte Architektur in Stuttgart, lebte ztw. in Portugal. – Roman.

Schriften: Schloss der Engel (Rom., m. Jessica I.) 2012; Tanz der Engel (dass.) 2013; Fluch der Engel (dass.) 2013.   KK

Itterheim, Jessica, * 1995; Tochter v. Diana → I.; lebte ztw. in Portugal, besuchte das Internatsgymnasium Schloss Torgelow (bei Torgelow am See). – Fantasyroman.

Schriften: Schloss der Engel (Rom., m. Diana I.) 2012; Tanz der Engel (dass.) 2013; Fluch der Engel (dass.) 2013.   KK

Ittmann, Johannes, * 26. 1. 1885 Groß-Umstadt/Hessen, † 15. 6. 1963 Gambach (später zu Münzenberg/Hessen); Missionar; Lehre zum Notariatsgehilfen, trat 1904 in das Missionsseminar der Basler Mission ein, 1911–14 Lehrer in einer Missionsschule in Kamerun, dann Pfarrverwalter in Hessen, 1927–40 erneut Missionar in Kamerun, dann auf Jamaika interniert, 1948–57 Pfarrverwalter in Groß-Umstadt, veröff. u. a. in den Zs.

«Anthropos» u. «Zs. für Ethnologie». – Fachschr., Erzählung.

Schriften: Nana. Eine Erzählung aus Kamerun, 1925; Mein Freund Leopard. Eine Erzählung aus Kamerun, 1926; Krokodil und Löffel. Die Geschichte zweier Kameruner Missionsschüler, 1928; Grammatik des Duala (Mitarb. C. MEINHOF) 1939; Volkskundliche und religiöse Begriffe im nördlichen Waldland von Kamerun, 1953; Mond und Monate im vorderen Kamerun, 1953 (Sonderdr.); Sprichwörter der Kundu, 1971.

Ausgaben: Wörterbuch der Duala-Sprache (bearb. u. hg. E. KÄHLER-MEYER) 1976.

Nachlass: Bibl. der Basler Mission, Basel. – Schmutz-Pfister 3065. – E. DAMMANN, Über den Nachl. ~s (in: Africana Marburgensia 2, H. 2, S. 22–25) 1969.

Literatur: Biogr.-Bibliograph. Kirchenlex. 17,686; DBETh 1,699; RGG 3,334. – M. G., ~, ‹Volkskundl. u. rel. Begriffe im nördl. Waldland von Kamerun› (in: Bull. of the School of Oriental and African Stud. 21, H. 2, S. 448) Cambridge 1958; E. KÄHLER-MEYER, Pfarrer i. R. ~ (in: Afrika u. Übersee 47, S. 1–8) 1964. KK

Itzerott, Elisabeth (eig. Elisabeth Katharina Adelheid I.), * 27. 12. 1862 Iden/Altmark, † 1935 (?) (Ort nicht ermittelt); Halbschwester u. Kusine von Marie → I.; Lehrerin, Schriftst.; Tochter eines Pastors aus zweiter Ehe (der die Schwester seiner verstorbenen Frau u. Mutter von Marie I. geheiratet hatte), Erzieherin in der Altmark, lebte später m. ihrem Vater in Perleburg. – Ess., Lyrik.

Schriften: Gedichte, 1897; Kampf und Friede. Gedichte einer Kranken, 1906; Bemerkungen zu Friedrich Hebbels Tagebuchaufzeichnungen im Lichte christlicher Weltanschauung, 1927; Reflexionen und Phantasien eines Wahrheitssuchers. Gedanken aus erster Hand und Gedanken über Gedachtes, 1930.

Literatur: Schmidt, Quellenlex. 14,363. – Lex. dt. Frauen der Feder (hg. S. PATAKY), Bd. 1, 1898 (auch Internet-Edition); W. BENJAMIN, ~, ‹Bem. zu Friedrich Hebbels Tgb.aufz.› (in: DERS., Kritiken u. Rez., Ges. Schr., Bd. 3, S. 126f.) 1972; E. FRIEDRICHS, Die dt.sprachigen Schriftstellerinnen des 18. u. 19. Jh. Ein Lex., 1981. KK

Itzerott, Marie, * 18. 11. 1857 Polkritz/Altmark (später zu Hohenberg-Krusemark), † 1926 (?);

Halbschwester u. Kusine von Elisabeth → I.; Lehrerin, Schriftst., lebte in London; Tochter eines Pastors aus erster Ehe (der später die Schwester seiner verstorbenen Frau u. Mutter von Elisabeth I. heiratete), studierte Engl., Französ. u. Italien. in Dtl., London, Genf, Paris, Florenz u. Livorno, 1890/91 Lehrerinnenexamen in Berlin, ab 1894 Dt.lehrerin an der dt. höheren Töchterschule in London. – Bühnenst., Märchen, Dg., Lyrik.

Schriften: Meine Lieder (Ged., hg. F. HEFTY) 1896; Vier Tage aus dem Leben eines Gänsemädchens (Märchen, hg. DERS.) 1897; Ostern (Dg.) 1897; Delila. Dramatisches Gedicht in fünf Aufzügen, 1899; Aglaia. Dramatisches Gedicht in drei Akten, 1899; Neue Lieder, 1899; Argari. Aus einem Tagebuche, 1900; Frau Ada. Dramatische Studie in einem Akt, 1900; Dido. Drama in vier Aufzügen mit einem Vorspiel, 1902; Sehnsucht (Notendr.) 1902 (Musik M. Reger); Schweigen. Vergilbte Blätter aus der Truhe meiner Urgroßtante, 1903; Nora, oder Ueber unsere Kraft. Drama in drei Aufzügen, 1903; Ein Liebesopfer zu Toledo. Drama in fünf Aufzügen, 1904; Hilde Brandt. Schauspiel in vier Aufzügen, 1905; Die Weißhand. Ein dramatisches Gedicht in fünf Akten, 1916.

Literatur: Schmidt, Quellenlex. 14,363. – Lex. dt. Frauen der Feder (hg. S. PATAKY), Bd. 1, 1898 (auch Internet-Edition); E. FRIEDRICHS, Die dt.sprachigen Schriftstellerinnen des 18. u. 19. Jh. Ein Lex., 1981; E. J. POLETTI, Tristan. Der Mythos im 20. Jh. Am Beispiel von sechs Tristan-Dr. (in: MA-Rezeption, hg. J. KÜHNEL, Bd. 3, S. 683–696) 1988 (u. a. zu ‹Die Weißhand›); A. KLOTZ, Kinder- u. Jugendlit. in Dtl. 1840–1950. Gesamtverz. [...], Bd. 2, 1992. KK

Itzerott-Buchholtz, Berta (geb. Buchholtz), * 12. 11. 1833 Brandenburg, † 20. 1. 1919 vermutl. ebd.; Hausfrau, Schriftst., lebte in Brandenburg; ab 1851 m. einem Brandenburger Stadtrat verh., begann erst in fortgeschrittenem Alter zu schreiben, wurde von Franz → Hirschfeld gefördert. – Roman.

Schriften: Der Kunstpfeifer von St. Katharinen. Zeitbild aus dem 16. Jahrhundert, 1905 (Neuausg.; Vorw. u. überarb. F. HIRSCHFELD, 1923; Reprint 1994); Der Klostervogt von St. Pauli. Novelle aus Brandenburgs Vergangenheit (Vorw. DERS.) 1923.

Literatur: E. FRIEDRICHS, Die dt.sprachigen Schriftstellerinnen des 18. u. 19. Jh. Ein Lex., 1981. KK

Itzinger, Helga → Wolff-Itzinger, Helga.

Itzinger, Karl (geb. Karl Feichtinger; Ps. Kunz Iring; Ernst Kämpfer), * 26. 2. 1888 Ried im Innkreis/Oberöst., † 13. 4. 1948 Linz; Ztg.verleger, Red., Publizist, lebte in Wels; wuchs unehel. geb. u. frühverwaist in Ampflwang bei Verwandten auf, dann als «Bankert» beim Stiefvater, besuchte (ohne Abschluss) das Gymnasium in Salzburg, handwerkl. Lehre zum Mechaniker, Wanderjahre in Dtl., den Niederlanden, Frankreich u. der Schweiz, diente 1907–09 in der franzöz. Fremdenlegion u. war an Kampfhandlungen in Marokko beteiligt, 1909–13 Offizier im kaiserl.-königl. öst. Heer, 1914 Soldat im 1. Weltkrieg, n. schwerer Verletzung als Invalide pensioniert, Offizier in der öst. Volkswehr, Mitarb. u. ab 1919 Schr.leiter des «Salzburger Bauernbündlers», Hg. der «Bauern-Ztg.», des «Innviertler Volksbl.» u. des «Mühlviertler Volksbl.», 1931 Pressereferent des Landbundes, dann Mitgl. der NSDAP, 1934 am Juliputsch beteiligt u. danach ztw. inhaftiert, n. 1938 SA-Obersturmbannführer, Leiter der weltanschaul. Abt. im «Reichsnährstand», 1942–44 Gauhauptstellenleiter für die bäuerl. Nachwuchserziehung, n. 1945 interniert, seine Schr. wurden n. 1945 indiziert; sein Dr. ‹Frankenburger Würfelsp.› wird seit 1952 (in einer entnazifizierten Fass.) regelmäßig in Frankenburg am Hausruck/Oberöst. aufgeführt. – Erz., Rom., Tgb., Dr., Mundart (Mühlviertler).

Schriften: Der Sündenbock. Geschichte eines «ledigen» Kindes, 1922 (zuerst in Forts. u. d. T.: ‹Der Lebensgang des Johann Jakob›, 1921); Streiflichter aus dem oberösterreichischen Bauernkrieg 1626, 1925 (Neuausg. 1976); Ein Volk steht auf, I Der Bauerntod. Eine Geschichte aus der Leidens- und Heldenzeit des Landes ob der Enns. Das Vorspiel des Bauernsterbens (Neubearb. u. d. T.: Das Blutgericht am Haushamerfeld. Eine Geschichte aus der Leidens- und Heldenzeit des Landes ob der Enns, 1934; Neuausg. u. d. T.: Das Blutgericht am Haushamerfeld oder Das Frankenburger Würfelspiel, 1940), II Es muß sein. Der Kampf eines deutschen Volkes um Freiheit, Glaube und Heimat, III Ums Letzte. Das Ende eines deutschen Kampfes um Freiheit, Glaube und Heimat, 1925–38; Das Frankenburger Würfelspiel. Festspiel des deutschvölkischen Turnvereines Frankenburg anläßlich der Enthüllung des Denkmales am Haushamerfelde […], 1925 (Neuausg. m. dem Untert.: Zum Gedenken an das harte Leben und bittere Sterben

unserer Vorväter, 1938); Not und Kampf deutscher Bauern (Bauernkriege), 1935 (Reprint 1992); Nie wieder Habsburg! Die Habsburger in der Geschichte der Deutschen, 1936 (Reprint 1997); Dummheit? Hexenwahn, Teufelsspuk und Reliquienschwindel, 1937; Der politische Katholizismus. Sein Wesen und Wirken, 1937; Vom Verräter zum Heiligen? Der Verrat Karls des Letzten am Bundesgenossen, 1938; Tagebuch vom 10. Februar bis 13. März 1938. Ein Überblick über die letzten Tage des Kampfes und die ersten Tage des Sieges, 1938; Der Ketzerfürst. Roman einer Geisteswende, 1941 (Neuausg., überarb. H. BÖHME, 1967).

Nachlass: Bergbauarch. Ampflwang; Adalbert-Stifter-Inst., Linz. – Renner 182; Hall-Renner 160.

Literatur: Schmidt, Quellenlex. 14,363. – ÖBL 3,46; Killy 6,52; DBE 5,263; Killy ²6,64. – ~, ‹Ein Volk steht auf› (in: Bücher-Kunde 6, H. 6, S. 319) 1939; ~ (in: Stillere Heimat. Jb. der Gauhauptstadt Linz 1, S. 210f.) 1940; Kleines öst. Lit.lex. (hg. H. GIEBISCH) 1948; Wegweiser durch die Moderne Lit. in Öst. (hg. H. KINDERMANN) 1954; W KOSCH, Biogr. Staatshdb., Bd. 1, 1963; B. MÜLLER-KAMPEL, «Ein hohes Lied dt. Heldentums». Elemente nationalsozialist. Ideologie in ~s Bauernkriegstrilogie ‹Ein Volk steht auf› (in: Öst. in Gesch. u. Lit. 32, H. 3/4, S. 134–146) 1988; F. WESTENFELDER, Genese, Problematik u. Wirkung nationalsozialist. Lit. am Beispiel des hist. Rom. zw. 1890 u. 1945 (Diss. Karlsruhe) 1989; K. AMANN, Der «Machtwechsel» in der öst. Lit. der dreißiger Jahre (in: Neohelicon 24, H. 1, S. 209–230) 1997; B. SOWINSKI, Lex. dt.sprachiger Mundartautoren, 1997; E. STOCKHORST, 5000 Köpfe. Wer war was im 3. Reich, 2000 (Nachdr.); N. HOPSTER u. a., Kinder- u. Jugendlit. 1933–1945. Ein Hdb., Bd. 1, 2001; K. F. STOCK u. a., Personalbibliogr. öst. Dichterinnen u. Dichter, Bd. 2, ²2002; E. KLEE, Das Kulturlex. zum Dritten Reich. Wer war was vor u. nach 1945, 2007; I. GREIFENEDER-I., An den Wurzeln der Mundartdg. ~ – Verfasser des Frankenburger Würfelsp. (in: Stelzhamerbund der Freunde oberöst. Mundartdg. Mitt. 166, S. 14) 2008; H. KOCH, ~. Heimatdichter u. Nationalsozialist (in: Der Bundschuh. Schr.reihe des Mus. Innviertler Volksk.haus 15, S. 97–105) 2012; C. SCHACHERREITER, Nationalsozialist. Ideologie in ~s Bauernkriegstrilogie (ebd., S. 106–109) 2012.   KK

Iuszt, Ioan Matei → Just, Hans Matthias.

Ivănceanu, Vintilă, * 26. 12. 1940 Bukarest, † 7. 9. 2008 Essaouira/Marokko; Regisseur, Verleger, Schriftst., Kulturkritiker, lebte in Wien; studierte Wirtschaftswiss. an der Univ. Bukarest, erste Veröff. in rumän. Sprache, emigrierte 1970 aus polit. Gründen n. Öst., studierte Theaterwiss. in Berlin u. Wien, gründete 1977 in Wien den «Rhombus Verlag». – 1975 u. 1976 Förderungspreis für Lit. des Theodor-Körner-Stiftungsfonds, 1976 Staatsstipendium des öst. Bundesministeriums für Unterricht u. Kunst. – Erz., Bühnentext, Hörsp., Kritik, Lyrik.

Schriften (außer rumän.): Reise, 1977; Sodom, 1978; MS, 1980; Stumm (Ged.) 1990 (Linolschnitte S. Josef); Prozessionstheater. Spuren und Elemente von der Antike bis zur Gegenwart (m. J. C. Hoflehner) 1995; ZeroKörper. Der abgeschaffte Mensch (m. J. Schweikhardt) 1997; Triebwerk Arkadien. 1899/1999 – zweimal Fin de Siècle (m. J. Schweikhardt; hg. P. ENGELMANN) 1999; Begra (Ged.) 2000; Aktionismus all inclusive (m. J. Schweikhardt) 2001; Mahura oder die Weltschöpfung in fünf Tagen, 2002; Ausgewählte Gedichte, 2005; KKK. Kunst Klang Krieg (m. J. Schweikhardt) 2008. (Ferner ungedr. Theaterst. u. Hörspiele.)

Literatur: Öst. Katalog-Lex. 1,171. – Öst. Lit. von außen. Personalbibliogr. zur Rezeption der öst. Lit. [...] 1975–1994 (hg. M. KLEIN) 1996; W. MRAČEK, Simulierte Körper. Vom künstl. zum virtuellen Menschen, 2004; D. TSEPENAG, Onirism. Avant-garde Movement in Romanian Literature (in: The Rev. of Contemporary Fiction 27, H. 3, S. 112–123) 2008; A. HAGELUKEN, ~ ‹KKK› (in: Neue Zs. für Musik 170, H. 3, S. 93) 2009.   KK

Ivancsics, Karin, * 30. 3. 1962 Sankt Michael/ Burgenl.; Schriftstellerin, Journalistin, Buchillustratorin, Lektorin, lebt in Wien; wuchs in Deutsch Jahrndorf/Burgenl. auf, studierte (ohne Abschluss) Germanistik, Romanistik u. Publizistik an der Univ. Wien, versch. Anstellungen in der Modebranche, danach bis 1987 Lehrgang für Werbung u. Verkauf an der Wirtschaftsuniv. Wien, 1986–89 Lektorin im Wiener Frauenverlag, dann bei versch. Verlagen, seit 1994 freie Schriftst. in Wien. – 1990 Nachwuchsstipendium für Lit. des öst. Bundesministeriums für Unterricht u. Kunst, 1991 Stipendium des Lit. Colloquiums Berlin, 1993 Hertha-Kräftner-Preis. – Erz., Nov., Bühnenst., Roman.

Schriften: Frühstücke. Essensgeschichten, 1989;

Panik. Eine Novelle, 1990; Stadteinfälle. 14 internationale Projekte für Wien [...] (Red.) 1994; Deppen & Dämonen. Dancing through the Human Zoo (Erzn.) 1995; Durst! Geschichten von Begehren und Sehnsucht, 1995; Aufzeichnungen einer Blumendiebin, 1996; Wanda wartet. Ein Triptychon, 1998; Süß oder scharf. Aus dem Leben einer Taugenichtsin (hg. R. PILS) 2005; Anna hat zwei Tage. Vom Mutterglück und anderen Umständen (dass.) 2008; Muss das schön sein im Toten Meer toter Mann zu spielen (dass.) 2009; Restplatzbörse (dass.; Rom.) 2011.

Herausgebertätigkeit: Schräg eingespiegelt. Texte und Bildmaterial von Frauen, 1987; Unter die Haut. Phantastische Erzählungen amerikanischer Autorinnen (m. P. Hiess) 1990; Der Riß im Himmel. Science Fiction europäischer u. amerikanischer Autorinnen, 1993 (Illustr. D. Rieger).

Uraufführungen: Warteschleife, 2002.

Literatur: Öst. Katalog-Lex. 1,171. – Öst. Lit. von außen. Personalbibliogr. zur Rezeption der öst. Lit. [...] 1975–1994 (hg. M. KLEIN) 1996; Lit.port (Internet-Edition).   KK

Ivanji, Ivan, * 24. 1. 1929 Zrenjanin/Jugoslawien (später Serbien); Schriftst., Journalist, Übers., Diplomat; Sohn eines jüd. Arztes, n. Verhaftung seiner Eltern 1941 von einer Tante in Novi Sad aufgenommen, im Januar 1942 Augenzeuge von Massakern an der Donau, 1944/45 in den Konzentrationslagern Auschwitz u. Buchenwald interniert, studierte n. Kriegsende an der Univ. Belgrad Architektur u. Germanistik, u. a. in der Bauwirtschaft, als Lehrer, Journalist, Verlagslektor, Dramaturg u. Theaterintendant tätig, 1974–78 Botschaftsrat Jugoslawiens in Bonn, arbeitete dann bis 1981 im jugoslaw. Außenministerium in Belgrad, über zwanzig Jahre Dolmetscher Titos u. der jugoslaw. Staats- u. Parteiführung, 1982–88 Generalsekretär des Schriftst.verbandes Jugoslawiens; verf. auch Beitr. zu polit. Themen für dt. Ztg. u. Zs., u. a. für den «Spiegel» u. den «Rhein. Merkur», übers. eigene Rom., Bücher von D. Kiš (1935–89) u. a. jugoslaw. Autoren ins Dt. sowie Werke dt.- u. ungarischsprachiger Autoren ins Serbokroat. (u. a. Heinrich → Böll, Wolfgang → Borchert, Bertolt → Brecht, Milo → Dor, Max → Frisch, Günter → Grass, Karl → Jaspers, Peter → Weiss, Sándor Petőfy, Magda Szabó, Saša Vereš). – Öst. P.E.N.-Club 1994. – Rom., Prosa, Hörsp., Übers., Ess., Kinder- u. Jugendbuch.

Schriften: Zivecu uvek prolecem (Ged.) Belgrad 1950; Smesak pod tackom razno (Ged.) Novi Sad 1951; Vozovi (Ged.) Belgrad 1952; Dioklecijan (Rom.) Belgrad 1973 (dt. Ausg. u. d. T.: Kaiser Diokletian, Übers. E. NETZBAND, 1976); Nemačke teme. Devet eseja, Belgrad 1975; Smrt na Zmajevoj steni (Rom.) Belgrad 1982 (dt. Ausg. u. d. T.: Der Tod auf dem Drachenfels, Übers. I. I., 1984); Pisma iz Havane. Statista na samitu, Belgrad 1984; Konstantin (Rom.) Belgrad 1988 (dt. Ausg. u. d. T.: Kaiser Konstantin, Übers. B. ANTKOWIAK, 1988); Der gutherzige Hai. Eine Erzählung für Erwachsene und Kinder, 1991 (Illustr. B. Heiskel); Schattenspringen (Rom.) 1993 (NA 2009); Die andere Seite der Ewigkeit. Zwanzig Geschichten vom Tod, 1994; Ein ungarischer Herbst (Rom.) 1995; Barbarossas Jude (Rom.) 1996; Das Kinderfräulein (Rom.) 1998; Der Aschenmensch von Buchenwald (Rom.) 1999; Die Tänzerin und der Krieg (Rom.) 2002; Titos Dolmetscher. Als Literat am Pulsschlag der Politik, 2007; Geister aus einer kleinen Stadt (Rom.) 2008; Buchstaben von Feuer (Rom.) 2011; Mein schönes Leben in der Hölle (Rom.) 2014.

Übersetzungen: Junge jugoslawische Lyrik (auch hg.) 1962; D. Ivanišević, Split, Belgrad 1966; I. V. Lalić, Istrien und Kvarner, Belgrad 1966; M. Živković, Kragujevac (Fotomonogr.) Belgrad 1968 (Fotoausw. I. Janković); Z. Džumhur, Durch das Tal der Neretva, Belgrad 1968; M. Marinović, Die jugoslawischen Gewerkschaften. Was sind sie? Wofür kämpfen sie? Wie wirken sie?, Belgrad 1970; D. Kečkemet, Split (Red. I. NINIĆ, Einf. T. PETRASOV MAROVIĆ) Zagreb 1979; S. Ćorović, Kein Scheideweg. Mutters Sultanin, Mostar 1983; D. Kiš, Enzyklopädie der Toten, 1986; ders., Frühe Leiden (Rom.) 1989; D. Albahari, Beschreibung des Todes (Erzn.) 1993; V. Stevanović, Schnee und schwarze Hunde (Rom.) 1995.

Herausgebertätigkeit: Jugoslawien (Mitarb. C. E. Buchalla) 1991 (Fotoausw. V. Barl).

Literatur: HAjH 1,591; LGL 1,596 f.; Killy ²6,64. – J. JANIĆIJEVIĆ, D. VLATKOVIĆ, ~ (in: Leksikon pisaca Jugoslavije 2, S. 492–494) 1979; Öst. Lit. von außen. Personalbibliogr. zur Rezeption der öst. Lit. [...] 1975–1994 (hg. M. KLEIN) 1996; ~, ‹Kaiser Diokletian› (in: Der Rom.führer [...] XXXIV, hg. B. GRÄF) 1999.   BJ

Ivanov, Petra, * 5. 9. 1967 Zürich; Journalistin, Übers., Schriftst., lebt in Dübendorf/Kt. Zü-rich; wuchs ztw. in den USA auf, studierte an der Dolmetscherschule Zürich, Übers., Red. u. Sprachlehrerin, 1995–2000 Redaktionsassistentin, 2000/01 Lokalred., 2001–06 Red. beim Hilfswerk der Evangel. Kirchen der Schweiz, seitdem freie Schriftst. in Zürich, Mitgl. der Schriftst.ver. «Mörderische Schwestern» u. «Das Syndikat». – 2007 Werkbeitr. des Kt. Appenzell/Ausserrhoden, 2010 Zürcher Krimipreis, 2011 Kranichsteiner Jugendlit.-Stipendium. – Feuill., Kriminalrom., Jgdb., Erz., Reportage.

Schriften: Fremde Hände (Kriminalrom.) 2005 (Tb.ausg. m. dem Untert.: Ein Fall für Flint und Cavalli, 2009); Tote Träume (dass.) 2006 (Tb.ausg. m. dem Untert.: Ein Fall für Flint und Cavalli, 2010); Kalte Schüsse (dass.) 2007 (dass.); Angst, Haas und Glockenschlag. Drei Regio-Krimis, 2007; Stille Lügen (Kriminalrom.) 2008 (Tb.ausg. m. dem Untert.: Ein Fall für Flint und Cavalli, 2011); Angst, Haas und Seitensprung. Regio-Krimi, 2009; Reset (Jgdb.) 2009; Escape (Jgdb.) 2010; Angst, Haas und Wellness. Regio-Krimi, 2010; Tiefe Narben (Kriminalrom.) 2010; Tatverdacht. Der erste Fall für Jasmin Meyer und Pal Palushi, 2011 (Tb.ausg. ohne Untert. 2013); Delete (Jgdb.) 2011; Control (Jgdb.) 2012; Leere Gräber (Kriminalrom.) 2012.

Herausgebertätigkeit: Mord in Switzerland. 18 Kriminalgeschichten (m. M. Devi) 2013.

Literatur: Lex. Schweizer Schriftstellerinnen u. Schriftst. der Ggw. (Internet-Edition).   KK

Ivers, Axel, * 6. 6. 1902 Danzig, † 23. 10. 1964 Wiesbaden-Sonnenberg; Schauspieler, Regisseur; Sohn eines Zahnarztes, wuchs in Stettin auf, ebd. Ausbildung zum Schauspieler, Engagements als Schauspieler u. a. in Stettin, Wuppertal u. Bonn, ab 1932 in Wiesbaden, ztw. ebd. Chefdramaturg, Leiter der Schauspielschule am Konservatorium in Wiesbaden. – Drehb., Bühnenst., Rom., Übers. (aus dem Engl., Niederländ. u. Italienischen).

Schriften: Bob macht sich gesund. Lustspiel in drei Akten, 1933; Konsul Michael. Grenzen der Leidenschaft. Drei Akte einer Komödie, 1934; Spiel an Bord. Lustspiel in drei Akten, 1935; Held seiner Träume. Ein Lustspiel in drei Akten, 1936; S. Donat, Weltkonferenz. Lustspiel in drei Akten (Bearb., m. H. Horak) 1938; Parkstraße 13. Ein Kriminalstück in drei Akten, 1938 (Neuausg. 1954); Zwei im Busch. Ein Lustspiel in drei Akten, 1940; Der gute Geist des Hauses. Ein Lustspiel in drei Akten, 1941; Der Fälscher. Ein Kriminalstück in drei Akten, 1943; Das Herz der Dame. Drei Akte um ein Bildnis, 1944; Der König von Uganda. Komödie in drei Akten, 1952; Die nächtliche Göttin (Rom.) 1955.

Übersetzungen: J. C. Holm, H. Abbott, Drei Mann auf einem Pferd. Lustspiel in drei Akten (auch Bearb.) 1947.

Literatur: DBE 5,263. – O. RENKHOFF, Nassauische Biogr., ²1992; Lex. Lit.verfilmungen [...] 1945–2000 (zus.gestellt K. M. u. I. SCHMIDT) ²2001.   KK

Iversen, Harry → Bittner, Helmut.

Ivertowski, Helga E(rika) → Hörz, Helga E.

Ivo → Wibbelt, Augustin.

Ivo, Hubert, * 2. 5. 1927 Kassel; Pädagoge, Germanist, lebt in Wiesbaden; Soldat im 2. Weltkrieg, in Kriegsgefangenschaft, studierte Germanistik, Theol. u. Philos. in Würzburg u. Marburg, Referendar in Kassel, Lehrer in Gießen, Schulleiter in Wetzlar u. Wiesbaden, 1972–95 (emeritiert) Prof. für Didaktik der dt. Sprache u. Lit. an der Univ. Frankfurt/M., Mitbegr. der Zs. «Diskussion Deutsch». – Fachschr., Erinnerungen.

Schriften (Ausw.): Kritischer Deutschunterricht, 1969; Abschied vom klassischen Schulfach. Zum Beispiel Deutsch [...] (Bearb., m. V. Merkelbach) 1972; Handlungsfeld Deutschunterricht. Argumente und Fragen einer praxisorientierten Wissenschaft, 1975; Zur Wissenschaftlichkeit der Didaktik der deutschen Sprache und Literatur. Vorüberlegungen zu einer Fachunterrichtswissenschaft, 1977; Lehrer korrigieren Aufsätze. Beschreibung eines Zustands und Überlegungen zu Alternativen, 1982; Muttersprache – Identität – Nation. Sprachliche Bildung im Spannungsfeld zwischen einheimisch und fremd, 1994; Deutschdidaktik. Die Sprachlichkeit des Menschen als Bildungsaufgabe in der Zeit, 1999; Nach 1945 Deutsch unterrichten. Ein Bericht lebens-, fach- und politikgeschichtlicher Verschränkungen, 2002.

Herausgebertätigkeit: Weitermachen? Abschaffen? Verändern? Zum Gebrauchswert von Literatur. Eine Textsammlung für die Schule (m. a.) 1971; Texte und Materialien zum Literaturunterricht (m. V. Merkelbach, H. Thiel) 1975; Leo Weisgerber. Engagement und Reflexion. Kritik einer

didaktisch orientierten Sprachwissenschaft, 1994; Aber spätere Tage sind als Zeugen am weisesten. Zur literarisch-ästhetischen Bildung im politischen Wandel. Festschrift für Wilfried Bütow (m. K. Wardetzky, Red. B. SCHÜTZE, D. DOPATKA) 1997.

Literatur: Handlungsfeld Deutschunterricht im Kontext. FS für ~ (hg. A. BREMERICH-VOS) 1993 (m. Bibliogr.); Wirklichkeitssinn u. Allegorese. FS für ~ zum achtzigsten Geb.tag (hg. S. GÖLITZER, J. ROTH) 2007.   KK

Iwand, Hans Joachim, * 11. 7. 1899 Schreibendorf/Schles. (Sarby/Polen), † 2. 5. 1960 Bonn; Theologe; Sohn eines Pfarrers, wuchs in Görlitz auf, Soldat im 1. Weltkrieg, studierte 1919–22 Theol. an den Univ. Breslau u. Halle/S., 1923 Studieninspektor am Lutherheim in Königsberg/Ostpr., 1924 Dr. theol., 1928 Habil. in Königsberg, 1934 Prof. am Herder-Inst. in Riga, 1935 Entzug der Lehrbefugnis durch die Nationalsozialisten (aufgrund seiner Mitarb. in der Bekennenden Kirche), 1935–37 Leiter eines illegalen Predigerseminars in Blöstau/Ostpr. u. Jordan/Brandenb., 1936 m. «Reichsredeverbot» belegt, 1938 ztw. inhaftiert, 1938–45 Pfarrer in Dortmund, 1945–52 Prof. für systemat. Theol. an der Univ. Göttingen, 1947 Vors. des Hilfskomitees der evangel. Deutschen aus Ostpr., 1949 Begr. des «Hauses der helfenden Hände» in Beienrode (später zu Königslutter am Elm/ Nds.), 1952–60 Prof. an der Univ. Bonn. – Fachschr., Pred., Vortrag.

Schriften (Ausw.): Ueber die methodische Verwendung von Antinomien in der Religionsphilosophie. Dargestellt an Karl Heims «Glaubensgewißheit» (Diss.) 1924; Rechtfertigungslehre und Christusglaube. Eine Untersuchung zur Systematik der Rechtfertigungslehre Luthers in ihren Anfängen, 1930 (Habil.-Schr. 1927; Reprint 1961); Leben und Lehre. Etwas über vergessene Schätze aus Luthers Theologie. Ein Vortrag, 1931; Von Bildung, Einbildung und Unbildung. Ein Wort zum sogenannten Boykott der Königsberger Theologischen Fakultät, 1936 (Selbstverlag); Der Name der Herrn. Geistliche Reden, 1936; Glaubensgerechtigkeit nach Luthers Lehre, 1941; Wie wir uns fanden! Ein Wort zur Begegnung von Kirche und Gemeinschaft (m. M. Fischer) 1947; Das Liebesgebot und der Wiederaufbau Europas. Ein Vortrag aus dem Jahre 1958, 1960.

Ausgaben: Gesammelte Aufsätze, I Um den rechten Glauben. (hg., eingel. K. G. STECK), II

Glaubensgerechtigkeit (hg. G. Sauter; 2., durchges. Aufl. 1991) 1959–79; Nachgelassene Werke, I Glauben und Wissen, II Vorträge und Aufsätze, III Ausgewählte Predigten, IV Gesetz und Evangelium, V Luthers Theologie, VI Briefe an Rudolf Herrmann (hg. H. Gollwitzer u. a.) 1963–67; Briefe, Vorträge, Predigtmeditationen. Eine Auswahl (hg. P.-P. Sänger) 1979; Frieden mit dem Osten. Texte 1933–1959 (hg. G. C. den Hertog) 1988; Morgenröte der Verheißung. Texte zum Kirchenjahr (hg. C. C. Lauther) 1990; Nachgelassene Werke. Neue Folge, I Kirche und Gesellschaft, II Christologie. Die Umkehrung des Menschen zur Menschlichkeit, III Theologiegeschichte des 19. und 20. Jahrhundert. «Väter und Söhne», V Predigten und Predigtlehre, 1998–2004 (m. n. e.); I.-Studien. Aufsätze und Briefwechsel H. J. I.s mit Georg Eichholz und Heinrich Held (hg. J. Seim) 1999.

Nachlass: Bundesarch. Koblenz.

Literatur:

Lexika und Nachschlagewerke: Schmidt, Quellenlex. 14,364. – Munzinger-Arch.; DBETh 1,699; NDB 10,206; Biogr. Bibliogr. Kirchenlex. 14,1101; DBE 5,264; RGG 4,339. – Bonner Gelehrte. Beitr. zur Gesch. der Wiss. in Bonn. Evangel. Theol., 1968; Gesch. der Bekennenden Kirche in Ostpr. 1933–1945. Allein das Wort hat's getan (hg. M. Koschorke) 1976; Profile des Luthertums. Biogr. zum 20. Jh. (hg. W.-D. Hauschild) 1998; C.-E. Schott, Schicksal u. Gesch. Zum Weg der evangel. Schlesier n. 1945, 2010.

Allgemein zu Leben und Werk:

Selbstständig Erschienenes: K. Adloff, Die Pred. als Plädoyer. Versuch einer homilet. Ortsbestimmung [...], 1971; C.-J. Kaltenborn, ~. Geglaubt u. erkannt, 1971; J. Gandras, Pred. als Zeugendienst bei ~. Aspekte u. Perspektiven einer homilet. Theorie u. theolog. Kommunikation n. seinen Predigtmeditationen im Kontext seiner Theol. (Diss. Univ. Heidelberg) 1975; E. Burdach, ~. Theologe zw. den Zeiten. Ein Fragm. 1899–1937, 1982; R. Heinrich, Verheißung des Kreuzes. Die Christologie ~s (Diss. Univ. Tübingen) 1982; C. W. Burger, Die verhouding wet-evangelie as hermeneuties-homiletiese prinsipe by ~ (Diss. Univ. Stellenbosch/Südafrika) 1983; M. Hoffmann, Bezeugte Versöhnung. Die trinitar. Grundlegung der Ethik bei ~ (Diss. Univ. Bochum) 1988; Beiträge zur Theol. ~s (hg. J. Seim, M. Stöhr) 1988; E. Martikainen, Evangelium als Mitte. Das Verhält-

nis von Wort u. Lehre in der ökumen. Methode ~s (Diss. Univ. Helsinki) 1989; E. Lempp, E. Thaidigsmann, Gottes Gerechtigkeit in der Dialektik der Aufklärung. Annäherungen an die Theol. ~s, 1990; ~ – Theol. in der Zeit. Lebensabriß und Briefdok. Bibliogr. (hg. P. Sänger, D. Pauly) 1992; J. Hermelink, Die homilet. Situation. Zur jüngeren Gesch. eines Pred.problems (Diss. Heidelberg) 1992; R.-D. Krüger, Versöhnt mit Gott. Rechtfertigung u. Heiligung bei ~ (Diss. Univ. Basel) 1993; G. C. den Hertog, Befreiende Erkenntnis. Die Lehre vom unfreien Willen in der Theol. ~s (Diss. Univ. Kampen/Niederlande) 1994; I. L. Aach, The Contextuality and Unity of the Theology of ~. An Introduction for North American Protestants (Diss. McGill Univ. Montreal/Kanada) 1997; R.-D. Krüger, Versöhnt mit Gott. Rechtfertigung u. Heiligung bei ~ (Diss. Univ. Basel) 1997; R. Meier, Gesetz u. Evangelium bei ~ (Diss. Univ. Erlangen) 1997; J. Seim, ~. Eine Biogr., ²1999; Reich Gottes für diese Welt – Theol. gg. den Strich. Erbe der Väter. Auftrag für heute – Hoffnung für morgen (hg. W. Zademach) 2001; F. Pritzke, Rechtfertigungslehre u. Christologie. Eine Unters. zu ihrem Zusammenhang in der dogmat. u. homilet. Arbeit u. in den Pred. des jungen ~ (Diss. Univ. Göttingen) 2002; S. Rolf, Vom Sinn zum Trost. Überlegungen zur Seelsorge im Horizont einer relationalen Ontologie (Diss. Univ. Hannover) 2003; Gottes Wort in der Zeit. Arbeiten zur Theol. ~s (hg. G. den Hertog, J. Seim) 2004; S. Heuser, Menschenwürde. Eine theolog. Erkundung (Diss. Erlangen/Nürnberg) 2004; ~ u. seine Dichter (hg. G. den Hertog) 2005; J. Štefan, Karl Barth a ti druzí. Pět evangelikých theologu 20. století. Barth, Brunner, Tillich, Althaus, ~, Brno 2005; G. A. Walter, The Promise of Righteousness. ~'s Christology in Response to Karl Holl's Theology (1921–1942) (Diss. Princeton/NJ) 2005; C. Fröhlich, «Wider die Tabuisierung des Ungehorsams». Fritz Bauers Widerstandsbegriff u. die Aufarbeitung von NS-Verbrechen (Diss. FU Berlin) 2006; B.-Y. Suh, Lex spiritualis. ~s Verständnis des Gebotes im Gespräch mit Luther, Calvin u. Barth (Diss. Kirchl. Hochschule Wuppertal) 2006; R. Vollmer, Gott Recht geben – im Gebet. Zur anthropolog. Bedeutung der Rechtfertigungslehre bei Rudolf Hermann u. ~ (Diss. Univ. Bonn) 2006; M. Korthaus, Kreuzestheologie. Gesch. u. Gehalt eines Progr.begriffs in der evangel. Theol. (Diss. Univ. Münster) 2007; C.

MÖLLER, Die homilet. Hintertreppe. Zwölf biogr.-theolog. Begegnungen, 2007; A. ZINNECKER-RÖNCHEN, Geschenkte Menschlichkeit. Über die Bedeutung des Kreuzes Jesu Christi für das Verständnis christl. Identität in feminist. Theologie, bei Dietrich Korsch u. bei ~ (Diss. Univ. Dortmund) 2007; N. SCHWARZ, «Denn wenn ich schwach bin, bin ich stark». Rezeptivität u. Produktivität des Glaubenssubjektes in der Homiletik ~s (Diss. Univ. Göttingen) 2008; C. J. NEDDENS, Polit. Theol. u. Theol. des Kreuzes. Werner Elerts u. ~ (Diss. Univ. Greifswald) 2010.

Unselbstständig Erschienenes: L. AHNE, ~ (in: Junge Kirche 20, S. 321–332) 1959; E. COHEN, ~, ‹Nachgelassene Werke› (in: Evangel. Theol. 26, S. 160–165) 1966; H. GOLLWITZER, ~ (in: Tendenzen der Theol. im 20. Jh. Eine Gesch. in Porträts, hg. H. J. SCHULTZ, S. 435–444) 1966; W. KRECK, ~ 1899–1960 (in: Bonner Gelehrte. Beitr. zur Gesch. der Wiss., S. 215–226) 1968; W. KRECK, ~ 1899–1960 (in: DERS., Tradition u. Verantwortung. Ges. Aufs., S. 244–261) 1974; G. FRIEDRICH, ~. 11. Juli 1899–2. Mai 1960 (in: DERS., Auf das Wort kommt es an. Ges. Aufs., hg. J. H. FRIEDRICH, S. 492–505) 1978; P.-P. SÄNGER, ~ (in: Zeichen der Zeit 34, S. 297–300) 1979; D. SCHELLONG, ~ – die Aktualität eines Lebenswerks (In: Reformatio 28, S. 390–401) 1979; K. G. STECK, Erinn. an ~ (in: FS zur Feier des 125jährigen Bestehens des Evangel.-Theolog. Stifts in Bonn, S. 31–48) 1980; J. T. BAKKER, ~. Godes gebod en het leven (in: Gereformeerd theologisch Tijdschrift 81, S. 133–152) Kampen/Niederlande 1981; J. H. VAN DER LAAN, ~ en de prediking. Een nood-zaak (ebd., S. 175–190); G. W. NEVEN, Recht op vrede (ebd., S. 191–213) Kampen/Niederlande 1981; J. H. VAN DER LAAN, Ter zake. Politieke prediking bij ~ (in: Bewerken en bewaaren. Stud. aangeboden aan prof. dr. K. Runia, S. 24–35) Kampen/Niederlande 1982; J. SEIM, Vorüberlegungen für eine mögl. ~-Biogr. (in: Pastoraltheol. 72, S. 46–63) 1983; DERS., Polit. Pred. bei ~ (in: Berliner Theolog. Zs. 1, S. 81–96) 1984; DERS., Die Lehre von Gesetz u. Evangelium bei ~ (in: Evangel. Theol. 44, S. 77–94) 1984; D. PAULY, «... daß echte eth. Entscheidungen nicht theoret. lösbar sind ...» ~ zum Problem der Gewalt (in: Weißenseer Bl. 6, S. 2–16) 1984; H. LUDWIG, Der Beitr. ~s zur Diskussion um das rechte Verständnis der Barmer Theolog. Erklärung (in: Die luther. Kirchen u. die Bekenntnissynode von Barmen [...], hg. W.-D. HAUSCHILD, S. 298–306) 1984; DERS.,

«Ein aufgeschlagenes Fenster». Die Barmer Theolog. Erklärung in der Sicht ~s (in: Zw. Bekenntnis u. Anpassung. Aufs. zum Kirchenkampf in rhein. Gemeinden, in Kirche u. Gesellsch., hg. G. VAN NORDEN, S. 71–88) 1985; J. SEIM, Israel u. die Juden im Leben u. Werk ~s (in: Die Juden u. Martin Luther – Martin Luther u. die Juden. Gesch., Wirkungsgesch., Herausforderung, hg. H. KREMERS u. a., S. 249–286) 1985; G. C. DEN HERTOG, Durchbruch n. vorn. Zu ~s Vortr. ‹Die Bibel u. die soziale Frage› (in: Zs. für Dialekt. Theol. 1, H. 2, S. 149–159, u. ebd. 2, H. 1, S. 89–108) 1985/86; P.-P. SÄNGER, Die eine Menschheit. Ein Argument ~s gg. den Krieg (in: Berliner Theolog. Zs. 3, S. 132–143) 1986; DERS., Anfänge u. Herkunft ~s. Seine theolog. Lehrer (in: Beitr. zur Theol. ~s, hg. J. SEIM, M. STÖHR, S. 3–60) 1988; M. OPOČENSKÝ, ~ von Prag aus gesehen (ebd., S. 61–76); J. SMOLIK, ~s Korrespondenz m. J. L. Hromádka u. J. B. Souček (ebd., S. 77–89); P. POKORNÝ, ~s aktuelle Bedeutung (ebd., S. 90–95); H. LUDWIG, Kritik u. Erbschaft der Bekennenden Kirche. ~s Verarbeitung des Kirchenkampfes (ebd., S. 96–133); G. C. DEN HERTOG, ~s Verarbeitung der Inkarnation im Kirchenkampf als Ursprung einer theolog. u. polit. Neuorientierung (ebd., S. 134–158); DERS., Die Schule des Glaubens. Kreuzestheol. in den Predigtmeditationen von ~ (ebd., S. 226–262); M. STÖHR, Die Aufgabe der Versöhnung – ~s Arbeit weitertreiben (ebd., S. 159–188); J. SEIM, Christologie bei ~ (ebd., S. 189–225); DERS., Bergpred. u. Politik. ~s Auslegung der Bergpred. (ebd., S. 277–325); B. KLAPPERT, «Wer seinen Bruder Atheist nennt, ist des höllischen Feuers schuldig». ~s Auslegung der Bergpred. (ebd., S. 263–276); K. M. BECKMANN, Polit. Ethik bei ~ (ebd., S. 326–338) 1988; K. GEYER, ~s Erbe für heute (in: Communio viatorum 32 S. 39–54) Prag 1989; B. KLAPPERT, U. WEIDNER, Versöhnung, Reich Gottes u. Gesellsch. ~s theolog. Existenz im Dienst der einen Menschheit (in: Evangel. Theol. 49, S. 341–369) 1989; G. C. DEN HERTOG, Gescheiden werelden? De aard en de fundering van theologische «is-utspraken» en de relevantie ervan voor de ethiek in de theologische ontwerpen va. H. M. Kuitert en ~ (in: Theologia Reformata 34, S. 6–28) Woeden/Niederlande 1991; E. STURM, «Christus non est otiosus». Theol. u. Politik bei ~ (in: Berliner Theolog. Zs. 9, H. 1, S. 87–106) 1992; G. C. DEN HERTOG, Ein fast paradoxes Unternehmen (in: «Mit unsrer Macht ist nichts getan ...» FS für Dieter Schellong [...], hg. J. Mertin u. a., S. 147–161) 1993; H. Dembrowski, ~ (1899–1960) (in: Die Albertus-Univ. zu Königsberg u. ihre Prof., hg. D. Rauschning, D. von Nereé, S. 811–825) 1994; H. Dembrowski, ~ (1899–1960) (in: Die Albertus-Univ. zu Königsberg u. ihre Prof., hg. D. Rauschning, D. von Nereé, S. 811–825) 1995; E. Thaidigsmann, Das Urteil Gottes u. der urteilende Mensch. Gerechtigkeit Gottes in Jesus Christus bei ~ (in: Neue Zs. für Systemat. Theol. u. Rel.philos. 39, H. 3, S. 285–303) 1997; J. Seim, Biograf. Skizzen zu ~ (in: Die Provokation des Kreuzes. Entdeckungen in der Theol. ~s, hg., eingel. M. Hoffmann, S. 15–44) 1999; ders., Das Eigene des AT in der Christologie ~s (ebd., S. 153–174); ders., ~ über die Volkskirche n. der Erfahrung des Kirchenkampfes (ebd., S. 189–210); E. Sturm, «... daß wir die verlorenen Grenzen zw. Gott u. Menschen wiederfinden». ~s Arbeiten über Luthers Theol. in seiner Dortmunder Zeit (ebd., S. 45–80); E. Thaidigsmann, Der wirkl. Gott u. der wirkl. Mensch. ~s Verständnis der Theol. Luthers im Kontext der Lutherforsch. (ebd., S. 81–102); E. Börsch, ~s Kritik an Luthers Zwei-Teiche-Lehre (ebd., S. 103–134); M. Hoffmann, Die Kreuzestheol. ~s (ebd., S. 135–152); ders., ~s Versöhnungsethik. Impulse für eine polit. Ethik heute (ebd., S. 289–306); ders., ~s Neuansatz zu einer christl. Gesellsch.ethik (ebd., S. 307–328); K. G. Steck, ~s Beitr. zu einer theolog. Anthropologie (ebd., S. 175–188); P. P. Sänger, Ökumen. Einheit der Kirche n. der Erfahrung des Krieges. ~s Dialog m. der russ. Orthodoxie, seine ökumen. Methode (ebd., S. 211–228); R.-D. Krüger, ~s eth. Ansatz zw. Karl Barth u. Dietrich Bonhoeffer. Versuch einer Standortbestimmung (ebd., S. 229–250); E. Börsch, Karl Barths «Christengemeinde u. Bürgergemeinde» u. ~s «Kirche u. Gesellsch.» – eine vergleichende theolog. Skizze (ebd., S. 251–288) 1999; G. Sauter, Theolog. Feuer. ~s Anstöße für evangel. Theol. u. Kirche (in: Evangel. Theol. 60, H. 3, S. 177–186) 2000; H. Assel, «... für uns zur Sünde gemacht...» Christologie u. Anthropologie bei ~ (ebd., S. 192–210); J. Moltmann, ~ entdecken (ebd., S. 230–236) 2000; H. Assel, Die Öffentlichkeit des Wortes Gottes u. die Armut des Predigers (in: Verkündigung u. Forsch. 46, H. 2, S. 72–89) 2001 (zu ‹Nachgelassene Werke NF›); M. Kock, Gedenket Eurer Lehrer (Hebr. 13,7) (in: Aus der Umkehr leben. ~ 1899–1999, hg. B. Klappert, M. Schulze, S. 9–14) 2001; J. Seim, ~. Biogr. Skizze (ebd., S. 14–30);

H. Faulenbach, ~ im Kirchenkampf (ebd., S. 31–46); M. Schulze, ~. Kampf um Luther im Dritten Reich. Rechtfertigung, Erfahrung u. Ideologie (ebd., S. 47–78); K.-H. zur Mühlen, Das Lutherverständnis ~s (ebd., S. 79–96); G. Sauter, Theolog. Feuer. ~s Anstöße für evangel. Theol. u. Kirche (ebd., S. 97–114); B. Klappert, Die Thora ist in sich immer geistl. Der Weg ~s m. dem Thema «Gesetz u. Evangelium» (ebd., S. 115–170); J. Smolik, ~ u. die Christen in der Tschechoslowakei (ebd., S. 171–182); A. Grözinger, Die Homiletik ~s (ebd., S. 183–197) 2001; M. Hoffmann, ~ – Eine polit. Theol. des Kreuzes (in: Reich Gottes für diese Welt – Theol. gg. den Strich. Erbe der Väter. Auftrag für heute – Hoffnung für morgen, hg. W. Zademach, S. 69–120) 2001; F. Wittekind, Das Erleben der Wirklichkeit Gottes. Die Entstehung der Theol. ~s aus der Rel.philos. Carl Stanges u. Rudolf Hermanns (in: Neue Zs. für Systemat. Theol. u. Religionsphilos. 44, H. 1, S. 20–42) 2002; A. W. Karlsson, ~, ‹Nachgelassene Werke› (in: Svensk teologisk kvartalskrift 79, H. 4, S. 212) Lund/Schweden 2003; P. P. Sänger, ~s Lizentiatenarbeit. Ein hist. Text u. seine Probleme (in: Der «frühe ~» (1923–1933), hg. G. den Hertog, E. Lempp, S. 11–32) 2008; E. Thaidigsmann, ~ u. Karl Heim (ebd., S. 33–58); F. Wittekind, Von der Bewusstseinsphilos. zur Christologie. Theol. u. Moderne bei Karl Heim, Paul Tillich u. ~ (ebd., S. 59–114); A. Wiebel, Diesseits von Zeit u. Zeitlosigkeit. Ein Motiv aus ~s früher Christologie (1928/1929) (ebd., S. 115–134); E. Lempp, Zu ~s früher Christologie-Vorlesung (ebd., S. 135–150); G. den Hertog, ~s Projekt einer «Ethik des unfreien Willens» zu Anfang der dreißiger Jahre. Versuch einer Rekonstruktion (ebd., S. 151–188); H. Ruddies, Das Evangelium als Krisis der Kultur? Bem. zum Kulturbegriff von ~ (ebd., S. 189–214); J. Seim, Zu Gesch. u. Stand der ~-Stiftung (ebd., S. 251–256) 2008.   KK

Iwanski, Wilhelm, ∗ 25. 8. 1911 Wanne-Eickel, † 1. 2. 1985 Letmathe (später zu Iserlohn); Schlosser, Schriftst.,; Sohn eines Bergmanns, 1926–28 Schlosserlehre, 1929–34 techn. Angestellter der «Wanne-Eickeler Volksztg.», dann erwerbslos, 1936–45 Schweißer in Letmathe, 1945–50 Autoschlosser ebd., dann Gürtler u. Pförtner. – Erz., Fachschr., Lyrik, Mundart (Plattdeutsch).

Schriften: Unruhiges Herz (Erzn.) 1955; Die Friedenstanne. Weihnachtserzählungen, 1956; Tor der Heimat. Heimatgeschichtliche Erzählungen, 1957; Mit beiden Füßen auf der Erde (Ged.) 1962; Hier bin ich zu Hause (Ged.) 1964; Amor und die Schlüsselkinder (Erz.) 1965; Heimat und Ferne (Ged.) 1968; Heimat-Wanderung (Bildbd., Ged.) 1973.

Literatur: Westfäl. Autorenlex. 4,339 (auch Internet-Edition). – H. Schulz-Fielbrandt, Lit. Heimatkunde des Ruhr-Wupper-Raumes. 1600 Jahre Lit.-Gesch., 1987; Markante Köpfe aus dem Märk. Kr. Lebensdaten bedeutender Persönlichkeiten aus Iserlohn, 1997; B. Sowinski, Lex. dt.sprachiger Mundartautoren, 1997; P. Bürger, Im reypen Koren. Ein Nachschlagewerk zu Mundartautoren, Sprachzeugnissen u. plattdt. Unternehmungen im Sauerland u. in angrenzenden Gebieten, 2010.   KK

Iwersen, August (Ps. Hannis Pohlmann), * 3. 4. 1873 Tondern/Schleswig (Tønder/Dänemark), † 26. 10. 1928 Wilhelmshaven; Fotograf, Schriftst., lebte in Wilhelmshaven; ab 1888 Fotografenlehre, Fotograf in Holstein u. in Osnabrück bei Rudolf Lichtenberg (1844–1908), 1897–99 angestellter Fotograf in Wilhelmshaven bei Johann Georg Siehl-Freystatt (1868–1919), «Liedervater» des plattdt. «Cäcilien-Gersangvereen», betrieb dann ein eigenes Fotogeschäft in Wilhelmshaven, befreundet m. Jakob → Bödewadt, 1917/18 Soldat im 1. Weltkrieg, veröff. u. a. in den Zs. «Westermanns Monatsh.» u. «Die Tide». – Erz., Märchen, Lyrik, Mundart (Oldenburger Platt).

Schriften: De Nachtigall. En Märkenvertelln, 1922; Heimat, Herd und Vaterland. Lieder und Balladen, 1927.

Literatur: R. Wischer, ~ (in: Moderspraak 14, H. 2, S. 26–30) 1927; C. St., ~ gestorben (ebd. 15, H. 12, S. 187f.) 1928; G. Dehning, ~ zum Gedächtnis (in: Die Tide. Niederdt. Heimatbl. 6, H 1, S 24) 1929; B. Sowinski, Lex. dt.sprachiger Mundartautoren, 1997.   KK

Iwo, Jack → Ferrand, Jacques F.

Iwoleit, Michael K., * 22. 2. 1962 Düsseldorf; Schriftst., Übers., lebt in Wuppertal; Ausbildung zum biolog.-techn. Assistenten, studierte (ohne Abschluss) Philos., Germanistik u. Sozialwiss. an der Univ. Düsseldorf, techn. Assistent ebd., seit 1989 freier Übers. u. Autor in Wuppertal, veröff. u. a. im Jb. «Das Science Fiction Jahr» u. den Zs.

«Nova», «Quarber Merkur» u. «Science Fiction Times», Mitarb. an der Losebl.slg. «Werkführer durch die utop.-phantast. Lit.», lit. Zus.arbeit m. Horst → Pukallus, Mitbegr. u. seit 2002 Mithg. der Zs. «Nova» (anfangs zus. m. Ronald M. → Hahn u. Helmuth W. → Mommers, später m. Olaf G. Hielscher u. ztw. m. Frank Hebben). – 2002, 2004, 2006 u. 2013 Dt. Science Fiction Preis, 2000, 2008 u. 2011 Kurd-Laßwitz-Preis. Rom., Erz., Nov., Ess., Kritik, Übers. (aus dem Englischen). –

Schriften: Rubikon (Rom.) 1984; Hinter den Mauern der Zeit (m. H. Pukallus) 1989; Am Rande des Abgrunds (Rom.) 2004; Psyhack (Rom.) 2007; Die letzten Tage der Ewigkeit (Erzn.; Vorw. F. Rottensteiner) 2012.

Übersetzungen: Mr. Corrigans Homunculi (m. M. Windgassen; hg. R. M. Hahn) 1990; C. J. Cherryh, Cyteen, I Der Verrat, II Die Wiedergeburt, III Die Rechtfertigung, 1991 (einbändige Ausg. u. d. T.: Geklont. Roman in drei Teilen. Die Cyteen-Trilogie in einem Band, 1998); D. Wingrove, Chung Kuo. Eine Chronik in sechzehn Teilen, I Das Reich der Mitte. Die erste Chronik des Chung Kuo (m. Nachw.), II Die Domäne. Die zweite Chronik des Chung Kuo (m. Komm.), III Die Kunst des Krieges. Die dritte Chronik des Chung Kuo (dass.), IV Schutt und Asche. Die vierte Chronik des Chung Kuo (dass.), V Das gebrochene Rad. Die fünfte Chronik des Chung Kuo (dass.; m. Ess.), VI Der weiße Berg. Die sechste Chronik des Chung Kuo (dass.), VII Ungeheuer der Tiefe. Die siebte Chronik des Chung Kuo (m. Komm.), VIII Ein Herz aus Stein. Die achte Chronik des Chung Kuo (dass.), IX Auf einem Feuerrad. Die neunte Chronik des Chung Kuo (dass.), X Unter dem Himmelsbaum. Die zehnte Chronik des Chung Kuo (dass.), XI Das Lied der Bronzestatue. Die elfte Chronik des Chung Kuo (dass.), 1994–2000; Die Untiefen der Sirenen (hg. R. M. Hahn) 1996; K. J. Anderson, Angriff auf Yavin 4, 1997; ders., Akademie der Verdammten, 1997; M. Martin, Der letzte Papst (Rom.; m. M. Vrbicky) 1997; A. McCaffrey, Damia, 1997; C. Knapp, Der Zauberer von Anharitte (Rom.) 1998; Der Tod im Land der Blumen (hg. R. M. Hahn) 1998; D. Raymond, Die verdeckten Dateien (m. R. H. Mai) 1999; Die Roosevelt-Depeschen (m. a.; hg. R. M. Hahn) 2000; I. M. Banks, Förchtbar Maschien (Rom., m. H. Pukallus) 2000; A. McCaffrey, E. Moon, J. L. Nye, Die Planetenpiraten, I Sassinak, II Raumfahrergarn, III Das Generationenschiff, 2001; S. Williams, Auferstehung (Rom.) 2006; C. Doctorow, Backup (Rom.) 2007; ders., Upload (Rom.) 2008; C. Moriarty, Lichtjagd (Rom.) 2008; ders., Lichtspur (Rom.) 2009.

Literatur: Schmidt, Quellenlex. 14,367. – A. Decker, ~, ‹Rubikon› (in: Science Fiction Times 27, H. 5, S. 15) 1985 (auch Internet-Edition); W. Plewka, dass. (in: Andromeda Science Fiction Magazin, H. 112, S. 76f.) 1985; F. Rottensteiner, dass. (in: Quarber Merkur 22, H. 63, S. 86f.) 1986; H. J. Alpers u. a., Lex. der Science Fiction Lit., 1988; W. Plewka, H. Pukallus u. ~, ‹Hinter den Mauern der Zeit› (in: Quarber Merkur 27, H. 71, S. 83f.) 1989; B. Giese, dass. (in: Science Fiction Times 31, H. 6, S. 26) 1989; G. Maximovic, dass. (in: Parsek. Das europ. Magazin für utop.-phantast. Lit. 2, H. 2, S. 42) 1990; K. Kruschel, I. Banks, «Förchtbar Maschien» (in: Das Science Fiction Jahr 16. Ein Jb. für den Science Fiction Leser. Ausgabe 2001, hg. W. Jeschke, S. 732–735) 2001; Laudatio ‹Wege ins Licht› (in: Fandom Observer, H. 157, S. 10) 2002 (auch Internet-Edition); A. Kruschke, Laudatio auf ‹Ich fürchte kein Unglück› von ~ (ebd., H. 183, S. 11–13) 2004 (dass.); D. Dressler, Ein Abo auf den DSFP [Interview m. ~] (ebd., H. 206, S. 4–6) 2006 (m. Bibliogr.; auch Internet-Edition); P. Herfurth-Jesse, ~, ‹Psyhack› (ebd., H. 216, S. 14) 2007 (auch Internet-Edition); A. Nordiek, dass. (in: Andromeda Nachr. 217, S. 135f.) 2007; F. Rottensteiner, Vorw. (in: ~, Die letzten Tage der Ewigkeit. S. 6–10) 2012; K. Kruschel, ~, ‹Die letzten Tage der Ewigkeit› (in: Das Science Fiction Jahr 2013, hg. S. Mamczak u. a., S. 390–394) 2013.   KK

Izgi, Mete, * 2. 5. 1963 Eskişehir/Türkei; Lehrer, Schriftst., lebt in Osnabrück; wuchs in Yalova nahe Istanbul auf, besuchte ein Militärgymnasium, danach bis 1985 Militärdienst, studierte 1985–2002 zunächst Jura, dann Germanistik u. Politikwiss. in Osnabrück, 1997–99 wiss. Hilfskraft. an der Forsch.stelle Krieg u. Lit. der Univ. Osnabrück, 2001 dt. Staatsbürgerschaft, 2009 Lehrer an der Verbundschule Hille/Minden, 2009–11 (Ruhestand) Gymnasiallehrer für Dt. u. Politik in Wildeshausen, Mitgl. des Künstlerver. «Die Kogge», veröff. u. a. in der «Neues Osnabrücker Ztg.» u. der Zs. «Ort der Augen». – 1995 Künstlerstipendium des niedersächs. Ministeriums für Wiss. u. Kultur; 1996 Preis der Robert-Bosch-Stiftung u. Pr. des niedersächs. Volkshochschul-Lit.wettbewerbs,

1997 Jugendtheaterpreis der Thür. Staatskanzlei. – Erz., Rom., Bühnenst., Lyrik.

Schriften: Yeşilyurt. Zwischen zwei Feuern (Rom.) 1997 (UA 1994).

Uraufführungen: Der verborgene Spiegel, 2000.

Literatur: F. Piccolo, Buchstäblich – grenzüberschreitende Lit., 1999; Lit. in Nds. Ein Hdb., 2000.   KK

Izquierdo, Andreas (Ps. für Andreas Schmitz), * 9. 8. 1968 Euskirchen; Journalist, lebt in Köln; Sohn eines Ingenieurs u. einer span. Krankenschwester, wuchs in Iversheim/Eifel auf, studierte ab 1987 (ohne Abschluss) Sport, Philos., Germanistik u. Journalismus in Köln, Verlagsvolontär bei der Ztg. «Köln. Rs.», freier Journalist in Köln, verf. Drehb. für versch. Fernsehsender, Mitgl. in der Autorenverein. «Das Syndikat» u. ztw. dessen Sprecher. – 2008 Goldener Lorbeer des Sir-Walter-Scott-Lit.preises. Rom., Drehb., Erz., Feuill.,

Schriften: Der Saumord (Kriminalrom.) 1995; Das Doppelding (dass.) 1996; Jede Menge Seife (dass.) 1997; Schlaflos in Dörresheim (dass.) 2000; König von Albanien (Rom.) 2007; Dartpilots. Das Kultbuch für Zufallsreisende (m. A. Heckmann) 2007; Apocalypsia (Fantasy-Rom.) 2010; Das Glücksbüro (Rom.) 2013.

Herausgebertätigkeit: Köln blutrot. 16 Autoren. 24 Tote. Eine Stadt (m. A. Eßer) 2008; München blutrot. 16 Autoren. 39 Tote. Eine Stadt (dass.) 2009; Die Märchenmörder (dass.) 2010; WM blutrot. 20 Turniere. 98 Tote. Ein Spiel (m. W. Kemmer) 2010; Hamburg blutrot. 16 Autoren. 37 Tote. Eine Stadt (dass.) 2010; Berlin blutrot. 16 Autoren. 34 Tote. Eine Stadt (m. A. Eßer) 2011.

Literatur: Kölner Autoren-Lex. 1750–2000 (bearb. E. Stahl) Bd. 2, 2002; Lex. der dt.sprachigen Krimiautoren (hg. A. Jockers, R. Jahn) ²2005; Das Syndikat. Autorengruppe dt.sprachiger Kriminallit. (Internet-Edition).   KK

J'accuse → Grelling, Richard.

J. M. C. → Foerg-Thun, Gertrud.

Jaab, Christa → Brück, Christa Anita.

Jablonski, Ernst Leopold → Jouhy, Ernest.

Jablonski, Marlene (gem. Ps. m. Christian Bieniek: J. B. Marian; gem. Ps. m. dems. u. Vanessa Walder: Bieniek u. Band; C. B. Lessmann), * 14. 10. 1978 Gdańsk/Polen; Schriftstellerin, lebt in Berlin; wuchs in Gdańsk auf, übersiedelte 1988 m. ihrer Familie n. Düsseldorf, 1998 Abitur ebd., von Christian → Bieniek als Schauspielerin u. Sprecherin engagiert, zahlr. gem. Lesungen in Dtl. u. Öst., seit 2000 freie Schriftst., zahlr. Lesungen aus eigenen Veröff. für Kinder u. Jugendliche, lebt seit 2012 in Berlin. – Kinder- u. Jgdb., Roman.

Schriften (Ausw.): Hier spricht Hamster Hektor (m. C. Bieniek) 9 Bde., 2000–2002 (Zeichn. K. Schliehe, B. Mark; ab Bd. 4 u. d. T.: Hamster Hektor, Zeichn. R. Bunse; Tb.ausg. 2008–2010, Zeichn. V. Fredrich); Monster Flo, 2 Bde., 2002 (Bilder H.-G. Döring); Das Insel-Internat (m. C. Bieniek, V. Walder) 6 Bde., 2001/02 (Illustr. S. Baumann; um einen Bd. erw. Lizenz-Ausg. 2005–07, Bilder D. Henze); Sisters (dass.) 16 Bde., 2001–2009; Reiterhofgeschichten, 2005 (Bilder A. Vohwinkel; Neuausg. u. d. T.: Reitergeschichten. Mit spannendem Leserätsel, 2008); Pferdestarke Girls, 10 Bde., 2006–08; Lovesong, 2007; Neue Freunde, Pferdeglück, 2010; Pferde, Liebe, Sommerglück, 2011; Pferde, Freunde, Liebesglück, 2012.

Literatur: H. J. Alpers u. a., Lex. der Fantasy-Lit., 2005; Wikipedia (Internet-Edition). NB

Jablonski, Walter (auch Walter Michaelis J.), * 18. 1. 1892 Berlin, † 24. 9. 1967 Lugano; Augenarzt, Schriftst.; entstammte einer jüd. Familie, Sohn eines Kaufmanns, besuchte die Kaiser-Friedrich-Schule in Charlottenburg (später zu Berlin), 1910 Abitur am Kaiserin-Augusta-Gymnasium ebd., studierte Medizin an den Univ. Berlin, München, Freiburg/Br. u. Würzburg, 1914–16 Militärarzt im 1. Weltkrieg, 1916 Staatsexamen u. Approbation als Arzt, volontierte 1919 an der Augenklinik der Berliner Charité, 1919 Dr. med. in Berlin, Augenarzt, lebte in Berlin-Charlottenburg, gehörte dem Kr. um Stefan → George an, befreundet u. a. mit Karl (Joseph) → Wolfskehl, Hans David → Brasch u. Walter A(rtur) → Berendsohn, veröff. Beitr. insbes. über Goethe u. Themen der Optik im «Jb. der Goethe-Gesellsch.» u. versch. naturwiss. Zs., später Ged. u. a. in «Dt. Bl. für ein europ. Dtl., gg. ein dt. Europa» (Santiago de Chile), emigrierte 1934 n. Italien, 1938 n. Zypern, 1941 n. Palästina, lebte ab 1949 in Bristol/England u. später in Lugano. – Aufs., Lyrik, Fachschr.,

Übers. (aus dem Neugriech. u. Lateinischen).

Schriften (außer Sonderdr.): Ueber einen Fall von Tabes infantilis mit Opticusatrophie (Diss.) 1919; Vom Sinn der Goetheschen Naturforschung, 1927; Naturerkenntnis und Frauenliebe in Goethes Leben bis zur italienischen Reise, 1931; Herder und Nietzsche oder die philosophische Einheit des Goethejahrhunderts (m. A. Brodersen) Trondheim 1935; Goethe e le scienze naturali. Saggi (m. Vorw.) Bari 1938; Des Wanderers Dank (Ged.) Jerusalem 1943; Lebensbilder (Ged.) ebd. 1945 (2., verm. Aufl. ebd. 1947); Heimkehr nach Europa. An die Freunde. Neujahr 1950, Ewell/England 1950 (Selbstverlag); Romanische Grüße. Neujahr 1953, 1953 (dasselbe).

Übersetzungen: Gedichte des Kavaphis, F. 1, Jerusalem 1942; Drei Anreden aus dem Lucrez. Uebersetzt fuer die Freunde zum neuen Jahr 1951 mit den besten Wuenschen, 1950.

Herausgebertätigkeit: H. Brasch, Zwölf Gedichte (aus dem Nachl. hg.) 1954.

Literatur: Lex. dt.-jüd. Autoren 12,301. – Hdb. der dt. Ggw.lit. (hg. H. Kunisch) Bd. 2, ²1969; W. Sternfeld, E. Tiedemann, Dt. Exil-Lit. 1933–1945. Eine Bio-Bibliogr., ²1970; K. Voigt, Zuflucht auf Widerruf. Exil in Italien 1933–1945, Bd. 1, 1989. NB

Jablonsky, Hilla (geb. Schotten), * 17. 9. 1922 Dudweiler (später zu Saarbrücken); bildende Künstlerin, Schriftst., lebt in Sankt Augustin-Menden; entstammt einer großbürgerl. Familie, wuchs in Nordfriesland u. Ostholst. auf, lebte während des 2. Weltkriegs in Bremen, zu Beginn der 1950er-Jahre Abitur, seit den 1950er-Jahren auch schriftsteller. tätig, 1959–63 künstler. Ausbildung bei Alexej von Assaulenko (1913–1989) in Plön, 1965–67 bei Cameron Hoover in Bremerhaven, dann bei Franz Radziwill (1895–1983) in Dangast u. Albert Paris-Gütersloh (1887–1973) in Wien, seit 1968 freie Künstlerin, 1969 erste Ausst. in Bremen, lebte in versch. Städten der BRD u. Belgien, seit den 1970er-Jahren im Raum Bonn, Mitbegr. des Frauenmus. in Bonn; illustr. ihre Ged.bde. zumeist selbst. – Neben weiteren Auszeichnungen als bildende Künstlerin 1989 Dr.-Theobald-Simon-Preis der Gedok, 1999 August-Macke-Medaille. – Mitgl. der Gedok Bonn. – Lyrik, Ess., Erzählung.

Schriften: Erkenne mich (Ged.; hg. U. Evers) 1984 (m. Ölpastell «Erscheinung» von M. Ro-

senplänter); Nachtschiffe (Ged.) 1986; Logbuch
der Pilotin (Ged.) 1986; Feuerschiffe (Ged.) 1988;
Wiedersehen am Strom (Ged.) 1990; Anfang und
Weg (Ged.) 1993 (= Intensive Sekunde IV); Zwi-
schen-Land (Ged.) 1995; Der blaue Stuhl (Ged.)
2002; Wer weiß schon Liebe? (Ged.) 2003; Wenn
du die Meere befährst wirst du mich finden.
Die Geschichte vom Schiffsjungen Jan für Kinder
und Erwachsene, 2007; Ode an den Wind (Ged.)
2007; Nachtschiff – schwarzer Hengst (Ged.) 2008;
Herzlinien (Ged.) 2010 (red. Anh. m. Anm. zu
Biogr. u. Werk sowie einem Gespräch m. H. J.
von C. zu Mecklenburg); Tautropfen (Ged., Fotografien; m. K. Fritze) 2012 (Selbstverlag; Schr.
nicht nachweisbar); Mein Wagnis jeden Tag (Ged.;
Nachw. C. zu MECKLENBURG) 2014 (Ersch. angekündigt).
  Literatur: AKL 77,22 (auch Internet-Edition). –
~. Herzgeburten (Ausst.kat.) 1986; Ich schreibe,
weil ich schreibe. Autorinnen der Gedok. Eine
Dokumentation (hg. I. HILDEBRANDT, R. MASS-
MANN) 1990; ~ (hg. R. JACOBSEN, Texte M. LES-
KE, F. G. ZEHNDER) 1992; ~. Weiter-weiter, weit.
28. April – 27. August 1999 [...] (Ausst.kat.; hg.
DIES.) 1999; Ausgezeichnet. Künstlerinnen u. Stif-
terin des Dr.-Theobald-Simon-Kunstpreises (hg.
U. TOYKA-FUONG) 2005; ~. Frauenmus. Bonn, 7.
12. 2008 – 25. 1. 2009 (Ausst.kat.; hg. R. JACOB-
SEN, Texte M. PITZEN, C. zu MECKLENBURG) 2009;
NRW Lit. im Netz (Internet-Edition); Lit.netz
NRW (dasselbe).   NB

Jabornegg, Markus → Altenfels, Markus J.

Jabs, Hartmut, * 27. 2. 1946 Rüspel (zur Gemeinde Elsdorf/Landkr. Rotenburg/Wümme); Lehrer, Red., Heilpraktiker, Schriftst., lebt in Singen am Hohentwiel; 1975–78 USA-Korrespon-
dent des Magazins «Betrifft: Erziehung», lebte in
den 1980er-Jahren in Ludwigsburg-Pflugfelden,
Heilpraktiker in Singen. – Lyrik, Rom., Erz.,
Essay.
  Schriften: Anleitung zur Zerstörung des Panzers
(Ged.) 1979; Wege aus dem Labyrinth. Ein Buch
der Bücher. Nicht für jedermann, 1990.   NB

Jabs Gröner, Susanne (geb. Jabs), * 10. 9. 1966
Langenhagen bei Hannover; Physiotherapeutin,
Schriftst., lebt in Marxzell-Pfaffenrot/Landkr.
Karlsruhe; 1985 Abitur in Celle, übersiedelte 1987
n. Bernbach (zu Bad Herrenalb), Masseurin u.

Lymphdrainagetherapeutin, Schreibstud. in Ham-
burg, in der Bad Herrenalber Schreibwerkstatt en-
gagiert, veröff. in der Rubrik «Satire der Woche»
der «Bad. Neuesten Nachrichten». – 2007 Walter-
Kempowski-Lit.preis. Förderpreis der Hamburger
Autorenvereinigung. – Kurzgesch., Satire, Rom.,
Lyrik.
  Schriften: Der Löwenwagen. 25 Kurzgeschich-
ten, 2008; Die Maultaschen-Idylle. Ein Dorfroman
aus dem Schwarzwald, 2010.
  Literatur: Autorinnen u. Autoren in Baden-
Württ. (Internet-Edition).   NB

Jacamo Arie → Hirsch, Karl Jakob.

Jaccard-Pestalozzi, Elisabeth, * 2. 9. 1921
Rüschlikon/Kt. Zürich; Psychologin, lebt in Küs-
nacht/Kt. Zürich; Diplom für analyt. Psychol. am
C. G. Jung-Inst. Zürich, zudem Gesangsausbildung, Psychologin in eigener Praxis. – Lyrik.
  Schriften: Satt von Reife liegt die Orange in
meiner Hand (Ged.) 2005.   NB

Jachan, Elisabeth, * 1898 Berlin, † 18. 1. 1971
Steinbach-Hallenberg/Thür.; Lehrerin, Schriftst.;
lebte ab 1945 in Steinbach-Hallenberg, Schuldir.
ebd., Leiterin einer Spielschar. – Erz., Verkündi-
gungsspiel.
  Schriften: Der Weinstock (Erz.) 1959; Erdmann
und Renate, 1962 (61?); Der Nußbaum (Erzn.)
1963; Bummelzug und Sechserbus. Geschichten
von damals, 1964 (Illustr. H. Räcke); Der goldene Ring. Heiter-nachdenkliche Geschichten von
Eheleuten und solchen, die es werden wollen, 1966
(Teilausg. u. d. T.: Der goldene Ring, 1971); Ein
Mensch wie wir. Heitere und ernste Geschichten,
1969 (Illustr. G. Neumann).
  Literatur: G. WEDEL, Autobiogr. von Frauen. Ein
Lex., 2010; Thüringer Lit.rat, Autorenlex. (Internet-Edition).   NB

Jachym, Franz, * 3. 9. 1910 Wien, † 29. 11. 1984
ebd.; kathol. Theologe, Erzbischof-Koadjutor, Titularerzbischof, lebte in Wien; wuchs n. dem Tod
der Eltern in einem kathol. Internat in Wien auf,
besuchte die Volksschule der Schulbrüder u. die
Bürgerschule, ab 1923 das Gymnasium in Wien-
Meidling, ab 1925 bis zur Matura 1931 das Kna-
benseminar Hollabrunn, studierte anschließend
kathol. Theol. an der Univ. Wien u. lebte im
Alumnat, 1936 zum Priester geweiht, Kaplan u.

Vikar, 1940 Dr. theol. an der Univ. Wien, bis 1945 Zeremoniär des Wiener Erzbischofs Theodor (Johann) → Innitzer, zum weiterführenden Stud. beurlaubt, 1947 Habil. an der Univ. Wien, a. o. Prof. der Moraltheol. ebd., veröff. Beitr. u. a. in «Die Furche», 1950 von Papst Pius XII. zum Titularerzbischof von Maronea/Griechenland u. Koadjutor des Wiener Erzbischofs ernannt, verließ jedoch die Weiheliturgie im Stephansdom, wenig später im päpstl. Auftrag dennoch in Rom zum Bischof geweiht, 1952–56 Sekretär der Öst. Bischofskonferenz, n. dem Tod T. Innitzers 1955/56 Verwalter der Erzdiözese Wien, ab 1956 Leiter des erzbischöfl. Bauamtes, n. der Ernennung von Franz → König zum Erzbischof erneut Koadjutor, 1968 von diesem zum Präs. der Wiener Diözesansynode berufen, 1969 zum Generalvikar (1980 i. R.) u. 1972 zum Dompropst von St. Stephan sowie damit zum Kanzler der Kathol.-Theolog. Fak. der Univ. Wien ernannt, legte 1983 aus gesundheitl. Gründen alle Funktionen nieder. – Kirchenpolit. Schr., Fachschr., Vortrag.

Schriften: Studien über Voraussetzungen zum Verständnis der Briefe und der Theologie des Apostels Paulus (Diss.) 1940; Die sittlichen Motive des Hebräerbriefes und ihre Beziehungen zur Moraltheologie (Habil.-Schr.) 1947; Was tun wir selbst? Kardinal-Erzbischof Innitzer und Erzbischof-Koadjutor Dr. F. J. rufen zur Hilfe für junge Familien, 1951; Unser Ja zum Leben. Die 5 Radioansprachen Sr. Exzellenz des hochwürdigsten Herrn Erzbischof-Koadjutors Dr. F. J. und die Eheansprache Sr. Heiligkeit Papst Pius' XII. vom 29. Okt. 1951, 1952; Katholik und Psychotherapie, 1955; Memorandum über Kirchenbau in der Wiener Erzdiözese 1968 (für den Inhalt verantwortl. F. LOIDL) 1982. *Herausgebertätigkeit:* Kirche und Staat in Österreich (m. Vorw. hg.) 1955 (2., durchges. Aufl. 1955); Casus Professor Küng. Wiener Stellungnahme (m. H. Krätzl) 1984.

Nachlass: Slg. im Öst. Staatsarch. Wien.

Literatur: Munzinger-Arch.; DBETh 1,701; DBE 5,266. – Österreicher der Ggw. Lex. schöpfer. u. schaffender Zeitgenossen (bearb. R. TEICHL) 1951; ~. Eine Biogr. in Wortmeldungen (hg. A. FENZL) 1985; F. LOIDL, Zum Tod Erzbischofs ~ am 29. November 1984. Persönl. von einem Freund u. Nachrufe, 1985; Nochmals Erzbischof ~ zum ersten Jahrestag seines Todes u. über seine Buchwürdigung (hg. F. LOIDL) 1986; Aus ~ Schicksalsjahr 1950. Rücktritt im Stephansdom, Bischofs-

weihe in der Anima, [...] (zus.gestellt DERS.) 1986; I. ACKERL, F. WEISSENSTEINER, Öst. Personenlex., 1992; N. RODT, Erzbischof ~ (1910–1984), der «Baubischof» der Erzdiözese Wien (in: Beitr. zur Wiener Diözesangesch. 36, S. 28–31) 1995; Die Bischöfe der dt.sprachigen Länder. Ein biogr. Lex. (hg. E. GATZ) Tl. 1945–2001, 2002; F. CZEIKE, Hist. Lex. Wien, Bd. 3, 2004; AEIOU Öst.-Lex. (Internet-Edition). NB

Jack-Lupus, Earl → Graf, Hans-Wolff.

Jackisch, Holger, ⋆ 29. 4. 1959 Bautzen, † 30. 12. 2001 Leipzig; Hörfunkred., Schriftst., Journalist, Bauingenieur, lebte in Leipzig; wuchs in Bautzen auf, n. dem Abitur Militärdienst bei der Nationalen Volksarmee der DDR, 1979–84 Stud. des Bauingenieurwesens in Leipzig, kurzzeitig Bauleiter in einem Baureparaturbetrieb, studierte 1985–89 am Lit.inst. «Johannes R. Becher» in Leipzig, veröff. in den 1980er-Jahren Ged. u. Erzn. u. a. in «Temperamente» sowie das Hörsp. ‹Tod eines dt. Clowns› im Rundfunk der DDR, 1989 Mitbegr. der «DAZ. Die Leipziger Andere Ztg.» u. bis 1991 (Ersch. eingestellt) Red. ders., ab 1992 freier Autor für den MDR-Hörfunk, ab 1994 Feature-Red. u. später Leiter der Feature-Abt. ebenda. – 1983 Förderpreis des Zentralen Poetenseminars der Freien Dt. Jugend (FDJ), 1988 Hörsp.preis des Rundfunks der DDR, 1996 Das Goldene Kabel u. Prix Futura. – Feature, Erz., Hörsp., Lyrik.

Schriften (außer red. Schr.): Die Narrenstunde (Geschn.) 1988.

Literatur: Schmidt, Quellenlex. 14,368. – «Reportagen über Dinge, die es nicht gibt» ... H. J. im Gespräch m. H. Einhorn (in: Temperamente. Bl. für junge Lit. 14, H. 1, S. 46–53) 1989; C. KLEINSCHMIDT, Positive Überraschung (ebd., S. 152f.) 1989 (zu ‹Die Narrenstunde›); R. GRÜNEBERGER, Das erste Trio sucht Kontakte [Rez.] (in: NDL 37, H. 6, S. 161–164) 1989 (u. a. zu ‹Die Narrenstunde›); M. WALACH, H. J., Eine Schmiede für Autoren. Das Lit.inst. Johannes R. Becher in Leipzig [Interview] (in: Börsenbl. Frankfurt 46, H. 17, S. 644–648) 1990; M. THALHEIM, ~ (in: Triangel 7, H. 2, S. 94–97) 2002; U. KIEHL, Die Lit. im Bez. Leipzig 1945–1990. Eine Bibliogr., 2002. NB

Jackl, Erika, ⋆ 25. 10. 1921 Meran/Südtirol; Geschäftsfrau i. R., lebte in den 1980er- u. 1990er-Jahren in Meran. – Lyrik, Festschrift.

Schriften: Festschrift zum 100jährigen Jubiläum 1886–1986 Volksbank Meran (zus.gestellt u. verf. m. Verwendung des Arch.materials der Volksbank Meran) 1986; «Deutsches Lied sei feste Wehr, deutscher Einheit, deutscher Ehr». 125 Jahre M.G.V. Meran, 1987; Mundartgedichte, 1998 (Illustr. A. Frühauf).   NB

Jackob, Nikolaus, * 17. 5. 1975 Mainz; Kommunikationswissenschaftler, Doz., Schriftst., lebt in Mainz; wuchs in Mainz auf, Gymnasialbesuch ebd., 1994–2001 Stud. der Publizistik, Politikwiss. u. dt. Philol. an der Johannes Gutenberg-Univ. Mainz, daneben u. a. freier Mitarb. bei der «Rhein-Ztg.» u. in der Öffentlichkeitsarbeit von SWR 4, begr. 2000 einen Verlag, Initiator der «Mainzer Lit.-Werkstatt» u. weiterer Kulturprojekte, 2001/02 u. a. Referent im bischöfl. Jugendamt des Bistums Mainz, Mithg. der zweibändigen Anthol. «Elementare Zeichen», 2002–04 u. erneut seit 2005 als wiss. Mitarb. am Inst. für Publizistik der Univ. Mainz m. der allg. Geschäftsführung betraut, verf. 2004–10 als Red. des «International Journal for Public Opinion Research» Fachrez., 2005 Dr. phil. an der Univ. Mainz, 2008 Ernennung zum Akadem. Rat, Mitarb. der Geschäftsführung des Inst. für Publizistik u. Leiter des Stud.büros dess., 2012 zum Akadem. Oberrat befördert, veröff. Fachbeitr. u. a. in den Zs. «Journalist» u. «Publizistik». – Fachschr., Lyrik, Erzählung.

Schriften: Windrädchen und Wechselwetter (Liebesged., Satiren, Klagen) 2000 (Selbstverlag); Altera pars. Weithere Exercitien, 2000 (dass.); Janus, um 2000 (dass.; 2., völlig überarb. Aufl. m. dem Untert.: Ein Zyklus, 2000, Selbstverlag); La fuga nera. Eine Erzählung (Komm. M. KEILER) 2001 (Selbstverlag; Fotografien R. Saul, K. Karraß); Öffentliche Kommunikation bei Cicero. Publizistik und Rhetorik in der späten römischen Republik (Diss.) 2005; Immobilienjournalismus in Europa. Eine international vergleichende Studie (m. J. Arens, T. Zerback) 2008; Gesehen, gelesen – geglaubt? Warum die Medien nicht die Wirklichkeit abbilden und die Menschen ihnen dennoch vertrauen, 2012; Trendscouts und Trendsetter im digitalen Zeitalter. IT-Journalisten: Wer sie sind, wie sie arbeiten, was sie denken (m. S. Geiß, O. Quiring) 2013.

Herausgebertätigkeit (Ausw.): Wahlkämpfe in Deutschland. Fallstudien zur Wahlkampfkommunikation 1912–2005, 2007; Sozialforschung im Internet. Methodologie und Praxis der Online-Befragung (m. H. Schoen, T. Zerback) 2009.   NB

Jackob, Peter (Ps. Jules Moch), * 1965 Mainz; Schriftst., Lit.wissenschaftler, lebt in Mainz; wuchs in Mainz auf, die Eltern betrieben ein Fischgeschäft, bis 1986 Gymnasialbesuch, Zivildienst, ab 1988 Stud. der allg. u. vergleichenden Lit.wiss. an der Univ. Mainz, 1989 Wechsel an die Saarbrücker Univ., 1990/91 gem. m. Patrik H. Feltes (* 1962) Hg. der Zs. «Compost. Mitternachtsbl. für Leser», führte 1991–96 gem. m. Konrad Kirsch den «Kirsch + J. Verlag» zunächst in Saarbrücken, dann in Sulzbach, 1993/94 freier Mitarb. an der Arbeitsstelle für Robert-Musil-Forsch. (später Arbeitsstelle für Öst. Lit. u. Kultur/Robert-Musil-Forsch.) an der Saarbrücker Univ., lebte 1995–2008 in Florenz, u. a. Dolmetscher u. Maurer, 2000 Dr. phil. an der Saarbrücker Univ., freier Rezensent u. a. für die Zs. «Literary Research», lebt seit 2008 wieder in Mainz. – 2013 Preisträger des «Blauen Karfunkel» der Dt. Sherlock Holmes Gesellschaft. – 2010 Mitgl. der Autorenverein. Mörder. Rheinhessen. – Kriminalrom., Lyrik, Fachschr., Übers. (aus dem Englischen).

Schriften: Wortschatten und Subsequenzen (Ged., Künstlerb.) 1993 (Fotografien J. Donn); Der Schatten. Wandel einer Metapher in der europäischen Literatur, 2001 (Diss. 2000); Die Jagdgesellschaft. 1895. Ein Sherlock-Holmes-Roman (Vorw. W. TRIM) 2007 (als Verf. angegeben: John H. Watson; überarb. Neuausg. u. d. T.: Die Jagdgesellschaft von Billingshurst. Ein Sherlock Holmes Roman, 2013); Narren-Mord. Ein Mainzer Fastnachtskrimi, 2009; Das Leben ist kein Tanzlokal (Krimi) 2011; Das Geheimnis von Compton Lodge. Ein Sherlock Holmes Roman, 2012.

Herausgebertätigkeit: C. Reuter, Schelmuffsky. Schelmenroman aus dem Jahre 1696 (m. Worterklärungen hg., m. K. Kirsch, Nachw. R. BERNI) 2., durchges. Aufl. 1994.   NB

Jackson, Carter → Kasprzak, Andreas.

Jackson, Felix (urspr. Joachimso[h]n; Ps. Barbara Bosch), * 5. 6. 1902 Hamburg, † 4. 12. 1992 Woodland Hills/CA (zu Los Angeles); in erster Ehe verh. m. der Schauspielerin Franziska Gaal (1903–1972), in zweiter Ehe m. der Schauspielerin Deanna Durbin (1921–2013) u. in dritter Ehe

m. der Schauspielerin Ilonka Windisch (auch Ilka Windish; * um 1925); Schriftst., Film- u. Fernsehproduzent, Kritiker; Sohn eines Exportkaufmanns, litt unter Asthma u. verbrachte Teile seiner Kindheit in Wyk auf Föhr sowie in einem Internat in Klosters/Kt. Graubünden (später Klosters-Serneus), wuchs n. dem Selbstmord des Vaters ab 1914 bei der Großmutter auf, besuchte das Mommsen-Gymnasium in Charlottenburg (später zu Berlin), studierte 1920–23 Jura u. Wirtschaftswiss. an der Univ. Freiburg/Br., daneben musikal. Ausbildung, Stud.abbruch aus finanziellen Gründen, übersiedelte 1923 n. Berlin, zunächst Lokal-, dann Feuill.red beim «Berliner Börsen-Courier», nahm Kompositionsunterricht bei Kurt → Weill u. arbeitete später eng m. diesem zus., 1927–30 Assistent des Theaterleiters Victor Barnowsky (1875–1952), 1930–33 freier Schriftst. u. Drehb.autor, lebte ztw. in München, Mitgl. der Dt. Demokrat. Partei (DDP), konnte aus finanziellen Gründen 1933 zunächst nicht emigrieren, publizierte deshalb m. Hilfe des Namens u. der Person einer Freundin ein Theaterst. u. verließ unmittelbar n. dem Premierenerfolg Dtl., lebte in Budapest u. Wien, als Drehb.autor 1934–36 ebd. Zus.arbeit m. dem Produzenten Joe Pasternak (1901–1991) u. a. bei dem Film «Katharina, die Letzte» (1936, Regie H. Kosterlitz), ab 1936 Drehb.autor für eine von Ronald Rapaport gegr. Produktionsfirma sowie Theaterschriftst., reiste 1935/36 n. Dtl., emigrierte 1937 in die USA, lebte in Kalifornien, als Drehb.autor der Universal Studios erneut Zus.arbeit m. J. Pasternak u. a. bei dem Western «Destry Rides Again» (1939, Regie G. Marshall) sowie m. H. Kosterlitz (Henry Koster), 1940 US-amerikan. Staatsbürger, n. einer mehrmonatigen Tätigkeit bei Metro-Goldwyn-Mayer ab 1943 Produzent bei den Universal Studios, übersiedelte 1948 n. New York, seitdem für das Fernsehen tätig, u. a. 1953–56 für Columbia Broadcasting System (CBS) Produzent der Fernsehsp.reihe «Studio One», 1956 Rückkehr n. Hollywood, Produzent für die National Telefilm Associates, 1960–65 (i. R.) als Vizepräs. der Fernsehgesellsch. National Broadcasting Company (NBC) für die Programmgestaltung der westl. USA zuständig, ab 1965 freier Schriftst., lebte zuletzt in Camarillo/CA; seine 1932 verf. Parodie ‹Die Optimisten› blieb vor 1945 unaufgeführt. – Mitgl. der Academy of Motion Picture Arts and Sciences u. der Academy of Television Arts and Sciences. – Theaterst., Drehb.,

Rom., Revue, Musical-Libr., Liedtext, Biografie.

Schriften (engl. in Ausw.): Fünf von der Jazzband. Komödie in drei Akten (sechs Bildern), 1927 (UA 1927; 1932 verfilmt, Regie E. Engel); Wie werde ich reich und glücklich? Ein Kursus in zehn Abteilungen, 1930 (Regie- u. Soufflierb.; Musik M. Spoliansky; UA 1930; 1930 verfilmt, Regie M. Reichmann); Das Haus dazwischen. Ein Volksstück (m. M. Schiffer) 1933 (Musik M. Spoliansky; UA 1932); Die Journalisten. Das Lustspiel Gustav Freytags in einer Neufassung, 1932 (Regie- u. Soufflierb.; Musik T. Mackeben; UA 1932); Das häßliche Mädchen. Komödie in drei Akten, um 1933 (1933 verfilmt, Regie H. Kosterlitz); Es war einmal ein Mann. Eine Komödie mit Vor- und Nachspiel, 1935; So Help Me God. A Novel, New York 1955; Berlin, April 1933 (Übers. aus dem Engl. S. WEIDLE, Nachw. H. G. ASPER) 1993 (zuerst engl. u. d. T.: Secrets of the Blood, New York 1980). (Mehrere nicht nachweisbare Theaterstücke).

Uraufführungen: Wer sollte es sonst sein?, um 1928; Ein glückliches Leben, 1933 (unter dem Namen Barbara Bosch).

Nachlass: Bibl. der Univ. of Southern California, Los Angeles/CA; Teilnachl. in der SUB Hamburg Carl von Ossietzky; Ms. eines biogr. Interviews in der Ronald Davis Oral History Collection on the Performing Arts in der DeGolyer Library der Southern Methodist Univ., Dallas/TX. – Spalek I/2,185. – J. M. SPALEK, S. H. HAWRYLCHAK, Guide to the Archival Materials of the German-speaking Emigration to the United States after 1933, Bd. 3, Tl. 1,1997.

Literatur: Spalek I/1,731; Hdb. Emigration II/1,555; HdE II/1,448. – H.-M. BOCK, Cinegraph. Lex. zum dt.sprachigen Film (Losebl.slg.); Bibliographia Judaica. Verz. jüd. Autoren dt. Sprache (bearb. R. HEUER) Bd. 1, 1981; H. G. ASPER, Die unfreiwilligen Verwandlungen des Felix Joachimson (Nachw. in: F. J., Berlin, April 1933, Übers. aus dem Engl. S. WEIDLE, S. 265–297) 1993; DERS., Portrait of a Quiet Man. Drehb.autor u. Produzent ~ in Amerika (in: Film-Dienst. Das Film-Magazin 52, Nr. 23, S. 40–42) 1999; K. WENIGER, Das große Personenlex. des Films, Bd. 4, 2001; DERS., «Es wird im Leben dir mehr genommen als gegeben …». Lex. der aus Dtl. u. Öst. emigrierten Filmschaffenden 1933 bis 1945. Eine Gesamtübersicht, 2011; The Internet Movie Database (Internet-Editon).   NB

Jackson, Hendrik, * 8. 6. 1971 Düsseldorf; Schriftst., Übers., lebt in Berlin; Sohn eines Juristen u. einer Lehrerin, wuchs in Münster/Westf. auf, lebte in Köln, studierte 1991–99 Theaterwiss. m. Schwerpunkt Filmwiss., Slawistik u. Philos. an der FU Berlin, 1994 Praktikum in St. Petersburg, Mitarb. an Film- u. Hörsp.produktionen, Mitbegr. u. a. der Theater- u. Aktionsgruppe «Das Lemma» u. der «Berliner Lyrikspartakiade», seit 2004 Hg. der Internet-Edition «Lyrikkritik.de», veröff. Ged. u. Übers. u. a. in den Zs. «Edit», «Sprachgebunden» u. «Bella triste», führt gem. m. Marion → Poschmann u. Jörg Albrecht (* 1981) das Online-Tageb. «Königsberger Brocken». – 2001 u. 2011 Stipendien des Berliner Senats, 2002 Rolf-Dieter-Brinkmann-Stipendium der Stadt Köln, 2004 Förderpreis für Lit. der Gesellsch. zur Förderung der Westfäl. Kulturarbeit e. V., 2005 Wolfgang-Weyrauch-Förderpreis, 2006 Förderpreis zum Hans-Erich-Nossack-Preis, 2008 Förderpreis zum Friedrich-Hölderlin-Preis der Stadt Bad Homburg. – Lyrik, Ess., Übers. (aus dem Russ.), Prosa.

Schriften: Einflüsterungen von seitlich (Ged.) 2001; Brausende Bulgen. 95 Thesen über die Flußwasser in der menschlichen Seele, 2004; Dunkelströme (Ged.) 2006; Im Innern der zerbrechenden Schale. Poetik und Pastichen, 2007; Im Licht der Prophezeiungen (Ged.) 2012.

Übersetzungen: M. Zwetajewa, Poem vom Ende. Neujahrsbrief (m. Nachw.) 2002 (russ. u. dt.); A. Parschtschikow, Erdöl (Ged.) 2011 (dasselbe).

Herausgebertätigkeit: Filme für die Volksfront. Erwin Piscator, Gustav von Wangenheim, Friedrich Wolf – antifaschistische Filmemacher im sowjetischen Exil (m. R. May) 2001.

Literatur: M. BRAUN, Immer n bisschen extrem, son Poem. Wie die Ggw.lyrik von der Tiefkühlkost bis zur Rel. jede Sprachhürde angeht (in: Literaturen. Die Zs. für Leser 5, H. 1/2, S. 40–45) 2004 (u. a. zu ‹Brausende Bulgen›); A. PARSCHTSCHIKOW, Die Null-Markierung. Über ~ (in: Sprachgebunden. Zs. für Text u. Bild 3, Ausg. 3, Themenh. Über-setzen, S. 34–37, aus dem Russ. von H. SIEMENS) 2007; Lit.port. Autorenlex. Berlin/Brandenb. (Internet-Edition); Lit.portal Westf. (dasselbe). NB

Jacky, Helene (eig. Lavagnino-J.), * 12. 3. 1904 Heimenschwand/Kt. Bern (zur Gemeinde Buchholterberg), † 1994 Rom; Schriftst., Malerin, Lehrerin; besuchte das Gymnasium Burgdorf/Kt.

Bern, studierte an der Univ. Bern, Dr. phil. (Schr. nicht nachweisbar), veröff. Ende der 1930er-Jahre im schweizer. Jb. «Die Ernte», Sekundarlehrerin, lebte in Rom. – 1955 Anerkennungspreis des Schweizer. Jugendschr.werks. – (Jugend-)Erz., Rom., Fachschr., Lyrik.

Schriften: Silvester. Ein Sommer in Rom (Erz.) 1947; Agna (Erz.) 1947; Blauer Himmel, enge Gassen (Erz.) 1950; Ein Stern geht auf (Erz.) 1953 (umgearb. Neufass. u. d. T.: Der siebenfarbige Bogen, 1965); Des freuet sich der Engel Schar (Weihnachtsgesch.) 1954; Das Leben siegt. Drei Geschichten aus dem Süden, 1955; Addio Lu!, 1957 (Zeichn. W. Christen); Die guten Hände (Erzn.) 1957; Bim. Ein unnützer Mensch (Erz.) 1958; Der Feriengast und andere Erzählungen, 1959; Abenteuer des Herzens (Rom.) 1960; Alle Schönheit der Welt. Erzählung aus Rom, 1961; P. Alverdes, Die dritte Kerze – H. J., Marco, 1968.

Literatur: Schweizer Schriftst. der Ggw. Écrivains suisses d'aujourd'hui […], 1962; Y. BÄTTIG, M. WAGNER, Bibliogr. der Berner Schriftstellerinnen u. Schriftst. 1950–1993, 1997; Literapedia Bern. Das Lex. der Berner Schriftstellerinnen u. Schriftst. (Internet-Edition); Documentation about the Records of the Protestant Cemetery, Rome (dasselbe). NB

Jacob, Benno (auch Jakob), * 7. (8.?) 9. 1862 Breslau (n. anderen Angaben: Frankenstein/Niederschles. [Ząbkowice Śląskie/Polen]), † 24. 1. 1945 London; Vater des Rabbiners Ernest (urspr. Ernst) I. J. (1899–1974), Großvater des US-amerikan. Rabbiners Walter J. (* 1930); Rabbiner, Bibelwissenschaftler; Sohn eines Kantors u. Lehrers, besuchte das Fridericianum in Breslau, studierte 1883–90 am Jüd.-Theolog. Seminar u. an der Univ. ebd., 1886 Mitbegr. der ersten jüd. Studentenorganisation an einer dt. Univ. «Viadrina», 1889 Dr. theol. an der Univ. Leipzig, unterrichtete Rel. an einem Lyzeum in Breslau, 1891–1906 Rabbiner in Göttingen, 1906–1929 (i. R.) dass. in Dortmund, ab 1924 zudem Doz. am Freien Jüd. Lehrhaus in Frankfurt/M., lebte ab 1929 in Hamburg, red. gem. m. Na(c)hum → Goldmann die Rubrik «Das Judentum der Ggw.» der «Encyclopaedia Judaica», Mitarb. an der von Harry → Torczyner hg. Neuübers. der Bibel (4 Bde., 1935–37), veröff. u. a. in «Zs. für die alttestamentl. Wiss.», «Revue des études juives» u. in «The Jewish Quarterly Review», Vorstandsmitgl. des Allg. Rabbiner-Verbandes in Dtl. sowie des Central-Ver. dt. Staatsbürger jüd. Glaubens, emigrierte 1939 n. London. – Neben weiteren Mitgliedschaften Mitgl. der Märk. Loge Dortmund sowie des Hebr. Lit.ver. Mekize Nirdamim. – Theolog. Schr., Vortr., Übers. (aus dem Hebräischen). – B.-J.-Stipendienprogramm des Ernst-Ludwig-Ehrlich-Stud.werkes.

Schriften (Ausw.): Das Buch Esther bei den LXX, 1890 (Diss. 1889); Im Namen Gottes. Eine sprachliche und religionsgeschichtliche Untersuchung zum Alten und Neuen Testament, 1903; Der Pentateuch. Exegetisch-kritische Forschungen, 1905; Die Wissenschaft des Judentums, ihr Einfluß auf die Emanzipation der Juden. Vortrag [...], 1907; Die Thora Moses, Tl. 1 Das Buch, 1912/13; Quellenscheidung und Exegese im Pentateuch, 1916; Krieg, Revolution und Judentum. Rede, gehalten im «Zentralverein deutscher Staatsbürger jüdischen Glaubens», 1919 (neue, durch Nachtr. verm. Ausg. 1920); Auge um Auge. Eine Untersuchung zum Alten und Neuen Testament, 1929; Die biblische Sintfluterzählung. Ihre literarische Einheit. Vortrag, [...], 1930; Das Buch Exodus (hg. S. MAYER unter Mitw. von J. HAHN, A. JÜRGENSEN [auch Beitr.], Beitr. B. Janowski, J. Carlebach) 1997 (zuerst engl. u. d. T.: The Second Book of the Bible. Exodus, aus dem Dt. übers. u. m. Einl. Walter J. unter Mitarb. von Y. ELMAN, Hoboken/NJ 1992).

Briefe: Die Juden und das Berliner Tageblatt. Ein Briefwechsel (m. O. Weber) 1920.

Übersetzungen: Das erste Buch der Tora. Genesis (übers. u. erklärt) 1934 (Reprint New York 1974; Nachdr. u. d. T.: Das Buch Genesis, m. Vorw. B. J., Beitr. B. Janowski, E. Zenger, S. Gesundheit, 2000).

Herausgebertätigkeit (Ausw.): B. Rippner, Predigten, Betrachtungen und ausgewählte Gebete (aus dem Nachl. zus.gestellt) 1901.

Nachlass: Slg. im Arch. des Leo Baeck Inst., New York.

Literatur: Hdb. Emigration 1,322; RGG ⁴4,342; DBETh 1,701; DBE 5,267. – S. WININGER, Große jüd. National-Biogr., Bd. 3 u. Bd. 7 (Nachtr.bd.), Czernowitz 1928–36; Jüd. Lex. Ein enzyklopäd. Hdb. des jüd. Wissens [...] (hg. G. HERLITZ, B. KIRSCHNER) Bd. 3, 1929; Encyclopaedia Judaica. Das Judentum in Gesch. u. Ggw., Bd. 8, 1931; The Universal Jewish Encyclopedia [...] (hg. I. LANDMAN) Bd. 6, New York 1948; Enciclopedia judaica castellana en 10 tomos [...] (hg. E. WEINFELD) Bd. 6, Mexico 1949; Ernest I. J., Life and Work

of ~ (1862–1945) (in: Paul Lazarus Gedenkb. Beitr. zur Würdigung der letzten Rabbinergeneration in Dtl., hg. S. F. RÜLF, S. 93–100) Jerusalem 1961; DERS., ~ als Rabbiner in Dortmund (in: Aus Gesch. u. Leben der Juden in Westf. Eine Sammelschr., hg. H. C. MEYER, S. 89–92) 1962; K. WILHELM, ~, a Militant Rabbi (in: Leo Baeck Inst. Yearbook 7, H. 1, S. 75–94) Oxford 1962; R. R. GEIS, H.-J. KRAUS, ~ (in: Versuche des Verstehens. Dok. jüd.-christl. Begegnung aus den Jahren 1918–1933, m. Einl. hg. DIES., S. 81–86) 1966; Encyclopaedia Judaica (hg. C. ROTH, G. WIGODER) Bd. 9, Jerusalem 1971 (engl.); E. G. LOWENTHAL, Juden in Pr. Biogr. Verz. Ein repräsentativer Querschnitt, 1981; Bibliographia Judaica. Verz. jüd. Autoren dt. Sprache (bearb. R. HEUER) Bd. 1, 1981. J. WALK, Kurzbiogr. zur Gesch. der Juden 1918–1945, 1988; D. COHN-SHERBOK, The Blackwell Dictionary of Judaica, Oxford 1992; A. JÜRGENSEN, Die Tora lehren u. lernen. Rabbiner ~ in Dortmund (1906–1929) (in: Juden im Ruhrgebiet. Vom Zeitalter der Aufklärung bis in die Ggw., hg. J.-P. BARBIAN u. a., S. 67–104) 1999; B. S. CHILDS, The Almost Forgotten Genesis Commentary of ~ (in: Recht u. Ethos im AT – Gestalt u. Wirkung. FS für Horst Seebass zum 65. Geb.tag, hg. S. BEYERLE u. a., S. 273–280) 1999; C. WIESE, Wiss. des Judentums u. protestant. Theol. im wilhelmin. Dtl. Ein Schrei ins Leere? (Diss. Frankfurt/M.) 1999; G. BIRKMANN, ~. Ein liberaler Rabbiner in Dortmund (in: Heimat Dortmund. Stadtgesch. in Bildern u. Ber. 15, H. 2, S. 9) 2000; H. BURGER, De zandloper van Genesis. De visie van ~ op Genesis 22 in het licht van zijn tijd en van de traditie (Diss. Amsterdam) Zoetermeer 2002; Die Exegese hat das erste Wort. Beitr. zu Leben u. Werk ~s (hg. Walter J., A. JÜRGENSEN) 2002; ~ – der Mensch u. sein Werk (red. M. OEMING u. a.) 2003; P. HOFMANN, Die Bibel ist die erste Theol. Ein fundamentaltheolog. Ansatz, 2006; J. EICHMANN u. a., Von Der Mizwa bis Zionismus. Jüd. Traditionen u. Lebenswege in Westf., 2007; Biogr. Hdb. der Rabbiner (hg. M. BROCKE, J. CARLEBACH) Tl. 2 Die Rabbiner im Dt. Reich 1871–1945 (bearb. K. N. JANSEN) Bd. 1, 2009; Walter J., ~. Kämpfer u. Gelehrter (Einf. H. LISS, Übers. aus dem Engl. E. KONTARSKY) 2011; A. T. LEVENSON, The Making of the Modern Jewish Bible. How Scholars in Germany, Israel, and America Transformed an Ancient Text, Lanham/MD 2011; K. von der KRONE, Wiss. in Öffentlichkeit. Die Wiss. des Judentums u. ihre Zs. (Diss. Erfurt) 2012; R. LI-

WAK, Exegese zw. Apologie u. Kontroverse. ~ als jüd. Bibelwissenschaftler (in: Mazel tov. Interdisziplinäre Beitr. zum Verhältnis von Christentum u. Judentum. FS [...], hg. M. WITTE u. a., S. 55–76) 2012; Jüd. Leben in Europa jenseits der Metropolen (Internet-Edition); Jüd. Schriftstellerinnen u. Schriftst. in Westf. (dasselbe).   NB

Jacob, Berthold (urspr. Berthold Jacob Salomon; Ps. Marcel Rollin; Berthold Jay; Ein alter Soldat), * 12. 12. 1898 Berlin, † 26. 2. 1944 ebd.; Journalist, Schriftst.; Sohn eines Kunsthändlers u. Seifenfabrikanten, kaufmänn. Lehre, n. freiwilliger Meldung 1917/18 Soldat im 1. Weltkrieg, erlitt eine Gasvergiftung, n. seiner Rückkehr Hinwendung zu pazifist. Positionen, engagierte sich im «Friedensbund der Kriegsteilnehmer», der «Dt. Friedensgesellsch.» sowie als Militärexperte der «Dt. Liga für Menschenrechte», ab 1920 Journalist, schrieb 1921–24 für die «Berliner Volks-Ztg.», 1924 Gründungsmitgl. der Republikan. Partei Dtl., Mitarb. der Ztg. «Das Andere Dtl.», der «Warte für Menschenrechte» sowie 1925–28 auch von «Die Weltbühne», Mithg. der Pressekorrespondenz «Zeit-Notizen», mehrere Verfahren aufgrund von Enthüllungsartikeln über die illegale Wiederaufrüstung Dtl. durch die «Schwarze Reichswehr» sowie über Fememorde, 1928/29 im sog. «Ponton-Prozeß» wegen Landesverrats zu Festungshaft verurteilt u. 1929 gem. m. Carl von → Ossietzky erneut inhaftiert, 1928 Mitgl. der SPD, 1931 der Sozialist. Arbeiterpartei Dtl., emigrierte 1932 n. Straßburg, veröff. Beitr. über Dtl. in den Ztg. «La République» u. «Straßburger Neueste Nachr.», sammelte zudem dt. u. internat. Ztg. in einem zweisprachig ersch. «Unabhängigen Ztg.-Dienst» (Service de presse indépendente), 1933 Aberkennung der dt. Staatsbürgerschaft, 1935 von dem Journalisten Hans Wesemann (1895–1971; n. anderen Angaben: Hans Otto Wesemann, 1903–1976, ab 1961 erster Intendant der Dt. Welle) n. Basel gelockt u. von dort durch zwei weitere Agenten der Geheimen Staatspolizei (Gestapo) n. Dtl. entführt, auf Intervention der schweizer. Regierung u. internat. Kampagnen freigelassen, Rückführung n. Basel, wenige Tage später n. Frankreich ausgewiesen, lebte in Paris, veröff. bis 1936 in dem von Georg → Bernhard hg. «Pariser Tagebl.», zog sich 1936 durch seine Teilnahme an der Untersuchungskommission zur Aufklärung der sog. «Affäre Poliakow» um ebendiese Ztg. Kritik von zahlr. Emigranten zu, veröff. 1937-

39 im «Neuen Tageb.», ab 1939 im Lager Le Vernet interniert, floh m. gefälschten Papieren über Spanien (in Madrid interniert) n. Lissabon, 1941 erneut von der Gestapo entführt u. n. Berlin gebracht, im Gefängnis des Gestapo-Hauptquartiers inhaftiert, 1944 in das Jüd. Krankenhaus überführt; Lion → Feuchtwanger orientierte sich im Rom. «Exil» bei der Gestaltung der Figur des Friedrich Benjamin an der Person Jacobs u. seiner Entführung aus Basel. – Mitgl. der Association des journalistes allemands emigrés (1937 ausgeschlossen) u. des PEN-Clubs dt. Schriftst. im Exil. – Journalist. Beitr., Ess., Bericht.

Schriften: Die Hindenburg-Legende, Straßburg 1926; E. J. Gumbel, «Verräter verfallen der Feme». Opfer, Mörder, Richter 1919–1929. Abschließende Darstellung (Mitwirkung, m. E. Falck) 1929; Wer? Aus dem Arsenal der Reichstagsbrandstifter. Eine historische Untersuchung. Veranstaltet im Auftrag der Deutschen Liga für Menschenrechte (Vorw. G. CERF) Straßburg 1934 (33?); Das neue deutsche Heer und seine Führer. Mit einer Rangliste des deutschen Heeres und Dienstaltersliste (nach dem Stande von Mitte August 1936), Paris 1936.

Herausgebertätigkeit: Weißbuch über die schwarze Reichswehr. Deutschlands geheime Rüstungen? (m. a.) 1925; Warum schweigt die Welt? (auch Beitr.) Paris 1936; Weltbürger Ossietzky. Ein Abriß seines Werkes (Zus.stellung, m. Biogr. Ossietzkys) ebd. 1937.

Nachlass: Briefe im Dt. Exilarch. der Dt. Nationalbibl. Frankfurt/Main.

Literatur: Albrecht-Dahlke IV/2,521; Schmidt, Quellenlex. 14,369. – Hdb. Emigration 1,322; DdP 1,493; DBE 5,267; Lex. dt.-jüd. Autoren 12,304; HLS (Internet-Edition). – H. CAWIL, Der Fall ~, 1935; Zweierlei Mass im Völkerrechtsleben? Der Entführungsfall Cesare Rossi 1928 u. der Entführungsfall ~ 1935. Presseber. u. diplomat. Noten (zus.gestellt U. SCHWEIZER) 1935; The Universal Jewish Encyclopedia [...] (hg. I. LANDMAN) Bd. 6, New York 1948; Enciclopedia judaica castellana en 10 tomos [...] (hg. E. WEINFELD) Bd. 6, Mexico 1949; F. ARNAU, Menschenraub. Alexander P. Kutjepow, ~, [...], 1968; R. GREUNER, Gegenspieler. Profile linksbürgerl. Publizisten aus Kaiserreich u. Weimarer Republik, 1969; W. STERNFELD, E. TIEDEMANN, Dt. Exil-Lit. 1933–1945. Eine Bio-Bibliogr., ²1970; Encyclopaedia Judaica (hg. C. ROTH, G. WIGODER) Bd. 9, Jerusalem 1971 (engl.); Lex. des Judentums (hg. J. F. OPPENHEIMER u. a.) ²1971;

J. N. Willi, Der Fall ~-Wesemann (1935/36). Ein Beitr. zur Gesch. der Schweiz in der Zw.kriegszeit (Diss. Basel) 1972; E. G. Lowenthal, Juden in Pr. Biogr. Verz. Ein repräsentativer Querschnitt, 1981; Bibliographia Judaica. Verz. jüd. Autoren dt. Sprache (bearb. R. Heuer) Bd. 1, 1981; W. Tetzlaff, 2000 Kurzbiogr. bedeutender dt. Juden des 20. Jh., 1982; Kunst u. Lit. im antifaschist. Exil 1933–1945, Bd. 5 Exil in der Tschechoslowakei, in Großbritannien, Skandinavien u. in Palästina, ²1987; W. F. Peterson, The Berlin Liberal Press in Exile. A History of the Pariser Tagebl. – Pariser Tagesztg., 1933–1940 (Diss. Buffalo/NY) Tübingen 1987; J. Walk, Kurzbiogr. zur Gesch. der Juden 1918–1945, 1988; J.-M. Palmier, Weimar en exil. Le destin de l'émigration intellectuelle allemande antinazie en Europe et aux Etats-Unis, Paris 1990; J. J. u. P. P. Barnes, Nazi Refugee Turned Gestapo Spy. The Life of Hans Wesemann, 1895–1971, Westport/CT 2001; N. Heutger, Dt.-jüd. Publizistik (in: Zw. Selbstbehauptung u. Verfolgung. Dt.-jüd. Ztg. u. Zs. von der Aufklärung bis zum Nationalsozialismus, hg. M. Nagel, S. 269–280) 2002; Juden in Berlin. Biogr. (hg. E.-V. Kotowski) Bd. 2, 2005; P.-F. Koch, Enttarnt. Doppelagenten: Namen, Fakten, Beweise, 2011; P. Finkelgruen, ~ – Von welchem Wesemann wurde er entführt? (in: Im Schnittpunkt der Zeiten. Autoren schreiben über Autoren. Eine Anthol. des PEN-Zentrums Dt.sprachiger Autoren im Ausland, hg. G. Alioth, H.-C. Oeser, S. 53–60) 2012; Gedenkstätte Dt. Widerstand (Internet-Edition); Exil-Arch. (dasselbe).   NB

Jacob, Bruno, *4. 10. 1881 Kassel, †28. 4. 1954 ebd.; Journalist, Publizist, Volkswirt; wuchs als Sohn eines Kaufmanns in Kassel auf, n. dem Abschluss des Realgymnasiums kaufmänn. Lehre ebd., Red. der «Dt. Volksztg.» in Hannover, übernahm 1907 von seinem Großvater die Buch- u. Kunstdruckerei Trömner in Kassel, studierte Nationalökonomie, Gesch., Staatsrecht u. Philos. an der Univ. Jena, 1915–18 Soldat im 1. Weltkrieg, 1919–23 Chefred. der Ztg. «Der Niedersachse. Wochenbl. für Dt.tum u. Heimat» in Hameln, unternahm Reisen insbes. n. Südosteuropa, lebte ab 1923 wieder in Kassel, freier Journalist u. Publizist, veröff. regionalgeschichtl. Beitr. in Kasseler Ztg. u. ab 1924 die Mundart-Kolumne «Minn Freind – de Schnudde» im «Kasseler Volksbl.», daneben rege Vortr.tätigkeit, ztw. Geschäftsführer des Kasseler

Mus.vereins. – Regional- u. wirtschaftshist. sowie polit. Schr., Chron., Kolumne, Mundart (Kasseler).

Schriften (Ausw.): Krieg und Kaiserkrone. Ein Beitrag zur Entstehungsgeschichte des deutschen Reiches aus den Jahren 1870/71, 1909; Ein freies Hessen! Im einigen Deutschland! Nebst Nachtrag zur 1. Auflage, 1919; Der Föderalismus. Ein Überblick, 1920 (2., verm. u. durchges. Aufl. 1924); Fritzlar (Text) 1925 (Federzeichn. W. Kramer); Geschichte des Dorfes Eschenstruth 1126–1926, 1927; Hessische Heimatgeschichte (Mitwirkung, m. H. Blum) ²1933.

Herausgebertätigkeit: Ehrennamen der Reichsarbeitsdienst-Abteilungen im Arbeitsgau XXII, Hessen-Nord, Kassel (m. dem Führer des Arbeitsgaues XXII Hessen-Nord) 1935.

Nachlass: Stadtarch. Kassel; UB Kassel, LB u. Murhard. Bibliothek. – Mommsen 1,1820; Denecke-Brandis 168; Bundesarch., Zentrale Datenbank Nachl. (Internet-Edition).

Literatur: Erinn. im Netz. Erlebtes aus dem Osten Kassels (Internet-Edition).   NB

Jacob, Carl Max, *7. 1. 1867 Leipzig, †n. 1952 (Ort nicht ermittelt); Schriftst., Übers., lebte i. R. in Bernburg/Anhalt. – Lyrik, Ess., Übers. (aus dem Englischen).

Schriften: Der Komet. Ein Abendgespräch im Freien. Zwei Gedichtreihen, 1937 (erneut abgedr. in: Jung mit 85 Jahren, 1955); Jung mit 85 Jahren. Aus der Weisheit des Alters, 1955.   NB

Jacob, Carlo, *3. 4. 1920 Meiningen/Thür.; Zahntechniker, Schriftst., lebt in Marburg/L.; wuchs in Meiningen, München u. Oberwiesenthal/Erzgeb. sowie 1930–37 in Marburg auf, Realschulbesuch in Marburg, 1937–40 Zahntechnikerlehre in Aachen, Soldat im 2. Weltkrieg, Kriegsgefangenschaft, begr. 1948 ein zahntechn. Labor in Marburg, seit den 1990er-Jahren schriftsteller. tätig. – Lyrik.

Schriften: Licht über Wolken (Ged.) 1994 (2002 als Blindendr.); In mich gehört (Ged.) 1997; Leise Lieder (Ged.) 2000; Zeit der Träume (Ged.) 2002 (Bilder C. Rochat).   NB

Jacob, Georg, *26. 5. 1862 Königsberg/Pr., †4. 7. 1937 Kiel; Orientalist; Sohn eines Kaufmanns, wuchs n. dem frühen Tod des Vaters in Danzig auf, 1882 Abitur ebd., studierte zunächst Theol., dann Orientalistik, Germanistik u. Völkerk. an den Univ. Straßburg, Erlangen, Leipzig, Breslau u. Berlin, 1887 Dr. phil. an der Univ. Leipzig, 1888 ztw. wiss. Hilfsarbeiter ebd., dann bis 1890 (91?) Assistent an der Königl. Bibl. in Berlin, 1892 Habil. an der Univ. Greifswald (Schr. nicht nachweisbar) u. bis 1896 Privat-Doz. ebd., 1894 erste Orient-Reise, 1896 Umhabil. an die Univ. Halle/S.-Wittenberg u. Privat-Doz. ebd., zudem Bibliothekar, ab 1901 a. o. Prof. u. ab 1910 o. Prof. an der Univ. Erlangen, ab 1904 Hg. der Schr.reihe «Türk. Bibl.», reiste 1906 u. 1909 in die Türkei, 1911–29 (emeritiert) o. Prof. für islam. u. semit. Philol. an der Univ. Kiel m. Schwerpunkt in arab. u. türk. Sprache u. Kultur, Leiter des Oriental. Seminars, erteilte während des 1. Weltkriegs zudem Türk.-Unterricht an einem Kieler Gymnasium, 1916 Geheimer Regierungsrat, 1917 Dekan der Philosoph. Fak. der Univ. Kiel, Mithilfe beim Aufbau des Theatermus. Kiel, 1922/23 Univ.-Rektor, Mitbegr. eines Wandertheaters für chines. Schattentheater u. 1929 Teilnahme an zwei Tourneen. – 1907 korrespondierendes Mitgl. der Bayer. Akad. der Wissenschaften. – Fachschr., Vortr., Übers. (aus dem Arab. u. Türkischen).

Schriften (Ausw.): Der Nordisch-baltische Handel der Araber im Mittelalter (Diss.) 1887 (Nachdr. Amsterdam 1966); Das Leben der vorislamischen Beduinen. Nach den Quellen geschildert, 1895 (2., um mehrere Kap. u. Zusätze verm. Ausg. u. d. T.: Altarabisches Beduinenleben. Nach den Quellen geschildert, 1897; davon Nachdr. 1967 u. 2004); Das Schattentheater in seiner Wanderung vom Morgenland zum Abendland. Vortrag [...], 1901 (erw. Neubearb. u. d. T.: Geschichte des Schattentheaters, 1907; 2., völlig umgearb. Aufl. ders. u. d. T.: Geschichte des Schattentheaters im Morgen- und Abendland, 1925, m. bibliogr. Angaben; Nachtr.bibliogr. 1929 u. 1930; Neudr. der 2. Aufl. 1972); Das Hohelied. Auf Grund arabischer und anderer Parallelen von neuem untersucht, 1902; Ein ägyptischer Jahrmarkt im 13. Jahrhundert, 1910; Der Einfluß des Morgenlandes auf das Abendland, vornehmlich während des Mittelalters, 1924 (Neudr. 1972); Shakespeares Naturverbundenheit im Vergleich mit Schillers und Goethes Verhältnis zur Natur. Vortrag [...], 1937; Shakespeare-Studien (aus dem Nachl. hg. H. JENSEN) 1938.

Übersetzungen (Ausw.): Ein arabischer Berichterstatter aus dem 10. oder 11. Jahrhundert über Fulda, Schleswig, Soest, Paderborn und andere deutsche Städte (m. Komm. u. Einl.) 1890 (2., um zwei Anh. verm. Ausg. u. d. T.: Ein arabischer Berichterstatter aus dem 10. Jahrhundert über Fulda, [...], 1891; 3., verm. u. verb. Aufl. 1896); Unio mystica. Sehnsucht und Erfüllung. Hafisische Lieder in Nachbildungen, 1922.

Herausgebertätigkeit (Ausw.): Märchen und Traum mit besonderer Berücksichtigung des Orients, 1923 (Neudr. 1977; weiterer Neudr. u. d. T.: Beiträge zur Märchenkunde des Morgenlandes, 2 Bde., m. T. Menzel, 1988 [enth. zusätzl.: Türkische Märchen]).

Nachlass: UB Kiel; Briefe im Privatbesitz von Norbert Diekmann. – Denecke-Brandis 168.

Literatur: DBE 5,267. – FS, ~ zum siebzigsten Geb.tag, 26. Mai 1932 (hg. T. MENZEL) 1932; F. VOLBEHR, R. WEYL, Prof. u. Doz. der Christian-Albrechts-Univ. zu Kiel. 1665–1954 [...] (bearb. R. BÜLCK, abgeschlossen H.-J. NEWIGER) ⁴1956; Altpreuß. Biogr. (hg. K. BÜRGER) Bd. 3, 1975; E. DAMMANN, Erinn. an ~ (1862–1937) (in: Germano-Turcica. Zur Gesch. des Türk.-Lernens in den dt.sprachigen Ländern. Ausst. [...], Ausst. u. Kat. K. KREISER, S. 113–118) 1987; N. DIEKMANN, ~ u. seine Bedeutung für die Orientalistik vom 19. zum 20. Jh., 2009 (Internet-Editon). NB

Jacob, Günter (Karl August), ✱ 8. 2. 1906 Berlin, † 29. 9. 1993 ebd.; evangel. Theologe, Generalsuperintendent; Sohn eines Lehrers, Gymnasialbesuch in Sorau (Żary/Polen) u. Cottbus, Abitur in Cottbus, studierte 1924–29 evangel. Theol. an den Univ. Tübingen, Berlin u. Marburg/L., 1929 Lic. theol. an der Univ. Marburg, Vikariat u. Predigerseminar in Berlin, 1931/32 Hilfsprediger in Körlin/Schles. (n. anderen Angaben: Köslin [oder Körlin]/Pomm.), 1932–45 Pfarrer in Noßdorf (später zu Forst), 1933 Mitbegr. des Pfarrernotbundes, Mitgl. des brandenburg. Provinzialbruderrats der Bekennenden Kirche, mehrfach inhaftiert, erhielt Rede- u. Aufenthaltsverbote, 1939–45 Soldat im 2. Weltkrieg, zuletzt im Rang eines Unteroffiziers, in brit. Kriegsgefangenschaft, n. Kriegsende 1945 Pfarrer der kirchl. Nothilfe in Marburg, ab 1946 Superintendent des Kirchenkr. Lübben sowie (Vize-)Generalsuperintendent der Neumark u. der Niederlausitz m. Sitz in Lübben, 1949–72 (i. R.) Generalsuperintendent ders. m. Sitz in Cottbus, 1952–68 Mitgl. der Kommission für Glauben u. Kirchenverfassung des Ökumen. Rats der Kirchen in Genf, n. dem Mauerbau 1963–66 nebenamtl. Verwalter des Bischofsamts im Osttl. der evangel. Kirche Berlin-Brandenburg. – 1953 Dr. h. c. der Univ. Tübingen. – Pred., Vortr., theolog. u. kirchenpolit. Schr., Aufsatz.

Schriften (Ausw.): Der Gewissensbegriff in der Theologie Luthers (Diss.) 1929 (Nachdr. 1966); Wo stehen wir heute? (Flugschr.) 1938; Die Versuchung der Kirche. Theologische Vorträge der Jahre 1934–1944, 1946; Die vierte Nachtwache. Biblische Meditationen, 1951; Das Licht scheint in der Finsternis. Zeugnisse aus dem 2. Kirchenkampf, 1954; Heute, so ihr seine Stimme höret (Pred.) 1956 (Lizenzausg. m. dem Untert.: Predigten, gehalten in der Klosterkirche in Cottbus, 1959; Evangelische Kirche jenseits der Zonengrenze (m. C. Berg) 1957; Himmel ohne Gott? Drei Vorträge, 1959; Christliche Existenz in der veränderten Welt, 1961; Die Horizonte werden hell (Pred.) 1964; Kirche auf Wegen der Erneuerung. Gesammelte Aufsätze aus drei Jahrzehnten, 1966; Die Botschaft von dem mitgehenden Gott. Geschichten und Gestalten des Alten Testaments, 1968; Verkündigung und Zukunft, 1972; Die Macht des ohnmächtigen Gottes (Pred.) 1973; Der Christ in der sozialistischen Gesellschaft. Theologische Probleme und Folgerungen. Ein Sagorsker Vortrag, 1975; Weltwirklichkeit und Christusglaube. Wider eine falsche Zweireichelehre, 1977; Lob des Lebens (Pred.) 1979; Die Feste der Christenheit. Betrachtungen für einen kritischen Zeitgenossen, 1983; Umkehr in Bedrängnissen. Stationen auf dem Weg der Kirche von 1936 bis 1985, 1985; Gericht und Gnade. Zum Weg der christlichen Gemeinden in unserem Jahrhundert, 1986.

Herausgebertätigkeit: Die evangelische Christenheit in Deutschland. Gestalt und Auftrag (m. H. Kunst, W. Stählin, Bildred. u. -legenden R. Biedrzynski) 1958; Predigten in den Kirchen der DDR. Für Propst Heinz Fleischhack in Magdeburg zum 60. Geburtstag am 19. Juni 1973, 1973.

Literatur: Munzinger-Arch.; Biogr.-Bibliogr. Kirchenlex. 23,721 (auch Internet-Edition); RGG ⁴4,341; DBETh 1,701; DBE 5,267. – Anruf u. Aufbruch. Zur Gestalt der Kirche in Ggw. u. Zukunft. Für ~ zum 8. Februar 1966 (hg. G. Johann u. a.) 1965; G. Bransch, ~ achtzig Jahre (in: Quatember. Vjh. für Erneuerung u. Einheit der Kirche 50, H. 3, S. 176) 1986; G. Buch, Namen u. Daten wichtiger Personen der DDR, ⁴1987; A. Freund, Gewissensverständnis in der evangel. Dogmatik u.

Ethik im 20. Jh. (Diss. Jena) 1994 (u. a. zu ‹Der Gewissensbegriff in der Theol. Luthers›); Tausend Jahre Kirche in Berlin-Brandenb. (hg. G. Heinrich) 1999; Brandenburg. Biogr. Lex. (hg. F. Beck, E. Henning) 2002; Personenlex. zum dt. Protestantismus. 1919–1949 (zus.gestellt u. bearb. H. Braun, G. Grünzinger) 2006; Wer war wer in der DDR? Ein Lex. ostdt. Biogr. (hg. H. Müller-Enbergs u. a.) Bd. 1, ⁵2010; D. Pollack, H. Richter, Protestant. Theol. u. Politik in der DDR (in: Hist. Zs. 294, H. 3, S. 687–720) 2012.　　　　NB

Jacob, (Hermann) Gustav → Jacob-Margella, (Hermann) Gustav.

Jacob, Hans (Ps. Jean-Jacques), *20. 11. 1896 Berlin, †6. 3. 1961 Paris; Dolmetscher, Übers., Schriftst.; Sohn eines Warenhausbesitzers, wuchs zweisprachig (dt. u. französ.) auf, besuchte das Französ. Gymnasium Berlin, Übers. (unter Ps.) für die Zs. «Die Aktion» u. «Der Sturm», befreundet m. Georg → Kaiser, Alfred (Maximilian) → Neumann u. Arthur → Schnitzler, 1914 Notabitur, 1914 gem. m. Rudolf Börsch (†1915) Schr.leiter von H. 4ff. der von Heinz Barger u. Friedrich → Hollaender begr. Schr. «Neue Jugend. Eine Zs. für moderne Kunst u. jungen Geist» (ab 1916 von Wieland → Herzfelde im Malik Verlag fortgeführt), veröff. ebd. auch Ged. u. Erzn., Meldung als Kriegsfreiwilliger, Soldat im 1. Weltkrieg, studierte Romanistik (ohne Abschluss) in Berlin u. München, Europareisen, freier Schriftst., verf. Beitr. für das «Berliner Tagebl.» u. die «Voss. Ztg.» sowie für Lit.zs. wie «Die lit. Welt», lebte auch in Öst. u. Italien, Übers., Lektor u. Kabarettdir., 1926 (27?)–33 Dolmetscher für das Auswärtige Amt, dabei insbes. für die dt. Delegation beim Völkerbund in Genf, floh 1933 n. Warnungen über eine bevorstehende Inhaftierung n. Wien, dann über Mexiko u. die USA n. Paris, 1933/34 Mithg. des «Pariser Tagebl.», Konferenzdolmetscher, 1935 Simultanübers. für Reden von Adolf → Hitler u. Benito Mussolini, ab 1936 Übers. u. Sprecher beim Radio Straßburg, 1940 ztw. interniert, emigrierte 1940 über Spanien u. Portugal n. New York, 1941 Mitarb. des German Language Service der Boston Radio Station, 1941–45 Radiokommentator (engl.sprachig) in New Jersey u. New York, verf. Beitr. für die Zs. «Aufbau», 1946 Frankreichreise, Dolmetscher für internat. Organisationen,

1948–56 Chefdolmetscher der UNESCO in Paris, lebte in Neuilly-sur-Seine (zu Paris). – Ehrenmitgl. der Mexikan. Gesellsch. für Geographie u. Statistik, Ehrenpräs. des Internat. Verbandes der Konferenzdolmetscher, 1960 Chevalier de la Légion d'Honneur. – 1922 Mitgl. des PEN-Clubs. – Übers. (aus dem Französ., Italien. u. Engl.), Rom., Schausp., Biogr., Brief, Erinn., Erz., Lyrik.

Schriften: Das Erlebnis des Adrian Tau (Rom.) 1915 (Schr. nicht nachweisbar); Heimkehr. Ein Schauspiel in drei Akten, 1921; Das Leben des Dichters Jean-Arthur Rimbaud, 1921; Christina, oder Spiel des Zufalls (Rom.) 1929; Briefe an meine Tochter, 1948; Kind meiner Zeit (Lebenserinn.) 1962.

Übersetzungen (Ausw.): D. Diderot, Die Romane und Erzählungen, Bd. 1, 1920 (enth.: Die geschwätzigen Kleinode. Der weiße Vogel; Neuausg. von «Die geschwätzigen Kleinode», 2 Bde., Miniatur, 1983); P. Gauguin, Briefe an Georges-Daniel de Monfreid (Einl. V. SEGALEN) 1920 (Neuausg. u. d. T.: P. Gauguin, Briefe. Die Briefe Gauguins an Georges Daniel de Monfreid, m. Vorw. u. Anm. hg. K. MITTELSTÄDT, 1961; davon 5., erw. Aufl. u. d. T.: P. Gauguin, Briefe. Paul Gauguin in seinen Briefen an seine Frau Mette und die Malerfreunde Emile Schuffenecker, Emile Bernard und Georges Daniel de Monfreid, hg. DERS., Übertragung m. G. Frenzel, 1970); E. Zola, Die vier Tage des Jean Gourdon (auch Hg. u. durchges.) 1920; ders., Um eine Liebesnacht (dass.) 1920; ders., Gesammelte Novellen (dass.) 3 Bde., 1921 (Neuausg. 1974; davon 2. Aufl. in einem Bd., Übers. der Nov. «Wie man heiratet» von K. NOCH, 1982); Voltaire, Mein Aufenthalt in Berlin (auch Hg.) 1921; L. Pirandello, Das Leben, das ich dir gab. Tragödie in drei Akten, 1925; H. Belloc, Millionär wider Willen (Rom.; m. H. Wetzel) 1927; H. de Balzac, Die dreißig dreisten Geschichten (auch gek.) um 1927 (= Ausgewählte Werke, hg. u. bearb. S. MEYER-GERHARDS); ders., Oberst Chabert (Novn.; dass.) Doppelbd., um 1927 (dasselbe).

Nachlass: Russ. Staatl. Militärarch. Moskau. – Bundesarch., Zentrale Datenbank Nachl. (Internet-Edition).

Literatur: Spalek IV/2,764. – Munzinger-Arch.; Hdb. Emigration II/1,555; Raabe, Expressionismus; DdP 1,493; DBE 5,268. – S. WININGER, Große jüd. National-Biogr., Bd. 3, Czernowitz 1928; W. STERNFELD, E. TIEDEMANN, Dt. Exil-Lit. 1933–1945. Eine Bio-Bibliogr., ²1970; J. RAD-

KAU, Die dt. Emigration in den USA. Ihr Einfluss auf die amerikan. Europapolitik 1933–1945 (Diss. Hamburg) 1971; Lex. des Judentums (hg. J. F. OPPENHEIMER u. a.) ²1971; Bibliographia Judaica. Verz. jüd. Autoren dt. Sprache (bearb. R. HEUER) Bd. 1, 1981; R. E. WARD, A Bio-Bibliogr. of German-American Writers 1670–1970, White Plains/N. Y. 1985; J. WALK, Kurzbiogr. zur Gesch. der Juden 1918–1945, 1988; R. A. ROLAND, Interpreters as Diplomats. A Diplomatic History of the Role of Interpreters in World Politics, Ottawa/Kanada 1999.   NB

Jacob, Heinrich Eduard (laut Geburtsurkunde urspr. Henry Edward J.; Ps. Eric Jens Petersen; Andrea Serbelloni), ★ 7. 10. 1889 Berlin-Friedrichstadt, † 25. 10. 1967 Salzburg; Sohn des Bankdir., Ägyptologen, Mitbegr. der Berliner Sektion des Dt. Kolonialver. u. Schriftst. Richard J. (1847–1899), verh. m. der Schauspielerin Dora Angel-Soyka (1889–1984), Schwager von Ernst → Angel; Journalist, Schriftst.; besuchte ab 1895 die Vorschule des Königl. Franzö̈s. Gymnasiums in Berlin, 1895 Scheidung der Eltern u. Heirat der Mutter m. dem Wiener Bankier Edmund Lampl, übersiedelte m. der Mutter 1898 n. Wien, besuchte zunächst eine evangel. Privatschule, ab 1899 das Akadem. Gymnasium u. dann das Maximilians-Gymnasium, 1902–09 das Askan. Gymnasium in Berlin, 1909 Abitur ebd., studierte 1909–13 u. a. bei Erich → Schmidt Germanistik, Gesch. sowie Lit.- u. Musikwiss. an der Univ. Berlin (eine Promotion ist nicht nachweisbar), besuchte zudem Philos.vorlesungen von Georg → Simmel, befreundet m. Kurt → Hiller u. Georg → Heym, gehörte 1909/10 dem «Neuen Club» um Hiller u. Jakob van → Hoddis an u. trat bei ihrer Vortr.reihe «Neopathet. Cabaret» auf, verf. 1910 Feuill. u. Theaterkritiken für das Wochenbl. «Herold», veröff. ab 1911 Ged. in der neu gegr. Zs. «Die Aktion» von Franz → Pfemfert sowie in den Zs. «Der Sturm» u. «Das junge Dtl.», weitere Veröff. in «Pan» sowie 1910–13 in der «Dt. Montagsztg.», dort auch 1912 verantwortl. Red. für Theater, Musik u. Kunst, dramaturg. Berater von Max → Reinhardt in Berlin, veröff. 1913–25/26 in den «Bl. des Dt. Theaters», 1914 gem. m. Walter → Hasenclever Reise als Kriegsber.erstatter ins besetzte Belgien, lebte ab 1916 in der Schweiz u. schrieb Beitr. für das «Berliner Tagebl.», kehrte 1921 n. Berlin zurück, 1922–24 (Ersch. eingestellt) Hg. von «Der Feuerreiter. Bl. für Dg. u. Kritik», 1926 Delegierter u. Sonderkorrespondent des «Berliner Tagebl.» beim vom Völkerbund initiierten Pariser Filmkongress, 1926–32 Mitarb. der Zs. «Die lit. Welt», 1927 Beisitzer der Prüfstelle Berlin für Schund- u. Schmutzschr. des Reichsministers des Innern, 1927/28 Vorstandsmitgl. der «Kleiststiftung» in Berlin, 1927–33 Vorstandsmitgl. des «Goethebundes zum Schutz freier Kunst u. Wiss.» ebd., 1927–33 Chefkorrespondent u. Leiter des mitteleurop. Büros des «Berliner Tagebl.» in Wien, lebte ebd., daneben Arbeitsaufenthalte u. a. in Paris, London, Zürich, Stockholm, Budapest, New York, Prag u. Rio de Janeiro, ab 1928 zweiter Vors. der Berliner «Dt.-Französ. Gesellsch.» u. Leiter der 1928 gegr. Wiener Ortsgruppe, m. Otto → Grautoff u. a. Hg. der «Dt.-französ. Rs.», reiste 1931 m. Mitgl. des Wiener Verbandes der auswärtigen Presse durch Mazedonien, unternahm 1932 als Reiseber.erstatter des «Berliner Tagebl.» eine Zeppelinfahrt vom Bodensee n. Brasilien m. eingehenden Recherchen zum Thema Kaffee (vgl. ‹Sage u. Siegeszug des Kaffees›), 1932/33 von Wien aus Mitarb. der «Schles. Funkstunde. Welle Breslau», im Mai 1933 wurde seine Schr. ‹Blut u. Zelluloid› im Zuge der Bücherverbrennung vernichtet, dann aufgrund der «Selbstgleichschaltung» des «Berliner Tagebl.» entlassen, freier Schriftst. in Wien, veröff. u. a. in den Exilzs. «Das Blaue H.», «Die Slg.» u. «Das neue Tage-Buch», nahm am XI. Kongress des Internat. PEN-Clubs in Ragusa (später Dubrovnik/Kroatien) teil u. protestierte u. a. mit Franz Theodor → Csokor gg. die Bücherverbrennung u. weitere Angriffe auf Schriftst. in Dtl., in der Folge Austritt der dem Nationalsozialismus nahestehenden Mitgl. aus dem öst. PEN, veröff. trotz Aufruf zum Boykott durch die «Berliner Börsen-Ztg.» u. das «Börsenbl. für den Dt. Buchhandel» 1934 ‹Sage u. Siegeszug des Kaffees› im Berliner Rowohlt Verlag, 1935 Verbot u. Konfiszierung sämtl. seiner Schr. in Dtl., Recherchereise n. Schweden, Ende 1935 unwissentl. von seiner Halbschwester Alice Lampl (1898–1938, Suizid) in einen Aktienbetrug verwickelt u. in Untersuchungshaft genommen, 1936 gg. Kaution entlassen, lebte bis zum Prozessende im Februar 1938 weiterhin in Wien, im März 1938 n. dem sog. «Anschluss» Öst. an das Dt. Reich verhaftet u. ins Konzentrationslager Dachau deportiert u. im September n. Buchenwald überführt, 1939 auf Intervention eines US-amerikan. Onkels u. seiner späteren Frau Dora entlassen,

emigrierte über London n. New York, erhielt ztw. ein Stipendium des «American Guild for German Cultural Freedom» u. eines der «Yaddo-Stiftung» für die Künstlerkolonie Yaddo in Saratoga Springs/NY, freier Mitarb. u. a. der Wochenztg. «Aufbau» u. der «New York Times», begr. 1941 gem. m. seinem Schwager die Verein. «Friends of the European Writers and Artists in America», hielt im Anschluss an die Veröff. von ‹Six Thousand Years of Bread› 1944 zahlr. Gastvortr., ab 1945 US-amerikan. Staatsbürger, Mitbegr. des «Progressive Literary Clubs» in New York, 1953 Rückkehr n. Europa, freier Schriftst. u. weiterhin Rezensent der «New York Times», veröff. u. a. auch in den Ztg. «Die Zeit» u. «FAZ», zudem Rundfunkbeitr., 1957 Mitbegr. der «Stefan-Zweig-Gesellsch.» in Wien, lebte in Hotels in Hamburg, München, Zürich, London, Frankfurt/M., Berlin (West) u. zuletzt in Salzburg; seine in den USA entstandenen Rom. ‹Babylon's Birthday› u. ‹Der große Nebel über Belgien› blieben neben weiteren unveröffentlicht. – 1935 Honorary Membership der Univ. Tokio, 1966 Bundesverdienstkreuz 1. Klasse. – Mitgl. u. a. der Wiener Freimaurer-Loge Humanitas, des Ver. der Berliner Presse, des PEN-Clubs u. später des Exil-PEN sowie ab 1965 des PEN-Zentrums dt.sprachiger Autoren im Ausland. – Erz., Nov., Rom., Biogr., Dr., erzählendes Sachb., Lyrik, Tageb., Brief, Übers. (aus dem Französischen).

Schriften: Das Leichenbegängnis der Gemma Ebria (Novn.) 1912; Reise durch den belgischen Krieg. Ein Tagebuch, 1915; Der Zwanzigjährige. Ein symphonischer Roman, 1918 (Neuausg., Nachw. H. SCHWENGER, 1983); Das Geschenk der schönen Erde (Idyllen) 1918 (Nachdr. 1973); Beaumarchais und Sonnenfels. Schauspiel in vier Akten, 1919 (UA 1919); Der Physiker von Syrakus. Ein Dialog, 1920; Der Tulpenfrevel. Ein Schauspiel in fünf Akten, 1920 (UA 1921); Das Flötenkonzert der Vernunft (Novn.) 1923 (Tl.slg. u. d. T.: Die Leber des Generals Bonaparte, 1923, Zeichn. F. Winckler); Untergang von dreizehn Musiklehrern. Eine Erzählung, 1924; Dämonen und Narren. Drei Novellen, 1927 (Neuausg. als Tb. 1957); Jacqueline und die Japaner. Ein kleiner Roman, 1928 (Neuausg. m. dem gek. Untert.: Roman, 1989); Blut und Zelluloid (Rom.) 1930 (= Ausg. 1929; Neuausg., Nachw. H. J. SCHÜTZ, 1986); Die Magd von Aachen. Eine von siebentausend (Rom.) 1931 (zuerst in Forts. abgedr. in: Berliner Tagebl., 1931; Opernfass. u. d. T.: Die Kathrin, Libr. E. Decsey, Musik E. W. Korngold, UA 1939); Liebe in Üsküb (Rom.) 1932; Ein Staatsmann strauchelt (Rom.; m. Nachw.) 1932 (Lizenzausg., Nachw. H. J. GERLACH, 1990); Sage und Siegeszug des Kaffees. Die Biographie eines weltwirtschaftlichen Stoffes (m. Vorw.) 1934 (zuerst in Forts. abgedr. in: Neues Wiener Tagebl., 1934; erw. Neufass. 1952; Neuausg. u. d. T.: Kaffee. Die Biografie eines weltwirtschaftlichen Stoffes, Einl. A. RELLER, J. SOENTGEN, 2006, m. Anh.); Treibhaus Südamerika (Novn.) 1934 (Vorabdr. von ‹Schwarze Leute in Bahia› in Forts. in: Berliner Tagebl., 1933); Der Grinzinger Taugenichts (Rom.) Amsterdam 1935 (Neuausg. 1953); Johann Strauß und das neunzehnte Jahrhundert. Die Geschichte einer musikalischen Weltherrschaft (1819–1917), Amsterdam 1937 (Neuausg. u. d. T.: Johann Strauß. Vater und Sohn. Die Geschichte einer musikalischen Weltherrschaft, 1953); Six Thousand Years of Bread. Its Holy and Unholy History (Übers. [aus dem Dt.] R. u. C. WINSTON) Garden City/NY 1944 (n. dem amerikan. Original von H. E. J. erw. u. eingerichtete dt. Ausg. u. d. T.: Sechstausend Jahre Brot, 1954); The World of Emma Lazarus (Übers. DIES.) New York 1949 (Neuausg., Nachw. J. B. BERLIN, Berlin 1999); Joseph Haydn. His Art, Times, and Glory (dass.) ebd. 1950 (n. dem amerikan. Original von H. E. J. erw. u. eingerichtete dt. Ausg. u. d. T.: Joseph Haydn. Seine Kunst, seine Zeit, sein Ruhm, Vorw. T. MANN, 1952; davon Neuausg. 1969); Estrangeiro. «Der Fremdling». Ein Tropen-Roman, 1951 (in Forts. abgedr. in: Rhein. Post, 1951; Lizenzausg. u. d. T.: Estrangeiro. Einwandererschicksal in Brasilien, 1988); Die Geschichte des armen Fedja, 1953 (Sonderdr.); Mozart oder Geist, Musik und Schicksal, 1955 (40. Tausend u. d. T.: Mozart oder Geist, Musik und Schicksal eines Europäers, 1963; Lizenzausg., genehmigte, ungek. u. erw. Tb.ausg. u. d. T.: Mozart. Geist – Musik – Schicksal, 1976, Anh. erarb. G. PÖSSIGER; Lizenzausg. u. d. T.: Mozart. Der Genius der Musik, 1990, Anh. erarb. DERS.; davon überarb. Aufl., Überarb. E. DISTLER, 1998); Felix Mendelssohn und seine Zeit. Bildnis und Schicksal eines Meisters (m. Vorw.) 1959; Die Tiroler in Narvik. Who called you here? (Künstlerb.; m. Vorw. hg. J. SILBERSCHUH) 1991 (Gestaltung C. Ewald; dt. u. engl.; 1941 dramatisierte Fass. im New Yorker Rundfunk gesendet); Mit dem Zeppelin nach Pernambuco. Con el zepelín a Pernambuco (Künstlerb.) 1992 (Gestaltung ders.; dt. u. span.); Stationen dazwi-

schen (dass.; Epilog A. DÖBLIN) 1993 (Zeichn. D. Goltzsche; zuerst abgedr. in: Das Schönste. Die Mschr. für alle Freunde der schönen Künste, Nr. 4, 1961).

Übersetzungen: H. de Balzac, Künstler und Narren (Novn.; m. H. Maas) 1925 (26?; Erstausg. 1915?; Neuausg. 1955; Lizenzausg. u. d. T.: Das ungekannte Meisterwerk, Erzn., 1977).

Herausgebertätigkeit: Verse der Lebenden. Deutsche Lyrik seit 1910 (m. Einl. hg.) 1924 (2., durchges. u. erg. Aufl. 1927; 3., durchges. u. erg. Aufl. 1932).

Nachlass: DLA; Slg. im Leo Baeck Inst. New York. – Hall-Renner 160; Kussmaul 1,358; Spalek, Guide, 435; Bundesarch., Zentrale Datenbank Nachl. (Internet-Edition). – J. M. SPALEK, S. H. HAWRYLCHAK, Guide to the Archival Materials of the German-speaking Emigration to the United States after 1933, Bd. 1, 1978 u. Bd. 3, Tl. 2, 1997.

Literatur:

Bibliografien: Albrecht-Dahlke II/2,334 u. IV/2,521; Wilpert-Gühring 770; Spalek IV/2,768; Schmidt, Quellenlex. 14,369. – H. J. GERLACH, ~. Between two worlds, zw. zwei Welten. Bio-bibliogr. Angaben zu ~, 1889–1967, 1997; K. F. STOCK u. a., Personalbibliogr. öst. Dichterinnen u. Dichter, Bd. 1, ²2002.

Allgemein zu Leben und Werk:

Nachschlagewerke und Überblicksdarstellungen: Munzinger-Arch.; NDB 10,217; HdG 1,339; Hdb. Emigration II/1,556; Spalek II/1,400; Killy 6,53; Raabe, Expressionismus 234; Autorenlex. 379; LöstE 334; Spalek III/1,215; HAjH 2,593; DdP 1,493; DBE 5,268; Lex. dt.-jüd. Autoren 12,309; Killy ²6,68; Spalek III/Suppl. 1,337. – S. WININGER, Große jüd. National-Biogr., Bd. 3 u. Bd. 7 (Nachtr.bd.), Czernowitz 1928–36; Jüd. Lex. Ein enzyklopäd. Hdb. des jüd. Wissens [...], Bd. 3, 1929; Encyclopaedia Judaica. Das Judentum in Gesch. u. Ggw., Bd. 8, 1931; Philo-Lex. Hdb. des jüd. Wissens (hg. u. red. E. BIN GORION u. a.) ⁴1937; The Universal Jewish Encyclopedia [...] (hg. I. LANDMAN) Bd. 6, New York 1948; Enciclopedia judaica castellana in 10 tomos [...] (hg. E. WEINFELD) Bd. 6, Mexico 1949; A. SOERGEL, C. HOHOFF, Dg. u. Dichter der Zeit. Vom Naturalismus bis zur Ggw., Bd. 2, 1963 (Neuausg.); W. STERNFELD, E. TIEDEMANN, Dt. Exil-Lit. 1933–1945. Eine Bio-Bibliogr., ²1970; Encyclopaedia Judaica (hg. C. ROTH, G. WIGODER) Bd. 9, Jerusalem 1971 (engl.); H. GOLD, Gesch. der Juden in Öst. Ein Gedenkb., Tel Aviv 1971; Lex. des Judentums (hg. J. F. OPPENHEIMER u. a.) ²1971; Die dt.sprachige Sachlit. (hg. R. RADLER) 1978; W. PSAAR, M. KLEIN, Sage u. Sachb. Beziehung, Funktion, Informationswert, Didaktik, 1980; E. G. LOWENTHAL, Juden in Pr. Biogr. Verz. Ein repräsentativer Querschnitt, 1981; Bibliographia Judaica. Verz. jüd. Autoren dt. Sprache (bearb. R. HEUER) Bd. 1, 1981; W. TETZLAFF, 2000 Kurzbiogr. bedeutender dt. Juden des 20. Jh., 1982; Verboten u. verbrannt. Dt. Lit. 12 Jahre unterdrückt (hg. R. DREWS, A. KANTOROWICZ, neu hg. m. Vorw. H. KINDLER, Nachw. W. JENS) 1983 (Neuausg.); R. E. WARD, A Bio-Bibliogr. of German-American Writers 1670–1970, White Plains/N. Y. 1985; J. WALK, Kurzbiogr. zur Gesch. der Juden 1918–1945, 1988; G. von WILPERT, Dt. Dichterlex. Biogr.-bibliogr. Handwb. zur dt. Lit.gesch., ³1988; H. J. SCHÜTZ, «Ein dt. Dichter bin ich einst gewesen». Vergessene u. verkannte Autoren des 20. Jh., 1988; Das neue Ullstein-Lex. der Musik. Mit 5000 Stichwörtern, 600 Notenbeispielen (hg. F. HERZFELD) 1993 (neu bearb., aktual. Ausg.); Lex. dt.sprachiger Schriftst. 20. Jh. (hg. K. BÖTTCHER u. a.) 1993; The Concise Dictionary of American Jewish Biography. A–K, Brooklyn/NY 1994; A. CAPOVILLA, Der lebendige Schatten. Film in der Lit. bis 1938, 1994 (u. a. zu ‹Blut u. Zelluloid›); M. G. HALL, Der Paul-Zsolnay-Verlag. Von der Gründung bis zur Rückkehr aus dem Exil, 1994; Metzler Lex. der dt.-jüd. Lit. (hg. A. B. KILCHER) 2000; H. J. SCHÜTZ, «Eure Sprache ist auch meine». Eine dt.-jüd. Lit.gesch., 2000; Juden in Berlin. Biogr. (hg. E.-V. KOTOWSKI) Bd. 2, 2005; G. RÜHLE, Theater in Dtl. 1887–1945. Seine Ereignisse – seine Menschen, 2007; C. HEYMEL, Touristen an der Front. Das Kriegserlebnis 1914–1918 als Reiseerfahrung in zeitgenöss. Reiseber. (Diss. Osnabrück) 2007 (u. a. zu ‹Reise durch den belgischen Krieg›); V. WEIDERMANN, Das Buch der verbrannten Bücher, 2008 (u. a. zu ‹Sage u. Siegeszug des Kaffees›); V. POPP, «Aber hier war alles anders ...». Amerikabilder der dt.sprachigen Exillit. n. 1939 in den USA (Diss. HU Berlin) 2008 (u. a. zu ‹Babylon's Birthday›); Lit.port Berlin-Brandenb. (Internet-Edition); Exil-Arch. (dasselbe).

Selbstständig Erschienenes: ~ 1889–1967. Der Begründer des modernen Sachb. (Ausst.kat.; red. M. BÜHNEMANN) 1979; H. J. GERLACH, ~. Between two worlds, zw. zwei Welten. Bio-bibliogr. Angaben zu ~, 1889–1967, 1997; A. CLARENBACH, Finis

libri. Der Schriftst. u. Journalist ~ (1889–1967) (Diss. Hamburg) 2003; I. MOZER, Zur Poetologie bei ~ (Diss. Frankfurt/M.) 2005; J.-E. HOHMANN, Unvergängl. Vergängliches. Das lit. Werk ~s (1889–1967) (Diss. Hamburg) 2006.

Unselbstständig Erschienenes: ~, ‹Estrangeiro. «Der Fremdling». Ein Tropen-Rom.› (in: Der Rom.führer [...] IV, hg. J. BEER, S. 356ff.) 1953; L. WELTMANN, Symphonien u. Synthesen. ~ zum 70. Geb.tag (in: Wort in der Zeit 5, H. 10, S. 46–48) 1959; H. J. SCHÜTZ, Früh im Banne neuer Medien. Ein vergessener Bestseller-Autor: ~ (in: Börsenbl. Frankfurt 42, H. 59, S. 1986–1988) 1986; H. SCHWENGER, Kein Grab in Weißensee. ~ u. Berlin (in: Begegnungen – Konfrontationen. Berliner Autoren über hist. Schriftst. ihrer Stadt, hg. U. JANETZKI, S. 241–248) 1987; J. B. BERLIN, Thomas Mann u. ~. Unpublished Letters about Haydn (in: GRM 40, H. 2, S. 171–189) 1990; M. FLEISCHER, Das vertraut gewordene Fremde. ~s Rom. ‹Jacqueline u. die Japaner› (in: Begegnung m. dem «Fremden». Grenzen – Traditionen – Vergleiche. Akten des VIII. Internat. Germanisten-Kongresses, Tokyo 1990, hg. E. IWASAKI, Bd 9, Sektion 15, Erfahrene u. imaginierte Fremde, hg. Y. SHICHIJI, S. 474–480) 1991; J. B. BERLIN, «Vergängliches, Unvergängliches». ~s Gespräche m. Hugo von Hofmannsthal u. zwei unveröffentl. Briefe (in: Hofmannsthal-Bl., H.41/42, S. 79–85) 1991/92; A. CLARENBACH, Gertrud Isolani u. ~. Korrespondenz über «Stadt ohne Männer» (in: Exil. Forsch., Erkenntnisse, Ergebnisse 14, H. 2, S. 37–50) 1994; J. B. BERLIN, «War unsre [KZ]Gefangenschaft ein Einzelfall, etwas Monströses-Zufälliges oder war sie die natürl. Folge natürl. Gegebenheiten?». The Unpublished Exile Correspondence between ~ and Raoul Auernheimer (1939–1943) (in: GRM 49, H. 2, S. 209–239) 1999; DERS., «Durch mich geht's ein zur Stadt der Schmerzerkorenen, durch mich geht's ein zum ewigl. Schmerz, [...] Laßt, die ihr eingeht, alle Hoffnung fahren!» (ebd., H. 3, S. 307–331) 1999; L. GEBHARDT, «Können Sie zaubern, Herr Professor?». «Okkultes» im Diskurs über Japan u. die westl. Sicht «östl. Spiritualität» zw. Sehnsucht u. Ablehnung (in: Ostasienrezeption zw. Klischee u. Innovation. Zur Begegnung zw. Ost u. West um 1900, hg. W. GEBHARD, S. 209–223) 2000 (zu ‹Jacqueline u. die Japaner› u. M. Brod, «Abenteuer in Japan»); E. FAUL, Krieg u. Kino. ~s Rom. ‹Blut u. Zelluloid› (1929) (in: Dennoch leben sie. Verfemte Bücher, verfolgte Autorinnen u. Autoren. Zu den Auswirkungen nationalsozialist. Lit.politik, hg. R. WILD in Zus.arbeit m. a., S. 145–153) 2003; J. BRANDT, Der Biograph der Dinge. Wie u. warum ~ vom Romancier zum Sachb.autor wurde (in: Sachen u. Sachlichkeit, die 1920/30er Jahre, hg. D. OELS u. a., S. 60–78) 2007; J. B. BERLIN, Erfahrung u. Zeugenschaft. Perspektiven zur Entstehungsgesch. von ~s Biogr. ‹The World of Emma Lazarus› (in: Etudes germaniques 63, H. 4, S. 707–722) Paris 2008; M. ECKL, «Großes zärtl. Brasilien». Das Brasilienbild in den Werken von ~ (in: Pandaemonium Germanicum. Revista de estudos germanísticos 14, H. 2, S. 54–83) São Paulo 2009; M. ĐORĐEVIĆ, Auf der Suche nach der geistigen Heimat. ~ u. Max Brod – unveröff. Briefe aus dem Exil (1936–1967) (in: Nur über die Grenzen hinaus! Dt. Lit.wiss. in Kontakt m. «Fremdem». Vlado Obad zum 60. Geb.tag, hg. Ž. UVANOVIĆ, S. 393–406) Osijek/Kroatien 2010; B. LANGER, Mazedonien als fernes «Morgenland». Orientalismus u. Liminalität in ~s Rom. ‹Liebe in Üsküb› (in: Grenzen überschreiten – transitor. Identitäten. Beitr. zu Phänomenen räuml., kultureller u. ästhet. Grenzüberschreitung in Texten vom MA bis zur Moderne, hg. M. UNZEITIG, S. 45–54) 2011; N. SHCHYHLEVSKA, «Einander im geschriebenen Wort nahe sein». ~ u. Oskar Jellinek im Briefwechsel m. Oskar Maurus Fontana (in: Erste Briefe, first letters aus dem Exil 1945–1950. [Un]mögl. Gespräche, Fallbeispiele des lit. u. künstler. Exils, hg. P.-H. KUCHER u. a., S. 211–224) 2011.   NB

Jacob, Herbert (Theodor Gustav), * 26. 12. 1924 Blumberg/Brandenb. (später zur Gemeinde Ahrensfelde); Germanist, Bibliograph, lebt in Berlin-Kaulsdorf; Sohn eines Beamten, besuchte 1935–44 das Berlin. Gymnasium zum Grauen Kloster, studierte 1944–48 german. u. nord. Philol. sowie Indogermanistik an der Univ. Berlin, 1949 Dr. phil. ebd., 1945/46 als Mitarb. des Magistrats von Groß Berlin zur Bergung wertvoller Buchbestände eingesetzt, 1946–89 Mitarb. der Dt. Akad. der Wiss. zu Berlin (Ost) (ab 1972 Akad. der Wiss. der DDR), ebd. zuerst bis 1948 Mitarb. der Arbeitsstelle «Mhd. Wb.», ab 1949 Mitarb., später Arbeitsleiter der Dt. Kommission (später Inst. für dt. Sprache, später Zentralinst. für Lit.gesch.), m. der Koordination der Neubearb. von «Goedekes Grundriß zur Gesch. der dt. Dg. aus den Quellen» betraut, 1949–52 Mitarb. an «Kürschners Dt.

Lit.-Kalender», 1960/61 Doz. an der HU, ab 1990 im Auftrag der Berlin-Brandenburg. Akad. der Wiss. Hg. des Goedeke-Nachfolgeprojekts «Dt. Schriftst.-Lex. 1830–1880». – 1989 Verdienstmedaille der DDR, 1998 Antiquaria-Preis für Buchkultur. – Bearb., Fachschrift.

Schriften: Lohensteins Romanprosa. Der Stil eines Barockschriftstellers (Diss.) 1949 (Maschinenschr.); R. F. Arnold, Allgemeine Bücherkunde zur neueren deutschen Literaturgeschichte (Bearb.) 4., neu bearb. Aufl. 1966; K. Goedeke, Grundriß zur Geschichte der deutschen Dichtung aus den Quellen (Bearb.) 2., ganz neu bearb. Aufl., Bd. 16, 1985, Bd. 17,1 u. 17,2 1991, Bd. 18, Register, 1998 (Nachdr. dieser Aufl. 2011); Literatur in der DDR. Bibliographische Annalen 1945–1962 (in Zus.arbeit m. C. Lehmann u. a.) 3 Bde., 1986; Deutsches Schriftsteller-Lexikon 1830–1880. Goedekes Grundriß zur Geschichte der deutschen Dichtung – Fortführung (Bearb. u. Hg., Red. Marianne J.) Bde. 1–8, 1995–2012 (insgesamt 13 Bde. bis 2015); Deutsches Schriftsteller-Lexikon 1830–1880. Aufgabe und Entwicklung einer Literaturdokumentation (m. Marianne J.) 2006; Alfred Rosenbaum. 1861–1942 (m. Marianne u. Florian J.) 2013.

Herausgebertätigkeit: Goedekes Grundriß zur Geschichte der deutschen Dichtung, NF (Fortführung von 1830–1880). Grundsätze der Bearbeitung. 2., veränderte und erweiterte Auflage (Mithg., hg. unter Leitung von L. Magon, Red. E. ROTHE) 1956 (für die Mitarb. als Ms. gedr.); K. Goedeke, Grundriß zur Geschichte der deutschen Dichtung aus den Quellen, 2., ganz neu bearb. Aufl., Bd. 14, 1959, Bd. 4, Abt. 5, 1960, Bd. 15, 1966 (Nachdr. dieser Aufl. 2011).

Sammlungen: DLA.

Literatur:

Bibliografien: Bibliogr. (in: «Goedekes Grundriss zur Gesch. der dt. Dg. aus den Quellen» u. die bibliogr. Erschließung lit. Texte. Gespräch m. Freunden. [...], hg. H.-A. KOCH, S. 125–137) 2004; Veröff. von ~ im «Dt. Schriftst.-Lex. 1830–1880» (zus.gestellt Marianne J.) 2009 (Privatdruck).

Allgemein zu Leben und Werk: IG 2,829. – «Goedekes Grundriss zur Gesch. der dt. Dg. aus den Quellen» u. die bibliogr. Erschließung lit. Texte. Gespräch m. Freunden. ~ zum 26. Dezember 2004 (hg. H.-A. KOCH) 2004; Marianne J., P. RAABE, ~ zum 26. Dezember 2012. Karl Goedekes Grundriss u. seine Fortführung, 2013 (Privatdruck).   NB

Jacob, Jörg (Christoph) (Ps. J. C. Sternkopf), * 16. 10. 1964 Glauchau; Schriftst., Doz., Polsterer, lebt in Leipzig; Sohn einer Modegestalterin sowie eines Musikpädagogen u. Pianisten, besuchte 1971–81 die Lehngrund-Oberschule in Glauchau, 1981–83 Ausbildung zum Polsterer in Meerane u. Karl-Marx-Stadt (später wieder Chemnitz), 1983–88 Polsterer in Meerane, Zwickau u. Werdau, lebte dann in Königswalde (später zu Werdau), u. a. ehrenamtl. Mitarb. am «Friedensseminar Königswalde», übersiedelte 1988 n. Grimma, 1988–90 Mitarb. im Kulturhaus des Chemieanlagenbaukombinats Leipzig-Grimma, 1989/90 Bausoldat bzw. Zivildienstleistender in einer brandenburg. psychiatr. Einrichtung sowie im Krankenhaus Dresden-Neustadt, 1991–95 Betreiber eines Bistros, 1995–98 freier Mitarb. der «Leipziger Volksztg.», besuchte 1996–98 ein Abendgymnasium, studierte n. dem Abitur 1998–2002 am Dt. Lit.inst. Leipzig, 2003 Diplom, seitdem freier Schriftst. in Leipzig, veröff. in Anthol. u. Lit.zs. wie «Edit» u. «Ostragehege», schrieb Rez. für die vom Dt. Bundestag hg. Zs. «Das Parlament», 1998–2011 freier Mitarb. für Öffentlichkeitsarbeit u. die Betreuung der Galerie des Künstlerhauses Denkmalschmiede Höfgen in Grimma, leitet seit 2010 medienpädagog. Projekte sowie Schreib- u. Druckwerkstätten für Kinder u. Jugendliche, zudem Seminare tw. zus. m. Thomas → Podhostnik, seit 2013 freier Mitarb. in einer Leipziger Buchhandlung. – 1999 Lit.stipendium der Stadt Leipzig u. MDR-Lit.preis, 2002 Arbeitsstipendium des Sächs. Staatsministeriums für Wiss. u. Kunst, 2003, 2007 u. 2012 Arbeitsstipendium der Kulturstiftung Sachsen, 2005 Lit.preis des Freien Dt. Autorenverbandes, 2006 Gellert-Preis, 2008 Aufenthaltsstipendium Künstlerhaus Denkmalschmiede Höfgen, zudem 2006–11 Aufenthaltsstipendien in Polen, Lettland, der Slowakei, Litauen u. in Griechenland. – Erz., Ess., (Kriminal-)Roman.

Schriften: Das Vineta-Riff. Roman in 20 Erzählungen, 2006; Fluten (Erz.) 2009; Die schöne Kirgisin. Ehrlicher ermittelt weiter, 2009; Gerhard Weber, Lebenszeit, lifetime. Fotografie 1991–2011 (Ausst.kat.; Ess., auch Red., m. K. U. Andrich, Übers. C. Kazzer, G. Bleaks) 2011 (auch engl. Ausgabe).

Literatur: Lit.landschaft Sa. Hdb., 2007; Lit.port. Autorenlex. Berlin/Brandenb. (Internet-Edition). NB

Jacob, Klaus, * 27. 8. 1955 Spangenberg/Hessen; Krankenpfleger, Schriftst., lebt in Bremen. – Lyrik.

Schriften: Dabeisein. Ausgewählte Gedichte, 1994; Geburtsfehler. Aufmüpfige Gedichte, 2000; Mensch-Heit. Gedicht-Betrachtungen, 2002 (Aquarelle Gisela J.); Das Zeitliche segnen. Feldversuche (Ged.) 2004; Dem Frieden trau ich nicht (Ged.) 2006; Hausverbot und Stubenarrest (Ged.) 2012. NB

Jacob, Lothar, * 22. 8. 1932 Weimar; Journalist, Augenoptiker, lebt in Weinheim; Abitur in Weimar, Ausbildung zum Augenoptiker, Geselle in Mannheim, Bauhilfsarbeiter, 1956/57 Red. bei der «Allg. Ztg.» in Mannheim, dann bei der «Rhein-Neckar-Ztg.» in der Red. Mannheim, Polizeireporter bei der «Frankfurter Rs.», Red. bei der «Frankfurter Nachtausg.», verantwortl. Lokalred. der «Allg. Ztg.» in Mannheim, später des «General-Anzeigers» in Ludwigshafen, ab 1969 ebd. Pressearbeit für die BASF. – Erlebnisber., (Jagd-)Erz., Reiseführer, Pressetext.

Schriften (außer Pressetexte): Von einem, der auszog, das Jagen zu lernen, 1967 (Zeichn. U. Schramm); Wer einmal jagt, hört nimmer auf (Erzn.) 1969 (dass.); Eine Idee macht Geschichte. Betrachtungen eines Außenstehenden. 1910–1985. 75 Jahre Gartenstadt-Genossenschaft, Mannheim, 1985; Wo Wein wächst im Rhein-Neckar-Dreieck. Ein Führer durch die Weinregionen von Südhessen, Nordbaden und der Vorderen Pfalz, 1997 (Fotos J. Pressler); Golfen im Rhein-Neckar-Dreieck. Ein Führer über die Golfplätze in Nordbaden, Südhessen und der Vorderen Pfalz, 1998 (Fotos T. Cernak, ders.); Unter Jägern. Waidmanns Freud und Waidmanns Leid, 2003; Durch Busch und Dornen. Jagd und Farmlife in Namibia, 2011. NB

Jacob, Lucia → Jakob, Lucia.

Jacob, Marcel (Félix Eugène) (Ps. J. M. Félix, Marc Cobelja), * 26. 9. 1899 Mülhausen (Mulhouse), † 16. 3. 1970 Colmar; Journalist, Schriftst.; Gymnasialbesuch in Mülhausen, im 1. Weltkrieg von der dt. Armee zum Militärdienst eingezogen, geriet 1918 in Kriegsgefangenschaft, begann ein Ingenieurstud., 1920 aufgrund seiner Teilnahme an einem Streik vom Stud. ausgeschlossen, seitdem

Journalist, bis 1939 Chefred. des «Mülhauser Volksbl.», unter der dt. Besatzung Berufsverbot, 1945–61 Dir. der Mülhauser Tagesztg. «Le nouveau Rhin français», lebte Ende der 1950er-Jahre in Colmar. – 1953 Grand Prix des Lecteurs. – Rep., Ess., Rom., Erz., Lb., Reise-Tageb., Mundart (Elsässer).

Schriften: Therese. Stick in 3 Akte, Mülhausen, um 1923; Die Entführung von Prosper Savary. Ein Pariser Kriminal-Roman, Paris 1933 (Schr. nicht nachweisbar); Wie das Volk betrogen wird. 1932–1934. Eine niederschmetternde Dokumentation. Die Geschichte eines Linkssieges, «der alle Erwartungen übertraf», Colmar 1934 (39?); Flucht durch Europa. Eine abenteuerliche Geschichte aus komplizierter Zeit, ebd. 1936; Menschen im Garten. Roman aus dem Elsaß, ebd. 1951; Garten ohne Zaun. [dass.], ebd. 1954; Abbé Pierre. Revolte der Barmherzigkeit, ebd. 1954; Giorgio La Pira. Der seltsame Bürgermeister von Florenz, ebd. 1955; Vom Gotthard zum Aetna 1956. Ein Reise-Tagebuch durch Landschaft und Geschichte, ebd. 1957.

Herausgebertätigkeit: Der Bankrott der Sozialisten und ihrer radikalen Verbündeten. Vom Wahlsieg 1932 bis zu Stawisky. Tatsachen und Zitate (Zus.stellung) Mülhausen 1934; Stawisky und sein Hof. Die Sozialisten, die Radikalsozialisten und die Loge im Skandal. Tatsachen (dass.) ebd. 1934; Elsässische Flüchtlingsnot. Authentische Schilderungen und Erlebnisse (ges. u. bearb.) Colmar 1940.

Literatur: E. BAAS, De Frédéric Hoffet à ~. Eléments d'une problématique alsacienne (in: Saisons d'Alsace 3, H. 4, S. 369–376) Straßburg 1951; H. MULLER, [Nachruf] (in: La voix d'Alsace-Lorraine 14, H. 9, S. 2–4) Mülhausen 1971; J.-M. GALL, ~ (1899–1970). Un destin et une œuvre (in: Saisons d'Alsace 33, H. 73, S. 136–152) Straßburg 1981; B. BACH, La littérature d'expression allemande en Alsace de 1945 à 1980, ebd. 1986; A. FINCK, Die dt.sprachige Ggw.lit. im Elsass, 1987; B. BACH, Bibliogr. der dt.sprachigen Ggw.lit. im Elsaß, 1992; Nouveau dictionnaire de biographie alsacienne, Nr. 18, Straßburg 1991.   NB

Jacob, Marie (auch Mariechen; geb. Knoth), ∗ 13. 11. 1900 Libau/Baltikum (Liepāja/Lettland), † 1991 Hohnstein/Sa.; verh. m. Max → J. (1888–1967); Übers., Schriftstellerin, lebte in Hohnstein; Tochter eines Buchhalters, wuchs in Libau auf, Mitgl. einer Wandervogelgruppe, übersiedelte 1922 n. Hartenstein/Erzgeb., Mitarb. an der Kaspertheaterbühne ihres Mannes, zahlr. Gastauftritte in Dtl., lebte 1928–33 m. dem Ensemble auf der Jugendburg Hohnstein, n. Besetzung ders. durch die SA 1933 zur Räumung gezwungen, 1934 Übersiedelung in das neu gebaute «Kasperhaus» in Hohnstein, lebte n. dem Verbleiben ihres Mannes in Westdtl. n. 1945 weiterhin ebd., als Übers. tätig. – Übers. (aus dem Russ.), Puppensp., Kasperstück.

Schriften: M. J., 9 Puppenspiele und Kasperstücke für Kinder – J. Schwarz, Die Zauberer. Märchenspiel in drei Aufzügen (Übers. M. J.) 1964 (= Die bunte Puppenkiste, Tl. 4).

Übersetzungen: B. Gorbatow, Meine Generation (Rom.) 1953 (54?); W. A. Obrutschew, In der Felsenwildnis Innerasiens. Abenteuerliche Reisen (m. S. Hoffmann) 1955; A. Upit, In seidenen Netzen (Rom.) 1956; G. F. Kwitka-Osnowjanenko, Die guten alten Zeiten (Rom.) 1957; S. Borodin, Der hinkende Timur (hist. Rom.) 1958; W. A. Obrutschew, Das Gold des Mandarins (m. S. Hoffmann) 1959 (gek. Fass.; Illustr. H. Birkner); P. Dudotschkin, Geheimnisvolle Spuren (Kdb.) 1964; N. A. Mudrogel, Ein Leben für die Tretjakow-Galerie (bearb. G. Heider) 1973.   NB

Jacob, Mathilde, ∗ 8. 3. 1873 Berlin, † 14. 4. 1943 Konzentrationslager Theresienstadt; Sekretärin, Buchhalterin, Red., Übers.; Tochter eines jüd. Fleischwarenhändlers, wuchs n. dessen Bankrott in ärml. Verhältnissen in Berlin-Friedrichshain auf, trug früh zum Unterhalt der Familie bei, 1892–99 Buchhalterin, begr. dann ein Schreib- u. Übers.büro in Berlin-Moabit, auf Vermittlung ihres Bruders Harry J. insbes. Kunden aus dem Umfeld der Arbeiterbewegung, stellte in ihrem Büro den von Rosa → Luxemburg, Franz → Mehring u. Julian Marchlewski (1866–1925) ab 1913 hg. Pressedienst «Sozialdemokrat. Korrespondenz» her, lernte dadurch R. Luxemburg kennen, seitdem deren Sekretärin u. Freundin, holte während der Inhaftierungen Luxemburgs ab 1915 mehrere Kassiber aus dem Gefängnis u. bereitete u. a. 1916 die Drucklegung der Schr. «Die Krise der Sozialdemokratie» (sog. «Junius-Broschüre») vor, 1918 aktiv an der Novemberrevolution beteiligt, ztw. inhaftiert, identifizierte 1919 die Leiche R. Luxemburgs, enge Zus.arbeit m. dem Politiker u. Rechtsanwalt Paul Levi (1883–1930), Red. der von ihm hg. Ztg. «Unser Weg», 1921 Austritt aus der KPD, ztw. Mitgl. der USPD, dann der SPD, Vertriebsmitarb. von Levis Ztg. «Sozialist. Politik u. Wirtschaft», versuchte ab den 1930er-Jahren vergebl. zu emigrieren, lebte weiterhin in Berlin, übergab Ende 1939 einen Teil des Nachl. von R. Luxemburg an den US-amerikan. Historiker Ralph H. Lutz, am 27.7.1942 n. Theresienstadt deportiert. – Erinn., Brief.

Schriften: Rosa Luxemburg. An Intimate Portrait (Übers. aus dem Dt. H. FERNBACH, Einl. D. FERNBACH) London 2000 (Anh.: zwei Briefe von M. J.; u. d. T. ‹Von Rosa Luxemburg und ihren Freunden in Krieg und Revolution 1914–1919›, m. Einl. hg. S. QUACK, R. ZIMMERMANN, abgedr. in: Internat. wiss. Korrespondenz zur Gesch. der dt. Arbeiterbewegung 24, H. 4, S. 435–515, 1988, zuerst in: Leipziger Volksztg. 1929).

Nachlass: Briefe u. Erinn. im von ihr gesicherten Teilnachl. Rosa Luxemburgs, Hoover Institution on War, Revolution and Peace der Stanford Univ./CA. – Mommsen 2,5802; Bundesarch., Zentrale Datenbank Nachl. (Internet-Edition).

Literatur: DBE 5,268. – R. LUXEMBURG u. a., Briefe an ~. (1913–1918) (m. Vorw. hg. N. ITO) Tokio 1972; A. F. PETERSON, A Working Woman. ~ (in: Internat. wiss. Korrespondenz zur Gesch. der dt. Arbeiterbewegung 9, H. 18, S. 51–55) 1973; T. MAISSEN, Wer war ~? (in: Rote Revue. Sozialdemokrat. Zs. für Politik, Wirtschaft u. Kultur 60, S. 18f.) 1981; Jüd. Frauen im 19. u. 20. Jh. Lex. zu Leben u. Werk (hg. J. DICK, M. SASSENBERG) 1993; O. LUBAN, Die «innere Notwendigkeit, mithelfen zu dürfen». Zur Rolle ~s als Assistentin der Spartakusführung bzw. der KPD-Zentrale (in: Internat. wiss. Korrespondenz zur Gesch. der dt. Arbeiterbewegung 26, H. 4, 421–470) 1993; H. KNOBLOCH, Meine liebste Mathilde. Die beste Freundin der Rosa Luxemburg, ⁵1994; O. LUBAN, Ermittlungen der Strafverfolgungsbehörden gg. ~ u. Leo Jogiches. (1915–1918). Einige Ergänzungen zu ihren polit. Biogr. (in: Internat. wiss. Korrespondenz zur Gesch. der dt. Arbeiterbewegung 31, H. 3, S. 307–331) 1995; R. LUXEMBURG, Ich umarme Sie in großer Sehnsucht. Briefe aus dem Gefängnis 1915 bis 1918 (Vorw. C. SCHÜDDEKOPF) ⁴1996; D. FERNBACH, Memories of Spartacus. ~ and Wolfgang Fernbach (in: History Workshop Journal, H. 48, S. 202–221) Oxford 1999; Aufbrüche – Frauengesch.(n) aus Tiergarten 1850–1950 (Ausst.kat.) 1999; Neues Lex. des Judentums (hg. J. H. SCHOEPS) 2000 (überarb. Neuausg.); O. LUBAN, ~. Mehr als Rosa Luxemburgs Sekretärin. M. dem

Text von ~s einziger öffentl. Rede (19. 12. 1920) (in: Jb. für Forsch. zur Gesch. der Arbeiterbewegung 3, S. 110–128) 2002; Juden in Berlin. Biogr. (hg. E.-V. KOTOWSKI) Bd. 2, 2005; H. WEBER, A. HERBST, Dt. Kommunisten – biogr. Hdb. 1918 bis 1945, ²2008; G. WEDEL, Autobiogr. von Frauen. Ein Lex., 2010.   NB

Jacob, Max, * 10. 8. 1888 Ems (später Bad Ems), † 8. 12. 1967 Hamburg; verh. m. Marie → J.; Puppenspieler, Bühnenleiter, Schriftst., Buchhalter; Sohn eines Tischlermeisters, Volksschulbesuch in Ems, Ausbildung u. a. in der väterl. Werkstatt, 1903/04 kaufmänn. Ausbildung an der Handelsschule in Koblenz, acht Jahre Buchhalter an der Gasanstalt in Ems, ab 1914 Buchhaltereiassistent an der Gasanstalt in Gelsenkirchen, in der Wandervogelbewegung engagiert, 1916–19 Buchhalter an der Gasanstalt in Libau/Baltikum (Liepāja/Lettland), ab 1920 Buchhalter u. Veranstaltungsorganisator in der Bundeskanzlei des Wandervogel e. V. in Hartenstein/Erzgeb., verf. 1921–23 erste Handpuppensp. u. wirkte als Laienspieler, ab 1923 professionelle Auftritte m. der Bühne «Hartensteiner Puppensp.», 1928 Übersiedlung auf die Jugendburg Hohnstein, Umbenennung in «Puppenspieler der Jugendburg Hohnstein»/«Hohnsteiner Puppensp.», zahlr. Gastauftritte in Dtl., u. a. in Hamburg, zudem Leitung von Lehrgängen, zahlr. Veröff. in der von ihm auch hg. Reihe «Hohnsteiner Puppensp.», n. Besetzung der Burg Hohnstein durch die SA 1933 zur Räumung gezwungen, 1934 Übersiedlung in das neu gebaute «Kasperhaus» in Hohnstein, häufige Auftritte durch Vermittlung der Organisation «Kraft durch Freude», 1937 Vorstellungen auf der Weltausst. in Paris, 1936–44 Gestaltung mehrerer Kasperfilme in Zus.arbeit m. dem Jugendfilm-Verleih Berlin, zudem Sendung mehrerer Puppen-Hörsp. im Rundfunk, ab 1940 Auftritte an allen Fronten im Rahmen der Truppenbetreuung der Dt. Wehrmacht, 1944/45 Anstellung bei der Kriegsmarine als Zivilist, hielt sich bei Kriegsende 1945 in Kiel auf, lebte dann in Hamburg, erneut Auftritte m. der Puppenbühne im In- u. Ausland sowie in mehreren Filmen, Sprecher in einigen Schallplattenaufnahmen der Reihe «Der Hohnsteiner Kasper», löste n. der Gründung weiterer «Hohnsteiner Bühnen» durch Mitarb. 1953 die Hamburger Bühne auf u. trat in den Ruhestand, hielt weiterhin Lehrgänge u. Vortr., ab 1957 Präs. der «Union Internationale de la Marionette»

(UNIMA). – 1937 Goldmedaille auf der Weltausst. in Paris, 1956 Bundesverdienstkreuz I. Klasse (n. anderen Angaben: Großes Bundesverdienstkreuz). – Puppensp. u. -hörsp., Lehrbuch.

Schriften: Kasper beim Zauberer (UA 1924). Kasper als Mäuseminister (UA 1929), 1929; Kasper als Kammerdiener (UA 1929). Kasper als Arzt, 1929; Das alte Puppenspiel vom Doktor Faust. Für die Hohnsteiner Puppenbühne (bearb.) um 1930 (weitere Ausg. Stockholm 1949); Ritter Elfenbein. Ein Kasperstück für große Leute, 1930 (UA 1926); Kasper und Seppel auf Reisen. Ein Kasperstück für Kinder, 1930 (UA 1928); Die Reise nach Afrika [dass.], 1930 (UA 1927); Die Zauberinsel. Ein Kasper-Spiel mit allerlei Seitenhieben, 1939 (UA 1938); Die Räuber Kribs und Krabs. Ein Kasper-Stück, 1939 (Neuausg. m. dem Untert.: Eine Hohnsteiner Kaspergeschichte, 1946, Bilder L. Winnen; erw. Ausg. u. d. T.: Seppel's Geburtstag und Die Räuber Kribs und Krabs. Zwei Stücke für Kinder, um 1960; UA 1938; verfilmt 1944); Die neuen Kleider des Kaisers. Ein Kasperstück für große Leute, frei nach dem Märchen von Andersen, 1941 (UA 1925); Die Prinzessin hat Geburtstag und Der Zauberer Mumpitzi-Dallores, 1941 (Holzschnitte W. Harwerth; NA 1954); Die goldene Halskette (Kaspersp.) 1941 (dass. K. Dröge; UA 1938); Die Prinzessin und der Schweinehirt, 1941 (Bilder A. P. Weber; NA 1954; UA 1928); Kasper und der Waldgeist, 1941 (dass. J. Gschwendtner; verfilmt 1943); Die kluge Bauerntochter (Kaspersp.) 1941 (dass. P. Jordan; NA 1954; UA 1935); Die blaue Blume im Zauberwald. Nach einem Hohnsteiner Kasperlspielstück, 1941 (dass. F. Lometsch; UA 1936; verfilmt 1937); Kasper kauft ein Haus, 1941 (Holzstiche E. Raasch-Hasse; NA 1954; UA 1930; verfilmt 1943); Wollt ihr Kasper spielen? Ein kleines Lehrbuch für Freunde des Handpuppenspiels, 1948 (NA 1957); Schneider Ziegenbart (Kaspersp.) 1954 (UA 1924); Kasper geht einkaufen und Die Wunderkiste (UA 1935), 1954; Großmutters neues Kleid. Ein Hohnsteiner Kasperspiel, 1955 (in der Fass. der Hohnsteiner Bühne Friedrich Arndt; UA 1933); Die alte Mühle. Ein Kasperspiel für Kinder, 1959; Mein Kasper und ich. Lebenserinnerungen eines Puppenspielers, 1964 (2., verb. Aufl., Einl. F. Arndt, 1981; 3., erw. Ausg., Vorw. M. Schober, 2011); Großmutters kurioser Besen. Ein Spiel für die Kleinen und Kleinsten, 1966; Der grüne Luftballon [dass.], 1966; Kasper und Seppel im Zoo [dass.], 1966; Die feuerro-

te Blume [dass.], 1966; Das geheimnisvolle Paket (Sp.) 1966; Ein Zimmer zu vermieten (Sp.) 1966.

Ausgaben: Acht Kasperstücke (ausgew. u. hg. I. Borde, eingel. C. Schröder) 1969 (= Die bunte Puppenkiste, F. 11).

Uraufführungen (Ausw.): Hartensteiner Jugendbewegung, Tl. 1, 1921; Max und Moritz (n. W. Busch) 1925; Rundfahrt durch die Welt des Kaspers, 1928; Kasper in Afrika, 1938; Kasper auf der Rundfunkausstellung, 1939; Der neue Dr. Faust, 1949; Die Puppenkiste, 1953.

Nachlass: Teilnachl. im Kunstblumen- u. Heimatmus. «Prof. Alfred Meiche» Sebnitz; Slg. im Mus. für Puppentheaterkultur Bad Kreuznach.

Literatur: Schmidt, Quellenlex. 14,370. – NDB 10,218; LexKJugLit (ErgBd.) 316; DBE 5,268. – R. Schimmrich, Das Hohnsteiner Handpuppensp., 1937; Puppenspieler. FS ~ zum 70. Geb.tag. Mensch, Narr, Weiser (hg. H. Just) 1958; G. Weise, Kasper-Vater ~ u. seine «Hohnsteiner Puppensp.» (in: Sächs. Heimat 14, S. 102–110) 1968; H. Jantzen, Namen u. Werke. Biogr. u. Beitr. zur Soziologie der Jugendbewegung, Bd. 1, 1972; M. Schedler, Schlachtet die blauen Elefanten. Bem. über das Kinderst., 1973; A. C. Baumgärtner, Lit.unterricht m. dem Leseb. 30 didakt. Modelle, 1974 (u. a. zu ‹Die Räuber Kribs und Krabs›); A. Klotz, Kinder- u. Jugendlit. in Dtl. 1840–1950. Gesamtverz. […], Bd. 2, 1992; S. Günther, «Von meinem Kasperltheater hab ich dir noch nichts erzählt …». 75 Jahre Hohnsteiner Handpuppenbühne (in: Das andere Theater. Offizielles Mitt.bl. der UNIMA […] 6, H. 3, S. 5–13) 1996; J. Minuth, Das Kaspertheater u. seine Entwicklungsgesch. Vom Possentreiben zur Puppensp.kunst (Diss. Freiburg/Br.) 1996; N. Hopster u. a., Kinder- u. Jugendlit. 1933–1945. Ein Hdb., Bd. 1, 2001; A. Fülbier, Handpuppen- u. Marionettentheater in Schleswig-Holst. 1920–1960 (Diss. Kiel) 2002; W. Hensel, Kaspers Weg von Ost n. West. Erinn. an die Pirnaer Puppensp. (Vorw. G. J. Pohl) 2008; Der 125. Geb.tag von ~ (in: Mitt.bl. der Stadt Hohnstein 22, Nr. 7, S. 4) 2013 (auch Internet-Edition); Sächs. Biogr. (Internet-Edition); Rhld.-Pfälz. Personendatenbank (dasselbe).   NB

Jacob, Paul Walter (Ps. Paul Walter; Walter Jacques u. a.), * 26. 1. 1905 Duisburg, † 20. 7. 1977 Schwäbisch Hall; in erster Ehe verh. m. Edith → Roeder, in zweiter Ehe m. der argentin. Schauspielerin, Regisseurin u. Übers. Liselott Reger (1899–1972); Regisseur, Schauspieler, Generalintendant, Dirigent, Dramaturg, Publizist, Übers.; Sohn eines jüd. Kaufmanns, wuchs in Köln u. ab 1908 in Mainz auf, besuchte das Realgymnasium in Mainz u. erhielt musikal.-theoret. Unterricht am Konservatorium ebd., Mitgl. des zionist. Jugendbundes «Blau-Weiß», studierte 1923 (21?)–28 (27?) Musik- u. Theaterwiss., Kunstgesch., Philos. u. Zeitungskunde an der Univ. Berlin, Kontakt zu der von Franz → Schreker geleiteten Staatl. akadem. Hochschule für Musik u. 1923–28 Privatschüler des Pianisten Walther Gmeindl (1890–1958), ließ sich zudem als Sprecher an der Theaterschule von Max → Reinhardt u. als Ausdruckstänzer von Toni Vollmuth u. Rudolf von → Laban ausbilden, ab 1925 Assistent am Staatstheater Berlin, ab 1926 Regieassistent an der Staatsoper Unter den Linden, 1929–33 jeweils eine Spielzeit (Ober-) Spielleiter für Oper u. tw. auch für Operette an den Theatern Koblenz, Lübeck, Wuppertal u. Essen, 1933 von den Städt. Bühnen Essen beurlaubt, floh aus Angst vor einer Verhaftung n. Amsterdam, dann n. Paris, in beiden Städten unter Ps. als Musikkritiker für dt.sprachige Ztg. u. Zs. tätig, zudem Mitarb. der Liga für Menschenrechte, 1934–36 am Luxemburger Tourneetheater «Die Komödie» engagiert, zudem Bearb. u. Regisseur von Opern- u. Operettensendungen bei Radio Luxemburg, 1935 künstler. Leiter der Echternacher Festsp., 1936–38 Schauspieler, Sänger u. Regisseur am Stadttheater Teplitz-Schönau (Teplice/Tschechien) sowie 1937 ztw. am Kurtheater Bad Pistyan (Piešťany/Slowakei), 1938 Aberkennung der dt. Staatsbürgerschaft, emigrierte 1939 n. Buenos Aires, verf. Beitr. u. a. für das «Argent. Tagebl.», Gründer der 1940 eröffneten «Freien Dt. Bühne» ebd. u. bis 1949 (formal bis 1951) Dir. ders. sowie Schauspieler u. Regisseur, 1941 argentin. Staatsbürger, ab 1947 Hg. des Almanachs «Theater» der «Freien Dt. Bühne», 1949 Dtl.reise u. Gastsp. zur Vorbereitung seiner Remigration, nahm 1950 die dt. Staatsbürgerschaft wieder an, ab 1950 Intendant u. 1957–62 Generalintendant der Städt. Bühnen Dortmund, zudem Regisseur u. Dirigent in einzelnen Produktionen, zahlr. Operninszenierungen im Ausland, veröff. neben Beitr. in den «Bl. der Städt. Bühnen Dortmund» u. a. in den Zs. «Melos», «Musica» u. «Musikleben», hielt zahlr. Vortr. insbes. über das kulturelle Leben in Südamerika, SPD-Mitgl., ab 1962 n. Nichtverlängerung seines Vertrags freischaffender

Bühnen- u. Fernsehschauspieler, Schriftst., Sprecher u. Regisseur, weiterhin Hauptwohnsitz in Dortmund, 1964–70 Doz. an der Univ. Köln. – 1969 Bundesverdienstkreuz 1. Klasse, 1975 Ehrenmitgl. der Städt. Bühnen Dortmund, 1976 Kaisermedaillon der Stadt Mainz. – Neben weiteren Mitgliedschaften 1940–50 Mitgl. von «Das Andere Dtl.» in Montevideo (hervorgegangen aus der gleichnamigen Zeitschrift). – Theater- u. Musikkritik, Ess., Biogr., Ber., Brief, Opernführer, Vortr., Hörsp. u. -bearb., Bühnenbearb. u. -übers. (aus dem Niederländ., Französ. u. Spanischen). – P. W. J.-Stiftung.

Schriften: La opera. 225 operas del repertorio internacional. Descripcion de la accion, distribucion de las partes y cambios de escenas (Übers. ins Span. von POLITOR) Buenos Aires 1944; El arte lirico. Su historia y sus compositores (dass.) ebd. 1944; Zeitklänge. Komponisten-Porträts und Dirigenten-Profile, ebd. 1945; Rampenlicht. Köpfe der Literatur und des Theaters, ebd. 1945 (Skizzen A. Reiss); Ricardo Wagner y su obra (Vorw. F. BUSCH, Übers. aus dem Dt. G. MONER) ebd. 1946 (dt. Ausg. u. d. T.: Taten der Musik. Richard Wagner und sein Werk, Einl. W. WAGNER, 1952, Hauptwerk u. Beilage); Richard Wagner. Leben und Werk, 1958; Jacques Offenbach in Selbstzeugnissen und Bilddokumenten. Dargestellt von P. W. J., 1969 (m. Anh.); Der beschwerliche Weg des Peter Cornelius zu Liszt und Wagner, 1974; Max Reinhardt, 1974.

Briefe: Reunion der Überlebenden. P. W. J.s Korrespondenz mit Freunden und Kollegen. 1939–1949 (m. Vorw. hg. F. TRAPP u. a.) 2005.

Übersetzungen: M. Dekker, Die Welt hat keinen Wartesaal. Schauspiel in drei Akten, 1956 (Bühnenbilder F. Werner); B. van Eysselsteyn, Wo immer es sei. (Eine Welt ohne Furcht.) Dramatische Phantasie nach einem legendären Motiv, 1957. (Ferner mehrere nicht nachweisbare übers. Theaterstücke).

Herausgebertätigkeit: Leo Blech. Ein Brevier. Anläßlich des 60. Geburtstages (m. Einl. hg.) 1931; Felix von Weingartner. Ein Brevier. Anläßlich seines 70. Geburtstages (dass.) 1933; Theater. Sieben Jahre Freie Deutsche Bühne in Buenos Aires. Ein Brevier, Buenos Aires 1946 (Illustr. C. Völlmer); Theater. 1940–1950. Zehn Jahre Freie Deutsche Bühne in Buenos Aires, ebd. 1950 (dass.); Fünf Jahre Schauspiel in der Lindemannstraße. Ein Bildbericht, 1954.

Ausgaben: Im Rampenlicht. Essays und Kritiken aus fünf Jahrzehnten (hg. U. NAUMANN) 1985; Musica prohibida – Verbotene Musik. Ein Vortrag im Exil (m. Komm. hg. F. POHLE) 1991 (Ausw.bibliogr. der musikkrit. Schr. C. BUCK); Musikalische Streitschriften. P. W. J.s Musikpublizistik 1933–1949 (hg. A. LÖHRER in Zus.arbeit m. V. BALZANO u. a.) 2005.

Nachlass: P. W. J.-Arch. an der Walter-A.-Berendsohn-Forsch.stelle für Dt. Exillit. Hamburg. – I. MAASS, Das ~-Arch., 2000.

Literatur: Hdb. Emigration II/1,556; HdE II/1,449; Westfäl. Autorenlex. 4,339 (auch Internet-Edition); DBE 5,269; LAL 286 (auch Internet-Edition); Theater-Lex., Nachtr.bd., Tl. 2,370. – Kürschners biogr. Theater-Hdb. Schausp., Oper, Film, Rundfunk. Dtl., Öst., Schweiz (hg. H. A. FRENZEL, H. J. MOSER) 1956; E. FRIEDRICH, Emigranten in Luxemburg (in: Revue 24, H. 2, S. 17–21) 1968; W. STERNFELD, E. TIEDEMANN, Dt. Exil-Lit. 1933–1945. Eine Bio-Bibliogr., ²1970; H.-C. WÄCHTER, Theater im Exil. Sozialgesch. des dt. Exiltheaters 1933–1945, 1973; W. B. LEWIS, Activism and the Argentinean Exile Theater (in: Dt. Exildr. u. Exiltheater. Akten des Exillit.-Symposiums der Univ. of South Carolina 1976, hg. W. ELFE, u. a., S. 85–93) Bern u. a. 1977; K. V. WOLFGANG, ~ u. die Freie Dt. Bühne in Argentinien (Diss. Wien) 1979; Bibliographia Judaica. Verz. jüd. Autoren dt. Sprache (bearb. R. HEUER) Bd. 1, 1981; Theater-Lex. (hg. H. RISCHBIETER) 1983; Ein Theatermann im Exil. ~ (Ausst.kat.; hg. U. NAUMANN unter Mitarb. von F. H. ERNSTING u. a.) 1985; F. POHLE, ~ am Rio de la Plata, Tl. 1, Rahmenbedingungen u. Bestimmungsfaktoren eines exilpolit. Engagements (in: Exil. Forsch., Erkenntnisse, Ergebnisse, hg. J. H. KOCH, 7, H. 1, S. 34–52) 1987; DERS., ~ am Rio de la Plata, Tl. 2, Der Kurs der «Freien Dt. Bühne» – eine exilpolit. Gratwanderung (ebd. 7, H. 2, S. 34–58) 1987; DERS., ~ am Rio de la Plata, Tl. 3, Exilprominenz u. Zwang zur Politik (ebd. 8, H. 1, S. 79–96) 1988; J. WALK, Kurzbiogr. zur Gesch. der Juden 1918–1945, 1988; T. SCHÄFER, Ein unerlässl. Dok. ~, ‹Musica prohibida – Verbotene Musik› (in: Musica 46, H. 6, S. 385f.) 1992; Biogr. bedeutender Dortmunder. Menschen in, aus u. für Dortmund (hg. H. BOHRMANN) Bd. 2 (Red. H. KÖHLER, DERS.) 1998; F. TRAPP, Exiltheater in Frankreich u. Lateinamerika. ~ u. die Freie Dt. Bühne in Argentinien (in: Zweimal verjagt. Die dt.sprachige

Emigration u. der Fluchtweg Frankreich – Lateinamerika. 1933–1945, hg. A. SAINT SAVEUR-HENN, S. 168–175) 1998; G. GOETZINGER u. a., Kontakte – Kontexte. Dt.-luxemburg. Lit.begegnungen (Ausst.kat.) 1999; A. LEMMER, Die «Freie Dt. Bühne» in Buenos Aires. 1940–1965, 1999; F. TRAPP, Zw. Schönberg u. Wagner – Musikerexil 1933–1949. Das Beispiel ~ (Ausst.kat.) 2005; F. FEZER, ~ (in: Franz Schrekers Schüler in Berlin. Biogr. Beitr. u. Dok., hg. D. SCHENK u. a., S. 62–66) 2005; DIES., Irr- u. Umwege eines Opernregisseurs im Exil. Die biogr. Stationen u. künstler. Tätigkeiten ~s von 1933 bis 1949 (in: Musiktheater im Exil der NS-Zeit. Ber. über die internat. Konferenz am Musikwissenschaftl. Inst. der Univ. Hamburg, 3. bis 5. Februar 2005, hg. P. PETERSEN, C. MAURER ZENCK, S. 274–291) 2007; G. RÜHLE, Theater in Dtl. 1887–1945. Seine Ereignisse – seine Menschen, 2007; A. FEINBERG, «Was? Dramaturg? Noch nie gehört, was ist das?». Jüd. Dramaturgen im dt. Theater im Kaiserreich u. in der Weimarer Republik (in: Aschkenas 17, H. 1, S. 225–271) 2009; H. WALTER, Ärger im Revier: ~s Dortmunder Generalintendanz (in: Verfolgt u. umstritten! Remigrierte Künstler im Nachkriegsdtl., hg. M. GRISKO, DIES., S. 159–182) 2011; G. C. FRIEDMANN, Actividades culturales e identidad nacional entre los alemanes antinazis de Buenos Aires (in: Jb. für Gesch. Lateinamerikas 49, H. 1, S. 225–244) 2013; Lit.portal Westf. (Internet-Edition); Jüd. Schriftstellerinnen u. Schriftst. in Westf. (dass.); Lex. verfolgter Musiker u. Musikerinnen der NS-Zeit (dass.); Exil-Arch. (dass.); The Internet Movie Database (dass.); Rhld.-Pfälz. Personendatenbank (dasselbe).   NB

Jacob, Ursula → Seyffarth, Ursula.

Jacob, Walter → Jensen, Walter.

Jacob-Margella, (Hermann) Gustav (Ps. [H.] G. Margella; eigtl. [H.] G. Jacob), * 25. 5. 1874 (71?) Berlin, † n. 1953 (Ort nicht ermittelt); Journalist, Schriftst.; Sohn eines Posthalters, besuchte das Friedrichs-Gymnasium in Berlin, hospitierte an der Univ. ebd., ab 1895 Journalist, ab 1897 Red. der «Breslauer Morgen-Ztg.», 1905–07 Sekretär des Verbandes dt. Nordseebäder u. Red. von «Aus dt. Nordseebädern», lebte in Wyk auf Föhr u. in Berlin, Propagandachef der «Berliner Morgen-Ztg.», Geschäftsführer des «Zentralbl. für den dt. Reise- u. Bäderverkehr», um 1913 Schriftst. u. Journalist in Leipzig, um 1915 Hauptschr.leiter des «Geraischen Tagebl.», ab 1919 Hg. von «Aufwärts. Halb-monatsschr. zur Wiedererweckung des Dt. Idea-lismus», lebte in Gera, 1919/20 (einzige Wahlpe-riode) Mitgl. des vereinigten Landtages des Frei-staates Reuß, ab 1920 Hauptschr.leiter der «Saale-Ztg.» in Halle/S., lebte Ende der 1920er-/Anfang der 1930er-Jahre als Erwerbsloser in Hohenber-ge bzw. Kleinschönebeck bei Berlin (beide spä-ter zur Gemeinde Schöneiche), Hg. des Kalenders «Dt. Wein», lebte ab Mitte der 1930er-Jahre i. R. in Königsberg/Pr., Leiter der «Arbeitsgemeinschaft blinder Schriftst., Dichter u. Komponisten», leb-te zu Beginn der 1950er-Jahre in Singen/Baden-Württemberg. – Polit. Schr., Ratgeber, Nov., Erz., Rom., Humoreske, Schauspiel.

Schriften: Die Prostitution und ihre polizeiliche Bekämpfung, 1898 (weitere Ausg. 1910); Die Bal-letratte. Ein Nordseebummel. Im Unterseeboot zum Nordpol, 1907; Fred Bredereck. Ein Flie-gerroman der Gegenwart, 1912; Die Reußenlän-der im Weltkriege. Dem Andenken der Helden aus Reuß jüng. und älterer Linie, 1915; Zerrissene Seelen. Eine Geschichte vom Lieben, Leiden und Entsagen, 1917; Die durch das Leben taumeln ... Ungelöste Lebensrätsel, 1919; Erlösung. Romanti-sches Spiel in drei Aufzügen, 1919; Der Untergang des Mittelstandes, 1922; Der Weg zur Gesundheit und Kraft. Wichtige Ernährungsvorschläge für je-dermann, 1927; Nieder mit der Partei-Mißwirt-schaft! Seid einig – einig – einig in der Abwehr von Marxismus, Kommunismus und Parteizersplit-terung. Ein Mahnwort an das deutsche Bürger-tum, 1928 (Selbstverlag); Wir Arbeitslosen – die Retter Deutschlands! Offenes Wort eines Wohl-fahrts-Unterstützten an alle arbeitslosen Volksge-nossen und alle Deutschen, die noch klar denken können, 1932 (dass.); Sozialreaktionär? Sozialismus hat uns zugrunde gerichtet! Sozialwirtschaft wird uns aus der Not befreien! Offenes Wort an alle deutschen Arbeiter von Einem, der die Not am ei-genen Leibe kennen gelernt hat, 1932 (dass.); Der einzige Weg aus dem Elend: Deutsche Staats- und Wirtschafts-Reform. Ein Mahnwort an alle Deut-schen, 1932 (dass.; zuerst abgedr. in: Handel u. In-dustrie 41, 1932); Der neue Weg zu Gott. Besinn-liche Betrachtungen zur Überwindung der Glau-bensgegensätze in der Menschheit, 1936 (Selbstver-lag); Der Sprung ins Leben (Rom.) 1939. (Ferner weitere nicht nachweisbare Schriften).

Literatur: S. WININGER, Große jüd. National-Biogr., Bd. 3, Czernowitz 1928.   NB

Jacobeit, Sigrid (geb. Dorow), * 29. 1. 1940 Jo-hannismühle bei Baruth/Mark; seit 1978 verh. m. Wolfgang → J.; Ethnographin, Agrarwissen-schaftlerin, Mus.- u. Gedenkstättenleiterin, lebt in Wasserstadt Fürstenberg/Havel; 1959–65 Stud. der Landwirtschaft an der HU in Berlin (Ost), Dipl.-Landwirtin, 1971–75 Fernstud. der Ethno-grafie/Volksk. an der HU Berlin, 1971–80 Auf-bau u. Leitung des Mus. der agraren Produktiv-kräfte (später Agrarhist. Mus., seit 1990 Agrar-mus.) in Wandlitz bei Berlin, 1979 Dr. agr. an der HU Berlin, 1986–90 wiss. Assistentin u. 1990/91 wiss. Oberassistentin ebd. im Bereich Ethnogra-fie/Sektion Gesch., 1988/89 postgraduales Frauen-Sonderstud. zur Hochschulpädagogik an der HU Berlin (Abschluss m. Lehrbefähigung), 1990 Habil. zum Dr. sc. phil. im Fachbereich Ethnogra-fie/Volksk. ebd., 1990 Gründungsmitgl. u. Vors. der Sektion Volksk. der Gesellsch. für Ethnogra-fie e. V. sowie Mitgl. des Fachbeirats Volksk. des Inst. für den wiss. Film in Göttingen, 1991/92 stv. Dir. des Mus. der Arbeit in Hamburg, 1992–2005 Leiterin der Mahn- u. Gedenkstätte Ravensbrück/ Stiftung Brandenburg. Gedenkstätten, Lehrbeauf-tragte an der TU, der FU u. der HU Berlin, seit 2002 Honorarprof. am Inst. für Europ. Ethnologie der HU Berlin. – 1988 Preis für wiss. Spitzenleis-tung der HU Berlin, 1997 Margherita-von-Bren-tano-Preis der FU Berlin. – Fachschr., hist. Sachb., Lb., Biografie.

Schriften (Ausw.): Arbeits- und Lebensbedingun-gen der Bäuerin in Klein- und Mittelbetrieben. Ein Beitrag zur Lebensweise der Frau auf dem Lande in der Zeit der faschistischen Diktatur des deutschen Imperialismus 1933–1939 (Diss.) 1979; Illustrierte Alltagsgeschichte des deutschen Volkes (m. Wolfgang J., Vorw. J. KUCZYNSKI) I 1550–1810, II 1810–1900, 1985–87; Kreuzweg Ravensbrück. Lebensbilder antifaschistischer Widerstandskämp-ferinnen (m. L. Thoms-Heinrich) 1987 (2., be-arb. Aufl. 1989); Die Grundbedürfnisse Ernährung und Kleidung im Alltag des deutschen Volkes zwi-schen 1800 und 1945 (Diss. B) 1990; Illustrierte Alltags- und Sozialgeschichte Deutschlands. 1900–1945 (m. Wolfgang J.) 1995 (= Bd. 3 von: Illustrier-te Alltagsgeschichte des deutschen Volkes); KZ-Gedenkstätten als nationale Erinnerungsorte. Zwi-schen Ritualisierung und Musealisierung (Antritts-vorlesung) 2002.

Herausgebertätigkeit (Ausw.): R. Sprengel, Der rote Faden. Lebenserinnerungen. Ostpreußen –

Weimarer Republik – Ravensbrück – DDR – Die Wende (Nachw. Wolfgang J.) 1994; Ravensbrückerinnen (Ausst.kat.; m. E. Brümann-Güdter) 1995; «Ich grüße Euch als freier Mensch». Quellenedition zur Befreiung des Frauen-Konzentrationslagers Ravensbrück im April 1945 (m. S. Erpel) 1995; Forschungsschwerpunkt Ravensbrück. Beiträge zur Geschichte des Frauen-Konzentrationslagers (m. G. Philipp) 1997; J. Pelz-Bergt, Die ersten Jahre nach dem Holocaust. Odyssee einer Gezeichneten (m. Einl. hg.) 1997; Die Sprache des Gedenkens. Zur Geschichte der Gedenkstätte Ravensbrück 1945–1995 (m. I. Eschebach, S. Lanwerd) 1999; Gedächtnis und Geschlecht. Deutungsmuster in Darstellungen des nationalsozialistischen Genozids (m. I. Eschebach, S. Wenk) 2002; KZ-Souvenirs. Erinnerungsobjekte der Alltagskultur im Gedenken an die nationalsozialistischen Verbrechen (m. U. Dittrich) 2005; Dokumentations- und Gedenkort KZ Lichtenburg. Konzeption einer neuen Dauerausstellung für Werkstattgebäude und Bunker (m. S. Hördler) 2009; Lichtenburg. Ein deutsches Konzentrationslager (m. dems., Vorw. R. ERBEN) 2009.

Literatur: Der Nationalsozialismus im Spiegel des öffentl. Gedächtnisses. Formen der Aufarbeitung u. des Gedenkens. Für ~ (hg. P. FANK, S. HÖRDLER, Nachw. J. WANKA) 2005; L. MERTENS, Lex. der DDR-Historiker, 2006.   VH

Jacobeit, Wolfgang, ∗ 13. 5. 1921 Naumburg/Saale; seit 1978 in zweiter Ehe verh. m. Sigrid → J.; Ethnologe, Kulturhistoriker, lebt in Wasserstadt Fürstenberg/Havel; Sohn eines Studienrats für Mathematik u. Naturwiss. u. einer Konzertsängerin, Schulbesuche in Naumburg u. Jena, ab 1930 in Treuburg/Ostpr. (Olecko/Polen), bis 1937 in Lyck/ebd. (Ełk/ebd.) u. dann in Gumbinnen/ ebd. (Gussew/Russland), 1939 Abitur, studierte 1939–41 Gesch. u. Volksk. an den Univ. Leipzig u. Königsberg, 1941–45 Soldat im 2. Weltkrieg, kurzzeitig brit. Kriegsgefangener, 1945–48 Stud. der Gesch., Volks- u. Völkerkunde sowie der Ur- u. Frühgesch. an der Univ. Göttingen, 1948 Dr. phil. ebd. bei Will-Erich → Peuckert, 1948–50 Hilfsarbeiter in einem Aluminiumwerk in Göttingen, 1950–52 Stipendiat der Dt. Forsch.gemeinschaft, 1952–55 Mitarb. der Mission française de Recherches (Außenstelle des französ. Kriegsopferministeriums), Bekanntschaft m. Wolfgang → Steinitz, 1956 Übersiedlung in die DDR, 1956–72 wiss.

Mitarb. am Inst. für Dt. Volksk. der Dt. Akad. der Wiss. zu Berlin, 1961 Habil. ebd., 1962–70 Lehrbeauftragter an der HU Berlin, 1970–80 Honorarprof. für Dt. Volksk. ebd., 1972–80 Dir. des Mus. für Volksk. der Staatl. Mus. zu Berlin (Ost), ztw. Präs. der Association Internat. des Musées d'Agriculture u. Mitgl. des Präsidiums der Société Internat. d'Ethnologie et de Folklore, 1980–86 (emeritiert) o. Prof. für Ethnologie/Kulturgesch. an der HU Berlin, lebte n. 1990 ztw. in Hamburg, 1992 Gastdoz. an der Univ. Kiel; gilt als einer der wichtigsten Vertreter der Volksk. in der DDR. – 1988 Banner der Arbeit. – Fachschr., kulturgeschichtl. Sachb., Autobiografie.

Schriften (Ausw.): Das Joch. Entwicklung, Alter und Verbreitung, dargestellt vornehmlich für den mitteleuropäischen Raum (Diss.) 1948; Schafhaltung und Schäfer in Zentraleuropa bis zum Beginn des 20. Jahrhunderts (Habil.-Schr.) 1961 (2., bearb. Aufl. 1987); Bäuerliche Arbeit und Wirtschaft. Ein Beitrag zur Wissenschaftsgeschichte der deutschen Volkskunde, 1965; Illustrierte Alltagsgeschichte des deutschen Volkes (m. Sigrid J., Vorw. J. KUCZYNSKI) I 1550–1810, II 1810–1900, 1985–87; Illustrierte Alltags- und Sozialgeschichte Deutschlands. 1900–1945 (m. Sigrid J.) 1995 (= Bd. 3 von: Illustrierte Alltagsgeschichte des deutschen Volkes); Die biologisch-dynamische Wirtschaftsweise im KZ. Die Güter der «Deutschen Versuchsanstalt für Ernährung und Verpflegung» der SS von 1939 bis 1945 (m. C. Kopke) 1999; Von West nach Ost – und zurück. Autobiographisches eines Grenzgängers zwischen Tradition und Novation (Auobiogr.) 2000.

Herausgebertätigkeit (Ausw.): Probleme und Methoden volkskundlicher Gegenwartsforschung. Vorträge und Diskussionen einer Internationalen Arbeitstagung in Bad Saarow 1967 (m. P. Nedo) 1969; Kultur und Lebensweise des Proletariats. Kulturhistorisch-volkskundliche Studien und Materialien (m. U. Mohrmann) 1973; Idylle oder Aufbruch? Das Dorf im bürgerlichen 19. Jahrhundert. Ein europäischer Vergleich (m. J. Mooser, B. Stråth, Vorw. J. KOCKA) 1990; Völkische Wissenschaft. Gestalten und Tendenzen der deutschen und österreichischen Volkskunde in der ersten Hälfte des 20. Jahrhunderts. Helmut Paul Fielhauer gewidmet (in Zus.arbeit m. J. R. Dow) 1994; Fürstenberg/Havel – Ravensbrück. Beiträge zur Kulturgeschichte [Bd. 2–3: zur Alltags- und Sozialgeschichte] einer Region zwischen Brandenburg

und Mecklenburg (m. W. Stegemann, auch Mitverf.) 3 Bde., 1999–2011.

Literatur: T. Scholze, L. Scholze-Irrlitz, Die
Gesellsch. für Ethnographie als Diskussionsforum.
Vom wiss. Alltag des ~. Ein Gespräch n. der «Wende» (September 1990) (in: Info-Bl. der Gesellsch.
für Ethnographie e. V., Nr. 2, S. 11–44) 1991 (erneut in: Berliner Bl. Ethnograph. u. ethnolog.
Beitr., H. 23, S. 17–39, 2001); Alltagskultur im
Umbruch. FS für ~ zu seinem 75. Geb.tag (hg.
W. Kaschuba, T. Scholze, L. Scholze-Irrlitz)
1996 (m. Biblogr.); Zehn Jahre Gesellsch. für Ethnographie – europ. Ethnologie in Berlin. ~ zum
80. Geb.tag (hg. T. Scholze, L. Scholze-Irrlitz)
2001; T. Scholze, ~, ‹Von West n. Ost – u. zurück› (in: L.topis 48, H. 1, S. 176–180) 2001 (auch
in: H-Soz-u-Kult, 17. 4. 2001, Internet-Edition);
M. Krause, K. Noack, Der Berliner Königsweg?
Von der Völkerkunde zur Ethnografie an der HU
zu Berlin (in: Berliner Bl. Ethnograph. u. ethnolog. Beitr., H. 31, S. 33–42) 2003; L. Mertens,
Lex. der DDR-Historiker, 2006; Wer war wer in
der DDR? Ein Lex. ostdt. Biogr. (hg. H. Müller-Enbergs u. a.) Bd. 2, ⁵2010 (auch Internet-
Edition).   VH

Jacobi, A(linda) → Jacoby, Alinda.

Jacobi, Artur (auch Arthur), * 14. 12. 1909 Leipzig, † 15. 12. 1992 (Ort nicht ermittelt); verh. m.
Christel → J.; Bildhauer, Anthroposoph, lebte um
1986 in Piding/Berchtesgadener Land. – Erzählung.

Schriften: «Ein leichtes Blatt» – wie schwer wog
es in meiner Hand (Erzn.) 1980 (Selbstverlag).

Literatur: Taschenlex. zur bayer. Ggw.lit. (hg. D.-
R. Moser, G. Reischl) 1986.   VH

Jacobi, Christel (geb. Sprengel-Eick), * 7. 11.
1912 Insterburg/Ostpr. (Tschernjachowsk/Russ-
land), † 12. (n. anderen Angaben: 2.) 1. 1993 Bad
Reichenhall/Obb.; verh. m. Artur → J.; Hausfrau,
Anthroposophin, lebte um 1986 in Piding/Berch-
tesgadener Land. – Mitgl. der Gesellsch. zur Pflege
des Märchengutes der europ. Völker e. V. – Märchen, Aphorismus, Puppensp., Jugendbuch.

Schriften: Das Goldkorn. Einundzwanzig neue
Märchen, 1976 (Illustr. M. Kraul; 2., erw. Aufl.
m. dem Untert.: Dreiundzwanzig neue Märchen,
1989); Mein kleines Lied (Ged.) 1982; Die Quell-
frau. Weihnachtsmärchen und andere Märchen aus

der Tiefe der Seele (Geleitw. A. M. Miller) 1984
(Illustr. F. Chochola); Aphorismen – Gedanken-
splitter, 1992 (zuerst in Forts. in: Der Grafschaf-
ter. Anz. für Moers, Homberg u. den Niederrhein,
1935–37); Kaspers abenteuerliche Reisen durch die
Jahreszeiten. Handpuppenspiele, 1987 (Zeichn. O
Bauer; enth.: Kasperl verdient sich einen Orden.
Das Osterei. Wie der Wanderer die Schlange ohne
Schwert überwindet. Das gefangene Christkind;
NA 1993).

Literatur: Taschenlex. zur bayer. Ggw.lit. (hg. D.-
R. Moser, G. Reischl) 1986; Bücher u. Autoren zw. Inn u. Salzach. Biogr. u. Bibliogr. zur Lit.
einer kulturellen Region (hg. B. J. u. G. Stalla)
2006.   VH

Jacobi, Claus, * 4. 1. 1927 Hamburg;, † 17. 8. 2013
ebd.; Journalist, Publizist; Sohn eines Kaufmanns,
wuchs in Hamburg auf, Gymnasialbesuch ebd.,
Flakhelfer u. 1944/45 Seekadett bei der dt. Kriegsmarine, 1946 Red.volontär bei der «Hamburger
Allg.» u. 1947 bei «Die Welt», 1948–52 polit. Red.
der Wochenztg. «Die Zeit», danach Korrespondent
des Nachr.magazins «Der Spiegel» in Bonn (1952–
56) u. in Washington (1956–59), in New York Bekanntschaft m. der Arbeitsweise des US-amerikan.
Magazins «Time», 1962–68 zus. m. Johannes K.
Engel Chefred. des «Spiegel», im Oktober 1962
im Zuge der sog. «Spiegel-Affäre» wegen angebl.
Landesverrates zus. m. dem Zs.-Hg. Rudolf →
Augstein u. a. kurzzeitig inhaftiert, 1968/69 aus
polit. Gründen Trennung vom «Spiegel», 1969/70
Chefred. der Ws. «Stern», 1970–72 sowie 1976–88
Chefred. u. 1997/98 Hg. von «Welt am Sonntag»
in Hamburg, 1973/74 zus. m. Paul C. → Martin
Chefred. der «Wirtschaftswoche», ab 1974 wieder
bei «Die Welt» in Hamburg u. Bonn, ebd. ab 1975
(zus. m. Herbert → Kremp) deren Chefred. u.
1992/93 deren Hg. in Berlin, Red.dir. der «Bild»-
Ztg. (1988/89) u. des Springer-Verlages (1989–93),
verf. danach bis 2012 über mehrere Jahre hin-
weg die wöchentl. Kolumne «Mein Tgb.» für die
«Bild»-Zeitung. – 2003 «Goldene Feder» der Bau-
er-Verlagsgruppe. – Polit., zeit-, kultur- u. pres-
segeschichtl. Sachb., Kolumne, Biogr., Erinnerungen.

Schriften: Die menschliche Springflut (Sachb.)
1969; Uns bleiben 100 Jahre. Ursachen und
Auswirkungen der Bevölkerungsexplosion, 1986;
Fremde, Freunde, Feinde. Eine private Zeitge-
schichte (Erinn.) 1991; Aufbruch zwischen Elbe

und Oder. Die neuen deutschen Länder (Sachb.) 1995; 50 Jahre Axel-Springer-Verlag. 1946–1996, 1996; Der Schokoladenkönig. Das unglaubliche Leben des Hans Imhoff (Biogr.) 1997; Unsere fünfzig Jahre. Erinnerungen eines Zeitzeugen, 1999; Wo Gott wohnt. Mythische Stätten der Menschheit (m. Tom J.) 2000; Im Rad der Geschichte. Deutsche Verhältnisse, 2002; Der Verleger Axel Springer. Eine Biographie aus der Nähe, 2005; Hubertus Wald. Er machte Millionen und verschenkte Millionen (Biogr.) 2010.

Herausgebertätigkeit: Meine schönste Bibelstelle. Bekenntnisse gläubiger Menschen (m. J. Nyary) 1988; Daran glaube ich. Bekenntnisse Prominenter von heute, 1988.

Ausgaben: Von Glück, Gespenstern und dem Geheimnis des Lebens. Denkanstöße über den Tag hinaus (Kolumnenslg.) 1998.

Literatur: Munzinger-Archiv. – I. Schreml, Augstein, Dönhoff, Nannen & Co. Auf den Spuren des Erfolgs einer Journalistengeneration, 2003; C. Sonntag, Medienkarrieren. Biogr. Stud. über Hamburger Nachkriegsjournalisten 1946–1949 (Diss. Hamburg) 2006; D. Schröder, Ein Mann der Superlative. Nachruf auf ~ (in: Berliner Ztg., 18. 8.) 2013; H. Egleder, ~ – unvergessen (in: «Spiegelblog», 21. 8.) 2013 (Internet-Edition).   VH

Jacobi, Elke → Koch, Elke.

Jacobi, Ellen, ★ 1960 am Niederrhein; Anglistin, Red., Schriftst., lebt in Köln; Tochter einer Bibliothekarin u. Märchenbuchsammlerin, studierte Lit.wiss. u. Anglistik, arbeitete als Reiseleiterin u. Lehrerin in Großbritannien, danach Red. für versch. Tagesztg. u. Magazine in Deutschland. – Roman.

Schriften: Frau Schick räumt auf (Rom.) 2012; Frau Schick macht blau (Rom.) 2013; Teatime mit Tante Alwine (Rom.) 2014 (Ersch. angekündigt).   VH

Jacobi, Emil, ★ 25. 3. 1868 Küllstedt/Thür., † 1916 Kassel; Lehrer, Schriftst.; ab 1892 Lehrer, später Rektor in Kassel. – Schausp., Dr., Schw., Festsp., Lyrik.

Schriften: Ehrenwort. Schauspiel in vier Akten, 1909 (Neuausg. 1922); Alt-Kassel. Ein Zeitbild in einem Akt, 1909; Festspiel für katholische Gesellen-Vereine über die Devise des Vereins, 1909; Heimkehr. Schauspiel in drei Akten, 1909 (Neuausg. 1922); Völkerfrühling. Dramatisches Zeitbild in fünf Akten, 1912; Chasalla. Dramatisches Festspiel in drei Akten, 1913 (14?); O, diese Sonntagsruhe! Schwank in einem Akt, 1914; Mein Herzblut (Ged.) 1917.

Herausgebertätigkeit: Aussprüche aus den Dramen Shakespeares (zus.gestellt) 1885 (engl. u. deutsch).

Literatur: Thüringer Lit.rat, Autorenlex. (Internet-Edition).   VH

Jacobi, Ernst (eig. Ernst Gerhard Ludwig Jacobi-Scherbening), ★ 11. 7. 1933 Berlin; Schauspieler, Hörfunk-, Hörb.- u. Synchronsprecher, lebt in München; Sohn eines Offiziers u. einer Sekretärin im dt. Reichsluftfahrtministerium, wuchs n. frühzeitiger Scheidung der Eltern in Berlin u. während des 2. Weltkrieges bei einem Onkel in Großbösendorf/Westpr. (Zławieś Wielka/Polen) sowie in einem Rhön-Dorf in Thür. auf, n. 1945 Rückkehr n. Berlin, ab 1947 Mitgl. des RIAS-Kinderchors ebd. u. erste Sprechrollen im Rundfunk, 1951 Abitur in Berlin-Charlottenburg u. erster Bühnenvertrag am Hebbel-Theater in Berlin, 1951–53 Schauspielausbildung an der Max-Reinhardt-Schule ebd., besuchte zusätzl. Kurse in Paris (bei Jacques Lecoq, 1921–1999) u. in London, Engagements an versch. Theatern in Berlin (West), in Frankfurt/M., Köln, Schleswig, Hamburg (1968/69) u. München (1969/70), ab 1951 Mitwirkung an ersten Versuchssendungen des Fernsehens, fortan Schauspieler in mehr als 200 Fernsehfilmen u. -serien der ARD u. des ZDF, u. a. in der Titelrolle des Fernsehsp. «Leben des schizophrenen Dichters Alexander März» n. dem Drehb. von Heinar → Kipphardt (1975, Regie Vojtech Jasný), in «Masserberg» (2010, Regie Martin Enlen, n. dem Rom. von Else → Buschheuer) sowie in Krimiserien wie «Derrick» u. «Tatort» (als Kommissar Horst Pflüger), Charakterdarsteller in etlichen Lit.verfilmungen sowie Hörfunk- u. Synchronsprecher, ab Ende der 1950er-Jahre auch Kinofilmschauspieler, u. a. in der Günter-Grass-Adaption «Die Blechtrommel» (1979, Regie Volker Schlöndorff) u. als Erzählerstimme (des alten Lehrers) in «Das weiße Band. Eine dt. Kindergesch.» (2009, Regie Michael Haneke), 1977–1987 Schauspieler am Wiener Burgtheater u. 1987–92 am Zürcher Schauspielhaus, seit 1989 freier Schauspieler, daneben jahrzehntelang als Sprecher an über 400 Audio-Produktionen beteiligt, darunter zahlr. Hörb. auf Kassetten u. CDs, verf. auch mehrere eigene Hörsp., u. a. ‹Iguazu. Bericht von einem Ausflug› (SR/BR, 1983), ‹Rattenbronn unverändert› (SR, 1984) u. ‹Der Stich› (SFB, 1987), u. führte dabei z. T. selbst Regie, betätigte sich seit 1993 zunehmend als Fotograf, zog sich ab 2010 weitgehend von der Schauspielerei zurück, 2010/11 Teilnehmer am «Festsp. der dt. Sprache» im Goethe-Theater Bad Lauchstädt. – Neben anderen Auszeichnungen 1976 Prix Italia u. «Großer Berliner Kunstpreis» der Berliner Akad. der Künste (m. Peter Watkins), 1979 u. 1981 Hörsp.preis der Kriegsblinden. – Autobiogr., Hörspiel.

Schriften: «geb. '33» (Lebenserinn.; Nachw. A. BENNING) 2008. (Ferner ungedr. bzw. in Zs. ersch. Hörspiele.)

Literatur: Munzinger-Arch.; Theater-Lex. Nachtr.bd., Tl. 2,370. – H. J. HUBER, Langen-Müller's Schauspieler-Lex. der Ggw. Dtl., Öst., Schweiz, 1986; S. ZIMMER, ~, Theater- u. Filmschauspieler (Fernsehinterview; BR, alpha-Forum, 11. 7.) 2008 (auch Internet-Edition des Gesprächstextes; zu «geb. '33»); Henschel Theaterlex. (hg. C. B. SUCHER, bearb. M. BROMMER, S. ELSON) 2010; The Internet Movie Database (Internet-Edition).   VH

Jacobi, Gerhard (Justus Eduard), * 25. 11. 1891 Bremen, † 12. 7. 1971 Oldenburg; Theologe, evangel. Bischof; Sohn eines Pfarrers u. späteren Generalsuperintendenten in Magdeburg, besuchte das Dom-Gymnasium ebd., studierte n. dem Abitur ab 1911 evangel. Theol. an den Univ. in Halle/S., Tübingen u. Berlin, ab 1914 Kürassier, dann Leutnant der Reserve, Kompanieführer u. Bataillonsadjutant im 1. Weltkrieg, 1918/19 in brit. Kriegsgefangenschaft, 1920/21 Lehrvikar in Halle, 1920 zweites theolog. Examen in Magdeburg u. 1921 Ordination ebd., Hilfsprediger in Halle, 1921–23 geschäftsführender Geistl. der Gefängnisgesellsch. für die Prov. Sa. u. Anhalt, Pfarrer am Gerichtsgefängnis, tätig für die Jugendgerichtshilfe u. im Provinzialver. für psychopath. Kinder, 1923–27 Pfarrer an der Pauluskirche in Halle u. 1927–30 Domprediger in Magdeburg, ab 1930 Pfarrer an der Kaiser-Wilhelm-Gedächtniskirche in Berlin, ab 1932 Mitarb. der kirchenreformer. Zs. «Neuwerk. Ein Dienst am Werdenden», 1932 zus. m. Hermann Sasse (1895–1976) Gründer der «Theolog. Arbeitsgemeinschaft für Kirche u. Amt» (sog. «J.-Kr.»), Mitgl. des Reichsbruderrates, Vors. des branden-

burg. u. des Berliner Bruderrates, 1933 maßgebl. beteiligt an der Gründung des Pfarrernotbundes, 1933–39 Präses der Bekennenden Kirche in Berlin, seitens der «Dt. Christen» innerkirchl. Anfeindungen sowie staatspolit. Repressalien ausgesetzt, mehrfach verhaftet, u. a. ztw. Zellennachbar von Hermann (Ludwig) → Ehlers, 1939/40 Offizier im 2. Weltkrieg in Polen u. an der Westfront, Rückkehr ins Pfarramt aus gesundheitl. Gründen, Ausscheiden aus dem Bruderrat, ab Oktober 1945 Superintendent von Berlin-Charlottenburg u. ab 1946 Generalsuperintendent von Berlin (Sprengel II), 1954 zum Bischof der Evangel.-Luther. Kirche in Oldenburg gewählt u. von Otto → Dibelius ins Amt eingeführt, Mitbegr. der Evangel. Akad. Oldenburg u. Initiator der Gemeindetage in der Oldenburger Weser-Ems-Halle, lehnte 1958 die Kandidatur als Nachfolger von Bundespräs. Theodor → Heuss ab, 1966 Mitinitiator der ökumen. Gespräche zw. Oldenburger Landeskirche u. dem kathol. Bischöfl. Offizialat Vechta, trat 1967 in den Ruhestand. – Neben anderen Auszeichnungen 1936 Dr. diviniatis h. c. des Eden Theological Seminary St. Louis/MO, 1951 Dr. theol. h. c. der Univ. Heidelberg, Wichern-Medaille, 1954 Großes Bundesverdienstkreuz, 1956 Großes Verdienstkreuz m. Stern. – Pred., Fachschr., Vortr., Aufs., Essay.

Schriften (Fachschr. in Ausw.): Jugendpflege, Jugendbewegung – und was nun? Predigt und Vortrag der Hallischen Jugendwoche 1922 (m. G. Dehn) 1922; Was sind Psychopathen und wie ist ihnen zu helfen? Für Nicht-Mediziner dargestellt, 1922 (2., verm. Aufl. 1926); Gerichtshilfe für Erwachsene (m. F. Tromp) – B. Freudenthal, Der Sinn der Strafe, 1925; Der Mensch und seine soziale Schuld (Vortr.) 1926; Das Reich Gottes im Widerspruch zum Christentum heute, 1928; Otto Gruson zum Gedächtnis, 1929; Tagebuch eines Großstadtpfarrers. Briefe an einen Freund, 1929 (anon. ersch.; zahlr. Aufl.); Predigt [...] am 16. Februar 1936 in der Kaiser-Wilhelm-Gedächtniskirche, 1936; Geburt – Wiedergeburt – Auferstehung. Zwei Predigten, 1936 (Sonderdr. aus: Bekenntnis-Pred., H. 20); Die religiöse Situation und die Kirche, 1946; Dein ist das Reich und die Kraft und die Herrlichkeit in Ewigkeit! (Pred.) 1947; Liebe zur Kirche. Predigt über Psalm 26, 6b–8, 1948; Langeweile, Muße und Humor und ihre pastoraltheologische Bedeutung, 1952; Freuet euch in dem Herrn allewege! (Pred.) 1953; Die Vergebung in der Ehe (Vortr.) 1955; Der Öffentlichkeitsanspruch der Kirche und ihrer Ämter, 1955 (Selbstverlag); Der Christ und sein Vaterland, 1956 (Sonderdr. aus: Evangel. Beitr. zur polit. Wirklichkeit); Vier Predigten und Andachten. Am Rundfunk gehalten im August 1958, 1958; Fragen an die Pfarrer der ev.-luth. Kirche in Oldenburg. Nach einem Vortrag auf der Rasteder Konferenz am 25. Januar 1961, 1961 (als Ms. gedr.); Vertrauen! (Vortr.) 1961; Der gute Kampf des Glaubens (Pred.) 1962; Der Christ und sein Staat in evangelischer Sicht, 1965 (Sonderdr. aus: Unterwegs wohin?); Glaube verpflichtet (Pred.) 1966; Brief an die Herren Pfarrer der Ev.-Luth. Kirche in Oldenburg, 1967; Vaterunser-Predigten, 1968.

Herausgebertätigkeit: Erhalt uns, Herr, bei Deinem Wort. Evangelische Andachten für jeden Tag, 1932; Otto Dibelius. Leben und Wirken. Mit Grußworten zum 80. Geburtstag von Theodor Heuss [...] (FS) 1960 (Fotos F. P. Krueger u. a.).

Literatur: Munzinger-Arch.; RGG ⁴4,344; Biogr.-Bibliogr. Kirchenlex. 24,887 (auch Internet-Edition); DBETh 1,702; DBE 5,272. – Auf dem Wege. Beitr. zur Gesch. u. Aufgabe der Evangel.-luther. Kirche in Oldenburg. Bischof ~ zu seinem 70. Geb.tag, 1961; Männer der Evangel. Kirche in Dtl. Eine Festgabe für Kurt Scharf zu seinem 60. Geb.tag (hg. H. VOGEL, J. BECKMANN, J. JÄNICKE) 1962; G. ORTH, ~, Bischof der Evangel.-Luther. Kirche in Oldenburg (in: Zum Dienst berufen. Lbb. leitender Männer der Evangel. Kirche in Dtl., hg. J. BACHMANN, S. 191–194) 1963; W. NIESEL, Kirche unter dem Wort. Der Kampf der Bekennenden Kirche der altpreuß. Union 1933–1945, 1978; H. LUDWIG, Die Entstehung der Bekennenden Kirche in Berlin (in: Beitr. zur Berliner Kirchengesch., hg. G. WIRTH, S. 264–304) 1987; Verantwortung für die Kirche. Stenograph. Aufz. u. Mitschr. von Landesbischof Hans Meiser 1933–1955, Bd. 2 (bearb. H. BRAUN, C. NICOLAISEN) 1993; H.-W. WÖRMANN, Kaiser-Wilhelm-Gedächtniskirche (in: Kirchenkampf in Berlin 1932–1945. 42 Stadtgeschn., hg. O. KÜHL-FREUDENSTEIN, S. 263–275) 1999; E. STOCKHORST, 5000 Köpfe. Wer war was im 3. Reich, 2000 (Nachdr.); Oldenburg. Kirchengesch. (hg. R. SCHÄFER) ²2005; M. GAILUS, ~: Der vornehme Diplomat an der Spitze (in: DERS., Protestantismus u. Nationalsozialismus. Stud. zur nationalsozialist. Durchdringung des protestant. Sozialmilieus

in Berlin, S. 540–552) (Habil.-Schr. TU Berlin) 2001; G. WEHNER, Widerstand in Berlin gg. das NS-Regime 1933 bis 1945. Ein biogr. Lex., Bd. 3, 2004.   VH

Jacobi, Hans (Ps. Hans Schaffen), ✱25. 7. 1909 Brakel/Kr. Höxter, † 1978 London; Jurist, Schriftst.; Sohn eines jüd. Volksschullehrers u. Dirigenten, wuchs ab 1911 in Köln auf, Gymnasialbesuch ebd., 1928 Abitur, studierte Rechtswiss. in Köln u. Berlin, 1931 erste jurist. Staatsprüfung beim Oberlandesgericht in Köln, Referendar ebd., 1933 Dr. jur. an der Univ. Köln, 1933–35 Syndikus des «Centralver. dt. Staatsbürger jüd. Glaubens» für die Rheinprovinz, im August 1933 aufgrund des sog. Berufsbeamtengesetzes aus dem Justizdienst entlassen, 1935 Gründer u. bis 1939 Leiter der «Beratungsstelle des Hilfsver. der Juden in Dtl. e. V.» für die Rheinprovinz (Auswanderungsberatungsstelle) in Köln, emigrierte im April 1939 n. London, Mitarb. von «Die Ztg. Londoner dt. Wochenbl.», n. erneutem Stud. 1942 Bachelor of Laws an der Univ. London, 1945 erstes u. 1947 Schlussexamen als Solicitor (Rechtsanwalt) an der Law Society in London, 1947 in Großbritannien naturalisiert, ab 1953 (?) Mitinhaber einer Anwaltskanzlei in London, 1954 durch Wiedergutmachungsbescheid des Justizministeriums Nordrhein-Westf. rückwirkend (ab 1939) zum Amts- bzw. Landgerichtsrat ernannt u. ab 1953 in den Ruhestand versetzt. – Lyrik, Fachschrift.

Schriften: Die Konkurrenz von Gläubigerrecht und Schuldnerschutz in § 407 Abs. 1 BGB (Diss.) 1933; Kleine Gedichte, 1939 (Maschinenschr.); Gott wirf mich nicht zu Deinen Steinen (Ged.) 1949 (Ausz. als Musikdr. u. d. T.: Gott! Wirf mich nicht zu deinen Steinen. Fünf Lieder [...], Helsinki 1964, Komposition O. Pesonen, dt., finn. u. schwed.); Ein Engel wacht auf allen Straßen (Ged.) 1951; Verfolge deine Träume nicht am Tage (Ged.) 1954.

Nachlass: Briefe im P.E.N.-Arch. des Department of Special Collections and Univ. Archives, McFarlin Library, Univ. of Tulsa/OK.

Literatur: W. STERNFELD, E. TIEDEMANN, Dt. Exil-Lit. 1933–1945. Eine Bio-Bibliogr., ²1970; R. HEUER, Bibliographia Judaica. Verz. jüd. Autoren dt. Sprache, Bd. 1, 1981; J. WALK, Kurzbiogr. zur Gesch. der Juden 1918–1945, 1988; K. LUIG, ~. Referendar (in: DERS., ... weil er nicht ar. Abstammung ist. Jüd. Juristen in Köln während der NS-

Zeit, S. 228–231) 2004; DERS., u. a., Juristen ohne Recht. Schicksale jüd. Juristen in Köln, Bonn u. Aachen in der NS-Zeit (Ausst.kat.) 2005; Jüd. Schriftstellerinnen u. Schriftst. in Westf. (Internet-Edition). VH

Jacobi, Hansres (Ps. Thomas Terry, Jean André u. a.), * 14. 9. 1926 Biel/Kt. Bern, † 28. 3. 2006 Zürich; Journalist, Kritiker, lebte in Zürich; studierte Germanistik, französ. Lit., vergleichende Lit.wiss., Gesch., Soziologie, Theaterwiss. u. Journalistik an den Univ. in Bern, Genf u. Zürich, ab 1945 freier Mitarb. versch. schweiz. u. dt. Ztg., 1952 Dr. phil. an der Univ. Zürich, 1952/53 Korrespondent für versch. Ztg. aus den USA u. bis 1954 aus Wien, 1955–91 (pensioniert) Feuill.red., Theater- u. Lit.kritiker der «Neuen Zürcher Ztg.», betreute u. a. deren Beilage «Lit. u. Kunst» u. berichtete 1964–71 u. a. aus Prag, ab 1955 auch Mitarb. beim Schweizer Rundfunk in Bern, u. a. für eine dt.-französ. Lit.chronik, 1957/58 Beiträger der «Schweizer Monatsh. Zs. für Politik, Wirtschaft, Kultur», außerdem langjähriger Rezensent für mehrere Schweizer Tagesztg., u. a. für das «St. Galler Tagbl.», den Zürcher «Tages-Anz.», den Berner «Bund» sowie für die «Bühne» in Wien. – 1979 Silbernes Ehrenzeichen für Verdienste um die Republik Österreich. – Ess., Feuill., Lit.- u. Theaterkritik, Übers. (aus dem Französischen).

Schriften: Amphitryon in Frankreich und Deutschland. Ein Beitrag zur vergleichenden Literaturgeschichte (Diss.) 1952.

Herausgebertätigkeit: Der Weiberfeind. Liebenswürdige Bosheiten von der Antike bis zur Gegenwart, 1954 (Zeichn. W. Zeller-Zellenberg); Nur für Raucher. Das kleine Buch vom blauen Dunst, 1955 (Zeichn. H. Knorr); M. Pagnol, Dramen, Bd. 1 (Übers. aus dem Französ. H.-J. PAULI u. a.) 1961; J. Urzidil, Bekenntnisse eines Pedanten. Erzählungen und Essays aus dem autobiographischen Nachlass (m. Einf. hg.) 1972; F. von Saar, Meisternovellen (m. Nachw. hg.) 1982.

Nachlass: Briefslg. im Schweizer. Lit.arch., Bern; Briefw. in der Zentralbibl. Zürich (Nachl. Elias Canetti) u. in der Bibl. der ETH Zürich (Nachl. Eduard Fueter).

Literatur: Theaterlex. der Schweiz (hg. A. KOTTE) Bd. 2, 2005 (auch Internet-Edition); M. MEYER, Journalist aus Passion. Zum Tod von ~ (in: Neue Zürcher Ztg., 30. 3.) 2006. VH

Jacobi, (Georg) Heinrich (Ps. H[einrich] Montanus), * 20. 12. 1845 Schneeberg/Erzgeb., † 20. 5. 1916 ebd.; Pädagoge, Schriftst., Naturwissenschaftler, Heimatforscher; Sohn eines Bergbaubeamten, aufgewachsen in Schneeberg, Schulbesuche ebd. u. in Annaberg/Erzgeb., Realschulabitur u. Ergänzungsexamen, studierte 1865–68 Naturwiss., französ. Lit. u. a. an der Univ. Leipzig, 1870 Staatsprüfung für das höhere Lehramt, Lehrer in Penig/Sa., 1872–81 Oberlehrer an der Realschule in Schneeberg, 1874 Gründungsmitgl. u. Sekretär des «Naturwissenschaftl. Ver.» ebd. (später «Wiss. Ver.»), Mitgl. der Schneeberger Freimaurerloge, unterrichtete ab 1876 auch an einer kaufmänn. Fortbildungseinrichtung in Schneeberg, publizierte v. a. naturwiss. u. hist. Beitr. in versch. Zs. (u. a. ab 1881 in «Glückauf! Organ des Erzgebirgsver.») sowie in Kalendern u. Tagesztg., übersiedelte 1881 n. Werdau/Sa., bis 1892 Realschuloberlehrer für Geografie, Mineralogie, Chemie u. Naturgesch. sowie Vors. des Erzgebirgsver. ebd., 1889 Dr. phil. an der Univ. Leipzig, 1893–1908 (i. R.) Dir. der Realschule m. Progymnasium in Reichenbach/Vogtl., Studienrat u. Stadtverordneter ebd., lebte n. 1908 wieder in Schneeberg. – Königl.-Sächs. Albrechtsorden (Ritterkreuz 1. Klasse), Ehrenmitgl. des «Wiss. Ver.» Schneeberg. – Bühnenst., Festsp., heimatgeschichtl., pädagog. u. geolog. Schr., Lyrik, Prosa, Reiseführer, Vortr., FS, Mundart (erzgebirgisch).

Schriften (Ausw.) Schneeberg. 1481–1881. Ein Gedenkblatt zur 400jährigen Jubelfeier der lieben Vaterstadt gewidmet, 1881 (Nachdr., hg. S. u. L. WOIDTKE, 2004); Der Mineralog Georgius Agricola und sein Verhältnis zur Wissenschaft seiner Zeit. Ein Beitrag zur Geschichte der Wissenschaft im Reformationszeitalter (Diss.) 1889; Zur Geschichte der Realschule mit Progymnasium zu Reichenbach i. V. in dem ersten Halbjahrhundert ihres Bestehens, 1849–1899 (FS) 1899; Das Erzgebirge. Praktischer Reiseführer (Neubearb.) 1892 (4., neu bearb. Aufl. 1900; 5., neu bearb. Aufl. 1903/04); Gangstücke aus dem Erzgebirge (Ged., Prosa) 1902; Ode auf das Hinscheiden Seiner Majestät des Königs Albert von Sachsen, 1903; Fest-Schrift zur 100-Jahr-Feier der Firma Geitner & Comp., Schneeberg i. Sa., 1810–1910, 1910 (Reprint 2008); Vor hundert Jahren (St.) 1913; Vor dem Sturm. Lutherspiel in drei Bildern, 1913 (UA 1897); Im Gang der Jahrhunderte. Festspiel zum Heimatfest Schneeberg 1913,

1913 (UA 1913); Deutschlands Söhne. Entwicklung deutschen Heldentums in Wort und Bild. Lebende Bilder mit begleitendem Text und mit Musik (St.) 1913; Zur Geschichte der Erdbeben im westlichen Erzgebirge, 2005 (= Weisbachiana, H. 18, Reprint aus: Mitt. des Wiss. Ver. für Schneeberg u. Umgegend, H. 2, S. 14–22, 1885).

Uraufführungen: Krieg und Frieden (patriot. Festsp.) 1893; Silberblick (Heimatsp.) 1910.

Nachlass: Stadtarch. Schneeberg (Splitternachlass).

Literatur: B. Sowinski, Lex. dt.sprachiger Mundartautoren, 1997; H. Riedel, ~ (Montanus) [...] Pädagoge, Schriftst. u. Regionalforscher (in: Schneeberger Persönlichkeiten, Beitr. des Freundeskr. Stadtarch. Schneeberg, Internet-Edition, zuerst in: Schneeberger Stadtanz., Nr. 3–5, 2004). VH

Jacobi, Heinrich, * 21. 11. 1892 Darmstadt, † 3. 11. 1954 ebd.; Militär, Red.; Kriegsfreiwilliger im 1. Weltkrieg, verwundet u. mehrfach ausgezeichnet, Dr. phil. (?), ab 1937 Mitgl. der NSDAP, 1938 in den sog. «Landsturm» überführt, Hauptschriftleiter der «Eisleber Ztg.» in Eisleben, um 1940 Bekanntschaft m. Jochen → Klepper. – Rom., Essay.

Schriften: Der Großmast (Rom.) 1943.

Literatur: H. Denkler, Werkruinen, Lebenstrümmer. Lit. Spuren der «verlorenen Generation» des Dritten Reiches, 2006 (v. a. zu ‹Der Großmast›). VH

Jacobi, Heinz, * 23. 1. 1944 Frankfurt/M.; Schriftst., Verleger; studierte Germanistik, Philos. u. Gesch. in Frankfurt/M., Tübingen u. München, übernahm 1968 zus. m. dem Grafiker Peter Reuss die 1964 gegründete «Maistraßenpresse» in München, 1973–91 Hg. u. Mitverf. von zwölf Bdn. u. vier Sonderbdn. der polit.-lit. Zs. «Der Martin-Greif-Bote. Materialien zu Werken der Kunst u. der Lit. aus der Martin-Greif-Straße München» (z. T. m. dem Untert. «Nachr. aus dem Klassenstaat», ab 1977 unter dem Hauptt. «Der Bote»), veröff. darin u. a. Texte von Peter Paul → Zahl, Arnfried → Astel, Herbert → Achternbusch u. Hans → Imhoff, in den 1970er- u. 80er-Jahren mehrfach an subkulturellen u. polit. Aktionen wie Flugblattverteilungen u. Protestdemonstrationen in München beteiligt, u. a. presserechtl. Verantwortlicher des «Anti-Strauß-Komitees» u. der Kirchenaustrittskampagne «Aktion Froher Heide», mehreren Wohnungsdurchsuchungen u. a. polizeil. Maßnahmen ausgesetzt, 1980 u. a. wegen eines (offenen) Briefes an den Bundespräsidenten Karl → Carstens zu einer Geldstrafe verurteilt, Beiträger von «Blatt. Stadtztg. für München» u. 1977/78 von «Bayr. Informationsdienst», 1978 Mitverf. des «Stadtb. für München», seit 1989 redaktioneller Mitarb., Mitverf. u. ztw. Mithg. der Zs. «Streitbarer Materialismus», zw. 1994 u. 2009/10 Mithg. der Periodika «Besenb.» u. «Straußenb.» zur Weinwirtschaft, verzog um 1999 von München n. Brackenheim bei Heilbronn. – Glosse, Pamphlet, polit. u. polit.-satir. Schr., Ess., Lyrik, Rom., Prosa, Aphorismus, Hörsp., Block- u. Objektbuch.

Schriften: Idiotikon (Glossen) 1968 (Grafik P. Reuss; 2., neu gestaltete Aufl. 1973); Beichtspiegel – ein Sprechstück 1969 (Neuausg. m. der Genreangabe «Hörsp.», 1973, Grafik ders.); Verlautbarung des ZK des Jacobiner-Clubs (m. Peter J.) 1974; Minister Seidl muß zurücktreten! Weg mit dem geplanten bayerischen Polizeigesetz! (m. a.) 1978 (2., überarb. Aufl. u. d. T.: Weg mit dem Bayer[ischen] Polizeiaufgabengesetz, 1978); Basta (Ged.) 1984 (Grafiken P. Reuss; = Der Bote, Sonderbd. 2); Deutschdeutsch. Materialien gegen ein Volk. Das Anschluß-Lesebuch, 1990 (= Der Bote, Sonderbd. 4); Tod und Teufel. Polemiken, 1991 (= Der Bote, Bd. 12).

Herausgebertätigkeit (Ausw.): Das große Liebes-, Ehe- und Sternenbuch für den deutschen Mann (Objektb.) 1968 (2., veränd. Aufl. 1969); Das große Postwahnsinnigenbuch für den Postlosen. Anleitungen zur Postempfängnis (dass.; m. U. Raschke) 1969; Das große Photoalbum (dass.) 1969; Das große Lottobuch für den enttäuschten Spieler (dass.) 1969; Das große Liebes-, Ehe- und Sternenbuch für das deutsche Weib (Objektb.) 1969; Das große Heiratschancenbuch für das einsame Weib (dass.) 1969; Das große Perry-Rhodan-Buch. Die 73. Eiszeit (dass.; m. U. Raschke) 1970; Das große Annoncenbuch für den Kuriositätenfreund (Objektb.) 1969 (12., veränd. Aufl. 1970); Das große Prominentenbuch (dass.) 1970; Das große Eierbuch (Anthol.; m. U. Raschke) 1970 (Illustr. A. Waggag) 1970; Das Buch der Bilder. Morde, die auch Sie zu Analfabeten werden lassen (Dokumentation) 1972; Dokumentation Strauß in Chile, 1977 (2., veränd. Aufl. u. d. T.: Dokumentation Stoppt Strauß, auch Mitverf.), 1979); Strauß, Gewerkschaftsfeind Nr. 1. Eine Dokumentation, 1980.

Literatur: Schmidt, Quellenlex. 14,383. – Hdb. der alternativen dt.sprachigen Lit. (hg. P. ENGEL, C. SCHUBERT) [2]1974; Taschenlex. zur bayer. Ggw.lit. (hg. D.-R. MOSER, G. REISCHL) 1986; Sub-Bavaria (Internet-Edition).　　　　　　　　　　　VH

Jacobi, Hermann, * 13. 2. 1929 Bern; Jurist, Unternehmer, lebt in Worb/Kt. Bern; studierte Rechtswiss., Rechtsanwalt (Fürsprecher), später Verwaltungsrat-Vizepräs. versch. Aktiengesellsch. in der Schweiz, u. a. 1995–99 bei der «Hess AG» in Köniz/Kt. Bern. – Rom., Lyrik, wirtschaftshist. Schrift.

Schriften: Der Kommunismus. Nach dem Manuskript zu einem Vortrag [...], 1962 (64?); Die Kleefabrik (Rom.) 1990; Die Intervention. Aufzeichnungen eines bürgerlichen Revolutionärs (Rom.) 1997; Siebzig erreicht. Gedichte aus sechs Jahrzehnten, 1999; The Hess Group. Since 1844. Vier Generationen im Banne der Qualität. Die bewegte Geschichte eines Schweizer Familienunternehmens, 2005 (dt. u. englisch).

Herausgebertätigkeit: Flüsterwitze und Karikaturen aus dem Osten (m. Einl. zus.gestellt) 1965; Neue Flüsterwitze und Karikaturen aus dem Osten (dass.) 1968; Gut geflüstert – Genosse (dass.) 1971 (auch als Bd. 3 von ‹Flüsterwitze und Karikaturen aus dem Osten›).　　　　　　VH

Jacobi, Hugo, * 14. 11. 1882 Straßburg, † 14. 12. 1954 Zürich; Jurist, Schriftst.; Sohn eines Unternehmers, aufgewachsen in Straßburg, Gymnasialbesuch ebd., Bekanntschaft u. spätere Freundschaft m. Albert → Schweitzer, Stud. der Rechtswiss. in Straßburg, Berlin, München u. Heidelberg, 1911 Dr. jur. an der Univ. Heidelberg, Offizier im 1. Weltkrieg, lebte n. 1918 in Berlin, Referendar, Assistent, später bis 1936 Regierungsrat beim preuß. Regierungspräsidium in Potsdam u. im Reichsinnenministerium in Berlin, 1938 Emigration n. Frankreich, 1939 ebd. Internierung, Flucht in die USA, lebte in New York, ab 1947 mehrere Reisen n. Europa, zuletzt in Zürich, befreundet m. Ferdinand → Lion u. bekannt m. Thomas → Mann, stiftete testamentar. den «H.-J.-Preis» für «junge, um Stil u. Existenz ringende Dichter» (verliehen 1955–67) u. für 1956–60 das Ersch. eines Jb. «Junge Lyrik» im Carl-Hanser-Verlag München. – Mitgl. des P.E.N.-Zentrums dt.sprachiger Autoren im Ausland. – Lyrik, Ess., Fachschrift.

Schriften (jurist. in Ausw.): Der Versicherungsschein (Diss.) 1911; Ich weiß nicht, wer noch lebt ... (Ged.) 1917; Die Ahnenden (Ged.) 1925; Nefretete (Ged.) 1933; Venezianische Spiegelungen (Ged.) 1951; Sun Valley Songs (Ged.) New York 1952 (amerikan.); Gedichte (hg. F. LION) 1955.

Materialsammlung: Wolf Netter & Jacobi Collection beim Leo Baeck Inst., Center for Jewish History, New York; Dossier in der Schweiz. Nationalbibl. Bern.

Literatur: W. STERNFELD, E. TIEDEMANN, Dt. Exil-Lit. 1933–1945. Eine Bio-Bibliogr., [2]1970; R. HEUER, Bibliographia Judaica. Verz. jüd. Autoren dt. Sprache, Bd. 1, 1981; R. E. WARD, A Bio-Bibliogr. of German-American Writers 1670–1970, White Plains/N. Y. 1985; J. WALK, Kurzbiogr. zur Gesch. der Juden 1918–1945, 1988.　　　VH

Jacobi, Jolande (geb. Székács), * 25. 3. 1890 Budapest, † 1. 4. 1973 Zürich; Psychologin; Tochter eines jüd. Geschäftsmannes u. Senators am öst.-ungar. Hof, Gymnasialbesuch in Budapest, ausgebildete Sekretärin, 1909 Heirat m. einem Rechtsanwalt, kam 1919 m. ihrer Familie n. Wien, ab 1926 in Kontakt zum Öst. Kulturbund u. befreundet m. Albert von → Trentini, 1927 erste Begegnung m. Carl Gustav → Jung, studierte ab 1927 Psychol. in Wien u. Zürich, Ausbildung in Psychotherapie, 1928–38 geschäftsführende Vizepräs. des Öst. Kulturbundes, Bekanntschaft m. Hermann (Josef) → Broch, Ernst → Polak u. a., 1934 Konversion zum Katholizismus, 1934–38 geschäftsführende Vizepräs. des Ver. der Freunde des Univ.-Inst. für Psychol. in Wien, 1938 Dr. phil. an der Univ. ebd., emigrierte 1938 in die Schweiz, prakt. Psychotherapeutin, Pädagogin u. wiss. Schriftst. in Zürich, ab 1943 Doz. am dortigen Inst. für Angewandte Psychol. u. ab 1945 an der Volkshochschule ebd., ab 1948 Doz. u. Kuratoriumsmitgl. am C.-G. Jung Inst. Zürich, Vortr.reisen in der Schweiz, in Europa u. 1953/54 in den USA, erhielt 1957 die öst. Staatsbürgerschaft. – 1935 Ritterkreuz des öst. Verdienstordens für kulturelle Tätigkeit, 1971 Öst. Ehrenkreuz für Wiss. u. Kunst. – Mitgl. des P.E.N.-Clubs Zürich. – Fachschr., Essay.

Schriften (Ausw.): Das Altern. Versuch einer psychologischen Studie (Diss.) 1938; Die Psychologie von C. G. Jung. Eine Einführung mit Illustrationen, 1940 (ab 2., erw. u. vollst. neu bearb. Aufl. 1945 m. dem Untert.: Eine Einführung in das Gesamtwerk [mit 8 farbigen und 9 einfarbigen Illustrationen und 18 Diagrammen]; 3., erw. u. neu bearb. Aufl. 1949; 4., erw. u. neu bearb. Aufl. 1959; 5., revid. u. erg. Aufl., Geleitw. C. G. JUNG, 1967; Tb.ausg. [ohne Illustr., m. Geleitw.] 1977; aktual. Neuausg. 2012; in zahlr. Sprachen übers.); Der Traum vom Orakel. Aus der Analyse eines jungen Akademikers, 1955 (Sonderdr.); Komplex, Archetypus, Symbol in der Psychologie C. G. Jungs (Vorw. C. G. JUNG) 1957; Der Weg zur Individuation, 1965; Frauenprobleme, Eheprobleme, 1968; Vom Bilderreich der Seele. Wege und Umwege zu sich selbst (Vorw. H. K. FIERZ) 1969 (Sonderausg. 1981); Die Seelenmaske. Einblicke in die Psychologie des Alltags, 1971.

Herausgebertätigkeit (Ausw.): Paracelsus. Lebendiges Erbe. Eine Auslese aus seinen sämtlichen Schriften. Wegweisendes und Besinnliches für den Menschen der Gegenwart (Ausw., Einf., Biogr., Wb.) 1942 (2., überarb. u. erw. Aufl. u. d. T.: Paracelsus, Arzt und Gottsucher an der Zeitenwende. Eine Auswahl aus seinem Werk, 1991); C. G. Jung, Psychologische Betrachtungen. Eine Auslese aus den Schriften (auch zus.gestellt) 1945 (3., neu bearb. u. erg. Aufl. u. d. T.: C. G. J., Mensch und Seele. Aus dem Gesamtwerk 1905–1961); ders., Symbole der Wandlung. Analyse des Vorspiels zu einer Schizophrenie (Ausw., Zus.stellung) 1952 (= 4., umgearb. Aufl. von: ders., Wandlungen und Symbole der Libido).

Nachlass: Bibl. der ETH Zürich; Briefe u. a. im DLA (im Nachl. von Ernst Polak). – Schmutz-Pfister 3077; Inventar 1,520; ~ [...] Kat. der Mss. u. Veröff., 1983 (auch Internet-Edition).

Literatur: Schmidt, Quellenlex. 14,384. – Hdb. Emigration II/1,558; DBE 5,273. – Schweizer Biogr. Arch. (Red. W. KELLER) Bd. 6, 1958; ~ (Nekrologe) 1973; A. MAGGY, Jung's Circle of Women. The Valkyries, York Beach/ME 1999; C. G. JUNG, Briefe (hg. A. JAFFÉ, G. ADLER) 2 Bde., 2012.   VH

Jacobi, Jutta, *1955 Göttingen; Journalistin, Schriftst., Feldenkrais-Pädagogin, lebt seit 1989 in Hamburg; studierte Germanistik, Kunstgesch. u. Theaterwiss. an den Univ. in Freiburg/Br. u. München, Volontärin bei der Münchener «Abendztg.», 1988 Dr. phil. an der Univ. München, freiberufl. Journalistin für versch. Ztg. u. ARD-Radiosender, verf. seit 1992 zahlr. Hörfunkfeatures für NDR, WDR, SWR u. Dtl.radio, u. a. «Der Reigen zu Rad. Wie Arthur Schnitzler die Geschwindigkeit lieben lernte» (2011), zahlr. Rei-

sen u. längere Auslandsaufenthalte, u. a. 2001 n. Udmurtien u. 2002–07 in Schweden, absolvierte 2008–12 ein internat. Feldenkraistraining in Wien u. erteilt seitdem in Hamburg entsprechende Kurse. – Biogr., Radiofeature, Rom., Rez., familiengeschichtl. Sachbuch.

Schriften: Journalisten im literarischen Text. Studien zum Werk von Karl Kraus, Egon Erwin Kisch und Franz Werfel, 1989 (Diss. 1988); Geschichten der Jacobi-Tonwerke 1860–1997. Ein Familienalbum, 1997 (Selbstverlag); Katias Zorn. Roman eines russischen Sommers (m. J. Solovieva) 2003; Zarah Leander. Das Leben einer Diva (Biogr.) 2006.   VH

Jacobi, Klaus, *20. 9. 1936 Köln; Philosoph, Philos.historiker, lebt in Freiburg/Br.; besuchte versch. Volksschulen im Rhld. u. ab 1947 ein altsprachl. Gymnasium in Köln, 1956 Abitur ebd., studierte ab 1956 Gesch., Philos. u. Germanistik an den Univ. in Köln u. München u. ab 1959 an der Univ. Freiburg/Br., 1967 Dr. phil. ebd., Tutor im Ulrich-Zasius-Heim Freiburg, 1969–79 wiss. Assistent am Thomas-Inst. der Univ. Köln, 1976 Habil. ebd., Lehrstuhlvertretungen an der FU Berlin, an den Univ. in Heidelberg u. Duisburg, 1984–2001 (emeritiert) o. Prof. für Philos. an der Univ. Freiburg, 1988–2005 Mithg. des «Philosoph. Jahrbuchs». – Fachschrift.

Schriften: Die Methode der cusanischen Philosophie, 1969 (Diss. 1967); Die Modalbegriffe in den logischen Schriften des Wilhelm von Shyreswood und in anderen Kompendien des 12. und 13. Jahrhunderts. Funktionsbestimmung und Gebrauch in der logischen Analyse, 1980 (Habil.-Schr. 1976).

Herausgebertätigkeit (Ausw.): Nikolaus von Kues. Einführung in sein philosophisches Denken (in Zus.arbeit m. H. Meinhardt) 1979; Thinking and the Structure of the World. Hector-Neri Castañeda's Epistemic Ontology Presented and Criticized. Das Denken und die Struktur der Welt [...] (m. H. Pape) Berlin u. New York 1990 (engl. u. dt.); Argumentationstheorie. Scholastische Forschungen zu den logischen und semantischen Regeln korrekten Folgerns, 1993 (dt. u. engl.); Meister Eckhart: Lebensstationen – Redesituationen (m. Vorw. hg.) 1997; Gespräche lesen. Philosophische Dialoge im Mittelalter (m. Einl. hg., auch Mitverf.) 1999; Petri Abaelardi Glossae super Peri hermeneias (m. C. Strub) Turnhout/Belgien 2010 (lat. u. engl.); Mystik, Religion und intellektuelle

Redlichkeit. Nachdenken über Thesen Ernst Tugendhats (dass.) 2012.

Literatur: G. M. MÜLLER, ~, ‹Gespräche lesen› (in: Götting. gelehrte Anz. 253, H. 1/2, S. 72–89) 2001. VH

Jacobi, Lucie, * 3. 3. 1886 Worms, † 12. 3. (n. anderen Angaben: 12. 2.) 1968 Gießen; Lehrerin, Germanistin; wuchs als Tochter eines Kaufmannes in Worms auf, besuchte 1892–1902 eine höhere Mädchenschule ebd. u. 1902–05 das Lehrerinnenseminar in Mainz, 1905–15 Volksschullehrerin in Offenbach, 1916 Abitur in Darmstadt, studierte ab 1916 Gesch., dt. u. französ. Philol. an der Hess. Landesuniv. Gießen, 1920 Dr. phil. ebd., Gymnasiallehrerin u. Stud.rätin in Offenbach, 1933 aufgrund ihrer jüd. Herkunft aus dem Schuldienst entlassen, verzog n. Berlin, emigrierte 1938 n. London, 1947 Rückkehr n. Gießen u. bis 1952 (pensioniert) Leiterin des Mädchenrealgymnasiums ebd., erste Oberstudiendir. von Gießen, initiierte 1948 die Umbenennung der Schule in «Ricarda-Huch-Schule». – 1952 Verdienstkreuz der BRD. – Fachschr., Rede, Aphorismus.

Schriften: Die dramatische Behandlung des Arminiusstoffes von den Befreiungskriegen bis 1888 (Diss.) 1920; Ricarda Huch. Eine Rede, gehalten auf der Feier zur Verleihung des Namens «Ricarda-Huch-Schule» an das Realgymnasium für Mädchen in Gießen, am 27. November 1948, 1949.

Literatur: In memoriam ~, Oberstudiendir. an der Ricarda-Huch-Schule in Gießen 1947–1952 (red. M. KUSCHKE) 1984. VH

Jacobi, Lucy von (geb. Lucia Goldberg; Ps. Elisabeth Alzey; Baranius; Billie; Lucy Geldern; L. Humm; Kittie; Lot; Miraflor; Lino Rossi u. a.), * 8. 9. 1887 Wien, † 24. 4. 1956 Locarno-Minusio/ Kt. Tessin; Journalistin, Schauspielerin, Dramaturgin, Übers., Kritikerin, Schriftst.; Tochter eines Kaufmannes, wuchs in Wien auf, besuchte 1903–05 eine Schausp.schule ebd., ab 1905 Schauspielerin bei Max → Reinhardt am Theater in Berlin, 1907 Heirat m. dem Germanisten u. Schauspieler Bernhard von J. (1885–1914), 1909 Übersiedlung n. München, 1915/16 an den dortigen Kammersp. engagiert, ab 1917 Veröff. von zahlr. Beitr. in Zs. u. Ztg. wie «Die Weltbühne», «Die Frau im Staat» u. «Neueste Westfäl. Nachr.», Kontakte zu vielen Schriftst. u. Künstlern, u. a. zu Arthur → Schnitzler, Else → Lasker-Schüler, Heinrich

→ Mann, Erich → Mühsam, Arnold → Zweig u. Gustaf → Gründgens, Engagements an Theatern in Berlin (1917–19), am Staatstheater München (1919–24) u. an den Kammersp. Hamburg (1924–26), daneben auch Übers. u. Radiosprecherin, 1926/27 Schauspielerin u. Dramaturgin am Alberttheater in Dresden, 1927 Übersiedlung n. Berlin, 1927/28 Privatsekretärin von Mechtilde von → Lichnowsky auf Gut Kuchelna/Tschechoslowakei (Chuchelná/Tschechien), 1928 Mitarb. der «Voss. Ztg.», 1928–33 fest angestellte Feuill.-Red. des Ullstein-Verlages im Berliner «Ullsteinhaus», verf. v. a. Buch-, Theater- u. Filmkritiken für die neu gegr. Tagesztg. «Tempo», 1933 Emigration in die Tschechoslowakei, Aufenthalte in Ascona/Kt. Tessin, Meran u. Wien, 1934 Übersiedlung n. Florenz, führte ebd. ztw. einen Pensionsbetrieb, Beiträgerin versch. Schweizer Ztg. u. des «Prager Tagebl.», flüchtete 1938 in die Schweiz, lebte in Ascona, später in Cureglia bei Lugano, zunächst illegale Übers. (z. T. unter Ps.), erhielt 1946 eine Arbeitsbewilligung für die Schweiz, ab 1948 krankheitsbedingte Aufenthalte in Saanen/ Kt. Bern, 1949 Daueraufenthaltsgenehmigung für die Schweiz, 1951 u. 1953 Reisen n. Dtl. u. Öst., lebte (n. einem Verkehrsunfall) ab 1954 in Locarno-Minusio zus. m. Marie Elisabeth → Kähnert. – Feuill., Ess., Glosse, Porträt, Kritik, Rundfunkbeitr., Reiseber., Rep., Sachb., Tgb., Übers. (aus dem Französ., Engl., Amerikan., Span. u. Italienischen).

Schriften: Die Apotheke auf der Wiese. Heilkräuterbuch für alle (Geleitw. A. FRÖHLICH) 1936 (Bilder H. Renyi). (Ferner ungedr. Rundfunkbeiträge.)

Übersetzungen (Ausw.): R. Rolland, Danton, 1919; T. Gautier, Die 1002. Nacht, 1920 (Zeichn. S. Carvallo-Schülein); H. Barbusse, Auf zur Wahrheit, 1920 (Reprint 1973); N.-E. Rétif de La Bretonne, Madame Parangon, 1921; E. Zola, Nana (Rom.) 1922 (NA 1942; Neuausg. 1977, Zeichn. E. Göttlicher); M. Renard, Die Fahrt ohne Fahrt und andere seltsame Geschichten, 1923 (Zeichn. S. Carvallo-Schülein); H. de Balzac, Las Marañas. Eine Novelle, 1923 (Zeichn. W. Schmidt); ders., Tobias Guarnerius (Nov.) 1924; E. Zola, Der Traum (Rom.) 1924; M. Bedel, Jérôme liebt auf 60° nördlicher Breite (Rom.) 1928; ders., Graf Molinoff erobert die Touraine (Rom.) 1929; K. Pinkerton, Einsames Blockhaus. Fünf Jahre im kanadischen Busch (m. M. E. Kähnert) 1941; W. E. Remington,

Gewitter über Insulinde. Philippinen, China, Japan, Niederländisch-Indien, Südsee (dass.) 1942; E. Buonaiuti, Christus und Paulus, 1942; E. Knight, Sam Small fliegt wieder. Die wunderbaren Erlebnisse des fliegenden Mannes aus Yorkshire (m. M. E. Kähnert) 1943 (NA 1966, Nachw. G. KLOTZ, Illustr. H. Hussel); J. Moore, Das gleiche Ziel. Roman eines Staffelführers aus Englands dunkelsten Tagen, 1943; Y. Lin, Peking. Augenblick und Ewigkeit, 2 Bde., 1943 (Neuausg. 1950); ders., Blatt im Sturm. Roman aus dem kriegverheerten China, 1944 (Neuausg. 1953); K. Tennant, Zieh weiter, Fremdling. Ein Roman aus dem Australien unserer Tage, 1944; T. Lin, Das Leben ist stärker, 1945; A. Christie, Das Haus der Mrs. Perenna (Kriminalrom.) 1945; S. Jameson, Ein Herrenhaus im Elsass. (Cousin Honoré) (Rom.) 1945; G. Millar, Der gehörnte Tauber, 1947; E. Caldwell, Gottes kleiner Acker, 1948 (NA 1953); M. Davenport, Die grosse Karriere (Rom.) 1948; I. Silone, Fontamara. Nach der früheren deutschen Übersetzung von Nettie Sutro. 3., neu bearb. Aufl. (Rom.) 1949; G. Millar, Maquis. Widerstandskämpfer im besetzten Frankreich, 1949. (Ferner nicht nachweisbare Übersetzungen).

Nachlass: L.-von-J.-Arch. im Arch. der Akad. der Künste, Berlin (Teilnachlass).

Literatur: Theater-Lex. 2,886 u. Nachtr.bd., Tl. 2,371; HdE II/1,452; HAjH 2,593. – W. STERNFELD, E. TIEDEMANN, Dt. Exil-Lit. 1933–1945. Eine Bio-Bibliogr., ²1970; Bibliographia Judaica. Verz. jüd. Autoren dt. Sprache (bearb. R. HEUER) Bd. 1, 1981; Der Film der Weimarer Republik. Ein Hdb. der zeitgenöss. Kritik (hg. G. GANDERT) 1993; I. BELOW, ~ (1887–1956) – Von einem Fund in einem Florentiner Antiquariat u. verschwiegenen Familiengeschn. (in: Familiengeschichte[n]. Erfahrungen u. Verarbeitung von Exil u. Verfolgung im Leben der Töchter, hg. I. HANSEN-SCHABERG u. a., S. 177–212) 2006; ~. Journalistin. M. Aufs. u. Kritiken von ~. (hg. R. AURICH, W. JACOBSEN) 2009 (= Film & Schr., Bd. 9); Exil-Arch. der Else-Lasker-Schüler-Stiftung (Internet-Edition).   VH

Jacobi, Margarete, * vor 1844 (?) Königsberg/Ostpr., † 1910 Stuttgart-Cannstatt; Erzieherin, Übers., Schriftst.; Tochter des Mathematikprof. Carl Gustav Jacob J. (1804–1851), lebte in Berlin u. Gotha, Erzieherin in Schles. u. Sankt Petersburg, um 1898 Mitleiterin einer Pension für junge Mädchen in Cannstatt. – Erz., Lyrik, Jgdb., Übers. (aus dem Engl., Amerikan., Französ. u. Italienischen).

Schriften: Onkel Toms Hütte. Eine Erzählung für die Jugend. Nach Harriet Beecher-Stowe frei bearbeitet, 1888 (Illustr. G. Franz; zahlr. Aufl. u. Ausg. m. versch. Illustr.; Neuausg. 1924, Illustr. E. Penzoldt); Die weite, weite Welt. Eine Erzählung für die weibliche Jugend. Nach dem Englischen der Elisabeth Wetherell frei bearbeitet, 1890 (Aquarelle C. Koch; 2. Aufl. 1903, Bilder O. Herrfurth).

Übersetzungen: Mark Twain, Tom Sawyers Abenteuer und Streiche, 1876 (?) (bis 2013 zahlr. NA u. z. T. neu bearb. Ausg.); ders., Erzählungen und Skizzen (m. W. Lange) 1884; A. Shaw, Ikaria. Ein Beitrag zur Geschichte des Kommunismus, 1886; F. R. Stockton, Ruderheim. Häusliche Erlebnisse eines jungen Ehepaares, 1886; ders., Kuriose Geschichten (Slg.; auch Ausw.) 1887; B. Taylor, Lars. Norwegisches Idyll, 1887; Novelletten und Skizzen amerikanischer Meister der Short Story: Aldrich, Bishop, Deming [...] (auch Ausw.) 1887; B. W. Howard, Guenn. Eine Welle am Strand der Bretagne (m. H. Stern) 1889; A. K. Green, Das verlassene Gasthaus, 1890; dies., Hand und Ring, 1890; dies., Hinter verschlossenen Türen, 1891; J. Hawthorne, Der große Bankdiebstahl. Nach Mitteilungen des Chefs der Newyorker Geheimpolizei, ²1891; H. Beecher-Stowe, Briefe und Tagebücher (hg. C. E. STOWE) 1892; Mark Twain, Ausgewählte Schriften, Bd. 3 u. 4, 1892 (enth. u. a.: ‹Skizzenbuch›); J. Hawthorne, Ein tragisches Geheimnis. Nach Mitteilungen des Chefs der Newyorker Geheimpolizei, 1894; ders., Der verhängnisvolle Brief, 1894; R. D. Blackmore, Lorna Doone. Romantische Erzählung, 2 Bde., 1894; A. K. Green, Endlich gefunden, 1894; A. C. Doyle, Das Zeichen der Vier, um 1895; ders., Späte Rache, um 1895 (Neuausg. u. d. T.: Eine Studie in Scharlachrot, 2013); T. Cobb, Eine dunkle That ³1896; G. du Maurier, Trilby (Rom.) 1896; A. K. Green, Um Millionen, 1896; dies., Zwischen sieben und zwölf Uhr, 1897; N. Hawthorne, Das rote A, 1897; E. Bellamy, Gleichheit, 1897; H. Beecher-Stowe, Onkel Toms Hütte oder Negerleben in den Sklavenstaaten von Amerika, 1898 (Neuübers.); Mark Twain, Meine Reise um die Welt, 1898; ders., Querkopf Wilson. Wie die Stadt Hadleyburg verderbt wurde, um 1900; M. McDonnell Bodkin, Verschwindende Diamanten und andere Detektivgeschichten, 1900; B. Harte, Drei Teilhaber (Rom.) 1901 (NA u. d. T.: Drei Goldgräber. Wild-West-Roman, 1936); C. Reade, Kloster und Herd. Eine Geschichte aus dem Mittelalter, 1901 (?); A. C. Doyle, Fünf Apfelsinenkerne und andere Detektivgeschichten, 1902; M. McDonnell Bodkin, Fräulein Detektiv (Dora Myrl), 1902; ders., Giftmischer und andere Detektivgeschichten, 1904 (NA 2012); B. M. Croker, Das spanische Halsband, 2 Bde., 1908; H. de Vere Stacpoole, Fanny Lambert, 1909; R. H. Davis, Im Nebel, 1910; F. M. Crawford, Die Primadonna, 2 Bde., 1911; Mark Twains ausgewählte Werke (m. H. Koch, L. Ottmann) 6 Bde., 1911; A. K. Green, Die Amethyst-Phiole. Der Gestohlene Rubin (m. A. Gleiner) 1913. W. Collins, Der Mondstein, ⁵1914.

Herausgebertätigkeit: Immergrün. Classische Denksprüche in Poesie und Prosa für alle Tage des Jahres (zus.gestellt) 1884; Unsere Festzeiten in Liedern und Gedichten, 1886; Des Lebens Lauf in Liedern und Gedichten, 1887 (NA 1902); Des Lebens Freud in Liedern und Gedichten, o. J. (NA 1902);   VH

Jacobi, Peter, * 30. 5. 1951 Meiningen/Thür.; Schriftst., Übers., Buchhändler, Musiker, lebt seit 1953 in München; absolvierte ab 1970 eine Buchhändlerlehre in Regensburg, gründete 1974 die Rockgruppe «Blues & Ballads» (später «Zyankali»), Sänger u. Musiker m. Tourneen u. Fernsehauftritten, Möbelträger u. Hilfsarbeiter, studierte 1976–80 Philos., Theaterwiss. u. Anglistik an der Univ. München, 1979/80 Red.assistent beim SFB, Lektor für engl.sprachige Thrillermss., seit 1981 freischaffender Autor, schrieb über 40 Hörsp. u. Kinderhörsp. für die Sender der ARD, Dtl.radio Kultur, das Schweizer Radio DRS, den ORF u. die italien. Rundfunkanstalt RAI, u. a. ‹Tümpners Neunte› (1980), ‹Wer Sie sind› (1988), ‹Tut Tut Tot› (1997), ‹Briefw. m. einem Schwein› (1999), ‹Das Schweigen der Mailbox› (2000), ‹Radio Tobi› (2009) u. ‹Der Rächtschraipkönich› (2013), auch Übers. amerikan. Dramatik. – 1989 Hörsp.preis der Kriegsblinden, 2009 u. 2013 Kinderhörsp.preis der Stadt Karlsruhe. – Hörsp., Theaterst., Rom., Kdb., Drehb., Übers. (aus dem Amerikan. u. Italien.), Liedtext, Mundart (bayerisch).

Schriften: Verlautbarung des ZK des Jacobiner-Clubs (m. Peter J.) 1974; Fußballplatz (Theaterst.) 1977 (Schr. nicht nachweisbar); Der Sohn der Eltern des Chefarzts. Ein Stück, 1984 (als Ms. gedr.; 1986 als Hörsp.); Der weiße Zwerg (Rom.) 1994; Herrjemine! Der junge Alt (Kdb.) 1996 (Illus-

tr. A. Leoncini); Mein Leben als Buch (Rom.) 2000 (dass.); Die falsche Schlange (Kdb.) 2001; Der blaue Affe (Kdb.) 2002. (Ferner zahlr. ungedr. Hörspiele.)

Tonträger: I could cry vor lauta bluus (Schallplatte; m. «Blues & Ballads») 1974 (2008 als CD m. Beih.); Die Konferenz der Schuhe (Kinderhörsp.; CD) 2002 (Ursendung 1999).

Literatur: Thüringer Lit.rat, Autorenlex. (Internet-Edition); Hörsp.datenbank HörDat (dasselbe).   VH

Jacobi, Richard (Ps. Richard Hans), * 26. 3. 1901 Kronstadt/Siebenb. (Braşov/Rumänien), † 26. 1. 1972 Hermannstadt (Sibiu/ebd.); Forstmann, Ornithologe, Schriftst.; Sohn eines Bankbeamten, Besuch des Honterus-Gymnasiums in Kronstadt, 1920 Abitur ebd., Praktikum beim Städt. Forstamt Kronstadt, Stud. der Forstwiss. an der Hochschule für Bodenkultur in Wien (1921/22) u. an der Forsthochschule in Tharandt/Sa. (1923–25), 1925 Dipl.-Forstingenieur in Tharandt u. Praktikant an der Vogelwarte Rossitten/Ostpr. (Rybatschi/Russland), 1925–28 Kustos der ornitholog. Slg. am Burzenländer Sächs. Mus. Kronstadt, gründete die erste Zentrale für Vogelberingungen in Rumänien u. setzte sich für die Errichtung einer Vogelwarte im Donaudelta ein, Mitarb. am «Jb. des Siebenbürg.-Sächs. Mus.», Beiträger u. später Mithg. des «Siebenbürg. Jagd-Kalenders» (ab 1926 «Karpathen-Jagd-Kalender»), 1927/28 Militärdienst in Ploieşti, 1928–45 Forst- u. Vermessungsingenieur, u. a. in den Ostkarpaten, 1945–47 Zwangsarbeiter in der Sowjetunion, 1947–55 wieder Forstingenieur, u. a. in den Südkarpaten (Lotru- u. Zibinsgebirge), Vogel- u. Jagdkundler, widmete sich ab 1955 vornehml. seiner schriftsteller. Tätigkeit u. veröff. ornitholog. Aufs. in versch. Fachzs. sowie belletrist., zoolog. u. heimatkundl. Beitr. in Ztg. u. Zs. wie «Karpatenrs.» u. «Urania» (Frankfurt/M.). – Jgdb., Rom., Nov., Erz., Anekdote, Fachschrift.

Schriften (Fachschr. in Ausw.): Gedanken zu einer rumänischen Vogelwarte, Bukarest 1930 (Sonderdr.); Das Mädchen und die Bärin (Rom., Jgdb.) ebd. 1958 (enth. außerdem: Der Bauer und das Schelmenpack; Zeichn. J. Untch; Neuausg. Bukarest 1982); Karpatenzauber. Erzählungen aus Hackelbernds und Nöckelmanns Reich, ebd. 1961 (Zeichn. H. Arz); Adebar fliegt nach dem Süden (Erz., Jgdb.) ebd. 1969 (Illustr. E. Chinschi); Hexensabbat. Tier- und Jagdgeschichten, ebd. 1970; Siebenbürgische Schnurren und Anekdoten. Gesammelt und nacherzählt, ebd. 1971; Fillip der Zitronenfalter. Der Bauer und das Schelmenpack (Jgdb.) ebd. 1974 (Zeichn. R. Mildner-Müller).

Nachlass: Teilnachl. (zoolog. Mss.) im Privatarch. Heinz Heltmann, Sankt Augustin; Siebenb.-Inst., Gundelsheim/Neckar.

Literatur: Schmidt, Quellenlex. 14,384. – L. Gebhardt, Die Ornithologen Mitteleuropas. Ein Nachschlagewerk, Bd. 3, 1974; M. Popa, Dicţionar de literatură română contemporană, Bukarest ²1977; W. Klemm, ~ als Ornithologe (in: Beitr. zur Vogelkunde 24, H. 5, S. 295–298) 1978; H. Heltmann, ~ (1901–1972) (in: Siebenbürg. Arch. 18, S. 221f.) 1984; Die Siebenbürger Sachsen. Lex. (hg. W. Myss) 1993; R. Rösler, Dem Vergessen entreißen. Südostdt. Forstleute. Für ein forstbiogr. Lex. Siebenb. u. der angrenzenden Gebiete (in: Südostdt. Vjbl. 45, H. 1, S. 49–53) 1996; H. A. Hienz, Schriftst.-Lex der Siebenbürger Deutschen. Bio-Bibliogr. Hdb., Bd. 7, 2000; Kulturportal Ost – West (Internet-Edition).   VH

Jacobi, Wolfgang (Ps. Eduard Hansen; Godske E. Hansen), * 28. 3. 1931 Niebüll/Nordfriesl.; Apotheker; Sohn einer Apothekerfamilie, wuchs in Niebüll u. in Nordfriesl. auf, ab Mitte der 1960er-Jahre bis 1984 Geschäftsführer eines Pharmaunternehmens in Heppenheim, lebte um 1990 ebenda. – 1983 Mitgl. des Bundesverbandes dt. Schriftst.-Ärzte e. V. – Lyrik, Kurzgesch., Novelle.

Schriften: Geographien (Ged.) 1978; Malereien. Geschriebenes, 1978; Umgebungen (Ged.) 1978; Das Dorf (Ein Sohn geht verloren) (Nov.) 1979; Bruchstücke (Ged.) 1980; Zeit der Kelter (Ged.) 1981; Jan und Astrid (Briefe) 1981; Gleich hinter der Wolke ist Sonne, 1981; Veränderungen (Ged.) 1983; Oase im Herbst (Ged.) 1983; Balkongeschichten, 1984; Wildwuchs (Ged.) 1986; Morgen früh bin ich zurück, 1987; Punta Negra. Beobachtungen, 1994.   VH

Jacobi-Scherbening, Ernst Gerhard Ludwig → Jacobi, Ernst.

Jacobius, Thea, * 17. 2. 1884 Berlin, † vermutl. 1942; Lehrerin, Romanistin, lebte in Berlin; Tochter eines Kaufmanns, 1906–17 (m. Unterbrechungen) Lehrerin an einer Höheren Knabenschule in

Charlottenburg (später zu Berlin), 1910 Reifeprüfung am Schiller-Realgymnasium ebd., 1910–15 Lehramtsstud. an der Univ. Berlin, 1916 erste Lehramtsprüfung für höhere Schulen in Französ., Engl. u. Dt., unterrichtete ab 1917 bis in die 1930er-Jahre moderne Fremdsprachen an versch. Lyzeen in Berlin, 1919 Stud.rätin, 1921 Dr. phil. an der Univ. Jena, Fachgutachterin für Französ. im Schuldienst, n. vergebl. Versuchen, ein Einreisevisum für Großbritannien zu erhalten, aufgrund ihrer jüd. Herkunft um 1942 in den Osten deportiert u. wahrscheinl. in einem Konzentrationslager ermordet. – Puppensp., Fachschr., Lyrik.

Schriften: Madame de Lambert, ein Bild ihres Lebens und ihrer Persönlichkeit (Diss.) 1921; Kasperle als Rechtsanwalt nach dem mittelalterlichen Schwank vom Maître Pathelin, 1927.

Literatur: A. Klotz, Kinder- u. Jugendlit. in Dtl. 1840–1950. Gesamtverz. [...], Bd. 2, 1992; W. Ledermann, Encounters of a Mathematician [Childhood in Berlin. 1911–1920], London 2009 (auch Internet-Edition); Personaldaten von Lehrern u. Lehrerinnen Pr. Arch.datenbank der Bibl. für Bildungsgeschichtl. Forsch. des Dt. Inst. für internat. pädagog. Forsch., Berlin (Internet-Edition); The Central Database of Shoah Victims' Names (dasselbe).   VH

Jacobovits, Béla → Jenbach, Bela.

Jacobowicz, Béla → Jenbach, Bela.

Jacobowski, Ludwig, * 21. 1. 1868 Strelno/Posen (Strzelno/Polen), † 2. 12. 1900 Berlin; Schriftst., Red., Kritiker; Sohn eines jüd. Kaufmanns u. späteren Schuhfabrikanten, wuchs ab 1874 in Berlin auf, besuchte die Luisenstädt. Oberrealschule ebd., 1887 Abitur, studierte ab 1887 Lit.gesch., Philos., Gesch., Kulturgesch., Psychol. u. Nationalökonomie an der Friedrich-Wilhelms-Univ. Berlin, wechselte 1889 an die Univ. Freiburg/Br., 1891 Dr. phil. ebd., ab 1890 Mitarb. von mehr als 30 Ztg. u. Zs., 1890 zus. m. Richard → Zoozmann Begr. u. bis 1891 (Ersch. eingestellt) Hg. der Zs. «Der Zeitgenosse. Berliner Monatsh. für Leben, Kritik u. Dg.», Vorstandsmitgl. der «Neuen Dt. Volksbühne» in Berlin, ztw. Arbeiter in einer Berliner Schuhfabrik, Angestellter beim «Ver. zur Abwehr des Antisemitismus» in Berlin u. Red. von deren «Mitt.», 1898–1900 zus. m. Michael Georg → Conrad Hg. u. Schr.leiter der Zs. «Die Gesellsch.

Halbmonatsschr. für Lit., Kunst u. Sozialpolitik», 1899/1900 Gründer des Lit.- u. Künstlerklubs «Die Kommenden» in Berlin, befreundet m. Carl → Busse, Rudolf → Steiner (J.s Nachl.verwalter), Franz Ferdinand → Heitmüller, Maria → Stona u. a., 1900 Begr. u. Hg. der H.reihe «Dt. Dichter in Ausw. fürs Volk», starb an den Folgen einer Hirnhautentzündung; zahlr. seiner Ged. wurden vertont. – Lyrik, Nov., Erz., Rom., Theaterst., Lustsp., Lit.kritik, Ess., polit., kulturpolit. u. poetolog. Schrift.

Schriften (außer Musikdr.): Aus bewegten Stunden. Gedichte (1884–1888), 1888 (2., veränd. Aufl. 1899); Funken. Neue Dichtungen, 1890; Die Anfänge der Poesie. Grundlegung zu einer realistischen Entwicklungsgeschichte der Poesie (Ess.) 1891; Klinger und Shakespeare. Ein Beitrag zur Shakespearomanie der Sturm- und Drangperiode (Diss.) 1891; Offene Antwort eines Juden auf Herrn Ahlwardt's «Der Eid eines Juden», 1891; Der Juden Anteil am Verbrechen. Nach amtlichen Quellen dargestellt, 1892; Werther, der Jude. Moderner Roman, 1892 (zahlr. Aufl.; NA m. dem Untert.: Roman, Geleitw. L. J., 1898; davon NA 1920); Wilhelm II., Romantiker oder Sozialist?, 1892 (anon. ersch.); Der christliche Staat und seine Zukunft. Eine politische Studie, 1894; Primitive Erzählungskunst, 1895 (Sonderdr.); Diyab, der Narr. Komödie in drei Akten, 1895; Aus Tag und Traum. Neue Gedichte (1891–1895), 1896; Anne-Marie. Ein Berliner Idyll (Erz.) 1896; Vorfrühling. Eine stille Geschichte, 1896; Der kluge Scheikh. Ein Sittenbild aus Nordafrika, 1897; Satan lachte … und andere Geschichten, 1898; Loki. Roman eines Gottes, 1898 (Bilder H. Hendrich; NA 1899; Reprint dieser Ausg., Geleitw. F. B. STERN, 1966); Leuchtende Tage. Neue Gedichte (1896–1898), 1900 (2. Aufl., Vorrede J. ETTLINGER, 1901); Glück. Ein Akt in Versen, 1900; Arbeit. Eine Handlung (Einakter) 1900; Schlichte Geschichten (Novelletten) 1901; Ausklang. Neue Gedichte aus dem Nachlaß L. J.s (m. Einl. hg. R. STEINER) 1901; Stumme Welt. Symbole. Skizzen aus dem Nachlaß L. J.s (dass.) 1901.

Briefe: Auftakt zur Literatur des 20. Jahrhunderts. Briefe aus dem Nachlaß von L. J. (hg. F. B. STERN) I Die Briefe, II Einführung, Kommentar und Bibliographie, 1974.

Herausgebertätigkeit (Ausw.): F. M. Klinger, Das leidende Weib. Ein Trauerspiel. Nebst einem Anhang: Die frohe Frau und Klingers Entgegnung

(m. Einl. hg.) 1889; ders., Die Zwillinge (dass.) 1890; Aus deutscher Seele. Ein Buch Volkslieder (zus.gestellt) 1899; Fröhliche Kunst. Ein humoristischer Almanach (m. a.) 1899; Neue Lieder der besten neueren Dichter für's Volk (zus.gestellt) 1899 (Illustr. H. Hirzel); Die blaue Blume. Eine Anthologie romantischer Lyrik (m. F. von Oppeln-Bronikowski, m. Einl. der Hg.) 1900; Deutsche Dichter in Auswahl für's Volk, 3 H., 1900; Freie Warte. Sammlung moderner Flugschriften, 3. H., 1900.

Ausgaben: Anne-Marie. Der kluge Scheikh (Novn.) 1910; Vom dunkeln und vom lichten Leben (Ged.; Ausw. C. FLAISCHLEN) 1911; … die ungeteilte Melodie (Ged., Erzn.; Ausw. u. Geleitw. F. B. STERN) 1966; Gesammelte Werke in einem Band. Jubiläumsausgabe zum 100. Todestag. Romane, Erzählungen, Lyrik, Dramatik, kritische, essayistische und poetologische Schriften. Mit einer umfassenden Bibliographie der Primär- und Sekundärliteratur (m. Nachw. hg. A. MÜLLER, M. M. SCHARDT) 2000.

Nachlass: Hochschul- u. LB RheinMain (Hess. LB Wiesbaden); Briefe u. a. im Lit.arch. der Monacensia, StB München, im DLA u. in der UB Leipzig. – Denecke-Brandis 168.

Literatur:

Bibliografien: Albrecht-Dahlke II/1,640 u. IV/1,865; Schmidt, Quellenlex. 14,384. – F. B. STERN, Bibliogr. ~ (in: DERS., Persönlichkeit u. Werk eines Dichters, S. 192–203) 1966; DERS., Bibliogr. ~ (in: Auftakt zur Lit. des 20. Jh. Briefe aus dem Nachl. von ~, hg. DERS., Bd. 2, S. 279–331) 1974; ~. Bibliogr. der Primär- u. Sekundärlit. (in: ~, Ges. Werke in einem Bd. […], m. Nachw. hg. A. MÜLLER, M. M. SCHARDT, S. 1165–1202) 2000.

Lexika und Nachschlagewerke: Theater-Lex. 2,886; NDB 10,240; Killy 6,59; de Boor-Newald IX/1,42 u. IX/2,120; DBE 5,275; Killy ²6,75. – C. D. LIPPE, Bibliograph. Lex. der gesammten jüd. Lit. der Ggw., NS, Bd. 1, 1889; Das geistige Berlin (hg. R. WREDE) Bd. 1, 1897; R. M. WERNER, Vollendete u. Ringende, 1900; A. KOHUT, Berühmte israelit. Männer u. Frauen in der Kulturgesch. der Menschheit. Lebens- u. Charakterbilder aus Vergangenheit u. Ggw. […], Bd. 2, 1901; Biogr. Jb., Bd. 5, 1903; M. GEISSLER, Führer durch die dt. Lit. des 20. Jh., 1913; S. WININGER, Große jüd. National-Biogr. […], Bd. 3, Czernowitz 1928; Jüd. Lex. Ein enzyklopäd. Hdb. des jüd. Wissens in 4 Bdn. (begr. G. HERLITZ, B. KIR-

SCHNER) Bd. 3, 1929; Encyclopaedia Judaica. Das Judentum in Gesch. u. Ggw., Bd. 8, 1931; The Universal Jewish Encyclopedia [...] (hg. I. LANDMAN) Bd. 6, New York 1948; D. STERN, Werke von Autoren jüd. Herkunft in dt. Sprache. Eine Bio-Bibliogr., ³1970; Encyclopaedia Judaica (hg. C. ROTH, G. WIGODER) Bd. 9, Jerusalem 1971; R. HEUER, Bibliographia Judaica. Verz. jüd. Autoren dt. Sprache, Bd. 1, 1981; E. G. LOWENTHAL, Juden in Pr. Biogr. Verz. Ein repräsentativer Querschnitt, 1981; G. von WILPERT, Dt. Dichterlex. Biogr.-bibliograph. Handwb. zur dt. Lit.gesch., ³1988; Neues Lex. des Judentums (hg. J. H. SCHOEPS) 2000 (überarb. Neuausg.); Metzler Lex. der dt.-jüd. Lit. (hg. A. B. KILCHER) ²2012.

Allgemein zu Leben und Werk: O. REUTER, ~. Werk, Entwicklung u. Verhältnis zur Moderne, 1900; ~ im Lichte des Lebens (hg. M. STONA) 1901; H. FRIEDRICH, ~. Ein modernes Dichterbild, 1901; W. STOLL, ~. Versuch einer Monographie (Diss. Wien) 1952; F. B. STERN, ~. Persönlichkeit u. Werk eines Dichters, 1966; R. STEINER, ~ (in: DERS., Biogr. u. biogr. Skizzen 1894 bis 1905, hg. E. FROBÖSE, W. TEICHERT, S. 179–213) 1967; DERS., ~s ‹Leuchtende Tage› (in: DERS., Ges. Aufs. zur Lit. 1884–1902, hg. DIES., S. 293–313) ²1971; DERS., ~ im Lichte des Lebens: ‹Loki› (ebd., S. 415–420) ²1971; H. O. HORCH, Fritz Mauthner u. ~: der Tod als Scheinlösung des Identitätsproblems (in: DERS., Auf der Suche n. der jüd. Erzähllit. Die Lit.kritik der «Allg. Ztg. des Judentums» [1837–1922], S. 208–214) 1985; C. SIEGRIST, Werther als Identifikationsfigur für Außenseiter. ~s Rom. ‹Werther, der Jude› (in: RG 15, S. 87–94) 1985; I. SHEDLETZKY, ~ (1868–1900) u. Jakob Loewenberg (1856–1929). Lit. Leben u. Schaffen «aus dt. u. aus jüd. Seele» (in: Juden in der dt. Lit., hg. S. MOSES, A. SCHÖNE, S. 194–209) 1986; R. JACOBS, ~. Ein dt. Jude (in: Info3, Nr. 5, S. 16–20) 1986 (erneut in: Zeitgenossen Rudolf Steiners im Berlin der Jh.wende, hg. A. OLDENBURG, S. 45–62, 1988); M. M. ANDERSON, «Jewish» Mimesis? Imitation and Assimilation in Thomas Mann's «Wälsungenblut» and ~'s ‹Werther, der Jude› (in: GLL 49, H. 2, S. 193–204) 1996; J. M. HESS, Fictions of a German-Jewish Public: ~' ‹Werther the Jew› and its Readers (in: Jewish Social Studies 11, Nr. 2, S. 202–230) Bloomington/IN 2005.   VH

Jacobs, Alois, * 22. 4. 1860 Höngen bei Aachen (später zu Alsdorf), † nicht ermittelt; Postangestell-

ter, Schriftst.; lebte ab 1872 in Sundhausen/Elsass, im Steuerbüro seines Vaters tätig, 1882 Postgehilfe in Schlettstadt/Elsass (Sélestat/Frankreich) u. 1885–90 in Straßburg, ab 1891 Postassistent u. ab 1896 Postoberassistent in Zabern/Elsass (Saverne/Frankreich), um 1915 Postsekretär a. D. ebd., lebte um 1922 in Augsburg. – Lyrik, Lsp., Schw., Mundart (elsässisch).

Schriften: Immergrün (Ged.) 1889; Der letzte Ferientag oder «Studenstreiche» (Lsp.) 1897 (Schr. nicht nachweisbar); Aus dem Wasgau (Ged.) 1899 (Selbstverlag; erw. Neuausg 1902 [im Buchverlag]); Ins heilige Land (Ged.) 1908 (Schr. nicht nachweisbar); E Mordsg'schicht. Schwank in eim Akt, um 1912 (Selbstverlag); E fuerichter Patient [dass.], um 1913 (dass.); D'r Herr Pechdroht. Lustspiel in eim Akt, um 1913 (dass.); O diese Einbildung! Lustspiel in einem Akt, 1913; Meister Knieriem (Lsp.) 1913; Um e Linsemuees. Elsässisch's Luschtspiel in eim Akt, um 1915 (Selbstverlag); Der Hausgeist. Dorfkomödie in drei Akten, 1915; Über den Tiefen. Neue Gedichte, 1915; Der Amateur-Detektiv. Schwank in einem Akt, 1920.

Literatur: M. GEISSLER, Führer durch die dt. Lit. des zwanzigsten Jh., 1913.   VH

Jacobs, Annemarie, * 22. 4. 1905 Gotha, † 30. 6. 1971 Berlin (Ost) (?); Angestellte, Widerstandskämpferin; 1934 im antifaschist. Widerstand in Hamburg u. zu drei Jahren Gefängnis verurteilt, danach Buchhalterin in einem Berliner Unternehmen, aktiv an Flugbl.aktionen der KPD beteiligt, Anfang 1945 erneut verhaftet u. bis Mai 1945 im Zuchthaus Bützow-Dreibergen inhaftiert, n. 1945 Jugendleiterin des Sozialamtes in Berlin-Neukölln, lebte um 1958 in Berlin-Lichtenberg; ihre autobiogr. Erz. sollte zunächst u. d. T. ‹Verbotene Fahnen› erscheinen. – Erzählung.

Schriften: Hinter den Zeilen (Erz.) 1959.

Literatur: Schmidt, Quellenlex. 14,385. – W. ILBERG, ~, ‹Hinter den Zeilen› (in: NDL 8, H. 4, S. 122f.) 1960; G. WEHNER, Widerstand in Berlin gg. das NS-Regime 1933 bis 1945. Ein biogr. Lex., Bd. 3, 2004; Bundesarch., Druckgenehmigungsakten für Belletristik [...] Ministerium für Kultur der DDR [...] (Internet-Edition).   VH

Jacobs, Bernd (Ps. bejot), * 23. 12. 1934 Velbert/Rhld.; freier Schriftst., Verleger, lebt in Mettmann; Sohn eines Bahnbeamten, zunächst Arbeiter in einem Kalksteinbruch, Mitgl. der SPD (spä-

terer Parteiaustritt), seit 2000 Kleinverleger, polit.-
gesellschaftskrit. engagiert, u. a. seit 2007 in seinem
Internet-Blog «NeoLit aus dem Neanderthal». –
Rom., Erz., Kurzgesch., Aphorismus, Lyrik.

Schriften: Prosa und Lyrik, 1985; «Wir alle sind
Prokrustes!». Verdichtetes, Geschichtetes (Ged.)
1989 (Selbstverlag); Tod der Stadt. Eine Zukunft
aus Deutschland (Rom.) 1990 (dass.; NA u. d.
T.: Der Große Begleicher. NeoLit aus dem Neanderthal, 2008); Weihnachten, Wannengedichte
und anderes, weniger Ernstes (Erzn., Ged.) 1990
(Selbstverlag); Die Reseolre-Legende. Nicht lul-
li, kein Schnulli (Aphorismen, Kurzerzn., Ged.)
1999; AnnA hat geträumt. NeoLit aus dem Neanderthal (Rom.) 2007; «Ihr seid ja alle Prokrustes!»
[dass.] (Ged.) 2008; Hirnzwingen und Kurzgeschichten. NeoLit aus dem Neanderthal® (Aphorismen, Kurzerzn.) 2009 (dass.); DIE STEIN-
ZEIT-ung®. Ein Motzbuch [dass.], 2009 (zuerst als Internet-Blog); Landschaft zwischen den
Knoten [dass.], 2009; Vom Kiefernmännchen aus
W. und andere Geschichten [dass.], 2010; Flams-
bach. DIE STEINZEIT-ung® (Rom.) 2013 (alles
Selbstverlag).

Ausgaben: NeoLit aus dem Neanderthal. Neue
Literatur aus dem Niederbergischen, 2005 (Selbstverlag; m. CD).

Literatur: Clarissa, Clarissas Krambude. Autoren
erzählen von ihren Ps., 2011.　　　　　　　VH

Jacobs, Dietmar, * 11. 1. 1967 Mönchengladbach;
Schriftst., Kabarettist, lebt in Köln; studierte 1988–
94 Germanistik u. Romanistik an der Univ. Köln
u. Filmgesch. an der Univ. Siena/Italien, 1991–
96 als Texter u. Darsteller des Kölner Kaba-
retts «Rattenpack» beteiligt an fünf Bühnenpro-
gr. m. dtl.weit über 400 Vorstellungen, 1995/96
Drehb.ausbildung an der «Schreibschule Köln» u.
a. bei Doris → Dörrie, Felix → Huby u. Jürgen Wolff (* 1948), 1996 Dr. phil. an der Univ.
Köln, seit 1999 Doz. für Drehb. an der Filmakad.
Baden-Württ. in Ludwigsburg, leitete 2000/01
das Sitcom-Seminar «Komisch schreiben» ebd. u.
2004/05 das «Sketch Comedy Seminar» an der
Univ. der Künste in Berlin, verf. Progr. fürs klass.
Kabarett, regelmäßig z. B. fürs «Kom(m)ödchen
Düsseldorf» u. das Frauenduo «Missfits», sowie
Texte für Fernseh-Kabarettsendungen wie «Mit-
ternachtsspitzen» (WDR), «Scheibenwischer» u.
«Hallervordens Spott-Light» (beides ARD) u. die
ZDF-«heute-show», Haupt- u. Drehb.autor sa-

tir. Unterhaltungsserien wie «Das Amt», «Trautes
Heim», «Stromberg», «Mord m. Aussicht» u. für
die Kindersendung «Käpt'n Blaubär», seit 1996 außerdem Koautor von Kabarettisten wie Jürgen Becker (* 1959), Jochen Busse (* 1941), Richard Rogler (* 1949) u. Thomas Freitag (* 1954), u. a. für
dessen Soloprogr. «Geld oder Gülle» (UA u. auf
CD 2003), «Die Angst der Hasen» (UA u. Live-
DVD 2007) u. «Der kaltwütige Herr Schüttlöffel»
(UA 2012, als Hörb. auf zwei CDs 2013). – Neben anderen Auszeichnungen 1998 Finalist Award
bei «The New York Festivals», 2004 Golden Ca-
mera beim «Internat. Film and Video Festival L.
A.», 2006 Adolf-Grimme-Preis (Kategorie «Serien
u. Mehrteiler», m. a.). – Kabaretttext, Kom., Bühnenst., Satire, Fernsehskript, Drehb., Erzählung.

Schriften: Untersuchungen zum DDR-Berufskaba-
barett der Ära Honecker (Diss.) 1996; Anfang offen (Kabarettprogr.; m. R. Rogler) 2003 (auch auf
CD); Einmal nicht aufgepasst (Kom.; m. L. Albaum) 2003 (als Ms. gedr.; UA 2003); Das andalusische Mirakel (dass.) 2006 (als Ms. gedr.; UA 2006;
Neuausg. u. d. T.: «Das spanische Wunder. Lustspiel in zwei Akten», Dialektbearb. E. BRITSCHGI,
2008); Ja, was glauben Sie denn? Ein Religions-
TÜV. Eine kabarettistische Götterspeise (Kabarettprogr.; m. J. Becker) 2007 (2006 auf 2 CDs); So
was lebt und Goethe musste sterben. Der dritte Bildungsweg (Kabarettprogr.; m. dems. u. M.
Stankowski) 2009 (Neuausg. u. auf 2 CDs u. d.
T.: Der dritte Bildungsweg. Halbwissen leicht gemacht, 2011); Seitensprung für Zwei (Kom.; m.
L. Albaum) 2009 (als Ms. gedr., UA 2009); Dalí
Dalí. Mit Jürgen Becker durch die Kunstgeschichte. Von Dürer bis Dalí (Kabarettprogr.; m. J. Becker) 2013 (auf CD u. d. T.: Der Künstler ist anwe-
send); Kuno Knallfrosch. Musical für Kinder (Erz.,
Kdb.) 2014 (m. CD; Illustr. H. Klein, Musik A.
Schnermann).　　　　　　　　　　　　　　VH

Jacobs, Dore (eig. Debora; geb. Marcus), * 27. 6.
1894 Essen, † 5. 3. 1979 ebd.; Tanz- u. Bewegungs-
pädagogin, lebte in Essen; Tochter des Philosophen
u. Amtsrichters Ernst Marcus (1856–1928) u. der
Frauenrechtlerin Berta M. geb. Auerbach (1869–
1918), 1911 Abitur am Realgymnasium in Essen,
studierte 1911–14 (ohne Abschluss) Mathematik u.
Physik an der Univ. Heidelberg, 1913/14 Ausbildung an der musikal.-rhythm. Bildungsanstalt
von Émile Jaques-Dalcroze (1865–1950) in Hel-
lerau (später zu Dresden), 1914 Heirat m. ihrem

früheren Mathematiklehrer Artur Jacobs (1880–1968), weitere Stud. in Bonn, Begegnungen m. Martin → Buber u. dem Wirtschaftspolitiker Julius Simon (1875–1969) weckten ihr Interesse am Chassidismus u. Zionismus, gründete den jüd. Jugend-Wanderbund «Blau-Weiß» in Essen, aktiv in der von ihrem Ehemann begr. Gemeinschaft «Der Bund – Orden für sozialist. Politik u. Lebensgestaltung», 1924/25 Mitgründerin u. bis 1934 Leiterin der «Bundesschule für Körperbildung u. rhythm. Erziehung» (später «D.-J.-Berufskolleg») in Essen, lebte n. Verbot u. Schließung der Schule (1934) bis Ende des 2. Weltkrieges versteckt in Essen, Wuppertal u. Meersburg, ztw. illegale Weiterarbeit als Pädagogin, n. Wiedereröffnung der Schule (1945) bis in die 1960er-Jahre wieder Rhythmiklehrerin in Essen. – Fachschr., Sachb., Erinnerungen.

Schriften: Die menschliche Bewegung, 1962 (2., veränd. u. erw. Aufl. 1973; 4., verb. Aufl. 1983; NA, Vorw. K. LORENZ, 1990); Bewegungsbildung – Menschenbildung, 1978 (2., erw. Aufl., Vorw. K. LORENZ, 1985); Gelebte Utopie. Aus dem Leben einer Gemeinschaft. Nach einer Dokumentation von D. J. (Erinn.; hg. E. BRAMESFELD u. a.) 1990.

Herausgebertätigkeit: Artur J., Die Zukunft des Glaubens. Die Entscheidungsfrage unserer Zeit (m. Einl. hg.) 1971.

Nachlass: Stadtarch. Essen. – Bundesarch., Zentrale Datenbank Nachl. (Internet-Edition).

Literatur: ~, Erinn. (in: H. SCHRÖTER, Gesch. u. Schicksal der Essener Juden. Gedenkb. für die jüd. Mitbürger der Stadt Essen, S. 186–192) 1980; Jüd. Frauen im 19. u. 20. Jh. Lex. zu Leben u. Werk (hg. J. DICK, M. SASSENBERG) 1993; Für ~. 1894–1994 (FS; zus.gestellt K. GERHARD, I. SCHIERENBERG) 1994; S. HOFFMANN, Entstehung, Ziele u. Wesen der ~-Gymnastikschule (Dipl.arbeit Sporthochschule Köln) 1995; M. ROSEMAN, Ein Mensch in Bewegung: ~ (1894–1978) (in: Essener Beitr. 114, S. 73–109) 2002; DERS., In einem unbewachten Augenblick. Eine Frau überlebt im Untergrund, 2002; R. MAIWALD, ~. Eine Wegbereiterin der modernen Erlebnispädagogik?, 2004; G. WEDEL, Autobiogr. von Frauen. Ein Lex., 2010.   VH

Jacobs, Ed → Jacobson, Edmund.

Jacobs, Fritz (Ps. Hans Sternau), ⋆ 2. 8. 1876 Altenessen (später zu Essen), † 5. 1. 1955 Mülheim/Ruhr; Schriftst., Vortr.künstler; lebte in Mülheim-Broich, veröff. v. a. im Selbstverlag, ein Tl. seiner

Schr. wurde n. 1945 in der SBZ auf die «Liste der auszusondernden Lit.» gesetzt. – Lyrik, Bühnenst., humorist. Schr., Skizze.

Schriften (Ausw.): Die Musterung auf dem Meeresgrunde. Seemännisches Fantasiebild in einem Aufzug, 1902 (als Ms. gedr.; NA 1928); Die gefürchtete Alte. Humoristisches Charakterbild in einem Aufzug, 1903; Bei Dijon oder Die Fahne der Einundsechziger. Militärisch-dramatisches Festspiel, 1903; Eine tolle halbe Stunde. Ein Lachstück zum Wälzen, 1903 (NA 1911); Vor und achter dem Maste (Ged.) 1905; Humoresken und Scherzgedichte, 1905; Sachen zum Lachen (Ged.) 1906; Den Blick aufs Meer, Germane! (Ged., St.) 1908; Wind und Wogen, 1908; Die Linientaufe. Ein humoristischer Brauch aus dem deutschen Seemannsleben, in einem Aufzuge und einem Vorspiel, 1909 (NA 1929); Humor und Scherz für's Herz, 1911; Ein Überfall in Südwest, 1913; Bismarck. Seine Erstehung und sein Tod, 1924 (als Hs. gedr.); Das deutsche Heldenlied zur See! «Coronel-Falkland». Ein Deklamatorium und Weihespiel., 1924 (als Hs. gedr.); Ein Mariner muß es sein, 1925; Lieder, die von deutschen blauen Jungen an Bord, an Land, in Not und Kampf gesungen, sind hier zu einem Kranz gebunden für frohe und auch ernste Stunden, ³1927 (Nebent.: Unsere Lieder). (Schr. z. T. nicht nachweisbar.)

Literatur: Schmidt, Quellenlex. 14,385. – Theater-Lex. 2,886 u. Nachtr.bd., Tl. 2,371. – M. GEISSLER, Führer durch die dt. Lit. des zwanzigsten Jh., 1913.   VH

Jacobs, Ilse (Ps. Ilsabe), ⋆ 11. 10. 1888 Mülhausen/Elsass (Mulhouse/Frankreich), † 1. 11. 1918 Metz/Lothringen (Frankreich); Schriftstellerin; Tochter eines Schulprof., wuchs in Mülhausen u. Metz auf, zahlr. Sommeraufenthalte in Lessy/Lothringen, veröff. unter Ps. in versch. dt.sprachigen Zeitungen. – Erz., Nov., Skizze, Lyrik.

Schriften: Lothringische Erzählungen (Einl. G. WOLFRAM) 1922 (enth.: ‹Der Riß› u. ‹Zwiespalt›); Lothringische Geschichten (Erzn., Ged.) 1930 (Bilder H. Altmann).

Literatur: Schmidt, Quellenlex. 14,385.   VH

Jacobs, Ingo, ⋆ 27. 5. 1969 Malmédy/Belgien; Online-Red., Projektmanager, lebt in Köln; aufgewachsen im dt.sprachigen Sankt Vith/Belgien, besuchte 1978–88 das Bischöfl. Gymnasium ebd.,

Abitur, studierte 1988–98 Germanistik, Niederlandistik, Politikwiss. u. Philos. an der Univ. Köln, Mitarb. der ostbelg. Zs. «Krautgarten. Forum für junge Lit.», 1991–94 Leiter der Kölner Autorenwerkstatt, ab 1992 auch Sänger u. Texter einer Musikband, 1996/97 Assistent bei der Hörerred. des WDR, 1998–2000 Mitarb. am Inst. für empir. Medienforsch. in Köln, seit 2000 Online-Red. für versch. Medienunternehmen, seit 2004 bei «RTL interactive», 2008–2013 Abt.leiter von «VOX TV-Progr.», seit 2013 Projektmanager der Red. «kochbar.de». – 1994 Walter-Hasenclever-Lit.förderstipendium der Stadt Aachen. – Lyrik, Prosa, Ess., Lit.kritik.

Schriften: Maisprühdose – Geknautschte Zone (m. N. Hummelt) 1991; Lichtbildgerät (Ged.) 1999.

Literatur: Autorinnen u. Autoren in Köln. Vorgestellt in Text u. Bild (zus.gestellt u. bearb. U. Biedermann) 1992; J. Zierden, Die Eifel in der Lit. Ein Lex. der Autoren u. Werke, 1994; B. Kartheuser, Ostbelg. Autoren im Portrait, 1999; Kölner Autoren-Lex. 1750–2000 (bearb. E. Stahl) Bd. 2, 2002.   VH

Jacobs, Jakob, ★ 1847 Upleward/Ostfriesl. (später zu Krummhörn/Nds.), † 25. 10. 1908 Hannover; Postangestellter, Schriftst.; Soldat im Dt.-Französ. Krieg, ab 1895 Oberpostsekretär in Hannover, Vors. des «Ver. der Oldenburger u. Friesen», ztw. auch des «Plattdt. Vereins». – Erz., Lyrik, regionalkundl. Schr., Mundart (ostfries.-plattdeutsch).

Schriften: Riemen und Vertellsels in Krummhörner Plattdüüts wie auch Lieder und Gelegenheitsdichtungen. Seinen lieben ostfriesischen Landleuten in treuer Verehrung von einem Krummhörner Kind, 1897; Vertellsels van en Krummhörner Kind, I Jugenderinnerungen, II Um Godd's Will'n geen Wief uut Manslagt, III Een Sagterlanner Bismarck-Geburtdags-Present, IV De valske Teinruksdalerschien, vor 1900; Borkumer Geschichten. Ostfriesisch Plattdeutsch, wie es im Krumhörn, in der Gegend von Emden und auf den zu Ostfriesland gehörigen Nordsee-Inseln (namentlich Borkum) durchweg gesprochen und geschrieben wird, 1905; De Tomaten-Appel. Ostfriesisch Plattdeutsch, wie es im Krumhörn [...], 1905; Plattdüütse Vertellsels. Schreeven vöör siene leiwe Landlü, Vrüden und dee, dee geern en Mund vull Plattdüüts hören. Van en Krummhörner Kind, um 1905. (Ferner heimatkundl. Schriften.)

Literatur: Schmidt, Quellenlex. 14,385. – W. Seelmann, Die plattdt. Lit. des 19. Jh., Tl. 2 u. 3, 1902–15; B. Sowinski, Lex. dt.sprachiger Mundartautoren, 1997; P. Hansen, Die plattdt. Autoren u. ihre Werke (Internet-Edition).   VH

Jacobs, Jean-Paul, ★ 23. 1. 1941 Esch/Alzette; Schriftst., lebt in Berlin u. in Luxemburg; Gymnasialbesuche in Echternach u. Esch/Alzette, 1959 Abitur, studierte zunächst an den Cours Supérieurs in Luxemburg, dann (ohne Abschluss) Musikwiss., Gesch. u. Latein. an der Univ. in Bonn, zum Armeedienst an eine Offiziersschule in Arlon/Belgien eingezogen, veröff. ab 1961 Beitr. in Ztg., Zs. u. H.reihen wie «Luxemburger Wort», «Les Cahiers luxembourgeois», «Impuls», «Das Pult», «Mss.» u. «Doppelpunkt» sowie in Anthol. wie «Die klass. Sau. Das Hdb. der lit. Hocherotik» (1986), befreundet m. Roger → Manderscheid, 1965 Lichtspielhausleiter in Esch, Rückkehr n. Bonn u. versch. Gelegenheitsarbeiten ebd., während der «Mondorfer Dichtertage» in Bad Mondorf/Kt. Remich Bekanntschaft m. H(ans) C(arl) → Artmann u. von diesem Ende 1966 n. Berlin (West) eingeladen, lebte ebd. in einer Künstlerkommune, drei Jahre Nachtwächter bei der Bahnhofsmission, Hilfsarbeiter auf Baustellen u. in Fabriken, 1973–75 Musikarchivar beim RIAS, 1975–2006 (i. R.) Mitarb. der SBPK, dort u. a. am Aufbau der «Zs.datenbank Dtl.s» (ZDB) beteiligt, präsentiert seit mehreren Jahren bei «Radio 100,7» in Luxemburg die Musiksendung «Wëll Dammen an Hären um Piano». – 2005 Prix Servais pour la littérature. – Lyrik, Erz., Feature, Mundart (luxemburgisch).

Schriften: Apoll kaputt (Ged.) 1964; Die Toten schießen schneller (Erz.) 1970; Spectres, suivis de La Putain dans le Labyrinthe (Erzn., Ged.) Esch/Alzette 1971 (französ.); Die Bärenhäuterin (Erz.) 1982 (NA 1983); Himmelsruinen (Ged.) 1982; De Jean-Paul rifft de Roger un. Fir de Roger Manderscheid nom Dani séngem Doud (Feature) Echternach 1993 (luxemburg.); Der Trüffelhirsch (Ged.) 1993; Die Feste der Engel (Ged.) 1995 (Fotos W. Osterheld); Firwat as dem Denise séng Bitzmaschin da geckeg gin? De Jean-Paul rifft eröm un (Feature) Echternach 1998 (luxemburg.); Le concert imaginaire. Konzert für Goethe (Bibliogr.) 1999; Ode an die Mode. Ein Auftragswerk (Ged.) 2000; Jenes Gedicht & Mit nichts (Ged.) 2004 (Illustr. M. Würthle); Glanz und Elend der Poesie (Ged.) 2009 (Zeichn. M. Pelzer); Die Perücke des Zephyrvogels (Ged.) 2011 (dass.); Das große Durcheinander, 2012 (dasselbe)

Literatur: LAL 287 (auch Internet-Edition). – Nachr. aus Luxemburg. Dt.sprachige Lit. in Luxemburg (hg. C. HURY) 1979; A. WEINS, Kann Poesie die Welt verändern? Die Gesch. der Mondorfer Dichtertage, 1999; R. MANDERSCHEID, Der Aufstand der Luxemburger Alllliteraten. Eine subjektive Chronologie des Zickzackkurses der Federhalter. Notizen zur Entwicklung der Luxembuger Lit. in der zweiten Jh.hälfte, 2003; M. RAUS, Späte Wiedergutmachung. Laudatio auf ~, Servais-Lit.preisträger 2005 (in: Remise du Prix Servais 2005 [...], S. 9–12) 2006 (auch Internet-Edition).   VH

Jacobs, Jürgen (Carl), * 17. 5. 1936 Aachen, † 29. 12. 2011 (Köln oder Radevormwald?); Germanist, Jurist; Sohn eines Chirurgen, besuchte 1948–56 das Kaiser-Karls-Gymnasium in Aachen, studierte ab 1956 Rechtswiss. u. Philos. in Göttingen, München u. Köln, 1960 erste jurist. Staatsprüfung am Oberlandesgericht Köln, 1960–62 wiss. Mitarb. am Inst. für Arbeits- u. Wirtschaftsrecht der Univ. ebd., 1962 Dr. jur., 1962–64 Stipendiat der Stud.stiftung des dt. Volkes, weiterführendes Stud. der Philos., Germanistik u. Soziologie an der Univ. Köln, 1964 Dr. phil. bei Walter → Hinck ebd., 1964–72 Assistent am Inst. für dt. Sprache u. Lit. der Univ. Köln, 1971 Habil. ebd., 1972–83 Prof. für Neuere dt. Lit. an der Univ. Bonn, Wiss.rat, verf. Beitr. für «Brecht-Jb.», «Goethe-Hdb.», «WirkWort», «FAZ» u. a. Zs., Hdb., Lexika u. Ztg., ab 1983 o. Prof. für Neuere dt. Lit.gesch. an der Berg. Univ. Wuppertal, 1986/87 u. 1989/90 Dekan des Fachbereichs Sprach- u. Lit.wiss. ebd., lebte emeritiert in Köln. – 1998 ordentl. Mitgl. der Nordrhein-Westfäl. Akad. der Wiss. u. der Künste. – Fachschr., Vortr., Ess., Lit.kritik.

Schriften: Die perpetuatio fori im internationalen Recht des Zivilprozesses und der Freiwilligen Gerichtsbarkeit (Diss.) 1962; Der Roman der schönen Gesellschaft. Untersuchungen zu Wielands Erzählkunst (Diss.) 1965; Wielands Romane, 1969; Wilhelm Meister und seine Brüder. Untersuchungen zum deutschen Bildungsroman (Habil.-Schr.) 1972; Prosa der Aufklärung. Moralische Wochenschriften, Autobiographie, Satire, Roman. Kommentar zu einer Epoche, 1976; Thomas Manns frühe Erzählungen, 1983; Der deutsche Schelmenro-

man. Eine Einführung, 1983; Lessing. Eine Einführung, 1986; Der deutsche Bildungsroman. Gattungsgeschichte vom 18. bis zum 20. Jahrhundert (m. M. Krause) 1989; Don Quijote in der Aufklärung, 1992; Der Weg des Pícaro. Untersuchungen zum europäischen Schelmenroman, 1998; Der Fürstenspiegel im Zeitalter des aufgeklärten Absolutismus. Zu Wielands «Goldenem Spiegel» (Vortr.) 2001; Aporien der Aufklärung. Studien zur Geistes- und Literaturgeschichte des 18. Jahrhunderts, 2001; Wiedergeburt in Rom. Goethes «Italienische Reise» als Teil seiner Autobiographie (Vortr.) 2004; Zwischenbilanzen des Lebens. Zu einem Grundmuster des Bildungsromans, 2005; Cato und Werther. Zum Problem des Selbstmords im 18. Jahrhundert (Vortr.) 2010.

Literatur: S. SPEICHER, Unter Brüdern. ~ wird sechzig (in: FAZ, 17. 5.) 1996; Der europ. Rom. zw. Aufklärung u. Postmoderne. FS zum 65. Geb.tag von ~ (hg. F. MARX, A. MEIER) 2001.   VH

Jacobs, Karl, * 1. 6. 1906 Essen, † 23. 8. 1997 ebd.; Schriftst., Übers., Lehrer, lebte in Essen; Sohn eines Lehrers, besuchte das Essener Burggymnasium, veröff. erste Beitr. in Ztg. wie «Köln. Volksztg.», «Dt. Allg. Ztg.» u. «Wochenschau», studierte ab 1925 Dt., Französ., Pädagogik, Philos., Volksk., Kunstgesch., Engl. u. Erdkunde an den Univ. in Bonn, Lausanne, München u. Köln, ab 1928 Bekanntschaft m. dem fläm. Schriftst. u. Maler Felix Timmermans (1886–1947), 1929 Dr. phil. an der Univ. Köln, 1937–71 (m. Unterbrechungen) Gymnasiallehrer in Essen, ab 1946 an der Luisenschule ebd., Oberstudiendir., in den 1950er- u. 60er-Jahren Bearb. u. Mithg. mehrerer Bde. der Schulb.reihe «Der Strom. Lesewerk für höhere Schulen». – 1972 Chevalier dans l'Ordre des Palmes Académiques. – Kom., Dr., Jugend- u. Laiensp., Übers. (aus dem Französ., Niederländ., Fläm. u. Englischen).

Schriften: Retter Till. Ein Spiel, 1924 (3. Aufl. m. dem Untert.: Jugendspiel, 1931; NA 1947); Der weiße Ritter. Ein lustig Spiel, 1926; Drei Spanische Schwanke. Nach Lope de Vega und Cervantes, 1926; Der Mummenschanz. Ein lustiges Spiel (Vorw. K. I. GENTGES) 1927; Dorfschlägerei. Ein Schwank unter Bauern, 1927; Die Dramendichtung Adolf Wilbrandts in zeitgeschichtlicher und -kritischer Darstellung (Diss.) 1929; Ulysses von Ithaka. Nach einer Komödie von Ludwig Holberg bearbeitet, 1930; Jeppe vom Berge. Nach der

Komödie von Ludwig Holberg, 1930; Hans Pathelin. Die Komödie vom schlauen Advokaten. Nach der altfranzösichen Farce «Maistre Pierre Pathelin», 1931; W. Shakespeare, Die Rüpelkomödie aus dem «Sommernachtstraum». Nach der Übertragung von August Wilhelm von Schlegel (Bearb.; Vorw. R. MIRBT) 1931; F. Pocci, Der nächste Morgen. Lustspiel in zwei Bildern (Überarb.) 1932; ders., Der gestiefelte Kater. Eine Märchenkomödie in acht Bildern (dass.) 1932; Das Jesuskind in Flandern. Ein Weihnachtsspiel. Nach dem gleichnamigen Buch von Felix Timmermans, 1933 (NA 1947 u. 1951); J. Rist, Der Held Knapkese. Ein lustiges Zwischenspiel (Neubearb.) 1933; Meier Helmbrecht. Ein Volksspiel. Nach Wernher dem Gärtner, 1934; Ein kleines Krippenspiel, 1934 (NA 1946); Pietje Booms. Komödie in drei Aufzügen, 1935; Die sanfte Kehle. Komödie in drei Akten (m. F. Timmermans) 1937; Schneider Siebenstreich (Das tapfere Schneiderlein). Ein Weihnachtsmärchen. (Nach Grimmschen Märchen), 1942 (als Ms. gedr.); Pieter Brueghel. Schauspiel in drei Akten – sieben Bildern (m. F. Timmermans) 1943 (NA 1947); Lachendes Flandern. Flämische Volksschwänke gesammelt und nacherzählt, 1943 (Zeichn. F. Timmermans, NA 1947); Fünfe ziehen nach Bremen. Ein Märchenspiel in drei Akten nach den Brüdern Grimm, 1945; König Drosselbart (Märchenkom.) 1948 (Schr. nicht nachweisbar); Felix Timmermans. Lebenstage und Wesenszüge eines Dichters, 1949 (Illustr. F. Timmermans).

Übersetzungen (Ausw.): F. Timmermans, Der Pfarrer vom blühenden Weinberg. Ein Schauspiel in drei Aufzügen. Für die deutsche Bühne eingerichtet, 1934; ders., Kleine Leute in Flandern [...] (Erzn.; m. P. Mertens, A. Valeton-Hoos) 1935 (NA 1953); S. Streuvels, Die große Brücke (Rom.) 1938 (NA 1954); ders., Das heiße Leben (Erzn.), 1939; E. Vermeulen, Remi Braem, der Frankreichgänger (Rom.) 1939; K. van de Woestijne, Pieter Bruegel (Ess.) 1942; ders., Die Geburt des Kindes, 1943 (NA 1946); Flandern erzählt. Ein Sammelband flämischer Dichter (auch Ausw.) 1943; E. Claes, Unser Schmied. Zwei Erzählungen, 1944 (Zeichn. F. Timmermans); A. van Cauwelaert, Das Mädchen Roberta und andere Erzählungen eines Richters (auch Hg.) 1948; F. Timmermans, Ins Land der Apfelsinen. Italienisches Reisebuch, 1949 (Illustr. F. Timmermans; NA u. d. T.: Wo die Orangen blühen [...], 1950); ders., Minneke Pus oder Die schönen Tage im Kempenland, 1950; ders.,

Sankt Nikolaus und die Kinder (Erzn.) 1950 (Illustr. F. Timmermans); E. Claes, Die wenig erbauliche Geschichte von Karlchen Dop, 1950; F. Timmermans, Die unsichtbare Hand (m. P. Mertens, A. Valeton-Hoos; auch Ausw.) 1952; L. Timmermans, Mein Vater. Ein Erinnerungsbuch an Felix Timmermans, 1952; E. Claes, Die Mutter und die drei Soldaten, 1954 (Illustr. H. Metzger); A. Kuyle, Kinder der Erde (Rom.) 1956; A. M. Hammacher, Vincent van Gogh und sein Bruch mit der Gesellschaft, 1957; M. E. Tralbaut, Vincent van Gogh und die Gesellschaft, 1958; E. Claes, Onkel Hannes und andere Geschichten aus Flandern, 1958; R. van Aerde, Der Ausreißer (Rom.) 1959; F. Demets, In der Schlinge. Kriminalstück in drei Akten (auch bearb.) 1962 (als Ms. gedr.); A. M. Hammacher, Die Welt Henry van de Veldes, 1967; E. Langui, Frits van den Berghe. 1883–1939. Der Mensch und sein Werk, 1968; J. van Remoortere, Felix Timmermans. Der Mensch, der Dichter, der Maler, der Zeichner (auch Bearb. u. Vorw., Geleitw. G. WALSCHAP) 1972; J. Szablowski, Die flämischen Tapisserien im Wawelschloß zu Krakau. Der Kunstschatz des Königs Sigismund II. August Jagello [...], 1972; A. M. Hammacher, Die Entwicklung der modernen Skulptur. Tradition und Erneuerung, 1973; R. Avermaete, Frans Masereel, 1976; R. A. D'Hulst, Jacob Jordaens, 1982.

Herausgebertätigkeit: Die schönsten Geschichten des Herzens. Eine deutsche Anthologie (auch Ausw.) 1939 (Illustr. H. Berke; NA 1949); Führer durch Nordfrankreich, Flandern und Artois, 1943; Flämische Märchen und Volksgeschichten, 1946 (Bilder H. Sladky); F. Grillparzer, Das Kloster bei Sendomir. Der arme Spielmann, 1947; J. Swift, Gullivers Reisen (auch überarb.) 1950 (Zeichn. L. Kraus); Großeltern und Enkel. Mancherlei Begegnungen, 1972 (NA 1983); Geschenkte Jahre. Erinnerungen, Erzählungen, Betrachtungen über das Alter, 1974 (NA 1985 u. 1994).

Literatur: Schmidt, Quellenlex. 14,385. – Theater-Lex. 1,887 u. Nachtr.bd., Tl. 2,371. – Wer ist wer? Das dt. Who's Who (begr. H. A. DEGENER, hg. W. HABEL) [12]1955; A. KLOTZ, Kinder- u. Jugendlit. in Dtl. 1840–1950. Gesamtverz. [...], Bd. 2, 1992.   VH

Jacobs, Louise (Sophie), *9. 9. 1982 Zürich; Schriftstellerin; Tochter eines Unternehmers u. einer Mutter aus jüd.-sephard. Handelsfamilie, Enkelin des Bremer Kaffeekaufmanns Walther Johann

J., wuchs in Zürich auf, n. schul. Problemen (Legasthenie, Rechenschwäche) 1999 Sekundarschulabschluss ebd., weitere Schulbesuche in Vermont/USA (1999/2000) u. in Berlin (2001–03), 2003 Abitur, Praktika an der Dt. Oper in Berlin u. bei «Cicero. Magazin für polit. Kultur» in Potsdam, lebt seit 2004 als freie Autorin in Berlin, Aufenthalte in den USA, in China u. Frankreich, auch Malerin u. Fotografin. – Rom., Sachb., Lyrik.

Schriften: Café Heimat. Die Geschichte meiner Familie (Tatsachenrom.) 2006 (2007 als Hörb. auf 3 CDs, m. F. Arnold); Gesellschaftsspiele (Rom.) 2009; Fräulein Jacobs funktioniert nicht. Als ich aufhörte, gut zu sein (autobiogr. Rom.) 2013.

Literatur: A. KLEESE, Fräulein Jacobs auf der Suche n. dem Glück (in: Berliner Morgenpost, 18. 2.) 2013; E. KROGMANN, Sie hat nicht funktioniert. Im Gespräch m. ~ (Radiofeature; SWR2, 18. 4.) 2013.   VH

Jacobs, Monty (eig. Montague Jacobsohn) (gem. Ps. m. Paul [Otto Heinrich] → Fechter: Paul Monty), * 5. 1. 1875 Stettin, † 29. 12. 1945 London; Theaterkritiker, Theater- u. Lit.historiker, Journalist, Publizist; Sohn eines engl. Schiffsmaklers u. Kaufmanns u. einer dt. Mutter, aufgewachsen in Stettin u. ab 1888 in Berlin, 1893 Abitur am Falk-Realgymnasium Berlin, studierte 1893–97 dt. Philol., Lit.- u. Kunstgesch. in München, Berlin u. Heidelberg, 1898 Dr. phil. an der Univ. Heidelberg u. Volontär in der Red. der «Berliner Ztg.», 1898–1900 Theaterkritiker v. a. der «Berliner Morgenpost» u. 1905–10 des «Berliner Tagebl.», ab 1901 Mitgl. des Ver. «Berliner Presse» u. 1910 in dessen Vorstand gewählt, 1910 Mitbegr. des «Reichsverbandes der dt. Presse», freier Journalist für versch. Ztg. u. Zs., ab 1914 Theaterkritiker der «Voss. Ztg.» in Berlin als Nachfolger von Arthur → Eloesser, m. Kriegsausbruch als brit. Staatsbürger interniert, durch Einbürgerung entlassen, n. Freiwilligenmeldung 1914–18 dt. Artillerieoffizier im 1. Weltkrieg, währenddessen kurzzeitig bei der «Wilnaer Ztg.», ab 1919 wieder bei der «Voss. Ztg.» u. ab 1921 Leiter von deren Feuill.red., beförderte ebd. u. a. den Vorabdr. des Rom. «Im Westen nichts Neues» (1928/29) von Erich Maria → Remarque, Mitgl. des Kunstrates der Kleist-Stiftung, 1933 aufgrund seiner jüd. Herkunft der Funktion als Feuill.chef der «Voss. Ztg.» enthoben, jedoch deren Mitarb. bis März 1934 (Ersch. eingestellt), 1937 m. Schreib- u. Veröff.verbot belegt, emigrier-

te Ende 1938 über die Schweiz n. London, ab 1939 Lehrer an der «Freien Dt. Hochschule» u. später Doz. an der Sommerschule der Univ. Birmingham, engagierte sich in versch. Exil-Organisationen (u. a. im «Club 1943»), Mitarb. der Londoner «Wochenpost» u. der «Freien Dt. Kultur», Mithg. von «Die Ztg.» (1941/42) u. «Freie Tribüne» (1943), Mitverf. von «In Tyrannos. Four Centuries of Struggle against Tyranny in Germany» (London 1944), 1945 Referent des Foreign Office in Vorbereitung des «Re-education»-Progr. in Deutschland. – Mitgl. des Dt. PEN-Clubs in London. – Lit.- u. theaterhist. Schr., Kritik, Feuill., Biografie.

Schriften: Gerstenbergs Ugolino, ein Vorläufer des Geniedramas. Mit einem Anhang [...] (Diss.) 1898; Maeterlinck. Eine kritische Studie zur Einführung in seine Werke, 1901; Deutsche Schauspielkunst. Zeugnisse zur Bühnengeschichte klassischer Rollen, 1913 (neu bearb. u. hg. E. STAHL, 1954); Wanderstunden in Wilna (m. P. Fechter) Wilna 1916 (zuerst in Forts. in «Wilnaer Ztg.»; 3. durchges. Aufl. 1918); Ibsens Bühnentechnik, 1920; Paul Wegener (Lb.) 1920; Jonathan Swift (Biogr.) 1948.

Herausgebertätigkeit: 1848. Briefwechsel zwischen Wilhelm und Philippine Levyson. Für die Familie gedruckt, 1906; [L. A. von] Arnims Werke. Auswahl in vier Teilen (m. Einl., Anm. u. Lb. hg.) 2 Bde., 1908; J. P. Eckermann, Gespräche mit Goethe in den letzten Jahren seines Lebens (m. Nachw. hg.) 2 Bde., 1911 (NA um 1929); Ernst-Schur-Gedächtnisbuch (m. Vorw. u. Nachw. hg.) 1914; F. Mauthner, Die drei Bilder der Welt. Ein sprachkritischer Versuch, 1925; H. von Kleist, Sämtliche Werke in vier Bänden (m. Einl. hg.) um 1925.

Nachlass: M.-J.-Arch. im Arch. der Akad. der Künste, Berlin; Briefe u. Autografen u. a. im DLA, in der SBPK u. in der Dt. Nationalbibl. (Frankfurt/Main).

Literatur: Schmidt, Quellenlex. 14,385. – Theater-Lex. 2,887; NDB 10,244; Hdb. Emigration II/1,559; Killy 6,60; HdE II/1,451; DdP 1,494; DBE 5,276; Lex. dt.-jüd. Autoren 12,332; Killy ²6,76. – Jüd. Lex. Ein enzyklopäd. Hdb. des jüd. Wissens [...], Bd. 3, 1929; Reichshdb. der dt. Gesellsch., Bd. 1, 1930; S. WININGER, Große jüd. National-Biogr. [...], Bd. 7 (Nachtr.), 1936; J. W. PREUSS, Der Theaterkritiker ~ (1875–1945). Ein Beitr. zur Gesch. der neueren Theaterkritik, 1965 (m. Bibliogr.); W. STERNFELD, E. TIEDEMANN, Dt. Exil-Lit. 1933–1945. Eine Bio-Bibliogr., ²1970;

Lex. des Judentums (hg. J. F. OPPENHEIMER u. a.) ²1971; E. G. LOWENTHAL, Juden in Pr. Biogr. Verz. Ein repräsentativer Querschnitt, 1981; Bibliographia Judaica. Verz. jüd. Autoren dt. Sprache (bearb. R. HEUER) Bd. 1, 1981; W. TETZLAFF, 2000 Kurzbiogr. bedeutender dt. Juden des 20. Jh., 1982; P. de MENDELSSOHN, Zeitungsstadt Berlin. Menschen u. Mächte in der Gesch. der dt. Presse, 1982 (überarb. u. erw. Aufl.); Verboten u. verbrannt. Dt. Lit. 12 Jahre unterdrückt (hg. R. DREWS, A. KANTOROWICZ) 1983 (Neuausg.); J. TAYLOR, The Critic in Exile. ~ in London, 1939–1946 (in: NGS 14, H. 3, S. 233–260) 1986/87; J. WALK, Kurzbiogr. zur Gesch. der Juden 1918–1945, 1988; H. J. SCHÜTZ, «Eure Sprache ist auch meine». Eine dt.-jüd. Lit.gesch., 2000; Juden in Berlin. Biogr. (hg. E.-V. KOTOWSKI) Bd. 2, 2005; G. RÜHLE, Theater in Dtl. 1887–1945. Seine Ereignisse – seine Menschen, 2007; Exil-Arch. der Else-Lasker-Schüler-Stiftung (Internet-Edition).   VH

Jacobs, Peter, * 4. 11. 1938 Leipzig; Journalist, Schriftst., lebt in Berlin; Sohn einer Arbeiterfamilie, n. dem Abitur Lokalreporter in Magdeburg, 1957–61 Stud. der Journalistik u. Germanistik an der Univ. Leipzig, 1961–74 Red. der «Berliner Ztg.», ab 1975 bei der «Neuen Berliner Illustr.» (NBI), zahlr. Auslandsaufenthalte, 1995–97 Red. der Zs. «Wochenpost», freiberufl. Journalist, u. a. für «Die Welt», «Berliner Ztg.» u. «Süddt. Ztg.», gelegentl. auch an Dokumentarfilmen beteiligt. – Rep., Erz., Biogr., Jgdb., Kdb., Reiseber., Bildbd., Sachbuch.

Schriften: Der Schweiger von Behrat (Erz.) 1967; Das Ende des «Chattanooga» (Erz.) 1968; Drei sagen nein (Erz.) 1970; Bengalisches Feuer (Rep., Jgdb.) 1973 (Fotos T. Billhardt); Hanoi am Tage vor dem Frieden (Jgdb.) 1973 (dass.; dt., engl., französ., russ., span.); Transit Santiago. Begegnungen in Lateinamerika (Reisebeschreibung) 1976; Weil ich Jane Fonda bin. Absage an eine Traumfabrik (Jgdb.) 1976 (2., überarb. Aufl. 1980; 3., überarb. Aufl. 1982; 4., bearb. Aufl. 1983); Noch steht der schiefe Turm. Streifzüge durch die rote Toskana (Rep., Bildbd.) 1976 (Fotos T. Billhardt); Troy (Jgdb.) 1978 (Fotos ders., Illustr. K. Golz); Die Drushba-Trasse (Bildbd.) 1978 (Fotos ders.); Auf dem Regenbogen reitet der Tod. Hintergründe des Rauschgiftmißbrauchs in der kapitalistischen Welt, 1980 (2. u. 3., durchges. Aufl. 1981; 4., überarb. Aufl. 1984; 5., bearb. Aufl. 1986); Ita-

lien mit und ohne Belcanto (Bildbd.) 1981 (Fotos T. Billhardt); Carlo (Erz., Kdb.) 1981 (dass., Illustr. M. Bofinger); Rafaela (Erz., Kdb.) 1982 (dass., Illustr. E. Weise); Als die Muchachos kamen. Begegnungen in Nicaragua (m. T. Billhardt) 1982 (Fotos T. Billhardt); Der Ritt zum Momotombo. Die Geschichte von Rafaela aus Nicaragua, 1983 (Fotos ders., A. Salmen); Wo liegt Palästina? Ein Volk sucht den Weg in seine Heimat, 1984 (Fotos T. Billhardt); Yassir Arafat. Versuch einer Lebensbeschreibung, 1985; Spuren ins Dunkle. Attentate und Attentäter zwischen Dallas und Rom (Jgdb.) 1986 (Lizenzausg. u. d. T.: Auftrag: Mord. Attentäter und ihre Hintermänner, 1987; 2., bearb. Aufl. 1988; 3., bearb. Aufl. 1989); Killerkommando. Schwarzbuch: CIA und Contras (Jgdb.; m. H. Bahrmann, C. Links) 1986; Der Aufstand der Steine. Yasser Arafat, die PLO und Palästina (Jgdb.) 1989; Amapola. Die geheime Macht des Drogenimperiums, 1989; Karrieren unterm Sternenbanner. Aufstieg und Fall von Diktatoren (Jgdb.) 1990; Victor Klemperer – im Kern ein deutsches Gewächs. Eine Biographie, 2000; Ernesto «Che» Guevara. Eine Chronik (m. W. Hagen) 2007; Salvador Allende. Eine Chronik (dass.) 2008; Das Buch vom Fernsehturm (Red., m. T. Kupfermann, P. Kroh).

Herausgebertätigkeit: Im Garten versammelt die Sonne. Landschaftsbilder zwischen Rügen und Erzgebirge, 2001; Wenn ich sterbe, wird es keiner glauben. Anekdoten über Fidel Castro, 2006; Ich lasse euch jetzt mit mir alleine. Anekdoten über Che Guevara, 2007.

Literatur: Schmidt, Quellenlex. 14,385. – H.-O. TIEDE, ~, ‹Rafaela› (in: Beitr. zur Kinder- u. Jugendlit., H. 74, S. 71–74) 1985; R. STEINLEIN u. a., Hdb. zur Kinder- u. Jugendlit. SBZ/DDR von 1945 bis 1990, 2006; Bundesarch., Druckgenehmigungsakten für Belletristik [...] Ministerium für Kultur der DDR [...] (Internet-Edition).   VH

Jacobs, Rudolf, * 3. 5. 1913 Berlin, † nicht ermittelt; Weltreisender, Schiffskapitän, Funkreporter, Schriftst.; im 2. Weltkrieg Gebirgsjäger in Norwegen, lebte n. 1945 ztw. in Hamburg, ztw. Kapitän eines dt. Frachtdampfers, unternahm zahlr. weltweite Reisen, verf. ab 1952 mehrere Radiobeitr. für den Nordwestdt. Rundfunk, RB, WDR, NDR u. den Südwestfunk, u. a. das Feature «Die Wüstenpiste» (1956), die Hörfolge «Die Straße der Eisbrecher» (1957) u. die Dokumentation «Vertrieben» (1965), lebte ab Mitte der 1960er-Jahre in Ahrensburg/Schleswig-Holst. u. ab Ende der 70er-Jahre bis (mindestens) Ende der 80er-Jahre in Buchholz/Nordheide. – 1966 Heinrich-von-Kleist-Preis des Bundes der Vertriebenen für Presse, Rundfunk u. Fernsehen, 1970 Ernst-Reuter-Preis. – Reisebeschreibung, Rom., Erz., Rep., Ess., Jgdb., Rundfunkbeitrag.

Schriften: Von Islands Vulkanen zum ewigen Eis. Abenteuer eines jungen Deutschen unter Goldgräbern, Renntierlappen und Walfischfängern (Jgdb.) 1938; Auf Posten in der Polarnacht. Ein Gebirgsjäger erzählt, 1941; Mit vier Dollar nach USA, 1947; Menschen an der weißen Grenze. Begegnungen im hohen Norden, 1947; Islandsommer. Eine Fahrt zu Menschen und Kratern (Rom.) 1947 (NA m. dem Untert.: Ein Reisebuch, 1959); Abenteuer im Treibeis, 1947 (NA m. dem Untert.: Mit Robbenfängern in die Arktis, 1960, Illustr. N. Plump); Sonne über Haiti. Roman einer Reise, 1948 (NA m. dem Untert.: Reiseroman, 1958); Fünfhundert Renntiere als Mitgift. Heiteres aus Lappenzelten (Erz.) 1948; Land ohne Frauen. Roman einer Arktisfahrt, 1949; Die Legende vom Känguruh. Begegnungen und Schicksale im Australien von heute, 1959; Weißer Mann – böser Mann. Begegnungen mit Farbigen (Ess.) 1960; Karibisches Feuer. Unterwegs im südlichen Amerika, 1963. (Ferner zahlr. ungedr. Hörfunkbeiträge.)

Literatur: Schmidt, Quellenlex. 14,385. – N. Hopster u. a., Kinder- u. Jugendlit. 1933–1945. Ein Hdb., Bd. 1, 2001.   VH

Jacobs, Steffen (Ps. Jakob Stephan), * 4. 4. 1968 Düsseldorf; Schriftst., Übers., Lit.- u. Filmkritiker, lebt seit 1987 in Berlin; aufgewachsen in Düsseldorf, Celle u. Hameln, Gymnasialbesuch in Hameln, 1987 Abitur ebd., studierte 1987–91 Germanistik u. Theaterwiss. an der FU Berlin, veröff. 1992–2002 Kritiken u. Kolumnen u. a. in der «Frankfurter Allg. Ztg.» u. in «Die Welt», 1993 erste Ged.-Veröff. in der «NR», ebd. (unter Ps.) 1996–2000 Kolumnist als sog. «Lyrikdoktor» zu Neuerscheinungen des dt.sprachigen Lyrikbetriebs, seit 2002 auch Übers., 2004 Writer in Residence am Dt. Haus der New York Univ., 2010/11 Poetikdoz. der Johannes-Gutenberg-Univ. Mainz, hielt zudem versch. Lyrikseminare, u. a. für den Dt. Lit.fonds e. V. u. die Bundesakad. für kulturelle Bildung, 2013 Gastdoz. am Dt. Lit.inst. Leipzig. – Neben Projektstipendien 1994 Alfred-Döblin-Sti-

pendium, 1996 Bettina-u.-Achim-von-Arnim-Stipendium, 1998 Förderungspreis Lit. des Kunstpreises Berlin, 2001 Amsterdam-Stipendium des Berliner Senats, 2002 Hugo-Ball-Förderpreis der Stadt Pirmasens, 2004 New-York-Stipendium des Dt. Lit.fonds, 2008 Heinrich-Heine-Stipendium der Stadt Lüneburg, 2008 u. 2010 Übers.stipendium der Kunststiftung Nordrhein-Westfalen. – 2007 Mitgl. der Akad. der Wiss. u. der Lit. Mainz, 2008 Mitgl. des PEN-Zentrums Deutschland. – Lyrik, Ess., Kolumne, Lit.kritik, Übers. (aus dem Engl. u. Amerikanischen).

Schriften: Der Alltag des Abenteurers (Ged.) 1996; Geschulte Monade (Ged.) 1997; Lyrische Visite oder Das nächste Gedicht, bitte! Ein poetologischer Fortsetzungsroman (Ess.) 2000 (zuerst als 16 Kolumnen u. d. T. «Lyr. Visite» in «NR», 1996–2000); Angebot freundlicher Übernahme (Ged.) 2002 (Medienkombination m. CD); Der Lyrik-TÜV. Ein Jahrhundert deutscher Dichtung wird geprüft (Ess.) 2007; Die Liebe im September (Ged.) 2010.

Übersetzungen: K. Bonfiglioli, Charlie Mortdecai in: Das große Schnurrbart-Geheimnis (Rom.) 2003; P. Larkin, Wirbel im Mädcheninternat Willow Gables (Rom.; m. Nachw. hg. J. Booth) 2004; N. Jordan, Schatten (Rom.) 2005; K. Amis, Jim im Glück (Rom.; Einl. D. Lodge) 2010; P. Larkin, Jill (Rom.; Einl. P. Larkin) 2010; H. FitzGerald, Furchtbar lieb (Rom.) 2010; dies., Letzte Beichte (Rom.) 2011; dies., Tod sei Dank (Rom.) 2012; S. Scibona, Das Ende (Rom.) 2012; R. Burton, Die Tagebücher (m. Einl. hg. C. Williams) 2013; H. FitzGerald, Die dunkle Treppe (Rom.) 2013.

Herausgebertätigkeit: Die komischen Deutschen. 878 gewitzte Gedichte aus 400 Jahren (m. Nachw. hg.) 2004 (leicht erw. NA m. dem Untert.: 881 gewitzte Gedichte aus 400 Jahren, 2004; davon 8. Aufl. 2011; Ausz. m. dem Untert. ‹105 gewitzte Gedichte aus 400 Jahren. Komponiert, dirigiert & vorgetragen von S. J. m. K. Thalbach, H. Rowohlt u. G. Haffmans› als Hörb. auf CD, 2005); Die liebenden Deutschen. 645 entflammte Gedichte aus 400 Jahren (m. Nachw. hg.) 2006; Liederlich! Die lüsterne Lyrik der Deutschen (dass.) 2008.

Tonträger: Frauen. Naja. Schwierig. Lyrik live (m. H. Opitz, M. Politycki; CD) 2005.

Literatur: KLG; Killy ²6,77. – U. Wittstock, Vier Neue. Postmoderne Tendenzen in der jüngsten dt.sprachigen Lyrik (in: NR 105, H. 4, S. 137–140) 1994 (u. a. zu Ged. ~s); T. Kraft, Wäldchen,

Wald u. Dschungel (in: NDL 44, H. 4, S. 182–190) 1996 (u. a. zu ~, ‹Der Alltag des Abenteurers›); J. Stephan [d. i. S. J.], Lyr. Visite (in: NR 107, H. 4, S. 167–171) 1996 (dass.); J. Adams, ~, ‹Geschulte Monade› (in: WLT 72, H. 2, S. 364f.) 1998; H.-H. Räkel, ~, ‹Lyr. Visite oder Das nächste Ged., bitte!› (in: Frankfurter Allg. Ztg., 26. 7.) 2000; H. Hartung, Laudatio auf ~ bei der Verleihung des Hugo-Ball-Förderpreises 2002 (in: Hugo-Ball-Almanach. Stud. u. Texte zu Dada 26/27, S. 40–46) 2002/03; M. Rispoli, ~. Le meraviglie del banale (in: Le storie sono finite e io sono libero, hg. M. Pirro, S. 277–289) Napoli 2003; A. Müller, Ohne abgespreizten Kleinfinger. ~s ‹Angebot freundl. Übernahme› (in: lit.kritik.de, Nr. 1) 2003 (Internet-Edition); M. Mosebach, Hauptsache, der Acker wird bestellt. ~ macht ein «Angebot freundl. Übernahme» u. glaubt ans klass. Ged. (in: Die Welt, 21. 2.) 2004 (auch Internet-Edition); L. Hagestedt, Immer in die Komik-Klötze. Zwei Lyrikanthol. wetteifern um das kom. Erbe der Dt. (in: lit.kritik.de, Nr. 11) 2004 (u. a. zu ‹Die kom. Dt.›; Internet-Edition); J. Zwernemann, Warum echte Lyrik Männersache ist. Oder: Warum ~’ «Lyrik-TÜV» einen Boxenstopp braucht (ebd., Nr. 9) 2007 (Internet-Edition); H. Böttiger, Testberichte für Ged. ~, ‹Der Lyrik-TÜV› (in: Dtl.radio Kultur, Arch., 19. 7.) 2007 (dass.); G. Häntzschel, «Reclams großes Buch der dt. Ged.», ~, ‹Der Lyrik-TÜV› (in: Arbitrium 27, H. 1, S. 4–8) 2009; H. Detering, «Das hat etwas m. Gehirnstrukturen zu tun». Ein Gespräch zw. Heinz Ludwig Arnold, F. W. Bernstein, ~, Dirk von Petersdorff u. Jan Wagner über Peter Rühmkorf an dessen Geb.tag am 25. Oktober 2009 (in: Lass leuchten! Peter Rühmkorf zw. Aufklärung, Romantik u. Volksvermögen, hg. J. Bürger, S. Opitz, S. 205–220) 2010; S. Höppner, Wider den Verschenktext. ~ u. Michael Lentz legen neue Ged.bde. vor (in: lit.kritik.de, Nr. 9) 2010 (u. a. zu ‹Die Liebe im September›; Internet-Edition); S. Martus, Die «Wiederkehr der Frühen Neuzeit» in der «scherzhaften» Dg. von ~ (in: Frühe Neuzeit – späte Neuzeit. Phänomene der Wiederkehr in Lit. u. Künsten ab 1970, S. 53–70) 2011; PEN. A World Association of Writers. Zentrum Dtl. Autorenlex. 2012/2013 (Red. R. Schweikert) 2012; Planetlyrik (Internet-Edition) (v. a. zu ‹Der Lyrik-TÜV›).   VH

Jacobs, Wally → Wagner, Günter.

Jacobs, Walter, * 27. 1. 1906 Braunschweig, † nicht ermittelt; Journalist, Schriftst.; Sohn eines Fachschriftst. u. späteren Museumsdir., studierte Rechtswiss. u. Ztg.kunde in Freiburg/Br., München, Berlin u. Göttingen, freier Schriftst. in Berlin, bis 1933 Red. der «Breslauer Neuesten Nachr.», dann Journalist in Chemnitz u. Dresden, ab 1948 (45?) wieder Ztg.red., zuerst bei der «Abendpost» in Hannover, dann bei der «Hannoverschen Presse», lebte um 1949 in Rössing (später zu Nordstemmen/Nds.) u. später in Lehrte, Mitarb. an den Heftrom.reihen «Juwelen-Rom.» u. «Heimatglocken». – Rom., Erz., Dr., Lyrik, Nov., Kurzgesch., Reportage.

Schriften (Ausw.): Das Schicksal der Jenny Domtal (Nov.) 1928; Ein Mensch geht unter (Rom.) 1930; Kreuzweg der Liebe (Rom.) 1933; Die Flucht vor dem Verhängnis (Rom.) 1938 (39?); Die Frau, die zweimal lebte (Rom.) 1940; Liebe über Zeit und Raum (Rom.) 1940; Das Mädchen aus dem Wasser (Rom.) 1941; Herzen unter Trümmern (Nov.) 1948; Zweimal Theresa. Ein Roman um Leben und Leidenschaft, 1951; Heißgeliebtes Leben im Sturmwind (Rom.) 1951 (Schr. nicht nachweisbar); Die rote Bestie. Ein sehr gefährliches Abenteuer des Westmannes Tom Prox, 1951; Flucht aus der Ehe. Ein Schicksalsroman, 1952; Die Schuld des Stefan Almquist (Rom.) 1952. (Ferner zahlr. Heftrom. sowie ungedr. Dramen.)

Literatur: Schmidt, Quellenlex. 14,385. – Wer ist wer? Das dt. Who's Who (begr. H. A. Degener, hg. W. Habel) ¹²1955; W. Kosch, Biogr. Staatshdb., Bd. 1, 1963.   VH

Jacobs, Wilhelm, * 28. 5. 1870 Gotha, † nicht ermittelt; Sohn eines Staatsanwalts, wuchs in Gotha auf, Lehre zum Buchhändler u. tätig im Beruf, betrieb Privatstud., ab 1906 Versicherungsbeamter in Gotha. – Lyrik.

Schriften: Von hüben und drüben (Dg.) 1906.

Literatur: Thüringer Lit.rat, Autorenlex. (Internet-Edition).   VH

Jacobs, Wilhelm, * 3. 9. 1915 Hamburg; Germanist, Journalist, Schriftst.; Sohn eines Kaufmanns, wuchs in Hamburg auf, 1936 Abitur an einer Oberrealschule ebd., n. halbjährigem Pflichtarbeitsdienst Lehre zum Buchhändler in Hamburg, tätig bei einem Grossisten, 1939 zum Wehrdienst eingezogen u. 1943 krankheitsbedingt entlassen,

1943–50 (m. Unterbrechungen) Stud. der dt. Philol. u. Lit.gesch., Philos., Kunstgesch. u. ferner der Psychol., Theaterwiss. u. Gesch. an der Univ. Hamburg, 1950 Dr. phil. ebd., Red. in Hamburg, Mitarb. überregionaler Ztg. u. beim Radio, ab 1954 m. Prosabeitr. in Anthol. wie «Im Rasthaus» (1954) vertreten, lebte langjährig in Hamburg u. ab Anfang der 1980er-Jahre in Bebensee bei Bad Segeberg. – Fachschr., Rom., Nov., Erz., Ess., Bühnenstück.

Schriften: Gerhart Hauptmanns Verhältnis zur Bühne unter besonderer Berücksichtigung der Bühnenanweisungen seiner Dramen (Diss.) 1950; Paul Fechter, Geschichte der deutschen Literatur (bearb. m. K. L. Tank) 2 Bde. 1960; Drei Erzählungen aus unserer Zeit (m. K. Kusenberg, G. Elsner) Tokio 1961 (enth.: Das Gesellschaftspiel); Moderne Dichtung. Zugang und Deutung (Ess.) 1962; Moderne deutsche Literatur. Porträts, Profile und Strukturen, 1963; Der eigene Schatten (Rom.) 1963; Gehirnwäsche. Vier Telefonleute. Als ob's gestern gewesen wäre (Einakter) 1964 (als Ms. gedruckt).

Literatur: Schmidt, Quellenlex. 14,385. – Die Rel. in Gesch. u. Ggw. (hg. K. GALLING) Reg.bd., Mitarb.verz., ³1965.   VH

Jacobs, Wilhelm G., * 2. 4. 1935 Troisdorf; Philosoph, Philos.historiker, lebt in Eichenau/Obb.; Sohn eines Buchhalters, aufgewachsen in Troisdorf, 1946–55 Gymnasialbesuch in Siegburg, Abitur ebd., 1955–64 Stud. der Philos., Theol. u. Germanistik an den Univ. in Bonn, Frankfurt/M., Freiburg/Br. u. München, 1964 Dr. phil. in München, 1964–68 wiss. Mitarb. am Philosoph. Inst. der Univ. Saarbrücken, 1968–2000 wiss. Mitarb. u. ab 1975 zudem wiss. Sekretär der Kommission zur Herausgabe der Schr. von F. W. J. Schelling bei der Bayer. Akad. der Wiss. in München, seit 1971 Lehrbeauftragter am Philosoph. Seminar der Univ. München, 1973–92 Mitgl. des (leitenden) Ausschusses der Arbeitsgemeinschaft philosoph. Editionen (1973–80 deren Geschäftsführer u. 1997–2003 deren Sprecher), seit 1975/76 zus. m. Hans Michael → Baumgartner u. a. Hg. der Hist.-krit. Schelling-Ausg., 1984 Habil. für Philos. an der Univ. München, Privatdoz., 1986 Mitbegr. der Internat. Schelling-Gesellsch. e. V. (bis 1992 deren Sekretär, 1992–98 deren Präs. u. seitdem Beiratsmitgl.), 1994 Ernennung zum apl. Prof. in München, Univ.-Gastprof. in Tokio (1998), Łódź

(2000/01) u. Wrocław (2003–05), 2003–09 Präs. der Dt.-Poln. Gesellsch. für Philosophie. – 2001 Ehrenmitgl. der Dt. Gesellschaft für Philos., 2003 Ehrenmitgl. der Japan. Schelling-Gesellsch., 2004 Goldene Medaille der Univ. Wrocław. – Fachschr., Biogr., Rezension.

Schriften: Trieb als sittliches Phänomen. Eine Untersuchung zur Grundlegung der Philosophie nach Kant und Fichte (Diss.) 1967; J. G. Fichte – Bibliographie (m. H. M. Baumgartner) 1968; Johann Gottlieb Fichte. Mit Selbstzeugnissen und Bilddokumenten dargestellt, 1984 (NA 1991); Zwischen Revolution und Orthodoxie? Schelling und seine Freunde im Stift und an der Universität Tübingen. Texte und Untersuchungen, 1989 (tw. zugleich Habil.-Schr.); Gottesbegriff und Geschichtsphilosophie in der Sicht Schellings, 1993; Schelling lesen, 2004; Johann Gottlieb Fichte. Eine Biographie, 2012; Johann Gottlieb Fichte. Eine Einführung, 2014 (Ersch. angekündigt).

Herausgebertätigkeit (Ausw.): J. G. Fichte, Grundlage der gesamten Wissenschaftslehre. Als Handschrift für seine Zuhörer (1794) [Neudr.] (m. Einl., Reg. u. Bibliogr. hg.) 1970 (bibliograf. erg. NA 1979 u. 1988); F. W. J. Schelling, Einleitung zu seinem Entwurf eines Systems der Naturphilosophie (m. Einl. hg.) 1988; Schelling und die Selbstorganisation. Neue Forschungsperspektiven (m. M.-L. Heuser-Kessler) 1994; Schellings Weg zur Freiheitsschrift. Legende und Wirklichkeit [...] (m. H. M. Baumgartner) 1996; J. G. Fichte, Schriften zur Wissenschaftslehre (m. Komm. hg.) 1997; Zeit und Freiheit. Schelling – Schopenhauer – Kierkegaard – Heidegger [...] (m. I. Fehér) Budapest 1999; Religion und Gott im Denken der Neuzeit (m. A. Franz) 2000; «... so hat mir / Das Kloster etwas genüzet». Hölderlins und Schellings Schulbildung in der Nürtinger Lateinschule und den württembergischen Klosterschulen (m. M. Franz) 2004.

Literatur: C. TRÄGER, ~, ‹Zw. Revolution u. Orthodoxie?› (in: Zs. für Germanistik 3, H. 2, S. 415–417) 1993.   VH

Jacobsen, A. Gerhard Claudius → Claudius, Gerhard.

Jacobsen, (Johann) Adrian, * 9. 10. 1853 Risø/Troms (Norwegen), † 18. 1. 1947 ebd.; Ethnograph u. Forsch.reisender; Sohn eines Walfängers, ging 1874 n. Hamburg, arbeitete ebd. im

Kleidergeschäft seines Bruders, 1876 ein Jahr Gelegenheitsarbeiter in Chile, 1877 Rückkehr n. Hamburg, stellte für Carl Hagenbeck mehrere Völkerschauen zus., wurde Sammler für das Berliner Mus. für Völkerkunde, unternahm dafür in den 1880-Jahren Expeditionen n. Skandinavien, Russland, Südostasien u. Nordamerika, lebte in Stellingen bei Hamburg, veranstaltete u. a. 1910 im dortigen «Hagenbecks Tierpark» die vielbeachtete Wild-West-Völkerschau m. Sioux-Indianern, kehrte im 2. Weltkrieg n. Norwegen zurück. – Erinn., ethnogr. Schr., Reisebeschreibung.

Schriften (Ausw.): Capitain Jacobsen's Reise an der Nordwestküste Amerikas 1881–1883. Zum Zwecke ethnologischer Sammlungen und Erkundigungen nebst Beschreibung persönlicher Erlebnisse. Für den dt. Leserkreis bearb. von A. WOLDT, 1884 (Nachdr. zus. m. ‹Unter den Alaska-Eskimos›, 2013); Reise in die Inselwelt des Banda-Meeres. (bearb. P. ROLAND, Vorw. R. VIRCHOW) 1896; Aus den Jugendjahren meines Seemannslebens, 1912; Unter Indianern und Eskimos, 1912; Unter den Alaska-Eskimos. Erlebnisse und Forschungen, 1925; Die weiße Grenze. Abenteuer eines alten Seebären rund um den Polarkreis (hg. A. JANSSEN) 1931; Der weiße König des hohen Nordens (bearb. DERS.) 1938.

Nachlass: Mus. für Völkerkunde Hamburg. – Denecke-Brandis 168.

Literatur: A. KLOTZ, Kinder- u. Jugendlit. in Dtl. 1840–1950. Gesamtverz. [...], Bd. 2, 1992; C. SEWIG, Der Mann, der die Indianer holte (in: Hamburger Abendbl., 9. 10.) 2003; A. DREESBACH, Gezähmte Wilde. Die Zurschaustellung «exot. Menschen» in Dtl. 1870–1940, 2005 (Diss. München 2004).   AKF

Jacobsen, Elke → Vesper, Elke.

Jacobsen, Friedrich (Heinrich), * 15. 11. 1853 Emmelsbüll/Nordfriesland (später zu Emmelsbüll-Horsbüll), † 1. 1. 1919 Flensburg (Suizid); Jurist; besuchte das Gymnasium in Flensburg, studierte zunächst Medizin, dann Jura in Marburg/L., Leipzig u. Jena, Dr. jur., Geheimer Justizrat, Richter in versch. Orten, 1882 Amtsrichter in Gehren bei Ilmenau, dann in Arnstadt, bis 1903 Landgerichtsdir. in Erfurt, danach Landgerichtsdir. in Flensburg. – Erz., Schausp., Roman.

Schriften: Nachtschatten. Drei Erzählungen, 1890; Morituri te salutant (Rom.) 1891; Falsche

Propheten. Sozialer Roman, 2 Bde., 1892; Im Weltwinkel (Rom.) 1897; Sturm (Schausp.) 1897; Elfe (Rom.) 1898; Kreuz, wende dich (Rom.) 1899; Die Pflicht (Rom.) 1901; Niflheim. Eine Romandichtung aus der friesischen Marsch, 1903; Moor (Rom.) 1904; Bergfriede (Rom.) 1905; Die letzten Menschen, 1905 (Reprint 2010); Das Schweigen der Wände, 1905; Sand (Rom.) 1906; Im Dienst (Rom.) 1907; Hans im Glück. Ein Studenten-Roman, 1908; Die Lore am Tore. (Rom.) 1909; Die Sünden der Väter (Rom.) 1910; Das Hohe Lied (Rom.) 1911; Wahn (Rom.) 2 Bde., 1912 (?); Im Rosengarten (Romandg.) 1912; Sporn und Kiel (Rom.) 1913; Zwei Seelen (Rom.) 1916; Brennende Liebe. – Sonnenkind. Zwei Erzählungen, 1917; Das Auge des Buddha (Rom.) 1919; Umnachtet (Rom.) 1919.

Literatur: Das Lit. Echo, Bd. 21, Spalte 636, 1919; N. SAPRÀ, Lex. der dt. Science Fiction u. Fantasy 1870–1918, 2005.   AKF

Jacobsen, Golo → Erné, Nino.

Jacobsen, Gustav → Dormagen, Herbert.

Jacobsen, Hans-Adolf, * 16. 11. 1925 Berlin; Historiker, Politikwissenschaftler, lebt in Bonn; Sohn eines Musikpädagogen, 1943 Soldat im 2. Weltkrieg, sowjet. Kriegsgefangenschaft, studierte in Göttingen u. Heidelberg Slawistik u. Gesch., 1955 Dr. phil., 1956–61 Doz. an der Koblenzer Schule der Bundeswehr für Innere Führung, 1961–64 Dir. des Forsch.inst. der Dt. Gesellsch. für Auswärtige Politik in Bonn, 1964 Lehrbeauftragter u. 1966 Doz. an der Univ. ebd., Habil., ab 1969 o. Prof. für Politikwiss., Zeitgesch. u. Internat. Beziehungen, Ordinarius für Polit. Wiss., 1991 Emeritierung. – 1973 Bundesverdienstkreuz. – Dt. Gesellsch. für Friedens- u. Konfliktforsch. (Vors. ab 1981), Mitgl. des wiss. Beirats der Bundeszentrale für polit. Bildung ab 1986, Stiftung für dt.-poln. Zus.arbeit (Präs. bis 2002). – Fachschr., Biografie.

Schriften (Ausw.): Die deutschen militärischen Planungen zum Einfall in Holland, Belgien und Luxemburg am 10. Mai 1940 [...], 1955; Der zweite Weltkrieg in Bildern und Dokumenten (3 Bde.; m. H. Dollinger) 1962/63 (Ausg. in 10 Bdn.; 1968) Deutschland und die Welt. Zur Außenpolitik der Bundesrepublik 1949–1963 (m. O. Stenzl) 1964; Der Zweite Weltkrieg. Grundzüge der Politik und

Strategie in Dokumenten, 1965; Nationalsozialistische Außenpolitik. 1933–1938, 1968; Von der Strategie der Gewalt zur Politik der Friedenssicherung. Beiträge zur deutschen Geschichte im 20. Jahrhundert, 1977; Der Weg zur Teilung der Welt. Politik und Strategie 1939–1945, 1977; Karl Haushofer. Leben und Werk, 2 Bde., 1979; Vom Imperativ des Friedens. Beiträge zur Politik und Kriegführung im 20. Jahrhundert, 1995.

Herausgebertätigkeit (Ausw.): Ausgewählte Dokumente zur Geschichte des Nationalsozialismus (m. W. Jochmann) 1961ff.; Hundert Jahre Deutschland. 1870–1970. Bilder, Texte, Dokumente (m. H. Dollinger; Geleitw. R. von Weizsäcker, Nachw. W. Brandt) 1969; Misstrauische Nachbarn. Deutsche Ostpolitik 1919/1970. Dokumentation und Analyse (Mitwirkung W. v. Bredow) 1970; Wie Polen und Deutsche einander sehen. Beiträge aus beiden Ländern (m. M. Tomala) 1973; Spiegelbild einer Verschwörung. Die Opposition gegen Hitler und der Staatsstreich vom 20. Juli 1944 in der SD-Berichterstattung. Geheime Dokumente aus dem ehemaligen Reichssicherheitshauptamt, 2 Bde., 1984; Verpasst eure Chancen nicht. Aspekte der deutsch-russischen Beziehungen im 20. Jahrhundert (m. B. Orlow) 1992; Bonn – Warschau. 1945–1991. Die deutsch-polnischen Beziehungen. Analyse und Dokumentation (m. M. Thomala; Mitarb. D. Kunesch-Jörres) 1992.

Vorlass: Bundesarch. Koblenz; Arch. des Inst. für Zeitgesch. München.

Literatur: Dtl. zw. Krieg u. Frieden. Beitr. zur Politik u. Kultur im 20. Jh. FS für ~ (hg. K. D. Bracher) 1991 (m. Bibliografie).　　　　AKF

Jacobsen, Jens, * 1932 Sillerup/Schleswig; Lehrer, Schriftst., lebt in Nortorf/Schleswig-Holst.; war Lehrer u. Organist in versch. Städten Schleswig-Holst., zuletzt in Neumünster, Chorleiter der Liedertafel Thienbüttel, veranstaltet plattdt. Vortragsprogramme. – Erz., Rom., Mundart (plattdeutsch).

Schriften: Rieke vunne Heidehoff (Rom.) 2006; Dat Smuustergrienen in de Kark, 2010; Uns Platt, dat seggt di wat vun dit un dat, 2011; Spiedi un Finn. Twee Meerschildkröten op grote Fohrt. Op Platt- un op Hochdüütsch (Kdb.) 2012.

Literatur: P. Hansen, D. plattdt. Autoren u. ihre Werke (Internet-Edition); Nortof-Direkt (dasselbe).　　　　AKF

Jacobsen, Johann Adrian → Jacobsen, (Johann) Adrian.

Jacobsen, Johannes, * 1. 5. 1854 Hadersleben/Schleswig (Haderslev/Dänemark), † 19. 2. 1919 Eckardtsheim (später zu Bielefeld); Pfarrer; Sohn eines Pfarrers, studierte Theol. in Bonn, Kiel u. Berlin, begründete 1881 den Verein Dt. Studenten Kiel, 1883 Hilfspfarrer bei seinem Vater in Hadersleben, 1884–1904 Pfarrer in Scherrebek/Schleswig (Skærebæk/Dänemark), Initiator versch. dt.-völk. u. anti-dän. Bestrebungen in Nordschleswig (u. a. Gründung des Dt. Seebads Lakolk u. einer Webschule in Scherrebek, die in Konkurs gingen), wurde wegen Betrug, Unterschlagung u. Konkursverschleppung m. Geldstrafen belegt, ab 1904 (07?) Pfarrer in Arco/Südtirol, flüchtete während des 1. Weltkriegs n. Deutschland. – Erzählung.

Schriften: Zwischen zwei Meeren, I Ebbe und Flut. Erzählung aus der Zeit der Befreiung Schleswig-Holsteins, 1907, II Sehnen und suchen. Die Geschichte einer Entwicklung, 1907.

Literatur: N. Damkjær, For Guld og Kejser (Theaterst.) UA 2009; Dansk Biografisk Leksikon (Internet-Edition); Wikipedia (dasselbe).　　　AKF

Jacobsen, Karin (Ps. für Karin Schroth; geb. Jacobsen), * 14. 3. 1924 Düren/Rhld., † 19. 9. 1989 Nußdorf am Inn; Schauspielerin, Regisseurin, Schriftst.; gg. Ende der 1940er-Jahre Filmschauspielerin, 1949–68 verh. m. dem Schauspieler u. Regisseur Carl-Heinz Schroth, bis Mitte der 1950er-Jahre am Thalia Theater in Hamburg, später Drehbuchautorin (u. a. ‹Männer im gefährlichen Alter›, 1953, Regie C.-H. Schroth; ‹Fräulein vom Amt›, 1954, Regie ders.), Fernsehschauspielerin u. Spielleiterin am Theater Kleine Freiheit in München. – 1971 Bundesfilmpreis. – Drehb., Theaterstück.

Schriften (Ausw.): ... der Mann, mit dem ich verheiratet bin ... Ein heiteres Spiel um ein ernstes Problem, vielen Begebenheiten nacherzählt, 1947; Wege des Zufalls (Kom.) um 1955 (UA 1953; verfilmt 1961, Regie C.-H. Schroth); H. Lindsay, R. Crouse, Die großen Sebastians (Lsp.; Neufass.) 1963. (Ferner ungedr. Drehb. u. Theaterstücke.)

Literatur: K. Brüne, Autorenlex. dt.sprachiger Drehb. für Kino u. Fernsehen 1945–1993, 1994; Lex. Lit.verfilmungen […] 1945–2000 (zus.gest. K. M. u. I. Schmidt) ²2001.　　　AKF

Jacobsen, Marie → Inger, M.

Jacobsen, Uwe → Leippe, Ulla.

Jacobsen, Werner, * 14. 1. 1929 Hamburg; kirchl. Mitarb.; studierte Theol., arbeitete im kirchl. Dienst, dabei 18 Jahre in der Südsee, 15 Jahre in der Diakonie, lebte um 2008 in Eberbach am Neckar. – 1991–2001 Dt. Haiku–Gesellschaft. – Erz., Rom., Lyrik.

Schriften: Der Präsident. Junge Kirche in eigener Regie. Versuch einer Darstellung in fünf Szenen, 1968; Ein Auftrag für Engenzi. – Besuch beim Bischof. Zwei Erzählungen, 1969; Der falsche Weg. – Blutrache. Zwei Erzählungen aus Neuguinea, 1970; Im Tal des Kuat. Eine Erzählung aus Papua-Neuguinea, 1973; Kriegserklärungen. Texte wider das bleierne Gemüt, 1992; Unterwegssein ist alles. Spiegelgeschichten, 2000; Auf der Sichel des Mondes. Lernzeit in Papua-Neuguinea (Erzn.) 2000; Zeichne mein Gesicht. Liebesgedichte, 2000; Schnullebacke und Erdnuckel. Geschichten aus der Wundertüte für Leser von 9 bis 99, 2002; Das freiheitliche Leben der Frieda Radke. Eine Jugend im «Tausendjährigen Reich» (Rom.) 2008.

Herausgebertätigkeit: Mit Worten werken. Geschichten aus einer Schreibwerkstatt, 2000; Das Leben lieben, trotzdem! Eine Anthologie. Prosastücke, 2008.

Literatur: Poeten-Anthol. Zwanzig Jahre Lit.gruppe «Vita Poetica» (hg. R. REUTTER) 2006.   AKF

Jacobshagen, Talitha → Foerster, Talitha.

Jacobskötter, Ludwig, * 25. 2. 1883 Erfurt, † 13. 5. 1925 Bremen; Pfarrer; studierte Theol. in Breslau, Erlangen u. Leipzig, 1910 Pfarrer in Toba/ Thür. (später zu Helbedündorf), dann Lehrer an der Missionsanstalt Leipzig, ab 1914 Domprediger in Bremen. – Rel. Schr., Predigt, Tgb., Schausp., Ess., Novelle.

Schriften: Tagebuchblätter eines Daheimgebliebenen, 1914 (Neuausg., 3 Tle., 1914–16; ausgew. Feldpostausg. 1915); Unser Kriegserlebnis. In seiner geistesgeschichtlichen Bedeutung, 1915; David. Ein Schauspiel aus großer Zeit in fünf Aufzügen, 1916; Das Antlitz der Zeit (Nov.) 1918; Lamentate – Jubilate. Fünf Predigten, 1920; Zivilisation und Kirche. Eine Darstellung ihrer gegenseitigen Beziehungen und ihres gemeinsamen symbolischen Gehalts, 1922; Goethes Faust im Lichte der Kulturphilosophie Spenglers, 1924; Du aller Welt Verlangen (Predigten) 1926. (Ferner einzeln gedr. Predigten.)

Literatur: E. PFALZGRAF, Domprediger ~ geb. am 25. Februar 1883, gest. am 13. Mai 1925 zum Gedächtnis, 1925; H. ROTERMUND, ~, Pastor am Dom zu Bremen. Wie seine Freunde ihn erlebt haben, 1926.   AKF

Jacobsohn, Bernhard, * 12. 1. 1846 Schwetz/ Weichsel (Swiecie/Polen), † 18. 12. 1925 Berlin; Lehrer, Kantor; wurde bereits als Kind in Bibel u. Talmud unterwiesen, war m. 14 Jahren als Hauslehrer tätig, besuchte 1862–67 die jüd. Lehrerbildungsanstalt in Berlin, dann Lehrer u. Kantor in den jüd. Gemeinden Märk.-Friedland, Magdeburg u. Dortmund, 1874–1907 Kantor in der Gemeindesynagoge Leipzig, Sekr. im Dt.-israelit. Gemeindebund, ab 1905 Ausschussmitgl. des Dt. Kantorenverbandes. – Erinn., rel.geschichtl. Schr., Aufs., Gesangbuch.

Schriften: Beiträge zur Cultusfrage. Zwei pädagogische Aufsätze, 1878; Der Deutsch-Israelitische Gemeindebund nach Ablauf des ersten Decenniums seit seiner Begründung von 1869 bis 1879, 1879; Der israelitische Gemeinde-Gesang. Fünf populäre Aufsätze als Beiträge zur Cultusfrage, 1884; Biblische Frauengestalten. Charakterschilderungen für die reifere weibliche Jugend, 1896; Zur freundlichen Erinnerung an das 25-jährige Amtsjubiläum am 1. März 1899. Seinen Berufsgenossen und Freunden gewidmet, 1899; Fünfzig Jahre. Erinnerungen aus Amt und Leben. Skizzen, 1912 (Selbstverlag).

Herausgebertätigkeit: Schire beth Jaåcob. Israelitisches Schul- und Gemeinde-Gesangbuch. Zum Gebrauche beim Unterricht in der Liturgie und beim öffentlichen Gottesdienste (m. L. Liebling) 1880.

Literatur: DBETh 1,703; DBE 5,276. – A. KLOTZ, Kinder- u. Jugendlit. in Dtl. 1840–1950. Gesamtverz. [...], Bd. 2, 1992.   AKF

Jacobsohn, Bernhard Salomon → Jacobson, B(ernhard) S(alomon).

Jacobsohn, Egon → Jameson, Egon.

Jacobsohn, Hermann (Ps. Fabius), ★ 30. 8. 1879 Lüneburg, † 27. 4. 1933 Marburg/L. (Suizid); Sprachwissenschaftler; Sohn eines Bankiers, studierte ab 1899 indogerm. Sprachwiss., slaw. Sprachen u. klass. Philol. in Freiburg/Br., Berlin u. Göttingen, 1903 Promotion in Göttingen, 1904–11 Assistent beim Thesaurus Linguae Latinae in München, 1908 Habil. Univ. München, ab 1911 a. o. Prof. für indogerman. Sprachen an der Univ. Marburg/L., während des 1. Weltkriegs Russ.-Dolmetscher in einem Kriegsgefangenenlager, ebd. Stud. slaw. u. finno-ugr. Sprachen, 1922 o. Prof. für osteurop. Sprachen u. Kulturen an der Univ. Marburg, Mitglied u. Wahlredner der Dt. Demokrat. Partei (DDP) in Marburg, hielt 1928 Vortr. an der Finn. Akad. der Wiss. in Helsinki, 1929/30 Dekan der Philosoph. Fak. der Univ. Marburg, kommisar. Leiter des Dt. Sprachatlas, wurde am 25. 4. 1933 auf Grundlage des nationalsozialist. Gesetzes zur Wiederherstellung des Berufsbeamtentums entlassen und nahm sich zwei Tage darauf das Leben. – Korrespondierendes Mitgl. der Finn. Akad. der Wiss. seit 1924. – Fachschrift.
Schriften (Ausw.): Russlands Entwicklung und die ukrainische Frage, 1916; Arier und Ugrofinnen, 1922 (Nachdr. hg. W. VEENKER, 1980).
Literatur: Lex. dt.-jüd. Autoren 12,340. – J. WALK, Kurzbiogr. zur Gesch. der Juden 1918–1945, 1988; ~ (in: Johanneum Lüneburg. Informationssystem, Internet-Edition).   AKF

Jacobsohn, Montague → Jacobs, Monty.

Jacobsohn, Siegfried (Ps.: Dr. Balduin; Germanic[k]us; S. J.), ★ 28. 1. 1881 Berlin, † 3. 12. 1926 ebd.; Publizist, Red., Theaterkritiker; Sohn eines Kaufmanns, absolvierte das Gymnasium, bereits m. 15/16 Jahren Gasthörer an der Univ. Berlin, studierte acht Semester Germanistik, reger Theaterbesucher, wurde 1901 von Hellmuth von → Gerlach als Theaterkritiker der «Welt am Montag» gewonnen, auch Feuill.- u. Lokalred., reiste n. Österreich, Italien u. Frankreich, 1905 Begr. u. Hg. der Ws. «Schaubühne» (Berlin), die sich ab 1913 auf Anregung Kurt → Tucholskys stärker der Politik zuwendete u. 1918 programmat. in «Die Weltbühne. Ws. für Politik – Kunst – Wirtschaft» umbenannt wurde; ab 1907 auch Theaterkorrespondent für die «Zeit» (Wien) u. ab 1910 Theaterkritiker für die «Montagsztg.» (Berlin). – Kritik.

Schriften: Das Theater der Reichshauptstadt, 1904; Max Reinhardt, 1910 (4. u. 5. völlig veränd. Aufl. 1921); J'accuse! Sensationelle Enthüllungen über den Kieler Werftprozeß, 1910 (Selbstverlag); Das Jahr der Bühne, 10 Bde., 1911–21; Der Fall Jacobsohn, 1913; Die ersten Tage, 1916; Jahre der Bühne. Theaterkritische Schriften (hg. W. KARSCH, Mitarb. G. GÖHLER) 1965; Antworten. Eine Auswahl 1905–1918 (hg. A. SCHÄTZKE) 1998.
Briefe: Briefe an Kurt Tucholsky. 1915–1926 (hg. R. von SOLDENHOFF) 1989.
Herausgebertätigkeit: Oscar Sauer. Ein Gedenkbuch 1856–1916, 1916.
Ausgaben: Gesammelte Schriften. 1900–1926, 5 Bde. (hg. u. komm. G. NICKEL, A. WEIGEL in Zus.arb. m. H. KNICKMANN, J. SCHÖN) 2005.
Nachlass: Privatbesitz Peter J.; Hss. in versch. Arch. u. Bibl. – Lex. dt.-jüd. Autoren 12,344.
Literatur: Albrecht-Dahlke II/2,334; Schmidt, Quellenlex. 14,386. – ~, Bibliogr. Kalenderbl. der Berliner Stadtbibl. 3, H. 12, 1961 u. 8., H. 11/12, 1966. – NDB 10,245; Theater-Lex. 2,887; Killy 6,61; Autorenlex 379; DdP 1,494; DBE 5,276; Lex. dt.-jüd. Autoren 12,344; Killy ²6,77. – W. SEIDL, Die geistige Haltung der neueren dt. Theaterkritik entwickelt an Otto Brahm, Hermann Bahr, Alfred Kerr, Alfred Polgar, ~, Paul Fechtner, Herbert Ihering u. Bernhard Diebold (Diss. München) 1951; W. STEINKE, Der Publizist ~ als Theaterkritiker (Diss. FU Berlin) 1960; A. ENSELING, Die Weltbühne. Organ der intellektuellen Linken, 1962 (Diss. u. d. T.: Die Weltbühne von ~ u. Carl von Ossietzky. Ein Beitr. zur Publizistik der «Intellektuellen Linken», Münster 1960); R. SCHULZE, Der Theaterkritiker ~ (Diss. Leipzig) 1964; M. von OSSIETZKY, ~ (in: DIES., Maud von Ossietzky erzählt. Ein Lebensbild, S. 77–82) 1966; H. MAYER, ~ vor der Schaubühne u. Weltbühne (in: DERS., Zur dt. Lit. der Zeit. Zusammenhänge, Schriftst., Bücher, S. 166–170) 1967; R. GREUNER, ~ (in: DIES., Gegenspieler. Profile linksbürgerl. Publizisten aus Kaiserreich u. Weimarer Republik, S. 89–126) 1969; A. EGGEBRECHT, Über ~ (in: Journalisten über Journalisten, hg. H.-J. SCHULZ, S. 192–237) 1980; R. MICHAELIS, Von der Bühnenwelt zur Weltbühne. ~ u. Die Schaubühne, 1980; U. MADRASCH-GROSCHOPP, Die Weltbühne. Porträt einer Zs., 1983; Biogr. Lex. zur Weimarer Republik (hg. W. BENZ, H. GRAML) 1988; J. WALK, Kurzbiogr. zur Gesch. der Juden 1918–1945, 1988; J. BERGMANN, Die Schaubühne – Die Weltbühne. 1905–

1933. Bibliogr. u. Reg. m. Annotationen, 1991; M. REICH-RANICKI, Der solide Schwärmer (in: DERS., Die Anwälte der Lit., S. 203–216, 346/347) 1994; G. NICKEL, Die Schaubühne – Die Weltbühne. ~s Ws. u. ihr ästhet. Programm, 1996; V. OTTO, «Der Kampf gg. Wagner ist in Wahrheit ein Kulturkampf». Die Wagner-Rezeption in der Ws. «Die Schaubühne» (in: Arch. für Musikwiss. 56, H. 1, S. 9–28) 1999; S. OSWALT, ~, ein Leben für die Weltbühne. Eine Berliner Biogr., 2000 (2., korr. Aufl. 2001, Diss. u. d. T.: S. BRAUER, ~. Eine Berliner Biogr. 1881–1926, Potsdam 1998); S. OSWALT, «Jeder hat mal einen Vater gebraucht». ~ u. Kurt Tucholsky (in: «Halb erot. – halb polit.». Kabarett u. Freundschaft bei Kurt Tucholsky. Dokumentation der Tagungen der Kurt-Tucholsky-Gesellsch. [...], hg. DIES., R. LINKS, S. 181–199) 2000; Metzler Lex. der dt.-jüd. Lit. (hg. A. B. KILCHER) 2000; H. J. SCHÜTZ, «Eure Sprache ist auch meine». Eine dt.-jüd. Lit.gesch., 2000; Musen u. Grazien in der Mark. 750 Jahre Lit. in Brandenburg (hg. P. WALTHER) Bd. 2, 2002; B. SCHRADER, Lit.- u. Kunstdebatten in der «Weltbühne» oder Der schwierige Weg des ~ im Umgang mit Expressionismus u. Revolution (in: Die Weltbühne. Zur Tradition u. Kontinuität demokrat. Publizistik. Dokumentation der Tagung «Wieder gilt: der Feind steht rechts!», hg. S. OSWALT, S. 39–49) 2003; A. WEIGEL, Penthesileen. ~, «Die Schaubühne» u. die Kleist-Ehrung 1911 in Berlin (in: Beitr. zur Kleist-Forsch. 17, S. 164–175) 2003; Juden in Berlin. Biogr. (hg. E.-V. KOTOWSKI) Bd. 2, 2005; H. KESTING, Genie des Redigierens. ~ (in: DERS., Ein bunter Flecken am Kaftan. Ess. zur dt.-jüd. Lit., S. 105–114) 2005; G. RÜHLE, Theater in Dtl. 1887–1945. Seine Ereignisse – seine Menschen, 2007.   AKF

Jacobsohn-Lask, Berta → Lask, Berta.

Jacobson, B(ernhard) S(alomon) (auch Issachar [oder Issacher] Jacobson), ★ 5. 2. 1901 Hamburg, † 6. 12. 1972 Tel Aviv (Datumsangaben umgerechnet aus dem jüd. Kalender); Lehrer, Erzieher; Sohn eines Buchhalters u. Toragelehrten, studierte an Talmudhochschulen in Hamburg, Berlin u. Ungarn sowie semit. Sprachen, Philos., Pädagogik u. Psychol. an den Univ. Hamburg u. Berlin, musste seine Stud. aus gesundheitl. Gründen abbrechen u. wurde deshalb nicht Rabbiner, sondern «akadem. Religionslehrer», 1924 für zehn Monate in einer Tuberkulose-Heilstätte in Davos, 1925–38 Lehrer

an der Talmud-Tora-Realschule in Hamburg, am jüd. Lehrhaus ebd. 1929–38 Lektor, umfangreiche öffentl. Tätigkeit, wurde am 10. November 1938 verhaftet und für 15 Tage im Konzentrationslager Oranienburg festgehalten, emigrierte im Dezember n. Holland u. 1939 n. Palästina, Lehrer in Tel Aviv, Erzieher in mehreren Institutionen Palästinas/Israels, auch Rabbiner u. Prediger. – Rel. Schr., Lehrbuch.

Schriften (Ausw.): Volk und Tora, 1936 (1937 beschlagnahmt u. weitgehend vernichet, Nachdr. 1982); Tora und Tradition. Gesammelte Aufsätze, 1985.

Literatur: E. YAIR, Rabbiner ~, sein Leben u. Werk (in: ~, Tora u. Tradition. Gesammelte Aufs., S. I–XVI) 1985; J. WALK, Kurzbiogr. zur Gesch. der Juden 1918–1945, 1988; DERS., ~. Leben u. Wirken des Lehrers u. Erziehers der Talmud-Tora-Oberrealschule (in: «Den Himmel zu pflanzen u. die Erde zu gründen». Die Joseph-Carlebach-Konferenzen. Jüd. Leben, Erziehung u. Wiss., hg. M. GILLIS-CARLEBACH, W. GRÜNBERG, S. 178–188) 1995.   AKF

Jacobson, Bernhard Salomon → Jacobson, B(ernhard) S(alomon).

Jacobson, Edmund (auch: Erik; Ps. Ed Jacobs; Haemon; Kajak), ★ 24. 3. 1908 Reval (Tallinn/Estland), † 26. 2. 1952 Kaiserslautern; Red., Journalist, Schriftst.; Sohn eines Kapitäns, studierte 1927/28 Geschichtswiss. u. 1928–32 Zahnmedizin in Riga, brach das Stud. ab, Sportred. u. Feuilletonred. bei der «Rigaer Rs.», auch Red. für die «Königsberger Allg.» u. a. Ztg., zog 1939 n. Posen, ebd. Journalist beim «Ostdt. Beobachter», bis 1941 freiwilliger Dienst in der Wehrmacht, danach Sportred. der «Dt. Ztg.» in Riga, n. dem Krieg tätig für versch. Pressedienste in Holstein. – Humorist. Schr., Lyrik., Übers. (aus dem Estn., Lett., Russ. u. Ukrainischen).

Schriften: Szenenbilder aus «Antigone», «Oedipus auf Kolonos», 1935 (Schr. nicht nachweisbar); Sammlung humoristischer Kurzgeschichten aus eigener Feder, 1938 (dass.); Der Tennisspieler und andere humoristische Gedichte, 1939 (dass.); Als ich Primus war ... und anderes mehr, Riga 1939; Märchensammlung lettischen, estnischen, russischen und kaukasischen Ursprungs, 1939 (Schr. nicht nachweisbar); Lieder eines Heimatlosen, 1950 (Selbstverlag).

Übersetzungen: Sammlung lettischer Volkslieder, 1935 (Schr. nicht nachweisbar); Auswahl aus den Werken des Sowjethumoristen Michael Sostschenko, 1937 (dasselbe).
Literatur: Redlich 158. – Concordia Rigensis 29. 11. 1869–29. 11. 1969 (FS) 1969; C. L. GOTTZMANN, P. HÖRNER, Lex. der dt.sprachigen Lit. des Baltikums u. St. Petersburgs [...], Bd. 2, 2007.   AKF

Jacobson, Issachar → Jacobson, B(ernhard) S(alomon).

Jacobson, Jacob, ⋆ 27. 11. 1888 Schrimm/Prov. Posen (Śrem/Polen), † 31. 5. 1968 Bad Neuenahr (Rhld.-Pfalz); Historiker, Archivar; Sohn eines Rabbiners, studierte Gesch. u. Philol. in Breslau, München, Berlin u. Marburg/L., 1914–17 Soldat im 1. Weltkrieg, schwer verwundet, 1919 Promotion an der Univ. Marburg, 1920–39 Leiter des Gesamtarch. der dt. Juden in Berlin, konnte nicht emigrieren, weil ihm die Ausstellung eines Reisepasses verweigert wurde, aufgrund seines «staatspolit. wertvollen» Spezialwissens bis 1943 im Gesamtarch. weiterbeschäftigt, 1943 n. Theresienstadt deportiert, bearbeitete ebd. im Auftrag des Reichssippenamtes Quellen für die Zentralstelle für jüd. Personenstandsregister, emigrierte 1945 n. Großbritannien, lebte in Worcester, starb während eines Erholungsaufenthaltes in Deutschland. – Vorstandsmitgl. des Leo-Baeck-Inst. London. – Fachschr., Erinnerungen.
Schriften: Die Stellung der Juden in den 1793 und 1795 von Preußen erworbenen polnischen Provinzen zur Zeit der Besitznahme, 1920 (Diss. 1919); Jüdische Trauungen in Berlin. 1723–1759, 1938; Terezin. The Daily Life 1943–1945, London 1946.
Herausgebertätigkeit: Mitteilungen des Gesamtarchivs der Deutschen Juden, 6. Jg., 1926; Jüdisches Jahrbuch für Groß-Berlin. Ein Wegweiser durch die jüdischen Einrichtungen und Organisationen Berlins (m. J. Segall) 1928; Die Judenbürgerbücher der Stadt Berlin 1809–1851. Mit Ergänzungen für die Jahre 1791–1809, 1962; Jüdische Trauungen in Berlin. 1759–1813. Mit Ergänzungen für die Jahre von 1723–1759 (Geleitw. H. HERZFELD) 1968.
Nachlass: Leo-Baeck-Inst. New York. – Mommsen 2,862.
Literatur: Lex. dt.-jüd. Autoren 13,6; DBE 5,277. – D. STERN, Werke jüd. Autoren dt. Sprache. Eine Bio-Bibliogr., ³1970; J. WALK, Kurzbiogr. zur

Gesch. der Juden 1918–1945, 1988; E. G. LOWENTHAL, Im Rückblick: Das «Gesamtarch. der dt. Juden» in Berlin. Dir. Dr. ~ wäre kürzl. 100 Jahre alt geworden (in: Mitt. des Ver. für die Gesch. Berlins, 85. Jg., H. 1, S. 148–150) 1989; ~ (in: Ghetto Theresienstadt. Theresienstadt 1941–1945. Ein Nachschlagewerk; Internet-Edition).   AKF

Jacobson, Leopold, ⋆ 30. 6. 1878 Czernowitz/ Bukowina (Tscherniwizi/Ukraine), † 23. 2. 1943 Konzentrationslager Theresienstadt; Red., Schriftsteller; wuchs in Wien auf, ebd. Journalist der «Dt. Ztg.» u. des «Neuen Wiener Journals», später dessen Korrespondent in Berlin, ebd. Red. der «Berliner Morgenpost», ging zurück n. Wien, dort zunächst Theaterkritiker, dann Chefred. des «Neuen Wiener Journals». – Kritik, Libretto.
Schriften: Ein Walzertraum. Text der Gesänge. Operette in drei Akten (m. F. Dörmann) 1907 (Musik O. Straus); Der tapfere Soldat. Text der Gesänge. Operette in drei Akten (m. R. Bernauer) 1908 (dass.); Die keusche Barbara. Text der Gesänge. Operette in drei Akten (m. dems.) 1910 (Musik O. Nedbal); Der lachende Dreibund. Operette in drei Akten, 1913 (Musik R. Benatzky); Auf Befehl der Kaiserin. Text der Gesänge. Ein Operetten-Idyll aus alten gemütlichen Zeiten in drei Akten (m. R. Bodanzky) 1914 (Musik B. Granichstaedten); Warum geht's denn jetzt? Textbuch der Gesänge. Burleske Operette in drei Akten (m. dems.) 1916 (Musik E. Eysler); Nachtfalter. Operette in drei Akten (m. dems.) 1917 (Musik O. Straus); Was Mädchen träumen. Operette in drei Akten. Text der Gesänge (m. dems.) 1919 (Musik L. Ascher); Dorfmusikanten. Text der Gesänge. Operette in drei Bildern (m. dems.) 1919 (Musik O. Straus); Yuschi tanzt. Operette in drei Akten (m. dems.) 1920 (Musik R. Benatzky); Die Tanzgräfin. Textbuch der Gesänge. Operette in drei Akten (m. dems.) 1921 (Musik R. Stolz); Das Weib in Purpur. Operette in drei Akten (m. R. Oesterreicher) 1923 (Musik J. Gilbert); Zwei um Eine. Textbuch der Gesänge. Operette in drei Akten, 1924 (Musik ders.); Der Tanz um die Liebe. Textbuch der Gesänge. Operette in drei Akten (m. H. Saltenburg) 1924 (Musik O. Straus); Lady Hamilton. Textbuch der Gesänge. Operette in drei Akten (m. R. Bars) 1926 (Musik E. Künneke); Meiermax. Textbuch der Gesänge. Operette in drei Akten (m. R. Oesterreicher) 1926 (Musik H. Hirsch); Eine einzige Nacht. Textbuch der Gesänge. Operette in drei

Akten (m. dems.) 1928; Eine Ballnacht. Operette in 3 Teilen (m. R. Bodanzky) 1928 (Musik O. Straus); Die Frau im Gold. Textbuch. Operette in drei Akten (m. B. Hardt-Warden) 1929 (Musik M. Krausz); Hochzeit in Hollywood. Operette in vier Bildern (m. dems.) 1929 (Musik O. Straus); Eine Nacht in Kairo. Operette in drei Akten (m. dems.) 1929 (Musik J. Gilbert).

Literatur: Theater-Lex. 2,888; LöstE 336; HAjH 2,594; DdP 1,494; DBE 5,278. – Das Jb. der Wiener Gesellsch. Biogr. Beitr. zur Wiener Zeitgesch. (hg. F. PLANER) 1929.   AKF

Jacobson, Ludwig → Harthern, Ernst.

Jacobus, Hans, *6. 8. 1923 Berlin, † 13. 3. 2003 ebd.; Red., Journalist; Sohn eines Angestellten u. einer Vertreterin, emigrierte 1938 m. einem jüd. Kindertransport n. Großbritannien, Schlosserlehre, 1940/41 in Australien interniert, 1941 in London Eintritt in die Freie Dt. Jugend (FDJ), 1941– 45 Schlosser, 1945 Eintritt in die KPD, 1945– 47 in London Lehrer für aus Konzentrationslagern entlassene Kinder, kehrte 1947 n. Dtl. zurück, 1948 FDJ-Funktionär in Potsdam, 1948/49 Red. der Ztg. «Junge Welt», 1949–53 Chefred. beim «Sportecho», 1953 im Rahmen eines antijüd. Schauprozesses gg. Westemigranten für sechs Monate in Untersuchungshaft, 1954 in die Produktion versetzt, 1954/55 Abt.leiter für Kultur in Berlin-Mitte, 1955–76 stv.- u. Red.leiter sowie polit. Kommentator beim Berliner Rundfunk, leitete die Sendung «Das Professoren-Kollegium» (Berliner Rundfunk/Dt. Fernsehfunk), 1976–85 Chefred. der Wochenztg. «Sonntag», schied auf eigenen Wunsch aus der Chefred. aus. – 1968 Vaterländ. Verdienstorden in Silber. – 1965 Mitgl. des Friedensrates der DDR, 1969 Mitgl. des Nationalrates der Nationalen Front, n. 1989 Vorstandsmitgl. der Vereinigung der Verfolgten des Naziregimes. – Anekdote, Interview, Erinnerungen.

Schriften: Die Urkunde. Erlebtes und Erinnertes, 1988; Träume zu Asche?, 1993; Hinter meinen Augenlidern. Zeichnungen und biographische Texte, 1995 (Zeichn. W. Sitte); Sohn, Mutter, Staub. Ein fiktiver Dialog, 1997; Befindlichkeiten. Interviews, 1998; Skizzen der Gezeiten. Erlebtes und Erträumtes, 1998; Die Spuren der Familie ... (Vorw. E. SPOO) 2001; Beim Betreten des Hauses. Erinnerungen an Momente und Jahrzehnte, 2002.

Herausgebertätigkeit: Ganz schön komisch. Anekdotisches aus der DDR 1995.

Tonträger: 100 Jahre Dt. Arbeiterlied. Eine Dokumentation (2 Schallplatten) 1977.

Literatur: Hdb. Emigration 1,325. – K. DECKER, ~ (in: Der Tagesspiegel, 4. 4.) 2003; Wer war wer in der DDR? Ein Lex. ostdt. Biogr. (hg. H. MÜLLER-ENBERGS u. a.; Internet-Edition).   AKF

Jacoby, Alex → Jacoby, Lex.

Jacoby, Alinda (Ps. für Maria Krug; geb. Bleser), *16. 10. 1855 Trier, † 15. 5. 1929 Mainz; Schwester von Antonie → Haupt; Schriftstellerin, lebte in Mainz; Tochter eines Arztes, seit 1887 m. dem Fabrikanten F. K. Krug verheiratet. – Jgdb., Dr., Nov., Erz., Lb., ep. Dg., Roman.

Schriften: Moderne Gegensätze. Roman aus dem wirklichen Leben, 1884; Das Christkindlein kommt! Zur Unterhaltung für brave Kinder, 1890; Altarblüthen. Allen Verehrern des Allerheiligsten Altarssakramentes, insbesondere den lieben Erstkommunikanten gewidmet, 1893; Ida Gräfin Hahn-Hahn. Novellistisches Lebensbild, 1894; Spät erkannt (Nov.) 1895; Haiderosen, zu Ehren Marias gepflückt und gebunden, 1895; Elsbeths Leiden und Freuden (Jgdb.) 1896; Das Lied von Sankt Elisabeth. Epische Dichtung, der lieben Heiligen gewidmet, 1898; Im Kampfe des Lebens (Rom.) 1899; Philippine Welser. Episch-lyrische Dichtung, 1900; Wieder vereint (Nov.) 1901; Das Kind aus dem Hexenhause (Erz.) 1904; Auf steiniger Erde – Die Großmutter (Erzn.) 1905 (= Münchener Volksschr., H. 20); Saulus. Drama in fünf Aufzügen, 1905; Aus dem Märchenlande. Sechs Erzählungen, 1906; Der Hofkoch in Verzweiflung. Historischer Schwank in einem Aufzug, 1908; Die geheimnisvolle Prinzessin. Schwank in einem Aufzug, 1908; Der Schleier der Königin. Schauspiel in vier Aufzügen, 1908; Samson. Drama in vier Aufzügen, 1908; Kaiser Rudolfs Dank. Historischer Schwank, 1908; Gefährliche Strategie (Schw.) 1909; Eine Luftschiffahrt zu den Seeräubern. Erzählung für die reifere Jugend, 1909; Heilsame Tropfen. Lustspiel aus der Zeit Friedrichs des Großen, 1909; Charlotte Corday (Dr.) 1910; Vagabundenstreich (Lsp.) 1911; Die Nichten der Kastellanin (Schw.) 1911; Pfeifenseppel und Kompagnon. Schwank in zwei Aufzügen, 1911; Die kleine Geigenfee. Erzählung für die Jugend, 1911; Das Irrlicht (Schw.) 1912; Die drei Kreuze.

Weihnachtsstück in einem Akte, 1912; Miss Alligator. Schwank in einem Aufzug, um 1913; Die Verlobung durch eine Hutschachtel (Schw.) um 1913; Kindesopfer. Schauspiel in drei Aufzügen, 1913; Martinus von Cochem. Zeit- und Sittenspiel, 1913; Weihnachtsfrieden (Schausp.) 1913; Die Dose des Grafen von Eltz. Historisches Schauspiel, 1913; Der Landgräfin Frühlingsfest. Aus dem Leben der hl. Elisabeth. Schauspiel in drei Aufzügen, 1913; Gesprengte Ketten. Dramatisches Zeitbild, 1913; Eine gefährliche Krankheit? Schwank in einem Aufzug, 1914; Deutschland über alles. Dramatische Bilder aus dem europäischen Krieg 1914 in zwei Aufzügen, 1914; Am Hirtenfeuer. Weihnachtsspiel in einem Akt, 1914; «Friede den Menschen». Weihnachtsspiel in einem Aufzug, 1914; Die Flammenzeichen rauchen. Vaterländisches Festspiel in fünf Aufzügen, 1915; Prinzeßchens Opfer für das Vaterland. Schauspiel in einem Aufzug 1915; Das Geheimnis der Waldschlucht. Schauspiel in drei Aufzügen, 1915; Klein Elli. Schauspiel in einem Aufzug, 1915; Um die Krone (Msp.) 1916; Friedens Einzug (Msp.) 1917; König Friede (Msp.) 1917; Beim Schimmer der Weihnachtslichter (Weihnachtssp.) 1917; Soldatenblut. Dramatische Kriegsszenen, 1917; Am Scheideweg (Sch.) 1917; Die Hausfrau in Verlegenheit. Schwank in einem Aufzug, 1918; Die Friedensglocke. Dramatisches Weihnachtsmärchen, 1918; In der Stunde der Versuchung. Schauspiel in drei Aufzügen, 1919; Widukind. Weihnachtsschauspiel in drei Aufzügen, 1919; Die Himmelsgeige. Märchenspiel, 1919; St. Nikolaus und die Engelspost. Märchenspiel, 1919; Der Geist im Pensionate! Schwank in einem Aufzug, 1920; Im Zauberkabinett. Schwank in einem Aufzug, 1920; Christkindleins Einzug im Walde. Dramatisches Weihnachtsmärchen, 1920; Beim Berggeist. Dramatisches Märchenspiel, 1920; Resis Wetten. Lustspiel in einem Aufzug, 1922; Maria Immaculata. Religiöses Schauspiel, 1922; Gräfin oder Kammerjungfer? Schwank in einem Aufzug, 1922; Der sprechende Vogel. Lustspiel in einem Aufzug, 1922; Ein Mutterherz. Schauspiel in einem Aufzug, 1923; Echte Freundschaft. Schauspiel in einem Aufzug, 1924; Judith. Biblisches Schauspiel in zwei Aufzügen, 1924; Petronilla. Dramatische Legende in zwei Aufzügen, 1924; Unter Mariens Schutz (Schausp.) 1924; Die Schulglocke. Kindertheaterstückchen in einem Aufzug, 1924; Um des Königs Seele. Dramatische Dichtung in fünf Auf-

zügen, 1925; Im Zauberbann des Königs von Sion. Drama in fünf Aufzügen, 1925; Ein Wort aus Kindesmund. Schauspiel in einem Aufzug, 1925; Juliane, die Waise. Eine Erzählung für die Jugend, 1925; Wer wird Rosenkönigin? Dramatisches Spiel in einem Aufzug für Kinder, 1926; Barbara. Dramatisches Legendenspiel, 1926; Davids Königswahl. Zwei biblische Bilder, 1926; Caritas und der Stern des Christkindes. Weihnachtsspiel, 1926; Naschkätzchen. Theaterstück für Kinder in einem Aufzug, 1926; Sankt Nikolaus' Besuch im Mädchenverein, 1926; St. Hildegard. Dramatisches Spiel, 1927; Salve Regina. Religiöses Schauspiel, 1927; Ein Familienschatz. Lustspiel in einem Aufzug, 1927; Künstlerblut (Rom.) 1927; Hoher Besuch im Institute. Lustspiel in einem Aufzug, 1927; Christkönigs Fest und Preis. Schauspiel in einem Aufzug, 1927; Tante Green. Schwank in einem Aufzug, 1927; Susis Heiratsfieber. Lustspiel in einem Aufzug, 1927; Das Licht der Welt. Weihnachtsspiel in drei Aufzügen, 1927; Sag mir das Wort. Schwank in einem Aufzug, 1927; Sankt Joseph. Schauspiel in zwei Aufzügen, 1927; Die lustige Spinnstube. Lustspiel in einem Aufzug, 1927; Der Spuk im Hause. Lustspiel in einem Aufzug, 1927; Die Kaffeeschwestern (Lsp.) 1927; St. Maria hilft. Theaterstückchen in zwei Aufzügen, 1927; Sankt Margarita. Dramatische Legende in vier Aufzügen, 1928; Um der Katze willen. Lustspiel in zwei Aufzügen, 1928; Der Tod und die Mutter. Dramatisches Märchen in einem Aufzug, 1928.

Literatur: Lex. dt. Frauen der Feder (hg. S. Pataky) Bd. 1, 1898; F. Wienstein, Lex. der kathol. dt. Dichter, 1899; W. Kosch, Das kathol. Dtl., Bd. 2, 1937; A. Klotz, Kinder- u. Jugendlit. in Dtl. 1840–1950. Gesamtverz. [...], Bd. 2, 1992; Trierer Biogr. Lex. (hg. H. Monz) 2000; E. Weickart, ~ (in: Blick auf Mainzer Frauengeschn. Mainzer Frauenkalender 1991 bis 2012, S. 50f.) 2012.   AKF

Jacoby, Beate → Jadassohn, Beate.

Jacoby, Carl M. → Jacoby, Karl M.

Jacoby, Daniel, * 2. 1. 1844 Johannisburg/Ostpr. (Pisz/Polen), † 16. 1. 1918 Berlin; Lit.historiker, Gymnasiallehrer; studierte Philos. u. dt. Philol. in Heidelberg u. Berlin, 1867 Dr. phil. Univ. Berlin, Staatsexamen, 1872 Prof. für dt. Lit. an der Handelsakad. Wien, 1873–77 an der Kantonsschule

Aarau, dann bis 1910 am Königsstädtischen Gymnasium in Berlin. – Fachschr., Prosa, Lyrik.

Schriften: Friedrich der Große und die deutsche Literatur, 1875; Georg Macropedius. Ein Beitrag zur Litteraturgeschichte des 16. Jahrhunderts, 1886; Kriegsxenien und andere Gedichte zum Völkerkampf 1915; Neue Xenien. Sprüche aus der Zeit, 1918. (Ferner philol. Fachschriften.)

Herausgebertätigkeit: C. F. Weisse, Richard der Dritte. (m. A. Sauer) 1904; Xenien zu Schillers Todestag. 9. Mai 1905, 1905; A. Bielschowsky, Friederike und Lili. Fünf Goethe-Aufsätze, 1906.

Literatur: S. WININGER, Große jüd. National-Biogr., Bd. 3, 1928.   AKF

Jacoby, Eduard Georg (auch: Peter), ★ 3. 4. 1904 Breslau, † 10. 8. 1978 Fidschi-Inseln; Soziologe, Demograph; Sohn eines Altphilologen, studierte Jura in Kiel, Freiburg/Br. u. Berlin, studierte bei u. arbeitete für Ferdinand → Tönnies, 1930 Dr. iur., 1931–33 (entlassen aufgrund der nationalsozialist. Gesetzgebung) im Staatsdienst des preuß. Handelsministeriums in Berlin, arbeitete in einem jüd. Bankgeschäft, bis 1935 Mitarb. an Tönnies' «Geist der Neuzeit», 1938 Emigration n. Neuseeland, ebd. Buchhalter, ab 1948 im neuseeländ. Erziehungsministerium für demograph. Planung zuständig. – Fachschr., Reiseführer.

Schriften (ohne fremdsprachige Schr.): Philosophie und Soziologie. Ferdinand Tönnies' wissenschaftlicher Weg, 1970; Die moderne Gesellschaft im sozialwissenschaftlichen Denken von Ferdinand Tönnies. Eine biographische Einführung, 1971; Neuseeland. Reiseführer mit Landeskunde, 2., völlig neubearb. Aufl. 1975.

Herausgebertätigkeit: F. Tönnies, Studien zur Philosophie und Gesellschaftslehre im 17. Jahrhundert, 1975.

Literatur: Hdb. Emigration II/1,560. – J. ZANDER, ~ (in: Tönnies-Forum, 10. Jg., H. 2, S. 61–67) 2001; DERS., ~ (in: Biogr. Lex. für Schleswig-Holst. u. Lübeck, Bd. 12) 2006.   AKF

Jacoby, Georg, ★ 21. 1. 1881 Forst Schubin/Bez. Bromberg (Szubin/Polen), † nicht ermittelt; Exportkaufmann in Berlin. – Roman.

Schriften: Tropenrausch (Rom.) 1930; Der falsche Castro. Eine abenteuerliche Fahrt nach Westindien (Rom.) 1938.   AKF

Jacoby, Günther, ★ 21. 4. 1881 Königsberg/Pr., † 4. 1. 1969 Greifswald; Philosoph; Sohn eines Theologen, studierte Theol., Philos. u. Germanistik in Königsberg u. Tübingen, 1903 lic. theol., studierte weiter Philos. in Berlin, 1906 Dr. phil., 1906–08 Lehre u. Stud. in Paris u. Glasgow, 1909 Habil. Univ. Greifswald, dann tätig an Univ. in Harvard, Urbana/Ill. u. Tokio, 1914/15 Kriegsteilnehmer, schwer verwundet, 1915–18 Lehrtätigkeit an der dt. Univ. Istanbul, 1919 a. o. Prof. in Greifswald, ebd. 1928 o. Prof. der Philos., 1937 aufgrund der nationalsozialist. Rassengesetze zwangspensioniert, 1945 wieder im Amt, 1946–48 Dekan der philosph.-naturwiss. Fak., bis 1956 Dir. des Inst. für Philos./des philosoph. Seminars. – Fachschrift.

Schriften (Ausw.) Herders und Kants Ästhetik, 1907; Der Pragmatismus. Neue Bahnen in der Wissenschaftslehre des Auslands. Eine Würdigung, 1909; Herder als Faust, 1911; Englische und deutsche Mannesart, 1921; Allgemeine Ontologie der Wirklichkeit, 2 Teile u. Lieferungen, 1925–55 (2., unveränd. Aufl. in 2 Bdn. 1993); Wilhelm Schuppe. Akademische Gedenkrede zu seinem 100. Geburtstage am 5. Mai 1936, 1936; Denkschrift über die gegenwärtige Universitätsphilosophie in der Deutschen Demokratischen Republik, 1955; Die Ansprüche der Logistiker auf die Logik und ihre Geschichtsschreibung. Ein Diskussionsbeitrag, 1962.

Nachlass: UB Tübingen. – Denecke-Brandis 169; Hss.bestände 480.

Literatur: Schmidt, Quellenlex 14,389. – NDB 10,253; BEdP 195; DBE 5,280. – W. GÖTZ, Der Weg zur Ontologie bei Nicolai Hartmann u. ~ (Diss. Tübingen) 1957; B. von FREYTAG-LÖRINGHOFF, ~ 80 Jahre alt (in: Zs. für Philosoph. Forsch. 15, S. 237–250) 1961 (m. Bibliogr.); ~ (1881–1969). Zu Werk u. Wirkung (hg. H. FRANK, C. HÄNTSCH) 1993; H.-C. RAUH, Der Greifswalder Univ.philosoph ~ u. die DDR-Philos. (in: Dt. Zs. für Philos. 42, S. 498–504) 1994; G. GREWOLLS, Wer war wer in Mecklenb.-Vorpomm.?, 1995; ~ (Königsberg 1881–1969 Greifswald). Lehre – Werk u. Wirkung. Konferenzprotokoll 1998 (hg. H.-C. RAUH, H. FRANK) 2003 (beigefügt: Dokumentation ~ u. die Anfänge der DDR-Philos. 1945–1958); Wer war wer in der DDR? Ein Lex. ostdt. Biogr. (hg. H. MÜLLER-ENBERGS u. a.; Internet-Edition).   AKF

Jacoby, Heinz → Jacoby, Henry.

Jacoby, Henry (eig. Heinz; Ps. Sebastian Franck), ∗ 3. 8. 1905 Berlin, † 17. 6. 1986 Genf; Schriftst., Sozialarbeiter, Beamter; Sohn eines Kaufmanns u. einer Textilarbeiterin, absolvierte n. dem Besuch des Gymnasiums eine Druckerlehre, während des 1. Weltkrieges Hinwendung zum Pazifismus, baute in den 1920er-Jahren das Anti-Kriegs-Museum in Berlin m. auf u. war bis 1927 dessen Verlagsleiter, seit 1923 bekannt m. u. beeinflusst von Otto → Rühle, unter dem Einfluss Alfred → Adlers Mitarb. der «Internat. Zs. für Individualpsychol.», Ausbildung zum Sozialarbeiter, 1930–32 Leiter des Sekretariats der «Dt. Verein. für Jugendgerichte u. Jugendgerichtshilfen», unternahm 1930 eine Studienreise in die Sowjetunion, wurde KPD-Mitgl., ab 1933 führend in der illegalen Oppositionsgruppe Kurt → Landaus, Mitarb. von «Der Funke» u. «Der revolutionäre Vetrauensmann», 1934–36 in Waldheim u. Brandenburg inhaftiert, emigrierte zunächst n. Prag, 1937 n. Paris, ebd. Schriftst., Privatlehrer u. ab 1938 Leiter eines privaten Waisenhauses für jüd. Kinder, 1939 interniert, 1941 Emigration n. New York, bei jüd. Organisationen angestellt, beauftragt m. der Auswertung europ. Zs. u. ökon. Analysen, 1945–68 Angestellter der Food and Agriculture Organization (FAO) der UNO in Washington u. Rom, zuletzt deren Büroleiter in Genf, dann freier Schriftst., tätig für Amnesty International. – Fachschr., Erinnerungen.

Schriften: Kritik der politischen Moral, Kritik des politischen Verhaltens. Ein Beitrag zur Konzeption einer neuen sozialistischen Bewegung, 1946 (NA 1972); Soziologie der Freiheit. Otto Rühles Auffassung vom Sozialismus. Eine Gedenkschrift, 1951; Die Illusion der freien Marktwirtschaft, 1952; Die Bürokratisierung der Welt. Ein Beitrag zur Problemgeschichte, 1969 (überarb. u. erw. Aufl. 1984); Beiträge zur Soziologie der sozialistischen Idee, 1973; Alfred Adlers Individualpsychologie und dialektische Charakterkunde, 1974 (2. Aufl. m. einem neuen Vorw. von H. J., 1983); Von des Kaisers Schule zu Hitlers Zuchthaus. Erlebnisse und Begegnungen. Geschichte einer Jugend links-außen in der Weimarer Republik, 1980; Davongekommen. 10 Jahre Exil 1936–1946. Prag, Paris, Montauban, New York, Washington. Erlebnisse und Begegnungen, 1982; Otto Rühle zur Einführung (m. I. Herbst) 1985.

Herausgebertätigkeit: O. Rühle, Baupläne für eine neue Gesellschaft. Mit einem Vorwort und einem Essay «Utopie als Gegenbild» erstmals aus dem Nachlaß herausgegeben, 1971.

Nachlass: Arch. der sozialen Demokratie der Friedrich-Ebert-Stiftung, Bonn; Arch. des Inst. für Zeitgesch., München. – Zentrale Datenbank Nachl. (Internet-Edition).

Literatur: Hdb. Emigration 1,326. – G. Deising, ∼ – Ein Leben für eine bessere Gesellsch. (in: Gestalten um Alfred Adler. Pioniere der Individualpsychol., hg. A. Lévy, S. 119–132) 2002.   AKF

Jacoby, Karl M. (auch: Carl), ∗ 10. 8. 1871 Halle/S., † 28. 9. 1951 Görlitz; Schauspieler, Schriftst.; 1900 Dir. des Hoftheaters in Neustrelitz/Mecklenb., 1904 des Stadttheaters in Reval (Tallinn/Estland) u. des Dt. Theaters in Dorpat (Tartu/ebd.), dann wieder Schauspieler, später Schriftst. in Sachsenhausen (später zu Oranienburg). – Bühnenst., Roman.

Schriften: Der Vorleser Ihrer Hoheit! (Rom.) 1892; Eine Ehe! Die Tragödie eines Weibes in drei Aufzügen, 1911; Das Rätsel-Weib! Drama in drei Akten, 1911; Roms rote Rosen. Eine Tragödie in fünf Aufzügen, 1911; Die Korso-Fee. Schwank mit Gesang und Tanz (m. A. S. Pordes-Milo) 1919 (Gesangstexte W. Steinberg, Musik A. Steinke); Mandelblüte. Groteske in drei Akten (m. dems.) 1920. (Ferner zahlr. ungedr. Bühnenstücke.)

Literatur: Musen u. Grazien in der Mark. 750 Jahre Lit. in Brandenburg (hg. P. Walther) Bd. 2, 2002.   AKF

Jacoby, Konrad Yoram, ∗ 4. 7. 1906 Königsberg, † 21. 5. 1997 Jerusalem; Rechtsanwalt, Diplomat; Sohn eines Rechtsanwalts u. Notars, studierte 1924–27 Jura, Philol. u. Gesch. in Freiburg/Br., München u. Königsberg, 1928 Dr. iur., Referendar, Assessor u. Syndikus in Berlin, Mitarb. der Berliner Zionist. Verein. u. Leiter einer zionist. Jugendgruppe, bekleidete 1932–34 eine leitende Position im Kartell Jüd. Verbindungen (KJV), emigrierte 1934 n. Palästina, bis 1942 Landwirt, zugl. u. a. Mitarb. der dt. Abt. der Jewish Agency, 1943–51 Sekretär für Wirtschaft u. Finanzen im Kinderdorf der Jugend-Alijah in Ben Schemen, 1952 Rechtsberater u. stv. Leiter der Devisenabt. im Finanzministerium, 1957–59 stv. Leiter für Rechtsfragen in der israel. Mission in Köln, ab 1969 wirtschaftspolit. Berater der israel. Botschaft in Bonn, 1971–74 zugleich Vertreter des Finanzministeriums bezügl. Reparations- u. Wiedergutmachungsfragen, 1974 Pensionierung u. Rückkehr n. Israel. – Fachschrift.

Schriften: Das Sonderrecht für die Juden im NS-Staat. Eine Sammlung der gesetzlichen Maßnahmen und Richtlinien – Inhalt und Bedeutung (m. a.; hg. J. WALK) 1981; Jüdisches Leben in Königsberg/Pr. im 20. Jahrhundert, 1983.

Literatur: Hdb. Emigration 1,326. – J. WALK, Kurzbiogr. zur Gesch. der Juden 1918–1945, 1988.   AKF

Jacoby, Lex (eig. Alex), ⋆ 28. 2. 1930 Junglinster (Jonglënster/Luxemburg); Lehrer, Schriftst.; Abitur, für einige Jahre Angestellter der Vereinigten Stahlhütten Eich-Düdelingen (Aciéries Réunies de Burbach-Eich-Dudelange, ARBED), studierte 1954/55 an der Lehrernormalschule, Lehrer in Bockholtz u. Wahlhausen, 1962–90 in Clerf, seit 1951 Veröff. in «Die Warte», «nos cahiers», «Les Cahiers luxembourgeois» u. a. Zs., ab 1979 auch Beitr. in «De Clärwer Kanton», ebd. für längere Zeit verantwortl. Redakteur. – 1954 Prix de littératur Luxembourg, 1987 Clerfer Lit.preis, 1995 Rheinlandtaler, 1996 Prix Servais. – Institut grand-ducal, Section des arts et des lettres (1962 Gründungsmitglied). – Erz., Nov., Rom., Reiseber., Tagebuch.

Schriften (ohne fremdsprachige Schriften): Die Sehnsucht des Schamanen, Luxemburg 1952; Der Fremde (Nov.) Luxemburg 1954; Der Grenzstein (Feuill.) Luxemburg 1963; Nachts gehen die Fische an Land. Und trotzdem ein Tagebuch, Luxemburg 1981; Logbuch der Arche (Rom.) Luxemburg 1988 (Ausg. in Dtl. u. d. T.: Als die Tiere an Bord gingen. Das Logbuch der Arche, 1991); Der fromme Staub der Feldwege, Bereldingen 1990; Spanien heiter bis wolkig. Ein Reisetagebuch, Bereldingen 1994; Wasserzeichen (Erzn.) Luxemburg 1995; Remis in der Provence, Luxemburg 2000; Öslinger Jahreszeiten, Luxemburg 2000 (Fotos A. Soldeville); Wie nicht ganz schwarzer Kohlenstein, Luxemburg 2001; Die Deponie (Rom.) Luxemburg 2006.

Literatur: LAL 289. – Luxemburger Autorenlex. (m. Bibliogr.; Internet-Edition).   AKF

Jacoby, Lucy von → Jacobi, Lucy von.

Jacoby, Peter → Jacoby, Eduard Georg.

Jacoby, Wilhelm, ⋆ 8. 3. 1855 Mainz, † 20. 2. 1925 Wiesbaden; Red., Schriftst.; Sohn eines Verlagsbuchhändlers, wurde 1875 n. einer abgebrochenen Buchhändlerlehre Red. des «Niederschles. Anz.» in Glogau (Głogów/Polen), 1878–91 Red. beim «Mainzer Tagebl.», auch Vorstand des Mainzer Carneval-Ver., erbte die väterl. Buchhandlung, ab 1892 freier Schriftst. in Wiesbaden. – Operndg., Libr., Schwank, Lyrik.

Schriften: Frauenlob. Operndichtung in vier Acten, 1882 (Musik R. Schwalm); Das Schützenfest. Schwank (m. R. Misch) 1889; Pension Schöller. Posse in drei Akten (m. K. Laufs) 1890 (mehrfach verfilmt); Der Tanzhusar. Schwank in drei Akten (mit H. Pohlmann) 1907; D' Welt geht unter! Bauernschwank (m. H. Werner-Holzmann) 1907; Die beiden Husaren. Text der Gesänge. Operette in drei Akten (m. R. Schanzer) 1913 (Musik L. Jessel); «Wenn im Frühling der Holunder ...!». Musikalischer Schwank (m. A. Lippschitz) um 1917 (Musik H. Lewin); Der ungläubige Thomas. Schwank in drei Akten (m. K. Laufs) 1920; Laß das Rullo geh'n. Gedichte in Mainzer Mundart, 1924. (Ferner ungedr. Opern, Operetten u. Bühnenstücke.)

Literatur: Theater-Lex. 2,888; Killy 6,65; Killy ²6,81. – S. WININGER, Große jüd. National-Biogr., Bd. 3, 1928; B. WILMS, Der Schwank (Diss. Berlin) 1969; V. KLOTZ, Bürgerl. Lachtheater, 1980; J. WALK, Kurzbiogr. zur Gesch. der Juden 1918–1945, 1988; O. RENKHOFF, Nassauische Biogr., ²1992; B. SOWINSKI, Lex. dt.sprachiger Mundartautoren, 1997; Lex. Lit.verfilmungen [...] 1945–2000 (zus.gest. K. M. u. I. SCHMIDT) ²2001.   AKF

Jacot Des Combes, Sophie, ⋆ 11. 11. 1879 Erfurt, † 19. 4. 1941; Hausfrau, lebte in Hinwil-Hadlikon/Kt. Zürich; wuchs in Erfurt auf, besuchte eine Privatschule ebd., seit 1903 mehrere Aufenthalte in Ägypten, lebte in Stäfa/Kt. Zürich, in Dtl., dann in Hinwil, im Winter jeweils in Alexandrien. – Erz., Rom., Lyrik.

Schriften: Allerhand Verse, 1916; Moses. Eine Erzählung aus der Sagenzeit des Volkes Israel, 1917; Gedichte und Variationen, 1922; Annas Irrwege (Rom.) 1922; Neue Gedichte und Übertragungen, 1924; Frauen schreiben sich Briefe (Rom.) 1930; Träume des Menschen (Ged.) 1933.

Literatur: Schweizer. Zeitgenossenlex. (hg. H. AELLEN) ²1932; Neue Schweizer Biogr. (hg. A. BRUCKNER) 1938; Dt.sprachige Schriftstellerinnen in der Schweiz 1700–1945 (hg. D. STUMP u. a.) 1994.   KK

Jacquemien, Rudolf (Ps. Rudi Riff), * 16. 2. 1908 Köln, † 20. 9. 1992 Kaliningrad; Journalist, Schriftst.; Sohn eines Dachdeckers, früh verwaist, wuchs bis 1922 in einem kathol. Klosterwaisenhaus auf, Lehre zum Schlosser, 1926 wegen «gottesläs-terl. Reden» aus dem kathol. Jugendverband aus-geschlossen, lebte ab 1927 in Köln, versch. Anstel-lungen u. Gelegenheitsarbeiten (u. a. Maler, Gärt-ner, Lastträger, Totengräber), 1931 Mitgl. der KPD, Heizer auf einem Handelsschiff, musterte 1932 in Murmansk ab u. blieb fortan in der Sowjetunion, Instrukteur in einem Leningrader Seemannsklub, Sprecher dt. Sendungen im Rundfunk ebd., Mit-arb. der dt.sprachigen «Roten Ztg.» in Leningrad, 1936 sowjet. Staatsbürgerschaft, 1939/40 Soldat der Roten Armee im finn.-sowjet. Winterkrieg, 1940–42 dass. im 2. Weltkrieg, verf. Flugbl. u. betrieb Frontpropaganda über Lautsprecher, 1942 in den Nordural deportiert, musste bis 1946 Zwangsarbeit in der sog. «Arbeitsarmee» leisten, 1946 zu Gefäng-nis u. Zwangsarbeit verurteilt, bis 1954 in sibir. Arbeitslagern inhaftiert, dann Schlosser, 1956 re-habilitiert, 1966–70 Red. u. Korrektor bei der Zs. «Freundschaft» in Zelinograd (Astana/Kasachstan), übersiedelte 1970 n. Kaliningrad. – Rom., Erz., Ess., Lyrik, Übers. (aus dem Russischen).

Schriften (außer fremdsprachigen): Dorfbühne (Red., m. a.) Zelinograd 1967; Dich sing ich, Le-ben! (Ged.) Alma-Ata 1968; Immer scheine die Sonne. Gedichte und Erzählungen, Moskau 1971; Ronak, der letzte der Marsianer (Science-Fiction-Erzn.) Alma-Ata 1976; Noch glänzt mein Stern (Ged.) ebd. 1978; Solang das Herz noch schlägt (Ged.) Moskau 1985; Lesebuch (Vorw. F. BOLGER) Alma-Ata 1987.

Herausgebertätigkeit: Wo die Ähren rauschen ... Gedichte sowjetdeutscher Dichter Kasachstans, Al-ma-Ata 1967; Gestern und heute. Sowjetdeutsche Erzählungen (m. V. Klein) Moskau 1972; Antho-logie der sowjetischen Literatur (m. E. Kontschak) Alma-Ata 1981.

Literatur: Nachr. aus Kasachstan. Dt. Dg. in der Sowjetunion (hg. A. RITTER) 1974; I. BRANTSCH, Ein Kölner in Kaliningrad (in: Neues Rheinland 32, H. 2, S. 14) 1989; Bibliogr. zur Lit. Ost- u. Westpr. m. Danzig 1945–1988 (bearb. M. RANKL) Bd. 2, 1990; R. WEBER, ~. «Es ist der Tag für mich ein Berg ...» (in: Stimmen u. Schicksale. Lit. Por-

träts, hg. H. CARLSON, S. 29–42) Alma-Ata 1991; P. WÖRSTER, Die Zeit von 1944/45 bis zur Ggw. (in: DERS., G. von GLINSKI, Königsberg. Die ost-pr. Hauptstadt in Gesch. u. Ggw., S. 115–156) 1992 (insbes. S. 147f.); D. KRETZSCHMAR, Die sowjet. Kulturpolitik 1970–1985. Von der verwalteten zur selbstverwalteten Kultur. Analyse u. Dok. (Diss. Univ. Bochum) 1993; I. BRANTSCH, ~ (in: Ostdt. Gedenktage. Persönlichkeiten u. Hist. [sic!] Ereig-nisse, Red. P. MAST, S. SPIELER, S. 81–85) 1997; DERS., ~ oder Vom Rhein über Sibirien u. Kasachs-tan n. Königsberg/Kaliningrad (in: DERS., Das Le-ben der Rußlanddeutschen n. dem Zweiten Welt-krieg im Spiegel ihrer Dg. War der weite Weg umsonst?, S. 38–43) 1999; H. BELGER, Rußlanddt. Schriftst., 1999; J. WARKENTIN, Gesch. der ruß-landdt. Lit. aus persönl. Sicht, 1999; L. KIRJUCHI-NA, Sowjetdt. Lyrik (1941–1989) zu den Themen «Muttersprache» u. «Heimat» als narrativer Identi-tätsakt (Diss. HU Berlin) 2000; Kölner Autoren-Lex. 1750–2000 (bearb. E. STAHL) Bd. 2, 2002; A. MORITZ, Lex. der rußlanddt. Lit., 2004; M. EGREMONT, Forgotten Land. Journeys Among the Ghosts of East Prussia, London 2011.   KK

Jacquemin, Pierre, * 18. 11. 1869 Konsdorf/Kt. Echternach, † 7. 3. 1931 Wasserbillig/Kt. Greven-macher; Theologe, Seelsorger; besuchte das Pries-terseminar in Luxemburg, 1898–1903 Kaplan in Holzthum (später zu Consthum/Kt. Clerf), 1903–05 in Wecker/Kt. Grevenmacher, 1905–14 Pre-diger in Weicherdingen, 1914–16 in Moersdorf (später zu Mompach/Kt. Echternach), 1916–20 in Stolzemburg/Kt. Vianden, danach in Bettemburg/ Kt. Esch-sur-Alzette u. bis 1930 in Rodenburg, veröff. u. a. in «La libre parole». – Rom., Pred., Erbauungsliteratur.

Schriften: Andachtsbüchlein zur Verehrung der hl. 14 Nothelfer. Ein treuer Wegweiser und Füh-rer durch Kreuz und Leid zu Gott, 1909; Wo ist wahres Glück? Eine wahre Begebenheit aus dem Bauernleben. Dargestellt von einem Freunde der Landwirtschaft, 1916; Dein Sohn wird mein Rä-cher sein. Ein Detektivroman, 1923.

Übersetzungen: A. Monniot, Die Dolchritter. Großer historischer Roman, 1926.

Herausgebertätigkeit: Andachtsbüchlein zu Ehren des hl. Donatus, 1912.

Literatur: LAL 290 (auch Internet-Edition).   KK

Jacquemoth, Jos (eig. Joseph J.), * 31. 7. 1953 Dif-
ferdingen/Kt. Esch-sur-Alzette; Lehrer, Programmierer, lebt in Wildeck-Hönebach; studierte Germanistik, Gesch., Philos. u. Pädagogik in Wien
u. Berlin, Lehrer am Französ. Gymnasium Berlin,
wiss. Mitarb. an der FU Berlin, 1989/90 Ausbildung zum Programmierer, 1990–2005 Anstellungen in der Informatik, seit 2005 Gymnasiallehrer
in Wildeck. – 1978 Concours littéraire national.
Erz., Fachschr., Kritik, Lyrik. –
  Schriften: Stahlwerk (Erzn.) 1987; Politik und
Poesie. Untersuchungen zur Lyrik Volker Brauns,
1990.
  Literatur: LAL 290 (auch Internet-Edition). – M.
Theisen, ~, ‹Stahlwerk› (in: Galerie 5, H. 2, S.
315f.) 1987; F. Piccolo, Buchstäblich – grenzüberschreitende Lit., 1999; R. Manderscheid, Der
Aufstand der Alliteraten. Eine subjektive Chronologie des Zickzackkurses der Federhalter. Notizen zur Entwicklung der Luxemburger Lit. in der
zweiten Jh.hälfte, 2003.   KK

Jacques, Norbert (Johan), * 6. 6. 1880 Eich (später
zur Stadt Luxemburg), † 15. 5. 1954 Koblenz; Journalist, Schriftst.; Sohn eines Kaufmanns, studierte
1901/02 (ohne Abschluss) Jura in Bonn, Journalist in Beuthen/Schles. (Bytom/Polen) u. a. bei
der «Oberschles. Grenzztg.», seitdem Freundschaft
m. Balder → Olden, wegen Majestätsbeleidigung
entlassen, 1904 ztw. Red. der «Frankfurter Ztg.» in
Berlin, lebte ab 1904 am Bodensee, Bekanntschaft
m. Emil → Strauß, Hermann → Hesse u. Emanu-
el von → Bodman, ab 1905 auch freier Journalist
in Hamburg, u. a. für die Bordztg. der Hamburg-
Amerika-Linie (die ihm die erste Brasilien-Reise
ermöglichte), ab 1906 ausgedehnte Reisen durch
Südamerika, Asien u. Australien, lebte ab 1908
wieder am Bodensee, verkehrte im lit. Salon der
Auguste → Hauschner, Bekanntschaft m. Karl →
Kraus, Peter → Altenberg, Franz → Blei u. Carl
→ Sternheim, Mitarb. an dessen Zs. «Hyperion»,
1912–14 auf Weltreise, 1914 als Kriegsfreiwilliger
abgewiesen, bereiste im 1. Weltkrieg m. einem
luxemburg. Paß als Berichterstatter versch. Kriegs-
schauplätze, veranlaßte das luxemburg. Parlament
zu einem Gesetz gg. den Mißbrauch von Aus-
weispapieren, betrieb ab 1918 Landwirtschaft auf
einem Hof in Gaisberg am Bodensee, löste 1919
m. einem Angriff auf Fritz von → Unruh u. a.
einen Expressionisten-Streit aus, schuf m. der Figur des Dr. Mabuse die Vorlage für eine Reihe von

Filmen (der zweite Film wurde 1933 von den Nationalsozialisten verboten; weitere Filme ab 1960),
lebte ab 1920 als freier Schriftst. auf Gut Adelinenhof bei Lindau am Bodensee, ab 1921 Red.
des «Bodenseeb.», 1922 dt. Staatsbürgerschaft, 1925
Mitbegr. der Künstlerverein. «Der Kreis», veröff. u.
a. in den Zs. «Die Aktion», «Hyperion», «März»,
«Neue Rs.» u. «Die Rheinlande», 1933 von den
Nationalsozialisten diffamiert u. verfolgt, mehrere
Hausdurchsuchungen, 1939 ztw. inhaftiert, engagierte sich n. der Besetzung Luxemburgs im 2.
Weltkrieg dennoch propagandist. für die dt. Seite
u. trat für die Angliederung Luxemburg an Dtl.
ein, 1945 ztw. Bürgermeister von Schlachters am
Bodensee, n. 1945 von der französ. Militärpoli-
zei ztw. verhaftet, fünf Monate in Unters.haft im
Konzentrationslager Reutin (später zu Lindau am
Bodensee), dann vier Monate im Stadtgefängnis
Luxemburg, 1946 ohne Prozeß aus Luxemburg
ausgewiesen, lebte dann am Bodensee u. in Ham-
burg-Großflottbek; in Luxemburg seit Kriegsende
als «persona non grata» behandelt. – Rom., Nov.,
Drehb., Feuill., Erz., Hörsp., Rep., Aufs., Reiseber., Glosse, Biogr., Erinnerungen.
  Schriften (Ausw.): Im Banne (Ged.) 1901; Funchal. Eine Geschichte der Sehnsucht (Rom.) 1909;
Der Hafen (Rom.) 1910; Heiße Städte. Eine Reise
nach Brasilien, 1911 (Neuausg. u. d. T.: Heißes
Land, 1924); London und Paris im Krieg. Erlebnisse auf Reisen durch England und Frankreich in
Kriegszeit, 1915; Die Flüchtlinge. Von einer Reise
durch Holland hinter die belgische Front, 1915; In
der Schwarmlinie des österreichisch-ungarischen
Bundesgenossen, 1916; Piraths Insel (Rom.) 1917;
Liebesabend in Besigheim. Landschafterlebnisse,
1918; Siebenschmerz (Rom.) 1919; Landmann Hal
(Rom.) 1919; Der Trotzturm (Rom.) 1919; Dr.
Mabuse der Spieler (Rom.) 1921 (zuerst in Forts.
in der «Berliner Illustr. Ztg.»; verfilmt 1922, Regie
F. Lang); Konstanz am Bodensee und Rhein, 1921;
Die Frau von Afrika (Rom.) 1921 (Zeichn. R. von
Below); Auf dem chinesischen Fluß. Reisebuch,
1921; Die Pulvermühle (Rom.) 1922; Südsee. Ein
Reisebuch, 1922; Mariens Tor (Erzn.) 1922 (Il-
lustr. W. Schmidt); Am Bodensee. Erlebtes und
Erschautes vom Schwäbischen Meer, 1922 (Bilder
K. H. Schultheiß; Neuausg. m. dem Untert.: Skiz-
zen und Erlebnisse, 1923); Die Zwei in der Südsee,
1922; Ingenieur Mars (Rom.) 1923 (verfilmt u. d.
T.: Die Nacht der Verwandlung [auch: Demaskie-
rung], 1935, Regie H. Deppe); Sturmbock. Eine

Segelschiffreise durch den Stillen Ozean (Reiseber.) 1923 (Neuausg. u. d. T.: Mit dem Sturmbock durch den Stillen Ozean, 1927); Die heilige Lant (Rom.) 1923 (Zeichn. G. Wolf); Neue Brasilienreise (Reiseber.) 1925; Mensch gegen Mensch (Rom.) 1925 (verfilmt 1925, Regie H. Steinhoff); Ins Morgengrauen (Erz.) 1925; Im Kaleidoskop der Weltteile. Reisen (Reiseber.; Nachw. H. M. ELSTER) 1925; Der Kaufherr von Shanghai (Rom.) 1925; Der Gefangene der Felseninsel (Rom.) 1926; Der Feueraffe (Rom.) 1926; Das Piratenkastell. Deutsche Landschaftserlebnisse, 1927; Reise nach Sumatra. Schicksale von Menschen und Tieren (Reiseber.) 1927; Plüsch und Plümowski (Rom.) 1927 (1927 verfilmt u. d. T.: Das Frauenhaus von Brasilien, Regie H. Steinhoff; 1937 nochmals verfilmt u. d. T.: Weiße Fracht für Rio, Regie R. Siodmak; 1950 nochmals verfilmt u. d. T.: Export in Blond, Regie E. York; 1960 nochmals verfilmt u. d. T.: Endstation Rote Laterne [Blonde Mädchen für Havanna], Regie R. Jugert); Die Limmburger Flöte. Ein pantagruelischer Roman. Bericht über Pierre Nocké, den berühmten Musikus aus Limmburg, der auf einer Flöte blasen konnte, die er sich nicht erst zu kaufen brauchte (Rom.) 1929 (gek. Neuausg. u. d. T.: Pitter de Poep oder Die Limmburger Flöte. Ein sehr heiterer Roman, 1949; Reprint der Erstausg. 1985, Nachw. G. SCHOLDT); Das Tigerschiff (Rom.) 1929; Fünf in der Südsee (Rom.) 1930; Gold in Afrika (Rom.) 1931; Mann und Teufel (Rom.) 1934; Foto-Führer Land und Stadt Luxemburg, 1934; Eine Photo-Monographie von Echternach (Stadt und Landschaft). Mit 80 eigenen Aufnahmen, 1935; Zwei feine Herren. Kriminal-Roman, 1936; Die Frau von Afrika. Ein Roman, 1936; Der Bundschuh-Hauptmann Joß (Rom.) 1936 (Neuausg. u. d. T.: Der Bundschuhhauptmann, 1950, Illustr. E. R. Vogenauer); Afrikanisches Tagebuch, 1936 (Fotos N. J.); Der Herr des Hafens. Ein abenteuerlicher Roman, 1937; Der Feueraffe (Rom.) 1937; Glück und Leid im Hause Benedum (Rom.) 1938; Leidenschaft. Ein Schiller-Roman, 1939 (Neuausg. 2001; 1940 verfilmt u. d. T: Friedrich Schiller – Der Triumph eines Genies, Regie H. Maisch); Keine Macht über Isabel (Rom.) 1939; H. Bahlsens Keksfabrik Hannover 1889–1939 (FS) 1939; Wirbel der Welt. Erlebnisse, Berichte, Begegnungen, 1940; Martin Behaim. Seefahrer und Sternenrechner (Biogr.) 1942 (Neuausg. u. d. T.: Der Sternenrechner Behaim, 1947; gek. Neuausg. u.

d. T.: Martin Behaim. Ritter, Seefahrer, Globusmacher, 1956); Das Oesling, 1942; Das Gutland, 1942; Trommler Barnum. Roman eines Zirkusmannes, 1943; Verwirrung im Bellevue-Hotel (Rom.) 1945; Am Rande der Welt (Rom.) 1947; Das Erbe auf Sumatra (Rom.) 1949; Tsetse. Ein Afrika-Roman, 1950; Mit Lust gelebt. Roman meines Lebens, 1950 (Komm., illustr. u. wesentl. erw. Neuausg., hg. H. GÄTJE, G. GOETZINGER u. a., Nachw. G. SCHOLDT, 2004; m. illustr. Bibliogr.); Dr. Mabuses letztes Spiel. Roman eines Dämons, 1950; Von Feuerland bis zum Äquator. Das Farbbildwerk einer Reise (Bildbd.) 1953 (Bilder K. P. Karfeld); Zwei Sterne über dem Säntis. Roman einer großen Liebe, 1955; Bei einem Wirte wundermild. Eine Reise von Nord nach Süd zu Hotels und Gaststätten eigener Art, 1955; Der Kaufherr von Shanghai (Rom.) 1956.

Übersetzungen (Ausw.): M. Renard, Orlac's Hände, 1922 (Zeichn. P. Neresheimer); R. Kipling, Staaks und Genossen. Pennälerstreiche, 1928 (Bilder K. Wert); ders., Fischerjungs. Ein Seeroman, 1930 (Bilder W. Steinert; Neuausg. 1957); H. Walpole, Jeremy auf der Schule (Rom.) 1930 (Neuausg. u. d. T.: Jeremy siegt, 1949).

Herausgebertätigkeit (Ausw.): Die frohe Reise, 1939; F. von Schiller, Frühe Gedichte. Der junge Eros, 1940 (Zeichn. K. Einhart).

Ausgaben: Dr. Mabuse, der Spieler. Roman – Film – Dokumente (hg. G. SCHOLDT) 1987; Dr. Mabuse. Medium des Bösen, I Dr. Mabuse, der Spieler. Mit einem Dossier zum Film von Fritz Lang, Zeichnungen von Theo Matejko, Filmbildern und faksimilierten Werbemitteln der Zeit und einem Essay von Günter Scholdt, II Mabuses Kolonie. – Ingenieur Mars. – Chemiker Null, III Das Testament des Dr. Mabuse (hg. M. FARIN, G. SCHOLDT) 1994 (Tb.ausg. 1996; einbändige Ausg. u. d. T.: Mabuses Kolonie. Drei Romane, 1997); Der Bodensee hintenherum … 33 kulturhistorische Skizzen von N. J. (m. Nachw. hg. J. HOBEN) 1995; Dr. Mabuse, der Spieler. Zum 45jährigen Jubiläum des Ullstein Taschenbuchverlages. Der legendäre Roman ‹Dr. Mabuse, der Spieler› von N. J. mit zahlreichen Fotos und alten Anzeigen in Ausstattung und Format der Berliner Illustrirten Zeitung, 1998; Aus fünf Kontinenten. Literarische Bilanz eines Weltenbummlers (m. Nachw. hg. G. SCHOLDT) 2012.

Nachlass: Lit.arch. Saar-Lor-Lux-Elsaß am Germanist. Inst. an der Univ. Saarbrücken.

Literatur:

Lexika und Nachschlagewerke: Schmidt, Quellenlex. 14,391. – Munzinger-Arch.; Killy 6,65; DdP 1,495; KNLL 8,540; DBE 5,281; LAL (auch Internet-Edition). – Cinegraph. Lex. zum dt.sprachigen Film (hg. H.-M. BOCK) (Losebl.slg.); Lex. der Reise- u. Abenteuerlit. (hg. F. SCHEGK, H. WIMMER) (Losebl.slg.); Bibliogr. Lex. der utop.-phantast. Lit. (hg. J. KÖRBER) (Losebl.slg.); M. GEISSLER, Führer durch die dt. Lit. des 20. Jh., 1913; H. MIELKE, H. J. HOMANN, Der dt. Rom. des 19. u. 20. Jh., [6]1920; K. MARTENS, Die Dt. Lit. unserer Zeit, 1921; K. STORCK, Dt. Lit.gesch. (bearb. M. ROCKENBACH) [10]1926; W. REHM, Gesch. des dt. Romans, Bd. 2, Vom Naturalismus bis zur Ggw., 1927; S. WININGER, Große jüd. National-Biogr., Bd. 3, Tschernowitz 1928; Reichshdb. der dt. Gesellsch., Bd. 1, 1930; W. OEFTERING, Gesch. der Lit. in Baden, Bd. 3, Bis zur Ggw., 1939; K. A. KUTZBACH, Autorenlex. der Ggw., 1950; H. SPIERO, Gesch. des dt. Romans, 1950; Köpfe der Politik, Wirtschaft, Kunst u. Wiss. (hg. K. Ritter von KLIMESCH) 1953; J. BITHRELL, Modern German Lit. 1880–1950, London [3]1959; T. C. VAN STOCKUM, J. VAN DAM, Gesch. der dt. Lit., Bd. 2, Vom 18. Jh. bis zur Ggw., Groningen [4]1966; H. J. ALPERS u. a., Lex. der Science Fiction Lit., 1988; M. BOSCH, Bohème am Bodensee. Lit. Leben am See von 1900 bis 1959, 1997; R. A. ZONDERGELD, H. E. WIEDENSTRIED, Lex. der phantast. Lit., 1998; Kontakte – Kontexte. Dt.-luxemburg. Lit.begegnungen (hg. G. GOETZINGER u. a.) 1999; Lex. Lit.verfilmungen [...] 1945–2000 (zus.gestellt K. M. u. I. SCHMIDT) [2]2001; Reclams Krimi-Lex. (hg. K.-P. WALTHER) 2002; Lex. der dt.sprachigen Krimiautoren (hg. A. JOCKERS, R. JAHN) [2]2005; N. SAPRÀ, Lex. der dt. Science Fiction u. Fantasy 1919–1932, 2007; Kindlers Lit.lex, Bd. 7, [3]2009 (zu ‹Dr. Mabuse›).

Allgemein zu Leben und Werk:

Selbstständig Erschienenes: E. EWERT, ~ auf dem Adelinenhof, 1942; ~, ‹Dr. Mabuse der Spieler› (In: Der Rom.führer, Bd. 4, S. 357f.) 1953; R. ROLLAND, Zw. den Völkern, Bd. 1, Aus den Jahren 1914–19, S. 23, Bd. 2, S. 569) 1954/55; L. H. EISNER, Die dämon. Leinwand (hg. H. HOFFMANN, W. SCHOBERT) Neuausg. 1975; W. REIF, Zivilisationsflucht u. krit. Wirklichkeit. Der exotist. Rom. im ersten Viertel des 20. Jh. (Diss. Saarbrücken) 1975 (u. a. zu ‹Piraths Insel›); G. SCHOLDT, Der Fall ~. Über den Rang u. Niedergang eines Er-

zählers (1880–1954)(Diss. Univ. Saarbrücken) 1976; N. PESSENTHEINER, Die Reisebeschreibung im Expressionismus (Diss. Graz) 1977; S. BOGOSAVLJEVIC, German Literary Travelogues around the Turn of the Century 1890–1914 (Diss. Univ. of IL) 1983 (u. a. zu «Heiße Städte»); I. BRENNICKE, J. HEMBUS, Klassiker des dt. Stummfilms 1910–1930 [...], 1983; Dt. Spielfilme von den Anfängen bis 1933. Ein Filmführer (hg. G. DAHLKE, G. KARL) 1988; P. J. BRENNER, Der Reiseber. in der dt. Lit. Ein Forschungsüberblick als Vorstudie zu einer Gattungsgesch., 1990; K. BRÜNE, Autorenlex. dt.sprachiger Drehb. für Kino u. Fernsehen 1945–1993, 1994; J. HOBEN, ~ (1880–1954). Der Erfinder des «Dr. Mabuse», 1994; K.-C. BAE, Chinaromane in der dt. Lit. der Weimarer Republik (Diss. Univ. Marburg) 1999 (u. a. zu ‹Der Kaufherr von Shanghai›, S. 114–146); D. KALAT, The Strange Case of Dr. Mabuse. A Study of the Twelve Films and Five Novels, Jefferson/NC 2001; S. HESSE, Kamera-Auge u. Spürnase. Der Detektiv im frühen dt. Kino, 2003; G. BÄR, Das Motiv des Doppelgängers als Spaltungsphantasie in der Lit. u. im dt. Stummfilm, 2005; H. SIEBENPFEIFFER, «Böse Lust». Gewaltverbrechen in Diskursen der Weimarer Republik (Diss. FU Berlin) 2005 (u. a. zu ‹Dr. Mabuse›); H. SCHMIEDT, Dr. Mabuse, Winnetou & Co. Dreizehn Klassiker der dt. Unterhaltungslit., 2007; S. ANDRIOPOULOS, Possessed. Hypnotic Crimes, Corporate Fiction, and the Invention of Cinema, Chicago/IL 2008 (u. a. zu ‹Dr. Mabuse›); P. OSTERIED, Dr. Mabuse, 2010 (Der klass. Kriminalfilm, Bd. 1); Dr. Mabuse im Film (hg. S. WRAGE) 2011.

Unselbstständig Erschienenes: F. POPPENBERG, Menschen vom Meere (in: Die Neue Rs. 20, S. 619f.) 1909 (zu ‹Funchal›); T. HEUSS, ~, ‹Funchal› (in: Die Hilfe 15, S. 158f.) 1909; K. G. WNDR., dass. (in: Berner Rs. 3, S. 742) 1909; A. CHRISTIANI, dass. (in: Der Gral [Kassel] 4, S. 249) 1909/10; A. HAUSCHNER, dass. (in: Das lit. Echo 12, Spalte 75f.) 1909/10; F. CLÉMENT, ~, ‹Der Hafen› (ebd., Spalte 1042f.) 1909/10; W. SCHELLER, Glühender Boden (in: Die Aktion [Berlin] 1, Spalte 563f.) 1911 (zu ‹Heiße Städte›); M. Tresch, ~, ‹Le port› (in: Journal des professeurs 6, S. 21–26) Luxemburg 1915; H. KESSER, Dt. Ztg. (in: Die Neue Rs. 26, S. 430–432) 1915 (zu ‹London u. Paris im Krieg›); N. M. ELSTER, Maßgebliches u. Unmaßgebliches (in: Die Grenzboten 74, H. 8, S. 250f.) 1915 (dass.); A. ZWEIG, Ein Luxemburger (in: Die weißen Blätter 2, S. 521–523) 1915 (dass.);

H. STÖCKER, ~, ‹London u. Paris im Krieg› (in: Die neue Generation [Leipzig] 11, S. 86–88) 1915; G. SCHÖNITH-GOTHA, dass. (in: Geograph. Anzeiger 16, S. 151) 1915; A. M. F. MARTENS, dass. (in: Der Weltmarkt [Hannover] 3, S. 128) 1916; F. PFEMFERT, Kleiner Briefkasten (in: Die Aktion 6, Sp. 528) 1916 (zu ‹In der Schwarmlinie der öst.-ungar. Bundesgenossen›); W. von der SCHULENBURG, Aus allen Zonen (in: Das lit. Echo 19, Spalte 868f.) 1916/17 (zu ‹Piraths Insel›); ‹In der Schwarmlinie der öst.-ungar. Bundesgenossen› (in: Mitt. über Gegenstände des Artillerie- u. Geniewesens 48, S. 206) 1917; F. HERWIG, Neue Rom. (in: Hochland 2, S. 491f.) 1917 (u. a. zu ‹Piraths Insel›); H. WEBER, ~, ‹Piraths Insel› (in: Der Zwiebelfisch 8, S. 127) 1917; E. A. RHEINHARDT, ~, ‹Piraths Insel› (in: Der Merker 8, H. 11, S. 439f.) 1917; H. WANTOCH, Die Problematik Europas (in: März 11, H. 2, S. 367f.) 1917 (zu ‹Piraths Insel›); M. JACOBS, ~ (in: Das lit. Echo 21, H. 24, Spalte 1479–1484) 1918/19; R. D. KOPPIN, ~, ‹Liebesabend in Besigheim› (in: Romantik 2, H. 2, S. 15) 1919/20; F. P. BAADER, ~, ‹Die Frau von Afrika› (in: Das lit. Echo 23, Spalte 1521f.) 1920/21; E. H. RAINALTER, ~, ‹Auf dem chines. Fluß› (ebd. 24, Spalte 367f.) 1921/22; W. E. OEFTERING, Die bad. Dg. seit der Revolution (in: Ekkart-Jb. für das Badner Land 2, S. 98) 1921 (u. a. zu ‹Der Trotzturm›); W. E. OEFTERING, ~ (in: Die Stille Stunde [Konstanz] 1, H. 3, S. 88–92) 1922; F. P. BAADER, ~, ‹Die Pulvermühle› (in: Das lit. Echo 25, H. 6, Spalte 369f.) 1922/23; DERS., ~, ‹Siebenschmerz› (ebd., Spalte 235f.) 1922/23 E. BEHL, ‹Sturmbock› von ~ (in: Der Kritiker [Berlin] 6, S. 10f.) 1924; E. ALKER, ~, ‹Die Heilige Lant› (in: Der Gral 19, H. 12, S. 613) 1924/25; M. BRUSSOT, ~, ‹Der Kaufherr von Shanghai› (in: Die Lit. [Stuttgart] 28, H. 2, S. 112) 1925; R. EURINGER, dass. (in: Die Schöne Lit. 28, S. 210) 1927; O. LORENZONI, ~, ‹Der Feueraffe› (in: Der Gral 21, H. 9, S. 596) 1927; V. NEUENS, dass. (in: Jong-Hemécht 2, S. 98–100) 1927/1928; W. SEIDEL, Exotismus in der dt. Lit. (in: Der Kunstwart 41, H. 9, S. 159–162) 1928; J. KRETZEN, ~, ‹Das Tigerschiff› (in: Kulturwille. Mbl. für Kultur der Arbeiterschaft 6, S. 233) 1929; W. MICHEL, ~, ‹Die Limmburger Flöte› (in: Die schöne Lit. 20, S. 533) 1929; K. RHEINFÜRTH, ~, ‹Das Tigerschiff› (in: Die Lit. [Stuttgart] 32, H. 3, S. 170f.) 1929/30; P. SCHUREK, ~, ‹Fünf in der Südsee› (in: Die schöne Lit. 32, S. 51) 1931; H. PFLUG, ~, ‹Mann u. Teufel› (in: Die Lit. [Stuttgart] 38, H. 1, S. 37f.) 1935/36; ~, ‹Der Bundschuh-

Hauptmann Joss» (in: Die neue Linie 8, H. 4, S. 10f.) 1936; H. PFLUG-FRANKEN, dass. (in: Die Lit. [Stuttgart] 39, H. 4, S. 240) 1937; O. SCHABBEL, Neues vom Büchertisch. Ein ganz vortreffl. ‹Afrikan. Tgb.› ... (in: Velhagen & Klasings Monatsh. 52, H. 5, S. 551f.) 1937; O. E. H. BECKER, Besitzergreifung u. Hilfe (in: Das dt. Wort [Berlin] 14, H. 3, S. 151) 1937 (zu ‹Afrikan. Tgb.›); M. HECHTLE, Dg. in Luxemburg (in: Die Westmark 5, H. 6, S. 294–297) 1938; W. OEFTERING, ~. Luxemburger Weltfahrer u. Heimatdichter (ebd., H. 7, S. 379f.) 1938; E. R. KEILPFLUG, ~, ‹Wirbel der Welt› (in: Die Lit. [Stuttgart] 42, S. 524) 1939/40; W. SCHMIELE, Dichter als Romanfiguren (in: Die neue Linie 11, H. 5, S. 2 u. S. 36) 1940 (zu ‹Leidenschaft›); H. RÜDIGER, ~, ‹Leidenschaft› (in: Die Lit. [Stuttgart] 42, S. 201) 1940; ~ zum 60. Geb.tag (in: Das Bodenseeb. 28, S. 103) 1941; A. FOOS, Die Karte auf der Kugel (in: Moselland [Luxemburg] 3, H. 3, S. 40) 1943 (zu ‹Martin Behaim›); H. MAHN, ~, ‹Martin Behaim›. Seefahrer u. Sternenrechner (in: Der Norden. Mschr. der Nord. Gesellsch. 20, S. 143) 1943; A. SCHEIDEGGER, ~, ‹Leidenschaft› (in: DERS., Gestalten der dt. Geistesgesch. im dt. biogr. Rom., S. 42–47) 1947; G. HAFNER, Lebenserinn. (in: WW 6, S. 168) 1951 (zu ‹Mit Lust gelebt›); H. REIMANN, ~, ‹Mit Lust gelebt› (in: Literazzia 1, S. 295) 1952; Dr. Mabuse spielte falsch ... Oder «Objektive Berichterstattung» (in: Rappel 8, H. 8, S. 450–454) 1954; K. RÜGHEIMER, Zw. Weltfahrt u. Bodensee (in: Bodensee-H. 5, H. 2, S. 250f.) 1954; H. HOLZHAUER, ~, ‹Bei einem Wirte wundermild› (in: WW 10, S. 277) 1955; J. HERMAND, Der «neuromant.» Seelenvagabund (in: DERS., Der Schein des schönen Lebens. Stud. zur Jh.wende, S. 128–146) 1971 (zu ‹Der Kaufherr von Shanghai›); G. SCHOLDT, ~, Fritz von Unruh u. der Expressionismus (in: Schiller-Jb. 19, S. 63–97) 1975; T. KOEBNER, Das verbotene Paradies. Fünf Anm. zum Südsee-Traum in der Lit. (in: Arcadia 18, S. 21–38) 1983 (zu ‹Der Kaufherr von Shanghai›); H. SEIFERT, Utopie u. Schrecken. Bilder der fremden Ferne in zwei Romanen (in: Lëtzebuerger Almanach 2, S. 174-180) 1986 (u. a. zu ‹Piraths Insel›); G. SCHOLDT, Tod u. Auferstehung eines Buches (in: N. J., Das Testament des Dr. Mabuse, S. 273–283) 1986; DERS., Dr. Mabuse, der Spieler. Eine Bestandsaufnahme (in: Dr. Mabuse. Rom., Film, Dokumente, hg. DERS., S. 127–160) 1987; T. KOEBNER, Geheimnis der Wildnis. Zivilisationskritik u. Naturexotik im Abenteuerrom. (in: Die andere Welt. Stud. zum Exotismus, hg. DERS., G. PICKERODT, S. 240–266) 1987; J. HERMAND, Das Bild der «großen Städte» im Expressionismus (in: Die Unwirklichkeit der Städte. Großstadtdarst. zw. Moderne u. Postmoderne, hg. K. R. SCHERPE, S. 61–79) 1988 (zu ‹Der Kaufherr von Shanghai›); G. SCHOLDT, ~' Bedeutung (in: Lëtzebuerger Almanach 4, S. 333–343) 1988; J. HOBEN, ~, der Erfinder des «Dr. Mabuse» (in: Bodensee-H. 44, H. 7/8, S. 24–29) 1993; G. SCHOLDT, Mabuse, ein dt. Mythos (in: N. J., Dr. Mabuse. Medium des Bösen, Bd. 1, S. 359–382) 1994; J. HOBEN, ~ – ein Wanderer zw. den Welten (in: N. J., Der Bodensee hintenherum ..., hg. DERS., S. 209–211) 1995; G. SCHOLDT, Zum Beispiel ~. Zur Genese eines nationalen Feindbilds (in: Visions allemandes de france 1871–1914. Frankreich aus dt. Sicht 1871–1914, hg. H. ABRET, M. GRUNEWALD, S. 357–371) Bern 1995; DERS., Der Autor des ‹Dr. Mabuse› als verlorener Sohn. ~ (1880–1954) (in: Die Galerie 18, S. 123–144) 2000; DERS., ~' Schiller-Rom. ‹Leidenschaft›. Nach über 60 Jahren wieder lieferbar (ebd. 19, S. 449–456) 2001; DERS., Nachw. (in: N. J. Mit Lust gelebt. Roman meines Lebens. Komm., illustr. u. wesentl. erw. Neuausg., hg. H. GÄTJE, G. GOETZINGER u. a., S. 567–579) 2004; V. ZOTZ, Der unbequeme ~ (in: Forum für Politik, Gesellschaft u. Kultur [Luxemburg] 242, S. 45–47) 2004; H. SCHMIEDT, ~, ‹Dr. Mabuse, der Spieler›. Identitätswirren (in: DERS., Dr. Mabuse, Winnetou & Co. Dreizehn Klassiker der dt. Unterhaltungslit., S. 167–186, 2007; G. SCHOLDT, Lageskizzen intra et extra muros. Ein Briefw. zw. ~, Margarete J. u. Fritz Lang (in: Aufbrüche u. Vermittlungen. Beitr. zur Luxemburger u. europ. Lit.- u. Kulturgesch., hg. C. D. CONTER, N. SAHL, S. 605–629) 2010; G. MANNES, Der verstoßene Sohn. Das schwierige Verhältnis der Luxemburger zum Schriftst. ~ (1880–1954) (in: Forum für Politik, Gesellsch. u. Kultur [Luxemburg] 310, H. 9, S. 38–40) 2011; G. SCHOLDT, Nachw. (in: ~, Aus fünf Kontinenten. Lit. Bilanz eines Weltenbummlers, hg. DERS., S. 500–522) 2012.   KK

Jacques-Buddenböhmer, Ingeborg → Buddenböhmer, Ingeborg.

Jacubasch, Gabriele → Kirch, Gabriele.

Jacusiel, Johann Caspar (Ps. Kaspar Immerwahr), * 21. 3. 1849 Gnesen/Posen (Gniezno/Po-

len), † 20. 8. 1908 Berlin; Arzt, lebte in Berlin; Sohn eines Kaufmanns, besuchte das Gymnasium in Posen, studierte Medizin in Berlin, 1870/71 Feldarzt im dt.-franzöß. Krieg, dann Arzt in Berlin, 1873 Dr. med. ebd. an der Univ. Berlin, Sanitätsrat. – Fachschr., Erz., Lyrik.

Schriften (medizin. Fachschr. in Ausw.): Ueber symptomatische Augenkrankheiten im Allgemeinen und über die nephritische Retinitis im Besonderen (Diss.) 1873; Das braune Jackett. Eine leichtfertige Geschichte, 1900.

Literatur: Das geistige Berlin (hg. R. WREDE) Bd. 3, 1898; S. WININGER, Große jüd. National-Biogr., Bd. 3, Czernowitz 1925; R. HEUSER, Bibliographie Judaica. Verz. jüd. Autoren dt. Sprache, Bd. 1, New York 1981.   KK

Jadassohn, Beate → Fliegel, Alice.

Jaden, Hans Krticzka Freiherr von → Krticzka Freiherr von Jaden, Hans.

Jadolla, Yadi → Ahmadi, Yadi.

Jadot, Alain, * 6. 5. 1947 Aubervilliers/Frankreich; Übers., Verleger, lebt in Berlin. – Lyrik, Nov., Übers. (aus dem Engl. u. Französischen).

Schriften: Ich hasse dich ... mon amour (Ged.) 1984; Die englische Schweigeminute. Petite messe basse en 73 mesures. In memoriam, 1997 (tw. franzöß. u. engl.); Französisch für alle Fälle. Der ultimative Sprachverführer, 2000.

Übersetzungen (Ausw.): C. Bourgeyx, Die kleinen Beleidigungen, 1986; W. Cuppy, Fast jedermanns Größe und Dekadenz, 1987; V. Novarina, Brief an die Schauspieler. – Für Louis de Funès, 1990; J.-L. Bourdon, Besuch eines Vaters bei seinem Sohn, 1991; ders., Jock, 1991.   KK

Jaeck, Hans-Peter, * 19. 4. 1932 Berlin; Historiker; 1976 Dr. phil., wiss. Mitarb. am Zentralinst. für Gesch. der Akad. der Wiss. der DDR in Berlin (Ost), 1976 Dr. phil. ebd., 1986 Habil. (Promotion B). – Fachschr., Roman.

Schriften (Ausw.): Die französische bürgerliche Revolution von 1789 im Frühwerk von Karl Marx 1843–1846. Geschichtsmethodolog. Stud.,

1979 (Diss. 1976); Kammerherr und König. Voltaire in Preußen, 1987; Genesis und Notwendigkeit. Studien zur Marxschen Methodik der historischen Erklärung 1845/46–1859, 1988 (Habil.-Schr. 1986); Herr Montaigne nimmt seinen Abschied. Ein historischer Roman über die Enttäuschungen des Philosophen Michel de Montaigne und die Wirren in Frankreich von 1588 bis 1592, 2000.

Literatur: L. MERTENS, Lex. der DDR-Historiker, 2006.   KK

Jäcke, Anja, * 30. 5. 1969 Hamm; Keltologin, Übers., lebt in Marburg; studierte Skandinavistik u. Keltologie, zudem Tiermedizin, Tierheilpraktikerin. – Rom., Übers. (aus dem Englischen).

Schriften: Rabengeflüster. Ein Roman in der Welt von Das Schwarze Auge (m. H. Wolf, A. Wichert) 2004

Übersetzungen (Ausw.): C. Emery, Flüsterwald (Rom.; m. A. Abele) 1995; ders., Zerschlagene Ketten (dass.) 1996; ders., Die letzte Opferung (dass.; m. C. Jentzsch) 1996.   KK

Jäckel, Annette, * 1968 Meerbusch; Angestellte, Schriftst., lebt in München; studierte Germanistik u. Politik in Bonn u. Tübingen, Angestellte einer Public-Relations-Agentur. – Roman.

Schriften: Talk (Kriminalrom.) 1997.   KK

Jäckel, Birgit, * 1980 Nürnberg; Historikerin, lebt in Erlangen; studierte zunächst Biologie in Erlangen, dann Ur- u. Frühgesch., Paläontologie u. Alte Gesch., Beraterin für Presse- u. Öffentlichkeitsarbeit. – Hist. Roman.

Schriften: Die Druidin (Rom.) 2007 (Tbausg. m. dem Untert.: Ein historischer Roman, 2009); Der Fluch der Druidin (Rom.) 2009.   KK

Jäckel, Eberhard, * 29. 6. 1929 Wesermünde (später zu Bremerhaven); Historiker, lebt in Stuttgart; Sohn eines Ingenieurs, wuchs in Dortmund, Fulda u. Arnsberg auf, 1945 ztw. im «Volkssturm» in der Endphase des 2. Weltkrieges eingesetzt, 1949 Abitur, studierte 1949–55 Gesch., klass. Philol. u. Recht an den Univ. Göttingen, Tübingen, Gainesville/FL, Paris u. Freiburg/Br., 1955 Dr. phil. in Freiburg/Br., 1955–61 wiss. Assistent in Kiel, 1961 Habil. ebd., 1961–67 Privatdoz. u. Univ.doz. ebd., 1967–97 (emeritiert) o. Prof. für neuere Gesch. an der Univ. Stuttgart (als Nachfolger von Golo →

Mann), Mithg. der «Gesch. der BRD» in sechs Bdn., 1967/68 Gastprof. am St. Antony's College in Oxford, begr. 1968/69 m. Günter → Grass die «Sozialdemokrat. Wählerinitiative» für die Wahl von Willy Brandt zum Bundeskanzler, ab 1969 Mitgl. des von Thaddäus → Troll u. Ernst → Glaeser gegr. lit. Stammtischs «Tisch der 13», 1972/73 Gastprof. an der Univ. Tel Aviv, 1973 an der Univ. Chandigarh/Indien. – 1990 Geschwister-Scholl-Preis. Fachschrift. –

Schriften (Ausw.) Experimentum rationis. Christentum und Heidentum in der Utopia des Thomas Morus (Diss.) 1955; Frankreich in Hitlers Europa. Die deutsche Frankreichpolitik im 2. Weltkrieg, 1966 (Habil.-Schr. 1961); Hitlers Weltanschauung. Entwurf einer Herrschaft, 1969 (erw. u. überarb. Neuausg. 1981); Hitlers Herrschaft. Vollzug einer Weltanschauung, 1986; Umgang mit Vergangenheit. Beiträge zur Geschichte, 1989; «Der Tod ist ein Meister aus Deutschland». Deportation und Ermordung der Juden. Kollaboration und Verweigerung in Europa (m. L. Rosh) 1990; Was wird aus Deutschland? (m. H. Schmidt, E. Reuter) 1994; Das deutsche Jahrhundert. Eine historische Bilanz, 1996; Der Tisch der Dreizehn. Eine Geschichte, 2009.

Herausgebertätigkeit (Ausw.): Die deutsche Frage 1952–1956. Notenwechsel und Konferenzdokumente der vier Mächte, 1957; Die Schleswig-Frage seit 1945. Dokumente zur Rechtsstellung der Minderheiten beiderseits der deutsch-dänischen Grenze, 1959; Deutsche Parlamentsdebatten, 3 Bde., 1970/71; Die Funktion der Geschichte in unserer Zeit (m. E. Weymar) 1975; Der Mord an den Juden im Zweiten Weltkrieg. Entschlußbildung und Verwirklichung (m. J. Rohwer) 1985; Enzyklopädie des Holocaust. Die Verfolgung und Ermordung der europäischen Juden, 3 Bde., 1993; Von Heuss bis Herzog. Die Bundespräsidenten im politischen System der Bundesrepublik (m. H. Möller, H. Rudolph) 1999.

Ausgaben: Umgang mit Vergangenheit. Beiträge zur Geschichte (hg. A. GESTRICH) 1989 (m. Bibliografie).

Literatur: Munzinger-Arch. – ~, Die dt. Frage 1952–1956 (in: Politique étrangère 23, H. 6, S. 654) Paris 1958; H. STEINBERGER, ~, ‹Die Schleswig-Frage seit 1945› (in: Zs. für ausländ. öffentl. Recht u. Völkerrecht 22, S. 360f.) 1962; J. SIGMANN, ~, ‹La France dans l'Europe de Hitler› (in: Annales. Économies, Sociétés, Civilisations 26, H. 1, S. 54–

56) Paris 1971; D. B. King, The Making of Hitler's Outlook (in: The Review of Politics 34, H. 3, S. 441–445) Notre Dame/IN 1972 (zu ‹Hitlers Weltanschauung›); J. Feller, ‹Hitler idéologue› de ~ (in: Communication et langages. Signes, objets et pratiques 18, S. 126f.) Paris 1973; G. W. F. Hallgarten, ‹Hitler's Weltanschauung› (in: American Historical Rev. 79, H. 3, S. 806f.) Oxford 1974; W. Struve, ~, ‹Hitler's Weltanschauung› (in: Science and Society. A Journal of Marxist Thought and Analysis 40, H. 1, S. 117) 1976; N. Rich, ~, ‹Hitler in History› (in: American Historical Rev. 90, H. 5, S. 1223f.) Oxford 1985; J. S. Conway, ~, ‹Hitler in History› (in: Internat. History Rev. 7, S. 441) New York 1985; D. B. King, ~, ‹Hitler in History› (in: German Stud. Rev. 9. H. 1, S. 172) Baltimore/MA 1986; W. Weber, Biogr. Lex. zur Gesch.wiss. in Dtl., Öst. u. der Schweiz, ²1987; J. W. Baird, ~, ‹Hitlers Herrschaft› (in: American Historical Rev. 93, H. 1, S. 178f.) Oxford 1988; R. P. Grathwol, [Sammelrez.] (in: The Journal of Modern History 61, H. 3, S. 645f.) Chicago/IL 1989 (u. a. zu ‹Hitlers Herrschaft›); Autoren in Baden-Württ., 1991 (auch Internet-Edition); W. Wippermann, ‹Enzyklopädie des Holocaust› (in: Arch. für Sozialgesch. 36, S. 773–776) 1996; A. D. Polak, The Cultural Representation of the Holocaust in Fiction and Other Genres (Diss. Univ. Sheffield) 2004; P.E.N.-Zentrum Dtl., Autorenlex. 2009/2010 (red. J. Wonneberger) 2009.   KK

Jäckel, Gerhard (Ps. Alfred Palisander), * 7. 11. 1922 Halle/S.; Lehrer, Fernsehautor, Schriftst., lebt in Berlin; Sohn eines Zahnarztes, 1941–45 Sanitätssoldat im 2. Weltkrieg, danach ztw. Wirtschaftsprüfer u. Verleger in Leipzig, 1945–47 Lehrer für Deutsch u. Englisch an der Helmholtzschule ebd., daneben freier Mitarb. der Presse u. des Rundfunks, u. a. beim Deutschlandsender Berlin (später «Stimme der DDR») Aufbau einer Abteilung «Funkerzählungen», freier Schriftst. in Berlin, n. dem elften Plenum des Zentralkomitees der SED 1965 ztw. m. Veröff.verbot belegt, veröff. ztw. unter Ps., verf. Drehb. u. a. für die Fernseh-Serien «Zahn um Zahn» u. «Polizeiruf 110», bearb. seine Fernsehstoffe nachträgl. für den Druck. – Hörsp., Fernsehsp., Erz., Dr., Drehb., Plaud., Biogr., Rundfunkfeature.

Schriften: ... bitte schneiden! Rundfunkplaudereien, 1961 (Zeichn. H. Schlicker); Der Gefangene des Herzogs (biograf. Erz.) 1963 (Illustr. H.

Mau); Die Charité. Die Geschichte des berühmtesten deutschen Krankenhauses, 1963 (Zuordnung zweifelhaft); Die Wahnmörderin (Erz.) 1964 (UA 1962); Das Medaillon (Erz.) 1967; An einem Tag im September. Kriminalerzählung, 1971. (Ferner zahlr. ungedr. Hörsp. u. Drehbücher.)

Uraufführungen (Ausw.): Musik aus der Kiste oder Ein Kindergeburtstag, 1973.

Literatur: Schmidt. Quellenlex. 14,391. – Schriftst. der DDR (hg. K. Böttcher) 1974; G. Albrecht u. a., Schriftst. der DDR, 1975; H. Lederer, Handbook of East German Drama 1945–1985, 1987; Lex. der Fernsehsp. 1978/87 (bearb. A. Klünder) Bd. 2, 1991; Clarissas Krambude. Autoren erzählen von ihren Pseudonymen, 2011.   KK

Jäckel, Günter, * 8. 9. 1926 Bahra (später zu Bad Gottleuba-Berggießhübel/Sa.), † 23. 12. 2011 Dresden; Germanist, lebte in Dresden; Sohn eines Straßenbahnschaffners, begann 1943 eine Lehre am Landratsamt Pirna, 1943–45 Arbeitsdienst u. Soldat im 2. Weltkrieg, 1945 Neulehrer in Ebenheit (später zu Struppen/Sa.), 1945–47 «Vorbereitungskurs», 1947 Abitur an der Vorstud.anstalt Dresden, studierte 1947–52 Germanistik u. Anglistik in Leipzig, 1952/53 Lektor an der TH Dresden, 1953/54 Red. im Neumann-Verlag in Radebeul, 1954 Lehrer an der Fachhochschule für Geodäsie und Vermessungswesen in Dresden, 1956–65 Lektor an der PH Potsdam, 1957 Dr. phil. bei Hermann August → Korff an der Univ. Leipzig, 1965–83 Assistent u. Oberassistent an der TU Dresden, 1971 Gastdoz. in Hanoi, 1972/73 an der Univ. Kairo, 1974–99 Vors. der Goethe-Gesellsch. Dresden, 1976 Gastdoz. an der Univ. Wrocław, 1979 Habil. ebd., 1983 Doz. für Lit.wiss. an der TU Dresden, 1985–2008 Mithg. der Zs. «Dresdner H.», 1990–92 (emeritiert) ao. Prof. für Dt. Lit. des 18., 19. u. 20. Jh. an der TU Dresden, zudem bis 1994 Lehraufträge an der Fak. Geistes- u. Sozialwiss. ebd., 1991–98 Vors. des Dresdner Gesch.vereins. – Fachschr., Sachbuch.

Schriften: Das Bild in der Prosadichtung Gottfried Kellers (Diss.) 1957; Das Volk – das lacht. Deutsche Schwänke des 15. u. 16. Jahrhunderts (Bearb., m. Einl. u. Erl.) 1959; Struktur und Symbol. Schriftsteller von Weltruf in der Analyse (m. U. Roisch) 1973; Große Form in kleiner Form. Zur sozialistischen Kurzgeschichte (dass.) 1974; Till Eulenspiegel. Ein Volksbuch (Bearb.; hg. H. Marquardt) 1974 (Zeichn. J. Hegenbarth); Ein kurzweilig Lesen von Till Eulenspiegel geboren aus dem Land zu Braunschweig. Wie er sein Leben vollbracht hat. 95 seiner Geschichten (Bearb.) 1985; «Grunderlebnisse» in poetischer Prägnanz. Tendenzen und Strukturen in der Kurzprosa der DDR-Literatur 1965–1977, 1980 (Habil.-Schr. 1979); Der Parnass einer Residenz. Dresden und seine Poeten, 2009 (2., durchges. Aufl. 2010).

Herausgebertätigkeit: Das Volksbuch vom Till Eulenspiegel (mit Anm. u. Nachw. hg.) 1955; F. Hölderlin, Wo aber Gefahr ist, wächst das Rettende auch. Hölderlins Leben in Briefen und Dichtungen, 1960; Christian Reuters Werke in einem Band (m. Einl. hg.) 1962; Frauen der Goethezeit in ihren Briefen, 1966 (veränd. Ausg. in der BRD u. d. T.: Das Volk braucht Licht. Frauen zur Zeit des Aufbruchs 1790–1848 in ihren Briefen, 1970, Nachw. M. Schlösser; 2., verb. Aufl. 1969); Kaiser, Gott und Bauer. Reformation und deutscher Bauernkrieg im Spiegel der Literatur (m. Einl. hg.) 1975 (2., erw. u. verb. Aufl. 1983); Der Freiheitsbaum. Die französische Revolution in Schilderungen Goethes und Forsters, 1983; Dresden zur Goethezeit. Die Elbestadt von 1760 bis 1815, 1987 (Ausg. für die BRD m. dem Untert.: 1760–1815, 1988); Dresden zwischen Wiener Kongreß und Maiaufstand. Die Elbestadt von 1815 bis 1850, 1989 (Ausg. für die BRD u. d. T.: Dresden vom Biedermeier bis zur Revolution 1848/1849, 1989); V. Klemperer, Zwiespältiger denn je. Dresdner Tagebuch 1945. Juni bis Dezember (Mitarb. H. Klemperer) 1995; ders., Und alles ist so schwankend. Tagebücher Juni bis Dezember 1945 (dass.) 1996; G. Nieritz, Selbstbiographie (m. Nachw. hg.) 1997.

Literatur: T. P. Saine, ‹Der Freiheitsbaum› (in: Goethe Yearbook 3, S. 255f.) Columbia/SC 1986; 175 Jahre TU Dresden (hg. R. Pommerin), Bd. 3, Die Prof. der TU Dresden 1828–2003 (Bearb. D. Petschel) 2003; J. Klose, In Memoriam ~ (in: Goethe-Jb. 128, S. 417f.) 2011.   KK

Jäckel, Karin (geb. Voss; Ps. Anna Benthin; Karin Voss), * 22. 7. 1948 Rerik/Mecklenb.-Vorpommern; Kunsthistorikerin, Journalistin, Schriftst., lebt in Oberkirch/Baden-Württ.; Tochter eines Zimmermanns, wuchs in der Eifel auf, studierte Germanistik, Sprecherziehung u. Kunstgesch. an der Univ. in Saarbrücken, seit 1970 Mitarb. versch. Ztg., Zs. u. Rundfunksender, 1975 Dr. phil. in Saarbrücken, seitdem freischaffende

Schriftst. u. Journalistin. – Kdb., Fachschr., Erz., (hist.) Rom., Ess., Jgdb., Ratgeber.

Schriften (Ausw.): Das Werk des Bildhauers Joachim Günther (1720-1789), 2 Bde. (Diss.) 1975; Forschungsergebnisse zum Leben des Bruchsaler Hofbildhauers und Stukkateurs Joachim Günther, 1979 (Sonderdr.); Teddie. 28 Geschichten aus dem Alltag eines kleinen Jungen (Kdb.) 1982; Und ich? Geschichten von Steffie (Kdb.) 1983; Der Geist in der Handtasche. Märchen, Fabeln, Traumgeschichten, 1985 (Bilder R. Rettich); Die alternative Medizin Geistheilung. Heilung durch die Kraft des Willens, 1986; Mein Freund ist ein Känguruh (Kdb.) 1988; Inzest. Tatort Familie, 1988; «Es kann jede Frau treffen». Vergewaltigung, 1988; Du bist doch mein Vater ... Inzest. Ein Tabu in unserer aufgeklärten Gesellschaft, 1988 (Neuausg. m. dem Untert.: Der schockierende Bericht eines Inzestopfers, 1994); Betrug in der Partnerschaft. Aus, Neubeginn – oder Todsünde?, 1989; In einem Land vor unserer Zeit (Kdb.; Nacherz.) 1989; Turtles. Im Kampf für die Gerechtigkeit (Kdb.) 1990; Mitleid? Nein danke! (Jgdb.; Nachw. M. Winkelheide) 1990; Pico & Columbus (Kdb.) 1991; Flitz, der kleine Dinosaurier (Kdb.) 1991; Trauen wir uns wieder? Beziehungskisten, 1992 (Illustr. B. Brömse); «Sag keinem, wer dein Vater ist!» Das Schicksal von Priesterkindern. Zeugnisse – Berichte – Fragen, 1992 (aktual., erg. Neuausg. 2004); Meine liebsten Dinosaurier-Geschichten (Kdb.) 1992 (Zeichn. H. Ortner); Das kleine Lachgespenst (Kdb.) 1992; Das große bunte Weihnachtsbuch (Kdb.) 1992 (Zeichn. M. Krätschmer; Neuausg. u. d. T.: Mein Weihnachtsbuch, 1995); Das Geheimnis des Steins (Kdb.) 1992; Monika B., Ich bin nicht mehr eure Tochter. Die wahre Geschichte eines Mädchens, das über zehn Jahre lang sexuell mißbraucht wurde (Bearb.) 1993; Komm, mein liebes Rotkäppchen ... Kindesmißbrauch – Wer sind die Täter?, 1994 (Tb.ausg. u. d. T.: Wer sind die Täter? Die andere Seite des Kindesmißbrauchs, 1996); K. J.'s Glücks-Geschichten (Kdb.) 1994 (Illustr. F. Wittkamp); K. J.'s Flunkergeschichten (Kdb.) 1994; Ein Lächeln für Lucia (Jgdb.) 1994; Der kleine Seehund, 1994 (Bilder A. Weinhold); 1000 Rätsel der Urzeit (Kdb.) 1994 (Illustr. H. G. Schellenberger); Leselöwen-Schlummergeschichten (Kdb.) 1995 (Zeichn. P. Hopman); Frau Sandmann und das Traumteufelchen. Kleine Geschichten zum Vorlesen (Kdb.) 1995 (Illustr. P.-H. Gürth; Ausg. in Blindenschr. 1996); Das große bunte Osterbuch (Kdb.) 1995 (Zeichn. M. Krätschmer); Das große Buch der Geister und Gespenster (Kdb.) 1995 (Zeichn. H. Ortner; Neuausg. u. d. T.: Das Superbuch der Gruselgeschichten, 2002); Das große Buch der Tiergeschichten (Kdb.) 1996 (Illustr. U. Heyne); Alles Ehe oder was … Was sich in heutigen Partnerschaften wirklich abspielt. Frauen und Männer erzählen die Geschichte ihrer Beziehung – unabhängig voneinander und rückhaltlos, 1995; Lieber Papa, mir geht's gut … (Kdb.) 1996; … weil mein Vater Priester ist (m. T. Forster) 1997; Treffpunkt Nachtcafé (Jgdb.) 1997 (Ausg. in Blindenschr., 2 Bde., 2000); Der gebrauchte Mann. Abgeliebt und abgezockt – Väter nach der Trennung, 1997; Das Weihnachtsgeheimnis (Kdb.) 1997; Jule Nissen. Eine weihnachtliche Geschichte (Kdb.) 1998 (Illustr. J. Garbert); Furcht vor dem Leben. Wenn Jugendliche den Tod als einzigen Ausweg sehen, 1998; Mein Kind gehört auch zu mir. Handbuch für Väter nach der Trennung, 1999; Im Stich gelassen? Warum Frauen sich von ihren Kindern lossagen, 1999; Die Frau an seiner Seite. «Nur»-Hausfrauen im Spiegel des Feminismus, 1999; Lilli läßt Gespenster tanzen. Gespenstergeschichten (Kdb.) 2000 (Illustr. E. Skibbe); Kleine Hexe Billerbix. Hexengeschichten (Kdb.) 2000 (dass.); Deutschland frißt seine Kinder. Familien heute. Ausgebeutet – ausgebrannt, 2000; Vampirellis gruselige Abenteuer. Vampirgeschichten (Kdb.) 2001 (Illustr. P. Eisenbarth); Ein Vater gibt nicht auf. Die Geschichte eines gebrauchten Mannes, 2001; Hexe Billerbix und ihre Freunde (Kdb.) 2001 (Illustr. E. Skibbe); Isis, die Fürstin der Nacht. Als Kind in den Fängen einer satanistischen Sekte, 2003; Hexe Billerbix und der Zaubertrank (Kdb.) 2004 (Bilder E. Skibbe); Denn das Weib soll schweigen in der Kirche. Eine exkommunizierte Priesterin erzählt (m. G. Forster) 2004; Vater werden. Der Wegweiser für ein glückliches Familienleben, 2005; Dein Engel hat dich gern. Das große Buch der Engelgeschichten (Kdb.) 2005 (Bilder A. Rieger; Neuausg. m. dem Untert.: Schutzengel-Geschichten zum Vorlesen, 2012, Bilder M. Bogade); Das Urteil des Salomon. Eine Großmutter kämpft um ihre Enkelin, 2005; Nicht ohne meine Kinder! Eine Mutter kämpft gegen das Jugendamt (m. J. Gebara) 2006; Die Frau des Reformators. Das Leben der Katharina von Bora (hist. Rom.) 2006; Hexe Billerbix und der Traumkobold (Kdb.) 2006 (Bilder E. Skibbe); Das große Buch von Hexe Billerbix (Kdb.) 2007

(dass.); Er war ein Mann Gottes. Von einem katholischen Geistlichen mißbraucht, 2007; Störfall Schule. Unsere Kinder – durchgereicht und abgewickelt?, 2010; Deutschland, eine Märchenreise. Märchen und Sagen, 2010 (Bilder K. Grossmann-Hensel). (Ferner ungedr. Rundfunkbeiträge.)

Herausgebertätigkeit (Ausw.): 1000 Tips für Frauen im Beruf. Selbständigkeit, Karriere, Erfolg, Familie, Weiterbildung, Selbstverwirklichung, 1986.

Literatur: Autoren in Baden-Württ., 1991 (auch Internet-Edition).   KK

Jäckel, Margarethe → Adam-Jäckel, Grete.

Jaeckel, Martin (Ernst Hermann), *1. 4. 1888 Grünberg/Schles. (Zielona Góra/Polen), † 16. 2. 1957 Pietersburg/Transvaal (Polokwane/Südafrika); luther. Missionar; Sohn eines Volksschullehrers, Buchhändler in einem Antiquariat, besuchte 1909–13 das theolog. Seminar der Berliner Missionsgesellsch., 1913–57 auf Mission in Südafrika, 1913–27 Missionar u. a. in Pietersburg, 1914 ztw. interniert u. bis 1918 von jegl. Kontakt n. Dtl. abgeschnitten, 1924–39 Hg. u. Red. der Vjs. für Mission in Südafrika «Die Brücke», 1927–38 Missionar in Johannesburg/Südafrika, dann wieder in Pietersburg, ab 1952 Superintendent u. Präses ebenda. – Erz., Rom., Tgb., Erinnerungen.

Schriften (Ausw.): Und Glocken hör' ich weit. Ein Leben der Liebe, des Kampfes und der Sehnsucht in Afrika (Briefrom.) 1924 (Neuausg. 1951; Bilder H. Peglow); Mein blaues Pferd «Komet». Was ich auf ihm, vor ihm, neben, unter und hinter ihm in Südafrika erlebte, 1925 (Zeichn. A. Aschenborn; Neuausg. 1950; Neuausg. m. dem Untert.: Erlebnisse aus dem Süden Afrikas, 1981); Die weiße Lilie von Mamphulo (Erz.) 1925 (Bilder H. Peglow); Talitha Kumi. Eine Erzählung aus Südafrika, 1926; Mohrchen. Afrikanische Erzählung von kleinen Leuten (Kurzgeschn.) 1926 (Neuausg. 1956); Gananoa. Die Missionsarbeit im Gebiet vom Blauberg in Süd-Afrika (zus.gestellt) 1926; Die drei Flüchtlinge von Setupung. – Ngoaku. Afrikanische Erzählungen von kleinen Leuten, 1926 (Neuausg. 1954); Der große Herr und anderes. Afrikanische Erzählungen von kleinen Leuten, 1926; Verlorne Freunde. Eine Geschichte von zwei guten Kameraden, 1929 (Zeichn. H. A. Aschenborn; Neuausg. 1954); Vaters Ehre (Nov.) 1931; Der brennende Busch. Erzählungen aus Südafrika, 1934; Salomintje und ihre Kinder, 1937; Der

Sendling vom Lenarekop. Vier Geschichten, 1948; Juwwawa. Roman aus der Pionierzeit der Buren, 1949; Vera – Frau Königin. Eine deutsche Missionarstochter im afrikanischen Busch, 1953; Abenteuer im südafrikanischen Busch, 1953.

Literatur: M. DU PLESSIS, ~ u. sein Werk (in: Afrikan. Heimatkalender 18, S. 61–63) Windhoek/Südafrika 1947; Erinn.bl. für ~ (in: Die Brücke [Bloemfontein], H. 5) 1957; G. BRENNECKE, Präses ~ heimgerufen (in: Die Zeichen der Zeit. Evangel. Mschr. 11, H. 4, S. 155f.) 1957; W. K. KOCK, D. W. KRÜGER u. a., Dictionary of the South African Biography, 5 Bde., 1968–87; U. KISTNER, Die kolonisierende Rede. Strukturen eines restringierten Codes am Beispiel eines Rom. von ~ (Diss. Johannesburg/Südafrika) 1986 (u. a. zu ‹Der brennende Busch›); A. KLOTZ, Kinder- u. Jugendlit. in Dtl. 1840–1950. Gesamtverz. [...], Bd. 2, 1992; U. VAN DER HEYDEN, Das Schrifttum der dt. Missionsgesellsch. als Quelle für die Gesch.schreibung Südafrikas. Dargestellt vornehml. anhand der Berliner Missionsgesellsch. (in: Missionsgesch., Kirchengesch., Weltgesch. Christl. Missionen im Kontext nationaler Entwicklungen in Afrika, Asien u. Ozeanien, hg. DERS., H. LIEBAU, S. 123–139) 1996; K. POEWE, Liberalism, German Missionaries, and National Socialism (in: Mission u. Macht im Wandel polit. Orientierungen. Europ. Missionsgesellsch. in polit. Spannungsfeldern in Afrika u. Asien zw. 1800 u. 1945, hg. H. STOECKER, U. VAN DER HEYDEN, S. 1 –30) 2005; DIES., A Curious Exercise in Archival Research. Missionary ~, the Unravelling of His Mixed Genre Novel, and the Tragedies it Revealed (in: Border Crossings. Explorations of An Interdisciplinary Historian. FS for Irving Hexham, hg. U. VAN DER HEYDEN, A. FELDTKELLER, S. 221–252) 2008 (u. a. zu ‹Und Glocken hör’ ich weit› u. ‹Gananoa›).   KK

Jäckel, Robert, * 1. 10. 1918 Baden-Baden, † 4. 6. 1992 (n.anderen Angaben: 1993) Innsbruck; Autor, lebte in Innsbruck. – Nov., Erz., Ess. Hörsp., Lyrik.

Schriften: Flügelschlag der Ewigkeit. Gedichte und Gedanken, 1984; Ausgesprochen freundlich, 1987 (Schr. nicht nachweisbar).

Literatur: TIRLIT.   KK

Jaeckh, Ernst (Friedrich Wilhelm), * 22. 2. 1875 Urach/Württ. (später Bad Urach/Württ.), † 17. 8. 1959 New York; Publizist, Diplomat; Bruder

des Journalisten Gustav J. (1866–1907); Sohn eines Kaufmanns, studierte 1893–99 Sprach- u. Lit.gesch. sowie Philos. an den Univ. Stuttgart, Heidelberg, Genf, Breslau u. München, 1902 Dr. phil., 1902–12 Chefred. der «Neckar-Ztg.» in Heilbronn, Mitbegr. des Goethebundes ebd., 1909 Mitbegr. der Sektion Heilbronn des Württemberg. Ver. für Luftschiffahrt, engagierte sich für ein dt.-türk. Bündnis u. den Beitritt Dtl. zum Völkerbund, 1912–1932 Mitarb. u. Geschäftsführer des Dt. Werkbundes in Berlin, 1914–17 Hg. des Sammelwerkes «Der dt. Krieg», ab 1914 Hg. der Zs. «Das Größere Dtl.» u. (m. Paul → Rohrbach) «Dt. Politik», ab 1915 Hg. der «Dt. Orient-Bücherei», während des 1. Weltkrieges in zahlr. diplomat. Missionen unterwegs, 1920 m. Theodor → Heuss, Friedrich → Meinecke u. a. Mitbegr. u. bis 1933 Präs. der Dt. Hochschule für Politik in Berlin, 1932/33 Vors. des Dt. Werkbundes, emigrierte 1933 n. England, 1933–40 Mitarb. des National Commonwealth Inst. in London, ab 1940 Abt.leiter für den Nahen Osten im neu errichteten «Ministry of Information», zudem Prof. an der Columbia Univ. in New York, 1948 Mitbegr. des dortigen «Middle East Institute». – Fachschr., Feuill., Erinnerungen.

Schriften: Der aufsteigende Halbmond. Beiträge zur türkischen Renaissance, 1908 (4., erg. Aufl. 1915; 6., erg. Aufl. m. dem Untert.: Auf dem Weg zum deutsch-türkischen Bündnis, 1916); Im türkischen Kriegslager durch Albanien. Bekenntnisse zur deutsch-türkischen Freundschaft, 1911; Deutschland im Orient nach dem Balkankrieg, 1913; Deutschland, das Herz Europas, 1928; Amerika und wir. Amerikanisch-deutsches Ideen-Bündnis, 1929; Der Völkerbundgedanke in Deutschland während des Weltkrieges, 1929; Die Politik Deutschlands im Weltkrieg (m. W. Schwarz) 1932; Der goldene Pflug. Lebensernte eines Weltbürgers, I, II Weltsaat. Erlebtes und Erstrebtes, 1951–60.

Herausgebertätigkeit: N. Stern, Die Weltpolitik der Weltmode, 1915; Der große Krieg als Erlebnis und Erfahrung, 1916; Kiderlen-Wächter, der Staatsmann und Mensch. Briefwechsel und Nachlaß, 2 Bde., 1924.

Nachlass: Sterling Memorial Library, Yale Univ. New Haven/CT; Columbia Univ. Rare Books & Manuscript Library, New York City. – Mommsen 1,245.

Literatur: NDB 10,264. – G. HERLT, ~, ‹Der aufsteigende Halbmond› (in: Weltwirtschaftl. Arch. Zs. für Allg. u. Spezielle Weltwirtschaftslehre 7, S. 201f.) 1916 (auch Internet-Edition); I. BODE, Die Autobiogr. zur dt. Lit., Kunst u. Musik 1900–1965. Bibliogr. u. Nachweise der persönl. Begegnungen u. Charakteristiken, 1966; A. FREY, Schwabe, Journalist, Diplomat, Weltbürger. ~ (1875–1959) (in: Heilbronner Köpfe 5. Lbb. aus fünf Jh., hg. C. SCHRENK, S. 53–70) 2009; A. MARTIN, «Der Marsch gg. Konstantinopel führt durch das Brandenburger Tor.» ~s kriegspublizist. Flugschr.produktion u. ihre Inszenierung des dt.-osman. Bündnisses (1914–1918) (in: Globalisierte Germanistik. Sprache – Lit. – Kultur. XI. Türk. Internat. Germanistik Kongress. Tagungsbeitr., S. 126–139) Izmir 2010.　KK

Jaeckle, Erwin, * 12. 8. 1909 Zürich, † 2. 10. 1997 ebd.; Lektor, Red., Schriftst.; Sohn eines Beamten, besuchte Volksschulen in Wallisellen/Kt. Zürich u. Zürich, Abitur an der evangel. Kantonsschule, Lehrerausbildung am Lehrerseminar in Zürich-Unterstraß, studierte ab 1930 m. mehreren Unterbrechungen Philos. u. Germanistik an der Univ. Zürich u. a. bei Robert → Faesi u. Eberhard → Grisebach, 1937 Dr. phil. ebd., Lektor im «Atlantis Verlag» von Martin → Hürlimann, 1942–50 Zürcher Gemeinderat u. 1945 dessen Präs., gehörte 1942–65 m. Max → Rychner, Eduard → Korrodi, Emil → Staiger u. a. zum Kern der «Zürcher Freitagsrunde», 1943–71 Chefred. der von ihm mitbegr. Tagesztg. «Die Tat», 1947–62 Mitgl. des Schweiz. Nationalrats, 1962–77 zudem Red. der «Lit. Tat». – 1958 Conrad-Ferdinand-Meyer-Preis für Lyrik, 1974 Lit.preis der Stadt Zürich, 1977 Bodensee-Lit.preis der Stadt Überlingen, 1985 Kogge-Lit.preis der Stadt Minden u. Paracelsus-Ring der Stadt Villach, 1986 Mozart-Preis der Goethe-Stiftung Basel, 1988 Preis der Stiftung für Abendländ. Besinnung. – Erz., Ess., Erinn., Sachb., Rede, Glosse, Aphorismus, Lyrik, Mundart (Zürcher).

Schriften (Ausw.): Die Trilogie Pan (Ged.) 1934; Vom Geist der großen Buchstaben (Ess.) 1937; Rudolf Pannwitz. Eine Darstellung seines Weltbildes (Diss.) 1937; Die Kelter des Herzens (Ged.) 1943; Bürgen des Menschlichen (Ess.) 1945; Schattenlos. Sieben Gedichte, 1945; Phänomenologie des Lebens, 1951; Kleine Schule des Redens und des Schweigens. Ein Knigge für Parlamentarier und Einsiedler, 1951; Gedichte aus allen Winden, 1956; ABC vom Zürichsee, 1956 (Zeichn. H. Fries); Glück in Glas. Neue Gedichte mit einem Nach-

wort über die Zeit, 1957; Die schweizerische Flugwaffe im kalten Krieg der Interessen, 1958; Die Elfenspur. Drei Essays, 1958; Phänomenologie des Raums, 1959; Die goldene Flaute. Von der wortlosen Kunst des Segelns, 1959; Aber von Thymian duftet der Honig (Ged.) 1961 (Zeichn. H. Fries); Das himmlische Gelächter. Sieben mal sieben Gedichte, 1962; Blüten in der Urne (Ged.; Nachw. G. SCHNEIDER) 1962; Im Gitter der Stunden. Nachrichten aus dem Hotel Demut. Ein Gedichtzyklus, 1963; Der Ochsenritt (Ged.) 1967; Zirkelschlag der Lyrik (Ess.) 1967; Die Botschaft der Sternstrassen, 1967; Der Zürcher Literaturschock. Ein Bericht, 1968; Nachricht von den Fischen (Ged.) 1969; Schicksalsrune in Orakel, Traum und Trance. Mit dem Protokoll eines LSD-Tests [...], 1969 (Radierungen A. Arzensek); Signatur der Herrlichkeit. Sechs Vorträge zur Natur im Gedicht, 1970; Die Osterkirche, 1970; Bürger Otto Heuschele [...] (Rede) 1970; Evolution der Lyrik. Reden und Glossen zur Tabulatur, 1972; Dichter und Droge. Versuch einer Rauschgiftpoetik des Unbewußten, 1973; Eineckgedichte, 1974; Die Zürcher Freitagsrunde. Ein Beitrag zur Literaturgeschichte, 1975; Rudolf Pannwitz und Albert Verwey im Briefwechsel, 1976; Das wachsende Gedicht (Ged.) 1976 (Holzschnitte O. Dalvit); Meine alamannische Geschichte, I Ahnenlandschaft jenseits des Rheins, II Heimat Zürichgebiet, 1976; Baumeister der unsichtbaren Kirche. Lessing – Adam Müller – Carus (Ess.) 1977; Schattenpfad. Frühe Erinnerungen, 1978; Die Farben der Pflanze. Drei Essays, 1979; Niemandsland der Dreissigerjahre. Meine Erinnerungen 1933–1942, 1979; Die Schicksalsdrift, 1979; Zeugnisse zur Freitagsrunde, 1984; Vom sichtbaren Geist. Naturphilosophie, 1984; Ernst Jüngers Tagebuch des Jahrhunderts, 1986; Auf den Nagel geschrieben (Aphorismen) 1986; Paracelsus und der Exodus der Elementargeister, 1987; Die Idee Europa, 1988; Erinnerungen an «Die Tat». 1943–1971, 1989; Die johanneische Botschaft. Verwirrendes Rätsel – beglückendes Wunder, 1989; Die komplementären Lehren der transzendentalen Erkenntnistheorie und der erkenntniskonstituierenden Evolutionstheorie. Eine Anregung, 1990; Die Fülle des Verzichts. Ein Gedicht, 1991; Geleit durch meine Pansophie, 1992; Die alltägliche Spiegelschrift, 1992; Die Alge, die den Tod erfand. Naturkundliche Meditationen [...], 1992; Die Lebenslinie. Eine seltsame Biographie, 1993; Bürgen des Abendlandes. Neue

Beiträge zur «Idee Europa» [...], 1993; Unser tägliches Brot und andere Erzählungen, 1995; Die unausdenkliche Spur. Begleitgedichte der Siebensilber, 1995; Die dalmatinische Liebesnacht, 1995; Das Hexeneinmaleins des Spiegels. Ein Essay, 1997; Mein Tao Tê King, 1999.

Herausgebertätigkeit: R. Pannwitz, Lebenshilfe (m. H. Trüb; Vorw. R. FAESI) 1938; Werke öffentlicher Kunst in Zürich (m. M. Hürlimann) 1939; J. Paul, Gedanken (Ausw.) 1940; Paracelsus. Seine Weltschau in Worten des Werkes, 1943; Grosse Schweizerinnen und Schweizer. Hundert Porträts. Erbe als Auftrag (m. E. Stäuble) 1990.

Ausgaben: Die Siebensilber. Gesammelte Gedichte, 3 Bde., 1994; Bis an den Rand schreiben. Ausgewählte Gedichte (hg. A. MAUZ) 2010.

Nachlass: Schweiz. Lit.arch. in der Schweiz. Nationalbibl., Bern; Arch. für Zeitgesch., Zürich. – Schmutz-Pfister 3080.

Literatur:
Bibliografien: Schmidt, Quellenlex. 14,392. – Bibliogr. ~ (in: E. J., Geleit durch meine Pansophie, S. 167–172) 1992; Werkverz. (in: E. J., Die Lebenslinie, S. 142–148) 1993; P. MEIER, Ein vorläufiges Werkverz. ~ (in: DERS., Lerne das Leben u. lebe das Lernen. Ausblick auf den Autor, Publizisten u. Privatgelehrten ~ (1909–1997) zum 100. Geb.tag, S. 55–60) 2009.

Allgemein zu Leben und Werk: DdP 1,496; DBE 5,283; Lennartz 2,822; Autorenlex. 380; HLS; Killy ²6,82. – Jb. der eidgenöss. Räte u. Gerichte, 1948; Schweizer Biograph. Arch., Bd. 3, 1953; H. R. HILTY, ~, ‹Ged. aus allen Winden› (in: Texte u. Zeichen 3, S. 204–207) 1957; W. KOSCH, Biograph. Staatshdb., Bd. 1, 1963; G. BIEN, Die Lyrik ~'s (TuK 9, S. 16–24) 1965; G. SCHNEIDER, ~. Portrait eines Lyrikers u. Essayisten (in: WW 26, H. 10, S. 520–522) 1971; W. ENZINCK, Der schweiz. Autor ~. Ein Antlitz, viele Gesichter (in: Podium [Wien] 60, S. 22f.) 1986; E. MENDE, ~, ‹Vom sichtbaren Geist› (in: Philosoph. Lit.anzeiger 39, H. 1, S. 18) 1986; P. ERBRICH, dass. (in: Theol. u. Philos. 61, S. 473f.) 1986; H. ANDREAS, ~, ‹Ernst Jüngers Tgb. des Jh.› (in: NDH 34, S. 185f.) 1987; E. STÄUBLE, Europa als Entwurf u. Gesinnung. Laudation auf ~ (in: Das Antlitz Europas. Zur Preisverleihung der Stiftung für Abendländ. Besinnung an ~, S. 7–25) 1989; H. JENNY, Preisübergabe (ebd., S. 27–32) 1989; K. PEZOLD u. a., Gesch. der dt.sprachigen Schweizer Lit. im 20. Jh. (red. H. PROSCHE) 1991 (u. a. zu ‹Aber von Thymian duftet der Honig›,

‹Eineckged.›); Schweizer Lex., Bd. 3, 1992; W. ENZINCK, ~. Ein Antlitz, viele Gesichter (in: ~ in Porträt u. Selbstporträt, hg. DERS., E. STÄUBLE, S. 5–12) 1994; E. STÄUBLE, Das Geheimnis der Wirklichkeit (ebd., S. 13–38) 1994; B. SOWINSKI, Lex. dt.sprachiger Mundartautoren, 1997; A. MAUZ, «Wir beide blühn uns mählich zu». Rudolf Pannwitz u. ~ im Briefw. (in: Quarto. Zs. des Schweiz. Lit.arch. 19, S. 62–84) 2004; DERS., «... dass die [...] Vermittlung zw. dem Schöpfer einer neuen Welt u. Ihrem alten Lande Sie übernehmen». Rudolf Pannwitz u. ~ im Briefw., nebst Bem. zu Pannwitz' Performance u. ~s emphat. Rezeption (in: «Der Geist ist der König der Elemente». Der Dichter u. Philosoph Rudolf Pannwitz, hg. G. ROVAGNATI, S. 32–84) 2006; P. MEIER, Lerne das Leben u. lebe das Lernen. Ausblick auf den Autor, Publizisten u. Privatgelehrten ~ (1909–1997) zum 100. Geb.tag, 2009; E. STÄUBLE, ~. ‹Meine alamann. Ged.› (in: Die Preisträger des Bodensee-Lit.preises der Stadt Überlingen seit Beginn 1954 u. ihre Laudatoren, hg. O. BURGER, S. 277–292) 2010.   KK

Jäckle, Nina, * 20. 5. 1966 Schwenningen (später zu Villingen-Schwenningen/Baden-Württ.); Schriftstellerin; wuchs in Stuttgart auf, brach das Gymnasium vor dem Abitur ab, Druckereipraktikum in Hamburg, besuchte Sprachschulen in Frankreich u. der französ.sprachigen Schweiz, lebte u. a. in Berlin, Wien, München, am Starnberger See u. in Rouen/Frankreich. – Neben mehreren Aufenthaltsstipendien 1995 GEDOK-Lit.förderpreis, 1996 Hamburger Lit.förderpreis, 2010 Goldene Diana des Filmfestivals Klopeiner See. — Mitgl. im PEN-Zentrum Deutschland. – Erz., Rom., Hörsp., Drehb., Theaterstück.

Schriften: Es gibt solche (Erzn.) 2002, Noll (Rom.) 2004; Gleich nebenan (Rom.) 2006; Sevilla (Rom.) 2010; Nai oder was wie so ist (Erz.) 2010; Zielinski (Rom.) 2011. (Ferner ungedr. Hörsp. u. Rundfunkbeiträge.)

Literatur: ~, ‹Noll› (in: Der Rom.führer [...] 43, hg. H.-C. PLESSKE) 2006; S. HORCH, Traumat. Familiengesch. (in: Am Erker 30, H. 53, S. 121f.) 2007 (zu ‹Gleich nebenan›); M. J. H. ZIMMERMANN, Unaufgeregte Dr. aus der Zw.welt. ~, die Auslassung des Gemeinten u. das Lebensthema von Nähe u. Distanz (in: Allmende 28, H. 82, S. 75–77) 2008; C. KOLLER, Warten u. ankommen (in: Literaturen 11, H. 4, S. 74f.) 2010 (zu ‹Sevilla›);

PEN Zentrum Dtl. Autorenlex. 2012/2013 (red. R. Schweikert) 2012; M. Bundi, Kleines Einmaleins des Daseins (in: Kulturelemente. Zs. für aktuelle Fragen, H. 103, S. 15) 2012 (zu ‹Nai oder was wie so ist›). KK

Jaeckle, Rainer (Ps. Raphael J. Bosch), * 19. 5. 1923 Hamburg; Jurist, Schriftst.; Sohn eines Schiffskapitäns, wuchs in Hamburg auf, besuchte die Gelehrtenschule des Johanneums ebd., 1942 Abitur, studierte 1942 ztw. Rechtswiss. an der Univ. Hamburg, 1942–45 Matrose der Kriegsmarine im 2. Weltkrieg, in engl. Kriegsgefangenschaft, studierte 1945–48 erneut an der Univ. Hamburg, 1951 Dr. jur. ebd., Bankkaufmann u. Syndikus. – Fachschr., Rom., Erz., Kdb., Märchen, Nov., Lyrik.

Schriften (Ausw.): Das Rechtsverhältnis zwischen dem Einreicher eines Schecks und der den Scheck hereinnehmenden Bank (Diss.) 1950; Der Schattenkopf und andere mysteriöse Geschichten, 1989 (Illustr. R. J.); Die Truhe über dem Kamin und andere mysteriöse Geschichten, 1990 (dass.); Das Zeichen der Mauer. Eine Geschichte um Nostradamus, 1990 (dass.); Das Geheimnis des Spiegels. Aus dem Leben des Nostradamus (Erz.) 1991; Der rote Stein auf der Fingerinsel. Märchen für Kinder mit Phantasie und für jung gebliebene Erwachsene, 1997 (Illustr. R. J.); Aus alter und neuer Zeit. Manchmal sachlich, manchmal spitz (Erzn.) 1998; Das Leben des Nostradamus. Verfolgung, Pest, Visionen (hist. Rom.) 1999; Ulrike mit den Segelohren. Märchen unbekannt und interessant (Kdb.) 2000 (Illustr. R. J.); Die Nymphe und der Teufel auf der Lucilinburhuc und andere märchen- und sagenhafte Erzählungen, 2000; Jung und Alt in einem Boot. Jucunda und der zaubernde Mönch und andere Märchen – neu und doch aus alter Zeit (m. Ramona J.) 2002; Therese mit dem Ziegenduft und die tollen Reisen ihrer Tante Emma. Märchen mit realem Hintergrund für nachdenkliche Leser, 2004 (Illustr. R. J.); Tante Emma wieder unterwegs – Überraschungen nicht ausgeschlossen. Moderne Märchen mit realem Hintergrund für nachdenkliche Leser, 2005 (dass.); Die neuen abenteuerlichen Reisen der alten Tante Emma. Moderne Märchen mit realem Hintergrund für nachdenkliche Leser, 2005 (dass.); Tante Emma war immer dabei. Abenteuerliche Reisen in der Gegenwart und weit in der Vergangenheit, 2006 (dass.) Geisterstunde bei Vollmond auf dem Hohentwiel und andere Berichte von Tante Emma für spannungsgewohnte und nachdenkliche Leser, 2006 (dass.); Manchmal ist das Schicksal stärker. Ein beruflicher Lebenslauf als historische Novelle, 2006; Eine abenteuerliche Traumreise und andere Erzählungen von Tante Emma, 2007 (Illustr. R. J.); Der unwirtliche Mond als Ferienziel und weitere Erlebnisberichte von Tante Emma, 2007 (dass.); Ohne Tante Emma läuft nicht viel, 2008 (dass.); Elisa mit den blauen Haaren (Erzn.) 2009 (dass.); Wildschwein mit Hut. Erzählungen mit Pfiff, 2010 (dass.); Der Kasten unter der Wiese. Heiter-nachdenkliche Geschichten, 2010 (dass.); Vom Schreiner zum Konditor. Erzählungen mit Pfiff, 2011 (dass.); Hermine mit der dicken Schnute oder Unzufriedenheit sieht man auch an den Lippen. Erzählungen mit Pfiff, 2011 (dass.); Frieda mit dem Fuchsgesicht. Erzählungen mit Pfiff, 2012.

Literatur: H. J. Alpers u. a., Lex. der Fantasy-Lit., 2005. KK

Jaedicke, Horst, * 1. 3. 1924 Stuttgart, † 16. 5. 2010 Chiavari/Italien; Nachrichtenred., Reporter, Fernsehdir., Dramaturg, Filmproduzent; 1941 Abitur, studierte danach Kunst- u. Theaterwiss. an der Univ. München, Soldat im 2. Weltkrieg, n. 1945 Theaterspielleiter in Heidenheim an der Brenz, setzte ab 1947 das Stud. fort (ohne Abschluss), dann Mitarb. u. Red. des Senders «Radio Stuttgart» (später «Südt. Rundfunk»), 1952–54 Mitbegr. u. Red. der «Tagesschau» in Hamburg, Moderator u. a. der Sendung «Hessenschau» beim HR, 1959–84 Fernsehdir. beim «Südt. Rundfunk», 1968–75 zudem Koordinator für Fernsehsp. bei der ARD, war 1970 an der Konzeption der Filmreihe «Tatort» beteiligt, verhalf Willy → Reichert u. → Loriot zu ihren ersten Auftritten im Fernsehen. – Fachschr., Biogr., Roman.

Schriften: Das werbende Bild […] (Red.) 1952; Die private Stadtpost Stuttgart. Biografie und Katalog, 2000; Tatort Tagesschau. Eine Institution wird 50, 2002; Der gute alte Südfunk. Seine Radio- und Fernsehprogramme von 1924 bis zum Sendeschluss 1998, 2005; Curt Goetz und sein in Stuttgart gedrehter Schillerfilm (1923) wiederentdeckt. «Friedrich Schiller, eine Dichterjugend», 2005; Sterben ist doof. Anleitung zu einem todfreien Leben, 2006 (Illustr. H. Simmel; Neuausg. u. d. T.: Von der Kunst, das Leben zu verlängern. Sterben ist doof. Alles andere ist Lüge, 2007); Fehlt Ihnen auch eine Milliarde? Eine Geschichte mit verdammt wahrem Hintergrund, 2008; Stirb später. Ein journalistischer Roman, 2009; Willy Reichert. Er wollte alles, außer Schwäbisch. Eine Biographie, 2010 (Vorw. M. ROMMEL). (Ferner ungedr. Rundfunkbeitr. u. Fernsehspiele.)

Literatur: C. PUNDT, Mord beim NDR. Tatort m. Manfred Krug u. Charles Brauer, 2002; Die Tagesschau. Zur Gesch. einer Nachrichtensendung (hg. N. MATZEN, C. RADLER) 2009.   KK

Jaeg, Paul (eig. Paul Gamsjäger; Ps. Paula Jaegand), * 1. 2. 1949 Gosau/Oberöst.; Künstler, Schriftst., Komponist, lebt in Gosau; Sohn des Künstlers Sepp (Joseph) Gamsjäger (1923–1991), besuchte das Gymnasium in Oberschützen/Burgenland, Ausbildung zum Hauptschullehrer an der Pädagog. Akad. in Salzburg, seit 1991 Inhaber des «Arovell-Verlages», Hg. der Zs. «Ceit & Taeg» (später «Arovell Zs.»), bis 2004 Lehrer für Dt. u. Sport in Gosau, 2009–13 Kurator des Kunsthauses Deutschvilla in Strobl/Salzburger Land, zahlr. Ausst., m. Peter Assmann (* 1963) u. Richard → Wall Mitgl. der Künstlergruppe «Sinnenbrand». – 1999 Stipendium des Landes Oberösterreich. – Rom., Erz., Sachb., Lyrik, Mundart (Gosauer).

Schriften (Ausw.): Trotz A bis Z. Ein Pararoman, 1995; «Andere und andere». 186 Gedichte, 1995; Wandere und wandere. 187 Gedichte, 1996; Rare Beime und Reime. Freistehende Zeilengedichte mit Schwarniersätzen [...], 1997; Nur Lust ist nicht zu fassen. Ein Roman über das Schicksal angenommene Flugbahnen (Künstlerb.) 1998; Ausdruck geben. 14 Erzählungen, 1998; Literaturzweifel. Verschiedene Texte, 1998; Schandsand im Gewand. 89 Erzählungen, 1998; Erfahrungen mit Ceit & Taeg. Die Zeitschrift über Kunst und Kultur im Raum Wien – Linz – Salzburg, 1998; Simulation einer Reise. Erwartungen zwischen München und Wien (Rom.) 1999; Wodurch mein Sinn fast flöten ging. Kurze Texte, 1999; Der Landwiener Thomas Bernhard, 2000; Verknüpft gefragt. Ereignisort Sprache, 2001; Alles noch unerlebt. Entglobalisierte literarische Texte, 2003; Es zieht in Österreich. Texte, 2005; Die schwarzze [sic!] Scheide. Ein Zweischlösser-Roman, 2005; Es gilt. ArolaParola Roman Nr. 1, 2007; Hochmotiviert & niederträchtig. Alltagslyrik, 2008; Dachstein und Gosautal (Umschlagt.: Dachstein und Gosausee; Sachb.) 2008; Werke – Worte, 2009 (Illustr. P. J.); Gosingerisch. 2300 Wörter. Die traditionelle Sprache in Gosau am Dachstein mit seltenen Fotos aus alter Zeit (Sachb.) 2009; Dialektsammlung. Gosauer Mundart, Gosauer Geschichte, Gosauer Fotos. 2650 Mundartwörter (dass.) 2010; Abtasten oder zuwarten (Ged.) 2011.

Herausgebertätigkeit: S. Gamsjäger, Wilderer – Jäger – Wilderer (Erinn.) 2012.   KK

Jaegen, Hieronymus (Ps. Julius Mercator), * 23. 8. 1841 Trier, † 26. 1. 1919 ebd.; Bankier, Politiker, Mystiker; Sohn eines Lehrers, wuchs in Trier auf, besuchte die Provinzial-Gewerbeschule ebd., 1859 Abitur ebd., Praktikant bei der «Mosel-Dampfschiffahrts-Gesellsch.», studierte 1860–63 Maschinenlehre, Bauwesen u. Hüttenkunde an der TU in Berlin, 1863/64 Konstrukteur in Trier, 1864/65 Militärdienst, 1865/66 Ingenieur in Troisdorf/Nordrhein-Westf., 1866 Kriegsteilnehmer am Preuß.-Öst. Krieg u. der Schlacht bei Königgrätz, 1866–79 Ingenieur in Trier, 1867 Mitbegr. des kathol. Kaufleute-Ver., 1870/71 erneut Kriegsteilnehmer im dt.-franzos. Krieg, danach weiterhin Ingenieur in Trier, 1873 wegen seiner prokathol. Haltung im sog. «Kulturkampf» aus dem Militärdienst entfernt, 1879–99 Vorstand u. Aufsichtsratsmitgl. der Volksbank Trier, 1886 Mitbegr. des kathol. Bürgerver., 1898–1908 für die Zentrumspartei Abgeordneter des Preuß. Landtages; seit 1941 ist im Vatikan seine Seligsprechung anhängig. – Fachschr., (myst.) Essay. – 1931–39 (aufgelöst) H.-J.-Gesellschaft, seit 1948 H.-J.-Bund.

Schriften: Der Kampf um die Krone, 1883 (4. Aufl. u. d. T.: Der Kampf um das höchste Gut. Anleitung zur christlichen Vollkommenheit inmitten der Welt, 1908; 5., neu bearb. Aufl. u. d. T.: Der Kampf um das höchste Gut, 1933; Neuausg., m. Vorw. hg. B. SCHNEIDER, 2004); Das mystische Gnadenleben, 1911 (3., neu bearb. Aufl. 1934; 4. Aufl., hg. u. Anm. I. BACKES, 1949; Neuausg. 2011).

Literatur:

Bibliografien: Schmidt, Quellenlex. 14,392. – M. PERSCH, ~ (1841–1919). Versuch einer Zus.stellung der Publikationen über den Trierer Bankdir. u. Mystiker (in: Arch. für mittelrhein. Kirchengesch. 43, S. 255–265) 1991.

Allgemein zu Leben und Werk: LThK ²5,852; Biogr.-Bibliogr. Kirchenlex. ²2,1426; DBETh 1,703; LThK ³5,707. – F. P. HAMM, Bankdir. u. Landtagsabgeordneter ~ (in: Marienburg. Mschr. für die Marian. Männerwelt 10, S. 49–56, S. 97–103, S. 116–122) 1919; DERS., Lebensprogr. des

Trierer Abgeordneten ~ (ebd., S. 157–149) 1919;
DERS., Der Feldzugplan unseres geistigen Kampfes. Eine Belehrung von Landtagsabgeordneten u.
Bankdir. ~ (ebd. 11, S. 43–48) 1920; K. RICHSTÄT
TER, Myst. Gebetsgnaden u. Ignatian. Exerzitien,
1924; ~. Ein heiligmäßiger Bankdir., 1934; ~ (in:
Afrika-Bote 40, S. 256f.) 1934; F. MUCKERMANN,
Der heiligmäßige Bankdir. (in: Der Rufer zum
Kreuzzug 14, S. 270–273, S. 297f.) 1934; Wie ~ den
KKV gründete (in: Merkuria. Zs. des Verbandes
kathol. kaufmänn. Verein. Dtl. 54, H. 12, S. 124–
126) 1934; G. HIEGEMANN, Kaufmann u. Mystiker
(ebd., H. 16, S. 168–170); K. RUDOLF, Kapitalismus u. Heiligkeit (in: Der Laie in der Kirche 3, S.
132f.) 1934; M. HALLFELL, Ein Bankdir. will Dich
reich machen (in: Grüße aus dem Exerzitienhaus
[Niederkassel] 5, S. 37–39) 1934; Neuntägige Andacht für die Seligsprechung des frommen Herrn
~, des Apostels der heiligsten Dreifaltigkeit u. des
Weltvorbildes der Kathol. Aktion, 1935; Bankdir.
~. Ein treuer Zeuge Jesu, 1935; K. WILD, ~. Bankdir. u. Mystiker (in: Zs. für Aszese u. Mystik 10,
S. 249–251) 1935; Ein heiligmäßiger Ingenieur u.
Bankdir. (in: Der Sendbote des göttl. Herzens Jesu 71, S. 260–265, S. 299–302) 1935; ~, ein treuer Diener Mariens (in: Merkuria. Zs. des Verbandes kathol. kaufmänn. Verein. Dtl. 55, H. 10, S.
134f.) 1935; Seligsprechung des Bankdir. ~. Ein
Beitr. zur Entstehung der ~-Bewegung (in: Die
Schildwache [Basel] 24, S. 52) 1935/36; Zur Vollkommenheit in der Welt unter der Führung eines
Bankdir. (ebd., S. 4f., S. 12f., S. 20f.); A. M. von
CRAMER-KLETT, Schwebende Seligsprechungsprozesse von Laien (ebd., S. 284); G. KÖNIGSHAUSEN,
~, ein Schützling der Mittlerin aller Gnaden (ebd.,
S. 316) 1935/36; Selbstheiligung im Bankgeschäft
(in: Die Volksseele. Rel.-sozial-karitative Mschr.
[Wien] 142, S. 6f.) 1936; A. PUMMERER, Innenleben eines Weltmannes (in: Stimmen der Zeit 66,
S. 433–448) 1936; Kommende dt. Heilige. Heiligmäßige Deutsche aus jüngerer Zeit (hg. A. KÖH
LER u. a.) 1936; P. STRERATH, Denkschr. über die
~-Aktion, 1936; M. HALLFELL, Ber. über die ~sache, 1936; DERS., Ergänzungsber. über die ~-Sache,
1937; C. HENDRIKS, ~. Een Leekenapostel, Kaatsheuvel/Niederlande 1937; F. KRÖPFL, Terziar ~ (in:
Franziskus. Mschr. der Kapuziner Öst. 11, H. 6,
S. 181) 1937; DERS., Steht der im Rufe der Heiligkeit verstorbene ~ dem Orden des hl. Franziskus nahe? (ebd., H. 8, S. 232) 1937; Bankdir. ~,
ein Vorbild für unsere dt. Terziarmänner (in: Der

Ordensdir. Organ für Leiter des Dritten Ordens,
H. 4, S. 119f.) 1937; M. SÄCKINGER, Ein heiligmä
ßiger Bankdir. (in: St. Franziskusbl. 19, H. 12, S.
248–250) 1937; K. SUDBRACK, ~. Ein heiligmäßiger Laie, 1937; M. KELLER, ~ 1841–1919. Welt u.
Heiligkeit (in: Altöttinger Franziskusbl. 39, S. 201–
219) 1938; W. PESCHEK, Ein Mann des Glaubens
(in: Kanisiusstimmen 62, S. 172–174) 1939; F. DEL
VAUX, Un saint de la banque. Jerôme ~, Paris 1939;
P. B. von FRIEDRICHSSEGEN, Girolamo ~, Florenz
1941; S. SCHÜTTE, Hdb. der dt. Heiligen, 1941;
M. HALLFELL, Der Diener Gottes ~ u. das innere
Leben (in: Pastor bonus 52, S. 35–46, S. 139–151)
1941; DERS., Die Wende zu Christus im Leben des
Dieners Gottes ~ (in: Divus Thomas 20, S. 253–
277, S. 380–408) 1942; R. ERNST, ~, ein «Heiliger»
der «Neuen Zeit», Eupen 1946; O. WULFF, ~. Der
heiligmäßige Bankdir., 1948; ~ im KKV Trier (in:
L. C. WINKEL, Gesch. des Verbandes KKV, S. 14f.)
1952; ~ (in: Akadem. Monatsbl. 66, S. 295) 1954;
Enciclopedia cattolica VII, 1955; J. STIERLI, ~ (in:
DERS., Sie gaben Zeugnis. Lbb. christl. Propheten,
S. 131–150) 1956; I. BACKES, ~. Ein heiligmäßiger
Ingenieur, Bankdir. u. Abgeordneter des Landtags,
1958; R. K. von BRÜGGE, ~, politicus en bankier,
Antwerpen 1959; J. TORSY, Lex. der dt. Heiligen,
Seligen, Ehrwürdigen u. Gottseligen, 1959; ~. Ein
heiligmäßiger Ingenieur, Bankdir. u. Abgeordneter (hg. E. MOSSMEIER) 1959; DERS., Heilige unter
uns, 1960; M. GROH, ~. Lb. eines kathol. Akademikers (in: Seele 38, S. 59–62) 1962; H. C. GRAFF,
Mystics of Our Time, London 1962; DIES., The
Story of Mystizism, ebd. 1966; New Catholic Encyclopedia, Bd. 7, 1967; F. NEUWIRTH, Ein heiligmäßiger Laie. Bankdir ~ (in: Canisiusstimmen
90, S. 138–140) 1967; I. BACKES, Die Eigenart der
myst. Theol. des ~ (in: Trierer Theolog. Zs. 78,
S. 1–17) 1969; A. MATHIEU, La vie de Jerôme ~.
Ingénieur, banquier, député, Saint-Cénère 1973;
Dictionnaire de Spiritualité, Bd. 8, Paris 1974; H.
MORITZ, ~. Bankdir. u. Mystiker (in: Unio apostolica [Trier] 22, H. 3, S. 6–10) 1981; F. R. REI
CHERT, ~ (1841–1919) (in: Kurtrier. Jb. 25, S. 131–
147) 1985; I. KOWALSKY, Ein heiligmäßiger Bankdir. ~ (1841–1919) (in: DIES., Zeuge für die Kirche damals wie heute, Bd. 3, S. 74–83) 1991; Die
neuen Heiligen. Große Christen auf dem Weg zur
Heilig- oder Seligsprechung (hg. G. BEAUGRAND)
1991; M. PERSCH, ~. Zum 150. Geb.tag (...) (in:
Neues Trier. Jb., S. 89–102) 1991; C. FELDMANN,
Triers heimlicher Heiliger. ~, Bankier, Parlamen

tarier u. Mystiker, 1996; Dictionnaire d'histoire et de géographie ecclesiastiques (red. R. AUBERT, L. COURTOIS) Paris 1997; B. SCHNEIDER, ~ – Aufrechter Christ u. Mystiker. Bilder u. Texte zu Leben u. Werk, 1998; DERS., «Himml. Fürsprecher jüd. Bankdirektoren?» Der Seligsprechungsprozeß für ~ u. die ~-Gesellsch. im Spannungsfeld von Kirche u. NS-Staat (in: Arch. für mittelrhein. Kirchengesch. 51, S. 169–201) 1999; Gesch. des Bistums Trier, Bd. 4 (hg. DERS., M. PERSCH) 2000; C. BERGER, ~ (1841–1919). Ingenieur, Bankdir. u. – moderner Mystiker (in: Geist u. Leben 74, S. 349–363) 2001; B. SCHNEIDER, Christ sein inmitten der Welt. Zur Spiritualität ~s (in: H. J., Der Kampf um das höchste Gut, hg. DERS., S. 11–34) 2005; A. ROTZETTER, Lex. christl. Spiritualität, 2008; B. SCHNEIDER, Mystik u. Politik oder Weltgestaltung als Auftrag. Gedanken zur Einf. (in: ~. Mystik, Politik, Nachwirkung. Annäherungen u. Impulse aus Theologie u. Politik, hg. DERS., S. 7–13) 2009; M. SCHEUER, Die Berufung des Menschen. Mystik u. Unterscheidung bei ~ (ebd., S. 14–42); C. BERGER, Das Mystikverständnis ~s (ebd., S. 43–81); K.-P. DANNECKER, Mystik u. Liturgie bei ~ (ebd., S. 82–107); A. SABERSCHINSKY, Inmitten der Welt. ~s Sicht der gesellschaftl. Herausforderungen für die Katholiken seiner Zeit (ebd., S. 108–139); C. BÖHR, Entscheidung zur Nachfolge. Die Heiligung des Alltägl. ~ – eine Annäherung (ebd., S. 140–148); N. NEUHAUS, Was kann ~ einem christl. Politiker heute noch sagen? (ebd., S. 149–163); M. PERSCH, Die Lit. ~-Rezeption 1919–2009 (ebd., S. 164–198); B. SCHNEIDER, Die Gesch. der ~-Gesellsch. u. des ~-Bundes in Zeiten des Terrors u. des Zusammenbruchs (ebd., S. 199–243) 2009.   KK

Jäger → Crotus Rubeanus.

Jäger → Schütze, Johann Friedrich.

Jäger, Andrea, * 12. 3. 1956 Frankfurt/M.; Lit.wissenschaftlerin; wuchs in Bielefeld auf, 1974 Abitur am Bavink-Gymnasium (später «Gymnasium am Waldhof») ebd., studierte 1974–79 Germanistik, Philos., Sozialkunde u. Gesch. an der Univ. Marburg, 1980–82 Tutorin am Fachbereich Gesellschaftswiss. der Univ. Frankfurt/M., 1982–86 Promotionsstipendium der Friedrich-Naumann-Stiftung, 1986 Dr. phil. an der Univ. Marburg bei

Wilhelm → Solms, 1986/87 wiss. Mitarb. am Germanist. Inst. in Bochum, 1989–93 Mitarb. an einem Forschungsprojekt der Volkswagen-Stiftung, 1997 Habil. in Bochum, 1998/99 Vertretungsprof. in Halle/S., 1998–2002 leitende Red. im Bereich Unternehmenskommunikation, seit 2002 Prof. für Neuere u. neueste dt. Lit. an der Martin-Luther-Univ. Halle/Wittenberg, 2003–07 geschäftsführende Dir. des Germanist. Inst. ebd., veröff. u. a. in «TuK», Redaktionsbeirat des Univ.-Magazins «scientia halensis». – Fachschrift.

Schriften: Vom Exempel zum Mythos. Peter Hacks' Entwicklung vom Produktionsstück zur Klassizität (Diss.) 1985 (Ausg. im Buchhandel u. d. T.: Der Dramatiker Peter Hacks. Vom Produktionsstück zur Klassizität, 1986); Schriftsteller aus der DDR. Ausbürgerungen und Übersiedlungen von 1961 bis 1989, I Autorenlexikon, II Studie 1995; Die historischen Erzählungen von Conrad Ferdinand Meyer. Zur poetischen Auflösung des historischen Sinns im 19. Jahrhundert (Habil.-Schr.) 1998; Conrad Ferdinand Meyer zur Einführung, 1998.

Herausgebertätigkeit: Masse Mensch. Das «Wir» – sprachlich behauptet, ästhetisch inszeniert, 2006; Religionskritik in Literatur und Philosophie nach der Aufklärung (m. C. JAKOBI, B. SPIES) 2007; Heitere Spiele über den Ausgang der Geschichte. Peter Hacks und die Komödie im Kalten Krieg (m. K. KÖHLER) 2012.

Literatur: B. SPIES, ~, ‹Schriftst. aus der DDR› (in: ZfdPh 115, H. 4, S. 635–638) 1996; R. BERBIG, dass. (in: Zs. für Germanistik 6, H. 3, S. 712–717) 1996; H.-A. KOCH, dass. (in: Informationsmittel für Bibl. 4, H. 1, S. 53f.) 1996; W. PAULSEN, dass. (in: WirkWort 48, H. 1, S. 164f.) 1998; J. OSBORNE, ~, ‹Die hist. Erz. von Conrad Ferdinand Meyer› (in: Arbitrium 18, H. 2, S. 216–218) 2000; C. LAUMONT, dass. (in: Jb. der Raabe-Gesellsch., S. 178–183) 2000 (auch zu ‹Conrad Ferdinand Meyer zur Einf.›); H. M. MÜLLER, dass. (in: CollGerm 33, H. 1, S. 90–92) 2000; D. FULDA, Gesch. als Lit. (in: German.-roman. Mschr. 51, H. 1, S. 95–113) 2001 (zu ‹Die hist. Erzn. von Conrad Ferdinand Meyer›).   KK

Jäger, Anna, * 9. 6. 1983 Oldenburg/Nds.; Videojournalistin, Red., lebt in Cloppenburg/Nds.; besuchte bis 2002 ein Gymnasium in Gifhorn, studierte Islamwiss., Politik u. afrikan. Sprachwiss. an der Univ. Hamburg, 2010–12 Volontärin bei einem

Regionalfernsehsender in Cloppenburg, seit 2012 Red. ebenda. – Erzählung.

Schriften: Hinter dem Tor (Erz.) 2001.   KK

Jäger, Bernd, * 5. 7. 1948 Kiel; Sozialarbeiter, Sozialpädagoge, Schriftst.; Bote u. Handelsangestellter in Kiel, Koch in Bissendorf, studierte um 1972 an einer sozialpädagog. Fachhochschule, lebt seit 1977 in Bremen, ztw. Lehrbeauftragter an der Univ. Bremen, zudem Meditationslehrer. – 1980 Bremer Lit.förderpreis. – Hörsp., Lyrik.

Schriften (Ausw.): Im verlandenden Teich von Bethesda (Ged.) 1970; Kelvin-Reise (Ged.) 1972; Hart an der Grenze (Ged.) 1980; Der späte Stein (Ged.) 1980; Das Licht am Ende des Tunnels. Gedichte 1967–1998 (Nachw. H.-J. HEISE) 1998; Ganymedische Einsichten oder Das letzte Bild. Gedichte 1985–2000, 2001; Meister Mensch. Gedichte, Zyklen und lyrische Prosa, I 1972–2005, II 1972–2005, III, 2006; Gesang der offenen Herzen, I Liebe für zwei. Liebesgedichte, II Lethe, 2009; Friede (Ged.) 2013.

Literatur: H.-J. HEISE, Nachw. (in: B. J., Das Licht am Ende des Tunnels. Gedichte 1967–1998, S. 152–165) 1998.   KK

Jaeger, Brigitte Karoline, * 2. 5. 1960 Mödling/Niederöst. (n. anderen Angaben: Wien); Unternehmensberaterin, Schriftst., lebt in Berlin; Positionen im Management eines internat. Konzerns, dann freie Schriftstellerin. – Erz., Biogr., Rom., Lyrik.

Schriften: Lebensbetrachtungen. Gedichte. Aus dem Leben. Für das Leben. Life through a Lens, 2002; Viermal Leben und zurück. Die Reise der Franziska I. Stein (Biogr., m. F. I. Stein) 2005.   KK

Jäger, Christian, * 1964; Lit.wissenschaftler, lebt in Berlin; studierte bis 1991 Philos. u. Neuere Dt. Lit. an der FU Berlin, 1992–95 wiss. Mitarb. ebd., 1993 Dr. phil. ebd., 1997–2000 wiss. Mitarb. an der HU Berlin, 2001 Habil. ebd., Privatdoz. am Inst. für dt. Lit. ebd., 2008 Gastprof. an der Univ. of North Carolina. – Fachschrift.

Schriften: Michel Foucault, das Ungedachte denken. Eine Untersuchung der Entwicklung und Struktur des kategorischen Zusammenhangs in Foucaults Schriften, 1994 (Diss. 1993); Gilles Deleuze. Eine Einführung, 1997; Städtebilder zwischen Literatur und Journalismus. Wien, Berlin

und das Feuilleton der Weimarer Republik (m. E. Schütz) 1999; Minoritäre Literatur. Das Konzept der kleinen Literatur am Beispiel prager- und sudetendeutscher Werke, 2005 (Habil.-Schr. 2001).

Herausgebertätigkeit (Ausw.): Glänzender Asphalt. Berlin im Feuilleton der Weimarer Republik (m. E. Schütz) 1994; Verkehrsformen und Schreibverhältnisse. Medialer Wandel als Gegenstand und Bedingung von Literatur im 20. Jahrhundert (m. J. Doering u. J. Wegmann) 1996; A. Höllriegel, In 80 Zeilen durch die Welt. Vom neopathetischen Cabaret bis nach Hollywood (m. G. Streim) 1998 (Fotos H. G. Casparius).

Literatur: S. KIEFER, ‹Glänzender Asphalt› (in: Jb. zur Lit. der Weimarer Republik 2, S. 259f.) 1996; S. M. BROCKMANN, dass. (in: Monatsh. für dt. Unterricht, dt. Sprache u. Lit. 89, H. 1, S. 109f.) 1997; P. UTZ, ~, ‹Städtebilder zw. Lit. u. Journalismus› (in: Zs. für Germanistik 11, H. 1, S. 210f.) 2001; G. J. CARR, dass. (in: MLR 97, H. 4, S. 1031f.) 2002; U. SCHÜTTE, ~, ‹Minoritäre Lit.› (in: Zs. für Germanistik 16, H. 1, S. 174f.) 2006; V. OPLETALOVÁ, dass. (in: Stifter-Jb. 21, S. 205–210) 2007.   KK

Jäger, Christoph, * 1948; Theologe, Seelsorger; studierte Germanistik, evangel. Theol. u. Musikwiss. an den Univ. Tübingen, Mainz, Zürich u. Frankfurt/M., seit 1975 Pfarrer, seit 1983 zudem Seelsorger an psychiatr. Einrichtungen, 1988 Dr. phil. an der Univ. Frankfurt/Main. – Fachschrift.

Schriften: Humanisierung des Mythos – Vergegenwärtigung der Tradition. Theologisch-hermeneutische Aspekte in den Josephsromanen von Thomas Mann, 1992 (Diss. 1988).   KK

Jäger, Christoph, * 1965; Hochschullehrer; studierte Philos. an den Univ. Münster/Westf., Hamburg u. Oxford, 1994 Dr. phil. an der Univ. Münster bei Peter → Rohs, wiss. Mitarb. an der Univ. Leipzig, 2003 Habil. ebd., 2004 Heisenberg-Stipendium, 2008–10 Univ.prof. auf Zeit an der Univ. Innsbruck, seitdem Privatdoz. ebenda. – Fachschrift.

Schriften: Selbstreferenz und Selbstbewußtsein 1999 (Diss. 1994); Rechtfertigung und religiöser Glaube (Habil.-Schr.) 2003.

Herausgebertätigkeit (Ausw.): Analytische Religionsphilosophie, 1998; Kunst und Erkenntnis (m. G. Meggle) 2005.   KK

Jäger, David, * 13. 4. 1983 Bottrop/Nordrhein-Westf.; Historiker, lebt in Tübingen; studierte bis 2009 alte Gesch. u. Sozialwiss. an der Univ. Duisburg-Essen, seitdem Promotionsstipendiat an der Univ. Tübingen. – Lyrik.

Schriften: Herbst, Mitternacht, Stunden (Ged.) 2000; Nach den Feuern (Ged.) 2000.   KK

Jäger, Franz, * 26. 4. 1880 Gallneukirchen/Oberöst., † 29. 12. 1958 ebd.; Heimatforscher; besuchte das Staatsgymnasium in Linz, studierte 1899–1902 Rechtswiss. u. Philos. an der Univ. Prag, 1902/03 in Innsbruck, 1903–05 Hilfslehrer in Mährisch-Schönberg (Šumberg/Tschechien), studierte 1906/07 wieder in Innsbruck, 1907–11 Lehrer u. Schulprof. in Triest, ab 1930 Hg. von «Riedmark. Heimath. für Schule u. Haus, 1911–38 (pensioniert) Mittelschulprof. am Staatsgymnasium (später «Akadem. Gymnasium») in Linz. – Ehrenbürger von Gallneukirchen u. Ried in der Riedmark. – Fachschr., Bühnenst., Mundart (Mühlviertler).

Schriften (Ausw.): Einführung in Eichendorffs Taugenichts, 1912; Weistümer aus Gallneukirchen, Hellmonsödt und Zwettl, 1930; Die Riedmark – Landgericht [...] (Festsp.) 1930; Die Husiten [sic!] und Oberösterreich. Die Belagerung von Linz 1742. Napoleon in Oberösterreich, 1931; Das Bürgerbuch von Gallneukirchen, 1933; Mei Fechsung. Gedichte in Schriftsprache und Mundart, 1952.

Literatur: Biogr. Lex. von Oberöst. (Losebl.-Slg.) (bearb. M. KHIL); F. KRACKOWITZER, F. BERGER, Biogr. Lex. des Landes Öst. ob der Ems, 1931; B. SOWINSKI, Lex. dt.sprachiger Mundartautoren, 1997.   KK

Jäger, Friedrich (Ps. für Jürgen Schmidt), * 17. 1. 1943 Mannheim, † 22. 10. 2008 Frankfurt/M. (?); Lehrer, Oberstudienrat, lebte in Frankfurt/M.; 1971–85 Lehrer an der Martin-Luther-Schule in Rimbach (Odenwald), 1985–2006 Lehrer für Dt. u. Engl. an der Bertolt-Brecht-Schule in Darmstadt. – Lyrik, Prosa.

Schriften: Verstopf deine Ohren mit Wachs (Ged.) 1977; Trojanisches Pferd (Ged.) 1981 (Zeichn. K. Fritz); Hiawatha. Eine indianische Legende (nach Motiven aus dem Versepos «The Song of Hiawatha» von H. W. Longfellow) 1983 (2., durchges. Aufl. 2007; Vorw. H. VIEBROCK); Im Zirkus meiner Gedanken (Ged.) 1985; Sphinx im Gegenlicht. 77 Gedichte gegen die Zeit, 2007.   KK

Jäger, Georg, * 7. 7. 1940 Reichenberg (Liberec/Tschechien) (n. anderen Angaben: Gablonz [Jablonec/ebd.]); Lit.wissenschaftler, Historiker, lebt in München; studierte Germanistik, Gesch. u. polit. Wiss. an den Univ. Heidelberg u. München, 1969 Dr. phil. in München bei Friedrich → Sengle, ab 1969 Assistent am Seminar für neuere dt. Lit. der Univ. Freiburg/Schweiz, ab 1976 Mithg. der Zs. «Internat. Arch. für Sozialgesch. der dt. Lit.» (IASL), 1981 Dr. habil. an der Ludwig-Maximilians-Univ. München, 1982 Prof. ebd., veröff. u. a. in den Zs. «IASL» u. «Arch. für Gesch. des Buchwesens» – Fachschrift.

Schriften (Ausw.): Empfindsamkeit und Roman. Wortgeschichte und Kritik im 18. und frühen 19. Jahrhundert (Diss.) 1969; Schule und literarische Kultur, I Sozialgeschichte des deutschen Unterrichts an höheren Schulen von der Spätaufklärung bis zum Vormärz (Habil.-Schr.; m. n. e.) 1981; Die Leiden des alten und neuen Werther. Kommentare, Abbildungen, Materialien zu Goethes «Leiden des jungen Werthers» und Plenzdorfs «Neuen Leiden des jungen W.», 1984; Buchhandel und Wissenschaft. Zur Ausdifferenzierung des wissenschaftlichen Buchhandels, 1990.

Herausgebertätigkeit: Der Deutschunterricht auf dem Gymnasium der Goethezeit. Eine Anthologie [...], 1977; Die Leihbibliothek der Goethezeit [...] (m. A. Martino, R. Wittmann) 1979; Die Leihbibliothek als Institution des literarischen Lebens im 18. und 19. Jahrhundert. Organisationsformen, Bestände und Publikum [...] (m. J. Schönert) 1980; Geschichte des deutschen Buchhandels im 19. und 20. Jahrhundert, I Das Kaiserreich 1871–1918, 3 Tle., 2001–10.

Literatur: Die Struktur medialer Revolutionen. FS für ~ (hg. S. HANUSCHEK u. a.) 2000 (m. Bibliographie).   KK

Jaeger, Hans, * 20. 5. 1898 Warschau, † 1. 2. 1971 Bloomington/IN; Lit.wissenschaftler, lebte in den USA; Sohn eines Bankdir., besuchte das Gymnasium in Berlin-Wilmersdorf, studierte 1919–24 Germanistik an der Univ. Berlin u. a. bei Julius → Petersen u. Gustav → Roethe, 1924–26 Lektor beim Verlag Walter de Gruyter ebd., 1926 Dr. phil. an der Univ. Berlin, 1926–28 Lektor beim Cotta-Verlag in Stuttgart, 1928–42 Instructor u. Assistant Prof. an der Princeton Univ., US-amerikan. Staatsbürgerschaft, 1942–44 Lektor für Dt. an der Rutgers Univ. in New Brunswick/NJ, 1944/45 an der Columbia Univ./NY u. Univ. of Minnesota/ Minneapolis, 1945–47 «Educational Specialist» bei der US-Militärregierung in Frankfurt/M. u. Berlin, 1947–68 (emeritiert) Associate Prof. u. 1951 Prof. an der Indiana Univ. in Bloomington. – Fachschrift.

Schriften: Clemens Brentanos Frühlyrik. Chronologie und Entwicklung (Diss.) 1926 (Reprint 1968); Essays on German Literature 1935–1962, Bloomington/IN 1968 (m. Bibliogr.); Heidegger und die Sprache, 1971.

Herausgebertätigkeit (Ausw.): Kürschners Deutscher Gelehrten-Kalender auf das Jahr 1926 (m. G. Luedtke) 1926; W. H. Riehl, Die schönsten Geschichten und Novellen, 1927; Moderne Einakter. Arthur Schnitzler, Otto Erich Hartleben, Paul Ernst, Hellmuth Unger, Hanns Johst, 1938.

Nachlass: Houghton Library, Harvard Univ., Cambridge/MA.

Literatur: IG 2, 831. – N. FUERST, F. PIEDMONT, F. G. RYDER, In memoriam ~ (in: GQ 44, H. 4, unpaginiert) 1971.   KK

Jäger, Hans, * 5. 4. 1944 Chur/Kt. Graubünden (n. anderen Angaben: Basel), † 7. 8. 1984 Zürich; Schriftst., Rundfunkmitarb.; Sohn einer Bauernfamilie, wuchs ab 1952 in Kinderheimen u. ab 1959 in Erziehungsheimen auf, beging zahlr. Straftaten, ztw. auch irrtümlich inhaftiert, 1968 behördl. u. ohne Gerichtsverfahren «infolge liederlichen Lebenswandels» entmündigt, seine autobiogr. Texte wurden ab 1975 ein Publikumserfolg in der Schweiz, ztw. Reporter beim Rundfunksender Radio Bern, erst 1978 aus der Vormundschaft entlassen. – 1977 Schillerpreis u. Berner Lit.preis. – Erz., Hörsp., Fernsehsp., Erlebnisber., Erinnerungen.

Schriften: Wenn ich nicht geschrien hätte ... Aufzeichnungen und Protokolle eines Ausgestossenen, 1975 (verb. Aufl. 1978, Fotos L. Straub; Wenn ich mein Schweigen nicht gebrochen ... Über den Schmerz der Strafe (Erzn.) 1976; Die Schatten werden länger, 1978 (Selbstverlag); Einer der quer liegt, 1981 (dasselbe).

Literatur: F. LERCH, Einer der quer lag (in: DERS., Mit beiden Beinen im Boden, S. 69–77) 1995.   KK

Jaeger, Hans (Heinrich Ferdinand), * 10. 2. 1899 Berlin, † 12. 10. 1975 London; Journalist, Publizist, Politiker, Verleger; Sohn eines Bildhauers,

1917–19 Soldat im 1. Weltkrieg, 1918 Mitgl. des Spartakus-Bundes u. danach der KPD, studierte 1919–22 Gesch., Germanistik, Philos. u. Volkswirtschaft an den Univ. Berlin, Frankfurt/M. u. Köln, zudem Privatlehrer u. bis 1925 Red. bei Nachr.agenturen, 1925–29 Mitarb. am Inst. für Sozialforsch. in Frankfurt/M., 1929–33 Leiter des Marx-Engels-Verlages in Berlin, Abt.leiter für Propaganda beim Zentralkomitee der KPD, emigrierte 1933 über Dänemark in die Tschechoslowakei, lehnte die Leitung des Marx-Engels-Verlages in Leningrad ab, 1935 aus der KPD ausgeschlossen, n. der Besetzung der Tschechoslowakei 1938 im Untergrund, emigrierte 1939 über Polen u. Dänemark n. Großbritannien, 1940/41 dort auf der Isle of Man interniert, danach Vors. des antikommunist. «Club 1843», 1949 brit. Staatsbürgerschaft, ab 1949 Hg. des «Bull. on German Questions», eigener Verlag «Gamma Publications». – 1959 u. 1969 Bundesverdienstkreuz. – Feuill., Fachschr., Aufs., Erinnerungen.

Schriften (fremdsprachige in Ausw.): Das wahre Gesicht Hitlers und der NSDAP, 1933; Volks-Sozialismus, 1936; No more German Nationalism, London 1943; Staatsallmacht und Bürokratismus in der Sowjetunion, 1952; The Reappearance of the Swastika. Neo-nazism and Fascist International. Comprehensive Survey of all Organizations, Leaders, Cross-connexions, and Their Ideological Background, London 1960.

Nachlass: Arch. des Inst. für Zeitgesch., München; DLA; HHI; LB Coburg.

Literatur: Hdb. Emigration 1,327. – Lit.portal Bayern (Internet-Edition).   KK

Jäger, Hans-Wolf, * 16. 4. 1936 Saarbrücken; Lit.wissenschaftler, Historiker, lebt in Bremen; studierte ab 1955 kathol. Theol., Philos., Rel.wiss. u. Psychol. an den Univ. Saarbrücken u. Freiburg/Br., 1960 Dr. phil. an der Univ. Freiburg/ Br. bei Max → Müller, 1960–62 Lehrbeauftragter für Philos. an der Univ. München, 1963– 66 wiss. Assistent an der PH Stuttgart-Ludwigsburg, 1966–70 wiss. Assistent am dt. Seminar der Univ. München, 1970–72 Habil.stipendium der Dt. Forsch.gemeinschaft, ab 1972 (emeritiert) Prof. für neuere dt. Lit.gesch. an der Univ. Bremen, 1974–95 Mithg. der Zs. «Text & Kontext». – Fachschrift.

Schriften: Die Resignation als Gefühl – Stimmung – Haltung (Diss.) 1960; Politische Kategorien in Poetik und Rhetorik der zweiten Hälfte des 18. Jahrhunderts, 1970; Politische Metaphorik im Jakobinismus und im Vormärz, 1971; Vergnügen und Engagement. Ein gutes Dutzend Miszellen (Slg.; m. Vorw. hg. H. Böning) 2001.

Herausgebertätigkeit (Ausw.): Europäisches Reisen im Zeitalter der Aufklärung, 1992; H. Post, Tagebuch seiner Reise in den Jahren 1716–1718 [...] (m. Einl. u. Komm. hg.) 1993; «Öffentlichkeit» im 18. Jahrhundert, 1997; Genußmittel und Literatur, 2002 (durchges., erw. Neuausg. 2003; erw. NA 2011).

Literatur: U. Hentschel, ‹Europ. Reisen im Zeitalter der Aufklärung› (in: Zs. für Germanistik 3, H. 2, S. 421–424) 1993; S. Zantop, dass. (in: Lessing Yearbook 26, S. 218–220) 1994; S. Ohnesorg, dass. (in: Seminar 31, H. 2, S. 162–165) 1995; F. R. Kempf, dass. (in: German Stud. Rev. 19, H. 2, S. 371f.) 1996; B. Potthast, ‹Öffentlichkeit im 18. Jh.› (in: Das achtzehnte Jh. 24, H. 2, S. 224f.) 2000; H. Böning, ~ zum 65. Geb.tag (in: Studia Germanica Gedanensia 9, S. 5–9) Gdańsk 2001; M. Neumann, ~, ‹Vergnügen u. Engagement› (in: Jb. für Kommunikationsgesch. 3, S. 256f.) 2001.   KK

Jäger, Heinrich (Ps. Enrico), *2. 1. 1875 München, †23. 12. 1929 Fürstenfeldbruck/Obb.; Postbeamter; wuchs in Freising auf, 1893 Militärdienst in Ingolstadt, danach Postadjunkt in Deggendorf/Niederb., später Postinspektor, lebte zuletzt in Fürstenfeldbruck im Ruhestand. – Lyrik, Mundart (Bairisch).

Schriften: Aus dem Leben. Ernste und heitere Gedichte, 1904.

Literatur: Lit. Silhouetten (hg. H. Voss, B. Volger) 1907.   KK

Jaeger, Helene, *16. 5. 1864 Schwäbisch Hall, † nicht ermittelt; Schriftstellerin; lebte in Stuttgart. — Erz., Erinn., Kinderbuch.

Schriften: Mein Freund Habakuk. Geschichten und Erinnerungen (Zeichn. F. Lang) 1924 (veränd. Neuausg. m. dem Untert.: Heitere Geschichten und Erinnerungen, 1949, Illustr. G. von Pentz).

Literatur: A. Klotz, Kinder- u. Jugendlit. in Dtl. 1840–1950. Gesamtverz. [...], Bd. 2, 1992.   KK

Jaeger, Henry (eig. Karl-Heinz Jaeger; Ps. Werner Scholl; Frank Peters), *29. 6. 1927 Frankfurt/Main, †4. 2. 2000 Ascona/Kt. Tessin; Gelegenheitsarbeiter, Red., Schriftst., lebte in Ascona;

Sohn eines Kupferschmieds, wegen «Aufsässigkeit» vom Gymnasium relegiert, ab 1942 Flakhelfer u. Kriegsdienst, kurzzeitig Fallschirmjäger, desertierte im März 1945, ztw. in brit. Kriegsgefangenschaft, Hilfslaborant u. Reinigungskraft in einem Militärhospital der US-amerikan. Armee, Vorbereitung auf Medizinstud., übers. medizin. Fachschr., scheiterte in versch. Berufen, beging zahlr. Straftaten, ztw. Oberhaupt einer Gangsterbande, 1955 verhaftet u. zu langer Zuchthausstrafe verurteilt, in Bruchsal u. Freiburg/Br. inhaftiert, ztw. unter Redeverbot u. in Dunkelhaft, Red. einer Gefangenenz., dank lit. Erfolges 1963 von Georg → Kiesinger begnadigt u. vorzeitig auf Bewährung entlassen, sein Buch ‹Die bestrafte Zeit› führte zu offiziellem Protest des «Bundes der Strafvollzugsbediensteten» u. hatte Auswirkungen auf die Strafrechtsreform von 1969, Zeitungsvolontär bei der «Frankfurter Rs.» in Frankfurt/M., ebd. Lokalred., ab 1965 freier Schriftst. in Ascona, dort u. a. m. Max → Colpet, Erich Maria → Remarque, Walter → Mehring u. Hans → Habe befreundet. – Erz., Rom., Drehbuch.

Schriften: Die Festung (Rom.) 1962 (verfilmt 1964, Regie A. Weidenmann; auch u. d. T.: Verdammt zur Sünde); Rebellion der Verlorenen (Rom.) 1963 (verfilmt 1967, Regie F. Umgelter); Die bestrafte Zeit (Rom.) 1964 (verfilmt u. d. T.: Zuchthaus, 1967, Regie R. Hädrich); Jeden Tag Geburtstag (Erzn.) 1966; Das Freudenhaus (Rom.) 1966 (verfilmt 1970, Regie A. Weidenmann); Der Club (Rom.) 1969; Der Drehorgelmann (Erz.) 1970 (Illustr. H. Lemke); Die Schwestern. Ein Bericht, 1971; Jakob auf der Leiter (Rom.) 1973; Nachruf auf ein Dutzend Gauner (autobiogr. Rom.) 1975; Mensch, Gustav (Rom.) 1977; Hellseher wider Willen (Rom.) 1977 (als Fernsehserie verfilmt 1983, Regie P. Weck); Unter Anklage (Rom.) 1977; Moses schießt ein Eigentor. Krimis zum Totlachen. Stories (m. Elke J.) 1978; Der Tod eines Boxers (Rom.) 1978; Zwölfmal Liebe. Erotische Erzählungen, 1979; Ein Mann für eine Stunde (Rom.) 1979; Ein Mann geht in die Falle (Rom.) 1980; Die Menschen nennen es Liebe (Rom.) 1980; Onkel Kalibans Erben (Rom.) 1981; Amoklauf (Rom.) 1982; Auch Mörder haben kleine Schwächen (Rom.) 1983; Kein Erbarmen mit den Männern (Rom.) 1986; Der Nachtportier oder Die Rache des Stellvertreters (Erzn.) 1987; Glückauf, Kumpel, oder Der große Beschiß, 1989 (verfilmt u. d. T.: Tod auf der Halde, 1995, Regie T. Kotulla); Der Sieger oder Weit ist der Weg nach Marathon (Künstlerb.) 1993 (Lithografien A. Welti); Schnee (Rom.) 1995.

Literatur: Albrecht-Dahlke II/2,335; Schmidt, Quellenlex. 14,393. – Munzinger-Arch.; KLG; DdP 1,496; DBE 5,287; NHdG 564; Autorenlex. 381; Killy ²6,83. – P. UNAU, Jahrgang 1927 (in: NDL 11, H. 9, S. 164f.) 1963 (zu ‹Die Festung›); J. FEIGE, ‹Die bestrafte Zeit› – die ‹leere Zeit» (in: Bewährungshilfe 13, H. 1, S. 29–36) 1966; S. KASZYŃSKI, ‹Die bestrafte Zeit› (in: Nurt 2, H. 7, S. 54f.) Poznán 1966; H. VORMWEG, Zeit der Rückzüge (in: Merkur. Zs. für europ. Denken 20, H. 12, S. 1203–1206) 1966 (u. a. zu ‹Das Freudenhaus›); ~, ‹Die bestrafte Zeit›, ‹Der Club›, ‹Die Festung›, ‹Das Freudenhaus›, ‹Jakob auf der Leiter›, ‹Die Rebellion der Verlorenen», ‹Die Schwestern» (in: Der Rom.führer [...] 16, hg. A. C. BAUMGÄRTNER) 1979; M. VON DER GRÜN, Hände wie Tennisschläger (in: Der Spiegel 43, H. 26, S. 192–196) 1989 (zu ‹Glückauf Kumpel›); R. HOLBE, ~ (in: DERS., Zeitgeist. Gespräche, S. 67–82) 1991; Lex. dt.sprachiger Schriftst. 20. Jh. (hg. K. BÖTTCHER u. a.) 1993; ~† (in: Fachdienst Germanistik 18, H. 4, S. 11f.) 2000; W. GERHARDS, Hdb. der phantast. Fernsehserien, 2001; Lex. Lit.verfilmungen [...] 1945–2000 (zus.gest. K. M. u. I. SCHMIDT) ²2001; A. DORNEMANN, Flucht u. Vertreibung aus den ehem. dt. Ostgebieten in Prosalit. u. Erlebnisber. seit 1945. Eine annotierte Bibliogr., 2005; Lex. der dt.sprachigen Krimiautoren (hg. A. JOCKERS, R. JAHN) ²2005; F. KICKHEFEL, Vom Zuchthäusler zum Erfolgsautor. Der ~-Überfall 1954 (in: Frankfurter Geschichte(n). Das Buch zur Serie der Frankfurter Rs., hg. DERS., S. 97f.) 2006; H. P. KARR, Lex. der dt. Krimi-Autoren (Internet-Edition).   KK

Jäger, Hildegard (geb. Kabrt), * 1.9. 1947 Weißenkirchen in der Wachau/Niederöst.; Volksschullehrerin, lebt in Weißenkirchen. – Erlebnisber., Erzählung.

Schriften: Mit Hand und Fuß. Miteinander fest verbunden (Nachw. M. H. SALVESBERGER) 1999.

Literatur: M. H. SALVESBERGER, Miteinander fest verbunden. Entfremdung u. Krankheit, Heilung u. Integration (in: H. J., M. Hand u. Fuß. Miteinander fest verbunden, S. 152–178) 1999.   KK

Jäger, Horst, * 1923 Oberschönau/Thür.; Kaufmann. – Mundart (Schmalkalder Fränkisch).

Schriften: Lach' mal wieder, 1994.

Literatur: B. SOWINSKI, Lex. dt.sprachiger Mundartautoren, 1997.   KK

Jäger, Horst, * 24. 3. 1928 Eisenach/Thür., † 30. 12. 2009 Meiningen/Thür.; Vater von Klaus → J.; Lehrer, Schriftst., lebte in Hermannsfeld/Gemeinde Rhönblick; Sohn eines Polizeibeamten, besuchte Volksschule u. Gymnasium in Eisenach, 1948 Abitur, studierte 1948–51 Russ. an der Pädagog. Fachschule in Eisenach, 1951 aufgrund seiner Kontakte zur FU Berlin verhaftet, 1952 wegen «Konspiration» m. der «Kampfgruppe gg. Unmenschlichkeit» zu einer Zuchthausstrafe verurteilt, bis 1954 inhaftiert, Metallarbeiter u. kaufmänn. Angestellter, 1956–77 Lehrer in Henneberg, Zella-Mehlis u. Eisleben, dann freier Schriftsteller. – Kunstpreis des FDGB, 1979 Max-Reger-Preis des Bez. Suhl. – Erz., Kdb., Rom., Fachschr., Bühnentext.

Schriften: Spuren in der Heide. Beinahe eine Kriminalgeschichte, 1959 (Illustr. H. Wiegandt); Das Tagebuch im roten Turm. Erzählung um einen geheimnisvollen Fund, 1961 (dass.); Niko wird ein Held. Erzählung um ein nächtliches Ferienerlebnis, 1963 (dass.); Aus Mercedesleuten werden Rechenelektroniker. Geschichte des VEB Rechenelektronik Meiningen [...], 1973; Schüsse in den Bergen (Erz.) 1976; Waffen im Mühlwaldtal (hist. Rom.) 1977; Ein Blatt fehlte. Kriminalerzählung, 1977; Das Geheimnis der Hornschuchs, 1979; Die Leute im Wildmoor, 1980; Der Wolfgänger (hist. Rom.) 1980; Briefe an Doktor Behrendt. Roman um einen Mord, 1982; Treffpunkt Sägemühle, 1984; Der zerbrochene Speer (hist. Rom.) 1984 (Neuausg. m. dem Untert.: Roman aus der Zeit der Wartburggründung, 1990); Thüringen zwischen Grabfeld und Rhön. Geschichten um Geschichte, 1990; Das geheime Büro (hist. Rom.) 1990; Abseits der großen Städte. Zehn Tage durch thüringische Rhön und Grabfeld (m. P. Ziegler, B. Nieland) 1991.

Nachlass: Thüring. Staatsarch., Meiningen.

Literatur: D. FECHNER, H. VÖLKERING, Thüringer Autoren der Ggw. Ein Lex., 2003.   KK

Jäger, Ingeborg → Hunt, Irmgard Elsner(-).

Jäger, Jacques (eig. Jakob Hersch Jeger), * 11.6. 1855 (n. anderen Angaben: 1857) Lemberg (Lwiw/

Ukraine), † 4. 3. 1933 Wien; Publizist, Reise-
schriftst.; Sohn eines Nationalökonomen, wuchs
in Lemberg auf, studierte Nationalökonomie, Völkerrecht, Gesch. u. Kunstgesch. an der Univ.
Wien, ab 1878 Journalist versch. Fachbl. für bildende Kunst u. Kunstgewerbe, 1882–92 Red. der
«Allg. Kunstchron.», 1891 Begr. u. bis 1922 Hg.
des Jb. «Wiener Almanach», reiste 1897–1913 durch
Europa, Asien, Amerika u. Afrika. – Reiseber.,
Aufs., Fachschrift.

Schriften: Reise-Momente im Osten, 1886; Von
der Donau bis zur Demboviza, 1893; Vom Kreuz
zum Halbmond, 1894; Mittelmeer-Fragmente. Eine Völker- und Länderstudie, 1895; Im Morgenland, 1895; Streifzüge und Streiflichter, 1897;
Jenseits der Pyrenäen. Culturbilder aus Spanien,
Portugal, Gibraltar und Marokko, 1898; Unter
der britischen Flagge. Cultur-Studien aus England, Schottland, Irland, Belgien und Deutschland,
1899; Wanderungen in Rußland. Zeitbilder aus
den Balkanländern, Central-Rußland, der Krim,
dem Kaukasus und Central-Asien, 1900; Die nor-
dische Atlantis (Island und Faeröer). Culturbilder
und Landschaften, 1905.
Nachlass: Wienbibl. im Rathaus, Hss.slg., Wien.
– Renner 183; Hall-Renner 160.
Literatur: L. EISENBERG, Das geistige Wien, Bd. 1,
1893; Dt.-Österreich. Künstler- u. Schriftst.-Lex.
(hg. H. C. KOSEL) Bd. 1, 1902; Das Jb. der Wiener
Gesellsch. (hg. F. PLANER) 1929; E. SAUERMANN, Lit.
Kriegsfürsorge. Österreich. Dichter u. Publizisten
im 1. Weltkrieg, 2000.   KK

Jäger, Johann Friedrich → Schütze, Johann Friedrich.

Jäger, Johann Martin (Ps. Fritz Claus), * 5. 8. 1853
Martinshöhe/Pfalz, † 6. 2. 1923 Edenkoben/ebd.;
Theologe, Schriftst.; Sohn eines Volksschullehrers,
wuchs frühverwaist bei Verwandten in Münchwei-
ler/Pfalz, Ramberg u. Annweiler/ebd. auf, besuchte die Neustadter Lateinschule u. das bischöfl.
Konvikt in Speyer, studierte 1875–79 Theol. an
der Univ. München, Kaplan in Trulben, Frank-
enthal u. Landau, Pfarrer in Kirchmohr (später
zu Niedermohr), 1893–1909 Stadtpfarrer in Zwei-
brücken, 1902 Mitbegr. des «Pfälzerwald-Ver.», ab
1909 Pfarrer in Edenkoben. – Erz., Bühnenst.,
Fachschr., Sage, Humoreske, Lyrik, Mundart
(Pfälzer).

Schriften (Ausw.): Fröhlich Pfalz, Gott erhalt's.
Gedichte und Sagen, 2 Bde., 1885–1889 (2., erw.
Aufl. 1901; 3., nochmals erw. Aufl. 1909, Illustr. W. Münch); Itzick Veit. Original-Schwank in
vier Akten, 1890; Der Wucherer. Tragikomisches
Lustspiel in fünf Akten, ²1890; Pietro, der Wilderer. Volksstück in fünf Akten, 1893; Die gemisch-
ten Ehen. Sechs Fastenpredigten [...], 1897; Bayern und Pfalz unter dem Szepter des wittelbachi-
schen Hauses Zweibrücken-Birkenfeld 1799–1899
[...] (Festpred.) 1899; Der Grenadier von Pirmasens. Schauspiel in vier Aufzügen, 1900; Der Herr
im Haus. Lustspiel in einem Aufzug, 1900: Im
Pfälzerwald, 2 Bde., 1900/01; Aus schwerer Zeit.
Lustspiel in drei Aufzügen, 1902; Die Martyerer.
Dramatisches Gedicht in fünf Aufzügen, 1904; Etwas vom Theater. Eine kleine, aber ernste Betrachtung, 1907; Der Gladiator. Drama in fünf Aufzügen, 1910; Maria-Rosenberg. Legende, Sage und
Geschichte, 1911 (4., verm. Aufl. 1911); Uf de Bä-
rejagd (Mundart-Humoreske) 1913; Der Papegei.
Original-Lustspiel in einem Aufzug und fünf Auftritten, 1914.
Ausgaben: Mer sein Pälzer. Gedichte und Sagen
(ausgew. u. hg. F. L. PELGEN) 1983.
Literatur: B. SOWINSKI, Lex. dt.sprachiger Mundartautoren, 1997; V. CARL, Lex. der Pfälzer Persönlichkeiten, ³2004.   KK

Jaeger, Johanna → Stratenwerth, Johanna.

Jäger, Johannes → Crotus, Rubeanus.

Jäger, Josef (auch Jaeger; Ps. Bergheim), * 1. 12.
1852 Säckingen (später Bad Säckingen/Baden-
Württ.), † 19. 7. 1927 Baden/Kt. Aargau; Lehrer, Red., Politiker; Vater des Diplomaten Max J.
(1884–1958); Sohn eines Webereibesitzers, studierte an den Univ. Genf, Zürich u. Tübingen Germanistik u. Nationalökonomie, Lehrer in Schinz-
nach/Kt. Aargau, 1875–84 Rektor der Bezirks-
schule Baden, 1884 m. Arnold Künzli (1832–1908)
Gründer, Hg. u. bis 1910 Red. der Ztg. «Schweiz.
Freie Presse», 1884/85 Verfassungsrat des Kt. Aargau, 1885–1920 Großrat ebd., 1886–95 Hg. der Zs.
«Das neue Aargau», 1886–1912 Hg. des «Aargauer
Wochenbl.», 1887 Begr. u. bis 1901 Vorstandsmitgl.
des «Schweiz. Bauernverbandes», 1893–1905 Hg.
der «Aargauischen Bauernztg.», 1896–1905 Nationalrat (schweiz. Parlamentsabgeordneter), 1902–09
Stadtrat in Baden, 1910–28 Stadtammann ebd.,
1911–25 erneut Nationalrat, Mitgl. des Aargauer

Verfassungsrates. – 1922 Ehrenbürger von Baden. – Erz., Nov., Erinn., Rede.

Schriften: Schicksal und Antheil. Eine Geschichte aus der haute saison 1879. Blätter der Erinnerung an Baden im Aargau (Nov.) 1879; Am Gottesgraben. Eine Badener Novelle, 1905; Badener-Reden 1885–1917, 1921.

Literatur: HBLS 4,382; DdP 1,496; DBE 5,287; HLS (Internet-Edition). – Schweiz. Zeitgenossenlex. (hg. H. AELLEN) 1921; O. HUNZIKER, Nationalrat ~, der Stadtammann von Baden 1852–1927, 1935; P. HABERBOSCH, Badener Ztgn. (in: Badener Neujahrsbl., S. 70–81) 1950; Biogr. Lex. des Kt. Aargau, 1958; W. KOSCH, Biogr. Staatshdb., Bd. 1, 1963; Die Schweiz. Bundsversammlung, Bd. 1, 1966.   KK

Jäger, Juliane Magdalena → Cyprian, Juliane Magdalena.

Jäger, Karl, * 13. 10. 1871 Marburg an der Drau (Maribor/Slowenien), † 22. 11. 1960 (n. anderen Angaben: 25.11.) Wien; Schauspieler, Schriftst., Sänger; Kunsthandwerker, Schauspieler u. a. am Dt. Volkstheater Wien, ab 1908 Regisseur an der Wiener «Urania», später Dir. ebenda. – Lyrik, Mundart (Steirische).

Schriften: Wia's mar einfällt, 2 Bde., 1907–1911; Wia's mar einfällt. Steirische Gsangeln (Slg.) 1924 (Zeichn. F. Gareis; 2., erw. Aufl. u. d. T.: Die knoarade Tür, 1953).

Literatur: Schmidt, Quellenlex. 14,394. – Das Jb. der Wiener Gesellsch. (hg. F. PLANER) 1929.   KK

Jäger, Lotte (Ps. Charlott Frank; geb. Charlotte Maria Jäger; in erster Ehe verh. Charlott London; in dritter Ehe verh. Charlott Frank-Heumann), * 1909, † 1987 (mehr nicht ermittelt); in zweiter Ehe verh. m. Leonhard → Frank; Tänzerin, Schauspielerin; besuchte die Opern- u. die Schauspielschule des Preuß. Staatstheaters, gefördert von Leopold Jessner (1878–1945), Engagements in Aachen, Stuttgart u. Berlin, nutzte 1933 eine Tournee zur Emigration n. Paris, dann über London in die USA, lernte dort 1947 Leonhard Frank kennen, kehrte 1950 n. Dtl. zurück. – Autobiografie.

Schriften: Sagen, was noch zu sagen ist. Mein Leben mit Leonhard Frank, 1982 (Neuausg. 1992, Nachw. R. MIELKE).

Nachlass: DLA (in den Nachl. Leonhard Frank, Walter Janka u. Helmut Gumtau).

Literatur: HdE II/1,453. – J.-W. SEO, Die Darst. der Rückkehr. Remigration in ausgew. Autobiogr. dt. Exilautoren (Diss. Mainz) 2004.   KK

Jäger, Ludwig, * 24. 10. 1943 Homburg/Saarland; Germanist, lebt in Aachen; Sohn eines Lehrers, besuchte Schulen in Mimbach/Saar (später zu Blieskastel/Saarland) u. Homburg, 1956/57 das Internat Alumnat Lutherhaus in Traben-Trarbach/Rhld.-Pfalz, 1957–64 das neusprachl. Gymnasium Zweibrücken/Saarland, studierte 1964–69 zunächst Theol., dann Germanistik u. Gesch. an der Univ. Heidelberg, 1975 Dr. phil. bei Georg Stötzel (* 1936) an der Univ. Düsseldorf, 1978 Habil. ebd., 1982–2011 (emeritiert) Prof. für germanist. Sprachwiss. an der TH Aachen, 1991–94 Vors. des Dt. Germanistenverbandes, seit 1994 Mithg. der Zs. «Sprache u. Lit.», 2002–08 Dir. des Forsch.kollegs «Medien u. kulturelle Kommunikation» an der TH Aachen, seit 2002 Hg. der Reihe «Mediologie». – Fachschrift.

Schriften: Zu einer historischen Rekonstruktion der authentischen Sprach-Idee Ferdinand de Saussures (Diss.) 1975; Seitenwechsel. Der Fall Schneider/Schwerte und die Diskretion der Germanistik, 1998; Ferdinand de Saussure zur Einführung, 2010.

Herausgebertätigkeit (Ausw.): Erkenntnistheoretische Grundfragen der Linguistik, 1979; Zeichen und Verstehen. Akten des Aachener Saussure-Kolloquiums [...] (m. C. Stetter) 1986; Zur historischen Semantik des deutschen Gefühlswortschatzes. Aspekte, Probleme und Beispiele seiner lexikographischen Erfassung, 1986; Der Computer als Schiefertafel oder Neue Wege auf dem Weg zur Schrift. Lesen und schreiben lernen mit Hilfe computerunterstützter Medien (m. J. Stoffers) 1992; Germanistik in der Mediengesellschaft (m. B. Switalla) 1994; Germanistik. Disziplinäre Identität und kulturelle Leistung. Vorträge des Deutschen Germanistentages 1994, 1995; Transkribieren. Medien, Lektüre (m. G. Stanitzek) 2002; Medialität und Mentalität. Theoretische und empirische Studien zum Verhältnis von Sprache, Subjektivität und Kognition (m. E. Linz) 2004; Medienbewegungen. Praktiken der Bezugnahme (m. H. Adam, G. Fehrmann) 2012.

Literatur: Linguisten-Hdb. (hg. W. KÜRSCHNER) Bd. 1, 1994; H. EICHNER, ~, ‹Seitenwechsel› (in: Arbitrium 17, H. 3, S. 259–264) 1999; H. PELTSCH, dass. (in: Referatedienst zur Lit.wiss. 31, H. 2, S. 259–268) 1999; K. WEIMAR, Schneider/Schwerte

u. die Germanistik u. ~ (in: Merkur 53, H. 5, S. 445–453) 1999; Spuren, Lektüren. Praktiken des Symbolischen. FS für ~ zum 60. Geb.tag (hg. G. FEHRMANN) 2004.　　　　　　　　　　　　KK

Jaeger, Luise → Ahlborn, Luise.

Jaeger, Mike → Mechtel, Hartmut.

Jäger, Oskar (Friedrich Emil), * 26. 10. 1830 Stuttgart, † 2. 3. 1910 Bonn; Lehrer, Historiker; Sohn des Arztes u. Paläontologen Georg Friedrich von Jäger (1785–1866), Neffe des Schriftst. Gustav Schwab (1792–1850); studierte 1848–53 zunächst Theol., dann Philol. u. Gesch. an der Univ. Tübingen, 1853 Dr. theol. ebd., 1853–59 zahlr. Reisen, 1852–54 auch Privatlehrer, 1855–59 Lehrer in Stuttgart, 1859–62 Gymnasiallehrer in Wetzlar, 1862–65 Dir. des Progymnasiums in Mörs, 1865–1900 (Ruhestand) Dir. des Friedrich-Wilhelms-Gymnasiums in Köln, 1890–1907 Vors. des «Dt. Gymnasialver.», ab 1901 Honorarprof. in Bonn. – Fachschr., Jgdb., Aufs., Rede.

Schriften (Ausw.): John Wycliffe und seine Bedeutung für die Reformation. Eine Untersuchung seiner Lehre […], 1854 (Diss. 1853); Geschichte der Römer, 1861; Geschichte der Griechen, 1866; Die punischen Kriege […] (Jgdb.; 3 Bde.) 1869–70; Geschichte der neuesten Zeit vom Wiener Kongreß bis zum Frankfurter Frieden (m. T. Creizenach) 3 Bde., 1874/75; Aus der Praxis. Ein pädagogisches Testament, 1883; Weltgeschichte, 4 Bde., 1887–89; Didaktik und Methodik des Geschichtsunterrichts, 1895; Erlebtes und Erstrebtes. Reden und Aufsätze, 1907; Deutsche Geschichte, 2 Bde., 1909/10.

Literatur: Dt. Biogr. 15,90. – F. A. ECKSTEIN, Nomenclator philologorum, 1871; A. HINRICHSEN, Das lit. Dtl., ²1891; Dt. Zeitgenossen-Lex. (hg. F. NEUBERT) 1905; Pädagog. Lex. (hg. H. SCHWARTZ) Bd. 2, 1929; F. MARCKS, ~. Das Leben eines dt. Schulmannes, 1930 (auch Internet-Edition); R. STEIMEL, Kölner Köpfe, 1958; Verz. der Prof. u. Doz. der Rhein. Friedrich-Wilhelms-Univ. zu Bonn 1818–1968, 1968; A. KLOTZ, Kinder- u. Jugendlit. in Dtl. 1840–1950. Gesamtverz. […], Bd. 2, 1992; O. RENKHOFF, Nassauische Biogr., ²1992; Kölner Autoren-Lex. 1750–2000 (bearb. E. STAHL) Bd. 1, 2000.　　　　　　　　　　　　KK

Jaeger, Paul (Martin), * 5. 10. 1869 Wennungen an der Unstrut/Prov. Sa. (später zu Karsdorf/

Sa.-Anhalt), † 20. 2. 1963 Nußloch/Baden-Württ.; Theologe, Schriftst.; Sohn eines Pfarrers, lebte 1881–88 im Alumnat des Pädagogiums des Klosters Unser Lieben Frauen in Magdeburg, studierte 1888–92 Theol. an der Univ. Halle/S., ab 1892 Red. u. bis zur Schließung 1941 Autor der Zs. «Christl. Welt», 1895–98 Hauslehrer, 1898/99 Hilfsprediger in Ichtershausen/Thür., 1899 Pfarrer in Seebergen/ebd., dann Vikar in Freiburg/Br. u. Karlsruhe, 1910–34 Pfarrer in Freiburg/Br., Mitgl. der «Dt. Christen» u. aktiver Vertreter der nationalsozialist. Ideologie, ab 1939 Mitarb. des «Inst. zur Erforsch. u. Beseitigung des jüd. Einflusses auf das dt. kirchl. Leben», 1945 m. Berufsverbot belegt. – Erz., Fachschr., Pred., Erinn., Andacht, Lyrik.

Schriften (Ausw.): Liberale Weltanschauung, Bekenntnisse und Fragezeichen, 1909; Die Religion Schillers und Goethes (m. K. Bornhausen) 1910; Gottfinden und Überwinden. Krankenbetrachtungen, 1911; Unterwegs. Wanderungen zum ewigen Quell, 1911; «Ich glaube keinen Tod …» Stille Gedanken beim Heimgang unserer Lieben, 1914 (2., verm. Aufl. 1915); Lichtspuren. Auf der Wanderung im Nebellande, 1914; Bekenntnis und Freiheit. Ein Wort zum Frieden, 1914 (2., verm. Aufl. u. d. T.: Evangelische Freiheit. Gesammelte Blätter aus dem Meinungskampfe der Gegenwart, 1926); Der letzte Feind, 1914; Wege zur inneren Freiheit. «Kant und die Arbeiter» und andere Vorträge im Arbeiterkreise, 1915; Kriegs-Pfingsten, 1915; Vom Schicksal der Werte. Das Beste im Leben und was daraus wird (Vortr.) 1915; Zwei Schicksalsfragen, 1916; Nach zwei Kriegsjahren, 1916; Innseits. Zur Verständigung über die Jenseitsfrage, 1917 (Reprint 1927); Vom Sinn des Lebens. Briefe an einen Konfirmanden, 1919; Gottesfragen. Drei Volkshochschulvorträge, 1921; «Unverloren». Ein Büchlein von der unendlichen Nähe, 1921 (Zeichn. C. Keyser); Müssen wir katholisch werden? Eine evangelische Antwort, 1922; «Freude zuvor!» Krankenblätter, 1922; Festland. Wege zur Wirklichkeit, I, II Wege zu Christus, 1922/23; Vorsehung. Beiträge zur Schicksalsfrage, 1923; Vom Grunde der Freude. Reden und Aufsätze, 1923; Ahnung und Gewißheit, 1927; Weihnachts-Präludien, 1929; Meine Wehr und Waffe. Ein Geleitwort, 1929; Meine Freude. Ein Geleitwort, 1929; Das schöne Morgenlicht. Weihnachtsgeschichten, 1929; Christsonne. Weihnachtsgeschichten, 1931 (Auszug u. d. T.: Unter dem vierten Adventslicht, 1939); Das Notlicht Gottes. Ein Wegweiser für Freudlose, 1932; Heimatleuchten. Adventsgeschichten, 1933; Die rettende Stund'. Adventsgeschichten, 1934; Unter dem Schulfenster. Martin der Danker. Zwei Erzählungen, 1936; Am geheimen Webstuhl Gottes, I Jugenderinnerungen, II Wanderjahre, 1937/38; Vom unerschöpften Lichte. Weihnachtsgeschichten, 1937; Evangelische Einfachheit. Briefe an einen Bahnarbeiter und an eine schwäbische Hausfrau, 1937; Das verschüttete Wort. Geschichten um Weihnachten und den Alltag, 1938; Christliches Gedenkbuch. Neues Vergißmeinnicht, 1939; Der Sternenhimmel, 1940; Muschel (Ged.) 1949; Im letzten Augenblick, 1952; Wölfleins Heimruf (Erz.) 1960.

Nachlass: LB Karlsruhe. – Denecke-Brandis 169. *Literatur:* Schmidt, Quellenlex. 14, 394. – Biogr.-Bibliogr. Kirchenlex. 2,1436. – H. STEMPEL, ~ (in: Christl. Welt 38, S. 882–889) 1924; G. WEISS, ~ (in: Mschr. für Pastoraltheol. 22 (S. 3–14) 1926; F. HINDELANG, Aus dem Schaffen bad. Pfarrer (in: Kirche u. Heimat. Festgabe zum Dt. Evangel. Pfarrertag in Karlsruhe 1928, S. 257f.) 1928; H. NEU, Pfarrerb. der evangel. Kirche Badens von der Reformation bis zur Ggw., Tl. 2, 1939; J. RATHJE, Die Welt des freien Protestantismus. Ein Beitr. zur dt.-evangel. Geistesgesch., 1952; A. WOLFINGER, Nekrolog ~ (in: Bad. Heimat 33, S. 181–183) 1964; T. MAYER, Kirche in der Schule. Evangel. Rel.unterricht in Baden zw. 1918 u. 1945, 1980; N. HOPSTER u. a., Kinder- u. Jugendlit. 1933–1945. Ein Hdb., Bd. 1, 2001.   KK

Jaeger, Peter, * 1940 Stettin; Journalist, lebt in Quickborn; wuchs n. der Vertreibung in Norddtl. auf, u. a. Drucker u. Bankangestellter, ab 1978 Lokalred. in Hamburg, später freier Schriftst. in Quickborn. – Feuill., Kdb., Rom., Fachschr.,

Schriften: Vierbeiner auf Probe (Kdb.) 1990; Die Wiese gehört uns (Kdb.) 1992; Auf den Spuren der Eidelstedter Geschichte. Vom Mühlendorf zum Stadtteil Hamburgs, 2000; Der Zorn der frühen Jahre. Ein historischer Roman, 2004 (Selbstverlag; vollst. überarb. Verlagsausg. u. d. T.: Kalte Wasser, 2008); Hamburg-Eidelstedt, 2007; Wie gut, dass es Engel gibt, 2010 (Selbstverlag); Wer spricht denn da im Schuhkarton?, 2011 (dass.); Zwei Engel auf den Spuren des Glücks, 2012 (dasselbe).   KK

Jäger, Raimund, * 13. 10. 1939 Trins/Tirol; Versicherungsangestellter, lebt in Wien; Sohn eines Bergbauern, wuchs im Gschnitztal auf, besuchte 1953–57 das kathol. bischöfl. Gymnasium in Schwaz/Tirol, 1957–60 eine Maturaschule in Wien, Ausbildung zum techn. Zeichner, später Mitarb. einer Versicherung in Wien, studierte berufsbegleitend einige Semester Rechtswiss. ebd., Versicherungsmakler, Prokurist, zudem Mitarb. beim Hörfunk des ORF. – Lyrik, Lied, Mundart (Tiroler/Gschnitztaler).

Schriften: Dasigs und Entrigs, Gedichte in Tiroler Mundart (Gschnitztal) (m. Nachw. hg. J. HAUER) 1984; Dialekt aus dem Gschnitztal. Gedichte, Hexensagen, Dorfgeschichten aus der Kriegs- und Nachkriegszeit im Trinser/Gschnitzer Dialekt, 2011. (Ferner ungedr. Rundfunkbeiträge.)

Literatur: TIRLIT. – Taschenlex. zur bayer. Ggw.lit. (hg. D.-R. MOSER, G. REISCHL) 1986; B. SOWINSKI, Lex. dt.sprachiger Mundartautoren, 1997; A. KARNER, An Kuijtewaak in Fokknploterntewaakbeitl. Dialektgeschn. aus dem Dorf (in: Etcetera 13, Juli) 2011 (zu ‹Dialekt aus dem Gschnitztal›; auch Internet-Edition).   KK

Jäger, Regina, * 1953 Berlin (Ost); Angestellte, lebt in Berlin; übersiedelte 1975 n. Berlin (West), ebd. als Arztsekretärin angestellt. – Erzählung.

Schriften: Dornröschens Hochzeit. Des klassischen Märchens zweiter Teil, 1997.

Literatur: H. J. ALPERS u. a., Lex. der Fantasy-Lit., 2005.   KK

Jäger, Richard (eig. Max Richard Jäger), * 1. 2. 1878 Chemnitz, † nicht ermittelt; Sänger, Komponist, lebte in Berlin; seine Operetten wurden auch verfilmt (‹Hannemann, ach Hannemann›, 1919, Regie E. Edel); ‹Wenn die Liebe nicht wär›, 1920, Regie J. M. Jacobi; ‹Sechzehn Töchter und kein Papa›, 1928, Regie A. Trotz; ‹Stürmisch die Nacht›, 1931, Regie C. Blachnitzky). – Kom., Schw., Operettenlibretto.

Schriften: Der Goldfisch. Operette in drei Akten, 1907 (Musik G. Jarno); Die Hexe. Operette in drei Akten, 1911 (dass.); Wenn die Liebe nicht wär'. In fünf Akten [...] (Textb.; Untert. auf Umschlag: Delog-Film-Operette) 1921; Fritzi. Musikalischer Schwank in drei Aufzügen (m. S. Ehrlich) 1932 (Musik derselbe). (Ferner ungedr. Bühnenstücke.)

Literatur: Theaterlex. II,386. – Dt. Tonkünstler in Wort u. Bild. Zweite Ausg. (hg. F. JANSA) 1911.   KK

Jäger, Richard, * 16. 9. 1901 Pirmasens/Bayern (später Rhld.-Pfalz), † 30. 12. 1984 ebd.; Schuh-fabrikarbeiter, lebte in Pirmasens; Sohn eines Schuhfabrikarbeiters, bereits ab 1914 Fabrikarbei-ter («Zwicker»), Mitgl. des Pfälzerwaldver. «Drei Buchen», später Büttenredner u. Unterhalter, Sol-dat im 2. Weltkrieg, in russ. Kriegsgefangenschaft, n. dem Krieg wieder Fabrikarbeiter in Pirmasens. – Lyrik, Mundart (Pfälzer).

Schriften: Heitere Gedichte in Pfälzer Mundart und Hochdeutsch, 1975 (Selbstverlag).

Literatur: Theater-Lex., Nachtr.bd., Tl. 2,373. – B. Sowinski, Lex. dt.sprachiger Mundartautoren, 1997. KK

Jäger, Siegfried, * 17. 4. 1937 Duisburg; Sprach-wissenschaftler, lebt in Duisburg; Sohn eines In-genieurs, wuchs ztw. in Duisburg auf, besuch-te Schulen in Waldmannshofen (später zu Bad Mergentheim/Baden-Württ.) u. Duisburg, 1947–56 das Mercator-Gymasium Duisburg, studier-te 1957–63 Anglistik u. Germanistik an der Univ. Bonn u. an der Univ. of Exeter/England, 1963–65 wiss. Mitarb. an der Univ. Bonn, 1965–71 wiss. Mitarb. am Inst. für dt. Sprache in Mann-heim, 1967 Dr. phil. in Bonn bei Hugo → Moser, 1971 Habil. ebd., 1971/72 wiss. Rat u. Prof. an der PH Hagen, 1971–78 Gutachter für die Dt. Forsch.gemeinschaft, 1972–2002 (emeri-tiert) o. Prof. an der Gerhard-Mercator-Univ. Ge-samthochschule Duisburg (später Univ. Duisburg-Essen), 1987–2011 Dir. des Duisburger Inst. für Sprach- u. Sozialforsch., seit 2000 Mithg. der Zs. «Discourse and Society». – Fachschrift.

Schriften (Ausw.): Studien zur Komposition der Crescentia der Kaiserchronik, des Vorauer und Straßburger Alexander und des Herzog Ernst B. (Diss.) 1967; Der Konjunktiv in der deutschen Sprache der Gegenwart. Untersuchungen an aus-gewählten Texten (Habil.-Schr.) 1971; Sprache, Sprecher, sprechen. Probleme im Bereich sozio-linguistischer Theorie und Empirie (m. J. Hu-ber, P. Schätzle) 1972; Sprache, Praxis des Be-wußtseins. Zur systematischen Erfassung von Re-de (Mitarb. V. Fischer) 1977; Die neue Quali-tät der NPD. Umfeld, Geschichte, Ideologie und Organisation einer rechtsradikalen Partei und ih-re Bedeutung in der Bundesrepublik der Gegen-wart, 1988 (2., überarb. Aufl. 1989); Faschismus, Rechtsextremismus, Sprache. Eine kommentierte Bibliographie, 1989 (2., erw. Aufl. 1990; 4., erw. u.

verb. Aufl. 1996); Die Demokratiemaschine ächzt und kracht. Zu den Ursachen des Rechtsextre-mismus in der BRD (m. Margarete J.) 1990 (2., aktual. Aufl. 1991); Text- und Diskursanalyse. Ei-ne Anleitung zur Analyse politischer Texte, 1991; Alltäglicher Rassismus. 22 Interviews mit Bür-gerinnen und Bürgern aus Deutschland (Mitarb. A. Arslan) 1991; Kritische Diskursanalyse. Eine Einführung, 1993 (6., vollst. überarb. Aufl. 2012); Der Groß-Regulator. Analyse der BILD-Bericht-erstattung über den rassistisch motivierten Terror und die Fahndung nach der RAF im Sommer 1993, 1993; Gefährliche Erbschaften. Die schlei-chende Restauration rechten Denkens (m. Marga-rete J.) 1999; Medienbild Israel. Zwischen Solida-rität und Antisemitismus (dass.; Mitarb. G. Cleve) 2003; Deutungskämpfe. Theorie und Praxis kriti-scher Diskursanalyse (m. Margarete J.) 2007.

Herausgebertätigkeit (Ausw.): Linguistik und Sta-tistik, 1972; Probleme der Soziolinguistik, 1975; Rechtsdruck. Die Presse der neuen Rechten, 1988; Von Menschen und Schweinen. Der Singer-Dis-kurs und seine Funktion für den Neo-Rassismus (m. J. Paul) 1990; Der Diskurs des Rassismus. Er-gebnisse des DISS-Kolloquiums [...] (m. F. Janu-schek) 1992; Brandsätze. Rassismus im Alltag (Mit-arb. U. Busse) 1992; Die vierte Gewalt. Rassismus und die Medien (m. J. Link) 1993; Die Morde von Solingen. Zeitungsberichterstattung vor und nach Solingen (m. I. Ruth, T. A. van Dijk) 1993; Aus der Werkstatt. Anti-rassistische Praxen, Konzepte, Erfahrungen, Forschung, 1994; Der Spuk ist nicht vorbei. Völkisch-nationalistische Ideologeme im öffentlichen Diskurs der Gegenwart, 1998; Wei-ter auf unsicherem Grund. Faschismus, Rechts-extremismus, Rassismus. Kontinuitäten und Brü-che (m. A. Schobert) 2000; «Diese Rechte ist im-mer noch Bestandteil unserer Welt». Aspekte ei-ner neuen konservativen Revolution (m. J. Paul) 2001; Medien im Krieg. Der Anteil der Printmedi-en an der Erzeugung von Ohnmachts- und Zerris-senheitsgefühlen (m. Margarete J.) 2002; Gefühl-te Geschichte und Kämpfe um Identität (m. F. Ja-nuscheck) 2004; Mediale Barrieren. Rassismus als Integrationshindernis (m. D. Halm) 2007; Wie kri-tisch ist die kritische Diskursanalyse? Ansätze zu einer Wende kritischer Wissenschaft, 2008; Lexi-kon kritische Diskursanalyse. Eine Werkzeugkiste (m. J. Zimmermann) 2010; Im Griff der Medien. Krisenproduktion und Subjektivierungseffekte (m. R. van Raden) 2011.

Literatur: T. Schwarz, ~, ‹Krit. Diskursanalyse› (in: Das Argument [Berlin] 37, H. 1, S. 125f.) 1995; Wiss., Macht, Politik. Interventionen in aktuelle gesellschaftl. Diskurse. ~ zum 60. Geb.tag (hg. G. Cleve) 1997.   KK

Jäger, Stefan, * 1970; Wirtschaftswissenschaftler, Physiotherapeut, lebt in Fritzlar/Hessen; studierte bis 1997 an der Gesamthochschule Kassel (später Univ.) Wirtschaftswiss., Gesch. u. Germanistik, danach Ausbildung zum Physiotherapeuten; der dritte Band seiner Völkerwanderungs-Tril. (‹Der Raub von Tolosa›) ist nicht mehr erschienen. – Roman.
Schriften: Der Silberkessel. Historischer Roman aus der Zeit der Völkerwanderung, 2006; Das Gold des Nordens. Historischer Roman aus der Zeit der Völkerwanderung, 2008.   KK

Jäger, Walter, * 5. 4. 1885 Berlin, † 11. 9. 1962 Weimar; Schriftsteller. – Erzählung.
Schriften: Zum Handeln geboren. Eine biographische Erzählung um Johannes Falk, 1955 (Illustr. E. Görlach); Ein Lausbub erobert die Bühne. Der abenteuerliche Lebensweg eines großen Künstlers, 1957 (Illustr. H. Wiegandt).   KK

Jaeger, Werner (Wilhelm), * 30. 7. 1888 Lobberich/Niederrhein (später zu Nettetal/Nordrhein-Westf.), † 19. 10. 1961 Cambridge/MA; Klass. Philologe, Philosoph; Sohn eines Druckers, besuchte die kathol. höhere Knabenschule in Lobberich (später zu Nettetal) u. das Gymnasium Thomaeum in Kempen, studierte Philos. u. Philol. an den Univ. Marburg u. Berlin, 1911 Dr. phil. in Berlin, 1913 Doz. für klass. Philol. in Berlin, 1914 Habil. ebd., 1914/15 a. o. Prof. in Basel, korrespondierte u. a. m. Ulrich von → Wilamowitz-Moellendorf, Rudolf → Borchardt u. Hugo von → Hofmannsthal, 1915–21 o. Prof. an der Univ. Kiel, 1921–36 Prof. an der Univ. Berlin (als Nachfolger von Wilamowitz-Moellendorf), 1924 Mitbegr. der «Gesellsch. für antike Kultur», 1925–33 Mithg. der Zs. «Gnomon», 1925–36 Hg. der Zs. «Die Antike», 1926–36 Hg. der Zs. «Neue philosoph. Unters.», Briefw. m. Rudolf → Borchardt, 1934 Gastprof. an der Univ. of California in Berkeley/CA, wanderte 1936 in die USA aus, 1936–39 Prof. an der Univ. of Chicago, 1939–61 an der Harvard Univ. in Cambridge/MA, ebd. erster Leiter des Inst. for Classical Stud.», lehrte auch emeritiert weiter, starb an den Folgen eines häusl. Stur-

zes. – Neben zahlr. weiteren Auszeichnungen 1955 Antonio-Feltrinelli-Preis u. Pour le Mérite, 1958 Orden Georgs I., sowie Dr. h. c. der Univ. Manchester, Cambridge, Harvard, Thessaloniki, Athen u. Tübingen. – Fachschrift.
Schriften (Ausw.): Studien zur Entstehungsgeschichte der Metaphysik des Aristoteles, 1912 (Diss. 1911); Nemesios von Emesa. Quellenforschungen zum Neuplatonismus und seinen Anfängen bei Poseidonios (Habil.-Schr.) 1914; Humanismus und Jugendbildung (Vortr.) 1921; Stellung und Aufgaben der Universität in der Gegenwart (Vortr.) 1924; Antike und Humanismus (Vortr.) 1925; Aristoteles. Grundlegung einer Geschichte seiner Entwicklung, 1923 (2., veränd. Aufl. 1955); Platos Stellung im Aufbau der griechischen Bildung. Ein Entwurf, 1928; Die geistige Gegenwart der Antike (Rede) 1929; Paideia. Die Formung des griechischen Menschen, 3 Bde., 1934–1947 (Reprint in einem Band 1973); Humanistische Reden und Vorträge, 1937 (2., erw. Aufl. 1960); Diokles von Karystos. Die griechische Medizin und die Schule des Aristoteles, 1938; Demosthenes. Der Staatsmann und sein Werden, 1939; Die Theologie der frühen griechischen Denker, 1953 (Reprint 1964); Humanismus und Theologie, 1960; Scripta minora (Slg.) 2 Bde., Rom 1960 (tw. lateinisch).
Herausgebertätigkeit (Ausw.): Das Problem des Klassischen und die Antike. Acht Vorträge […], 1931 (Reprint 1972).
Ausgaben: Gregor von Nyssa's Lehre vom Heiligen Geist (aus dem Nachl. hg. H. Dörries) 1966.
Nachlass: Spalek I,438 u. III/2,656. – Houghton Library der Harvard Univ., Cambridge/MA; Nds. Staats- u. UB, Göttingen; Bundesarch., Koblenz; DLA; BSB. – Inventar 1, 526.
Literatur:
Bibliografien: Schmidt, Quellenlex. 14,395. – Publications of ~, 1911–1959 (in. Harvard Stud. in Classical Philology 63, S. 1–14) 1958; M. Ebert, Bibliogr. der Schr. ~s 1911–1961 (in: W. Schadewaldt, Gedenkrede auf ~ 1888–1961. Mit einem Verz. der Schr. ~s, S. 25–39) 1963; F. Baldassari, ~. Werkverz. (in: Rivista di filosofia neo-scolastica 58, S. 507f.) Mailand 1966; Werkverz., Lit. zu ~ (in: ~, hg. M. Meis, T. Optendrenk, S. 119–122) 2009.
Lexika und Nachschlagewerke: Munzinger-Arch.; NDB 10,280; HdG 1,340; Hdb. Emigration II/1,561; KNLL 8,543; Killy ²6,84; Biogr.-

Bibliogr. Kirchenlex. 18,717; DBE 5,388; BEdP 196; RGG ⁴4,347. – Reichshdb. der dt. Gesellsch., Bd. 1, 1930; Who's Who in Philosophy (hg. D. D. RUNES) Bd. 1, New York 1942; Biographical Encyclopedia of the World, New York ³1946; F. VOLBEHR, R. WEYL, Prof. u. Doz. der Christian-Albrechts-Univ. zu Kiel 1665–1954, 1956; H. KUNISCH, Kleines Hdb. der dt. Ggw.lit. (red. H. WIESNER) ²1969; A. MOMIGLIANO, Studies in Historiography, London 1966; Ekpaideutike hellenike enkyklopaideia. Pankosmio biographiko lexiko, Bd. 2, Athen 1984; Classical Scholarship. A Biographical Encyclopedia (hg. W. W. BRIGGS, W. M. CALDER) New York 1990; W. HARTKOPF, Die Berliner Akad. der Wiss., 1992; C. TILITZKI, Die dt. Univ.philos. in der Weimarer Republik u. im Dritten Reich, 2 Bde., 2002.

Allgemein zu Leben und Werk: H. von ARNIM, Zu ~s ‹Grundlegung [...]› (in: Wiener Stud. 46, S. 1–47) 1927/28; A. E. TAYLOR, Critical Notice on ‹Aristoteles. Grundlegung [...]› by ~ (in Mind 33, S. 192–198) New York 1924; E. von IVANKA, Die Behandlung der Metaphysik in ~s ‹Aristoteles› (in: Scholastik 7, S. 1–29) 1932; G. R. G. MURE, ~, ‹Aristotle. Fundaments of the History of His Development› (in: The Classical Rev. 48, H. 5, S. 192f.) Cambridge 1934; G. VERBEKE, Comment Aristotle conçoit-il l'immatériel? (in: Rev. philosophique de Louvain 44, S. 205–236) Leuven 1946; P. WILPERT, Die Lage der Aristotelesforsch. (in: Zs. für Philosoph. Forsch. 1, H. 1, S. 123–140) 1946; N. DE ANQUIN, La protoética aristotélica según ~ (in: Ortodoxia 15, S. 5–24) Buenos Aires 1947; G. VERBEKE, L'évolution de la psychologie d'Aristote (in: Rev. philosophique de Louvain 46, S. 335–351) Leuven 1948; E. LEBEK, ~. Zum 60. Geb.tag (in: Zs. für philosoph. Forsch. 3, H. 2, S. 270–274) 1949; W. HAMILTON, The Pre-Socratics ~ (in: The Classical Rev. 64, H. 3/4, S. 106–108) Cambridge 1950; C. J. DE VOGEL, Examen critique de l'interpr. traditionelle du platonisme (in: Rev. de métaphysique et de morale 56, S. 249–268) Paris 1951; E. WEIL, Étude critique. Aristotelica (ebd. 57, H. 4, S. 446–466) Paris 1952; V. GOLDSCHMIDT, La théorie platonicienne de la dénonciation (ebd. 58, H. 4, S. 352–375) Paris 1953; A. MANSION, L'immortalité de l'âme et de l'intellect d'après Aristote (in: Rev. philosophique de Louvain 51, S. 444–472) Leuven 1953; J. AUBONNET, ~. Two Rediscovered Works of Ancient Christian Literature – Gregory of Nyssa and Macarius (in:

Rev. de l'histoire des religions 146, H. 1, S. 94–98) Paris 1954; C. RAMNOUX, Sur quelques interprétations modernes d'Anaximandre (in: Rev. de métaphysique et de morale 59, H. 3, S. 233–252) Paris 1954; FS zum 70. Geb.tag von ~, Cambridge/MA 1958 (= Harvard Stud. in Classical Philology 63); K. OEHLER, Zur Metaphysik-Ausg. von ~ (in: Philosoph. Rs. 7, S. 125–128) 1959; M. GIORGIANTONIO, Come ~ ha inteso Aristotele (in: Sophia 27, S. 378–380, u. ebd. 28, S. 104–107) Padua 1959/60; J. D. MONAN, La connaissance morale dans le «Protreptique» d'Aristote (in: Rev. philosophique de Louvain NF 58, S. 185–219) Leuven 1960; J. AUBONNET, ~, ‹Propos d'un Humaniste› (in: Bull. de l' Association Guillaume Budé, H. 3, S. 404–413) Paris 1961; J. M. GARCÍA DE LA MORA, ~. Filólogo, filósofo y humanista (in: Convivium 6, H. 11/12, S. 175–181) Barcelona 1961; C. LEFÈVRE, Du platonisme a l'aristotélisme (in: Rev. philosophique de Louvain NF 59, S. 197–248) Leuven 1961; G. KAHL-FURTHMANN, Sinn u. Sein – ein philosoph. Symposion (in: Zs. für philosoph. Forsch. 15, S. 452–471) 1961; N. DE ANQUIN, ~ 1888–1961 (in: Humanitas. Revista de la facultad de filosofia y letras 10, H. 15, S. 245–251) San Miguel de Tucumán/Argentinien 1962; L. ELDERS, Aristote et l'objet de la métaphysique (in: Rev. philosophique de Louvain 60, S. 165–183) Leuven 1962; J. H. FINLAY, Gedenkrede zu ~s Beerdigung (in: The Classical Journal 58, S. 94f.) Northfield/MI 1962; K. von FRITZ, Nachruf auf ~ (in: Jb. der Bayer. Akad. der Wiss.) 1962; H. LANGERBECK, ~ (in: Gnomon 34, H. 1, S. 101–105) 1962; H. BLOCH, ~ (in: Yearbook. English Philosophical Society 26, S. 153–158) Philadelphia/PA 1963; F. ZUCKER, Nachruf auf ~. 30. Juni 1888–19. Oktober 1961 (in: Jb. der Dt. Akad. der Wiss. in Berlin 62) 1963; W. SCHADEWALDT, Gedenkrede auf ~. 1888–1961 [...], 1963; E. J. SCHÄCHER, Ist das Corpus Aristotelicum nach-aristotelisch?. Jos. Zürchers Hypothese u. ihre Beurteilung in der gelehrten Forsch. Krit. Würdigung. Ein Beitr. zum Methodenproblem der Corpus-Aristotelicum-Forsch., 1963; O. GIGON, ~ zum Gedenken (in: Zs. für Philosoph. Forsch. 18, H. 1, S. 156–164) 1964; C. LÓPEZ SALGADO, ~ y la metafisica aristotélica (in: Giornale di metafisica 19, S. 22–40) Mailand 1964; C. J. DE VOGEL, Did Aristotle ever Accept Plato's Theory of Transcendent Ideas? Problems around a New Edition of the «Protrepticus» (in: Arch. für Gesch. der Philos. 47, S. 261–298) Berlin 1965; L. E. LOEM-

KER, Leibniz's Conception of Philosophical Method (in: Zs. für Philosoph. Forsch. 20, H. 3/4, S. 507–524) 1966; B. SNELL, ~, ‹Paideia› (in: DERS., Ges. Schr., S. 32–54) 1966; N. DE ANQUIN, ~ y el cristianismo primitivo (in: Arkhé. Revista de metafisica NF 3, S. 39–68) Córdoba/Argentinien 1966; A.-H. CHROUST, ~ and the Reconstruction of Aristotle's Lost Works (in: Symbolae Osloenses 42, S. 7–43) Oslo 1968; E. PANOUSSI, La théosophie iranienne sourse d'Avicenne? (in: Rev. philosophique de Louvain NF 66, H. 90, S. 239–266) Leuven 1968; H. von ARNIM, Zu ~s Grundlegung der Entwicklungsgesch. des Aristoteles, 1969 (Reprint); J. S. MORRISON, ~, ‹Five Ess.› (in: The Classical Rev. 21, H. 2, S. 309) Cambridge 1971; M. VEGETTI, L'Aristotele redento di ~ (in: Il pensiero 17, S. 7–50) Rom 1972; D. LANZA, ~ tra protestantismo e cattolicesmo (ebd., S. 51–90) Rom 1972; H. RÜDIGER, Der Dritte Humanismus (in: Humanismus, hg. H. OPPERMANN, S. 206–223) ² 1977; J. IRMSCHER, Die klass. Altertumswiss. in der faschist. Wiss.politik (in: Altertumswiss. und ideolog. Klassenkampf, hg. H. GERICKE, S. 75–97) 1980; Ruth J., ~ (in: Germans in Boston, hg. K. J. R. ARNDT, S. 19–22) Boston 1981; W. M. CALDER, The Correspondence of Ulrich von Wilamowitz-Moellendorf with ~ (in: U. von Wilamowitz-Moellendorf, Selected Correspondence, hg. DERS., S. 167–211) Bari 1983; DERS., ~ and Richard Harder. An «Erklärung» (in: Quaderni di storia 9, H. 17, S. 99–121) Rom 1983; C. C. PARK, At Home in History. ~'s ‹Paideia› (in: The American Scholar 52, H. 3, S. 378–385) Washington, D. C. 1983; C. LÓPEZ SALGADO, Filosofia griega y cristianismo según ~ (in: Sapientia 39, S. 9–18) La Plata/Argentinien 1984; J.-E. PLEINES, Eudaimonia zw. Kant u. Aristoteles. Glückseligkeit als höchstes Gut menschl. Handelns, 1984; M. STAEHELIN, «... bei den meinigen, nicht immer unter Wildfremden!» Hugo von Hofmannsthal in Briefen an ~ (in: Catalepton, hg. C. SCHÄUBLIN, S. 203–212) 1985; Ruth J., ~ (in: Lobberich. Ein Kirchspiel an der Nette, hg. T. OPTENDRENK, S. 122–126) 1987; G. BERTUZZI, L'interpretazione di ~ dell' Umanesimo e della teologia in S. Tommaso (in: Sapienza. Rivista di Filosofia e di Teologia 41, H. 3, S. 299–311) 1988; W. M. CALDER, ~ (in: Berlinische Lbb., hg. W. RIBBE, Bd. 4, S. 343–463) 1989; E. MENSCHING, Über ~ (geb. am 30. Juli 1888) u. seinen Weg n. Berlin (in: DERS., Nugae zur Philol.-Gesch., Bd. 2, S. 60–91) 1989; F. SOLMSEN, Classical Scholarship in Berlin between the Wars (in: Greek, Roman and Byzantine Stud. 30, S. 117–140) Durham/NC 1989; D. R. LACHTERMANN, Did Aristotle «develop»? Reflexion on ~'s Thesis (in: Rev. de Phil. Ancienne 8, S. 3–40) Brüssel 1990; J. IRMSCHER, ~ zum 100. Geb.tag. Zwei Vortr. [...], 1991; W. M. CALDER, «12. March 1921. The Berlin Appointment». ~ Reconsidered (in: ~ Reconsidered. Proceedings of the Second Oldfather Conference [...], hg. DERS., S. 1–24) Atlanta/GA 1992; M. CHAMBERS, The Historian as Educator. ~ on Thucydides (ebd., S. 25–35); J. P. HALLETT, The Case of the Missing President. ~ and the American Philological Association (ebd. S. 37–68); C. H. KAHN, ~'s Portrayal of Plato (ebd., S. 69–81); P. T. KEYSER, ~'s ‹Early Christianity and Greek Paideia› (ebd., S. 83–105); A. B. MALGARINI, ~ in the United States. One Among Many Others (ebd., S. 107–123); B. NÄF, ~s ‹Paideia› – Entstehung, kulturpolit. Absichten u. Rezeption (ebd. S. 125–146); R. RENEHAN, ~, The Oxford Classical Text of «Aristotelis Metaphysica» (1957) (ebd., S. 147–160); E. A. SCHMIDT, ~ and Rudolf Borchardt. Correspondence 1929–1933 (ebd., S. 161–208); E. SCHUTRUMPF, Einige wiss.geschichtl. Voraussetzungen von ~s Aristoteleslesdeutung (ebd., S. 209–225); H. von STADEN, ~'s ‹Skandalon der hist. Vernunft›. Diocles, Aristotle, and Theophrastus (ebd., S. 227–265); D. O. WHITE, ~'s «Third Humanism» and the Crisis of Conservative Cultural Politics in Weimar Germany (ebd. S. 267–288); E. BADIAN, ~'s ‹Demosthenes›. An Essay in Anti-History (ebd., S. 289–315) 1992; J. GÖTTE, ~ (1888–1961) (in: Eikasmós 4, S. 217–228) Bologna 1993, V. PÖSCHL, ~ (1888–1961) (ebd., S. 229f.) ebd. 1993; W. G. ARNOTT, ~ (in: The Classical Rev. 44, H. 1, S. 187–189) Cambridge 1994; M. LANDFESTER, Die Naumburger Tagung «Das Problem des Klass. u. die Antike» (1930). Der Klassikbegriff ~s, seine Voraussetzung u. Wirkung (in: Altertumswiss. in den 20er Jahren. Neue Fragen u. Impulse, hg. H. FLASHAR, S. 11–40) 1995; J. LATACZ, Reflexionen klass. Philologen auf die Altertumswiss. der Jahre 1900–1930 (ebd., S. 41–64); U. HÖLSCHER, Strömungen der dt. Gräzistik in den Zwanziger Jahren (ebd., S. 65–86); P. L. SCHMIDT, Zw. Anpassungsdruck u. Autonomiestreben. Die dt. Latinistik vom Beginn bis in die 20er Jahre des 20. Jh. (ebd., S. 115–182); B. NÄF, Deutungen u. Interpr. der griech. Gesch. in den zwanziger Jahren (ebd., S. 275–302); A. HENRICHS, Philol. u. Wiss.gesch. Zur Krise eines Selbstverständnisses (ebd., S. 423–457) 1995; F. H. W. EDLER, Heidegger and ~ on the Eve of 1933. A Possible Rapprochement? (in: Research in Phenomenology 27, H. 1, S. 122–149) Leiden 1997; K. HERBERT, ~, Princepsdoctorum (in: Classical Bull. 74, H. 1, S. 73–80) St. Louis/MO 1998; R. MEHRING, Humanismus als «Politicum». ~s Problemgesch. der griech. Paideia (in: Antike u. Abendland 45, S. 111–128) 1999; M. REMME, ‹Paideia›. ~s Bildungsphilos. (in: Tradita et inventa. Beitr. zur Rezeption der Antike, hg. M. BAUMBACH, S. 414–530) 2000; A. FOLLAK, Der «Aufblick zur Idee». Eine vergleichende Studie zur Platon. Pädagogik bei Friedrich Schleiermacher, Paul Natorp u. ~ (Diss. Konstanz) 2005; K. SCHILLER, Historismuskrise u. «Dritter Humanismus». ~s Beitr. zum Humanitätsdiskurs (in: Weltoffener Humanismus. Philos., Gesch. u. Lit.wiss. in der dt.-jüd. Emigration, hg. DERS., G. HARTUNG, S. 71–89) 2006; Briefe u. Dok. 1929–1933. Rudolf Borchardt – ~ (hg. E. A. SCHMIDT) 2007; T. OPTENDRENK, ~ in Berlin (in: Heimatb. des Kr. Viersen 59, S. 62–77) 2008; M. MEIS, Von Lobberich n. Harvard (in: ~, hg. DERS., T. OPTENDRENK, S. 10f.) 2009; DERS., ~ u. Lobberich (ebd., S. 12–29); T. OPTENDRENK, Besuch 1925 in Lobberich (ebd., S. 30–35); DERS., Ein willkommener Deutscher (ebd., S. 39–49); DERS., Eine charismat. Persönlichkeit (ebd., S. 71–77); K. H. von DITZHUYSEN, Abiturient am Thomaeum (ebd., S. 36–38); DERS., Begegnung in Boston (ebd., S. 50–58); H. J. PAULY, ~ u. seine Schule (ebd., S. 59–63); DERS., Ein Besuch in Watertown (ebd., S. 64–70); M. ENGELKE, Eine Paideia-Erkundung (ebd., S. 78–86); DERS., ~s Lobbericher Simonides-Wort (ebd., S. 87–94); K. HUBATSCH, Humanismus heute (ebd., S. 95–104) 2009.   KK

Jäger, Willigis (eig. Wunibald Jäger), ★ 7. 3. 1925 Hösbach/Unterfranken; Theologe, Priester, Referent, lebt in Holzkirchen/ebd.; ab 1946 Benediktinermönch in der Abtei Münsterschwarzach, studierte 1948–52 Theol. u. Philos. an der Univ. Würzburg, 1952–64 Lehrer im Internat der Abtei Münsterschwarzach, 1960–75 Bildungsreferent bei «Missio» u. «Misereor», bereiste Asien u. insbes. Japan, erwarb ebd. 1980 den Status eines Zen-Lehrers, 1983–2001 Leiter des «Meditationszentrums St. Benedikt» im ehem. Internat der Abtei Münsterschwarzach, 2001 von der kathol. Kirche m. Auftritts-, Schreib- u. Redeverbot belegt (das er ignorierte), 2003–07 Leiter eines Bildungshauses in

Holzkirchen. – Erinn., Pred., (rel. u. esoter.) Fachschrift.

Schriften (Ausw.): Kontemplation, Gottesbegegnung heute. Der Weg in der Erfahrung nach Meister Eckehart und der «Wolke des Nichtwissens», 1982 (Neuausg. u. d. T.: Kontemplation. Gott begegnen – heute, 2002); Kontemplatives Beten. Einführung nach Johannes vom Kreuz, 1985; Die Welt, eine Herausforderung an die Christen. Entwicklungshilfe aus christlicher Motivation, 1986; Suche nach dem Sinn des Lebens. Bewußtseinswandel durch den Weg nach innen. Vorträge, Ansprachen, Erfahrungsberichte, 1991; Suche nach der Wahrheit. Wege, Hoffnungen, Lösungen, 1998; Die Welle ist das Meer. Mystische Spiritualität, 2000; Der Himmel in dir. Einübung ins Körpergebet (m. B. Grimm) 2000 (auch als CD, 2001); Wohin unsere Sehnsucht führt. Mystik im 21. Jahrhundert. Ansprachen, Predigten, Inspirationen, 2003; In jedem Jetzt ist Ewigkeit. Worte für alle Tage (hg. C. QUARCH) 2003; Aufbruch in ein neues Land. Erfahrungen eines spirituellen Lebens (Erinn.; hg. DERS., C. VON COLLANDE) 2003; Wiederkehr der Mystik. Das Ewige im Jetzt erfahren, 2004; «... denn auch hier sind Götter». Wellness, Fitness und Spiritualität (m. C. Quarch) 2004; 27 Perlen der Weisheit (hg. K. NIMURA-ECKERT) 2004 (Fotos G. Aumeier); Das Leben endet nie. Über das Ankommen im Jetzt, 2005 (auch auf CD, 2007); Das Leben ist Religion. Stationen eines spirituellen Weges (Erinn.; hg. C. QUARCH) 2005; Westöstliche Weisheit. Visionen einer integralen Spiritualität, 2007; Anders von Gott reden, 2007 (Bilder P. Wagner); Über die Liebe (hg. U. RICHARD, C. SPANNBAUER) 2009 (dass.); Zen im 21. Jahrhundert (m. D. Zölls, A. Poraj) 2009; Kontemplation – ein spiritueller Weg (m. F. N. Müller, B. Grimm) 2010; Ewige Weisheit. Das Geheimnis hinter allen spirituellen Wegen, 2010; Finde deinen inneren Weg (hg. R. WALTER) 2011; Das Geheimnis jenseits aller Wege. Was uns eint, was uns trennt (m. A. Grün; hg. W. NONHOFF) 2013.

Herausgebertätigkeit: Du und die Weltmission. Ein Werkbuch zum Thema Weltmission, 1963 (überarb. Neuausg. 1965); Gebet des Schweigens. Eine Schule der Kontemplation, nach der «Wolke des Nichtwissens» [...] (m. Einl. hg.) 1984; Geh den inneren Weg. Texte der Achtsamkeit und Kontemplation (Anthol.; m. Einl. hg.) 1999; Gesang der Stille. Spirituelle Gedichte der Weggemeinschaft W. J. (m. C. Spannbauer) 2004 (Bilder G. Schneidewind); Zen at Work. Manager und Meditation. Einzigartige Erfahrungsberichte aus der Führungsetage (m. P. J. Kohtes) 2009 (Fotografien M. Campo); Die Flöte des Unendlichen. Mystische Rezitationstexte aus Ost und West (m. B. Grimm) 2009 (Bilder P. Wagner); Wolke des Nichtwissens und Brief persönlicher Führung. Der Klassiker der Kontemplation (m. Einl. hg.; Nachw. B. UHDE) 2011.

Ausgaben: Die schönsten Texte (Slg., hg. C. QUARCH, E. WALCHER) 2010 (überarb. Neuausg. 2012).

Bild- und Tonträger: Religion in der Krise (Kompaktkassette) 1997; Mythen. Erlösung (dass.) 1997; Ansprachen (dass.) 1997; Der transpersonale Bewußtseinsraum, Erkenntnisweg der Zukunft (dass.) 1999; Der Mensch ist ganz – Kooperation statt Arroganz (dass.) 2002; Integrale Spiritualität (dass.) 2003 (auch als CD u. d. T.: Grundlagen der integralen Spiritualität, 2003); Der goldene Wind. Die Kunst des Älterwerdens (CD; hg. B. GRIMM) 2005; Ganz Mensch sein (dass.) 2006; Es gibt keinen Tod (dass.) 2006; Der Atem der Stille. Mystik heute. Vortrag u. Gespräch (DVD; m. D. Steindl-Rast) 2006; Heil-Sein. Spiritualität und Gesundheit (CD) 2007.

Literatur: Mystik – Spiritualität der Zukunft. Erfahrungen des Ewigen. ~ zum 80. Geb.tag (hg. P. LENGSFELD) 2005; M. FRICKEL, Strenge Tage in St. Ludwig (in: Das Leben ist Rel. Stationen eines spirituellen Weges, hg. C. QUARCH, S. 24–26) 2005; G. RAIML, Der Weichensteller (ebd., S. 48–53); G. WILLEMS, Beinahe ein Workaholic (ebd., S. 59–67); G. MAYER, «Mach es noch mal» (ebd., S. 74–76); M. von BRÜCK, Zen um Mitternacht (ebd., S. 84–90); J. RIECK, Immer fünf Schritte voraus (ebd., S. 101–104); B. GRIMM, Türen öffneten sich (ebd., S. 114–120); S. OSTERTAG, Annehmen, was ist (ebd., S. 130–137); A. POTAJ, Unterwegs im Land der Madonnen. Ein Reisetgb. (ebd., S. 153–167); D. ZÖLLS, Leben im Augenblick (ebd., S. 174–178); A. MAHR, ~' Frage (ebd., S. 179f.) 2005; M. BARNES, Expanding Catholicity. The Dialogue with Buddhism (in: New Blackfriars 88, H. 1016, S. 399–409) Oxford 2007; C. KOHLI REICHENBACH, Gleichgestaltet dem Bild Christi. Krit. Unters. zur geistl. Begleitung als Beitr. zum Spiritualitätsdiskurs (Diss. Zürich) 2011.   KK

Jäger, Willy, * 26. 7. 1896 Elberfeld (später zu Wuppertal), † um 1984 vermutl. Bottrop; Jour-

nalist; nicht zu verwechseln m. dem gleichnamigen Komponisten (1895–1986), 1914–18 Soldat im 1. Weltkrieg, studierte Staats- u. Ztg.wiss. an der Univ. Münster, ebd. Volontariat, Red. der «Osnabrücker Volksztg.», ab 1920 polit. Red. u. Chefred. der Ztg. «Aachener Volksfreund», dort Kunst- u. Schausp.kritiker, lebte ztw. in Rüdesheim/Rhld., wahrscheinl. Soldat im 2. Weltkrieg, 1948–76 Mitbegr. u. Chefred. der Lokalred. des «Westdt. Allg. Anzeigers» in Bottrop. – 1980 Förderpreis der hist. Gesellsch. Bottrop (seit 1984 umbenannt in «W.-J.-Preis»). – Erz., Kritik, Feuill., Roman.

Schriften: Tochter zweier Mütter (Rom.) 1948; Bottrop gestern. Anekdoten, Geschichten und Bilder aus der guten alten Zeit, 1979.

Literatur: Reichshdb. der dt. Gesellsch., Bd. 1, 1930.   KK

Jägersberg, (Horst) Otto (Ps. Göran Göransson), * 19. 5. 1942 Hiltrup (später zu Münster/Westf.); Buchhändler, Journalist, Dramaturg, Verlagsmitarb., Regisseur, Schriftst., lebt in Baden-Baden; Sohn eines Eisenbahnbeamten, ab 1957 Ausbildung zum Buchhändler in Münster, bis 1965 Buchhändler in Berlin (West), Frankfurt/M., Zürich, München u. Münster, daneben Journalist u. Theaterdramaturg, ab 1963 Mitarb. von Victor Otto → Stomps' «Eremitenpresse» in Stierstadt/Taunus, 1965–68 Fernsehred. beim WDR in Köln, 1969/70 Mitarb. der Olympia-Press u. des März-Verlags, dann freier Schriftst. u. Regisseur u. a. in Rodenkirchen (später zu Köln), Köln-Rath u. Baden-Baden, Ende der 1980er-Jahre schauspieler. Tätigkeit, u. a. 1987 in dem Fernsehfilm «Da Capo», seit 1997 Mitarb. der Kulturred. des SWF-Fernsehens (später SWR) in Baden-Baden, verf. zahlr. Drehb. für Dokumentarfilme u. Fernsehsp., u. a. für die 13-teilige Fernsehserie «Die Pawlaks» (1982). – Mitgl. des P.E.N.-Zentrums Deutschland. – Förderpreis der Stadt Köln, 1980/81 Villa-Massimo-Stipendium, 1984 Lit.preis der Landeshauptstadt Stuttgart, 1986 Jahresstipendium des Landes Baden-Württemberg. – Rom., Erz., Lyrik, Fernsehsp., Hörsp., Ess., Kdb., Jgdb., autobiogr. Aufz., Übers. (aus dem Amerikanischen).

Schriften: Weihrauch und Pumpernickel. Ein westpfälisches Sittenbild, 1964; Nette Leute (Rom.) 1967 (verfilmt 1970, Regie F. J. Spieker); Der Waldläufer Jürgen (Gesch.) 1969 (Grafik J. Wölbing); Der große Schrecken Elfriede. Ein Lehrbuch von O. J. mit Bildern von Victo-

ria Chess für höfliche, nette, liebe, zuvorkommen-
de und bescheidene Kinder, 1969 (Neuausg. ohne Untert. 1997); Cosa Nostra. Drei Stücke aus
dem bürgerlichen Heldenleben, 1971; Rüssel in
Komikland, 1972 (Comics L. Leonhard); Glücks-
ucher in Venedig, I, II (Nachw. M. HERCHENRÖ-
DER), 1973/74 (dass.; Tb.ausg. von Bd. 1 m. leicht
geänd. Titelschreibweise u. dem Untert.: Flabby
Jacks fantastische Abenteuer, Anm. M. HERCHEN-
RÖDER, 1974; Tb.ausg. von Bd. 2 u. d. T.: Flucht
aus den Bleikammern, dass., 1975); Das Kinder-
gasthaus (Jgdb.) 1973 (Bilder H. Baerenz; Neuausg. 1978, Bilder W. Voss); Land. Ein Lehrstück
für Bauern und Leute, die nichts über die Lage auf
dem Land wissen (Lehrst., Fernsehsp.) 1975; He he,
ihr Mädchen und Frauen. Eine Konsum-Komödie
(Lehrst.) 1975; Seniorenschweiz. Reportage unserer Zukunft (dass., Fernsehsp.) 1976; Der industrialisierte Romantiker (dass.) 1976 (Neuausg. m.
dem Untert.: Reportage unserer Umwelt, 1978);
Der letzte Biß (Erzn.) 1977; Empörte Frauen, 1980
(Illustr. T. Jensch u. a.); Die Pawlaws. Eine Ge-
schichte aus dem Ruhrgebiet. In der Regie von
Wolfgang Staudte. Fernsehfilm in zwölf Teilen für
ZDF und ORF (Materialbd.) 1982; Der Herr der
Regeln (Rom.) 1983; Vom Handel mit Ideen (Ge-
schn.) 1984; Liebesperlen (Ged.) 1984 (Zeichn. A.
Hüppi); Wein, Liebe, Vaterland (Ged.) 1985 (erw.
Tb.ausg. 1993); Dr. Georg Groddeck in Baden-
Baden, 1991 (2., überarb. Aufl. m. leicht geänd.
Titel, 2009); 93. Februar, 1993 (Radierungen W.
Berges); Karl Manfred Rennertz, «Feuer & Flam-
me». Galerie Raphael Rigassi, Bern [...] (Aus-
st.kat.; m. I. Fehle, P. Friese) 1995; Hohe Eier. 99
Meisterstücke für 1999 (m. R. Braxmaier) 1999;
Diethard Blaudszun, 3 Räume (Ausst.kat.; m. G.
Honnef) 2001; Deutsche Tiefe. Gedichte und Bil-
der (hg. M. KUSSMANN) 2002 (Bilder D. Krieg); Das
zweite Leben der Bücher, 2002; Artmann 1961,
1993, 2003; Wie Kafka beinah nach Baden-Baden in Groddecks Sanatorium gekommen wäre
– vielleicht (Kalendergeschn.) 2005 (Aquarelle A.
Hüppi); Diethard Blaudszun – Hornisgrinde 2009
(Ausst.kat.) 2009; O. J. – Bilderbuch (Ausst.kat.)
2011; Armlang gearbeitet und handbreit gehandelt.
Zur Stierstädter Bleizeit, 2011 (Illustr. A. Schinde-
hütte).

Übersetzungen: T. Ungerer, Basil Ratzki (Fabel)
1967.

Herausgebertätigkeit: Oldtimer. Ein Fotoalbum,
1971; H. H. Schmitz, Buch der Katastrophen.

Vierundzwanzig tragikomische Geschichten (m.
Vorw. hg.) 1966 (Holzstiche H. Hussel); Georg Groddeck. Der wilde Analytiker, Es-Deuter,
Schriftsteller, Sozialreformer und Arzt aus Baden-
Baden (Dok., Schr.) 1984; G. Groddeck, Satanari-
um, 1992 (Nachdr.); ders., Der Seelensucher. Ein
psychoanalytischer Roman, 1998 (dass.); ders., Die
Arche, 3 Bde., 2001 (dass.); Wege zum Es. 4. Symposium der Georg Groddeck-Gesellschaft (m. M.
Giefer, W. H. Krause) 2010; 25 Jahre Georg-Grod-
deck-Gesellschaft (m. M. Giefer, W. H. Krause;
red. B. SCHUH) 2011.

Ausgaben: Vier Lehrstücke unserer Zeit, I Land
[...], II He he, ihr Mädchen und Frauen [...],
III Seniorenschweiz [...], IV Der industrialisierte
Romantiker [...], 1978; Flabby Jacks fantastische
Abenteuer, I Rüssel im Komikland, II Glückssu-
cher in Venedig (I), III Glückssucher in Venedig
(II), IV Leben und Traum mit Schellenfusz, 1979
(Ausg. im Schuber; Comics L. Leonhard).

Bild- und Tonträger: Goethes italienische Reise (DVD; Drehb., Regie) 1999; «Weihrauch und
Pumpernickel». Literatur und Jazz. Vom 18. Oktober 2007 (CD m. Beil.; hg. W. GÖDDEN) 2007;
Die Hamburger Krankheit (DVD; Drehb., m. P.
Fleischmann, R. Topor) 2010 (Regie P. Fleischmann); Unter Bauern. Retter in der Nacht (DVD;
Drehb., m. I. Moszkowicz, H. Schleef) 2010 (Regie L. Boeken; Sonderausg., 2 DVDs, 2011).

Literatur: Schmidt, Quellenlex. 14,398. – KLG;
Munzinger-Arch.; Lennartz 2,824; LexKJugLit
2,50; Killy 6,67; NHdG 566; Autorenlex. 382;
Westfäl. Autorenlex. 4,341 (auch Internet-Edition); Killy ²6,85. – K. BATT, ~, ‹Weihrauch u. Pumpernickel› (in: NDL 14, H. 1, S. 100f.) 1966; ~,
‹Nette Leute›, ‹Weihrauch u. Pumpernickel› (in:
Der Rom.führer [...] 16, hg. A. C. BAUMGÄRT-
NER) 1979; M. DURZAK, Die dt. Kurzgesch. der
Ggw. Autorenporträts, Werkstattgespräche, Interpr., 1980; C. W. SCHMITT, Novitäten-Informatio-
nen aus erster Hand. Das Autoren-Interview. Z. B.
mit ~. Das lit. Talent von einst meldet sich zurück
(in: Börsenbl. Frankfurt 39, S. 1612–1614) 1983;
F. LENNARTZ, Dt. Schriftst. des 20. Jh. im Spiegel
der Kritik, Bd. 2, 1984; ~, ‹Der Herr der Regeln›
(in: Der Rom.führer [...] 18, hg. B. u. J. GRÄF)
1987; H. J. ALPERS u. a., Lex. der Science Fiction
Lit., 1988; G. von WILPERT, Dt. Dichterlex. Biogr.-
bibliogr. Handwb. zur dt. Lit.gesch., ³1988; M.
DURZAK, Die Kunst der Kurzgesch., 1989; Autoren
in Baden-Württ., 1991; R. SCHLEPPER, Was ist wo

interpretiert?, [8]1991; Lex. dt.sprachiger Schriftst. 20. Jh. (hg. K. BÖTTCHER u. a.) 1993; K. BRÜNE, Autorenlex. dt.sprachiger Drehb. für Kino u. Fernsehen 1945–1993, 1994; E. NETENJAKOB, TV-Filmlex. Regisseure, Autoren, Dramaturgen 1952–1992, 1994; W. GÖDDEN, Ein Kenner guter Küche, Pilze u. Manieren. Über ~ (in: Westf.spiegel 46, H. 2, S. 30f.) 1996; «Ich denke mir eine Welt». Lit. in Nordrhein-Westf. 1946–1970 (hg. C. HOLLENDER, J. A. KRUSE) 1998; Lex. Lit.verfilmungen [...] 1945–2000 (zus.gestellt K. M. u. I. SCHMIDT) [2]2001; PEN. A World Association of Writers. Zentrum Dtl. Autorenlex. 2012/13 (Red. R. SCHWEIKERT) 2012; Autorinnen u. Autoren in Baden-Württ. (Internet-Edition).   KG

Jägerstätter, Franz (geb. Huber), ★ 20. 5. 1907 St. Radegund/Oberöst., †9. 8. 1943 Brandenb./Havel (hingerichtet); Landwirt; Sohn einer Bauernmagd, 1917 durch den Stiefvater adoptiert, 1927 Landwirt in Teising/Oberöst., bis 1930 Bergarbeiter in Eisenerz/Steiermark, stimmte 1938 gg. den «Anschluss» Öst. an das Dt. Reich, 1943 aus rel. Gründen Verweigerung des Dienstes in der Dt. Wehrmacht, Untersuchungshaft in Linz u. Berlin-Tegel, am 6.7.1943 vor Gericht gestellt u. wegen «Zersetzung der Wehrkraft» zum Tode verurteilt; ab den 1960er-Jahren Aufarbeitung u. Würdigung F. J.s, seit den 1980er-Jahren jährl. Gedenkfeiern, 1993 Einrichtung einer Gedenkstätte, 1997 Einleitung des Seligsprechungsverfahrens durch die röm.-kathol. Kirche, 2007 Seligsprechung, sein Leben wurde in mehreren Filmen, Dr., einer Messe u. einer Oper dargest., u. a. 1971 in dem Dokumentar-Spielfilm «Der Fall F. J.» (später «Die Verweigerung») von Axel Corti (1933–1999); der schriftl. Nachl. F. J.s ist ges. u. in Ausz. in weiteren Publikationen veröffentlicht. – Briefw., autobiogr. Aufz., Lyrik.

Ausgaben: Gefängnisbriefe und Aufzeichnungen. F. J. verweigert 1943 den Wehrdienst (hg. E. PUTZ) 1987; F. J. Der gesamte Briefwechsel mit Franziska. Aufzeichnungen 1941–1943 (dass., Geleitw. M. SCHEUER) 2007.

Literatur: LThK 5,710; Biogr.-Bibliogr. Kirchenlex. 14,1108; DBETh 1,705; DBE 5,290. – G. C. ZAHN, Er folgte seinem Gewissen. Das einsame Zeugnis des ~, 1967 (Nachdr. 1979); V. CONZEMIUS, ~ – Der Aufstand des Gewissens (in: Das Bistum Linz im Dritten Reich, hg. R. ZINNHOBLER, S. 336–347) 1979; Zum «Fall ~», kathol. Verweige-

rer des Hitler-Eides († 1943). (Ergänzendes) (Dok. u. a.; hg. F. LOIDL) 1982; B. KENT, ~, erw. u. aktual. NA 1986; A. RIEDL, Die Causa ~ (in: Theolog.-prakt. Qschr. 135, H. 3, S. 229) 1987; G. BERGMANN, ~. Ein Leben vom Gewissen entschieden, von Christus gestaltet, [2]1988 (m. dem ges. schriftl. Nachl. ~s); E. PUTZ, ~. «... besser die Hände als der Wille gefesselt ...», NA 1997; J. BERGER, Versuch einer Annäherung an sein theolog. u. philosoph.-polit. Denken, 1989; N. HAASE, Gott mehr gehorcht als dem Staat. ~ vor dem Reichskriegsgericht. Eine Dokumentation (in: Tribüne. Zs. zum Verständnis des Judentums 29, H. 114, S. 198) 1990; M. WINKLBAUER, Das Vermächtnis. Ein authent. St. n. dem Leben des ~, 1991; A. MAISLINGER, Der Fall ~ (in: Dok.arch. des öst. Widerstandes. Jb. 6, S. 20–32) 1991; I. ACKERL, F. WEISSENSTEINER, Öst. Personenlex., 1992; Dokumentation zum 50. Todestag von ~, 1993; K. BENESCH, Die Suche n. ~. Ein biogr. Rom., 1993; Lex. des Widerstandes 1933–1945 (hg. P. STEINBACH, J. TUCHEL) 1994; R. MOOS, Vergangenheitsbewältigung der Militärgerichtsbarkeit. Auch ein Beitr. zu ~ (in: Journal für Rechtspolitik 2, H. 2, S. 135–148) 1994; P. G. SCHOENBORN, Alphabete der Nachfolge. Märtyrer des polit. Christus, 1996; A. RIEDL, J. SCHWABENEDER, Einf. (in: ~. Christl. Glaube u. polit. Gewissen, hg. DIES., S. 9–17) 1997; J. SCHWABENEDER, Kurzbiogr. von ~ (ebd., S. 18–20); E. PUTZ, ~ verweigert den Militärdienst. Gründe – Reichskriegsgericht – Sanitätsdienst (ebd., S. 25–41); M. SCHEUER, ~. Ein Leben aus dem Glauben (ebd., S. 42–62); F. REISINGER, Bergen – Mahnen – Klagen. Bem. zu einer not-wendigen Kultur des Erinnerns (ebd., S. 139–159); J. BERGSMANN, Zw. Ablehnung u. Hochschätzung. Zur Rezeptionsgesch. ~s (ebd., S. 160–175); D. J. MOORE, Die Wirkungsgesch. ~s im Rahmen der US-amerikan. Friedensbewegung (ebd., S. 176–191); A. RIEDL, Gewissen im Konflikt. Weg u. Wertung der Entscheidung ~s (ebd., S. 192–210); W. MOLINSKI, ~s Wehrdienstverweigerung im «Dritten Reich» (ebd., S. 211–238); W. PALAVER, ~ u. die Entwicklung der kathol. Friedensethik n. dem 2. Weltkrieg (ebd., S. 239–250); S. RENOLDNER, ~s Widerstand gg. den Nationalsozialismus (ebd., S. 251–276); J. SCHWABENEDER, ~ – ein «polit. Märtyrer» (ebd., S. 277–318); J. NIEWIADOMSKI, «Heilige für unsere Zeit». Zur Problematik u. Bedeutung der Kanonisationsverfahren (ebd., S. 319–330); Ausgew. Bibliogr. zu ~ (ebd., S. 344–346) 1997; A. RIEDL u. a., «Selig ...

die Verfolgung leiden» (MT 5,10). Erwägungen im Hinblick auf eine Seligsprechung ~s (in: Theolog.-prakt. Qsch. 145, H. 3, S. 281–286) 1997; P. MERTZ, Der Fall ~. Nach 52 Jahren rehabilitiert (in: Luther. Monatsh. 36, H. 9, S. 34–36) 1997; M. MESSERSCHMIDT, Aufhebung des Todesurteils gg. ~ (in: Krit. Justiz 31, H. 1, S. 99–106) 1998; ~. Zur Erinn. seines Zeugnisses. Eine Handreichung, ²2001; E. PUTZ, ~. Reibebaum einer alleingelassenen Generation (in: Ge-Denken. Mauthausen, Gusen – Hartheim – St. Radegund, hg. M. SCHEUER, S. 88–129) 2002; M. SCHEUER, Gott oder Führer. Zur Inspiration u. Provokation ~s (ebd., S. 184–204) 2002; Wir haben einander gestärkt. Briefe an Franziska J. zum 90. Geb.tag (hg. E. PUTZ, M. SCHEUER) 2003; T. SCHLAGER-WEIDINGER, ~. Aus dem Rahmen der Gesellsch., 2003 (CD-ROM); Öst.-Lex. (hg. E. BRUCKMÜLLER) Bd. 2, 2004; R. ZINNHOBLER, M. WÜRTHINGER, Von Florian bis ~. Glaubenszeugen in Oberöst., 2004; M. SCHEUER u. a., Selig die keine Gewalt anwenden. Das Zeugnis des ~, 2007; DERS., Es gibt dich, weil Augen dich ansehen. Zum Zeugnis von ~ (1907–1943) (in: Diakonia 38, H. 3, S. 205–212) 2007; E. PUTZ, ~. Märtyrer. Leuchtendes Beispiel in dunkler Zeit, 2007; H. SCHEIBENPFLUG, ~ – Ein Verräter, der Vaterland u. Familie im Stich ließ? Arigona Zogaj – eine Erpresserin des Staates?, 2007; E. PUTZ, ~ u. Franziska J.: «Offensichtl. zeigt Gott manchmal seine Kraft» (in: ~ – Christ u. Märtyrer, red. S. RENOLDNER, S. 7–13) 2007; T. SCHLAGER-WEIDINGER, ~: Ein jahrzehntelanger Auf- u. Anreger (Etappen einer Wirkgesch.) (ebd., S. 17–23); A. RIEDL, S. RENOLDNER, ~: Gott gehorchen – mehr als den Menschen (ebd., S. 29–34) 2007; A. CORTI, Der Fall ~ (Dokumentar-Spielfilm) 2007 (DVD); Liebe Franziska! Lieber Franz! Junge Briefe an die J.s (hg. T. SCHLAGER-WEIDINGER, E. PUTZ) 2008; G. GIRARDI, ~. La morale della coscienza e della responsabilità (in: Rivista di teologia morale 40, H. 157, S. 41–47) Bologna 2008; T. SCHLAGER-WEIDINGER, «... u. wenn es gleich das Leben kostet» – ~ u. sein Gewissen, 2010; C. G. ZUCCONI, Christus oder Hitler? Das Leben des seligen ~, 2011; F. MITTERER, ~ – Theaterst., 2013; ~. 1907–1943 (Internet-Edition).   KG

Jäggi, Beat, * 4. 12. 1915 Fulenbach/Kt. Solothurn, † 6. 2. 1989 Bern; Journalist, Kaufmann, Schriftst.; Sohn eines Posthalters, besuchte die Handelsschule, Politikjournalist, Sekretär der Frei-

sinnig Demokrat. Partei (FDP) der Schweiz, dann Außenhandelsmitarb. des Schweiz. Serumu. Impfinst. in Bern, ab 1959 Chefred. der Zs. «Schwyzerlüt», Präs. der «Schweiz. Gesellsch. volkstüml. Autoren, Komponisten u. Verleger», sprach auch mehrere Tonaufnahmen seiner Werke ein, zahlr. seiner Ged. wurden als Volkslieder vertont, u. a. von Theodor Schweizer (1916–2001) u. Ernst Märki (1901–1980), sein «Soledurner Wiehnachts-Oratorium» (1983) vertonte Urs Joseph Flury (* 1941), 1999 Verleihung des B.-J.-Preises für Mundartliteratur. – 1950 Anerkennungspreis der Solothurner Regierung, 1976 Lit.preis der Stiftung Pro Libertate, 1979 Kulturpreis des Kt. Solothurn, 1984 Lit.preis des Athenaeum Clubs der Schweiz. – Lyrik, Erz., Nov., Kdb., Mundart (Solothurner).

Schriften: Heimatbode. Es Chrättli Poesie vom Land, 1936; Hagröseli. Värsli us junge Tage, 1938; Dys Gärtli. Es Chränzli neui Värsli, 1940 (Selbstverlag); Sunneschyn und Räge. Es Hämpfeli neui Värsli, 1946 (dass.); Chinderhärz – Mueterhärz. Värsli für i jedes Haus, 1950; Liechtli im Dezämber, 1955 (5. Aufl. m. dem Untert.: Värsli und Sprüchli für die Chlyne zum Ufsäge und zum Vorläse für Samichlaus und Wiehnacht, 1966); Wiehnachtszyt, schöni Zyt!, 1958 (4., erw. Aufl. 1973); Gschichte usere liebe Wält, 1958; s Muetti verzellt. 14 Märli und Geschichte für die liebe Chinder, 1960 (Illustr. I. Rotter; spätere Ausg. m. der Schreibweise «Mueti»); Freud im Hus. Värsli und Sprüchli für die Chlyne zum Ufsäge und zum Vorläse. Samichlaus, Wiehnacht, Ostertag, Muetertag, 1961 (spätere Ausg. m. der Schreibweise «Huus»); Tautröpfli. Värse für Härz und Gmüet, 1961 (3., erw. Aufl. 1982); Em Liecht ergäge! Advänts- und Wiehnachtsgschichte zum Vorläse, 1963 (3., erw. Aufl. 1972); So isch s Läbe. Arnschti und heiteri Gschichte, 1964; Loset Chinder. Acht Märli und Gschichtli zum Vorläse und Verzelle, 1964 (Illustr. I. Rotter); Under de Stärne. Värse für Freud und Leid, 1965 (Zeichn. L. Weiss-Tosin); Schwärs und Liechts. Gschichte vo geschter und hüt, 1967; Chlyni Wunder. Wiehnachtsgschichte, 1967 (2., durchgearb. Aufl. 1974); Värse für jedes Fäscht. Üsi chlynere und grössere Chind sägen uuf, 1967; 'S isch nume der Godi. Es Stück us de Schwyzerbärge i drei Ufzüge, 1970; En Igelfamilie. Igelgschicht i Värse, 1970 (Illustr. W. Hug); Der Fröscheprinz und anderi Fröschegschichte, 1972 (dass. L. Tosin); Helvetia, dyni Buebe! ... Zahmi & pfäffe-

reti Värse, 1973 (dass. Lindi); Juhui es Gschichtli! Us em Märlichratte, 1973 (2., erw. Aufl. 1983);
Mir lose zue. Märli und Gschichtli für die chlyne Gwunderfitze, 1974; Säg jo zum Läbe. Värse für
jede Tag, 1975 (Jubiläumsausg. 1977); Guet Nacht
mys Chind. 12 Märli für am Obe, 1976; Niemer
springt über sy Schatte. Gschichte us allne Schichte, 1979; Chumm is Märliland. Eine Hampfele Ge-
schichtli, 1980; Begägnige. Gschichte vo bsundere
Lüüte, 1980; 50 Jahre Landfrauenverein Oberbot-
tigen, 1931–1981, 1981; Erfahrige. Gschichte zum
Nochedänke, 1982; Verzell no öppis. E Hampfele Märli, 1983; S grosse Glück. Värse für jungi
Müeter, 1983; Streifzug durch Bern (Verse; hg. H.
Erpf) 1984 (Aquarelle N. Schmidt); Heiteri Moral.
Gschichte zum Schmunzle, 1984; Spure. Gschich-
ten us em Alltag, 1984; Chumm hei. Värse us Johr
und Tag, 1985.
Herausgebertätigkeit: Gruss und Glückwunsch an
Albin Fringeli zu seinem 75. Geburtstag am 24.
März 1974 (m. A. Gerster, E. Stebler) 1974.
Nachlass: Gemeinde Fulenbach.
Literatur: HLS (Internet-Edition). – G. Schmid,
~ (in: Schwyzerlüt 19, H. 2) 1957; H. U. Habegger, A. Heeb, ~. Mundartdichter, 4. Dezember
1915 – 6. Februar 1989, 1989 (Ausz. in: Fulenbach
Gemeinde, Internet-Edition); Schweizer Lex., Bd.
3, 1992; B. Sowinski, Lex. dt.sprachiger Mundartautoren, 1997; Y. Bättig, M. Wagner, Bibliogr.
der Berner Schriftstellerinnen u. Schriftst. 1950–
1993, 1997; Literapedia Bern. Das Lex. der Berner Schriftstellerinnen u. Schriftsteller (Internet-
Edition).　　　　　　　　　　　　　　　　KG

Jaeggi, Eva, * 12. 2. 1934 Wien; in den 1960er-
Jahren m. Urs → J. verh., Mutter der Philoso-
phin Rahel Jaeggi (* 1966); Psychologin, Psychotherapeutin, lebt in Berlin; studierte Psychol., Philos. u. Gesch. an der Univ. Wien, 1957 Dr. phil.
ebd., 1957–61 Assistentin an der Sozialforsch.stelle
Dortmund, übersiedelte 1961 n. Bern, Betriebs-
psychologin, 1962–67 für die Akadem. Berufsbera-
tung Bern tätig, 1967–72 Mitarb. u. dann Leiterin
der Psycholog. Beratungsstelle im Stud.büro der
Univ. Bochum, ab den 1970er-Jahren zudem Psychotherapeutin in freier Praxis, 1972–78 Assistenzprof. an der FU Berlin, 1978 Habil. ebd., 1978–
1999 (emeritiert) Prof. für Klin. Psychol. an der
TU Berlin, 1987–92 Ausbildung zur Psychoana-
lytikerin, ab 1998 Mitgl. u. Doz. des Berliner Inst.
für Psychotherapie u. Psychoanalyse, seit 1998 Lei-

terin des Fachbereichs Tiefenpsychol. an der Berliner Akad. für Psychotherapie. – Sachb., Ratgeber,
Fachschr., Autobiografie.
Schriften (Ausw.): Auch Fummeln muß man
lernen, 1978; Kognitive Verhaltenstherapie. Kritik und Neubestimmung eines aktuellen Konzepts,
1979; Wir Menschenbummler. Autobiographie einer Psychotherapeutin, 1983 (erw. Neuausg. u. d.
T.: Neugier als Beruf, 1991); Psychologie und Alltag (Aufs.slg.) 1987; Gibt es auch Wahnsinn, hat es
doch Methoden ... Eine Einführung in die klinische Psychologie aus sozialwissenschaftlicher Sicht
(m. R. Rohner, P. M. Wiedemann) 1990 (durchges. Tb.ausg. 1997; Neuausg. u. d. T.: Klinische
Psychologie, was ist das? Eine Einführung aus sozialwissenschaftlicher Sicht. Gibt es auch Wahnsinn, hat es doch Methoden, 1999); Ich sag' mir
selber guten Morgen. Single – eine moderne Lebensform, 1992; Zu heilen die zerstoßnen Herzen. Die Hauptrichtungen der Psychotherapie und
ihre Menschenbilder, 1995 (auch als Vortr. auf
Tonkassette 1996); Liebesglück – Beziehungsar-
beit. Warum das Lieben heute schwierig ist, 1999;
Liebe lieber ungewöhnlich, 2002; Techniken und
Theorien der tiefenpsychologisch fundierten Psychotherapie (m. V. Riegels, unter Mitw. von H.
Möller) 2008; Alte Liebe rostet schön. Was Paare
zusammenhält, 2013.
Herausgebertätigkeit: Zwischen den Zeilen. Literarische Werke psychologisch betrachtet (m. H.
Kronberg-Gödde, G. Gödde) 2004.
Tonträger (Ausw.): Im Spiegelkabinett der The-
rapieschulen. Vortrag 1995, Urania Berlin (Tonkassette) 1996; Neue Störungen, neue Patienten, neue
Therapien (dass.) 1997; Psychotherapie zwischen
Abstinenz und Bemutterung (dass.) 1999; Der Psychotherapeut und sein Menschenbild (dass.) 1999;
Der Psychotherapeut. Aufklärer – Erlöser – Sinn-
geber? (dass.) 2002.
Literatur: H. Möller, Ein Streifzug durch Leben u. Werk von ~ (in: Psychotherapie – Profes-
sion oder Wiss. Symposium zur Ehrung von ~,
hg. dies., W. Hegener, S. 5–9) 2000; I. Gleiss,
Verhaltenstherapie u. Weltrevolution – Die Jahre am P. I. (ebd., S. 10–13); W. Hegener, «Alles
ist ja nur symbol. zu nehmen, und überall steckt
noch etwas anderes dahinter» (Goethe) – Warum ~
nicht Verhaltenstherapeutin geblieben ist (ebd., S.
14–17); H. Legewie, ‹Gibt es auch Wahnsinn, hat
es doch Methode› – ~ als forschende Praktikerin
u. praktizierende Forscherin (ebd., S. 27–33); B.

Müller-Bülow, Leben u. Arbeiten m. ~: Vignette aus der Perspektive einer Promovendin (ebd., S. 48f.); M. Heine, [dass.] Vignette aus der Perspektive eines Kollegen (ebd., S. 50–52); C. Cordiviola, [dass.] Vignette aus der Perspektive einer Studierenden (ebd., S. 53f.); T. Leithäuser, [dass.] Vignette aus der Perspektive eines Mitbegr. der NGfP (ebd., S. 55–57); H. Wiesweg, [dass.] Vignette aus der Perspektive eines Mitschülers (ebd., S. 58f.); G. Gödde, Ein Projekt m. Perspektive – Die Ausbildung in tiefenpsycholog. fundierter Psychotherapie (ebd., S. 60–64) 2000; A. Schäfer, «Die Lehre Freuds hat mein Leben sehr stark verändert» (in: Psychol. heute 32, H. 6, S. 36–40) 2005; Einhundert Meisterwerke der Psychotherapie. Ein Lit.führer (hg. A. Pritz) 2008; ZeitzeugInnen zur Gesch. der Verhaltenstherapie u. der Dt. Gesellsch. für Verhaltenstherapie (DGVT) in der BRD (Internet-Edition).   KG

Jaeggi, Pauline (geb. Büttiker), * 1868 (Ort nicht ermittelt), † 1963 Muttenz/Kt. Basel-Landschaft; Schriftstellerin; stammte aus Olten/Kt. Solothurn u. Solothurn, 1900 Heirat m. dem Politiker, Genossenschaftler u. Leiter des Verbands der schweiz. Konsumver. Bernhard J. (1869–1944), 1939 zus. m. ihrem Ehemann Stifterin u. a. des Genossenschaftl. Kinderheims Mümliswil/Kt. Solothurn. – Reiseb., Erinn., Schausp., Lied.

Schriften: Zur Einweihung des Genossenschaftshauses der Siedlungsgenossenschaft Freidorf. Sonntag, den 1. Juni 1924, 1924; Meine Nordlandreise. Reisebilder und Erinnerungen, 1926; H. Pestalozzi, Lienhard und Gertrud (Bearb.) 1927.

Herausgebertätigkeit: Am genossenschaftlichen Liederquell. Anthologie genossenschaftlicher Lieder und Gedichte. A la Source de la poésie coopérative. From the Fount of cooperative poetry (Ausw.) 1927; Sängerwort. Kleine Sammlung von genossenschaftlichen und anderen Liedern (dass.) 1930.

Literatur: H. E. Mühlemann, 25 Jahre Kinderheim in Mümliswil, 1964; Dt.sprachige Schriftstellerinnen in der Schweiz 1700–1945 (hg. D. Stump u. a.) 1994; Die Gesch. der nationalen Gedenkstätte. Das Kinderheim Mümliswil – eine Stiftung von Bernhard u. ~ (in: Kinderheime in der Schweiz. Hist. Aufarbeitung, Internet-Edition).   KG

Jaeggi, Peter, * 31. 8. 1946 Deitingen/Kt. Solothurn; Journalist, Fotograf, lebt in Niederwil/Kt.

Aargau; 1967–73 Red. der Fernsehzs. «Tele» in Zofingen/Kt. Aargau, ab 1972 Sprachausbildung an der Columbia Univ. in New York, 1973–78 Chefred. der Zs. «Schweizer Jugend» in Solothurn, 1979/80 Presseverantwortlicher der Ausst. für Garten- u. Landschaftsbau «Grün 80» in Basel, 1980–2012 freier Journalist u. Fotograf sowie ständiger freier Mitarb. des Schweizer Radio DRS, 1981 Geschäftsleitungsmitgl. des «UNO-Jahres der Behinderten», 1981/82 Mithg. des Jugendjb. «Helveticus» (m. F. de Cesco), 1982–90 Presseverantwortlicher der Schweiz. Verein. gg. Tuberkulose u. Lungenkrankheiten, 1990 Medienbetreuung für die Schweiz. Verein. für hirnverletzte Menschen (SVHM), 1992/93 red. Mitarb. der Sendereihe «Grell-pastell» beim SF DRS, produzierte 1993 eine CD-Reihe über das Musikschaffen während der Solothurner Herbstmesse, veröff. zahlr. Beitr. in Ztg. u. Zs., u. a. in den Ztg. «Tages-Anzeiger», «Der Bund», «Welt am Sonntag», «Neue Zürcher Ztg.» u. den Zs. «Das Tier», «Schweizer Illustrierte», «Schweizer Familie», «Brückenbauer», «Spick» u. «Abenteuer & Reisen», verf. zudem mehrere Sonderausg. der Zs. «Schweizer Tierschutz» u. «Ärzte-Journal», erstellte auch Beitr. für den Südwestrundfunk SWR2 und den ORF, zahlr. Rep.reisen. – 1986 TCS-Verkehrssicherheitspreis, 1990 Medienpreis der Verbindung der Schweizer Ärzte FMH, 2000 Zürcher Radiopreis, 2007 Medienpreise der Kt. Aargau u. Solothurn. – Rundfunkbeitr., Feature, Rep., Porträt, Hörb., Jgdb., Sachb., Fernsehskript.

Schriften: Schritte im Kopf. Reto oder die Folgen eines Kinderunfalls, 1985; Menschen in der Tela. Gesichter und Geschichten aus der Fabrik, 1994 (Bilder Hugo J.); Die Hoffnung stirbt zuletzt. Belarus im Jahre Zwölf nach Tschernobyl. U pošukach Belarusi (Ausst.kat.; m. S. Buktschin u. a.; Übers. B. Kasatsschok) 1998 (dt. u. beloruss.; Fotografien S. Bruschko, Hugo J.); Die heilige Kuh. Eine kleine indische Kulturgeschichte, 2009.

Herausgebertätigkeit: Warum der Ströwe die Kule nicht frisst. Schweizer Autoren schreiben und zeichnen für «Denk an mich», 1974 (Cartoons Jals); Als mein Kind geboren wurde, war ich sehr traurig. Spätfolgen des Chemiewaffen-Einsatzes im Vietnamkrieg, 2000 (Fotografien R. Burri u. a.); Hugo J., Nahe am Menschen – Fotografien (Bildbd.; m. P. Pfrunder, auch Beitr.) 2006; Tschernobyl für immer. Von den Atombombenversuchen im Pazifik bis zum Super-GAU in Fukushima. Ein nukleares Lesebuch, 2011.

Tonträger: Lob des Schauens. Ein Porträt zum 95. Geburtstag des LSD-Entdeckers Albert Hofmann. Im Gespräch mit P. J. in der Sendung «z. B.». Produktion: Schweizer Radio DRS (CD) 2001; Bruno Manser. Mein Herz weint wie Todesgesang (Hörb.; CD) 2004; Niederwil SO – Hörbilder. Aus der Seelenlandschaft eines Dorfes (4 CDs m. Booklet) 2006 (auch Sprecher, m. anderen).

Literatur: Solothurner Autorinnen u. Autoren, Nachtr. 2, 1995; Sokultur (Internet-Edition).   KG

Jaeggi, Urs, * 23. 6. 1931 Solothurn; Schriftst., Maler, Bildhauer; in erster Ehe (ab 1961) m. der Psychologin Eva-Maria J. (* 1934) verh.; Sohn eines Notars, 1946–49 Banklehre, 1949–51 Angestellter bei der Konsumgenossenschaft in Genf, 1951–55 Bankbuchhalter bei der Kantonalbank in Solothurn, 1955 Beginn des Philos.- u. Soziologiestud. an der FU Berlin, dann Nationalökonomie- u. Soziologiestud. in Bern, 1959 Dr. rer. pol. an der Univ. Bern, 1959–61 Assistent an der Univ. Münster, seit 1961 Assistent, 1965 Habil., Privatdoz., a. o. Prof. für Soziologie an der Univ. Bern, seit 1966 o. Prof. an der Univ. Bochum, 1970/71 Gastprof. an der New School of Social Research in New York, 1972–93 o. Prof. an der FU in Berlin, seit den 1980er Jahren zahlr. Einzel- und Gruppenausst. in dt. u. schweiz. Galerien u. Museen, trat wegen anhaltender Streitigkeiten um eine Verein. m. dem Ost-P.E.N. 1996 zus. m. anderen Vorstandsmitgl. aus dem Präsidium des P.E.N.-Zentrums zurück. – 1963 Lit.preis der Stadt Bern, 1964 der Stadt Berlin u. 1979 des Kt. Bern, 1981 Ingeborg-Bachmann-Preis, 1987 Kunstpreis des Kt. Solothurn, 1998 Kunstpreis K.N.O.T.E.N, Wien. – Rom., Lyrik, Erz., Ess., Hörsp., Fachschr., Mundart (Schweizer).

Schriften: Die gesellschaftliche Elite. Eine Studie zum Problem der sozialen Macht (Diss.) 1960 (2., erw. Aufl. 1967); Der Angestellte im automatisierten Büro. Betriebssoziologische Untersuchung über die Auswirkungen elektronischer Datenverarbeitung auf die Angestellten und ihre Funktionen (m. H. Wiedemann) 1963; Die Wohltaten des Mondes (Erzn.) 1963; Die Komplicen (Rom.) 1964 (Neuausg. 1982); Berggemeinden im Wandel. Eine empirisch-soziologische Untersuchung in vier Gemeinden des Berner Oberlandes (Habil.-

Schr.) 1965; Der Soziologe, 1966; Der Angestellte in der Industriegesellschaft (m. H. Wiedemann) 1966; Der Vietnamkrieg und die Presse (m. R. Steiner, W. Wyniger) 1966; Curogna (Vorw. P. E. BIANCHI) 1966 (Grafik U. Dickerhof, D. de Quervain; Fotografien A. von Allmen, B. Burkhard); Ein Mann geht vorbei (Rom.) 1968; Ordnung und Chaos. Der Strukturalismus als Methode und Mode, 1968; Macht und Herrschaft in der Bundesrepublik, 1969 (Neufass. u. d. T.: Kapital und Arbeit in der Bundesrepublik. Elemente einer gesamtgesellschaftlichen Analyse, 1973); Für und wider die revolutionäre Ungeduld. Aufsätze und Notizen, 1972; Literatur und Politik (Ess.) 1972; Geschichten über uns. Ein Realienbuch, 1973; Theoretische Praxis. Probleme eines strukturalen Marxismus, 1976; Brandeis (Rom.) 1978; Was auf den Tisch kommt, wird gegessen (Aufs.) 1981; Grundrisse (Rom.) 1981; Kopf und Hand. Das Verhältnis von Gesellschaft und Bewußtsein. Eine Einführung (m. M. Faßler) 1982; Versuch über den Verrat, 1984; Fazil und Johanna (Erzn.) 1985; Heicho (Ged.) 1985; Rimpler (Rom.) 1987; Soulthorn (Rom.) 1990; Lange Jahre Stille als Geräusch, 1999 (Zeichn. U. J.); Kunst, 2002; Weder noch etwas (Rom.) 2008; Durcheinandergesellschaft. Versuche, die Gegenwart zu verstehen, 2008; wie wir (Rom.) 2009; Eudora (Rom.) 2010; folliesophie. prosa lyrik. 2007–2012, 2013; Kunst ist überall, 2014.

Herausgebertätigkeit: Sozialstruktur und politische Systeme, 1976; Revolution und Theorie I Materialien zum bürgerlichen Revolutionsverständnis (m. S. Papcke) 1974; Theorien des Historischen Materialismus (m. A. Honneth) 1977; Geist und Katastrophe. Studien zur Soziologie im Nationalsozialismus, 1983; Mauersprünge. Besondere Berliner Verkehrsformen, 1988.

Nachlass: Bern, Schweiz. Lit.archiv.

Literatur: Albrecht/Dahlke IV/2,837, Schmidt, Quellenlex. 14,398. – Munzinger-Arch.; KLG; Killy 6,68; KNLL 8,544 (‹Brandeis›); NHdG 568; Autorenlex. 381; LGL 1,598; Killy ²6,86. – A. KRÄTTLI, Absagen (in: Schweizer Monatsh. 45, H. 7, S. 692–696) 1965 (zu ‹Die Komplicen›); P. SAGER, ~: ‹Ein Mann geht vorbei› (in: NDH 16, H. 2, S. 151–153) 1969; H. HARTUNG, Marionetten des Zeitgeists von 68 (in: NR 90, H. 1, S. 133–137) 1979 (zu ‹Brandeis›); F. BENSELER, Der Terror der Verhältnisse (in: FH 34, H. 11, S. 72–74) 1979 (zu ‹Brandeis›); M. Th. GREVEN, «... viel-

leicht eine perspektive, aber keinen boden unter den füßen ...» (in: Ästhetik u. Kommunikation 10, H. 37, S. 112–114) 1979 (zu ‹Brandeis›);
H. LETHEN, Geschn. vom unbekannten Verlust (in:
Merkur 33, H. 10, S. 1024–1034, hier S. 1027–
1030) 1979; E. PULVER, Sgraffiti-Zeit. Ein neuer
Rom. von ~ (in: Schweizer Monatsh. 61, H. 11,
S. 907–911) 1981 (zu ‹Grundrisse›); L. BAIER, ~,
Grundrisse (in: Die besten Bücher der «Bestenlis-
te» des SWF-Lit.magazins, hg. J. LODEMANN, S. 28–
32) 1981; P. UTZ, Das Kreisen der Katze. ~s ‹Ver-
such über den Verrat› (in: Schweizer Monatsh. 65,
H. 4, S. 344–348) 1985; ~, ‹Brandeis›, ‹Grundris-
se› (in: Der Rom.führer [...] XXVIII, hg. B. u.
J. GRÄF) 1987; H. HUG, ~, ‹Rimpler. Rom.› (in:
L'80, H. 45, S. 181f.) 1988; I. E. HUNT, Utopia ist
weiblich: Der utop. Gedanke in dt.sprachigen Pro-
satexten der achtziger Jahre (in: Wandlungen des
Lit.begriffs in den dt. Ländern seit 1945, S. 321–
341) Amsterdam 1988 (zu ‹Versuch›); P. MOHR, ~:
‹Soulthorn› (in: NDH 36, H. 4, S. 724f.) 1989/90;
H.-G. WINTER, Ausbruchsversuche. Veränderung
u. Selbstveränderung in Rom. der achtziger Jah-
re von Dieter Wellershoff, ~ u. Peter Härtling (in:
WB 37, H. 3, S. 390–401) 1991 (zu ‹Grundrisse›);
avanti dilettanti. Über die Kunst, Experten zu wi-
dersprechen. ~ zum 60. Geb.tag (hg. G. ALTHAUS
u. a.) 1992; ~. Eine Werkbiogr. (hg. I. E. HUNT)
New York 1993; ~, ‹Rimpler›, ‹Soulthorn› (in: Der
Rom.führer [...] XXVIII, hg. B. u. J. GRÄF) 1993;
Das Heiße u. das Kalte. Kunst u. Gesellsch. Sym-
posiumsbeitr. für ~ (hg. P. TRÜBNER) 1997 (enthält:
H. GSCHWEND, Gespräch m. ~, S. 215–229); I. E.
HUNT, ‹Brandeis, der Zweifler›. Zur Neuausg. von
~s Rom. (in: Schweizerisch/Alemann. Perspekti-
ven der neunziger Jahre, hg. P. PABISCH, S. 97–105)
Vermillion/SD 2000; R. HUBER, Die Rückkehr
der Söhne. Muster gescheiterter Fluchtversuche in
‹Stiller› (Max Frisch), ‹Soulthorn› (~) u. ‹Adalina›
(Silvio Huonder) (in: Partir de Suisse, revenir en
Suisse, hg. G. VILAS-BOAS, S. 153–169) Straßburg
2003; N. A. BAKSHI, Zentrum u. Peripherie in
den Rom. ‹Zeit des Fasans› von Otto F. Walter
u. ‹Soulthorn› von ~ (in: Ibero-amerikan. Jb. für
Germanistik 2, S. 157–166) 2008; B. MAZENAUER,
Die Flucht führt im Kr. herum (in: Schweizer Monatsh. 89, H. 11, S. 64 u. 66) 2009 (zu ‹Weder noch
etwas› u. ‹wie wir›); A. SCHALK, N. dem Aufstand
ist vor dem Aufstand. Autobiogr. Prosa im Kontext der Achtundsechziger: ~, Uwe Timm, Bern-
ward Vesper (in: Lit. für Leser 32, H. 4, S. 211–220)

2009; grenz / über. [Für ~ zum 80. Geb.tag] (hg.
R. KÜLZ-MACKENZIE, H. SCHWENGER) 2011.   BJ

Jäggi(-Candrian), Willy (auch Willi), * 7. 5. 1925
Basel; Vater des Sängers u. Künstlers Andreas J.
(* 1952); Kritiker, Verleger, Buchhändler; 1944–47
Vorstandsmitgl. der Jugend-Theatergemeinde Basel, studierte 1945–47 Kunstgesch., Archäologie u.
Germanistik an der Univ. ebd., 1945 Regieassistent am Stadttheater Basel, 1947/48 Mitarb. des
Amerbach Verlags, 1948/49 des Birkhäuser Verlags
u. 1949–60 des Verlags S. Karger in Basel, 1947–
58 Theaterkritiker des «Basler Volksbl.», ab 1953
Vorstandsmitgl. des Theaterver. Basel, 1955 Mitbegr. der «Schweizer. Theaterztg.» u. 1957–67 deren
verantwortl. Red., 1958 Mitbegr. des Verlags Ba-
silius Presse Basel u. bis 1970 deren verantwortl.
Red.leiter, leitete 1960–69 die Buchhandlung Karger Libri AG, 1961–68 Mithg. der Reihe «Theater
unserer Zeit» (m. H. Oesch), 1962–74 Vorstandsmitgl. u. 1967–74 Vizepräs. der Schweiz. Gesellsch.
für Theaterkultur, 1970 Geschäftsführer, 1971 Mitinhaber u. ab 1974 alleiniger Inhaber der Buchhandlung Helbing & Lichtenhahn, begr. 1974 das
Nachfolgeunternehmen W. Jäggi AG u. leitete dieses bis 1990 (gem. m. seiner Ehefrau), ab 1987 Mitorganisator des Festivals «Basel tanzt», lebte in Ma-
dliswil/Kt. Bern u. Aesch/Kt. Basel-Landschaft. –
1953 Erster Preis beim Hamburger Dramenwett-
bewerb. – Theaterkritik, Theaterst., Hörsp., Fachschr., Erinnerungen.

Schriften: Die Minnesänger in Bildern der Weingartner Liederhandschrift, 1947; Fürchtet euch
nicht. Ein historisches Schauspiel der Gegenwart
in sechs Bildern, 1955 (2., überarb. Aufl. 1955; UA
1955); In einer Stunde fährt das Schiff. Traumspiel
in drei Aufzügen, 1955 (UA 1956); Memoiren. Der
Buchhändler, Verleger, Theaterkritiker, Kunstlieb-
haber und Unternehmer erinnert sich ..., 2000 (m.
Bibliografie).

Herausgebertätigkeit: Harlekin. Bilderbuch der
Spassmacher (Bildtexte u. Nachw. S. MELCHINGER)
1959; Voli Geiler, Walter Morath. Ein Cabaret, 2
Schauspieler, 1000 Gesichter, 1960.

Literatur: Schweizer Theater (hg. H. R. HIL-
TY, M. SCHMID) 1964; C. BERNASCONI, Geld u.
Geist. Ein nachträglicher Glückwunsch für den
Basler Buchhändler ~, der am 7. Mai seinen 70.
Geb.tag feierte – einen Sortimenter, den man lei-
der als aussterbende Spezies typologisieren muß
(in: Börsenbl. 162, Nr. 38, S. 16) 1995; Y. BÄTTIG,

M. Wagner, Bibliogr. der Berner Schriftstellerinnen u. Schriftst. 1950–1993, 1997; Bibliogr. (in: W. J., Memoiren, S. 189–223) 2000; Theaterlex. der Schweiz (hg. A. Kotte) Bd. 2, 2005; Literapedia Bern. Das Lex. der Berner Schriftstellerinnen u. Schriftsteller (Internet-Edition).   KG

Jaegle, Dietmar, * 1. 10. 1963 Ulm; Lit.wissenschaftler, lebt in Stuttgart; studierte allg. u. vergleichende Lit.wiss. sowie Kunstgesch. an der Univ. Stuttgart, 1995 Dr. phil. ebd., 1993–2002 Verlagsred., seit 2002 wiss. Mitarb. u. stv. Abt.leiter des DLA Marbach, auch Hg. von Lit.-CDs. – Fachschr., populärwiss. Schr., Lyrik, Erz., Übers. (aus dem Mhd., Engl. u. Spanischen).

Schriften: Ach und wehe, das Gedröhne. Von Minnesängern, Spruchdichtern und anderen Schwaben, 1989 (Illustr. K. Kaiser); Das Subjekt im und als Gedicht. Eine Theorie des lyrischen Text-Subjekts am Beispiel deutscher und englischer Gedichte des 17. Jahrhunderts (Diss.) 1995; J. Meyer, Joseph Breitbach oder die Höflichkeit des Erzählers (Ausst.h.; Red., m. H. Gfrereis; hg. U. Ott) 2003; Erde und Himmel um Weinsberg. Schwarzweißfotografien von Frank Schilling (Bildbd.; Beitr.) 2005; Denkbilder und Schaustücke. Das Literaturmuseum der Moderne (Ausst.h.; Red., m. H. Raulff) 2006; S. Fischer u. a., Arno Schmidt? – Allerdings! (dass.; Red.) 2006 (2., durchges. Aufl. 2006); S. Krass, WortSpielZeug (dass.; Red., m. H. Gfrereis) 2006; G. Körner, Cottas Homer. Zeichnungen nach Antiken von Johann Heinrich Wilhelm Tischbein (dass.) 2006; J. Bürger, Benns Doppelleben oder wie man sich selbst zusammensetzt (dass.) 2006 (2., durchges. Aufl. 2009); E. Ziegler, «Theuerste Schwester» – Christophine Reinwald, geb. Schiller (dass.) 2007; Ordnung. Eine unendliche Geschichte (Ausst.h.; Red.) 2007; H. Raulff, Strahlungen. Atom und Literatur (dass.) 2008; U. Raulff, L. Näfelt, Das geheime Deutschland. Eine Ausgrabung. Köpfe aus dem George-Kreis (dass.) 2008; H. Gfrereis, Autopsie Schiller. Eine literarische Untersuchung (dass.; Ess. W. Genazino) 2009; Schiller, rätselhaft und wunderbar. Ein Marbacher Such- und Ratepfad (Red.; Ess. M. Bornemann) 2009; H. Steinfest, Randzeichnungen. Nebenwege des Schreibens (Ausst.h.; Red.) 2010; «Illustrationen» von Martin Mosebach. Mit einem Gespräch zwischen Heike Gfrereis und Martin Mosebach (dass.) 2010; S. Schlak u. a., Ernst Jünger. Arbeiter am Abgrund (dass.) 2010;

E. Osterkamp, D. E. Wellbery, Deutscher Geist. Ein amerikanischer Traum (dass.) 2010; A. Fix, Das Theatrum mundi des Justinus Kerner. Klebealbum, Bilderatlas, Collagenwerk (dass.) 2010 U. Raulff u. a., Schicksal. Sieben mal sieben unhintergehbare Dinge (dass.) 2011; J. Bürger, Max Frisch. Das Tagebuch (dass.) 2011; Ich liebe Dich! Mit einem Gespräch zwischen Michael Lentz und Sibylle Lewitscharoff (dass.) 2011; L. Weissberg, Über Haschisch und Kabbala. Gershom Scholem, Siegfried Unseld und das Werk von Walter Benjamin (dass.) 2012; 1912. Ein Jahr im Archiv (dass.) 2012; Kassiber. Verbotenes Schreiben (dass.; Konzept, Recherche u. Text A. Barnert u. a.) 2012; «Du sagst ja immer, wir sind ein Gespräch». Vorlassbesichtigung bei Tankred Dorst und Ursula Ehler (Ausst.h.; Red.) 2013.

Herausgebertätigkeit: Geschichte der deutschen Lyrik in Beispielen. Vom Mittelalter bis zum Zweiten Weltkrieg (CD-ROMs) 3 Tle, 1996; Das Magazin-Magazin. Eine Blütenlese auf Stichwort (Zus.stellung, m. H. Gfrereis) 2003; Mörike zum Vergnügen. «Meine alte Katze tanzt wahrscheinlich mit», 2004 E. Mörike, Horch, von fern ein leiser Harfenton (Ged.; auch Ausw.) 2004; Die Berge (Ged.) 2012.

Literatur: Autoren in Baden-Württ., 1991 (auch Internet-Edition).   KG

Jähn, Sigmund, * 13. 2. 1937 Rautenkranz/Vogtl.; Offizier, Kosmonaut, wiss. Mitarb.; absolvierte 1951–54 eine Buchdruckerlehre, ab 1955 Wehrdienst bei der Kasernierten Volkspolizei (KVP) u. der Nationalen Volksarmee (NVA) der DDR, 1958 Flugzeugführer, diente in versch. Funktionen bei der NVA, studierte 1966–70 an der Militärakad. der Luftstreitkräfte der UdSSR, 1976–78 Ausbildung zum Forschungskosmonauten, 1978 als «erster Deutscher im All» Weltraumflug zus. m. Waleri Bykowski, 1983 Dr. rer. nat., 1986 Generalmajor der NVA, bis 1989 stv. Leiter des Zentrums für Kosmonauten-Ausbildung, dann freier wiss. Mitarb. bei der dt. Forschungsanstalt für Luftu. Raumfahrt in Köln-Porz, tätig für das Projektbüro Euromir der europ. Raumfahrtorganisation. – Held der DDR, Held der Sowjetunion, 1999 Medienpreis Goldene Henne, 2001 Benennung des Planetoiden 1998BF14 n. S. Jähn. – Sachbuch.

Schriften: Erlebnis Weltraum, 1983; 25 Jahre deutsche Beiträge zur bemannten Raumfahrt, 2004.

Literatur: G. Buch, Namen u. Daten wichtiger Personen in der DDR, ⁴1987; Biogr. Hdb. der SBZ/DDR (hg. G. Baumgartner, D. Hebig) Bd. 1, 1996; H. Hoffmann, ~, der fliegende Vogtländer, 1999 (2. Aufl. u. d. T.: ~ – Rückblick ins All. Die Biogr. des ersten dt. Kosmonauten, 2008); A. Horchler, ~ u. Ulf Merbold. Die dt. Raumfahrer u. ihre Gesch. (2 CDs) 2004; Wer war wer in der DDR? Ein Lex. ostdt. Biogr. (hg. H. Müller-Enbergs u. a.; Internet-Edition).   AKF

Jähne, Armin, * 1. 2. 1941 Wehrdorf/Oberlausitz; Althistoriker, lebt in Bernau bei Berlin; studierte 1961–66 alte Gesch. u. osteurop. Gesch. an der Lomonossow-Univ. Moskau, 1966–70 wiss. Aspirant ebd., 1970 Dr. phil. ebd., 1970–92 Leiter des Fachbereichs Alte Gesch. an der HU Berlin, 1980 Dr. sc. phil. ebd., ab 1980 Hochschuldoz. für Alte Gesch. ebd., 1988–96 a. o. Prof. ebd., ab 1999 Mitarb. am Winckelmann-Inst. der HU Berlin, veröff. zahlr. Beitr. in Fachzs. u. Ztg., u. a. in der Zs. «Das Alt.», der «Ethnograp.-archäolog. Zs.» u. der Tagesztg. «Neues Deutschland». – 2001 Mitgl. der Leibniz-Sozietät. – Fachschr., Sachb., Übers. (aus dem Russischen).
Schriften: Alexandreia in Ägypten, die Erhebung zur ptolemäischen Metropole, die chōra der Stadt (Diss. B) 1980; Spartacus, Kampf der Sklaven, 1986; Geheimsache Troja. Der Streit um Schliemanns Gold, 1998.
Übersetzungen: D. N. Jegorow, Heinrich Schliemann. Eine Biographie. Petersburg 1923 (auch m. Komm. hg.) 1998.
Herausgebertätigkeit: Leibniztag 2004, 2004.
Literatur: L. Mertens, Lex. der DDR-Historiker, 2006.   KG

Jähne, Gertrud → Rothberg, Gert.

Jähne, Margarete → Holstein, Christine.

Jähnel, Andrea, * 1961 Köln; Schnittmeisterin, Schriftst., lebt in Leonberg; lebte in ihrer Jugend vier Jahre in Addis Abeba/Äthiopien, absolvierte das Abitur ebd., Schnittmeisterin für das Fernsehen, u. a. für die Kindersendungen der ARD «Käpt'n Blaubär» u. des ZDF «Siebenstein», Drehb.autorin für die ZDF-Sendung «Löwenzahn». – Drehb., Kinderbuch.
Schriften: Ein Fall für 3, I Das Geheimnis des schwarzen Pharao, II Geigenklau und Currywurst, 2003/04; Schimpansen-Raub, 2006 (Illustr. J. Weber); Das Kloster der dunklen Schatten, 2006 (dass. J. Asselborn); Die Kathedrale der Geheimnisse, 2008; Ein Fohlen für Maja, 2009 (Illustr. N. Dulleck); Ein Fest für unsere Ponys, 2009 (dass.); Der Pferdedieb, 2010 (dasselbe).
Ausgaben: Drei Spürnasen wittern Gefahr, 2006 (Neuausg. u. d. T.: Die Geheimakten der Superdetektive, 2007).   KG

Jähner, Horst, * 14. 10. 1918 Berlin, † 30. 12. 2006 ebd.; Kunsthistoriker; Sohn eines Industriekaufmanns, 1937 Eintritt in die NSDAP, 1938–40 Volontariat in einem Versicherungsunternehmen, 1940–45 Offizier im 2. Weltkrieg, 1945–47 in brit. Kriegsgefangenschaft, studierte 1947–49 Jura u. Volkswirtschaft, dann 1949–53 Kunst- u. Theatergesch., Archäologie u. Philos., Mitgl. der Nationaldemokrat. Partei Dtl. (NDPD), 1947–63 Kunstkritiker für versch. Ztg. u. den Rundfunk, u. a. 1952–55 für die «National-Ztg.» u. 1957–63 für die Wochenztg. «Sonntag», 1963–87 Leiter des Verlags der Kunst in Dresden, 1968–72 Mitgl. des Präsidialrats des Dt. Kulturbunds, 1978 Dr. phil. an der Univ. Halle/S., 1978–85 Honorarprof. an der Hochschule für Bildende Künste Dresden, n. 1990 bis 1996 erneut Leiter des Verlags der Kunst (unter neuen Besitzverhältnissen), bis 1999 Berater des Junius Verlags in Hamburg, veröff. auch Beitr. in der «Berliner Ztg.» u. in der Zs. «Bildende Kunst». – Erhielt mehrere Auszeichnungen, u. a. den Vaterländ. Verdienstorden der DDR in Bronze. – 1961 Mitgl. der Association Internationale des Critiques d'Art (AICA). – Fachschr., Biografie.
Schriften: Franz Marc, 1972; Max Beckmann, 1973; Otto Mueller, 1974; Kubanische Malerei, 1975; Heckel, 1975; Die Künstlergruppe Brücke und der deutsche Expressionismus. Studien zur Geschichte eines Kollektivs und das Lebenswerk seiner Repräsentanten (Diss. A) 1978 (Buchhandelsausg. u. d. T.: Künstlergruppe Brücke. Geschichte einer Gemeinschaft und das Lebenswerk ihrer Repräsentanten, 1984; 2., verb. Ausg. 1986; 5., verb. u. erg. Aufl. 1996; Neuausg. u. d. T.: Künstlergruppe Brücke. Geschichte – Leben und Werk ihrer Maler, 1984; 2., verb. Aufl. 1986).
Herausgebertätigkeit: Bert Heller, 1959; Walter Arnold, 1961.
Literatur: O. Kappelt, Braunbuch DDR. Nazis in der DDR, 1981; G. Buch, Namen u. Daten wichtiger Personen in der DDR, ⁴1987; Biogr.

Hdb. der SBZ/DDR 1945–1990 (hg. G. Baumgartner, D. Hebig) Bd. 1, 1996; Wer war wer in
der DDR? Ein Lex. ostdt. Biogr. (hg. H. Müller-Enbergs u. a.) Bd. 1, ⁵2010 (auch Internet-
Edition). KG

Jähnichen, Manfred, * 26. 1. 1933 Ullersdorf (später zu Radeberg); verh. m. Waltraud → J.; Slawist, Übers., lebt in Berlin; Sohn eines Bauern,
studierte 1951–56 zuerst Rechtswiss., dann Slawistik, Romanistik, Germanistik u. Philos. an der HU
Berlin, 1962 Dr. phil. ebd., 1967 Habil. ebd., Assistent, dann Doz. u. 1973–98 (i. R.) o. Prof. für
Slaw. Lit. u. Kulturen an der HU Berlin. – Zahlr.
Auszeichnungen, u. a. 1977 P. O. Hviezdoslav-
Preis u. Vítězslav-Nezval-Preis, 2009 Ehrennadel
in Gold der Gemeinschaft für Kultur u. Bildung
der Republik Serbien, Friedensmedaille der Karls-
Univ. Prag, Humboldt-Preis u. Orden des Jugoslaw. Banners mit goldenem Stern am Halsband. –
2005 Mitgl. der Leibniz-Soziät der Wiss. zu Berlin, Mitgl. der Serb. Akad. der Wiss. u. des Col-
legiums Europaeum Jenense. – Fachschr., Übers.
(aus dem Serb., Kroat., Bosn., Slowen., Mazedon.,
Russ., Tschech. u. Slowak.), Ess., Lit.kritik.

Schriften: Die Vermittlung und Aufnahme
der tschechischen Poesie im deutschsprachigen
Gebiet 1815–1867. Beiträge zu den deutsch-
österreichisch-tschechisch literarischen Wechselbeziehungen (Diss.) 1962 (Buchhandelsausg. u. d.
T.: Zwischen Diffamierung und Widerhall. Tsche-
chiche Poesie im deutschen Sprachgebiet 1815–
1867, 1967); Der Weg zur Anerkennung. Tschechi-
che Literatur im deutschen Sprachgebiet zur Zeit
der österreichischen Verfassungsperiode 1861–1914
und während des Ersten Weltkrieges (Habil.-Schr.)
1967 (Buchhandelsausg. m. dem gek. Untert.:
Tschechische Literatur im deutschen Sprachgebiet
1861–1918, 1972); Jugoslavisticke teme. Analize i
sinteze, Beograd 1991.

Übersetzungen (Ausw.): H. Humo, Trunkener
Sommer, 1958 (Illustr. H. Bartsch; Neuausg. 1961,
Bilder G. Böhmer); I. Cankar, Am Steilweg, 1965;
L. Aškenazy, Die schwarze Schatulle (Songs, Balln.,
Ged.; m. Waltraud J.) 1965; M. Macourek, Die
Wolke im Zirkus (m. ders.) 1966 (Illustr. K. En-
sikat); C. Kosmač, Ballade von der Trompete und
der Wolke (dass.) 1972; M. Válek, Das große Reise-
fieber (Nachdg., m. ders.) 1980 (Illustr. M. Cipár);
F. Kafka, Amtliche Schriften (m. A. u. I. Sei-
fert, hg. K. Hermsdorf u. a., Ess. K. Hermsdorf,

Erl. W. Possner u. a.) 1984; B. Koneski, Lied der
Weinstöcke (m. Waltraud J.; auch m. Nachw. hg.)
1988.

Herausgebertätigkeit (Ausw.): Jugoslawische Er-
zähler. Von Lazarević bis Andrić (auch Ausw.)
1966; Petres Lied. Jugoslawische Erzählungen,
1972; Augen voller Sterne. Moderne slowakische
Erzählungen, 1974 (Grafiken O. Dubay, L. Kel-
lenberger); I. Samokovlija, Die rote Dahlie (Erzn.;
Ausw. u. Nachw.) 1975; K. Čapek, Dramen, 1976;
Gesang der Liebe zum Leben. Tschechische Lyrik der Gegenwart (m. Vorw. hg.) 1983 (künstler.
Ausstattung V. Blaha); Weiße Nächte mit Hahn.
Eine Anthologie der slowakischen Poesie des 20.
Jahrhunderts, 1996; Das Schlangenhemd des Win-
des. Eine Anthologie der kroatischen Poesie des
20. Jahrhunderts (m. Vorw. hg., Ausw. u. Nachbem. S. Mihalić) 2000; Das Lied öffnet die Berge.
Eine Anthologie der serbischen Poesie des 20. Jahrhunderts, 2003; Franz Peter Künzel. Dreifach Diener der Literatur als Übersetzer, Lektor und Redakteur (m. a.) 2009.

Literatur: Schriftst. der DDR (hg. K. Böttcher)
1974. KG

Jähnichen, Traugott, * 15. 5. 1959 Gelsenkirchen;
evangel. Theologe, lebt in Witten; studierte evangel. Theol. an den Univ. Bochum u. Bonn, 1984
Erstes Theolog. Staatsexamen, 1984–86 Vikariat in
Wattenscheid-Eppendorf, 1986 Zweites Theolog.
Staatsexamen, 1991 Dr. theol. an der Univ. Bochum, 1989/90 Pastor im Hilfsdienst u. Ordination in Bochum, 1990–98 wiss. Mitarb. u. Assistent an der Univ. ebd., bis 1993 Stud. der Wirtschaftswiss. an der Univ. Wuppertal, 1997 Habil.
an der Univ. Bochum, seit 1998 Prof. für Christl.
Gesellsch.lehre ebd., Mithg. u. a. der «Zs. für evangel. Ethik» u. des «Jb. Sozialer Protestantismus». –
Fachschr., Biografie.

Schriften (Fachschr. in Ausw.): Vom Industrieun-
tertan zum Industriebürger. Der soziale Protestantismus und die Entwicklung der Mitbestimmung
(1848–1955), 1993 (Diss. 1991); Gehorsam und Widerspruch. Der Lebensweg der Theologin Hanne-
lotte Reiffen (m. Birgitt J.) 1996; Sozialer Protestantismus und moderne Wirtschaftskultur. Sozialethische Studien zu grundlegenden anthropologi-
schen und institutionellen Bedingungen ökonomi-
schen Handelns, 1998 (Habil.-Schr. 1997); Werte – Normen – Gewissen. Was bestimmt unser
Leben?, 2001; Wirtschaftsethik. Konstellationen –

Verantwortungsebenen – Handlungsfelder, 2008; Tierethik. Biblisch-historische Grundlagen – normative Perspektiven – aktuelle Herausforderungen (m. C. Wustmans) 2012.

Herausgebertätigkeit (Ausw.): Kirche im Ruhrgebiet. Ein Lese- und Bilder-Buch zur Geschichte der Kirche im Ruhrgebiet von 1945 bis heute (m. G. Brakelmann, unter Mitarb. von K. CELEN) 1991; Die protestantischen Wurzeln der sozialen Marktwirtschaft. Ein Quellenband (m. G. Brakelmann) 1994; Flexible Welten. Sozialethische Herausforderungen auf dem Weg in die Informationsgesellschaft (m. a.) 2002; Dietrich Bonhoeffer – Stationen und Motive auf dem Weg in den Widerstand (FS; m. G. Brakelmann) 2005.   KG

Jähnichen, Waltraud (geb. Ebert; Ps. Lia Holm), ★ 8. 8. 1933 Groitzsch bei Leipzig; verh. m. Manfred → J.; Dramaturgin, Hörsp.autorin, Übers., lebt in Berlin; Tochter eines Pfarrers, studierte 1953–1957 Theaterwiss. u. Germanistik an der HU Berlin, Dramaturgin in der Hörsp.abt. des Rundfunks der DDR, ab 1960 freiberufl. tätig, ab 1967 freie Mitarb. der Wochenztg. «Sonntag». – (Kinder- u. Jugend-)Hörsp., Funkporträt, Feuill., Kritik, Übers. (aus dem Tschech., Slowen., Serb., Kroat. u. Mazedonischen).

Schriften: R. Tesnohlídek, Das schlaue Füchslein. Neu erzählt (Übers. G. JUST) 1974 (Bilder I. Zoll).

Übersetzungen (Ausw.): L. Aškenazy, Die schwarze Schatulle (Songs, Balln., Ged.; m. Manfred J.) 1965; M. Macourek, Die Wolke im Zirkus (m. dems.) 1966 (Illustr. K. Ensikat; C. Kosmač, Ballade von der Trompete und der Wolke (m. dems.) 1972; M. Válek, Das große Reisefieber (Nachdg., m. dems.) 1980 (Illustr. M. Cipár); B. Koneski, Lied der Weinstöcke (dass.; m. Nachw. hg. Manfred J.) 1988.

Tonträger: Liebesbriefe für Anett (Hörsp.; Schallplatte) 1981.

Literatur: Schmidt, Quellenlex. 14,399. – Schriftst. der DDR (hg. K. BÖTTCHER) 1974. KG

Jähnig, Dieter, ★ 14. 3. 1926 Leipzig; Philosoph, lebt in Überlingen/Bodensee; studierte ab 1947 Kunstgesch. u. Archäologie an den Univ. Leipzig u. Tübingen, 1955 Dr. phil. an der Univ. Tübingen, 1956 Hauslehrer, 1957/58 Lektor, 1963 Assistent am Philos. Seminar der Univ. Tübingen, 1968 Habil. ebd., 1974–90 (i. R.) Prof. für Philos. an der Univ. Tübingen, Hg. der Reihen «Kunsterfahrung

u. Zeitkritik» (1981–83) u. «Traditionserkenntnis u. Zeitkritik» (ab 1988). – Fachschrift.

Schriften: Vorstudien zur Erläuterung von Hölderlins Homburger Aufsätzen (Diss.) 1956; Schelling. Die Kunst in der Philosophie, I Schellings Begründung von Natur und Geschichte, II Die Wahrheitsfunktion der Kunst, 1966–69 (Habil.-Schr. 1968); Welt-Geschichte. Kunst-Geschichte. Zum Verhältnis von Vergangenheitserkenntnis und Veränderung, 1975; Kunstgeschichtliche Betrachtungen. Jakob Burckhardts Topologie der Künste, 2 Bde., 1984–87 (Privatdr.); Maßstäbe der Kunst- und Geschichtsbetrachtung Jakob Burckhardts, 2006; Der Weltbezug der Künste. Schelling, Nietzsche, Kant, 2011. (Ferner ein Ausst.kat. u. ein Sonderdruck.)   KG

Jähnig, Wolfgang, ★ 8. 7. 1938 Leipzig; Red., Pressereferent, wiss. Mitarb., lebt in Jena; besuchte in Gera, Jena u. Wickersdorf bei Saalfeld die Schule, 1956–58 Armeedienst, studierte 1959–64 Philos. an der Univ. Jena, 1964–91 leitender Red. der Jenaer Univ.ztg., bis 1999 (i. R.) Pressereferent u. wiss. Mitarb., veröff. Beitr. u. a. in der «NDL». – 1965 Kunstpreis u. 1977 Journalistenpreis des Bez. Gera, 1982 Horst-Salomon-Preis der Stadt Gera. – Journalist. Text, Lyrik.

Schriften: Wieviel Worte braucht die Liebe? (Ged.) 1966 (Fotos W. Streit); Ins Licht gelehnt (Ged.) 2001.

Literatur: D. FECHNER, H. VÖLKERLING, Thüringer Autoren der Ggw. Ein Lex., 2003; Thüringer Lit.rat (Internet-Edition).   KG

Jaekel, Hans Georg, ★ 31. 3. 1914 Gladbeck; Pastor; Sohn eines Architekten, studierte Theol. u. a. 1937/38 an der Univ. Rostock, 1940–45 Soldat im 2. Weltkrieg, Pastor in Gladbeck u. ab 1947 in Wanne-Eickel, ab 1963 geschäftsführender Dir. des Diakon. Werkes in Berlin (West), lebte um 1988 in Berlin. – Rel. Roman.

Schriften: Gott im Smog. Weg einer Industriegemeinde, 1968; Das lebendige Ärgernis. Antworten an Enttäuschte, 1974; 90 Jahre Evangelisches Jugend- und Fürsorgewerk e. V. 1894–1984. Beiträge zur Jugend- und Behindertenhilfe in Berlin, 1984.

Herausgebertätigkeit: Doppelbrief. Aus Briefen und Tagebuchaufzeichnungen von hüben und drüben, 1973; Ins Ghetto gedrängt. Homosexuelle berichten, 1978.

Literatur: Westfäl. Autorenlex. 4,34 (auch Internet-Edition); Lit.portal Westf. (Internet-Edition).   KG

Jäkel, Joseph (auch Josef), ★ 14. 8. 1892 Patschkau/Schles. (Paczków/Polen), † nicht ermittelt; Lehrer; um 1930 Gymnasiallehrer für Rel. in Salzburg. – Plaud., (rel.) Betrachtung, Biografie.

Schriften: Die drei Jahreszeiten. Besinnliche Plaudereien von Großvätern und dummen Jungen, von Wettrennen und Heimgang. Für Menschen, die jung sein können. Wiedererlebt und erlauscht, 1927; Rast von der Unrast. Ein Büchlein für Vielbeschäftigte, 1930; Der Gotteswanderer. Leben, Wirken und Martyrertod des heiligen Adalbert von Prag. Nach den ältesten Berichten dargestellt, 1933.

Literatur: Heiduk 2,3.   KG

Jäkel, Werner, ★ 31. 12. 1902 Berlin, † nicht ermittelt; Stud.assessor; 1926 Dr. phil. in Berlin, Stud.assessor ebd., dann in Königsberg, auch Verf. u. Hg. von Lehrb. u. Lehrerkomm., veröff. Beitr. in «Die Slg. Zs. für Kultur u. Erziehung», «Das innere Reich. Zs. für Dg., Kunst u. dt. Leben» u. der Zs. «Das dt. Wort». – Lyrik, Sp., Partitur, Lehrb., Fachschrift.

Schriften (außer Lehrb. u. Lehrerkomm.): De Taciti Germaniae atque Agricolae codicibus Aesinate et Toletano (Diss.) 1926; Gedichte, 1932; Weg und Besinnung (Ged.) 1935; Heinrich von Plauen. Ein chorisches Spiel, 1937 (Musik W. Scholz); Der Grenzhof. Ein Spiel, 1939. Methodik des altsprachlichen Unterrichts, 1962 (2., durchges. u. erw. Aufl. 1966); Schuldrill oder Menschenbildung? Zwei Vorträge zur Methodik des altsprachlichen Unterrichts (m. F. Walsdorff) 1964.   KG

Jaekel-Hoffmann, Amanda (Ps. Amanda Hoffmann), ★ 11. 12. 1906 Hamburg-Altona, | nicht ermittelt; Grafikerin, Illustratorin von Kdb., lebte in Hamburg. – Kinderbuch.

Schriften: Bunte kleine Kinderwelt. Ein Büchlein für die Allerkleinsten, 1948; Das Dorf in der Schachtel. Ein Buch vom allerkleinsten Spielzeug, 1948 (Bilder A. H.); Die kleinen Krakeeler, 1953; Jahrmarkt mit Hannes Piepenkopp. Eine Bildergeschichte, um 1955 (Bilder A. H.).

Literatur: AKL (Internet-Edition).   KG

Jämp, Lennerse → Goergen, Max.

Jänchen, Heidrun, ★ 10. 10. 1965 Burgstädt/Bez. Karl-Marx-Stadt; Physikerin, Journalistin, Schriftst., lebt in Jena; Tochter eines Chemikers, besuchte bis 1980 die Schule in Mohsdorf (später zu Burgstädt/Sa.), 1980–84 Erweiterte Oberschulen in Burgstädt u. Rochlitz/Bez. Karl-Marx-Stadt, 1983–86 Teilnehmerin am Zentralen Poetenseminar der «Freien Dt. Jugend» in Schwerin, studierte 1984–89 Physik an der Univ. Jena, 1989–91 wiss.-techn. Mitarb. in einem Forsch.zentrum des VEB Carl Zeiss Jena, 1991/92 Weiterbildung zum Techn. Red., 1992–96 wiss. Assistentin u. Doktorandin am «Fraunhofer-Inst. für Angewandte Optik u. Feinmechanik» in Jena, 1996–99 Prozess-Ingenieurin in Apolda, 1997 Dr. rer. nat. an der Univ. Jena, 1999/2000 Laborleiterin in Neustadt an der Orla, seitdem Geräteentwicklerin u. «Lead Design Engineer» in der opt. Industrie in Jena, 2002/03 im Rahmen eines Internet-Projektes Mitautorin des Drehb. für eine Folge der ZDF-Fernsehserie «Wilsberg», freie Journalistin u. a. für die Ztg. «Junge Welt», ztw. Hg. der Science-Fiction-Anthol.-Reihe im Wurdack-Verlag u. zudem ebd. freiberufl. Lektorin. – 2009 Kurd-Laßwitz-Preis, 2012 Dt. Science-Fiction-Preis. – Erz., Rom., Fachschr., Dr., Lyrik.

Schriften: Herstellung und Charakterisierung optisch anisotroper Hafniumoxid- und Zirkonoxid-Schichten (Diss.) 1997; Der eiserne Thron (Rom.; m. A. Tillmanns, C. Savoy) 2003, Nach Norden! (Fantasy-Rom.) 2006; Simon Goldsteins Geburtstagsparty (Science-Fiction-Rom.) 2008; Willkommen auf Aurora (Erzn.) 2012.

Herausgebertätigkeit: Tabula Rasa (Anthol.; m. A. Rößler) 2006; S.F.X (dass.) 2007; Lazarus (dass.) 2007; Lotus-Effekt (dass.) 2008; Molekularmusik (dass.) 2009; Die Audienz (dass.) 2010; Emotio (dass.) 2011.

Uraufführungen: Die Drachen (Dr.) 1987.

Literatur: M. Baumgartner, ‹Deus ex Machina› (in: Andromeda Nachr. 35, H. 203, S. 66f.) 2004; A. Möhle, dass. (ebd., S. 137f.); S. Lang, ~, ‹Der eiserne Thron› (ebd., S. 68) 2004; H. J. Alpers u. a., Lex. der Fantasy-Lit., 2005; B. Figatowski, ‹Lazarus› (in: Das Science Fiction Jahr 2007, hg. S. Mamczak, W. Jeschke, S. 1190–1194) 2007; A. Nordiek, ‹Tabula rasa› (in: Fandom Observer, H. 211, S. 12f.) 2007; ders., ‹Lazarus› (ebd. 216, S. 10f.) 2007; A. Nordiek, ~, ‹Simon Goldsteins Geburtstagsparty› (ebd. 234, S. 15) 2008; A. Kruse, SF im Wurdack Verlag (in: Andromeda Nachr.

39, H. 220, S. 58–60) 2008; A. NORDIEK, ~, ‹Simon Goldsteins Geburtstagsparty› (ebd., H. 223, S. 85f.) 2008; M. STRICKER, dass. (ebd., H. 224, S. 109f.) 2008; A. MÖHLE, ‹Molekularmusik› (in: Fandom Observer, H. 239, S. 21f.) 2009; K. KRUSCHEL, ~, ‹Simon Goldsteins Geburtstagsparty› (in: Das Heyne Science Fiction Jahr 2009, hg. S. MAMCZAK, W. JESCHKE, S. 1371–1374) 2009; M. BAUMGARTNER, ‹Die Audienz› (in: Andromeda Nachr. 41, H. 230, S. 105–107) 2010; A. NORDIEK, dass. (in: Fandom Observer, H. 257, S. 5–7) 2010; M. BAUMGARTNER, ‹Emotio› (in: Andromeda Nachr. 42, H. 235, S. 109f.) 2011; F. ROTTENSTEINER, ~, ‹Simon Goldsteins Geburtstagsparty› (in: Quarber Merkur 112, S. 244–246) 2011; K. KRUSCHEL, ~, ‹Willkommen auf Aurora› (in: Das Science Fiction Jahr 2013, hg. S. MAMCZAK, S. PIRLING, W. JESCHKE, S. 394–399) 2013; Thüringer Lit.rat Autorenlex. (Internet-Edition).   KK

Jaenicke, Arthur, * 7. 9. 1900 Treuenbrietzen/Fläming, † 29. 4. 1994 Rostock; Hotelier, Schriftst.; Sohn eines Landwirts u. Hoteliers, studierte Volkswirtschaft u. Philos., 1925 Dr. rer. pol., führte 1925–74 den vormals väterl. Hotelbetrieb in Treuenbrietzen, ab 1934 NSDAP-Mitgl., 1947–50 Entzug der Gewerbegenehmigung, bis 1973 Hotelier. – (Heimatkundl.) Lyrik, Erz., Skizze, Rom., Erinnerungen.

Schriften: Singende Erde (Ged.) 1933; Marienhaide. Roman einer Landschaft, 1934; Der Feuerstrauch. Roman aus dem Fläming, 1934; Wie ist das Leben groß und gut. Neue Lieder und Gedichte, 1935; Über Motoren die Sonne! Roman einer Reise, 1936 (Zeichn. W. Schröder); Peter Wüstenhagen (Rom.) 1937; Wenn die Glocken läuten … (Erzn.) 1952; Der reine Klang. Eine Erzählung aus dem Leben des Orgelbauers Joachim Wagner, 1957; Tobias Thurley bäckt Semmeln und baut Orgeln (Erz.) 1959 (2., durchges. Aufl. 1960); Der Ausflug (Erz.) 1961 (Fotografien G. Witt); Kirchen auf dem Fläming (Ged.) 1964 (dass.); Der stille Lorbeer (Erzn.) 1965; Professor Tholuck wundert sich und andere Geschichten, 1966; Eine Handvoll Glück (Skizzen) 1967 (Fotografien G. Witt); Der Ritt nach Lunden. Eine Erzählung um Claus Harms, 1969 (Illustr. H. Räcke); Die Kinderkule. Skizzen und Bilder, 1971 (Fotografien G. Witt); Versäume die Stunde nicht! Zwei Erzählungen aus der Reformationszeit, 1974 (Illustr. I. Rossner); Wenn der Rotdorn blüht … (Skizzen) 1975; Gott-

fried Kranepuhls neuer Weg (Erz.) 1976; Miniaturen. Erinnerungen und Begegnungen, 1977; Nur eine Akelei. Ein Blick in Gottes Schöpferwerkstatt, 1980; Das heitere Haus und andere Geschichten aus der «guten alten Zeit», 1982.

Literatur: DBE 5,291. – Schriftst. des Bez. Potsdam (zus.gestellt F. FABIAN) 1978; A. BURKHARDT, Flämingdichter ~ (in: Mitt.bl. Landesgeschichtl. Verein. für die Mark Brandenb. e. V. 95, H. 3, S. 45f.) 1994; Musen u. Grazien in der Mark. 750 Jahre Lit. in Brandenb. (hg. P. WALTHER) Bd. 2, 2002; Brandenburg. biogr. Lex. (hg. F. BECK, E. HENNING) 2002; Lit.port Autorenlex. Berlin/Brandenb. (Internet-Edition); Verschwundene Gasthöfe in Treuenbrietzen (in: Heimatver. Treuenbrietzen e. V., dasselbe).   KG

Jaenicke, Fritz (Ps. Franz Poguttke), * 1885 Danzig, † 1945 ebd.; Kulturred., lebte in Danzig; studierte Architektur (ohne Abschluss), Kulturred. der «Danziger Neuesten Nachr.», erlangte m. seinen 1908–44 unter Ps. in den «Danziger Neuesten Nachr.» veröff. Glossen große Bekanntheit, fertigte auch Buchillustr. an. – Feuill., Glosse, Lyrik, dramat. Szene, humorist. Schr., Mundart (Missingsch).

Schriften: Stammtischgespräche des Rentiers und Maurerpoliers a. D. Franz Poguttke, I […] nebst fröhlichen Danziger Versen und bilderlosen Stacheldraht-Kriegsfilmen seines Freundes Adolf Schaweiter, II, III Erlebnisse und Abenteuer mit Adolf Schaweiter, IV Poguttke erzählt. Lustige Abenteuer und gemütliche Danziger Geschichten, V Poguttke auf Tourchen! Mochumsche Moppchen vom Danziger Mottlaustrand, 1916–36 (Zeichn. F. J.); Man immer mit der Ruhe! Erlebnisse, Abenteuer und Betrachtungen des Rentiers und Maurerpoliers a. D. Franz Poguttke aus Danzig, 1943 (dass.); Danziger Stammtischgespräche des Rentiers und Maurerpoliers a. D. Franz Poguttke (hg. S. ROSENBERG) um 1950 (dasselbe).

Herausgebertätigkeit: «Licht und Schatten». Deutsche Künstlerzeichnungen zum Danziger Pressefest 1929, 1929; Ihr und wir. Ein kleiner Blätterstrauß zum Pressefest Danzig 1930, 1930 (Zeichn. A. Kaeßling, F. Heidingsfeld).

Literatur: Schmidt, Quellenlex. 14,400. – W. DROST, ~ zum Gedächtnis (in: F. J., Danziger Stammtischgespräche des Rentiers und Maurerpoliers a D. Franz Poguttke, S. 5–7) 1951; H. B. MEYER, ~ – zu seinem 70. Geb.tag u. 10. Todestag (in: Westpr.-Jb. 5, S. 151–154) 1955; Bibliogr. zur Lit. Ost- u. Westpr. m. Danzig 1945–1988 (bearb. M. RANKL) Bd. 2, 1990; B. SOWINSKI, Lex. dt.sprachiger Mundartautoren, 1997; J. PINNOW, Fremde u. heimatl. Klänge in Günter Grass' «Danziger Tril.», 2000; P. O. LOEW, «Jipps dem Labs hier oppen Kopp!» Danziger Dialektlit. u. lokale Identität. Ein Überblick (in: Ber. u. Forsch. Jb. des Bundesinst. für Kultur u. Gesch. der Dt. im östl. Europa 10, S. 99–115) 2002; H.-J. PINNOW, Tausend Worte Danzigerisch. Kurze Einf. in das Danziger Missingsch [...], ³2008; P. O. LOEW, Das lit. Danzig 1793 bis 1945. Bausteine für eine lokale Lit.gesch., 2009.　　　　　　　　　　KG

Jänicke, Gisbert, ⋆ 19. 3. 1937 Ziegelhausen (später zu Heidelberg); Übers., Schriftst., lebt in Helsinki; wuchs in Heidelberg auf, 1954–57 Lehre zum Buchhändler ebd., 1957–77 Buchhändler in Helsinki, 1965/66 Reise n. Kurdistan/Türkei u. n. Griechenland, seit 1979 freier Übers. u. Schriftst., verf. zudem Beitr. für das «Krit. Lex. zur fremdsprachigen Ggw.literatur». – 1997 Finn. Staatspreis für Übers., 2002 Nossack-Akademiepreis. – Mitgl. des Finn. P.E.N., der Finn. Lit.gesellsch., der Schwed. Lit.gesellsch. in Finnland u. der Kalevala-Gesellsch. Finnland. – Übers. (aus dem Finn., Schwed. u. Estn.), Ess., Fachschr., Biografie.

Schriften: Edith Södergran. Diktare på två språk, 1984; Kalewaland. Das finnische Epos und die Problematik der Epikübersetzung, 1991; Ernst Brausewetters finnländisches Abenteuer. Das Schicksal eines Übersetzers, 2006.

Übersetzungen (Ausw.): O. Lagercrantz, Von der Hölle zum Paradies. Dante und die Göttliche Komödie, 1965; Die Geschichte von Kullerwo. Sechs Lieder aus dem «Kalewala» (auch Hg.) 1985; Das Land, das nicht ist. Eine schwedische Anthologie aus Finnland (auch m. Komm. hg.) 1986; Z. Topelius, Walters Abenteuer. Lausbubengeschichten aus dem Land der Wälder und Seen (auch Bearb.) 1988 (Bilder M. Karma); P. Haavikko, Nur leicht atmen die Bäume (auch m. Nachbem. hg.) 1991; ders., Herbstland. Gedichte aus den Jahren 1987–1990 in der Auswahl des Autors, 1991; E. Lönnrot, Der Wanderer oder Erinnerungen an eine Reise zu Fuß durch Häme, Savo und Karelien anno 1828 (auch m. Vorw. hg.) 1991; Das Leben ist noch neu. Zehn estnische Autoren. Eine Anthologie (hg. K. E. R. LINDEMANN) 1992; A. Paasilinna, Herr Wassermann und die finnische Sauna, 1994 (Illustr. T.

Ovaska); D. Katz, Der falsche Hund, 1997; ders., Lots Töchter (Rom.) 2001; E. Lönnrot, Kalewala. Das finnische Epos (auch Nachw.) 2004.

Herausgebertätigkeit: Zweiundzwanzig Erzähler aus Finnland (m. a.) 1986; Helsinki. Helsingfors, 2010.

Literatur: G. SCHREY-VASARA, Zur neuen dt. Übers. des Kalevala. Interview m. ~ (in: Jb. für finn.-dt. Lit.beziehungen 36, S. 223–230) 2004; Stellungnahmen zur neuen dt. Übers. des Kalevala (ebd., S. 230–241) 2004.　　　　KG

Jaenicke, Hermann, ⋆ 4.(12.?)4.1851 Kopojno bei Posen/Pr. (Kopojno bei Poznań/Polen), † n.1925 Berlin; Lehrer; besuchte in Breslau das Gymnasium, studierte klass. Philol., Gesch. u. Geografie an den Univ. Breslau, Berlin, Halle-Wittenberg u. Rostock, 1875 Dr. phil. an der Univ. Halle-Wittenberg, bereiste 1876 Italien u. Griechenland, ab 1877 Gymnasiallehrer in Oels/Niederschles. (Oleśnica/Polen), 1878 Inspektor u. ab 1879 Lehrer in Liegnitz/ebd. (Legnica/ebd.), ab 1884 Oberlehrer, 1889–1896 Gymnasiumsdir. in Kreuzburg/Oberschles. (Kluczbork/ebd.), ab 1897 in Gumbinnen/Pr. (Gussew/Russland), lebte ab 1925 i. R. in Berlin, verf. zahlr. Lehrb. insbes. zur Gesch. u. Geografie, veröff. u. a. die Reihe «J.s Geschichtswerk für höhere Lehranstalten». – Lehrb., Geschichtsdarstellung.

Schriften (Ausw.) De vitae Hadrianeae scriptoribus (Diss.) 1875; Bilder aus der deutschen und brandenburgisch-preußischen Geschichte (m. F. Stohrer) 2 Bde., 1891 (zahlr. Aufl.); Bilder aus der schlesischen Geschichte (m. dems.) 1893; Bilder aus der polnischen Geschichte, 1909; Die Geschichte Polens. Ein Beitrag zum Verständnis der polnischen Frage, 1909; Von Tilsit bis Leipzig (1807–1813). Mit einem Bilde des Völkerschlacht-Denkmals, 1913; Weltkrieg. Revolution. Verfassung. Kurz dargestellt, 1919; Weltgeschichte mit besonderer Berücksichtigung der Volkswirtschaft, 1920; Staatsbürgerkunde. Für höhere Lehranstalten und Fachschulen, sowie zum Selbstunterricht dargestellt. Preisgekrönt, 1923 (2., verb. Aufl. 1929).

Literatur: Heiduk 2,3 u. 3,223. – A. HINRICHSEN, Das lit. Dtl., ²1891.　　　　　　KG

Jaenicke, Hilla, ⋆ 13. 5. 1947 Gladbeck/Westf.; Psychologin, Psychotherapeutin, lebt in Berlin; verf. Beitr. u. a. für die Zs. «Theater heute». – Lyrik, Erzählung.

Schriften: Soap Opera. Gedichte aus der Neu-
en Welt, 1987; Was kommen könnte (Ged.)
2001.   KG

Jänicke, Johannes (Richard Adolf), * 23. 10. 1900
Berlin, † 30. 3. 1979 Halle/S.; evangel. Theologe, Bischof; Sohn eines Stadtmissionars, studierte Theol. an den Univ. Berlin u. Basel, 1925/26
Stadtvikar in Berlin, ab 1926 Pfarrer in Luckenwal-
de u. ab 1929 in Halle, 1930–33 Hg. der Ztg. «Mut
u. Kraft», ab 1934 Mitgl. des Pfarrernotbunds u.
der Bekennenden Kirche, ab 1935 in Palmnicken/
Ostpr. (Jantarny/Russland) tätig, 1947 Pfarrer in
Berlin-Schlachtensee u. 1948/49 Dir. des Burk-
hardthauses in Berlin (West), 1949–55 Propst zu
Halle u. Merseburg, ab 1955 Bischof der Kirchenprov. Sa. u. Domprediger in Magdeburg, stv. Vors.
des Rats der Evangel. Kirche der Union, sah sich
aufgrund seines gesellsch. u. polit. Engagements
Repressionen der DDR-Führung ausgesetzt, 1968
Rücktritt. – 1956 Dr. h. c. der Univ. Göttingen,
1959 Wladimir-Orden der Russ.-Orthodoxen Kirche. – Rel. Schr., Pred., Autobiografie.
Schriften: Gäste an Gottes Tisch, 1951; Da ist eu-
er Gott (m. P. Toaspern) 1963; Geliebte ärgerliche
Gemeinde. Handreichung über den Ersten Korin-
therbrief (dass.) 1964; Die Bergpredigt. Hören und
Tun (dass.) 1965; Ich konnte dabei sein. Der Lebensweg des J. J. (1900–1979), vom Elternhaus der
Berliner Stadtmission, durch den Kirchenkampf
unter ostpreußischen Bernsteinsuchern, die Auf-
baujahre in der DDR in Halle und Magdeburg,
zum Bischofsamt in der Kirchenprovinz Sachsen,
von ihm selbst erzählt, 1984 (2., durchges. Aufl.
1986); Auf Hoffnung hin leben. Eine Auswahl von
Predigten, 1984.
Herausgebertätigkeit: Männer der Evangelischen
Kirche in Deutschland. Eine Festgabe für Kurt
Scharf zu seinem 60. Geburtstag (m. H. Vogel, J.
Beckmann) 1962 (Bilder Appel u. andere).
Literatur: Munzinger-Arch.; DBETh 1,705; DBE
5,291. – Wer war wer in der DDR? Ein Lex.
ostdt. Biogr. (hg. H. MÜLLER-ENBERGS u. a.) Bd.
1, ⁴2006 (auch Internet-Edition); Die Bischöfe der
Kirchenprov. Sa. (Internet-Edition).   KG

Jaensch, Erich (Rudolf Ferdinand), * 26. 2. 1883
Breslau, † 12.(13.?)1.1940 Marburg/Lahn; Psychologe, Philosoph; Sohn eines Arztes, studierte 1902–
08 Naturwiss., Philos. u. Mathematik an den Univ.
Tübingen, Jena, Breslau u. Göttingen, 1908 Dr.

phil. an der Univ. Göttingen, 1910 Habil. an der
Univ. Straßburg, 1913–40 o. Prof. für Psychol. u.
Philos. an der Univ. Marburg, ab 1932 förderndes
Mitgl. der SS u. Mitgl. des «Kampfbundes für dt.
Kultur», 1933 Begr. u. danach Dir. des Inst. für
psycholog. Anthropologie an der Univ. Marburg,
ab 1933 Mitgl. der NSDAP u. des NS-Lehrer-
bunds, ab 1933 Hg. der «Zs. für Psychol.», 1936–40
(37?) Vors. der Dt. Gesellsch. für Psychol., Hg. der
Schr.reihen «Monogr. zur Grundlegung der phi-
losoph. Anthropologie u. Wirklichkeitsphilos.» u.
«Wiss. u. Leben». – 1919 Mitgl. der Dt. Akad. der
Naturforscher Leopoldina. – Fachschrift, Erinn.
Schriften (Ausw.:) Zur Analyse der Gesichts-
wahrnehmungen.   Experimentell-psychologische
Untersuchungen nebst Anwendung auf die Pa-
thologie des Sehens, 1909 (Diss. 1908); Über die
Wahrnehmung des Raumes. Eine experimentell-
psychologische Untersuchung nebst Anwendung
auf Ästhetik und Erkenntnislehre, 1911; Pestalozzi.
Der Geist und die Erde für Wirkens im Lichte der
Gegenwartsaufgaben von Kultur, Philosophie und
Psychologie, 1925; Die Eidetik und die typologi-
sche Forschungsmethode in ihrer Bedeutung für
die Jugendpsychologie und Pädagogik, für die allgemeine Psychologie und die Psychophysiologie
der menschlichen Persönlichkeit. Mit besonderer
Berücksichtigung der grundlegenden Fragen und
der Untersuchungsmethodik, 1925; Aus meinen
Erinnerungen an Rudolf Eucken und über einige
Beziehungen zwischen seinem Werke und der Arbeit der Gegenwart, 1927; Über den Aufbau des
Bewußtseins. (Unter besonderer Berücksichtigung
der Kohärenzverhältnisse), 2 Bde., 1930; Studien
zur Psychologie menschlicher Typen, 1930; Die
Psychologie und die Wandlungen im deutschen
Idealismus, 1937; Der Gegentypus. Psychologisch-
anthropologische Grundlagen deutscher Kulturphilosophie, ausgehend von dem, was wir überwinden wollen, 1938.
Literatur: Schmidt, Quellenlex. 14,400. – NDB
10,287; BEdP 196; DBE 5,291. – Reichshdb. der
dt. Gesellsch. Das Hdb. der Persönlichkeiten in
Wort u. Bild, Bd. 1, 1930; Verz. der Schr. von ~ u.
Mitarb. (bearb. G. H. FISCHER u. a.) 1935; G. H.
FISCHER, ~ zum Gedenken. Sein Werk u. sein Vermächtnis (in: Zs. für Psychol. 51, Bd. 148, S. 19–
90) 1940 (m. Bibliogr.); J. FRÖBES, ~ (in: Scholastik
20/24, S. 518–543) 1945–49; A. MOLNOS, ~ (in:
Revista de educación 1, H. 4, S. 57–72) La Plata
1950; M. KRUDEWIG, Die Lehren von der visuel-

len Wahrnehmung u. Vorstellung bei ~ u. seinen Schülern (A. Klein) (in: Kant-Stud. 47, H. 1–4, S. 93f.) 1955/56; A. Hübscher, Denker unserer Zeit, Bd. 1, 1956; S. Foster, ~ (in: Journal of Aesthetics and Art Criticism 28, S. 133–145) Hoboken/NJ 1969/70; Catalogus Professorum Academiae Marburgensis. Die akadem. Lehrer der Philipps-Univ. in Marburg (bearb. I. Auerbach) Bd. 2, 1979; B. Sandin, ~ (in: Psíquis revista de psiquiatría, psycología psicosomática 4, H. 3, S. 9–31) Madrid 1983; U. Geuter, Nationalsozialist. Ideologie u. Psychol. (in: Gesch. der dt. Psychol. im 20. Jh. Ein Überblick, hg. M. G. Ash, ders., S. 172–200) 1985; I. Pinn, Die rassist. Konsequenzen einer völk. Anthropologie. Zur Anthropologie ~s (in: Rassenmythos u. Sozialwiss. in Dtl., hg. C. Klingemann, S. 212–241) 1987; J. J. Ray, ~ (in: Political Psychology 9, S. 303–308) Malden/MA 1988; Das Dritte Reich u. seine Denker (hg. L. Poliakov, J. Wulf) 1989 (Nachdr.); L. Lange, Externe Einflüsse auf die Wiss. u. die Reaktion der «wiss. Gemeinschaft» am Beispiel von ~ u. der «Zs. für Psychol.» 1933–1944 (in: Zs. für Psychol. 198, S. 121–136) 1990; A. Ebrecht, Das individuelle Ganze. Zum Psychologismus der Lebensphilos. (Diss. FU Berlin) 1992; U. Sieg, Psychol. als «Wirklichkeitswissenschaft». ~s Auseinandersetzung m. der «Marburger Schule» (in: Staat, Gesellsch., Wiss. Beitr. zur modernen hess. Gesch., hg. W. Speitkamp, S. 314–342) 1994; A. Kreuter, Dt.sprachige Neurologen u. Psychiater. Ein biogr.-bibliogr. Lex. von den Vorläufern bis zur Mitte des 20. Jh., Bd. 2, 1996; R. Kühn, Les limites de l'eidos en phenomenologie. L'exemple de ~, Geyser, Hildebrand et Hengstenberg (in: Archives de Philos. 59, H. 1, S. 5–30) Paris 1996; S. Rieger, Eidetics – A Psychological Image Concept between the Memory Art, Lit. and Technical Media (in: Dt. Vjs. für Lit.wiss. u. Geistesgesch. 74, H. 2, S. 305–332) 2000; Die Philipps-Univ. Marburg im Nationalsozialismus. Dok. zu ihrer Gesch. (hg. A. C. Nagel, bearb. dies., U. Sieg) 2000; C. Tilitzki, Die dt. Univ.philos. in der Weimarer Republik u. im Dritten Reich (Diss. FU Berlin) 2002; M. Grüttner, Biogr. Lex. zur nationalsozialist. Wiss.politik, 2004; E. Klee, Das Personenlex. zum Dritten Reich, 2005; A. Mohler, K. Weissmann, Die konservative Revolution in Dtl. 1918–1932. Ein Hdb., ⁶2005.   KG

Järnecke, Michael, * 1951 Hitzacker; Buchkünstler, lebt in Issendorf u. Hamburg; verwirklichte zahlr. Ausst.- u. Kunstbuchprojekte. – 1988 Auszeichnung durch die Jury Buchkunst. – Mitgl. der Lit. Gesellsch. Lüneburg. – Kunstb., Lyrik, Erz., wiss. u. philosoph. Text.

Schriften: Roman eines Lesers. 1988–1993. Nach einer Ausgabe des Romans «Das zweite Gesicht» von Hermann Löns, 1993; Zum Beispiel schönes langes Menschenhaar (Medienkombination m. Originalkopie u. Tonkassette) 1993 (Bilder Djun, HD Rühmann); Underground 1:1 (Ged., Erzn. u. a.) 1998 (Fotografien M. J.).

Herausgebertätigkeit: D. Rühmann, Macht die Kunst kaputt – es lebe die Kunst. Filme, Plastiken, Textbilder, Aktionen. Geschichte. Kunst und Leben, 1984.   KG

Jaerschky, Paul, * 6. 5. 1864 Müncheberg/Brandenb., † 30. 4. 1941 Berlin; Reformarzt; Sohn eines Hausarztes, studierte Medizin an den Univ. Jena, Würzburg u. Berlin, u. a. bei Rudolf Virchow (1821–1902) u. Wilhelm Conrad Röntgen (1845–1923), 1902 Dr. med., Arzt in Berlin-Charlottenburg, leitete n. 1900 die erste Poliklinik bei Berlin, 1901–08 Vors. des Ver. für Körperkultur, 1908 Lehrer an einer Arbeiter-Fortbildungsschule, 1920 Begegnung m. Rudolf → Steiner, trat 1921 in die Anthroposoph. Gesellsch. ein. – Fachschr., Lebensbild.

Schriften (Fachschr. in Ausw.): Training vom ärztlichen Standpunkte (Diss.) 1902; Körperpflege durch Gymnastik, Licht und Luft, 1905; Lebensbilder aus ärztlicher Erfahrung (m. Vorw. hg. Lola J.) 1955 (zuerst als Privatdr. u. d. T.: Briefe an meine Patienten, 1940/41; Neuausg. 1970; Neuausg. 2001).

Literatur: U. Werner, C. Lindenberg, Anthroposophen in der Zeit des Nationalsozialismus (1933–1945), 1999; Anthroposoph. Ärzte (hg. P. Selg) 2000; Lola J., Vorw. (in: P. J., Lbb. aus ärztl. Erfahrung, S. 5–16) 2001; Anthroposophie im 20. Jh. Ein Kulturimpuls in biogr. Porträts (hg. B. von Plato) 2003 (auch Internet-Edition); B. Wedemeyer-Kolwe, «Der neue Mensch». Körperkultur im Kaiserreich u. in der Weimarer Republik (Habil.-Schr.) 2004.   KG

Jaeschke, Helga (Ps. Greta Kadereit), * 1943 Königgrätz/Böhmen (Hradec Králové/Tschechien); Lehrerin, lebt in Bochum; lebte m. ihrer Familie n. 1945 in Nordrhein-Westf., dann in Freiburg/

Br., Stud. an der PH Heidelberg, Lehrerin in Biberach/Riß u. Reutlingen, wanderte 1973 n. Toronto/Kanada aus, kehrte 1979 n. Bayern zurück, lebte 1987 erneut in Kanada, unterrichtete bis um 2004 an der Hauptschule in Mindelheim/Unterallgäu. – Erinn., Anekdote.

Schriften: Mein Leben in Kanada. Eine deutsche Auswanderin erinnert sich, 1996; Karotten in Eis. Zweites Glück in Kanada, 1998; Auch Lehrer brauchen ihren Kick, 2004.   KG

Jäschke, Katharina, * 9. 3. 1960 Nordenham/Niedersa.; Mathematikerin, Lehrerin, Yogalehrerin, lebt seit 1996 in Wiesbaden; studierte Mathematik u. Physik an der Univ. Göttingen, lebte in Braunschweig, Frankfurt/M. u. Offenbach, Lehrgangsleiterin für elektron. Datenverarbeitung, seit 2005 zudem Yogalehrerin, veröff. auch Beitr. in den Zs. «Muschelhaufen», «Zeichen u. Wunder. Vjs. für Kultur» sowie «Dulzinea». – Mehrere Auszeichnungen, u. a. Erster Preis beim Internat. Lit.wettbewerb der Gedok. – 2001 Mitgl. der Gesellsch. Hess. Literaturfreunde. – Lyrik, Erzählung.

Schriften: Lebenszeichen (Ged., Prosa) 2001 (Fotografien W. Plötz); Trink doch die Rosen (Ged.) 2007.   KG

Jaeschke, Walter, * 20. 9. 1945 Amberg; Philosoph, lebt in Bochum; studierte Philos., Rel.gesch. u. Sinologie an der FU Berlin u. der TU Berlin, 1974 Dr. phil. an der FU Berlin, 1986 Habil. an der Univ. Bochum, 1974–89 wiss. Mitarb. des Hegel-Arch. an der Univ. Bochum, 1989–98 wiss. Mitarb. der Berlin-Brandenburg. Akad. der Wiss., 1991 apl. Prof. für Philos. an der FU Berlin, 1998–2010 (i. R.) Prof. an der Univ. Bochum, Dir. des Hegel-Arch. ebd., Hg. von Editionen der Werke Georg Wilhelm Friedrich Hegels (1770–1831), Friedrich Schleiermachers (1768–1834), Ludwig Feuerbachs (1804–1872) u. Friedrich Heinrich Jacobis (1743–1819) sowie der «Hegel-Stud.», veröff. Beitr. u. a. im «Hegel-Jb.» u. in den Zs. « Dt. Zs. für Philos.» u. «Tijdschrift voor Filosofie». – Fachschrift.

Schriften: Die Suche nach den eschatologischen Wurzeln der Geschichtsphilosophie. Eine historische Kritik der Säkularisierungsthese, 1976 (Diss. 1974); Die Religionsphilosophie Hegels, 1983; Die Vernunft in der Religion. Studien zur Grundlegung der Religionsphilosophie Hegels (Habil.-Schr.) 1986; Hegel-Handbuch. Leben – Werk – Schule, 2003 (2., aktual. Aufl., Sonderausg. 2010);

Die klassische deutsche Philosophie nach Kant. Systeme der reinen Vernunft und ihre Kritik. 1785–1845 (m. A. Arndt) 2012.

Herausgebertätigkeit (Ausw.): Buchstabe und Geist. Zur Überlieferung und Edition philosophischer Texte (m. a.) 1987; Sinnlichkeit und Rationalität. Der Umbruch in der Philosophie des 19. Jahrhunderts. Ludwig Feuerbach, 1992; Transzendentalphilosophie und Spekulation. Der Streit um die Gestalt einer Ersten Philosophie (1799–1807), 2 Bde., 1993 (Stud.ausg. u. d. T.: Der Streit um die Gestalt einer Ersten Philosophie [1799–1807]. Mit Texten von Fichte, Hegel, Jacobi, Jean Paul, Reinhold, Schelling und anderen und Kommentar, 1999); Religionsphilosophie und spekulative Theologie. Der Streit um die Göttlichen Dinge (1799–1812), 2 Bde., 1993 (Stud.ausg. u. d. T.: Der Streit um die Göttlichen Dinge [1799–1812]. Mit Texten von Goethe, Hegel, Jacobi, Novalis, Schelling, Schlegel und anderen und Kommentar, 1999); Philosophie und Literatur im Vormärz. Der Streit um die Romantik (1820–1854), 2 Bde., 1995 (Stud.ausg. u. d. T.: Der Streit um die Romantik [1820–1854]. Mit Texten von v. Eichendorff, Feuerbach, Fichte, Hegel, Heine, Schlegel und anderen mit Kommentar, 1999); Früher Idealismus und Frühromantik. Der Streit um die Grundlagen der Ästhetik (1795–1805), 2 Bde., 1995 (Stud.ausg. u. d. T.: Der Streit um die Grundlagen der Ästhetik [1795–1805]. Mit Texten von Humboldt, Jacobi, Novalis, Schelling, Schlegel und anderen und Kommentar, 1999); Ludwig Feuerbach und die Geschichte der Philosophie (m. F. Tomasoni) 1998; Materialismus und Spiritualismus. Philosophie und Wissenschaften nach 1848 (m. A. Arndt) 2000; Friedrich Heinrich Jacobi. Ein Wendepunkt der geistigen Bildung der Zeit (m. B. Sandkaulen) 2004; Weltanschauung, Philosophie und Naturwissenschaft im 19. Jahrhundert (m. K. Bayertz, M. Gerhard) 2007.   KG

Jaffé, Aniela (eig. Hedwig Katharina J.), * 20. 2. 1903 Berlin, † 30. 10. 1991 Zürich; Psychologin; wuchs als Tochter eines jüd. Juristen in Berlin auf, 1929 Heirat m. dem schweiz. Physiker Jean Albert Dreyfus in Genf (1930 geschieden), studierte ab 1931 Psychol. an der Univ. Hamburg, 1934 kurz vor Beendigung der Diss. Emigration n. Zürich, Bekanntschaft m. Carl Gustav → Jung, unterzog sich einer Analyse u. praktizierte später selbst als Analytikerin, 1948–55 Sekretärin am neu gegr. C.

G. Jung-Inst. in Zürich, 1955–61 enge Mitarbeiterin u. Sekretärin C. G. Jungs. – Fachschr., Hg., Erinn., Biografie.

Schriften: Alte Menschen im Altersheim. Soziologische, psychologische und medizinische Studien im Altersheim der Stadt Basel (m. G. Vettiger, A. Vogt, Einl. A. L. VISCHER) 1951; Geistererscheinungen und Vorzeichen. Eine psychologische Deutung (Vorw. C. G. JUNG) 1958 (2., überarb. Aufl. 1978); Der Mythus vom Sinn im Werk von C. G. Jung, 1967; Aus Leben und Werkstatt von C. G. Jung. Parapsychologie. Alchemie. Nationalsozialismus. Erinnerungen aus den letzten Jahren, 1968; C. G. Jung. Bild und Wort, 1977 (Sonderausg. m. dem Untert.: Eine Biographie, 1983); Bilder und Symbole aus E. T. A. Hoffmanns Märchen «Der goldne Topf». 2., veränd. Aufl. 1978 (zuerst in: C. G. Jung, Gestaltungen des Unbewußten, 1950; 3., veränd. Aufl. 1986); Aus C. G. Jungs Welt. Gedanken und Politik. Vier Aufsätze, 1979; Anna Kingsford, religiöser Wahn und Magie, 1980 (neu gestaltete Ausg. u. d. T.: Religiöser Wahn und schwarze Magie. Das tragische Leben der Anna Kingsford [1846–1888], 1986); Aufsätze zur Psychologie C. G. Jungs, 1980 (2. Aufl. u. d. T.: Aus C. G. Jungs letzten Jahren und andere Aufsätze, 1982); Im Umkreis des Todes (m. L. Frey-Rohn, M.-L. von Franz) 1980 (2., überarb. Aufl. 1984; Neuausg. u. d. T.: Erfahrungen mit dem Tod. Archetypische Vorstellungen und tiefenpsychologische Deutungen, 1994); Parapsychologie, Individuation, Nationalsozialismus. Themen bei C. G. Jung, 1985; Mystik und Grenzen der Erkenntnis, 1988.

Herausgebertätigkeit: C. G. Jung, Erinnerungen, Träume, Gedanken (auch Aufzeichn.) 1962 (erw. Aufl. 1987; 16., Aufl., korr. Sonderausg. 2009); ders., Welt der Psyche (m. G. Zacharias) 1965; ders., Briefe (m. G. Adler; auch Übers.) 3 Bde., 1972/73; ders., Hundert Briefe. Eine Auswahl, 1975.

Nachlass: Bibl. der ETH Zürich. – Schmutz-Pfister 3089.

Literatur: HLS (Internet-Edition). – Bibliographia Judaica. Verz. jüd. Autoren dt. Sprache (bearb. R. HEUER) Bd. 1, 1981; C. G. Jung – a Mystic? Conversations with ~ (in: Psychological Perspectives 19, H. 1) Philadelphia/PA 1988; M. JACOBY, ~ (1903–1991) (in: Journal of Analytical Psychology 37, H. 3, S. 355f.) Oxford 1991; Schweizer Lex., Bd. 3, 1992; ~ (in: Quadrant. Journal of the C.G.

Jung Foundation for Analytical Psychology 25, H. 1) New York 1999.   KG

Jaffé, Hedwig Katharina → Jaffé, Aniela.

Jaffé, Moritz (Ps. B. Morja), *3.6. 1834 nahe Posen (Poznań/Polen), †7.7.(5.?)1925 Berlin; Violonist, Komponist; Violinstud. u. Stud. der Musiktheorie am Pariser Konservatorium, erlangte m. den Opern «Das Käthchen von Heilbronn» u. «Ekkehard» Bekanntheit, Kunstsammler u. -mäzen, Begr. einer Stiftung für notleidende Schriftsteller. – Betrachtungen, Spruch, hist. Fachschrift.

Schriften: Rembrandt und der Herr Geh.-Rath Dr. Bode, Direktor des Königl. Museums zu Berlin. Eine Kritik, 1895; Kunst und Leben. Betrachtungen und Sprüche, 1908; Die Stadt Posen unter preußischer Herrschaft. Ein Beitrag zur Geschichte des deutschen Ostens, 1909 (Zuschreibung unsicher); Betrachtungen eines Sammlers (m. Vorw. hg. u. übers. C. de CONDOYANNI) 1914.

Literatur: Kurzgefaßtes Tonkünstlerlex. Für Musiker u. Freunde der Tonkunst (begr. P. FRANK, neu bearb. W. ALTMANN, ²1926; S. WININGER, Große jüd. National-Biogr. M. mehr als 8000 Lebensbeschreibungen namhafter jüd. Männer und Frauen aller Zeiten u. Länder [...], Bd. 3, 1928; Bibliographia Judaica. Verz. jüd. Autoren dt. Sprache (bearb. R. HEUER) Bd. 1, 1981; J. WALK, Kurzbiogr. zur Gesch. der Juden 1918–1945, 1988.   KG

Jaffé, Richard, *15.2. 1861 Posen (Poznań/Polen), †2.7. 1920 Berlin; Jurist; Sohn eines Kommerzienrates, Rechtsstud. in Leipzig, Halle/S. u. Berlin, Dr. iur., Rechtsanwalt beim Kammergericht in Berlin, Justizrat, das St. ‹Der Außenseiter› (1900) wurde zunächst zur Auff. verboten u. erst n. Klage frei gegeben. – Bühnenst., Rom., Fachschrift.

Schriften: Das Bild des Signorelli. Schauspiel in vier Akten, 1900; Der Außenseiter. Lustspiel in einem Akt, 1900; Peter Brand (Rom.) 1909. (Ferner jurist. Schr. u. ungedr. Bühnenstücke.)

Literatur: Theaterlex. 2,891. – M. GEISSLER, Führer durch die Lit. des 20. Jh., 1913; Lex. der dt. Dichter u. Prosaisten vom Beginn des 19. Jh. bis zur Ggw. (bearb. F. BRÜMMER) Bd. 3, ⁶1913 (Nachdr. 1975); S. WININGER, Große jüd. National-Biogr. M. mehr als 8000 Lebensbeschreibungen namhafter jüd. Männer u. Frauen aller Zeiten u. Länder [...], Bd. 3, 1928; Bibliographia Judaica. Verz.

jüd. Autoren dt. Sprache (bearb. R. HEUER) Bd. 1, 1981. KG

Jaffé, Robert (Ps. Max Aram), * 7. 2. 1870 Gnesen/Posen (Gniezno/Polen), † 20. 6. 1911 Berlin-Wilmersdorf (Suizid?); Schriftst., Publizist; Sohn eines Kaufmanns, im väterl. Geschäft tätig, studierte 1889/1890 Jura an der Univ. Berlin (ohne Abschluss), Schriftst. in Berlin, freier Mitarb. versch. Ztg. u. Zs., u. a. «Die Welt», «Die Ggw.», «Das lit. Echo», «Die Liese» u. «Der Hammer». – Bühnenst., Rom., Kritik, Ess., Feuilleton.

Schriften: Der arme Walter. Trauerspiel in fünf Akten, 1895; Ahasver (Rom.) 1900.

Nachlass: Schr.stücke u. Dok im Nachl. C. C. Aronsfelds im Center for Jewish History, New York.

Literatur: Lex. dt.-jüd. Autoren 13,34. – M. GEISSLER, Führer durch die Lit. des 20. Jh., 1913; Bibliographia Judaica. Verz. jüd. Autoren dt. Sprache (bearb. R. HEUER) Bd. 1, 1981; H. J. SCHÜTZ, «Eure Sprache ist auch meine». Eine dt.-jüd. Lit.gesch., 2000; C. C. ARONSFELD, Der Selbsthaß des ~ (in: Freiburger Rundbr. 7, S. 34) 2000. KG

Jaffé, Selma, * 10. 11. 1862 Jastrow/Westpr. (Jastrowie/Polen), † 5. 2. 1935 Berlin; Schriftstellerin, lebte in Berlin. – Reigen, Bühnensp., Opernlibr., Sachbuch.

Schriften: Kommers in der Kochschule. Heitere Aufführung für acht junge Mädchen (Partitur) um 1900 (Musik O. Hoffmann); Die lustigen Küchenmädchen. Komische Szene für Gesang, Bigotphone und Klavierbegleitung, auszuführen von drei bis dreißig Damen (dass.) um 1900 (dass. R. Thiele); E. Ebeling, Katzenschule. Eine lustige Kinder-Komödie (Reigen) 1902; Im Zuschauerraum (Bühnensp.; m. J. Raabe) 1902; Im Parkett (Bühnensp.) 1903; Auf dem Amphi-Platz (dass.) 1903; Zur Silberhochzeit des Kaiserpaares. Prolog und Ansprache zur Feier der Silberhochzeit des deutschen Kaiserpaares am 27. Februar 1906, 1906; O Haydn! Ein unterbrochenes Trio. Aufführungsscherz, 1912; Engelreigen. Sechs Liederreigen (m. E. Werkmeister) 1913; Fünf Huldigungsreigen (m. E. Werkmeister) 1913; Elfen und Zwerge. Sieben Reigen nach Schulliedern und Tänzen (m. a.) 1913; Jungdeutschland-Mädchen. Vaterländisches Festspiel, 1915; Deutsche Reigen, 1917; Märchenreigen. Sechs Reigen nach bekannten Liedern», 1918; Der Tanz im Selbstunterricht. Anlei-

tung zur Erlernung der gebräuchlichsten Tänze, zur Erlernung von Anstand und Sitte, Ratgeber zum Arrangieren von Festen, 1918 (spätere Aufl. m. dem Untert.: Anleitung zur Erlernung der gebräuchlichsten Tänze, einschließlich der modernsten Tänze, Ratgeber zu Fest-Veranstaltungen; NA m. Nachtr.bd. 1926/27); Der gute Ton der neuen Zeit. Ein Handbuch der vornehmen Lebensart, 1920; H. Sachs, Der Roßdieb zu Fünsing. Fastnachtspiel für vier Personen (Bühnenbearb.) 1921; ders., Das heiß' Eisen. Ein Fastnachtspiel für drei Personen (dass.) 1921; Der Laubenkolonist. Zwiegespräch für einen Herrn, eine Dame, 1921; Bei Vater Rhein. Sechs Reigen nach Rheinliedern, 1923; Rüpelreigen. Vier lustige Jungenreigen, 1924; Vier Flaggenreigen nach dem deutschen Flaggenlied «Stolz weht die Flagge» (m. C. Grünwald, F. Hoffmann) ²1924.

Literatur: S. WININGER, Große jüd. National-Biogr. M. mehr als 8000 Lebensbeschreibungen namhafter jüd. Männer u. Frauen aller Zeiten u. Länder [...], Bd. 3, 1928; Bibliographia Judaica. Verz. jüd. Autoren dt. Sprache (bearb. R. HEUER) Bd. 1, 1981. KG

Jaffé, Walther, * 18. 1. 1883 Wien-Währing, † 13. 11. 1963 ebd.; Gymnasiallehrer, lebte in Wien; Dr. phil., veröff. auch Beitr. in Zs., u. a. in «Merker. Öst. Zs. für Musik u. Theater». – Lit.wiss. Schrift.

Schriften: Alexander Baumann (1814–1857). Ein Beitrag zum Wiener literarischen Vormärz und zum volkstümlichen Lied in Österreich, 1913.

Literatur: HAjH 2,594. – Bibliographia Judaica. Verz. jüd. Autoren dt. Sprache (bearb. R. HEUER) Bd. 1, 1981. KG

Jaffin, David, * 14. 9. 1937 New York City; Pfarrer, Schriftst., lebt in Illmensee/Bodensee u. Hohenbrunn-Riemerling bei München; Sohn eines jüd. Juristen, wuchs in New York City auf, studierte Gesch.wiss., dann Kunstgesch. u. Psychol. an der New York Univ., 1966 Dr. phil. ebd., 1971 Konversion zum Christentum, 1971 Bildungsreise n. Europa, Übersiedelung n. Ottobrunn bei München, dann n. Belsen bei Tübingen, bis 1974 Stud. der evangel. Theol. in Tübingen, 1974/75 Vikar ebd., 1975–78 Zweit-Pfarrer in Magstadt/Württ., bis 1994 (i. R.) Pfarrer in Malsheim/ebd., Mitgl. des Landesvorstands der Evangel. Slg. in Württ., als Doz. u. Prediger tätig, veröff. zahlr. Lyrikbde.

in engl. Sprache. – Lyrik, Pred., Gebet, theolog. Schr., Erz., Gleichnis, Autobiogr., humorist. Schr., Kinderbuch.

Schriften (fremdsprachige Schr. in Ausw.): Eighteenth and Nineteenth Century Historical Interpretations of the Reigh of James I of England (Diss.) New York 1966; Conformed to Stone (Ged.) London 1968; Emptied Spaces. With an Etching especially Created for this Volume by Jacques Lipchitz (Ged.) ebd. 1972; Late March (Ged.) Rushden/England 1973; Opened (Ged.) Sheffield/ebd. 1973; Space of (Ged.) New Rochelle/NY 1978; Inri – Jesus von Nazareth, König der Juden. Zwölf Predigten und eine Andacht, 1980; Die Welt und der Weltüberwinder, 1981; ... der bringt viel Frucht. Gemeinde Jesu in der Nachfolge, 1983; Die Heiligkeit Gottes in Jesus Christus. Das Opfer im Alten Testament. Gottesbild – Zweites Gebot. Die Aktualität der prophetischen Botschaft, 1984; Jesus, mein Herr und Befreier, 1985; Warum brauchen wir das Alte Testament?, 1986; Der auferstandene Christus als unser Seelsorger, 1986; Israel am Ende der Tage, 1987; Malmsheimer Predigten, 1988; Fourteen New Poems, Plymouth/England 1994; Der Psalter – ein Gebetbuch für Juden und Christen, 3 Bde., 1992–96; Wastl. Die Geschichte eines Pfarrdackels, 1989; Salomo. Israel am Scheideweg, 1989; Josua. Die Landnahme, 1989; Jüdische Feste – christliche Deutung, 1990 (2., leicht überarb. Aufl. 1993); Erinnerungen eines alternden Pfarrdackels. Wastl Jaffin, geb. Schnupp, 1990; Die geheimnisvolle Gegenwart Gottes. Bildmeditationen zu Gemälden von Caspar David Friedrich, 1990; Alle Lande sind seiner Ehre voll, 1990; Wastls Tips für Taps. Unvernünftige Ratschläge für Dackel und deren Besitzer, 1991; Seine Herrlichkeit erscheint über dir. Bildmeditationen zu Gemälden alter Meister, 1991; Meine Augen haben deinen Heiland gesehen. Bildmeditationen zu Gemälden und Zeichnungen von Rembrandt, 1991; Die Urgeschichte der Menschheit. Unsere Geschichte, 1991; Unerfüllte Sehnsucht. Betrachtungen zu Gemälden von Vincent van Gogh und Paul Gauguin, 1992; In der Weite der Zeit. Gebete, 1992; In deiner Stille gehalten. Gebete, 1992; Die großen Richter, 1992; Das Jesaja-Evangelium, 1992; Von unsichtbarer Hand gezeichnet. Gebete, 1993; Jona. Der kleine Prophet im großen Wal, 1993; Gereift zu deiner Ernte. Gebete, 1993; Über sich selbst hinaus. «Eichhörnchensprünge», 1994; So, daß mein eigener Schatten bricht, 1994; Die

Propheten – unsere Zeitgenossen. Habakuk, Zefanja, Maleachi, 1994; «... und geh in ein Land, das ich dir zeigen will». Autobiographische Anmerkungen, 1995; Schweigt Gott zum Bösen?, 1995; Israels Erwählung und endzeitliche Bedeutung, 1995; Die Verspeisung der 5000 und andere wahre Begebenheiten, 1995; Jakob, der Gesegnete, 1996; Die Farben der Freude. Gebete, 1996; Abraham und die Erwählung Israels, 1996; Gehüpft wie gesprungen. Lebendige Erinnerungen des roten Eichhörnchens Danny, 1996 (Illustr. S. Herbst); Harry, die Hausmaus, 1997 (dass.); Mein Glaube, meine Welt (Autobiogr.) 1997 (m. Schr.verz.); Israel, der Gottesstreiter, 1997; Höre, o Israel, der Herr ist unser Gott. Grundlegende Texte in den fünf Büchern Moses, 1997; Humor in der Bibel, 1998; Der Ruf. Erzählungen und Gleichnisse, 1998; Der einmalige Samuel, 1998; Wenn die Bäume wieder grünen. Ein Trostbuch im Angesicht des Verlustes, 1999; Saul und David. Die große Verfolgung, 1999; Josef und Jesus. Der Leidensweg der Erwählten Gottes, 1999; Lebensrhythmen (Prosa) 2000; Jesu Leidensweg mit seinem Volk Israel, 2000; Am Horizont des Seins. Gebete, 2000; Warum toben die Heiden so vergeblich? Psalmenauslegungen, 2001; Liebesgeschichten der Bibel, 2001; Die Welt innerhalb der Welt, 2001; That Sense for Meaning. Poems 2000, Devon/England, Berkeley/CA 2001; Die Zeit der fallenden Blätter (Geschn.) 2002; Biblische Gestalten – unser Spiegelbild, 2002; Farbtöne (Geschn.) 2003; Das jüdisch-christliche Weihnachtsbuch, 2003; Wir haben ihn erlebt. Zeitgenossen Jesu, 2004; Hören auf die Stille (Erzn.) 2004; Mose und Jesus. Die großen Befreier, 2005; Am Ende der Tage (Prosa) 2005; Intimacies of Sound. Poems, Exeter/England, Lahr/Schwarzwald 2005; Singet dem Herrn ein neues Lied (Prosa) 2006; König David und Jesus, König der Könige, 2006; Für heute und morgen. Gebete, 2008; Always Now. Poems, Bristol/England 2012; Labyrinthed. Poems, ebd. 2012; The Other Side of Self. Poems, ebd. 2012; Light Sources. Poems, ebd. 2013.

Herausgebertätigkeit: Was erwartet uns? (Aufs.slg.) 1991.

Ausgaben (außer fremdsprachige): Das Beste von D. J. Prosa und Gebete (hg. T. BAUMANN, Vorw. M. SIEBALD) 2007.

Literatur: P. RAMSEY, One Style and Some Others. American Poetry in 1977 (in: The Sewanee Rev. 86, H. 3, S. 454–460) Baltimore/MD

1978; DERS., Lyric. Ways We Walk Now. American Poetry in 1978 (ebd. 87, H. 4, S. 686–692) ebd. 1979; DERS., In Praise of Makers. American Poetry in 1979 (ebd. 88, H. 4, S. 665–671) ebd. 1980; T. FRAZER, ~: An Interview (in: Shearsman H. 3, S. 39–52) Plymouth/England 1981 (auch in: Poetry Magazines, Internet-Edition); Schr.verz. ~ (in: Mein Glaube, meine Welt, S. 88–93) 1997.   KG

Jagelki, Jürgen, * 7. 12. 1933 Ortelsburg/Ostpr. (Szczytno/Polen); Pastor, Red., lebt n. letzten Angaben in Mainz; Ausbildung zum Industriekaufmann, Stud. der Theol., Pastor in Kanada, ab 1967 Red. der Missionszs. «Der Weinberg», Mitarb. kirchl. Hörfunksendungen. – Betrachtung, Sachtext.

Schriften: Kleine Gärten unter der Sonne. Gedanken zum Verweilen, 1996; Oasen der Stille. Gedanken zum Verweilen, 1998; Wie eine Musik, die trägt. Momente der Besinnung, 2004; Ein Kreuzweg. Bronzeplastik im Oblatenkloster in Mainz, o. Jahr.

Herausgebertätigkeit: Schau auf das Leben wie ein Geschenk. Bilder und Worte aus der Begegnung, 1979.   KG

Jagemann, Eugen (Friedrich Max Ludwig) von (Ps. Johann von Leyden), * 25. 5. 1849 Karlsruhe, † 15. 8. 1926 Heidelberg; Jurist, Politiker; Sohn eines bad. Justizministerialrats, wuchs n. dem frühen Tod der Eltern bei seinem Großonkel in Wertheim auf, studierte Jura an den Univ. Berlin, Brüssel u. Heidelberg, 1870/71 Soldat im dt.-französ. Krieg, 1872 erste jurist. Staatsprüfung, 1873 Dr. jur. an der Univ. Heidelberg, 1874 zweite jurist. Staatsprüfung, ab 1874 Anwaltsgehilfe u. ab 1877 Staatsanwalt in Mosbach, ab 1881 im bad. Justizministerium für das Gefängniswesen verantwortlich, wirkte auf internat. Fachkongressen mit, 1893–98 (Abberufung) Gesandter von Baden am preuß. Hof u. stv. Bevollmächtigter zum Bundesrat, ab 1903 Honorarprof. an der Rechtsfak. der Univ. Heidelberg, Aufsichtsratstätigkeiten in Wirtschaft u. Industrie, im 1. Weltkrieg Leiter des Bez.ausschusses des Roten Kreuzes in Baden. – 1898 Auszeichnung zum Wirkl. Geheimrat Erster Klasse. – Fachschr., Trauersp., biogr. Schr., Erinnerungen.

Schriften (Fachschr. in Ausw.): Die sogenannte arrha poenitentialis. Arrha mit Reurecht und arrha mit Strafbestimmung (Diss.) 1873 (Buchhandelsausg. u. d. T.: Die Daraufgabe [Arrha].

Vergleichende Rechtsstudie, 1873); Die Stellung der Niederdeutschen (Vlaamen) in Belgien, 1876; Die deutsche Reichsverfassung (Vortr.) 1904; Zur Reichsfinanzreform, 1905; Friedrich und Luise, Großherzog und Großherzogin von Baden, ein gekröntes Jubelpaar, 1906 (Sonderdr.); Faust der Politiker. Trauerspiel in vier Akten nebst einem Nachspiel, 1907; Bismarckerinnerung, 1912 (Sonderdr. aus: Dt. Rev., 1912); Anton Gutsch. (1825–1912). Nachruf, 1912 (Sonderdr. aus: Bl. für Gefängniskunde); Aus Rudolf von Gneists Leben und Wirken, 1916 (Sonderdr.); Fünfundsiebzig Jahre des Erlebens und Erfahrens (1849–1924), 1925.

Herausgebertätigkeit: Handbuch des Gefängniswesens (m. F. von Holtzendorff) 2 Bde., 1888; Das Großherzogtum Baden in allgemeiner, wirtschaftlicher und staatlicher Hinsicht dargestellt (m. E. Rebmann, E. Gothein) 1 Bd., 1912 (m. n. e.; 2., vollst. umgearb. Aufl. 1912).

Nachlass: Um 1982 Nachl. im Arch. der Freiherren von Scheurl-Defersdorf in Nürnberg-Fischbach.

Literatur: NDB 10,293; DBE 5,293. – Dt. Zeitgenossenlex. Biogr. Hdb. dt. Männer u. Frauen der Ggw. (hg. F. NEUBERT) 1905; F. von ENGELBERG, ~ (in: Bl. für Gefängniskunde 57, S. 159–164) 1926; Bibliogr. der bad. Gesch. (begr. F. LAUTENSCHLAGER, bearb. W. SCHULZ) Bd. 6, Tl. 1, 1973; Bad. Biogr. NF (hg. B. OTTNAD) Bd. 1, 1982; D. DRÜLL, Heidelberger Gelehrtenlex. 1803–1932, 1986; S. MÖLLER, Zw. Wiss. u. «Burschenherrlichkeit». Student. Sozialisation im dt. Kaiserreich 1871–1914 (Diss. Bielefeld) 2001; Landesbibliogr. Baden-Württ. Personendatenbank (Internet-Edition).   KG

Jagenteufel, Adolf, * 2. 2. 1899 Watzelsdorf/Niederöst., † 1987 Niederöst. (?); Lehrer; Soldat im 1. u. 2. Weltkrieg, in russ. Kriegsgefangenschaft, Lehrer an der Volksschule in Watzelsdorf, später Schuldir. ebenda. – Lyrik, Mundart (niederöst., Weinviertler).

Schriften: Haustrunk und Guider. Gedichte in Weinviertler Mundart, 1962; 's alti Faß. Gedichte in niederösterreichischer Mundart (Weinviertel), 1971; Weinlondroas. Gedichte in niederösterreichischer Mundart (Weinviertel), 1978; Feierobnd. Gedichte in niederösterreichischer Mundart (Weinviertel), 1999 (Illustr. Hermann J.).

Literatur: Schmidt, Quellenlex. 14,401. – F. MAYRÖCKER, Von den Stillen im Lande. Pflichtschullehrer als Dichter, Schriftst. u. Komponisten, 1968; E. SCHICHT, «Wer im Werk den Lohn gefunden». Niederöst. Dichter u. Komponisten der Ggw., 1976; B. SOWINSKI, Lex. dt.sprachiger Mundartautoren, 1997; K. F. STOCK u. a., Personalbibliogr. öst. Dichterinnen u. Dichter, Bd. 2, ²2002; E. SCHÖFFL-PÖLL, Mundart. Weinviertel im 3/4 Takt, Neuausg. 2011.   KG

Jager, Hans, * 1931 (Ort nicht ermittelt); Kabarettist, Schauspieler, lebt in Saarbrücken-Malstatt; wuchs in Saarbrücken-Malstatt u. -St. Johann auf, wirkt bei Mundart-Sendungen des «SR3 Saarlandwelle» mit. – Lyrik, Kabarett-Text, Mundart (rheinfränk., Saarländer).

Schriften: Was isses? Das saarländische Rätsel-Buch. Mundart-Gedichte von der «Saarbrigger Schniss», 1991 (Illustr. V. Schmidt); Das Wutze-Buch (m. L. Schmitthäusler) 1995; Die Parabel vun dem Huhn un dem Hahn, 1996.

Literatur: B. SOWINSKI, Lex. dt.sprachiger Mundartautoren, 1997; E. BRAUN, Probleme u. Tendenzen der saarländ. Mundartlit. Vortr. 9.1.2000 (in: Melusine. Lit. Gesellsch. Saar-Lor-Lux-Elsass e. V. [...], Internet-Edition).   KG

Jaggi, Arnold, * 17. 6. 1890 Grund bei Gstaad/Kt. Bern (n. anderen Angaben: Gsteig bei Gstaad/ebd.), † 7. 10. 1983 (Ort nicht ermittelt); Lehrer, Historiker; Sohn eines Bergbauern, besuchte das Lehrerseminar Hofwil/Kt. Bern, 1910–17 Primarlehrer an der Gesamtschule Saanenmöser/ebd., studierte Gesch., Germanistik u. Theol. an den Univ. Bern, Zürich u. Basel, Sekundarlehrer-Examen u. Patent für das höhere Lehramt, 1922 Dr. phil. an der Univ. Bern, 1922–1959 Lehrer am Lehrerseminar Hofwil, unterrichtete zudem am Lehrerseminar Thun/Kt. Bern, unternahm 1947 eine Vortr.reise zu dt. Kriegsgefangenenlagern in London, lebte zuletzt in Bern. – 1952 u. 1965 Lit.preis des Kt. Bern. – Hist. Lehr- u. Sachb., polit. u. pädagog. Schr., Vortr., Ess., Erzählung.

Schriften (Ausw.): Über Johannes von Müllers Geschichtsauffassung, 1922 (davon die ersten fünf Kapitel 1922 als Diss. gedr.); Zur Lage der Gegenwart. Geschichtliche Streiflichter (Vortr.) 1928 (Sonderabdr. aus: Erziehung und Weltanschauung. Vortr. [...], 1928); Das deutsche Lehrerseminar des Kantons Bern. 1833–1933. Festschrift zu seinem hundertjährigen Bestehen, 1933; Woodrow Wilson. Aus den Zeiten des Weltkriegs und des Friedens von Versailles, 1938; Die Tschechoslowakei. Schwere Völkerschicksale, 1938; Von Kampf und Opfer für die Freiheit. Was lehrt die Geschichte unsere Zeit?, 1939; Aus der Geschichte Europas und der Schweiz von 1650–1815. Dem Volk und seinen Lehrern erzählt, 1940; Eidgenössische Besinnung (Vortr.) 1941 (zuerst in: NSR, NF 9, April-H., 1941); Schweizergeschichte und Weltgeschichte 1500–1940. Mit einem Abriß der eidgenössischen Entwicklung von 1291–1500, 1942; Der Befreiungskampf Europas zur Zeit Napoleons I., 1944; Rußland und Europa in Geschichte und Gegenwart, 1951; Von der Gründung der Eidgenossenschaft bis zum Ende des Zweiten Weltkrieges. Aus Welt- und Schweizergeschichte. Ein Volksbuch, 1954; Die Erhebung der Ungarn im Spätjahr 1956 und die ungarischen Flüchtlinge in der Schweiz, 1959; Europa und die Welt einst und heute. Von Abenteuern, Kämpfen, Not und Hilfe, 1961 (2., stark erw. Aufl. 1972); Auf dem Wege zur Freiheit, I Helvetier, Römer, Alamannen und der Sieg des Christentums in unserem Lande. Schweizergeschichte der Jugend erzählt, 1962 (4., überarb. Aufl. 1981), II Von Karl dem Großen bis zur Schlacht am Morgarten. [dass.], 1966 (2., durchges. Aufl. 1978), III Die Sturm- und Drangzeit der Eidgenossenschaft – von Morgarten bis Marignano. [dass.], 1967, IV Aus der Zeit der Glaubenskämpfe und von den Bemühungen um Aussöhnung. [dass.], 1968, V Die Zeit der Gnädigen Herren und das Ende der Alten Eidgenossenschaft. Schweizergeschichte der Jugend und ihren Vätern und Müttern erzählt, 1973, VI Geschichte der Neuen Eidgenossenschaft von 1815 bis heute. [dass.], 1971 (Zeichn. M. Adrian); Der Bauernkönig Niklaus Leuenberger (Erz.) 1964; Die Schweiz, gestern, heute und morgen, 1969; Bedrohte Schweiz. Unser Land in der Zeit Mussolinis, Hitlers und des Zweiten Weltkrieges, 1978; Der angeklagte Mensch und die Schöpfung. Versuch einer Auseinandersetzung mit unserer Zeit, 1983 (Selbstverlag).

Herausgebertätigkeit: Standhaft und getreu. 1291–1941 (m. O. Bauhofer, G. Thürer, Geleitw. P. ETTER, H. GUISAN) 1941; Sankt Jakob an der Birs und der Alte Zürichkrieg. Berichte von Zeitgenossen (Ausw. u. Bearb.) 1944.

Nachlass: Staatsarch. des Kt. Bern; Arch. für Zeitgesch. der ETH Zürich. – Schmutz-Pfister 3090 u. 3091.

Literatur: Y. BÄTTIG, M. WAGNER, Bibliogr. der Berner Schriftstellerinnen u. Schriftst. 1950–1993, 1997; Literapedia Bern. Das Lex. der Berner Schriftstellerinnen u. Schriftst. (Internet-Edition).   NB

Jaggi, Jürg, * 25. 2. 1926 Orpund/Kt. Bern; evangel.-reformierter Pfarrer; Pfarrer in Merligen/Kt. Bern, Freiburg/Schweiz, Dtl., Mendrisio/Kt. Tessin, Rüeggisberg/Kt. Bern u. Laupen/ebd., seit Mitte der 1990er-Jahre i. R., Mitarb. der Zs. «Leben u. Glauben». – Pred., Laiensp., Erz., Roman.

Schriften: Und taufet sie. Ein Laienspiel in vier Bildern, 1964; Licht in der Nacht. Drei kirchliche Laienspiele für Sonntagsschulen und Jugendgruppen, 1966 (enth.: Friede auf Erden. Er ist auferstanden. Der Äthiopier); Gamaliels Rat. Predigt über Apostelgeschichte 5, 34–42, 1967; Geschichten um Weihnachten, 1973.

Literatur: Y. BÄTTIG, M. WAGNER, Bibliogr. der Berner Schriftstellerinnen u. Schriftst. 1950–1993, 1997; Literapedia Bern. Das Lex. der Berner Schriftstellerinnen u. Schriftst. (Internet-Edition).   NB

Jaggi, Rosalie, * 10. 2. 1931 Bern; Lehrerin i. R., lebt in Bern; Tochter eines Lehrers u. Historikers, Primar- u. Sekundarlehrerin im Kt. Bern, Stud. der Lit.wiss. an der Univ. Basel, lebte dann wieder in Bern, 1976–83 Mitarb. in einer lit. Frauenwerkstatt, veröff. u. a. in «Drehpunkt. Die Schweizer Lit.zs.», gestaltete 1980 das Programm der Solothurner Lit.tage mit, lebte in Berlin, Tübingen u. Frankfurt/M., Rückkehr n. Bern. – 1983 Werkjahr des Kt. Bern. – Erz., Lyrik, Dr., Chanson, Hsp., Roman.

Schriften: Wanderschaft (Ged.; hg. H. ERPF) 1966; Statt Krimer Erotika (Erz.) 1996 (Selbstverlag; Briefe an Herrn Professor Huber mit biographischen Einschüben aus dem Leben der Caroline Neuenschwander, 2007 (dasselbe).

Literatur: Y. BÄTTIG, M. WAGNER, Bibliogr. der Berner Schriftstellerinnen u. Schriftst. 1950–1993, 1997; Literapedia Bern. Das Lex. der Berner Schriftstellerinnen u. Schriftst. (Internet-Edition).   NB

Jagnow, Bjørn (auch Björn), * 19. 12. 1972 Dortmund; Verlagsfachwirt, Schriftst., Spieleentwickler, Buchhändler, lebt in Wiesbaden; wuchs bis 1979 in Irland u. dann an versch. Orten in Dtl. auf,

1992 Abitur in Werne/Nordrhein-Westf., veröff. ab 1992 Lyrik u. Kurzprosa in Zs. wie «C't. Magazin für Computer-Technik» u. in mehreren Anthol., 1994–96 Ausbildung zum Verlagskaufmann, später zum Buchhändler, betrieb 1996/97 einen Versandhandel für Fantastik u. Rollensp., studierte 1997–99 Philos. u. Neuere dt. Lit.wiss. an der Fernuniv. Hagen, 1998 ztw. Projektleiter für den Bereich Online u. Multimedia in einer Agentur, ab 1998 Anzeigenverkäufer im Verlag «Springer Science+Business Media», studierte daneben 2000/01 Betriebswirtschaftslehre an der Fernuniv. Hagen, seit 2001 Hg. der elektron. Publ. «Writing business. Fachmedium für professionelles Schreiben», lebte in Diethardt/Rhld.-Pfalz, ab 2001 Mitgl. des Betriebsrats im Springer-Verlag, 2002–04 Anzeigenverkaufsleiter u. 2004–13 Hersteller ebd., Mitarb. u. 2004–06 Red. der Zs. «Federwelt», seit 2013 Business Analyst im Springer-Verlag; veröff. mehrere Erzn. auf CD-ROM u. im Internet sowie E-Books im Selbstverlag. – Fantasy-, Science-Fiction- u. Horrorerz., Sachtext, Rollensp., Rom., Dr., Lyrik, Übers. (aus dem Englischen).

Schriften (außer E-Books): Die Zeit der Gräber (Rom.) 1995 (= Das schwarze Auge 3); Wilde Jagd (Rom.) 2000 (im Selbstverlag m. dem Untert.: Fantasy-Thriller, 2006; als elektron. Publ. m. dem zusätzl. Untert.: Inklusive Vorgeschichte ‹Dualismus - fliehe die Vergangenheit!›, 2006); Marketing für Autoren. Der Weg zur erfolgreichen Veröffentlichung, 2000 (2., erw. u. aktual. Aufl. 2003; 3., aktual. Aufl. 2005); Fragen und Antworten zu Urheberrecht, Verlagswesen und Vermarktung. 9 Jahre «Frag den Experten» im Newsletter «The Tempest» mit einer Einführung in Urheber- und Medienrecht für Autoren, 2009.

Literatur: H. J. ALPERS u. a., Lex. d. Fantasy-Lit., 2005.   NB

Jago, Thomas → Erichsen, Uwe.

Jagoutz, Olga Elisabeth (Ps. Olga Elisabeth J. von Altenburg; Olga Elisabeth Alt-Sonneck), * 9. 4. 1925 Graz; Schriftst., Architektin, Kunsthistorikerin, lebt in Klagenfurt; nahm Schausp.unterricht, studierte Architektur u. Kunst an der Univ. Graz sowie u. a. bei Alfred von Wickenburg u. Oskar Kokoschka, n. Auslandsaufenthalten als Architektin weitere Stud. in Philos., Kunstgesch. u. Lit. an den Univ. Oxford/Großbritannien u. Harvard/MA, der Univ. of California in Berkeley u.

an der Univ. Huelva in La Rábida/Spanien, veröff. in den 1970er- u. 1980er-Jahren Ged. u. Prosa u. a. in der Zs. «Lichtungen», Lesungsreisen ins Ausland, seit 1987 Präs. des Club d'Art-Internat. u. Publ. der «Ed. Club d'Art-Internat.» im Eigenverlag, insbes. Hg. der Reihen «Stimmen aus Öst.» u. «Alpen – Donau – Adria». – 2005 Ehrenzeichen des Landes Kärnten. – Mitgl. u. a. der Regensburger Schriftst.gruppe Internat., des Steir. Schriftst.bundes u. des Turmbundes/Tirol. – Lyrik, Erz., Rom., Bühnenst., Rundfunkbeitrag.

Schriften: Rosendornernte (Lyrik, Prosa) 1978; Erzählungen, 1978; Mit den Bäumen reden (Rom.) 1981; Palilea (Rom.) 1984; Dietrichsblatt Nr. 74, 1985; Ein seltsamer Abend. Erzählungen und Impressionen, 1987; An hellen und an dunklen Ufern. Erinnerungen an Else Binder, 1989 (weitere Ausg. ohne Untert., m. der Genrebezeichnung «Rom.», 2002); Gedichte. Deutsch-Ungarisch (m. H. Blaschke-Pál, T. Lantos, Übers. ins Ungar. V. BLASCHKE) 1991 (Umschlagt.: Szóhidak, Ged.); Eine Gondel, eine Barke, ein Boot (Rom.) 1991 (auch Titel einer hg. Schr.); Mitten im Sternenlied, um 1993; Kärnten – helle, klingende Landschaft. Erzählungen und Impressionen, 1995; Haiku, 2006; Begegnungen. Meine Begegnungen mit großen Literaten, um 2006; Ansichten – Einsichten (m. W. Ehrenhöfer) o. Jahr.

Herausgebertätigkeit (Ausw.): R. Barg u. a., Aldebaran (Ged.) um 1980; T. Lantos, Ursprung, Zwang. Peru-Text (Lyrik, Prosa) 1994; Gespräche mit Gott. Österreichische Dichter, 1999 (weitere Ausg. 2003); Begegnungen mit Menschen, berühmten Persönlichkeiten, Nobelpreisträgern, Dichtern, Künstlern, mit der Natur, Landschaften, aber auch mit sich selbst, nicht zuletzt auf der Suche nach Gott ..., um 2001 (1999?); Jahreszeiten in Dur und Moll, 2001; Am Ufer einer großen Nacht, 2001; H. Hofer, Wortatem. Lyrik, 2001; I. Glaser, Ebbe und Flut, 2002; Wenn Flügel wachsen. Eine poetische Reise, 2004; Im Land der Poesie. College 2004, 2004 (Werkstatt-Ausg.); Eine Gondel, eine Barke, ein Boot. Kindheit und Jugend. Österreichische Dichter und Dichterfreunde aus anderen Ländern erzählen, 2004; I. Pauls, Auf dem Weg (Ged., Gebete) 2005.   NB

Jagow, Kurt, * 29. 11. 1890 Kiel, † 2. 5. 1945 Berlin (Suizid); Historiker, Archivar, Publizist; Sohn eines Rechnungsrats im Reichsmarineamt, besuchte das Schiller-Realgymnasium in Charlottenburg (später zu Berlin) zunächst bis zum Abschluss der Unterprima 1908, 1908/09 Lehre in der Berliner Commerz- u. Diskontbank, Forts. des Gymnasialbesuchs bis zum Abitur 1910, studierte 1910–14 Gesch., Germanistik u. Philos. an den Univ. Berlin u. Erlangen, 1915 Dr. phil. in Erlangen, 1916–19 Referent in der Theaterabt. des Berliner Polizeipräsidiums, 1918–30 Mitgl. der Dt.nationalen Volkspartei, 1919–21 Referent in der Abwicklungsstelle der belg. Zivilverwaltung, 1921–27 lit. Beirat des Verlags «Koehler & Amelang» in Leipzig, gem. m. Friedrich → Matthaesius Hg. u. Mitarb. von «Dünnhaupts Stud.- u. Berufsführer», ab 1928 als Arch.rat Mitleiter des Brandenburg.-Preuß. Hausarch. u. Hausarchivar des preuß. Königshauses, veröff. u. a. in den «Berliner Monatsh.», in den «Süddt. Monatsh.» u. in den «Weißen Bl.», ab 1939 als wiss. Hilfsarbeiter im Auswärtigen Amt dienstverpflichtet, m. der Organisation der Arch.kommission betraut, Mitarb. des Polit. Arch., lebte in Berlin-Charlottenburg. – Hist. Schr., Lb., Fachschr., Jugendbuch.

Schriften: Die Heringsfischerei an den deutschen Ostseeküsten im Mittelalter (Diss.) 1915 (zudem abgedr. in: Arch. für Fischereigesch., H. 5, 1915); Fische im Aberglauben früherer Zeiten, 1916 (Sonderabdr. aus: Deutsche Psychologie, Bd. 1, H. 1, 1916); Der Irrtum Lichnowskys (m. K. M. von Lichnowsky) 1918; Kulturgeschichte des Herings, 1920; Geschichte (m. F. Matthaesius) 1922; Daten des Weltkrieges. Vorgeschichte und Verlauf bis Ende 1921, 1922; Unter dem Joch von Versailles. Das Buch der deutschen Not, 1923; Politisches Handwörterbuch (red. Mitwirkung, hg. P. HERRE) 2 Bde., 1923; Das Drama der 13 Tage. Ein Beitrag zur Kriegsschuldfrage, 1924; Deutsche Politik. Ein völkisches Handbuch (hg. W. BERENSMANN) Bd. 9: Die Friedensverträge als politisches Werkzeug, 1926; Der Potsdamer Kronrat. Geschichte und Legende nach z. T. unbekannten Quellen, 1928 (Sonderdr. aus: Süddt. Monatsh. 25, H. 11, 1928; Nachdr. 1976); Wilhelm und Elisa. Die Jugendliebe des Alten Kaisers, 1930; Deutschland freigesprochen! Das Drama der 13 Tage im Urteil der Geschichte (m. Vorw.) 1933; Königin Luise. Ein Lebensbild. Mit einer Nachbildung eines Briefes der Königin Luise, 1934; Auf den Spuren Carl Hans Lody's. Als deutscher Kundschafter erschossen im Tower zu London. Ein Volks- u. Jugendbuch mit reicher Bildausstattung, 1934; Das Palais Kaiser Wilhelms I. in Berlin (m. J. Sievers) 1936; Übersicht über die Bestände des Brandenburg-Preußischen Hausarchivs zu Berlin-Charlottenburg (m. L. Dehio, E. Hölk) 1936; Königin Viktorias Mädchenjahre, 1938.

Herausgebertätigkeit: Deutsche Männer. Charakterbilder aus den Werken von Leopold von Ranke (m. Vorw. hg., auch Ausw.) 1917; Männer der Weltgeschichte. Charakterbilder aus Leopold von Rankes Werken (auch Ausw.) 2 Tle., 1917; J. MÖSER, Patriotische Phantasien (Ausw., m. Einl. hg.) 1919; V. Hehn, Das Salz. Eine kulturhistorische Studie (neu hg.) 1919; R. Häpke u. a., Dietrich Schäfer und sein Werk, 1925; Queen Victoria. Ein Frauenleben unter der Krone. Eigenhändige Briefe und Tagebuchblätter 1834–1901, 1936; Prinzgemahl Albert. Ein Leben am Throne. Eigenhändige Briefe und Aufzeichnungen 1831–1861, 1937; Jugendbekenntnisse des Alten Kaisers. Briefe Kaiser Wilhelms I. an Fürstin Luise Radziwill, Prinzessin von Preußen, 1817 bis 1829, 1939; Der alte Kaiser erzählt. Anekdoten aus dem Leben Kaiser Wilhelms I., 1939; Königin Luise. Briefe der Freundschaft. Mitgeteilt von K. J. (m. Einl. hg.) 1940.

Nachlass: Geheimes Staatsarch. Preuß. Kulturbesitz Berlin. – Bundesarch., Zentrale Datenbank Nachl. (Internet-Edition).

Literatur: DBE 5,295. – W. LEESCH, Die dt. Archivare 1500–1945, Bd. 2, 1992; M. KRÖGER, R. THIMME, Das Polit. Arch. des Auswärtigen Amts im Zweiten Weltkrieg. Sicherung, Flucht, Verlust, Rückführung (in: Vjh. für Zeitgesch. 47, H. 2, S. 243–264) 1999; Biogr. Hdb. des dt. auswärtigen Dienstes. 1871–1945, Bd. 2, 2005.   NB

Jagusch, Rudolf, ★ 27. 6. 1967 Berg. Gladbach; Verwaltungswirt, Schriftst., Elektroniker, lebt in Bornheim-Sechtem; wuchs im Berg. Land auf, Ausbildung zum Energieanlagenelektroniker, Meister der Meß- u. Regeltechnik, studierte bis 1998 Verwaltungswirtschaft in Köln, Verwaltungswirt beim Landschaftsverband Rhld. in Köln, lebt seit 1999 in Bornheim-Sechtem, seit 2003 schriftsteller. tätig, 2004 Veröff. erster Kurzgeschn., 2008 u. 2010 Jurymitgl. des Friedrich-Glauser-Preises, 2010 Mitarb. der «Criminale», 2013 Jurymitglied des Hansjörg-Martin-Preises. – 2006 Germanwings Story Award (erstmals verliehen). – 2008 Mitgl. der Autorengruppe Syndikat. – Kriminalrom. u. -erz., Thriller.

Schriften: Leichen-Sabbat. Tatort Vorgebirge, 2007; Nebelspur, 2009; Liebe! Hochzeit! Tod!

(Kurzgeschn.) 2009 (Selbstverlag); Todesquelle, 2010; Krimihäppchen. Zugerichtet in der Eifel, 2011 (Selbstverlag); Eifelbaron, 2011; Eifelheiler (Kriminalrom.) 2012; Eifelteufel (dass.) 2013; Amen (Thriller) 2014.

Literatur: NRW Lit. im Netz (Internet-Edition); H. P. KARR, Lex. der dt. Krimi-Autoren (dasselbe).   NB

Jahde, Hans von der → Krticzka von Jaden, Hans Freiherr.

Jahn, Alfred (auch J.-Neisse), ★ 29. 11. 1889 Charlottenburg (später zu Berlin), † 25. 9. 1970 Diersburg bei Offenburg (später zur Gemeinde Hohberg); Architekt, Heimatforscher; Sohn eines Porzellanmalers, Schulbesuch in Berlin, studierte Architektur ebd., ab 1913 Architekt in Kattowitz (Katowice/Polen), ab 1921 im Hochbauamt von Neisse (Nysa/ebd.) u. ab 1924 Stadtarchitekt, gestaltete 1935 das Eichendorff-Mus. ebd., veröff. Ged. u. a. Beitr. in «Aurora. Jb. der Eichendorff-Gesellsch.», 1942 Leiter des Stadtbauamts, 1948 Mitbegr. des «Neisser Kultur- u. Heimatbundes» in Schwabach/Bayern, 1954–65 Schr.leiter des «Neisser Heimatblattes». – Heimatkundl. Schr., Lyrik.

Schriften: Werden und Wirken des Neisser Kultur- und Heimatbundes (Bearb.) 1954; Neisse. Buch der Erinnerung (Gestaltung u. Erl., geschichtl. Einf. M. WARMBRUNN) 1966.

Herausgebertätigkeit: J. Freiherr von Eichendorff, Aus dem Leben eines Taugenichts (eingerichtet) Neisse 1939 (= Aurora 9, 1939; Faks.); Lubowitz (eingerichtet im Auftrag der Dt. Eichendorff-Stiftung, Einf. W. KÖHLER) ebd. 1940 (Faksimile).

Literatur: Heiduk 2,3.   NB

Jahn, Alois (Ps. Ernst Froh), ★ 15. 7. 1866 Achenwald/Tirol (zur Gemeinde Achenkirch), † 27. 4. 1949 Wien; Jurist, Schriftst.; studierte Rechts- u. Staatswiss. an der Univ. Innsbruck, 1889 Dr. iur. (Schr. nicht nachweisbar), Konzeptpraktikant in der Finanzlandesdirektion in Prag, 1897 in das Finanzministerium n. Wien berufen, Ministerialrat, trat 1926 als Sektionschef in den Ruhestand, veröff. Ged. u. a. in den «Tiroler Heimatbl.» u. versch. Kalendern. – Lied, Lyrik, Fachschr., Mundart (Tiroler).

Schriften: Strafgesetz über Gefällsübertretungen. Gefällsstrafgesetz (Red.) 1905; Leutln seids lustig! Kurzweilige Stückln in Tiroler Mundart, 1924;

Weib, Wein, Sang. Lieder aus meinem Lebens-
büchlein, 1927 (Selbstverlag).

Literatur: ÖBL 3,60; TIRLIT. – F. Schön,
Gesch. der dt. Mundartdg., Tl. 3 Die außer-
reichsdt. Mundartdg. in Europa [...], 1931; Dt.-öst.
Lit.gesch. Ein Hdb. zur Gesch. der dt. Dg. in Öst.-
Ungarn (hg. J. W. Nagl u. a.) Bd. 4, Von 1890
bis 1918, 1937; Die Mundartdg. in Nordtirol, 1985
(= Mitt. der Mundartfreunde Öst. Jg. 36/37, F. 1–
4); B. Sowinski, Lex. dt.sprachiger Mundartauto-
ren, 1997; Bayer. Musiker-Lex. Online (Internet-
Edition).   NB

Jahn, André, * 1973 Oldenburg/Nds.; Rechtsanwalt, Schriftst., lebt in Berlin; veröff. Beitr. in Anthol. u. Zs. wie «Edit» u. «Lauter Niemand», mehrere Arbeitsaufenthalte im Ausland. – Kurzprosa,
Lyrik, Übers. (aus dem Englischen).

Schriften: Punkt poetry, 1996.   NB

Jahn, Andreas C., * 8. 8. 1972 Riesa;
Lit.wissenschaftler, Schriftst.; Schulbesuch in Sa.,
lebte n. 1989 ein Jahr lang in Paris, Mitarb. in
Hilfsprojekten in Mexiko-City u. Managua/Ni-
caragua, studierte Romanistik an der Univ. Frei-
burg/Br., einjähriger Stud.aufenthalt auf der Insel
La Réunion, Reisen in weitere afrikan. sowie
osteurop. Länder u. n. Japan, 2004 Dr. phil. an
der Univ. Freiburg bei Willy → Michel, lebte in
den 2000er-Jahren in Wülknitz/Landkr. Meißen.
– Rom., Fachschrift.

Schriften: Flugversuche (Rom.) 2000; V. Jans-
sen, Kornblumen und Salo. Begegnung mit der
Ukraine (Bearb., hg. M. Böhme, hist. Anh. S.
Pacholkiv) 2001; Jenes gewisse Nichts. Prozeß-
theoretische Überlegungen zu einer Ästhetik des
Absurden (Diss.) 2004.   NB

Jahn, August, * 2. 2. 1862 Rosenthal/Bayern,
† nicht ermittelt; Komponist, Lehrer, lebte in
München u. Nürnberg. – Opernführer, (Kinder-)
Bühnenst., Lyrik.

Schriften (außer Musikdr.): Leitfaden zu Richard
Wagners «Lohengrin», 1894 (2. Aufl. u. d. T.: Lohengrin. Ein thematischer Leitfaden durch Dichtung und Musik, 1914 [= Führer durch Richard
Wagners Musikdramen, Tl. 2]); Führer durch Richard Wagners romantische Oper «Der fliegende Holländer», 1900 (weitere Ausg. u. d. T.: Der
fliegende Holländer. Ein thematischer Leitfaden

durch die Dichtung, 1914 [= Führer durch Richard Wagners Musikdramen, Tl. 1]; G. Meyer,
Die Geisterburg Stockenfels. Karnevalsoper. Für
die Weinfestaufführung des Industrie- und Kulturvereins bearbeitet in einem Aufzug nebst einem Vorspiel, um 1920; Fritzchens und Lieschens
Weihnachtsreise. Ein Weihnachtsfestspiel besonderer Art in drei Bildern, 1925 (weitere Ausg. u.
d. T.: Fritzchens und Lieschens Weihnachts-Reise.
Ein Weihnachtsmärchen, 1926); Unsere gefieder-
ten Hausfreunde (Verse) 1925 (Bilder W. Schacht);
Schneewittchens Weihnachtsfeier. Ein phantastisches Weihnachtsmärchen in zwei Aufzügen nebst
einem Vorspruch, 1926; Schau und staune! Ein
neuzeitliches Bilderbuch nach Bildern von Carl
Fabriz (Verse) 1928.

Literatur: A. Klotz, Kinder- u. Jugendlit. in Dtl.
1840–1950. Gesamtverz. [...], Bd. 2, 1992; Bayer.
Musiker-Lex. Online (Internet-Edition).   NB

Jahn, Bruno H(erbert), * 22. 1. 1893 Köln, † nicht
ermittelt (vermutl. in einem sowjet. Lager in
Sambor/Galizien); Publizist, Schr.leiter, Ökonom;
1914–18 Soldat im 1. Weltkrieg, Offizier, 1921
Dr. phil. an der Univ. Heidelberg im Fach Polit.
Ökonomie, lebte ab den 1920er-Jahren in Berlin,
unterschrieb 1933 gem. m. anderen Schriftst. das
«Gelöbnis treuester Gefolgschaft» für Adolf → Hitler, Hauptschr.leiter der «Spandauer Ztg.» in Berlin. – Sachb., polit. Schr., Jgdb., Fachschrift.

Schriften: Die Bewegung der Grundverschul-
dung in der Bürgermeisterei Hubbelrath (Landkreis Düsseldorf) 1910–1919. (Ein Beitrag zur Frage der landwirtschaftlichen Kriegsgewinne.) (Diss.)
1921 (Ausz. in: Jb. der Philosoph. Fak. der Univ.
Heidelberg 1920/21, Tl. 2); Reklame durch die
Schaufenster. Ein Leitfaden für den Ladenkauf-
mann, 1926; Sinn und Sittlichkeit des Nationa-
lismus. Versuch einer vernunftgemäßen Begründung, 1934; Die Weisheit des Soldaten. Versuch einer Deutung und Einordnung, 1937 (auch als Sonderausg. für die Wehrmacht; Neudr. 1942); Pionier
Bombek, 1939 (Zeichn. H. Hartmann); Das kleine Pionierbuch, 1944 (Wehrmachtausg.; Bilder H.
Bartholomäus).

Literatur: E. Stockhorst, 5000 Köpfe. Wer war
was im 3. Reich, 2000 (Nachdr.); H. Pietzsch,
Die Fronterfahrungen der dt. Soldaten im Ersten
Weltkrieg u. ihre Ideologisierung zum «Fronter-
lebnis» in den zwanziger Jahren, 2005 (u. a. zu ‹Die
Weisheit des Soldaten›); E. Klee, Das Kulturlex.

zum Dritten Reich. Wer war was vor u. n. 1945, 2007.   NB

Jahn, Elise → Joch-Jahn, Elisabeth.

Jahn, Erich (auch J.-Dresden), * 8. 11. 1889 Dresden, † nicht ermittelt; Lehrer, Schriftst., lebte in Dresden; vermutl. Ausbildung zum Volksschullehrer am Friedrich-August-Seminar in Dresden, im Lit. Ver. dess. engagiert, Gauleiter der Dt. Dichtergilde für Sa., veröff. in der Mschr. «Phaethon», Heeres- u. in den 1930er-Jahren Gewerbeschullehrer, Kontakt zu Oskar → Schwär. – Kdb., Erz., Lyrik, Märchen, wirtschafts- u. sozialwiss. Schrift.

Schriften: Das alte Lied (Ged.) 1919; Das frohe Jahr. Ein Buch für Kinder, I (m. n. e.) 2., veränd. u. wesentl. verm. Aufl. 1922 (Illustr. R. Strasser).

Herausgebertätigkeit: Jahrbuch neuer und alter Kindermärchen, -Geschichten und -Gedichte, I (m. n. e.) 1915 (Anh. A. FRIEDRICH).

Literatur: A. KLOTZ, Kinder- u. Jugendlit. in Dtl. 1840–1950. Gesamtverz. [...], Bd. 2, 1992.   NB

Jahn, Ernst Reinhold (Ps. Ernst Reinhold), * 12. 4. 1853 Meiningen, † nicht ermittelt; Arzt, Schriftst.; Sohn eines Apothekers u. späteren Obstbaumzüchters, besuchte ein Privatinst. u. anschließend das Gymnasium in Meiningen, n. dem Tod des Vaters um 1870 Apothekerlehre bei seinem Bruder in Lenzburg/Kt. Aargau, brach diese ab u. setzte den Gymnasialbesuch in Meiningen fort, studierte dann Medizin an den Univ. in Jena, Breslau, Straßburg u. München, 1880 Staatsexamen u. Dr. med. an der Univ. München, Militärarzt in einem württemberg. Regiment in Straßburg, ab 1886 prakt. Arzt in Rappoltsweiler/Elsass, ab 1902 in Erfurt, lebte um 1909 erneut in Rappoltsweiler. – Humorist. Erz., Bühnenst., Lyrik, Fachschr., Märchen.

Schriften: Hygiene des Auges (Diss.) 1880; Aprilkinder. Ein Liederstrauß, 1885; Die Pfeiferbrüder. Volkstümliches Festspiel zur Feier des fünfhundertsten Pfeifertages von Rappoltsweiler, 1890 (3., durchges. Aufl. Straßburg 1891); Aus der Pfeiferstadt. Alte und neue Lieder, 1891; Humoristische Erzählungen, 1894 (Ausw. u. d. T.: Zwei humoristische Erzählungen, um 1920); Mathilde (Schausp.) 1895; Zwerchfelltupfer. Lustige Geschichten, 1898; Die beiden Engländer (Humoreske) 1898; Rosmunde, Königin der Langobarden

(Tr.) 1901; In der Kaltwasserheilanstalt. Erheiternde Erzählungen, 1902 (04?); Sebastian Kruke oder Amors Hofapotheke, 1904; Thüringer- und Wasgenwald-Märchen, 1908.

Literatur: Lex. der dt. Dichter u. Prosaisten vom Beginn des 19. Jh. bis zur Ggw. (bearb. F. BRÜMMER) Bd. 3, ⁶1913; Thüringer Lit.rat, Autorenlex. (Internet-Edition).   NB

Jahn, Ewald, * 6. 12. 1920 Kunewald/Bezirk Neutitschein (Kunín/Tschechien), † 3. 2. 2011 Forchheim; Lehrer, Schriftst.; Sohn eines Bauern, besuchte die Volksschule in Partschendorf (Bartošovice/Tschechien), dann das Realgymnasium in Neutitschein (Nový Jičín/ebd.), 1939–45 Soldat im 2. Weltkrieg, schwer verwundet, studierte 1945–47 an der PH Bayreuth, Lehrer, ab 1963 Rektor in Stegaurach/Landkr. Bamberg, lebte in Mühlendorf (zur Gemeinde Stegaurach), ab den 1990er-Jahren in Forchheim-Kersbach/Oberfranken. – 1987 Anerkennung für kulturelle Leistungen des Bundeskulturverbands der Sudetendt. Landsmannschaft, 1989 Verdienstmedaille der Heimatlandschaft Kuhländchen, 2000 Verdienstmedaille für besondere lit. Leistungen für die sudetendt. Volksgruppe (Landesgruppe Bayern). – 1970 Mitgl. des Sudetendt. Lit.kr. Bamberg. – Erz., Lyrik, Erinn., Rom., Mundart (nordmährische).

Schriften: Vergoldet ... Erinnerungen an das Kuhländchen (Geschn., Ged.) 1977 (Illustr. Siegfried J.); Heimat im Herzen. Erinnerungen und Erlebnisse von einst und heute, 1981 (dass.); Wie Kiebitze im Aurachtal. Gedanken in Gedichten und Geschichten, 1986 (dass.); Tränen und Perlen. Gedichte und Erzählungen aus dem Kuhländchen/Ostsudentenland, 1987; Frieden spüren. Vergangenes und Gegenwärtiges in Versen und in Prosa, 1994; Ring im Schnee (Rom.) 1995; Von Schmetterlingen und anderen Dingen (Ged., Erzn.) 1997 (Illustr. Siegfried J.); Lebenswege, 1998 (dass.); Bunte Gedanken (Ged., Erzn.) 2000 (dass.); Rita und Milan. Historisch-zeitgenössischer Roman, 2001; Gedankenflüge (Ged.) 2 Bde., 2005. (Alle im Selbstverlag.)

Literatur: Heiduk 2,4 u. 3,223. – U. WEBER, Bamberger Autoren. Lit. heute am Beispiel einer Region. Biogr., Bibliogr., Werkverz. u. Werkcharakterisierung (Vorw. J. LEHMANN) 1987; B. SOWINSKI, Lex. dt.sprachiger Mundartautoren, 1997; A. DORNEMANN, Flucht u. Vertreibung aus den ehem. dt. Ostgebieten in Prosalit. u. Erlebnisber.

seit 1945. Eine annotierte Bibliogr., 2005; Mähren. Datenbank der dt.-mähr. Autoren (Internet-Edition). NB

Jahn, Gisela (auch Gisela J.-Scheer), * 18. 12. 1946 Wuppertal-Elberfeld; Steuerfachgehilfin, Schriftst., Übers.; lebte als Steuerfachgehilfin in Wetzlar-Hermannstein, bearb. daneben Ende der 1970er-Jahre vornehml. aus dem Engl. übers. Jugendrom. für den Wetzlarer Verlag «Schulte u. Gerth», lebte in den 1990er-Jahren in Essen. – Jugendrom., Kurzgesch., Übers. (aus dem Engl.), Lyrik.
Schriften: Thommy's Club auf heißer Spur, 1971; Fürchte dich nicht, liebes Land. Biblische Berichte und Erzählungen, 1977; Flug 803 nach Istanbul, 1979 (Neuausg. 1988); Die Spur führt zum Bootshaus, 1981 (dass. 1991); Treffpunkt Reiterhof, 1984; Die ganze Stadt sucht Nina, 1987; Daniel auf der Flucht, 1989; Entdeckung in Tokushima, 1993.
Übersetzungen: B. Palmer, Sandra und der Dieb im Zeltlager, 1982; ders., Sandra und der ehrliche Verräter, 1982; ders., Sandra und der Agentenring, 1983. NB

Jahn, Günter, * 15. 6. 1914 Sandlack/Kr. Bartenstein (Sędławk/Polen), † 11. 3. 2003 Bad Pyrmont; Landwirt, Buchhalter; wuchs als Sohn eines Landwirts in Damerau/Landkr. Großes Werder bei Danzig auf, erhielt Privatunterricht, besuchte dann 1924–35 das Conradinum in Jenkau bei Danzig (Jankowo Gdańskie/Polen), lebte im angeschlossenen Alumnat, leistete n. dem Abitur Arbeitsdienst u. a. im Lager Hohenstein, dann Wehrdienst in Insterburg (Tschernjachowsk/Russland), Landwirtschaftslehre auf Gut Sakautschen/Kr. Angerburg, landwirtschaftl. Beamter auf Gut Schönbrunn, ab 1939 Soldat im 2. Weltkrieg, zweijähriger Lazarettaufenthalt, floh bei Kriegsende 1945 n. Lügde/Westf., lebte als Landwirt im Nebenerwerb in Bad Pyrmont, zudem Mahnbuchhalter in Hannover. – Erinn., polit. Schrift.
Schriften: Meine Welt von gestern und heute – ist sie noch zu retten?, 1992; Der Frieden ist das Allerwichtigste, 2002. NB

Jahn, Gunhild → Thalheim, Gunhild.

Jahn, Hans, * 10. 1. 1911 Braunschweig, † 16. 1. 1965 Buenos Aires; Journalist, Schriftst., Landwirt; wuchs als Sohn eines Zahnarztes zunächst in Braunschweig auf, vor 1914 Umzug der Familie n. Triptis/Thür., studierte in Frankfurt/M., veröff. Artikel u. Ged. in linksgerichteten Ztg., vermutl. SPD-Mitgl., 1933 inhaftiert, emigrierte 1933 (35?) n. Spanien, obdachlos, ging dann n. Paris, Angestellter, lebte ab 1936 als Landwirt in Paraguay, veröff. anonym Ged. im «Argentin. Tagebl.», übersiedelte 1942 n. Buenos Aires, Red. u. 1945 ztw. Hg. des «Argentin. Tagebl.», publizierte zudem in «Das Andere Dtl.», im sozialist. Ver. «Vorwärts» engagiert, bat 1952 Walter A(rtur) → Berendsohn um Hilfe bei der Remigration n. Dtl., lebte n. Misslingen dieses Ansinnens zunehmend alkohol- u. medikamentenabhängig weiterhin in Buenos Aires. – Lyrik, Kinderbuch.
Schriften: Babs und die Sieben. Eine lustige Geschichte für Kinder von 12 bis 80 Jahren, Buenos Aires 1944; Es geht dich an! Kommentare zur Zeit (Ged.) ebd. 1945 (Selbstverlag).
Herausgebertätigkeit: Herz an der Rampe. Ausgewählte Chansons, Songs und Dichtungen ähnlicher Art (m. K. Kost, auch Mitarb.) Buenos Aires 1944.
Literatur: W. STERNFELD, E. TIEDEMANN, Dt. Exil-Lit. 1933–1945. Eine Bio-Bibliogr., ²1970; S. SCHOEPP, Das argentin. Tagebl. 1933–1945. Eine «bürgerl. Kampfztg.» als Forum der Emigration (in: Vjh. für Zeitgesch. 43, H. 1, S. 75–113) 1995; Kinder- u. Jugendlit. im Exil. 1933–1950, 1999; N. HOPSTER u. a., Kinder- u. Jugendlit. 1933–1945. Ein Hdb., Bd. 1, 2001; Z. FUSS PHILLIPS, German Children's and Youth Lit. in Exile 1933–1950. Biographies and Bibliographies, München 2001; ~, ‹Babs u. die Sieben. Eine lustige Gesch. für Kinder von 12 bis 80 Jahren› (in: Der Rom.führer [...] 45, hg. H.-C. PLESSKE, S. 169f.) 2008. NB

Jahn, Hans-Edgar, * 21. 11. 1914 Neustettin/Pomm. (Szczecinek/Polen), † 21. 4. 2000 Bonn; Publizist, Verleger, Politiker, lebte in Bonn; Sohn eines Schmiedemeisters, 1932 Mitgl. der NSDAP, 1933–38 Wehrdienst bei der Kriegsmarine, studierte zudem 1937—43 (m. Unterbrechungen infolge Einberufung) Völkerrecht, Gesch., Geografie, Geopolitik u. Ökonomie an der Friedrich-Wilhelms-Univ. Berlin, 1939 sog. «Begabtenabitur», 1942–45 Soldat u. Offizier im 2. Weltkrieg, 1945–47 in brit. Kriegsgefangenschaft, 1947 Mitgl. der CDU, Journalist u. Publizist in Bonn, 1951–63 Berater von Konrad → Adenauer, 1958–70

Verleger u. Hg. der Zs. «Polit. Welt» u. «Polit. Informationen», Mithg. des «Tb. für Wehrfragen», studierte 1958/59 Rechts- u. Staatswiss. an der Karl-Franzens-Univ. Graz, 1959 Dr. rer. pol. ebd., 1962–95 Präs. der Pommerschen Abgeordnetenversammlung, zudem 1965–80 Mitgl. des Bundestages, 1967–74 Vizepräs. des Bundes der Vertriebenen; verzichtete 1979 n. Bekanntwerden seiner antisemit. Hetzschr. ‹Der Steppensturm› auf sein Mandat im europ. Parlament. — Neben anderen Auszeichnungen 1973 Bundesverdienstkreuz. – Fachschr., Ess., Erinnerungen.

Schriften (Ausw.): Der Steppensturm. Der jüdisch-bolschewistische Imperialismus, 1943; Gesellschaft und Demokratie in der Zeitwende, 1955; Wir und die Welt, 1958; Der Bagdadpakt und seine wirtschaftspolitische Integrationsproblematik (Diss.) 1959; Vom Bosporus nach Hawaii – 14 Stationen einer Weltreise. 14 Herausforderungen des weißen Mannes, 1962; Von Feuerland nach Mexiko – Lateinamerika am Scheideweg, 1962; Vom Kap nach Kairo – Afrikas Weg in die Weltpolitik, 1963; Pommersche Passion, 1964 (Neuausg. m. dem Untert.: Kriegsende, Flucht, Vertreibung, 1997); Die deutsche Frage von 1945 bis heute. Der Weg der Parteien und Regierungen, 1985; An Adenauers Seite. Sein Berater erinnert sich, 1987; Ostpommern. Heimat an der Ostsee (Bildbd.) 1987.

Literatur: Munzinger-Arch.; DdP 1, 497; DBE 5,297. – B.-O. MANIG, Die Politik der Ehre. Die Rehabilitierung der Berufssoldaten in der frühen Bundesrepublik (Diss. Göttingen) 2004; J.-H. MEYER, A Good European. ~ – Anti-Bolshevist, Cold-Warrior, Environmentalist (in: Living Political Biography. Narrating 20th Century European Lives, hg. A.-C. L. KNUDSEN, K. GRAM-SKJOLDAGER, S. 137–159) Aarhus 2012.   KK

Jahn, Heinz, * 28. 2. 1887 Charlottenburg (später zu Berlin), † 28. 7. 1915 (gefallen); Kunstgewerbezeichner, Schriftst.; wuchs als Sohn eines Porzellanmalers u. späteren Red. in Berlin auf, besuchte die Volksschule ebd., Ausbildung zum Kunstgewerbezeichner an der Handwerkerschule ebd., veröff. um 1903 erste Skizzen in Zs., ab 1904 in der Schilderfabrik seines Onkels in Vegesack (später zu Bremen) tätig, stand in Briefkontakt m. Timm → Kröger, Soldat im 1. Weltkrieg. – Skizze, Erz., Lyrik.

Schriften: Skizzen und Gedichte, 1906 (Selbstverlag); Wir Menschen. Erzählungen und Skizzen von uns, 1907.

Literatur: E. KREOWSKI, ~, ‹Skizzen u. Ged.› (in: Die neue Zeit. Ws. der dt. Sozialdemokratie 24, Bd. 2, H. 44, S. 616) 1906; Lex. der dt. Dichter u. Prosaisten vom Beginn des 19. Jh. bis zur Ggw. (bearb. F. BRÜMMER) Bd. 3, ⁶1913.   NB

Jahn, Helmut, * 7. 5. 1906 Leopoldshall/Kr. Bernburg (später zu Staßfurt); Journalist, Lehrer; Lehrerausbildung, 1927 erste Lehrerprüfung in Köthen, 1930–33 Stud. an der Univ. Halle-Wittenberg, 1933–38 freier Journalist in Berlin, 1938–40 Red. von «Die Wehrmacht», 1939–45 Kriegsber.erstatter, Schr.leiter beim «Dt. Verlag» (ehemals Ullstein Verlag), Hg. von «Die kleine W. J.-Reihe», lebte in Berlin, 1946–50 in Gefangenschaft, ab 1950 Red. der Frauenzs. «Constanze», lebte in Hamburg, später auch in Zürich. – Rom., Ess., Lb., Hörsp., Lyrik.

Schriften: Der Mensch ist frei (Ged.) 1939; Herr Le Pré macht Karriere. Porträt eines Zeitgenossen (Rom.) 1954; Gute Manieren (m. Vorw.) 1956 (Illustr. M. Bertina); Ihre Gedichte sind unsterblich. Lebensbilder deutscher Dichter (dass.) 1957 (Scherenschnitte U. Kühnemann); Gewitter im Spätherbst (Rom.) 1959; Ein Irrer namens Müller (Rom.) 1962.

Literatur: Bibl. für Bildungsgeschichtl. Forsch. (Internet-Edition).   NB

Jahn, Hermann Eduard (Ps. Hermann Hain; A. Westphal; A. v[on] d[er] Warnow), * 13. 8. 1857 Rittergut Klein Vielen bei Neustrelitz/Mecklenb., † 19. 8. 1933 Berlin; Schriftst.; von Hauslehrern unterrichtet, besuchte anschließend das Gymnasium in Rostock u. die Realschule in Neustrelitz, Schulabbruch u. 1876–78 Kuraufenthalt in Riva del Garda/Gardasee, lebte dann als freier Schriftst. in Rostock, übersiedelte 1881 n. Gohlis (später zu Leipzig), lebte auch in Leipzig, ging 1885 n. Greifswald, 1889 n. Lübtheen/Mecklenb., 1890 n. Schwerin u. 1891 n. Berlin, lebte ab 1905 in Steglitz (später zu Berlin), um 1907 in Eichwalde/Brandenburg. – Dr., Lyrik, Erz., Satire.

Schriften (außer Musikdr.): Arbues de Epila und die letzte Stunde der Madame Roland. Zwei dramatische Skizzen, 1879; Deutsche Lieder. Ein Festgruß (m. R. Hamel) 1880; Im Bann der Venus. Eine Liebesmär, 1880; Faust. Eine Satire, 1880; König

Erich. Trauerspiel in fünf Aufzügen, 1880; Agnes Bernauer [dass.], 1881; Ich denke Dein! Ein Buch Lyrik, 1881; Verwehte Blätter (Dg.) 1882; Slavina. Eine wendische Sage, 1882; Isuschka (Ged.) 1882; Frau Eva (Vorw. L. von SACHER-MASOCH) Budapest 1888; Der Brautstein. Ein Sang vom Harz aus der Zeit Kaiser Friedrichs II. von Hohenstaufen, 1893; Tambour schlag' an. Kriegs- und Friedensbilder, 1897; Sie, Budapest 1900 (Zeichn. G. Sieben); Feuer und Schwert in Süd-Afrika. Episoden und Skizzen aus den Freiheitskämpfen der Buren, 2 Tle., 1902; Zur Naturgeschichte des Weibes, Budapest 1902 (Bilder A. Scheiner); Liebe in der Welt, ebd. 1903; Spiel und Liebe, ebd. 1907; Koppe und Körner's selige Erben. Original-Lustspiel in vier Aufzügen, o. Jahr.

Literatur: Schmidt, Quellenlex. 14,406. – Theater-Lex. 2,892. – R. ECKART, Lex. der nds. Schriftst., 1891; A. HINRICHSEN, Das lit. Dtl. (Einl. C. BEYER) ²1891; Lit. Silhouetten. Dt. Dichter u. Denker u. ihre Werke (hg. u. bearb. H. VOSS, B. VOLGER) 1907; Sa. Gelehrte, Künstler u. Schriftst. in Wort u. Bild (hg. B. VOLGER) 1908 (Anh.: Nicht-sachsen); Dtl., Öst-Ungarns u. der Schweiz Gelehrte, Künstler u. Schriftst. in Wort u. Bild (hg. G. A. MÜLLER) 1908; C. SCHRÖDER, Mecklenb. u. die Mecklenburger in der schönen Lit., 1909; Lex. der dt. Dichter u. Prosaisten vom Beginn des 19. Jh. bis zur Ggw. (bearb. F. BRÜMMER) Bd. 3, ⁶1913; Musen u. Grazien in der Mark. 750 Jahre Lit. in Brandenburg (hg. P. WALTHER) Bd. 2, 2002; G. GREWOLLS, Wer war wer in Mecklenb. u. Vorpomm. Das Personenlex., 2011 (DVD-ROM); Lit.port. Autorenlex. Berlin/Brandenb. (Internet-Edition).   NB

Jahn, Janheinz, *23.7. 1918 Frankfurt/M., †20.10. 1973 Messel bei Darmstadt; Schriftst., Übers., Lit.wissenschaftler, Konsul; Sohn eines Bezirksdir., besuchte die Sachsenhäuser Oberrealschule in Frankfurt, mehrere Auslandsreisen, studierte in den 1930er-Jahren Lit.wiss. (n. anderen Angaben: Theaterwiss.) u. Arabistik an der Univ. München, dann Romanistik (n. anderen Angaben: italien. Kunstgesch.) an der Univ. Perugia, 1939 zum Militärdienst bei der Wehrmacht eingezogen, im 2. Weltkrieg als Frontheater-Schauspieler u. Touristenführer eingesetzt, 1946 in brit. Kriegsgefangenschaft, währenddessen als Dolmetscher tätig, n. der Entlassung freier Schriftst. u. Redner, lebte an versch. Orten in Afrika sowie in Offenbach, in der Nähe von Heilbronn u. zuletzt in Messel, 1951

(52?) Begegnung m. dem Schriftst. u. späteren senegales. Präs. Léopold Sédar Senghor (1906–2001), seitdem Sammler afrikan. u. karib. Lit., 1966–68 Generalsekretär des Dt. PEN-Zentrums (BRD), zum senegales. Honorarkonsul ernannt, ab 1968 Lehrbeauftragter für neoafrikan. Lit. an der Univ. Frankfurt/M., ab 1971 Präsidiumsmitgl. der Dt. Afrika-Gesellsch., gab 1973 gem. m. Lothar → Lutze u. Peter Schulze-Kraft das «Leseb. Dritte Welt» heraus, verf. zudem Beitr. für die «Propyläen-Weltgesch.» sowie Features u. Hörsp.bearb. u. a. für den HR u. den WDR. – 1970 Johann-Heinrich-Voß-Preis für Übers. der Dt. Akad. für Sprache u. Dichtung. – Übers. (aus dem Französ., Span. u. Engl.), Ess., Fachschr., Reiseber., Hörsp.- u. Bühnenbearb., Radio-Feature, Kurzgesch., Theaterstück. – ~-Symposien an der Johannes-Gutenberg-Univ. Mainz (regelmäßig seit 1975), ~-Bibl. für afrikan. Literaturen ebenda.

Schriften (außer Musikdr.): Wir können uns das leisten. Ein Spiel, um 1950 (Regieb.; Musik N. Schultze); Muntu. Umrisse der neoafrikanischen Kultur, 1958 (durchges. Neuausg. m. dem zusätzl. Untert.: Blues, Kulte, Négritude, Poesie und Tanz, hg. U. SCHILD, 1986); Anders gläubige Kunst, 1958; Approaches to African Literature (nicht engl. Schr., engl. Schr. in Westafrika J. Ramsaran) Ibadan/Nigeria 1959; Durch afrikanische Türen. Erlebnisse und Begegnungen in Westafrika, 1960; Die neoafrikanische Literatur. Gesamtbibliografie von den Anfängen bis zur Gegenwart, 1965; Geschichte der neoafrikanischen Literatur. Eine Einführung, 1966; Eine Kunst zwischen den Stühlen, 1970 (Sonderdr.); Who's who in African Literature. Biographies, Works, Commentaries (m. U. Schild, A. Nordmann) Tübingen 1972; Bibliography of Creative African Writing (m. C. P. Dressler) Milwood/NY 1975.

Übersetzungen (Ausw.): Diwan aus Al-Andalus. Nachdichtungen hispano-arabischer Lyrik, 1949 (Illustr. u. Landkarten L. Stich; Neuausg. u. d. T.: Andalusischer Liebesdiwan, Bearb., 1955); Schwarzer Orpheus. Moderne Dichtung afrikanischer Völker beider Hemisphären (auch Ausw.) 1954 (2., verm. Aufl. 1955; 3., durchges. Aufl. 1959; Lizenzausg. u. d. T.: Dunkle Stimmen, m. Nachw. hg., 1963 [enth. auch: Schwarze Ballade]; Sonderausg. m. dem zusätzl. Untert.: Neue Sammlung, 1964); L. S. Senghor, Tam-tam schwarz. Gesänge vom Senegal (auch Ausw.) 1955; A. Césaire, Und die Hunde schwiegen (Tr.; Übertr. u. Bearb. für die Bühne) 1956 (neue Fass.); Rumba Macumba. Afrocubanische Lyrik (auch Ausw.) 1957; Reis und Hahnenschrei. Moderne Lyrik von den Inseln Indonesiens (auch Ausw., m. W. A. Braasem) 1957; Sirih und rote Hibiskusblüten. Indonesische Volksdichtung (dass.) 1959; Negro Spirituals (auch Einl.) 1962 (dt. u. engl.; m. Schallplattenverz.); Die Welt ist Wind. Afrikanische Pointen, 1962 (Zeichn. H. Lander); Blues und Work Songs (auch Hg., m. Melodienotierungen u. Ess. A. M. Dauer) 1964; Westindien in Erzählungen seiner besten zeitgenössischen Autoren. Jubeltag auf Jamaica (auch Ausw.) 1965; Afrika lacht. Sinnliche, freche und witzige Geschichten, Pointen und Songs aus Afrika, Westindien und Nordamerika (auch Hg.) 1968; 34 x schwarze Liebe. Erotische Erzählungen aus Afrika, Westindien und Nordamerika (dass.) 1968; Süß ist das Leben in Kumansenu und andere Erzählungen aus Westafrika (auch Ausw.) 1971.

Herausgebertätigkeit (Ausw.): A. Tutuola, Der Palmweintrinker. Ein Märchen von der Goldküste (m. Nachw. hg., Übers. W. Hilsbecher) 1955; Schwarze Ballade. Moderne afrikanische Erzähler beider Hemisphären (auch Mitübers.) 1957 (Lizenzausg. u. d. T.: Dunkle Stimmen, m. Nachw. hg., 1963 [enth. auch: Schwarzer Orpheus]; B. de Sahagún, Das Herz auf dem Opferstein. Aztekentexte (Ausw., m. Nachw.; Übertr. E. Seler) 1962; Afrika erzählt. Erzähler südlich der Sahara. 19 Erzählungen (Ausw., m. Einl., auch Mitübers.) 1963; Wir nannten sie Wilde. Begegnungen in Übersee einst und jetzt. Aus alten und neuen Reisebeschreibungen zusammengestellt und kommentiert. Ein Buch in drei Motiven, elf Kapiteln und achtundzwanzig Begegnungen (auch Mitübers.) 1964; Die Zauberkatze. Erzählungen junger afrikanischer Autoren (dass.) 1965; Das Schlangenorakel. Erzählungen junger afrikanischer Autoren (dass.) 1965.

Nachlass: Seminar für Afrikawiss. der HU Berlin.

Literatur: Schmidt, Quellenlex. 14,406. – Munzinger-Arch.; Killy 6,72; DBE 5,298; Killy ²6,91. – Neo-African Literature and Culture. Ess. in Memory of ~ (hg. B. Lindfors, U. Schild) Wiesbaden 1976 (engl. u. französ.; m. Bibliogr.); E. Makward, Two «African Travellers» from Germany. Leo Frobenius and ~ (in: Blacks and German Culture, Ess., hg. R. Grimm, J. Hermand, S. 54–64) Madison/WI 1986; D. A. Goudale, La R. F. A. et l'Afrique Noire socio-culturelle. Le cas de l'écrivain ~ (Diss. Straßburg) Straßburg 1987; E. Ruhe, Aimé Césaire et ~. Les débuts du théâtre césairien. La nouvelle version de «Et les chiens se taisaient», Würzburg 1990; S. Hanuschek, Gesch. des bundesdt. PEN-Zentrums von 1951 bis 1990, 2004; G. Grohs, Die Anfänge der Beschäftigung m. moderner afrikan. Lit. in Dtl. ~, Ulla Schild, Ulli Beier (in: Gesellschaftstheorie u. Provokationen der Moderne, hg. R. Kössler u. a., S. 267–273) 2005; T. Geider, ~ als Vermittler afrikan. Lit. in den dt. Sprachraum u. die Weltlit. (in: 60 Jahre Inst. für Ethnologie u. Afrikastud. Ein Geb.tagsb., hg. A.-M. Brandstetter, C. Lentz, S. 141–162) 2006; F. Veit-Wild, A. Schwarz, Passionate and Controversial. ~ as a Mediator of Cultures among Europe, Africa, and America (in: AfricAmericas. Itineraries, Dialogues, and Sounds, hg. I. Phaf-Rheinberger, T. de Oliveira Pinto, S. 27–35) Madrid 2008.　　　　　　　　　NB

Jahn, Josef (Ps. J. Piber; Konrad Grün), * 12. 12. (10.?) 1860 Partschendorf/Bez. Neutitschein (Bartošovice/Tschechien), † Herbst 1917 Konradsgrün/Bez. Eger (Kunrátov/ebd.); Lehrer, Botaniker, Schriftst.; besuchte die Realschule in Troppau (Opava/Tschechien) u. die Lehrerbildungsanstalt ebd., Volksschul- bzw. Oberlehrer in Halbgebäu (Podílná/Tschechien), Himmelreich/Bez. Asch (Nebesa/ebd.) sowie in Piberschlag/Bez. Kaplitz (Veveří/ebd.) u. 1901–17 in Konradsgrün, zuletzt Schulleiter, erforschte als Botaniker insbes. die Pflanzenwelt Westböhmens, veröff. ab 1896 die Kolumne ‹Bilder aus dem Schulleben des Dorfes› in der in Reichenberg (Liberec/Tschechien) ersch. «Freien Schulztg.», zudem botan. Beitr. in den «Resultaten der botan. Durchforsch. Böhmens» (hg. L. J. Celakovský) u. naturwiss. Zs., Korrespondent u. a. der «Egerer Ztg.» u. der «Egerer Nachrichten». – Erz., Fachschr., Lyrik.

Schriften: Der oberösterreichische Bauernkrieg im Jahre 1629, 1909; Andreas Hofer und der Freiheitskampf der Tiroler im Jahre 1809, 1910; Der Buren Kampf für Freiheit und Recht, 1912; Berühmte Bauern. Schilderungen u. Abhandlungen, um 1913; Kaiser Josef II., der Volksfreund auf dem Throne, o. J. (Schr. nicht nachweisbar).

Literatur: Schmidt, Quellenlex. 14,406. – Heiduk 2,4. – Dt.-öst. Künstler- u. Schriftst.-Lex. (hg. H. C. Kosel) Bd. 2, 1906; F. Jaksch, Lex. sudetendt. Schriftst. u. ihrer Werke für die Jahre 1900–1929, 1929; Lebens- u. Arbeitsbilder sudetendt. Lehrer,

Bd. 2, 1933; Biogr. Lex. zur Gesch. der böhm. Länder (hg. H. Sturm) Bd. 2, 1984.   NB

Jahn, Kurt (Georg Ernst), * 21. 11. 1873 Rastatt, † 22. 5. 1915 bei Ypern/Flandern (gefallen); Germanist; Sohn eines Stabs- u. späteren Generaloberarztes, besuchte 1875–83 das Gymnasium in Stargard/Pommern (Stargard Szczeciński/Polen), 1883–90 jenes in Bromberg (Bydgoszcz/ebd.) sowie 1890–93 das Wilhelmsgymnasium in Berlin, studierte 1893–98 dt. Philol., Philos. u. Kunstgesch. an der Univ. Berlin, 1895 ein Semester an der Univ. Heidelberg, betrieb zudem kunsthist. Stud. in Italien, 1898 Dr. phil. an der Univ. Berlin bei Erich → Schmidt, veröff. Rez. u. a. in der Zs. «Das lit. Echo» sowie eine Kurzgesch. in der Zs. «Das Narrenschiff», 1898/99 Militärdienst im Garde-Füsilier-Regiment Berlin, 1899–1913 (ersch. 1903–15) Mithg. der «Jahresber. für neuere dt. Lit.gesch.», 1900 Forsch.aufenthalt in Paris, bis 1907 Privatgelehrter in Berlin, 1906/07 ztw. Doz. an zwei Schulen für höhere Töchter, veröff. Aufs. u. a. im «Goethe-Jb.», 1908 Habil., 1908–14 Privatdoz. für Dt. Lit.gesch. an der Univ. Halle-Wittenberg, 1913 (14?)–15 a. o. Prof. sowie Mitdir. des Seminars für Dt. Philol. ebd., ab 1914 Teilnahme am 1. Weltkrieg als Hauptmann der Reserve u. Führer eines Reserve-Infanterie-Regiments. – Eisernes Kreuz 1. u. 2. Klasse. – Fachschr., Kurzgeschichte.

Schriften: Die Vorgeschichte von Immermanns Merlin (Diss.) 1898 (Teildr.; erw. Fass. u. d. T.: Immermanns Merlin, 1899; davon Nachdr. New York u. a. 1970); Joseph Freiherr von Eichendorff, 1902 (Sonderdr. der Einl. aus: Gedichte von Eichendorff, ausgew. E. Strauss, 1902); Goethes Stellung zur Geschichte und Literaturgeschichte. Einladungsschrift zu der zu haltenden öffentlichen Vorlesung: «Über die Grundlagen der Selbstbiographie» vom 29. April 1908 (Habil.-Schr.) 1908 (vollst. u. d. T.: Goethes Dichtung und Wahrheit. Vorgeschichte, Entstehung, Kritik, Analyse, 1908). *Herausgebertätigkeit:* Goethes autobiographische Schriften, 3 Bde., 1908–10 (= Bde. 3–5 der Großherzog-Wilhelm-Ernst-Ausg., hg. A. W. Heymel; mehrere NA als Einzelbde.); Edward Youngs Gedanken über die Originalwerke. In einem Schreiben an Samuel Richardson (Übers. H. E. von Teubern) 1910; J. W. von Goethe, Die Leiden des jungen Werthers. – Wilhelm Meisters Lehrjahre, Tl. 1, 1910 (= Sämtl. Werke, Bd. 7); ders., Wilhelm

Meisters Lehrjahre, Tl. 2, 1910 (= dass., Bd. 8); Goethes Italienische Reise (Textrevision) 1913.

Nachlass: Personalakte im Univ.arch. Halle/Saale.

Literatur: NDB 10,303; IG 2,834; DBE 5,298. – Hallesches Akadem. Vademecum, Bd. 1, 1910; Dt. Biogr. Jb. (hg. H. Christern) Überleitungsbd. 1, 1914–1916, Totenliste 1915; P. Strauch, ~ [Nachruf] (in: ZfdPh 47, S. 233–241) 1918 (m. Schr.verz.); ~ [Nachruf] (in: Hallische Univ.ztg. Zs. für hall. Univ.leben 1, S. 25f.) 1919; Catalogus Professorum Halensis (Internet-Edition).   NB

Jahn, Manfred, * 12. 1. 1950 Zahna (später zu Zahna-Elster/Landkr. Wittenberg); Historiker, lebt in Dresden; 1980 Dr. phil. an der PH Dresden, wiss. Assistent an der Sektion Gesch. ders., 1988 Dr. sc. phil. ebd., wiss. Oberassistent ebd., Ende der 1990er-Jahre wiss. Mitarb. des Ver. «Wiss. u. Technik Dresden». – Fachschrift.

Schriften: Die internationale Zusammenarbeit des FDGB mit den Brudergewerkschaften der UdSSR, der ČSR und der Volksrepublik Polen (1952–1955). Ein Beitrag zur Erforschung der Rolle der Gewerkschaften im Prozeß der Vertiefung der Freundschaft und Annäherung zwischen den Staaten und Völkern der sozialistischen Gemeinschaft (Diss. A) 1980; Zur Geschichte der politischen Zusammenarbeit zwischen angrenzenden und grenznahen Bezirken der DDR und der Tschechoslowakei in den Jahren 1949 bis 1977 (Diss. B) 2 Bde., 1988; Direktbeziehungen von Bezirken, Kreisen und Städten der DDR zu analogen Partnern in sozialistischen, kapitalistischen und nationalbefreiten Ländern. Mai 1989 (Red., m. K. Helbig) 1989; Zur Geschichte Rußlands 1861–1917. Bauernbefreiung – Industrialisierung – Parlamentarismus und Parteien – Sowjetbewegung – Revolutionsprozeß (m. K.-H. Gräfe) 1990; Von der Europa-Idee zum friedlichen europäischen Haus. Darstellungen – Dokumente – Materialien (m. K. Helbig, H. Schneider) 1990; Geschichte Osteuropas nach 1861. Dokumente, Übersichten, Kommentare, Karten. Für Studium und Schule (m. K.-H. Gräfe, K. Helbig) 1991; Jüdische Vereine und Organisationen in Chemnitz, Dresden und Leipzig 1918–1933. Ein Überblick (m. S. Höppner) 1997. *Herausgebertätigkeit:* Dokumente und Übersichten zur Geschichte sozialistischer Länder 1945–1961 (Ausw., Zus.stellung, m. Einl., m. K.-H. Gräfe) 1986; Asien und Afrika im Ringen um Selbstbestimmung, Eigenstaatlichkeit und sozialen Fortschritt. Dokumente und Übersichten (dass., m. K. Helbig) 1990; Die Sudetendeutschen in Nordböhmen. Situation nach 1918, Vertreibung in die Sowjetische Besatzungszone und Ankunft in Sachsen 1945/46. Beiträge eines gemeinsamen deutschtschechischen Kolloquiums am 11. Juni 1993 in Aussig an der Elbe/Ústí nad Labem, 1993; Sachsen – Böhmen – Schlesien. Forschungsbeiträge zu einer sensiblen Grenzregion, 1994.

Literatur: L. MERTENS, Lex. der DDR-Historiker, 2006.   NB

Jahn, Moritz, * 27. 3. 1884 Lilienthal bei Bremen, † 19. 2. 1979 Göttingen; Lehrer, Schriftst.; Sohn eines früh verstorbenen Zollbeamten u. ehem. Seemanns, wuchs in Linden (später zu Hannover) auf, 1901–04 Besuch des Lehrerseminars in Hannover, Anhänger der Heimatkunstbewegung u. 1901 Teilnehmer an der Gründungsveranstaltung des «Heimatbundes Nds.» sowie an den «Nds.tagen», 1906–21 Lehrer an den Lehrerbildungsanstalten in Aurich/Ostfriesl. u. Melle (später zum Landkr. Osnabrück), ab 1908 schriftsteller. tätig, von Börries Freiherr von → Münchhausen gefördert, befreundet auch m. Hans (Emil Wilhelm) → Grimm u. Georg → Grabenhorst, 1921–44 (43?; i. R.) Volksschulrektor in Geismar (später zu Göttingen), studierte 1921–25 Germanistik u. Kunstgesch. (n. anderen Angaben auch Anglistik) an der Univ. Göttingen, 1933 NSDAP-Mitgl., 1935 aufgrund der Mitgliedschaft in der freimaurer. Loge «Schlaraffia Athenae Gottingenses» ausgeschlossen, weiterhin Mitgl. im NS-Lehrerbund, 1941 Teilnahme am von Joseph → Goebbels initiierten «Weimarer Dichtertreffen» u. Mitgl. der ebd. gegr. «Europ. Schriftst.verein.», veröff. Beitr. u. a. in «Das innere Reich» u. 1949–51 in «Der Speicher. Kleines Leseb.», nahm an der jährl. niederdt. Dichtertagung in Bad Bevensen sowie weiterhin an den von H. Grimm initiierten «Lippoldsberger Dichtertagen» u. an den Treffen des 1950 begr. rechtsextremen «Dt. Kulturwerks Europ. Geistes» (Ehrenmitgl.) teil, lebte i. R. in Geismar. – 1921 Ehrenmitgl. des Heimat- u. Gesch.ver. Melle, 1936 Lit.preis der Provinz Hannover (m. Alma Rogge u. Wilhelm Scharrelmann), 1941 Mecklenburg. Schrifttumspreis, 1944 Indigenat der Ostfries. Landschaft, Ehrenmitgl. der Lit. Verein. Braunschweig, Dr. phil. h. c. der Univ. Göttingen, Klaus-Groth-Preis

u. Börries Freiherr von Münchhausen-Preis für dt. Lyrik, 1948 Ehrenmitgl. der Gesellsch. der Freunde Wilhelm Raabes, 1950 Wilhelm-Raabe-Plakette der Stadt Braunschweig, 1958 Großes Bundesverdienstkreuz, 1959 Fritz-Reuter-Preis u. Ehrenmitgl. des Nds. Heimatbundes, 1964 Ehrenmedaille der Stadt Göttingen u. Großes Nds. Verdienstkreuz, 1972 Ehrenmitgl. der Knut-Hamsun-Gesellsch., Ehrenmitgl. der Göttinger Lit. Gesellsch. e. V. u. weitere Ehrenmitgliedschaften. – Erz., Nov., Aufs., Lyrik, Ballade, Mundart (ostfries. Platt).

Schriften: In memoriam. Sonette an gefallene Freunde, 1918 (Privatdr.; Neuausg. m. dem Untert.: Sonette an gefallene Freunde 1917–1918, 1943); Die Geschichte von den Leuten an der Außenfohrde, 1929 (Feldpostausg., 36.–55. Tausend, 1943); Boleke Roleffs. Eine niederdeutsche Erzählung, 1930 (Ausg. 1929; 13. u. 14. Tausend, 1962, Grafiken D. Kirsch); Unkepunz. Ein deutsches Gesicht (Ged.) 1931 (Ausg. 1930; NA 1948); Frangula oder Die himmlischen Weiber im Wald (Nachw. B. von MÜNCHHAUSEN) 1933 (Illustr. H. Pape; NA 1943; Neuausg., autobiogr. Nachw. M. J., 1953; davon Neudr. 1954; Lizenzausg. 1960, Holzstiche E. von Dombrowski); Ulenspegel un Jan Dood. Niederdeutsche Gedichte, 1933 (3. Aufl., Ausg. m. hochdt. Prosaübertragung 1955); Im weiten Land (Erzn.) 1938 (Feldpostausg., 16.–25. Tausend, 1944); Ansprache an Börries, Freiherrn von Münchhausen, 1939 (Sonderdr. aus: Das Innere Reich 6, 1939); Die Gleichen, 1939 (NA 1948; 21.–23. Tausend m. dem Umschlaguntert.: Novelle um Gottfried August Bürger, 1961); Das Denkmal des Junggesellen. Ein harmlose Geschichte, 1942 (NA 1948); De Moorfro (Erz.) 1950 (als Kom., bearb. J. BYL, u. d. T.: De Moorfro van Tannhausen, um 1950); Das Wirkliche. (Letzter Brief des Königlich Westfälischen Kapitäns Rogier de Blangy), 1950 (auf Tonbandkassette m. dem Untert.: Eine Brieferzählung, 1982); Luzifer, 1956 (Bilder I. Gudegast-Pisulla); Arkadische Landschaft. 1925, 2002.

Herausgebertätigkeit: Der Grönenberg. Ein niedersächsisches Heimatblatt. Mitteilungen des Vereins für Heimatkunde im Kreise Melle (m. L. Bäte) 2 Jg., 1920–22 (Ersch. eingestellt); Niederdeutscher Almanach. Aus Dichtung und Kunst der Gegenwart (m. G. Grabenhorst) 1937; B. Freiherr von Münchhausen, Balladen. In Auswahl und Zusammenstellung dreier Freunde (m. A. von Kessel, A. Kunze) 1938; Georg Grabenhorst. Freundesgabe des Arbeitskreises für Deutsche Dichtung zu seinem 60. Geburtstage, 1959; Walther Jantzen. Gedenkgabe des Arbeitskreises für Deutsche Dichtung (zus.gestellt M. u. H. JANTZEN) 1962; B. Freiherr von Münchhausen, Freude war mein Amt. Balladen und Lieder (Ausw.) 1965; Alma Rogge. Freundesgabe des Arbeitskreises für Deutsche Dichtung für Alma Rogge (Zus.stellung, hg. H. JANTZEN) 1966.

Ausgaben: M. J. (Ausw.; zus.gestellt J. FRERKING) um 1944 (Zeichn. A. Reiß); Gesammelte Werke (hg. H. BLOME) I Hochdeutsche Dichtungen, II Niederdeutsche Dichtungen, III Schriften, Reden, Erinnerungen (m. Bibliogr.) 1963/64.

Tonträger (Ausw.): Unkepunz und Till Eulenspiegel. Eine Auswahl. M. J. liest (Tonbandkassette) 1983; Ulenspegel un Jan Dood. Niederdeutsche Gedichte. Gelesen von M. J. (dass.) 1984.

Nachlass: Briefe u. a. im DLA u. in der Schleswig-Holstein. LB Kiel.

Literatur:

Bibliografien: Albrecht-Dahlke II/2,335 u. IV/2,524; Schmidt, Quellenlex. 14,406. – E. METELMANN, ~-Bibliogr. (in: Die neue Lit. 39, H. 1, S. 15) 1938; Bibliogr. (in: M. J., Ges. Werke, Bd. 3, S. 547–550) 1964.

Allgemein zu Leben und Werk:

Nachschlagewerke und Überblicksdarstellungen: Munzinger-Arch.; Lennartz 2,825; Killy 6,72; KNLL 8,551 (‹Luzifer›, ‹Ulenspegel un Jan Dood›); Autorenlex. 383; DBE 5,298; Killy ²6,92; KLL (Internet-Edition) (‹Ulenspegel un Jan Dood›, ‹Luzifer›). – W. OEHLKE, Dt. Lit. der Ggw., 1942; K. A. KUTZBACH, Autorenlex. der Ggw. Schöne Lit. verf. in dt. Sprache. M. einer Chron. seit 1945, 1950; Gespräche m. plattdt. Autoren. Hein Bredendiek, Karl Bunje, Heinrich Diers, [...] (Red.-Leitung G. KESELING, H.-J. MEWS) 1964; Nds. literarisch. 65 Autorenporträts, 1978; E. HORN, Geehrt – geliebt – vergessen? Begegnungen m. 38 Dichtern, 1985; G. von WILPERT, Dt. Dichterlex. Biogr.-bibliogr. Handwb. zur dt. Lit.gesch., ³1988; Biogr. Lex. für Ostfriesl. (hg. M. TIELKE) Bd. 1, 1993; B. SOWINSKI, Lex. dt.sprachiger Mundartautoren, 1997; N. HOPSTER u. a., Kinder- u. Jugendlit. 1933–1945. Ein Hdb., Bd. 1, 2001; E. KLEE, Das Kulturlex. zum Dritten Reich. Wer war was vor u. nach 1945, 2007; P. HANSEN, Die plattdt. Autoren u. ihre Werke (Internet-Edition).

Sammelbände: ~. Freundesgabe des Arbeitskr. für Dt. Dg. zu seinem 75. Geb.tage (hg. W. JANTZEN) 1959; ~ zum achtzigsten Geb.tag. Freundesgabe (hg. H. BLOME) 1964; ~. Freundesgabe zum 90. Geb.tag des Dichters am 27. März 1974 (dass.) 1974; Stud. zu ~. Ergebnisse des wiss. Koll. aus Anlaß des 100. Geb.tages des Dichters, Göttingen, den 10. 10. 1984 (hg. D. STELLMACHER) 1986; August Hinrichs u. ~. Ein lit.wiss. Vergleich 1870–1970 (m. Vorbem. hg. E. ROHSE) 2011.

Selbstständig Erschienenes: F. NEUMANN, Börries, Freiherr von Münchhausen u. ~. Eine festl. Ansprache, 1944; Gedenkschr. zur Verleihung des Klaus-Groth-Preises 1958 u. des Fritz-Reuter-Preises 1959 der gemeinnützigen Stiftung F.V.S. zu Hamburg, 1959 (auch zu O. Tenne); H. WESCHE, ~ als niederdt. Dichter. Zum 75. Geb.tag, 1959; R. PETERS, ~ in seinen Prosawerken. Versuch einer Interpr. (Diss. Manitoba/Winnipeg) Winnipeg 1966; W. W. SEEGER, The East Frisian Dialect in the Low German Works of ~ (Diss. Wisconsin-Madison) Madison/WI 1970; D. SLARK, Unkepunz lebt. ~ zum 100. Geb.tag, 1984; G. SACHSE, Erinn. an ~ (hg. W.-D TEMPEL) 2006.

Unselbstständig Erschienenes: C. TRÄNCKNER, Jan van't Moor (in: Die Lit. Mschr. für Lit.freunde 36, S. 382–384) 1933/34; C. F. MAASS, Besuch bei ~ (in: Niederdt. Welt 9, H. 10, S. 339–341) 1934; B. von MÜNCHHAUSEN, ~. Ein neuer Dichter (in: DR 60, H. 6, S. 184–188) 1934; R. BÜLK, ~. Eine Kraft von seltener Begabung (in: Niederdt. Stimmen. Mschr. für das niederdt. Geistesleben, H. 5, S. 142f.) 1936; A. G. BARTELS, Bem. zum ‹Unkepunz› von ~ (in: Junge Geisteswiss. Göttinger Semesterh. 1, S. 43–46) 1937; C. TRÄNCKNER, ~ (in: Die neue Lit. 39, H. 1, S. 5–15) 1938 (m. Bibliogr. E. METELMANN); F. E. PETERS, ‹Ulenspegel un Jan Dood›. Die Gestalt eines Dichters in Niederdtl. (in: DERS., Im Dienst der Form. Ges. Aufs., S. 49–59) 1947 (zuerst in: Das innere Reich 7, 1940/41); W. FEHSE, Das tägl. Brot. Zu den Büchern ~s (in: Lit. Dtl. 2, H. 19, S. 3) 1951; ~, ‹Das Denkmal des Junggesellen. Eine harmlose Gesch.›, ‹Frangula oder Die himmlischen Weiber im Wald›, ‹Die Gleichen›, ‹De Moorfro› (in: Der Rom.führer [...] IV, hg. J. BEER) 1953; M. ULFERS, ~ zum 70. Geb.tag (in: Ostfriesl. Zs. für Kultur, Wirtschaft u. Verkehr, H. 1, S.7f.) 1954; R. LANGE, Der Dichter ~ (in: Niederdt. Almanach. Aus Dg. u. Kunst der Ggw. 2, S. 71–76) 1959; O. TENNE, Der plattdt. ~. Versuch einer Porträtskizze (in: Quickborn. Zs. für plattdt. Sprache u. Dg. 49, Nr. 1, S. 43–49) 1959; C. T. SAUL, ~. Nachdenkl. zur niederdt. Dichtertagung in Bevensen (in: Ostfriesl., H. 3, S. 15–17) 1959; W. KÖSTER, ~ 75 (in: Kiek in de Welt 8, H. 86, S. 19f.) 1959; D. BELLMANN, ~. 80. Geb.tag (in: Almanach der Fehrs-Gilde 1949–1964, S. 6–9) 1964; DERS., ‹Luzifer›, Briefnov. von ~. Eine Interpr. (ebd., S. 82–95) 1964; H. WESCHE, ~. Eine späte Geb.tagsrede am 14. Juni 1964 (in: Heimat u. Volkstum. Nds. Jb. Bremer Beitr. zur niederdt. Volksk., S. 137–147) 1964/65; R. LANGE, Laudatio auf ~. Anläßl. der Feierstunde im Funkhaus Hannover am 5. April 1964 (in: Nds. Zs. für Kultur, Gesch., Heimat u. Natur seit 1895 64, S. 97–105) 1964; DERS., ~ zum 80. Geb.tag (in: Quickborn 54, Nr. 1, S. 3–5) 1964; H. CLAUDIUS, Unkepunz (in: DERS., Skizzenb. meiner Begegnungen, S. 87f.) 1966; G. CORDES, ‹De Moorfro›. Von ~ (in: Plattdt. Erzähler u. plattdt. Erzn. der Ggw., hg. D. BELLMANN, W. LINDOW, S. 72–85) 1968; U. BICHEL, ‹Luzifer›. Eine protestant. Dg. von ~ (ebd., S. 107–115) 1968; DERS., ~ als niederdt. Dichter (in: Niederdt. Jb. 93, S. 154–167) 1970; D. HEROLD, ~. Pfingsten 1970 in Aurich (in: Korrespondenzbl. des Ver. für Niederdt. Sprachforsch. 78, S. 3–5) 1971; M. TÖTEBERG, Statist. Unters. zur Prosa ~s (in: Niederdt. Jb. 96, S. 169–173) 1973; H. BLOME, ~. Zum 90. Geb.tag des Dichters (in: Göttinger Jb. 22, S. 7–12) 1974; W. FREDEMANN, Ein Hüter der Sprache. Zum 90. Geb.tag von ~ (Nds. Zs. für Kultur […] 74, S. 64f.) 1974; U. BICHEL, ~ zum Gedenken (in: Quickborn 69, Nr. 2, S. 90) 1979; C. T. SAUL, ~ u. das Ostfries. (ebd., S. 91–94) 1979; J. BÖGER u. a., ~ u. die Lit.wiss. (ebd., S. 94–99) 1979; H. BAHRS, Sein Werk wird dauern. Eine Würdigung des Dichters ~ (in: Der Literat. Fachzs. für Lit. u. Kunst 21, S. 74) 1979; U. BICHEL, Zwei Wege zu niederdt. Lyrik. Klaus Groths «Quickborn» u. ~s ‹Ulenspegel un Jan Dood› (in: Jahresgabe der Klaus-Groth-Gesellsch. 21, S. 9–26) 1979; J. SCHILLING, ~ u. die Heimatkunstbewegung (in: Stud. zu ~. Ergebnisse des wiss. Koll. aus Anlaß des 100. Geb.tages des Dichters, Göttingen, den 10. 10. 1984, hg. D. STELLMACHER, S. 17–31) 1986; P. WAGENER, Sind wir Mitwisser von Geheimnissen? Frag-Würdiges zur Präsentation u. Rezeption ~s (ebd., S. 33–45) 1986; M. SCHRÖDER, Die Maske des Ulenspegel. Die humorist. Freude am Antithet. bei ~ (ebd., S. 47–62) 1986; M. SCHMIDT, Regionale Lit., Kleine Lit., erzählte Provinz? Überlegungen zum lit. Ort der hochdt. Prosa ~s (ebd., S. 63–89); D. STELLMACHER, Rede auf der Matinée zu Ehren des 100. Geb.tages von ~ (ebd., S. 143–151) 1986; J.

BYL, Der Januskopf des ~ u. was wir heute von ihm lernen können (in: Weten kann gien Quaad, S. 16–24) 1990; D. BELLMANN, ~ u. Rudolf Kinau. Zur Rezeption plattdt. Lit. (in: An Leeben u. Lachen hett he sien Freid. Festgoov för Heinrich Kröger […], hg. B. J. DIEBNER, S. 83) 1997; J. BÖGER, ~ – «poeta doctus» des Niederdt. Niederdt. Autoren in Nds. (in: Nds. Zs. für Kultur […] 98, H. 3, S. 138f.) 1998; E. ROHSE, «Und dat in de Chasmersche Kantorjie!». ~ als Dichter in Geismar. Umrisse eines lit. Porträts (in: 950 Jahre Geismar. 1055–2005. Gesch. & Geschn., hg. V. LENZ, K. SEMMELROGGEN, S. 205–236) 2005; P. STRATHMANN, Zur Figur des Ulenspegel in ~s Ged.zyklus ‹Ulenspegel un Jan Dood› (in: Eulenspiegel-Jb., Bd. 48/49, S. 103–120) 2008/09; K. HEISE, Kennen Sie diesen ~? (in: August Hinrichs u. ~. Ein lit.wiss. Vergleich 1870–1970, m. Vorbem. hg. E. ROHSE, S. 19–38) 2011; K. SEMMELROGGEN, ~ – Dichter u. Zeuge des 20. Jh. (ebd., S. 39–47); D. STELLMACHER, Zur Sprachsituation in Nordwestdtl. zur Zeit von August Hinrichs u. ~ (ebd., S. 51–60); H. WATTENBERG, ~ u. Wilhelm Busch. Eine Lesung aus Anlass des 125. Geb.tages von ~ (ebd., S. 63–70); E. ROHSE, ~ in seinen lit. Werken (ebd., S. 93–131); H.-J. SCHRADER, ~s unkepunzian. Denk- u. Poesiemodell (ebd., S. 133–164); D. STELLMACHER, August Hinrichs u. ~ in der Gesch. der niederdt. Lit. (ebd., S. 165–175); J. HEIN, Stadt – Land – Heimat. Thematolog. u. topograph. Beobachtungen zur Prosa von August Hinrichs u. ~ (ebd., S.177–197); G. APPENZELLER, August Hinrichs – ~. Lit. Formen u. Gattungen – ein Vergleich (ebd., S. 199–216); E. ROHSE, Märchenmodelle als poet. Potential zw. Zeitrom. u. Theodizeediskurs. August Hinrichs' «Das Licht der Heimat» u. ~s ‹De Fisker un sien Fro› (ebd., S. 217–254) 2011.   NB

Jahn, Otto Heinz (auch Ottoheinz; Heinz Otto), * 19. 3. 1906 (Ort nicht ermittelt), † September 1953 Hamburg; Lebenspartner von (Ilse) Maria → Milde; Filmproduktionsleiter, Dramaturg, Schriftst.; 1930 Lesung im Rundfunk, SA-Mitgl., begleitete ztw. den Wahlkampf Adolf → Hitlers, Dramaturg beim Dtl.sender Berlin, verf. für diesen u. a. 1933 das Hörsp. ‹Ewiges Dtl.›, ab 1938 Dramaturg der «Dt. Filmherstellungs- u. Verwertungsgesellsch.», ab 1940 Produktionschef der «Universum Film AG», Kontakt zu Joseph (Paul) → Goebbels, ab 1943 Produktionschef der «Berlin-Film»,

n. dem 2. Weltkrieg künstler. Leiter der 1946 gegr. Filmproduktionsfirma «Central Cinema Company» u. Verf. mehrerer Drehb., u. a. für die Filme «Mädchen hinter Gittern» (1949, Regie A. Braun) u. «Ännchen von Tharau» (1954, Regie W. Schleif), Hörsp.autor für den Nordwestdt. Rundfunk. – Hörsp., Drehb., Prosa, Skizze.

Schriften: Die Nacht vor dem Frühling, 1937; H. Unger, Männer im Mond (Lsp.; Funkeinrichtung) 1937; «Schau, wohin die Sonnenadler schweben!». Der Flug zum Niederwald. Eine Kantate für den Rundfunk, 1941 (Musik H. Windt; Ursendung 1936).

Literatur: K. Brüne, Autorenlex. dt.sprachiger Drehb. für Kino u. Fernsehen 1945–1993, 1994; E. Klee, Das Kulturlex. zum Dritten Reich. Wer war was vor u. nach 1945, 2007; The Internet Movie Database (Internet-Editon).   NB

Jahn, Reinhard → Karr, H. P.

Jahn, Rudolf, * 4. 4. 1911 Asch/Westböhmen (Aš/Tschechien), † nicht ermittelt; Lehrer, Historiker, Schriftst.; Gymnasialbesuch in Asch, Stud. der Germanistik, Slawistik u. Leibesübungen an der Dt. Univ. Prag, in den 1930er-Jahren als Mitgl. im sog. «Verbandsdietausschuß» des Dt. Turnverbands zuständig für Lit. u. Schausp., Hg. der Schr.reihe «Der Laiensp.ratgeber», Privatsekretär u. Kanzleileiter von Konrad Henlein (1898–1945; Vors. der Sudetendt. Partei), 1935 Dr. phil. in Prag, Lehrer an der Turnschule in Asch, 1937/38 Militärdienst in der tschechoslowak. Armee, Soldat im 2. Weltkrieg, n. Verwundung Leiter einer hist. Forsch.stelle in Reichenberg/Böhmen (Liberec/Tschechien), n. dem 2. Weltkrieg aus der Tschechoslowakei vertrieben, Lehrer im hess. Schuldienst, ab 1955 Beisitzer im rechtsextremen sudetendt. «Witikobund», Schr.leiter der «Bl. der Dt. Gildenschaft», veröff. Beitr. in «Sudetenland. Europ. Kulturzs.», lebte um 1960 in Wiesbaden u. in den 1980er-Jahren i. R. in Bühl-Weitenung. – Biogr., Sachtext, Fachschrift.

Schriften: Die hussitische Legende in der neueren tschechischen Epik und Dramatik (Diss.) 1935; Konrad Henlein. Leben und Werk des Turnführers (m. Vorw.) 1938 (2., erw. Aufl. 1938); Konrad Henlein an der Front, 1938 (Ausz.); Kleines Lexikon der Leibesübungen (Bearb., m. K. Reutler) 1951; Ernst Frank. Ein Lebens- und Werkbericht, 1975.

Herausgebertätigkeit: Konrad Henlein spricht. Reden zur politischen Volksbewegung der Sudetendeutschen (m. Vorw. hg.) 1937 (n. der Beschlagnahme 2. Aufl.); T. Sandner, Die Leibeserziehung der Mannesjugend. Begründung und Umriß einer Turnschule (neu hg.) ²1952; Grenzfall der Wissenschaft: Herbert Cysarz, 1957 (m. Bibliogr.); Sudetendeutsches Turnertum, 2 Tle., 1957/58; Zur Weltgeschichte der Leibesübungen. Festgabe für Erwin Mehl zum 70. Geburtstag (m. Vorw. hg.) 1960 (Ausz. u. d. T.: E. Mehl, Von der Steinzeit zur Gegenwart. Turngeschichtliche Aufsätze aus vier Jahrzehnten [1920–1960], 1961); H. Cysarz, Vielfelderwirtschaft. Ein Werk- und Lebensbericht, 1976 (m. Bibliogr.; 2., erw. Aufl. 1980).

Literatur: Egerländer biogr. Lex. u. ausgew. Personen aus dem ehem. Regierungsbez. Eger (bearb u. hg. J. Weinmann) Bd. 1, 1985; A. Luh, Der Dt. Turnverband in der Ersten Tschechoslowak. Republik. Vom völk. Ver.betrieb zur volkspolit. Bewegung (Diss. Bochum) ²2006.   NB

Jahn, Uwe, * 18. 9. 1964 Lüchow/Wendland; Hörfunkjournalist, Schriftst., Sozialarbeiter u. -pädagoge, lebt in Berlin-Schöneberg; lebt seit 1986 in Berlin (West), studierte Soziale Arbeit/Sozialpädagogik, 1992–2000 Regionalreporter für den Radiosender Antenne Brandenb., seit 1999 Aktueller Reporter für MDR Info, seit 2000 Planungsred. bzw. Red. vom Dienst für Antenne Brandenb., seit 2011 für den MDR im ARD-Hauptstadtstudio, veröff. in mehreren Anthol. des «Dt. Tb. Verlags» sowie in der Ztg. «Der Freitag» u. in der Zs. «Männer». – Glosse, Erz., Essay.

Schriften: Weit raus (Erzn.) 2008.

Herausgebertätigkeit: H. Götting, Die Figur dazu hab ich. Ein Leben, 1995.

Literatur: Lit.port. Autorenlex. Berlin/Brandenb. (Internet-Edition).   NB

Jahn, Viktor (auch Victor), * 13. 3. 1865 Lenzburg/Kt. Aargau, † 19. 12. 1936 Brugg/ebd.; protestant. Pfarrer, Schriftst.; wuchs in Lenzburg auf, besuchte die Bez.schule ebd. u. 1881–85 das Gymnasium in Aarau/Kt. Aargau, studierte Theol. an den Univ. Genf, Jena, Berlin u. Basel, 1889/90 Vikar in Reinach/Kt. Aargau, 1890–1927 (i. R.) Stadtpfarrer in Brugg, Präs. des Kinderspitals ebd. u. weiteres Engagement in der Fürsorge, 1898 zum Feldprediger eines Regiments ernannt u. 1914–18 während der schweizer. Mobilmachung im Dienst, ab 1909 Präs. des neu gegr. Samariterver. in Brugg, Mitbegr. u. Vorstandsmitgl. der Gesellsch. «Pro Vindonissa» sowie Vorstandsmitgl. der Bibl.gesellsch., Mitarb. der «Brugger Neujahrsbl. für Jung u. Alt», veröff. Ged. u. Prosabeitr. auch in anderen schweizer. Zs. u. Zeitungen. – Prosa, Lyrik, Fest- u. Schausp., Mundart (Aargauer).

Schriften: Festspiel zum Aargauischen Kantonalschützenfest. 1902 in Brugg 29. Juni bis 8. Juli (m. H. Blattner) 1902; Im Aargäu sind zwei Liebi! Festspiel für das aargauische Kantonalturnfest 12. bis 14. Juli 1913 in Brugg, 1913.

Literatur: Neue Schweizer Biogr. Nouvelle Biographie Suisse. Nuova biografia svizzera (hg. A. BRUCKNER) 1938; Biogr. Lex. des Aargaus. 1803–1957 (red. O. MITTLER, G. BONER) 1958; B. SOWINSKI, Lex. dt.sprachiger Mundartautoren, 1997.   NB

Jahn, Walter, * 14. 9. 1922 Laupen/Kt. Bern, † 21. 9. 2011 (Ort nicht ermittelt); Kinder- u. Jugendpsychiater, Schriftst.; Sohn eines Pfarrers, besuchte die Volksschule in Laupen u. ein humanist. Gymnasium in Bern, studierte Medizin an der Univ. Bern, Dr. med. ebd. (Schr. nicht nachweisbar), Facharzt für allg. Psychiatrie, an der Kinder- u. Jugendpsychiatr. Klinik Neuhaus/Kt. Bern tätig, 1958/59 Gastdoz. an der Univ. of North Carolina in Chapel Hill u. Mitarb. beim Aufbau einer kinderpsychiatr. Station, Facharzt für Kinderpsychiatrie, ab 1959 Schul- u. Jugendpsychiater im Jugendpsychiatr. Dienst des Kt. Bern, lebte in Bolligen/Kt. Bern u. zuletzt in Ittigen/ebenda. – Ess., satir. Erz., Fachschrift.

Schriften: Am Anfang war das Lächeln. Der fast vergessene Humor in der Erziehung, 1971; Spiel nicht mit dem Krokodil. Grotesken am Rande der Pädagogik, 1973; Die Schlange steht zu ihrem Pferdefuss. Biblische Satiren und andere Geschichten über das Böse und Gute, 1987.

Literatur: «Mutz». 50 Jahre Berner Schriftst.-Ver. 1939–1989. Leseb., Lex., Chron. (hg. H. ERPF, B. TRABER) 1989; Y. BÄTTIG, M. WAGNER, Bibliogr. der Berner Schriftstellerinnen u. Schriftst. 1950–1993, 1997; Literapedia Bern. Das Lex. der Berner Schriftstellerinnen u. Schriftst. (Internet-Edition).   NB

Jahn, Willie (eig. Wilhelm), * 27. 2. 1889 Magdeburg, † 24. 1. 1973 Hannover; Schr.leiter, Verbandsfunktionär beim Wandervogel, Liederma-

cher, techn. Kaufmann, Leistungssportler, Offizier; Sohn eines Druckereibesitzers, besuchte die Hohenzollernschule in Berlin-Schöneberg, ab 1904 Mitgl. des «Alt-Wandervogels», 1910 Mitbegr. des «Jung-Wandervogels» u. Mitgl. der Bundesleitung dess. bis zur Auflösung 1933, 1910–14 zudem Schr.leiter der Bundeszs. dess., Sänger u. Lautenspieler, Setzerlehre in der Steglitzer Werkstatt für Druck u. Verlag, studierte Photochemie u. Reproduktionstechnik an der TH Charlottenburg sowie bis 1914 Kunstgesch. an der Univ. Berlin, 1912 u. 1914 Dt. Hochschulmeister im Lauf über 1500 Meter sowie 1912 Teilnehmer an den Olymp. Spielen in Stockholm, n. Meldung als Kriegsfreiwilliger ab 1915 Soldat im 1. Weltkrieg, ab 1917 Offizier, komponierte in der Kriegszeit Lieder zu Texten von Gertrud Freiin von → Le Fort, nahm ab 1919 an Grenzschutz- u. Freikorpskämpfen teil, ab 1922 techn. Kaufmann, ab 1930 Schr.leiter des «Teltower Kreisbl.» u. ab 1935 der Mschr. «Familie, Sippe, Volk», im 2. Weltkrieg Stabsoffizier, 1949 Rückkehr aus brit. Kriegsgefangenschaft, Bundesführer des «Freundeskr. des Jung-Wandervogels» u. Schr.leiter des Rundbriefs dess., lebte zuletzt in Hannover. – Eisernes Kreuz 1. Klasse. – Lied.

Schriften: Junger Mut. Lautenlieder aus der Kriegszeit, 1916; Spielmannslieder. Zehn alte, neue und eigene Weisen mit Lautensätzen, 1917; Stille Lieder, 1924 (für den Jung-Wandervogel als Hs. gedr.); Biwak und Lagerfeuer. Alte und neue Lieder mit Lautensätzen, 1935; Lieder aus fünfzig Jahren, 1959 (= Lieder der Jung-Wandervögel, H. 2; Zeichn. A. P. Weber).

Literatur: G. ZIEMER, H. WOLF, Wandervogel u. Freidt. Jugend, ²1961 (Hauptwerk u. Anh. Namensreg.); H. JANTZEN, Namen u. Werke. Biogr. u. Beitr. zur Soziologie der Jugendbewegung, Bd. 4, 1976; N. HOPSTER u. a., Kinder- u. Jugendlit. 1933–1945. Ein Hdb., Bd. 1, 2001; C. BRUNS, Politik des Eros. Der Männerbund in Wiss., Polit. u. Jugendkultur (1880–1934) (Diss. Hamburg) 2008; Mann für Mann. Biogr. Lex. zur Gesch. von Freundesliebe u. mannmännl. Sexualität im dt. Sprachraum (hg. B.-U. HERGEMÖLLER unter Mitwirkung von N. CLARUS u. a.) Teilbd. 1, 2010 (neu bearb. u. erg. Auflage).   NB

Jahn-Reinke, Hildegard, * 3. 12. 1906 Augsburg, † 3. (8.?) 8. 1995 Erfurt; Schriftst., Red., Sachbearbeiterin; entstammte einer Familie von Technikern, wuchs in Nürnberg auf, ab Ende der

1920er-Jahre Red. des «Nürnberger Kuriers», darin auch erste Ged.veröff., verf. zudem kunsthist. Beitr., Mitarb. an einer von den Nationalsozialisten verbotenen Ztg., daraufhin Ausschluss
aus der Reichsschrifttumskammer, lebte ab 1940
in Erfurt, Sachbearbeiterin in versch. Betrieben,
veröff. ab den 1960er-Jahren erneut Ged. sowie Federzeichn. in Ztg., Zs., Anthol. u. im
Rundfunk, u. a. in «NDL» u. «SuF», 1963–75
Mitgl. der Lit.kommission im Kulturbund, später der Kr.leitung dess., Gründungsmitgl. der Jo-
hannes-R.-Becher-Gesellsch. Berlin (Ost), Kontakt zu Weimarer Lit.kreisen, durch Inge von →
Wangenheim gefördert; Jürgen Golle (★ 1942) vertonte zahlr. ihrer Gedichte. – 1986 Ehrenurkunde des Albert-Schweitzer-Komitees Dresden, 1987
Verdienstmedaille der DDR. – 1974 Mitgl. des
Schriftst.verbandes der DDR. – Lyrik.

Schriften: Spur im Licht (Ged.; Zus.stellung u.
Bildausw. G. M. ARNDT) 1983; Lichtzeichen (Ged.;
Nachw. A. MÜLLER) 1987 (Illustr. R. Grüttner;
2005 als Chorb., vertont von J. Golle); Schenk
mir das Wort als Licht (Ged.) 1992; Lieber Baum
(Ged.; hg. K. WERNER) 1995 (2., veränd. Aufl.
2000, Zeichn. F. Naumann).

Literatur: A. MÜLLER, Nachw. (in: H. J.-R.,
Lichtzeichen, S. 107–109) 1987; E.-O. LUTHARDT,
«Ein Leuchten, das von innen kommt ...» (in: NDL
37, H. 4, S. 143–145) 1989; T. UNGER, Das leise
Land – ~ (in: Via regia. Bl. für internat. kulturelle
Kommunikation 1, H. 3, S. 40) 1993; R. MONTAG,
Das Licht der Worte. Über ~ (in: Palmbaum 3, H.
2, S. 76–78) 1995; W. HORLITZ, Laß mich in Sehnsucht tun, was mir an Tat mißlang ... Im Gedenken
an den 90. Geb.tag der Lyrikerin ~ (ebd. 4, H. 4,
S. 80–86) 1996; D. FECHNER, H. VÖLKERLING, Thüringer Autoren der Ggw. Ein Lex., 2003; Thüringer Lit.rat, Autorenlex. (Internet-Edition).   NB

Jahn-Scheer, Gisela → Jahn, Gisela

Jahncke, Rolf, ★ 22. 1. 1923 Hamburg, † 10. 6.
2010 ebd.; Schauspieler, Regisseur, Schriftst.; Sohn
eines Heilpraktikers, wuchs in Hamburg u. ab
1929 in Delmenhorst/Nds. auf, 1941 Abitur, militär. Ausbildung zum Flakoffizier in Detmold u.
Werder/Havel, ab 1943 Leutnant der Luftwaffe
an der Ostfront, nahm 1945/46 Schauspielun-
terricht am Staatstheater Oldenburg, debütierte
1946 am Stadttheater Villingen (später Villingen-
Schwenningen), 1947–49 Regisseur u. Schauspie-

ler am Stadttheater Lörrach, 1949–52 dass. am
Stadttheater in Delmenhorst u. außerdem Leiter
der dortigen Kammersp., 1954/55 am Stadttheater
Konstanz, freier Schauspieler u. Regisseur, nach-
folgende Engagements u. Gastsp. in Pforzheim,
Ingolstadt, Bruchsal, Castrop-Rauxel, Lüneburg,
Stuttgart u. Kassel, zw. 1958 u. 1981 Mitwirkender
bei den Bad Hersfelder Festsp., 1960–64 Ensemble-
mitgl. des Württemberg. Staatstheaters in Stuttgart,
ab 1964 an Hamburger Bühnen, u. a. am Altonaer
Theater, 1966/67 am Dt. Schausp.haus, danach bis
1997 an den Kammersp. u. am Jungen Theater
(seit 1973 Ernst-Deutsch-Theater), 1988–2004 zudem Gastsp. u. Inszenierungsverpflichtungen am
Schleswig-Holstein. Landestheater u. am Neu-
en Theater am Holstenwall in Hamburg, auch
Schauspieler in zahlr. Fernsehsp. u -serien sowie
in mehreren Kinofilmen, u. a. in «Die Brücke
von Remagen» (Regie J. Guillermin, 1969), Autor eigener lit. Soloprogr., Sprecher in Hörsp.,
Synchronsprecher u. Doz. in Rhetorik-, Sprech-
u. Atemkursen, langjähriges Vorstandsmitgl. der
«Berufsgruppe Film, Fernsehen» u. Anfang der
1980er-Jahre Miteinrichter der Künstlersozialkasse
in Wilhelmshaven. – 1987 Bundesverdienstkreuz,
Ehrenmitgl. des Bundesverbandes der Film- u.
Fernsehschauspieler e. V., Berlin. – Lyrik, Bühnenst., Sach- u. Reiseb., Autobiogr., Übers. (aus
dem Englischen).

Schriften: Des Kaisers neue Kleider (Bühnenst.)
1947 (Schr. nicht nachweisbar); Gran Canaria –
mehr als Sonne, Strand und Wasser. Informationen, die nicht jeder hat, Tips, die nicht jeder
bekommt, Routen, die nicht jeder kennt, 1989
(2., überarb. u. erg. Aufl. 1989; 3., überarb. u. erg.
Aufl. 1991; 4., überarb. u. erg. Aufl. 1994); Einfach lachhaft! Humor gebündelt (Ged.) 1980 (erw.
Neuausg. m. dem Untert.: Gereimter Humor –
lies ihn nach oder vor, 1992); Sprechtechnik und
Redekunst. Ein Lehrgang für sicheres Auftreten
und freies Reden, 1988 (neu gestaltete, überarb.
u. erw. Aufl. m. dem Untert.: Ein Lern- und
Übungsbuch für den wirkungsvollen Einsatz von
Sprache, 2002, m. CD); Kennen Sie mich etwa?.
(M)Keine Karriere? Autobiographisches Theater-
buch, 2005.

Übersetzungen: W. Shakespeare, Ende gut – alles
gut (Bühnenst.) 1985 (als Ms.gedruckt).

Literatur: Munzinger-Arch.; Theater-Lex.
Nachtr.bd., Tl. 2,375. – The Internet Movie Database (Internet-Edition).   VH

Jahne, Ludwig, * 1. 9. 1856 Wien, † 5. 12. 1937
Klagenfurt; Chemiker, Heimatforscher, Schriftst.;
Sohn sudetendt. Vorfahren aus Nordböhmen, studierte Chemie an der TH in Wien, danach Chemiker in versch. Fabriken in Schles., der preuß.
Provinz Sa. u. im Rhld., nebenberufl. aktiver
Bergwanderer, 1877 Mitbegr. der Sektion Eisen-
kappel/Kärnten des Öst. Touristenklubs, 1892–
1901 Dir. einer Bleiweißfabrik in Klagenfurt, ebd.
Mitgl. (ab 1917 Ausschussmitgl. u. ab 1936 Ehrenmitgl.) des Ver. «Naturkundl. Landesmus. für
Kärnten», hielt zahlr. naturwiss.-techn. Vortr. u.
publizierte Aufs. u. Abh. über Fragen der Chemie
u. des Bergbaus in versch. Zs., u. a. in «Carinthia»
(I u. II), 1902–26 (i. R.) Vorstand des chem. Zen-
trallaboratoriums der Bleiberger Bergwerks-Uni-
on, 1904 Gründer u. fortan langjähriger Obmann
des Gaus «Karawanken» der Sektion Klagenfurt
des «Dt. u. Öst. Alpenver.», Mitbegr. des Volksra-
tes für Kärnten, 1921–32 Leiter des «Kärntner Jb.»
(ab 1927: «Kärntner Kalender»). – Erz., Reiseführer, Lyrik, regionalkundl. u. naturwiss. Schrift.

Schriften (Reiseführer in Ausw.): Führer durch
die Karawanken, 1882; Poetische Bekenntnisse,
1895; Arnulf von Kärnten. Epische Dichtung,
1898; Eisenkappel und Umgebung, die Ostkara-
wanken und die Sanntaler (Steiner)-Alpen (Reiseführer) 1903; Die Khevenhüller. Epische Dichtung
aus der Zeit der Gegenreformation Österreichs,
1905; Verirrte Liebe. Erzählung aus der Kärntner Türkennot, 1907; Karawankenführer, 1912 (2.,
vollst. durchges. u. erneuerte Aufl. 1931); Der
Bischofskrieg. Erzählung aus Kärntens Vergangenheit, 1921 (Sonderdr. aus: Neues Grazer Tagbl.);
Wegweiser durch die Umgebung von Klagenfurt,
1921; Ost- und Mittelkarawanken, Sanntaler (Steiner) Alpen. Amtlicher Führer […], ²1924; Wör-
thersee. Ein Führer mit kurzem Wegweiser durch
Klagenfurt und Villach samt Umgebung, 1927;
Kärntner Burgen-Führer. Auswahl der wichtigsten
Burgen und Ruinen, 1930.

Herausgebertätigkeit: Völkischer Reiseführer
durch die deutschen Siedlungen Südösterreichs.
Festgabe zum fünfundzwanzigjährigen Bestand des
Deutschen Schutzvereines Südmark, 1914; 50 Jahre Bergsteigerheim am Hochobir (Rainerschutz-
haus), 1928.

Nachlass: Teilnachl. in der Bibl. des Landesmus.
für Kärnten, Klagenfurt. – Renner 183.

Literatur: ÖBL 3,62; DBE 5,299. – F. LEX, ~
[Nachruf] (in: Carinthia II. Mitt. des Naturwissenschaftl. Ver. für Kärnten 128 [48], S. 133–135)
1938 (auch Internet-Edition); Kleines öst. Lit.lex.
(hg. H. GIEBISCH u. a.) 1948; K. F. STOCK u.
a., Personalbibliogr. öst. Dichterinnen u. Dichter, Bd. 1, ²2002; AEIOU Öst.-Lex. (Internet-
Edition).   VH

Jahnel, Dietmar, * 8. 12. 1959 Linz/Oberöst.; Jurist, lebt in Salzburg; aufgewachsen in Wels/
Oberöst., 1977 Matura ebd., Stud. der Rechtswiss. an der Univ. Innsbruck, 1982 Dr. iur. ebd.,
1982/83 Gerichtspraxis am Landes- u. Bezirksge-
richt in Innsbruck, 1984/85 Mitarb. für elektron.
Datenverarbeitung (EDV) in der Tudor Construc-
tion Company in Alexandria/LA, ab 1985 Assistent, später EDV-Beauftragter des Fachbereichs
Öffentl. Recht sowie a. o. Prof. am Inst. für
Verfassungs- u. Verwaltungsrecht der Univ. Salzburg, ab 1986 geprüfter Rechtsanwalt u. 1988–
2004 Partner einer Kanzlei in Wels, 1990–98
Lehrgangs- u. Kursleiter für Rechtsinformatik an
der Univ. Salzburg, Habil. für Rechtsinformatik
u. Informationsrecht (1996) sowie für Verfassungs-
u. Verwaltungsrecht (2009) ebd., Mitverf. u. Mithg. mehrerer Lehrb. der Rechtswiss., Entwickler
u. Hg. versch. Rechtsinformationssysteme, Obmann des Welser Lit.ver. «Scriptum». – 1987 Hein-
rich-Gleißner-Jugendpreis für Lyrik, 1994 Georg-
Trakl-Förderungspreis für Lyrik. – Lyrik, Prosa,
Satire, Fachschrift.

Schriften (jurist. in Ausw.): Geklebte Fassaden
(Ged.) 1983 (Schr. nicht nachweisbar); Dietrichsblatt Nr. 66 (Ged.; hg. W. D. GUGL) 1984; Ne-
onlicht & Plastikherzen (Ged.) 1985 (Cartoons G.
Mayer) 1985; EDV für Juristen. Eine Einführung in
die Rechtsinformatik (m. P. Mader) 1996 (m. CD-
ROM; 2., erw. u. aktual. Aufl. 1998); Getauschte
Schatten. Neue Gedichte, 1997; Handbuch Daten-
schutzrecht. Grundrecht auf Datenschutz, Zuläs-
sigkeitsprüfung, Betroffenenrechte, Rechtsschutz,
2010; J. D., Neue Zitierregeln. NZR. – J. Sramek,
Basiswissen Typographie und Verlagswesen, 2012.

Literatur: Salzburger Lit.netz (Internet-Edition);
Autoren-Arch. Lit.haus Salzburg (dasselbe).   VH

Jahnkaln, Rosemaria (Johanna), * 1. 2. 1939 Riga,
† 18. 3. 2008 Münster; Schriftst., Klinikangestell-
te; Tochter einer in St. Petersburg ansässigen Familie, väterlicherseits lett. Abstammung, während
des 2. Weltkrieges n. Sibirien deportiert, danach
auf der Flucht in versch. Orten, lebte ab 1947 in

Münster/Westf., Ausbildung zur medizin.-techn. Assistentin, arbeitete im Univ.klinikum Münster. – Mitgl. der Else-Lasker-Schüler-Gesellsch. Wuppertal. – Lyrik, Prosa, Dr., Roman.

Schriften: Gedichte, 1973.

Nachlass: Westfäl. Lit.arch. im Arch. des Landschaftsverbandes Westf.-Lippe, Münster.

Literatur: Westfäl. Autorenlex. 4,916 (auch Internet-Edition). – C. L. GOTTZMANN, P. HÖRNER, Lex. der dt.sprachigen Lit. des Baltikums u. St. Petersburgs [...], Bd. 2, 2007; Lit.portal Westf. (Internet-Edition). VH

Jahnke, Clara → Müller-Jahnke, Clara.

Jahnke, Hermann (Friedrich) (Ps. Fritz Steinhövel), * 20. 4. 1845 Wintersfelde bei Greifenhagen/Pomm. (Czepino/Polen), † 12. 12. 1908 Pötzscha/Elbe (später zu Stadt Wehlen/Sächs. Schweiz); Lehrer, Schriftst.; Sohn eines Gutsbesitzers, Schul- u. Präparandenausbildung in Selchow bei Czarnikau/Posen (Żelichowo, später zu Krzyż Wielkopolski/Polen), besuchte 1864–67 das Lehrerseminar in Bromberg (Bydgoszcz/ebd.), Landlehrer, dann Lehrer in Schönlanke (Trzcianka/ebd.), ab 1870 Volksschullehrer an einer städt. Mädchenschule in Berlin, 1883–85 zus. m. Wilhelm Bade (1855–1900) Red. der ndt. Kulturzs. «De Eekbom» (später «Uns’ Ekbom», auch «De Eekboom», «De Eekboom»), 1891 Begr. u. später Ehrenvors. des «Dt. Lehrerschriftst.bundes», lebte n. seiner Pensionierung (1907) in Pötzscha. – Erz., Nov., Bühnenst., Lb., Biogr., hist. Sachb., FS, Lyrik, Jgdb., Mundart (plattdeutsch).

Schriften: Nachbar Bismarck oder Eine diplomatische Großjagd. Genrebild in einem Aufzuge, 1873 (als Ms. gedruckt); Bühne und Kanzel (Nov.) 1874 (NA m. der Genreangabe «Rom.», 1899); Die neue Lorelei. Schauspiel in vier Akten, 1874 (Schr. nicht nachweisbar); Tante Voß (Original Schw.) um 1877 (Bühnenms.); Frühlings Erwachen. Allegorisches Festspiel, 1879 (Bühnenms.); Jürgen Wullenweber von Lübeck. Ein Bild aus der Geschichte der deutschen Hansa (Jgdb.) 1879 (2., neu bearb. Aufl. 1893, Illustr. H. Mützel); August Borsig, der Lokomotivenkönig. Ein Bild seiner Schöpfungen und seines Lebens [...], 1880 (dass.); «Up ewig ungedeelt!». Eine Erzählung aus dem Kampfe um Schleswig-Holsteins Befreiung für jung und alt, um 1881 (85?); Bienenfleiß und Bienensegen. Eine Bienen- und Menschengeschichte für jung

und alt, 1882; Kurbrandenburg in Afrika. Eine Erzählung aus der Zeit des Großen Kurfürsten, 1883 (85?) (NA 1898 u. 1907); Ferdinand Schmidt. Ein Bild seines Lebens und seines Wirkens als Jugenderzieher, Volkspädagoge und Schriftsteller (FS) 1886; Eberhard von Rochow oder Die Schule von Reckahn. Eine vaterländische Erzählung aus dem Zeitalter der Aufklärung. Für alt und jung, 1888 (Bilder W. Schäfer; 2., neu bearb. Aufl. u. d. T.: Eberhard von Rochow, ein Wohltäter des Landvolks. Ein Lebens- und Kulturbild aus der Zeit Friedrichs des Großen für das deutsche Volk, 1905); Kaiser Wilhelm, der Siegreiche. Ein vollständiges Bild seines gottbegnadeten, ruhmreichen Lebens und Wirkens. Für jung und alt, 1888; Kaiser Wilhelm und der Frühling (zum 22. März 1888). Ein Gedenkblatt der deutschen Lehrerschaft gewidmet, 1888; Germania’s Ruhm und Ehr. Kaiser Friedrich, der Edle. Graf Moltke, der große Schlachtendenker. Fürst Bismarck, der eiserne Kanzler (m. H. Müller-Bohn) 1888; Kaiser Wilhelm II. Ein Bild seines Lebens und seiner Zeit, 1889 (2., umgearb. u. vervollst. Aufl. 1890; 3., neu bearb. u. bis zur Ggw. fortgeführte Aufl. 1904); Fürst Bismarck. Sein Leben und sein Wirken, 1890 (gek. Ausg. 1895 [davon Neudr. 2013]; Jubiläumsausg, 2 Bde., 1896; 2., verm. u. vervollst. Aufl. m. dem Untert.: Vaterländisches Ehren- und Heldenbuch des 19. Jahrhunderts, 2 Bde., 1899; 4., neu bearb. Aufl. 1903); Kein Hüsung. Ein Volksschauspiel in vier Akten. Mit freier Benutzung der gleichnamigen Dichtung Fritz Reuters (m. W. Schirmer) 1891 (Neuausg. m. dem Untert.: Ein Volksschauspiel in drei Akten [...], 1902); Kurfürst Albrecht von Brandenburg, der deutsche Achilles. Ein Fürstenbild aus der mittelalterlichen Fehdezeit, 1891; An der Schwelle des Jahrhunderts. Eine Erzählung aus der ersten Regierungszeit Joachims I. von Brandenburg, 1891; Gold und Eisen. Volksschauspiel mit Gesang in fünf Aufzügen [...], 1893 (Musik A. Wiedecke); Hans Kohlhase. Geschichtliche Erzählung aus der Zeit Joachim Nestors und Joachim Hektors von Kurbrandenburg. (Jgdb.) 1895; Wilhelm-Gedenkbuch. Zum Andenken an den 100jährigen Geburtstag Kaiser Wilhelms des Großen 22. März 1897. Für das Deutsche Volk und Heer, 2 Tle. [= «Große Ausg.»], 1897 (Teildr. [= «Kleine Ausg.»] 1897); Eiserne Zeiten. 1806–1815. Geschichtliche Erzählung für Volk und Jugend [...], 1900; De Swestern. Plattdeutsches Festspiel in einem Aufzuge, 1900; Im

Weltwinkel. Leben und Streben eines ostmärkischen Bauernjungen. Den Aufzeichnungen eines Freundes nacherzählt, 1901 (Illustr. J. Gehrts); Reineke Fuchs. Eine Tiergeschichte. Dem Urtexte des alten niederdeutschen Gedichts «Reineke de Vos» nacherzählt und für die Jugend bearbeitet, 1903; Fritz Reuter. Sein Leben und sein Humor, 1905 (Separatabdr. der Einl. aus: F. Reuters sämtl. Werke, Tl. 4; auch m. dem Untert.: Sein Leben und seine Werke); Fürst Otto von Bismarck. Ein Volksabend, 1907. (Ferner ungedr. Bühnenstücke.)

Herausgebertätigkeit: Humor und Heldentum, 1888; F. Reuter, Ut de Franzosentid. Ausg. für die Jugend [...] (m. Biogr. hg.) 1904 (Bilder O. E. Lau); Fritz Reuters sämtliche Werke in fünfzehn Büchern (m. A. Schwarz, m. Biogr. u. Wb. hg.) 4 Bde., 1905; G. Schwab, Sagen des klassischen Altertums. Für jung und alt (ges. u. bearb.) um 1905 (Illustr. J Schlattmann; Neuausg. u. d. T.: Die schönsten Sagen des klassischen Altertums. Für die Jugend bearbeitet, um 1920, NA 1937); Hohenzollern-Anekdoten, Tl. 1 (ges. u. bearb.) 1907; Humor im Kaiserhause. Heiteres und Hehres vom deutschen Kaiser und der deutschen Kaiserfamilie (ges. u. hg.) 1909.

Nachlass: Briefe in der Sächs. Landes- u. UB Dresden, der Schleswig-Holstein. LB Kiel u. der UB Leipzig.

Literatur: Theater-Lex. 2,893. – F. BRÜMMER, Dt. Dichterlex. Biogr. u. bibliograph. Mitt. über dt. Dichter aller Zeiten, Bd. 1, 1876; W. SEELMANN, Die plattdt. Lit. des 19. Jh., Tl. 1–3, 1896–1915; Das geistige Berlin. Eine Encyklopädie des geistigen Lebens Berlins (hg. R. WREDE, H. von REINFELS) Bd. 1, 1897; Biogr. Jb., Bd. 13, 1908; M. GEISSLER, Führer durch die dt. Lit. des zwanzigsten Jh., 1913; A. KLOTZ, Kinder- u. Jugendlit. in Dtl. 1840–1950. Gesamtverz. [...], Bd. 2, 1992; P. HANSEN, Die plattdt. Autoren u. ihre Werke (Internet-Edition).   VH

Jahnke, Karl Heinz (Albert Wilhelm), *24. 8. 1934 Rostock, †14. 9. 2009 ebd.; Historiker, Publizist; 1953 Abitur in Bad Doberan, 1953–57 Stud. der Gesch. u. Pädagogik an der Univ. Greifswald, 1957 ebd. Staatsexamen für Oberschullehrer im Fach Gesch. u. Eintritt in die SED, 1957–60 wiss. Aspirantur u. 1960 Dr. phil. an der Univ. Greifswald, 1960/61 hauptamtl. Sekretär der SED an der Philosoph. Fak. ebd., 1961–68 Oberassistent am Hist. Inst. der Univ. Greifswald, 1966

Dr. phil. habil. ebd., 1966–68 Doz. für Neue u. neueste Gesch. in Greifswald, 1968/69–73 Doz. für Gesch. der dt. Arbeiterbewegung u. Arbeiterjugendbewegung an der Univ. Rostock, 1973–90 o. Prof. für Gesch. der dt. Arbeiterbewegung ebd., 1976 Gastprof. an der Univ. Riga, 1981–85 Dir. der Sektion Gesch. u. 1982–91 Leiter der Forsch.gruppe «Gesch. der Jugendbewegung» an der Univ. Rostock, 1983–90 Red.mitgl. der Zs. «Beitr. zur Gesch. der Arbeiterbewegung», 1990/91 Prof. für Dt. Gesch. der neuesten Zeit an der Univ. Rostock u. 1991 ebd. wegen «mangelnden Bedarfs» abberufen, 1991 Gastprof an der Univ. Düsseldorf, ab 1991 freischaffender Historiker u. Publizist. – 1982 Nationalpreis der DDR, II. Klasse. – Polit.-hist. Sachb., Fachschr., Biogr., Rede, Dokumentation, Autobiografie.

Schriften (Fachschr., mitverf. Schr. u. Bearb. in Ausw.): Die Novemberrevolution und die Gründung der KPD in Stralsund, 1958; Die Geschichte der revolutionären Arbeiterbewegung in Stralsund von ihren Anfängen bis zur Gründung der SED (1891–1946) (Diss.) 1960; Atze – so nannten wir Dich. Aus dem Leben und Kampf Artur Beckers, 1964 (2., überarb. Fass. u. d. T: Aus dem Leben und Kampf Artur Beckers, 1965; 3., überarb. Aufl. 1970; 4., überarb. Aufl. 1975); Der Anteil der deutschen Jugend am antifaschistischen Widerstandskampf. Unter besonderer Berücksichtigung der kommunistischen Widerstandsbewegung 1933–1945 (Habil.-Schr.) 1966; Weiße Rose contra Hakenkreuz. Der Widerstand der Geschwister Scholl und ihrer Freunde, 1969; Freie Deutsche Jugend [...], 1970; Entscheidungen. Jugend im Widerstand 1933–1945, 1970 (neu bearb. u. erw. Aufl. u. d. T.: Jugend im Widerstand 1933–1945, 1985); Aus dem Leben und Kampf von Conrad Blenkle. Seinem 70. Geburtstag gewidmet, 1971; Gegen den Mißbrauch der olympischen Idee 1936. Sportler im antifaschistischen Widerstand, 1972; Mit der Jugend der Welt. Internationale Traditionen und Beziehungen der FDJ (m. N. Woick) 1973; Zum Anteil Ernst Thälmanns an der Ausarbeitung der Jugendpolitik der KPD [...] (Rede) 1974; Beziehungen Wilhelm Piecks zur Jugend (Festrede) 1976; Jungkommunisten im Widerstandskampf gegen den Hitlerfaschismus, 1977; Ernst Thälmann und die Jugendpolitik der KPD, 1984; In einer Front. Junge Deutsche an der Seite der Sowjetunion im Großen Vaterländischen Krieg (Biogr.) 1986 (2., erw. Aufl. 1989); Deutsche Jugend 1933–

1945. Eine Dokumentation (m. M. Buddrus) 1989; Ein ungewöhnliches Leben: Bruno Dubber (1910–1944) (Biogr.) 1990; «... ich bin nie ein Parteifeind gewesen». Der tragische Weg der Kommunisten Fritz und Lydia Sperling (Biogr.) 1993; Hitlers letztes Aufgebot. Deutsche Jugend im sechsten Kriegsjahr 1944/45, 1993; Widerstand und Opposition gegen das NS-Regime aus den Kirchen in Mecklenburg 1933–1945, 1994; Gegen Hitler. Gegner und Verfolgte des NS-Regimes in Mecklenburg 1933–1945, 1994 (2., überarb. u. erw. Aufl. 2000); Die ersten Jahre. Arbeiterjugend gegen Kapitalismus, Militarismus und Krieg (1904–1919), 1994; Antifaschisten. Unbequeme Zeugen des 20. Jahrhunderts (Biogr.) 2 Bde., 1994–96; Vergessen? Opfer im Widerstand 1933–1945 (Biogr.) 1995; Ermordet und ausgelöscht. Zwölf deutsche Antifaschisten (Biogr.; Geleitw. K. KIELHORN) 1995; Schwere Jahre. Arbeiterjugend gegen Faschismus und Krieg 1933–1945, 1995; 26. Juni 1951 – das Verbot der Freien Deutschen Jugend, 1996; Dr. Joseph Cornelius Rossaint (1902–1991). Aus seinem Leben und Werk (m. A. Rossaint) 1997; Sie haben nie aufgegeben. Ettie und Peter Gingold – Widerstand in Frankreich und Deutschland, 1998 (veränd. Neuausg. u. d. T: Aus dem Leben von Peter und Ettie Gingold, 2006); Zu Hause in der DDR. Biographische Notizen (Slg.) 1999; Marie ter Morsche kann ihren Vater nicht vergessen. Widerstand gegen Hitlers V-Waffen in Zinnowitz und Peenemünde 1942/43 (Biogr.) 2001 (2., durchges. Aufl. 2002); Vergessenes? Der europäische Widerstand 1939–1945 in deutschen Geschichtslehrbüchern, 2001; Hauptangeklagter im Berliner Katholikenprozeß 1937: Kaplan Dr. Joseph Cornelius Rossaint (m. A. Rossaint) 2002; Ernst Heinkel und die Stadt Rostock. Eine Dokumentation, 2002; Weiße Rose contra Hakenkreuz. Studenten im Widerstand 1942/43. Einblicke in viereinhalb Jahrzehnte Forschung [...] 2003; Jugend unter der NS-Diktatur 1933–1945. Eine Dokumentation, 2003; «Wach auf!». 1904 – Gründung der ersten Arbeiterjugendvereine in Deutschland, 2004; Endpunkt: KZ Auschwitz. Frühere Angehörige der Universität Rostock (Biogr.) 2004; Sie dürfen nicht vergessen werden! Widerstand gegen die NS-Diktatur in Mecklenburg 1933–1945, 2005; Für eine Welt ohne Krieg und Faschismus. Lebensstationen Remscheid, Düsseldorf, Moskau, Berlin, Paris, Valencia. Artur Becker 1905–1938 (Biogr.; zus. m. I. Faeskorn auch hg.) 2005; Widerstand

gegen die NS-Diktatur in Mecklenburg. Zur Erinnerung an die Frauen und Männer, die zwischen 1933 und 1945 ermordet wurden (Biogr.) 2006; Hans, Anna, Herbert und Marianne Neubeck. Eine Familie aus Düsseldorf, 2006; Gegen das Vergessen! Biographische Notizen. Forschungen zum Widerstand gegen die NS-Diktatur in Deutschland (Autobiogr.) 2008 (m. Dok. u. Bibliogr.); Zeitzeuginnen. Frauen, die nicht vergessen werden sollten (Biogr.) 2009.

Herausgebertätigkeit (Ausw.): Niemals vergessen! Aus dem antifaschistischen Widerstandskampf der Studenten Europas, 1959; Folgt ihrer Fahne (Ausw., Einl., m. H. Pietschmann, F. Petrick) 3 Tle., 1966; In Freundschaft fest verbunden. Dokumente und Episoden aus 50 Jahren Freundschaft der deutschen und sowjetischen Jugend (Ausw., Einl., m. A. Koch) 1967; Ernst Thälmann – Freund und Vorbild der Jugend. Erinnerungen ehemaliger Funktionäre der KJVD und persönliche Zeugnisse Ernst Thälmanns (Ausw., Einl.) 1974; H. Feiner, Vor der Deportation. Briefe an die Töchter. Januar 1939 – Dezember 1942 (m. Einl. hg.) 1993.

Nachlass: Stiftung Arch. der Parteien u. Massenorganisationen der DDR im Bundesarch., Berlin. – Bundesarch., Zentrale Datenbank Nachl. (Internet-Edition).

Literatur: L. MERTENS, Lex. der DDR-Historiker, 2006; I. KOCH, Zum Tode des Rostocker Historikers ~ (in: Zeitgesch. regional. Mitt. aus Mecklenb.-Vorpomm. 13, H. 2, S. 130–132) 2009; Catalogus Professorum Rostochiensium (Internet-Edition).   VH

Jahnke, (Ernst Wilhelm) Richard, * 28. 3. 1868 Altdamm/Pomm. (Dąbie/Polen, später zu Szczecin), † 9. 5. 1933 Berlin; Lehrer, Philologe, Ministerialbeamter, Schriftst.; Sohn eines Volksschullehrers, 1888 Abitur am Gymnasium in Elberfeld (später zu Wuppertal), studierte klass. Philol. u. Germanistik an der Univ. Bonn, 1891 Dr. phil. u. 1892 Staatsexamen ebd., ab 1894 wiss. Hilfslehrer u. 1896–99 Oberlehrer am Gymnasium in Elberfeld, 1899–1904 Dir. der Dt. Schule in Brüssel, 1904–11 Dir. des Realgymnasiums in Lüdenscheid u. 1911–15 des Gymnasiums in Elberfeld, Mitgl. der Nationalliberalen Partei, 1915–19 Provinzialschulrat in Münster/Westf., 1919 als vortragender Rat ins Preuß. Ministerium für Wiss., Kunst u. Volksbildung n. Berlin berufen, 1920–32 (im einstweiligen Ruhestand) Ministerialdir. der Abt. für das höhere Schulwesen ebd., ermöglichte 1920 durch einen Ministerialerlass die Öffnung der höheren preuß. Schulen für die Stenografie, ab 1920 Hg. der «Bücherei der Volkshochschule. Eine Slg. gemeinverständl. Darst. aus allen Wissensgebieten», Vors. des Allg. Dt. Sprachver. u. der Gesellsch. für dt. Erziehungs- u. Schulgeschichte. – Erz., Lyrik, Fachschr., FS, Schulbuch.

Schriften (Ausw.) Comoediae Horatianae tres. Prolegomenon pars (Diss.) 1891; Lactantii Placidi qui dicitur Commentarios in Statii Thebaida et Commentarium in Achilleida, 1898; Hebbels Nibelungen. Erläutert und gewürdigt für höhere Lehranstalten sowie zum Selbststudium, 1903; Grillparzers Sappho. Erläutert und gewürdigt für höhere Lehranstalten wie für den Selbstunterricht, 1907; Aus der Mappe eines Glücklichen (Prosa) 1908 (versch. NA bis 1920); Beiträge zur Geschichte der Lateinischen Schule in Lüdenscheid bis zum Jahre 1858 (FS) 1908; Werden und Wirken. Gedanken über Geist und Aufgaben des Lehramts, 1918; Ziele und Wege des Unterrichts. Handbuch für höhere Schulen zur Einführung in ihr Wesen und ihre Aufgaben (bearb.) 1918; Von der Menschen Art und Unart, 1919; Mein Freund Lindwurm und andere Erzählungen, 1920; Isolde Alfinger. Vater und Sohn. Zwei Erzählungen, 1921; Es naht des Herbstes Zeit (Ged.) 1924; Deutsch für Deutsche. Ein Führer zum Verständnis der Muttersprache in 10 Briefen, 1932.

Herausgebertätigkeit: Vaterländische Gedichte aus der Zeit der Befreiungskriege. Erläutert und gewürdigt für höhere Lehranstalten, sowie zum Selbststudium, 2 Tle., 1902 (Erl. in Tl. 2); P. Pietsch, Der deutschen Sprache Ehrenkranz (Ausw.) 1927 (kleine Ausg.); Aristoteles, Abschnitte aus der Nikomachischen Ethik (Ausw., Erl.) 1932.

Literatur: R. BONNET, Unsere Führer einst u. jetzt. 150 Lebensabrisse von Vorkämpfern aus den Kurzschr.schulen Stolze, Schrey u. Stolze-Schrey, 1924; Reichshdb. der dt. Gesellsch., Bd. 1, 1930; Männer der Kurzschr. 572 Lebensabrisse von Vorkämpfern u. Führern der Kurzschr.bewegung (bearb. R. BONNET) 1935; W. KOSCH, Biogr. Staatshdb. Lex. der Politik, Presse u. Publizistik, Bd. 1, 1963.   VH

Jahnke, Siegfried, * 27. 5. 1930 Berlin; Verwaltungsangestellter, Buchhalter, Journalist, Schriftst., lebt seit 1972 in Erkrath; aufgewachsen in Berlin, Kämpfer im sog. «Volkssturm» in Öst., dann wieder in Berlin (Ost), kurzzeitiger Besuch einer Privatschule in Westberlin, im März 1949 in Ostberlin verhaftet u. wegen angebl. Spionage von der sowjet. Justiz zu 25 Jahren Arbeitslager verurteilt, 1949–56 in Gefängnissen in Berlin-Hohenschönhausen, Bautzen u. Torgau inhaftiert, 1956 n. Berlin-Nikolassee entlassen, übersiedelte 1957 n. Düsseldorf, Lehre zum Bilanzbuchhalter u. Besuch einer Wirtschafts- u. Verwaltungsakad., Buchhaltungsleiter in einem Verlag, später Verwaltungsleiter in einer US-amerikan. Firma u. Personalleiter in einem brit. Unternehmen, nebenberufl. Journalist, 2001–12 Vors. des «Freundeskr. Düsseldorfer Buch '75 e. V.» (FDB) u. Red. von dessen Zs. «Der Gießerjunge». – 1983 FDB-Lit.preis, 2014 Bundesverdienstkreuz am Bande. – Satire, Ess., Kurzgesch., Erlebnisber, Lyrik.

Schriften: Großer Staat - Kleiner Mann (Satiren) 1980 (Schr. nicht nachweisbar); Am Ufer der Zeit (Ged., Prosa) 1993 (dass.); Ja, mit dir (Ged.) 1998 (dass.); Keine Chance für M 81, 2001 (dass.); Geschichten aus der Gulag-Welt (Erlebnisber.; Vorw. G. BARTSCH) 2011.

Literatur: T. ALBRECHT, ~: «Es war eine barbar. Zeit» (in: Westdt. Ztg., 20. 7.) 2012 (zu ‹Geschn. aus der Gulag-Welt›, Internet-Edition).   VH

Jahnn, Hans Henny (eig. Hans Henry August Jahn), * 17. 12. 1894 Stellingen-Langenfelde (später zu Hamburg), † 29. 11. 1959 Hamburg-Blankenese; Schriftst., Orgelbauer, Landwirt, Musikverleger; Sohn eines Schiffszimmermanns, Realschulbesuche in St. Pauli u. Hamburg, 1908 erste lit. Versuche, ab 1911 befreundet m. dem späteren Musikschriftst. Gottlieb (Friedrich) Harms (1893–1931), 1914 Abitur an einer Oberrealschule in Hamburg, ging 1915 zus. m. G. Harms n. Norwegen, um dem Dienst im 1. Weltkrieg zu entgehen, Aufenthalte u. a. in Aurland, Kristiania (Oslo), Romedal u. Hamar, befasste sich neben seiner lit. Tätigkeit m. Fragen des Orgelbaus u. der Architektur, kehrte Ende 1918 n. Hamburg zurück u. übersiedelte 1919 n. Eckel/Kr. Harburg (später zu Rosengarten), 1919 zus. m. G. Harms u. dem Bildhauer Franz Buse (1900–1971) Begr. der Künstlergemeinschaft «Ugrino» u. 1921/22 Mithg. u. Mitverf. der «Kleinen Veröff. der Glaubensgemeinde Ugrino», 1920 Austritt aus der evangel.-luther. Kirche, ab 1920 befreundet m. Werner → Helwig, 1921–33 zus. m. G. Harms Leiter des

Ugrino-Musik-Verlags, ab 1922 Orgelsachberater u. -bauer in Hamburg, maßgebl. an der Wiederherstellung hist. Orgeln beteiligt, 1926 Heirat m. Ellinor Philips (1893–1970) u. Rückkehr n. Hamburg, stand u. a. in Verbindung m. Oskar → Loerke, Klaus → Mann, Bertolt → Brecht u. Gustaf → Gründgens, 1929 zum Präs. des neu gegründeten «Kartells Hamburger Künstlerverbände» ernannt, 1930/31 Stipendiat der Abraham-Lincoln-Stiftung, 1931–33 amtl. Orgelsachverständiger der Stadt Hamburg sowie Leiter der Experimentalabt. des dt. Orgelrates, 1933 (n. Hausdurchsuchungen) Reisen n. Dänemark, in die Schweiz (auf Einladung von Walter → Muschg in Zürich) u. n. Frankreich, 1934/35 Übersiedelung auf Hof Bondegaard/Bornholm (ab 1942 dessen Eigentümer), ebd. u. im nahe gelegenen Haus Granly Schriftst., Landwirt, Pferdezüchter u. Hormonforscher, Orgelsachbearbeiter für eine dän. Firma, 1938 Ausschluss aus der Reichsschrifttumskammer, 1945 Beschlagnahmung von Bondegaard durch sowjet. Besatzungstruppen, 1946 erste Nachkriegsreise n. Dtl., 1947 Mitbegr. des PEN-Klubs Hamburg, ab 1949 in Kontakt m. Hubert → Fichte, im Februar 1950 zus. m. Hans Erich → Nossack, Rolf → Italiaander u. a. Begr. u. bis 1959 Präs. der Freien Akad. der Künste in Hamburg, im September 1950 Rückkehr n. Hamburg-Blankenese, 1951/52 Generalsekretär des Dt. P.E.N.-Zentrums Ost u. West, engagierte sich im ost-westdt. Kulturdialog, stand u. a. in Beziehung zu Peter → Huchel u. veröff. in «SuF», trat gegen Tierversuche, die Wiederbewaffnung der BRD u. atomares Wettrüsten ein, 1956 Teilnahme an den Heinrich-Heine-Feierlichkeiten in Moskau. – 1920 Kleistpreis, 1954 Niedersächs. Lit.preis (m. Georg von der Vring), 1956 Lessing-Preis der Freien u. Hansestadt Hamburg. – 1949 Mitgl. der Mainzer Akad. der Wiss. u. der Lit., 1955 korrespondierendes Mitgl. der Dt. Akad. der Künste in Berlin (Ost). – Dr., Rom., Erz., Nov., Ess., Fachschr., musiktheoret. Schr., Libr., Tgb., Rez., Übers. (aus dem Ungar.), Lyrik. – Arbeitskr. H. H. J., Dortmund.

Schriften: Pastor Ephraim Magnus (Dr.) 1919 (UA 1923); Die Krönung Richards III. Historische Tragödie, 1921 (UA 1922); Der Arzt, sein Weib, sein Sohn (Dr.) 1922 (UA 1928); Der gestohlene Gott (Tr.) 1924 (UA 1993); Medea (Tr.) 1926 (UA 1926; Neufass. 1959; UA der Neufass. 1964; Neuausg. der Neufass., Nachw. H. L. ARNOLD, 1966; Urfass. von 1924 enth. in: Medea. H. H. J.

Ein Theaterbuch, hg. M. WEBER, S. 5–54, 1989; UA dieser Fass. 1988); Perrudja (Rom.) 2 Bde., 1929 (überarb. Neuausg. in 1 Bd., Vorw. H. H. J., 1958; davon NA 1966); Die Orgel zu St. Jacobi in Hamburg (Prospekt) 1930; Der Einfluß der Schleifenwindlade auf die Tonbildung der Orgel, 1931; Straßenecke. Ein Ort. Eine Handlung (Dr.) 1931 (UA 1965); Armut, Reichtum, Mensch und Tier. Ein Drama, 1948 (korrigierte Neuausg. 1948; UA 1948; 1934 zuerst als Ms. gedr.); Fluß ohne Ufer. Roman in drei Teilen [in 4 Bdn.], I Das Holzschiff, 1949 (überarb. Fass. 1959; NA, Nachw. T. RIETZSCHEL, 1985), II Die Niederschrift des Gustav Anias Horn, nachdem er neunundvierzig Jahre alt geworden war [2 Bde.], 1949/50, III Epilog (m. Nachw. hg. W. MUSCHG) 1961; Wertvolles deutsches Kulturgut bedroht (Gutachten) 1952; Spur des dunklen Engels (Dr.) 1952 (Musik Y. J. Trede; UA 1969); Klopstocks 150. Todestag am 14. März 1953 (Aufs.) 1953; Über den Anlaß (Vortr.) 1954; Dreizehn nicht geheure Geschichten, 1954 (NA 1963; NA, Nachw. K. SCHUHMANN, 1987; revid. Ausg., m. Nachw. hg. U. SCHWEIKERT, 1998); Neuer Lübecker Totentanz (m. W. Helwig) 1954 (Musik Y. J. Trede; zuerst in: NR 42, Bd. 2, S. 748–776, 1931; UA 1954); Thomas Chatterton. Eine Tragödie, 1955 (UA 1956); Die Nacht aus Blei (Nov.) 1956 (NA m. der Genreangabe «Rom.», Nachw. H. BIENEK, 1962; NA, Nachw. J. WINKLER, 1980; NA 1988, Radierungen K. Böttger; 1972 verfilmt, Regie P. Weigl); Lessings Abschied (Vortr.) 1957; Die Trümmer des Gewissens. Der staubige Regenbogen (Dr.; m. Nachw. hg. W. MUSCHG) 1961 (Bühnenfass. u. d. T.: Der staubige Regenbogen. Schauspiel in sieben Bildern. Neu eingerichtet von Karlheinz Braun und Erwin Piscator, 1961; davon UA 1961; UA der Originalfass. 1981); Ugrino und Ingrabanien. Fragment aus dem Nachlaß (m. Nachw. hg. R. BURMEISTER) 1968; Perrudja II [dass.] (dass.) 1968, Jeden ereilt es [dass.] (dass.) 1968; Aus dem Norwegischen Tagebuch 1915/1916 (Vorw. K. KROLOW) 1970.

Briefe: Briefe um ein Werk. Werner Helwig – H. H. J., 1959; H. H. J. – Peter Huchel. Ein Briefwechsel 1951–1959 (m. Vorw. hg. B. GOLDMANN) 1974; H. H. J. – Ernst Kreuder. Der Briefwechsel 1948–1959 (hg. u. bearb. J. BÜRGER) 1995.

Übersetzungen: Á. Tamási, Ein Königssohn der Sekler (Rom.) 1941; W. A. Mozart, Die Gärtnerin aus Liebe. La finta giardiniera. Komische Oper in drei Akten. Text und szenische Neugestaltung nach dem Italienischen des Raniero Calzabigi (m. E. Legal, hg. K. SCHLEIFER, Revisionsber. H. H. J.) 1956 (Musikdr.; vollst. Textb.ausg., Einl. R. PETZOLDT, 1957).

Ausgaben:

Sammel- und Auswahlausgaben: Aufzeichnungen eines Einzelgängers. Dichtung und Gedanke. Eine Auswahl aus dem Werk (zus.gestellt R. ITALIAANDER) 1959; H. H. J. Eine Auswahl aus seinem Werk (m. Einl. hg. W. MUSCHG) 1959; Über den Anlaß und andere Essays, 1964; Dramen (m. Nachw. hg. W. MUSCHG) 2 Bde., 1963–65; Das H. H. J. Lesebuch (hg. U. SCHWEIKERT, Nachw. H. HEISSENBÜTTEL) 1984 (Ausg. in Blindenschr., 3 Bde., 1984).

Werkausgaben: Werke und Tagebücher in sieben Bänden (hg. T. FREEMAN, T. SCHEUFFELEN, Einl. H. MAYER) I–III Romane, IV–V Dramen, VI Prosa. Dramenfragmente, VII Schriften. Tagebücher, 1974; Werke in Einzelbänden. Hamburger Ausgabe (hg. G. RUPPRECHT, U. BITZ, U. SCHWEIKERT u. a.) [12 Bde.], 1985–94 (chronolog. n. Erscheinungsjahr: Perrudja, 1985; Fluß ohne Ufer [3 Tle.], 1986 [²1991/92]; Späte Prosa, 1987; Dramen I. 1917–1929, 1988; Schriften zur Kunst, Literatur, und Politik [Tl. 1: 1915–1925. Leib – Baukunst – Musik. 1926–1935. Gesellschaft – Kunst – Handwerk, Tl. 2: 1946–1959. Politik – Kultur – Öffentlichkeit], 1991; Dramen II. 1930–1959, 1993; Frühe Schriften. Deutsche Jugend –Norwegisches Exil, 1993; Briefe I–II [Tl. 1: 1913–1940, Tl. 2: 1941–1959], 1994); Jubiläumsausgabe in acht Bänden (hg. U. BITZ, U. SCHWEIKERT) 1994 (Sonderausg. 1998).

Nachlass: SUB Hamburg; DLA (Slg. Willi Weismann [1909–1983]; Briefe im Nachl. Hans Erich Nossack); UB Basel (Krypto-Teilnachl. im Nachl. Walter Muschg). – Denecke-Brandis 170; Hss.bestände 222; Schmutz-Pfister 3095; Kussmaul 1,359; Bundesarch., Zentrale Datenbank Nachl. (Internet-Edition).

LITERATURÜBERSICHT:

1 Bibliografien
2 Allgemein zu Leben und Werk
2.1 Lexika, Nachschlagewerke, Überblicksdarstellungen
2.2 Selbstständig Erschienenes
2.3 Unselbstständig Erschienenes
3 Sammelbände
4 Zu einzelnen Themen
4.1 Sprache, Stil, Form, Poetik
4.2 Menschenbild, Körpererfahrung, Biopolitik
4.3 Sexualität, Homosexualität, Geschlechtsidentität, Eros
4.4 Musik, Orgelbau, Architektur
4.5 Ugrino/Akademie/PEN
4.6 Exil
5 Allgemein zur Dramatik
6 Allgemein zur Prosa
7 Zu einzelnen Schriften
Epilog → 7.1. Fluß ohne Ufer
7.1 Fluß ohne Ufer
7.1.1 Selbstständig Erschienenes
7.1.2 Unselbstständig Erschienenes
Das Holzschiff → 7.1. Fluß ohne Ufer
7.2 Medea
7.2.1 Selbstständig Erschienenes
7.2.2 Unselbstständig Erschienenes
7.3 Die Nacht aus Blei
7.4 Neuer Lübecker Totentanz
Die Niederschrift des Gustav Anias Horn [...] → 7.1. Fluß ohne Ufer
7.5 Pastor Ephraim Magnus
7.6 Perrudja
7.6.1 Selbstständig Erschienenes
7.6.2 Unselbstständig Erschienenes
7.7 Thomas Chatterton
7.8 Ugrino und Ingrabanien
7.9 Weitere Einzelschriften
8 Literarische und persönliche Beziehungen, Vergleiche
9 Rezeptions- und Publikationsgeschichte

1 Bibliografien: Albrecht-Dahlke II/2,335 u. IV/2,522; Wilpert-Gühring 773; Schmidt, Quellenlex. 14,408. – P. BAADER, Schr.verz. ~ (in: Jb. Akad. der Wiss. u. der Lit. Mainz 11, S. 48–56) 1960; J. MEYER, Verz. der Schr. von u. über ~ (Vorw. W. EMRICH) 1967; J. MEYER, Komm. Ausw.-Bibliogr. u. Nachtr. 1970–1979 zur ~-Bibliogr. (in: ~ [= TuK ³2/3], S. 139–158) 1980; B. GOLDMANN, Bibliogr. (in: ~-Woche 27. bis 30. Mai 1980. Eine Dokumentation, hg. DERS. u. a.) 1981; U. BITZ u. a., ~. Eine Bibliogr., 1996.

2 Allgemein zu Leben und Werk:

2.1 Lexika, Nachschlagewerke, Überblicksdarstellungen: Munzinger-Arch.; KLG; Theater-Lex. 2,893 u. Nachtr.bd., Tl. 2,376; HdG 1,341; NDB 10,307; Hdb. Emigration II/1,563; Lennartz 2,827; Killy 6,73; Raabe, Expressionismus 236 u. 971; NHdG 571; Autorenlex. 383; MGG 9,855; BEdU 1,530;

DBE 5,300; Killy ²6,92. – Illustr. Musik-Lex. (hg. H. ABERT) 1927; K. A. KUTZBACH, Autorenlex. der Ggw. Schöne Lit. verf. in dt. Sprache. M. einer Chron. seit 1945, 1950; W. BORTENSCHLAGER, Dt. Dg. im 20. Jh., 1966; G. RÜHLE, Theater für die Republik. 1917–1933 im Spiegel der Kritik, 1967; W. DUWE, Dt. Dg. des 20. Jh., Bd. 2, ²1969; W. STERNFELD, E. TIEDEMANN, Dt. Exil-Lit. 1933–1945. Eine Bio-Bibliogr., ²1970; Schleswigholstein. biogr. Lex. (hg. O. KLOSE) Bd. 2, 1971; Dizionaro critico della Letteratura tedesca (hg. S. LUPI) Turin 1976; Das große Lex. der Musik (hg. M. HONEGGER, G. MASSENKEIL) Bd. 4, 1981; Lex. homosexuelle Belletristik (hg. D. MOLITOR, W. POPP, D. LINCK) (Losebl.slg.) 1983ff.; Die Klassiker der modernen dt. Lit. Von Gerhart Hauptmann bis Hermann Hesse (hg. M. PRILL, Mitwirkung A. HÖRSKE u. a.) 1984; Kunst u. Lit. im antifaschist. Exil 1933–1945, Bd. 5: Exil in der Tschechoslowakei, in Großbritannien, Skandinavien u. Palästina (hg. L. HOFFMANN u. a.) ²1987; German Fiction Writers, 1914–1945 (hg. J. HARDIN) Detroit/MI 1987; G. von WILPERT, Dt. Dichterlex., ³1988; H. J. ALPERS u. a., Lex. der Science Fiction Lit., 1988; Schweizer Lex., Bd. 3, 1992; Lex. dt.sprachiger Schriftst. 20. Jh. (hg. K. BÖTTCHER u. a.) 1993; Brockhaus-Riemann-Musiklex., Bd. 2 (hg. C. DAHLHAUS, H. H. EGGEBRECHT) 1995; W. PAULSEN, Dt. Lit. des Expressionismus (Geleitw. H. DENKLER) ²1998; Lex. Lit.verfilmungen [...] 1945–2000 (zus.gestellt K. M. u. I. SCHMIDT) ²2001; N. SAPRÀ, Lex. der dt. Science Fiction u. Fantasy 1870–1918, 2005; V. MEID, Reclams Lex. der dt.sprachigen Autoren, ²2006; G. RÜHLE, Theater in Dtl. 1887–1945. Seine Ereignisse – seine Menschen, 2007; E. KLEE, Das Kulturlex. zum Dritten Reich. Wer war was vor u. n. 1945, 2007; Hamburg Lex. (hg. F. KOPITZSCH, D. TILGNER) 2010 (Sonderausg.); Henschel Theaterlex. (hg. C. B. SUCHER, bearb. M. BROMMER, S. ELSON) 2010; P.E.N. Die internat. Schriftst.verein., ihre dt. Gesch., ihre Aufgaben (Red. S. HANUSCHEK) 2011; Riemann-Musik-Lex. (hg. W. RUF, A. von DYCK-HEMMING) Bd. 2, ¹³2012; Im Kielwasser von ~ (Internet-Edition); Exil-Arch. der Else-Lasker-Schüler-Stiftung (dasselbe).

2.2 Selbstständig Erschienenes: H. WOLFFHEIM, ~. Der Tragiker der Schöpfung. Beitr. zu seinem Werk, 1966; B. GOLDMANN, ~. Schriftst., Orgelbauer. 1894–1959. Eine Ausst. (Kat.) 1973; DERS., ~. Ein Außenseiter, 1977; W. HELWIG, Die Parabel vom gestörten Kristall (Erinn.; Nachw. B. GOLDMANN) 1977; K. DESCHNER, Kitsch, Konvention u. Kunst. Eine lit. Streitschr., 1980 (überarb. Neuausg.; insbes. S. 46–50 u. 94–111); Die Angst vor dem Tod (Ausst.kat.; hg. C. STECKNER) 1980; H. MAYER, Versuch über ~, 1984; T. FREEMAN, ~. Eine Biogr. (Übers. M. POELCHAU) 1986; E. WOLFFHEIM, ~ m. Selbstzeugnissen u. Bilddok., 1989; R. ANDERS, Begegnung m. ~. Aufz. 1951–1955, 1989; W. PAATSCH, Eine Jugend in Stellingen-Langenfelde u. Schulzeit in Hamburg-Eimsbüttel vor dem Ersten Weltkriege durchlebt von ~, 1994; A. SANDIG, An den Abgründen des Geschehens. Ein Versuch, sich ~ zu nähern, 1994; W. MUSCHG, Gespräche m. ~ (m. Komm. u. Ess. hg. J. EGYPTIEN, Vorw. R. ANDERS) 1994 (Neuausg.); Almanach ~ 1994 (Künstlerb.; hg. H.-U. PRAUTZSCH) 1994; L. SANDT, ~. 1894–1959. Zur Lit., Harmonik u. Weltanschauung des Schriftst. u. Orgelbauers, 1997; R. NIEHOFF, ~. Die Kunst der Überschreitung (Habil.-Schr. FU Berlin) 2001; DERS., Endstation Hinterzarten. ~ im Schwarzwald, 2003; J. BÜRGER, Der gestrandete Wal. Das maßlose Leben des ~. Die Jahre 1894–1935, 2003 (tw. zuerst u. d. T.: Der Schriftst. ~. Die Jahre 1894–1935. Biogr. Versuch, Diss. Hamburg, 2000); Henny J., Zum Gedenken des fünfzigsten Todestages ~s (Vortr.) 2009 (Internet-Edition).

2.3 Unselbstständig Erschienenes: O. LOERKE, ~ (in: Die Weltbühne 15, H. 25, S. 680–684) 1921 (erneut in: Dt. Lit.kritik im zwanzigsten Jh., Bd. 3: Kaiserreich, Erster Weltkrieg u. erste Nachkriegszeit [1889–1933], hg. H. MAYER, S. 329–335, 1965); H. LIEPMANN, ~ (ebd. 26, H. 24, S. 879–882) 1930; P. FECHTER, Peinlichkeiten (in: Die neue Lit., H. 1, S. 22–25) 1931; H. LOBER, ~ (in: Das goldene Tor 4, S. 39–42) 1949; E. LOHNER, ~ (in: Expressionismus. Gestalten einer lit. Bewegung, hg. H. FRIEDMANN, O. MANN, S. 314–337) 1956; P. FECHTER, ~ (in: DERS., Das europ. Dr. Geist u. Kultur im Spiegel des Theaters, Bd. 3, S. 87–94) 1958; Hommage à ~ zu seinem 65. Geb.tag [...] (in: Blätter + Bilder. Eine Zs. für Dg., Musik u. Malerei, H. 5, S. 5–16) 1959; H. E. NOSSACK, Nachruf auf ~ (in: Jb. Akad. der Wiss. u. der Lit. Mainz 11, S. 43–48) 1960 (erneut in: Jahresring 7, S. 323–328, 1960/61); W. MUSCHG, ~ (in: DERS., Von Trakl zu Brecht. Dichter des Expressionismus, S. 264–334) 1961; G. BUSCH, Pansmusik u. Totentanz (in: Merkur 16, H. 7, S. 693–696) 1962; H. C. MEIER, ~. Zu seinem 70. Geb.tag (in: SuF 17, H. 1/2, S. 21–

48) 1965; J. VOGT, Vom Weltruhm weit entfernt. Rückblick auf ~, ein Jahrzehnt n. seinem Tod (in: Geist u. Tat 25, S. 94–102) 1970; J. SERKE, ~. Vision von Tod u. Verwesung (in: DERS., Die verbrannten Dichter. Ber., Texte, Bilder einer Zeit, S. 176–189) 1977; M. LAMPING, ~. Das Prinzip Verwandlung (in: die horen 27, H. 128, S. 41–51) 1982; H. A. SMITH, Einige Thesen zu ~ (in: Zeitgenosse ~. Ist der Mensch zu retten?, S. 45–47) 1985; H. MAYER, Zeitgenosse ~ (Rede; in: DERS., Reden u. Vortr. Aufklärung heute, S. 269–285) 1985; W. POPP, Für einen ungezähmten ~ (in: Das Argument 27, H. 149, S. 88–91) 1985; W. REINHOLD, «von dem Unwiderstehlichen dieses Landes». ~ u. Frankreich (in: Introduction. Französ. Schriftst. in Hamburg [...], red. R. G. WITTMANN, S. 13–16) 1985; E. WOLFFHEIM, ~, einer aus der «Sybillengilde» (in: Bargfelder Bote. Materialien zum Werk Arno Schmidts, Lieferung 121, S. 3–11) 1987; U. SCHWEIKERT, ~ (in: Genie u. Geld. Vom Auskommen dt. Schriftst., hg. K. CORINO, S. 448–464) 1987; DERS., ~ (in: Dt. Dichter. Leben u. Werk dt.sprachiger Autoren, Bd. 7, hg. G. E. GRIMM, F. R. MAX, S. 448–461) 1989; A. A. FEDOROV, ~ (in: DERS., Zarubežnaja literatura XIX–XX vekov [...], S. 115–132) Moskau 1989; T. BÖHME, Monatsstimmen. Skizzen zu ~ (in: SuF 41, H. 3, S. 583–627) 1989; P. HÄRTLING, Flagellant unter den Dichtern. Zum Tode von ~ (in: DERS., Zw. Untergang u. Aufbruch. Aufs., Reden, Gespräche, ausgew. G. DROMMER, S. 168–170) 1990; H.-J. HEINRICHS, Vom Reichtum des Erlebens. Über ~ (in: Mss. [Graz] 32, H. 117, S. 108–110) 1992; U. GREINER, ~ u. Hamburg (in: Hamburger Ziegel. Jb. für Lit. 1, S. 444–447) 1992; S. SCHULIN, J. BÜRGER, ~. Jugend in Hamburg (ebd. 2, S. 434f.) 1993/94; W. SCHÖMEL, Hamburg vertreibt Künstler, z. B. ~ (ebd., S. 442–458) 1993/94; G. SCHULZ, Grundsätzl. Vermischtes (in: Weiberjahn. Eine Polemik zu ~, m. Vorw. hg. F. HAMANN, R. VENSKE, S. 89–116) 1994; F. HAMANN, Die tödl. Verwandlung oder Das unfruchtbare Tier (ebd., S. 117–134) 1994; R. SCHIEB, ~ (in: Die lit. Moderne in Europa, hg. H. J. PIECHOTTA, Bd. 3, S. 270–280) 1994; T. BÖHME, Elefantengeb.tag. Ein Dialog zum 100. Geb.tag des Schriftst., Orgelbauers u. Hormonforschers ~ (in: Magnus. Das schwule Magazin 6, H. 12, S. 40f.) 1994; E. DEMSKI, Wissen, wo man hingehört. Ber. über eine frühe Leseerfahrung (in: ~, hg. M. LÜDKE u. a., S. 36–48) 1995; J. WINKLER, «Du darfst mich töten, wenn du mich nur liebst» (ebd., S. 49–

64); J. P. REEMTSMA, Die Blutkur oder Die Angst vor den Ansprüchen der Oberfläche u. warum alles immer wieder auf den Mord hinausläuft (ebd., S. 93–107); U. SCHWEIKERT, Leben m. dem Schiffbruch. ~s Reise von Dagebüll n. Ugrino (ebd., S. 108–119); C. BÜRGER, «Ich spürte die Verdammnis an mir wie ein Kleid». Versuch über ~ (ebd., S. 134–146) 1995; R. NIEHOFF, Stimm-Gewalt. ~ u. das Vorlesen (in: Juni. Magazin für Lit. u. Kultur, H. 25, S. 31–40) 1996; W. FRITSCH, Zeichen u. Wunden. ~ zu Ehren (in: Archaische Moderne. Der Dichter, Architekt u. Orgelbauer ~, hg. H. BÖHME, U. SCHWEIKERT, S. 32–40) 1996; J. BÜRGER, Lesen u. Schreiben. Anm. zu ~s Lektüre u. seiner Biogr. (ebd., S. 61–75); T. FREEMAN, Haupttendenzen der ~-Forsch. Ein Überblick (ebd., S. 362–380) 1996; H. MAYER, ~ u. die Nachwelt (in: DERS., Zeitgenossen. Erinn. u. Deutung, S. 269–287) 1998; H. L. ARNOLD, «Die Menschen sind Sklaven geworden ...». ~ war ein «Alleingänger», der Wahrheiten meist zu seinem persönl. Schaden aussprach [...] (in: Schweizer Monatsh. für Politik, Wirtschaft, Kultur 79/80, H. 12/1, S. 8–16) 1999/2000; H. SCHIRMBECK, Der letzte Babylonier. ~ (in: DERS., Gestalten u. Perspektiven. Ess., Porträts u. Reflexionen aus fünf Jahrzehnten, hg. G. FUNK, S. 260–264) 2000 (zuerst 1959); R. STACH, Das Ärgernis ~ (in: Literaturen, H. 5, S. 52–57) 2003; H. L. ARNOLD, Der Fremde. Über ~ (in: DERS., Von Unvollendeten. Lit. Porträts, S. 66–92) 2005; B. ROSENKRANZ, G. LORENZ, ~: «Ein Mann des Übermaßes» (in: DIES., Hamburg auf anderen Wegen. Die Gesch. des schwulen Lebens in der Hansestadt, S. 261–264) 2005; U. GREINER, Ein Traum von uns selbst. Versuch über ~ (in: Doppelleben. Lit. Szenen aus Nachkriegsdtl., Tl. 2, hg. B. BUSCH, T. COMBRINK, S. 331–338) 2009; U. SCHWEIKERT, «Es ist eben kein Staat mit mir zu machen». Vortr. aus Anlass des 50. Todestages von ~ in der «Freien Akad. der Künste in Hamburg» am 30. November 2009 (in: lit.kritik.de, Nr. 12) 2009 (Internet-Edition); J. WINKLER, ~ (in: Jb. Darmstadt 57, S. 27–29) 2009; A. BOULANGER, Harmoniegesetze u. Naturkreisläufe. Die Gesch.auffassung bei ~ (in: Die streitbare Klio. Zur Repräsentation von Macht u. Gesch. in der Lit., hg. E. GUILHAMON, D. MEYER, S. 207–219) 2010; K. SCHUHMANN, ~ (1894–1959) in Leipzig (in: Leipziger Almanach [2011/2012], S. 331–341) 2012.

3 Sammelbände: ~. Zum 60. Geb.tag ~s im Auftrag der Freien Akad. der Künste in Hamburg (hg. R. ITAALIANDER) 1954; ~. Buch der Freunde (zus.gestellt DERS.) 1960; ~ (hg. H. L. ARNOLD) 1964 (= TuK 2/3); dass., 1970 (dass., 2., veränd. Ausg.); dass., 1980 (dass., 3., revid. u. erw. Ausg.); ~-Woche 27. bis 30. Mai 1980. Eine Dokumentation (hg. B. GOLDMANN u. a.) 1981; ~ zum Gedächtnis seines 20. Todestages. Dokumentation der Veranstaltung der Freien Akad. der Künste in Hamburg am 29. November 1979, 1981; Die Suche n. dem rechten Mann. Männerfreundschaft im lit. Werk ~s (hg. W. POPP) 1984; Ist der Mensch zu retten? Das Leben u. Werk ~s (Ausst.kat.; hg. C. STECKNER u. a.) 1984; Zeitgenosse ~. Ist der Mensch zu retten? Hamburger Literaturtage 1984, 1985; Homosexualität u. Lit. Siegener ~-Koll. (hg. D. MOLITOR, W. POPP) 1986; Weiberjahnn. Eine Polemik zu ~ (m. Vorw. hg. F. HAMANN, R. VENSKE) 1994; «Orgelbauer bin ich auch». ~ u. die Musik. M. der Erstveröff. des Briefw. ~/Carl Nielsen (hg. U. SCHWEIKERT) 1994; ~ (hg. M. LÜDKE u. a.) 1995; Archaische Moderne. Der Dichter, Architekt u. Orgelbauer ~ (hg. H. BÖHME, U. SCHWEIKERT) 1996.

4 Zu einzelnen Themen:

4.1 Sprache, Stil, Form, Poetik: H. SCHIRMBECK, Der kosmogon. Eros (in: DERS., Die Formel u. die Sinnlichkeit. Bausteine zu einer Poetik im Atomzeitalter, S. 212–232) 1964; G. SCHMIDT-HENKEL, Schöpfungsklage u. myth. Stilfigur (in: DERS., Mythos u. Dg. Zur Begriffs- u. Stilgesch. der dt. Lit. im neunzehnten u. zwanzigsten Jh., S. 188–244) 1967; W. EMRICH, Das Problem der Form in ~s Dg., 1968; P. KOBBE, Mythos u. Modernität. Eine poetolog. u. methodenkrit. Stud. zum Werk ~s (Diss. München) 1973; W. von WANGENHEIM, Die Unwahrheit meines Erzählens. Über Sprache, Darst., Selbstdarst. im Werk ~s (in: Schreibh., Zs. für Lit. 9, H. 26, S. 161–173) 1985; E. WOLFFHEIM, Zwei halbe Söhne. Das Motiv der Duplizität im Werk ~s (in: Namenzauber. Erzn. vom eigenen Namen, hg. E.-M. ALVES, S. 263–281) 1986; R. STACH, Stil, Motiv u. fixe Idee. Über einige Untiefen der ~-Lektüre (in: ~, hg. M. LÜDKE u. a., S. 79–92) 1995; F. KLÖHR, Inflation der Zeichen. Zur Semiotik uferlosen Sprechens bei ~ (in: Lit. in Wiss. u. Unterricht 28, H. 3, S. 171–187) 1995; G. MATTENKLOTT, ~s Kompaß. Die Bedeutung des Nordens für die Poetik ~s (in: Archaische Moderne. Der Dichter, Architekt u. Orgelbauer ~, hg. H. BÖHME, U. SCHWEIKERT, S. 259–276) 1996; J. BÜRGER, Am Anfang steht die Lektüre. Intertex-

tualität als Kommentierungsproblem. Das Beispiel ~ (in: Quelle – Text – Edition, hg. A. SCHWOB, E. STREITFELD, S. 341–349) 1997; DERS., Erlösende Formeln. Barockes Denken bei ~ (in: «Ach, Neigung zur Fülle ...». Zur Rezeption «barocker» Lit. im Nachkriegsdtl., hg. C. CAEMMERER, W. DELABAR, S. 15–28) 2001; J. JOACHIMSTHALER, «Mit vielen Bedenken». Zu ~s (Nachkriegs-)Poetologie (in: Die Quarantäne. Dt. u. öst. Lit. der fünfziger Jahre zw. Kontinuität u. Neubeginn, hg. E. BIEŁEK u. a., S. 173–186) Wrocław 2004; M. J. SCHÄFER, Zerrissene Fäden. ~s Poetik des Siderischen (in: Gestirn u. Lit. im 20. Jh., hg. M. BERGENGRUEN u. a., S. 54–68) 2006; A. OSTER, Kulturpoet. Funktionen der Lit. Zum Verhältnis von Ethopoietik u. Ethnoästhetik bei ~, Heiner Müller u. Hubert Fichte (in: Arcadia 42, H. 2, S. 263–287) 2007; J. MEYER, «Man zerlegt den Elefanten, aber man sieht ihn nicht». ~, Oskar Loerke u. ein Debüt (in: The Text and its Context. Studies in Modern German Literature and Society [...], hg. N. HARRIS u. a., S. 177–190) Oxford 2008.

4.2 Menschenbild, Körpererfahrung, Biopolitik: J. R. BÖHNER, Das Menschenbild ~s (Diss. Innsbruck) 1964; E. VOGELGESANG, Das Bild des Menschen im Werke ~s. Drei Analysen (Diss. New Orleans) New Orleans/LA 1965; C. LINSMAYER, Das Todesproblem bei ~ (Diss. Zürich) 1973; F. MASINI, Le epifanie cosmiche di ~ (in: DERS., Lo sguardo della Medusa, S. 57–67) Bologna 1977; M. MAURENBRECHER, Subjekt u. Körper. Eine Stud. zur Kulturkritik im Aufbau der Werke ~s dargestellt an frühen Texten (Diss. FU Berlin) 1983; E. EPPLER, Ist der Mensch zu retten? ~ als Ökologe u. Kämpfer für den Frieden (in: Zeitgenosse ~. Ist der Mensch zu retten?, Mitarb. u. Geleitw. H. SCHUCHARDT, S. 12–23) 1985; U. BITZ, Die dunkle Quelle des Lichts. Anatom. Schr. von ~ u. Leonardo da Vinci (in: Forum Homosexualität u. Lit., H. 8, S. 7–29) 1989; DERS., Ein halb Ermordeter, in dessen Eingeweide gierige Gespenster starren. Schmerz – Welt u. Körpererfahrung bei ~ (in: Archaische Moderne. Der Dichter, Architekt u. Orgelbauer ~, hg. H. BÖHME, U. SCHWEIKERT, S. 293–304) 1996; A. SCHÄFER, Biopolitik des Wissens. ~s lit. Arch. des Menschen (Diss. Siegen) 1996; R. SCHIEB, Das teilbare Individuum. Körperbilder bei Ernst Jünger, ~ u. Peter Weiss (Diss. TU Berlin) 1997; J. RAUSER, «Über die Herbstwelten in der Lit.». Alter u. Altern als Themenkomplex bei ~ u. Arno Schmidt (Diss. Tübingen) 2001.

*4.3 Sexualität, Homosexualität, Geschlechtsidenti-
tät, Eros:* D. M. WEIBLE, Eros in the Works of
~. A Study of Platonic Influence in Four of the
Plays (Diss. Lawrence/KS) Ann Arbor/MI 1973;
W. POPP, Die Suche n. dem rechten Mann (in:
Die Suche n. dem rechten Mann. Männerfreundschaft im lit. Werk ~s, hg. DERS., S. 9–17) 1984;
D. MOLITOR, W. POPP, Vom Freundschaftsmythos
zum Sexualtabu (ebd., S. 18–44); M. KALVERAM,
W. POPP, Frauen. Traum u. Trauma (ebd., S. 45–
81); F. KREY, Doppelleben. Coming out in der
Schublade – biogr. Notizen zur Homosexualität ~s
(ebd., S. 82–129) 1984; DERS., Vom Entsetzen zur
angstfreien Berührung. Reaktionen von Kritikern
u. Literaten auf die homosexuale Thematik bei ~
(in: Homosexualität u. Lit. Siegener ~-Koll., hg.
D. MOLITOR, W. POPP, S. 15–40) 1986; E. WOLFF-
HEIM, Die Augustus-Episode aus der ‹Niederschr.›.
Ausbruch u. Wiederholung (ebd., S. 41–60); J. W.
JAMES, Homoerotik in drei Dr. der frühen Wei-
marer Republik. Bronnens «Vatermord», Brechts
«Baal» u. ~s ‹Die Krönung Richards III.› (ebd.,
S. 61–74); M. KALVERAM, Signe, eine «autonome»
Frau im Werk eines homosexuellen Autors? Zu ~:
‹Perrudja› (ebd., S. 187–198); W. POPP, H. MEIER,
Gespräch (ebd., S. 199–212); W. POPP, Männer-
freundschaft bei ~. M. welcher Sprache reden
wir darüber? Abschlußgespräch (ebd., S. 213–234)
1986; F. KREY, ~ u. die mann-männl. Liebe (Diss.
FU Berlin) 1987; W. POPP, «Weibl. Schreiben» –
«Männl. Schreiben». Geschlechtsidentität u. lit.
Authentizität am Beispiel von Christa Wolf, ~ u.
Hubert Fichte (in: Homosexualitäten – literarisch.
Lit.wiss. Beitr. zum Internat. Kongreß «Homo-
xuality, Which Homosexuality?», Amsterdam 1987,
hg. M. KALVERAM, S. 123–132) 1991; A. SCHÄFER, ~
u. das Gesetz der urinalen Segregation (in: Forum
Homosexualität u. Lit., H. 22, S. 107–130) 1994;
H. WOLFFHEIM, Geschlechtswelt u. Geschlechts-
symbolik. ~s ‹Fluß ohne Ufer› (m. Vorw. hg. E.
WOLFFHEIM) 1994; F. KRETZEN, Pest ist die Frau (in:
Weiberjahn. Eine Polemik zu ~, m. Vorw. hg. F.
HAMANN, R. VENSKE, S. 48–88) 1994; K. U. STAL-
MANN, Geschlecht u. Macht. Maskuline Identität
u. künstler. Anspruch im Werk ~s (Diss. Hamburg)
1998; M. WEINBERG, «Unsere Gemeinschaft ist ei-
ne Schwindel erweckende Konstruktion». Zum
Zus.hang von Homosexualität u. Gedächtnis bei ~
(in: Erinnern u. Wiederentdecken. Tabuisierung u.
Enttabuisierung der männl. u. weibl. Homosexua-
lität in Wiss. u. Kritik, hg. D. LINCK, S. 365–384)

1999; K. SCHUHMANN, «So scheint die Liebe Liebenden ein Halt». Wege sexueller Befreiung bei
Otto Groß, ~ u. Bertolt Brecht (in: WB 45, H.
1, S. 125–132) 1999; R. KINGERLEE, Psychological
Models of Masculinity in Döblin, Musil, and ~.
Männliches, Allzumännliches, Lewiston/NY u. a.
2001; M. IROD, Manierist. (Selbst-)Inszenierun-
gen im Zeichen von Eros u. Tod. Überlegungen
zu Josef Winkler u. ~ (in: Transcarpathica 2, S.
394–407) 2003; R. ROBERTSON, Gender Anxiety
and the Shaping of the Self in Some Modernist
Writers. Musil, Hesse, Hofmannsthal, ~ (in: The
Cambridge Companion to the Modern German
Novel, hg. G. BARTRAM, S. 46–61) Cambridge/
Großbritannien 2004.

4.4 Musik, Orgelbau, Architektur: R. WAGNER,
Der Orgelreformer ~, 1970; T. FREEMAN, Eröff-
nung der Ausst. im Seitenschiff der St. Jakobikir-
che am 25. Oktober 1984 (in: Zeitgenosse ~. Ist
der Mensch zu retten?, S. 24–28) 1985; M. TRO-
JAHN, Musik in den Dg. ~s (ebd., S. 61–66) 1985;
U. SCHWEIKERT, «Das Ganze ist die Musik». Mu-
sik in ~s ‹Fluß ohne Ufer› (in: Beziehungszauber.
Musik in der modernen Dg., hg. C. DAHLHAUS,
N. MILLER, S. 47–65) 1988; R. WAGNER, ~ – der
Revolutionär der Umkehr. Orgel, Dg., Mythos,
Harmonik, 1989; G. C. LOBBACK, ~ u. sein Bild
von der Orgel […] (in: Musik u. Kirche 64, H. 6,
S. 323–328) 1994; «Orgelbauer bin ich auch». ~ u.
die Musik. M. der Erstveröff. des Briefw. ~/Carl
Nielsen (hg. U. SCHWEIKERT) 1994; B. SPONHEUER,
«Sie ist vieldeutig u. autonom». Zum Bild der Mu-
sik in ~s Rom. ‹Fluß ohne Ufer› (in: Archaische
Moderne. Der Dichter, Architekt u. Orgelbauer ~,
hg. H. BÖHME, U. SCHWEIKERT, S. 235–256) 1996;
C. STECKNER, Stadtlit. u. Stadtarchitektur. Zur
Bedeutung der städtebau. Visionen im lit. Ge-
samtwerk ~s (ebd., S. 305–345) 1996; M. BÖNNIG-
HAUSEN, Rückzug aus der Moderne? Zum Kunst-
verständnis ~s (in: Juni. Magazin für Lit. u. Kultur,
H. 25, S. 60–68) 1996; C. JÄGER, Der Ber. des
Orgelarchitekten. ~ in Budapest (ebd., S. 71–76)
1996; M. BÖNNIGHAUSEN, Musik als Utopie. Zum
philosoph.-ästhet. Kontext von ~s ‹Die Niederschrift des Gustav Anias Horn› u. Thomas Manns
«Doktor Faustus» (Diss. Essen) 1997; T. LIPSKI, ~s
Einfluß auf den Orgelbau (Diss. Münster/Westf.)
1997; R. SCHIEB, ~ u. der Ludwigsburger Orgelbauer Oscar Walcker. «… die riesenhafte Pansflöte
der Orgel …», 1997; D. ZUCKMANTEL, Tradition u.
Utopie. Zum Verständnis der musikal. Phantasien

in ~s ‹Fluß ohne Ufer›. M. einem Index sämtl. musikal. oder musikbezogener Begriffe in ~s ‹Fluß ohne Ufer› (Diss. Düsseldorf) 2004.

4.5 Ugrino/Akademie/PEN: E. WEISS-MANN, Ugrino (in: Der Kr. Zs. für künstler. Kultur, H. 10, S. 44–46) 1925; E. LÜTH, ~, der Mensch u. Akad.präs. (in: Zeitgenosse ~. Ist der Mensch zu retten?, S. 67–76) 1985; H. PEITSCH, ~ in den gesamtdt. PEN-Zentren «Dtl.» u. «Ost u. West» (in: Homosexualität u. Lit. Siegener ~-Koll., hg. D. MOLITOR, W. POPP, S. 119–151) 1986; U. BARON, «Wir wollen die Ansprüche der Kunst in Hamburg vertreten». ~ u. die Gründung der Freien Akad. der Künste (in: «Liebe, die im Abgrund Anker wirft». Autoren u. lit. Feld im Hamburg des 20. Jh., hg. I. STEPHAN, H.-G. WINTER, S. 241–251) 1990; M. HIELSCHER, Antikult u. Kulturpolitik. ~s Weg von Ugrino zur Freien Akad. der Künste (ebd., S. 252–276) 1990; J. HENGST, H. LEWINSKI, ~ – Ugrino. Die Gesch. einer Künstler- u. Glaubensgemeinschaft der 20er Jahre (Ausst.kat.; Bibliogr. A. DREWS) 1991; R. MUSIELSKI, Steinerne Gebärde. ~s Jugendutopie Ugrino (in: Z. Zs. für Kultur- u. Geisteswiss. 4, H. 11, S. 56–67) 1996/97.

4.6 Exil: T. SCHEUFFELEN, ~ im Exil. Exilmotive in seinem Rom. ‹Fluß ohne Ufer› u. eine Chron. von Leben u. Werk 1933–1945 (Diss. München) 1972; E. WOLFFHEIM, «Nicht verboten, aber auch nicht zugelassen». ~ im Exil (in: Exilforsch. Ein Internat. Jb. 4, S. 276–290) 1986; P. ØHRGAARD, Exilautor u./oder Auslandsdeutscher? ~s Aufenthalt in Dänemark n. 1933 (in: Dt.sprachiges Exil in Dänemark n. 1933, hg. R. DINESEN u. a., S. 199–214) Kopenhagen 1986; DERS., ~ (1894–1959). Schriftst. u. Orgelbauer (in: Exil in Dänemark. Dt.sprachige Wissenschaftler, Künstler u. Schriftst. im dän. Exil n. 1933, hg. W. DÄHNHARDT, B. S. NIELSEN, S. 521–543) 1993; J. HENGST, Topographie der Insel im Leben u. Werk ~s (in: Archaische Moderne. Der Dichter, Architekt u. Orgelbauer ~, hg. H. BÖHME, U. SCHWEIKERT, S. 277–292) 1996; S. D. KAUFER, «Schließl. ist Norge meine zweite Heimat geworden». ~s Norwegen-Bild (Diss. FU Berlin) 2003; R. REICHSTEIN, Bornholm im Werk von ~ (in: Text & Kontext. Jb. für germanist. Lit.forsch. in Skandinavien 28, H. 2, S. 73–84) Kopenhagen 2006.

5 Allgemein zur Dramatik: KLL (Internet-Edition) (‹Das dramat. Werk›). – R. E. BROWN, Thematic Structure in the Plays of ~ (Diss. Cambridge/

MA) Cambridge 1962; S. KIENZLE, ~. Szen. u. dramaturg. Interpr. (Diss. Wien) 1962; W. BLOHM, Die außerrealen Figuren in den Dr. ~s (Diss. Hamburg) 1971; H. J. EICHHORN, Mythus u. Tragik. ~s Dr. (Diss. Zürich) 1973; R. WAGNER, Archaische, pythagoreische u. harmonikale Grundzüge in den Jugenddr. ~s (in: Lit. in Wiss. u. Unterricht 7, S. 164–179 u. 210–223) 1974; E. JÄGER, Untergang im Untergrund. Die jugendl. Gruppe in den Dr. ~s (Diss. Frankfurt/M.) 1979; A. MEBUS, Kampf mit der Mauer. Die Figuren in ~s frühen Dr. zw. Rebellion u. Anpassung (Diss. München) 1992; M. MEISTER, «Gewiß, Worte verschweigen das Eigentliche». Der imaginäre Raum des Theaters bei ~ (in: Archaische Moderne. Der Dichter, Architekt u. Orgelbauer ~, hg. H. BÖHME, U. SCHWEIKERT, S. 95–109) 1996; H.-T. LEHMANN, ~s Texte – welches Theater (ebd., S. 127–143) 1996; J. BÜRGER, ~ (1894–1959) (in: Dt. Dramatiker des 20. Jh., hg. A. ALLKEMPER, N. O. EKE, S. 234–248) 2000; W. BORCHERS, Nackte Schönheit: Frühe Dr. ~s (in: DERS., Männl. Homosexualität in der Dramatik der Weimarer Republik, S. 140–160) 2001 (auch Internet-Edition); H. KRAH, Knaben, Körper u. emphat. Tod. Zur «Konturierung» von ~s Dr. im System der Frühen Moderne (in: Norm – Grenze – Abweichung. Kultursemiot. Stud. zu Lit., Medien u. Wirtschaft, FS, hg. G. FRANK u. a., S. 215–238) 2004; P. SPRENGEL, Expressionismus u. Anarchismus. Gewalt u. Gemeinschaft in Dramen Hasenclevers, Bronnens, Rubiners u. ~s (in: Anarchismus u. Utopie in der Lit. um 1900. Dtl., Flandern u. die Niederlande, hg. J. GRAVE, S. 98–107) 2005.

6 Allgemein zur Prosa: E. R. BROWN, On Classifying the Settings of the Novel (in: Neoph. 51, S. 395–401) 1967; J. HASSEL, Der Rom. als Komposition. Eine Unters. zu den Voraussetzungen u. Strukturen von ~s Erzählen (Diss. Köln) 1971; B. MITCHELL, ~ and James Joyce. The Birth of the Inner Monologue in the German Novel (in: Arcadia 6, S. 44–71) 1971; D. E. JENKINSON, The Role of Vitalism in the Novels of ~ (in: GLL 25, S. 359–368) 1971/72; J. NOWÉ, Formwille u. Variantenbedürfnis. Versuch einer Strukturanalyse der ep. Dg. ~s (Diss. Leuven) Leuven 1976; J. HENGST, Ansätze zu einer Archäologie der Lit. M. einem Versuch über ~s Prosa (Habil.-Schr. Hannover) 2000; K. LUEHRS-KAISER, Das Werden der Vergangenheit. Erl. u. Interpr. zur Erinn. als Erzählproblem bei Robert Musil, Heimito von Doderer u. ~ (Diss.

FU Berlin) 2001; T. BERNHART, «Adfection derer Cörper». Empir. Stud. zu den Farben in der Prosa von ~ (Geleitw. L. DANNEBERG) 2003; C. HILMES, Kartographie anderer Räume in Rom. von Kubin, Kasack u. ~ (in: Das Paradigma der Landschaft in Moderne u. Postmoderne, hg. M. SCHMELING, M. SCHMITZ-EMANS, S. 125–138) 2007; A. BOULANGER, La forme du temps dans les œuvres de Hermann Broch et de ~ (in: Temps et roman, hg. P. SCHNYDER, S. 91–101) Paris 2007.

7 Zu einzelnen Schriften:
Epilog → 7.1 Fluß ohne Ufer.
7.1 Fluß ohne Ufer (= FoU) – hier auch zu den einzelnen Trilogie-Teilen ‹Das Holzschiff› (= Hzs), ‹Die Niederschrift des Gustav Anias Horn, nachdem er neunundvierzig Jahre alt geworden war› (= NGAH) und ‹Epilog›:
7.1.1 Selbstständig Erschienenes: M. GOETHALS, ~. Der Tod in FoU (Diss. Brüssel) Brüssel 1962; P. C. BROWN, The Role of Hzs in the Novel Cycle FoU by ~ (Diss. Manchester) Manchester 1966; H. BOETIUS, Utopie u. Verwesung. Zur Struktur von ~s FoU (Diss. Frankfurt/M.) 1967; R. E. BROWN, ~s FoU. Eine Stud., 1969; R. SCHMITT, Das Gefüge des Unausweichl. in ~s Rom.tril. FoU (Diss. München) 1969; J. NOWÉ, Das volle Maß an ird. Schöpfung. Die irrationalen Kräfte in ~s FoU, Leuven 1969; R. JOSWIG, Weltbewältigung – zu ~s Rom. FoU (Diss. Freiburg/Br.) 1970; T. SCHEUFFELEN, ~ im Exil. Exilmotive in seinem Rom. FoU u. eine Chron. von Leben u. Werk 1933–1945 (Diss. München) 1972; J. BACHMANN, Die Hs. der Niederschr. Ms.lektüre des Rom. NGAH (Diss. Basel) 1977; J. VOGT, ~s Rom.tril. FoU, ²1986 (erw. Neuausg.; zuerst u. d. T.: Struktur u. Kontinuum. Über Zeit, Erinn. u. Identität in ~s Rom.tril. FoU, Diss. Bochum, 1970); D. HOFFMANN, Die Wirklichkeit u. der Andere. Zu ~s Rom. FoU (Diss. Düsseldorf) 1986; ~ lesen: FoU. Ein Lektüreb. (hg. U. BITZ) 1993; B. SCHILLINGER, Das kreative Chaos bei Thomas Mann u. ~. Ein Vergleich von «Doktor Faustus» u. FoU (Diss. Mannheim) 1993; ~. FoU. Eine Dokumentation in Bildern u. Texten (Ausst.kat.; hg. J. HENGST, H. LEWINSKI, Vorw. K. DESCHNER) 1994; H. WOLFFHEIM, Geschlechtswelt u. Geschlechtssymbolik. ~s FoU (m. Vorw. hg. E. WOLFFHEIM) 1994; M. BÖNNIGHAUSEN, Musik als Utopie. Zum philosoph.-ästhet. Kontext von ~s NGAH u. Thomas Manns «Doktor Faustus» (Diss. Essen) 1997; J. GENZ, «Nur das Zwecklose wird vom Hauch des Ewigen berührt». Melancholie in

~s Rom. FoU, 1998; J. GERDES, Die Schuld-Thematik in ~s FoU (Diss. Hamburg) 2000; K. DESCHNER, Musik des Vergessens. Über Landschaft, Leben u. Tod im Hauptwerk ~s, 2003 (zu NGAH); D. ZUCKMANTEL, Tradition u. Utopie. Zum Verständnis der musikal. Phantasien in ~s FoU. M. einem Index sämtl. musikal. oder musikbezogener Begriffe in ~s FoU (Diss. Düsseldorf) 2004; N. HUCKE, Die Ordnung der Unterwelt. Zum Verhältnis von Autor, Text u. Leser am Beispiel von ~s FoU u. den Interpr. seiner Deuter (Diss. Saarbrücken) 2009; G. ZOCCO, «Sag an, mein Freund, die Ordnung der Unterwelt». Das Gilgamesch-Epos in ~s FoU (Dipl.arbeit Univ. Wien) 2010.

7.1.2 Unselbstständig Erschienenes: KNLL 8,554; Metzler Lit. Chron. 615; KLL (Internet-Edition). – ~, FoU (in: Der Rom.führer [...] 4, hg. J. BEER, S. 364) 1953; Y. BAR-DAVID, ~ ou la passacaille de l'inéluctable. ~. ‹Fleuve sans rives›, tril. (in: Critique. Revue générale des publications françaises et étrangères 18, H. 178, S. 210–232) Paris 1962; H. PLARD, ~, FoU (in: ~ [= TuK 2/3], S. 25–34) 1964; ~, ‹Epilog› (in: Der Rom.führer [...] 13, hg. H.-C. BEER, S. 163) 1964; H. WOLFFHEIM, Bem. zu ~s FoU (in: Hinweise u. Huldigungen. Jb. Freie Akad. der Künste in Hamburg 13, S. 12–26) 1964; Y. BAR-DAVID, ~ oder ein Kriminalrom. des Schicksals. Die nicht geheure Entstehungsgesch. des Gustav Anias Horn (in: Spiralen. Jb. Freie Akad. der Künste in Hamburg 14, S. 395–406) 1965/66; W. MUSCHG, ~s FoU (in: DERS., Gestalten u. Figuren, S. 127–147) 1968; R. WAGNER, ~s Rom. FoU – Summa Harmonica (in: Antaios 11, S. 66–84) 1969/70; J. NOWÉ, Fische im Netz. ~s Hzs als Daseinsgleichnis (in: Haec olim. Jaarboek St. Lodewijkscollege, S. 78–99) Brugge 1970; DERS., Mann, 200 Jahre begraben. Versuch einer Anwendung der Lit.theorie Northrop Fryes auf die Kebad-Kenya-Gesch. ~s (in: CollGerm. 7, H. 2, S. 97–143) 1973; J. HASSEL, ~, NGAH (in: ~ [= TuK ³2/3], S. 86–96) 1980; H. BOETIUS, ~, FoU (ebd., S. 97–106) 1980; A. SCHMIDT, Die Tugenden der Kaulquappe. Ein Ber. über ~s nunmehr fertig vorliegenden Rom. FoU (in: Der Rabe, H. 12, S. 55–62) 1985; J. MEYER, Drittes Beispiel: ~. «Mögen drei oder vier Leser übrig bleiben ...». Weismann als Verleger der Rom.tril. FoU (in: Broch, Canetti, ~. Willi Weismann u. sein Verlag, 1946–1954, hg. B. ZELLER, S. 46–71) 1985; H. J. FRÖHLICH, Von ‹Perrudja› bis zum FoU (in: Zeitgenosse ~. Ist der Mensch zu retten?, S. 29–44) 1985; D. MOLITOR,

Guido Bachmanns Rom.tril. «Zeit u. Ewigkeit» u. ~s Rom.tril. FoU. Analogien u. Kontraste (in: Homosexualität u. Lit. Siegener ~-Koll., hg. DERS., W. POPP, S. 75–89) 1986; U. WOLFF, M. dem Schiffbruch leben. Zur Neuedition von ~s FoU (in: Schweizer Monatsh. für Politik, Wirtschaft, Kultur 68, S. 657–664) 1988; U. SCHWEIKERT, «Das Ganze ist die Musik». Musik in ~s FoU (in: Beziehungszauber. Musik in der modernen Dg., hg. C. DAHLHAUS, N. MILLER, S. 47–65) 1988; W. POPP, ~s ‹Epilog›, nur Schaffensrest aus Überdruß? (in: Forum Homosexualität u. Lit., H. 8, S. 61–83) 1989; E. A. NICKELSEN, Kuckuckskinder. ~s FoU (in: German Studies in India 15, H. 3, S. 161–174) Trivandrum/Indien 1991; R. E. BROWN, Place Names in ~' FoU (in: DERS., Names in Modern German Literature. Ess. on Character and Place Name Selection by Twentieth Century German Authors, S. 69–79) Stuttgart 1991; R. STACH, Die fressende Schöpfung. Über ~s Rom.tril. FoU (in: Forum Homosexualität u. Lit., H. 15, S. 41–50) 1992; G. SCHULZ, FoU lesen (in: Merkur 46, H. 5, S. 393–406) 1992; V. REINECKE, Ästhetik der Abtrünnigkeit. Spekulationen über ~s Rom. FoU (in: SuF 44, H. 6, S. 981–991) 1992; D. B. LINKE, Im Schoße die Sonne. ~s Redefluß ohne Ufer (in: Spuren in Kunst u. Gesellsch., H. 39, S. 17f.) 1992; J. EGYPTIEN, Ritus, Tod u. Wiederholung. Zu ~s FoU (ebd., H. 40, S. 5–7) 1992; M. HUBER, Musik als Abbild der Schöpfungsharmonie. Liebe, Tod u. Musik in ~s ‹Perrudja› u. NGAH (in: DERS., Text u. Musik. Musikal. Zeichen im narrativen u. ideolog. Funktionszus.hang ausgew. Erzähltexte des 20. Jh., S. 170–187) 1992; U. SCHWEIKERT, ~, FoU (in: Rom. des 20. Jh. Interpr., Bd. 1, S. 366–393) 1993; P. RIPPMANN, Mimis Ermordung. Zu ~s FoU (in: Forum Homosexualität u. Lit., H. 17, S. 69–81) 1993; R. VENSKE, FoU. Sieben Wunden, vier Versuche (in: Weiberjahnn. Eine Polemik zu ~, m. Vorw. hg. F. HAMANN, DIES., S. 25–47) 1994; B. JÜRGENS, Verweisende Musikrezeption in ~s FoU (in: «Orgelbauer bin ich auch». ~ u. die Musik […], hg. U. SCHWEIKERT, S. 144–159) 1994; R. JUCKER, Hoffnung als Emanzipation des Menschen zum Tier. Anm. zu ~s FoU (in: Lit. für Leser 18, H. 4, S. 176–189) 1995; C. BÜRGER, Die moderne Ästhetik u. das Böse. Versuch über ~ (in: Archaische Moderne. Der Dichter, Architekt u. Orgelbauer ~, hg. H. BÖHME, U. SCHWEIKERT, S. 219–234) 1996; B. SPONHEUER, «Sie ist vieldeutig u. autonom». Zum Bild der Musik in ~s Rom. FoU (ebd., S. 235–256) 1996; K. BRYNHILDSVOLL, Dg. u. Wirklichkeit im Urrland-Kap. des Rom. FoU (in: Ingerid Dal in memoriam, hg. J. O. ASKEDAL u. a., S. 97–114) Oslo 1997; J. GERDES, Überlegungen zur hermeneut. Lit.analyse am Beispiel rel. Metaphorik in ~s FoU (in: Praxisorientierte Lit.theorie. Annäherungen an Texte der Moderne, hg. T. BLEITNER u. a., S. 217–239) 1999; J. BÜRGER, ~, FoU (in: Reclams Rom.lex., hg. F. R. MAX, C. RUHRBERG, S. 538–540) 2000; D. HOFFMANN, Der Hohlraum für die Rechtfertigung. ~s Hzs u. die protestant. Lehre (in: Lit. für Leser 23, H. 1, S. 46–60) 2000; H. GOTTWALD, Der Kampf um das Ich in ~s Tril. FoU (in: Lit. als Gesch. des Ich, hg. E. BEUTNER, U. TANZER, S. 250–266) 2000; A. HONOLD, Ein trojan. Pferd. ~s FoU als Anamnese kolonialer u. exotist. Entgrenzungsphantasien (in: www.germanistik2001.de. Vortr. des Erlanger Germanistentags 2001, hg. H. KUGLER, P. BODEN, S. 385–397) 2002; B. GRUBER, Männlichkeit in der «Archaischen Moderne». Eine exemplar. Lektüre von ~s FoU m. einem Seitenblick auf Jean Genet u. die lit. Tradition seit der Romantik (in: Komparatistik. Jb. der Dt. Gesellsch. für Allg. u. Vergleichende Lit.wiss. 2001/2002, S. 72–85) 2002; G. BARTL, Transfusionen: ~ FoU (in: DERS., Spuren u. Narben. Die Fleischwerdung der Lit. im zwanzigsten Jh., S. 275–366) 2002; C. ZELLER, Apologie des Untergangs. Ästhet. Erfahrung in ~ FoU (in: Poetica [Paderborn] 35, H. 1/2, S. 155–189) 2003; M. J. SCHÄFER, Wider den «Anlaß» der Gewalt. Darstellbarkeit in ~s FoU (in: MLN 119, H. 3, S. 541–563) 2004; H. HERRMANN-TRENTEPOHL, «Ich habe ein Vermögen verwüstet ...». Ökonomie u. Ästhetik in ~s FoU (in: Weiter schreiben – wieder schreiben. Dt.sprachige Lit. der fünfziger Jahre. FS für Günter Häntzschel, hg. A. HUMMEL, S. NIEBERLE, S. 309–320) 2004; C. BÜRGER, ~, FoU (in: Weltlit. Eine Braunschweiger Vorlesung, hg. R. STAUF, C.-F. BERGHAHN, Bd. 2, S. 421–435) 2005; T.-K. PUSSE, Namensansetzungen. Taufakte, Testamente u. Ps. in ~s FoU (in: Namen in Lit., Kultur, Medien, hg. A. u. L. SIMONIS, S. 49–65) 2010; J. GRAGE, Fleisch u. Blut u. Boden. Ambivalenz u. Anthropologie in Knut Hamsuns «Markens Grøde» u. ~s FoU (in: Sentimentalität u. Grausamkeit. Ambivalente Gefühle in der skandinav. u. dt. Lit. der Moderne, hg. S. WENNERSCHEID, S. 124–136) 2011.

Das Holzschiff → *7.1 Fluß ohne Ufer.*

7.2 Medea:

7.2.1 Selbstständig Erschienenes: S. HOHL, Das Medea-Dr. von ~. Eine Interpr. unter besonderer Berücksichtigung der Problematik des Mythischen (Diss. München) 1966; M. F. THADEN, Medea. A Study in the Adaptability of a Literary Theme (Diss. Univ. Park/PA) AnnArbor/MI 1972; K. BROWN, Die Rückkehr der Frau in den Mythos. Iphigenie, Medea, Kassandra (Diss. Adelaide) Adelaide/Australien 1987; Medea. ~. Ein Theaterb. (hg. M. WEBER) 1989 (enth. u. a. die Urfass. von 1924); M. GÖBEL-UOTILA, Medea. Ikone des Fremden u. des Anderen in der europ. Lit. des 20. Jh. Am Beispiel von ~, Jean Anouilh u. Christa Wolf (Diss. Bochum) 2005; M. LU, Wahnsinn der Medea. Eine Stud. zu Grillparzers Tril. «Das goldene Vließ» u. ~s Dr. ‹Medea› (Diss. Heidelberg) 2013.

7.2.2 Unselbstständig Erschienenes: KNLL 8,556. – L. BENNINGHOFF, ~, ‹Medea› (in: Der Kr. Zs. für künstler. Kultur, H. 11, S. 598–606) 1927; W. MUSCHG, Zu ~s ‹Medea› (in: Worte u. Werte. Bruno Markwardt zum 60.Geb.tag, hg. G. ERDMANN, A. EICHSTAEDT, S. 276–280) 1961; L. SECCI, Il Mito die Medea nella Tragedia di ~ (in: StudiGerm 5, S. 207–239) 1967; R. DETSCH, The Theme of the Black Race in the Works of ~ (in: Mosaic. A Journal for the Comparative Study of Literature and Ideas 7, H. 2, S. 165–187) Winnipeg 1974; D. HARBERTS, Signifikanter Wortgebrauch in Franz Grillparzers u. ~s Medeadr. (in: Wissen aus Erfahrung. Werkbegriff u. Interpr. heute. FS für Herman Meyer zum 65. Geb.tag, hg. A. von BORMANN u. a., S. 445–452) 1976; D. M. WEIBLE, A Textual Transmission Error in ~'s ‹Medea› (in: MLN 91, S. 583–585) 1976; K. KENKEL, ~: Barbarisierung u. Archaisierung (in: DERS., Medea-Dramen. Entmythisierung u. Remythisierung. Euripides, Klinger, Grillparzer, ~, Anouilh, S. 85–105) 1979; F. KRÖHNKE, Pasolinis «Medea», ~ ‹Medea› (in: Homosexualität u. Lit. Siegener ~-Koll., hg. D. MOLITOR, W. POPP, S. 90–101) 1986; B. J. DOTZLER, Kein letztes Wort zu Medea. Exzeß u. Kalkül, Mythos u. Technik (in: Zs. für Lit.wiss. u. Linguistik 19, H. 76, S. 118–122) 1989; J. C. THÖMING, ~s zwei ‹Medea›-Fass. Hinweise zum Sprachstil (in: «Die in dem alten Haus der Sprache wohnen». Beitr. zum Sprachdenken in der Lit.gesch. Helmut Arntzen zum 60. Geb.tag, hg. E. CZUCKA, S. 549–560) 1991; C. BENTHIEN, Das Feste, das Fließende u. das Fragmentar. Grundstrukturen in ~ Tr. ‹Medea› (in: Forum Homosexualität u. Lit., H. 22,

S. 63–81) 1994; U. SCHWEIKERT, ~, ‹Medea› (in: Dr. des 20. Jh. Interpr., Bd. 1, S. 301–326) 1996; G. SCHULZ, Eine andere Medea (in: Archaische Moderne. Der Dichter, Architekt u. Orgelbauer ~, hg. H. BÖHME, U. SCHWEIKERT, S. 110–126) 1996; Y. LÜ, Die Fremde zw. Gottheit u. Tier. ~s ‹Medea› (in: Resonanzen. FS für Hans Joachim Kreutzer […], hg. S. DOERING u. a., S. 413–428) 2000; A. N. HERBST, Ihr wollt ein Wort von mir. Ein Schicksal sollt ihr haben. Eine lit. Spekulation über ~ u. Medea (in: Der Lit.bote 19, H. 75, S. 43–52) 2004; D. FULDA, Unendl. Übergang. Mythen der Sexualität u. die Struktur der modernen Tr. («Elektra», «Veland», ‹Medea›) (in: Mythos u. Krise in der dt.sprachigen Lit. des 19. u. 20. Jh., hg. B. MIRTSCHEV u. a., S. 189–206) 2004; J. KOST, Inhumaner Humanismus u. antiklassizist. Vitalität. Zur Antikerezeption in ~s ‹Medea› (in: Lit. für Leser 28, H. 4, S. 221–239) 2005; A. GÖHLER, Bilder der Antike bei expressionist. Schriftst. – ~ (in: DIES., Antikerezeption im lit. Expressionismus, S. 344–368) 2012.

7.3 Die Nacht aus Blei (= NaB): KNLL 8,557; KLL (Internet-Edition). – ~, NaB (in: Der Rom.führer […] 13, hg. H.-C. BEER, S. 165) 1964; W. M. MARR, Compassion and the Outsider. ~'s NaB (in: GR 39, S. 201–210) 1964; D. M. WEIBLE, ~: NaB. A Critical Analysis (Diss. Stanford/CA) Stanford 1964; H. BIENEK, NaB. ~ (in: DERS., Der Blinde in der Bibl. Lit. Porträts, S. 68–71) 1986 (zuerst 1962); E. MINDERMANN, Eros u. Tod bei ~ u. Peter Weiss. Überlegungen zu NaB u. «Das Duell» (in: Homosexualität u. Lit. Siegener ~-Koll., hg. D. MOLITOR, W. POPP, S. 102–118) 1986; P. van der HEIJDE, Alter-ego in een bierreclame. ~s novelle NaB (in: De gids. Algemeen cultureel maandblad, 152, S. 70–76) Amsterdam 1989; A.-F. BERNARD, ‹La nuit de plomp› de ~ (in: Germanica. Jb. der Germanistik in Bulgarien, H. 5, S. 145–158) Dresden 1989; K. BÖTTGER, ~, NaB. 12 Radierungen u. eine Portrait-Radierung (in: Forum Homosexualität u. Lit., H. 22, S. 7–20) 1994; W. POPP, Literarisierung des Sehens u. Visualisierung des Literarischen. Zu ~s NaB u. zu dem Graphikzyklus von Klaus Böttger (ebd., S. 21–38); K. STALMANN, Der schöne Schein des Anderen. Über NaB von ~ (ebd., S. 39–62) 1994; A. KRÄMER, «Die Wunde ist's, die nie sich schließen will«. Zu einem Motiv in Richard Wagners «Parsifal» u. ~s NaB (in: Juni. Magazin für Lit. u. Kultur, H. 25, S. 49–58) 1996; J. PFEIFFER, Adoleszente Selbstbegegnung. Zu ~ u.

seiner Erz. NaB (in: Adoleszenz, hg. J. CREMERIUS, bearb. O. GUTJAHR, S. 171–185) 1997; J. BÜRGER, ~, NaB (in: Reclams Rom.lex., hg. F. R. MAX, C. RUHRBERG, S. 540) 2000.

7.4 Neuer Lübecker Totentanz (= NLT): P. T. HOFFMANN, ~s ‹Lübecker Totentanz› (in: Der Kr. Zs. für künstler. Kultur, H. 10, S. 618–624) 1931; G. J. GERLITZKI, Der ma. Lübecker Totentanz u. der NLT von ~. Ein Vergleich (Diss. New York) New York 1959; W. MUSCHG, ~s NLT (in: DERS., Pamphlet u. Bekenntnis, hg. P. A. BLOCH, E. MUSCHG-ZOLLIKOFER, S. 362–366) 1968; M. WALITSCHKE, ~s NLT. Hintergründe – Teilaspekte – Bedeutungsebenen (Diss. Köln) 1994; W. BLOHM, R. BLASE, ~s NLT als Multimediatheater. Ein Ber. (in: L'art macabre. Jb. der Europ. Totentanz-Verein. 6, S. 9–20) 2005; M. KEILSON-LAURITZ, Eros trifft Thanatos. Überlegungen zu makabrer Homoerotik am Beispiel von ~s NLT (in: Forum Homosexualität u. Lit., H. 48, S. 39–50) 2006.

Die Niederschrift des Gustav Anias Horn [...] → *7.1 Fluß ohne Ufer.*

7.5 Pastor Ephraim Magnus (= PEM): KNLL 8,558. – G. HARMS, ~, PEM (in: Kleine Veröff. der Glaubensgemeinde Ugrino, H. 3, S. 42–50) 1921; A. DÖBLIN, ~, PEM (in: DERS., Die Zeitlupe. Kleine Prosa, zus.gestellt W. MUSCHG, S. 40–44) 1962 (zuerst in: Prager Tagbl., 30. 8. 1923); R. E. BROWN, PEM (in: DERS., Thematic Structure in the Plays of ~, S. 1–30) Cambridge/MA 1962; W. BLOHM, PEM (in: DERS., Die außerrealen Figuren in den Dr. ~s, S. 51–67) 1971; D. M. WEIBLE, PEM (in: DERS., Eros in the Works of ~. A Study of Platonic Influence in Four of the Plays, S. 24–87) Ann Arbor/MI 1973.

7.6 Perrudja:

7.6.1 Selbstständig Erschienenes: R. WAGNER, ~s Rom. ‹Perrudja›. Sprache u. Stil (Diss. München) 1965; Y. BAR-DAVID, Leitmotiv et roman. ‹Perrudja› de ~ (Diss. Paris) Paris 1971; II. Λ. SMITH, «Sassanid. König». ~'s ‹Perrudja› in Microcosm (Diss. Los Angeles/CA) Ann Arbor/MI 1974; T. P. FREEMAN, Structure and Symbolism in ~'s ‹Perrudja›. A Study of the Unity of the Novel (Diss. Stanford/CA) Ann Arbor/MI 1975; K. HOCK, Unters. zu ~s Rom. ‹Perrudja› unter besonderer Berücksichtigung der Tierfigur (Diss. München) 1976; K. BRYNHILDSVOLL, ~ u. Henrik Ibsen. Eine Stud. zu ~s Rom. ‹Perrudja› (Diss. Oslo) 1982; M. MAHLSTEDT, Erlösungsfigurationen in ~s ‹Perrudja› (Diss. Hamburg) 1982; J. WOHLLEBEN, Versuch

über ‹Perrudja›. Lit.hist. Beobachtungen über ~s Beitr. zum modernen Rom., 1985.

7.6.2 Unselbstständig Erschienenes: KNLL 8,559; Metzler Lit. Chron. 566; KLL (Internet-Edition). – Lex. homosexuelle Belletristik (hg. D. MOLITOR, W. POPP, D. LINCK) (Losebl.slg.); L. BENNINGHOFF, Chaos u. Anfang (in: Der Kr. Zs. für künstler. Kultur, H. 4, S. 218–223) 1929; R. LUND, ‹Perrudja›. Ein Werk ~s (in: Lit. Rev., H. 5, S. 262–266) 1949; ~, ‹Perrudja› (in: Der Rom.führer [...] 4, hg. J. BEER, S. 362) 1953; W. MUSCHG, ~, ‹Perrudja› (in: FH 14, S. 209–212) 1959; Y. BAR-DAVID, ~ ou le roman devenu musique (in: Critique. Revue générale des publications françaises et étrangères 17, H. 165, S. 111–131) 1961; L. PESCH, Es führt kein Weg zurück (in: DERS., Die romant. Rebellion in der modernen Lit. u. Kunst, S. 160–166) 1962; K. MANN, Der Rom. der dritten Generation. ‹Perrudja› von ~ (in: DERS., Prüfungen. Schr. zur Lit., S. 162–167) 1968 (zuerst in: Neue Zürcher Ztg., 28. 9. 1930); W. HELWIG, ~, ‹Perrudja II› (in: NDH 16, S. 159–167) 1969; Y. BAR-DAVID, ~ et son roman ‹Perrudja› (in: EG 26, S. 449–462) 1971; W. KOEPPEN, Der mehr schwache als starke Mensch. Ein Versuch über ~ u. seinen Rom. ‹Perrudja› (in: ~ [= TuK ³ 2/3], S. 17–20) 1980 (zuerst in: Berliner Börsen-Courier, 15. 7. 1932); H. J. FRÖHLICH, Von ‹Perrudja› bis zum ‹Fluß ohne Ufer› (in: Zeitgenosse ~. Ist der Mensch zu retten?, S. 29–44) 1985; M. KALVERAM, Signe, eine «autonome» Frau im Werk eines homosexuellen Autors? Zu ~: ‹Perrudja› (in: Homosexualität u. Lit. Siegener ~-Koll., hg. D. MOLITOR, W. POPP, S. 187–198) 1986; J. MANTHEY, «Wir sind teufl. Blumen». ~ u. sein Rom. ‹Perrudja› (in: Schreibh. Zs. für Lit. 10, H. 28, S. 169–174) 1986; H. J. FRÖHLICH, Wie auf Steintafeln geritzt. Über ~s ‹Perrudja› (1929) (in: Rom. von gestern – heute gelesen, hg. M. REICH-RANICKI, Bd. 2, S. 178–186) 1989 (zuerst in: Frankfurter Allg. Ztg., 28. 3. 1980); M. HUBER, Musik als Abbild der Schöpfungsharmonie. Liebe, Tod u. Musik in ~s ‹Perrudja› u. ‹Die Niederschr. des Gustav Anias Horn› (in: DERS., Text u. Musik. Musikal. Zeichen im narrativen u. ideolog. Funktionszus.hang ausgew. Erzähltexte des 20. Jh.s, S. 170–187) 1992; M. R. DEAN, Der phantasierte Leib. Wiedergelesen: ~s Rom. ‹Perrudja› (in: Schreibh. Zs. für Lit. u. kulturelle Initiativen 18, H. 44, S. 175–181) 1994; D. LINCK, ‹Perrudja›. Ein Fehlentwicklungsrom. (in: ~, hg. M. LÜDKE u. a., S. 120–133) 1995; E. GOEBEL, Der Untergang der Gesch. im weißen

Brand der Planeten: ~s ‹Perrudja› (1929) (in: DERS., Konstellation u. Existenz. Kritik der Gesch. um 1930. Stud. zu Heidegger, Benjamin, ~ u. Musil, S. 131–180) 1996; A. ROHRWICK, Eros in ~s ‹Perrudja› (in: Archaische Moderne. Der Dichter, Architekt u. Orgelbauer ~, hg. H. BÖHME, U. SCHWEIKERT, S. 110–126) 1996; D. KREMER, Das Geschlecht der Kentauren. ~s ‹Perrudja› u. die «Metamorphose zum Realen» (ebd., S. 200–216) 1996; J. BÜRGER, ~, ‹Perrudja› (in: Reclams Rom.lex., hg. F. R. MAX, C. RUHRBERG, S. 537f.) 2000; M. GASSER, Der Griff in die Eingeweide. ~s ‹Perrudja› (in: Lit. der Weimarer Republik. Kontinuität – Brüche, hg. M. KLEIN u. a., S. 69–108) 2002.

7.7 Thomas Chatterton (= ThCh): KNLL 8,562. – ~, Zur Tr. ThCh [Selbstdarst.] (in: SuF 6, H. 5/6, S. 805–829) 1954; R. E. BROWN, ThCh (in: DERS., Thematic Structure in the Plays of ~, S. 270–294) Cambridge/MA 1962; B. KEITH-SMITH, The Chatterton Theme in Modern German Literature (in: Affinities. Ess. in German and English Literature [...], hg. R. W. LAST, S. 126–138) London 1971; W. BLOHM, ThCh (in: DERS., Die außerrealen Figuren in den Dr. ~s, S. 220–249) 1971; H. FICHTE, Chatterton u. Chatterton. Anm. zu ~ u. Ernst Penzoldt (in: Schreibh. Zs. für Lit. u. kulturelle Initiativen 10, H. 28, S. 154–166) 1986 (erneut in: DERS., Homosexualität u. Lit., Bd. 2, S. 107–142, 1988); R. GULDIN, Dichtung als Fälschung. Zur Chatterton-Diskussion bei ~ u. Hubert Fichte (in: Archaische Moderne. Der Dichter, Architekt u. Orgelbauer ~, hg. H. BÖHME, U. SCHWEIKERT, S. 144–164) 1996; DERS., ~s ThCh: Düsterkeit u. Abtrünnigkeit (in: DERS., Spiegelgeschichten. Zu Hubert Fichtes u. ~s Thomas Chatterton, S. 14–30) 2010; N. BIRKNER, Emotionalität u. Emotionslosigkeit als ästhet. Kategorien in ~s Künstlerdr. ThCh (in: Sentimentalität u. Grausamkeit. Ambivalente Gefühle in der skandinav. u. dt. Lit. der Moderne, hg. S. WENNERSCHEID, S. 149–162) 2011.

7.8 Ugrino und Ingrabanien (= UuI): Lex. homosexuelle Belletristik (hg. D. MOLITOR, W. POPP, D. LINCK) (Losebl.slg.); J. HASSEL, UuI (in: DERS., Der Rom. als Komposition. Eine Unters. zu den Voraussetzungen u. Strukturen von ~s Erzählen, S. 143–153 u. 234–241) 1971; W. P. LAGERWEY, ~'s UuI. Utopia and its Failure (Diss. Evanston/IL) Ann Arbor/MI 1974; B. GRUBER, Vom Bild zum Raum. Zeichn. u. Architektur in ~s UuI (in: Intermedialität. Vom Bild zum Text, hg. T. EICHLER, U. BLECKMANN, S. 59–76) 1994; J. BÜRGER, ~, UuI

(in: Reclams Rom.lex., hg. F. R. MAX, C. RUHRBERG, S. 537) 2000.

7.9 Weitere Einzelschriften: KNLL 8,552 (‹Armut, Reichtum, Mensch u. Tier›); KNLL 8,553 (‹Der Arzt, sein Weib, sein Sohn»); KNLL 8,561 (‹Spur des dunklen Engels›). – Lex. homosexuelle Belletristik (hg. D. MOLITOR, W. POPP, D. LINCK) (Losebl.slg.; zu ‹Die Krönung Richards III.›, ‹Die Trümmer des Gewissens›, ‹Jeden ereilt es›, ‹Spur des dunklen Engels›, ‹Straßenecke›); W. MUSCHG, ~s ‹Armut, Reichtum, Mensch u. Tier› (in: DERS., Pamphlet u. Bekenntnis, hg. P. A. BLOCH, E. MUSCHG-ZOLLIKOFER, S. 145–154) 1968 (zuerst 1934); R. CHARBON, ~: ‹Die Trümmer des Gewissens› (in: DERS., Die Naturwiss. im modernen dt. Dr., S. 76–80) 1974; ~: ‹Die Krönung Richards III.› (Theaterprogr.heft; red. K. VÖLKER) 1978; U. BITZ, Editor. Notiz. Zu ~s ‹Die Mauer› (in: Schreibh. Zs. für Lit. u. kulturelle Initiativen 9, H. 26, S. 207–209) 1985; G. RUPPRECHT, Der unbekannte Gott u. das Fußballspiel. Anm. zu ‹Alchimie des gegenwärtigen Dr.› u. ‹Der Bühnenautor u. das Theater› von ~ (ebd. 10, H. 28, S. 141–144) 1986; J. W. JAMES, Homoerotik in drei Dr. der frühen Weimarer Republik. Bronnens «Vatermord», Brechts «Baal» u. ~s ‹Die Krönung Richards III.› (in: Homosexualität u. Lit. Siegener ~-Koll., hg. D. MOLITOR, W. POPP, S. 61–74) 1986; G. WETTBERG, ~, ‹Die Trümmer des Gewissens› (in: DIES., Das Amerika-Bild u. seine negativen Konstanten in der dt. Nachkriegslit., S. 113–126) 1987; T. BÖHME, «Ich spüre die Verdammnis an mir wie ein Kleid ...». ~s ‹Dreizehn nicht geheure Geschn.› (in: NDL 36, H. 6, S. 157–167) 1988; R. GULDIN, Der grausame Schlächter. Überlegungen zu ~s letztem Rom.fragm. ‹Jeden ereilt es› (in: Forum Homosexualität u. Lit., H. 8, S. 31–59) 1989; ‹Der gestohlene Gott›. Tr. ~s Welt 1924. Materialien zur UA (hg. S. SCHULIN), 1993; R. MICHAELIS, Jubel-Klagen von der schwarzen Seite des Mondes. Späte UA in Hamburg: ~s Tr. ‹Der gestohlene Gott› (in: Die Zeit, 18. 6.) 1993; W. BORCHERS, Totenstarre der Rechtsbegriffe: ‹Der Arzt, sein Weib, sein Sohn› (~) (in: DERS., Männl. Homosexualität in der Dramatik der Weimarer Republik, S. 332–338) 2001 (auch Internet-Edition); DERS., Die Gesetze der grauen Geilheit: ‹Straßenecke› (~) (ebd., S. 542–553) 2001 (dass.); H. KRAH, «Zeichen, die wir deuten müßten». Raumentwurf, Zeiterfahrung u. Selbstfindung in ~s ‹Der staubige Regenbogen› (1959) (in: Forum Homosexualität u. Lit., H. 39, S.

5–25) 2001; S. Schlichtmann, Der andere Mann. Homosozialität u. Interkulturalität in ~s Dr. ‹Straßenecke› (in: Lit. für Leser 28, H. 3, S. 163–180) 2005; J. Bürger, «Ein unsägl. leidender Mensch». Wie ~ 1917 einen anderen Richard III. entworfen hat (in: Shakespeare-Jb. 146, S. 49–59) 2010 (zu ‹Die Krönung Richards III.›); D. Hoffmann, Errettende Grausamkeit. (Meta-)phys. Gewalt in ~s Rom.fragm. ‹Jeden ereilt es› (in: Sentimentalität u. Grausamkeit. Ambivalente Gefühle in der skandinav. u. dt. Lit. der Moderne, hg. S. Wennerscheid, S. 137–148) 2011; S. Hermes, «Hier ist ein Neger zu lynchen». Rassist. Gewalt in ~s Großstadtdr. ‹Straßenecke› (1931) (in: Metropolen als Ort der Begegnung u. Isolation. Interkulturelle Perspektiven auf den urbanen Raum als Sujet in Lit. u. Film, hg. E. W. B. Lüttich u. a., S. 155–174) 2011.

8 Literarische und persönliche Beziehungen, Vergleiche: K. Brynhildsvoll, ~ u. Henrik Ibsen. Eine Stud. zu ~s Rom. ‹Perrudja› (Diss. Oslo) 1982; D. Molitor, Guido Bachmanns Rom.tril. «Zeit u. Ewigkeit» u. ~s Rom.tril. ‹Fluß ohne Ufer›. Analogien u. Kontraste (in: Homosexualität u. Lit. Siegener ~-Koll., hg. ders., W. Popp, S. 75–89) 1986; T. Freeman, The Influence of Goethe's «Faust» on ~ (in: Goethe in the Twentieth Century, hg. A. Ugrinsky, S. 37–44) New York 1987; E. Wolffheim, Die Tragödie des Geistes. Benn – ~ (in: Gottfried Benn zum 100. Geb.tag. Vortr. zu Werk u. Persönlichkeit, hg. W. Müller-Jensen, S. 58–68) 1988; T. Freeman, Gespräch m. Hubert Fichte über ~ [1973] (in: Forum Homosexualität u. Lit., H. 8, S. 93–105) 1989; ders., Versuch über die Pubertät. Einige Anm. zur biogr.-lit. Beziehung zw. Fichte u. ~ (in: Leben, um eine Form der Darst. zu erreichen. Stud. zum Werk Hubert Fichtes, hg. H. Böhme, S. 216–226) 1991; J. N. Tiling, Spuren außerhalb des veröff. Werkes. Briefe von Hubert Fichte an ~ u. Peter Hinrik Boll (in: Leben, um eine Form der Darst. zu erreichen. Stud. zum Werk Hubert Fichtes, hg. H. Böhme, S. 24–49) 1991; B. Schillinger, Das kreative Chaos bei Thomas Mann u. ~. Ein Vergleich von «Doktor Faustus» und ‹Fluss ohne Ufer› (Diss. Mannheim) 1993; J. Hengst, «Er war die Kraft, die meine Bahn veränderte». ~ – Friedrich Gottlieb Harms. Stationen einer Freundschaft u. die schriftl. Form ihres Dialogs (in: Forum Homosexualität u. Lit., H. 22, S. 83–105) 1994; G. Harms, Tgb.aufz. aus dem Nachl. von ~, hg. U. Schweikert (ebd.,

H. 31, S. 57–73) 1998; J. Bürger, Nicht bündnisfähig. Begegnungen zw. Kurt Hiller u. ~ (in: «Zu allererst antikonservativ». Kurt Hiller [1885–1972], hg. W. Beutin, R. Schütt, S. 54–62) 1998; J. Vogt, Kafka, Proust, Joyce oder …? Was ~ von sich u. den Kollegen hielt (in: Wahlverwandtschaften in Sprache, Malerei, Lit., Gesch. FS für Monique Boussart, hg. I. Heidelberger-Leonard, M. Tabah, S. 175–191) 2000; R. Kingerlee, Psychological Models of Masculinity in Döblin, Musil, and ~. Männliches, Allzumännliches, Lewiston/ NY u. a. 2001; A. Degen, Selbst-Überschreitung. Zur Erfahrung von Entgrenzung u. Verein. bei ~ u. Johannes Bobrowski (in: Differenzerfahrung u. Selbst. Bewußtsein u. Wahrnehmung in Lit. u. Gesch. des 20. Jh., hg. B. von Jagow, F. Steger, S. 83–100) 2003; M. Godau, «Wirkl. Wirklichkeit». Mythos u. Ritual bei Adalbert Stifter u. ~ (Diss. Braunschweig) 2005; C. Riedel, Der geöffnete Bleisarg. ~ als lit. Intertext bei Hubert Fichte, 2008; J. Bürger, Die Stimme der Birke. Wie Johannes Bobrowski ~ gelesen hat (in: SchillerJb 52, S. 468–478) 2008.

9 Rezeptions- und Publikationsgeschichte: W. Emrich, ~ u. seine Kritiker (in: ders., Polemik. Streitschr., Pressefehden u. krit. Ess. um Prinzipien, Methoden u. Maßstäbe der Lit.kritik, S. 195–212) 1968; Broch, Canetti, ~. Willi Weismann u. sein Verlag, 1946–1954. M. einer Bibliogr. der Verlagsproduktion (Ausst.kat.; hg. B. Zeller, bearb. J. Meyer) 1985; F. Krey, Vom Entsetzen zur angstfreien Berührung. Reaktionen von Kritikern u. Literaten auf die homosexuale Thematik bei ~ (in: Homosexualität u. Lit. Siegener ~-Koll., hg. D. Molitor, W. Popp, S. 15–40) 1986; J. Vogt, Der Ruhm ist die Summe aller Mißverständnisse. Facetten zur Rezeptionsgesch. ~s in der Bundesrepublik (in: Die Resonanz des Exils. Gelungene u. mißlungene Rezeption dt.sprachiger Exilautoren, hg. D. Sevin, S. 286–298) 1992; K. Schuhmann, Langwierige Annäherung an einen Schriftst. Skizze zur Editions- u. Wirkungsgesch. ~s in der DDR (in: Im Dialog m. der interkulturellen Germanistik. hg. H.-C. Graf von Nayhauss u. a., S. 187–193) Wrocław 1993; E. Wolffheim, Zur Publ.gesch. ~s (in: Hamburger Ziegel. Jb. für Lit. 2, S. 436–441) 1993/94; J. Bürger, Die Edition der Schr. ~s. Probleme u. Erfolge der letzten Jahre, Pläne für die Zukunft (in: Jb. Ernst-Meister-Gesellsch., S. 97–113) 1998; A. Lauterwein, Splendeurs et misères de ~ (1894–1959). Critique et réception d'un écrivain maudit (Vorw. R. Radrizzani) Paris 2000; T. P. Freeman, The Case of ~. Criticism and the Literary Outsider, Rochester/NY u. Woodbridge 2001; T. Menke, ~ u. sein Verleger Willi Weismann. Ein Kap. dt. Verlagsgesch. 1947–1958 (in: Seminar 39, H. 3, S. 217–237) 2003; N. Hucke, Die Ordnung der Unterwelt. Zum Verhältnis von Autor, Text u. Leser am Beispiel von ~s FoU u. den Interpr. seiner Deuter (Diss. Saarbrücken) 2009; U. Schütte, Schnitte, Einstiche, Öffnungen. Stichpunkte zu einer einschneidenden Lit. (Kleist, Büchner, ~, Heiner Müller) (in: Convivium. Germanist. Jb. Polen 18, S. 19–43) 2010.   VH

Jahns, Dietrich, * 12. 6. 1934 Zerbst/Anhalt; Lehrer, Red., Doz. in der Erwachsenenbildung, lebt in Lohr am Main (Unterfranken); aufgewachsen in Zerbst, lebte später in München, n. Abitur u. Lehramtsstudium für Engl. u. Dt. Lehrer in Baden-Württ., danach für zwei Jahre Leiter einer dt. Schule auf Taiwan, n. seiner Rückkehr Red. in der Fremdsprachenabt. eines dt. Schulbuchverlages, ab 1982 Doz. für Engl. u. Lit. in der Erwachsenenbildung, zunächst in Hammelburg/Unterfranken u. ab 1988 in Lohr, später (insbes. im Pensionsalter) Kursleiter für Engl. u. Latein an der Volkshochschule in Marktheidenfeld/Landkr. Main-Spessart, seit 1999 Mitarb. an Lyrik-Anthologien. – Lyrik, Erzählung.

Schriften: Am Abend des Tags vor der Nacht (Ged.) 2000; Schneckenjagd (Ged.) 2001; Ohrenwackeln. Kuriose Gedichte, 2006; Die Steine werden schweigen (Erzn.) 2008.   VH

Jahoda, Lutz, * 18. 6. 1927 Brno (ČSR/Tschechien); Unterhaltungskünstler, Sänger, Schauspieler, Fernseh- u. Rundfunkmoderator, Schriftst., lebt seit 1964 in Wolzig (später zu Heidesee/Brandenb.); Sohn eines kaufmänn. Angestellten, wuchs in Brünn auf, Realschulbesuch, Ausbildung zum Einzelhandelskaufmann, 1943 erster Bühnenauftritt an den Brünner Kammersp., 1945 kurzzeitig Soldat, 1945/46 privater Schausp.unterricht, Gesangs- u. Ballettstud. bei Erich Elstner u. Hilde Engel in Wien u. Übersiedlung m. ihnen n. Berlin (West), 1946/47 Bühnenengagements ebd., 1947–49 Operettenbuffo am Theater der Altmark in Stendal, 1950–53 an Theatern in Halberstadt u. Garmisch-Partenkirchen, 1955–57 Buffo am Operettenhaus in Leipzig, erste Rundfunkaufnahmen

mit z. T. eigenen Liedern u. Texten, ab 1957 Konzerttourneen m. versch. Tanz- u. Unterhaltungsorchestern, freischaffender Mitarb. bei Rundfunk, Fernsehen u. Schallplattenfirmen im Bereich der Unterhaltungskunst, ab 1960 Schauspieler in Kino- u. Fernsehfilmen, u. a. in «Das verhexte Fischerdorf» (1962, Regie S. Hartmann), «Abschied vom Frieden» (1979, Regie H.-J. Kasprzik, Fernseh-Dreiteiler n. dem Rom. von F. C. → Weiskopf) u. «Ein stilles Wochenende» (1986, Regie H. Ostrowsky), ab 1966 Mitgl. der National-Demokrat. Partei Dtl. (NDPD), 1972–90 Mitautor, Moderator, Schauspieler u. Sänger bei mehreren DDR-Fernsehshows, u. a. «Mit Lutz u. Liebe» (ab 1972), «Spiel mir eine alte Melodie» u. «Wunschbriefkasten», Mitwirkender an Musiksendungen im «Berliner Rundfunk», Sprecher in zahlr. Hörsp., Übers. tschech. Liedtexte, 1993/94 Rundfunkmoderator einer eigenen Senderreihe bei «Radio 50plus» in Berlin (später «Spreeradio»), 1994–2009 Vors. des «Paul-Nipkow-Teleclubs e. V.», ab 1995 gelegentl. Auftritte im MDR-Fernsehen, 2001/02 u. danach wiederholt Schauspieler an der Kom. Dresden, seit 2009 Korrespondent der kanad. Monatsztg. «Dt. Rundschau». – Neben anderen Auszeichnungen 1983 «Fernsehliebling des Jahres» des DDR-Fernsehens, 1987 Hans-Otto-Medaille u. «Goldener Lorbeer» des Dt. Fernsehfunks. – Liedtext, Erz., Rom., Autobiogr., Theaterst., journalist. Beitr., Übers. (aus dem Tschechischen).

Schriften: Mit Lust und Liebe. Plaudereien eines Unterhaltungskünstlers, 1973 (Illustr. M. Bofinger); Lutz im Glück und was sonst noch schieflief (Autobiogr.; Vorw. F. Elstner) 2001; Der Irrtum (Rom.) I Das Schöne war nichts als des Schrecklichen Anfang, II Die Hütte Gottes bei den Menschen, III Nur die Toten durften bleiben, 2009; Fernsehkommissare haben's gut. Keine Alltagskomödie (Erz.) 2010 (zuerst als Theaterst., UA 2007); Up & Down. Nervenstark durch ein verhunztes Jahrhundert (Autobiogr.) 2012; I. M. Albert, Nacktgeschichten (Bearb., Mitverf.) 2013.

Herausgebertätigkeit: Immer volks-populär. Episoden von Mitarbeitern und Mitwirkenden des Fernsehens in der DDR (m. S. Böhme) 2001 (Illustr. M. Bofinger).

Tonträger (Ausw.): Zu Gast bei L. J. (Schallplatte) 1963; L. J. (dass.) 1977; Die Welt will nur noch Show (CD) 2002; Die großen Erfolge (CD) 2009.

Literatur: Theater-Lex. Nachtr.bd., Tl. 2,378. – Biogr. Hdb. der SBZ/DDR 1945–1990 (hg. G.

BAUMGARTNER, D. HEBIG) Bd. 1, 1996; Wer war wer in der DDR? Ein Lex. ostdt. Biogr. (hg. H. MÜLLER-ENBERGS u. a.) Bd. 1, ⁵2010; M. GRESS, ~: «Dass die Ost-Stars im Westen keiner wollte, kann ich verstehen» [Interview] (in: Bautzener Bote, 2. 5.) 2012 (auch Internet-Edition).   VH

Jahoda, Marie (verh. Lazarsfeld; wiederverh. Albu; auch J.-Lazarsfeld; Ps. M. Mautner), * 26. 1. 1907 Wien, † 28. 4. 2001 Keymer/Sussex (Großbritannien); Sozialpsychologin, Soziologin; Tochter eines Kaufmanns u. einer Hausfrau, wuchs in Wien auf, besuchte 1918–26 ein Realgymnasium ebd., engagierte sich 1924–26 in der «Verein. sozialist. Mittelschüler», 1926 Matura, Beitritt zur Sozialdemokrat. Arbeiterpartei Dt.öst., besuchte 1926–28 (Dipl.-Abschluss) einen Lehrerbildungskurs des Pädagog. Inst. der Stadt Wien, 1926–31 Stud. der Psychol. u. ztw. der Germanistik an der Univ. Wien, 1927–34 verh. m. dem Soziologen Paul Felix Lazarsfeld (1901–1976), ab 1929 polit. aktiv innerhalb der öst. Sozialdemokratie (1930–34 u. a. Bibliothekarin einer Arbeiterbücherei), 1932 Dr. phil. bei Karl L. → Bühler in Wien, 1932–35 wiss. Mitarb. der «Öst. wirtschaftspsycholog. Forsch.stelle» am Psycholog. Inst. der Univ. Wien u. 1935/36 Leiterin von deren Nachfolgegesellsch. «Arbeitsgemeinschaft der Mitarb. der Öst. wirtschaftspsycholog. Forsch.stelle», zudem 1932/33 Mitarb. am Öst. Gesellsch.- u. Wirtschaftsmus. u. 1933/34 Aushilfslehrerin an versch. Schulen in Wien, ab 1934 Mitgl. der «Revolutionären Sozialisten Öst.», Ende 1936 wegen illegaler Tätigkeit verhaftet u. zu dreimonatiger Kerkerstrafe verurteilt, n. internat. Protesten vorzeitig u. m. Ausreiseaufl. entlassen, emigrierte 1937 n. London, lebte 1938–40 in Bristol, dann in Street/Somerset u. bis 1945 in London, 1939/40 Stipendiatin der Cambridge Univ., 1940/41 Mitarb. des «Wartime Social Survey» beim brit. Informationsminis terium, 1941–44 Mitgl. des Londoner Büros der öst. Sozialisten in Großbritannien, 1941–43 Red. u. Sprecherin beim Geheimsender «Radio Rotes Wien» in Woburn bei London, 1943/44 Mitarb. im National Inst. of Social and Economic Research, 1944/45 Angestellte in der Forsch.abt. eines Handelsunternehmens, übersiedelte 1945 in die USA, lebte zunächst in Detroit/MI, dann in Manhasset/ NY u. ab 1947 in New York, 1945–48 Mitarb. in der wiss. Abt. des American Jewish Committee bei Max → Horkheimer, 1948/49 wiss. Mit-

arb. im Bureau of Applied Social Research der Columbia Univ. in New York, 1949–58 Prof. für Psychol. an der New York Univ., Dir. des Research Centers for Human Relations, 1958 Rückkehr n. Großbritannien, lebte in London u. ab den 1960er-Jahren in Keymer, ab 1958 Doz. u. ab 1962 Prof. für Psychol. u. Sozialwiss. am Brunel College of Advanced Technology in London, 1965– 73 (emeritiert) Prof. der Sozialpsychologie an der Univ. of Sussex in Falmer/Brighton. – Mitgl. zahlr. wiss. Gremien. – Neben anderen Auszeichnungen u. Ehrungen 1980 Kurt Lewin Memorial Award, 1993 Preis der Stadt Wien für Geistes- u. Sozialwiss. sowie Großes Silbernes Ehrenzeichen für Verdienste um die Republik Öst., 1997 Bruno-Kreisky-Preis für das polit. Buch, 1998 Dr. hc. der Univ. Linz u. Wien. – Fachschr., Autobiogr., Lyrik.

Schriften (fremdsprachige u. Fachschr. in Ausw.): Anamnesen im Versorgungshaus. Ein Beitrag zur Lebenspsychologie (Diss.) 1931; Die Arbeitslosen von Marienthal. Ein soziographischer Versuch über die Wirkungen langdauernder Arbeitslosigkeit. Mit einem Anhang zur Geschichte der Soziographie (m. P. F. Lazarsfeld, H. Zeisel) 1933 (NA 1960 u. 1975; von letzterer zahlr. Aufl.; 1988 verfilmt u. d. T.: Einstweilen wird es Mittag oder Die Arbeitslosen von Marienthal, Regie K. Brandauer, 2010 auf DVD); Anti-Semitism and Emotional Disorder. A Psychoanalytic Interpretation (m. N. W. Ackerman) New York 1950; Toward a Social Psychology of Mental Health, ebd. 1950; The Impact of Literature. A Psychological Discussion of Some Assumptions in the Censorship Debate, ebd. 1958; Current Concepts of Positive Mental Health [...], ebd. 1958; The Education of Technologists. An Exploratory Case Study at Brunel College, London 1963; Wieviel Arbeit braucht der Mensch? Arbeit und Arbeitslosigkeit im 20. Jahrhundert (Vorw. W. BRANDT, Übers. G. HOLL) 1983 (zuerst engl. u. d. T.: Employment and Unemployment. A Social-psychological Analysis, Cambridge/England 1982); Freud und das Dilemma der Psychologie (Übers. T. BENDER) 1985 (zuerst engl. u. d. T.: Freud and the Dilemmas of Psychology, London 1977); «Ich habe die Welt nicht verändert». Lebenserinnerungen einer Pionierin der Sozialforschung (hg. S. ENGLER, B. HASENJÜRGEN, Vorw. S. ANDRESEN) 1997 (m. Anm. u. Bibliografie).

Herausgebertätigkeit (Ausw.): Attitudes. Selected Readings (m. N. Warren) Harmondsworth 1966;

World Futures: The Great Debate (m. C. Freeman) London 1978.

Ausgaben: Sozialpsychologie der Politik und Kultur. Ausgewählte Schriften (m. Einl. hg. C. FLECK, Übers. H. G. ZILIAN) 1994.

Nachlass: Arch. für die Gesch. der Soziologie in Öst., Univ. Graz; Briefe u. a. im DLA u. in der StUB Frankfurt/M. (im Nachl. Max Horkheimer). – Inventar 1,531.

Literatur: Hdb. Emigration 1,329; HAjH 2,594; DBE 5,300. – Des Menschen hohe Braut. Arbeit, Freizeit, Arbeitslosigkeit. Franz Kreuzer im Gespräch m. ~ 50 Jahre n. der Unters. ‹Die Arbeitslosen von Marienthal›, 1983; Bibliographia Judaica. Verz. jüd. Autoren dt. Sprache (bearb. R. HEUER) Bd. 2, 1984; Internat. Soziologenlex. (hg. W. BERNSDORF, H. KNOSPE) Bd. 2, ²1984; ‹Ich habe die Welt nicht verändert›. Gespräch m. ~ (in: Die Zerstörung einer Zukunft. Gespräche m. emigrierten Sozialwissenschaftlern, hg. M. GREFFRATH, S. 95–136) 1989; Die Marienthal-Studie – 60 Jahre später. ~ zum fünfundachtzigsten Geb.tag (Einl. A. WACKER) 1992 (m. Schr.verz.); Jewish Women in America. An Historical Encyclopedia (hg. P. E. HYMAN, D. D. MOORE) Bd. 1, New York u. London 1997; C. FLECK, ~. Lebensnähe der Forsch. u. Anwendung in der wirkl. Welt (in: Frauen in der Soziologie. Neun Portraits, hg. C. HONEGGER, T. WOBBE, S. 258–286) 1998; F. HERVÉ, I. NÖDINGER, Lex. der Rebellinnen. Von A bis Z, 1999; The Biographical Dictionary of Women in Science. Pioneering Lives from Ancient Times to the Mid-20th Century (hg. M. OGILVIE, J. HARVEY) Bd. 1, New York u. a. 2000; ~. 1907–2001. Pionierin der Sozialforsch. [...] (Ausst.kat.; hg. R. MÜLLER) 2002; K. KOCKS, S. MECK, Empir. Sozialforsch.: Nicht beweisen, entdecken! Milieus, Motive, Methoden der ~, 2005; V. POLONI, ~ u. Paul F. Lazarsfeld: Karriere u. Identitätskonstruktion im Exil (in: Dt.-jüd. Wiss.schicksale. Stud. über Identitätskonstruktionen in der Sozialwiss., hg. A. BARBOZA, C. HENNING, S. 152–179) 2006; 50 Klassiker der Soziologie. Internet-Lex. der Univ. Graz (Internet-Edition); Exil-Arch. der Else-Lasker-Schüler-Stiftung (dasselbe). VH

Jahoda, Susi (eig. Susanne J.), * 22. 3. 1949 Wien; Lehrerin, Lektorin, Laientheaterleiterin, lebt in Göllersdorf/Niederöst.; Ausbildung zur medizin.-techn. Assistentin, ztw. Lektorin in einem Kdb.verlag in Mödling/Niederöst. u. Wien,

Volksschullehrerin an einer niederöst. Landschule, lebte ztw. in Wien u. Sierndorf/Niederöst., gründete 2010 die Schausp.gruppe «Theaterkessel» in Göllersdorf, verf. (z. T. adaptierte) Texte für mehrere Auff. dieses (Kinder-)Musiktheaters u. führte Regie, zumeist in Zus.arbeit m. der Musikschule Hollabrunn/Niederösterreich. – 1984 Anerkennungspreis des Landes Niederöst. für Literatur. – Kdb., Erz., Kurzgesch., Kinder- u. Musiktheaterstück.

Schriften: Bei uns gibt's ein Amselnest, 1981 (Illustr. U. Miller; Neuausg. 1987); Markus sitzt im Hexenhaus, 1983 (Illustr. dies.); Meine grüne Violetta, 1985 (Illustr. S. Weigel). (Alles Kinderbücher.)

Herausgebertätigkeit: Er sah, daß es gut war. Ein Buch zum Staunen und Sichfreuen (Kdb.; m. W. Lussnigg) 1980 (Illustr. R. Farioli).

Uraufführungen (Ausw.): Pankraz – Die Geschichte vom Mugel, dessen Höhe sich veränderte (Kindersingsp.) 2009 (Musik R. Baumgartner); Die Reise mit dem Zauberorchester, 2010 (Musik L. Zempleni); Die Gewittermacher, 2010; Hans im Glück und die Musik, 2011 (1. Fass.; UA der 2. Fass.: 2012); Hexe. Spindel. Rosenhecke, 2011 (Musik D. Schostakowitsch); Der Räuber und sein Engel, 2012; Zweimal Mozart und zurück, 2013.

Literatur: Öst. Katalog-Lex. 1,171. – Lex. der öst. Kinder- u. Jugendlit., Bd. 1, 1994. VH

Jahoda-Lazarsfeld, Marie → Jahoda, Marie.

Jahr, Karin, * 25. 7. 1936 Breslau; Musikerin, Journalistin, Eheberaterin, lebt in Luxemburg; Tochter einer Künstlerin u. eines Schriftstellers u. Psychoanalytikers, aufgewachsen in Breslau u. ab 1945 in Suhl/Thür., Schulbesuche ebd. u. ab 1954 in Marburg/L., Abitur ebd., studierte an der Musikhochschule in Frankfurt/M., übersiedelte 1965 n. Luxemburg, ebd. Geigerin in versch. Orchestern, 1970–90 Tontechnikerin bei RTL, seit 1970 auch journalist. tätig, verf. Musikbesprechungen im «Luxemburger Wort» sowie Beitr. für versch. Ztg. u. Zs., n. einer Ausbildung zur Eheberaterin Mitbegr. u. bis 2004 Leiterin einer Ehe- u. Familienberatungsstelle in Luxemburg. – Lyrik, Prosa, Rezension.

Schriften: Spots (Ged., Prosa) 1975 (Bilder J. Schwarzkopf); Das Leben auf den Kopf stellen (dass.) 1978 (Bilder G. Jahr-Queisser); Trotzdem (dass.) 1997; aufSchrei (Ged.) 2013.

Literatur: LAL 295. VH

Jahraus, Karl → Bloch, Ernst.

Jahraus, Oliver, * 13. 11. 1964 Kempten/Allgäu; Germanist, Lit.-, Kultur- u. Medienwissenschaftler, lebt in München; 1984–90 Stud. der Germanistik u. Philos. an der Ludwig-Maximilians-Univ. München, 1990 M. A. u. 1991/92 Promotionsstipendium ebd., 1992 Dr. phil., ab 1992 Lehrbeauftragter am Inst. für Dt. Philol. der Univ. München, 1996–2004 wiss. Assistent (bis 2003 bei Wulf → Segebrecht) u. 2004/05 Oberassistent an der Univ. Bamberg, 2001 Habil. ebd., seit 2001 Mithg. des Rez.organs «IASLonline», seit 2005 Lehrstuhlinhaber für Neuere dt. Lit. u. Medien an der Univ. München, 2007–09 Dekan der Fak. für Sprach- u. Lit.wiss. ebd., seit 2007 Vertrauensdoz. der Konrad-Adenauer-Stiftung, seit 2010 Vors. des Beirats für Lit. u. Übers.förderung des Goethe-Instituts. – Fachschrift.

Schriften: Die Wiederholung als werkkonstitutives Prinzip im Œuvre Thomas Bernhards, 1991; Das «monomanische» Werk. Eine strukturale Werkanalyse des Œuvres von Thomas Bernhard (Diss.) 1992; Systemtheorie und Dekonstruktion. Die Supertheorien Niklas Luhmanns und Jacques Derridas im Vergleich (m. B. Marius) 1997; Die Aktion des Wiener Aktionismus. Subversion der Kultur und Dispositionierung des Bewußtseins, 2000; Theorieschleife. Systemtheorie, Dekonstruktion und Medientheorie, 2001; Literatur als Medium. Sinnkonstitution und Subjekterfahrung zwischen Bewußtsein und Kommunikation (Habil.-Schr.) 2003; Martin Heidegger. Eine Einführung, 2004; Literaturtheorie. Theoretische und methodische Grundlagen der Literaturwissenschaft, 2004; Amour fou. Die Erzählung der Amour fou in Literatur, Oper, Film. Zum Verhältnis von Liebe, Diskurs und Gesellschaft im Zeichen ihrer sexuellen Infragestellung, 2004; Kafka. Leben, Schreiben, Machtapparate, 2006; Grundkurs Literaturwissenschaft, 2008; Die 101 wichtigsten Fragen. Deutsche Literatur, 2013.

Herausgebertätigkeit (Ausw.): Interpretation, Beobachtung, Kommunikation. Avancierte Literatur und Kunst im Rahmen von Konstruktivismus, Dekonstruktivismus und Systemtheorie (m. B. Scheffer) 1999; Lyrik lesen! Eine Bamberger Anthologie. Wulf Segebrecht zum 65. Geburtstag (m. S. Neuhaus, P. Hanenberg) 2000; Beobachtungen des Unbeobachtbaren. Konzepte radikaler Theoriebildung in den Geisteswissenschaften (m. N.

Ort, B. M. Schmidt) 2000; Bewußtsein – Kommunikation – Zeichen. Wechselwirkungen zwischen Luhmannscher Systemtheorie und Peircescher Zeichentheorie (m. N. Ort) 2001; N. Luhmann, Aufsätze und Reden (m. Nachw. hg.) 2001; Kafkas «Urteil» und die Literaturtheorie. Zehn Modellanalysen (m. S. Neuhaus) 2002; Der erotische Film. Zur medialen Codierung von Ästhetik, Sexualität und Gewalt (dass.) 2003; Theorie – Prozess – Selbstreferenz. Systemtheorie und transdisziplinäre Theoriebildung (m. N. Ort) 2003; Wie im Film. Zur Analyse populärer Medienereignisse (m. B. Scheffer) 2004; Der fantastische Film. Geschichte und Funktion in der Mediengesellschaft (m. S. Neuhaus) 2005; Kafka-Handbuch. Leben – Werk – Wirkung (m. B. von Jagow) 2008; Beobachten mit allen Sinnen. Grenzverwischungen, Formkatastrophen und emotionale Driften. Eine Festschrift für Bernd Scheffer (m. M. Schellong, S. Hirmer) 2008; Sex, Tod, Genie. Beiträge zum Werk von Helmut Krausser (m. C. D. Conter) 2009; S. Freud, «Der Dichter und das Phantasieren». Schriften zur Kunst und Kultur (m. Nachw. hg.) 2010; Wider die Repräsentation. Präsens/z-Erzählen in Literatur, Film und bildender Kunst (m. T. Prokić, A. Kolb) 2011; Theorietheorie. Wider die Theoriemüdigkeit in den Geisteswissenschaften (m. M. Grizelj) 2011; Luhmann-Handbuch. Leben – Werk – Wirkung (m. a.) 2012; Vor der Theorie. Immersion – Materialität – Intensität (m. M. Grizelj, T. Prokić) 2014; Der Erste Weltkrieg als Katastrophe. Deutungsmuster im literarischen Diskurs (m. C. Conter, C. Kirchmeier) 2014.

Literatur: Online-Verz. der Hochschulgermanistik (Internet-Edition).   VH

Jahrmann, Hans → Alexander, Hans.

Jahrow, Elsa (Else), * 1884 Leipzig, † nicht ermittelt; Sängerin, Musikerin; Tochter des Kapellmeisters u. späteren königl.-sächs. Musikdirigenten Alfred J., frühzeitig Konzertsängerin u. Pianistin in Leipzig, um 1907 Gesangsstud. in Dresden, auch Schauspielerin, Sängerin u. Schriftst., später Gesangslehrerin in Dresden. – Lyrik, Roman.

Schriften: Gedichte, 1903.
Literatur: Theater-Lex. 2,892. – Dtl., Öst.-Ungarns u. der Schweiz Gelehrte, Künstler u. Schriftst. in Wort u. Bild (hg. G. A. Müller) 1908; Lit. Silhouetten. Dt. Dichter u. Denker u. ihre

Werke. Ein literarkrit. Jb. (hg. u. bearb. H. Voss, B. Volger) 1908.   VH

Jaich, Minna → Kautsky, Minna (Wilhelmine).

Jaide, Walter, * 10. 5. 1911 Berlin, † 23. 4. 1996 Hannover; Psychologe; studierte u. a. evangel. Theol., Philos., Psychol., Ethnologie u. Frühgesch. an der Univ. Berlin, 1937 Dr. phil. ebd., 1937–39 Assistent am Psycholog. Inst. der Univ. Würzburg, 1939–41 Berufsberater beim Arbeitsamt Hannover, 1941–45 Soldat im 2. Weltkrieg, 1947 Doz. für Psychol. in Bederkesa u. ab 1948 an der PH Hannover, 1958 Prof. an der PH Hannover, 1963–76 o. Prof. für Psychol. u. 1963–65 Rektor ebd., Begr. u. 1967–91 Leiter der Forsch.stelle für Jugendfragen in Hannover, veröff. Beitr. u. a. in den Zs. «Stimmen der Zeit», «Politik u. Kultur» u. «Wirtschaft u. Berufserziehung». – Neben anderen Mitgl.schaften u. a. 1963 Mitgl. der Dt. Gesellsch. für Psychol. u. 1974 des P.E.N.-Zentrums BRD Deutschland. – Fachschr., Betrachtungen, Ess., Erzählung.

Schriften (Ausw.:) Das Wesen des Zaubers in den primitiven Kulturen und in den Islandsagas, 1937; Das Verhältnis der Jugend zur Politik. Empirische Untersuchungen zur politischen Anteilnahme und Meinungsbildung junger Menschen der Geburtsjahrgänge 1940–1946, 1963; Achtzehnjährige – zwischen Reaktion und Rebellion. Politische Einstellungen und Aktivitäten Jugendlicher in der Bundesrepublik, 1978 (2., überarb. Aufl., unter Mitarb. von B. Hille u. a., 1982); Generationen eines Jahrhunderts. Wechsel der Jugendgenerationen im Jahrhunderttrend. Zur Sozialgeschichte der Jugend in Deutschland 1871–1985, 1988; Des Lebens Poesie. Von der Faszination über den Glanz der Erde und die Fülle der Welt, 1991; Jugend und Identität (Betrachtungen) 1993; Am Ende einer Epoche. Das Absurde der Produktivität und unsere Chance gegen die Weltkrise (unter Mitarb. von B. Hille) 1994; Für eine Moral der Zukunft (Betrachtungen) 1995.

Herausgebertätigkeit: Jugend im doppelten Deutschland (m. B. Hille) 1977; Handbuch der Berufspsychologie (m. K. H. Seifert, H.-H. Eckhardt) 1977; Jugend und Sport in den neuen Bundesländern (m. B. Hille u. unter Mitarb. von C. Becker u. a.) 1992.

Literatur: Kurzbiogr. von ~ (in: Beitr. zur Jugendforsch. Sozialpsycholog. Befunde zum Ju-

gendalter in beiden dt. Staaten. ~ zum 65. Geb.tag, hg. B. Hille, B. Roeder, S. 145) 1979; Schr.verz. von ~ (ebd., S. 146–153) 1979; PEN-Zentrum BRD. Autorenlex. (red. B. Fischer) 1993.   KG

Jaime, Edward (Ps. E. Liebig; auch E. J.-Liebig), * 20. 10. 1907 Koblenz, † 27. 2. 1965 Hannover; verh. m. Adele → Feldgiebel; Journalist, Angestellter, Schriftst.; freier Journalist, 1935–45 Angestellter einer Maschinenfabrik in Hannover, 1937 Ablehnung durch die Reichsschrifttumskammer, ab 1945 freier Schriftst., Mitarb. versch. Tagesztg. u. Zs., u. a. der «Rhein. Ztg.» in Köln u. der Zs. «Neue lit. Welt», Volkshochschuldoz., auch maler. Betätigung. – Korrespondierendes Mitgl. der Accademia di Belle Arti di Venezia. – Lyrik, Skizze, Ess., Rede, lit.-hist. Schr., Übers. (u. a. aus dem Engl., Französ., Italien. u. Lateinischen).

Schriften: Rede über Stefan George. Gehalten im November 1934 im «Neuen Kreis» Hannover, 1935; Der französische Parnass. Skizzen und Nachdichtungen, 1948; Stefan George und die Weltliteratur, 1949; Kleine Geschichte Venedigs, 1955.

Übersetzungen: J. Keats, Sonette und Oden, 1947; Gedichte aus acht Ländern. Übertragen aus fünf Sprachen, 1946; A. C. Swinburne, Gesänge und Balladen (Nachdg.) 1948; G. B. Marino, Sonette und Madrigale (auch Hg.) 1964.

Nachlass: Teilnachl. im Heinrich-Heine-Inst., Düsseldorf. – Denecke 170.   KG

Jair, Ben → Golde (Goldé), Moritz (Marcus L.).

Jais, Karl, * 29. 12. 1895 Imst/Tirol, † 10. 8. 1955 Zams/ebd.; Pfarrer; ab 1937 Pfarrer in Vent/Tirol, auch maler. Betätigung. – Lyrik, Mundart (Tiroler).

Schriften: Derhuam. Imster Mundartgedichte, 1955.

Literatur: Schmidt, Quellenlex. 14,418. – P. Wimmer, Wegweiser durch die Lit. Tirols seit 1945, 1978; B. Sowinski, Lex. dt.sprachiger Mundartautoren, 1997.   KG

Jakauw → Hirsch, Karl Jakob.

Jakimow, Annemarie von (geb. Kruse; auch von Jakimow-Kruse; später Kirchner-Kruse; auch Kirchner-Jakimow), * 14. 3. 1889 Berlin, † 17. 12. 1977 Marburg/L.; Mutter des Malers Erasmus von Jakimow (1918–1944), Tochter des Bildhauers Max Kruse (1854–1942), Stieftochter von Käthe → Kruse, Halbschwester von Max → Kruse; Malerin; Lehre zur Buchbinderin, besuchte 1907 die Dresdner Kunstgewerbeschule, 1908–12 Stud. bei der Malerin Ida Gerhardi (1862–1927), dann Stud. an der Académie Matisse sowie bei Marc Chagall (1887–1985), Alexander Archipenko (1887–1964) u. a. Künstlern in Paris, 1912 Heirat m. Igor von → J., lebte 1912–14 in Mariabrunn bei Dachau (später zu Röhrmoos), dort Mitgl. der Künstlerkolonie Dachau, lebte 1914–18 in Polotjobnoje bei Skopin/Russland u. verwaltete das Gut ihrer Schwiegereltern, n. Verlust des Gutes 1918 Flucht n. Berlin, Teilnahme an versch. Ausst. ebd., 1924 (23?) Scheidung, Zeichenlehrerin an der Odenwaldschule in Ober-Hambach/Bergstraße (später zu Heppenheim), 1933 Heirat m. Werner → Kirchner, lebte in Bad Homburg u. ab 1948 in Marburg. – Erinn., Übers. (aus dem Russischen).

Schriften: Der Gutshof Jakimow. Erlebnisse einer deutschen Frau in Sowjetrußland (Geleitw. G. REUTER) 1919 (Zeichn. A. von Jakimow).

Übersetzungen: L. N. Tolstoj, Der Leinwandmesser. Die Geschichte eines Pferdes, 1947.

Nachlass: Im Nachl. des Vaters Max Kruse im Dt. Kunstarch. im German. Nationalmus., Nürnberg. – Mommsen 2,5801.

Literatur: AKL 77,214 (auch Internet-Edition). – U. THIEME, F. BECKER, Allg. Lex. der bildenden Künstler von der Antike bis zur Ggw., Bd. 18, 1925; H. VOLLMER, Allg. Lex. der bildenden Künstler des 20. Jh., Bd. 2, 1955; ~. Märk. Mus. Witten-Ruhr, 20. September – 11. Oktober 1959 (Ausst.kat.) 1959; ~. Märk. Mus. der Stadt Witten, 27. November bis 18. Dezember 1966 (dass.) 1966; Vier Malerinnen. ~, Marie Luise Quade, Ilse Buchczik, Gisela Schwarz-Kleegraf. Märk. Mus. der Stadt Witten, 25. November – 16. Dezember 1973 (dass.) 1973; O. THIEMANN-STOEDTNER, G. HANKE, Dachauer Maler. Die Kunstlandschaft von 1801–1946 (hg. K. KIERMEIER) ²1989; M. KRUSE, Die versunkene Zeit. Bilder einer Kindheit im Käthe-Kruse-Haus, 2000; D. LORENZ, Künstlerspuren in Berlin vom Barock bis heute. Ein Führer zu Wohn-, Wirkungs- u. Gedenkstätten bildender Künstlerinnen u. Künstler, 2002; Die große Inspiration. Dt. Künstler in der Académie Matisse (hg. B. LEISMANN) Tl. 3, 2004; G. WEDEL, Autobiogr. von Frauen. Ein Lex., 2010; «Wozu die ganze Welt, wenn ich nicht malte». Ida Gerhardi (1862–1927). Briefe einer Malerin zw. Paris u. Berlin (bearb. A. RITTMANN) 2012; Ida Gerhardi. Dt. Künstlerinnen in Paris um 1900 (hg. S. CONZEN, H. G. MÖLLER) 2012.   KG

Jakimow, Igor von, * 8. 3. 1885 Polotjobnoje bei Skopin/Russland, † 20. 3. 1962 Heidelberg; Vater des Malers Erasmus von Jakimow (1918–1944), Schwiegersohn des Bildhauers Max Kruse (1854–1942); Bildhauer, Keramiker, Maler, Grafiker; Sohn eines Rechtsanwalts u. Gutsbesitzers, studierte zunächst Rechtswiss. in St. Petersburg, 1906/07 Stud. der Bildhauerei an der Académie Colarossi in Paris, Stud.aufenthalte in München, London, Russland u. Italien, 1910/11 Stud. an der Académie de la Grande-Chaumière in Paris, dort prägender Kontakt zu Antoine Bourdelle (1861–1929) u. Henri Matisse (1869–1954), 1912 Heirat m. Annemarie von → J., lebte 1912–14 in Mariabrunn bei Dachau (später zu Röhrmoos), Mitgl. der Künstlerkolonie Dachau, 1914 Reise n. Russland, dort vom Ausbruch des 2. Weltkriegs überrascht u. zum Militär eingezogen, n. Verlust des väterl. Gutes 1918 Flucht n. Berlin, Mitgl. der Freien Sezession ebd., auf Einladung Max → Liebermanns Ausst. in der Preuß. Akad. der Künste, 1924 (23?) Scheidung, 1928–30 Teilnahme an archäolog. Expeditionen in Beirut/Libanon u. Aleppo/Syrien, Mitarb. beim Aufbau des Tell-Halaf-Mus. in Berlin, übersiedelte 1931 n. Heidelberg, Zeichenlehrer an der Odenwaldschule in Ober-Hambach/Bergstraße (später zu Heppenheim), 1941 als Dolmetscher für das Militär eingezogen, n. 1947 mehrere Ausstellungen. – Reiseber., Briefe.

Schriften: Jenseits der Grenzen, 1946 (Zeichn. I. von J.); Orientalische Briefe, 1949 (dasselbe).

Literatur: AKL 77,213 (auch Internet-Edition). – U. THIEME, F. BECKER, Allg. Lex. der bildenden Künstler von der Antike bis zur Ggw., Bd. 18, 1925; H. VOLLMER, Allg. Lex. der bildenden Künstler des 20. Jh., Bd. 2, 1955; O. THIEMANN-STOEDTNER, G. HANKE, Dachauer Maler. Die Kunstlandschaft von 1801–1946 (hg. K. KIERMEIER) ²1989; L. J. REITMEIER, Dachau, der berühmte Malerort. Kunst u. Zeugnis aus 1200 Jahren Gesch. [...], 1990; D. ELGER, Expressionismus. Eine dt. Kunstrevolution, 1991; A. LAMMERT, Antimoderne u. Moderne in der Plastik der Weimarer Akad. (Diss. HU Berlin) 1993; M. C. BOWN, A Dictionary of Twentieth Century Russian and Soviet Painters. 1900–1980s,

London 1998; D. Lorenz, Künstlerspuren in Berlin vom Barock bis heute. Ein Führer zu Wohn-, Wirkungs- u. Gedenkstätten bildender Künstlerinnen u. Künstler, 2002; G. Stein, Der Maler u. Bildhauer ~ (in: Die Insel im Wald. 300 Jahre Heidelberger Kohlhof, hg. Ders., S. 116–119) 2006; J.-C. Hachet, Dictionnaire illustré des sculpteurs animaliers & fondeurs de l'antiquité à nos jours, Bd. 1, Luxembourg 2005.   KG

Jakimow-Kruse, Annemarie von → Jakimow, Annemarie von.

Jakob, Adalbert (gen. Dichter an der Hobelbank), * 30. 1. 1892 Würzburg, † 26. 3. 1970 ebd.; Schreinermeister, Schriftst., lebte in Würzburg; veröff. ab 1914 erste Ged., Lehre in der väterl. Schreinerwerkstatt, ging zwei Jahre auf Wanderschaft, Soldat im 1. Weltkrieg, übernahm 1918 die Schreinerwerkstatt, ab 1950 Mitgl. u. ab 1951 Senator der von Otto Erich → Hartleben 1903 begr. «Halkyon. Akad. für unangewandte Wiss. zu Salò», 1932 Mitbegr. der Max-Dauthendey-Gesellsch. in Würzburg u. später deren Vizepräs., ab 1957 freier Schriftst., ab 1959 Vors. der Societas pro arte Herbipolensis, auch Veröff. in Ztg., Zs. u. im Rundfunk. – Silberne Stadtplakette der Stadt Würzburg, 1964 Bundesverdienstkreuz, 1967 Dauthendey-Plakette in Gold. – 1920 Mitgl. des Frankenbundes, der Richard-Wagner-Gesellsch. u. des Künstlerkr. Hätzfelder Flößerzunft. – Lyrik, Erz., Essay.

Schriften: Die Brücke. Gesammelte Gedichte, 1936; Der silberne Pfad, 1942 (Schr. nicht nachweisbar); Die Rast, 1944 (dass.); Pegasus in Franken (m. G. Rostosky) 1955; Wanderer unter den Wolken (Geleitw. H. Gerstner) 1960 (Zeichn. T. Batizky u. a.); Würzburger Späne. Zum Gedenken an seinen 100. Geburtstag, 1991.

Literatur: H. Gerstner, Geleitw. (in: A. J., Wanderer unter den Wolken, S. 5–8) 1960; Christine J., Der Dichter an der Hobelbank (in: Frankenland NF 44, S. 158f.) 1992.   KG

Jakob, Angelika (Ps. für Ingrid Kreuzer; geb. Oßmann), * 21. 3. 1926 Pethau/Oberlausitz, † 24. 12. 2004 Siegen; verh. m. Helmut → Kreuzer; Kunsthistorikerin, Lit.wissenschaftlerin, Schriftst.; Tochter eines Kaufmanns, wuchs in Schles. auf, besuchte in Reichenbach/Eulengebirge (Dzierżoniów/

Polen) u. Glogau (Głogów/Polen) die Schule, begann 1944 ein Stud. der Kunstgesch., Germanistik u. Archäologie an der Univ. Breslau, dann versch. berufl. Tätigkeiten, u. a. Ausbildung zur Fotografin, setzte das Stud. ab 1946 an den Univ. Halle/S., Göttingen u. Tübingen fort, 1953 Dr. phil. an der Univ. Tübingen, 1955–57 Stipendiatin der Dt. Forsch.gemeinschaft, 1960 Übersiedelung n. Stuttgart, eng befreundet m. Käte → Hamburger, folgte H. Kreuzer n. Saarbrücken, Bonn u. Siegen, lebte 1977–85 ztw. in Houston/TX, ausgedehnte Reisen, veröff. wiss. u. lit. Beitr. in versch. Ztg. u. Zs., u. a. in «FH», «Litfass», «Westermanns Monatsh.», «Westf.spiegel», «Stuttgarter Ztg.», «Siegener Ztg.» u. «Rhein. Merkur» sowie im «Jb. der Dt. Schillergesellsch.», mehrere Rundfunklesungen. – Neben anderen Auszeichnungen u. Stipendien u. a. 1989 Förderpreis für Lit. der Stadt Siegburg, 1992 Leipziger Lit.preis (Sonderpreis), 1994 Anerkennungspreis des Ersten Wolfener Lit.preises, 2000 «Woman of the Year 2000» des American Bibliographical Institute. – Mitgl. des Westfäl. Lit.büros Unna. – Fachschr., Rom., Erz., Lyrik, Biogr., Krimi, (Reise-)Essay.

Schriften: Die Plastik der Renaissance und des Frühbarock im nördlichen Spanien. Aragón, Navarra, die baskischen Provinzen und der Rioja (m. G. Weise) 2 Bde., 1957–59; Normativität und historisches Bewußtsein in Winckelmanns Ästhetik der plastischen Kunst (Diss.) 1953 (überarb. Buchhandelsausg. u. d. T.: Studien zu Winckelmanns Aesthetik. Normativität und historisches Bewußtsein, 1959); Entfremdung und Anpassung. Die Literatur der Angry Young Men in England der fünfziger Jahre, 1972; Amie (Erz.) 1982; Zwölf Gedichte, 1982; Märchenform und individuelle Geschichte. Zu Text- und Handlungsstrukturen in Werken Ludwig Tiecks zwischen 1790 und 1811, 1983; Flieg, Schwesterlein, flieg! (Erzn.) 1984; Grauer Stein und gelbe Flügel (Ged.) 1986; Literatur als Konstruktion. Studien zur deutschen Literaturgeschichte zwischen Lessing und Martin Walser, 1989; Die Lady und der Boy. Erzählungen von Hier und Dort, 1989; Rosinas Kostgänger (Erzn.) 1991; Dichterschwestern. Prosa moderner Autorinnen über Annette von Droste-Hülshoff, 1993; Muß wandeln ohne Leuchte. Annette von Droste-Hülshoff – eine poetische Biographie, 1994 (Ausz. zuerst in: Westf.spiegel 40, H. 1, 1990); Labans Lernen. Zwei Erzählungen, 1995; Meine Flügel im Rucksack (Ged.) 1996; Liebe im falschen Schuh (Erzn.) 1997; Stirb oder lies! Und andere Erzählungen, 2001.

Herausgebertätigkeit: Über Hermann Lenz. Dokumente seiner Rezeption (1947–1979) und autobiographische Texte (m. H. Kreuzer) 1981; Deutsche Gedichte zwischen 1918 und 1933 (dass.) 1999.

Nachlass: Westfäl. Lit.arch. im LWL-Arch.amt für Westf., Münster; Univ. Siegen. – Lit. Nachl. in westfäl. Arch. (Internet-Edition).

Literatur: Schmidt, Quellenlex. 14,420. – Westfäl. Autorenlex. 4,439 (auch Internet-Edition). – Ich schreibe, weil ich schreibe. Autorinnen der Gedok. Eine Dokumentation (hg. I. HILDEBRANDT, R. MASSMANN) 1990; M. CURTIUS, Gespräch m. ~ (in: DIES., Autorengespräche. Verwandlung der Wirklichkeit, S. 97–108) 1991; A. von BORMANN, Nöte u. Auswege (in: die horen 36, H. 161, S. 178f.) 1991 (zu ‹Die Lady u. der Boy›); Lit.-Atlas NRW. Ein Adressb. zur Lit.szene (zus.gestellt. u. bearb. L. JANSSEN) 1992; Westfäl. Autorenverz. Autorinnen u. Autoren in u. aus Westf. (hg. G. SCHWARZE) 1993; D. ROSENSTEIN, Über die Schriftst. ~ (in: Zbliżenia Polska-Niemcy 2, H. 17, S. 58–61) Wrocław 1997; A. DORNEMANN, Flucht u. Vertreibung aus den ehem. dt. Ostgebieten in Prosalit. u. Erlebnisber. seit 1945. Eine annotierte Bibliogr., 2005; Lit.portal Westf. (Internet-Edition).   KG

Jakob, Barbara, * 12. 7. 1950 Steckborn/Kt. Thurgau; Assistentin, Referentin, Beraterin, Schriftst., lebt in Forch/Kt. Zürich; wuchs in Lauperswil/Kt. Bern auf, besuchte die Töchterhandelsschule in St. Gallen, Direktionsassistentin, 1983 Mitbegr. der Organisation «Frühstückstreffen für Frauen», lebte ab Mitte der 1980er-Jahre in Dtl., kehrte 1993 in die Schweiz zurück, 1995–2011 Hg. der «Reihe von Frauen für Frauen» u. 1998–2001 der «Family»-Reihe des Johannis-Verlags, Coaching-Stud. an der Sheffield Hallam Univ./England, freie Referentin, Seminarleiterin u. Beraterin, Mitbegr. des «European Mentoring and Coaching Councils Schweiz», Mitarb. der Zs. «Family. Das christl. Magazin für Partnerschaft u. Familie». – Geschenkb., meditativer Text, Ratgeber, Sachbuch.

Schriften (Ausw.): Mit uns Frauen fängt alles an, 1983; Für meine Freundin, 1993; Für meine Mutter, 1993; Für meine Tochter, 1993; Für meinen Sohn, 1993; Partnerschaft gemeinsam leben (m. Ben J.) 1994; Wie kann man Teenager

«überleben»?! (dass.) 1995; Vorwärtskommen oder stehenbleiben, 1995; Für einen lieben Menschen, 1995; Für ein Geburtstagskind, 1995; Lass dir Liebe schenken, 1995; Für Trauernde, 1997; Für das Brautpaar, 1997; Schwierige Zeiten überstehen – aber wie? (m. Ben J.) 1997; Warum bist du so anders? Tips für die Parternschaft (dass.) 1998; Für Momente der Stille, 1998; Für liebe Freunde, 1998; Auf dem Weg zum Weihnachtslicht, 1998; Für Momente der Freude, 1999; Für den Hochzeitstag, 1999; Gewinnen durch Loslassen, 1999 (Neuausg. m. dem Untert.: Neue Freiheit erleben – beruflich und privat, 2002); Für deinen Geburtstag, 2001; Zum freudigen Ereignis herzliche Glückwünsche, 2001 (Neuausg. u. d. T.: Zum freudigen Ereignis, m. G. Dürr, 2009; Neuausg. als alleinige Verf. 2010); Die zweite Karriere. Karriereplanung für die zweite Lebenshälfte (m. M. Kres) 2001; Danke, 2001; Für ein frohes Weihnachtsfest, 2004 (Zeichn. K. Heß); Zur Silberhochzeit herzlichen Glückwunsch, 2006; Vom Licht geleitet, 2009; Schutzengel – für Mädchen (m. G. Dürr) 2012; Schutzengel – für Jungen (dass.) 2012; Willkommen du kleiner Schatz, 2013.

Herausgebertätigkeit (Ausw.): Typisch Frau – was heißt das? Erfahrungen, die weiterhelfen, 1988; Für Frauen für heute. Hoffnung für alle. Das Neue Testament und die Psalmen mit Lebensberichten und Frauenthemen, 1999.

Literatur: Autorinnen u. Autoren der Schweiz (Internet-Edition).   KG

Jak(c)ob, Elias → Fromer, Jacob (Elias).

Jakob, Gebhard, * 27. 3. 1878 Thunau/Bodensee (Kressbronn-Tunau), † nicht ermittelt; Kaufmann in Brochenzell/Bodensee (später zu Meckenbeuren). – (Hist.) Erz., Rom., Lyrik, Humoresken.

Schriften: Die Blume von Königsegg-Aulendorf und der letzte Montfort (hist. Erz.) um 1903 (24?); Fürs Leben geschieden, im Tode vereint! (Rom.) 1917; Das Geheimnis von Syrgenstein. Erzählung aus dem Allgäu, 1921; Eitel Hans Ziegelmüller. Historische Erzählung aus dem Bauernkrieg 1524–1525, o. J. (1927?).

Literatur: W. KOSCH, Das kathol. Dtl. Biogr.-bibliogr. Lex., Bd. 1, 1933; Projekt Hist. Rom. Datenbank (Internet-Edition).   KG

Jakob, Gottfried, * 24. 2. 1839 Deiningen/Bayern, † 26. 1. 1905 Nördlingen/ebd.; Lehrer, Geschäftsinhaber, Versicherungsinspektor; Sohn einer Wirtstochter, früh verwaist, von einem Kaminkehrer aufgezogen, besuchte ab 1853 die Gewerbeschule in Nördlingen, danach bis 1858 das Lehrerseminar in Schwabach, Schulgehilfe vermutl. in Ebermergen/Bayern (später zu Harburg), ab 1859 Schulverweser in Herkheim (später zu Nördlingen), ab 1862 Volksschullehrer in Unterringingen/Bayern (später zu Bissingen), ab 1865 Lehrer, Mesner u. Organist in Wörnitzostheim/ebd. (später zu Alerheim), schied 1878 aus dem Schuldienst aus u. gründete ein kaufmänn. Geschäft in Nördlingen, auch Versicherungsinspektor. – Lyrik, Mundart (Rieser).

Schriften: Allerloi. Gedichte in Rieser Mundart, 1893; Aus'm Rians. Neue Gedichte in Rieser Mundart, 1897 (m. Notenbeil.); Rieser Grüße. Schriftsprachliche Gedichte, 1900 (dasselbe).

Ausgaben: Allerloi aus'm Rians. Gedichte in Rieser Mundart (Neuzus.stellung, Einf. K. STIRNER) 1960.

Literatur: A. HOLDER, Gesch. der schwäb. Dialektdg. [...] Offenbarungen unseres stammheitl. Volks- u. Sprachgeistes aus drei Jh. kulturgeschichtl. beleuchtet, 1896 (Nachdr. 1975); Lex. der dt. Dichter u. Prosaisten vom Beginn des 19. Jh. bis zur Ggw. (bearb. F. BRÜMMER) Bd. 3, ⁶1913 (dass. 1975); K. STIRNER, Der Rieser Mundartdichter ~. Eine Einf. in sein Leben u. Werk (in: G. J., Allerloi aus'm Rians, S. IX–XVIII) 1960; Bosls Bayer. Biogr. (hg. K. BOSL) Ergbd. 1988; R. SCHENDA, Gut bei Leibe. Hundert wahre Geschn. vom menschl. Körper, 1998; Christfried J., Der Heimatdichter ~ (in: Rieser Kulturtage 15, S. 589–599) 2004.   KG

Jakob, Johanna Marie (Ps. für Simone Knodel; geb. Nägel), * 20. 5. 1962 Bleicherode/Südharz; Lehrerin, Schriftst., lebt in Großlohra, Ortsteil Großwenden (Landkr. Nordhausen); wuchs im Großlohraer Ortsteil Friedrichslohra auf, studierte 1978–83 Mathematik, Physik u. Pädagogik an der PH Erfurt, seit 1983 Lehrerin für Mathematik u. Physik im Südharz, absolvierte 1996–98 ein Fernstud. «Belletrist. Schreiben» an einer Akad. in Hamburg, veröff. seit 2000 Kurzgeschn. in Zs. u. Anthol., Studienrätin an einem Gymnasium in Nordhausen. – Hist. Rom., Kurzgeschichte.

Schriften: Adelheid von Lare. Historischer Roman um die Stifterin des Klosters Walkenried, 2004 (Illustr. H. Wolniak); Radegunde von Thüringen (hist. Rom.) 2008 (dass.); Das Geheimnis

der Äbtissin (Rom.) 2012.

Literatur: Thüringer Lit.rat, Autorenlex. (Internet-Edition).   VH

Jakob, Karla → Rajcic, Dragica.

Jakob, Karlheinz, * 6. 9. 1953 Heilbronn; Germanist, lebt in Dresden; studierte 1973–79 Germanistik u. Gesch. an der Univ. Freiburg/Br., 1979 Staatsexamen, 1980–85 wiss. Angestellter u. 1984 Dr. phil. ebd., 1985–91 Hochschulassistent u. 1991 Habil. ebd., 1991–93 Gastprof. an der Univ. Innsbruck, 1994 Gastdoz. an der Univ. Oxford/England, 1994/95 Lehrstuhlvertretung an der TU Dresden, seit 1995 Inhaber des Lehrstuhls für Germanist. Linguistik u. Sprachgesch. u. seit 2009 Dekan der Fak. Sprach-, Lit.- u. Kulturwiss. ebd., veröff. Beitr. u. a. in den Fachzs. «Sprachwiss.», «Zs. für Dialektologie u. Linguistik», «Zs. für germanist. Linguistik», «Mitt. des Dt. Germanistenverbandes» u. «Finlance. A Finnish Journal of Applied Linguistics». – 1991 Förderpreis für germanist. Sprachwiss. der Hugo Moser Stiftung, 1993/94 Heisenberg-Stipendium der Dt. Forsch.gemeinschaft. – Fachschrift.

Schriften: Forschungsbericht «Südwestdeutscher Sprachatlas» (Red., m. D. Kömpf, E. Werlen) 1983; Dialekt u. Regionalsprache im Raum Heilbronn. Zur Klassifizierung von Dialektmerkmalen in einer dialektgeographischen Übergangslandschaft, 2 Bde., 1985 (Diss. 1984); Maschine, mentales Modell, Metapher. Studien zur Semantik und Geschichte der Techn_sprache (Habil.-Schr.) 1991.

Herausgebertätigkeit: Texttyp, Sprechergruppe, Kommunikationsbereich. Studien zur deutschen Sprache in Geschichte und Gegenwart. Festschrift für Hugo Steger zum 65. Geb.tag (m. H. Löffler, B. Kelle) 1994; Neue deutsche Sprachgeschichte. Mentalitäts-, kultur- und sozialgeschichtliche Zusammenhänge (m. D. Cherubim, A. Linke) 2002; Die obersächsische Sprachlandschaft in Geschichte und Gegenwart (m. R. Hünecke) 2012.   KG

Jakob, Lucia (auch Jacob), * 1. 6. 1928 Zistersdorf/Niederöst.; Volksschullehrerin i. R., lebt in Wien-Döbling; besuchte während des 2. Weltkriegs die Lehrerinnenbildungsanstalt u. das Internat in Wien-Döbling, im Frühjahr 1945 Flucht über Prein an der Rax (später zu Reichenau an der Rax/Niederöst.) n. Zell am See, im Herbst 1945 Rückkehr n. Wien, setzte die Ausbildung an der Lehrerbildungsanstalt in Wien-Landstraße fort, 1947 Matura im Internat in Wien-Hietzing, Volksschullehrerin in Wien-Döbling. – 1986 Märchenpreis des Wiener Volksbildungswerks. – Lyrik, Kurzgesch., Kdb., Mundart (österreichische).

Schriften: Die silberne Straße (Ged.) 1985; Bunte Perlen (Ged.) 1986 (Selbstverlag); Lach a bissl und … (Ged.) 1989 (dass.); Spätes Grün (Ged.) 1989 (dass.); Wia s halt is (Ged.) 1993 (dass.); Verweile hier (Ged.) 1995 (dass.); Andern geht's a so (Ged.) (dass.); Farbnkastl (Ged.) 1999 (dass.); Dem Wind anvertraut (Ged., Prosa) 1999 (dasselbe).

Literatur: L. J., Evakuierung (in: M. LA SPERANZA, Wien 1945–1955. Zeitzeugen berichten, S. 161–165) 2007.   NB

Jakob, Markus, ⁎ 1. 7. 1954 Bern; Journalist, Übers., lebt in Barcelona u. Amsterdam; Red. für versch. Lokalztg. u. Filmzs., verf. Rep. für das Zürcher «Tages-Anzeiger Magazin», ab 1983 Mitarb. der «Neuen Zürcher Ztg.», lebt seit 1984 in Barcelona, um 2000 bis 2008 Kulturkorrespondent der «Neuen Zürcher Ztg.» aus Spanien, Aufenthalte in Paris, Buenos Aires u. New York, freier Mitarb. u. a. der Zs. «Werk Bauen + Wohnen» u. «Bauwelt». – Feuill., Rep., erzähler. Kurztext, Kritik, Sachb., Übers. (aus dem Französ., Span., Engl. u. Niederländ.), Kinderbuch.

Schriften: «Klick!», sagte die Kamera (Kdb.; m. B. Burkhard) 1997; Die Zähmung der tosenden Stadt. Barcelonesische Konturen (Rep.) 2001 (Ausg. in Blindenschr., Vollschr.ausg., 2 Bde., 2004; dass., Kurzschr.ausg., 1 Bd., 2004); Café du Commerce. Eine Berner Kulturgeschichte (hg. R. GENTNER; Beitr. M. RÄTZ u. a.) 2004 (Bilder A. Boutellier, A. Scheidegger); Quartier Ecoparc, Bd. 1 (Übers. J. O'DONNELL, A. GUILLOT-LIEBENWEIN) 2004 (dt., engl. u. französ.); Aebi & Vincent. Parlamentsgebäude Bern (m. A. Scheidegger, Übers. F. GRUNDBACHER, V. ZUSSAU) 2009 (dt. u. französ.); Lesereise Barcelona. Metro zum Strand oder die vermessene Stadt, 2010; Alex Amann (Ausst.kat.; Übers. F. GRUNDBACHER) 2011 (dasselbe).

Übersetzungen (Ausw.): J. Starobinski, Porträt des Künstlers als Gaukler. Drei Essays, 1985; P. Valéry, Cahiers (hg. H. KÖHLER, J. SCHMIDT-RADEFELDT) Bd. 1, 1986; G. Simenon, Maigret macht Ferien (Rom.) 1987 (Sonderausg. 2005; Neuausg. als Doppelbd., m. I. Kuhn, 2007; Neuausg. 2008); ders., Der Bericht des Polizisten (Rom.) 1987 (Neuausg. m. leicht geänd. Titel, 2011); ders., Maigret in Nöten (Rom.) 1987 (Neuausg. 2008); ders., Maigret und sein Jugendfreund (Rom.) 1988 (dass. 2009); F. Jacob, Die innere Statue. Autobiographie des Genbiologen und Nobelpreisträgers (m. R. u. B. Müller-Hill) 1988; Europa. Bausteine seiner Geschichte (hg. F. BRAUDEL) 1989; G. Chaissac, Hippobosque au bocage. Briefe und hippoboskalische Gedichte, 1993; K. Appel, Der Machtwille der Planeten. Ich bin der Planet, du bist der Planet, wir sind die Planeten. Gedichte aus den Jahren 1941–1996, 2000; F. Bruzzone, 76, 2010.   KG

Jakob, Peter, ⁎ 29. 1. 1947 Schaffhausen, † 30. 5. 1995 (Ort nicht ermittelt); Werbetexter, Red., lebte in Zürich; besuchte die Schule in Schaffhausen, ab um 1967 Werbetexter, um 1970 Red. der Satirezs. «Pardon», um 1972 Red. für elektron. Medien, um 1976 Chefreporter der Ztg. «Blick» u. ab um 1978 Red. der Wirtschaftszs. «Bilanz», verf. humorist. Texte für das Fernsehen u. Drehb. für ARD u. ZDF. – Satire, humorist. Text, journalist. Text, Drehb., Roman.

Schriften: Ein Dichter an und Pfirsich (Rom.) 1984; «Der Traum vom Fliegen ist verwirklicht, Herr Goethe» (Rom.) 1994; Der Germane (Rom.) 1995.   KG

Jakob, Züsi, ⁎ 16. 2. 1927 Thun/Kt. Bern, † 25. 9. 1993 (Ort nicht ermittelt); Lehrerin, lebte in Langnau im Emmental/Kt. Bern u. in Ostermundigen/ebd.; absolvierte eine kaufmänn. Ausbildung, besuchte 1959–61 einen Sonderkurs im Städt. Lehrerinnenseminar Marzili in Bern, Primarlehrerin in einer Landschule bei Thun u. ab 1970 in Ostermundigen, veröff. auch Beitr. in der «Schweizer. Lehrerinnenzeitung». – Erz., Lyrik, Kdb., Mundart (Berner).

Schriften: Rund um den Schlossberg (Erz., Ged.) 1965; Vreneli in der Stadt (Kdb.) 1971 (Zeichn. E. Schindler); Jahruus jahry. Ghörts, Erläbts, Erdichtets, 1976.

Herausgebertätigkeit: Ein Bernerschädel ist nicht fon Blastigg. Berner Kinder schreiben über Bern, 1975.

Literatur: Y. BÄTTIG, M. WAGNER, Bibliogr. der Berner Schriftstellerinnen u. Schriftst. 1950–1993, 1997; B. SOWINSKI, Lex. dt.sprachiger Mundartautoren, 1997; Literapedia Bern. Das Lex. der Berner Schriftstellerinnen u. Schriftst. (Internet-Edition).   KG

Jakob-Käferle, Anton, * 2. 2. 1926 St. Hubert/ Banat (Banatsko Veliko Selo/Serbien); Schriftst., lebt in Hainburg/Donau in Niederöst.; besuchte n. der Volks- u. Mittelschule die Lehrerbildungs-anstalt, 1946–48 Hortlehrer in Hainburg, ab 1949 Angestellter sowie Unternehmer in Hainburg u. Wien, 1989 i. R., verf. auch Beitr. in versch. Anthologien. – Lyrik, Erz., Märchen, Erinn., heimatkundl. Schrift.

Schriften: Sonne und Wolken. Gedichte und Erzählungen aus dem täglichen Leben, 2001; Verschlungene Pfade. Jugend in stürmischen Zeiten, 2001.   KG

Jakober(-Guntern), Fridolin, * 1. 5. 1961 Glarus; Lehrer, Korrektor, Fremdsprachensekretär, Texter, lebt in Bonaduz/Kt. Graubünden (Trimmis?); studierte Philos. u. neuere dt. Lit. an der Univ. Freiburg/Schweiz, Lic. phil. I, dreijährige Tätigkeit als EDV-Lehrer, danach Dt.lehrer u. Korrektor, übersiedelte n. Köln, Fremdsprachensekretär bei einer Fluggesellsch., Texter, lebt seit 2002 in Graubünden, verf. seit 2003 Rep. für das «Graubünden Magazin». – 1993 u. 1997 Werkjahrbeitr. des Kt. Glarus, 1998 Werkbeitr. der Annemarie-Schindler-Stiftung. – Lyrik, heimatkundl. Schr., Erz., Kurzgesch., Kolumne, Rep., Ess., Mundart (schweizerdeutsch).

Schriften: Poeten geben Halt. Quintessenzen (m. P. Jauch) 1993; Die katholische Pfarrei und Kirchgemeinde Glarus-Riedern. Eine geschichtlich-kulturelle Betrachtung (m. G. Studer-Freuler) 1993; Landsicht und Landnahme. Geschichten aus den Voralpen, 1996; Glarnerland – wohin? Szenische Lesung zur 650-Jahr-Feier «Glarus in der Eidgenossenschaft», 2002.

Literatur: Schweizer Schriftstellerinnen u. Schriftst. der Ggw. (Internet-Edition).   KG

Jakober, Robert, * 1878, † 1962 (Orte nicht ermittelt); Pfarrer; Sohn eines Pfarrers, wuchs in Suppingen (später zu Laichingen) auf, 1891/92 Schulbesuch in Göppingen, 1892–96 Seminarist der evangel.-theolog. Seminare Schöntal u. Urach (gem. m. Heinrich [August] → Hermelink), Pfarrer in Weil der Stadt, 1935 Lehrverbot n. Verteilung einer regimekrit. Schrift. – Erzähler. Schr., Lyrik, Würdigung, Erinn., Mundart (schwäbisch).

Schriften: Schwarzwaldwinter. Ferienbriefe, 1924 (Zeichn. K. Biese); Christian Wagner, der Bauer und Dichter. Zu seinem 100. Geburtstag

(5.8.1935), 1935 (Sonderdr. aus: Die Wartburg); Nex für unguet. Schwäbische Gedichte, 1959.

Nachlass: Evangel. Stift Tübingen.

Literatur: M. LEUBE, Aus der Slg. «Dok. aus dem Seminarleben». ~ (1878–1962) (in: Bl. für württemberg. Kirchengesch. 57/58, S. 382–386) 1957/58; N. FEINÄUGLE, W. KÖNIG, Mundartdg. in Württ. seit 1945, 1991; B. SOWINSKI, Lex. dt.sprachiger Mundartautoren, 1997.   KG

Jakobi, Carsten, * 30. 4. 1969 Wiesbaden; Lit.wissenschaftler, lebt in Mainz; studierte bis 1996 Germanistik, Pädagogik, mittlere u. neuere Gesch., Politikwiss. u. Komparatistik an der Univ. Mainz, 1998–2003 wiss. Mitarb. am Dt. Inst. ebd., 2003 Dr. phil. ebd., 2003–06 Juniorprof. für Neuere dt. Lit. ebd., seit 2005 Mithg. der Zs. «Lit. für Leser», ab 2006 Akadem. Rat u. seit 2010 Akadem. Oberrat an der Univ. Mainz, veröff. Beitr. u. a. in den Fachzs. «ZfdPh», «GRM» u. im «Zuckmayer-Jahrbuch». – 2004 Forsch.förderungspreis der Freunde der Univ. Mainz. – Mitgl. der Gesellsch. für Exilforsch. u. des Dt. Germanistenverbands. – Fachschrift.

Schriften: Der kleine Sieg über den Antisemitismus. Darstellung und Deutung der nationalsozialistischen Judenverfolgung im deutschsprachigen Zeitstück des Exils 1933–1945, 2005 (Diss. 2003); Kapitalismus und Hochschulreform – Oder: Warum die Universität früher nicht besser war als heute, aber trotzdem heute schlechter wird als früher. Vortrag vom 11. Juni 2010, 2010.

Herausgebertätigkeit: Antike-Rezeption in der deutschsprachigen Literatur des 20. Jahrhunderts, 2005; Exterritorialität. Landlosigkeit in der deutschsprachigen Literatur, 2006; Religionskritik in Literatur und Philosophie nach der Aufklärung (m. B. Spies, A. Jäger) 2007.   KG

Jakobi, Paul, * 17. 1. 1928 (Ort nicht ermittelt); Theologe, Propst, lebt in Minden; Sohn eines Justizamtsmanns, diente im 2. Weltkrieg als Luftwaffenhelfer u. im Reichsarbeitsdienst, in Kriegsgefangenschaft, 1947 Abitur in Lippstadt, studierte Theol. u. Philos. an den Univ. Paderborn u. Freiburg/Br., Vikar ebd., Diözesanjugendseelsorger für das Erzbistum Paderborn, Leiter der Bischöfl. Hauptstelle für Jugendseelsorge in Düsseldorf, Bundespräses des kathol. Sportverbands «Dt. Jugendkraft» (DJK), 1976 Olympia-Pfarrer in Montreal u. 1984 in Los Angeles/CA, 1988–2004

Propst am Dom zu Minden, Mithg. der «Schr.reihe christl. Perspektiven im Sport». – 1988 Ludwig-Wolker-Plakette, 1998 Ehrenring der Stadt Minden. – Fachschr., rel. Schr., Pred., Erz., Lyrik, Märchen, Brief.

Schriften (Ausw.): Jugend ohne Scheuklappen. Briefe und Kerngedanken zum geistlichen Leben für junge Menschen (m. H. L. Drewes) 1965; Um der Menschen willen. Gedanken und Anregungen für geistliche Gespräche, theologische Diskussionen, Meditationen und Ansprachen, 1970; Junge Kirche. Biblische Betrachtungen im Jahreslauf, 1974; In Sack und Asche? Wege zur Buße (m. A. Wetter, D. Zils) 1974; Damit unser Leben gelingen kann. Erzählungen und Märchen, aufgeschlossen für Gespräch in Schule, Gemeinde und Jugendarbeit, 1981; Den Menschen zugeneigt, 1983 (Illustr. M. Moritz); Damit die Saat aufgeht. Erzählungen, Märchen und Gedichte, aufgeschlossen für Gespräch in Schule, Gemeinde und Jugendarbeit, 1984; Damit das Glück Wurzeln schlägt [dass.], 1987; Briefe an die Gemeinde. Zu den Sonntagen und Hochfesten der drei Lesejahre sowie vielen Anlässen, 1991; Sehnsucht nach Leben. Erzählungen und Gedichte – weitergebetet, weitergedacht, 1994; Damit die Botschaft unser Herz erreicht. Die Evangelien der Sonntage und Hochfeste durch Erzählungen, Gedichte und aktuelle Beispiele erschlossen, 1995; Der Dom zu Minden – Zeuge des Glaubens, 1998 (Fotos A. Hoffmann); Damit unser Glaube wachsen kann. Die Evangelien der Sonntage und Hochfeste durch Erzählungen, Gedichte und aktuelle Beispiele erschlossen, 1999; Was gläubige Katholiken heute glauben. Eine Gemeinde gibt Antwort, 2001; Verkünde das Evangelium. Gedanken und Anregungen zu den Evangelien der Werktage, 2010.

Herausgebertätigkeit: Für Leib und Seele. Kleines Lesebuch für Zeiten der Krankheit, 1997; Liebeserklärungen an meinen Gott. Gedichte werden zu Gebeten, 1999; Die neue Goldene Tafel im Dom zu Minden, 2002.   KG

Jakobovits, Tobias, * 23. 11. 1887 Lackenbach/Ungarn (dass./Öst.), † 29. 10. 1944 Konzentrationslager Auschwitz-Birkenau; Rabbiner, Historiker, Rel.lehrer, Bibliothekar; Sohn eines Rabbiners, besuchte die Talmudhochschule (Jeschiwa) u. a. in Preßburg/Ungarn (Bratislava/Slowakei) u. das Rabbinerseminar in Berlin, studierte an der Dt. Univ. in Prag, 1920 Dr. phil., ab 1930 Rab-

bi u. Rel.lehrer in Kohljanowitz/Böhmen (Uhlířské Janovice/Tschechien), Bibliothekar der Israelit. Kultusgemeinde in Prag, veröff. zahlr. Fachschr., v. a. im «Jb. der Gesellsch. für Gesch. der Juden in der Čechoslovak. Republik» sowie in der «Mschr. für Gesch. u. Wiss. des Judentums», ab 1942 Mitarb. des von den Nationalsozialisten n. der Schließung 1939 wieder eröffneten «Jüd. Zentralmus.» in Prag, Mitverf. des Mus.führers, 1944 Deportation in das Konzentrationslager Auschwitz-Birkenau; auf Grundlage seiner genealog. Forsch. wurde die Schr. «Der alte jüd. Friedhof in Prag» (1960) erstellt. – Fachschr., biogr. Schrift.

Schriften: Entstehungsgeschichte der Bibliothek der israelitischen Kultusgemeinde in Prag, Prag u. a. 1927; Jüdisches Gemeindeleben in Kolin (1763–1768), Prag 1929 (Sonderdr. aus: Jb. der Gesellsch. für Gesch. der Juden in der Čechoslovak. Republik); Die Judenabzeichen in Böhmen, ebd. 1931 (dass.); Die Erlebnisse des Oberrabiners Simon Spira-Wedeles in Prag (1640–1679), ebd. 1932 (dass.); Das Prager und böhmische Landesrabbinat Ende des siebzehnten und Anfang des achtzehnten Jahrhunderts, ebd. 1933 (dass. 5); Die Erlebnisse des R. Berl Jeiteles als Primator der Prager Judenschaft, ebd. 1935 (dass.); Die jüdischen Zünfte in Prag, ebd. 1936 (dass.); Die Brandkatastrophe in Nachod und die Austreibung der Juden aus Böhm.-Skalitz, 1663–1705, ebd. 1938 (dasselbe).

Literatur: HAjH 2,595. – F. JAKSCH, Lex. sudetendt. Schriftst. u. ihrer Werke für die Jahre 1900–1929, 1929; A. DOLENSKÝ, Kulturní adresář ČSR. Biografický slovník žijících kulturních pracovníků a pracovnic, ²1936; O. MUNELES, M. BOHATEC, Bibliographical Survey of Jewish Prague, Prag 1952; The Jews of Czechoslovakia. Historical Studies and Surveys, Bd. 1, Philadelphia/PA u. a. 1968; H. VOLAVKOVÁ, A Story of the Jewish Mus. in Prague, Prag 1968 (Originalausg. tschech.); Encyclopaedia Judaica, Bd. 9, Jerusalem 1971; R. HEUER, Bibliographia Judaica. Verz. jüd. Autoren dt. Sprache, Bd. 1, 1981; V. SADEK, A Survey of ~'s Scientific Work. 1887–1944 (in: Judaica Bohemiae 18, H. 1, S. 17–21) Prag 1982; R. M. WLASCHEK, Biographia Judaica Bohemiae, Bde. 1/2, 1995–97; «Hope is on the Next Page». 100 Years of the Library of the Jewish Mus. in Prague, Prag 2007; K. ČAPKOVÁ, ~ (in: The Yivo Encyclopedia of Jews in Eastern Europe, Internet-Edition).   KG

Jakobs, August, * 16. 10. 1920 Lange-
neß/Nordfriesl.; Kapitän, Reeder, lebt in Steenod-
de/Amrum; ab 1936 Seefahrer für versch. Reede-
reien, besuchte ab 1940 die Seefahrtsschule Hamburg, Schiffsführer beim Wasser- u. Schifffahrt-
samt auf Amrum, gründete 1951 gem. m. seinem
Vater eine Reederei, 1960 Begr. der Amrumer
Schifffahrts AG, 1971–2002 Aufsichtsratsmitgl. der
Wyker Dampfschiffs-Reederei, 1983 i. R., langjähriger Vors. des Nautischen Ver. Nordfriesl., engagierte sich für den Aufbau des Schifffahrtsmus.
in Husum, auch Kr.tagsabgeordneter u. Bürgermeister von Nebel/Amrum. – Ehrenbürger der
Gemeinde Nebel. – Erz., Ber., Mundart (niederdeutsch).

Schriften: Land unter im schwersten Orkan seit
hundert Jahren. Die Sturmflutkatastrophe auf den
Halligen im Februar 1962 (m. C. Heinrich) 1962
(Bilder W. Fiedler u. a.); Der Betonseehund und
andere harte Sachen, 2005.

Literatur: B. SOWINSKI, Lex. dt.sprachiger Mundartautoren, 1997.   KG

Jakobs, Erhard → Jakobs, Seep.

Jakobs, Karl-Heinz, * 20. 4. 1929 Kiauken/Ost-
pr. (zu Muldszen; heute Perewalowo in der Ob-
last Kaliningrad/Russland); Journalist, Schriftst.,
lebt in Velbert/Nordrhein-Westf.; besuchte die
Volks- u. Mittelschule, 1945 Soldat, dann Bauhilfsarbeiter, Bergmann u. Hausdiener, Ausbildung zum Kaufmann an einer Handelsschule, ab
1948 Maurerlehre, absolvierte Abendkurse an einer Ingenieursschule, tätig als Maurer, Sachbearb.,
Red.assistent, Bautechniker, Journalist u. Wirt-
schaftsfunktionär, 1956–76 (ausgeschlossen) Mitgl.
der SED, 1956 von der Baustelle Kraftwerk Trat-
tendorf/Brandenb. zum Stud. an das Inst. für Lit.
«Johannes R. Becher» in Leipzig delegiert, ab 1958
freier Journalist, dann Schriftst., veröff. Beitr. u. a.
in den Zs. «Forum», «Freie Welt» u. in der Ztg.
«Neues Dtl.», Mitgl. des zentralen Vorstands des
Schriftst.verbands der DDR u. der Parteileitung
des Berliner Schriftst.verbands, 1963–78 mehrere
Rep.reisen in die Sowjetunion, 1967/68 als Mitgl.
einer FDJ-Brigade Maurer in Mali, n. zehn Mo-
naten aufgrund polit. Denunziation (Verdacht der
«Republikflucht») von dort abberufen, lebte in
Falkensee, 1976 Hg. der Lit.zs. «Temperamente»,
Aufzeich. des in späteren Veröff. verarbeiteten
Lebensber. der in der Sowjetunion zu zwanzig

Jahren Arbeitslager u. Verbannung verurteilten
Kommunistin u. Schriftst. Dorothea Garai (1899–
1982), im November 1976 einer der Erstunter-
zeichner des von Stephan → Hermlin initiierten
Protestbriefs gg. die Ausbürgerung Wolf → Bier-
manns aus der DDR, wurde daraufhin aus dem
Vorstand des Schriftst.verbands u. aus der SED
ausgeschlossen, als Hg. der «Temperamente» abberufen, veröff. 1979 seinen Rom. ‹Wilhelmsburg›
n. Publikationsverbot in der DDR u. der Kündi-
gung seiner Verlagsverträge in der BRD, wurde im
Juni 1979 m. weiteren acht Schriftst., u. a. Kurt
→ Bartsch, Adolf Edmond → Endler, Stefan →
Heym, Klaus → Poche u. Klaus → Schlesinger,
aus dem Schriftst.verband der DDR ausgeschlossen, sein 1980 erfolgter Antrag auf Entlassung aus
der Staatsbürgerschaft wurde abgelehnt, übersiedelte im April 1981 m. einem Dreijahresvisum in
die BRD, lebt seitdem in Velbert, 1986/87 Gast-
vorlesungen in den USA, Kanada u. England, im
November 1989 Annullierung des Ausschlusses aus
dem Schriftst.verband der DDR, 1990–97 verantwortl. für die Rubrik «Die Sonntagsgesch.» in der
Tagesztg. «Neues Deutschland». – 1982 Mitgl. des
PEN-Zentrums Deutschland. – 1972 Heinrich-
Mann-Preis der Akad. der Künste der DDR, 1974
Verdienstmedaille der DDR, Goldene Ehrennadel der Dt.-Sowjet. Freundschaft, 1982 Arbeitssti-
pendium für Schriftst. in Nordrhein-Westf., 1986
Writer-In-Residence am Oberlin College/Ohio.
– Erz., Lyrik, Rom., Reiseber., Science-Fiction,
Hörsp., Funkfeature, Fernsehrep., Drehb., Thea-
terst., Ess., Interview, autobiogr. Bericht.

Schriften: Guten Morgen, Vaterlandsverräter
(Ged.) 1959; Die Welt vor meinem Fenster und andere Geschichten, 1960; Das grüne Land und andere neue Geschichten, 1961; D. Teitelboim, Ballade von Little Rock (Nachdg.) 1961; Beschreibung
eines Sommers (Rom.) 1961 (mehrere Neuausg.;
Neuausg., Nachw. T. AHREND, 1995; verfilmt 1962,
Regie R. Kirsten); Merkwürdige Landschaften.
Sieben ausgewählte Geschichten, 1964 (Ausw.ausg.
u. d. T.: Das Abenteuer. Zwei Erzählungen, 1966,
Illustr. G. Neubert); Einmal Tschingis-Khan sein.
Ein anderer Versuch, Kirgisien zu erobern (Reiseber.) 1964 (Illustr. A. Panajotow); Eine Pyramide
für mich (Rom.) 1971 (Neuausg. 1973; verfilmt
1975, Regie R. Kirsten); Die Interviewer (Rom.)
1973; Tanja, Taschka und so weiter (Reiserom.)
1975; Heimatländische Kolportagen. Ein Buch
Publizistik, 1975; Wüste kehr wieder, I El Had

(Rom.; m. n. e.) 1976 (Neuausg. 1981); Fata morgana. Phantastische Geschichten, 1977; Wilhelmsburg (Rom.) 1979 (Neuausg. m. dem Untert.: Ein Ja-Sager sagt Nein, 1984; Neuausg. 1991); Die Frau im Strom (Rom.) 1982 (Neuausg. m. der Genreangabe «Kriminalrom.», 1991); Das endlose Jahr. Begegnungen mit Mäd, 1983 (Neuausg. 1990); Leben und Sterben der Rubina (Rom.) 1999 (Neuausg. u. d. T.: In Sibirien, Rom., 2013, Selbstverlag).

Herausgebertätigkeit: Das große Lesebuch vom Frieden, 1983; Die Sonntagsgeschichte oder alles fängt doch erst an ... Eine Dokumentation. Geschichten, Briefe & Gespräche (Zus.stellung, m. J. P. Tammen) 1994 (Fotos J. Fieguth; = die horen 39, H. 174); Festessen mit Sartre und andere Sonntagsgeschichten (m. J. M. Walther) 1996.

Literatur:

Bibliografien: Albrecht-Dahlke II/2,337 u. IV/2,524; Schmidt-Quellenlex. 14,421. – Dg. unserer Zeit. Ein bio-bibliogr. Verz. der Sekundärlit., Bd. 3, 1990; Bibliogr. zur Lit. Ost- u. Westpr. m. Danzig 1945–1988 (bearb. M. RANKL) Bd. 2, 1990. *Nachschlagewerke und Überblicksdarstellungen:* KLG; Munzinger-Arch.; Killy 6,76; Autorenlex. 385; LGL 1,600; de Boor-Newald 12,289 u. ö.; Killy ²6,96. – L. von BALLUSECK, Dichter im Dienst. Der sozialist. Realismus in der dt. Lit., ²1963; W. BORTENSCHLAGER, Dt. Dg. im 20. Jh. Strömungen, Dichter, Werke, 1966; B. PUBANZ, Kurzbiogr. Schriftst. der DDR, Sofia 1967; T. HUEBNER, The Lit. of East Germany, New York 1970; K. FRANKE, Die Lit. der DDR, 1971; Schriftst. der DDR (hg. K. BÖTTCHER) 1974; Schriftst. des Bez. Potsdam, 1974; Gesch. der dt. Lit. von den Anfängen bis zur Ggw. (hg. K. BÖTTCHER) Bd. 11, 1976; Dt. Lit. seit 1965 (hg. P. MICHAEL, E. SCHWARZ) 1980; G. BUCH, Namen u. Daten wichtiger Personen der DDR, 1982; P. BORIS, Die sich lossagten. Stichworte zu Leben u. Werk von 461 Exkommunisten u. Dissidenten, 1983; H. J. ALPERS u. a., Lex. der Science Fiction Lit., 1988; Die Sciencefiction der DDR. Autoren u. Werke. Ein Lex. (hg. E. SIMON, O. R. SPITTEL) 1988; G. von WILPERT, Dt. Dichterlex. Biogr.-bibliogr. Handwb. zur dt. Lit.gesch., ³1988; Lit. Porträts. 163 Autoren aus Nordrhein-Westf. (hg. P. K. KIRCHHOF) 1991; H. LEDERER, Handbook of East German Dr. 1945–1985, 1991; Lex. dt.sprachiger Schriftst. 20. Jh. (hg. K. BÖTTCHER u. a.) 1993; K. BRÜNE, Autorenlex. dt.sprachiger Drehb. für Kino u. Fernsehen 1945–

1993, 1994; A. JÄGER, Schriftst. aus der DDR. Ausbürgerungen u. Übersiedelungen von 1961 bis 1989. Autorenlex., 1995; Biogr. Hdb. der SBZ/DDR 1945–1990 (hg. G. BAUMGARTNER, D. HEBIG) Bd. 1, 1996; Lex. Lit.verfilmungen [...] 1945–2000 (zus.gestellt K. M. u. I. SCHMIDT) ²2001; W. EMMERICH, Kleine Lit.gesch. der DDR, Neuausg. 2004; V. MEID, Reclams Lex. der dt.sprachigen Autoren, ²2006; Metzler Lex. DDR-Lit. (hg. M. OPITZ, M. HOFMANN) 2009; PEN. A World Association of Writers. Zentrum Dtl. Autorenlex. 2012/2013 (red. R. SCHWEIKERT) 2012; Wer war wer in der DDR? Ein Lex. ostdt. Biogr. (hg. MÜLLER-ENBERGS u. a.) ⁵2010 (auch Internet-Edition).

Allgemein zu Leben und Werk: D. SCHLENSTEDT, Ankunft u. Anspruch. Zum neueren Rom. in der DDR (in: SuF 18, S. 814ff.) 1966; G. de BRUYN, Maskeraden, 1966; E. KRUMBHOLZ, ~. Vernunft u. tapferes Wollen (in: Liebes- u. andere Erklärungen. Schriftst. über Schriftst., hg. A. VOIGTLÄNDER, S. 147–154) 1972; H. SAKOWSKI, ~ [Laudatio] (in: Mitt. der Dt. Akad. der Künste der DDR zu Berlin 10, H. 3, S. 13–15) 1972; J. WALTHER, ~ (in: Die Weltbühne 27, H. 24, S. 742–745) 1972; C. BERGER, Die Biogr. der Dinge oder «Wer präzis informiert ist, kann präzis formulieren». Methoden u. Formen der Realitätsaneignung bei ~ (in: NDL 23, H. 5, S. 148–167) 1975; K. JARMATZ, Forsch.feld Realismus, 1975; E. KAUFMANN, Dem Leben auf die Schliche kommen. Besonderheiten des Erzählens bei ~ (in: WB 21, H. 5, S. 80–104) 1975 (auch in: DIES., H. KAUFMANN, Erwartung u. Angebot. Stud. zum gegenwärtigen Verhältnis von Lit. u. Gesellsch. in der DDR, S. 62–90, 1976); H.-P. KLAUSNITZER, Stationen der Selbstfindung. Die Rom. des ~ (in: Dtl.-Arch. 12, S. 1199–1202) 1979; J. STAADT, Zur Entwicklung des Schriftst. ~ – am Beispiel der Darst. von Karrieren u. Jugendlichen (in: DDR-Rom. u. Lit.gesellsch., hg. J. HOOGEVEEN, G. LABROISSE, S. 103–112) Amsterdam 1981; Protokoll eines Tribunals. Die Ausschlüsse aus dem Schriftst.verband 1979 (hg. J. WALTHER u. a.) 1991; I. WALLACE, The Politics of Confrontation. The Biermann Affair and its Consequences (in: Geist u. Macht. Writers and the State in the GDR, hg. A. GOODBODY, D. TATE, S. 68–80) Amsterdam 1992; M. KANE, From Oobliadooh to Prenzlauer Berg. Lit., Alternative Lifestyle and Identity in the GDR (ebd., S. 90–103) ebd. 1992; In Sachen Biermann. Protokolle, Ber. u. Briefe zu den Folgen einer Ausbürgerung (hg. R. BERBIG u. a.) 1994;

T. Hinz, Auf der großen Düne von Nidden –
der Ostpreuße ~ (in: Kulturpolit. Korrespondenz,
Sonderdienst 63, S. 82–85) 1995; J. Walther, Si-
cherungsbereich Lit. Schriftst. u. Staatssicherheit
in der DDR, 1996; J. B. Bilke, ~ zum 80. Geb.tag
(in: Dtl.-Arch. 42, H. 2, S. 224–226) 2009; R. A.
Zipser, Von Oberlin n. Ostberlin. Als Amerikaner
unterwegs in der DDR-Lit.szene, 2013; Bundesarch., Druckgenehmigungsakten für Belletristik
[...] Ministerium für Kultur der DDR [...] (Internet-Edition).

Zu einzelnen Werken:

Beschreibung eines Sommers (= BeS): De Boor-
Newald 12,504 u. öfter. – C. Wasser, ~, BeS (in:
NDL 10, H. 4, S. 65–74) 1962; E. Strittmatter,
~, BeS (ebd., H. 7, S. 31–50) 1962; L. Houska,
Die Jugend in der erzählenden Prosa der DDR
(Herbert Nachbar, ~, Dieter Noll) (in: Philologica
Pragensia 6, S. 171–178) Prag 1963; J. Bonk, Junge
Prosa der DDR (I). Ein Abriß (in: L. Bock, Willi
Bredel, hg. K. Böttcher, S. 257–264) 1964; H. P.
Anderle, Mitteldt. Erzähler, 1965; T. Feitknecht,
Die sozialist. Heimat. Zum Selbstverständnis neue-
rer DDR-Rom., 1971; I. Gerlach, Bitterfeld. Ar-
beiterlit. u. Lit. der Arbeitswelt in der DDR, 1974;
G. Pareigis, Krit. Analyse der Realitätsdarst. in
ausgew. Werken des «Bitterfelder Weges», 1974; J.
Staadt, Konfliktbewußtsein u. sozialist. Anspruch
in der DDR-Lit. Zur Darst. gesellschaftl. Widersprüche in Rom. n. dem VIII. Parteitag der SED
1971 (Diss. FU Berlin) 1977; B. Einhorn, Der
Rom. in der DDR 1949–1969. Die Gestaltung
des Verhältnisses von Individuum u. Gesellsch. Eine Analyse der Erzählstruktur, 1978; H. Domdey,
Probleme der Vergangenheitsbewältigung. Beob.
an zwei Rom. von ~. BeS und ‹Wilhelmsburg›
(in: DDR-Rom. u. Lit.gesellsch., hg. J. Hoogeveen, G. Labroisse, S. 113–140) Amsterdam 1981;
J. Pernkopf, Der 17. Juni 1953 in der Lit. der beiden dt. Staaten, 1982; F. Meyer-Gosau, Bildlose
Zukunft – verlorene Gesch. Die «Ankunftslit.» zw.
1961 u. 1964 in exemplar. Stud. (Diss. Bremen)
1982; Rom.führer A–Z (hg. K. Böttcher) Bd.
II/1, ⁵1983; F. Trommler, Sozialismus u. Sexualität. Zu einigen DDR-Rom. der frühen sechziger
Jahre (in: Eros u. Lit. Liebe in Texten von der
Antike bis zum Cyberspace, hg. C. Solte-Gres-
ser u. a., S. 273–285) 2005; H. Wrage, Die Zeit
der Kunst. Lit., Film u. Fernsehen in der DDR
der 1960er Jahre. Eine Kulturgesch. in Beispielen
(Diss. HU Berlin) 2008.

Die Interviewer (= DI): De Boor-Newald 12,727.
– E. Mehnert, ~, DI (in: Dt.unterricht 27, S.709–
711) 1974; J. Engler, DI (in: WB 21, H. 3, S.
143–149) 1975; M. Eifler, Dialekt. Dynamik. Kulturpolitik u. Ästhetik im Ggw.rom. der DDR,
1976; J. Staadt, Konfliktbewußtsein u. sozialist. Anspruch in der DDR-Lit. Zur Darst. gesellschaftl. Widersprüche in Rom. n. dem VIII.
Parteitag der SED 1971, 1977; I. Gerlach, Der
schwierige Fortschritt. Ggw.deutung u. Zukunft-
serwartung im DDR-Rom., 1979; M. Durzak,
Der dt. Rom. der Ggw. Entwicklungsvorauss-
setzungen u. Tendenzen, ³1979; M. Krumrey,
Monotonie oder Schöpfertum (in: Tendenzen u.
Beispiele. Zur DDR-Lit. in den siebziger Jahren,
hg. H. Kaufmann, S. 41–77) 1981; Rom.führer
A–Z (hg. K. Böttcher) Bd. II/1, ⁵1983; P. Zimmermann, Industrielit. in der DDR, 1984; ~, DI
(in: Der Rom.führer [...] 18, hg. B. u. J. Gräf)
1987; M. N. Watson, The Literary Presentation
of «Youth» in GDR Fiction 1971–1980, Stuttgart
1987.

Eine Pyramide für mich (= EPfm): De Boor-Newald 12,726 u. öfter. – W. Brettschneider, Zw.
lit. Autonomie u. Staatsdienst. Die Lit. in der
DDR, ²1974; J. Staadt, Konfliktbewußtsein u.
sozialist. Anspruch in der DDR-Lit. Zur Darst.
gesellschaftl. Widersprüche in Rom. n. dem VIII.
Parteitag der SED 1971, 1977; Rom.führer A–Z
(hg. K. Böttcher) Bd. II/1, ⁵1983; ~, EPfm (in:
Der Rom.führer [...] 25, hg. B. u. J. Gräf) 1992.

Wilhelmsburg (= Wb): I. Drewitz, Zeitverdich-
tung, 1980; H. Domdey, Probleme der Vergangenheitsbewältigung. Beobachtungen an zwei Rom.
von ~. ‹Beschreibung eines Sommers› u. Wb (in:
DDR-Rom. u. Lit.gesellsch., hg. J. Hoogeveen,
G. Labroisse, S. 113–140) Amsterdam 1981; W.
Rossade, Lit. im Systemwandel. Zur ideologie-
krit. Analyse künstler. Literatur aus der DDR, Bd.
2, 1982; S. Stahl, Der Ausbruch des Subjekts aus
gesellschaftl. Konformität. Ansätze lit. Verweigerung am Beispiel der DDR-Prosa der 2. Hälfte der
70er Jahre, 1984; ~, Wb (in: Der Rom.führer [...]
25, hg. B. u. J. Gräf) 1992.

Zu weiteren Werken: De Boor-Newald 12,722 u.
ö. (zu ‹Das endlose Jahr›). – W. Böttger u. a.,
Stilmittel in der Erz. ‹Der Mast› von ~ (red. D.
Faulseit) 1962; B. Greiner, Von der Allegorie zur
Idylle. Die Lit. der Arbeitswelt in der DDR, 1974
(zu ‹Ber. vom Grunde des Meeres›); S. Damm,
J. Engler, Notate des Zwiespalts u. Allegorien

der Vollendung (in: WB 21, H. 7, S. 58–60) 1975 (zu ‹Quedlinburg›); G. KLATT, ‹Tanja, Taschka u. so weiter› (in: Kritik 75, hg. E. GÜNTHER u. a., S. 83–86) 1976; H. KUHN, Bruch m. dem Kommunismus. Über autobiogr. Schr. von Ex-Kommunisten im geteilten Dtl., 1990 (zu ‹Das endlose Jahr›); L. F. HELBIG, Der ungeheure Verlust. Flucht u. Vertreibung in der dt.sprachigen Belletristik der Nachkriegszeit, ³1996 (zu dems. u. ‹Immer unterwegs n. Dtl.›); U. BIERNAT, «Ich bin nicht der erste Fremde hier». Zur dt.sprachigen Reiselit. n. 1945 (Diss. Marburg) 2004 (zu ‹Einmal Tschingis Khan sein›).

Gespräche und Interviews: J. WALTHER, Meinetwegen Schmetterlinge. Gespräche m. Schriftst., 1973; E. KAUFMANN, Interview (in: WB 21, H. 5, S. 57–79) 1975 (auch in: Europ. Ideen 4, H. 23, S. 16–35, 1976); «Ich kann die Lernfähigkeit des Systems heute nicht mehr erkennen!». J. P. Tammen im Gespräch m. dem DDR-Autor ~, der am 7. Juni 1979 aus dem Schriftst.-Verband der DDR ausgeschlossen wurde (in: die horen 24, H. 2, S. 133–141) 1979; J. P. TAMMEN, «Gleichgesonnene? – Künstler sind nie gleichgesonnen!» ~ im Gespräch m. Autorinnen u. Autoren der «Sonntagsgesch.» (ebd. 39, H. 2, S. 201–240) 1994.   KG

Jakobs, Leonie, * 1976 (Ort nicht ermittelt); Journalistin, Schriftst., lebt in München; ihr Rom. basiert auf einer auf der Internet-Seite «jetzt.de» der Südt. Zeitung veröff. Kolumne, auch Beitr. in einer Anthologie. – Kolumne, Erz., Roman.

Schriften: Schön macht's nicht, aber glücklich. Ein ehrlicher Schwangerschaftsroman, 2008.   KG

Jakobs, Seep (Ps. für Erhard Jakobs), * 10. 2. 1959 Trier; Journalist, lebt in Laubach/Oberhessen; wuchs in Schönecken/Eifel auf, studierte Germanstik, Philos. u. dt. Volksk. an der Univ. Mainz, dann Stud. der Journalistik, 1983–85 Mithg. der Zs. «Eifler Strandboote», seit 1986 Angestellter im hess. Hochschuldienst, veröff. Beitr. u. a. in «taz. die tageszeitung», «Zeichen u. Wunder. Vjs. für Kultur» u. der Lit.zs. «Am Erker», auch an Kalenderproduktionen beteiligt. – Rom., Lyrik, Erz., Bühnenst., Essay.

Schriften: Das Buch vom Kopp. Ein Roman in Geschichten, 1994; Wartenarr (Rom.) 2002 (Zeichn. A. Klauer-Simonis); Der Lawinenschrank, 2003 (dass. B. Busch); Bin kein Schießer, bin kein Fleischer. 51 Tiergedichte, 2006 (dass.); Hergänger (Rom.) 2011. (Ferner ungedr. Einakter.)

Literatur: J. ZIERDEN, Lit.Lex. Rhld.-Pfalz, 1998 (auch Internet-Edition).   KG

Jakobs, Theodor, * 19. 8. 1896 Rostock, † 25. 10. 1947 ebd.; Schriftst., Stadtarchivar, lebte in Rostock; Sohn eines Eisenbahners, ab 1935 Stadtarchivar in Rostock. – 1938 Ehrenring dt. Frontdg., Mecklenburg. Lit.preis, John-Brinckman-Preis der Stadt Rostock. – Rom., Erz., Erinn., Lyrik, Mundart (niederdeutsch).

Schriften: Die letzte Schlacht, 1931 (Neuausg. gem. m. ‹Der Löwe von Brzeziny›, 1940); Der Löwe von Brzeziny, 1934 (dass. m. ‹Die letzte Schlacht›, 1940); Der ewige Trommelschlag, 1938; Drahtverhau und blaue Bohnen, 1939 (Federzeichn. A. Reich; Feldpostausg. 1944); Zwischen sieben Toren, 1941 (5. Aufl. m. der Genreangabe «Erz.», m. Nachw. u. Erl., 1984; 6. Aufl. 1992, Illustr. A. Eulert); Der alte Soldat, 1943; In den alten Straßen, 1998.

Literatur: G. GREWOLLS, Wer war wer in Mecklenb.-Vorpommern?, 1995; B. SOWINSKI, Lex. dt.sprachiger Mundartautoren, 1997; Ein ndt. Leseb. für Mecklenb.-Vorpomm., Bd. 3, 2000; N. HOPSTER u. a., Kinder- u. Jugendlit. 1933–1945. Ein Hdb., Bd. 1, 2001; E. KLEE, Das Kulturlex. zum Dritten Reich. Wer war was vor u. n. 1945, 2007; S. SEHLKE, Pädagogen – Pastoren – Patrioten. Biogr. Hdb. zum Druckgut für Kinder u. Jugendliche von Autoren u. Illustratoren aus Mecklenb.-Vorpomm. von den Anfängen bis einschließl. 1945, 2009; A. KRAUSE, H.-J. MENDE, Neuer Friedhof Rostock. Bemerkenswerte Grabstätten, 2012; W. MÜLLER, ~, Schriftst., Chronist, Archivar (1896–1947) (in: Berühmte Rostocker Persönlichkeiten aus 800 Jahren, Lexikus, Internet-Edition) 2012.   KG

Jakobus → Hirsch, Karl Jakob.

Jakoby, Friedhelm, * 14. 8. 1928 Keidelheim/Hunsrück (später zu Simmern), † 1. 9. 2013 (Ort nicht ermittelt); Schriftst., lebte in Simmern u. in Diez/Lahn; erlitt 1994 einen Schlaganfall u. war in Folge dessen halbseitig gelähmt. – Autobiogr. Erzählung.

Schriften: Gnadenschuss für einen Leih-Opa ... Und andere Geschichten eines Schlaganfall-Betroffenen, 1999; Federn von gallischen Hähnchen [dass.], 2004.   KG

Jakovlevič, Aleksandr Bretman → Brettmann, Alexander.

Jakowitz-Jantsch, Heinz → Jantsch, Heinz.

Jaksch, Friedrich (Ps. F. Bodenreuth), * 4. 4. 1894 Budweis/Böhmen (České Budějovice/Tschechien), † 18. 2. 1946 Weimar (in Haft); Dramaturg, Red., Verleger, Bibliothekar, Schriftst.; Sohn eines Rechtsanwalts, studierte Philos. u. Jura an der Univ. Prag, Soldat im 1. Weltkrieg, 1919/20 Dramaturg beim Vereinigten Theater Aussig-Teplitz-Schönau (Ústí nad Labem, Teplice/Tschechien), Red. der Zs. «Die Bühne», leitete den Sudetendt. Verlag in Reichenberg u. die Reichenberger Freilichtsp., 1923 Mitbegr. der «Bücherei der Dt. in der Tschechoslowakei», übersiedelte n. Bad Berka/Thür., 1945 von sowjet. Besatzungstruppen gefangen genommen u. im Speziallager Buchenwald inhaftiert. – Lyrik, Dr., Erz., Nov., Rom., Ess., Feuilleton.
Schriften: Wellen und Wogen (Ged.) 1918; Märchen der Liebe (Novn.) 1919; Hartherz, der Zwerg. Ein dramatisches Gedicht in vier Akten, 1919; Sklavin. Eine Tragödie in drei Akten, 1920; Mütter! Der Menschheit ein Osterevangelium, 1920; Eros-Licht. Wege eines Ringenden, 1922 (Zeichn. R. Karasek); Der enthauptete Heiland (Erz.) 1924; Das Haus mit den Steinfiguren (Erz.) 1926; Das Christkindl-Spiel des Böhmerwaldes (Bearb.) 1929 (musikal. Durchsicht W. Hensel); Wie Hans und Grete den Weihnachtsmann besuchten. Ein Bilderbuch, 1930 (Bilder T. Pezellen); Amme Ise. Ein Ameisenmärchen, 1930 (dass. E. Kutzer); Sonne über Böhmen. Ein fröhliches Buch (Rom.) 1934; Gott stellt die Zeiger. Das Schicksal eines Volkes (Ged.) 1935; Der Bund. Ein Sprechchorspiel, ²1935; Alle Wasser Böhmens fließen nach Deutschland (Rom.) 1937 (Frontbuchhandelsausg. 1937; Neuausg. 1938); Kathrein. Zwei Erzählungen, 1939; Das Ende der Eisernen Schar. Mit dem «Polnischen Tagebuch 1939» (Nachw. F. J.) 1940; Söhne am anderen Ufer (Rom.) 1940; Krispius. Ein fröhliches Buch, 1944.

Herausgebertätigkeit: Lexikon sudetendeutscher Schriftsteller und ihrer Werke für die Jahre 1909–1929, 1929.
Literatur: Schmidt, Quellenlex. 14,423. – ÖBL 3,65; Theater-Lex. 2,894; Killy 6,77; DdP 1,498; DBE 5,305; Killy ²6,98. – F. J., Lex. sudetendt. Schriftst. u. ihrer Werke für die Jahre 1900–1929, 1929; W. KOSCH, Das kathol. Dtl. Biogr.-bibliogr. Lex., Bd. 1, 1933; Kleines öst. Lit.lex. (hg. H. GIEBISCH u. a.) 1948; Wegweiser durch die moderne Lit. in Öst. (hg. H. KINDERMANN) 1954; A. SCHMIDT, Dg. u. Dichter Öst. im 19. u. 20. Jh., Bd. 2, 1964; R. HEGER, Der öst. Rom. des 20. Jh., Bd. 2, 1971; J. MÜHLBERGER, Gesch. der dt. Lit. in Böhmen. 1900–1939, 1981; Biogr. Lex. zur Gesch. der böhm. Länder (hg. H. STURM) Bd. 2, 1984; A. KLOTZ, Kinder- u. Jugendlit. in Dtl. 1840–1950. Gesamtverz. [...], Bd. 2, 1992; L. CERALOVÁ, ~ – der Märchenprinz. Sein Leben u. Werk, Olomouc 1999; K. F. STOCK u. a., Personalbibliogr. öst. Dichterinnen u. Dichter, Bd. 2, ²2002.   KG

Jaksch, Wenzel, * 25. 9. 1896 Langstrobnitz/Südböhmen (Dlouhá Stropnice/Tschechien), † 27. 11. 1966 Wiesbaden (Verkehrsunfall); Journalist, Politiker; Sohn eines Kleinbauern u. Maurers, 1910–16 Maurer in Wien, schloss sich dort der Sozialdemokrat. Arbeiterpartei an, kehrte 1919 n. Südböhmen zurück u. engagierte sich in der sudetendt. Arbeiterbewegung, 1921–24 Red. der «Volksztg.» in Komotau/Böhmen (Chomutov/Tschechien) u. ab 1924 der Ztg. «Der Sozialdemokrat» in Prag, 1929–38 Abgeordneter der Dt. Sozialdemokrat. Arbeiterpartei (DSAP) im Prager Parlament, ab 1938 Vors. der DSAP, 1938 Hg. der vom tschechoslowak. Außenministerium initiierten «Sudentenber.» in Prag, 1939 Emigration n. England, 1939 Begr. der Treugemeinschaft Sudetendt. Sozialdemokraten in London, Hg. der Ztg. «Der Sozialdemokrat» u. Chefred. der Zs. «Freundschaft» in London, um 1949 Übersiedelung n. Hannover, dann n. Frankfurt/M., ab 1950 Vorstandsmitgl. der SPD, 1950–53 als Ministerialdir. Leiter des Hess. Landesamts für Vertriebene, Flüchtlinge u. Evakuierte, 1951 Mitbegr. u. dann Vors. der Seliger-Gemeinde («Gesinnungsgemeinschaft sudetendt. Sozialdemokraten»), 1953–66 Mitgl. des Dt. Bundestags, ab 1959 Präs. der Bundesversammlung der Sudetendt. Landsmannschaft, 1964–66 Präs. des Bundes der Vertriebenen. – 1963 Dr. h. c. des Park College in Parkville/MO,

1966 Großes Bundesverdienstkreuz, Ehrenplakette des Bundes der Vertriebenen, Ehrenbr. u. Rudolf-Lodgman-Plakette der Sudetend. Landsmannschaft. – Polit. Schrift. – W.-J.-Gedächtnispreis der Seliger-Gemeinde, W.-J.-Medaille des Bundes der Vertriebenen.

Schriften (Ausw.): Volk und Arbeiter. Deutschlands europäische Sendung, Bratislava 1936; Sudeten Labour and the Sudetenproblem. A Report to International Labour, 1945; Hans Vogel. Gedenkblätter, 1946; Benesch war gewarnt, 1949; Unser geschichtlicher Auftrag. Eine Aussage über den Alleingang der sudetendeutschen Arbeiterbewegung und die Selbstaustreibung der tschechischen Sozialdemokratie, 1956; Europas Weg nach Potsdam. Schuld und Schicksal im Donauraum, 1958 (neu bearb. u. erg. Ausg. 1967); Westeuropa. Osteuropa. Sowjetunion. Perspektiven wirtschaftlicher Zusammenarbeit. Eine politisch-wirtschaftliche Studie, 1965.

Herausgebertätigkeit (Ausw.): Marxismus oder Hakenkreuz? Wer sind des deutschen Volkes Verderber? Tatsachen und Anmerkungen zu den Argumenten des hakenkreuzlerischen Scheinsozialismus und zu den Schlagworten der deutsch-völkischen Reaktion (Zus.stellung) 1923; Der Weg der letzten freien Deutschen (Dok., Ber.; mit W. Kolarz) London 1940.

Briefwechsel und Dokumente: W. J., E. Beneš, Briefe und Dokumente aus dem Londoner Exil. 1939–1943 (hg. F. PRINZ) 1973.

Ausgaben: W. J., Sucher und Künder (red. K. KERN) 1967; W. J., Patriot und Europäer (Ausw., Einl. DERS.) 1967.

Nachlass: Sudetend. Arch., München; Seliger-Arch. im Arch. der sozialen Demokratie, Bonn. – Bundesarch., Zentrale Datenbank Nachl. (Internet-Edition).

Literatur: Schmidt, Quellenlex. 14,423. – Munzinger-Arch.; NDB 10,326; Hdb. Emigration 1,330; DBE 5,305. – Ruhm u. Tragik der sudetend. Sozialdemokratie. Zum 50. Geb.tag von ~, Malmö 1946; Hdb. des Dt. Bundestags (hg. F. SÄNGER, bearb. S. SÄNGER) ³1953; W. KOSCH, Biogr. Staatshdb. Lex. der Politik, Presse u. Publizistik, Bd. 2, 1963; W. HENKELS, III Bonner Köpfe, 1963; E. JAUERNIG, ~ (in: Beitr. zur Gesch. der dt. Arbeiterbewegung 5, S. 1010–1026) 1963; A. DOMES, ~ [Nachruf] (in: Sudetenland 8, H. 4, S. 286–289) 1966; A. K. SIMON, dass. (in: Der Donauraum 12, H. 1/2, S. 74–80) 1967; H. WEHNER,

Der Zukunft verbunden (in: ~, Sucher u. Künder, red. K. KERN, S. 5f.) 1967; K. KERN, Einl. (ebd., S. 7–13); E. PAUL, Der Lebensweg (ebd., S. 17–47); Biogr. (ebd., S. 48–51); Würdigungen (ebd., S. 54–74) 1967; K. KERN, Vorw. (in: ~, Patriot u. Europäer, Ausw. DERS., S. 5–19) 1967; E. PAUL, Um die Deklaration von Holmhurst (ebd., S. 299–301); K. WERNER, ~, der Schöpfer des Hessenplans (ebd., S. 311–314); Versuch einer Bibliogr. (ebd., S. 315f.) 1967; E. JAUERNIG, Sozialdemokratie u. Revanchismus. Zur Gesch. u. Politik ~s u. der Seliger-Gemeinde, 1968; H. BRADTER, ~ (in: Jb. für Gesch. der UdSSR u. der volksdemokrat. Länder Europas 12, S. 315–328) 1968; Politiker der ersten Stunde (hg. H. REUTHER) 1970; W. STERNFELD, E. TIEDEMANN, Dt. Exil-Lit. 1933–1945. Eine Bio-Bibliogr., ²1970; M. K. BACHSTEIN, ~ u. die sudetend. Sozialdemokratie (Diss. München) 1974; F. PRINZ, Beneš, ~ u. die Sudetend., 1975; K. R. KERN, ~ (in: Sudetenland 18, H. 3, S. 216–223) 1976; F. PRINZ, ~ (ebd. 19, H. 1, S. 62–68) 1977; J. H. MARTON, Rhein-Main-Donau. Vision u. Hoffnung von ~ (ebd. 24, H. 3, S. 202–204) 1982; Biogr. Lex. zur Gesch. der böhm. Länder (hg. H. STURM) Bd. 2, 1984; Politiker der BRD. Persönlichkeiten des polit. Lebens seit 1949 von A bis Z (hg. U. NIKEL) 1985; G. BEIER, Arbeiterbewegung in Hessen. Zur Gesch. der hess. Arbeiterbewegung durch 150 Jahre (1834–1984), ²1985; E. WERNER, ~, 1991; O. RENKHOFF, Nassauische Biogr., ²1992; Quellen zur dt. polit. Emigration 1933–1945 (hg. H. BOBERACH u. a.) 1994; H.-W. MARTIN, «... nicht spurlos aus der Gesch. verschwinden». ~ u. die Integration der sudetend. Sozialdemokraten in die SPD n. dem 2. Weltkrieg (1945–1949) (Diss. Kassel) 1996; Der Kulturpolitiker ~. Böhmerwäldler, Sudetend., Europäer (red. O. BÖSE, W. RICHTER) 1996; K. WERNER, Der Mann aus dem Böhmerwald – zum 100. Geb.tag von ~ am 25. September (in: Kulturpolit. Korrespondenz 42, Nr. 981, S. 10–12) 1996; Reden zum Gedenken an ~ (1896–1966). Wegbereiter dt. Ostpolitik, 1998; E. FRANZEL, Sudentend. Gesch., Sonderausg. 2002 (²1962); F. CZEIKE, Hist. Lex. Wien, Bd. 3, 2004; D. BRANDES, Der Weg zur Vertreibung 1938–1945. Pläne u. Entscheidungen zum «Transfer» der Dt. aus der Tschechoslowakei u. aus Polen, ²2005; dasrotewien.at. Weblex. der Wiener Sozialdemokratie (Internet-Edition).   KG

Jakuba, Friedrich → Ziebula, Thomas.

Jakubaschk, Paul-Willi (Ps. Jak vom Berge; Paul
Wija), * 7. 5. 1899 Pinnow/Uckermarck, † 28. 5.
1977 Leverkusen; Red., Unternehmensleiter; studierte an der Dt. Hochschule für Politik in Berlin, 1917/18 Soldat im 1. Weltkrieg, Red., Geschäftsführer eines Chemieunternehmens, Werbe-,
Vertriebs- u. Anzeigenleiter, 1931–39 Verlagsleiter
u. Chefred., 1940(41?)–45 Wehrdienst, hatte zahlr.
polit. Ämter inne, lebte in Opladen u. Pattscheid
(später zu Leverkusen). – Lyrik, Dr., Erz., Biogr.,
Hörspiel.

Schriften: Leben und Tod, 1928; Hoch die Tip-
pelei. Ein Buch von Freiheit und Wandern, von
Tippelbrüdern und Strolchen, von Pennern und
Vagabunden (Ged.) 1930; Über dem Alltag! (Skizzen) 1933; Helmuth Brückner. Sein Kampf und
Sieg um Schlesien. Vom Frontsoldaten und Selbst-
schutzkämpfer zum schlesischen Führer, Oberprä-
sidenten und Staatsrat, 1933.

Literatur: Lit.port Autorenlex. Berlin/Brandenb.
(Internet-Edition).   KG

Jakubaß, Franz H., * 13. 11. 1923 Gelsenkirchen-
Schalke, † 22. 1. 2010 Hallstadt; Berufsberater, Ver-
waltungsrat, Schriftst.; erwarb die Mittlere Reife,
Ausbildung zum Inspektor beim Arbeitsamt Gelsenkirchen (unterbrochen durch Arbeits- u. Wehrdienst), ab 1948 Berufsberater, 1961–87 Abt.leiter
beim Arbeitsamt Bamberg, 1969–93 Doz. für Arbeitslehre u. Berufskunde an der Univ. Bamberg,
veröff. ab 1984 den Forts.rom. «Die Silberhoch-
zeitsreise!» in der Zs. «Die christl. Familie», zahlr.
seiner Hörbilder u. Hörsp. wurden im Rundfunk
gesendet, u. a. vom BR, von Radio Vorarlberg,
Südfunk Stuttgart u. Radio Bozen. – 1993 Ehrenmedaille «bene merenti» in Silber der Univ. Bamberg, 1996 Lit.preis des Bistums Trier. – Sachb.,
Ratgeber, Lyrik, Erz., Kurzgesch., Biogr., Hörbild,
Hör- u. Theatersp., Rom., Märchen, Schw., Fabel,
Essay.

Schriften (Sachb. u. Ratgeber in Ausw.): Volks-
schüler vor der Berufswahl. Berufskundlicher Leitfaden für Schüler, Eltern und Erzieher (m. W.
Lutz) 1952; Schritt für Schritt. Erzählungen aus
der Arbeitswelt, 1969; Die Betriebserkundung
im Rahmen der Arbeitslehre, 1974; Karl Rudolf
Grumbach, ehedem Abt des Klosters St. Georgenberg bei Fiecht in Tirol, 1981 (Sonderdr. aus: 117.
Ber. des Hist. Ver. Bamberg); Wie die Schildbür-
ger einen Brand löschten, 1983; In Schilda bellt
die Katz so grün. Erzählungen von Schildbürgern

und Schlaubergern, 1990 (2., überarb. u. erw. Aufl.
m. leicht geänd. Titelschreibweise, 2003; Neuausg. 2008); Katz' und Maus und die Computer. Drei märchenhafte Geschichten, 1994 (Illustr.
L. Szilágyi); Flegeleien. Eine Sammlung von Geschichten und Gedichten höchst fragwürdigen In-
halts, 1999; In Niederungen (Erzn.) 2001; Ali, der
Bettler. Orientalische Märchen, 2003 (Neuausg.
u. d. T.: Ali, Bettler und Schelm. Orientalische
Märchen, 2008); Ein toter Mann im Sarg (Erz.)
2004; Das original Bamberger Götzzitat der Agnes
Schwanfelder. Nebst einer nicht minder ungehö-
rigen Absichtsbekundung, 2005; Rebell in Bamberg. Ein Roman aus der Zeit der Bauernkriege,
2006 (zuerst als Forts.rom. in einer Zs., um 2004);
Schildbübereien ... vier halbwahre Taten der berühmten Schwankhelden, auch ihrer Frauen, hin-
gegen nicht ihrer Kinder, zur allfälligen Erzeugung selbstvergessener Heiterkeit ... Schildbübereien, überall da zur Aufführung zu bringen, wo
Bretter noch die Welt bedeuten, einzeln oder als
lachsattes Theaterpaket, kurzweilig und bis zu an-
nähernd abendfüllend! (Spieltext) 2006; Das Nat-
ternhemd oder der Mann mit dem weißen Schal.
Ein Roman, 2007; Johannes Schwanhausen, der
Bamberger Reformator. Ein Roman, 2008; Eu-
logius Schneider – von der Kanzel zum Schafott.
Ein Bamberger Franziskaner im Strudel der Französischen Revolution. Eine Erzählung, 2008; Aga-
memnons Heimkehr und unheroischer Tod. Eine respektlose Lästerung, 2008; Im Schatten der
Hölle. Drei Erzählungen, 2009; Gedichte. Gereimt
und ungereimt, 2009. (Ferner zahlr. ungedr. Hörbilder, Hör- u. Theaterspiele.)

Literatur: Schmidt, Quellenlex. 14,424. – Westfäl. Autorenlex. 4,34 (auch Internet-Edition). –
Taschenlex. zur bayer. Ggw.lit. (hg. D.-R. Moser, G. Reischl) 1986; U. Weber, Bamberger
Autoren, 1987; Dichter: ein Traum. ~ als Hör-
sp.autor in Bamberg (in: Lit. in Bayern 8, H. 29)
1992; Lit.portal Westf. (Internet-Edition); Kulturatlas (dasselbe).   KG

Jakubczyk, Karl, * 15. 10. 1888 Beuthen/Ober-
schles. (Bytom/Polen), † 8. 1. 1931 Breslau; Priester, Red.; Sohn eines Postschaffners, besuchte
die Volksschule in Ottmachau/Oberschles. (Ot-
muchów/Polen) u. bis 1908 das Gymnasium in
Gleiwitz/ebd. (Gliwice/ebd.), studierte Theol. an
der Univ. Breslau, 1912 Priesterweihe, Kaplan in
Breslau, 1917–29 Domvikar ebd., ab 1918 Red. u.

ab 1919 alleiniger Schriftleiter des «Kathol. Sonntagsbl. für die Diözese Breslau», gab mehrere Sonderdr. heraus, lebte ab 1930 in Obernigk/Niederschles. (Oborniki Śląskie/Polen), veröff. Beitr. in der «Schles. Volksztg.», in den Zs. «Der Gral» u. «Schönere Zukunft» sowie in anderen kirchl. Blättern. – Biogr., lit.hist. u. rel. Schrift.

Schriften: Der deutsche Eichendorff, 1917; Dante. Sein Leben und seine Werke, 1921 (2. u. 3., verb. Aufl. 1922); Eichendorffs Weltbild, 1923; Aufblicke der Seele. Religiöse Lesungen, 1927.

Herausgebertätigkeit: Die heilige Wehr. Deutsche Kriegslyrik der Gegenwart, 1917; Denk Jesu nach! Ausgewählte deutsche Christusgedichte aus allen Jahrhunderten. Mit einer literarhistorischen Einleitung, 1920; Dante, Göttliche Komödie (Ausw. u. Einl.) 1927.

Literatur: Heiduk 2,4. – H. B. LAUFFER, ~. Ein Leben, 1932; P. HEIN, Dem Gedächtnis ~s (in: Der Oberschlesier 14, S. 397f.) 1932; W. KOSCH, Das kathol. Dtl., Bd. 1, 1933; K. SCHINDLER, Schles. Dante – Beitr. (in: Schles. Kunst, Wiss., Volksk. 10, S. 68–70) 1965; A. LUBOS, Gesch. der Lit. Schles. 2, 1967; Schles. Priesterbilder (hg. J. GOTTSCHALK) Bd. 5, 1967.   KG

Jakubeit, Peter, ⋆ 3. 11. 1939 Bernburg/Saale; Dramaturg, Schriftst., lebt in Gernrode/Harz; 1958 Abitur, 1958–60 Armeedienst, studierte 1960–63 Philos. an der Univ. Leipzig (ohne Abschluss), 1963–67 verschied. Hilfsarbeitertätigkeiten, 1967–71 Stud. der Theater- u. Filmwiss., 1972–78 Dramaturg beim Dt. Fernsehfunk u. bis 1991 bei der Dt. Film AG (DEFA), wiss. Mitarb. u. freier Schriftsteller. – Hörsp., Rom., Erz., Drama.

Schriften: Die Krallenwurzel. Erstes Buch der Trennungen, 1979; Blondes Flittchen. Sieben Geschichten eines an zu hellem Licht Erblindeten, 1989; «Wegen Aufruhrs zu verhaften.» Richard Wagner in Dresden (Rom.) 1995; Der Katzenwald. Zweites Buch der Trennungen (Rom.) 2000. (Ferner ungedr. Hörspiele.)

Literatur: Schmidt, Quellenlex. 14,424. – Bestandsaufnahme 2. Debütanten 1976–1980 (hg. B. BÖTTCHER) 1981; Rom.führer A–Z (hg. K. BÖTTCHER, G. ALBRECHT) Bd. II/1, ⁶1987 (zu ‹Die Krallenwurzel›); ~, ‹Blondes Flittchen› (in: Der Rom.führer [...] 25, hg. B. u. J. GRÄF) 1992; Filmportal.de (Internet-Edition); The Internet Movie Database (dasselbe).   KG

Jakubek, Eva Maria (auch Ewa Maria; geb. Hellmuth), ⋆ 28. 4. 1928 Oberglogau/Oberschles. (Głogówek/Polen), † 31. 5. 2012 (Ort nicht ermittelt); Buchhalterin, Red., Dolmetscherin, Übers.; Tochter eines Kaufmanns, bis 1944 Schulbesuch in Oberglogau, bis 1946 in Ratibor/Oberschles. (Racibórz/Polen) u. 1946/47 in Königstein/Taunus, ab 1947 Arbeit in einem Büro in Oberglogau, 1950–55 Hauptbuchhalterin, dann Red. der Ztg. «Arbeiterstimme» in Breslau, 1959–70 erneut Hauptbuchhalterin, Dolmetscherin u. Übers., Red. des «Niederschles. Informationsblattes». – Mitgl. der Dt. Sozial-Kulturellen Gesellsch. in Breslau. – Lyrik, Erinn., Übers. (aus dem Polnischen)

Schriften: Schenk mir keine Orchideen (Ged.) Wrocław 1999; Ich muß nichts mehr (Ged.) 2000; Marzenia spełniają sie inaczej. Retrospekcje Ślązaczki. Träume werden anders wahr. Rückblick einer Schlesierin, Wrocław 2010.

Übersetzungen: R. Dabrowska-Teuteberg, Den Abgrund überspringen (Ged.) 1998.

Literatur: Heiduk 3,307.   KG

Jakubowicz, Heinrich P(aul) M(oritz) (ab 1947 Henry Hellmann; Ps. Herbert Weber; St. Schott), ⋆ 23. 4. 1906 Breslau, † 1984 (Ort nicht ermittelt); Journalist, Politiker, Übers.; Sohn eines Verlegers, wuchs in Berlin auf, ab 1919 Mitgl. der Sozialist. Arbeiterjugend u. ab 1924 (25?) der SPD, 1926/27 Volontär der Ztg. «Volkswacht» in Breslau, 1927–33 Red. der Ztg. «Vorwärts», 1927–33 Leiter der Sozialist. Arbeiterjugend in Berlin-Lichterfelde, 1930–33 SPD-Reichstagsmitgl., daneben Stud. der Volkswirtschaft an den Univ. Berlin u. Breslau, schloss sich 1930 der marxist. Organisation «Neu Beginnen» («Leninist. Organisation») um Walter Loewenheim (1896–1977) an, bis 1935 Führungsmitgl. u. illegale polit. Arbeit, emigrierte 1935 in die Tschechoslowakei, 1935–38 Dt.lehrer u. Übers. sowie Mitarb. der Ws. «Neuer Vorwärts» in Prag, 1936 Mitarb. der Ztg. «Národní Osvobození», Heirat m. der Lehrerin Eva Hellmann (1906–1986), 1938 Emigration n. England, 1939–41 Angestellter, 1941–50 Red. der Nachr.agentur The Exchange Telegraph Co. Ltd., Zweiter Vors. der Verein. dt. Sozialdemokraten in Großbritannien, ab 1947 brit. Staatsbürger, 1947–65 Mitgl. der Labour Party, 1948/49 Mitarb. der Ws. «Time and Tide» in London, 1950–57 freier Journalist für dt. u. schweizer. Bl., ab 1957 Übers. u. Red. der Zs.

«Petroleum Press Service» (später «The Petroleum Economist»), lebte in London. – Kritik, Rom., Übers. (aus dem Engl. u. in das Englische).

Schriften: Der Eisenfresser (Rom.) Bratislava 1936.

Übersetzungen (Ausw.): J. Cohen, M. Hansel, Glück und Risiko. Die Lehre von der subjektiven Wahrscheinlichkeit, 1961; A. Myagkov, KGB intern. Enthüllungen eines Offiziers der III. Hauptabteilung, 1977.

Nachlass: The Wiener Library for the Study of the Holocaust & Genocide, London.

Literatur: Hdb. Emigration 1,283 (unter «Hellmann, Henry»). – K. KLIEM, Der sozialist. Widerstand gg. das Dritte Reich. Dargestellt an der Gruppe «Neu Beginnen» (Diss. Marburg/L.) 1957; H. J. REICHARDT, Neu Beginnen. Ein Beitr. zur Gesch. des Widerstandes der Arbeiterbewegung gg. den Nationalsozialismus (in: Jb. für die Gesch. Mittel- u. Ostdtl. 12, S. 150–188) 1963; W. STERNFELD, E. TIEDEMANN, Dt. Exil-Lit. 1933–1945. Eine Bio-Bibliogr., ²1970.   KG

Jakubzik, Frank, ⋆ 1965 Kassel; Übers., lebt in Xanten-Marienbaum; Ausbildung zum Verlagsbuchhändler in Frankfurt/M., veröff. lit. Beitr. u. a. in der Zs. «Der Lit.bote». – 1999 Stipendiat des Stuttgarter Schriftst.hauses. – Übers. (aus dem Engl.), Erz., Sachtext.

Schriften: Designhorizonte (Red., m. F. Wurm) 1993; Ein freundlicher Herr. Erzählung nach Objekten von Jan Gelhaar, 1998.

Übersetzungen: J. Riley, Sie stieg auf den Berg der Limonen (Rom.; m. M. Schneider) 1998; M. Albrow, Abschied vom Nationalstaat. Staat und Gesellschaft im globalen Zeitalter, 1998; G. Hartman, Das beredte Schweigen der Literatur. Über das Unbehagen an der Kultur, 2000; A. Giddens, Entfesselte Welt. Wie die Globalisierung unser Leben verändert, 2001; B. Adam, Das Diktat der Uhr. Zeitformen, Zeitkonflikte, Zeitperspektiven, 2005; Z. Bauman, Leben in der flüchtigen Moderne, 2007; M. Albrow, Das globale Zeitalter, 2007; R. Silverstone, Anatomie der Massenmedien. Ein Manifest, 2007; ders., Mediapolis. Die Moral der Massenmedien, 2008; S. Benhabib, Die Rechte der Anderen. Ausländer, Migranten, Bürger, 2008 (Neuausg. 2009); Z. Bauman, Gemeinschaften. Auf der Suche nach Sicherheit in einer bedrohlichen Welt, 2009; ders., Wir Lebenskünstler, 2010; D. Miller, Der Trost der Dinge. Fünfzehn

Porträts aus dem London von heute, 2010; ders., Weihnachten. Das globale Fest, 2011; C. Crouch, Postdemokratie, II Das befremdliche Überleben des Neoliberalismus, 2011; D. F. Wallace, Schicksal, Zeit und Sprache. Über Willensfreiheit (hg. S. M. CAHN, M. ECKERT) 2012; D. Miller, Das wilde Netzwerk. Ein ethnologischer Blick auf Facebook, 2012.   KG

Jakubzik, Ulrich, ⋆ 12. 8. 1920 Sensburg/Ostpr. (Mrągowo/Polen), † 22. 6. 2012 Leverkusen; Schriftst., lebte in Leverkusen. – Erz., Lyrik, regionalkundl. Schr., Chronik.

Schriften: Mein Herz blieb in Masuren. Gedichte und Geschichten aus der nie vergessenen Heimat, 1982; Laß uns doch nochmal durchs alte Sensburg gehen! 145 alte Ansichten von 1899 bis 1944. Weitere Sensburg-Ansichten, ein Stadtplan und verbindender Text, 1986 (Selbstverlag); Tiefes Masuren. Erzählungen und Balladen zwischen Tag und Traum (m. F. Austen, Andrea J.) 1987; Sensburg – Stadt in Masuren, 1988; Große Mutter Masuren. Heimat-Hymne in 22 Bildern, 1990 (Selbstverlag); Sensburg. Stadt unseres Herzens, 1992; Kleine Sensburger Chronik. Eine Huldigung an meine Heimatstadt, 1995.

Literatur: Bibliogr. zur Lit. Ost- u. Westpr. m. Danzig 1945–1988 (bearb. M. RANKL) Bd. 2, 1990.   KG

Jaldati, Lin (eig. Rebekka Brilleslijper; verh. Rebling), ⋆ 13. 12. 1912 Amsterdam, † 31. 8. 1988 Berlin (Ost); Tänzerin, Sängerin; Tochter eines sephard. Obst- u. Gemüsehändlers, wuchs in Amsterdam auf, 1926–32 Näherin u. Fabrikarbeiterin, daneben Tanzstud., 1932/33 Tänzerin im Niederländ. Ballett, 1934–38 Revuetänzerin, ab 1936 Mitgl. der Kommunist. Partei der Niederlande, ab 1938 jidd. Lieder- u. Tanzprogramme m. dem Pianisten u. Musikwissenschaftler Eberhard → Rebling, Tanz- u. Gesangsstud. in Paris u. Den Haag, 1940–44 in der niederländ. Widerstandsbewegung aktiv, 1942 Heirat m. E. Rebling, lebte ab 1942 im Untergrund, 1944 verhaftet, im Durchgangslager Westerbork u. den Konzentrationslagern Auschwitz u. Bergen-Belsen inhaftiert, 1945 Rückkehr in die Niederlande, ab 1946 internat. Konzertauftritte, u. a. in Skandinavien, der Schweiz, Osteuropa u. Dtl., nahm 1949 am Ersten Weltfriedenskongress in Paris teil, übersiedelte 1952 n. Berlin (Ost), Stud. bei

Hanns → Eisler, ab 1979 bzw. 1982 Ensembletätigkeit m. den Töchtern Jalda (* 1951) u. Kathinka (* 1941) Rebling, Gastauftritte in Europa, Indien, den USA sowie Ost- u. Südostasien, Mitgl. des Internat. Auschwitz Komitees, des Friedensrats u. des Komitees für Menschenrechte der DDR, zahlr. Rundfunk-, Fernseh- u. Schallplattenaufnahmen. – 1960 Theodor-Fontane-Preis des Bez. Potsdam (gem. E. Rebling) u. Kunstpreis der DDR, 1961, 1976 u. 1983 Vaterländ. Verdienstorden der DDR. – Erinnerungen.

Schriften: Sag nie, du gehst den letzten Weg (Erinn.; m. E. Rebling) 1986 (Neuausg. m. dem Untert.: Lebenserinnerungen 1911 bis 1988, 1995).

Herausgebertätigkeit: Es brennt, Brüder, es brennt. Jiddische Lieder (m. E. Rebling, dt. Texte H. Kahlau) 1966 (Neuausg. 1985).

Nachlass: Arch. der Akad. der Künste, Berlin.

Literatur: D. Heimlich, ~. Das Leben einer Künstlerin, 1964; H. Seeger, Musiklex. Personen A–Z, 1981; G. Buch, Namen u. Daten wichtiger Personen in der DDR, ⁴1987; Biogr. Hdb. der SBZ/DDR 1945–1990 (hg. G. Baumgartner, D. Hebig) Bd. 1, 1996; F. Hervé, I. Nödinger, Lex. der Rebellinnen. Von A bis Z, 1999; Juden in Berlin. Biogr. (hg. E.-V. Kotowski) Bd. 2, 2005; Wer war wer in der DDR? Ein Lex. ostdt. Biogr. (hg. H. Müller-Enbergs u. a.) Bd. 1, ⁴2006 (auch Internet-Edition). KG

Jalka, Susanne (geb. Jalkotzy), * 4. 4. 1945 Wien; Psychologin, Psychotherapeutin, lebt in Cák/Ungarn; Stud. u. Ausbildung in Psychol., Rel.wiss., Psychoanalyse u. Sexualwiss., Dr. phil., 1990 Dr. rer. nat. an der Univ. Wien, in der Erwachsenenbildung tätig, Psychotherapeutin u. sexualpsycholog. Beraterin, veröff. seit 1985 zahlr. Beitr. in Fachz., u. a. in «Sexualmedizin» u. «Psychol. heute», längere Aufenthalte u. a. in Istanbul, Bonn, Barcelona, Berlin, New York u. Mexiko, Konfliktberaterin, arbeitet in Cák u. Wien. – Fachschr., Kurzgesch., Roman.

Schriften: Phallus Triumphatus. Ejaculatio Präcox oder Vom Symptom zur Potenz (Diss.) 1990; Schmerzlust (Rom.) 1992; Sprich, damit ich dich liebe. Leitfaden für LehrerInnen, 2000; Konstruktiv streiten. Das Einmaleins der Konfliktintelligenz, 2001; Frieden entdecken in Wien (m. E. Hewson, G. Hamann, auch Hg.) 2011.

Literatur: Schmidt, Quellenlex. 14,424. – Öst. Katalog-Lex. 1,172. – ~, ‹Schmerzlust› (in: Der Rom.führer [...] 27, hg. B. u. J. Gräf) 1993.　KG

Jalkotzy, Alois, * 25. 2. 1892 Wien, † 8. 1. 1987 ebd.; Pädagoge; wuchs als Vollwaise in einem Kinderheim auf, betätigte sich in der Sozialdemokrat. Arbeiterpartei Öst. (SDAP), Lehrer in der Schönbrunner Erzieherschule in Wien, Volksschullehrer, 1922–34 Erster Sekretär der «Kinderfreunde Öst.», 1934 mehrere Monate lang inhaftiert, Gelegenheitsarbeiter u. Versicherungsvertreter, 1944 erneut inhaftiert, engagierte sich n. 1945 für den Wiederaufbau der volksbildner. Einrichtungen, 1945(47?)–49 Leiter der Jugenderziehungsanstalt in Eggenburg/Niederöst., Initiator der von Jugendlichen verf. Monatszs. «Mappe der Menschlichkeit», 1950 Begr. der «Elternschule», auch Inspektor der städt. Horte Wiens u. Gemeinderat der Stadt Wien. – Mehrere Auszeichnungen, u. a. 1966 Preis der Stadt Wien für Volksbildung, Verleihung des Titels Univ.prof. durch den öst. Bundespräsidenten. – Fachschr., Ratgeber, Kdb., Jgdb., Märchen- u. Sagenbearbeitung.

Schriften (Fachschr. u. Ratgeber in Ausw.): Märchenbuch für die Kleinsten. Grimmsche Märchen, in die Mundart unserer Kinder übertragen, 1921 (Bilder F. Gareis); Helden deutscher Sage. Nach der Nibelungen- und der Amelungensage zusammengefaßt, 3 Bde., 1921 (dass. V. Leyrer); Lied und Kampf, 1926 (Zeichn. A. Negrelli); Dein Weg (m. a.) 1927 (Bilder L. Réthi); Laßt uns von unseren Kindern reden! Ein allgemeiner Teil für einen Katechismus unserer Erziehung, 1929; Die Kindersprache. Eine systematische Darstellung, 1929 (als Forts. zuerst in: Die Quelle 79, H. 9f., 1929); Märchen und Gegenwart. Das deutsche Volksmärchen und unsere Zeit, 1930 (2., verb. Aufl. 1952); Kleines ABC der Erziehung, 1952; Die Kindersprache. Eine kurze Einführung in die Kindersprachkunde, 1952; Alte Märchen neu erzählt, 1954 (Bilder G. Winkler); Ewige Rufer. Ein Beitrag zur Geschichte der abendländischen Erzählung, 1956 (Illustr. R. Trotter); Überall es war einmal. Märchen der Völker aller Welt. Nacherzählt, 2 Bde., 1957/58; Grimms Märchen. Ohne Grausamkeiten neu erzählt, 1963 (Illustr. I. Kies); Die wichtigsten Jahre unseres Lebens. Über die geistig-seelische Entwicklung des vorschulpflichtigen Kindes, 1965.

Herausgebertätigkeit: Kinderreime (Slg.) 1921 (Bilder F. Gareis); Kinder und Tiere. Alte Reime,

1922 (dass. E. Kutzer); Der Nürnberger Trichter. Alte Reime zum Lesenlernen (Zus.stellung, m. J. Heeger) 1922 (dass.); Die Kinder klagen uns an! Kinderbriefe über die Prügelstrafe, 1925; Sechzig Briefe der Solidarität, 1926; Die Toten mahnen. Vom Schrecken der «Kristallnacht» und den Judenverfolgungen in Großdeutschland (Zus.stellung) 1963; Das Gute aus der «Mappe der Menschlichkeit», 1963 (Sonderdr. u. d. T.: Glauben Sie an Gott? 62 anonyme Antworten auf diese Frage und einige Zitate, 1972); Hat Ihr Leben einen Sinn? Ein vielstimmiger Chor gibt Antwort. Im Auftrag der «Mappe der Menschlichkeit», 1964; Berühmte Ärzte. Kurzbiographien (Zus.stellung) 1968; Zivilisatoren der Neuzeit. Eine Bitte und 85 Antworten. Zusammengefaßt, 1972.

Literatur: R. Bamberger, Der öst. Jugendschriftst. u. sein Werk, 1965; F. Mayröcker, Von den Stillen im Lande. Pflichtschullehrer als Dichter, Schriftst. u. Komponisten, 1968; 75 Jahre Kinderfreunde. 1908–1983. Skizzen, Erinn., Ber., Ausblicke (hg. J. Bindel) 1983; A. Klotz, Kinder- u. Jugendlit. in Dtl. 1840–1950. Gesamtverz. [...], Bd. 2, 1992; F. Czeike, Hist. Lex. Wien, Bd. 3, 1994; Lex. der öst. Kinder- u. Jugendlit., Bd. 1, 1994; K. F. Stock u. a., Personalbibliogr. öst. Dichterinnen u. Dichter, Bd. 2, ²2002; Das rote Wien. Weblex. der Wiener Sozialdemokratie (Internet-Edition).   KG

Jalkotzy, Susanne → Jalka, Susanne.

Jall, Artur, * 24. 3. 1921 Kempten/Allgäu, † 27. 5. 2003 Babenhausen/Schwaben; Landwirt, Jugendgerichtshelfer, lebte in Babenhausen; Soldat im 2. Weltkrieg, Ausbildung an der Landwirtschaftsschule in Babenhausen, ab 1948 landwirtschaftl. Berater, Geschäftsführer eines landwirtschaftl. Trocknungswerks, um 1971 Umschulung, bis 1982 (i. R.) Jugendgerichtshelfer in Neu Ulm. – Mitgl. der Schwäb. Poetengilde. – Lyrik, Erz., Mundart (schwäbisch).

Schriften: Bei de Leut und von de Leut, 1980 (Illustr. E. Neef); A bitzle so ... a bitzle so, 1982; Von Söttene und Söttige, 1983; Dr Sell, 1985; Erlebt und erzählt, 1985; Gell, dös hätt'sch au it denkt!, 1988; Ja, was isch denn dös, 1990; Sag's auf Schwäbisch, 1994; Allgäuer Wörterbüchle von A – Z, 1996; «Der Sell haot gsait». Die Schwaben und ihre Sprüche, 2001; Zu zweit – aber nicht unglücklich, 2002.

Literatur: Taschenlex. zur bayer. Ggw.lit. (hg. D.-R. Moser, G. Reischl) 1986; B. Sowinski, Lex. dt.sprachiger Mundartautoren, 1997; D. Spindler, ~ zum 90. Geb.tag (in: Beitr. zur Gesch. Hist. Ver. Babenhausen 30, S. 1–5) 2011.   KG

Jamal, Hadayatullah → Hübsch, Hadayatullah.

Jameson, Egon (A.) (bis 1935 Jacobsohn), * 2. 10. 1895 Berlin, † 23. 12. 1969 London; Neffe von Anton u. Donat → Herrnfeld; Journalist, Schriftst.; Sohn eines Tabakhändlers u. einer Schauspielerin, besuchte das Gymnasium in Berlin, ab 1916 Volontariat beim Ullstein Verlag u. ab 1918 Mitarb. der «Berliner Morgenpost», 1920–23 Hg. der Zs. «Filmhölle. Unabhängige Bl. für u. gg. den Film», 1922–33 Red. u. Reporter der «BZ am Mittag», emigrierte 1934 n. London, zunächst Kaninchenzüchter, dann Red. u. a. der British Broadcasting Corporation u. des «Soldatensenders Calais», n. 1945 Mitarb. von Nachr.agenturen in Dtl. u. Chefreporter der «Neuen Ztg.» in München, kehrte 1953 n. London zurück, freier Journalist für dt. u. schweizer. Ztg. u. Rundfunksender. – Mitgl. des P.E.N.-Zentrums dt.sprachiger Autoren im Ausland. – Rep., humorist. Erz., Anekdote, Aphorismus, Lustsp., Rev., Ess., Kolumne, Reiseführer, Hör- u. Fernsehsp., Sachb., Erinn., Übers. (aus dem Engl. u. Amerikanischen).

Schriften: Lexikon des Films. Wie ich zum Film kam (m. K. Mühsam) 1926; A propos Jungfrau ... Ein neues Witze-Lexikon, 1927; Jüdische Mütter (mit L. Hirsch) 1936; Millionen aus dem Nichts, 1937; 1000 Curiosities of Britain (Vorw. G. Long) London 1937 (Illustr. G. Long); Heroes of British Lifeboats (m. G. Shairer) London u. a. 1938; Ten Downing Street. The Romance of a House, London 1945; Komm in meine Zeitung. Sonderbare Abenteuer eines Jungen, der das Entstehen einer Zeitung erlebt, 1951 (Bilder I. Ungewitter); E. J.s Knigge, 1953 (Umschlagt.: Knigge für Leute mit Geist und Humor, 1953; dass.); J.s immerwährendes Horoskop. Eine Horoskopologie, 1954 (Zeichn. ders.); J.s Bettpostille. Gutenacht-Geschichten, 1955 (Illustr. ders.); So macht man Millionen. Die erfolgreichsten Leute unserer Zeit (mit G. L. Schwill) 1955; Wie wird man reich, schlank und prominent? Ein reich bebildertes Lehrbuch (m. C. Ford, Loriot) 1956 (erw. NA u. d. T.: Senkrecht zum Erfolg. Ein Handbuch für Karrieremenschen, 1971); Ich will mein

Schulgeld zurückhaben, 1956 (Illustr. I. Ungewitter; erw. Aufl., 35.–37. Tausend, 1969); Glücklich auf den Leim gegangen. Zwei Fachleute verraten 20 bewährte Liebestricks (m. Loriot) 1956; J.s Talisman für Leute am Steuer, 1958 (Illustr. I. Ungewitter); Der Zeitungsreporter. Eine Fibel für Anfänger und Fortgeschrittene, 1958; Skandale um Millionen (m. G. L. Schwill) 1958; Wie schaffe ich es? Erfolg im Leben und Beruf, 1959 (Bilder L. Kraus); Leben – eine Kunst. Erfahrungen und Einsichten erfolgreicher Menschen, 1959; London, wie es nicht im Wörterbuch steht, 1961; London (Bearb.) 1961; ABC der klügsten Sätze (Slg.) 1961 (Neuausg. m. dem Untert.: Brevier der Klugheit, 1990); Lebenskunst, 1962; Wenn ich mich recht erinnere. Das Leben eines Optimisten in der besten aller Welten, 1963; Kleine Weltgeschichte(n) der Frau, 1963 (Zeichn. A. Ruth-Soffner; Neuausg. m. dem Untert.: Eine pikant gewürzte Weltgeschichte in Weibergeschichten, 1967); Hohe Schule für Hochstapler, 1963 (Collagen W. Klenk, A. Weissbrodt); Praktiken der Liebeskunst, 1964; Da wird Warten zum Vergnügen, 1964 (Zeichn. T. Hagedorn); Am Anfang war es Abenteuer. Ideen erobern die Welt, 1964; ABC der dümmsten Sätze. Gesammelt und, wenn nötig, kommentiert, 1965; Millionen aus dem Nichts. Die Geschichte großer Karrieren, 1967; Weltmacht Fernsehen. Blick hinter den farbigen Bildschirm (m. E. Pfau) 1967; So macht man Wunder oder Die Welt zum Narren gehalten, 1967 (Illustr. K. Groß); England. Mein erster Reiseführer, 1967 (dass. U. Kirchberg); Am Flügel Rudolf Nelson, 1967; Mein lachendes Spree-Athen, 1968; ABC der liebevollsten Sätze, 1968; Kalenderjahre zählen nicht. Die Geschichte erfolgreicher Zeitgenossen, 1969; Immerwährender Kalender. Heiterbesinnliches Geleit durchs Jahr, 1969 (Vignetten J. Stauber); Berlin, so wie es war. Ein Bildband, 1969 (3., verb. Aufl. 1972); Spionage und Technik. Hinter den Kulissen der Geheimdienste (m. F. Meier-Gruber, W. Zimmer) 1970;

Übersetzungen: S. Mead, Wie man Karriere macht ohne sich anzustrengen, 1964 (Zeichn. Claude); O. Wilde, Wilde Früchte (auch Ausw. u. Nachw.) 1967.

Herausgebertätigkeit: Kinoschulen, 1919; Lies und lach, 1951 (Zeichn. I. Ungewitter); Wie gewinnt man eine Wahl? Ein erschöpfender Leitfaden für Wähler und Politiker aller Parteien (m. Loriot) 1957 (Textvignetten derselbe).

Ausgaben: Augen auf – Streifzüge durch das Berlin der zwanziger Jahre (hg. W. von La Roche) 1982.

Tonträger: London – Porträt einer Weltstadt (Sprechplatte) 1963.

Literatur: Schmidt, Quellenlex. 14,424. – Hdb. Emigration II/1,564; Killy 6,77; DdP 1,498; DBE 5,306; Killy ²6,98. – W. Kosch, Biogr. Staatshdb. Lex. der Politik, Presse u. Publizistik, Bd. 1, 1963; H. Freeden, Jüd. Theater in Nazidtl., 1964; T. Heuss, Vorsp. des Lebens. Jugenderinn., ⁴1964; W. Sternfeld, E. Tiedemann, Dt. Exil-Lit. 1933–1945. Eine Bio-Bibliogr., ²1970; ~ † (in: Journalist 20, H. 1, S. 29) 1970; R. Heuer, Bibliographia Judaica. Verz. jüd. Autoren dt. Sprache, Bd. 1, 1981; E. G. Lowenthal, Juden in Preußen. Biogr. Verz. Ein repräsentativer Querschnitt, 1981; W. Tetzlaff, 2000 Kurzbiogr. bedeutender dt. Juden des 20. Jh., 1982; W. von La Roche, Vorw. des Hg. (in: E. J., Augen auf – Streifzüge durch das Berlin der zwanziger Jahre, hg. ders., S. 7–9) 1982; H.-J. Netzer, Erinn. an ~ (ebd., S. 11–21); Dt.sprachige Bücher von ~ (ebd., S. 163–166) 1982; J. Walk, Kurzbiogr. zur Gesch. der Juden 1918–1945, 1988; A. Klotz, Kinder- u. Jugendlit. in Dtl. 1840–1950. Gesamtverz. [...], Bd. 2, 1992; Juden in Berlin. Biogr. (hg. E. V. Kotowski) Bd. 2, 2005.   KG

Jamin, Friedrich (Wilhelm), *4. 12. 1872 Augsburg, †26. (27.?) 12.1951 Erlangen; Internist, Kinderarzt; Sohn eines Offiziers, studierte Medizin an den Univ. Erlangen, Berlin, Freiburg/Br., Heidelberg u. Würzburg, 1896 Dr. med. an der Univ. Erlangen, ab 1898 Assistent am Anatom. Inst. der Univ. Würzburg u. ab 1899 an der Medizin. Klinik in Erlangen, 1904 Habil. für innere Medizin an der Univ. Erlangen, ab 1906 a. o. Prof. für klin. Propädeutik u. Gesch. der Medizin ebd., ab 1907 o. Prof. u. Dir. der Medizin. Poliklinik, des Pharmakolog. Inst. u. der Kinderklinik ebd., 1920 Rektor u. 1933–35 Dekan an der Univ. Erlangen, 1937 emeritiert, bis 1939 u. erneut 1945 kommissar. Dir. der Kinderklinik, veröff. Beitr. u. a. in den Fachzs. «Dt. Arch. für klin. Medizin», «Zs. für klin. Medizin» u. der «Münchner Medizin. Ws.», auch Mithg. medizin. Fachschriften. – Fachschr., Betrachtungen, Reisebericht.

Schriften (Fachschr. in Ausw.): Beitrag zur Kasuistik der Dystrophia muscularis progressiva (Diss.) 1896; Untersuchungen zur Lehre von der Atrophie gelähmter Muskeln (Habil.-Schr.) 1904;

Lebensbahn und Krankheit (Vortr.) 1920; Wissenschaft und Kunst in der deutschen Heilkunde (dass.) 1939; Briefe und Betrachtungen eines Arztes (hg. U. BAUDLER u. a.) 1986.

Nachlass: UB Erlangen-Nürnberg. – Denecke-Brandis 170.

Literatur: NDB 10,327; BEdM 307; DBE 5,306. – Reichshdb. der dt. Gesellsch. Das Hdb. der Persönlichkeiten in Wort u. Bild (Red. R. VOLZ u. a.) Bd. 1, 1930; Hdb. der dt. Wiss., Bd. 2, 1949; I. KLEINSCHMIDT, ~ (in: Kinderärztl. Praxis 20, S. 575f.) 1952; R. PITTROFF, Die Lehrer der Heilkunde der Univ. Erlangen 1843–1943 u. ihr Werdegang (Diss.) 1964; K. H. HAGEL, Personalbibliogr. von Prof. u. Doz. der Med. Klinik u. Poliklinik Erlangen-Nürnberg im ungefähren Zeitraum von 1900–1965 (Diss. Erlangen-Nürnberg) 1968; Bosls Bayer. Biogr. (hg. K. BOSL) Ergbd. 1988; 250 Jahre Friedrich-Alexander-Univ. Erlangen-Nürnberg (hg. H. KÖSSLER) 1993; Biogr. Lex. der hervorragenden Ärzte der letzten fünfzig Jahre (bearb. u. hg. P. VOSWINCKEL) Bd. 3, 2002.   KG

Jamin, Peter H., ★ 25. 4. 1951 Bückeburg; Journalist, Schriftst., lebt in Düsseldorf u. in Sóller/ Mallorca; Red. u. stv. Red.leiter bei versch. Medien, seit 1985 freier Journalist u. Schriftst., auch für Konzept u. Projektleitung mehrerer Sachb. verantwortlich, veröff. Beitr. u. a. in der «Westdt. Allg. Ztg.», in der Ztg. «Rhein. Post», in den Ws. «Rhein. Merkur», «Welt am Sonntag» u. «Die Zeit» sowie in der Frauenzs. «Brigitte», Mitarb. an Dokumentarfilmen u. Fernsehreihen des WDR u. ZDF. – 2013 Stern der Gewerkschaft der Polizei. – Mitgl. des Freundeskr. Heinrich Heine. – Sachb., Rom., Erz., humorist. Text, Fernsehbeitr., Kolumne, Bühnentext, Ber., Reiseführer.

Schriften (Sachb. in Ausw.): Budapest (m. N. Stiller) 1993; Vermisst! Über Menschen, die verschwinden, und jene, die sie suchen (m. K. Lenzer) 1993 (Neuausg. u. d. T.: Vermisst – und manchmal Mord, 2007); Opfer! Das Leben nach dem Überleben. Verbrechen – Unglück – Katastrophe (dass.) 1994; Hilflos! Gewalt gegen Kinder (m. K. Lenzer, S. Kowalewski) 1995; Skandalstadt! (Rom.) 1996; Israel feiert Jubiläum. Das Buch zur 50-jährigen Geschichte und zur Show (Red.) 1998; M. Lentz, D. Thoma, Ganz Deutschland lacht! Fünfzig deutsche Jahre im Spiegel ihrer Witze (Red.) 1999 (Ausg. in Blindenschr., 2 Bde., 2001); Streng geheim! Der kleine Kö-Roman (m.

J. Prüss) 2000 (Illustr. T. Klefisch); Scheidung! Die Wiedertrennung. Der kleine Berlin-Deutschland-Roman (dass.) 2001 (dass.); Revolution! Der kleine Oberkassel-Roman (dass.) 2001 (dass.); Die schwarze Mamba. Stories aus oberkassel.de, 2001; Der Sieg der Taube (Rom.) 2001; Sexualstraftäter. Eine Herausforderung für unsere Gesellschaft (m. G. Grandt) 2002; Kennen Sie den ...? Die Lieblingswitze der Deutschen (m. D. Thoma, C. Howland) 2003; Deutschland lacht wieder. Das Leben der Deutschen im Spiegel ihrer Witze (dass.) 2006; Der Handke-Skandal. Wie die Debatte um den Heinrich-Heine-Preis unsere Kultur-Gesellschaft entblößte, 2006; Vereint lachen! Das große Witzebuch der Wiedervereinigung (m. D. Thoma, C. Howland) 2009; Abgeknallt. Gewalt gegen Polizisten (Ber.) 2011.

Herausgebertätigkeit: Die Kö. 54.788 Tage Königsallee in Düsseldorf (Bildbd.; m. J. Prüss) 2000; Die Witzekiste. Zwei Bestseller in einem Band (auch Beitr.) 2010.

Literatur: NRW Lit. im Netz (Internet-Edition).   KG

Jaminet, Gertrud von, ★ 5. 4. 1889 Berlin, † nicht ermittelt; Schriftstellerin, lebte in Überlingen/Bodensee. – Erz., Märchen.

Schriften: Wunderblumen am Wege Jesu, 1931; Der Himmelsschlüssel und andere Märchen, 1931.   KG

Jaminet, Jérôme, ★ 27. 9. 1979 Luxemburg-Stadt; Red., Lehrer, Mitarb. für Öffentlichkeitsarbeit, lebt in Wasserbillig/Luxemburg; wuchs in Luxemburg-Stadt, Gonderingen/Luxemburg u. Junglinster/ebd. auf, studierte bis 2007 Germanistik u. Philos. an der Univ. Trier, veröff. 1997–2001 lit. Beitr. im «Lëtzebuerger Journal» sowie in der Zs. «Nos Cahiers», verf. Rundfunkbeitr. u. a. für «RTL Radio», «Eldoradio» u. «RPR1», 2007 freier Mitarb. der Ws. «d'Lëtzebuerger Land», ab 2007 wiss. Mitarb. an der Univ. Luxemburg, seit 2011 Lehrer für Dt. u. Mitarb. für Öffentlichkeitsarbeit an einer Schule in Esch-Alzette/Luxemburg, 2012 PhD am Goldsmiths College der Univ. London. – Lit.kritik, Rundfunkbeitr., Lyrik, Aphorismus, Ess., Fachschr., Erz., Liedtext.

Schriften: Gedankenstille (Nachw. H. R. YOUSE-FI) 2003.

Herausgebertätigkeit: R. A. Mall, Essays zur interkulturellen Philosophie (Mitarb., m. I. Braun, zus.gestellt u. m. Einl. hg. H. R. Yousefi) 2003; ders., Essays zur Religionsphilosophie und Religionswissenschaft. Eine dialogorientierte und interkulturelle Perspektive (dass., m. ders. u. R. Schnitzler, zus.gestellt u. m. Einl. hg. ders.) 2007; A. Gröhbühl, Wie es ist. Momentaufnahmen (m. Einl. hg.) 2007.

Literatur: LAL 295 (auch Internet-Edition). KG

Jamme, Christoph, ★ 1953 Stuttgart; Philosoph, Kulturwissenschaftler, lebt in Lüneburg; studierte Germanistik, Philos. u. allg. u. vergleichende Lit.wiss. an der Univ. Bochum, 1981 Dr. phil. ebd., 1981–94 wiss. Mitarb. am Hegel-Arch. der Univ. Bochum, 1989/90 Stipendiat am Netherlands Inst. for Advanced Study in Wassenaar, 1990 Habil. an der Univ. Bochum, 1994–97 Prof. für Gesch. der Philos. an der Univ. Jena, seit 1997 Prof. für Philos. an der Univ. Lüneburg, 2001–05 Dekan des Fachbereichs Kulturwiss. u. seit 2002 Vorst. des Inst. für Kulturtheorie ebd., veröff. Beitr. u. a. in der «Dt. Zs. für Philos.», der «Allg. Zs. für Philos.» u. im «Internat. Journal of Philosophical Studies». – Fachschr., Biografie.

Schriften: «Ein ungelehrtes Buch». Die philosophische Gemeinschaft zwischen Hölderlin und Hegel in Frankfurt 1797–1800, 1983 (Diss. 1981); Isaak von Sinclair. Politiker, Philosoph und Dichter zwischen Revolution und Restauration. Anhand von Original-Dokumenten dargestellt, 1988; «Gott an hat ein Gewand». Grenzen und Perspektiven philosophischer Mythos-Theorien der Gegenwart, 1991 (Habil.-Schr. 1990; Tb.ausg., m. Vorw., 1999); Einführung in die Philosophie des Mythos, II Neuzeit und Gegenwart, 1991; Geschichten und Geschichte. Mythos in mythenloser Gesellschaft. Antrittsvorlesung an der Friedrich-Schiller-Universität Jena am 28.1.1997, 1997; Hölderlin und der Deutsche Idealismus. Dokumente und Kommentare zu Hölderlins philosophischer Entwicklung und philosophisch-kulturellen Kontexten seiner Zeit (auch Hg., m. F. Völkel) I Im Tübinger Stift (1788–1793), II Jenaer Gespräche (1794–1795), III Der Frankfurter und Homburger Freundeskreis (1796–1800), IV Von Nürtingen bis zum Tübinger Turm (1800–1843), 2003; «Es bleibt aber eine Spur, doch eines Wortes». Zur späten Hymnik und Tragödientheorie Friedrich Hölderlins (m. A. Lemke) 2004 (dt. u. engl.); Mythos als Aufklärung. Dichten und Denken um 1800, 2013.

Herausgebertätigkeit (Ausw.): Homburg vor der Höhe in der deutschen Geistesgeschichte. Studien zum Freundeskreis um Hegel und Hölderlin (m. O. Pöggeler) 1981; Mythologie der Vernunft. Hegels «Ältestes Systemprogramm des deutschen Idealismus» (m. H. Schneider) 1984; Idealismus und Aufklärung. Kontinuität und Kritik der Aufklärung in Philosophie und Poesie um 1800 (m. G. Kurz) 1988; Jenseits des Idealismus. Hölderlins letzte Homburger Jahre (1804–1806) (m. O. Pöggeler) 1988; Phänomenologie im Widerstreit (dass.) 1989; Der glühende Leertext. Annäherungen an Paul Celans Dichtung (dass.) 1993; Kunst und Geschichte im Zeitalter Hegels (hg. unter Mitarb. von F. Völkel) 1996; Grundlinien der Vernunftkritik, 1997; Fremderfahrung und Repräsentation (m. I. Därmann) 2002; Kulturwissenschaften. Konzepte, Theorien, Autoren (dass.) 2007; Die mythologische Differenz. Studien zur Mythostheorie (m. S. Matuschek) 2009; Natur und Geist. Die Philosophie entdeckt das Gehirn (m. U. R. Jeck) 2013. KG

Jammer, Max (auch Moshe J.), ★ 13.4. 1915 Berlin, † 18.12. 2010 Jerusalem; Physiker, Historiker, Philosoph; Sohn eines jüd. Juristen, studierte ab 1934 Mathematik, Physik u. Philos. an der Univ. Wien, emigrierte 1934 n. Palästina, setzte 1934(35?)–36 sein Stud. an der Hebr. Univ. Jerusalem fort, 1942 Dr. der Physik ebd., ab 1952 Doz. an der Harvard Univ. in Cambridge/MA, enge Zus.arbeit m. Albert → Einstein, 1953/54 a. o. Prof. an der Univ. Oklahoma, ab 1959 (56?) Prof. für Physik an der Bar-Ilan-Univ. in Ramat Gan/Israel, 1962 Rektor u. 1967/68 Präs. ebd., Mitbegr. des Inst. für Wiss.philos. der Univ. Tel Aviv, zahlr. Gastprofessuren, u. a. am Inst. Henri Poincaré in Paris, an der Univ. Göttingen u. der ETH Zürich. – Neben anderen Auszeichnungen u. a. 1961 Preis der American Academy of Arts and Sciences, 1984 Israel-Preis, 2003 israel. Emet-Preis für Kunst, Wiss. u. Kultur u. 2007 Abraham-Pais-Preis für Physikhistoriker. – Fachschrift.

Schriften (fremdsprachige Schr. in Ausw.): Das Problem des Raumes. Die Entwicklung der Raumtheorien, 1960 (2., erw. Aufl. 1980; engl. Originalausg. u. d. T.: Concepts of Space. The History of Theories of Space in Physics, Vorw. A. EINSTEIN, Cambridge/MA 1954; erw. Neuausg. New York 1960; 3., erw. Aufl. ebd. 1993); Der Begriff der Masse in der Physik, 1964 (engl. Origi-

nalausg. u. d. T.: Concepts of Mass in Classical
and Modern Physics, Cambridge/MA 1961; ver-
änd. Neuausg. New York 1964; korr. Neuausg.
der Ausg. 1961 Mineola/NY 1997); Einstein und
die Religion (Vorw. J. AUDRETSCH, Beitr. C. F. von
WEIZSÄCKER) 1995.
   Literatur: Hdb. Emigration II/1,565. – H. GOLD,
Gesch. der Juden in Wien, Tel Aviv 1966; DERS,
Gesch. der Juden in Öst. Ein Gedenkb., ebd. 1971;
Encyclopedia of Zionism and Israel (hg. R. PATAI)
Bd. 1, New York 1971; Encyclopaedia Judaica, Bd.
11, Detroit u. a. ²2007.   KG

Jammer, Moshe → Jammer, Max.

Jampel, Si(e)gmund, * 30. 11. 1874 Tucholka
in Galizien/Öst.-Ungarn (später Ukraine), † 16.
(17.?) 10. 1934 Schwedt/Oder; Rabbiner, Bibelwissenschaftler; besuchte mehrere Talmud-Hochschu-
len (Jeschiwot), u. a. in Preßburg/Ungarn (Bra-
tislava/Slowakei), Stud. an den Univ. Gießen u.
Heidelberg, 1894–1900 Rabbinatsassessor in Fulda,
1905 Dr. phil. an der Univ. Bern, 1910–34 Rabbiner in Schwedt, Lehrer an den Schulen der jüd.
Gemeinde in Berlin, Mitarb. u. a. der «Mschr. für
Gesch. u. Wiss. des Judentums». – Fachschrift.
   Schriften (Ausw.): Die Wiederherstellung Israels
unter den Achämeniden. Kritisch-historische Untersuchung mit inschriftlicher Beleuchtung, 1904
(Sonderdr. aus: Mschr. für Gesch. u. Wiss. des Judentums); Die Beurteilung des Estherbuches und
des Purimfestes bei den jüdischen Gesetzeslehrern
der nachalttestamentlichen Zeit (Diss.) 1905; S. J.,
Das Buch Esther. Auf seine Geschichtlichkeit kri-
tisch untersucht – M. Dieulafoy, Die topographi-
sche Beschreibung des Achašveroš-Palastes im Bu-
che Esther und die Burg zu Susa, 1907; Die Haga-
da aus Aegypten. Israels Bedrückung in Aegypten
nach den dortigen zeitgenössischen Inschriften in
kurzer populärer Form, 1911; Vorgeschichte Israels
und seiner Religion. Nach der altjüdischen Ue-
berlieferung und den zeitgenössischen Inschriften
gemeinverständlich dargestellt. Nebst einer Anleitung zur Popularisierung derselben vermittelst des
Religionsunterrichtes, 1913.
   Nachlass: Arch. der Stiftung Neue Synagoge
Berlin – Centrum Judaicum, Berlin.
   Literatur: HAjH 2,595. – Jüd. Lex. Ein enzyklopäd. Hdb. des jüd. Wissens (begr. G. HERLITZ,
B. KIRSCHNER) Bd. 3, 1929; S. WININGER, Große

jüd. National-Biogr. M. mehr als 8000 Lebensbe-
schreibungen namhafter jüd. Männer u. Frauen aller Zeiten u. Länder [...], Bd. 7, Czernowitz 1936;
The Universal Jewish Encyclopedia (hg. I. LAND-
MAN) Bd. 6, New York 1948; S. KAZNELSON, Juden im dt. Kulturbereich, ²1959; T. PRESCHEL, ~
(in: Hochmath Israel b'Europa, hg. S. FEDERBUSCH,
Bd. 2, S. 146–155) Jerusalem 1965; H.-G. EICHLER,
Jüd. Friedhof u. jüd. Gemeinde zu Schwedt/Oder
(in: Schwedter Jahresbl. 3, S. 75–82) 1982; J. WALK,
Kurzbiogr. zur Gesch. der Juden 1918–1945, 1988;
R. HEUER, Bibliographia Judaica. Verz. jüd. Autoren dt. Sprache, Bd. 1, 1981; Encyclopaedia Ju-
daica, Bd. 11, Detroit u. a. ²2007; Biogr. Hdb. der
Rabbiner (hg. M. BROCKE, J. CARLEBACH) Bd. II/1,
2009.   KG

Jan, Helmut (Otto Erwin) von, * 11. 12. 1910
Straßburg, † 11. 3. 1991 Hildesheim; Historiker,
Archivar; Sohn eines Lehrers, wuchs in Straßburg
u. ab 1918/19 in Hildesheim auf, studierte ab 1929
Gesch., Latein, Germanistik u. hist. Hilfswiss. an
den Univ. Frankfurt/M. u. Göttingen, 1938 Dr.
phil. an der Univ. Göttingen, 1939 Staatsexamen
ebd., Ausbildung am Inst. für Arch.wiss. in Berlin, 1941/42 Archivar der Dt. Evangel. Kirchen-
kanzlei Berlin, ab 1942 Mitarb. des Landesarch. in
Straßburg, 1944 interniert, ab 1947 Staatsarchivrat
in Speyer, 1964–75 Leiter des Stadtarch. u. der StB
in Hildesheim, Vors. u. a. der Bez.gruppe Speyer
im hist. Ver. der Pfalz, entwarf zahlr. Wappen für
pfälz. Gemeinden, Schriftleiter der Reihe «Pfälz.
Familien- u. Wappenkunde», Red. des Jb. «Alt-
Hildesheim» sowie zahlr. Veröff. in der Beil. «Aus
der Heimat» der «Hildesheimer Allg. Zeitung». –
Heraldische, kirchen- u. regionalhist. Schr., Lb.,
Erzählung.
   Schriften (Ausw.): Wappen und Genealogie Jan-
von Jan. Eine heraldisch-genealogische Studie,
1955; Das Türkensteuerregister des Kurpfälzischen
Oberamts Neustadt von 1584 (Lösebl.slg.) 1962–
64; Johann Erasmus Roland und seine Stiftungen.
Ein Lebensbild, 1969; 850 Jahre Kloster Marienro-
de, 1975; Bischof, Stadt und Bürger. Aufsätze zur
Geschichte Hildesheims, 1985.
   Herausgebertätigkeit: Hildesheim zur Kaiserzeit.
In Ansichtskarten von 1890–1910, 1977 (2., verb.
u. erg. Aufl. 1982).
   Nachlass: Hildesheimer Stadtarchiv. – Bundesarch., Zentrale Datenbank Nachl. (Internet-Edition).

Literatur: Ges.-Schr.verz. von ~ (in: H. von J., Bischof, Stadt u. Bürger, S. 391–397) 1985; H.-G. BORCK, ~ 80 Jahre (in: Alt-Hildesheim 61, S. 3) 1990; M. HARTMANN, ~ † (ebd. 62, S. 3) 1991; H.-G. BORCK, ~ (in: Der Archivar 44, H. 3, Sp. 501–504) 1991; K. H. DEBUS, In memoriam ~ (in: Pfälzer Heimat 42, H. 2, S. 84) 1991; Hildesheimer Lit.lex. von 1800 bis heute (hg. D. KEMPER) 1996; V. CARL, Lex. der Pfälzer Persönlichkeiten, ³2004; Rhld.-Pfälz. Personendatenbank (Internet-Edition).   KG

Jana, Gera (eig. Gertrude Janaczek), ★ 30. 1. 1933 Wien; Schriftstellerin, lebt n. letzten Angaben in Maria Enzersdorf/Niederösterreich. – Lyrik, Erz., Satire, Musiktext.

Schriften: «Ganz normale Verrückte». Eine Sammlung satirisch heiterer Gedichte über die Freunde einer Familie, 1987 (Illustr. R. Buchacher); Kongreß ohne Streß. Satirisch-heitere Betrachtungen in Lyrik und Prosa, 1988; Der Cash-Floh. Satirisch-heitere Betrachtungen über die Rolle des Geldes im Alltag des Menschen, 1989; Ein Schwein kommt nie allein. Satirisch-heitere Gedichte und Geschichten über Schweine & Wildschweine, die sehr an Menschen erinnern, 1990; «Blauer Dunst». Besinnliche Gedanken zum Alltag aus der lyrischen Werkstatt, 1990 (Selbstverlag); Es weihnachtet sich schwer. Heitere und besinnliche Gedanken zur Weihnachtszeit für Menschen von heute, 1993 (dass.); Schräge Perspektiven. Vorwiegend Heiteres vom Alltag, 1994 (dass.); Die Eurotiker. Satirisches zur neuen Währung, 2000 (dass.); Kann eine Blume weinen? Eine lyrische Auseinandersetzung mit dem Thema «Menschsein», 2000 (dasselbe).   KG

Jana, Robert → Schneider, Robert.

Janach, Christiane (später Delphine Blumenfeld), ★ 19. 10. 1961 Klagenfurt; Tierpflegerin, Fremdenführerin, Journalistin, Betreuerin, Schriftst., lebt in St. Jakob im Rosental/Kärnten u. in Klagenfurt; ab 1988 Mitarb. eines Frauenzentrums in Klagenfurt u. Mithg. von deren Zs. «Belladonna», 1998–2000 Tierpflegerin u. Fremdenführerin in Villach, 1999 Red. u. Moderatorin bei «Radio Agora» in Klagenfurt, 2000 sozialpädagog. Betreuerin in Maria Saal/Kärnten u. St. Oswald/ebd., freie Schriftst., veröff. lit. Beitr. in Zs. u. im ORF. – 1988 Förderungspreis des Landes Kärnten für Lit., 1994 Preis

des Mund-art-Lit.wettbewerbs der Stadt Feldkirchen. – Lyrik, Erz., Märchen, Mundart (Kärntner).

Schriften: Der Clown mit dem Spiegel. Gedichte und ein Märchen (Nachw. H. WEIGEL) 1987 (Illustr. A. Holzer); Seesterngedichte, 1996 (Sonderdr.; dass. C. Thanhäuser); Schneeläufer. Puščavske rože (Ged.; Übers. S. WAKOUNIG) 2000 (dt. u. slowen.); Arbeitslos – heimatlos – alles los (Erzn., Lieder) 2008.

Literatur: Öst. Katalog-Lex. 1,172. – R. MÜLLER, ~ (in: Arch. für die Gesch. der Soziologie in Öst. Die Arbeitslosen von Marienthal) 2011 (Internet-Edition).   KG

Janacs, Christoph, ★ 4. 10. 1955 Linz; Lehrer, Schriftst., lebt in Niederalm/Salzburg; studierte Germanistik u. Theol. an den Univ. Innsbruck u. Salzburg, Lehrer, Doz. für kreatives Schreiben an der Univ. Salzburg, mehrfach Zus.arbeit m. bildenden Künstlern, verf. zahlr. Beitr. für den «Öst. Rundfunk». – Zahlr. Auszeichnungen u. Stipendien, u. a. 1986 Talentförderungsprämie des Landes Oberöst. für Lit., 1988 Rauriser Förderungspreis für Lit., 1992 Stefan-Zweig-Preis der Stadt Salzburg u. Salzburger Stadtschreiber, 1993 Öst. Staatsstipendium für Lit., 1999 Prosapreis des Südtiroler Autorenverbandes, 2002 Paliano-Stipendium des Landes Oberöst., 2003 Salzburger Lyrikpreis, 2004 Stipendium in der Villa Wittgenstein-Stonborough des Landes Oberöst., 2005 Öst. Staatsstipendium für Literatur. – Lyrik, Erz., Rom., Ess., St., Kabarett, Aphorismus, Kritik, Übers. (aus dem Span. u. Englischen).

Schriften: Schweigen über Guernica (Rom.) 1989; Das Verschwinden des Blicks, 1991; Stazione Termini (Erz.) 1992; Nichtung (Ged.) 1992 (Holzschnitte C. Thanhäuser); Der abwesende Blick (Ged.; hg. R. PILS) 1995; Templo Mayor. Mexikanische Gedichte, 1998; Brunnennacht (Ged.) 1999; Šumava (Ged.) 2000 (dt.-tschech. Neuausg. m. dem Parallelt.: Böhmerwald, Übers. J. HRUBÝ, Horní Planá u. a. 2004, Holzschnitte C. Thanhäuser); Tras la Ceniza. Der Asche entgegen (Einl. M. A. CAMPOS, Übers. J. GARCÍA-GALIANO) México 2000; Aztekensommer (Rom.) 2001; draußen die nacht in uns (Ged.) 2002; Der Gesang des Coyoten. Mexikanische Geschichten, 2002; Meteoriten, 2004; unverwandt den Schatten. 21 Gedichte, 2006; Eulen, 2006 (Neuausg. m. der Genreangabe «Miniaturen», 2010, Fotografien K. Freudenthaler); Schlüsselgeschichten. Short Stories (hg.

R. Pils) 2007; die Ungewissheit der Barke. la barca sin certidumbre (Ged.; Übers. H. O. Aguilar u. a.) 2008 (dt. u. span.); nachtwache (Ged.) 2008; Die Zärtlichkeit von Stacheln. Gedichte zu Adalbert Stifter, 2009 (Grafiken R. Wegenkittl); Die Stille von Lourmarin. Gedichte aus der Provence, 2011 (Zeichn. C. Thanhäuser); Der Duft der Dichtung. Schriften zu Literatur und Biographie, 2012; mein schatten, den ich nicht werfe. 52 Gedichte für eine Frau, 2013 (Vignetten R. M. Auer). (Ferner buchkünstler. Sonderdr. u. ungedr. Rundfunkbeiträge.)

Übersetzungen: M. A. Campos, Poemas austriacos. Österreichische Gedichte, México 1999; N. Paz, Gemütlich, 2008; J. M. Gómez, Der Weg des Wals (Ged.) 2008.

Herausgebertätigkeit: Tauchgänge. Eine Anthologie neuer Literatur, 2003; Unerbittliche Sanftmut. Näherungen an Adalbert Stifter, 2005.

Literatur: Schmidt, Quellenlex. 14,425. – Öst. Katalog-Lex. 1,172; Killy ²6,99. – R. Habringer, Annäherung an den Schrecken. ~' verdichtete Wirklichkeit (in: LK 26, H. 253/254, S. 98) 1991 (zu ‹Das Verschwinden des Blicks›); W. Wenger, Die anderen, das sind wir selber. ~' neue Erz. ‹Stazione Termini› als Abschluß seiner Tril. der Gewalt (in: Manuskripte 32, H. 117, S. 97f.) 1992; ~, ‹Schweigen über Guernica› (in: Der Rom.führer [...] 27, hg. B. u. J. Gräf) 1993; Öst. Lit. von außen. Personalbibliogr. zur Rezeption der öst. Lit. [...] 1975–1994 (hg. M. Klein) 1996; H. W. Käfer, Welt jenseits des Fensters. ~' lyr. Grenzgänge (in: LK 35, H. 349/350, S. 83–85) 2000; Hdb. der Kunstzitate. Malerei, Skulptur, Fotografie in der dt.sprachigen Lit. der Moderne (hg. K. Fliedl u. a.) 2011; D. Rall, Ein öst. Autor u. sein Mexiko. Anm. zu ~ (in: LK 457/458, S. 73–78) 2011; B. Inal, Gedächtnisbildung u. Gedächtnisreflexion «zw. den Künsten». Intermedialität in ~' ‹Schweigen über Guernica› (in: GRM 62, H. 2, S. 207–223) 2012; Lit.netz Oberöst. (Internet-Edition).   KG

Janaczek, Gertrude → Jana, Gera.

JanaJana → Kolb, Helga.

Janakieff, Dimiter → Inkiow, Dimiter.

Jancak, Eva (verh. Nagl-J.), *9. 11. 1953 Wien; Psychologin, Psychotherapeutin, Schriftst., lebt in Wien u. St. Pölten; studierte Psychol. an der Univ. Wien, Bekanntschaft u. a. mit Erika → Danneberg, Elfriede → Haslehner u. Marie Thérèse → Kerschbaumer, 1980 Dr. phil. an der Univ. Wien, Psychologin u. Psychotherapeutin in eigener Praxis, seit 1987 zudem freie Schriftst., lebte in den 1990er-Jahren in St. Pölten, veröff. Beitr. u. a. in den Lit.- u. Kulturzs. «Log», «Die Rampe», «Freibord», «Podium» u. «Wortbrücke», in der Zs. «Volksstimme» sowie in Fachzs., veröff. Beitr. im ORF, zahlr. ihrer Schr. ersch. im Selbstverlag. – Mehrere Auszeichnungen, u. a. 1982 Kinder- und Jgdb.preis der Stadt Wien, 1988 Theodor-Körner-Preis für Kunst, 2000, 2003 u. 2005 Josef-Luitpold-Stern-Preis. – 1979–83 Mitgl. des Arbeitskr. schreibender Frauen in Wien. – Erz., (Kriminal-)Rom., Kdb., Nov., Sachb., Fachschrift.

Schriften: Untersuchungen zur «Midlife Krise». Ein Beitrag zur Lebenslaufpsychologie (Diss.) 1980; Laß Dir Zeit, Stottern will verlernt sein. Über Entwicklungsstörungen bei Kindern (m. E. Thabet) 1989; Hierarchien oder der Kampf der Geräusche (Rom.) 1990; Verhaltenstherapie bei erwachsenen Stotterern. Ein therapeutisches Übungsprogramm, 1993; Wiener Verhältnisse (Rom.) 2000 (Schr. nicht nachweisbar); Schreibweisen. Geschichten über den Wiener Literaturbetrieb, 2001; Lore und Lena (Kdb.) 2001; Mutter möchte zwanzig Kinder (Kdb.) 2002; Die Viertagebuchfrau oder was ist los in Wien (Rom.) 2002; Eine begrenzte Frau (Erz.) 2003; Das Glück in der Nische. Sozusagen eine Globalisierungsnovelle, 2003; Best of. Das E.-J.-Lesebuch. Texte der letzten Jahre, I, II Geschichten von 2001 bis 2005, 2003–05; Tauben füttern (Kriminalrom.) 2004; M. M. oder die Liebe zur Germanistik (Erz.) 2004; Besessen oder das literarische Leben der Dora Faust (Rom.) 2004; Die Zusteigerin oder die Reise nach Odessa (Erz.) 2005; Die Stimmungen der Karoline Wagner oder Fluchtbewegung, 2006; Wie süß schmeckt Schokolade? Ein Wiener Stadtroman, 2007; Wilder Rosenwuchs, 2007; Und trotzdem, 2008; Novembernebel, 2008; Die Radiosonate oder das einsame Jahr, 2009; Das Haus, 2009; Sophie Hungers Krisenwelt, 2010; Mimis Bücher, 2010; Heimsuchung oder halb eins, 2010; Absturzgefahr, 2011; Zwillingswelten, 2011; Die Frau auf der Bank oder dreimal «S», 2012; Die Wiedergeborene, 2012; Paula Nebel, 2012; Kerstins Achterln, 2013; Beim Sterben sollte man zu Hause sein, 2013.

Literatur: Öst. Katalog-Lex. 1,172. – A. C. SCHAUB, FrauenSchreiben. Abenteuer, Privileg oder Existenzkampf? Gespräche mit 17 öst. Autorinnen, 2004; D. SCHERR, Eigenverlage in Öst., Tl. 6: ~ (in: Autorensolidarität 14, H. 2, S. 23f.) 2006.   KG

Jancke, Oskar, * 3. 2. 1898 Aachen, † 25. 2. 1957 Stuttgart; Dramaturg, Spielleiter, Schriftst., Lit.kritiker; Sohn eines Kaufmanns, studierte ab 1916 Germanistik, neuere Sprachen, Philos., Gesch. u. Kunstgesch. an der Univ. Heidelberg, 1921 Dr. phil. an der Univ. München, Schriftleiter der Ws. «Die Kuppel» in Aachen, Dramaturg u. Spielleiter am Stadttheater Aachen, bis 1930 Dramaturg in München, dann freier Schriftst., lebte n. 1945 in Ammerland/Obb., Leiter der Abt. Wiss. u. Lit. sowie Lit.kommentator des Süddt. Rundfunks, Initiator u. erster Sekretär der 1949 gegr. Dt. Akad. für Sprache u. Dg. in Darmstadt, dann Vizepräs. ebd., bis 1952 Chefred. von deren Zs. «Neue Lit. Welt», trat 1953 aus der Dt. Akad. für Sprache u. Dg. aus, zahlr. Vortr.reisen, u. a. nach Oxford u. Cambridge/MA. – 1949 Goethe-Plakette der Stadt Frankfurt/Main. – Mitgl. des Dt. P.E.N.-Zentrums. – Glosse, humorist. Schr., Ess., Übers. (aus dem Lateinischen).

Schriften: Das analytisch-kritische Schaffenselement im Werke Thomas Manns. Nebst einer Bibliographie, 1922 (Diss. 1921); ... Und bitten wir Sie ... Ernsthafte und heitere Glossen zur deutschen Sprache, 1936; Restlos erledigt? Neue Glossen zur deutschen Sprache, 1938; Sprachglossen, 1941; Kunst und Reichtum deutscher Prosa. Von Lessing bis Nietzsche. Ausgewählt und gedeutet, 1942 (erw. Neuausg. mit dem geänd. Untert.: Von Lessing bis Thomas Mann, 1954); Vom Rätsel des Rätsels. Eine Betrachtung über Sinn und Wert des Rätsels, 1944 (Bilder H. Forster); Der widerrufliche Fußweg. Glossen zur deutschen Sprache, 1948; Im Zerrspiegel. Heitere Glossen zur deutschen Sprache, 1954; Totengespräch mit Thomas Mann, Gottfried Benn und Bertolt Brecht, 1957 (Sonderdr. aus: NDH 4, H. 35, 1957); Deutsche Sprache – schwere Sprache. Ein Sprachbrevier, 1969.

Übersetzungen: U. Acosta, Dokument eines Menschenschicksals. Das «Exemplar humanae vitae», 1923.

Herausgebertätigkeit: W. Shakespeare, Reif sein ist alles. Ein Brevier (Zus.stellung, Einl.) 1940; J. Burckhardt, Zum Sehen geboren ... (dass.) 1942;

H. Kurz, Die beiden Tubus, 1944; Goethe, Das Sankt Rochusfest (Bearb., m. W. Schmidkunz) 1945; Deutscher Humor. Gereimtes und Ungereimtes aus alter und neuer Zeit, 1947; Owlglass, Und ewig rollt das Rad der Zeit. Gesammelte Gedichte (m. Nachw. hg.) 1948; Deutsche Selbstbesinnung in Zeugnissen aus fünf Jahrhunderten (Ausw., Einl.) 1948; Wellen und Ufer. Deutsche Gedichte seit 1900, 1954.

Nachlass: DLA; Briefe zudem u. a. in der Monacensia, StB München.   KG

Janczak, Joachim, * 6. 3. 1947 Kettwig (später zu Essen); Schriftst., lebt in Berlin. – Mitgl. der Neuen Gesellsch. für Lit. Berlin. – Lyrik, Ballett- u. Opernlibr., Ess., Krimi, Kunstkritik.

Schriften: O Gegenwart (Lieder, Couplets, Ged.) 1994; Warum ich der Retter des Balletts bin. Libretti / Essays / Dramaturgien, 1995; Asphalt & Seife. Ein Poem in Sonetten, 1996 (Zeichn. Rolf Michael J.); Küß mich! (Ged.; Vorw. H. FLADT, Nachw. N. ADRIAN) 1999. (Ferner ungedr. Libretti.)   KG

Janczyk, Rüdiger (Werner), * 20. 2. 1962 Recklinghausen; Arzt, Psychotherapeut, Schriftst., lebt am Niederrhein; wuchs in Cuxhaven auf, studierte ein Semester Publizistik, dann Medizin an der Univ. Münster/Westf., 1990 Dr. med. ebd., Arzt u. Psychotherapeut in eigener Praxis in Mönchengladbach, engagierte sich fünf Jahre in einem Ver. für Drogenabhängige. – Kriminalrom., hist. Roman.

Schriften: Zur Therapie gutartiger Hirnstammgliome (Diss.) 1990; Schreckliche Engel. Niederrhein-Krimi, 2002; Keine Pizza für den Mörder [dass.], 2002; Vincents Methode [dass.], 2005; Wagners Tränen (hist. Krim.-Rom.) 2007.

Literatur: Histo-Couch.de (Internet-Edition).   KG

Janda, Elsbeth (geb. Elisabeth Irene J.; verh. Nötzoldt-J.), * 27. 12. 1923 Mannheim, † 9. 4. 2005 Heidelberg; Musiklehrerin, Kabarettistin, Sängerin, Schauspielerin, Sprecherin; wuchs in Mannheim auf, studierte Musikwiss., Kunstgesch. u. Philos. an der Univ. Heidelberg, Musiklehrerin, ab den 1950er-Jahren gem. Kabarettprogramme m. ihrem Ehemann Fritz → Nötzoldt, Auftritte in

Europa, den USA u. Kanada, ab 1962 für Rundfunk u. Fernsehen tätig, trat n. dem Tod F. Nötzoldts 1987 als Solokünstlerin sowie m. Kabarettensembles u. Theatergruppen auf, 1978–86 Moderatorin des Fernsehsenders Südwest 3, Schauspielerin u. a. am Nationaltheater Mannheim, viele Sprech- u. Gesangsbeitr. ersch. auf Schallplatte, Kassette u. CD, engagierte sich bes. für die Förderung der Kurpfälzer Mundart. – Zahlr. Auszeichnungen, u. a. 1969 Bundesverdienstkreuz, 1979 Bloomaulorden der Stadt Mannheim, 1999 Preis der Emichsburg in Bockenheim/Weinstraße, 1985 Karnevalsorden Pälzer Krischer in Ludwigshafen, 2000 Goldener Winzer der Stadt Bad Dürkheim, 2004 Richard-Benz-Medaille für Kunst u. Wiss. in Heidelberg, 2004 Verdienstmedaille des Landes Baden-Württemberg. – Lyrik, Erz., Bühnen- u. Kabarett-Text, regionalkundl. Schr., Ess., Sachtext, Mundart (Kurpfälzer).

Schriften: De Frosch in de Milch … … Un annere kurpälzer Gschichte (Vorw. C. J. Müller) 1993 (Illustr. H.-G. Glaser); Heidelberg. Humor unserer Stadt. Niedergeschrieben von E. J., 1971 (dass. F. Knauß).

Herausgebertätigkeit: Die Moritat vom Bänkelsang oder Das Lied der Straße. Wieder ans Licht geholt und herausgegeben und auch mit mehr oder weniger passenden An- und Bemerkungen versehen (m. F. Nötzoldt) 1959 (Teilausg. u. d. T.: Warum weinst du, holde Gärtnersfrau… Alte Bänkellieder wieder ans Licht geholt, 1965; Neuausg. m. gek. Untert., 1976); Lieder aus dem Ghetto. 50 Lieder jiddisch und deutsch (m. M. M. Sprecher, Vorw. F. Nötzoldt) 1962 (m. Noten; Neuausg. u. d. T.: Jiddische Lieder. Mit deutscher Übersetzung, 1970); Kurpfalz. Humor unserer Heimat, 1972 (Illustr. F. Knauß); Der lachende Pfälzer. Eine Sammlung Pfälzer Mundartgedichte, 1978 (Zeichn. B. Kröll); Mannheimer Impressionen. Dichter, Denker, Diplomaten, Künstler, Reisende und Maler aus vier Jahrhunderten sehen die Stadt Mannheim (m. H. G. Klein) 2004.

Tonträger (Ausw.): Aus den Briefen der Liselotte von der Pfalz am Hofe des Sonnenkönigs (Kassette) um 1980 (Neuausg. u. d. T.: Lebensspiegel Liselotte von der Pfalz. Zeit und Leben der Liselotte von der Pfalz in ihren Briefen, CD, 2004); Pfälzer Leut' (Schallplatten) 2 Tle., um 1980.

Nachlass: Dt. Volksliedarch., Freiburg/Br. (Slg. Fritz Nötzoldt). – R. W. Brednich, Neuerwerbungen des Dt. Volksliedarch. Die Bänkelsang-Slg.

Nötzoldt, Heidelberg (in: Jb. für Volksliedforsch. 25, S. 110–113) 1988.

Literatur: Theaterlex., Nachtr.bd., Tl. 2,380. – B. Sowinski, Lex. dt.sprachiger Mundartautoren, 1997; V. Carl, Lex. der Pfälzer Persönlichkeiten, ³2004; Rhld.-Pfälz. Personendatenbank (Internet-Edition); Autorinnen u. Autoren in Baden-Württ. (dasselbe).   KG

Janda, Otto, * 22. 9. 1903 Graz, † 13. 2. 1951 ebd.; Bibliothekar; studierte Germanistik, Romanistik u. Bibl.wiss. an der Univ. Graz, 1927–29 Bibliothekar am Seminar für Dt. Philol. an der Univ. Graz, 1928 Dr. phil., ab 1929 Bibliothekar an der Steiermärk. LB in Graz, auch Mitarb. der Ztg. «Tagespost. Parteiamtl. Organ des Gaues Steiermark der NSDAP» in Graz, der «Marburger Ztg.» u. von Hörfunksendern in Graz. – Fachschrift.

Schriften: Rosegger-Zimmer und Hamerling-Museum in Graz, 1935; Die Literatur der Steiermark im Mittelalter. Vortrag, gehalten auf der 35. Tagung des Vereines deutscher Bibliothekare, Graz am 31. Mai 1939, 1939; O. J., Abriß der steirischen Dichtung des Mittelalters – F. Pock, Steirische Dichtung der Neuzeit, 1943. (Ferner ein Ausst.katalog u. ungedr. Rundfunkbeiträge.)

Herausgebertätigkeit: Peter Rosegger. Das Leben in seinen Briefen (m. Anm. hg.) 1943; P. Rosegger, Ausgewählte Werke (m. F. Pock, G. Laurin) Bde. 1–4, 7–12, 15–18 (m. n. e.), 1943; P. Rosegger, Lebensdichtung. Auswahl aus seinen Schriften (m. O. Frankfurter) 1950.

Nachlass: Teilnachl. in der Steiermärk. LB, Graz. – Renner 183; Hall-Renner 161.

Literatur: Österreicher der Ggw. Lex. schöpfer. u. schaffender Zeitgenossen (red. R. Teichl) 1951; AEIOU Öst.-Lex. (Internet-Edition).   KG

Jander, Robin, * 17. 1. 1986 Detmold (?); Versicherungskaufmann, lebt in Köln; wuchs in Detmold auf, Ausbildung zum Versicherungskaufmann, übersiedelte n. Köln. – Kurzgesch., Roman.

Schriften: Lass sie reden. Du und ich gegen den Rest der Welt, 2010.

Literatur: ~, ‹Lass sie reden› (in: dbna – Das Magazin für schwule Jungs!, Internet-Edition).   KG

Jandl, Ernst, * 1. 8. 1925 Wien, † 9. 6. 2000 Wien; Bruder von Hermann → J.; Schriftst.; Sohn des Bankangestellten Viktor J. (1894–1973) u. von dessen Ehefrau Luise (geb. Rappel, 1902–40), n. der

Matura 1943 beim Arbeitsdienst in St. Pölten, im August 1943 zum Militärdienst eingezogen, lief 1945 an der Westfront zu den US-amerikan. Truppen über, bis Ende April 1946 in US-amerikan. Kriegsgefangenschaft in Stockbridge/Großbritannien (Dolmetscher), studierte 1946–49 in Wien Germanistik u. Anglistik, heiratete 1949 Roswitha Birthi (Trennung 1955), 1949/50 Probejahr am Bundesrealgymnasium Wien 1, veröff. zwei während dieser Zeit entstandene Groschenrom. unter Ps., 1950 Promotion zum Dr. phil. an der Univ. Wien m. einer Diss. über Arthur Schnitzlers Novn., m. Unterbrechungen bis 1979 Gymnasiallehrer in Wien, wandte sich 1951 verstärkt dem Schreiben zu, beeinflusst u. a. von Gertrude Stein, E. E. Cummings u. Gerald Manley Hopkins, dann von Jacques Prévert, 1952 erste Ged. in der Zs. «neue wege», bezeichnete sich in dem Ged. ‹verwandte› als «onkel» der «Wiener Gruppe», 1953 Lehrer an der East Barnet Grammar School in London, lernte Erich → Fried kennen, seit 1954 Freundschaft u. Zus.arbeit m. Friederike → Mayröcker, 1957 Publ. der ersten «sprechgeddichte», seit 1963 Veröff. in der Zs. «manuskripte», 1965 Teilnahme am «International Poetry Reading at the Royal Albert Hall» in London, 1966 erste Auftritte zus. m. dem Duo Dieter Glawischnig (Piano) u. Ewald Oberleitner (Bass), später Auftritte m. einem von D. Glawischnig geleiteten Trio u. der ebenfalls von ihm geleiteten NDR Big-Band, 1970/71 Gast in Berlin im Rahmen des Berliner Künstlerprogr., im Winter 1971/72 als «poet in residence» an der Univ. of Texas in Austin, gem. m. F. Mayröcker 1972 im Auftrag des öst. Ministeriums für Unterricht u. Kunst Vortragsreise durch die USA, 1973 erneut in Berlin aufgrund eines DAAD-Stipendiums für F. Mayröcker, 1978 Reise in die Sowjetunion, 1981 Vortragsreise durch Frankreich, 1982 durch Italien, gehörte 1973 zu den Initiatoren der Grazer Autorenverein. als Alternative zum Öst. P.E.N. (seit 1975 Vizepräs., 1983–87 Präs., danach bis 1994 Mitgl. des Vorstands), 1984 erste Auftritte mit Musikern des Vienna Art Orchestra (Leitung Mathias Rüegg), erste Zus.arbeit im Duo m. Manfred Schoof (Trompete, Flügelhorn), im Wintersemester 1984/85 Frankfurter Stiftungsdozentur für Poetik, ab 1992 gem. Auftritte m. dem Musiker Erich Meixner. – 1968 Hörsp.preis der Kriegsblinden (gem. m. F. Mayröcker), 1974 Georg-Trakl-Preis für Lyrik, 1976 Preis der Stadt Wien für Lit., 1978 Öst. Würdigungs-

preis für Lit., 1980 Mülheimer Dramatikerpreis, 1982 «manuskripte»-Preis des Landes Steiermark u. Anton-Wildgans-Preis, 1984 Großer Öst. Staatspreis für Lit. u. Georg-Büchner-Preis, 1985 Preis der Dt. Schallplattenkritik, 1986 Ehrenmedaille der Bundeshauptstadt Wien in Gold, 1987 Kasseler Lit.preis für grotesken Humor, 1989 Frankfurter Hörsp.preis, 1990 Peter-Huchel-Preis, 1991 Öst. Ehrenzeichen für Wiss. u. Kunst u. Erich-Fried-Preis, 1993 Kleist-Preis, 1995 Friedrich-Hölderlin-Preis u. Ehrenzeichen des Landes Steiermark, 1996 Goldenes Ehrenzeichen für Verdienste um die Republik Öst. – 1970 Mitgl. der Berliner Akad. der Künste, 1981 der Dt. Akad. für Sprache u. Dg., 1984 des Öst. Kunstsenats. – Seit 2001 verleiht das öst. Bundesministerium für Unterricht, Kunst u. Kultur alle zwei Jahre den Ernst-Jandl-Preis für Lyrik. – Lyrik, Hörsp., Theaterst., Prosa, Ess., Übers. (aus dem Englischen).

Schriften: Andere Augen (Ged.) 1956; lange gedichte (hg. M. BENSE, E. WALTHER) 1964; klare gerührt (Ged.) 1964; mai hart lieb zapfen eibe hold (hg. B. COBBING) London 1965; Sprechgedichte/Sound Poems (m. B. Cobbing) London 1965; Hosi-Anna! (Ged.) 1965; Laut und Luise (Ged.; Nachw. H. HEISSENBÜTTEL) 1966; No Music Please (Ged.) London 1967; sprechblasen (Ged.) 1968; der künstliche Baum (Ged.) 1970; flöda und der schwan, 1971 (Zeichn. E. J.); Fünf Mann Menschen (Hörsp.; m. F. Mayröcker) 1971; dingfest (Ged.; Nachw. H. MAYER) 1973 (dt.-engl. Ausg., Übers. M. HAMBURGER, Dublin u. a. 1997); übung mit buben (Ged.) 1973; die männer. ein film, 1973 (Zeichn. E. J.); serienfuss (Ged.) 1974; wischen möchten (Ged.) 1974; für alle (Ged., Prosa, Dr., Ess.) 1974; Drei Hörspiele (m. F. Mayröcker; Nachw. H. HAIDER-PREGLER) 1975; der versteckte hirte, 1975 (Zeichn. E. J.); Alle freut was alle freut. Ein Märchen in 28 Gedichten. Frei nach Zeichnungen von Walter Trier, 1975; Die schöne Kunst des Schreibens, 1976 (3., erw. Aufl. 1983); die bearbeitung der mütze (Ged.) 1978; Aus der Fremde. Sprechoper in 7 Szenen, 1980; der gelbe hund (Ged.) 1980; selbstporträt des schachspielers als trinkende uhr (Ged.) 1983; falamaleikum. gedichte und bilder, 1983 (Illustr. J. Spohn) 1983; Das Öffnen und Schließen des Mundes. Frankfurter Poetik-Vorlesungen, 1985; Ottos Mops hopst, 1988 (Illustr. B. Hennig); idyllen (Ged.) 1989; Gemeinschaftsarbeit (m. F. Mayröcker, A. Okopenko) 1989; Kopf-Stücke, 1991 (Zeichn. E. Skrička)

1991; stanzen (Ged.) 1992; lechts und rinks. gedichte statements peppermints, 1995; peter und
die kuh (Ged.) 1996; Immer höher (Bilderb.) 1996
(Illustr. N. Junge) 1996; fünfter sein (dass.) 1997
(dass.); Antipoden. Auf der anderen Seite der Welt
(dass.) 1999 (dass.) 1999; Autor in Gesellschaft.
Aufsätze und Reden (hg. K. SIBLEWSKI) 1999 (=
poetische werke 11); Letzte Gedichte (hg. K. SIB-
LEWSKI) 2001.

Briefe: Briefe aus dem Krieg. 1943–1946 (hg. K.
SIBLEWSKI) 2005.

Übersetzungen: R. Creeley, Die Insel, 1965; J.
Cage, Vortrag über nichts. Vortrag über etwas. 45'
für einen Sprecher (hg. H. HEISSENBÜTTEL) 1969;
Ch. Middleton, Wie wir Großmutter zum Markt
bringen (Ged. u. Prosa; m. G. Kunert) 1970 (Illustr. Ch. Meckel); G. Stein, Erzählen. 4 Vorträge,
1971; L. Lionni, Seine eigene Farbe, 1975; ders.,
Matthias und sein Traum, 1991; ders., Mister Mc-
Maus, 1993.

Ausgaben: Gesammelte Werke. Gedichte. Stücke.
Prosa, 3 Bde. (hg. K. SIBLEWSKI) 1985 (Sonderausg.
1990); poetische werke, 10 Bde. (dass.) 1997; Augenspiel (Ged.; m. Nachw. hg. J. SCHRECK) 1981;
Gedichte, Zeichnungen, Texte von E. J. und Friederike Mayröcker (zus.gestellt M. HUTHMANN)
1981; im delikatessenladen. für große und kleine Leser, 1988 (Illustr. V. Pfüller); das röcheln der
mona lisa. gedichte szenen prosa. ein hör- und
lesebuch (m. Nachbem. hg. Ch. HIRTE) 1990; der
beschriftete sessel (Ged.; m. Nachbem. hg. K.
PANKOW) 1991 (Radierungen Th. Ranft); aus dem
wirklichen leben. gedichte und prosa (zus.gestellt
K. SIBLEWSKI) 1999; einer raus einer rein. Die
schönsten Gedichte (ausgew. K. WAGENBACH)
2006; Liebesgedichte (Ausw. u. Nachw. K. SIB-
LEWSKI) 2009; Gedichte über Gedichte (hg. DERS.)
2011; mal franz mal anna (Ged.; dass.) 2012; der
beschriftete sessel. Autobiographische Gedichte
und Texte (m. Nachw. hg. B. FETZ, K. SIBLEWSKI)
2012.

Bild- und Tonträger (Ausw.): Sprechgedichte.
Sound poems (m. B. Cobbing, introduction, an-
cestry and chronology by D. S. HOUÉDARD, Schall-
platte) London 1965; Laut und Luise. E. J. liest
Sprechgedichte (Schallplatte) 1968; der künstliche
Baum (dass.) 1970; hosi + anna (dass.) 1971; Das
Röcheln der Mona Lisa (dass.) 1972; 13 radiophone
Texte (Tonkassette) 1977; Aus der Fremde (dass.)
1980; him hanflang war das wort. Neue Sprechge-
dichte, gelesen vom Autor (Schallplatte) 1980; bist

eulen? (dass.) 1984; Ernst Jandl spricht Gedichte
(dass.) 1984; E. J. live. Gedichte und Szenen aus
zwei Autorenlesungen (Videokassette) 1984; Fünf
Mann Menschen (Tonkassette; m. F. Mayröcker)
1986; vom vom zum zum (Schallplatte) 1988; Das
Röcheln der Mona Lisa. Szenen aus dem wirk-
lichen Leben (Tonkassette) 1990; eile mit feile.
Sprech- und Lautgedichte aus vier Jahrzehnten.
Gelesen vom Autor (2 Tonkassetten) 1991; stanzen
(CD) 1994; Aus der Fremde. Sprechoper (Tonkas-
sette; Sprecher: P. Fitz, L. Schwarz, P. Burian) 1995
(Neuausg. 1999); wien: heldenplatz. Sprech- und
Lautgedichte aus vier Jahrzehnten. Gelesen vom
Autor (2 CDs) 1999; him hanflang war das Wort.
Sprechgedichte, gelesen vom Autor (CD) 1999;
Weltgebräuche (CD; m. M. Haselböck) 2002; Te-
lefongespräche mit E. J. (CD; hg. K. SIBLEWSKI)
2002; E. J. frühlingshaft. Eine Live-Lesung (CD)
2008; Schtzngrmm. Gesprochen von E. J. (dass.)
2009.

Nachlass: Öst. Lit.arch.; Öst. Nationalbibl. –
Renner 139.

LITERATURÜBERSICHT:

1 Bibliografien
2 Allgemein zu Leben und Werk
2.1 Selbstständig Erschienenes
2.2 Unselbstständig Erschienenes
3 Allgemein zur Lyrik
3.1 Selbstständig Erschienenes
3.2 Unselbstständig Erschienenes
4 Allgemein zum Hörspiel
5 Allgemein zum Theater
6 Zu einzelnen Schriften
7 Zu einzelnen Hörspielen
8 Zu einzelnen Theaterstücken
9 Zu einzelnen Gedichten
10 Rezeption
11 Würdigungen, Nachrufe

1 Bibliografien: Albrecht-Dahlke IV/2,764;
Schmidt, Quellenlex. 14,425. – K. PFOSER-
SCHEWIG, Bibliogr. der Werke von u. über ~ (in:
TuK, H. 129, hg. H. L. ARNOLD, S. 93–110) 1996;
Öst. Lit. von außen. Personalbibliogr. zur Rezep-
tion der öst. Lit. [...] 1975–1994 (hg. M. KLEIN)
1996; ~, 1925–2000. eine bibliogr. (hg. J. DANGER,
P. GENDOLLA; Vorw. B. FETZ) 2003.

2 Allgemein zu Leben und Werk:

2.1 Selbstständig Erschienenes: my right hand. my writing hand. my handwriting. ~ (hg. H. BÄCKER) 1976 (= neue texte, H. 16/17, Sonderh.; erw. NA 1985); K. SCHEWIG, ~. Versuch einer Monogr. (Diss. Wien) 1981; ~. Materialienb. (hg. W. SCHMIDT-DENGLER) 1982; ~. Begleith. zur Ausst. der Stadt- u. Univ.bibl. Frankfurt/M. (hg. Stadt- u. Univ.bibl. Frankfurt/M., A. ESTERMANN) 1984; R. INNERHOFER, Die Grazer Autorenversammlung (1973–1983). Zur Organisation einer «Avantgarde», 1985; Für ~. Texte zum 60. Geb.tag. Werkgesch. (hg. K. PFOSER-SCHEWIG) 1985 (m. Bibliogr.); [Zum 60. Geburtstag von ~] (= manuskripte [Graz] 25, H. 88) 1985; ~. Texte, Daten, Bilder (hg. K. SIBLEWSKI) 1990; ~, Jayne-Ann Igel. Texte, Dokumente, Materialien. Peter-Huchel-Preis 1990 (hg. B. RÜBENACH) 1991; G. JASCHKE, ~ zum Siebzigsten, 1995; Friederike Mayröcker. ~. An den Rändern der Sprache (= du [Zürich] Nr. 5) 1995; was. Zs. für Kultur u. Politik [Graz], Nr. 82, 1995; ~ (TuK, H. 129, hg. H. L. ARNOLD) 1996; ~. Proposte di lettura (hg. L. REITANI) Udine 1997; W. SCHMIDT-DENGLER, Der wahre Vogel. Sechs Stud. zum Gedenken an ~, 2000; K. SIBLEWSKI, a komma punkt. ~. Ein Leben in Texten u. Bildern, 2000; ‹Stehn Jandl gross hinten drauß. Interpr. zu Texten ~s (hg. M. VOGT) 2000; K. SIBLEWSKI, Telefongespräche m. ~. Ein Porträt, 2001; ~ (= Wespennest, H. 125, hg. B. KRALLER) 2002; ~ lesend. Lesungsfotos von Harry Ertl aus den Jahren 1978 bis 1996 (hg. A. KAUFMANN) 2003; ~. Musik Rhythmus Radikale Dg. (hg. B. FETZ, Mitarb. H. SCHWEIGER) 2005; «An seiner Seite hätte ich sogar die Hölle ertragen». Friederike Mayröcker u. ~ (hg. D. BURDORF) 2005; A. UHRMACHER, Spielarten des Komischen. ~ u. die Sprache, 2007; M. HAMMERSCHMID, H. NEUNDLINGER, ‹von einen sprachen›. Poetolog. Unters. zum Werk ~s, 2008; ~. M. poetolog. Statements des Autors u. Erinn. des Hg. (hg. B. JENTZSCH) 2008; ‹von Jandl weg auf Jandl zu›. 47 Begegnungen u. Überlegungen (hg. R. URBACH) 2009; Die ~-Show. Eine Ausst. des Wien-Mus. u. des Ludwig-Boltzmann-Inst. für Gesch. u. Theorie der Biogr. in Kooperation m. der Öst. Nationalbibl. (hg. B. FETZ, H. SCHWEIGER) 2010; ~. Interpr., Komm., Didaktisierungen (hg. J. G. LUGHOFER) 2011; V. RÖMER, Dichter ohne eigene Sprache. Zur Poetik ~s, 2012; Wir Jandln! Didakt. u. wiss. Wege zu ~ (hg. H. SCHWEIGER, H. NAGY) 2012.

2.2 Unselbstständig Erschienenes: Munzinger-Arch.; KLG; Lennartz 2,832; LexKJugLit. 2,53; Killy 6,78; KNLL 8,608 (‹Das lyrische Werk›, ‹Aus der Fremde›, ‹Das Röcheln der Mona Lisa›); NHdG 573; Öst. Katalog-Lex. 1,172; Autorenlex. 386; LGL 1,601; DBE 5,307; Killy [2]6,99; KLL (Internet-Edition) (‹Das lyrische Werk›, ‹Das Röcheln der Mona Lisa›, ‹Aus der Fremde›, ‹Fünf Mann Menschen›). – A. OKOPENKO, Ärger, Spaß, Experiment u. dgl. Der Wiener Antilyriker ~ (in: Wort in der Zeit 10, H. 1, S. 8–18) 1964; M. BENSE, Die pantomim. Funktion der Sprache (in: manuskripte [Graz] 6, H. 18, S. 33f.) 1966; K. RIHA, schtzngrmm. Zu ~ (in: Replik, H. 4/5, S. 54–56) 1970; G. DISCHNER, ~ u. die ästhet. Funktion (in: neue texte, H. 8/9, o. S.) 1972; F. HOHLER, Sind Sie stark? Fragen an ~ (in: DERS., Fragen an andere, S. 41–53) 1973; R. SCHULER, Die Erschaffung der Eva. Produktives Lesen bei Goethe u. ~ (in: WirkWort 24, H. 2, S. 73–85) 1974; A. HASLINGER, ~ – Georg-Trakl-Preis-Träger 1974 (in: LK 10, H. 93, S. 145–150) 1975; P. H. NEUMANN, ‹tagenglas› – Versuch über ~. Mit Komm. zu 14 Ged. (in: Merkur 30 , H. 11, S. 1053–1064) 1976; B. MURDOCH, M. READ, An approach to the poetry of ~ (in: NGS 5, S. 125–155) 1977; J. DONNENBERG, Zu ~, Jandl-Wälder (in: Salz. Salzburger Lit.ztg., H. 12, S. 1f.) 1978; P. HENNINGER, ~ ou les mots d'avant le commencement (in: Austriaca 7, S. 67–82) 1978; M. WULFF, Konkrete Poesie u. sprachimmanente Lüge. Von ~ zu Ansätzen einer Sprachästhetik, 1978; M. BUTLER, From the «Wiener Gruppe» to ~ (in: Modern Austrian Writing. Literature and Society after 1945, hg. A. BEST, H. WOLFSCHÜTZ, S. 236–251) London u. a. 1980; K. RIHA, Da Dada da war ist Dada da, 1980; A. BERGER, ~ (in: Die dt. Lyrik 1945–1975, hg. K. WEISSENBERGER, S. 301–308) 1981; DERS., ~s Bearb. der Sprache. Anm. zu seiner Poesie u. Poetik heute (in: Lyrik – von allen Seiten. Ged. u. Aufs. des ersten Lyrikertreffens in Münster, hg. L. JORDAN u. a., S. 429–438) 1981; W. ABRAHAM, Das Konzept der ‹projektiven Sprache› bei ~ (in: DVjs 56, H. 4, S. 539–558) 1982; V. HAGE, Von u. mit der Sprache (Interview, Mai 1970) (in: DERS., Die Wiederkehr des Erzählers. Neue dt. Lit. der siebziger Jahre, S. 32–40) 1982; M. HAMBURGER, ~, Die schöpfer. Widersprüche (in: LK 17, H. 165/166, S. 16–22) 1982; P. H. NEUMANN, Der unmanierl. Dichter, oder: Individualstil u. Experiment. Über ~ (in: Akzente. Zs. für Lit. 29, H. 1, S. 25–38) 1982; K. RAMM, Versuch, auf dem Waldboden sitzend, Tannenzapfen zu verspeisen ... Ein Vortrag für ~ (in: Protokolle, H. 4, S. 3–13) 1982; L. Harig, Die Weisheit aus den Wörtern. Dionysisches Doppelporträt m. ~ (in: ebd., S. 14–18) 1982; F. Mon, «aber schreiben ist mir pflicht». Zu den Texten von ~ (in: ~. Materialienb., hg. W. Schmidt-Dengler, S. 28–34) 1982; H. Lengauer, Über die Grenzen von Poesie u. Beton. Anm. zu einem kleinen Ärger ~s (in: ebd., S. 75–94) 1982; S. Barni, Sul territori del linguaggio. Dove il «ludus» fa guerrra al nulla (in: Studi germanici 21/22, S. 405–410) 1983/84; C. de Groot, Gespräch m. ~ (in: DB 14, H. 1, S. 1–15) 1984; A. Estermann, «... eine Schonungslosigkeit, die nicht verletzt ...» Ein Gespräch m. ~ (in: ~. Begleith. zur Ausst. der Stadt- u. Univ.bibl. Frankfurt/M., hg. Stadt- u. Univ.bibl. Frankfurt/M., A. Estermann, S. 19–30) 1984; ders., Sprachspieler, Sprechdichter, Lyriker, Lettrist. Aus Anm. der Lit.kritik zu einigen Ged.bdn. ~s (in: ebd., S. 37–66) 1984; M. Konzag, Gespräch m. ~ (in: SuF 37, H. 4, S. 856–865) 1985; K. Rothmann, ~ (in: ders., Dt.sprachige Schriftst. seit 1945 in Einzeldarst., S. 195–199) 1985; W. Schmidt-Dengler, Text u. Stimme. Zu ~ u. zwei Versuchen über ihn (in: Protokolle, H. 2, S. 5–8) 1985; D. Schmidthaler, Sprachnorm u. Autonomie. Ansätze zu einer Grammatik der Texte ~s (in: ebd., S. 9–30); A. Allkemper, Das Drehen der Worte um nichts als quittierte Grimassen. Anm. zu ~ (in: Sprachkunst 18, S. 93–109) 1987; K. Pankow, ~ (in: Öst. Lit. des 20. Jh. Einzeldarst., hg. H. Haase, A. Mádl, S. 640–658) 1988; K. Pfoser-Schewig, Schmutz u. Schund u. Avantgarde oder Wie die experimentelle Lit. ins Kreuzfeuer der Pädagogen geriet (in: Wiener Avantgarde. Einst u. jetzt, hg. Walter-Buchebner-Gesellsch., S. 9–21) 1989; R. Drux, ~ (in: Dt. Dichter 8, hg. G. E. Grimm, F. R. Max, S. 301–309) 1990; J. Haslinger, Ich habe noch unter ~ gedient (in: SuF 42, H. 5, S. 1010–1016) 1990; M. Schmitz-Emans, Poesie als Sprachsp. Überlegungen zur Poetik ~s (in: ZfdPh 109, H. 5/6, S. 551–571) 1990; dies., ‹Ich habe nichts zu sagen / und ich sage es [. . .]›. ~s produktive Auseinandersetzung m. John Cages Ästhetik (in: Sprachkunst 21, S. 285–312) 1990; A. von Bormann, Erich-Fried-Ehrung 1991 für ~ (in: Die Schriftst. u. die Restauration, hg. ders., S. 93–95) 1991; U. Allemann, Die Sprache verhören. Laudatio auf ~ (in: ~, Jayne-Ann Igel. Texte, Dokumente, Materialien. Peter-Huchel-Preis 1990, hg. B. Rübenach,

S. 31–40) 1990; K. Jeziorkowski, Schock durchs Elementare. Die Entstehung des Neuen aus dem Alten im Werk ~s (in: Begegnung m. dem ‹Fremden›. Grenzen, Traditionen, Vergleiche. Akten des VIII. Internat. Germanisten-Kongresses, Tokyo 1990, 6, hg. E. Iwasaki, S. 66–71) 1991; H. Lengauer, ~ im Wandel (in: «Abgelegte Zeit»? Öst. Lit. der fünfziger Jahre, hg. ders., S. 183–199) 1992; M. Schmitz-Emans, Lebens-Zeichen am Rande des Verstummens. Motive der Sprachreflexion bei Johann Georg Hamann u. ~ (in: Poetica 24, H. 1/2, S. 62–89) 1992; M. Kurz, Kuwitters Kinder. Kurt Schwitters' nachhaltige Spuren in der Ggw.lit. am Beispiel von ~ u. Gerhard Rühm (in: Kurt Schwitters. «Bürger u. Idiot». Beitr. zu Werk u. Wirkung eines Gesamtkünstlers, hg. G. Schaub, S. 116–130) 1993; M. Schmitz-Emans, Artikulator. Dg. bei Hugo Ball u. ~ (in: Die dt. Lit. im 20. Jh. Vortragsmss. Germanistentag 1992, Berlin, vom 30. September bis 3. Oktober, Humboldt-Univ. zu Berlin. Fachgruppe der Dt.lehrerinnen u. Dt.lehrer, hg. Th. Gey, S. 506–526) 1993; R. Döhl, Wie konkret sind ~s Texte oder ~ u. Stuttgart (in: Semiosis 19, H. 2–4, S. 113–129) 1994; H. Koopmann, Rede zur Verleihung des Kleist-Preises in Potsdam (an ~) (in: Kleist-Jb., S. 185–190) 1994; S. B. Pack, Die Sprechästhetik bei ~ (in: Sprachproblematik u. ästhet. Produktivität in der lit. Moderne. Beitr. der Tateshina-Symposien 1992 u. 1993, hg. Japan. Gesellsch. für Germanistik, S. 43–53) 1994; M. Schmitz-Emans, ~ (in: Dt. Dichter des 20. Jh., hg. H. Steinecke, S. 676–688) 1994; U. Weinzierl, Rede auf ~ (in: SuF 46, H. 1, S. 150–154) 1994; J. Drews, Weit mehr Pathetiker als Clown. Laudatio auf ~ zur Verleihung des Hölderlin-Preises (in: NDL 43, H. 5 [503], S. 169–176) 1995; ders., Lieber ~! (in: Protokolle, H. 2, S. 5–13) 1995; O. Breicha, «Lieber blöd als Jandl». Improvisationen zu einem Thema, das eig. keines sein sollte (in: ebd., S. 29f.) 1995; V. Hage, Eine ganze Sprache, ein ganzes Leben: ~ (in: ders., Alles erfunden. Porträts dt. u. amerikan. Autoren, S. 137–146) 1995; H. P. Neumann, ~ «bearbeitet» Rilke. Eine Variante zum Typ des gedichteten Dichterbilds (in: «Verbergendes Enthüllen». Zu Theorie u. Kunst dichter. Verkleidens. FS Martin Stern, hg. W. M. Fues u. a., S. 391–398) 1995; K. Pfoser-Schewig, Die lit. Arbeiten ~s in den 50er Jahren (in: EG 50, Nr. 2, S. 209–221) 1995; K. Ramm, ~s Cyberpunk (in: Protokolle, H. 2, S. 15–20) 1995; W. Schmidt-Dengler, Bruchlinien.

Vorlesungen zur öst. Lit. 1945 bis 1990, 1995; K. Siblewski, «Am Anfang war das Wort ...» ~s 1957 (in: manuskripte [Graz] 35, H. 128, S. 3–9) 1995; K. Riha, Zu ~s lit. ‹Verortung› (in: ~ [TuK, H. 129, hg. H. L. Arnold], S. 11–18) 1996; H. Korte, «stückwerk ganz». ~s Poetik (in: ebd., S. 69–75); H. Haider, Angespannt – eingespannt. Notizen zu ~s kulturpolit. Engagement (in: ebd., S. 76–83); R. Innerhofer, Der Dichter u. sein Verein. ~ u. die «Grazer Autorenversammlung» (in: ebd., S. 84–92) 1996; M. Schmitz-Emans, Zw. Sprachutopismus u. Sprachrealismus. Zur artikulator. Dg. Hugo Balls u. ~s (in: Hugo-Ball-Almanach 20, S. 43–117) 1996; Ph. Brady, Nonsense u. Realität. Zum Werk ~ (in: Sinn im Unsinn. Über Unsinnsdg. vom MA bis zum 20. Jh., hg. Th. Stemmler u. a., S. 139–158) 1997; F. Lartillot, Les choix de Friederike Mayröcker et ~. Tierce voix de la poétologie quand le syndrome fait rage (in: Austriaca 22, Nr. 45, S. 93–118) 1997; I. von Kieseritzky, ~ – Die Aktentasche (in: manuskripte [Graz] 41, H. 151, S. 127f.) 2001; S. Heuber, Ein Vergleich: Samuel Beckett u. ~, 2001; W. Schmidt-Dengler, Aussparungen. Ein Versuch zu ~ (in: Praesent 1, S. 47–52) 2002; H. Pataki, Ohrfeigen für den guten Geschmack. Über die ästhet. u. soziale Wirkung von ~s Dichtkunst (in: Wespennest, H. 125, S. 16–20) 2002; «Ich sehr lieben den deutschen sprach». Peter Huemer im Gespräch m. ~ (in: ebd., S. 22–30) 2002; B. Fetz, «Die Freude an mir»: Einige Gedanken zum Werk u. zur Rezeption ~s (in: ~, 1925–2000. eine bibliogr. [s. o.], S. 8–21) 2003; M. Luserke-Jaqui, Über ~ u. Friederike Mayröcker oder «Keine Mimesis mehr!» (in: ders., Über Lit. u. Lit.wiss. Anagrammatische Lektüren, S. 216–236) 2003; A. Schweiggert, «Die Welt ist laut – laut ist schön.» Der Sprachzerfetzer ~ (in: ders., Wer auf dem Kopf geht, der hat den Himmel als Abgrund unter sich. Porträts, Streifzüge u. Gedankengänge, S. 71–90) 2004; «Ich habe eine feste Lesart, die negative». Karl Riha im Gespräch m. ~ (in: Wespennest, H. 139, S. 18–25) 2005; H. Neundlinger, Beruf: rilke. Zustand: labil. Innen- u. Außenperspektiven einer Krise der Subjektivität (in: ~. Musik Rhythmus Radikale Dg., hg. B. Fetz, S. 80–90) 2005; A. Rautenberg, etc is poetry – poetry is etc (in: ebd., S. 91–97); O. Ruf, «Nochmal den Text? Ein anderer.» ~ u. die Avantgarde (in: ebd., S. 138-157); K. Kastberger, Vom vom zum zum. Mayröcker bei ~ u. umgekehrt (in: ebd., S. 158–179); V. Kaukoreit, «a oat inspirati-

on». Mutmaßungen über ~ & Attwenger, Ernst & die goas (in: ebd., S. 180–190) 2005; R. Kühn, «dem Schreiben verschrieben». Friederike Mayröcker u. ~ (in:«An seiner Seite hätte ich sogar die Hölle ertragen». Friederike Mayröcker u. ~, hg. D. Burdorf, S. 15–29) 2005; S. Hoffmann, Über Friedrike Mayröcker, ~, das Schreiben u. einen Abschied (in: Lit.bl. für Baden u. Württ., H. 1, S. 16f.) 2006; D. Strigl, Hand- u. Herzgefährten ganz ohne Kochtopf (in: Literaturen, H. 1/2, S. 22–24) 2006 (zu J. u. Friederike Mayröcker); H. Haider, Poetenpidgin. Über ~s Grammatik einer heruntergekommenen Sprache (in: Poet. Lizenzen, hg. W. U. Dressler u. a., S. 133–145) 2007; K. Kohl, Es lebe das Klischee! Spielarten eines verpönten Stilmittels bei ~, Andreas Okopenko u. Oskar Pastior (in: Schaltstelle. Neue dt. Lyrik im Dial., hg. K. Leeder, S. 187–212) Amsterdam u. a. 2007; Ch. J. Wickham, Vom Wert der Worte. Zu ~s ‹oberflächenübersetzung› (in: GRM 57, H. 3, S. 365–370) 2007; Gajewska, ~s poet. Konzept der ‹heruntergekommenen Sprache› – ‹den menschen in seiner totalen auflösung zeigen, seinen zeitlebens sich vollziehenden tod› (in: Convivium. Germanist. Jb. Polen, S. 241–260) 2008; H. Gollner, Antipoesie. Hässlichkeit als Kulturwiderstand (in: Öst. Lit. zw. den Kulturen. Internat. Konferenz Veliko Târnovo, Oktober 2006, hg. I. Hipfl, S. 145–153) 2008; E. Kargl, ~ (in: Entre anamnèse et amnésie – la littérature pour dire le passé nazi, hg. M. Benoit, S. 189–208) Lille 2008; W. Schmidt-Dengler, ~, ‹eine Station auf dem mühsamen Weg der öst. Aufklärung?› (in: Nachklänge der Aufklärung im 19. u. 20. Jh., hg. K. Müller-Salget, S. 301–313) 2008; N. Bernstein, ~ im retroaktiven Maskenspiel. Zu autobiogr. u. metapoet. Werken ~s (in: Retrospektivität u. Retroaktivität. Erzählen – Gesch. – Wahrheit, hg. M. A. Born, S. 159–173) 2009; H. Gollner, ~, 2009; G. Predoiu, Rebellion gegen Regeln. ~ u. Oskar Pastior (in: Öst. Lit. ohne Grenzen, hg. A. Bombitz u. a., S. 395–408) 2009; T. Vinardell Puig, ‹(...) atmete, pausenlos›. Zur Literarisierung des Atmens bei ~ (in: Die Grenzen des Sagbaren in der Lit. des 20. Jh., hg. S. Schneider, S. 137–151) 2010; M. Beilein, J. Boatin, Das Öffnen u. Schließen des Kanons (in: Lit. aus Öst. – zum Problem der Norm u. der Devianz. Wendelin Schmidt-Dengler in memoriam, hg. R. M. Gómez Pato u. a., S. 101–116) 2011; E. Białek, Vom unernsten Umgang m. der Konvention in dem (un)ernsten selbstdarstellenden Schreiben des ~ (in: DERS., Lauter Einschnitte. Vorlesungen zur öst. Lit., S. 53–66) 2011; A. DUNKER, «und brüllzten wesentlich» (in: Phono-Graphien. Akust. Wahrnehmung in der dt.sprachigen Lit. von 1800 bis zur Ggw., hg. M. KRINGS, S. 209–218) 2011; B. P. KORY, Die Rhetorik der Beunruhigung (in: Ged. u. Gesch. Zur poet. u. polit. Rede in Öst. Beitr. zur Jahrestagung der Franz-Werfel-StipendiatInnen am 16. u. 17. April 2010 in Wien, hg. A. KNAFL, S. 157–168) 2011; B. KRONAUER, Zu ~s Büchnerpreis-Rede (1984) (in: Jb. Darmstadt, S. 151–157) 2011; H. SCHWEIGER, mein literaturen sein unseren literaturen. der sprachenkunstler ~ u. sein universitäten professor Wendelin Schmidt-Dengler (in: Der Dichter u. sein Germanist. Symposium in Memoriam Wendelin Schmidt-Dengler, hg. St. KURZ u. a., S. 34–54) 2012; K. KASTBERGER, Gespräch m. Bernhard Fetz u. Michael Lentz (in: Grundb. der öst. Lit. seit 1945. Zweite Lieferung, hg. K. KASTBERGER, K. NEUMANN, S. 255–257) 2013.

3 Allgemein zur Lyrik:

3.1 Selbstständig Erschienenes: K. RIHA, Cross-Reading u. Cross-Talking. Zitat-Collagen als poet. u. satir. Technik, 1971; W. SEGEBRECHT, Johann Wolfgang Goethes Ged. ‹Über allen Gipfeln ist Ruh› u. seine Folgen. Zum Gebrauchswert klass. Lyrik. Text, Materialien, Komm., 1978; Ged. von ~ (hg. V. KAUKOREIT, K. PFOSER) 2002.

3.2 Unselbstständig Erschienenes: M. E. SOLT, A World View of Concrete Poetry (in: Artes Hispanicas. Indiana University, H. 3/4, S. 21f.) 1968; M. HAMBURGER, The Truth of Poetry. Tensions in Modern Poetry from Baudelaire to the 1960s, London 1969 (dt. u. d. T.: Die Dialektik der modernen Lyrik. Von Baudelaire bis zur Konkreten Poesie, 1972); A. BINDER, Visuelle Ged. ~s (in: DU 25, H. 1, S. 78–89) 1973; H. HEISSENBÜTTEL, Das Lautged. u. das teleolog. Kriterium – Über ~ mithilfe von Roman Jakobson (in: ~. Materialienb., hg. W. SCHMIDT-DENGLER, S. 17–28) 1982; R. DRUX, Sprachpräsentation in Ged. der sechziger Jahre. Zu Texten von Handke, Heißenbüttel, ~ u. Mon (in: lit. für leser 1, S. 20–28) 1983; H. BRÜLLS, N. der Artistik: Zur immanenten Poetik in drei Ged. ~s (in: DVjs 62, H. 2, S. 363–386) 1988; S. PETERS, Subjektivierung durch Sprache. Die Rede vom Ich in ~s späteren Ged.bdn. (in: Protokolle, H. 2, S. 105–122) 1990; A. SENGER, Zeit in den Ged. ~s (in: Protokolle, H. 1, S. 17–36) 1991; P. PABISCH, «Luslustigtig» – ~ u. seine Dg. (in: DERS.,

‹luslustigtig›. Phänomene dt.sprachiger Lyrik 1945 bis 1980, S. 77–89) 1992 (2., verb. Aufl. 1993); Ch. PANKOW, Objektsprache, Metasprache u. konkrete Poesie. Zwei Ged. von ~ (in: Öst. – Beitr. über Sprache u. Lit., hg. DIES., S. 109–118) Stockholm 1992; M. HAMBURGER, ~ (in: DERS., Das Überleben der Lyrik. Ber. u. Zeugnisse, m. Nachw. hg. W. ECKEL, S. 103–112) 1994; V. KAUKOREIT, M. welch anderen Augen. Sechs Anm. zum lyr. Frühwerk ~s (in: ~ [TuK, H. 129, hg. H. L. ARNOLD], S. 19–30) 1996; W. HINDERER, ‹Das Röcheln der Mona Lisa›. Aspekte von ~s Lyrik im Kontext der sechziger Jahre (in: ebd., S. 31–36); W. SCHMIDT-DENGLER, «noch ein weilchen dichterlich». Zu ~s Lyrik von 1982 bis 1992 (in: ebd., S. 51–60) 1996; D. HORVAT, Zur Lyrik ~s (in: Einschließung u. Abweisung der Tradition. Öst. Lyrik 1945–1995, hg. J. HOLZNER u. a., S. 65–72) Zagreb 1996; B. FETZ, ~, Ged. (in: Der lit. Einfall. Über das Entstehen von Texten, hg. DERS., K. KASTBERGER, S. 82–94) 1998; P. H. NEUMANN, Zyklus-Probleme in experimenteller Lyrik, z. B. bei ~ (in: Vom Ged. zum Zyklus – vom Zyklus zum Werk. Strategien der Kontinuität in der modernen u. zeitgenöss. Lyrik, hg. J. LAJARRIGE, S. 241–247) 2000; D. STRIGL, Winterglück u. -unglück. Zur Alterslyrik Friederike Mayröckers, ~s, Gerald Bisingers u. Michael Guttenbrunners (in: Die Lebenden u. die Toten. Beitr. zur öst. Ggw.lit., hg. M. KNÖFLER u. a., S. 41–56) Budapest 2000; U. LINK-HEER, ~ oder Heimsuchung im Alltag durch Lyrik (in: Das Gedichtete behauptet sein Recht. FS Walter Gebhard, hg. K. H. KIEFER u. a., S. 439–450) 2001; M. TINHOF, ~s Ged. ‹SIE, der mensch› als Ausdruck des Agnostizismus (in: Eros Thanatos 5/6, S. 81–83) 2001/02; S. J. SCHMIDT, «Die Unwiederholbarkeit gilt für jedes gelungene Gedicht» – Gespräch m. ~ (in: DERS., Erfahrungen. Öst. Texte beobachtend, S. 91–112) 2002; F. WELLENDORF, «die rache der sprache ist das gedicht». Überlegungen zu den Ged. ~s (in: Wespennest, H. 125, S. 91–102) 2002; J. H. GOLLNER, Existenzielle Obszönität. Ein Blick auf ~s spätere Lyrik (in: NDL 51, H. 5 [551], S. 89–111) 2003; D. STRIGL, M. dem Hammer dichten. Zur Alterslyrik ~s (in: ~. Musik Rhythmus Radikale Dg., hg. B. FETZ, S. 53–71) 2005; I. EÖRSI, Dt. Ged. (in: ebd., S. 72–79) 2005; B. MOENNIGHOFF, «Zerbrochen sind die harmonischen Krüge». Zum Traditionsverhalten in ~s Lyrik (in: «An seiner Seite hätte ich sogar die Hölle ertragen». Friederike Mayröcker u. ~, hg. D. BURDORF, S. 73–89) 2005; A. GAJEW-

SKA, Sprachwelten. ~s Lyrik in der Perspektive der Sprachphilos. von Ludwig Wittgenstein (in: Studia Germanica Posnaniensia, H. 30, S. 135–149) 2006; Ch. GELLNER, «das tier mensch das tier tier der schöpfer beider sei gelobt». ~s radikale rel. Lyrik (in: Rel. u. Ggw.lit. Spielarten einer Liaison, hg. A. GRÖZINGER u. a., S. 105–117) 2009; B. FETZ, «wenn das ein Gedicht sei». Zum Zus.hang von Edition u. Interpr. am Beispiel der Ged. ~s (in: Edition u. Interpr. moderner Lyrik seit Hölderlin, hg. D. BURDORF, S. 203–215) 2010; N. BERNSTEIN, ‹kennen sie mich herren/meine damen und herren›. Phraseologismen in moderner Lyrik am Beispiel von ~ u. Nicanor Parra, 2011; R. GÖRNER, Notizen aus der Gg.welt. Lyrik in Wien von Hugo von Hofmannsthal bis zu ~ (in: Sprachrausch u. Sprachverlust. Ess. zur öst. Lit. von Hofmannsthal bis Mayröcker, hg. H. KUNZELMANN, S. 85–100) 2011; M. CORRÊA, Discurso não-lirico e poesia concreta (in: Non-Lyric Discourses in Contemporary Poetry, hg. B. BALTRUSCH u. a., S. 159–177) 2012; M. BIETENBECK, «dunkln lichtes voll». Zu Tod u. Schweigen im lyr. Werk ~s (in: Lit. in der Moderne. Jb. der Walter-Hasenclever-Gesellsch. 8, S. 177–206) 2012–2013; D. HELMER, ‹Sterbender Mann mit Spiegel›. Lyr. reflektiertes Sterben bei Heiner Müller, Robert Gernhardt u. ~, 2013; H. NEUNDLINGER, «I'd rather be a saxophone». ~ and Jazz (in: Jazz in German-Language Literature, hg. K. KRICK-AIGNER, M.-O. SCHUSTER, S. 239–247) 2013.

4 Allgemein zum Hörspiel: H. HAIDER-PREGLER, Nachw. (in: E. J., Friederike Mayröcker, Drei Hörsp., S. 43–46) 1975; R. HEGER, Das öst. Hörsp., 1977; W. KLIPPERT, Elemente des Hörsp., 1977; J. DREWS, Das Pathos verhunzen. Hörsp.macher ~ (in: Hörsp.macher. Autorenporträts u. Ess., hg. K. SCHÖNING, S. 197–214) 1983; K. SCHÖNING, ‹hörspiel to end all hörspiels›. ~ (in: ebd., S. 215–227) 1983; A. SPECKER, Hör-Spiele u. Hörsp. Stud. zur Reflexion musikal. Parameter im Werk von ~ (Diss. Essen) 1986; J. DREWS, «Ernst, ach Ernst, was du uns alles lernst!» Zwei Preisreden, eine kürzere u. eine längere, auf den Hörsp.macher ~ (in: Protokolle, H. 2, S. 37–48) 1994; M. MAURACH, Das experimentelle Hörsp. Eine gestalttheoret. Analyse, 1995; S. J. SCHMIDT, Gemeinschaft(s)Arbeit: ~s u. Friederike Mayröckers Hörsp. (in: DERS., Erfahrungen. Öst. Texte beobachtend, S. 156–166) 2002; J. DREWS, Der humorlose Komiker. Etwas über ~ (in: Hörsp. Autorengespräche u. Porträts,

hg. K. AGATHOS, H. KAPFER, S. 59–70) 2009; M. PAULER, Bewußtseinsstimmen. Friederike Mayröckers auditive Texte: Hörsp., Radioadaptionen u. ‹Prosa-Libr.› 1967–2005, 2010.

5 Allgemein zum Theater: H. B. SCHLICHTING, ~, Stückeschreiber (in: Spectaculum 34, S. 272–280) 1981; K. WAGNER, Porträt des Künstlers als altes Fiasko. ~s Theater (in: ~ [TuK, H. 129, hg. H. L. ARNOLD], S. 64–68) 1996.

6 Zu einzelnen Schriften:

Augenspiel: U. HEUKENKAMP, «schreiben und reden in einen heruntergekommenen sprachen». Anm. zu ~, augenspiel (in: Zs. für Germanistik 4, H. 2, S. 156–165) 1983.

Aus der Fremde (= AdF): H. GAMPER, «Da müsse man eben so weitermachen». Zu ~s St. ‹AdF› (in: Protokolle, H. 1, S. 122–131) 1981; H. GERSTINGER, ~, AdF (in: LK 17, H. 169/170, S. 99f.) 1982; P. KRÄMER, Der unbedingte Konjunktiv. Bem. zu ~s Sprechoper ‹AdF› (in: ~. Materialienb., hg. W. SCHMIDT-DENGLER, S. 129–137) 1982; G. SAUDER, ~s ‹Stücke› u. die Sprechoper ‹AdF› (in: Dr. u. Theater im 20. Jh. FS Walter Hinck, hg. H. D. IRMSCHER, W. KELLER, S. 446–458) 1983; M. LOEW CADONNA, Lösung. Die dramat. Struktur von ~s ‹AdF› (in: Protokolle, H. 2, S. 49–77) 1985; G. GUNTERMANN, ~, ‹AdF›. Von der Dramatik des Indirekten u. der Kunst des Lebens (in: Dt. Ggw.dramatik 2, hg. L. PIKULIK u. a., S. 122–147) 1987; R. KOCH, Die geliebte Fremde. Zu zwei Theaterst. der 8oer Jahre – ~, AdF, Botho Strauß: Die Fremdenführerin (in: Pluralismus u. Postmodernismus. Zur Lit.- u. Kulturgesch. der achtziger u. frühen neunziger Jahre in Dtl., hg. H. KREUZER, S. 137–149) ³1994; W. SCHMIDT-DENGLER, Von der Verbindlichkeit des Unverbindlichen. Zum Konjunktiv in ~s Sprechoper ‹AdF› (in: ‹Die andere Stimme›. Das Fremde in der Kultur der Moderne. FS Klaus R. Scherpe, hg. A. HONOLD u. a., S. 219–229) 1999; B. PLACHTA, ‹AdF›. Reflexe barocker Opernkunst in ~s Sprechoper (in: ‹Ach, Neigung zur Fülle …›. zur Rezeption ‹barocker› Lit. im Nachkriegsdtl., hg. Ch. CAEMMERER u. a., S. 199–212) 2001; P. RICHTER, Zwei Bühnenwerke im Vergleich: ~, ‹AdF› u. Václav Havel: ‹Largo desolato› (in: Germanoslavica. Zs. für germano-slaw. Stud. 17, H. 1–2, S. 149–163) Prag 2006.

die bearbeitung der mütze (= bdm): J. P. WALLMANN, ~, bdm (in: LK 13, H. 133, S. 180f.) 1979; K. RIHA, «als ich anderschdehn/mange lanquidsch» – Zu ~s Ged.bdn. der siebziger Jahre: ‹dingfest›, ‹bdm›

u. ‹der gelbe hund› (in: ~. Materialienb., hg. W. SCHMIDT-DENGLER, S. 44–57) 1982.

dingfest: H. MAYER, Nachw. (in: E. J., dingfest, S. 187–190) 1973; J. P. WALLMANN, ~, dingfest (in: LK 9, H. 82, S. 118f.) 1974; K. RIHA, «als ich anderschdehn/mange lanquidsch» – Zu ~s Ged.bdn. der siebziger Jahre: ‹dingfest›, ‹die bearbeitung der mütze› u. ‹der gelbe hund› (in: ~. Materialienb., hg. W. SCHMIDT-DENGLER, S. 44–57) 1982.

für alle: J. P. WALLMANN, ~, für alle (in: LK 10, H. 92, S. 117–120) 1975.

der gelbe hund (= gh): J. P. WALLMANN, ~, gh (in: LK 16, H. 154, S. 247–252) 1981; K. RIHA, «als ich anderschdehn/mange lanquidsch» – Zu ~s Ged.bdn. der siebziger Jahre: ‹dingfest›, ‹die bearbeitung der mütze› u. ‹gh› (in: ~. Materialienb., hg. W. SCHMIDT-DENGLER, S. 44–57) 1982; H. F. SCHAFROTH, ~ live, oder: Wie schreit man? Zu ~s Ged.bd. ‹gh› (in: ebd., S. 57–75) 1982.

Hosi-Anna!: K. RIHA, ~, Laut u. Luise. – Hosianna (in: NDH 13, H. 4, S. 152–155) 1966.

idyllen: J. P. WALLMANN, ~, idyllen (in: LK 25, H. 241/242, S. 80f.) 1990; Ch. ZELLER, Vom Eigenleben der Zeilen. Poet. Reflexionen in ~s ‹idyllen› (in: Sprachkunst 29, H. 1, S. 85–104) 1998.

der künstliche Baum: W. KRATZER, ~, der künstliche Baum (in: LK 6, H. 56, S. 376f.) 1971; A. OKOPENKO, Baum seitlich der Kunstbaumgruppe (in: Wort u. Wahrheit 26, H. 3, S. 286) 1971.

Laut und Luise (= LuL): H. HEISSENBÜTTEL, Nachw. (in: E. J., LuL, S. 203–206) 1966; K. RIHA, ~, LuL. – Hosi-anna (in: NDH 13, H. 4, S. 152–155) 1966; P. O. CHOTJEWITZ, ~, LuL (in: LK 2, H. 18, S. 493–497) 1967; H. SALZINGER, Luises leise Läuse (in: Der Monat 19, H. 5, S. 67–69) 1967; W. HILSBECHER, M. SCHARANG, H. RUBINSTEIN, Dürftige Zeiten (in: FH 24, H. 6, S. 447–450) 1969; K. S. CALHOON, Lautverschiebung: Music and Materiality in ~'s ‹LuL› (in: Lit. ohne Kompromisse. Ein Buch für Jörg Drews, hg. S. KYORA u. a., S. 365–375) 2004; B. FETZ, Hier welkt kein Meisterst. Zu ~s bahnbrechendem Bd. ‹LuL› (in: Grundb. der öst. Lit. seit 1945. Zweite Lieferung, hg. K. KASTBERGER, K. NEUMANN, S. 247–254) 2013.

Das Öffnen und Schließen des Mundes (= ÖSM): W. SCHMIDT-DENGLER, Poesie u. Lebenszweck. ~, ‹ÖSM› (1985) (in: Poetik der Autoren. Beitr. zur dt.sprachigen Ggw.lit., hg. P. M. LÜTZELER, S. 114–128) 1994; W. SCHMIDT-DENGLER, Poesie u. Lebenszweck. ‹ÖSM› (in: ~. Musik Rhythmus Radikale Dg., hg. B. FETZ, S. 125-137) 2005.

peter und die kuh (= puk): H. GOLLNER, Ich bin frei u. mir ist schlecht. ~s neuer Ged.bd. ‹puk› (in: LK 31, H. 8, S. 99–101) 1996; K. SIBLEWSKI, «die rache der sprache ist das gedicht», oder Wie ~s Ged.bd. ‹puk› doch noch zustande kam (in: manuskripte [Graz] 36, Nr. 134, S. 4–10) 1996.

poetische werke: H. PATAKI, heldenplatz, blumenbein, idyllen. Zu ~s ‹poetischen werken› (in: Wespennest, H. 109, S. 88–91) 1997.

selbstporträt des schachspielers als trinkende uhr (= sstu): W. SCHMIDT-DENGLER, ~, sstu (in: LK 19, H. 185/186, S. 321f.) 1984; A. LORENCZUK, Der Dichter, die Vögel, die Messer. Zur Bildlichkeit zweier Ged. aus ~s ‹sstu› (in: Hermenautik – Hermeneutik. Lit. u. geisteswiss. Beitr. zu Ehren von Peter Horst Neumann, hg. H. HELBIG u. a., S. 321–333) 1996.

sprechblasen: R. ENGERTH, ~, sprechblasen (in: LK 4, H. 33, S. 186f.) 1969; W. HILSBECHER, M. SCHARANG, H. RUBINSTEIN, Dürftige Zeiten (in: FH 24, H. 6, S. 447–450) 1969; E. ZACHER, Höhere Molekularphonologie (in: Wort u. Wahrheit 24, S. 473f.) 1969.

stanzen: F. POPP, A glaana lit. schmäh (in: LK 27, H. 265/266, S. 95f.) 1992; A. DUSINI, ~s ‹Stanzen› (in: manuskripte [Graz] 37, H. 135, S. 105–109) 1997; M. HAMMERSCHMID, Alles ist Nichts. Zu ~s ‹stanzen› (in: ~. Musik Rhythmus Radikale Dg., hg. B. FETZ, S. 236–246) 2005.

der versteckte hirte: J. P. WALLMANN, ~, der versteckte hirte (in: LK 12, H. 112, S. 115f.) 1977.

6 Zu einzelnen Hörspielen:

Fünf Mann Menschen (= FMM): Reclams Hörsp.führer (hg. H. SCHWITZKE) 1969; W. KRATZER, ~, Friederike Mayröcker: FMM (in: LK 7, H. 61, S. 50–52) 1972; B. LERMEN, ~ – Friederike Mayröcker: ‹FMM› (in: Das traditionelle u. neue Hörsp. im Dt.unterricht, S. 239–254) 1975; H. SCHMITTHENNER, Eine Stelle, wo vorher nichts da war. Bem. zu dem Hörsp. ‹FMM› von ~ u. Friederike Mayröcker (in: ~. Materialienb., hg. W. SCHMIDT-DENGLER, S. 95–109) 1982; W. KOBAYASHI, Paradigmenwechsel des Hörens. ‹FMM› von ~ u. Friederike Mayröcker (SWF 1968) (in: Neue Beitr. zur Germanistik 9, H. 2, S. 166–182) 2010.

8 Zu einzelnen Theaterstücken:

Die Humanisten: I. HAAG, E. WIECHA, Konversation auf Abwegen – zu ~s Bühnensatire ‹Die Humanisten› (in: MAL 15, H. 1, S. 115–126) 1982; W. SCHMIDT-DENGLER, Humanisten u./oder Terroristen (in: ebd., S. 22–30) 1982.

9 Zu einzelnen Gedichten:

an gott: W. Ross, Vom Kreislauf der Dinge (in: FA 9, S. 222–224) 1985.

aus der Dichtung: H. Ch. Kosler, Auf alle Eventualitäten vorbereitet (in: FA 18, S. 185–189) 1995.

Beschreibung eines Gedichts: T. Vinardell Puig, Tres aproximacions a un poema. Sobre ‹Beschreibung eines Gedichts› d'~ (in: Anuari de filologia 16, H. 4, S. 125–129) Barcelona 1993.

blüh: R. Kühn, Der poet. Imperativ. ~, ‹blüh› (in: Dies., Der poet. Imperativ. Interpr. experimenteller Lyrik, S. 54–69) 1998.

der fisch: H. Brode, Memento mori am Wirtshaustisch (in: FA 8, S. 236–238) 1984.

ein gleiches: Th. Kopfermann, ‹ein gleiches› von jandl. Arbeit m. «Goethe-Material» bei ~ (in: Von der Natur zur Kunst zurück. Neue Beitr. zur Goethe-Forsch., hg. M. Bassler u. a., S. 235–250) 1997.

glückwunsch: F. Bondy, Die gewünschte Identität (in: FA 6, S. 240–242) 1982.

die hummel: M. Donhauser, Die Fabel von der Hummel u. dem Dichter (in: manuskripte [Graz] 45, H. 169, S. 81f.) 2005.

lichtung: V. Hage, Verwechslung möglich (in: FA 4, S. 194–196) 1979; A. Erb, ‹Links wählen›. Das Ged. als Komm. ~s ‹dichtung› (in: Peter-Weiss-Jb. für Lit., Kunst u. Politik im 20. Jh., S. 154–164) 1999.

manchmal hab ich eine solche wut: W. Ross, Das Paradox des Menschlichen (in: FA 7, S. 222–224) 1983.

Die Morgenfeier, 8. Sept. 1977: N. Mecklenburg, Feierlichkeit, Komik u. Trauer (in: FA 28, S. 166–169) 2005.

nachtstück, mit blumen: U. Weinzierl, Der Depressionshumorist (in: FA 15, S. 225–227) 1992.

ottos mops: D. Schmieder, G. Rückert, Konkrete Poesie in der Grundschule – zu Unterrichtsversuchen auf der 4. Jg.stufe (in: Westermanns Pädagog. Beitr. 26, H. 10, S. 550–555, hier S. 553f.) 1974.

von schlafkunst: R. Kühn, «Chronik der laufenden Ereignislosigkeit». ~, ‹von schlafkunst› (in: ebd., S. 229–275) 1998.

schtzngrmm: R. Schneider, Materialschlacht (in: FA 9, S. 217–219) 1985; H. Korte, ~, ‹schtzngrmm› (in: ders., Lyrik von 1945 bis zur Ggw., S. 71f.) 1996.

sommerlied: W. Ross, Grünes Sterbelied (in: FA 6, S. 236–238) 1982.

tagenglas: P. H. Neumann, Über ~s Ged.-Zyklus ‹tagenglas› (in: ~ [TuK, H. 129, hg. H. L. Arnold], S. 37–50) 1996.

versenken: W. Brenneisen, Wolf im Schafspelz (in: FA 19, S. 220f.) 1996.

wien: heldenplatz (= wh): P. Pabisch, Sprachl. Struktur u. assoziative Thematik in ~s experimentellem Ged. ‹wh› (in: MAL 9, H. 2, S. 73–85) 1976; J. Drews, Über ein Ged. von ~, ‹wh› (in: ~. Materialienb., hg. W. Schmidt-Dengler, S. 34–44) 1982; J. ders., ~s Ged. ‹wh› – u. im Hintergrund August Stramm et alii (in: August Stramm. Beitr. zu Leben, Werk u. Wirkung, hg. L. Jordan, S. 91–101) 1995; H. Brode, Ein Kreiseltanz der Bilder u. Metaphern (in: FA 22, S. 202–204) 1999; H.-P. Ecker, Vom sprachl. zum hist. Assoziationsraum. ~s ‹wh› (in: Lyrik im hist. Kontext. FA Reiner Wild, hg. A. Böhn u. a., S. 390–403) 2009.

zertretener mann blues: P. Wapnewski, Todes-Litanei (in: FA [1], S. 212–214) 1976; K. Thönnissen, Betretener Interpret Blues. Über ein Ged. ~s unter der realen Ggw. von Botho Strauß (in: Sprachkunst 22, H. 2, S. 263–281) 1991.

10 Rezeption: A. Eder, ~ für die Schule (in: ders., Auf der ganzen Welt ist es St. Pölten, S. 32–53) 1998; H. Korte, ~ in der Schule. Didakt. Überlegungen zum Umgang m. Ggw.lit. (in: Baustelle Ggw.lit. Die neunziger Jahre, hg. A. Erb, S. 203–223) 1998; H. Korte, ~ u. die Konkrete Poesie im schul. Lektürekanon (in: Avantgarde u. Traditionalismus. Kein Widerspruch in der Postmoderne?, hg. K. Bartsch, S. 129–151) 2000; B. Fetz, «Die Freude an mir»: Einige Gedanken zum Werk u. zur Rezeption ~s (in: ~, 1925–2000. eine bibliogr. [s. o.], S. 8–21) 2003.

11 Würdigungen, Nachrufe: J. Drews, In die Dämmerung hinein schreiben. Nachruf auf ~ (in: Bayer. Akad. der Schönen Künste. Jb. 14, S. 910–919) 2000; J. Lajarrige, ~ (1925–2000). Un poète qui ne peut laisser indifférent (in: Austriaca 25, S. 239–242) 2000.   BJ

Jandl, Ferdinand J(ohann) (auch Johann J.), * 20. 1. 1851 Dt. Bielau/Ostböhmen (Bělá nad Svitavou/Tschechien), † 30. 10. 1942 Rudelsdorf/ebd. (Rudoltice/ebd.); Lehrer, Heimatforscher; Sohn eines Schulleiters, besuchte die Unterrealschule in Politschka/Ostböhmen (Polička/Tschechien) u. die Lehrerbildungsanstalt in Königgrätz/ebd. (Hradec Králové/ebd.), erwarb 1874 die Lehrbefähigung, Lehrer in Opatowitz/Mähren (Opatovice/ebd.),

1875–1917 Oberlehrer sowie Schulleiter in Rudelsdorf, verf. zahlr. heimatkundl. Schr. u. a. für den Fortbildungs- u. Mus.ver. Mährisch Trübau/Mähren (Moravská Třebová/Tschechien). – Heimatkundl. Schr., Sage.

Schriften: Sagen aus den deutschen Teilen der Bezirke Landskron, Leitomischl und Politschka im östlichen Böhmen (Slg.) 1905 (Selbstverlag); Vom Kronwald und vom Krottenpfuhl. Landskroner Sagenbuch (m. E. Lehmann) 1921 (Zeichn. F. Jaksch).

Literatur: Lebens- u. Arbeitsbilder sudetendt. Lehrer, Bd. 1, 1932; F. ROB, Ein verdienter Erzieher u. Heimatforscher (in: Schönhengster Heimat 11, H. 131, S. 8) 1962; J. W. KÖNIG, Das Schrifttum des Ostsudetenlandes, 1964; Biogr. Lex. zur Gesch. der böhm. Länder (hg. H. STURM) Bd. 2, 1984.   KG

Jandl, Hermann, * 1. 3. 1932 Wien; Bruder von Ernst → J.; Schriftst.; n. Besuch der Lehrerbildungsanstalt in Wien seit 1952 Lehrer an Pflichtschulen in Wien u. Niederöst., 1960–80 in Perchtoldsdorf, zuletzt als Schuldir. tätig, 1974–94 Generalsekretär des Niederöst. P.E.N.-Clubs, lebt seit 1980 wieder in Wien. – Ehrenmitgl. des öst. P.E.N.-Clubs. – 1974 Theodor Körner-Preis u. Öst. Staatsstipendium für Lit., 1977 Förderungspreis des Landes Niederöst. für Lit., 1988 Würdigungspreis für Lit. des Bundesministeriums für Unterricht u. Kunst, 1993 des Landes Niederöst., 2000 Öst. Ehrenkreuz für Wiss. u. Kunst I. Kl. – Lyrik, Erz., Hörspiel.

Schriften: Geständnisse. Zwei Akte, 1969; leute, leute, 1970; Vom frommen Ende (Prosa) 1971; Ein Mensch, oder: das Leben ist eines der schwersten (Hörsp.) 1979; Storno (Erz.) 1983; Die Übersiedlung (Erz.) 1985; Kernwissen (Ged.) 1985; Licht (Erz.) 1987; Schöne Welt (Ged.) 1993; Kein Flieger (Erz.) 1993; Der Denker (Erz.) 1994; Ein Goldgräber (Ged.) 1997; Die Tür ist offen (Erz.) 1997; Durst (Erz.) 2001; Schattenspiel (Prosa) 2006; Schau dass du weiterkommst. Gesammelte Gedichte 1955–2006 (Vorw. M. CHOBOT, m. Nachw. hg. H. A. NIEDERLE) 2007; bitterer tee (Ged.) 2012.

Herausgebertätigkeit: duda. Anthologie des Niederösterreichischen PEN Clubs, 1977; Das verschlossene Fenster. Anthologie des Niederösterreichischen P.E.N.-Clubs, 1991.

Literatur: Albrecht-Dahlke IV/2,765; Schmidt, Quellenlex. 14,439. – Killy 6,80; Öst. Katalog-Lex.

1,174; Killy ²6,102. – E. HARTL, ~, Leute Leute (in: LK 7, H. 63, S. 187) 1972; R. HEGER, Das öst. Hörsp., 1977; H. H. HAHNL, ~, Storno (in: LK 18, H. 177/178, S. 441) 1983; F. RICHTER, ~, Die Übersiedlung (in: LK 21, H. 205/206, S. 279f.) 1986; Öst. Lit. von außen. Personalbibliogr. zur Rezeption der öst. Lit. [...] 1975–1994 (hg. M. KLEIN) 1996; F. RICHTER, von leute gibt es keine einzahl. ~ auf der Suche nach dem Menschen (in: Podium Porträt 7, S. 6–20) 2002; H. A. NIEDERLE, Zw. den Lagern. Adnotes zur Lyrik von ~ (in: H. J., Schau dass du weiterkommst [s. o.], S. 311–313) 2007.   BJ

Jandl, Ralf → Napf, Karl.

Jandt, Dieter, * 16. 3. 1954 Remscheid; Journalist, Schriftst., lebt in Wuppertal; in den 1990er-Jahren Mitarb. der Lit.zs. «Tasten», seit 1996 freier Rundfunkjournalist, Beitr. u. a. für die Radiosender Dtl.funk, Dtl.radio Kultur, WDR u. SWR sowie Veröff. in den Ztg. «taz. die tagesztg.» u. «Frankfurter Rundschau». – 1985 Kurzgesch.preis der Stadt Remscheid. – Rundfunkbeitr., Hörsp., Feature, Reiserep., Glosse, Erz., Lyrik, Krimi.

Schriften: Rubine im Zwielicht. Wuppertal-Krimi mit Rezepten, 2008; Ist das der Mekong? (hg. G. WALTER) 2013 (Illustr. U. Trostowitsch). (Ferner ungedr. Rundfunkbeitr. u. Hörspiele.)

Literatur: Lit.port Autorenlex. Berlin/Brandenb. (Internet-Edition).   KG

Janecke, Robert, * 31. 12. 1891 Halberstadt, † 1946 (45?) Russland (vermisst); Lehrer, Schriftst.; studierte Germanistik, Philos. u. Gesch. an den Univ. Leipzig, Berlin u. Halle/S., Soldat im 1. Weltkrieg, Lehrer, ab 1927 Stud.rat in Marburg/L., Mitarb. der von Otto zur → Linde u. Rudolf → Pannwitz gegr. Mschr. «Charon», veröff. auch Beitr. u. a. in der Düsseldorfer Ws. «Das Kunstfenster», in der Mschr. «Die Brücke» u. in den Zs. «DSL» u. «Die Neue Literatur». – Lyrik, Erz., Rom., Jgdb., Nov., Essay.

Schriften: Die Geschichte vom Flaschenteufelchen. Dem Englischen des R. L. Stevenson nacherzählt, 1931; Parzival. Nach Wolfram von Eschenbach erzählt, 1936; Begegnung im Herbst (Nov.) 1937; Friedrich und Sophie. Roman einer Liebe, 1940.

Herausgebertätigkeit: R. L. Stevenson, The bottle imp, 1931 (Schulausg.; Neuausg. 1959); K. Röttger, Legenden, Mythen, Gedichte (Ausw., Einl.) 1938.

Nachlass: Teilnachl. im Heinrich-Heine-Inst., Düsseldorf. – Denecke-Brandis 170.

Literatur: A. KLOTZ, Kinder- u. Jugendlit. in Dtl. 1840–1950. Ges.verz. [...], Bd. 2, 1992; H. RÖTT-GER, Die Freunde Otto zur Lindes. Gestalt u. Werk der Charondichter, o. Jahr.   KG

Janeczek, Helena, * 1964 München; Lektorin, Schriftst., lebt in Gallarate bei Mailand; Tochter poln. Juden, wuchs in Dtl. auf, übersiedelte 1983 für ihr Stud. n. Italien, Lektorin für dt. Lit. im Mondadori Verlag, Mitarb. der Lit.zs. «Nuovi Argomenti» in Mailand u. Mitbegr. der Internetpubl. «Nazione Indiana», schrieb zunächst in dt., später in italien. Sprache, auch Übers. ins Italien., u. a. von Schr. Albert → Ehrensteins. – 1997 Premio Bagutta Opera Prima in Mailand. – Lyrik, Rom., Übers. (ins Italienische).

Schriften: Ins Freie (Ged.) 1989; Lektionen des Verborgenen (Übers. M. KAHN) 1999 (italien. Originalausg. u. d. T.: Lezioni di tenebra, Rom., Milano 1997; dt. Tb.ausg. 2001); Essen (Rom.; Übers. E. KELLNER) 2011 (italien. Originalausg. u. d. T.: Cibo, Milano 2002).

Literatur: S. SEGLER-MESSNER, Die lit. Annäherung an das Trauma der Shoah. Edith Brucks «L'attrice» u. ~s ‹Lezioni di tenebra› (in: Zibaldone. Zs. für italien. Kultur der Ggw. 17, H. 34, S. 55–70) 2002; M. C. MAUCERI, Writing Outside the Borders. Personal Experience and History in the Works of Helga Schneider and ~ (in: Across Genres, Generations and Borders. Italian Women Writing Lives, hg. S. SCARPARO, R. WILSON, S. 140–150) New Wark/DE 2004; L. QUERCIOLI MINCER, Romanzi della seconda generazione dopo la Shoah. Strategie del ritorno fra memoria ed oblio. Lezioni di tenebra di ~ e Lo zio Coso di Alessandro Schwed (in: Proceedings of the Internat. Conference. Contemporary Jewish Writers in Italy. A Generational Approach [...], hg. R. SPEELMAN u. a., S. 129–136) Utrecht 2007; A. NEIGER, Da Elsa Morante a Elena Loewenthal. Breve viaggio nell'ebraitudine (ebd., S. 193–200) ebd. 2007; S. LUGAMANTE, «Figli della Shoah» oppure «figli del popolo ebraico»? ~ ed un problema d'identità generazionale (in: Memoria collettiva e memoria privata. Il ricordo della Shoah come politica sociale, hg. DIES. u. a., S. 137–151) ebd. 2008; A. EICHENBERG, Familie – Ich – Nation. Narrative Analysen zeitgenöss. Generationenrom. (Diss. Hamburg) 2009; D. MENEGHELLI, Il diritto all'opacità. Au-

tori, contesti, generi nella letteratura italiana della migrazione (in: Scritture Migranti 5, S. 57–80) 2011; C. OTT, Pasta e Patria. Esskultur u. (nationale) Identität in entwurzelten Erzn. der Ggw. (Italien, Frankreich, USA) (in: Italienisch. Zs. für italien. Sprache u. Lit. 33, H. 2 [66], S. 51–77) 2011; F. K. CLEMENTI, ~'s ‹Lessons of Darkness›. Uncharted Paths to Shoah Memory Through Food and Language (in: Contemporary Women's Writing 6, H. 1, S. 1–19) 2012 (zu ‹Lektionen des Verborgenen›).   KG

Janek, Leo → Huff, Hartmut.

Janentzky, (Johann) Christian (Heinrich), * 29. 1. 1886 Rostock, † 27. 8. 1968 Dresden; Germanist; Sohn eines Kaufmanns u. Schiffsreeders, studierte 1904–09 Germanistik, Philos., Gesch. u. Rel.wiss. an der Univ. München, 1909 Dr. phil. ebd., 1916 Habil. ebd., 1916–20 Privatdoz. u. 1920–22 a. o. Prof. für Neuere dt. Lit.gesch. ebd., 1922–52 o. Prof. für Dt. Sprache u. Lit. an der TH Dresden, zugleich Lehrbeauftragter an der Tierärztl. Hochschule u. der Akad. der bildenden Künste zu Dresden, 1926–28 Vorstand der Ortsgruppe Dresden der Goethe-Gesellsch., ab 1942 Vorstand der Abt. Kulturwiss. der TH Dresden, 1945–48 kommissar. Dir. der Hochschulbibl. in Dresden, ab 1947 Dekan der Abt. Kulturwiss. der TH Dresden, 1952 i. R., veröff. Beitr. u. a. in der Zs. «Logos», der Mschr. «Zeitwende» u. dem «Goethe-Jahrbuch». – Fachschrift.

Schriften: G. A. Bürgers akademische Lehrtätigkeit. 1. Teil (Diss.) 1909 (vollst. Ausg. u. d. T.: G. A. Bürgers Ästhetik, 1909); J. C. Lavaters Physiognomische Fragmente (Habil.-Schr.) 1916 (vollst. Ausg. u. d. T.: J. C. Lavaters Sturm und Drang im Zusammenhang seines religiösen Bewußtseins, 1916); Mystik und Rationalismus, 1922; Goethe und das Tragische. Ein Vortrag, 1927 (Sonderdr. aus: Logos 16, H. 1); Johann Caspar Lavater, 1928; Schiller-Gedenkrede zum 175. Geburtstag des Dichters, gehalten am Abend der Technischen Hochschule Dresden (Beisammensein mit ihren Förderern und Freunden). 17. November 1934, 1934; Über Tragik, Komik und Humor, 1940 (Sonderdr. aus: JbFDtHochst 39, 1940).

Nachlass: Arch. der TU Dresden; Sächs. Staatsarch., Hauptstaatsarch. Dresden; DLA (Korrespondenz in den Teilnachl. Ludwig von Hof-

mann [1861–1945] u. Friedrich → Schulze-Mai-
zier); Bayer. Hauptstaatsarch., München; Univ.-
Arch. München. – Bundesarch., Zentrale Datenbank Nachl. (Internet-Edition).
   Literatur: IG 2,836. – Hdb. der dt. Wiss., Bd.
2, 1949; Zum 70. Geb.tag ∼s (in: Mitt.bl. der TH
Dresden 3, H. 4, S. 1) 1956; H.-D. Wüstling, ∼.
Zum Gedenken an einen verdienten Hochschullehrer u. Bibl.dir. (in: Zentralbl. für Bibl.wesen
100, H. 5, S. 235f.) 1986; Die Prof. der TU Dresden 1828–2003 (bearb. D. Petschel) 2003; A. Ha-
bermann, P. Kittel, Lex. dt. wiss. Bibliothekare. Die wiss. Bibl. der BRD (1981–2002) u. der
DDR (1948–1990), 2004; Sächs. Biogr. (Internet-
Edition).   KG

Janesch, Sabrina, * 20. 4. 1985 Gifhorn; Schriftst.,
Publizistin, lebt in Münster/Westf.; Tochter einer Polin aus Niederschles. u. eines Deutschen,
wuchs in Gifhorn auf, in der Kindheit häufige
Aufenthalte auf dem Hof des Großvaters in Niederschles., studierte 2004–09 Kreatives Schreiben
u. Kulturjournalismus an der Univ. Hildesheim sowie zwei Semester Polonistik an der Univ. Krakau,
veröff. Beitr. u. a. in den Zs. «Bella triste» u. «Das
Magazin» sowie in Ztg. wie «Der Freitag», «Die
Welt» u. «Neue Zürcher Ztg.». – 2005 Erster Platz
im O-Ton-Lit.wettbewerb des NDR, 2009 Stadt-
schreiberin der Stadt Gdańsk (Stipendium des Dt.
Kulturforums östl. Europa), 2010 Stipendium des
Stuttgarter Schriftst.hauses, Aufenthaltsstipendium
des Lit. Coll. Berlin, Arbeitsstipendium des Niedersächs. Ministeriums für Wiss. u. Kultur, Mara-
Cassens-Preis u. Nominierung für den Ingeborg-
Bachmann-Preis, 2011 Spreewaldstipendium, Nic-
olas-Born-Förderpreis, Ledig House Residency
in New York u. Anna-Seghers-Preis, 2012 Förderpreis des Landes Nordrhein-Westf. für junge
Künstlerinnen u. Künstler. – Rom., Erzählung.
   Schriften: Katzenberge (Rom.) 2010 (Tb.ausg.
2012); Ambra (Rom.) 2012.
   Literatur: A. Gröschner, Geister, Gespenster.
∼ hat an der Univ. Hildesheim ihr Schriftst.-
Dipl. gemacht u. veröff. in diesem Herbst ihren
ersten Rom. Aus dem Leben einer Jung-Auto-
rin (in: Literaturen. Die Zs. für Leser 11, H. 6,
S. 10–14) 2010; H.-U. Reichel, Laudatio für ∼
(in: Argonautenschiff. Jb. der Anna-Seghers-Gesellsch. [...] 20, S. 37–41) 2011; J.-L. Gerrer, Aneignung u. Abgrenzung in der neuesten Lit. über
die Ostgebiete (in: Aneignung u. Abgrenzung.

Stud. zur Relativität kultureller Grenzziehungen
zw. der franzö̈s. u. der dt.sprachigen Lit. im 19.
u. 20. Jh., hg. V. Liard, B. Spies, S. 63–79) 2013;
Lit.port Autorenlex. Berlin/Brandenb. (Internet-
Edition).   KG

Janetschek, Albert (Ps. Ludwig Börner), * 27. 9.
1925 Hochwolkersdorf/Niederöst., † 24. 10. 1997
Wiener Neustadt; Lehrer; Sohn eines Postmeis-
ters u. einer Lehrerin, Soldat im 2. Weltkrieg,
in Kriegsgefangenschaft, besuchte die öst. Bun-
deslehrerbildungsanstalt, Hauptschullehrer, ab 1974
Volksschuldir. in Wiener Neustadt, Vizepräs. des
Öst. P.E.N.-Clubs, Mitbegr. u. Vorstandsmitgl. der
Verein. «Podium. Lit.kr. Schloß Neulengbach»,
verf. Beitr. u. a. für die Zs. «Podium», «Simplicis-
simus» u. «Morgen. Kulturzs. aus Niederöst.» (später «NÖ-Kultur-Ber.»), für «LK» u. für den Rundfunk. – 1964 Förderungspreis des Landes Niederöst. für Lit., 1981 Würdigungspreis des Landes Niederöst. für Lit., 1984 Kulturpreis der Stadt
Wiener Neustadt, 1986 Buchprämie des öst. Bundesministeriums für Unterricht u. Kunst. – Mitgl.
der Kulturgemeinschaft «Der Kreis» in Wien, des
Öst. P.E.N.-Clubs u. der Verein. «Podium. Lit.kr.
Schloß Neulengbach». – Lyrik, Satire, Aphorismus, Glosse, Erz., Rundfunkbeitr., Hörsp., Erinn., Kritik, Übertr. (in das Wienerische), Mundart (Wiener).
   Schriften: Das unerschöpfliche Maß (Ged.) 1946
(Schr. nicht nachweisbar); Botschaft der Seele (Ged.) 1951; Gnade und Bewährung (Ged.)
1953; Auskunft über Adam. Satirische Gedichte, 1968; Notation für die Zukunft. Neue satirische Gedichte, 1972; Wia Dgrisdbamzuggaln
in Süwwababia. Gedichte im Dialekt des Wiener Raumes (Medienkombination m. Schallplatte) 1973; Ana wia du. Gedichte im Dialekt des
Wiener Raumes, 1976; Notizen über Wendelin
(Satiren) 1977; Erfüllte Zeit (Ged.) 1980; Finger-
zeige (Ged.) 1981; Wortsalven auf Konsumzwer-
ge (Aphorismen) 1982; Der Janitscharenturm. Eine
Kleinstadtburleske, 1985 (Illustr. G. Felderer); Verwandlungen (Ged.) 1986; Mia san mia. Gedichte
im Dialekt des Wiener Raumes (Medienkombination m. Schallplatte) 1988; Kontraste. Gedichte
aus mehreren Jahrzehnten, 1990; Die Spuren der
Herkunft. Jugenderinnerungen 1925–1943, 1992;
Ka Blal fuan Mund. Mundartdichtungen, 1994;
Im Reich des Wurstels. Ein Alptraum in 17 Pha-
sen, 1995; Die unwirkliche Republik (Aphoris-

men, Glossen, Komm.) 1996. (Ferner ein ungedr. Hörspiel.)

Herausgebertätigkeit: Begegnung im Dialekt. Lebendige Mundart (Anthol.) 1991.

Ausgaben: A. J. (Zus.stellung, Vorw. M. CHOBOT) 2005.

Literatur: Schmidt, Quellenlex. 14,440. – Öst. Katalog-Lex. 1,174. – F. MAYRÖCKER, Von den Stillen im Lande. Pflichtschullehrer als Dichter, Schriftst. u. Komponisten, 1968; Wir stellen vor: ~ (in: die horen 13, H. 74, S. 74) 1968; E. SCHICHT, «Wer im Werk den Lohn gefunden». Niederöst. Dichter u. Komponisten der Ggw., 1976; F. HOFFMANN, J. BERLINGER, Die neue dt. Mundartdg., 1978; G. FELLERER, Hochwolkersdorfer Reminiszenzen (in: ~. Ein Dichter aus Hochwolkersdorf. Eine Dokumentation des NÖ Kulturforums) 1981; G. GLANTSCHNIG, Gedanken zur Lyrik ~s (ebd.) 1981; J. STRELKA, ~ (in: Die dt. Lyrik 1945–1975. Zw. Botschaft u. Spiel, hg. K. WEISSENBERGER, S. 383–388) 1981; H. H. HAHNL, Satiriker u. Menschenfreund ~ (in: PEN-Informationen 13, S. 52f.) 1985; Taschenlex. zur bayer. Ggw.lit. (hg. D.-R. MOSER, G. REISCHL) 1986; J. TWAROCH, Lit. aus Niederöst., 1993; B. SOWINSKI, Lex. dt.sprachiger Mundartautoren, 1997; Lex. der dt.sprachigen Ggw.lit. seit 1945 (hg. D.-R. MOSER) 1997; K. F. STOCK u. a., Personalbibliogr. öst. Dichterinnen u. Dichter, Bd. 2, ²2002.   KG

Janetschek, Ottokar (Ps. O Ja), * 30. 4. 1884 Heiligenkreuz/Niederöst., † 27. 9. 1963 Perchtoldsdorf bei Wien; Schriftst.; Sohn eines Schmiedemeisters (n. anderen Angaben: eines Militärveterinärs), diente als Freiwilliger ein Jahr in der Armee, ab 1905 Beamter bei der Öst. Bundesbahn, 1906 Bekanntschaft m. Peter → Rosegger, studierte Rechtswiss. an der Univ. Wien, 1917 Dr. jur. ebd., Bahninspektor u. Oberbahnrat, Offizier, lebte ab 1935 in Perchtoldsdorf, Mitgl. in Freimaurer-Logen, Mitarb. versch. Ztg. u. Zs., u. a. der «Fliegenden Bl.» (München). – Hist.-biogr. Rom., Nov., Erz., Humoreske, Groteske, kunsthist. Schr., Mundart (Tiroler).

Schriften: Der soakrische Hoanteifi. Lustige Dialektdichtungen zum Vortrag in fröhlichen Kreisen, 1911; Zwickelbacher Kirta. Eine Buschiade aus dem Wienerwald (m. Gregor J.) 1921; Die Rückwärtstrompete. Ein Spiegel, worin sich jeder von hinten kann betrachten, 1921; Weib und Genuß. Für reife Menschen, 1922; Mozart. Ein Künstlerle-

ben (Rom.) 1924; Der Titan. Beethovens Lebensroman, 1927 (mehrere NA u. Neuausg.); Christiane Vulpius. Goethes Freundin und Frau (hist. Rom.) 1928; Schuberts Lebensroman, 1928 (2., umgearb. Aufl. 1946; Neuausg. 1950); Der Raxkönig. Roman aus der Bergwelt des Raxgebietes, 1929 (49.–65. Tausend m. dem gek. Untert.: Roman aus der Bergwelt, 1950; Neuausg. m. dem Untert.: Ein österreichischer Heimatroman, 1959; NA m. dem Untert. der Originalausg., Nachw. I. G. ZELTNER, 1972; Neuausg. m. dem geänd. Untert.: Ein österreichischer Heimatroman aus der Bergwelt des Raxgebietes, Ess. M. RISS, 2002); Der Herzog von Reichstadt. Napoleons Sohn. Ein historischer Roman, 1930 (Neuausg. u. d. T.: Der König von Rom. Napoleons Sohn, 1951); Eros am Guckloch. Wiener Grotesken, um 1930; Der Napoleonbauer. Ein Semmeringroman, 1931 (Neuausg. m. dem Untert.: Ein Roman aus der Bergwelt des Semmerings, 2004); Josephine und ihr General. Die Geschichte einer Ehe (hist. Rom.) 1932; Frau von Stein. Roman um Goethe, 1932; Barock in Österreich. Kleiner Wegweiser in ein herrliches Kunstgebiet, 1934; Sobieski. Kreuzzug nach Wien (Rom.) 1934; Im Auftrag der Zarin. Roman um Katharina die Große, 1934; Das verhängnisvolle «M» (Rom.) 1935; Föhn in Bergen (Rom.) 1935; Die schönsten Klöster Österreichs. Eine herrliche Reise durch Österreich, 1937 (Selbstverlag); Kaiser Franz Joseph. Schicksale und Tragödien aus der guten alten Zeit, 1949 (geänd. Nachaufl. [27.–33. Tausend] 1955; 40. Tausend m. dem geänd. Untert.: Ein Lebensbild aus der alten Zeit, 1968); Die Thronfolger. Tragödie um Habsburgs Erbe, 1950; Der König und sein Meister. Ein Roman um Ludwig II. von Bayern und Richard Wagner, 1952; Die Primadonna. Ein Mozarttroman, 1956.

Nachlass: Privatbesitz, Perchtoldsdorf. – Hall-Renner 161.

Literatur: Schmidt, Quellenlex. 14,440. – DBE 5,309. – Kleines öst. Lit.lex. (hg. H. GIEBISCH u. a.) 1948; K. A. KUTZBACH, Autorenlex. der Ggw. Schöne Lit. verfaßt in dt. Sprache [...], 1950; Österreicher der Ggw. Lex. schöpfer. u. schaffender Zeitgenossen (Red. R. TEICHL) 1951; Wegweiser durch die moderne Lit. in Öst. (hg. H. KINDERMANN) 1954; R. HEGER, Der öst. Rom. des 20. Jh., Bd. 2, 1971; J. TWAROCH, Lit. aus Niederöst., 1993; A. BANGERT, Künstler und Gelehrte in Perchtoldsdorf (in: Mus. Perchtoldsdorf, red. S. Petrin, S. 69–81) 1994; B. Sowinski, Lex. dt.sprachiger Mundartautoren, 1997; C. Mitterwenger, G. Gatscher-Riedl, Perchtoldsdorfer Straßenlex. Straßennamen erzählen Gesch., 2004; F. Czeike, Hist. Lex. Wien, Bd. 3, 2004; E. Hofhansl, «Die Fenster bleiben rund!». Über den Raxkönig Georg Hubmer. Anregungen für den Unterricht (in: Protestant. Identität. Gender u. Gewalt im Rel.unterricht, S. 65–80) 2009; M. G. Patka, Öst. Freimaurer im Nationalsozialismus. Treue u. Verrat, 2010; F. Oswald, ~ u. der «Raxkönig» (in: Perchtoldsdorfer Rs., H. 4/5, S. 16f.) 2013.   KG

Janetzki, Erdmann, * 10. 12. 1900 Gleiwitz/Oberschles. (Gliwice/Polen), † nicht ermittelt; Stadtsekretär in Beuthen/Oberschles. (Bytom/Polen). – Lyrik.

Schriften: Freuden und Leiden (Ged.) 1921.

Literatur: Heiduk 2,5.   KG

Janetzki, Ulrich, * 5. 9. 1948 Selm/Westf.; Lit.wissenschaftler, lebt in Berlin; Lehre zum Großhandelskaufmann, 1972 Abitur auf dem zweiten Bildungsweg, studierte Germanistik u. Philos. an der TU Berlin, Assistent Walter (Friedrich) → Höllerers, 1981 Dr. phil. an der TU Berlin, seit 1986 Geschäftsführer des Lit. Coll. Berlin, förderte in dieser Funktion zahlr. Schriftst., u. a. Judith → Hermann, Georg → Klein u. David → Wagner, Mitinitiator des internat. Lit.netzwerkes «Halma», Mitgl. zahlr. Lit.preisjurys, führte auch Regie für ein Hörb. m. Ged. Christoph → Meckels. – Mitgl. des PEN-Zentrums Deutschland. – Fachschrift.

Schriften: Versuch über Konrad Bayer. Analyse und Interpretation anhand ausgewählter Textbeispiele des Gesamtwerkes, 1982 (Diss. 1981; Buchhandelsausg. u. d. T.: Alphabet und Welt. Über Konrad Bayer, 1982).

Herausgebertätigkeit: Ottilie von Goethe. Goethes Schwiegertochter. Ein Porträt (m. Nachw. hg.) 1982; H. Nowak, Die Sonnenseuche. Das gesamte Werk (1912–1920) (m. Nachw. hg., m. W. Ihrig) 1984; H. Herz, Berliner Salon. Erinnerungen und Portraits (dass.) 1984; Walter Höllerer (m. K. Riha, L. Zimmermann) 1987; Begegnungen – Konfrontationen. Berliner Autoren über historische Schriftsteller ihrer Stadt, 1987 (Illustr. R. Nicolay); Anfang sein für einen neuen Tanz kann jeder Schritt. Junge Berliner Literatur der achtziger Jahre (m. L. Zimmermann) 1988; F. W. Wagner,

Jungfraun platzen männertoll. Ausgewählte Gedichte (m. W. Ihrig, Nachw. W. Ihrig) 1989; Tendenz Freisprache. Texte zu einer Poetik der achtziger Jahre (m. W. Rath) 1992; Berlin zum Beispiel. Geschichten aus der Stadt (m. S. Arnold) 1997; Die Stadt nach der Mauer. Junge Autoren schreiben über ihr Berlin (m. J. J. Becker) 1998; Helden wie Ihr. Junge Schriftsteller über ihre literarischen Vorbilder (dass.) 2000; Preise und Stipendien. Handbuch für Autoren. Deutschland, Österreich, Schweiz (m. C. Böde, unter Mitarb. von B. Fischer, S. Mock) 2000; European Borderlands. Poezijos kalbos kraštovaizdžiai. Vilnius ir Minskas, 2009 m. rugsėjo 23–26 d., München 2009; European Borderlands. Literature on the Road. Belgrad und Pécs, September 2010. Symposion, München 2010.

Literatur: PEN. A World Associations of Writers. Zentrum Dtl. Autorenlex. 2012/2013 (red. R. Schweikert) 2012.   KG

Jange, Pir → Goergen, Wilhelm (Guillaume).

Jangharé (Ps. für Pol [Paul] Clemen), * 19. 8. 1861 Luxemburg (Stadt), † 26. 5. 1925 ebd.; Vater der Künstlerin u. Schriftst. Céline Clemen (1896–1942); staatl. Hypothekenbewahrer; 1893–1900 Mitarb. der Ztg. «De Letzeburger. Humorist.-satir. Wochenbl.», Verf. u. Darsteller der karnevalist. St. der Luxemburger Union dramatique, gilt als einer der Begr. der Luxemburger Rev., Mitarb. des «Wb. zur luxemburg. Mundart» (1906), mehrere seiner Ged. wurden von Joseph-Alexandre Müller (1854–1931) vertont. – Ehrenpräs. der Union dramatique in Luxemburg (Stadt). – Mitgl. des Ver. für Luxemburger Gesch., Litteratur u. Kunst. – Lyrik, Dr., humorist. Schr., Mundart (luxemburgisch).

Schriften: Illustrirter humoristischer Führer durch Luxemburg, 1895; Liddercher aus de «Letzeburger Flautereien» (m. L. Brasseur) 1900 (gek. Ausg. 1902); De Nikléschen. Aus dem «Li Hung-Tchanf zu Letzeburg». II. Akt. Aus der Revue vum Johr 1896 (dass.) 1900 (Musik L. Brasseur); Letzeburger Flautereien, 1901 (dass.; Schr. nicht nachweisbar); Lidder aus de Letzeburger Flautereien 1904 an der Melusina. Séchen an 3 Akten, 1904; Fling! Flang! Rang! Pang! Labber schlabberjux. Kirmesparodie op «D'Baya», Théaterklub «L'Orphéide» vun Èch, 1912; Letzeburger Flautereien. Bloksteck an 3 Akten an an èngem Tablo, 1916 (Schr. nicht nachweisbar); Melusina. Revue

1925 (m. L. Brasseur, B. W[eber]) 1925.

Literatur: LAL 97. – J. KEIFFER, La littérature du Grand-Duché de Luxembourg, 1903; N. WELTER, Die Dichter der luxemburg. Mundart. Lit. Unterhaltungen, 1906; DERS., Mundartl. u. hochdt. Dg. in Luxemburg. Ein Beitr. zur Geistes- u. Kulturgesch. des Großherzogtums, 1929; F. HOFFMANN, Gesch. der Luxemburger Mundartdg., Bd. 2, 1967; M. BLUM, Bibliogr. luxembourgeoise. Ou Catalogue raisonné de tous les ouvrages ou travaux littéraires, I/1, 1981 (Nachdr.); G. MUY, Castigat ridendo mores. Revue in Luxemburg 1896–1940. Ein Kap. nationaler Theatergesch. (in: Nos cahiers 6, H. 2, S. 27–76) 1985; G. SCHONS, Putty Stein (1888–1955) u. die populäre Musik seiner Zeit, Bd. 1, 1996; Luxemburger Autorenlex. (Internet-Edition).   KG

Janich, Peter, ✶ 4. 1. 1942 München; Philosoph, lebt in Rauschenberg/Hessen; studierte Physik, Philos. u. Psychol. an den Univ. Erlangen u. Hamburg, 1969 Dr. phil. an der Univ. Erlangen, 1969/70 Gastdoz. an der Univ. of Texas in Austin, 1971–73 Wiss. Rat, 1973–80 Prof. für Wiss.theorie der exakten Wiss. an der Univ. Konstanz, ab 1980 o. Prof. für Philos. an der Univ. Marburg/L., seit 2007 i. R., seit 2010 Präs. der Wiss. Gesellsch. an der Univ. Frankfurt/M., Mitgl. der Europ. Akad. zur Erforsch. von Folgen wiss.-techn. Entwicklungen Bad Neuenahr-Ahrweiler, Gastprofessuren u. Forsch.aufenthalte u. a. in den USA, Norwegen, Öst. u. Italien, Mitgl. der Red.beiräte der Fachzs. «Theory of Biosciences», «Hyle», «Fachsprache» u. «Epistemologia», veröff. Beitr. u. a. in den Zs. «Dt. Zs. für Philos.», «Information Philos.» u. «Ethik u. Sozialwissenschaften». – 1995 korrespondierendes u. 2001 ordentl. Mitgl. der Wiss. Gesellsch. an der Univ. Frankfurt/M., Mitgl. der Academia Europaea u. der Marburger Gelehrten Gesellschaft. – Fachschrift.

Schriften (Ausw.): Die Protophysik der Zeit (Diss.) 1969 (erw. Ausg. m. dem Untert.: Die Protophysik der Zeit. Konstruktive Begründung und Geschichte der Zeitmessung, 1980); Zweck und Methode der Physik aus philosophischer Sicht, 1973; Wissenschaftstheorie als Wissenschaftskritik (m. F. Kambartel, J. Mittelstraß) 1974; Euklids Erbe. Ist der Raum dreidimensional?, 1989; Grenzen der Naturwissenschaft. Erkennnen als Handeln, 1992; Was ist Wahrheit? Eine philosophische Einführung, 1996; Konstruktivismus und Na-

turerkenntnis. Auf dem Weg zum Kulturalismus, 1996; Zur Wissenschaftstheorie der Genetik. Materialien zum Genbegriff (m. M. Gutmann) 1997; Kleine Philosophie der Naturwissenschaften, 1997; Das Maß der Dinge. Protophysik von Raum, Zeit und Materie, 1997; Wissenschaftstheorie der Biologie. Methodische Wissenschaftstheorie und die Begründung der Wissenschaften (m. M. Weingarten) 1999 (Neuausg. m. leicht geänd. Untert., 1999); Was ist Erkenntnis? Eine philosophische Einführung, 2000; Logisch-pragmatische Propädeutik. Ein Grundkurs im philosophischen Reflektieren, 2001; Was ist Information? Kritik einer Legende, 2006; Kultur und Methode. Philosophie in einer wissenschaftlich geprägten Welt, 2006; Die Verantwortung des Politikers (m. H. Schmidt, C. F. Gethmann) 2008; Kein neues Menschenbild. Zur Sprache der Hirnforschung, 2009; Der Mensch und andere Tiere. Das zweideutige Erbe Darwins, 2010; Der Mensch zwischen Natur und Kultur (m. R. Oerter) 2012.

Herausgebertätigkeit (Ausw.): Wissenschaftstheorie und Wissenschaftsforschung, 1981; Methodische Philosophie. Beiträge zum Begründungsproblem der exakten Wissenschaften in Auseinandersetzung mit Hugo Dingler, 1984; Protophysik heute (Red., Zus.stellung) 1985; Entwicklungen der methodischen Philosophie, 1992; Philosophische Perspektiven der Chemie. Beiträge zum 1. Erlenmeyer-Kolloquium der Philosophie der Chemie (hg. unter Mitarb. von N. Psarros) 1994; Natürlich, technisch, chemisch. Verhältnisse zur Natur am Beispiel der Chemie (m. C. Rüchardt) 1996; Die Sprache der Chemie. 2. Erlenmeyer-Kolloquium zur Philosophie der Chemie (m. N. Psarros) 1996; Methodischer Kulturalismus. Zwischen Naturalismus und Postmoderne (m. D. Hartmann) 1996; Die kulturalistische Wende. Zur Orientierung des philosophischen Selbstverständnisses (dass.) 1998; The Autonomy of Chemistry. 3rd Erlenmeyer Colloquy for the Philosophy of Chemistry (dass.) Würzburg 1998; Wechselwirkungen. Zum Verhältnis von Kulturalismus, Phänomenologie und Methode, 1999; Biodiversität. Wissenschaftliche Grundlagen und gesellschaftliche Relevanz (m. M. Gutmann, K. Prieß) 2002; Wissenschaft und Leben. Philosophie in kritischer Auseinandersetzung mit Hugo Dingler, 2006; Naturalismus und Menschenbild, 2008; Humane Orientierungswissenschaft. Was leisten verschiedene Wissenschaftskulturen für das Verständnis menschlicher Lebenswelt?, 2008.

Literatur: R. Ascheberg, Kritik der ‹Protophysik der Zeit› u. der «log. Propädeutik». Zur Kritik des neueren Konstruktivismus, 1995; Kultur. Handlung. Wiss. Für ~ (FS; hg. M. Gutmann u. a.) 2002; R. Capurro, Menschengerechte Information oder informationsgerechter Mensch? (in: Wege zum Wissen. Die menschengerechte Information. Proceedings des 22. Koll. über Information u. Dokumentation [...], hg. B. Markschefffel, S. 271–287) 2002 (auch Internet-Edition); H. Andreas, Das Problem der Chronometerausw. (in: Journal for General Philosophy of Science 35, H. 2, S. 205–234) 2004; P. Forman, The Primacy of Science in Modernity, of Technology in Postmodernity and of Ideology in the History of Technology (in: History and Technology 23, H. 1/2, S. 1–152) Abingdon/England 2007.   KG

Janik, Allan (Stanley), * 18. 9. 1941 Chicopee/MA; Philosoph, Historiker, Dramaturg, lebt in Wien; Sohn eines Gärtners u. einer Verkäuferin, studierte bis 1963 Philos. am St. Anselm College in Manchester/NH u. bis 1965 an der Villanova Univ./PA, 1965–67 u. 1970–75 Assistant Prof. am La Salle College in Philadelphia/PA, 1971 Dr. phil. an der Brandeis Univ. in Waltham/MA, 1975–77 u. 1979–82 wiss. Mitarb. am Boston Univ. Center for the Philosophy and History of Science, zahlr. Lehrtätigkeiten, u. a. 1977/78 u. 1980/81 am Wellesley College/MA, 1982/83 an der Univ. Graz, 1984–86 an der Univ. Bergen u. 1989 an der Königl. TH in Stockholm, 1984–94 Gastprof. für Germanistik u. Philos. an der Univ. Innsbruck, seit 1989 Honorarprof. für Philos. an der Univ. Wien, ab 1993 Chefdramaturg des Innsbrucker Kellertheaters, ab 1995 wiss. Mitarb. am Forsch.inst. Brenner Arch. der Univ. Innsbruck, seit 2006 i. R., a. o. Prof. am Royal Inst. for Technology in Stockholm, Mitarb. mehrerer Fachzs., u. a. des «Journal of the History of Philosophy», «MAL», «Mitt. aus dem Brenner-Arch.», «Central European History» u. «Nexus» (Tilburg/Niederlande), Veröff. auch in Engl. u. in weiteren Sprachen. – Öst. Ehrenkreuz für Wiss. u. Kunst, Goldenes Ehrenzeichen für Verdienste um die Republik Österreich. – Mitgl. des Centre Georges Canguilhem an der Univ. de Paris VII. – Fachschr., Biografie.

Schriften (fremdsprachige Schr. in Ausw.): Wittgensteins Wien (m. S. Toulmin, Übers. R. Merkel) überarb. dt. Ausg. 1984 (Neuausg. 1987 u.

1998; amerikan. Originalausg. u. d. T.: Wittgenstein's Vienna, New York 1973); Essays on Wittgenstein and Weininger, Amsterdam 1985; Wittgenstein in Wien. Ein biographischer Streifzug durch die Stadt und ihre Geschichte (m. H. Veigl) 1998; Die Praxis der Physik. Lernen und Lehren im Labor (m. M. Seekircher, J. Markowitsch) 2000; Wittgenstein's Vienna Revisited, New Brunswick/NJ u. a. 2001; Assembling Reminders. Studies in the Genesis of Wittgenstein's Concept of Philosophy, Stockholm 2006.

Herausgebertätigkeit: Kreatives Milieu, Wien um 1900. Ergebnisse eines Forschungsgespräches der Arbeitsgemeinschaft Wien um 1900 (m. E. Brix) 1993; Ludwig Hänsel – Ludwig Wittgenstein. Eine Freundschaft (Briefe, Aufs., Komm.; hg. von I. Somavilla u. a. unter Leitung von W. Methlagl, A. J.) 1994; Empty Sleeve. Der Musiker und Mäzen Paul Wittgenstein (m. I. Suchy, G. Predota) 2006; A. Grigorjan, K. Gasser, Augenblicke. Berufswissen des Schauspielers, 2011.

Literatur: D. Rubinstein, Language Games and Natural Reactions (in: Journal for the Theory of Social Behaviour 34, H. 1, S. 55–71) Oxford 2004; E. Wimmer, Fast ein Hamlet. Einige Bem. zur Macht der Väter, dem Dramaturgen ~ gewidmet (in: Mitt. aus dem Brenner-Arch. 24/25, S. 47–57) 2005/2006; J. Preston, Hertz, Wittgenstein and Philosophical Method (in: Philosophical Investigations 31, H. 1, S. 48–67) Oxford 2008; D. MacNamee, ~: No Corner on the Truth. On Wittgenstein and Cultural History, with ~ (in: The Vienna Rev., 2.9.) Wien 2011 (Internet-Edition); R. Schumann, «Unerschütterlich». Kafka's «Proceß», Wittgenstein's «Tractatus», and the Law of Logic (in: GQ 85, H. 2, S. 156–172) 2012.   KG

Janik, Karoline, * 18. 10. 1900 Preßburg/Öst.-Ungarn (Bratislava/Slowakei), † 5. 4. 1979 Freyung/Bayer. Wald; Schriftstellerin; Tochter eines Weinbauern, wuchs in Preßburg auf, lebte n. 1945 in Bayern, zuletzt in Freyung, ihre Ged. wurden u. a. von Franz Karl (Maria) → Ginzkey u. Robert → Hohlbaum gewürdigt, veröff. auch Beitr. in dem lit. Jb. «Stillere Heimat». – Lyrik.

Schriften: Unterm ewigen Bogen (Ged.) 1964.

Literatur: ~ (in: Karpaten-Jb. 22, S. 47ff.) 1971; ~ (ebd. 28, S. 119ff.) 1977; R. Rudolf, E. Ulreich, Karpatendt. Biogr. Lex., 1988; V. Glosíková, Hdb. der dt.sprachigen Schriftst. aus dem Gebiet der Slowakei, 1995.   KG

Janik-Oswatitsch, Felicitas → Oswatitsch, Felicitas.

Janisch(-Tenner), Elly (auch Elli), * 1899 (Ort u. † nicht ermittelt); Lehrerin; verh. m. dem Schulrat sowie Politiker der KPD u. später der Sozialist. Arbeiterpartei Dtl. Albin T. (1885–1967), lebte in Gotha u. dann in Birkenwerder/Brandenb., folgte ihrem Ehemann n. seiner 1933 erfolgten Verhaftung u. kurzzeitigen Inhaftierung im Konzentrationslager 1934 in die Emigration n. Amsterdam, dort gem. m. diesem Aufbau eines Kosmetikbetriebs, Lehrerin, 1938 von den Nationalsozialisten ausgebürgert, Albin T. lebte 1940–45 im Untergrund. – Jgdb., hist. Schr., Übers. (aus dem Niederländischen).

Schriften: Florian Geyer. Ein Ritter und Bauernführer. Bilder aus dem Deutschen Bauernkrieg 1525, 1924; Der Freiheitskampf der Bauern. Zum 400jährigen Gedächtnis des großen Bauernkriegs. 1525–1925, 1925.

Übersetzungen: H. Roland Holst-van der Schalk, Rosa Luxemburg, ihr Leben und Wirken (m. E. Bijmolt) 1937.

Literatur: Hdb. Emigration 1,758 (unter «Tenner, Albin»). – A. Klotz, Kinder- u. Jugendlit. in Dtl. 1840–1950. Gesamtverz. [...], Bd. 2, 1992; MdL. Das Ende der Parlamente 1933 u. die Abgeordneten der Landtage u. Bürgerschaften der Weimarer Republik in der Zeit des Nationalsozialismus. Polit. Verfolgung, Emigration u. Ausbürgerung 1933–1945 [...] (hg. M. Schumacher) 1995 (unter «Tenner, Albin»); N. Hopster u. a., Kinder- u. Jugendlit. 1933–1945. Ein Hdb., Bd. 1, 2001; H. Weber, A. Herbst, Dt. Kommunisten – biogr. Hdb. 1918 bis 1945, ²2008 (unter «Tenner, Albin», auch Internet-Edition).   KG

Janisch, Heinz, * 19. 1. 1960 Güssing/Burgenl.; Journalist, Schriftst., lebt in Wien u. Purkersdorf/Niederöst.; studierte Germanistik u. Publizistik an der Univ. Wien, seit 1982 freier Hörfunkred. des ORF, dort u. a. ab 1993 Red. der Hörfunkreihe «Menschenbilder», Lektor für die Öst. Jugendschr.-Kommission, auch Hörbuchsprecher, einige seiner Kdb. wurden als Hörb. u. Theaterst. adaptiert, veröff. auch Künstlerbücher. – Zahlr. Auszeichn., u. a. 1983 Anerkennungspreis des Landes Niederöst. für Lit., 1984 Förderungspreis des Landes Niederöst. für Drehb., 1999, 2001 u. 2008–10 Öst. Kinder- u. Jgdb.preis,

2004 u. 2005 Kdb.preis der Stadt Wien, 2005 Öst. Staatspreis für Kinderlyrik, 2006 Bologna Ragazzi Award, 2010 Kathol. Kinder- u. Jgdb.preis der Dt. Bischofskonferenz, 2013 Schweizer Kinder- u. Jugendmedienpreis. – Mitgl. der Verein. «Podium. Lit.kr. Schloss Neulengbach». – Erz., Lyrik, Kdb., (phantast.) Jgdb., Hörfunktext, Drehb., (Tanz-)Theaterst., Übersetzung (aus dem Englischen).

Schriften (Bilder- u. Kdb. in Ausw.): Vom Untergang der Sonne am frühen Morgen (Erz.) 1989; Mario, der Tagmaler, 1989 (Illustr. L. Wiśniewski); Till Eulenspiegel. Nacherzählt, 1990 (dass. L. Zwerger); Gute Reise, Leo, 1993 (dass. E. Sopko); Ein Krokodil zuviel, 1994 (dass. G. Kernke); Lobreden auf Dinge (hg. R. Pils) 1994 (dass. E. Moser); Nach Lissabon (Erz.; dass.) 1994 (dass.); Schon nähert sich das Meer (Ged.; dass.) 1994 (dass.); Eisenstadt. Stadt-Bilder (m. G. Schlag, dass.) 1995 (Fotos M. Horvath); Benni und die sieben Löwen, 1995 (Illustr. G. Kernke); Vollmond oder Benedikts Reise durch die Nacht. Phantastischer Roman (Medienkombination m. CD) 1995 (dass. M. Blazejovsky); Sarah und der Wundervogel, 1996 (dass. B. Oberdieck); Der rote Pirat und andere Rucksackgeschichten, 1996; Grüner Schnee, roter Klee, 1997 (Illustr. S. Wechdorn); Die Arche Noah. Nacherzählt, 1997 (dass. L. Zwerger; veränd. Neuausg. 2008); Die Prinzessin auf dem Kürbis, 1998 (Bilder L. Wolfsgruber); Bananenrot und himbeerblau. Die Geheimnisse der Früchte. Ein Lese- und Schaubuch (m. L. Kloos, K. Zernig) 1998 (Illustr. L. Kloos); Gesang um den Schlaf gefügig zu machen (Ged.) 1999; Ich schenk dir einen Ton aus meinem Saxofon, 1999 (Zeichn. L. Wolfsgruber); Zack bumm! (Kdb.) 2000 (Bilder H. Bansch); Die Reise zu den Fliegenden Inseln, 2001; Wenn Anna Angst hat ..., 2002 (Bilder B. Jung); Her mit den Prinzen!, 2002 (dass. B. Antoni); Schenk mir Flügel (Kdb.) 2003 (Bilder S. M. Soganci; Neuausg. 2010); Herr Jemineh hat Glück, 2004 (dass.; Neuausg. 2012); Einer für alle! Alle für einen! Eine Hasengeschichte, 2004 (dass. B. Antoni); Der Prinz im Pyjama, 2004 (dass.); Ein ganz gewöhnlicher Montag, 2004 (dass. S. Wiemers); Rote Wangen, 2005 (dass. A. Blau); Drei Birken, 2005 (Illustr. M. Goedelt); Drei Äpfel (Erzn.) 2005 (Lithografien H. Zens); Cleo in der Klemme, 2005 (Bilder P. Goossens); Einfach du, 2006 (Illustr. J. Bauer; Neuausg. 2010); Die kluge Katze. Die schönsten Tiermärchen aus aller Welt. Neu erzählt, 2006 (dass. M. Goedelt); Der große Hu und die Farben der Menschen, 2006 (dass.); Der Tod auf Urlaub. (Wegen Urlaub geschlossen!), 2006 (dass. H. Zens); Der Stärkste von allen! Neu erzählt nach den Motiven eines alten griechischen Märchens, 2006 (dass. D. Bunge); Ich bin Flonx, 2006 (dass. S. M. Soganci); Täglich Urlaub!, 2007 (dass.); Zeppelin. Eine Geschichte, 2007 (Bilder H. Stöllinger); Schatten, 2007 (dass. Artem); Rittergeschichten, 2007 (dass. B. Antoni); Ich hab ein kleines Problem, sagte der Bär, 2007 (Illustr. S. Leffler; Neuausg. 2012); Fliegende Hunde, 2007 (dass. J. Kühn); Der Ritt auf dem Seepferd. Alte und durch wundersame Zufälle neu entdeckte Schriften über die unglaublichen Abenteuer des Carl Friedrich Hieronymus Freiherr von Münchhausen, 2007 (dass. A. Blau); Mein Glück bist du, 2008 (dass. J. Bücker); Finns Land, 2008 (dass. L. Wolfsgruber); Ein Fall für Rifko. Das verschwundene Gemälde, 2008 (dass. C. Mett); Der König und das Meer. 21 Kürzestgeschichten, 2008 (dass. W. Erlbruch); Auf Samtpfoten. Katzengedichte und Katzengeschichten (Nacherz.; auch Hg.) 2008 (dass. M. Goedelt); Wie war das am Anfang, 2009 (dass. L. Wolfsgruber); Verzaubert, verwunschen, verwandelt. Die schönsten Zaubermärchen aus aller Welt (Nacherz.; auch Hg.) 2009 (dass.); Zum Glück bist du da, 2009 (dass. K. Pannen); Was der Weihnachtsmann alles kann. Ein Gedicht, 2009 (Bilder J. Mühle); Du Schmusegorilla! Ein Liebes-und-Schimpf-Wörterbuch, 2010 (Illustr. I. Pin); Warum der Schnee weiß ist, 2011 (dass. S. Leffler); Herr Jaromir und die gestohlenen Juwelen. Eine Detektivgeschichte, 2011 (dass. U. Krause); Der rote Pirat. Fünf wundersame Geschichten, 2011 (dass. V. Karré); Die leere Schale. Vierzig Gedichte, 2011 (Grafik G. Koenigstein); Café Verdi. Ein Stück für zwei Schauspielerinnen, einen Schauspieler und eine Stimme, 2012 (Illustr. ders.); Die Froschkönigin, 2012 (dass. B. Korthues); Herr Jaromir fährt ans Meer. Eine Detektivgeschichte, 2013 (dass. U. Krause); Ich ging in Schuhen aus Gras, 2013 (dass. H. Bender). – *Übersetzungen:* T. u. R. Bellavita, Maya träumt, 2009. – *Herausgebertätigkeit:* Salbei & Brot. Gerüche der Kindheit, 1992; Menschenbilder (m. H. Gaisbauer) 1992; Leben mit der Angst. Vom Umgang mit Ängsten und Depressionen, 1995; Morgennatz und Ringelstern. Gedichte von Christian Morgenstern und Joachim Ringelnatz, 2005 (Illustr. C. Sor-

mann); Über die Liebe. Die schönsten Geschichten und Gedichte (Ausw.) 2006 (dass. S. Leffler); Über die Freundschaft. Die schönsten Geschichten und Gedichte (Ausw.) 2008 (Illustr. dies.); Märchen für mutige Mädchen, 2008 (dass. S. M. Soganci); Märchen für mutige Jungs, 2010 (dasselbe). – *Literatur:* Öst. Katalog-Lex. 1,175. – G. Zeillinger, Erlebnis Rom, 1989 (in: Morgen. Kulturzs. aus Niederöst. 14, S. 47f.) 1990 (zu ‹Vom Untergang der Sonne am frühen Morgen›); Lex. der öst. Kinder- u. Jugendlit., Bd. 1, 1994; H. J. Alpers u. a., Lex. der Fantasy-Lit., 2005; K. Wexberg, Wenig muss genug sein – der Autor ~ (in: Zeitenwende. Öst. Lit. seit dem Millennium: 2000–2010, hg. M. Boehringer, S. Hochreiter u. a., S. 482–499) 2011; AEIOU Öst.-Lex. (Internet-Edition).   KG

Janisch, Oswald, * 4. 8. 1901 Zohsee/Ostböhmen (Sázava/Tschechien), † 18. 2. 1974 Alpirsbach/Baden-Württ.; Arzt; Sohn eines Webereidir. u. Fabrikanten, studierte Medizin an den Univ. Wien u. Prag, Dr. med., Arzt in Krankenhäusern in Dt. Liebau/Mähren (Horní Libina/Tschechien, später zu Libina), Aussig/Böhmen (Ústí nad Labem/ebd.), Prag u. Breslau, bis 1945 Kurarzt in Bad Karlsbrunn/Mähren (Karlová Studánka/ebd.), bis 1951 Heilstättenarzt im Kr. Backnang/Württ., dann Facharzt in Stuttgart, lebte in Röt-Schönegrund (später zu Baiersbronn), Kurarzt in Alpirsbach, Mitarb. des «Schönhengster Jb.», veröff. Beitr. u. a. in der Vjs. «Mähr.-Schles. Heimat». – 1971 Schönhengster Kulturpreis. – Lyrik, Erz., Sp., heimatkundl. Schr., Ess., Fachschr., Mundart (Schönhengster).

Schriften: Bogen in die Dämmerung (Ged.) 1967; Buntes Weltbilderbuch. Gedichte und Gedanken, 1976. – *Literatur:* Heiduk 2,5. – K. Hübl, ~ – 60 Jahre alt (in: Schönhengster Heimat 10, H. 115/116, S. 38) 1961; J. W. König, Das Schrifttum des Ostsudetenlandes, 1964; Biogr. Lex. zur Gesch. der böhm. Länder (hg. H. Sturm) Bd. 2, 1984; B. Sowinski, Lex. dt.sprachiger Mundartautoren, 1997.   KG

Janischfeld, Erwin → Lustig-Prean, Karl.

Janischowski, Charlotte, * 5. 5. 1923 St. Ingbert/Saar; Lehrerin, Studienrätin, lebte um 1988 in Kaiserslautern. – Kinderbuch.

Schriften: Es bellt in Bettinas Klasse, 1971 (Bilder E. Meier-Albert); ... und dann kam mein Bruder durchs Dach. Eine Frankreichreise mit Überraschungen, 1973 (dass.); Mit einer Schildkröte fing es an, 1981.   KG

Janitschek, Maria (geb. Tölk; Ps. Marius Stein), ∗ 22. (23.?) 7. (6.?) 1859 Mödling/Niederöst., † 28. 4. 1927 München; verh. m. dem Kunsthistoriker Hubert J. (1846–1893); Schriftst., Journalistin; entstammte einer Offiziersfamilie, wuchs als unehel. Tochter der Näherin Anna Tölk in ärml. Verhältnissen in Ungarn auf, besuchte u. a. eine Klosterschule, übersiedelte 1878 n. Graz, Mitarb. u. a. der Zs. «Moderne Dg.», «Moderne Rs.» u. «Wiener Rs.», lebte n. der Heirat in Straßburg, ab 1892 in Leipzig, übersiedelte n. dem Tod ihres Mannes 1894 n. Berlin, lebte ab 1902 in München, veröff. u. a. in den Zs. «Die Zukunft» u. «Die Nation», engagierte sich in der bürgerl. Frauenbewegung; ihre Novellenslg. ‹Die neue Eva› wurde 1909 in Dtl. verboten. – Nov., Rom., Erz., Leg., Lyrik.

Schriften: Legenden und Geschichten, 1885; Im Kampf um die Zukunft (Dg.) 1887; Verzaubert. Eine Herzensfabel in Versen, 1888; Irdische und unirdische Träume (Ged.) 1890 (89?); Aus der Schmiede des Lebens (Erzn.) 1891; Gesammelte Gedichte, 2., verm. Aufl. 1892; Lichthungrige Leute (Novn.) 1892; Atlas (Nov.) 1893; Pfadsucher. Vier Novellen, 1894; Gott hat es gewollt. Aus dem Leben eines russischen Priesters, 1895; Lilienzauber, 1895; Im Sommerwind (Ged.) 1895; Ninive (Rom.) 1896; Der Schleifstein. Ein Lebensbild, 1896; Vom Weibe. Charakterzeichnungen, 1896; Die Amazonenschlacht, 1897; Gelandet (Rom.) ²1897; Kreuzfahrer (Novn.) 1897; Raoul und Irene, 1897; Despotische Liebe. Es geistert (Novn.) 1897; Ins Leben verirrt (Rom.) 1898; Im Sonnenbrand. Nicht vergebens. Der Bauernbub. Ein Irrtum. Der Haubenstock. Gerichtet. Leopold. Eine Harzreise (Novn.) 1898 (99?); Ueberm Thal (Nov.) 1898 (Neuausg. u. d. T.: Ueberm Tal, 1907, Illustr. W. Roegge; Neuausg. um 1910 [enth. außerdem: Olympier]); Frauenkraft (Novn.) 1900; Aus alten Zeiten (Ged.) 1900; Kinder der Sehnsucht, 1901; Olympier (Nov.) 1901 (Neuausg. um 1910 [enth. außerdem: Ueberm Thal]); Stückwerk (Rom.) 1901; Aus Aphroditens Garten, I Maiblumen, II Feuerlilie, 1902; Die neue Eva (Novn.) 1902; Auf weiten Flügeln (Novn.) 1902; Harter Sieg (Rom.) 2 Tle. in einem Bd., 1902; Mimikry. Ein Stück modernes

Leben, 1903 (4. Aufl. m. dem Untert.: Ein Roman aus dem 19. Jahrhundert, 1919); Pfingstsonne (Nov.) 1903; Das Haus in den Rosen (Rom.) 1905; Wo die Adler horsten (Rom.) 1906; Esclarmonde. Ihr Lieben und Leiden, 1906; Eine Liebesnacht (Rom.) 1908; Irrende Liebe (Rom.) 1909; Im Finstern (Rom.) 1910; Gesammelte Gedichte, 1910; Lustige Ehen. Eine Geschichte, in der sich alle kriegen, 1912; Stille Gäste (Erzn.) 1912; Dinas Erweckung (Rom.) 1914; Liebe, die siegt (Rom.) 1914; Das Fräulein vom Monde (Rom.) 1915; Als der Mai kam (Rom.) 1915 (Illustr. L. Berwald); Die Sterne des Herrn Ezelin (Rom.) 1915; Wildes Blut, 1916; Der rote Teufel (Rom.) 1916; Gedichte, 1917; Kinder der Pußta (Rom.) 1920.

Nachlass: Briefe u. a. im DLA, in der BSB u. in der Monacensia/StB München.

Literatur: Albrecht-Dahlke II/2,731; Wilpert-Gühring 774; Schmidt, Quellenlex. 14,440. – ÖBL 3,73; NDB 10,334; Killy 6,81; KNLL 8,617 (‹Die Amazonenschlacht›); Autorenlex. 387; DdP 1,498; GBE 2,948; DBE 5,309; Killy ²6,103; KLL (Internet-Edition) (‹Die Amazonenschlacht›). – L. Berg, Zw. zwei Jh. Ges. Ess., 1896; Das geistige Berlin. Eine Encyklopädie des geistigen Lebens Berlins (hg. R. Wrede, H. von Reinfels) Bd. 1, 1897; Dt. Zeitgenossenlex. Biogr. Hdb. dt. Männer u. Frauen der Ggw. (hg. F. Neubert) 1905; Meisternovn. dt. Frauen. M. Charakteristiken der Verf. u. ihren Porträts (hg. E. Brausewetter) 1907 (Neuausg.); M. Geissler, Führer durch die dt. Lit. des 20. Jh., 1913; Lex. der dt. Dichter u. Prosaisten vom Beginn des 19. Jh. bis zur Ggw. (bearb. F. Brümmer) Bd. 6, ⁶1913; Masarykův slovník naučný. Lidová encyklopedie všeobecných vědomostí, Bd. 3, Prag 1927; W. Kosch, Das kathol. Dtl., Bd. 1, 1933; W. Oehlke, Dt. Lit. der Ggw., 1942; Kleines öst. Lit.lex. (hg. H. Giebisch u. a.) 1948; I. Wernbacher, ~, Persönlichkeit u. dichter. Werk, 1949 (Diss. Wien 1950); M. Volsansky, Die Lyrik ~'s, 1950 (dass. 1951); Lex. der Frau, Bd. 2, 1954; A. Soergel, C. Hohoff, Dg. u. Dichter der Zeit. Vom Naturalismus bis zur Ggw., Bd. 1, 1961 (Neuausg.); O. Heller, Studies in Modern German Literature. Sudermann, Hauptmann, Woman Writers of the 19. Century, Freeport/NY 1967 (Reprint); M. Marty, Les romancières féministes de langue allemande vers 1900 (Diss. Dijon) Dijon 1972; E. Friedrichs, Die dt.sprachigen Schriftstellerinnen des 18. u. 19. Jh. Ein Lex., 1981; G. Brinker-Gabler u. a., Lex. dt.sprachiger

Schriftstellerinnen 1800–1945, 1986; G. von WIL-PERT, Dt. Dichterlex. Biogr.-bibliogr. Handwb. zur dt. Lit.gesch., ³1988; S. SCHMID-BORTENSCHLAGER, Frauenlit. im 19. Jh. – Ideologie, Fiktion, Realität. Dargestellt am Beispiel der Thematik «Versorgungsehe» (in: Begegnung mit dem «Fremden». Grenzen, Traditionen, Vergleiche, hg. E. IWASA-KI, S. 246–250) 1990; N. LETTNER, ‹Vom Weibe› oder chercher la feministe. ~, eine feminist. Autorin oder eine feminist. Interpretation? (in: Schwierige Verhältnisse. Liebe u. Sexualität in der Frauenlit. um 1900, hg. T. KLUGSBERGER u. a., S. 151–177) 1992; J. TWAROCH, Lit. aus Niederöst., 1993; P. GULYÁS, Magyar írók. Élete és munkái, Bd. 15, Budapest 1993; P. BUDKE, J. SCHULZE, Schriftstellerinnen in Berlin 1871–1945. Ein Lex. zu Leben u. Werk, 1995; T. KLUGSBERGER, Der semiot. Parcours des weibl. Subjekts in ‹Esclarmonde› von ~ (in: Identität/Identity/Identité. Akten des 7. Symposiums der öst. Gesellsch. für Semiotik, Sigharting 1990. Wolfgang Pollak [1915–1995] gewidmet, hg. J. BERNARD, G. WITHALM, S. 197–212) 1998; C. GÜRTLER, S. SCHMID-BORTENSCHLAGER, Eigensinn u. Widerstand. Schriftstellerinnen der Habsburgermonarchie, 1998; T. KLUGSBERGER, S. SCHMID-BORTENSCHLAGER, Wider die Eindeutigkeit. ~ (in: Dt.sprachige Schriftstellerinnen des Fin de siècle, hg. K. TEBBEN, S. 181–196) 1999; H. CHAMBERS, Humour and Irony in Nineteenth-Century Women's Narratives in German (in: Das schwierige 19. Jh. Germanist. Tagung zum 65. Geb.tag von Eda Sagarra im August 1998, Vorw. W. FRÜHWALD, hg. J. BARKHOFF u. a., S. 389–402) 2000; T. KLUGSBERGER, Wissen u. Leidenschaft. ~ ‹Esclarmonde› u. Marie von Najmájer «Der Stern von Navarra». Hist. Rom. zweier öst. Schriftstellerinnen der Jahrhundertwende (in: Travellers in Time and Space. The German Historical Novel. Reisende durch Zeit und Raum, hg. O. DURRANI, S. 263–281) Amsterdam u. a. 2001; K. F. STOCK u. a., Personalbibliogr. öst. Dichterinnen u. Dichter, Bd. 1, ²2002; Lex. dt.sprachiger Epik u. Dramatik von Autorinnen (1730–1900) (hg. G. LOSTER-SCHNEIDER, G. PAILER) 2006; S. W. SMITH, Armed and Dangerous. Emancipated Women Respond to Sexual Aggression in ~'s ‹Königin Judith› und ‹Ein modernes Weib› (in: The Image of Violence in Literature, Media, and Society II, hg. W. WRIGHT, S. KAPLAN, S. 264–266) Pueblo/CO 2007; Dt. Dichterinnen vom 16. Jh. bis heute. Ged. u. Lebensläufe (m. Vorw. hg. G. BRINKER-GABLER) 2007; H. WA-

TANABE-O'KELLY, The Figure of Judith in Works by German Women Writers between 1895 and 1921 (in: Women and Death, Tl. 3 Women's Representations of Death in German Culture since 1500, hg. C. BIELBY, A. RICHARDS, S. 101–115) Rochester/NY 2010 (u. a. zur Nov. ‹Königin Judith› aus dem Bd. ‹Lilienzauber›); G. WEDEL, Autobiogr. von Frauen. Ein Lex., 2010; S. CALLSEN, ~ – eine vergessene Autorin der Jh.wende? Versuch eines werkbiogr. Portraits (in: Lit. u. bürgerl. Frauenbewegung im Kaiserreich u. in der Weimarer Republik. Forsch.ber. u. Stud., hg. D. HEMPEL, S. 73–89) 2010 (Internet-Edition); A. SCHWARTZ, «When the Special Girlfriend ...». Female Homosexuality and Fin-de-Siècle Austrian Women Writers (in: Contested Passions. Sexuality, Eroticism, and Gender in Modern Austrian Lit. and Culture, hg. C. RUTHNER, R. WHITINGER, S. 169–182) New York 2011.　　　　　　　　　　　　　NB

Janitz, Katrin, ⋆ 1977 Hamburg; Schriftst., Krankenschwester, lebt in Bamberg; studierte 1997–2002 Germanistik u. Gesch. an der Univ. Hamburg, daneben 1999–2001 Mitarb. in der Presseabt. des NDR, veröff. Kurzgeschn. in Zs. u. Anthol., lebt seit 2002 in Bamberg, Autorin u. Krankenschwester. – Rom., Erz., Kinder- u. Jugendbuch.

Schriften: Maria, letztes Jahr, 2003; In Liebe, Elena, 2004; Das Blau ihrer Augen, 2005; Auch noch ein Morgen, 2007 (alles Romane).

Literatur: Kulturatlas Oberfranken (Internet-Edition).　　　　　　　　　　　　　NB

Janitzek, Meta (geb. Reiflandt), ⋆ 19. 7. (5.?) 1852 Lokomotivgrube bei Myslowitz (Mysłowice/Polen), † 1. 11. 1927 Beuthen/Oberschles. (Bytom/ebd.); Schriftstellerin, lebte in Beuthen; Tochter eines Grubenbeamten, veröff. ab 1901 ihre häufig auf lokalen oder regionalgeschichtl. Ereignissen beruhenden Geschn. in oberschles. Ztg. u. Zeitschriften. – Erz., Lyrik.

Schriften: Die Ermordung der Fürstin Sulkowsky Herzogin von Bielitz, o. J. (Schr. nicht nachweisbar).

Literatur: Heiduk 2,5 u. 3,223. – S. MACHA, Ein Nachruf auf die oberschles. Schriftst. ~ (in: Der Oberschlesier 10, H. 9, S. 489f.) 1928.　　　　NB

Janjic, Daniela, ⋆ 1984 Mostar/Bosnien-Herzegowina; Schriftst., Regisseurin, lebt in Winterthur u. Berlin; wuchs in Mostar auf, floh n. Beginn

des Bosnienkrieges 1992 n. Schweden, Rückkehr n. Mostar, lebte ab 1993 in Winterthur/Kt. Zürich, besuchte die Primarschule u. das Gymnasium Rychenberg ebd., 2004 Matura, 2005–07 Stud. der Germanistik, Filmwiss. u. Populärkultur an der Univ. Zürich, Regieassistentin am Zürcher Theater an der Winkelwiese u. 2005/06 Teilnehmerin am «Dramenprozessor» ebd., 2007 Teilnehmerin des Festivals «World Interplay» in Townsville/ Queensland u. 2008 der Werkstatttage am Wiener Burgtheater, studierte ab 2007 lit. Schreiben an der Hochschule der Künste Bern in Biel/Kt. Bern u. 2010–12 szen. Schreiben an der Univ. der Künste in Berlin, freie Schriftst. u. Regisseurin; ihre St. wurden überwiegend in der Zs. «Theater der Zeit» abgedruckt. – 2010 Aufenthaltsstipendium am Lit. Coll. Berlin sowie Carl Heinrich Ernst-Kunstpreis für Lit., 2012 St.preis der Société Suisse des Auteurs. – Dr., Prosa.

Schriften: Tod meiner Stadt, um 2013 (Ms.; UA 2014).

Uraufführungen: Gelbe Tage, 2008 (in szen. Lesung zuerst 2006); Der Umsturz der Milchkanne (Kurzst.) 2008 (im Rahmen von: Deutschlandsaga. Die 60er); Vaters Traum von Kirschbaumblüten (dass.) 2008; Durch Geister fahren (dass.) 2009; Das Aufnahme-Quiz, 2011; Hotel Bellevue, 2012 (szen. Lesung).

Literatur: Wärmeempfinden. ~ im Gespräch m. Andreas Klaeui (in: Theater der Zeit. Zs. für Politik u. Theater 63, H. 3, S. 58) 2008; U. BINGGELI u. a., Mutter, wo übernachtet die Sprache? 14 Porträts mehrsprachiger Autorinnen u. Autoren in der Schweiz. [...] (Vorw. F. MICIELI) 2010; Autorinnen u. Autoren der Schweiz (Internet-Edition); Personenlex. Theater der Zeit (dasselbe).   NB

Jank, Martin, * 23. 3. 1910 Hamburg, † nicht ermittelt; Schriftst., Hörsp.autor, lebte in Wildau/ Kr. Teltow. – Hörsp., Jgdb., Erzählung.

Schriften: Eckert kommt zum Jungvolk (Erz.) 1934 (Bilder H. Ilgenfritz); Eckert auf Großfahrt. Fahrterlebnisse eines Hitler-Jungen, 1934 (Bilder R. Busoni); Zwei Jungs im Burnus. Geschichte einer abenteuerlichen Fahrt, 1938 (Zeichn. H. Rothfuchs); Pimpfe im Lager (Erz.) 1938 (Fotos K. Baltschun, Zeichn. H. Schneider). (Ferner zahlr. ungedr. Hörspiele.)

Literatur: A. KLOTZ, Kinder- u. Jugendlit. in Dtl. 1840–1950. Gesamtverz. [...], Bd. 2, 1992; E. STOCKHORST, 5000 Köpfe. Wer war was im

3. Reich, 2000 (Nachdr.); N. HOPSTER u. a., Kinder- u. Jugendlit. 1933–1945. Ein Hdb., Bd. 1, 2001.   KK

Jank-Arrich, Sieglinde (geb. Arrich), * 3. 12. 1940 Tröpolach/Kärnten (später zu Jenig); Schriftst., Hausfrau, lebt in Hermagor/Kärnten; besuchte die Volksschule, lebte dann in einem evangel. Kloster u. arbeitete in einem Heim für behinderte Kinder, mehrere Krankenhausaufenthalte, Mitarb. des Kärtner Bildungswerks, 1995 Mitbegr. u. seitdem Leiterin des Gailtaler Lit.kr., lebte in Jenig; ihre Schr. ersch. überwiegend im Selbstverlag. – 2001 silbernes Ehrenzeichen m. Lobisserurkunde des Kärntner Bildungswerks, 2003 Ehrenkrug der Dichterstein Gemeinschaft Zammelsberg. – Mitgl. der Dichterstein Gemeinschaft Zammelsberg, des Villacher Lit.kr. u. der Schreibwerkstatt Villach. – Kurzgesch., Aphorismus, Lyrik, Liedtext, Mundart (Kärntner).

Schriften: Zen Schmunzln, zen Låchn, zen Nåchdenklichmåchn, 1993; Nach langem Suchen (Ged., Aphorismen) 1999; Der Karnische Schmuggelbär. Begebenheiten aus den Karnischen Alpen, 2001; Traum und Wirklichkeit (Kurzgeschn.) 2003; Elemente. Feuer – Wasser – Luft – Erde (Texte, Aphorismen) 2004; Glaube – Hoffnung – Liebe, 2006; Das Zeitenrad, 2008; Mei Gailtål. Mei Hamat. Gedichte und Erzählungen in Mundart, 2009; Das Mädchen Sonnschein, 2013.

Literatur: Kulturdatenbank Gailtalnetz (Internet-Edition).   NB

Janka, Walter, * 29. 4. 1914 Chemnitz, † 17. 3. 1994 Potsdam; Verleger, Dramaturg, Publizist; Sohn eines Werkzeugschlossers, aufgewachsen in einer kommunist. aktiven Familie in Chemnitz, Volksschulbesuch, 1928–32 zum Schriftsetzer ausgebildet, ab 1930 KPD-Mitgl., 1933 polit. Leiter des Kommunist. Jugendverbandes Dtl. im Erzgeb., im Juni 1933 von der Geheimen Staatspolizei (Gestapo) verhaftet, n. Untersuchungshaft in Chemnitz u. Freiberg/Sa. zu eineinhalb Jahren Zuchthaus m. anschließender «Verwahrung» verurteilt, in Bautzen u. im Konzentrationslager Sachsenburg (bei Frankenberg/Sa.) inhaftiert, im August 1935 ausgebürgert u. als Staatenloser in die Tschechoslowakei (ČSR) ausgewiesen, 1935/36 Gelegenheitsarbeiter, Typograf u. Werbegrafiker in Prag sowie illegaler Parteiarbeiter in Königsberg/Ostpr., reiste im Herbst 1936 m. einem tschech.

Pass u. dem Tarnnamen Jan Krause über Paris n. Spanien, 1936–39 Freiwilliger im Span. Bürgerkrieg, als Soldat der «Internat. Brigaden» u. Bataillonskommandant an zahlr. Schlachten beteiligt u. mehrmals verwundet, 1937 zum Major der span.-republikan. Armee befördert, 1939–41 in versch. Lagern in Frankreich interniert, flüchtete im August 1941 zus. m. dem KPD-Funktionär Paul Merker (1894–1969) u. a. aus dem Internierungslager in Les Milles/Aix-en-Provence n. Marseille, emigrierte Ende 1941 zus. m. seiner späteren Ehefrau Charlotte Scholz (1914–2012, Heirat 1947) über Casablanca, Havanna u. Veracruz n. Mexiko-Stadt, 1942 ebd. Mitbegr. der «Bewegung Freies Dtl.», Ber.erstatter für den KPD-Pressedienst «Alemania Libre», Mitgl. des «Heinrich-Heine-Klubs» unter der Präsidentschaft von Anna → Seghers, 1942 Mitbegr., Schriftsetzer u. bis 1946 Leiter des dt.sprachigen Exilverlages «El Libro Libre» in Mexiko-Stadt, veröff. über 20 Werke dt. Schriftst., u. a. von Egon Erwin → Kisch, Lion → Feuchtwanger, A. Seghers, Heinrich → Mann, Bodo → Uhse, Ludwig → Renn, Ernst → Sommer, Alexander → Abusch u. Theodor → Plievier, 1946 Mitbegr. des Komitees für mexikan.-dt. Kulturaustausch u. Leiter der Exil-Gruppe der KPD in Mexiko, kehrte im April 1947 (über Murmansk u. Moskau) n. Dtl. zurück, 1947/48 persönl. Mitarb. von P. Merker beim Parteivorstand der SED in Berlin (Ost), 1948–50 Vorstandsvors. (Generaldir.) der «Dt. Film Aktiengesellsch.» (DEFA) in Potsdam-Babelsberg, ab 1951 stv. Geschäftsführer u. 1952–56 Leiter des Aufbau-Verlages in Berlin, lebte ab 1952 in Kleinmachnow bei Potsdam, am 6. 12. 1956 (kurz n. der Inhaftierung von Wolfgang → Harich) festgenommen u. in das Untersuchungsgefängnis Berlin-Hohenschönhausen gebracht, n. einem Schauprozess gg. die sog. «Harich-J.-Gruppe» am 26. 7. 1957 vom Obersten Gericht der DDR wegen «Boykotthetze» u. «Bildung einer konterrevolutionären Gruppe» um den Aufbau-Verlag u. die hauseigene Wochenztg. «Sonntag» zu fünf Jahren Zuchthaus verurteilt (Mitverurteilter u. a. Gustav → Just), in Berlin-Lichtenberg u. Bautzen inhaftiert, schwer erkrankt, n. anhaltenden internat. Protesten (u. a. von Halldór Laxness (1902–1998), Leonhard → Frank, Günther → Weisenborn, Hermann → Kesten u. der Familie von Thomas → Mann) Ende 1960 vorzeitig entlassen, 1960–62 arbeitslos, 1962–72 (pensioniert) Dramaturg bei der DEFA, danach freischaffend, Mit-

wirkung an Lit.verfilmungen wie «Die Toten bleiben jung» (1968), «Goya – oder der arge Weg der Erkenntnis» (1971) u. «Lotte in Weimar» (1975, beteiligt auf Drängen von Katia → Mann u. Marta → Feuchtwanger), befreundet u. a. mit Günter → Kunert, 1972 Wiederaufnahme in die SED u. Wiederanerkennung als «Verfolgter des Naziregimes», veröff. in den 1980er-Jahren in der DDR einige Artikel zum Span. Bürgerkrieg u. hielt Vortr. in der BRD, am 5. 1. 1990 Aufhebung des Gerichtsurteils von 1957 u. Freispruch, 1990–92 Mitgl. im Ältestenrat der Partei des Demokrat. Sozialismus (PDS), dann Austritt aus der PDS. – Die Veröff. eines Ausz. aus seinen Memoiren u. d. T. ‹Schwierigkeiten m. der Wahrheit› 1989 sowie insbes. dessen öffentl. Lesung durch den Schauspieler Ulrich Mühe am 28. 10. 1989 im Dt. Theater Berlin (m. kurz darauf folgender Ausstrahlung im Rundfunk u. Fernsehen der DDR) erregten großes polit.-gesellschaftl. Interesse. Die 1990/91 vom einstigen Mitstreiter W. Harich angestrengte Verleumdungs- u. Widerrufsklage gg. J.s Darst. der Zeugenaussage H.s im 1957er-Gerichtsprozess wurde 1993 m. einem Vergleich beigelegt. – 1956 Hans-Beimler-Medaille, 1989 Vaterländ. Verdienstorden in Gold, 1990 Heinrich-Greif-Preis u. Lit.preis «Das polit. Buch» der Friedrich-Ebert-Stiftung. – Autobiogr., Erinn., Ess., Rede, Erz., Filmexposé.

Schriften: Schwierigkeiten mit der Wahrheit (Ess., Erinn.; biogr. Notiz M. Rohrwasser) 1989 (neu durchges. Ausg. [Lizenzausg. für die DDR], Vorw. C. Wolf, 1990); Spuren eines Lebens (Autobiogr.) 1991; ... bis zur Verhaftung. Erinnerungen eines deutschen Verlegers (Dok.ausw. C. Wurm) 1993; Die Unterwerfung. Eine Kriminalgeschichte aus der Nachkriegszeit (Erlebnisber., Dok.slg.; Vorw. G. Kunert, hg. G. Netzeband) 1994.

Nachlass: DLA. – Kussmaul 1,360; Bundesarch., Zentrale Datenbank Nachl. (Internet-Edition).

Literatur:

Lexika und Nachschlageweke: Schmidt, Quellenlex. 14,440. – Munzinger-Arch.; Hdb. Emigration 1,331; Killy 6,81; BEdU 1,531; DBE 5,310; Killy ²6,103; – Biogr. Hdb. der SBZ/DDR 1945–1990 (hg. G. Baumgartner, D. Hebig) Bd. 1, 1996; Musen u. Grazien in der Mark. 750 Jahre Lit. in Brandenb. (hg. P. Walther) Bd. 2, 2002; H. J. Armbrust, G. Heine, Wer ist wer im Leben von Thomas Mann?, 2008; Metzler Lex. DDR-Lit. (hg. M. Opitz, M. Hofmann) 2009; Wer war wer in der DDR? Ein Lex. ostdt. Biogr. (hg. H. Müller-

ENBERGS u. a.) Bd. 2, ⁵2010; Lit.port Autorenlex. Berlin/Brandenb. (Internet-Edition); Chemnitzer Autorenlex. (dasselbe).

Selbstständig Erschienenes: W. KIESSLING, Alemania Libre in Mexiko, 2 Bde., 1974; N. langem Schweigen endlich sprechen. Briefe an ~ (hg. A. EICHHORN, A. REINHARDT) 1990 (enth. u. a. ein Interview m. ~); Der Prozeß gg. ~ u. a. Eine Dokumentation (Ausw., Red. u. Einl. B. HOEFT) 1990; A. SEGHERS, Der gerechte Richter. Eine Nov. (Nachw. G. RÜCKER) 1990; W. HARICH, Keine Schwierigkeiten m. der Wahrheit. Zur nationalkommunist. Opposition 1956 in der DDR (Autobiogr.) 1993; J. MARSCHALL, Aufrechter Gang im DDR-Sozialismus. ~ u. der Aufbau-Verlag, 1994; C. WURM, Jeden Tag ein Buch. 50 Jahre Aufbau-Verlag. 1945–1995, 1995; DERS., Der frühe Aufbau-Verlag. 1945–1961. Konzepte u. Kontroversen, 1996; Stille Post. Inoffizielle Schriftst.kontakte zw. West u. Ost [...] (hg. R. BERBIG) 2005; Spur der Filme. Zeitzeugen über die DEFA (hg. I. POSS, P. WARNECKE) 2006; S. SIEBER, ~ u. Wolfgang Harich. Zwei DDR-Intellektuelle im Konflikt m. der Macht, 2008; L. WENZEL, Ein Lebensbild (Erinn.) 2014; ~. Zu Kreuze kriechen kann ich nicht! Erinn. u. Lebenszeugnisse (hg. H. SCHNEIDER) 2014.

Unselbstständig Erschienenes: M. ROHRWASSER, Wer ist ~?. Eine biogr. Notiz (in: W. J., Schwierigkeiten m. der Wahrheit, S. 113–122) 1989; M. MENGE, ~. Trotz bitterer Erfahrung. Der frühere Dir. des Aufbau-Verlags – einst verleumdet, heute umschwärmt (in: Die Zeit, Nr. 51, 15. 12., S. 91) 1989; L. ABICHT, De memoires van ~. Kan de waarheid het socialisme in de DDR redden? (in: Streven. Cultureel-maatschappelijk maandblad 57, H. 3, S. 551–558) Antwerpen 1990 (zu ‹Schwierigkeiten m. der Wahrheit›); V. HAGE, Wie alles begann. Thomas Manns Reise n. Weimar 1949. «Der Prozeß gg. ~» u. Arch.entdeckungen aus der DDR (in: Die Zeit, Nr. 29, 13. 7., S. 48) 1990; R. SCHNEIDER, Schwierigkeiten m. der Wahrheit. Über die Prozesse gg. ~, Harich u. a. (in: Der Spiegel, H. 23, S. 85–93) 1990; M. OPITZ, ~, ‹Schwierigkeiten m. der Wahrheit› (in: Moderna språk 84, S. 97–99) Gävle 1990; W. ABBEY, K. HAVEKAMP, An Exemplary Outsider. The Continuing Story of ~ (in: Politics and Society in Germany, Austria and Switzerland 3, S. 84–94) Nottingham 1990; T. RIETZSCHEL, Ein Bruderzwist in der Partei. Befremdl. Vergangenheitsbewältigung. Wolfgang Ha-

rich prozessiert gg. ~ (in: Frankfurter Allg. Ztg., Nr. 92, 20. 4., S. 29) 1991; «Ehrlos in die Grube?». Zwei Opfer des SED-Regimes, der Philosoph Wolfgang Harich u. der Verlagsleiter ~, streiten vor Gericht um die hist. Wahrheit [...] (in: Der Spiegel, H. 13, S. 97–107) 1991; J. K. A. THOMANECK, Anna Seghers and the ~ Trial. A Case Study in Intellectual Obfuscation (in: GLL 46, H. 2, S. 156–161) 1993; G. KUNERT, ~ zu Ehren. Trauerrede, Kleinmachnow, April 1994 (in: Europ. Ideen, H. 89, S. 6–8) 1994; R. RADVANYI, Zum Tode ~s am 17. 3. 1994 (in: Argonautenschiff. Jb. der Anna-Seghers-Gesellsch. Berlin u. Mainz e. V. 3, S. 205) 1994; P. GEHRISCH, Was ist richtig, was ist falsch? (in: Der Literat 36, H. 4, S. 24f.) 1994 (zu ‹... bis zur Verhaftung›); «Wir sind um ~ sehr besorgt ...». Briefe von Katia Mann u. Leonhard Frank (in: NDL 44, H. 2, S. 42–61) 1996; R. GROBMANN, Etappen eines Scheiterns. Neue Dok. zur Inhaftierung (ebd., S. 61–67) 1996; R. SCHNEIDER, Schwierigkeiten m. den Angeklagten. DDR-Rechtsprechung gg. Wolfgang Harich u. ~ (in: Große Prozesse. Recht u. Gerechtigkeit in der Gesch., hg. U. SCHULTZ, S. 361–372) ²1997; C. WURM, Der Aufbau-Verlag u. der geteilte Buchmarkt (1950–1956) (in: Das Loch in der Mauer. Der innerdt. Lit.austausch, hg. M. LEHMSTEDT, S. LOKATIS, S. 157–165) 1997; G. JORDAN, Die Unterwerfung oder Der Fall ~ (in: Apropos: Film. Das Jb. der DEFA-Stiftung 2, S. 261–295) 2001; M. JANDER, ~ (in: Opposition u. Widerstand in der DDR. Polit. Lbb., hg. K. W. FRICKE u. a., S. 224–229) 2002; W. WINDHAUSEN, Tapferer Mensch u. Kommunist durch u. durch. ~ – ein ungewöhnl. Lebenslauf (in: Glarean Magazin, 17. 6.) 2011 (Internet-Edition).   VH

Janke, C(arl) Friedrich (auch Fritz), * 22. 11. 1846 Klein-Beeren (später zu Großbeeren/Brandenb.), † 1915 Pansdorf (später zu Ratekau/Schleswig-Holst.); Lehrer, lebte in Potsdam; besuchte das Lehrerseminar in Oranienburg, ab 1865 Lehrer in Brüssow/Uckermark, 1870/71 Teilnahme am dt.-französ. Krieg, dann Lehrer an der Oberrealschule in Potsdam, später Leiter u. Rektor der Eisenhartschen Knabenschule ebd., ab 1911 im Ruhestand, Vors. des Potsdamer pädagog. Vereins. – Fachschr., Schulb., Erz., Nov., Dr., Lyrik.

Schriften (Schulschr. in Ausw.): Schulandachten, 1891; Franz Reinhardt. Ein Sang aus Schule und Leben (Dg.) 1898; Pädagogische Schnitzel und

Späne. Eine Gabe für Lehrer und Seminaristen, 1900; Treue siegt (Novelletten u. Skizzen) 1904; Die Gesellschafterin (Erz.) 1905; Spätherbst (Ged. u. Sprüche) 1907.

Literatur: Lit. Silhouetten (hg. H. Voss, B. Volger) 1907; Dtl., Öst.-Ungarns u. der Schweiz Gelehrte, Künstler u. Schriftst. in Wort u. Bild, 1908; Musen u. Grazien in der Mark. 750 Jahre Lit. In Brandenb. (hg. P. Walther) Bd. 2, 2002.   KK

Janke, Carola von (Ps. Janke-Karola), * 24. 12. 1824 Cöslin/Pomm. (Koszalin/Polen), † 31. 10. 1911 Clarens (später zu Montreux/Kt. Waadt); Schriftstellerin; Tochter eines Regierungsrates, Theaterschriftst. u. Übersetzerin. – Dr., Aufs., Lyrik.

Schriften (Ausw.): Vier Lustspiele für Bühne und Haus, 1866; Die Eifersüchtigen, oder Fritz und Dörchen. Lustspiel in einem Aufzug, 1866; Gedichte, 3 Bde., 1867–72 (Neuausg. u. d. T.: Gedichte in der Frühlingszeit, 1900); Das Räthsel der Unsterblichkeit gelöst von einer Somnambule, 1869; Die Fortsetzung des Räthsels der Unsterblichkeit, oder «Nur eine Religion», 1869; Über die Bestimmung der Völker. Dem Socialismus gewidmet, 1905; Die lustigen Studenten (Lsp.) ²1906; Mein Mann ist aus. Lustspiel in einem Akt, ²1906; Studentenstreiche. Lustspiel in zwei Akten, 1906; Ännchens Absagebrief. Lustspiel in Versen, 1906.

Literatur: Schmidt, Quellenlex., 14,441. – E. Friedrichs, Die dt.sprachigen Schriftstellerinnen des 18. u. 19. Jh. Ein Lex., 1981; Dt.sprachige Schriftstellerinnen in der Schweiz 1700–1945 (hg. D. Stump u. a.) 1994.   KK

Janke, Dagmar → Garbe, Dagmar.

Janke, Erich (Ps. Eja Görl), * 25. 11. 1879 Berlin, † nicht ermittelt; Journalist, Red., lebte in Groß-Lichterfelde (später zu Berlin); Sohn eines Verlegers, besuchte zunächst Privatschulen, dann das Gymnasium in Kassel, studierte Philos., Gesch. u. Botanik an den Univ. Göttingen, Berlin u. Rostock, 1902 Dr. phil. in Rostock, Reisen durch Italien u. Nordafrika, Red. in Berlin. – Dr., Erz., Lyrik.

Schriften (Ausw.): Zur Geschichte der Verhaftung des Staatsrats Justus Gruner in Prag im August 1812 (Diss.) 1902; Vom Kern des Lebens (Ged.) 1904 (2., veränd. Aufl. 1907); Antinous. Ein Trauerspiel in fünf Aufzügen, 1913; Wandervogel. Ein fliegendes

Blatt (Ged.) 1920; Der Schatten von Sanssouci und andere Gedichte, 1924; Rübezahl und die schöne Emma. Ein deutsches Lustspiel, 1932; Die Jungfer vom See (Erzn.) 1939.

Herausgebertätigkeit: Feld-Briefe eines Kriegsfreiwilligen von 1813, 1901; Das moderne Buch der weiblichen Berufe (Vorw. L. Hauff) 1928; Was soll unser Junge werden? Ein Wegweiser zu 100 Berufen (Vorw. E. Baar) 1928.

Literatur: Theater-Lex. 2,896. – Lit. Silhouetten (hg. H. Voss, B. Volger) 1907; M. Geissler, Führer durch die dt. Lit. des 20. Jh., 1913.   KK

Janke, Karl, * 8. 6. 1905 Pforten (später zu Gera), † nicht ermittelt; Lehrer, Schriftst.; Gewerbeoberlehrer in Braunschweig, in der «Internat. Falkenbewegung – Sozialist. Erziehungsinternationale» engagiert. – Jugendbuch.

Schriften: Falkengeschichten, 1950 (Zeichn. W. Pöhls); Lachend kommt der Sommer, 1952 (Scherenschnitte B. Zwietasch).

Literatur: Thüringer Lit.rat, Autorenlex. (Internet-Edition).   NB

Janke, Pia, * 20. 3. 1966 Wien; Germanistin, Doz., Dramaturgin, lebt in Wien; studierte bis 1989 Germanistik u. Theaterwiss. an der Univ. Wien, absolvierte 1987–89 einen Kulturmanagement-Lehrgang an der Hochschule für Musik u. darstellende Kunst Wien, ab 1987 Musiktheater-Dramaturgin u. a. in Athen u. Paris sowie an der Staatsoper Wien, dramaturg. Mitarb. von Claus Helmut → Drese, daneben 1990 Vertragsassistentin am Inst. für Germanistik der Univ. Wien, 1992 Dr. phil. ebd., 1993–96 Dramaturgin an der Bonner Oper, ab 1996 Univ.assistentin am Inst. für Germanistik der Univ. Wien, 1998 gem. m. Ilja Dürhammer Gründerin u. bis 2004 Geschäftsführerin von «pro arte – Gesellsch. für interdisziplinäre Erkundungen», ab 2002 Assistenzprof. an der Univ. Wien, 2000–04 zudem Lehrbeauftragte für Kultur- u. Geistesgesch. an der Univ. für angewandte Kunst Wien, Gastdoz. an der Diplomat. Akad. Wien, 2004 Gründerin u. seitdem Leiterin des Elfriede Jelinek-Forsch.zentrums, Hg. u. Mitarb. der zugehörigen Schr.reihe «Diskurse. Kontexte. Impulse», 2006 Habil. an der Univ. Wien, seit 2008 a. o. Prof. ebd., 2007–10 außerdem Lehrbeauftragte an der Univ. für Musik u. darstellende Kunst, seit 2010 Hg. des «Jelinek(Jahr)Buchs» unter Mitarb. von Peter Clar u. a., seit 2013 Leiterin der «Forsch.plattform Elfriede Jelinek» an der Univ. Wien. – Fachschrift.

Schriften (red. Opern- u. Festivalprogrammh. in Ausw.): Von der Abwesenheit zur Anwesenheit? Peter Handke und Botho Strauß (Diss.) 1992 (im Buchhandel u. d. T.: Der schöne Schein – Peter Handke und Botho Strauß, 1993); Richard Wagner, Vorabend «Das Rheingold» (Opernbegleith.; Konzept u. Red., Mitarb. S. CRAMER u. a.) 1992; Il Guarany. Oper in vier Akten von Antonio Scalvini. Musik von Antonio Carlos Gomes (Programmh., Textb.; Red., Mitarb. A. HEIN) 1994; Dramaturgie der Leidenschaften. Libretti aus vier Jahrhunderten, 2001; Werkverzeichnis Elfriede Jelinek (unter Mitarb. von P. CLAR u. a.) 2004; Literaturnobelpreis Elfriede Jelinek (dass.) 2005; Manifeste kollektiver Identität. Politische Massenfestspiele in Österreich zwischen 1918 und 1938 (Habil.-Schr.) 2006 (im Buchhandel u. d. T.: Politische Massenfestspiele in Österreich zwischen 1918 und 1938, 2010).

Herausgebertätigkeit: Der «Heimatdichter» Thomas Bernhard (m. I. Dürhammer) 1999; Richard Strauss – Hugo von Hofmannsthal. Frauenbilder (dass.) 2001; Raimund, Nestroy, Grillparzer – Witz und Lebensangst (dass.) 2001; «Erst wenn einer tot ist, ist er gut». Künstlerreliquien und Devotionalien (dass.) 2002; Die Nestbeschmutzerin. Jelinek & Österreich, 2002; Der Germanist. Österreichische Autorinnen und Autoren über den Literaturwissenschaftler Wendelin Schmidt-Dengler. Zum 60. Geburtstag (m. M. Ritter) 2002; Die «österreichische» nationalsozialistische Ästhetik (m. I. Dürhammer) 2003; Elfriede Jelinek: «Ich will kein Theater». Mediale Überschreitungen (unter Mitarb. von P. CLAR u. a.) 2007 (m. DVD); Ritual. Macht. Blasphemie. Kunst und Katholizismus in Österreich seit 1945 (unter Mitarb. von S. KAPLAN, C. KEPPLINGER) 2010 (m. CD); Die endlose Unschuldigkeit. Elfriede Jelineks Rechnitz (Der Würgeengel), 2010 (m. CD); Der Gesamtkünstler Christoph Schlingensief (m. T. Kovacs, unter Mitarb. von G. DUMELE u. a.) 2011; Jelinek-Handbuch (unter Mitarb. von C. SCHENKERMAYR, A. ZENKER) 2013.

Literatur: Onlineverz. der Hochschulgermanistik (Internet-Edition). NB

Janke, Wolfgang, * 8. 1. 1928 Beuthen/Oberschles. (Bytom/Polen); Philosoph, lebt in Odenthal/Nordrhein-Westf.; Sohn eines Lehrers, besuchte Schulen in Beuthen u. Ratibor (Rachibórz/Polen), Soldat im 2. Weltkrieg, bis 1947 in russ. Kriegsgefangenschaft, 1947/48 Gymnasium in Wolfenbüttel, studierte 1948–53 Philos., Germanistik, Gesch. u. Altphilol. an der Univ. Köln, 1952 wiss. Assistent am Philosoph. Seminar der Univ. Köln, 1953 Dr. phil. ebd. bei Karl-Heinz → Volkmann-Schluck, 1962 Privatdoz., 1963 Habil., ab 1968 Prof. an den Univ. Köln u. Wuppertal. – Fachschr., Aufs., Essay.

Schriften: Anagnorisis und Peripetie. Studien zur Wesensumwandlung des abendländischen Dramas (Diss.) 1955; Leibniz. Die Emendation der Metaphysik (Habil.-Schr.) 1963; Fichte. Sein und Reflexion. Die Grundlagen der kritischen Vernunft, 1970; Die Idee der Philosophie und die Verwirklichung politischer Freiheit (m. K. Held) 1976; Historische Dialektik. Destruktion dialektischer Grundformen von Kant bis Marx, 1977; Wiederholung der Dialektik. Die Übersetzung platonischer Dialektik in Fichtes Wissenschaftslehre [...], 1979; Existenzphilosophie, 1982; Vom Bilde des Absoluten. Grundzüge der Phänomenologie Fichtes, 1993; Entgegensetzungen. Studien zu Fichte-Konfrontationen von Rousseau bis Kierkegaard, 1994; Kritik der präzisierten Welt, 1999; J. G. Fichtes «Wissenschaftslehre 1805». Methodisch-systematischer und philosophiegeschichtlicher Kommentar, 1999; Das Glück der Sterblichen. Eudämonie und Ethos, Liebe und Tod, 2002; Archaischer Gesang. Pindar – Hölderlin – Rilke. Werke und Wahrheit, 2005; Plato. Antike Theologien des Staunens, 2007; Die dreifache Vollendung des deutschen Idealismus. Schelling, Hegel und Fichtes ungeschriebene Lehre, 2009; Die Sinnkrise des gegenwärtigen Zeitalters. Weg und Wahrheit, Welt und Gott, 2011; Wiedereinführung in die Philosophie. Platonismus – Nihilismus – Eksistentialontologie [sic!], 2013.

Herausgebertätigkeit: Sein und Geschichtlichkeit. Karl-Heinz Volkmann-Schluck zum 60. Geburtstag (m. I. Schüssler) 1974.

Literatur: Heiduk 2,5; Heiduk 3,223. – Kategorien der Existenz. FS für ~ (hg. K. HELD, J. HENNIGFELD) 1993 (m. Bibliogr.); Transzendenz u. Existenz. FS ~ (hg. M. BAUM) 2001. KK

Janker, Josef W(ilhelm), * 7. 8. 1922 Wolfegg/Baden-Württ., † 17. 4. 2010 Ravensburg/ebd.; Zimmermann, Techniker, Schriftst., lebte in Ravensburg; Sohn eines Schuhmachers, Zimmermannslehre, 1940/41 Reichsarbeitsdienst, 1941–45 Soldat im 2. Weltkrieg, kehrte als Schwerkriegsbeschädigter aus US-amerikan. Kriegsgefangenschaft zurück, Gelegenheitsarbeiter, u. a. Theaterinspizient u. Platzanweiser, Weiterbildung zum Bautechniker, mehrfache Sanatoriumsaufenthalte, ztw. reisender Vertreter für Textilien, ab 1956 auch schriftsteller. tätig, zunächst gefördert von Peter → Hamm, später auch von Heinrich → Böll, las mehrfach in der «Gruppe 47», mehrere Afrika-Reisen, leitete ab 1969 im «Bodensee-Klub» als Nachfolger von Martin → Walser die «Fachgruppe Literatur», dort Kontakte u. a. zu Maria → Müller-Gögler, Werner → Dürrson u. Monika → Taubitz, 1971–88 Vors. der Jury des Droste-Preises, 1984–88 Mitgl. der Villa-Massimo-Kommission in Bonn. — Neben weiteren Auszeichnungen 1961 Ostdt. Lit.preis, 1968/69 Rom.preis der Villa Massimo, 1972 Schubart-Lit.preis, 1974 Ehrengabe der Bayer. Akad, der Schönen Künste, 1975 Förderpreis des Südwestfunks, 1977 Kulturpreis der Städte Ravensburg u. Weingarten, 1980 Jahresstipendium Baden-Württ., 1999 Hermann-Lenz-Preis u. Bundesverdienstkreuz. — Mitgl. im P.E.N.-Zentrum Deutschland. – Erz., Erlebnisber., Erinn., Hörsp., Roman. —

Schriften: Zwischen zwei Feuern (Rom.) 1960; Mit dem Rücken zur Wand (Erzn.) 1964; Aufenthalte. Sechs Berichte, 1967; Der Umschuler (Bericht) 1971 (Neuausg., Nachw. P. HANDKE 2001); Ravensburg. Portrait einer oberschwäbischen Landschaft, 1971 (Fotos R. Leser); Sparkassenbuch. 150 Jahre Kreissparkasse. Ein Rückblick aus der Sicht eines Branchenfremden, 1971; Ansichten und Perspektiven (Bildbde., Fotos R. Leser), I Wahrzeichen, II Brauchtum, Tradition, III Barock, IV Werktage, V Kleinode, VI Markttage, VII Landschaften, VIII Feuchtes Element, IX Erntezeit, X Abschiede, 1973–82; Das Telegramm (Erz.) 1977 (Zeichn. G. B. Fuchs); Ein willkommener Auftrag. Tagebuch einer Namibiareise, 1991; Meine Freunde, die Kollegen. Erinnerungen (hg. G. LINDER) 1994. (Ferner ungedr. Hörsp. u. Rundfunkbeiträge.)

Herausgebertätigkeit: M. Menz, Anmutungen (Ged., m. Nachw. hg.) 1969; Im Zeichen von Annette von Droste-Hülshoff (m. D. Larese) 1983; «Omo ndli li»! Lebensbericht der Schwester Mansueta O. S. B., Windhoek/Namibia 1987..

Ausgaben: Werkausgabe in vier Bänden (hg. M. BOSCH), I Zwischen zwei Feuern. Mit dem

Rücken zur Wand, II Der Umschuler. Aufenthalte, III Vertrautes Gelände. Ansichten und Perspektiven. Prosa, Aufsätze, Reden, IV Jankerbriefe. Literarische Korrespondenz 1951—1987, 1988.

Literatur: Schmidt, Quellenlex. 14, 441; Albrecht-Dahlke IV/2,524. – KLG; Lennartz 2,834; Autorenlex. 387; LGL 1,604; Killy ²6,103. – P. HAMM, ~ (in: Schriftst. der Ggw., hg. K. NONNENMANN, S. 168–176) 1963; H. BÖLL, Hinweis auf ~ (in: Kürbiskern 2, H. 2, S. 4–7) 1967 (zu ‹M. dem Rücken zur Wand›); F. HITZER, «Jedem das Seine». Ein Schriftst. in der Prov. (ebd., S. 26–35) 1967; G. JUST, Versuche, nicht zu vergessen. Wie dt. Schriftst. den Krieg bewältigen (in: FH 23, H. 2, S. 119–124) 1968; J. W. J., Beckmesserisches (in: Motive, Motive. Dt. Autoren zur Frage, Warum schreiben Sie?, hg. R. SALIS, S. 167–177) 1971; G. JUST, Ein Autodidakt sagt die Wahrheit (in: DERS., Reflexionen. Zur dt. Lit. der sechziger Jahre, hg. K. GÜNTHER, S. 39–43) 1972; DERS., Nüchterne Erkenntnisjagd. ~, ‹Aufenthalte› (ebd., S. 145f.) 1972; W. H. FRITZ, Beschäftigt m. dem Ablösen von Blutegeln (in: FH 26, H. 1, S. 59f.) 1972 (zu ‹Der Umschuler›); R. BLAUGUT, An ~ (in: Montfort. Zs. für Gesch. Vorarlbergs 30, H. 2, S. 130–134) 1978; B. ZABEL, Darst. u. Deutung des Zweiten Weltkrieges in der westdt. Lit. 1945–1960 (Diss. Berlin) 1978 (u. a. zu ‹Zw. zwei Feuern›); H. BÖLL, Zw. allen Feuern. Über ~, ‹Zw. zwei Feuern› (in: DERS., Essayist. Schr. u. Reden, Bd. 1, 1952—63, S. 458f.) 1979; Seht ihn. ~ zum 60. Geb.tag (red. P. RENZ) 1982; ~, ‹M. dem Rücken zur Wand› (in: Der Rom.führer […] 16, hg. A. C. BAUMGÄRTNER, S. 148) 1979; P. RENZ, Um's Eck rum (in: Seht ihn! ~ zum 60. Geb.tag, red. DERS., S. 3f.) 1982; M. BOSCH, ~ 60 (ebd., S. 4f.); F. JANAUSCH, ~ (ebd., S. 9); M. MÜLLER-GÖGLER, Für ~ (ebd., S. 10f.); K. SCHAAF, ~ zum 60. Geb.tage (ebd., S. 11); J. HOSSFELD, Lieber ~ (ebd., S. 13f.); K. ADLER, ~ zum 60. Geb.tag (ebd., S. 14); M. BEIG, Die Enttäuschung (ebd., S. 15); D. LARESE, Der gute Mensch von Regensburg (ebd., S. 16); H. SAUERESSIG, Einige Gran Erinn. (ebd., S. 18); A. A. WEISS, Lieber ~ (ebd., S. 21f.); K. NONNENMANN, Sechs Flaschen Fürstenberger (ebd., S. 24) 1982; G. KALARITIS, Sein Thema sind die Abschiede. ~ – Porträt u. Texte (in: Ulmer Forum 67, S. 26–28) 1983; G. LINDER, Kriegserfahrung schreibend bewältigen (in: Bodensee-H. 38, H. 10, S. 26–28) 1987; J. P. TAMMEN, «Eine Prosa, in ihrer Keuschheit geradezu avantgardist.» (Heinrich Böll) (in: die

horen 34, H. 1, S. 212–216) 1989; M. Bosch, ~,
‹Werkausg. in vier Bd.› (ebd., S. 216–220) 1989;
Autoren in Baden-Württ., 1991; Lex. dt.sprachiger
Schriftst. 20. Jh. (hg. K. Böttcher u. a.) 1993;
P.E.N.-Zentrum Dtl. Autorenlex. 2009/2010 (red.
J. Wonneberger) 2009; Oberschwaben-Portal (In-
ternet-Edition).   KK

Janko, Emil von (Jankó), * 13. 2. 1888 Brünn,
† 21. 12. 1967 Wien; Schriftst., lebte in Wien; Lei-
ter der «Wiener Märchensp.», freier Schriftst. in
Wien, ebd. auch Regisseur am Theater an der
Wien. – Bühnenst., Glosse, Märchen, Lyrik.
   Schriften: Erotische Poesie. Chansons, Zötchen,
Widmungen, Wahrheiten und andere Lügen, 1919;
Aladin und die Wunderlampe. Das schönste Zaubermärchen aus «Tausend und eine Nacht» in drei
Akten (Dr.) 1923; Johannisnacht, oder: Warum der
Hans nicht heiraten wollte. Ein heiteres Spiel in
einem Akt, 1924; Die sieben Schwaben und ih-
re lustigen Abenteuer. Eine Groteske für die Ju-
gend mit Gesang und Tanz in fünf Bildern, 1927;
Kinder kommt, wir reisen ins Märchenland. Ei-
ne lustige Rev. für Kinder mit Gesang und Tanz
in 32 Bildern, 1928; Lustige Revolution im Mär-
chenlande. Große Rev. für Kinder jeden Alters mit
Musik, Gesang und Tanz, 1929 (musikal. Bearb.
R. Kröhn); Die Hexe und die Königskinder, oder:
Der Muttertag im Märchenlände. Lustiges Zaubermärchen in drei Akten mit Musik, Gesang und
Tanz, 1930 (Musik ders.); Dornröschen und die
Pfifferlinge. Ein Märchenspiel mit Musik, Gesang
und Tanz in vier Akten, 1933 (dass.); Die Leute
von Seldwyla (Singsp.) um 1935.
   Literatur: Theater-Lex. 2,896. – Kleines öst.
Lit.lex. (hg. H. Giebisch) 1948; Biogr. Lex. zur
Gesch. der Böhm. Länder (hg. H. Sturm) Bd. 2,
1984.   KK

Janko, Josef (auch Josephus), * 25. 10. 1869 Lieb-
stadtl/Böhmen (Libštát/Tschechien), † 19. 6. 1947
Prag; tschech. Pädagoge, Germanist, lebte in Prag;
besuchte bis 1887 das Gymnasium in Reichenberg
(Liberec/Tschechien), studierte 1887–95 dt. Philol. an der tschech. u. der dt. Univ. Prag sowie in
Wien, 1895–1912 Lehrer für Dt. u. a. in Königgrätz
(Hradec Králové/Tschechien) u. Prag, 1897 Dr.
phil. in Prag, 1900–04 zudem Lektor für Dt. ebd.,
unternahm Stud.reisen n. Dtl., Frankreich u. Skandinavien, 1904 Habil. in Prag, 1904–08 Privatdoz.

für Germanistik an der tschech. Univ. Prag, 1908–
12 a. o. Prof. ebd., 1912–39 o. Prof. ebd., 1932–
45 Präs. der königl.-böhm. Gesellsch. der Wissenschaften. – Fachschr., Nacherzählung.
   Schriften (außer fremdsprachigen): Die Allegorie der Minnegrotte bei Gottfried von Straßburg,
1906; Germanische Lautverschiebung, 1908; Germanische Heldensagen [...] (m. Einl. nacherz.)
1930; Romantische Stoffe des deutschen Mittelalters [...] (dass.) 1932; Deutsch-tschechisches Handwörterbuch (m. H. Siebenschein) 4 Bde., 1936–48.
   Literatur: IG 2, 837. – Xenia Pragensia. Ernesto
Kraus septuagenaurio et ~ sexagenario, Prag 1929
(m. Bibliogr.); F. Šedivý, Soupis prací ~ z let 1919–
1939 (in: Časopis pro moderní fililogii, S. 289–296)
Prag 1939 (dass.); Biogr. Lex. zur Gesch. der böhm.
Länder (hg. H. Sturm) Bd. 2, 1984; M. Glettler,
A. Mišková, Prager Prof. 1938–1948. Zw. Wiss. u.
Politik, 2001; K. F. Stock u. a., Personalbibliogr.
öst. Dichterinnen u. Dichter, Bd. 2, ²2002; A. Ši-
mečková, Úvod do studia jazykovědné bohemisti-
ky, Prag 2004.   KK

Jankofsky, Jürgen, * 19. 6. 1953 Merseburg; Musiker, Schriftst., lebt in Leuna/Sa.-Anhalt; studierte n. dem Abitur Chemie an der TH Merseburg (ohne Abschluss), Hilfsarbeiter u. Ausbildung zum Berufsmusiker (ztw. am Konservatorium Halle/S.), Bassist bei versch. Rockbands, Fernstud. am Lit.inst. «Johannes R. Becher» Leipzig,
ztw. freier Schriftst. u. Mitarb. im Lit.zentrum
Halle/S., 1990–93 Stadtschreiber in Merseburg,
1994–99 Mitarb. im «Künstlerhaus 188» Halle/S.,
seit 2000 Geschäftsführer des Friedrich-Bödecker-
Kr. Sa.-Anhalt, seit 2005 Hg. der Zs. «Ort der
Augen. Bl. für Literatur», seit 2006 stv. Bun-
desvors. des Friedrich-Bödecker-Kr., Mitgl. des
Schriftst.verein. «Die Kogge». – 1996 Walter-Bau-
er-Preis, 2012 Ehrenpreis des armen. Kulturminis-
teriums. – Mitgl. im PEN-Zentrum Deutschland.
– Erz., Kdb., Hörsp., Fachschr., Ess., Erlebnisber.,
Erinn., Rep., Lb., Lyrik.
   Schriften: Ein Montag im Oktober (Kdb.) 1985;
Lichtmeß in Spergau, 1989; Merseburger Chronik.
Daten, Namen, Fakten, 1991; Merseburg. 50 Persönlichkeiten aus 1000 Jahren Geschichte, 1992;
Rabenzauber. Ein Merseburg-Führer für Kinder,
1994; Landkreis Merseburg-Querfurt. Ein kleiner kulturhistorischer Führer, 1996; Graureiher-
zeit (autobiogr. Rom.) 1996; Über die Schreib-
weise meines Namens, 1997 (= Hallesches Au-

torenh. 4); Zu den archäologischen Wurzeln der Stadt Leuna. Der archäologische Wanderweg in Leuna unter Berücksichtigung jüngerer kulturgeschichtlicher Besonderheiten der Stadt mit einem kurzen Abriß der neueren Geschichte seit dem Bau der Leuna-Werke (m. D. Kaufmann, R. Schade) 1998; Ortungen. Reisen und Ziele, I 1973–1998, II 1999–2004. Mauritius, Malta, Senegal, Vietnam, Yucatan, Schlesien u. a., III Antigua, Bosnien, Ghana, Island, Mosambik, Rapa Nui u. a. 2005–2009, 1999–2010; Novembertau (Jgdb.) 2000; Geteilt – vereint – gefunden. Orte deutscher Geschichte in den neuen Bundesländern (Kat., Textred. m. W. Künzel) 2000; Grenz-Übergänge. Deutsch-belgische Annäherungen (m. Jan DePiere) 2001; Wer das liest ist doof (Kdb.) 2002 (Illustr. S. Berner); Loewe Carls Löbejüner Lieblingsnöck, 2002 (dass.); Repertoire JJ (Erinn.) 2003 (Zeichn. K.-D. Urban); Das Walter-Bauer-Spiel, 2004 (Collagen S. Berner); Stille Nacht. Adventsdüfte und Weihnachtszwiebeln (Kdb.) 2005 (Illustr. H. Lichtenberg); Dalis Lama (Künstlerb.) 2006 (Bilder D. Gilfert); Jesus rot – Himmel weit. Eine Karl-Völker-Geschichte, 2007 (Illustr. K. Völker); Blütengrundblätter (Künstlerb.) 2007 (Bilder K.-D. Urban); Sekret (Erzn.) 2008; Anna und Achmed. Ein deutsch-tunesisches Kinderbuch (m. S. Lahmadi), 2008 (Illustr. H. u. C. Lichtenberg); Reise um die Erde in 226 Texten. Atlas JJ mit Karten und Skizzen weltgewandter Künstler (Reiseber.) 2011; Zauberspruchblätter (Künstlerb.) 2011 (Bilder K.-D. Urban); Anna und Armen. Ein deutsch-armenisches Kinderbuch (m. L. Ananyan) 2011 (Illustr. H. Lichtenberg); Anna und Amo. Eine deutsch-ghanaische Geschichte (Kdb.) 2012 (dass.); Walterbauerblätter (Künstlerb.) 2012 (Bilder K.-D. Urban); Merseburg. 1200 Jahre Geschichte in 62 Porträts & Geschichten. Zaubersprüche, Zukunftsträume, Zoff (Lbb.) 2013; Eine Reise durch den Saalekreis. 134 Orte – von Angersdorf bis Zweimen, 2013 (Fotos W. Kubak). (Ferner ungedr. Fernsehbeitr. u. Hörspiele.)

Herausgebertätigkeit: Sehen, wo grüne Erde ist. Merseburg, auch anderswo (Ausw.) 1991; Leuna und Ludwigshafen. Parallelen und Unterschiede in der Entwicklung bedeutender deutscher Chemiestandorte [...], 1995; W. Bauer, Sonnentanz. Ein Walter-Bauer-Lesebuch (m. G. Hess; Nachw. H.-M. Plesske, H. Beissel) 1996; Die große Klappe. Texte schreibender Schüler aus Sachsen-Anhalt, 1996; Spergau. Ein mitteldeutscher Ort zwischen tausendjähriger dörflicher Tradition und Industrialisierung (Red.) 1998 (2., überarb. u. erw. Aufl. 2006); Träume taufrisch. Texte schreibender Schüler [...], 1999; Am Anfang war alles zu Ende (Anthol.) 1999; Kindheits-Räume (dass.) 2000; 165 Jahre Kreissparkasse Merseburg-Querfurt. Daten – Fakten – Anekdoten (m. a.) 2000; Ich sein! Texte schreibender Schüler [...], 2000; Zehn Jahre danach [...] (m. S. Maaß) 2001; Sternenzauber [...] (dass.) 2002; Pfefferminzmelancholie. Helden, Ideale, Idole [...] (dass.) 2002; Ich atme tief die Sonne ein [...] (dass.) 2002; Poesie & Poetik oder Schreiben für Kinder und Schreiben mit Kindern [...], 2 Tle., 2002/03; Schnee im August (m. S. Maaß) 2004; Phase Phönix. Texte schreibender Schüler und Schülerinnen «unzensiert und unfrisiert» (dass.) 2004; Bereit zum Flug [...] (dass.) 2005; Als ich mit den Vögeln zog (dass.) 2006; Einigland? Texte schreibender Schülerinnen und Schüler aus Baden-Württemberg und Sachsen-Anhalt, 2006; Zeig mir die Welt. Texte schreibender Schüler (m. S. Maaß) 2007; Dr. Siegfried Berger. Schriftsteller, Politiker, Heimatschützer [...] (m. J. Weinert) 2007; Anschluss finden! Texte junger Autorinnen und Autoren aus Sachsen-Anhalt, 2007; Anschluss sichern! Texte von Nachwuchsautoren aus Sachsen-Anhalt, 2008; Anschluss halten! [...], 2008; Zieh die bunten Schuhe an. Texte schreibender Schüler, 2008; Spuren im Sand [...] (m. S. Maaß) 2008; Eulenblumen & Pustespiegel. Geschichten und Gedichte von Autoren aus Sachsen-Anhalt für Kinder im Vorschul- und Grundschulalter (m. a.) 2009 (Illustr. H. Lichtenberg); Zaubersprüche & Sachsenspiegel. Geschichten und Gedichte von Autoren aus Sachsen-Anhalt für Schüler der Sekundarstufen (m. a.) 2010 (Illustr. S. Berner); Wir sind zum Gespräch geboren. Texte schreibender Schüler zu Philipp Melanchthon (m. L. Schumann) 2010; Ein Kaninchen spielt Gitarre. Texte schreibender Schüler, 2010; Das tanzende Alphabet [...] (m. a.) 2010; Freiheit ergründen. Texte schreibender Schüler zum großen Thema der Reformation. Freiheit (m. L. Schumann) 2011; Anschluss vertiefen! Texte von Nachwuchsautoren aus Sachsen-Anhalt, 2011; Als die eisigen Tage endlich vorüber waren. Dichtung aus Sachsen-Anhalt (dt. u. armen.) Jerewan 2012; Lohn des Mutes. Texte schreibender Schüler, 2012; Sonne hatte uns verwöhnt [...], 2013.

Uraufführungen: Novembertau, 2002.

Literatur: Schmidt, Quellenlex. 14,441. – S.

PELTSCH, Interview m. ~ (in: Beitr. zur Kinder-
u. Jugendlit. 78, S. 5–14) 1986; R. STEINLEIN u.
a., Hdb. zur Kinder- u. Jugendlit. SBZ/DDR von
1945 bis 1990, 2006 (zu ‹Ein Montag im Oktober›); PEN Zentrum Dtl. Autorenlex. 2012/2013
(red. R. SCHWEIKERT) 2012; Lit.port (Internet-
Edition).   KK

Jankowiak, Christa (geb. Consbruch; auch Christa Schubert-Consbruch), ★ 31. 1. 1928 Königs-
berg/Pr.; verh. m. Johannes → J.; Schriftstellerin, Übers., lebt in Kleinmachnow; Tochter eines
Vermessungsingenieurs u. einer Krankenschwester, wuchs 1934–48 in Halle/S. auf, 1944/45 zum
Reichsarbeitsdienst eingezogen, studierte 1945–51
Germanistik u. Slawistik an der Univ. Halle u. an
der HU Berlin, freie Übers. u. Schriftst. in Berlin, veröff. u. a. in der Ztg. «Märk. Allgemeine». –
1988 Übers.preis des Aufbau-Verlags Berlin (Ost).
– Erz., Rep., Sage, Übers. (aus dem Russ. u. Polnischen).

Schriften: Straße der Adlerhorste. Polnische Burgen – Geschichte und Geschichten (Reiserep., m.
Johannes J.) 1984; Im Fläming. Zwischen Wendenwall und Butterturm (dass.) 1988 (Fotos B.
Blume); Die Lüchtermännchen, Sagen aus dem
Fläming (dass.) 1991 (Illustr. H. Teutsch); Wanderungen durch den Fläming (dass.) 1992 (Fotos
G. Hopf); Kleinmachnow. Grüne Oase im märkischen Sand (dass.) 1992 Fotos (B. Blumrich); Unterwegs an Nuthe und Nieplitz. Porträt einer märkischen Landschaft – auf alten Spuren und neuen
Wegen (dass.) 1995; Babelsberg – ein Ortsteil Potsdams (dass.) 1996 (2., durchges. u. aktual. Aufl.
1999); Brandenburger Allerlei (dass.) 2003; Brandenburger Kaleidoskop (dass.) 2004; Brandenburg.
Nicht nur Sand und Heide (dass.) 2009.

Übersetzungen (Ausw.): I. Nestjew, Prokofjew.
Der Künstler und sein Werk (Biogr.) 1962; A. M.
Gorki und die Geschichte der Fabriken und Wer-
ke. Sammelband zur Unterstützung der Arbeit an
der Betriebsgeschichte, 1964; J. Trifonow, Durst
(Rom.) 1965; J. Iwaszkiewicz, Ruhm und Ehre,
Bd. 3 (m. Johannes J.) 1966; J. Kawalec, Der tan-
zende Habicht (dass.) 1967; B. Prus, Die Welle
strömt zurück (dass.) 1968; A. Rudnicki, Die Un-
geliebte (dass.) 1968; H. Sienkiewicz, Briefe aus
Amerika (dass.) 1970; K. Fiałkowski, Die fünfte
Dimension. Utopische Erählungen (dass.) 1971 (Illustr. R. Knorr); Nawrocka/Doński, Der Tod des
Magiers (dass.) 1974; J. Kawalec, Die graue Aureo-

le (dass.) 1975; T. Holuj, Die Rose und der brennende Wald (dass.) 1978; D. Bieńkowska, Wenn du
mich liebtest (dass.) 1981; J. Kawalec, Du wirst den
Fluß durchschwimmen (dass.) 1982; T. Holuj, Zur
Person (dass.) 1983; H. Sienkiewicz, Ohne Dogma
(dass.) 1988.

Literatur: Wer schreibt? Autoren u. Übers. im
Land Brandenb., 1998.   KK

Jankowiak, Günter, ★ 20. 2. 1951 Berlin; Schriftst.,
Regisseur, Musiker, Schauspieler, lebt in Berlin;
wuchs in Stahnsdorf auf, studierte Psychol., Soziologie, Philos., Pädagogik, Anglistik u. Theater-
pädagogik an der PH Berlin u. a. bei Hans Martin
→ Ritter, 1980 Mitbegr., Koregisseur u. Schauspieler der «Untersuchenden Kinder- u. Jugend-
spielwerkstatt» Berlin, 1982–91 Regisseur, Musiker
u. Schauspieler beim «Theater Rote Grütze» in
Berlin, seit 1992 freier Regisseur versch. Theater
in Potsdam, Mannheim, Dresden u. Berlin, u. a.
«Theater Strahl». – 1987 u. 2000 Brüder-Grimm-
Preis des Landes Berlin, 2003 Berliner Theaterpreis
«Ikarus». – Kdb., Bühnenstück.

Schriften: Iieeh … küssen! Nippes und Stulle
spielen Froschkönig (Kdb.) 1989. (Ferner ungedr.
Rundfunkarbeiten.)

Uraufführungen (Ausw.): Ich bin überhaupt nicht
schüchtern – wenn ich träume (m. I. Ollrogge)
1980; Gewalt im Spiel (m. a.) 1987; September
hat Zeit (m. A. Cybulska, K. Sommerfeld) 1987;
Nichts für Kinder (m. H. Fehrmann, I. Ollrogge)
1990; Bilsenkraut, 1993; Blackout (m. F. Ettehad)
1994; Jespers Dusel, 1995; Volltreffer, 1995; Unka-
puttbar, 1995; Wilder Panther, Keks!, 1996; Genau wie immer. Alles anders, 1998; Gleich knallt's!,
1998; Willis Kastanie, 1999; Auszeit. Vier auf dem
Sprung ins Erwachsenenleben, 1999; Palmen vor
Usedom, 2002; Mit arger List – Angst macht Schule, 2005; Liebe kommt (m. I. Olrogge) 2005; Von
Liebe und Hochwasser, 2007; Frühlings Stürme,
2010; Nathan, 2012.

Literatur: H. FANGAUF, «Ich benutze Theater.»
~ (in: Stück-Werk 2. Dt.sprachige Autoren des
Kinder- u. Jugendtheaters. Arbeitsb., S. 74–77)
1998.   KK

Jankowiak, Johannes, ★ 8. 2. 1912 Landsberg/
Warthe (Gorzów Wielkopolski/Polen), † 14. 5.
2009 Berlin; verh. m. Christa → J.; Übers.,
Schriftst., lebte in Kleinmachnow; veröff. u. a. in

«Märk. Allg.» u. «Potsdamer Neueste Nachrichten». – 1988 Übers.preis des Aufbau-Verlages Berlin (Ost). – Rep., Sage, Erz., Übers. (aus dem Polnischen).

Schriften: Straße der Adlerhorste. Polnische Burgen – Geschichte und Geschichten (Reiserep., m. Christa J.) 1984; Im Fläming. Zwischen Wendenwall und Butterturm (dass.) 1988 (Fotos B. Blume); Die Lüchtermännchen, Sagen aus dem Fläming (dass.) 1991 (Illustr. H. Teutsch); Wanderungen durch den Fläming (dass.) 1992 (Fotos G. Hopf); Kleinmachnow. Grüne Oase im märkischen Sand (dass.) 1992 (Fotos B. Blumrich); Unterwegs an Nuthe und Nieplitz. Porträt einer märkischen Landschaft – auf alten Spuren und neuen Wegen (dass.) 1995; Babelsberg – ein Ortsteil Potsdams (dass.) 1996 (2., durchges. u. aktual. Aufl. 1999); Brandenburger Allerlei (dass.) 2003; Brandenburger Kaleidoskop (dass.) 2004; Brandenburg. Nicht nur Sand und Heide (dass.) 2009.

Übersetzungen: J. Iwaszkiewicz, Ruhm und Ehre, Bd. 3, 1966; J. Kawalec, Der tanzende Habicht, 1967; B. Prus, Die Welle strömt zurück, 1968; A. Rudnicki, Die Ungeliebte, 1968; H. Sienkiewicz, Briefe aus Amerika, 1970; K. Fiałkowski, Die fünfte Dimension. Utopische Erzählungen, 1971 (Illustr. R. Knorr); Nawrocka/Doński, Der Tod des Magiers, 1974; J. Kawalec, Die graue Aureole, 1975; T. Holuj, Die Rose und der brennende Wald, 1978; D. Bieńkowska, Wenn du mich liebtest, 1981; J. Kawalec, Du wirst den Fluß durchschwimmen, 1982; T. Holuj, Zur Person, 1983; H. Sienkiewicz, Ohne Dogma, 1988 (alle m. Christa Jankowiak).

Herausgebertätigkeit: Galaxisspatzen. Eine Anthologie polnischer phantastischer Erzählungen, 1975.

Literatur: H. J. ALPERS u. a., Lex. der Science Fiction Literatur, 1988; Wer schreibt? Autoren u. Übers. im Land Brandenb., 1998.   KK

Jankowski, Frank (geb. Richardt), * 17. 8. 1963 Gifhorn; Lit.wissenschaftler, Künstler, lebt in Berlin; studierte 1986–93 russ. Philol., Politik u. Theaterwiss. an den Univ. München u. Berlin, 1994–96 Dramaturgie-Assistent in Berlin, seitdem Verlagsmitarb., Public-Relations-Referent, Webdesigner, Lektor u. Künstler. – Rom., Dr., Drehb., Übers. (aus dem Engl. u. Russischen).

Schriften: Letter oder Die Verrückung des Alltags (Rom.) 2007.

Übersetzungen: D. VanderVat, Der gute Nazi. Albert Speers Leben und Lügen (m. K. Baudisch) 1997; G. Martin, W. Pearson, Summer of love! Wie Sgt. Pepper entstand (m. U. Seeberger) 1997.   KK

Jankowski, Leo (Ps. Janko), * 9. 6. 1908 Rößel/Ostpr. (Reszel/Polen), † nicht ermittelt; Erzähler, lebte in Stuttgart. – Roman.

Schriften: Sula. Zwischenspiel in Hellas (Rom.) 1946 (2., überarb. Aufl. u. d. T.: Mädchen, Schmuggler und Tavernen. Ein Abenteuer in Griechenland, 1953); Germanos. Im Dickicht der Chalkidike. Abenteuer in Mazedonien (Rom.) 1955.   KK

Jankowski, Martin E., * 29. 5. 1965 Greifswald; Musiker, Regisseur, Schriftst., Übers., lebt in Berlin; wuchs in Gotha auf, ebd. 1983 Abitur u. Fremdenführer auf Schloß Friedenstein, Ausbildung zum Bibliothekar in Leipzig, lebte in den 1980er-Jahren in Leipzig, Angestellter einer Krankenhausverwaltung, bis 1989 illegale Auftritte als Sänger u. Musiker, seit 1995 freier Schriftst. in Berlin, organisiert seit 2001 versch. lit. Veranstaltungen ebd., seit 2001 mehrere Indonesien-Reisen, 2011 Leiter des «Jakarta Berlin Arts Festivals», veröff. u. a. in «SuF», «Die Zeit», «Das Magazin» u. «taz». – Neben weiteren Stipendien 1996 Stipendium der Stiftung Kulturfonds, 1998 Autorenstipendium des Berliner Senats u. Jahrespreis für Lit.wiss. u. Geistesgesch., 2006 Alfred-Döblin-Stipendium. – Erz., Dr., Hörsp., Ess., Rom., Lyrik.

Schriften: Rabet oder Das Verschwinden einer Himmelsrichtung (Rom.) 1999; Seifenblasenmaschine. Berliner Szenen (Erzn.) 2005; Indonesisches Sekundenbuch (Ged.) Magelang/Indonesien 2005; Mäuse (Nov.) 2006; Der Tag der Deutschland veränderte. Neunter Oktober 1989 (Ess., Vorw. M. BELEITES) 2007 (2., überarb. Aufl. 2009); Leck mich auf. Erotische Kurzgeschichten, 2009; Sekundenbuch. Gedichte & Gesänge, 2012. (Ferner ungedr. Hörspiele.)

Herausgebertätigkeit: A. Sarjono, Frische Knochen aus Banyuwangi (m. Nachw. hg.) 2002; Jakarta Berlin Arts Festival. Entdecke die andere Seite der Welt – Discover the Other Side of the World (m. Vorw. u. Ess. hg.) 2011.

Literatur: F. T. GRUB, «Wende» u. «Einheit» im Spiegel dt.sprachiger Lit., Bd. 1, 2003 (zu ‹Rabet›); J. L. GRANT, «Post-Prenzlauer Berg» […] (in: The Exberliner 6, H. 53, S. 22f.) Berlin 2007; Lit.port (Internet-Edition).   KK

Jann, Adelhelm, * 1876, † 1945 (mehr nicht ermittelt); Theologe, Historiker; 1914 Dr. phil. in Freiburg/Schweiz, Kapuzinermönch, Pater u. Gymnasiums-Prof. in Stans/Kt. Nidwalden, Mitbegr. der Missionstätigkeit der Nidwaldner Kapuziner in Ostafrika (Tansania) u. auf den Seychellen. – Fachschr., Lb., Biogr., Übers. (aus dem Französischen).

Schriften (Ausw.): Ursprung des königlichen Patronates in den portugiesischen Kolonien (Diss.) 1914 (stark erw. Ausg. im Buchhandel u. d. T.: Die katholischen Missionen in Indien, China und Japan. Ihre Organisation und das portugiesische Patronat vom 15. bis ins 18. Jahrhundert, 1915); Candidus Sierro aus dem Kapuzinerorden. Ein Indianer-Missionär. Ein Beitrag zur brasilianischen Missionsgeschichte, 1915; Hemma Ruobärt (Biogr.) 1918; Der Diener Gottes Anastasius Hartmann, Bischof aus dem Kapuzinerorden 1803–1866. Ein Lebensbild aus den indischen Missionen, 1920; Der selige Apollinaris Morel, Märtyrer aus der schweizerischen Kapuzinerprovinz 1739–1792, 1927; Geschichte des Kollegiums St. Fidelis in Stans. Seit Beginn des 17. Jahrhunderts bis zur französischen Revolution [...], 1928; Der selige Märtyrer Apollinaris Morel von Posat und die feierliche Disputation seines theologischen Kurses, 1933 (Sonderdruck).

Übersetzungen: A. M. Gachet, Die letzten Stunden und die Beisetzung des Dieners Gottes Bischof Anastasius Hartmann. Aus dem Tagebuch seines Sekretärs und Beichtvaters (m. Anm. übers.) ⁵1943.

Herausgebertätigkeit: A. Hartmann, Die Briefe des Dieners Gottes Bischof Anastasius Hartmann an seine Angehörigen (m. Erl. hg.) ²1943.

Nachlass: Staatsarch. Luzern. – Schmutz-Pfister 3101.   KK

Jann, Hans (Johannes Jakobus), * 30. 11. 1889 Forchheim/Oberfranken, † 27. 2. 1982 ebd.; Theologe; studierte Theol. an den Univ. Erlangen u. Bamberg, Dr. phil., 1914–18 Feldgeistlicher u. Marinepfarrer, dann in der Heimatseelsorge tätig, bis 1953 Pfarrer in Marktgraitz/Oberfranken. – Erz., Fachschr., Aphorismus, Lyrik, Mundart (Forchheimer).

Schriften: Schulgeschichte Forchheims. Ein Stück Forchheimer Kulturgeschichte, 2 Tle., 1924–26; Kelch und Krone. Gebetbüchlein als Begleiter durch das Leben, 1928; Feuer. Ansprachen, 1932; Reuther Stücklein, 1933 (Neuausg. 1977, Illustr. R. Reinhold); Herr Vetter und Frau Bas. Frohe fränkische Geschichten mit feinen Versen und Bildern, 1940 (2., verm. Aufl. 1963; 3., neu bearb. erw. Aufl. u. d. T.: Herr Vettä und Fraa Boos. Fränkisches auf Fränkisch, 1979; Zeichn. R. Ullmann); Walberla und Annafest. Frohe Forchheimer Geschichten (Erzn.) 1940 (Zeichn. A. Löffler-Winkler); Forchheimer Geschichten aus der königlich bayerischen Zeit, 1978 (Zeichn. R. Ullmann); Arche Noah auf dem Walberla. Karl der Große auf dem Annafest, 1980 (Zeichn. G. Bauer, E. Holendeng); Wohl bekomm's ... ein Prost dem Bier (m. J. Schulz) 1981 (Zeichn. G. Bauer); Gedanken eines Franken (Aphorismen) 1982 (Zeichn. R. Ullmann).

Literatur: P. U., Vier Bücher von ~ (in: Frankenland NF 25, H. 50, S. 36f.) 1983; B. SOWINSKI, Lex. dt.sprachiger Mundartautoren, 1997.   KK